D1719858

АНГЛО-РУССКИЙ ТЕОЛОГИЧЕСКИЙ СЛОВАРЬ

Иудаизм – Христианство – Ислам

ENGLISH-RUSSIAN THEOLOGICAL DICTIONARY

Judaism – Christianity – Islam

S. A. Matveev

ENGLISH-RUSSIAN
THEOLOGICAL DICTIONARY

Judaism – Christianity – Islam

About 30 000 words

Moscow

АСТ ВОСТОК ЗАПАД

2006

С. А. Матвеев

АНГЛО-РУССКИЙ ТЕОЛОГИЧЕСКИЙ СЛОВАРЬ

Иудаизм – Христианство – Ислам

Около 30 000 слов

Москва

ВОСТОК
ЗАПАД

2006

УДК 2(038)=111=161.1
ББК 86.3я21
М 33

М33   **Матвеев, С.А.**
Англо-русский теологический словарь. Иудаизм – Христианство - Ислам / С.А. Матвеев. — М.: АСТ: Восток — Запад, 2006. — 758, [10] с.

ISBN 5-17-038449-1 (ООО «Издательство АСТ»)
ISBN 5-478-00273-9 (ООО «Восток — Запад»)

Словарь содержит более 30 000 лексических единиц и словоупотреблений, проиллюстрированных многочисленными примерами из Священных Писаний. В разделе «Иудаизм и Христианство»
за основу взяты тексты Библии (Ветхий и Новый Завет) Синодального издания (рус. яз.) и The Holy Bible (King James Version).

Приводятся подробные соответствия слов, объясняются их значения и употребления, основной акцент приходится на использование лексики в ее богословской коннотации.

Словарь предназначен для перевода теологической, богословской литературы, священных текстов трех самых многочисленных
мировых религий: Наряду с традиционными переводческими целями он может быть использован для составления проповедей
и подготовки к сдаче экзаменов студентами богословских учебных
заведений. Словарь рассчитан как на русско-, так и на англоязычных читателей.

УДК 2(038)=111=161.1
ББК 86.3я21

Содержание

Предисловие

Англо-русский теологический словарь такого объема издается впервые. Его появление вызвано растущим интересом к переводу литературы религиозного и богословского содержания, а также дидактическими задачами преподавания английского языка в лингвистических учебных заведениях светской и духовной направленности. Словарь содержит более 30 000 лексических единиц и словоупотреблений, проиллюстрированных многочисленными примерами из Священных Писаний. В разделе «Иудаизм и Христианство» за основу взяты тексты Библии (Ветхий и Новый Завет) Синодального издания (рус. яз.) и The Holy Bible (King James Version).

Приводятся подробные соответствия слов, объясняются их значения и употребления, основной акцент приходится на использование лексики в ее богословской коннотации.

Словарь предназначен для перевода теологической, богословской литературы, священных текстов трех самых многочисленных мировых религий. Наряду с традиционными переводческими целями он может быть использован для составления проповедей и подготовки к сдаче экзаменов студентами богословских учебных заведений. Словарь рассчитан как на русско-, так и на англоязычных читателей.

Сокращения

1 Chr. 1 Chronicles
1 Co. 1 Corinthians
1 Jn. 1 John
1 Ki. 1 Kings
1 Pe. 1 Peter
1 Sa. 1 Samuel
1 Th. 1 Thessalonians
1 Tim. 1 Timothy
2 Chr. 2 Chronicles
2 Co. 2 Corinthians
2 Jn. 2 John
2 Ki. 2 Kings
2 Pe. 2 Peter
2 Sa. 2 Samuel
2 Th. 2 Thessalonians
2 Tim. 2 Timothy
3 Jn. 3 John
Ac. Acts of the Apostles
Am. Amos
Col. Epistle to the Colossians
Da. Daniel
De. Deuteronomy
Ec. Ecclesiastes
Eph. Epistle to the Ephesians
Esth. Esther
Ex. Exodus
Ez. Ezekiel
Ezr. Ezra
Ga. Epistle to the Galatians
Ge. Genesis
Hab. Habakkuk
He. Epistle to the Hebrews
Ho. Hosea
Is. Isaiah
Jdg. Judges
Je. Jeremiah

Jn. Gospel according to St. John
Jon. Jonah
Js. Joshua
Jud. Epistle of Jude
La. Lamentations
Lev. Leviticus
Lk. Gospel according to St. Luke
Mal. Malachi
Mi. Micah
Mk. Gospel according to St. Mark
Mt. Gospel according to St. Matthew
Na. Nahum
Ne. Nehemiah
Num. Numbers
Ob. Obadiah
Php. Epistle to the Philippians
Pr. Proverbs
Ps. Psalms
Rev. Revelation
Ro. Romans
Ru. Ruth
Song. Song of Solomon
Tit. Titus
Ze. Zechariah
Zeph. Zephaniah

1 Ин. Первое послание Иоанна
1 Кор. Первое послание к Коринфянам
1 Пар. Первая книга Паралипоменон
1 Петр. Первое послание Петра
1 Тим. Первое послание к Тимофею

1 Фес. Первое послание к Фессалоникийцам

1 Цар. Первая книга Царств

2 Ин. Второе послание Иоанна

2 Кор. Второе послание к Коринфянам

2 Пар. Вторая книга Паралипоменон

2 Петр. Второе послание Петра

2 Тим. Второе послание к Тимофею

2 Фес. Второе послание к Фессалоникийцам

2 Цар. Вторая книга Царств

3 Ин. Третье послание Иоанна

3 Цар. Третья книга Царств

4 Цар. Четвертая книга Царств

Авв. Книга Пророка Аввакума

Авд. Книга Пророка Авдия

Ам. Книга Пророка Амоса

Быт. Первая книга Моисеева. Бытие

Втор. Пятая книга Моисеева. Второзаконие

Гал. Послание к Галатам

Дан. Книга Пророка Даниила

Деян. Деяния Святых Апостолов

Евр. Послание к Евреям

Ездр. Книга Ездры

Еккл. Книга Екклесиаста, или Проповедника

Есф. Книга Есфирь

Ефес. Послание к Ефесянам

Зах. Книга Пророка Захарии

Иак. Послание Иакова

Иез. Книга Пророка Иезекииля

Иер. Книга Пророка Иеремии

Ин. От Иоанна святое благовествование

Иоил. Книга Пророка Иоиля

Иов. Книга Иова

Ион. Книга Пророка Ионы

Ис. Книга Пророка Исайи

Исх. Вторая книга Моисеева. Исход

Иуд. Послание Иуды

Кол. Послание к Колоссянам

Лев. Третья книга Моисеева. Левит.

Лук. От Луки святое благовествование

Мал. Книга Пророка Малахии

Марк. От Марка святое благовествование

Матф. От Матфея святое благовествование

Мих. Книга Пророка Михея

Нав. Книга Иисуса Навина

Наум. Книга Пророка Наума

Неем. Книга Пророка Неемии

Ос. Книга Пророка Осии

Откр. Откровение Иоанна Богослова

Пар. Паралипоменон

Песн. Книга Песни Песней Соломона

Плач. Книга Плач Иеремии

Притч. Книга Притчей Соломоновых

Пс. Псалтырь

Рим. Послание к Римлянам

Руф. Книга Руфь

Соф. Книга Пророка Софонии

Суд. Книга Судей Израилевых

Тит. Послание к Титу

Фил. Послание к Филиппийцам

Числ. Четвертая книга Моисеева. Числа

КНИГИ ВЕТХОГО И НОВОГО ЗАВЕТА

THE OLD TESTAMENT — ВЕТХИЙ ЗАВЕТ

Genesis Первая книга Моисеева. Бытие

Exodus Вторая книга Моисеева. Исход

Leviticus Третья книга Моисеева. Левит.

Numbers Четвертая книга Моисеева. Числа

Deuteronomy Пятая книга Моисеева. Второзаконие

Joshua Книга Иисуса Навина

Judges Книга Судей Израилевых

Ruth Книга Руфь

1 Samuel Первая книга Царств

2 Samuel Вторая книга Царств

1 Kings Третья книга Царств

2 Kings Четвертая книга Царств

1 Chronicles Первая книга Паралипоменон

2 Chronicles Вторая книга Паралипоменон

Ezra Книга Ездры

Nehemiah Книга Пророка Неемии

Esther Книга Есфирь

Job Книга Иова

Psalms Псалтырь

Proverbs Книга Притчей Соломоновых

Ecclesiastes Книга Екклесиаста, или Проповедника

Song of Solomon Книга Песни Песней Соломона

Isaiah Книга Пророка Исайи

Jeremiah Книга Пророка Иеремии

Lamentations Книга Плач Иеремии

Ezekiel Книга Пророка Иезекииля

Daniel Книга Пророка Даниила

Hosea Книга Пророка Осии

Joel Книга Пророка Иоиля

Amos Книга Пророка Амоса

Obadiah Книга Пророка Авдия

Jonah Книга Пророка Ионы

Micah Книга Пророка Михея

Nahum Книга Пророка Наума

Habakkuk Книга Пророка Аввакума

Zephaniah Книга Пророка Софонии

Haggai Книга Пророка Авдея

Zechariah Книга Пророка Захарии

Malachi Книга Пророка Малахии

THE NEW TESTAMENT — НОВЫЙ ЗАВЕТ

Gospel according to St. Matthew От Матфея святое благовествование

Gospel according to St. Mark От Марка святое благовествование

Gospel according to St. Luke От Луки святое благовествование

Gospel according to St. John От Иоанна святое благовествование

Acts of the Apostles Деяния Святых Апостолов

Romans Послание к Римлянам

1 Corinthians Первое послание к Коринфянам

2 Corinthians Второе послание к Коринфянам

Galatians Послание к Галатам

Ephesians Послание к Ефесянам

Philippians Послание к Филиппийцам

Colossians Послание к Колоссянам

1 Thessalonians Первое послание к Фессалоникийцам

2 Thessalonians Второе послание к Фессалоникийцам

1 Timothy Первое послание к Тимофею

2 Timothy Второе послание к Тимофею

Titus Послание к Титу

Philemon Послание к Филимону

Hebrews Послание к Евреям

James Послание Иакова

1 Peter Первое послание Петра

2 Peter Второе послание Петра

1 John Первое послание Иоанна

2 John Второе послание Иоанна

3 John Третье послание Иоанна

Jude Послание Иуды

Revelation Откровение Иоанна Богослова

Литература

Dictionary of English Synonyms&Antonyms, Penguin Books, 1992.

Encyclopaedia Britannica, London, 1999.

Lawrence, Urdang. A Basic Dictionary of Synonyms&Antonyms, El-
sevier/Nelson Books, New York, 1982.

NASB New Testament (Новый Завет Господа Нашего Иисуса Христа
на английском и русском языках), Slavic Gospel Association, Whea-
ton, Illinois, 1977.

Nustrem, Eric. The Bible Dictionary, New Revised Edition. Toronto, Canada, 1980.

Religious traditions of the World, Garden City, New York, 1978.

The Concise Jewish encyclopedia: From the biblical beginnings to today,
New York, 1980.

The Concise Oxford Dictionary, Bombay, Oxford University Press, 1987.

The Encyclopedia of Judaism, Jerusalem, 1989.

The Glorious Qura'n with English translation, Istanbul, 1996.

The Holy Bible,NKJV, The Gideons International, Thomas Nelson Pub-
lishers, 2002.

The Koran, New York, 2001.

The Meaning of the glorious Koran, New York, Knopf, 1930.

The Wordsworth Dictionary of Phrase and Fable, London, 1993.

Webster's New Collegiate Dictionary. Springfield, Massachusetts, USA,
1973.

Аль-Мунтахаб. Толкование Священного Корана на русском языке, Ка-
зань, 2001.

Англо-русский словарь глагольных словосочетаний, Москва, Русский
язык, 1990.

Англо-русский словарь, Москва, Русский язык, 1993.

Библейская энциклопедия, Москва, 1996.

Библейская энциклопедия, Труд и издание Архимандрита Никифора,
Москва, 1891

Библейский богословский словарь, Москва, 1998.

Библия, Синодальное издание, Москва, 2000.

Дьяченко Г. Полный церковно-славянский словарь. Москва, 1993.

Значение и смысл Корана, Москва, Сауримо, 2002.

Ислам: Энциклопедический словарь, Москва, 1991.

Книга Единобожия (с комм. Абдуррахмана ас-Сади), Москва, Пред-
приятие Грас.

Коран, (пер. И. Ю. Крачковского), Москва, 1990.

Краткий церковно-богослужебный словарь, Москва, 1997.

Маковский М. М. Сравнительный словарь мифологической символики в индоевропейских языках, Москва, Владос, 1996.

Максуд Р. Ислам, Москва, 1999.

Мифология: Большой энциклопедический словарь, Москва, 1998.

Новый большой англо-русский словарь, Москва, Русский язык, 1993.

Новый Завет по-еврейски и по-русски, The Society for Distributing Hebrew Scriptures, Middlesex, England, 1994.

Новый Завет, Анахайм, Живой Поток, 1998.

Нюстрем Э. Библейский словарь, Санкт-Петербург, 1998.

Ожегов С. И. Словарь русского языка, Москва,1987.

Рамзевич Н. К. Словарь гуманитария, Москва, 1998.

Религиозные традиции мира, Москва, 1996.

Русско-английский словарь, Москва, Русский язык, 1989.

Русско-арабский словарь, Санкт-Петербург, МГВ, 2004.

Священные Писания на русском языке и на иврите, The Society for Distributing Hebrew Scriptures, Middlesex, England, 2003.

Словарь иностранных слов, Москва, 1980.

Словарь сюжетов и символов в искусстве, Москва, 1997.

Слово Жизни, Новый Завет в современном переводе, Living Bibles International, Stockholm, Swedn, 1991.

Христианство: Энциклопедический словарь, Москва, 1995.

Чаленко О. Т. Русско-английский религиозный словарь. Москва, 1998.

Чаленко О. Т. Англо-русский религиозный словарь. Москва, Жираф, 2002.

Английский алфавит

Aa	Bb	Cc	Dd	Ee	Ff
Gg	Hh	Ii	Jj	Kk	Ll
Mm	Nn	Oo	Pp	Qq	Rr
Ss	Tt	Uu	Vv	Ww	Xx
		Yy	Zz		

ИУДАИЗМ
И ХРИСТИАНСТВО

A

a fortiori исходя из более весомого, тем более; с тем большим основанием

a posteriori на основании опыта, исходя из опыта

a priori на основании

A. A. (Augustiniani Assumptions, Assumptionists) ассумпционисты

A. C. (Auditor Camerae) аудитор казначейства Папы Римского, папский аудитор

A. D. (Anno Domini) год от Рождества Христова; **(Anima Dulcis)** душа праведная, душа невинная

a. d. (Ante Diem) накануне

A. Dep. (Anno Depositionis) в... год Положения

A. I. (Anno Inventionis) в... год Обретения

A. L. (Anno Lucis) в... год Света

a. m. (Ante Meridiem) до полудня, в первой половине дня

A. M. (Anno Mundi) в... год от Сотворения Мира

A. M. D. G. (Ad Majorem Dei Gloriam) к вящей славе Божией

A. Q. I. C. (Anima Quiescat In Christo) упокой, Господи, душу его/ее

A. R. S. (Anno Reparatae Salutis)... год Спасения нашего

A. U. (Alma Urbs) град возлюбленный, Рим

a. u. c. (Ab Urbe Condita) от основания города Рима

A. B. (Anno Benefacio) в... год Благословения

A. B. A. (Antoniani Benedictini Armeni, Mechitarists) мхитаристы

A. O. (Anno Ordinis) в... год со дня основания Ордена

Aaron *n.* Аарон «And the Lord said to Aaron, Go into the wilderness to meet Moses. And he went, and met him in the mount of God, and kissed him» (Ex., 4:27) / «И Господь сказал Аарону: пойди навстречу Моисею в пустыню. И он пошел, и встретился с ним при горе Божией, и поцеловал его» (Исх., 4:27); ~'s rod жезл Ааронов; ~'s serpent змей Ааронов

Aaronic *adj.* Ааронов

Aaronite *n.* потомок Аарона "And Jehoiada was the leader of the Aaronites, and with him were three thousand and seven hundred" (1 Chr., 12:27) / «И Иоддай, князь от племени Аарона, и с ним три тысячи семьсот» (1 Пар., 12:27); ~s аарониды, коганим, потомки Аароновы

ab incunabulis с колыбели, с младенчества, с самого начала

ab initio от истоков, с начала

Ab (Av) *n.* ав, пятый месяц иудейского календаря

ab origine от истоков, с начала

ab ovo с самого начала

ab urbe condita от основания города Рима

Ab. (Abbas) *n.* аббат

Abaddon *n.* Аваддон (ангел бездны) "And they had a king over them, which is the angel of the bottomless pit, whose name in the Hebrew tongue is Abaddon, but in the Greek tongue hath his name Apollyon" (Rev., 9:11) /

«Царем над собою она имела ангела бездны; имя ему по-еврейски Аваддон, а по-гречески Аполлион» (Откр., 9:11); преисподняя, ад кромешный

Abagtha *n.* Авагфа "On the seventh day, when the heart of the king was merry with wine, he commanded Mehuman, Biztha, Harbona, Bigtha, and Abagtha, Zethar, and Carcas, the seven chamberlains that served in the presence of Ahasuerus the king" (Esth., 1:10) / «В седьмой день, когда развеселилось сердце царя от вина, он сказал Мегуману, Бизфе, Харбоне, Бигфе и Авагфе, Зефару и Каркасу — семи евнухам, служившим пред лицем царя Артаксеркса» (Есф., 1:10).

Abana *n.* Авана "[Are] not Abana and Pharpar, rivers of Damascus, better than all the waters of Israel? May I not wash in them, and be clean? So he turned and went away in a rage" (2 Ki., 5:12) / «Разве Авана и Фарфар, реки Дамасские, не лучше всех вод Израильских? разве я не мог бы омыться в них и очиститься? И оборотился и удалился в гневе» (4 Цар., 5:12).

abandon *v.* отказываться; оставлять; ~ hope all ye who enter here оставь надежду всяк сюда входящий; to ~ a rite предать забвению обряд; to ~ oneself to despair предаваться отчаянию; ~ed заброшенный, покинутый; распутный, падший; ~ woman падшая женщина; ~ villain отъявленный злодей

abandonment *n.* оставление

Abarim *n.* Аварим "And the Lord said unto Moses, Get thee up into this mount Abarim, and see the land which I have given unto the children of Israel" (Nu., 27:12) / «И сказал Господь Моисею: взойди на сию гору Аварим, [которая по эту сторону Иордана, на сию гору Ново,] и посмотри на землю [Ханаанскую], которую Я даю сынам Израилевым [во владение]» (Числ., 27:12).

Abda *n.* Авда "And Ahishar [was] over the household: and Adoniram the son of Abda [was] over the tribute" (1 Ki., 4:6) / «Ахисар — начальник над домом царским, и Адонирам, сын Авды, — над податями» (3 Цар., 4:6).

abase I *v.* смирять (кого-л./что-л.) "Cast abroad the rage of thy wrath: and behold every one [that is] proud, and abase him" (Job, 40:11) / «Излей ярость гнева твоего, посмотри на все гордое и смири его» (Иов., 40:6); унизиться "Thus saith the Lord God; Remove the diadem, and take off the crown: this [shall] not [be] the same: exalt [him that is] low, and abase [him that is] high" (Ez., 21:26) / «Так говорит Господь Бог: сними с себя диадему и сложи венец; этого уже не будет; униженное возвысится и высокое унизится» (Иез., 21:26).

abase II *v.* унижать; уничижать

abasement *n.* унижение; уничижение; уныние

abat-voix *n.* аба-вуа, потолок над кафедрой в готическом соборе

Abba *n.* авва (отче) "For ye have not received the spirit of bondage again to fear; but ye have received the Spirit of adoption, whereby we cry, Abba, Father" (Ro., 8:15) / «Потому что вы не приняли духа рабства, чтобы опять жить в страхе, но приняли Духа усыновления, Которым взываем: Авва, Отче!» (Рим., 8:15).

abbacy *n.* аббатство

abbatical *adj.* аббатский

abbe *n.* батюшка, отец; ~ de cour придворный аббат; abbe declasse аббат-расстрига

abbess *n.* аббатиса (настоятельница женского католического монастыря); игуменья

abbey *n.* аббатство, монастырь; церковь аббатства; ~ of Lerins аббаство Лерэн

abbot *n.* аббат (настоятель католического монастыря); игумен

abbotship *n.* аббатство; игуменство

abbreviate *v.* сократить расходы

abbreviation *n.* сокращение

abbreviator *n.* аббревиатор (составитель папских бреве)

ABC *n.* алфавит, азбука, грамота; букварь; азы, основы

abdest *n.* вода для омовения рук (у иудеев и мусульман); обряд омовения рук у мусульман и иудеев

Abdias *n.* Авдий, Овадия, Овадья

abdicant *n.* человек, отрекающийся или отказывающийся от чего-л.

abdicate *v.* отрекаться, отречься (от кого-л./от чего-л.)

abdication *n.* отречение от престола; отказ от права, претензии

Abdon *n.* Авдон "And out of the tribe of Asher, Mishal with her suburbs, Abdon with her suburbs" (Jos., 21:30) / «От колена Асирова: Мишал и предместья его, Авдон и предместья его» (Нав., 21:30).

Abednego *n.* Авденаго "Unto whom the prince of the eunuchs gave names: for he gave unto Daniel [the name] of Belteshazzar; and to Hananiah, of Shadrach; and to Mishael, of Meshach; and to Azariah, of Abednego" (Da., 1:7) / «И переименовал их начальник евнухов — Даниила Валтасаром, Ананию Седрахом, Мисаила Мисахом и Азарию Авденаго» (Дан., 1:7).

Abel *n.* Авель "And she again bare his brother Abel. And Abel was a keeper of sheep, but Cain was a tiller of the ground" (Ge., 4:2) / «И еще родила брата его, Авеля. И был Авель пастырь овец, а Каин был земледелец» (Быт., 4:2).

Abelian *n.* авелит

Abelians, Abelonians *n. pl.* авелиты

Abelite *n.* авелит

Abelmaim, Abel Maim *n.* Авелмаим "And Benhadad hearkened unto king Asa, and sent the captains of his armies against the cities of Israel; and they smote Ijon, and Dan, and Abelmaim, and all the store cities of Naphtali" (2 Chr., 16:14) / «И послушался Венадад царя Асы и послал военачальников, которые были у него, против городов Израильских, и они опустошили Ийон и Дан и Авелмаим и все запасы в городах Неффалимовых» (2 Пар., 16:14).

Abelmeholah, Abel Meholah *n.* Авелмехола. "And the three hundred blew the trumpets, and the Lord set every man's sword against his fellow, even throughout all the host: and the host fled to Bethshittah in Zererath, [and] to the border of Abelmeholah, unto Tabbath" (Jdg., 7:22) / «Между тем как триста человек трубили трубами, обратил Господь меч одного на другого во всем стане, и бежало ополчение до Бефшитты к Царере, до предела Авелмехолы, близ Табафы» (Суд., 7:22).

Abelonian *n.* авелит

aberrancy *n.* уклонение от пути истинного

aberrant *adj.* сбившийся с правильного пути; заблуждающийся, ошибающийся

aberration *n.* уклонение от правильного пути / истины; заблуждение; помрачение рассудка; ~ from the truth отход от истины

abhor *v.* вознегодовать "And ye shall not walk in the manners of the nation, which I cast out before you: for they committed all these things, and therefore I abhorred them" (Lev., 20:23) / «Не поступайте по обычаям народа, который Я прогоняю от вас; ибо они все это делали, и Я вознегодовал на них» (Лев., 20:23); гнушаться, возгнушаться "And I will set my tab-

ernacle among you: and my soul shall not abhor you" (Lev., 26:11) / «И поставлю жилище Мое среди вас, и душа Моя не возгнушается вами» (Лев., 26:11); отвращать "Wherefore the sin of the young men was very great before the Lord: for men abhorred the offering of the Lord" (1 Sa., 2:17) / «И грех этих молодых людей был весьма велик пред Господом, ибо они отвращали от жертвоприношений Господу» (1 Цар., 2:17); вредить "And he was an adversary to Israel all the days of Solomon, beside the mischief that Hadad [did]: and he abhorred Israel, and reigned over Syria» (1 Ki., 11:25) / «Был он противником Израиля во все дни Соломона. Кроме зла, причиненного Адером, он всегда вредил Израилю и сделался царем Сирии» (3 Цар., 11:25); отрекаться "Wherefore I abhor [myself], and repent in dust and ashes" (Job, 42:6) / «Поэтому я отрекаюсь и раскаиваюсь в прахе и пепле» (Иов., 42:6); презреть "But thou hast cast off and abhorred, thou hast been wroth with thine anointed" (Ps., 89:38) / «Но ныне Ты отринул и презрел, прогневался на помазанника Твоего» (Псл., 88:39); отринуть "Do not abhor [us], for thy name's sake, do not disgrace the throne of thy glory: remember, break not thy covenant with us" (Je., 14:21) / «Не отрини нас ради имени Твоего; не унижай престола славы Твоей: вспомни, не разрушай завета Твоего с нами» (Иер., 14:21).

abhorrence *n.* ненависть

Abib *n.* авив (1-й месяц еврейского календаря) "This day came ye out in the month Abib" (Ex., 13:4) / «Сегодня выходите вы, в месяце Авиве» (Исх., 13:4).

abidance *n.* соблюдение; подчинение; пребывание, жительство, нахождение; ~ by rules соблюдение правил

abide *v.* выносить, терпеть; оставаться, пребывать; проживать, жить, обитать "And Laban said, [It is] better that I give her to thee, than that I should give her to another man: abide with me" (Ge., 29:19) / «Лаван сказал [ему]: лучше отдать мне ее за тебя, нежели отдать ее за другого кого; живи у меня» (Быт., 29:19); вынести, пережить; вытерпеть; покорно ждать, ожидать; оставаться "And Abraham said unto his young men, Abide ye here with the ass; and I and the lad will go yonder and worship, and come again to you" (Ge., 22:5) / «И сказал Авраам отрокам своим: останьтесь вы здесь с ослом, а я и сын пойдем туда и поклонимся, и возвратимся к вам» (Быт., 22:5); ночевать "And he said, Behold now, my lords, turn in, I pray you, into your servant's house, and tarry all night, and wash your feet, and ye shall rise up early, and go on your ways. And they said, Nay; but we will abide in the street all night" (Ge., 19:22) / «И сказал: государи

мои! зайдите в дом раба вашего и ночуйте, и умойте ноги ваши, и встаньте поутру и пойдете в путь свой. Но они сказали: нет, мы ночуем на улице» (Быт., 19:2).

abiding *adj.* постоянный; неизменный; прочный; ~ faith твердая вера, несокрушимая вера

Abigail *n.* Авигея "And David's two wives were taken captives, Ahinoam the Jezreelitess, and Abigail the wife of Nabal the Carmelite" (1 Sa., 30:5) / «Взяты были в плен и обе жены Давида: Ахиноама Изреелитянка и Авигея, бывшая жена Навала, Кармилитянка» (1 Цар., 30:5).

ability *n.* способность; силы "And I said unto them, We after our ability have redeemed our brethren the Jews, which were sold unto the heathen; and will ye even sell your brethren? or shall they be sold unto us? Then held they their peace, and found nothing [to answer]" (Ne., 5:8) / «И сказал им: мы выкупали братьев своих, Иудеев, проданных народам, сколько было сил у нас, а вы продаете братьев своих, и они продаются нам? Они молчали и не находили ответа» (Неем., 5:8); состояние "But if he be poorer than thy estimation, then he shall present himself before the priest, and the priest shall value him; according to his ability that vowed shall the priest value him" (Lev., 27:8) / «Если же он беден и не в силах отдать по оценке твоей, то пусть представят его священнику, и священник пусть оценит его: соразмерно с состоянием давшего обет пусть оценит его священник» (Лев., 27:8); достаток "Then the disciples, every man according to his ability, determined to send relief unto the brethren which dwelt in Judaea" (Ac., 11:29) / «Тогда ученики положили, каждый по достатку своему, послать пособие братьям, живущим в Иудее» (Деян., 11:29); правоспособность; работоспособность

Abiasaph *n.* Авиасаф "And the sons of Korah; Assir, and Elkanah, and Abiasaph: these [are] the families of the Korhites" (Ex., 6:24) / «Сыны Корея: Асир, Елкана и Авиасаф: это семейства Кореевы» (Исх., 6:24).

Abiathar *n.* Авиафар "And one of the sons of Ahimelech the son of Ahitub, named Abiathar, escaped, and fled after David" (1 Sa., 22:20) / «Спасся один только сын Ахимелеха, сына Ахитува, по имени Авиафар, и убежал к Давиду» (1 Цар., 22:20).

Abida *n.* Авида "And the sons of Midian; Ephah, and Epher, and Hanoch, and Abida, and Eldaah. All these [were] the children of Keturah" (Ge., 25:4) / «Сыны Мадиана: Ефа, Ефер, Ханох, Авида и Елдага. Все сии сыны Хеттуры» (Быт., 25:4).

Abidan *n.* Авидан "Of Benjamin; Abidan the son of Gideoni" (Nu., 1:11) / «От Вениамина Авидан, сын Гидеония» (Числ., 1:11).

Abiel *n.* Авиил, Авиел "Now there was a man of Benjamin, whose name [was] Kish, the son of Abiel, the son of Zeror, the son of Bechorath, the son of Aphiah, a Benjamite, a mighty man of power" (1 Sa., 9:1) / «Был некто из сынов Вениамина, имя его Кис, сын Авиила, сына Церона, сына Бехорафа, сына Афия, сына некоего Вениамитянина, человек знатный» (1 Цар., 9:1).

Abigail *n.* Авигея "Now the name of the man [was] Nabal; and the name of his wife Abigail: and [she was] a woman of good understanding, and of a beautiful countenance: but the man [was] churlish and evil in his doings; and he [was] of the house of Caleb" (1 Sa., 25:3) / «Имя человека того — Навал, а имя жены его — Авигея; эта женщина была весьма умная и красивая лицем, а он — человек жестокий и злой нравом; он был из рода Халев» (1 Цар., 25:3).

Abihail *n.* Абихаил "And the chief of the house of the father of the families of Merari [was] Zuriel the son of Abihail: [these] shall pitch on the side of the tabernacle northward" (Nu., 3:35) / «Начальник поколения родов Мерари Цуриил, сын Авихаила; они должны ставить стан свой на северной стороне скинии» (Числ., 3:35).

Abijah *n.* Авия "At that time Abijah the son of Jeroboam fell sick" (1 Ki., 14:1) / «В то время заболел Авия, сын Иеровоамов» (3 Цар., 14:1).

Abilene *n*. Авилиния "Now in the fifteenth year of the reign of Tiberius Caesar, Pontius Pilate being governor of Judaea, and Herod being tetrarch of Galilee, and his brother Philip tetrarch of Ituraea and of the region of Trachonitis, and Lysanias the tetrarch of Abilene" (Lk., 3:1) / «В пятнадцатый же год правления Тиверия кесаря, когда Понтий Пилат начальствовал в Иудее, Ирод был четвертовластником в Галилее, Филипп, брат его, четвертовластником в Итурее и Трахонитской области, а Лисаний четвертовластником в Авилинее» (Лук., 3:1).

Abimael *n*. Авимаил "And Obal, and Abimael, and Sheba" (Ge., 10:28) / «Овала, Авимаила, Шеву» (Быт., 10:28).

Abimelech *n*. Авимелех "And Abraham said of Sarah his wife, She [is] my sister: and Abimelech king of Gerar sent, and took Sarah" (Ge., 20:2) / «И сказал Авраам о Сарре, жене своей: она сестра моя. [Ибо он боялся сказать, что это жена его, чтобы жители города того не убили его за нее.] И послал Авимелех, царь Герарский, и взял Сарру» (Быт., 20:2).

Abinoam *n*. Авиноам "And she sent and called Barak the son of Abinoam out of Kedeshnaphtali, and said unto him, Hath not the Lord God of Israel commanded, [saying], Go and draw toward mount Tabor, and take with thee ten thousand men of the children of Naphtali and of the children of Zebulun?" (Jdg., 4:6) / «[Девора] послала и призвала Варака, сына Авиноамова, из Кедеса Неффалимова, и сказала ему: повелевает [тебе] Господь Бог Израилев: пойди, взойди на гору Фавор и возьми с собою десять тысяч человек из сынов Неффалимовых и сынов Завулоновых» (Суд., 4:6).

Abiram *n*. Авирон "Now Korah, the son of Izhar, the son of Kohath, the son of Levi, and Dathan and Abiram, the sons of Eliab, and On, the son of Peleth, sons of Reuben, took [men]" (Nu., 16:1) / «Корей, сын Ицгара, сын Каафов, сын Левиин, и Дафан и Авирон, сыны Елиава, и Авнан, сын Фалефа, сыны Рувимовы» (Числ., 16:1).

Abishag *n*. Ависага "So they sought for a fair damsel throughout all the coasts of Israel, and found Abishag a Shunammite, and brought her to the king" (1 Ki., 1:3) / «И искали красивой девицы во всех пределах Израильских, и нашли Ависагу Сунамитянку, и привели ее к царю» (3 Цар., 1:3).

Abishua *n*. Авишуа "Eleazar begat Phinehas, Phinehas begat Abishua" (1 Chr., 6:4) / «Елеазар родил Финееса, Финеес родил Авишуя» (1 Пар., 6:4).

Abishur *n*. Авишур "And the sons of Onam were, Shammai, and Jada. And the sons of Shammai; Nadab, and Abishur" (1 Chr., 2:28) / «Сыновья Онама были: Шаммай и Иада. Сыновья Шаммая: Надав и Авишур» (1 Пар., 2:28).

Abital *n.* Авитала "And the fourth, Adonijah the son of Haggith; and the fifth, Shephatiah the son of Abital" (2 Sa., 3:4) / «Четвертый — Адония, сын Аггифы; пятый — Сафатия, сын Авиталы» (2 Цар., 3:4).

Abitub *n.* Авитув "And of Hushim he begat Abitub, and Elpaal" (1 Chr., 8:11) / «От Хушимы родил он Авитува и Елпаала» (1 Пар., 8:11).

abject *adj.* жалкий; презренный; низкий; униженный, подобострастный

abjection *n.* униженность, приниженность; унижение, уничижение

abjuration *n.* отречение; отступничество

abjure *v.* отрекаться, отречься (от кого-л./от чего-л.); ~ one's religion отрекаться от своей веры

abjurer *n.* отступник, -ница; ренегат, изменник, -ница

abjuror *n.* отступник, предатель, изменник

able *adj.* способный "And he brought him forth abroad, and said, Look now toward heaven, and tell the stars, if thou be able to number them: and he said unto him, So shall thy seed be" (Ge., 15:5) / «И вывел его вон и сказал [ему]: посмотри на небо и сосчитай звезды, если ты можешь счесть их. И сказал ему: столько будет у тебя потомков» (Быт., 15:5).

ablegate *n.* аблегат (посланник Папы Римского к вновь избранному кардиналу или высокопоставленному лицу)

ableness *n.* доходность

ablution *n.* омовение; обмывание

abnegation *n.* отречение

abnegator *n.* отвергатель, -ница

Abner *n.* Авенир "And the name of Saul's wife [was] Ahinoam, the daughter of Ahimaaz: and the name of the captain of his host [was] Abner, the son of Ner, Saul's uncle" (1 Sa., 14:50) / «Имя же жены Сауловой — Ахиноамь, дочь Ахимааца; а имя начальника войска его — Авенир, сын Нира, дяди Саулова» (1 Цар., 14:50).

abode *n.* прибежище, временный приют; кров, обиталище

abolish *v.* исчезнуть "And the idols he shall utterly abolish" (Is., 2:18) / «И идолы совсем исчезнут» (Ис., 2:18); отменять, отменить (что-л.); упразднять, упразднить (что-л.)

abolishment *n.* лишение

abominable *adj.* гнусный "And if it be eaten at all on the third day, it [is] abominable; it shall not be accepted" (Lev., 19:7) / «Если же кто станет есть ее на третий день, это гнусно, это не будет благоприятно» (Лев., 19:7); оскверненный "Ye shall therefore put difference between clean beasts and unclean, and between unclean fowls and clean: and ye shall not make your souls abominable by beast, or by fowl, or by any manner of living thing that creepeth on the ground, which I have separated from you as unclean" (Lev., 20:25) / «Отличайте скот чистый от нечистого и птицу чистую от нечистой и не оскверняйте душ ваших скотом и птицею и всем пресмыкающимся по земле, что отличил Я, как нечистое» (Лев., 20:25); мерзкий "Thou shalt not eat any abominable thing" (De., 14:3) / «Не ешь никакой мерзости» (Втор., 14:3); противный "But Levi and Benjamin counted he not among them: for the king's word was abominable to Joab" (1 Chr., 21:6) / «А левитов и вениаминян он не исчислял между ними, потому что царское слово противно было Иоаву» (1 Пар., 21:6); нечистый "How much more abominable and filthy [is] man, which drinketh iniquity like water?" (Job, 15:16) / «Тем больше нечист и растлен человек, пьющий беззаконие, как воду» (Иов., 15:16); презренный "But thou art cast out of thy grave like an abominable branch, [and as] the raiment of those that are slain, thrust through with a sword, that go down to the stones of the pit; as a carcase trodden under feet" (Is., 14:19) / «Ты повержен вне гробницы своей, как презренная ветвь, как одежда убитых, сраженных мечом, которых опускают в каменные рвы, — ты, как попираемый труп» (Ис., 14:19).

abominableness *n.* гнусность

abominate *v.* гнушаться (чем-л., кем-л.)

abomination *n.* мерзость "And they set on for him by himself, and for them by themselves, and for the Egyptians, which did eat with him, by themselves: because the Egyptians might not eat bread with the Hebrews; for

that [is] an abomination unto the Egyptians" (Ge., 43:22) / «И подали ему особо, и им особо, и Египтянам, обедавшим с ним, особо, ибо Египтяне не могут есть с Евреями, потому что это мерзость для Египтян» (Быт., 43:22); скверна "They shall be even an abomination unto you; ye shall not eat of their flesh, but ye shall have their carcases in abomination" (Lev., 11:11) / «Они должны быть скверны для вас: мяса их не ешьте и трупов их гнушайтесь» (Лев., 11:11); отвращение, омерзение; гнусность; hold in ~ питать отвращение

aborning *adj.* зарождающийся, появляющийся на свет, возникающий

abortion *n.* выкидыш; изверг

Abot of Misrule *n.* распорядитель на Рождественских торжествах

Abp. (Archbishop) архиепископ

Abraham *n.* Авраам "Neither shall thy name any more be called Abram, but thy name shall be Abraham; for a father of many nations have I made thee" (Ge., 17:5) / «И не будешь ты больше называться Аврамом, но будет тебе имя: Авраам, ибо Я сделаю тебя отцом множества народов» (Быт., 17:5); ~'s bosom лоно Авраамово; ~'s Oak дуб Авраамов; ~ic Covenant Завет Авраамов

abraxas *n.* талисман; амулет; мистическое слово

abridge *v.* сократить расходы

abridgement *n.* сокращение

abrogate *v.* отменять, отменить (что-л.)

abrogation *n.* расторжение

Abs. (absens) отсутствующий

Absalom *n.* Авессалом «And his second, Chileab, of Abigail the wife of Nabal the Carmelite; and the third, Absalom the son of Maacah the daughter of Talmai king of Geshur" (2 Sa., 3:3) / «А второй [сын] его — Далуиа от Авигеи, бывшей жены Навала, Кармилитянки; третий — Авессалом, сын Маахи, дочери Фалмая, царя Гессурского» (2 Цар., 3:3).

absence *n.* отсутствие "Wherefore, my beloved, as ye have always obeyed, not as in my presence only, but now much more in my absence, work out your own salvation with fear and trembling" (Php., 2:12) / «Итак, возлюбленные мои, как вы всегда были послушны, не только в присутствии моем, но гораздо более ныне во время отсутствия моего, со страхом и трепетом совершайте свое спасение» (Фил., 2:12).

absentee *n.* отсутствующий

absis *n.* апсида

Absolute *n.* Абсолют (одно из свойств Божиих)

absolute *adj.* безусловный; полный

absoluteness *n.* безусловность

Absolutio *n.* отпущение грехов; очищение от грехов

absolution *n.* отпущение (грехов); general ~ публичное отпущение грехов; прощение; разрешение

absolutory *adj.* отпускающий грехи

absolve *v.* отпускать грехи; ~ te «отпускаю грехи твои» (католическая формула отпущения грехов после исповеди и покаяния)

absolver *n.* решитель, -ница

abstain *v.* воздерживаться, воздержаться (от чего-л.) "But that we write unto them, that they abstain from pollutions of idols, and [from] fornication, and [from] things strangled, and [from] blood" (Ac., 15:20) / «А написать им, чтобы они воздерживались от оскверненного идолами, от блуда, удавленины и крови, и чтобы не делали другим того, чего не хотят себе» (Деян., 15:20); удерживаться (от чего-л.) "Abstain from all appearance of evil" (1 Th., 5:22) / «Удерживайтесь от всякого рода зла» (1 Фес., 5:22); удаляться "Dearly beloved, I beseech [you] as strangers and pilgrims, abstain from fleshly lusts, which war against the soul" (1 Pe., 2:11) / «Возлюбленные! прошу вас, как пришельцев и странников, удаляться от плотских похотей, восстающих на душу» (1 Петр., 2:11).

abstain *v.* воздерживаться; ~ from drinking / alcohol не употреблять спиртных напитков; ~ from meat не есть мясного

abstenious *adj.* воздержанный

abstention *n.* воздержание; воздержанность

abstentious *adj.* воздержанный; скудный; ~ life аскетическая жизнь; ~ meal скудная/постная трапеза

abstinence *n.* воздержание; умеренность; воздержанность; трезвенность; пост; ~ from meat вегетарианство; day of ~ постный день

abstinency *n.* воздержание, умеренность; соблюдение поста

abstinent *adj.* воздержанный, умеренный в пище, питье; аскетический; постящийся

abstract I *n.* извлечение;

abstract II *adj.* отвлеченный

abstractness *n.* отвлечение

abstruse *adj.* трудный для понимания; невразумительный, темный, неясный; тайный

abstrusity *n.* невразумительность; неясность

absurd *adj.* бессмысленный; глупый; нелепый

absurdity *n.* нелепость

abuna *n.* абуна, митрополит Эфиопской православной церкви

Abuna *n.* Абуна (титул митрополита Эфиопской церкви)

abundance *n.* изобилие "Because thou servedst not the Lord thy God with joyfulness, and with gladness of heart, for the abundance of all [things]" (De., 28:47) / «За то, что ты не служил Господу Богу твоему с веселием и радостью сердца, при изобилии всего» (Втор., 28:47); богатство "They shall call the people unto the mountain; there they shall offer sacrifices of righteousness: for they shall suck [of] the abundance of the seas, and [of] treasures hid in the sand" (De., 33:19) / «Созывают они народ на гору, там закалают законные жертвы, ибо

они питаются богатством моря и сокровищами, сокрытыми в песке» (Втор., 33:19).

abundance *n.* изобилие, избыток; достаток, богатство; множество; be in ~ изобиловать; ~ of people стечение народа

abundant *adj.* благодатный; изобильный, изобилующий "O thou that dwellest upon many waters, abundant in treasures, thine end is come, [and] the measure of thy covetousness" (Je., 51:13) / «О ты, живущий при водах великих, изобилующий сокровищами! пришел конец твой, мера жадности твоей» (Иер., 51:13).

abuse I *n.* злоупотребление; make an ~ of злоупотреблять, злоупотребить (чем-л.); поношение

abuse II *v.* поносить (кого-л./что-л.); (над)ругаться (над кем-л.) "But the men would not hearken to him: so the man took his concubine, and brought her forth unto them; and they knew her, and abused her all the night until the morning: and when the day began to spring, they let her go" (Jdg., 19:25) / «Но они не хотели слушать его. Тогда муж взял свою наложницу и вывел к ним на улицу. Они познали ее, и ругались над нею всю ночь до утра. И отпустили ее при появлении зари» (Суд., 19:25); издеваться "Then said Saul unto his armourbearer, Draw thy sword, and thrust me through therewith; lest these uncircumcised come and thrust me through, and abuse me. But his armourbearer would not: for he was sore afraid. Therefore Saul took a sword, and fell upon it" (1 Sa., 31:4) / «И сказал Саул оруженосцу своему: обнажи твой меч и заколи меня им, чтобы не пришли эти необрезанные и не убили меня и не издевались надо мною. Но оруженосец не хотел, ибо очень боялся. Тогда Саул взял меч свой и пал на него» (1 Цар., 31:4); пользоваться "What is my reward then? [Verily] that, when I preach the gospel, I may make the gospel of Christ without charge, that I abuse not my power in the gospel" (1 Co., 9:18) / «За что же мне награда? За то, что, проповедуя Евангелие, благовествую о Христе безмездно, не пользуясь моею властью в благовествовании» (1 Кор., 9:18).

abusive *adj.* оскорбительный; поносительный; ~ words поносительные слова

abysm *n.* бездна, пропасть, пучина

abysmal *adj.* бездонный; крайний; ужасный

abyss *n.* бездна, пропасть; хлябь; пучина; первозданный хаос; ~ of despair/ hopelessness бездна отчаяния

Abyssinian *adj.* абиссинский (эфиопский); ~ Church Абиссинская Церковь; ~ Christians абиссинские христиане

AC (Ante Christum) до Рождества Христова

Acacian Schism Акакиевский раскол

Acacius *n.* Акакий (арианский богослов)

acaphistus *n.* акафист; ~ -book акафистник

acaphistus *n.* акафист

acappella *adv.* а капелла

acataleptic *adj.* непостижимый, акаталептический

acathist, acathistos, acathistus *n.* акафист

accelerate *v.* ускорять, ускорить (что-л.)

acceleration *n.* ускорение

accept *v.* принимать, принять (приять) (кого-л./что-л.) "And say ye moreover, Behold, thy servant Jacob [is] behind us" (Ge., 32:20) / «И скажите: вот, и раб твой Иаков [идет] за нами. Ибо он сказал сам в себе: умилостивлю его дарами, которые идут предо мною, и потом увижу лице его; может быть, и примет меня» (Быт., 32:20); соблаговолить

acceptability *n.* приемлемость

acceptable *adj.* приемлемый; благоприятный "The lips of the righteous know what is acceptable: but the mouth of the wicked [speaketh] frowardness" (Pr., 10:32) / «Уста праведного знают благоприятное, а уста нечестивых — развращенное» (Притч., 10:32); благословенный "And of Asher he said, [Let] Asher [be] blessed with children; let him be acceptable to his brethren, and let him dip his foot in oil" (De., 33:24) / «Об Асире сказал: благословен между сынами Асир, он будет любим братьями своими, и окунет в елей ногу свою» (Втор., 33:24);

угодный "To do justice and judgment [is] more acceptable to the Lord than sacrifice" (Pr., 21:3) / «Соблюдение правды и правосудия более угодно Господу, нежели жертва» (Притч., 21:3); изящный "The preacher sought to find out acceptable words: and [that which was] written [was] upright, [even] words of truth» (Ec., 12:10) / «Старался Екклесиаст приискивать изящные изречения, и слова истины написаны им верно» (Екк., 12:10).

accessible *adj.* приступный

accession *n.*: ~ to the throne воцарение

accessory *adj.* побочный

accidental *adj.* случайный

accidentally *adv.* случайно

accidie *n.* леность, апатия; безнадежность

acclamation *n.* ответствие

accommodate *v.* давать пристанище; приютить

accomodation *n.* приспособление

accomoplisher *n.* завершитель, -ница

accompany *v.* сопутствовать (кому-л./чему-л.); держаться (чего-л.) "But, beloved, we are persuaded better things of you, and things that accompany salvation, though we thus speak" (He., 6:9) / «Впрочем о вас, возлюбленные, мы надеемся, что вы в лучшем состоянии и держитесь спасения, хотя и говорим так» (Евр., 6:9); ~ing сопутствующий

accomplice *n.* сообщник, -ница

accomplish *v.* свершать, свершить (что-л.); довершать, до-

вершить (что-л.); окончить "Turn from him, that he may rest, till he shall accomplish, as an hireling, his day" (Job, 14:6) / «То уклонись от него: пусть он отдохнет, доколе не окончит, как наемник, дня своего» (Иов., 14:6); завершать, завершить (что-л.); исполнять, исполнить (что-л.); исполнять "And whosoever offereth a sacrifice of peace offerings unto the Lord to accomplish [his] vow, or a freewill offering in beeves or sheep, it shall be perfect to be accepted; there shall be no blemish therein" (Lev., 22:21) / «И если кто приносит мирную жертву Господу, исполняя обет, или по усердию [или в праздники ваши] из крупного скота или из мелкого, то жертва должна быть без порока, чтоб быть угодною Богу: никакого порока не должно быть на ней» (Лев., 22:21).

accomplisher *n.* довершитель, -ница

accomplishing *n.* исполнение

accomplishment *n.* довершение; окончание "Then Paul took the men, and the next day purifying himself with them entered into the temple, to signify the accomplishment of the days of purification, until that an offering should be offered for every one of them" (Ac., 21:26) / «Тогда Павел, взяв тех мужей и очистившись с ними, в следующий день вошел в храм и объявил окончание дней очищения, когда должно быть принесено за каждого из них приношение» (Деян., 21:26); завершение; свершение; совершение

accord *n.* созвучие

accumbent *adj.* возлежащий за столом

accumulate *v.* накапливать, накопить (что-л.)

accumulation *n.* накопление (богатство)

accurse *v.* проклинать, предавать анафеме; ~d проклятый; ненавистный; отвратительный

accursed *p. p.* окаянный; заклятый "And the city shall be accursed, [even] it, and all that [are] therein, to the Lord: only Rahab the harlot shall live, she and all that [are] with her in the house, because she hid the messengers that we sent" (Job, 6:17) / «Но вы берегитесь заклятого, чтоб и самим не подвергнуться заклятию, если возьмете что-нибудь из заклятого, и чтобы на стан [сынов] Израилевых не навести заклятия и не сделать ему беды» (Иов., 6:17).

accusal *n.* обвинение

accusation *n.* обвинение "And in the reign of Ahasuerus, in the beginning of his reign, wrote they [unto him] an accusation against the inhabitants of Judah and Jerusalem" (Ezr., 4:6) / «А в царствование Ахашвероша, в начале царствования его, написали обвинение на жителей Иудеи и Иерусалима» (Езд., 4:6); суд "Yet Michael the archangel, when contending with the devil he disputed about the body of Moses, durst not bring against him a railing accusation,

but said, The Lord rebuke thee" (Jud., 1:9) / «Михаил Архангел, когда говорил с диаволом, споря о Моисеевом теле, не смел произнести укоризненного суда, но сказал: «Да запретит тебе Господь» (Иуд., 1:9); надпись "And set up over his head his accusation written, THIS IS JESUS THE KING OF THE JEWS" (Mt., 27:37) / «И поставили над головою Его надпись, означающую вину Его: Сей есть Иисус, Царь Иудейский» (Матф., 27:37).

accusatory *adj.* обвинительный; обличительный; ~ article обличительная статья

accuse *v.* обвинять, обвинить (кого-л., в чем-л.) "And the king commanded, and they brought those men which had accused Daniel, and they cast [them] into the den of lions, them, their children, and their wives; and the lions had the mastery of them, and brake all their bones in pieces or ever they came at the bottom of the den" (Da., 6:24) / «И приказал царь, и приведены были те люди, которые обвиняли Даниила, и брошены в львиный ров как они сами, так и дети их и жены их; и они не достигли до дна рва, как львы овладели ими и сокрушили все кости их» (Дан., 6:24); злословить "Accuse not a servant unto his master, lest he curse thee, and thou be found guilty" (Pr., 30:10) / «Не злословь раба пред господином его, чтобы он не проклял тебя, и ты не остался виноватым» (Притч., 30:10); до-носить (на кого-л.) "Wherefore at that time certain Chaldeans came near, and accused the Jews" (Da., 3:8) / «В это самое время приступили некоторые из Халдеев и донесли на Иудеев» (Дан., 3:8).

accuser *n.* обвинитель, -ница "When Jesus had lifted up himself, and saw none but the woman, he said unto her, Woman, where are those thine accusers? hath no man condemned thee?" (Jn., 8:10) / «Иисус, восклонившись и не видя никого, кроме женщины, сказал ей: женщина! где твои обвинители? никто не осудил тебя?» (Ин., 8:10); обличитель, -ница; клеветник "And I heard a loud voice saying in heaven, Now is come salvation, and strength, and the kingdom of our God, and the power of his Christ: for the accuser of our brethren is cast down, which accused them before our God day and night" (Rev., 12:10) / «И услышал я громкий голос, говорящий на небе: ныне настало спасение и сила и царство Бога нашего и власть Христа Его, потому что низвержен клеветник братий наших, клеветавший на них пред Богом нашим день и ночь» (Откр., 12:10).

Aceldama *n.* Акелдама "And it was known unto all the dwellers at Jerusalem; insomuch as that field is called in their proper tongue, Aceldama, that is to say, The field of blood" (Ac., 1:19) / «И это сделалось известно всем жителям Иерусалима, так

что земля та на отечественном их наречии названа Акелдама, то есть земля крови» (Деян., 1:19).

Acephalites *n. pl.* акефалы

acetbate *v.* озлоблять, ожесточать; раздражать

Achaia *n.* Ахаия "And when Gallio was the deputy of Achaia, the Jews made insurrection with one accord against Paul, and brought him to the judgment seat" (Ac., 18:12) / «Между тем, во время проконсульства Галлиона в Ахаии, напали Иудеи единодушно на Павла и привели его пред судилище» (Деян., 18:12).

Achaicus *n.* Ахаик "I am glad of the coming of Stephanas and Fortunatus and Achaicus: for that which was lacking on your part they have supplied" (1 Co., 16:17) / «Я рад прибытию Стефана, Фортуната и Ахаика: они восполнили для меня отсутствие ваше» (1 Кор., 16:17).

Achan *n.* Ахан "But the children of Israel committed a trespass in the accursed thing: for Achan, the son of Carmi, the son of Zabdi, the son of Zerah, of the tribe of Judah, took of the accursed thing: and the anger of the Lord was kindled against the children of Israel" (Jos., 7:1) / «Но сыны Израилевы сделали [великое] преступление [и взяли] из заклятого. Ахан, сын Хармия, сына Завдия, сына Зары, из колена Иудина, взял из заклятого, и гнев Господень возгорелся на сынов Израиля» (Нав., 7:1).

Achar *n.* Ахар "And Leah said, God hath given me my hire, because I have given my maiden to my husband: and she called his name Issachar" (Ge., 30:18) / «И сказала Лия: Бог дал возмездие мне за то, что я отдала служанку мою мужу моему. И нарекла ему имя: Иссахар [что значит возмездие]» (Быт., 30:18).

achieve *v.* достигать, достичь (чего-л.), достигнуть; приобретать, приобрести (что-л.)

achievement *n.* достижение; приобретение

acid-tongued *adj.* злоязычный, язвительный

acknowledge *v.* признавать, признать (кого-л./что-л.) "But he shall acknowledge the son of the hated [for] the firstborn, by giving him a double portion of all that he hath: for he [is] the beginning of his strength; the right of the firstborn [is] his" (De., 21:17) / «Но первенцем должен признать сына нелюбимой [и] дать ему двойную часть из всего, что у него найдется, ибо он есть начаток силы его, ему принадлежит право первородства» (Втор., 21:17); осознавать, осознать (что-л.); сознавать, сознать (что-л.) "For I acknowledge my transgressions: and my sin [is] ever before me" (Ps., 51:3) / «Ибо беззакония мои я сознаю, и грех мой всегда предо мною» (Псл., 50:5); ~ one's guilt осознать (сознавать) свою вину; ~ religion исповедывать, исповедать (что-л./кого-л.); узнать "And Judah acknowledged [them], and said, She hath been more righteous than I; because that I gave her not to Shelah my son. And he knew her again no more" (Ge. 38:26) / «Иуда узнал и сказал: она правее меня, потому что я не дал ее Шеле, сыну моему. И не познавал ее более» (Быт., 38:26); открыть "I acknowledged my sin unto thee, and mine iniquity have I not hid. I said, I will confess my transgressions unto the Lord; and thou forgavest the iniquity of my sin. Selah" (Ps., 32:5) / «Но я открыл Тебе грех мой и не скрыл беззакония моего; я сказал: исповедаю Господу преступления мои, и Ты снял с меня вину греха моего» (Псл., 31:5).

acknowledgement *n.* познание "That their hearts might be comforted, being knit together in love, and unto all riches of the full assurance of understanding, to the acknowledgement of the mystery of God, and of the Father, and of Christ" (Col., 2:2) / «Дабы утешились сердца их, соединенные в любви для всякого богатства совершенного разумения, для познания тайны Бога и Отца и Христа» (Кол., 2:2); осознание; признание; сознание; повинная

ACN (Ante Christum Natum) до Рождества Христова

acoemetae, acoemeti, acoemeti *n. pl.* акимиты (неусыпные монашеские общины), монахи неусыпные

acolite *n.* аколит (прислужник в храме)

acolyte *n.* аколуф

acquest *n.* приобретение

acquire *v.* обретать, обрести, обресть (что-л.); приобретать, приобрести (что-л.); снискивать, снискать (что-л.); стяжать

acquiring *n.* стяжание

acquisition *n.* благоприобретение; приобретение; стяжание

acquisitiveness *n.* стяжательство; жажда наживы

acrivia *n.* акривия

act I *n.* действие; evil ~s злые действия; деяние; the ~s of the Apostles деяния Апостолов, апостольские постановления; действование; процесс

act II *v.* действовать; воздействовать (на кого-л./на что-л.); ~ of Supremacy «Акт о супрематии»; ~ of Uniformity «Акт о единоверии»; ~ of worship богослужение; ~s (Acts of the Apostles) «Деяния святых Апостолов»; ~s of Barnabas «Деяния Варнавы»; ~s of Bartholomew «Деяния Варфоломея»; ~s of John «Деяния Иоанна»; ~s of Paul «Деяния Павла»; ~s of Paul and Thecla «Деяния Павла и Феклы»; ~s of Peter «Деяния Петра»; ~s of Philip «Деяния Филиппа»; ~s of Pilate «Деяния Пилата», «Акты Пилата»; ~s of Thaddaeus «Деяния Фаддея»; ~s of Thomas «Деяния Фомы»

Acta Pilata «Деяния Пилата»

Acta Sanctorum «Акты святых», «Деяния святых»

action I *n.* воздействие; дело "Talk no more so exceeding proudly; let [not] arrogancy come out of your mouth: for the

Lord [is] a God of knowledge, and by him actions are weighed" (1 Sa., 2:3) / «Не умножайте речей надменных; дерзкие слова да не исходят из уст ваших; ибо Господь есть Бог ведения, и дела у Него взвешены» (1 Цар., 2:3); действие; will-power ~ действие воли; reproductive ~ воспроизводительное действие; transitive ~ переходящее действие; conversive ~ превращательное действие; деяние; иск; процесс

action II *n.* служба, богослужение, евхаристия; канон обедни; ~ Sermon проповедь, произносимая перед Св. Причастием

active *n.* деятельный

activity *n.* деятельность

actual *adj.* действительный; ~ grace благодать Господня; ~ sin индивидуальный грех

actuary *n.* актуарий (секретарь синода Англиканской Церкви)

actuated *p. p.* движимый

ad Calendas Graecas, ad Kalendas Graecas до греческих календ; никогда

ad absurdum до абсурда

ad astra per aspera через тернии к звездам

ad captandum vulgus из желания угодить толпе

ad exemplum для примера; к примеру, например

ad extremum до конца, под конец, в конечном итоге

ad finem к концу

ad′gloriam во славу

ad idem согласно, с тем же результатом; к тому же

ad infinitum до бесконечности, бесконечно

ad initium в начале, первоначально, изначально

ad interim тем временем; временно

ad libitum на усмотрение исполнителя

ad limina aposolorum у порогов апостольских (у папского престола)

ad litteram буквально

ad locum к данному месту, в связи с этим

ad majorem Dei gloriam к вящей славе Божией, во славу Божию

ad modum (Latin for "similar to") наподобие

ad vitam на всю жизнь, пожизненно, до скончания дней

Adam *n.* Адам; первочеловек; человек "And they heard the voice of the Lord God walking in the garden in the cool of the day: and Adam and his wife hid themselves from the presence of the Lord God amongst the trees of the garden" (Ge., 3:8) / «И услышали голос Господа Бога, ходящего в раю во время прохлады дня; и скрылся Адам и жена его от лица Господа Бога между деревьями рая» (Быт., 3:8).

adamant I *n.* алмаз "As an adamant harder than flint have I made thy forehead: fear them not, neither be dismayed at their looks, though they [be] a rebellious house" (Ez., 3:9) / «Как алмаз, который крепче камня, сделал Я чело твое; не бойся их и не страшись перед лицем их, ибо они мятежный дом» (Иез., 3:9).

adamant II *adj.* непреклонный

adapt *v.* приноравливаться, приноровиться (к кому-л./к чему-л.)

adaptation *n.* приспособление

add *v.* дополнять, дополнить (что-л., чем-л.); приложить "Or all that about which he hath sworn falsely; he shall even restore it in the principal, and shall add the fifth part more thereto, [and] give it unto him to whom it appertaineth, in the day of his trespass offering" (Lev., 6:5) / «Или если он в чем поклялся ложно, то должен отдать сполна, и приложить к тому пятую долю и отдать тому, кому принадлежит, в день приношения жертвы повинности» (Лев., 6:5); присовокуплять, присовокупить (что-л. к чему-л.).

adder *n.* аспид "Dan shall be a serpent by the way, an adder in the path, that biteth the horse heels, so that his rider shall fall backward" (Ge., 49:17) / «Дан будет змеем на дороге, аспидом на пути, уязвляющим ногу коня, так что всадник его упадет назад» (Быт., 49:17).

addict *v.* посвящать, посвятить (кого-л. во что-л.) "I beseech you, brethren, (ye know the house of Stephanas, that it is the firstfruits of Achaia, and [that] they have addicted themselves to the ministry of the saints)" (1 Co., 16:15) / «Прошу вас, братия (вы знаете семейство Стефаново, что оно есть начаток Ахаии и что они посвятили себя на служение святым)» (1 Кор.; 16:15).

additament *n.* добавление, дополнение

addition *n.* приписка; венок "And every base had four brasen wheels, and plates of brass: and the four corners thereof had undersetters: under the laver [were] undersetters molten, at the side of every addition" (1 Ki., 7:30) / «У каждой подставы по четыре медных колеса и оси медные. На четырех углах выступы наподобие плеч, выступы литые внизу, под чашею, подле каждого венка» (3 Цар., 7:30); присовокупление

additional *adj.* дополнительный; присовокупительный

address I *n.* речь

address II *v.* обращаться, обратиться (к кому-л./к чему-л.); воссылать, воссылать (молитвы)

adeem *v.* взять назад, отобрать; отозвать

Adeodatus I *n.* Деодат I

Adeodatus II *n.* Деодат II

adept *n.* адепт, приверженец, последователь

adhere (to) *v.* следовать (чему-л./кому-л.; за кем-л./за чем-л.)

adherence *n.* приверженность

adherent *n.* приверженец, -ица; сторонник, -ница; последователь, -ница

adiaphora, adiaphoro, adiophoro *n.* адиафора (безразличие)

adiaphorism *n.* адиафоризм

adiaphorist *n.* адиафорист

adiaphorist, adiophorist *n.* адиафорист

adice *n.* уведомление

adjacent *adj.* смежный; сопредельный

adjoining *adj.* сопредельный

adjudge *v.* считать, полагать, рассматривать

adjuration *n.* мольба, заклинание; клятва

adjure *v.* заклинать, молить, умолять; "Adjuro te per eum, qui venturus est judi-care vivos et mortuos" / «Заклинаю тебя Тем, кто грядет судить живых и мертвых»; заклясть "And the men of Israel were distressed that day: for Saul had adjured the people, saying, Cursed [be] the man that eateth [any] food until evening, that I may be avenged on mine enemies" (1 Sa., 14:24) / «Люди Израильские были истомлены в тот день; а Саул [весьма безрассудно] заклял народ, сказав: проклят, кто вкусит хлеба до вечера, доколе я не отомщу врагам моим» (1 Цар., 14:24).

adjust *v.* приспосабливаться, приспособиться (к кому-л./к чему-л.)

adjustment *n.* приспособление

adjuvancy *n.* помощь, содействие

Adm. Rev. (Admodum Reverendus) *n.* высокопреподобие

admarginate *v.* делать заметки на полях

administer I *v.* отправлять обряды; ~ the last sacraments соборовать

administer II *v.* править (кем-л./чем-л.); administer justice отправлять правосудие; ~ the sacrament приобщить кого-л. святых тайн; вверять "Avoiding this, that no man should blame us in this abundance which is administered by us" (2 Co., 8:20) / «Остерегаясь, чтобы нам не подвергнуться от кого нареканию при таком обилии приношений, вверяемых нашему служению» (2 Кор., 8:20).

administration *n.* отправление обрядов; служение "And there are differences of administrations, but the same Lord" (1 Co., 12:5) / «И служения различны, а Господь один и тот же» (1 Кор., 12:15); ~ of last sacraments соборование

admiration *n.* восхищение; удивление "And I saw the woman drunken with the blood of the saints, and with the blood of the martyrs of Jesus: and when I saw her, I wondered with great admiration" (Rev., 17:6) / «Я видел, что жена упоена была кровью святых и кровью свидетелей Иисусовых, и видя ее, дивился удивлением великим» (Откр., 17:6).

admirer *n.* почитатель, -ница

admissible *adj.* допустимый

admission *n.* допустимость; допущение

admit *v.* допускать, допустить (что-л.); признавать, признать (кого-л./что-л.); сознаваться, сознаться (в чем-л.); вчинять, вчинить (кого-л./что-л.)

admonish *v.* предупреждать против совершения проступка; наставлять, наставить (кого-л. на что-л.) "And I myself also am persuaded of you, my brethren, that ye also are full of goodness, filled with all knowledge, able also to admonish one another" (Ro., 15:14) / «И сам я уверен о вас, братия мои, что и вы полны благости, исполнены всякого познания и можете наставлять друг друга» (Рим., 15:14); увещевать (кого-л.); предостерегать "The Lord hath said concerning you, O ye remnant of Judah; Go ye not into Egypt: know certainly that I have admonished you this day" (Je., 42:19) / «К вам, остаток Иуды, изрек Господь: «Не ходите в Египет; твердо знайте, что я ныне предостерегал вас» (Иер., 42:19); советовать "Now when much time was spent, and when sailing was now dangerous, because the fast was now already past, Paul admonished [them]" (Ac., 27:9) / «Но как прошло довольно времени, и плавание было уже опасно, потому что и пост уже прошел, то Павел советовал» (Деян., 27:9); вразумлять "And we beseech you, brethren, to know them which labour among you, and are over you in the Lord, and admonish you" (1 Th., 5:12) / «Просим же вас, братия, уважать трудящихся у вас, и предстоятелей ваших в Господе, и вразумляющих вас» (1 Фес., 5:12).

admonisher *n.* увещеватель, -ница

admonishment *n.* наставление; предостережение

admonition *n.* наставление; увещание "And, ye fathers, provoke not your children to wrath: but bring them up in the nurture and admonition of the Lord" (Eph., 6:4) / «И вы, отцы, не раздражайте детей ваших, но воспитывайте их в учении и наставлении Господнем» (Ефес., 6:4); вразумление "A man that is an heretick after the first and second admonition reject" (Tit., 3:10) / «Еретика, после первого и второго вразумления, отвращайся» (Тит., 3:10); предостережение, предупреждение; увещевание; наставление, совет

admonitioner *n.* увещеватель

admonitionist *n.* увещеватель; ~s увещеватели

admonitive *adj.* увещевательный

admonitory *adj.* увещевательный

adolescence (-y) *n.* отрочество; юность

adolescent I *n.* отрок; отроковица

adolescent II *adj.* юный

Adonai *n.* Адонаи, Адонай (имя Бога, заменяющее непроизносимый четырехбуквенный Тетраграмматон Йод-Хе-Вав-Хе)

Adonaists *n. pl.* адонаисты

adopt *v.* усваивать, усвоить (что-л.); ~ Christianity принять христианство; усыновлять, усыновить (кого-л.)

adoptation *n.* применение

adoption *n.* усвоение; усыновление "For ye have not received the spirit of bondage again to fear; but ye have received the Spirit of adoption, whereby we cry, Abba, Father" (Ro., 8:15) / «Потому что вы не приняли духа рабства, чтобы опять жить в страхе, но приняли Духа усыновления, Которым взываем: «Авва, Отче!» (Рим., 8:15).

Adoptionism *n.* адопцианская ересь

adorable *adj.* поклоняемый

adoration *n.* поклонение; ~ of the Kings Поклонение царей; ~ of the Precious Cross Крестопоклонная неделя; Поклонение Честному и Животворящему Кресту Господню; ~ of the Shepherds «Поклонение пастухов»; ~ of the magi поклонение волхвов

adore *v.* поклоняться; почитать; чтить (кого-л./что-л.)

adorer *n.* чтитель, -ница

adorn *v.* украшать, украсить (кого-л./что-л., чем-л.) "In like manner also, that women adorn themselves in modest apparel, with shamefacedness and sobriety; not with broided hair, or gold, or pearls, or costly array" (1 Ti., 2:9) / «Чтобы также и жены, в приличном одеянии, со стыдливостью и целомудрием, украшали себя не плетением волос, не золотом, не жемчугом, не многоценною одеждою» (1 Тим., 2:9).

adorner *n.* украшатель, -ница

adornment *n.* украшение

Adramelech *n.* Адрамелех

Adrian I *n.* Адриан I

Adrian II *n.* Адриан II

Adrian III *n.* Адриан III

Adrian IV *n.* Адриан IV

Adrian V *n.* Адриан V

Adrian VI *n.* Адриан VI

Adrian *n.* Адриан (Патриарх Московский и Всея Руси)

adulation *n.* человекоугодие

adulator *n.* человекоугодник, -ница

adulterer *n.* прелюбодей "The eye also of the adulterer waiteth for the twilight, saying, No eye shall see me: and disguiseth [his] face" (Job, 24:15) / «И око прелюбодея ждет сумерков, говоря: ничей глаз не увидит меня, — и закрывает лице» (Иов., 24:15).

adulteress *n.* прелюбодейка "Ye adulterers and adulteresses, know ye not that the friendship of the world is enmity with God?" (Jas., 4:4) / «Прелюбодеи и прелюбодейцы! не знаете ли, что дружба с миром есть вражда против Бога?» (Иак., 4:4).

adulterine *adj.* внебрачный

adultery *n.* прелюбодеяние, прелюбодейство "They say unto him, Master, this woman was taken in adultery, in the very act" (Jn., 8:4) / «Сказали Ему: Учитель! эта женщина взята в прелюбодеянии» (Ин., 8:4); блудодеяние, блуд, грех прелюбодеяния

adunation *n.* слияние (в одно целое); соединение, слияние

Adv. (Adventus) Адвент; Второе Пришествие Христа

advance *v.* двигаться, двинуться; поставить "And Samuel said unto the people, [It is] the Lord that advanced Moses and Aaron, and that brought your fathers up out of the land of Egypt" (1 Sa., 12:6) / «Тогда Самуил сказал народу: [свидетель] Господь, Который поставил Моисея и Аарона и Который вывел отцов ваших из земли Египетской» (1 Цар., 12:6); вознести "And Haman told them of the glory of his riches, and the multitude of his children, and all [the things] wherein the king had promoted him, and how he had ad-vanced him above the princes and servants of the king" (Esth., 5:11) / «И рассказывал им Аман о великом богатстве своем и о множестве сыновей своих и обо всем том, как возвеличил его царь и как вознес его над князьями и слугами царскими» (Есф., 5:11).

advancing *adj.* благопоспешный

advantage *n.* преимущество; have an advantage иметь преимущество "What advantage then hath the Jew? or what profit [is there] of circumcision?" (Ro., 3:1) / «Итак, какое преимущество быть Иудеем, или какая польза от обрезания?» (Рим., 3:1); ~ of possessor преимущество владеющего; прибыль "For thou saidst, What advantage will it be unto thee? [and], What profit shall I have, [if I be cleansed] from my sin?" (Job, 35:3) / «Ты сказал: что пользы мне? и какую прибыль я имел бы пред тем, как если бы я и грешил?» (Иов., 35:3); польза "For what is a man advantaged, if he gain the whole world, and lose himself, or be cast away?" (Lk., 9:25) / «Ибо что пользы человеку приобрести весь мир, а себя самого погубить или повредить себе?» (Лук., 9:25); корысть "These are murmurers, complainers, walking after their own lusts; and their mouth speaketh great swelling [words], having men's persons in admiration because of advantage" (Jud., 1:16) / «Это ропотники, ничем не довольные, поступающие по своим похотям (нечестиво и беззаконно); уста их произносят надутые слова; они оказывают лицеприятие для корысти» (Иуд., 1:16).

Advent *n.* Адвент (дни от 4-го воскресения перед Рождеством); Рождественский Пост, Филиппов пост, Малая Четыредесятница; ~ Christian Church Адвентистская христианская церковь; ~ Sunday неделя Адвента, первая неделя Рождественского поста у католиков

Adventism *n.* адвентизм

Adventist *n.* адвентист

adversary *n.* противоборник, -ница; соперник, -ца "And her adversary also provoked her sore, for to make her fret, because the Lord had shut up her womb" (1 Sa. 1:6) / «Соперница ее сильно огорчала ее, побуждая ее к ропоту на то, что Господь заключил чрево ее» (1 Цар., 1:6); противник, -ца "But now the Lord my God hath given me rest on every side, [so that there is] neither adversary nor evil occurrent" (1 Ki., 5:4) / «Ныне же Господь Бог мой даровал мне покой отовсюду: нет противника и нет более препон» (3 Цар., 5:4).

Adversary *n.* Противник, Сатана, Дьявол

adverse *adj.* противоборствующий

adversity *n.* напасти, превратности судьбы

advertise *v.* возвещать "And now, behold, I go unto my people: come [therefore, and] I will advertise thee what this people shall do to thy people in the latter days" (Nu., 24:14) / «Итак, вот, я иду к народу своему; пойди, я возвещу тебе, что сделает народ сей с народом твоим в последствие времени» (Числ., 24:14); публиковать, опубликовывать (что-л.)

advice I *n.* совет "And herein I give [my] advice: for this is expedient for you, who have begun before, not only to do, but also to be forward a year ago" (2 Co., 8:10) / «Я даю на это совет: ибо это полезно вам, которые не только начали делать сие, но и желали того еще с прошедшего года» (2 Кор., 8:10); извещение; разум "And blessed [be] thy advice, and blessed [be] thou, which hast kept me this day from coming to [shed] blood, and from avenging myself with mine own hand" (1 Sa., 25:33) / «И благословен разум твой, и благословенна ты за то, что ты теперь не допустила меня идти на пролитие крови и отмстить за себя» (1 Цар., 25:33); совещание "[Every] purpose is established by counsel: and with good advice make war" (Pr., 20:18) / «Предприятия получают твердость чрез совещание, и по совещании веди войну» (Притч., 20:18).

advice II *v.* советовать, посоветовать (кому-л. что-л.)

advise *v.* советовать "And king Rehoboam consulted with the old men, that stood before Solomon his father while he yet lived, and said, How do ye advise that I may answer this peo-

ple?" (1 Ki., 12:6) / «Царь Ровоам советовался со старцами,
которые предстояли пред Соломоном, отцом его, при жизни его, и говорил: как посоветуете вы мне отвечать сему народу?» (3 Цар., 12:6); извещать, известить, (кого-л./что-
л.); уведомлять, уведомить (кого-л., о чем-л.); рассудить
"Now advise, and see what answer I shall return to him that
sent me" (2 Sa., 24:17) / «Теперь рассуди и реши, что мне
отвечать Пославшему меня»
(2 Цар., 24:17).

adviser *n.* советчик, -чица

advocate *n.* поборник, -ница; сторонник, -ница; ходатайство;
ходатай "My little children,
these things write I unto you,
that ye sin not. And if any man
sin, we have an advocate with
the Father, Jesus Christ the righteous" (1 Jn., 2:1) / «Дети мои!
сие пишу вам, чтобы вы не со-
грешали; а если бы кто согрешил, то мы имеем ходатая
пред Отцем, Иисуса Христа,
праведника» (1 Ин., 2:1).

advowee *n.* покровитель церковной общины

advowson *n.* право распределять
приходы, бенефиции

adytum *n.* святая святых

aed. (Aedilis) *n.* эдил, магистрат

aedicule *n.* рака

aegis *n.* эгида

aetatis suae жития его было...
лет

Aeterni Patris *n.* «Этерни пат-
рис»

Aetius Аэций

affability *n.* благоприязнь; благосклонность; дружелюбие

affectation *n.* ненатуральность

affected *p. p.* ненатуральный;
притворный

affection *n.* привязанность;
страсть "And they that are
Christ's have crucified the flesh
with the affections and lusts"
(Ga., 5:24) / «Но те, которые
Христовы, распяли плоть со
страстями и похотями» (Гал.,
5:24); любовь, расположение;
поражение

affiance *v.* обручать, обручить
(кого-л.)

affinity *n.* родство "Should we
again break thy commandments,
and join in affinity with the people of these abominations?
wouldest not thou be angry with
us till thou hadst consumed [us],
so that [there should be] no remnant nor escaping?" (Ezr., 9:14) /
«Неужели мы опять будем нарушать заповеди Твои и вступать в родство с этими отвра-
тительными народами? Не
прогневаешься ли Ты на нас
даже до истребления нас, так
что не будет уцелевших и не
будет спасения?» (Ездр., 9:14);
свойство; духовное родство;
Affinity Bible «Библия родст-
венничков»

affirmative *adj.* утвердительный

afflation *n.* озарение, вдохновение, откровение

afflatus *n.* вдохновение; озарение; откровение; divine ~ божественное откровение; бого-
вдохновенность

afflected *p. p.* скорбный

affliceted *p. p.* одержимый (болезнью)

afflict *v.* огорчать, огорчить (кого-л., чем-л.); печалить, опечалить (кого-л./что-л.); посещать, посетить (кого-л./что-л.); сокрушать, сокрушить (кого-л./что-л.); угнетать "And he said unto Abram, Know of a surety that thy seed shall be a stranger in a land [that is] not theirs, and shall serve them; and they shall afflict them four hundred years" (Ge., 15:13) / «И сказал Господь Авраму: знай, что потомки твои будут пришельцами в земле не своей, и поработят их, и будут угнетать их четыреста лет» (Быт., 15:13); изнурять "Therefore they did set over them taskmasters to afflict them with their burdens. And they built for Phar" (Ezr., 1:11) / «И поставили над ним начальников работ, чтобы изнуряли его тяжкими работами. И он построил фараону Пифом и Раамсес, города для запасов [и Он, иначе Илиополь]» (Ездр., 1:11); притеснять "Ye shall not afflict any widow, or fatherless child" (Ex., 22:22) / «Ни вдовы, ни сироты не притесняйте» (Исх., 22:22); смирять "It [shall be] a sabbath of rest unto you, and ye shall afflict your souls, by a statute for ever" (Lev., 16:31) / «Это суббота покоя для вас, смиряйте души ваши: это постановление вечное» (Лев., 16:31); ~ed сокрушенный; смиренный

affliction *n.* несчастье; печаль, скорбь; страдание "And the angel of the Lord said unto her, Behold, thou [art] with child, and shalt bear a son, and shalt call his name Ishmael; because the Lord hath heard thy affliction" (Ge., 16:11) / «И еще сказал ей Ангел Господень: вот, ты беременна, и родишь сына, и наречешь ему имя Измаил, ибо услышал Господь страдание твое» (Быт., 16:11); злополучие "Thou shouldest not have entered into the gate of my people in the day of their calamity; yea, thou shouldest not have looked on their affliction in the day of their calamity, nor have laid [hands] on their substance in the day of their calamity" (Ob., 1:13) / «Не следовало бы тебе входить в ворота народа Моего в день несчастья его и даже смотреть на злополучие его в день погибели его, ни касаться имущества его в день бедствия его» (Авд., 1:13); бедствие "And Leah conceived, and bare a son, and she called his name Reuben: for she said, Surely the Lord hath looked upon my affliction; now therefore my husband will love me" (Ge., 29:32) / «Лия зачала и родила [Иакову] сына, и нарекла ему имя: Рувим, потому что сказала она: Господь призрел на мое бедствие [и дал мне сына], ибо теперь будет любить меня муж мой» (Быт., 29:32); угнетение "And I have said, I will bring you up out of the affliction of Egypt unto the land of the Canaanites, and the Hittites, and the Amorites, and the Perizzites, and the Hivites, and the Jebusites, unto a land flowing with milk and honey" (Ex., 3:17) / «И сказал: Я выведу вас от угнетения Египетского в землю Хананеев, Хеттеев, Аморреев, Ферезеев, [Гергесеев,] Евеев и Иевусеев, в землю, где течет молоко и мед» (Исх., 3:17); скорбь "And she vowed a vow, and said, O Lord of hosts, if thou wilt indeed look on the affliction of thine handmaid, and remember me, and not forget thine handmaid, but wilt give unto thine handmaid a man child, then I will give him unto the Lord all the days of his life, and there shall no razor come upon his head" (1 Sa., 1:11) / «И дала обет, говоря: Господи [Всемогущий Боже] Саваоф! если Ты призришь на скорбь рабы Твоей и вспомнишь обо мне, и не забудешь рабы Твоей и дашь рабе Твоей дитя мужеского пола, то я отдам его Господу [в дар] на все дни жизни его [и вина и сикера не будет он пить] и бритва не коснется головы его» (1 Цар., 1:11); уничижение "It may be that the Lord will look on mine affliction, and that the Lord will requite me good for his cursing this day" (2 Sa., 16:12) / «Может быть, Господь призрит на уничижение мое, и воздаст мне Господь благостью за теперешнее его злословие» (2 Цар., 16:12); теснота "If, [when] evil cometh upon us, [as] the sword, judgment, or pestilence, or famine, we stand before this house, and in thy presence,

(for thy name [is] in this house,) and cry unto thee in our affliction, then thou wilt hear and help» (2 Chr., 20:9) / «Если придет на нас бедствие: меч наказующий, или язва, или голод, то мы станем пред домом сим и пред лицем Твоим, ибо имя Твое в доме сем; и воззовем к Тебе в тесноте нашей, и Ты услышишь и спасешь» (2 Пар., 20:9); горе "Although affliction cometh not forth of the dust, neither doth trouble spring out of the ground" (Job, 5:6) / «Так, не из праха выходит горе, и не из земли вырастает беда» (Иов., 5:6); сокрушение "Lord, remember David, [and] all his afflictions" (Ps., 132:1) / «Вспомни, Господи, Давида и все сокрушение его» (Псл., 131:1); раны "Why criest thou for thine affliction? thy sorrow [is] incurable for the multitude of thine iniquity: [because] thy sins were increased, I have done these things unto thee" (Je., 30:15) / «Что вопиешь ты о ранах твоих, о жестокости болезни твоей? по множеству беззаконий твоих Я сделал тебе это, потому что грехи твои умножились» (Иер., 30:15); грусть "I saw the tents of Cushan in affliction: [and] the curtains of the land of Midian did tremble" (Hab., 3:7) / «Грустными видел я шатры Ефиопские; сотряслись палатки земли Мадиамской» (Авв., 3:7); зло "And I am very sore displeased with the heathen [that are] at ease: for I was but a little displeased, and they helped forward the affliction" (Ze., 1:15) / «И великим негодованием негодую на народы, живущие в покое; ибо, когда Я мало прогневался, они усилили зло» (Зах., 1:15); притеснение "I have seen, I have seen the affliction of my people which is in Egypt, and I have heard their groaning, and am come down to deliver them. And now come, I will send thee into Egypt" (Ac., 7:34) / «Я вижу притеснение народа Моего в Египте, и слышу стенание его, и нисшел избавить его: итак пойди, Я пошлю тебя в Египет» (Деян., 7:34).

afflictive *adj.* прискорбный, печальный

afford *v.* доставлять, доставить (кому-л., что-л.)

affranchisement *n.* освобождение от обета

affront I *n.* оскорбление

affront II *v.* гневить, прогневить (кого-л.); оскорблять, оскорбить (кого-л./что-л.)

affronter *n.* оскорбитель, -ница

affronting *adj.* оскорбительный

affusion *n.* окропление при крещении

aforetime *prep.* прежде "And he had prepared for him a great chamber, where aforetime they laid the meat offerings, the frankincense, and the vessels, and the tithes of the corn, the new wine, and the oil, which was commanded [to be given] to the Levites, and the singers, and the porters; and the offerings of the priests" (Ne., 13:5) / «Отделал

для него большую комнату, в которую прежде клали хлебное приношение, ладан и сосуды, и десятины хлеба, вина и масла, положенные законом для левитов, певцов и привратников, и приношения для священников» (Неем., 13:5); древле

Afreet *n. pl.* ифриты

African Greek Orthodox Church Африканская греческая православная церковь

African Methodist Episcopal Church Африканская методистская епископальная церковь

African Methodist Episcopal Zion Church Африканская методистская епископальная церковь Сиона

afterlife *n.* загробная жизнь; жизнь после смерти

aftertime *n.* будущее

afterworld потусторонний/загробный мир, тот свет

Agabus of Jerusalem *n.* Агав, пророк из Иудеи

agapae *n. pl.* агапы, вечери любви

agape *n.* агапа (вечеря любви, трапеза)

Agapetae *n. pl.* агапистки

age *n.* возраст; pass the ~ limit выйти из возраста; overripe ~ перезрелый возраст; the indicated ~ указанный возраст; ~s *n.* век; in all ~s от века "Unto him [be] glory in the church by Christ Jesus throughout all ages, world without end" (Eph., 3:21) / «Тому слава в Церкви во Христе Иисусе во все роды, от века до века»; the past ~s века минувшие; the ~s to come века грядущие "That in the ages to come he might shew the exceeding riches of his grace in [his] kindness toward us through Christ Jesus" (Ep., 2:7) / «Дабы явить в грядущих веках преизобильное богатство благодати Своей в благости к нам во Христе Иисусе» (Уф., 2:7); unto the ~s во веки; unto ~s of ~s во веки веков; before all ~s, before all worlds прежде всех век; now and ever and unto ~s of ages ныне и присно и во веки веков

agedness *n.* старость

Agenda *n.* «Агенда», собрание формуляров, устанавливающих порядок и формы богослужения

aggrandizement *n.* усиление, расширение; возвеличивание; восхваление

aggravate *v.* осуждать, осудить (кого-л.)

aggravation *n.* осуждение

aggression *n.* нападение; нападки

agitate *v.* двигать, двинуть (кого-л./что-л.); обуревать (кого-л.); ~d смятенный; обуреваемый (чем-л.)

agitation *n.* смятение

aglare *adj.* сверкающий; ослепительный

agnatic *adj.* единокровный

Agnoitae, Agnoites *n. pl.* агноиты (арианская секта)

agnominal *adj.* прозванный

agnostic *n.* агностик

agnosticism *n.* агностицизм

Agnys *n.* Агнец (Тело Христово); ~ Dei Агнец Божий

agonizing *adj.* мучительный

agony *n.* агония; борение "And being in an agony he prayed more earnestly: and his sweat was as it were great drops of blood falling down to the ground" (Lk., 22:44) / «И, находясь в борении, прилежнее молился, и был пот Его, как капли крови, падающие на землю» (Лук., 22:44); издыхание; предсмертные муки

agotism *n.* себялюбие

Agrapha *n.* Аграфа

agrapha *n.* аграфа, аграфы

agree *v.* договариваться, договориться (с кем-л. о чем-л.) "And when he had agreed with the labourers for a penny a day, he sent them into his vineyard" (Mt., 20:2) / «И, договорившись с работниками по динарию на день, послал их в виноградник свой» (Матф., 20:2); соблаговолить; ~ to соглашаться на что-л.; ~ with соглашаться, согласиться (с кем-л./с чем-л.) "Again I say unto you, That if two of you shall agree on earth as touching any thing that they shall ask, it shall be done for them of my Father which is in heaven" (Mt., 18:19) / «Истинно также говорю вам, что если двое из вас согласятся на земле просить о всяком деле, то, чего бы ни попросили, будет им от Отца Моего Небесного» (Матф., 18:19); мириться "Agree with thine adversary quickly, whiles thou art in the way with him; lest at any time the adversary deliver thee to the judge, and the judge deliver thee to the officer, and thou be cast into prison" (Mt., 5:25) / «Мирись с соперником твоим скорее, пока ты еще на пути с ним, чтобы соперник не отдал тебя судье, а судья не отдал бы тебя слуге, и не ввергли бы тебя в темницу» (Матф., 5:25).

agreeable *adj.* приятный; угодный; благоугодный

agreement *n.* договор "Because ye have said, We have made a covenant with death, and with hell are we at agreement; when the overflowing scourge shall pass through, it shall not come unto us: for we have made lies our refuge, and under falsehood have we hid ourselves" (Isa., 28:15) / «Так как вы говорите: «Мы заключили союз со смертью и с преисподнею сделали договор: когда всепоражающий бич будет проходить, он не дойдет до нас, — потому что ложь сделали мы убежищем для себя, и обманом прикроем себя» (Ис., 28:15); collective ~ коллективный договор; согласие "And what agreement hath the temple of God with idols? for ye are the temple of the living God; as God hath said, I will dwell in them, and walk in [them]; and I will be their God, and they shall be my people" (2 Co., 6:16) / «Какая совместность храма Божия с идолами? Ибо вы храм Бога живаго, как сказал Бог: вселюсь в них и буду ходить в них; и буду их Богом, и они будут Моим народом» (2 Кор.,

6:16); согласование; соглашение; achieve an ~ достичь соглашения; by mutual ~ по взаимному соглашению; come to an ~ придти к соглашению; ~ agreement соглашение на взаимных уступках

agriculture *n.* хлебопашество

aguable *adj.* спорный; ~ point спорный вопрос

aid *v.* помогать, помочь (кому-л., чем-л.); вспомоществовать (кому-л.); споспешствовать (кому-л./чему-л.)

aider *n.* споспешествователь, -ница

aim I *n.* цель

aim II *v.* стремиться (к кому-л./к чему-л.)

Air. (Aliter) иначе, в противном случае

airy *adj.* неземной; небесный

aisle *n.* боковой придел или неф храма; проход между рядами церковных скамей; трапезная

al. (alii, alibi, alias) прочие; в прочих местах; иначе, в противном случае

alacrity *n.* стремление

alarm *n.* тревога "When ye blow an alarm, then the camps that lie on the east parts shall go forward" (Nu., 10:5) / «Когда затрубите тревогу, поднимутся станы, становящиеся к востоку» (Числ., 10:5); трепет; ~ed трепетный

alb *n.* альба; стихарь

Alb. (Albus) *n.* бревиарий «Альбус», «Белый служебник»

Albigenses, Albigeois *n. pl.* альбигойцы

Alenu *n.* Алейну, Алену

Alexander (V) *n.* антипапа Александр V

Alexander III *n.* Александр III

Alexander IV *n.* Александр IV

Alexander VI *n.* Борджиа VI

Alexander VII *n.* Александр VII

Alexander VIII *n.* Алеександр VIII

Alexandrian rite александрийский чин

Alexis I *n.* Алексий I

Alexis *n.* Алексий

Alexis II *n.* Алексий II

alienate *v.* отталкивать, оттолкнуть (кого-л./что-л.); отчуждать (что-л., от кого-л.); предотвращать, предотвратить (что-л.)

alienation *v.* отчуждение; предотвращение

alike I *adj.* подобный

alike II *adv.* равно "In the morning sow thy seed, and in the evening withhold not thine hand: for thou knowest not whether shall prosper, either this or that, or whether they both [shall be] alike good" (Ec., 11:6) / «Утром сей семя твое, и вечером не давай отдыха руке твоей, потому что ты не знаешь, то или другое будет удачнее, или то и другое равно хорошо будет» (Екк., 11:6).

alive *adj.* живой "And Moses said unto them, Have ye saved all the women alive?" (Nu., 31:15) / «И сказал им Моисей: [для чего] вы оставили в живых всех женщин?» (Числ., 31:15); заживо; bury one ~ похоронить кого-л. заживо

aliyah *n.* алия

all-advised *adj.* неблагоразумный

allay *v.* ослаблять, смягчать, облегчать; успокаивать; смягчать, смягчить (что-л.); ~ thirst утолять жажду

all-chastity *n.* всенепорочность

all-containing *adj.* всесодержащий

all-creating *adj.* всезиждущий

allee couverte *n.* галерейная гробница

all-effulgent *adj.* трисолнечный

allegation *n.* голословное утверждение

allegorical *adj.* иносказательный

allegory *n.* иносказание "Which things are an allegory: for these are the two covenants; the one from the mount Sinai, which gendereth to bondage, which is Agar" (Ga., 4:24) / «В этом есть иносказание. Это два завета: один от горы Синайской, рождающий в рабство, который есть Агарь» (Гал., 4:24); притча

Alleluia аллилуйя "And after these things I heard a great voice of much people in heaven, saying, Alleluia; Salvation, and glory, and honour, and power, unto the Lord our God" (Rev., 19:1) / «После сего я услышал на небе громкий голос как бы многочисленного народа, который говорил: аллилуия! спасение и слава, и честь и сила Господу нашему!» (Откр., 19:1); ~ verse аллилуарий

alleviate *v.* облегчать, облегчить (что-л.); смягчать, смягчить (что-л.); утолять, утолить (что-л.)

alleviation *n.* облегчение; утоление

all-faith *adj.* межцерковный; ~ chapel часовня всех христианских вероисповеданий

alliance *n.* брачный союз

all-knowing *adj.* всезнающий, всеведущий

all-merciful *adj.* всемилостивый, всеблагой

all-might *adj.* всемогущество, всесилие

allmightiness *n.* всемогущество

allmighty *adj.* всевластный; всемогущий "And God said unto him, I [am] God Almighty: be fruitful and multiply; a nation and a company of nations shall be of thee, and kings shall come out of thy loins" (Ge., 35:11) / «И сказал ему Бог: Я Бог Всемогущий; плодись и умножайся; народ и множество народов будет от тебя, и цари произойдут из чресл твоих» (Быт., 35:11).

allness *n.* всеобщность, универсальность

allocution *n.* аллокуция, обращение Папы Римского к коллегии кардиналов

allogeneous *adj.* разнородный

allotheism *n.* аллотеизм, поклонение чужим богам

allow *v.* давать, дать (что-л. кому-л.); дозволять, дозволить (что-л., кому-л.); допускать, допустить (что-л.); позволять, позволить (что-л., кому-л.); попускать, попустить (кому-л., что-л.); разрешать; разрешить (что-л., кому-л.); ~ed *p. p.* позволительный

allowance *n.* дозволение; позволение; попущение; пособие; содержание "And his allowance [was] a continual allowance given him of the king, a daily rate for every day, all the days of his life" (2 Ki., 25:30) / «И содержание его, содержание постоянное, выдаваемо было ему от царя, изо дня в день, во все дни жизни его» (4 Цар., 25:30).

all-possible *adj.* всевозможный

all-powerful **adj,** всемогущий, всесильный, всемощный

all-praised *adj.* всепетый

all-purity *n.* всенепорочность

all-seeing *adj.* всевидящий

All-Seer *n.* Всевидец

All-Souls Day *n.* День Всех Усопших

allude (to) *v.* ссылаться, сослаться (на кого-л./на что-л.)

alluler *n.* обольститель, -ница

All-Union Council of Evangelical Christians and Baptists Всесоюзный совет христиан-баптистов

allure *v.* обольщать, обольстить (кого-л., чем-л.); увлечь "Therefore, behold, I will allure her, and bring her into the wilderness, and speak comfortably unto her" (Hos., 2:14) / «Посему вот, и Я увлеку ее, приведу ее в пустыню, и буду говорить к сердцу ее» (Ос., 2:14).

allurement *n.* обольщение

ally I *n.* союз

ally II *v.* соединять, соединить (кого-л./что-л.)

Alma Redemptoris Mater «Альма Редемпторис Матер», «Всемилостивая Матерь Спасителя»

almant *n.* недуг

almighty *adj.* всемогущий; всесильный

almoner *n.* альмонарий, олмонер

almonry *n.* место раздачи милостыни; ~ school школа при монастыре, монастырская школа

alms *n.* милостыня, подаяние "Take heed that ye do not your alms before men, to be seen of them: otherwise ye have no reward of your Father which is in heaven" (Mt., 6:1) / «Смотрите, не творите милостыни вашей пред людьми с тем, чтобы они видели вас: иначе не будет вам награды от Отца вашего Небесного» (Матф., 6:1); give the ~ подать милостыню

alms *n.* милостыня; подаяние; пожертвование; ask/ beg ~ of smb. просить милостыню у кого-л.;

alms-basket *n.* кружка, ящик, коробка для сбора пожертвований, милостыни

alms-box *n.* кружка, ящик, коробка для сбора пожертвований, милостыни

alms-deed *n.* милосердие, благотворительность

alms-gift *n.* милостыня; подаяние

almsgiver *n.* раздающий или подающий милостыню; благотворитель, -ница

almsgiving *n.* раздача милостыни, подаяний

alms-house *n.* дом призрения, богадельня

almsman *n.* нищий, живущий на подаяние, за счет благотворительности; благодетель

alms-people *n.* нищие

alms-woman *n.* богаделенка

Alogians *n. pl.* Логоса неприемлющие

aloof *adj.* отрешенный

aloofness *n.* отрешенность

altar *n.* алтарь; жертвенник; престол "And Noah builded an altar unto the Lord; and took of every clean beast, and of every clean fowl, and offered burnt offerings on the altar" (Ge., 8:20) / «И устроил Ной жертвенник Господу; и взял из всякого скота чистого и из всех птиц чистых и принес во всесожжение на жертвеннике» (Быт., 8:20); престол; ~ of offerings, small ~ жертвенник (в алтаре); high-~ главный престол; ~ boy аколуф, прислужник; ~ bread причастный хлеб, хлеб Св. Причастия; просфора; ~ call призвание к жизни богоугодной; ~ cloth напрестольная пелена; ~ curtain алтарная завеса; ~ of repose репозиторий, боковой алтарь; ~ piece надалтарное украшение; запрестольный образ; ~ rail алтарная ограда; ~ stand аналой; аналогий, налой, кафедра проповедническая; ~ stone камень алтарный; ~ wine причастное вино, вино Св. Причастия

altarage *n.* приношения на алтарь; пожертвования церкви; плата священнику за требы; взнос в церковь на поминовение усопшего

altar-bread *n.* святой хлеб

altar-fire *n.* жертвенный огонь

altarpiece *n.* надалтарное украшение; запрестольный образ

altar-rails *n.* ограда алтаря

alter *v.* переменять, переменить (что-л.)

alterable *adj.* изменчивый, изменяемый

alteration *n.* распря

alteration *n.* изменение; перемена; пременение

alter-cloth *n.* напрестольная пелена

alter-picture *n.* запрестольный образ

alter-piece *n.* запрестольный образ

altruism *n.* альтруизм

altruist *n.* альтруист

Alumniates *n. pl.* алюминиаты

alure *n.* монастырь; крытый переход

Am. (Amos) Книга Пророка Амоса (книга Библии)

AM (anno mundi) от Сотворения Мира

Amalekites *n. pl.* амалекитянине

amaze *v.* дивить, удивить, удивлять (кого-л. чем-л.); поражать, поразить (кого-л. чем-л.)

amazement *n.* изумление

amazing *adj.* изумительный

ambidexter *n.* двурушник, -ница

ambidexterity *n.* двуличность, двурушничество

ambidexterous *n.* двурушный

ambiguity *n.* двоемыслие; двусмысленность; обоюдность

ambition *n.* властолюбие; гонор; славолюбие; честолюбие

ambitionist *n.* честолюбец

ambitious *adj.* властолюбивый; славолюбивый; честолюбивый

ambo *n.* амвон, амвонный

Ambrosian *adj.* амвросианский; ~ chant амвросианский распев; амвросианские песнопения; ~ office амвросианская служба; ~ rite амвросианский обряд

Ambrosiaster *n.* Амвросиастер

ambry *n.* ниша в стене церкви для хранения книг, одеяний, масла, утвари

ambulatory *n.* крытая внутренняя галерея, крытая аркада в монастыре

ambush *n.* засада "Then ye shall rise up from the ambush, and seize upon the city: for the Lord your God will deliver it into your hand" (Jos., 8:7) / «Тогда вы встаньте из засады и завладейте городом, и Господь Бог ваш предаст его в руки ваши» (Нав., 8:7); оковы

amen I *adv.* аминь "And this water that causeth the curse shall go into thy bowels, to make [thy] belly to swell, and [thy] thigh to rot: And the woman shall say, Amen, amen" (Nu., 5:22) / «И да пройдет вода сия, наводящая проклятие, во внутренность твою, чтобы опух живот [твой] и опало лоно [твое]. И скажет жена: аминь, аминь» (Числ., 5:22).

amen II аминь; ~ I say unto you аминь глаголю вам; ~ corner часть церкви близ кафедры проповедника

amendment *n.* реформа

American Bible Society «Американское библейское общество»

American Board of Commissioners for Foreign Missions «Американская коллегия комиссаров зарубежных миссий»

American Evangelical Lutheran Church Американская евангелическая лютеранская церковь

American Lutheran Church Американская лютеранская церковь

American Revised Version Библия 1901 г. издания в исправленном американском переводе

American Standard Version Библия 1901 г. издания в исправленном американском переводе

amicable *adj.* благоприязненный; дружественный

amice *n.* капюшон (у духовных лиц)

amicus humani generis друг рода человеческого

amid *adv.* посредь, посередине, посреди, среди, в окружении, между

Amish *n. pl.* аманиты; ~ Mennonite аманиты; менониты

amity *n.* дружба

Ammonite *n.* аммонитянин

amnesty *n.* всепрощение

amor vincit omnia любовь побеждает все

amora *n.* амора, аморай, учитель-талмудист; ~im амораим, раввинистические толкователи; талмудисты

amoral *adj.* безнравственный

Amorites *n. pl.* амориты, амореи

amorous *adj.* влюбчивый

amort *adj.* при смерти

Amos (Book of Amos) *n.* Амос; Книга Пророка Амоса (книга Библии)

amphiboly *n.* амфиболия, двусмысленное выражение; двусмысленность

An. (Annus) *n.* год

Ana. (antiphon) *n.* антифон

anabaptic(al) *adj.* анабаптистский

Anabaptism *n.* анабаптизм; повторное крещение

anabaptist *n.* анабаптист

anachronistic(al) *adj.* анахроничный, анахронический, устаревший, стародавний

anachronize *v.* неправильно определять время явления

anachronous *adj.* неверно датированный, анахроничный

Anacletus *n.* Клет

Anacletus II *n.* антипапа Клет II

anagnoste *n.* анагност; чтец; дьячок, причетник, псаломщик

anagoge *n.* анагогия

anagogy *n.* анагогия

Analects *n. pl.* аналекты (литературный сборник)

analphabet(e) *n.* грамоты не знающий

analphabetic *adj.* расположенный не в алфавитном порядке; неграмотный, безграмотный; грамоты не знающий

analyss *n.* мнение

anamnesis *n.* анамнезис

anaphora *n.* анафора, молитва перед Св. Причастием

Anastasis *n.* Воскресение Христово; Анастасис

Anastasius *n.* Анастасий Библиотекарь

Anastasius I *n.* Анастасий I

Anastasius II *n.* Анастасий II

Anastasius III *n.* Анастасий III

Anastasius IV *n.* Анастасий IV

Anat(h) *n.* Анат

anathema *n.* преданный анафеме, отлученный от Церкви; анафема, отлучение от Церкви; ~ maranatha «да будет проклят»

(формула церковного проклятия и отлучения от Церкви)

anathema анафема "If any man
love not the Lord Jesus Christ,
let him be Anathema Maranatha"
(1 Co., 16:22) / «Кто не любит
Господа Иисуса Христа, анафема, маранафа» (1 Кор.,
16:22); отлучение (от церкви);
проклятие; церковная клятва;
pronounce an ~, fulminate an ~
(against) предавать кого-л.
анафеме

anathematic(al) *adj.* проклятый,
окаянный, преданный ана-
феме

anathematization *n.* предание
анафеме; отлучение или от-
сечение от общения с Церковью

anathematize *n.* предавать кого-л.
анафеме; отлучать, отлучить
(от церкви); анафемствовать

Ancaeus *n.* Анкей, правитель ле-
легов

ancestor *n.* предок, прародитель;
праотец; ~s праотцы "But I will
for their sakes remember the
covenant of their ancestors,
whom I brought forth out of the
land of Egypt in the sight of the
heathen, that I might be their
God: I [am] the Lord" (Lev.,
26:45) / «Вспомню для них завет с предками, которых вывел
Я из земли Египетской пред
глазами народов, чтоб быть их
Богом. Я Господь» (Лев.,
26:45).

ancestral *adj.* прадедовский; пра-
отцовский

ancestress *n.* праматерь, прародительница, основательница
рода

ancestry *n.* прародители; предки; родословная; происхождение; древний род; праотцы

anchorage *n.* жилище отшельника, затворника, анахорета

anchoress *n.* затворница, отшельница

anchoret *n.* отшельник, -ница;
пустынник, -ница; анахорет,

anchoretic *adj.* затворнический,
отшельнический

anchorite *n.* анахорет, отшельник, -ница; затворник, -ница

anchrage *n.* убежище анахорета

ancient *adj.* древний; старинный;
античный; старый, престаре-
лый; патриархальный

ancient *n.* древний "And for the
chief things of the ancient mountains, and for the precious things
of the lasting hills" (De., 33:15) /
«Превосходнейшими произве-
дениями гор древних и вожделенными дарами холмов вечных» (Втор., 33:15); давний;
старинный

Ancient of Days Ветхий Деньми,
Ветхий Днями "I beheld till
the thrones were cast down,
and the Ancient of days did sit,
whose garment [was] white as
snow, and the hair of his head
like the pure wool: his throne
[was like] the fiery flame, [and]
his wheels [as] burning fire"
(Dn., 7:9) / «Видел я, наконец,
что поставлены были престолы, и воссел Ветхий Днями;
одеяние на Нём было бело, как
снег, и волосы главы Его —
как чистая волна; престол
Его — как пламя огня, колеса
Его — пылающий огонь»
(Дан., 7:9).

anciently *adv.* древле; издревле, в старину; в стародавние времена; прежде; некогда

ancientry *n.* древность; древности; старомодность

ancilla *n.* служанка; рабыня; ~ theologiae служанка ·богословия; философия

ancillary *adj.* вспомогательный, подчиненный

ancress *n.* затворница, отшельница

anele *v.* соборовать умирающего, помазывать тяжко болящего св. елеем; совершать миропомазание

angel *n.* ангел "The Lord God of heaven, which took me from my father's house, and from the land of my kindred, and which spake unto me, and that sware unto me, saying, Unto thy seed will I give this land; he shall send his angel before thee, and thou shalt take a wife unto my son from thence" (Ge., 24:7) / «Господь, Бог неба [и Бог земли], Который взял меня из дома отца моего и из земли рождения моего, Который говорил мне и Который клялся мне, говоря: [тебе и] потомству твоему дам сию землю, — Он пошлет Ангела Своего пред тобою, и ты возьмешь жену сыну моему [Исааку] оттуда» (Быт., 24:7); ~ of God ангел Божий; ~ of the Lord ангел Господень "And the angel of the Lord found her by a fountain of water in the wilderness, by the fountain in the way to Shur" (Ge., 16:7) / «И нашел ее Ангел Господень у источника воды в пустыне, у источника

на дороге к Суру» (Быт., 16:7); guardian ~ ангел-хранитель; good ~ добрый ангел; fallen ~ падший ангел; ~ of Revelation ангел откровения; ~s ангелы, нижний чин в ангельской иерархии

angelet *n.* ангелок, ангелочек

angelhood *n.* ангельский чин; ангелы

angelic(al) *adj.* ангельский; кроткий; ~ sweetness неземная кротость; ~ Brothers гихтелиане; ~ hosts ангельское естество

Angelics *n. pl.* ангелиане

angel-like *adj.* ангелоподобный, ангельский

angelolatry *n.* ангелолатрия, поклонение ангелам

angelology *n.* ангелология

angelophany *n.* ангелофания

Angelus *n.* «Ангелюс», «Ангел Господень»; колокол, призывающий к чтению «Ангелюса»

anger I *n.* гнев "Cursed [be] their anger, for [it was] fierce; and their wrath, for it was cruel: I will divide them in Jacob, and scatter them in Israel" (Ge., 49:7) / «Проклят гнев их, ибо жесток, и ярость их, ибо свирепа; разделю их в Иакове и рассею их в Израиле» (Быт., 49:7); in a fit of ~ в припадке гнева; гневность

anger II *v.* озлобление; озлоблять, озлобить (кого-л./что-л.)

angle *n.* угол; уда "They take up all of them with the angle, they catch them in their net, and gather them in their drag: therefore they rejoice and are glad" (Hab., 1:15) / «Всех их таскает удою, захватывает в сеть свою

и забирает их в неводы свои,
и оттого радуется и торжест-
вует» (Авв., 1:15).

Anglican I *n.* англиканец, англи-
канка

Anglican II *adj.* англиканский; ~
chant англиканский распев; ~
Church Англиканская церковь;
~ Church of Australia Англиканская церковь Австралии;
~ Church of Canada Англи-
канская церковь Канады; ~
Communion Объединение анг-
ликанских церквей всего мира; ~ religious community англиканское религиозное со-
общество

Anglicanism *n.* англиканизм; англиканство; англиканское вероисповедание

Anglo-Catholic *n.* англокатолик;
adj. англокатолический

Anglo-Catholicism *n.* англокато-
лицизм

angry *adj.* гневный; гневливый
"Make no friendship with an angry man; and with a furious man
thou shalt not go" (Pr., 22:24) /
«Не дружись с гневливым и не
сообщайся с человеком
вспыльчивым» (Притч., 22:24);
раздраженный "But it dis-
pleased Jonah exceedingly, and
he was very angry" (Jon., 4:1) /
«Иона сильно огорчился этим
и был раздражен» (Ион., 4:1);
гневающийся "But I say unto
you, That whosoever is angry
with his brother without a cause
shall be in danger of the judgment: and whosoever shall say to
his brother, Raca, shall be in
danger of the council: but whosoever shall say, Thou fool, shall

be in danger of hell fire" (Mt.,
5:22) / «А Я говорю вам, что
всякий, гневающийся на брата
своего напрасно, подлежит суду; кто же скажет брату своему: Рака, подлежит синедриону; а кто скажет: безумный,
подлежит геенне огненной»
(Матф., 5:22).

anguish *n.* томление; страдание
"And they said one to another,
We [are] verily guilty concerning
our brother, in that we saw the
anguish of his soul, when he besought us, and we would not
hear" (Ge., 42:21) / «И говорили они друг другу: точно мы
наказываемся за грех против
брата нашего; мы видели страдание души его, когда он умолял нас, но не послушали
[его]; за то и постигло нас горе
сие» (Быт., 42:21); стеснение
"Therefore I will not refrain my
mouth; I will speak in the anguish of my spirit; I will complain in the bitterness of my
soul" (Job, 7:11) / «Не буду же я
удерживать уст моих; буду говорить в стеснении духа моего; буду жаловаться в горести
души моей» (Иов., 7:11); теснота "Trouble and anguish shall
make him afraid; they shall prevail against him, as a king ready
to the battle" (Job, 15:24) / «Устрашает его нужда и теснота;
одолевает его, как царь, приго-
товившийся к битве» (Иов.,
15:24); горесть "Trouble and
anguish have taken hold on me:
[yet] thy commandments [are]
my delights" (Ps., 119:143) /
«Скорбь и горесть постигли

меня; заповеди Твои — утешение мое» (Псл., 118:143).

aniconic *adj.* иконоборческий

Aniconism *n.* иконоборчество

anima *n.* душа

animadversion *n.* порицание, хула, критика

animadvert *v.* порицать, хулить, осуждать

animal *n.* животное; скот

animate *v.* живить, оживить (кого-л./что-л.); одушевлять, одушевить (кого-л./что-л.)

animation *n.* животворение; одушевление; оживотворение

animator *n.* оживитель, -ница

animosity *n.* враждебность

animous *adj.* зловещий

Ann. (Anni, «years») годы

Annales Ecclesiastici «Церковные анналы»

annalist *n.* анналист, летописец, хронист

annals *n. pl.* анналы, летописи, хроники

annihilate *v.* разрушать, разрушить (что-л.)

annihilation *n.* разрушение

anniversary *adj.* годовой

Anno Benefacio в... год Благословения

Anno Depositionis в... год Положения

Anno Domini в... год Господень; в... год от Рождества Христова

Anno Inventionis в... год Обретения

Anno Lucis в... год Света

Anno Mundi в... год от Сотворения мира

anno mundi от сотворения мира

Anno Ordinis в... год со дня основания Ордена

Anno Regni год царствования; в... год царствования

Anno Urbis Conditae в... год со дня основания Рима

announce I *n.* предвестие; речь

announce II *v.* возвещать, возвестить (что-л./кому-л.); объявлять; вещать; оглашать, огласить (что-л./кого-л.); провозвещать, провозестить (кому-л. что-л.); проповедоваться, проповедовать (что-л. кому-л.); ~ smth. by a peal of bells возвестить колокольным звоном

announcement *n.* возвещение

announcer *n.* возвеститель, -ница; провозвестник, -ница

announcing I *n.* поведение

announcing II *adj.* вещий

annual *adj.* годичный; годовой

annul *v.* упразднять, упразднить (что-л.)

annulation *n.* расторжение

annunciate *v.* благовествовать, возвещать

Annunciation *n.* Благовещение; возвещение, объявление

annunciator *n.* провестник, возвеститель

annuntiate *v.* возвещать, благовествовать

annus mirabilis *n.* год чудес

anoint I *n.* помазанник; Lord's ~ помазанник Божий

anoint II *v.* миропомазывать; миропомазать; помазывать, помазать (кого-л.) "And thou shalt put them upon Aaron thy brother, and his sons with him; and shalt anoint them, and consecrate them, and sanctify them, that they may minister unto me in the priest's office" (Ex., 28:41) / «И облеки в них Аарона, брата твоего, и сынов его с ним, и помажь их, и наполни руки их, и посвяти их, и они будут священниками Мне» (Исх., 28:41); they ~ed him king он был миропомазан на царский престол; ~ed миропомазанный; ~ing (миро)помазание; помазание елеем; ~ of the sick помазание болящих, соборование; ~ed помазанник

anointment *n.* (миро)помазание; помазание елеем

Anomoeans *n. pl.* аномеи, аномии

anomy *n.* беззаконие, нарушение закона

anon *adv.* тотчас, сейчас; вскоре

anonymous *adj.* безымянный

Anselm *n.* Ансельм, St. ~ of Canterbury Св. Ансельм Кентерберийский

answer I *n.* ответ

answer II *v.* отвечать, ответить (кому-л., за что-л.) "And the children of Heth answered Abraham, saying unto him" (Ge., 23:5) / «Сыны Хета отвечали Аврааму и сказали ему» (Быт., 23:5).

Ant. (antiphon) *n.* антифон

antagonism *n.* противоборство

antagonist *n.* противоборник, -ница

antagonize *n.* противоборствовать (кому-л./чему-л.)

antecedence *n.* предшествие, предшествование

antecedent *adj.* предшествующий, предыдущий

antecessor *n.* предшественник, -ница

antedate *v.* датировать задним числом; предшествовать

antediluvian *adj.* допотопный; до Всемирного потопа; ~ patriarchs патриархи времен до Всемирного потопа

antefix *n.* антификс

antemeridian *adj.* утренний, дополуденный

antemundane *adj.* предсущный, предвечный

antependium *n.* алтарная завеса; покрывало для алтаря

anteriority *n.* предшествование; первенство

Anterus *n.* Антер

anthem *n.* антем

anthem *n.* антифон; кинотик

Anthim of Trebizond *n.* Анфимий Требизондский

Anthimus I *n.* Анфимий I

Anthimus II *n.* Анфимий II

Anthimus VI *n.* Анфимий VI

Anthimus VII *n.* Анфимий VII

Anthony *n.* Антоний; ~ the Great Антоний Великий

Anthony III Studite *n.* Антоний III Студит

Anthony of Kiev *n.* Антоний Печерский, Первоначальник, основатель Киево-Печерской Лавры

anthropolatry *n.* антрополатрия

anthropomorphic(al) *adj.* антропоморфический

anthropomorphism *n.* антропоморфизм

Anthropomorphites *n. pl.* антропоморфисты

anthropomorphize *v.* антропоморфизировать

anthropophobia *n.* человеконенавистничество

anthropophuism *n.* антропоморфизм

anthroposophy *n.* антропософия

Antiburghers *n. pl.* антибюргеры

antichrist *n.* антихрист "For many deceivers are entered into the world, who confess not that Jesus Christ is come in the flesh. This is a deceiver and an antichrist" (2 Jn., 1:7) / «Ибо многие обольстители вошли в мир, не исповедующие Иисуса Христа, пришедшего во плоти: такой человек есть обольститель и антихрист» (2 Ин., 1:7); христоборец

antichristian I *n.* христоборец

antichristian II *adj.* антихристианский, противохристианский

antichristianity *n.* противохристианское учение

anticipated *p. p.* чаемый

Anticlericalism *n.* антиклерикализм

Antidoron Bread *n.* антидор

antidoron *n.* антидор

antidotal *adj.* противоядный

antidote *n.* противоядие

antilogous *adj.* противоречивый; нелогичный

antilogy *n.* противоречие в терминах или в мыслях; нелогичность

antimension *n.* антиминс, вместопрестольник, алтарный покров

antimensium *n.* антиминс

Anti-Mission Baptists *n. pl.* ортодоксальные баптисты

Antinomianism *n.* антиномизм

Antinomians *n. pl.* антиномийцы

antinomy *n.* антиномия

Antioch of Pisidia/Pisidian *n.* Антиохия Писидийская

Antiochene Liturgy *n.* Антиохийская литургия

Antiochene rite антиохийский чин

Antiope *n.* Антиопа

antipapal *adj.* враждебный Папе Римскому и папству

antipapist *n.* антипапист, противник папства

Antipascha *n.* антипасха, неделя апостола Фомы

antiphon (-e) *n.* антифон

antiphonal *n.* осьмогласник

antiphonary *n.* антифонарий, собрание антифонов; осьмогласник

antiphony *n.* антифон; переменное пение двух хоров

antipope *n.* антипапа

anti-prophe *n.* лжепророк

antique *adj.* старинный

antiquity *n.* давность; древность; remotest/farthest ~ глубокая древность

antireligious *adj.* антирелигиозный

antiscriptural *adj.* враждебный Священному Писанию

antitheism *n.* неверие в Бога, безбожие

antitheist *n.* безбожник, неверующий

antithesis *n.* противоположение

Antitrinitarians *n. pl.* антитринитарии

antitype *n.* ветхозаветный прообраз; архитип; прототип

antophonary *n.* осьмогласник

Antwerp Polyglot «Антверпенская полиглота», «Царская Библия»

anxiety *n.* беспокойство; молва

anxious *adj.* заботливый; мятущийся; трепетный; ~ bench место в церкви для кающегося

грешника; ~ seat место кающегося грешника

anxiousness *n.* заботливость

anybody *pron.* всякий, всяк

Ap. Sed. (Apostolica Sedes) папский престол

**Ap. Sed. Leg. (Apostolicae Sedis
Legatus)** легат Папы Римского

apace *adv.* быстро, скоро, про-
ворно

apartment *n.* горница; чертог

apathetic *adj.* бесстрастный

apathy *n.* бесстрастие

Aphthartodocetism *n.* афтарто-
докетизм

Aplica. (Apostolica) апостольский, апостолов

Apocalypse *n.* «Апокалипсис»; ~
of Baruch «Апокалипсис Варуха»; ~ of Peter «Апокалипсис
Петра»

apocalyptic(al) *adj.* апокалипти-
ческий; ~ Number число Зверя

apocalypticism *n.* апокалиптизм,
ожидание конца света и
Страшного Суда

apocalyptism *n.* апокалиптизм

Apocalyptist *n.* автор «Апока-
липсиса»

apocatastasis *n.* апокатастасис

apocrisiary *n.* папский нунций

apocrypha *n.* апокрифы, апокри-
фические книги

apocryphal *adj.* апокрифический;
~ book апокриф

Apodeipnon *n.* вечерня

apograph *n.* апограф, точная копия

apolaustic *adj.* предающийся на-
слаждениям

Apollinarianism *n.* аполлинариа-
низм

Apollinarians *n. pl.* аполлина-
риане

apollonicon *n.* аполлоникон

Apollyon *n.* Аполлион, ангел
бездны "And they had a king
over them, [which is] the angel
of the bottomless pit, whose
name in the Hebrew tongue [is]
Abaddon, but in the Greek
tongue hath [his] name Apollyon" (Rev., 9:11) / «Царем над
собою она имела ангела бездны; имя ему по-еврейски
Аваддон, а по-гречески Аполлион» (Откр., 9:11).

apologetic(-al) *adj.* апологетиче-
ский

apologetics *n.* апологетика

apologist *n.* апологет

apology *n.* апологетика; аполо-
гия; оправдание; смиренное
извинение

Apost. (Apostolus) *n.* апостол

apostasize *v.* отступиться от христианской веры; впасть в
ересь, стать вероотступником

apostasy *n.* апостасия, апостазия,
вероотступничество; ересь; бо-
гоотступничество; отступничество; отщепенство; ренегатство

apostate I *n.* богоотступник, -ница;
вероотступник, -ница; отступ-
ник, -ница; отщепенец; ренегат; апостат; еретик

apostate II *adj.* вероотступнический, богоотступный

Apostate *n.* Юлиан-отступник

apostatic(al) *adj.* вероотступнический, еретический

apostatize *v.* отступиться от христианской веры, стать вероотступником, впасть в ересь

apostle *n.* апостол "Now the
names of the twelve apostles are
these; The first, Simon, who is

called Peter, and Andrew his brother; James [the son] of Zebedee, and John his brother" (Mt., 10:2) / «Двенадцати же Апостолов имена суть сии: первый Симон, называемый Петром, и Андрей, брат его, Иаков Зеведеев и Иоанн, брат его» (Матф., 10:2); предстоятель; ~ of Temperance апостол воздержания; ~ spoon крестильная ложка; ~s' Creed апостольский символ веры

apostleship *n.* апостольство, апостольская миссия

apostolate *n.* апостольская миссия

apostolic(al) *adj.* апостольский, апостолический; ~ canons апостольские правила; ~ Church апостольская церковь; ~ Constitutions «Апостольские постановления и правила»; ~ delegate апостолический легат; ~ Fathers апостольские мужи; ~ Overcoming Holy Church of God Апостольская всепобеждающая Святая Церковь Божия; ~ see передача апостольской благодати

Apostolici *n. pl.* мужи апостольские

Apostolics *n. pl.* апостолики, апостольские братья

Apostolicum *n.* Апостольский символ веры

apostolship *n.* апостольство

apotheosis *n.* апофеоз, обожествление

apotheosis *n.* боготворение; оботворение

apotheosize *v.* обожествлять, прославлять, возвеличивать, возносить к славе

appall *v.* устрашать, устрашить (кого-л., чем-л.)

apparent *adj.* видимый

apparition *n.* видение; знамение, ~ of the Cross in the Heaven знамение креста на небеси; miraculous ~ of the Virgin Mary знамение Пресвятой Богородицы; явление

apparitional *adj.* призрачный

apparitor *n.* глашатай; чиновник в церковном суде

apparitor *n.* миротворец

Appatis. (Approbatis) одобрено; утверждено

appeal I *n.* воззвание

appeal II *v.* обращаться, обратиться (к кому-л./к чему-л.); требовать "But when Paul had appealed to be reserved unto the hearing of Augustus, I commanded him to be kept till I might send him to Caesar" (Ac., 25:21) / «Но как Павел потребовал, чтобы он оставлен был на рассмотрение Августово, то я велел содержать его под стражею до тех пор, как пошлю его к кесарю» (Деян., 25:21).

appealer *n.* обвинитель, -ница

appear *v.* значиться (в чем-л.); чудиться, почудиться (кому-л.); явствовать; явиться "And the Lord appeared unto Abram, and said, Unto thy seed will I give this land: and there builded he an altar unto the Lord, who appeared unto him" (Ge., 12:7) / «И явился Господь Авраму и сказал [ему]: потомству твоему отдам Я землю сию. И создал там [Аврам] жертвенник Господу, Который явился ему» (Быт., 12:7).

appearance *n.* явление; проявление; зрак; подобие "So it was alway: the cloud covered it [by day], and the appearance of fire by night" (Nu., 9:16) / «Так было и всегда: облако покрывало ее [днем] и подобие огня ночью» (Числ., 9:16); облик "And it came to pass, when I, [even] I Daniel, had seen the vision, and sought for the meaning, then, behold, there stood before me as the appearance of a man" (Da., 8:15) / «И было: когда я, Даниил, увидел это видение и искал значения его, вот, стал предо мною как облик мужа» (Дан., 8:15; вид "The appearance of them [is] as the appearance of horses; and as horsemen, so shall they run" (Da., 2:4) / «Вид его как вид коней, и скачут они как всадники» (Дан., 2:4); наружность "Judge not according to the appearance, but judge righteous judgment" (Jn., 7:24) / «Не судите по наружности, но судите судом праведным» (Ин., 7:24).

appease *v.* усмирять, усмирить (кого-л./что-л.); утишать "And when the towneclerk had appeased the people, he said, [Ye] men of Ephesus, what man is there that knoweth not how that the city of the Ephesians is a worshipper of the great goddess?" (Ac., 19:35) / «Блюститель же порядка, утишив народ, сказал: мужи Ефесские! какой человек не знает, что город Ефес есть служитель вели-

кой богини?» (Деян., 19:35); утолять, утолить (что-л.); умилостивить "And say ye moreover, Behold, thy servant Jacob [is] behind us. For he said, I will appease him with the present that goeth before me, and afterward I will see his face" (Ge., 32:20) / «И скажите: вот, и раб твой Иаков [идет] за нами. Ибо он сказал сам в себе: умилостивлю его дарами, которые идут предо мною, и потом увижу лице его; может быть, и примет меня» (Быт., 32:20).

appeaser *n.* усмиритель, -ница

appendix *n.* приложение; ~ on the Papacy «Трактат о власти и примате Папы Римского»

apperceive *v.* воспринимать сознанием, постигать разумом

apperception *n.* сознательное восприятие

apple *n.* яблоко "A word fitly spoken [is like] apples of gold in pictures of silver" (Pr., 25:11) / «Золотые яблоки в серебряных прозрачных сосудах — слово, сказанное прилично» (Притч., 25:11); ~ of discord яблоко раздора

application *n.* внимание; применение; употребление

apply *v.* прилагать, приложить (что-л., к чему-л.) "Apply thine heart unto instruction, and thine ears to the words of knowledge" (Pr., 23:12) / «Приложи сердце твое к учению и уши твои — к умным словам» (Притч., 23:12); применять, применить (что-л., к чему-л.); наклонить "So that thou incline thine ear unto wisdom, [and] apply thine heart to understanding" (Pr., 2:2) / «Так что ухо твое сделаешь внимательным к мудрости и наклонишь сердце твое к размышлению» (Притч., 2:2); обратить "Bow down thine ear, and hear the words of the wise, and apply thine heart unto my knowledge" (Pr., 22:17) / «Приклони ухо твое, и слушай слова мудрых, и сердце твое обрати к моему знанию» (Притч., 22:17).

appoint v. посвящать, посвятить (кого-л. во что-л.); назначить "And let it come to pass, that the damsel to whom I shall say, Let down thy pitcher, I pray thee, that I may drink; and she shall say, Drink, and I will give thy camels drink also: [let the same be] she [that] thou hast appointed for thy servant Isaac; and thereby shall I know that thou hast shewed kindness unto my master" (Ge., 24:14) / «И девица, которой я скажу: наклони кувшин твой, я напьюсь, и которая скажет [мне]: пей, я и верблюдам твоим дам пить, [пока не напьются,] — вот та, которую Ты назначил рабу Твоему Исааку; и по сему узнаю я, что Ты творишь милость с господином моим [Авраамом]» (Быт., 24:14).

appraiser n. ценитель, -ница

appreciate v. ценить (кого-л./что-л.)

appriciator n. ценитель, -ница

approach n. приступ; v. приближаться, приблизиться (к кому-л./к чему-л.); "None of you shall approach to any that is near of kin to him, to uncover [their] nakedness" (Lev., 18:6) / «Никто ни к какой родственнице по плоти не должен приближаться с тем, чтобы открыть наготу» (Лев., 18:6); грясти; приступать (к чему-л.) "Speak unto Aaron, saying, Whosoever [he be] of thy seed in their generations that hath [any] blemish, let him not approach to offer the bread of his God" (Lev., 21:17) / «Скажи Аарону: никто из семени твоего во все роды их, у которого на теле будет недостаток, не должен приступать, чтобы приносить хлеб Богу своему» (Лев., 21:17).

approbation n. соизволение

appropriate adj. надлежащий надлежащий

appropriation n. присвоение; доход священника; церковные сборы находящиеся в руках церковной общины

appropriator n. присвоитель, -ница; община, в пользу которой идут церковные результаты

approval n. одобрение; соизволение

approve v. одобрять, одобрить "This their way [is] their folly: yet their posterity approve their sayings" (Ps., 49:13) / «Этот путь их есть безумие их, хотя последующие за ними одобряют мнение их» (Пс., 48:14); утверждать, утвердить (что-л.); засвидетельствовать "Ye men of Israel, hear these words; Jesus of Nazareth, a man approved of God among you by miracles and wonders and signs, which God did by him in the midst of you, as ye yourselves also know" (Ac., 22:2) / «Мужи Израильские! выслушайте слова сии: Иисуса Назорея, Мужа, засвидетельствованного вам от Бога силами и чудесами и знамениями, которые Бог сотворил через Него среди вас, как и сами знаете» (Деян., 22:2); разуметь "And knowest [his] will, and approvest the things that are more excellent, being instructed out of the law" (Ro., 2:18) / «Знаешь волю Его, и разумеешь лучшее, научаясь из закона» (Рим., 2:18); испытывать "Salute Apelles approved in Christ. Salute them which are of Aristobulus' [household]" (Ro., 16:10) / «Приветствуйте Апеллеса, испытанного во Христе. Приветствуйте верных из дома Аристовулова» (Рим., 16:10).

approvement *n.* одобрение

approxiate *adj.* приближенный

approximate *adj.* примерный

approximately *adv.* примерно

apriori *adj.* априорный

apt *adj.* годный

Aquinas (Thomas) *n.* Фома Аквинский, Фома Аквинат

Arabic Infancy Gospel «Арабское благовествование о детстве Иисуса»

Arakhin *n.* «Арахин»

arava *n.* арава

arba' kanfot *n.* арба-конфот, талит катан, цицит

arba' kosot *n.* арба-косот, четыре кубка вина, выпиваемых в память о 4 обещаниях Бога об искуплении

Arba'a Turim «Арбаа турим», «Четыре ряда»

arbiter *n.* властитель, -ница

arbitrariness *n.* произвол

arbitrary *adj.* произвольный; третейский

arbitrator *n.* третейский судья

arch *adj.* лукавый

archangel *n.* архангел "For the Lord himself shall descend from heaven with a shout, with the voice of the archangel, and with the trump of God: and the dead in Christ shall rise first" (1 Th., 4:16) / «Потому что Сам Господь при возвещении, при гласе Архангела и трубе Божией, сойдет с неба, и мертвые во Христе воскреснут прежде» (1 Фес., 4:16).

archangelic *adj.* архангельский

archbishop, Archiep., Archiepus. (Archiepiscopus), arch-prelate *n.* архиепископ; the Most Reverend/Eminent ~ Его Высокопреосвященство; ~'s, **archiepiscopal** архиепископский; ~ of Canterbury архиепископ Кентерберийский

archbishopric, archiepiscopacy, archiepiscopate *n.* архиепископство, **archdiocese, archsee, arch-see** архиепископская епархия

arch-chanter *n.* регент певчих в соборе

Archdeacon, Archid. (Archidiaconus) *n.* архидиакон; протодиакон; ~'s архидиаконский

archdeaconry, archdeaconship *n.* архидиаконство; протодиаконство

archenemy (archfiend, archfoe)
n. враг рода человеческого,
Диавол, Дьявол, Сатана

Arches *n.* Церковный апелляци-
онный суд Англиканской
церкви

archetypist *n.* исследователь пер-
вопечатных книг

arch-father *n.* прародитель, праотец

archimadrite I (archimandrite) *n.*
архимандрит

archimadrite II *adj.* архиманд-
ритский; ~'s convent архиман-
дрия

Archiprb. (**Archipresbyter**),
archpriest *n.* протопресвитер;
первосвященник; протоиерей;
благочинный

archness *n.* коварство; лукавство

archpastor *n.* архипастырь; архипастырский

arch-presbyter, archpriesbyter *n.*
протопресвитер; протоиерей

archpriest *n.* протоиерей

archpriesthood *n.* протоирейство

arch-traitor *n.* Иуда Искариот;
Сатана, Дьявол

arch-villain *n.* архизлодей, злодей, враг рода человеческого,
Диавол, Дьявол, Сатана

ardent *adj.* горячий; ~ wish горячее желание; пламенный; ~
zeal пламенное усердие; ~ wish
пламенное желание; ревностный; усердный

ardentia verba яркая, страстная,
пламенная речь

ardently *adv.* горячо

ardour *n.* стремление; усердие

areligious *adj.* безразличный
Церкви, равнодушный к во-
просам религии; неверующий,
внецерковный

Arena Chapel Капелла дель Аре-
на (в Падуе)

arena *n.* поприще

argue *v.* рассуждать, рассудить
(о чем-л., о ком-л.); спорить
(с кем-л., о чем-л.)

argument *n.* довод; absurd ~ нелепый довод; irreputable ~ убедительный довод; ~ of the remoteness of event довод из дав-
ности; ~ of conformity довод из
сообразности; ~ of the theological consideration довод из богословских соображений; ~ of the
Holy Scripture; ~ of the holy
apocrypha/legend довод из
Священного Предания; ~ of the
council conviction of the believers довод из соборного убеж-
дения верующих; ~ of the
common opinion of the theologians довод из общего мнения
богословов; доказательство;
спор; оправдание "I would
order [my] cause before him,
and fill my mouth with argu-
ments" (Job, 23:4) / «Я изло-
жил бы пред Ним дело мое и
уста мои наполнил бы оправ-
даниями» (Иов., 23:4).

argumentum ad rem аргументум
ад рем, доказательство, основанное на существе дела

argumentum ex silentio молча-
ливая аргументация

Arianism *n.* арианство

Arians *n. pl.* ариане

arise *v.* вставать "And when the
morning arose, then the angels
hastened Lot, saying, Arise, take
thy wife, and thy two daughters,
which are here; lest thou be consumed in the iniquity of the city"
(Ge., 9:15) / «Когда взошла за-

ря, Ангелы начали торопить Лота, говоря: встань, возьми жену твою и двух дочерей твоих, которые у тебя, чтобы не погибнуть тебе за беззакония города» (Быт., 9:15); всходить "We have also a more sure word of prophecy; whereunto ye do well that ye take heed, as unto a light that shineth in a dark place, until the day dawn, and the day star arise in your hearts" (2 Pe., 1:19) / «И притом мы имеем вернейшее пророческое слово; и вы хорошо делаете, что обращаетесь к нему, как к светильнику, сияющему в темном месте, доколе не начнет рассветать день и не взойдет утренняя звезда в сердцах ваших» (2 Петр., 1:19); входить "And he said unto them, Why are ye troubled? and why do thoughts arise in your hearts?" (Lk., 24:38) / «Но Он сказал им: что смущаетесь, и для чего такие мысли входят в сердца ваши?» (Лук., 24:38); восстать "Also of your own selves shall men arise, speaking perverse things, to draw away disciples after them" (Ac., 20:30) / «И из вас самих восстанут люди, которые будут говорить превратно, дабы увлечь учеников за собою» (Деян., 20:30); воскресать, воскреснуть; происходить, произойти (от кого-л., из чего-л.)

aristarch *n.* аристарх

ark *n.* кивот, киот, ковчег; the Ark of the Covenant Ковчег Завета, the Holy Ark, the Ark of Lord киот Завета Господня; Noah's Ark Ноев Ковчег; "But with thee will I establish my covenant; and thou shalt come into the ark, thou, and thy sons, and thy wife, and thy sons' wives with thee" (Ge., 6:18) / «Но с тобою Я поставлю завет Мой, и войдешь в ковчег ты, и сыновья твои, и жена твоя, и жены сынов твоих с тобою» (Быт., 6:18); ковчежец

arm *n.* рука "Set me as a seal upon thine heart, as a seal upon thine arm: for love [is] strong as death; jealousy [is] cruel as the grave: the coals thereof [are] coals of fire, [which hath a] most vehement flame" (Song., 8:6) / «Положи меня, как печать, на сердце твое, как перстень, на руку твою: ибо крепка, как смерть, любовь; люта, как преисподняя, ревность; стрелы ее — стрелы огненные; она пламень весьма сильный» (Песн., 8:6); мышца "For the arms of the wicked shall be broken: but the Lord upholdeth the righteous" (Ps., 37:17) / «Ибо мышцы нечестивых сокрушатся, а праведников подкрепляет Господь» (Псл., 36:17).

Arma Christi *n.* орудия Страстей Господних

Armageddon *n.* Армагедон "And he gathered them together into a place called in the Hebrew tongue Armageddon" (Rev., 16:16) / «И он собрал их на место, называемое по-еврейски Армагеддон» (Откр., 16:16).

armament *n.* оружие

armarian *n.* хранитель книг и рукописей, хранитель древностей

Armenian *adj.* армянский; ~ Apostolic Church Армянская апостольская церковь; ~ Catholic Church Армянская католическая церковь; ~ rite армянский чин

Armilus *n.* Армилус

Arminianism *n.* арминианство

Arminians *n. pl.* арминиане, ремонстранты

Armoury *n.* Оружейная палата Московского Кремля

army *n.* воинство; войско "But the Egyptians pursued after them, all the horses [and] chariots of Pharaoh, and his horsemen, and his army, and overtook them encamping by the sea, beside Pihahiroth, before Baalzephon" (Ex., 14:9) / «И погнались за ними Египтяне, и все кони с колесницами фараона, и всадники, и все войско его, и настигли их расположившихся у моря, при Пи-Гахирофе пред Ваал-Цефоном» (Исх., 14:9); рать; множество, масса, толпа; армия

aroma *n.* благовоние

aron ha-qodesh *n.* арон кодеш

arrange *v.* готовить, приготовить (что-л. кому-л. для чего-л.); устраивать, устроить (что-л.)

arrangement *n.* устроение

array *v.* облекать, облечь (кого-л., чем-л.) "Then took Haman the apparel and the horse, and arrayed Mordecai, and brought him on horseback through the street of the city, and proclaimed before him, Thus shall it be done unto the man whom the king delighteth to honour" (Esth., 6:11) / «И взял Аман одеяние и коня и облек Мардохея, и вывел его на коне на городскую площадь и провозгласил пред ним: так делается тому человеку, которого царь хочет отличить почестью!» (Есф., 6:11); ~ing облечение

arring *n.* блуждание

arrival *n.* приход

arrive *v.* приходить, придти (к кому-л./к чему-л.)

arrogance *n.* гордыня; заносчивость

arrogant *adj.* заносчивый

arrogation *n.* присвоение

arrow *n.* стрела "God brought him forth out of Egypt; he hath as it were the strength of an unicorn: he shall eat up the nations his enemies, and shall break their bones, and pierce [them] through with his arrows" (Nu., 24:8) / «Бог вывел его из Египта, быстрота единорога у него, пожирает народы, враждебные ему, раздробляет кости их и стрелами своими разит [врага]» (Числ., 24:8); ~y words язвительные слова

Arsenius Autorianus *n.* Арсений Авториан

art *n.* искусство

artful *adj.* злокозненный; хитрый; хитроумный

artfulness *n.* хитроумие

article *n.* статья

Articles of Schwabach Швабское вероисповедование, «Швабские статьи»

articulation *n.* дикция; clear ~ хорошая дикция; poor ~ плохая дикция; sleepy ~ сонливая дикция

artificial *adj.* искусственный

artos *n.* артос, квасной хлеб, освещаемый в день Пасхи

Arval Brothers Арвальские братья

Asaph *n.* Асаф

Asara be-Tevet Пост десятого числа месяца тебеф

ascend *v.* возноситься; восходить; взойти (на что-л.) "And he dreamed, and behold a ladder set up on the earth, and the top of it reached to heaven: and behold the angels of God ascending and descending on it" (Ge., 28:12) / «И увидел во сне: вот, лестница стоит на земле, а верх ее касается неба; и вот, Ангелы Божии восходят и нисходят по ней» (Быт., 28:12); ascend into Heaven(s) взойти на Небеса, вознестись на небо; Our Lord ~ed into heaven Спаситель вознесся на небо; ~ the throne воцаряться, воцариться

ascendance (-y), ascendence (-y) *n.* власть, господство, доминирующее влияние; have/exercise ascendancy over smb. иметь власть, господствовать над кем-л.

Ascension *n.* Вознесение Христа; Вознесение Господне; ~ Day Вознесение Господне, 40-й день после Воскресения Господня; ~ of Isaiah «Вознесение Исайи»

Ascensiontide *n.* 10 дней от Вознесения до Духова дня

ascent *n.* восхождение; восшествие; возвышенность "And your border shall turn from the south to the ascent of Akrabbim, and pass on to Zin: and the going forth thereof shall be from the south to Kadeshbarnea, and shall go on to Hazaraddar, and pass on to Azmon" (Nu., 34:4) / «И направится граница на юг к возвышенности Акравима и пойдет через Син, и будут выступы ее на юг к Кадес-Варни, оттуда пойдет к Гацар-Аддару и пройдет через Ацмон» (Числ., 34:4).

Ascension *n.* вознесение; ~ of Christ Вознесение Господне; ~ Day Вознесение (праздник); восхождение

ascertain *v.* устанавливать, установить (что-л.)

ascesis (asceticism) *n.* аскеза; самоограничение

ascetic I *n.* аскет; отшельник; затворник; подвижник, -ница; скитник

ascetic II *adj.* ~, -al аскет; аскетический

ascribe *v.* воссылать, восслать (что-л. кому-л.); ~ glory воссылать хвалу (славу); воздавать "Because I will publish the name of the Lord: ascribe ye greatness unto our God" (De., 32:3) / «Имя Господа прославляю; воздайте славу Богу нашему» (Втор., 32:3).

ascribe *v.* приписывать (кому-л. что-л.)

ascription *n.* атрибуция

asebie *n.* асебия, святотатство

aseity *n.* самозарожденное, вечное и независимое бытие

Aseret Yeme Teshuva Десять дней покаяния

ash *n.* прах, бренные останки; ~es пепел; прах "And Abraham answered and said, Behold now, I have taken upon me to speak unto the Lord, which [am but] dust and ashes" (Ge., 18:27) / «Авраам сказал в ответ: вот, я решился говорить Владыке, я, прах и пепел» (Быт., 18:27); peace to his ~es мир праху его; *v.* посыпать пеплом; ~ Wednesday Пепельная среда, День покаяния (у католиков)

Asher *n.* Асир; колено Асирово

Asherah *n.* Асират, Асирту

Ashkenazi *n. pl.* ашкеназы, ашкенази

ashy *adj.* пепельно-серый, мертвенно-бледный; пепельный

ask *v.* вопрошать, вопросить (кого-л. о чем-л.); молить; просить (кого-л. о чем-л.); спрашивать, спросить (кого-л. о чем-л.) "And the men of the place asked [him] of his wife; and he said, She [is] my sister: for he feared to say, [She is] my wife; lest, [said he], the men of the place should kill me for Rebekah; because she [was] fair to look upon" (Ge., 26:7) / «Жители места того спросили о [Ревекке] жене его, и он сказал: это сестра моя; потому что боялся сказать: жена моя, чтобы не убили меня, думал он, жители места сего за Ревекку, потому что она прекрасна видом» (Быт., 26:7); ~ing оглашение в церкви

asomatous *adj.* бестелесный, бесплотный

asp *n.* аспид "Their wine [is] the poison of dragons, and the cruel venom of asps" (De., 32:33) / «Вино их яд драконов и гибельная отрава аспидов» (Втор., 32:33).

asperges (aspersion) *n.* окропление, кропление

aspergillum (aspersorium) *n.* кропило; aspersoria кропила

asperse *v.* окроплять, окропить (кого-л./что-л. чем-л.); обесславливать, обесславить (кого-л./что-л.); порочить, опорочить (кого-л./что-л.)

aspiration стремление; ~ of spirit тяготение душ

aspirous *adj.* властолюбивый

ass *n.* осел "And Abraham said unto his young men, Abide ye here with the ass; and I and the lad will go yonder and worship, and come again to you" (Ge., 22:5) / «И сказал Авраам отрокам своим: останьтесь здесь с ослом, а я и сын пойдем туда и поклонимся, и возвратимся к вам» (Быт., 22:5).

assail I *adj.* осквернительный

assail II (assault) *v.* нападать, напасть (на кого-л./что-л.); осквернять, осквернить (что-л.)

assailment *n.* осквернение

assemble I *n.* собрание; собор; сонм, сонмище

assemble II *v.* собирать(ся), собрать(ся) "And they assembled all the congregation together on the first [day] of the second month, and they declared their pedigrees after their families, by the house of their fathers, according to the number of the names, from twenty years old and upward, by their polls" (Nu., 1:18) / «Исобрали они все общество в первый [день] второго месяца. И объявили они родословия свои, по родам их, по семействам их, по числу имен, от двадцати лет и выше, поголовно» (Числ., 1:18).

Assemblies of God Ассамблеи Божий

assent I *n.* соглашение; соизволение

assent II *v.* соблаговолить; соизволять, соизволить (что-л.); подтверждать "And the Jews also assented, saying that these things were so" (Ac., 24:9).

assertion *n.* уверение; голословное утверждение

assiduity *n.* рачение

assiduous *adj.* прилежный; радивый; рачительный; тщательный

assign *v.* приписывать; ~ a quotation erroneously to smb. ошибочно приписывать цитату

assignable *adj.* могущий быть приписанным (кому-л.)

assignment *n.* распределение

assimilate *v.* объединять, объединить (кого-л./что-л.); объединяться, объединиться; уподоблять, уподобить (кого-л./что-л. чему-л.)

assimilation *n.* объединение; уподобление

assist *v.* помогать, помочь (кому-л., чем-л.) "That ye receive her in the Lord, as becometh saints, and that ye assist her in whatsoever business she hath need of you: for she hath been a sue-

courer of many, and of myself also" (Ro., 16:2) / «Примите ее для Господа, как прилично святым, и помогите ей, в чем она будет иметь нужду у вас, ибо и она была помощницею многим и мне самому» (Рим., 16:2); вспомоществовать (кому-л.); (с)поспешствовать (кому-л./чему-л.)

assistance *n.* благопоспешение, (с)поспешенствование; вспоможение, вспомоществование; помощь; пособие; содействие; Lord's ~ Божие содействие

assistant *n.* помощник, -ница

associate I *n.* сопричастник, -ница; сподвижник, -ница

associate II *v.* общаться (с кем-л.)

association *n.* совокупность

assoil *v.* прощать; избавлять от наказания; отпускать грехи

assume *v.* воспринимать, воспринять (кого-л./что-л.); допускать, допустить (что-л.); принимать, принять (приять) (кого-л./что-л.); assuming восприятие; вступление; ~ of the human body вочеловечение

Assumptio Mariae Взятие на Небо (Успение) Пресвятой Девы Марии; Успение Пресвятой Владычицы нашей Богородицы и Приснодевы Марии

assumption *n.* допущение; Christ's ~ of our flesh воплощение Христа

Assumption *n.* Успение; ~ *n.* Взятие на Небо (Успение) Пресвятой Девы Марии; Успение Пресвятой Владычицы нашей Богородицы и Приснодевы

Марии; ~ of Moses Успение Моисея

Assumptionists *n. pl.* ассумпционисты, Конгрегация в честь Успения Богоматери

assurance *n.* уверение; уверенность; безопасность "And the work of righteousness shall be peace; and the effect of righteousness quietness and assurance for ever" (Isa., 32:17) / «И делом правды будет мир, и плодом правосудия — спокойствие и безопасность вовеки» (Ис., 32:17); удостоверение "Because he hath appointed a day, in the which he will judge the world in righteousness by [that] man whom he hath ordained; [whereof] he hath given assurance unto all [men], in that he hath raised him from the dead" (Ac., 17:31) / «Ибо Он назначил день, в который будет праведно судить вселенную, посредством предопределенного Им Мужа, подав удостоверение всем, воскресив Его из мертвых» (Деян., 17:31).

assure *v.* уверять, уверить (кого-л. в чем-л.); успокоить "And hereby we know that we are of the truth, and shall assure our hearts before him" (1 Jn., 3:19) / «И вот по чему узнаем, что мы от истины, и успокаиваем пред Ним сердца наши» (1 Ин., 3:19).

astonish *v.* дивить, удивить (кого-л., чем-л.)

astonishment *n.* удивление; изумление "Thou hast shewed thy people hard things: thou hast made us to drink the wine of astonishment" (Ps., 60:3) / «Ты дал испытать народу твоему жестокое, напоил нас вином изумления» (Псл., 59:5); оцепенение "The Lord shall smite thee with madness, and blindness, and astonishment of heart" (De., 28:28) / «Поразит тебя Господь сумасшествием, слепотою и оцепенением сердца» (Втор., 28:28); ужас "And thou shalt become an astonishment, a proverb, and a byword, among all nations whither the Lord shall lead thee" (De., 28:37) / «И будешь ужасом, притчею и посмешищем у всех народов, к которым отведет тебя Господь [Бог]» (Втор., 28:37); опустошение "Wherefore the wrath of the Lord was upon Judah and Jerusalem, and he hath delivered them to trouble, to astonishment, and to hissing, as ye see with your eyes" (2 Chr., 29:8) / «И был гнев Господа на Иудею и на Иерусалим, и Он отдал их на позор, на опустошение и на посмеяние, как вы видите глазами вашими» (2 Пар., 29:8).

athanasia *n.* бессмертие

Athanasian Creed Афанасьевский символ веры

Athanasius I *n.* Афанасий I

athanasy *n.* атаназия, бессмертие

atheism *n.* атеизм; безбожие, безбожничество

atheist *n.* атеист; безбожник, -ца

atheistic, -al *n.* атеистический

Athenagoras I *n.* Афинагор I

atheous *adj.* безбожный

atonement *n.* очищение "And they shall eat those things wherewith the atonement was made, to consecrate [and] to sanctify them: but a stranger shall not eat [thereof], because they [are] holy" (Ex., 29:33) / «Ибо чрез это совершено очищение для вручения им священства и для посвящения их; посторонний не должен есть сего, ибо это святыня» (Исх., 29:33); расплата

attachment *n.* привязанность; влечение

attack I *n.* нападение

attack II *v.* нападать, напасть (на кого-л./на что-л.); наступать, наступить

attain *v.* достигать, достичь (чего-л.), достигнуть "And Jacob said unto Pharaoh, The days of the years of my pilgrimage [are] an hundred and thirty years: few and evil have the days of the years of my life been, and have not attained unto the days of the years of the life of my fathers in the days of their pilgrimage" (Ge., 47:9) / «Иаков сказал фараону: дней странствования моего сто тридцать лет; малы и несчастны дни жизни моей и не достигли до лет жизни отцов моих во днях странствования их» (Быт., 47:9); равняться "Was he not most honourable of three? therefore he was their captain: howbeit he attained not unto the [first] three" (2 Sa., 23:12) / «Из трех он был знатнейшим и был начальником, но с теми тремя не равнялся» (2 Цар., 23:12); постигнуть "[Such] knowledge [is] too wonderful for me; it is high, I cannot [attain] unto it" (Ps., 19:6) / «Дивно для меня ведение [Твое], — высоко, не могу постигнуть его!» (Псл., 138:6); доходить "And because the haven was not commodious to winter in, the more part advised to depart thence also, if by any means they might attain to Phenice, [and there] to winter; [which is] an haven of Crete, and lieth toward the south west and north west" (Ac., 27:12) / «А как пристань не была приспособлена к зимовке, то многие давали совет отправиться оттуда, чтобы, если можно, дойти до Финика, пристани Критской, лежащей против юго-западного и северо-западного ветра, и там перезимовать» (Деян., 27:12); получить "What shall we say then? That the Gentiles, which followed not after righteousness, have attained to righteousness, even the righteousness which is of faith" (Ro., 9:30) / «Что же скажем? Язычники, не искавшие праведности, получили праведность, праведность от веры» (Рим., 9:30); последовать "If thou put the brethren in remembrance of these things, thou shalt be a good minister of Jesus Christ, nourished up in the words of faith and of good doctrine, whereunto thou hast attained" (1 Ti., 4:6) / «Внушая сие братиям, будешь добрый служитель Иисуса Христа, питаемый словами веры и добрым учением, которому ты последовал» (1 Тим., 4:6).

attainment *n.* достижение

attempt *n.* попытка

attend *v.* внимать, внять (чему-л.) "Attend unto me, and hear me: I mourn in my complaint, and make a noise" (Ps., 55:2) / «Внемли мне и услышь меня; я стенаю в горести моей, и смущаюсь» (Псл., 54:3); пристально смотреть "Yea, I attended unto you, and, behold, [there was] none of you that convinced Job, [or] that answered his words" (Job, 32:12) / «Я пристально смотрел на вас, и вот никто из вас не обличает Иова и не отвечает на слова его» (Иов., 32:12); присутствовать; сопутствовать (кому-л./чему-л.)

attention *v.* внимание; попечение; тщание; pay ~ to обращать внимание на что-л.; glimmering ~ теплящееся внимание

attentive *adj.* внимательный "Let thine ear now be attentive, and thine eyes open, that thou mayest hear the prayer of thy servant, which I pray before thee now, day and night, for the children of Israel thy servants, and confess the sins of the children of Israel, which we have sinned against thee: both I and my father's house have sinned" (Nu., 1:6) / «Да будут уши Твои внимательны и очи Твои отверсты, чтобы услышать молитву раба Твоего, которою я теперь день и ночь молюсь пред Тобою о сынах Израилевых, рабах Твоих, и исповедуюсь во грехах

сынов Израилевых, которыми согрешили мы пред Тобою, согрешили — и я и дом отца моего» (Числ., 1:6).

attentiveness *n.* внимательность

attire I *n.* одеяние; облачение, наряд "And, behold, there met him a woman [with] the attire of an harlot, and subtil of heart" (Pr., 7:10) / «И вот — навстречу к нему женщина, в наряде блудницы, с коварным сердцем» (Притч., 7:10); повязка "Girded with girdles upon their loins, exceeding in dyed attire upon their heads, all of them princes to look to, after the manner of the Babylonians of Chaldea, the land of their nativity" (Ez., 23:15) / «Опоясанных по чреслам своим поясом, с роскошными на голове их повязками, имеющих вид военачальников, похожих на сынов Вавилона, которых родина земля Халдейская» (Иез., 23:15).

attire II *v.* облачать в священнические одежды, наряд

attitude *n.* мироощущение; отношение

attract *v.* привлекать, привлечь (кого-л./что-л. к чему-л.); влечь, увлечь

attraction *n.* прелесть; sexual ~ половое влечение

attribute I *n.* атрибут

attribute II *v.* атрибутировать, приписывать авторство; ~d author предполагаемый автор

attribution *n.* атрибуция; приписывание; установление авторства/подлинности

attrition *n.* аттриция, неполное раскаяние

Aucte. (Auctoritate) данной властью, будучи уполномоченным

audacious *adj.* смелый

audacity *n.* дерзость, смелость

audience with the Pope *n.* аудиенция у Папы Римского, прием Понтификом

audient *adj.* слушающий, внимающий

augment *v.* возвышаться, возвыситься (до чего-л.); усилить "And, behold, ye are risen up in your fathers' stead, an increase of sinful men, to augment yet the fierce anger of the Lord toward Israel" (Nu., 32:14) / «И вот, вместо отцов ваших восстали вы, отродье грешников, чтоб усилить еще ярость гнева Господня на Израиля» (Числ., 32:14).

augmentation *n.* возвышение

Augsburg Bible «Аугсбургская Библия»

Augsburg Confession Аугсбургское исповедование

Augsburg Interim Аугсбургский интерим, Аугсбургское перемирие

augur *n.* авгур; предзнаменовывать, предзнаменовать (что-л.); прорицатель, -ница

augury *n.* предзнаменование

Augustana Evangelical Lutheran Church Евангелическая лютеранская церковь Аугсбургского исповедования

Augustine (-us) *n.* Св. Августин; монах-августинец

Augustinian Canons *n.* Орден каноников-августинцев, каноники-августинцы

Augustinian Hermits августинские еремиты, Августинский орден, августинцы

Augustinian *n.* августинец; ~ Canons Орден каноников-августинцев, каноники-августинцы

Augustinian Recollects реколлекты

Augustinian *n.* августинец, -нка; ~s of the Assumption ассумпционисты, Конгрегация в честь Успения Богоматери; ~s of the Assumption Конгрегация в честь Успения Богоматери, ассумпционисты

Augustus *n.* Август "And it came to pass in those days, that there went out a decree from Caesar Augustus, that all the world should be taxed" (Lk., 2:1) / «В те дни вышло от кесаря Августа повеление сделать перепись по всей земле» (Лук., 2:1).

Aurea Legenda «Золотая легенда о житиях святых»

aureate *adj.* раззолоченный, ослепительный

aureola(-e) *n.* нимб, ореол, сияние; венец, небесный венец

auricular *adj.* сказанный на ухо, по секрету; секретный, конфиденциальный; тайный; ~ confession тайная исповедь

auspicate *v.* предсказывать, предвещать

austere *adj.* строгий; суровый; жестокий "For I feared thee, because thou art an austere man: thou takest up that thou layedst not down, and reapest that thou didst not sow" (Lk., 19:21) /

«Ибо я боялся тебя, потому что ты человек жестокий: берешь, чего не клал, и жнешь, чего не сеял» (Лук., 19:21); austere life строгая жизнь

Austin *n.* августинец; ~ Canons Орден каноников-августинцев, каноники-августинцы

Authen. (Authentica) подлинный, оригинальный; в подлиннике

authentic *adj.* достоверный; подлинный

authentication *n.* скрепа (вторая подпись)

authenticity *n.* достоверность; подлинность

author *n.* виновник; зиждитель; начальник, -ница; сочитатель, -ница; творец, творитель, -ница; Создатель; ~ess виновница

authority *n.* власть "For he taught them as [one] having authority, and not as the scribes» (Mt., 7:29) / «Ибо Он учил их, как власть имеющий, а не как книжники и фарисеи» (Матф., 7:29); настойчивость "Then Esther the queen, the daughter of Abihail, and Mordecai the Jew, wrote with all authority, to confirm this second letter of Purim" (Esth., 9:29) / «Написала также царица Есфирь, дочь Абихаила, и Мардохей Иудеянин, со всею настойчивостью, чтобы исполняли это новое письмо о Пуриме» (Есф., 9:29); to be in ~ умножаться "When the righteous are in authority, the people rejoice: but when the wicked beareth rule, the people mourn"

(Pr., 29:9) / «Когда умножаются праведники, веселится народ, а когда господствует нечестивый, народ стенает» (Притч., 29:9); under ~ подвластный "For I am a man under authority, having soldiers under me: and I say to this [man], Go, and he goeth; and to another, Come, and he cometh; and to my servant, Do this, and he doeth [it]" (Mt., 8:9) / «Ибо я и подвластный человек, но, имея у себя в подчинении воинов, говорю одному: пойди, и идет; и другому: приди, и приходит; и слуге моему: сделай то, и делает» (Матф., 8:9); exercise ~ властвовать "But Jesus called them [unto him], and said, Ye know that the princes of the Gentiles exercise dominion over them, and they that are great exercise" (Mt., 20:25) / «Иисус же, подозвав их, сказал: вы знаете, что князья народов господствуют над ними, и вельможи властвуют ими» (Матф., 20:25); начальство; authorities авторитетный источник власти; Власти (ангельский чин) "Who is gone into heaven, and is on the right hand of God; angels and authorities and powers being made subject unto him" (1 Pe., 3:22) / «Который, восшед на небо, пребывает одесную Бога и Которому покорились Ангелы и Власти и Силы» (1 Пе., 3:22).

authorize *v.* дозволять, дозволить (что-л. кому-л.); ~d Version «Авторизованная версия

Библии»; «Библия короля Иакова»

autocephalous church автокефальная церковь

autocephaly *n.* автокефалия

autocracy *n.* автократия; самодержавие

autocratic *adj.* самодержавный

auto-da-fe *n.* аутодафе, акт веры

autograph *n.* автограф; оригинал рукописи

autographic(al) *adj.* собственноручно написанный

autonym *n.* настоящая фамилия автора

Aux. (Auxilium, Auxilio) помощь; с помощью

auxiliary *adj.* вспомогательный

Av *n.* ав, пятый месяц иудейского календаря

availability *n.* наличие

available *adj.* наличный

avarice *n.* алчность; скупость

avaricious *adj.* алчный, корыстолюбивый; скупой

Ave Maria «Аве Мария»

avenge I *n.* месть

avenge II *v.* мстить "Thou shalt not avenge, nor bear any grudge against the children of thy people, but thou shalt love thy neighbour as thyself" (Lev., 19:18) / «Не мсти и не имей злобы на сынов народа твоего, но люби ближнего твоего, как самого себя» (Лев., 19:18); отмщать, отмстить (кому-л. за что-л.) "Avenge the children of Israel of the Midianites: afterward shalt thou be gathered unto thy people" (Nu., 31:2) / «Отмсти Мадианитянам за сынов Израилевых, и после отойдешь к народу твоему» (Числ., 31:2).

avengement, avenging *n.* (от)мщение "Now therefore, my lord, [as] the Lord liveth, and [as] thy soul liveth, seeing the Lord hath withholden thee from coming to [shed] blood, and from avenging thyself with thine own hand, now let thine enemies, and they that seek evil to my lord, be as Nabal" (1 Sa., 25:26) / «И ныне, господин мой, жив Господь и жива душа твоя, Господь не попустит тебе идти на пролитие крови и удержит руку твою от мщения, и ныне да будут, как Навал, враги твои и злоумышляющие против господина моего» (1 Цар., 25:26); воздавать отмщение; **avenging angel** ангел-мститель

avenger *n.* мститель "And they shall be unto you cities for refuge from the avenger; that the manslayer die not, until he stand before the congregation in judgment" (Nu., 35:12) / «И будут у вас города сии убежищем от мстителя [за кровь], чтобы не был умерщвлен убивший, прежде нежели он предстанет пред общество на суд» (Числ., 35:12); местник; ~ **of Blood** мстящий за кровь, мстящий кровным врагам

aver *v.* отвращать, отвратить (кого-л./что-л. от кого-л./чего-л.); утверждать; подтверждать

avera *n.* авера

averment *n.* утверждение; удостоверение, подтверждение факта/обстоятельства

avert *v.* предотвращать, предотвратить (что-л.); совращать,

совратить (кого-л.); ~ing ger.
отогнание; предотвращение;
совращение

avid adj. алчущий

avidity n. алчность, жадность

Avignon papacy Авиньонское
пленение пап

Avignon Popes Авиньонские папы

Avim n. Аввим "And Avim, and
Parah, and Ophrah" (Jos., 18:23) /
«Аввим, Фара и Офра» (Нав.,
18:23).

Avinu Malkenu «Абину Малке-
ну» (Наш Отец, наш Царь»)

Avoda zara «Авода зара»

avoid v. избегать, избегнуть, избежать (кого-л./что-л.); обходить, обойти (кого-л./что-л.);
убегать, убежать (от кого-л./от
чего-л.); уклоняться, уклониться (от чего-л.) "And Saul
cast the javelin; for he said, .I
will smite David even to the wall
[with it]. And David avoided out
of his presence twice" (1 Sa.,
18:11) / «И бросил Саул копье,
подумав: пригвожду Давида
к стене; но Давид два раза ук-
лонился от него» (1 Цар.,
18:11); оставить "Avoid it, pass
not by it, turn from it, and pass
away" (Pr., 4:15) / «Оставь
его, не ходи по нему, уклонись от него и пройди мимо»
(Притч., 4:15).

avolitional adj. не зависящий от
собственной воли

Avot «Авот», «Абот», «Поучение
Отцов», «Изречения Отцов»

avow v. покаяться (в чем-л.)

avowal n. повинная; сознание

awake проснуться "They have
stricken me, [shalt thou say, and]

I was not sick; they have beaten
me, [and] I felt [it] not: when
shall I awake? I will seek it yet
again" (Pr., 23:35) / «[И скажешь:] били меня, мне не было
больно; толкали меня, я не
чувствовал. Когда проснусь,
опять буду искать того же»
(Притч., 23:35); воспрянуть
"Awake, awake, Deborah:
awake, awake, utter a song:
arise, Barak, and lead thy captivity captive, thou son of Abinoam" (Jdg., 5:12) / «Воспряни,
воспряни, Девора! воспряни,
воспряни! воспой песнь! Восстань, Варак! и веди пленников твоих, сын Авиноамов!»
(Суд., 5:12); встать "If thou
[wert] pure and upright; surely
now he would awake for thee,
and make the habitation of thy
righteousness prosperous" (Job,
8:6) / «И если ты чист и прав,
то Он ныне же встанет над тобою и умиротворит жилище
правды твоей» (Иов., 8:6);
пробудиться "So man lieth
down, and riseth not: till the
heavens [be] no more, they shall
not awake, nor be raised out of
their sleep" (Job, 14:12) / «Так
человек ляжет и не станет; до
скончания неба он не пробу-
дится и не воспрянет от сна
своего» (Иов., 14:12); подни-
маться "Awake, O north wind;
and come, thou south; blow upon
my garden, [that] the spices
thereof may flow out. Let my beloved come into his garden, and
eat his pleasant fruits" (Song,
4:16) / «Поднимись ветер с севера и принесись с юга, повей

на сад мой, — и польются ароматы его! — Пусть придет возлюбленный мой в сад свой и вкушает сладкие плоды его» (Песня Песней, 4:16); будить "I charge you, O ye daughters of Jerusalem, by the roes, and by the hinds of the field, that ye stir not up, nor awake [my] love, till he please" (Song, 2:7) / «Заклинаю вас, дщери Иерусалимские, сернами или полевыми ланями: не будите и не тревожьте возлюбленной, доколе ей угодно» (Песня Песней, 2:7); пробуждать, пробудить (кого-л./что-л.); пробуждаться, пробудиться (от чего-л.); возбуждать, возбудить (кого-л./что-л.); восставать, восстать (от сна); ~ning возбуждение (ото сна); восстание (от сна); пробуждение

award v. присвоить, присвоить (что-л.); ~ing присвоение

awe I n. благоговейный страх, трепет, благоговение

awe II v. внушать благоговение/ужас; пугать; ~ of God страх Божий; strike with ~ внушать благоговейный страх/благоговение

aweless adj. бесстрашный, бестрепетный; непочтительный; кощунственный

awe-striken (awe-struck) adj. преисполненный благоговения/благоговейного страха/трепета

axiom n. самоистина

ayne adj. первородный, перворожденный

Azazel n. Азазел, Азазель

Azrael n. Азраил (ангел смерти)

azure n. лазурь, синева; небесная лазурь, небесная голубизна

azyme n. опреснок, маца

Azymites n. pl. азимиты

B

B. C. (Before Christ) до Рождества Христова

B. C. L. (Baccalaureus Canonicae Legis) бакалавр канонического права, бакалавр церковного права

B. D. (Bachelor of Divinity) бакалавр богословия; бакалавр теологии

B. F. (Bona Fide) добросовестно, честно; (Bonae Feminae) жене доброй

B. M. (Bonae Memoriae) блаженной памяти

B. M. F. (Bene Merenti Fecit) воздвиг сие для достойных

B. P. (Beatissime Pater) Пресвятой Отец

B. Q. (Bene Quiescat) мир праху его/ее

B. T. (Baccalaureus Theologiae) бакалавр теологии

B. U. J. (Baccalaureus Utriusque Juris) бакалавр гражданского и церковного права

B. V. (Beata Virgo) Пресвятая Дева; (Beatitude Vestra) Ваше Святейшество, титулование Папы Римского

B. V. M. (Beata Virgo Maria) Пресвятая Дева Мария

ba'al shem ваал шем

Baal n. Баал, Ваал

baalish adj. идолопоклоннический

baalism *n.* идолопоклонничество, идолопоклонство

babble I *n.* празднословие

babble II *v.* празднословить

baby *n.* дитя

Babylonian I *n.* вавилонянин, житель Вавилона

Babylonian II *adj.* вавилонский; ~ calendar вавилонский календарь; ~ Captivity/Exile Вавилонский плен, Вавилонское пленение; ~ Job «Вавилонский Иов», «Поэма о страдальце праведном»; ~ Talmud «Вавилонский Талмуд», «Талмуд Бавели», «Бавели»

Baccalaureate *n.* степень бакалавра

Bachelor I *n.* бакалавр ~'s бакалаврский; ~ of divinity бакалавр богословия; ~ degree степень бакалавра

Bachelor II *adj.* бакалаврский

backbiter *n.* злоязычник, -ница; клеветник, -ца "Backbiters, haters of God, despiteful, proud, boasters, inventors of evil things, disobedient to parents" (Ro., 1:30) / «Злоречивы, клеветники, богоненавистники, обидчики, самохвалы, горды, изобретательны на зло, непослушны родителям» (Рим., 1:30).

backbiting I *n.* злоречивость, злоречие; клевета "For I fear, lest, when I come, I shall not find you such as I would, and [that] I shall be found unto you such as ye would not: lest [there be] debates, envyings, wraths, strifes, backbitings, whisperings, swellings, tumults" (2 Co., 12:20) / «Ибо я опасаюсь, что-

бы мне, по пришествии моем, не найти вас такими, какими не желаю, также чтобы и вам не найти меня таким, каким не желаете: чтобы не найти у вас раздоров, зависти, гнева, ссор, клевет, ябед, гордости, беспорядков» (2 Кор., 12:20)

backbiting II *adj.* злоречивый; тайный "The north wind driveth away rain: so [doth] an angry countenance a backbiting tongue" (Pr., 25:23) / «Северный ветер производит дождь, а тайный язык — недовольные лица» (Притч., 25:23).

backslide *v.* отступаться от правой веры; впадать в ересь, грех

backslider *n.* отступник, -ница

baculus *n.* жезл, посох; скипетр

bad *adj.* дурной; худой; злой; отрицательный; гадкий; ~ year безгодье

badly *adv.* худо

badly-minded *adj.* злоухищренный

Balaam *n.* Валаам; the ass of ~ валаамова ослица

Balaamite *n.* валаамит

balance *n.* мерило; весы "Surely men of low degree [are] vanity, [and] men of high degree [are] a lie: to be laid in the balance, they [are] altogether [lighter] than vanity" (Ps., 62:9) / «Сыны человеческие — только суета; сыны мужей — ложь; если положить их на весы, все они вместе легче пустоты» (Псл., 61:10).

baldacchin(-o) *n.* балдахин

baleful *adj.* пагубный

ballamite *n.* ханжа

balm *n.* бальзам; ~ for a sad heart бальзам для скорбного сердца;

balmy *adj.* благовонный, ароматический

Balt(h)asar (Balthazar) *n.* Бальтазар; Валтасар

bama(h) бама

Bamberg Bible «Бамбергская Библия»

ban I *n.* запрет, запрещение; анафема, отлучение от церкви; проклятие; осуждение

ban II *v.* налагать запрет, запрещать; предавать анафеме; отлучать от церкви; under the ~ отлученный от церкви

band *v.* связывать, связать (кого-л./что-л.)

banderole *n.* лента с надписью, эмблемой, девизом

Bangorian Controversy *n.* Бангорский спор

banian-day *n.* постный день

banish *v.* изгонять, изгнать (кого-л. из чего-л.)

banishment *n.* изгнание "And whosoever will not do the law of thy God, and the law of the king, let judgment be executed speedily upon him, whether [it be] unto death, or to banishment, or to confiscation of goods, or to imprisonment" (Ezr., 7:26) / «Кто же не будет исполнять закон Бога твоего и закон царя, над тем немедленно пусть производят суд, на смерть ли, или на изгнание, или на денежную пеню, или на заключение в темницу» (Ездр., 7:26); sentence to ~ осудить на изгнание

banishment *n.* изгнание, высылка

banner *n.* стяг; хоругвь; знамя "We will rejoice in thy salvation, and in the name of our God we will set up [our] banners: the Lord fulfil all thy petitions" (Ps., 20:5) / «Да даст тебе [Господь] по сердцу твоему и все намерения твои да исполнит» (Псл., 19:6).

bannerol *n.* хоругвь

baptis(e)ry *n.* баптистерий

baptism *n.* крещение "But Jesus answered and said, Ye know not what ye ask. Are ye able to drink of the cup that I shall drink of, and to be baptized with the baptism that I am baptized with? They say unto him, We are able" (Mt., 20:22) / «Иисус сказал в ответ: не знаете, чего просите. Можете ли пить чашу, которую Я буду пить, или креститься крещением, которым Я крещусь? Они говорят Ему: можем» (Матф., 20:22); крестины; баптизм; ~ for the dead крещение во спасение души усопшего/убиенного); ~ of blood крещение кровью; ~ of desire крещение возжеланием искренним; ~ of fire крещение огнем

baptismal *adj.* крестильный; ~ name имя, данное при крещении; ~ certificate свидетельство о крещении; ~ ceremony крестины

baptismal *adj.* крестильный; ~ water крестильная вода

Baptist General Conference Всеобщая баптистская конференция

Baptist Missionary Society Бап-
тистское миссионерское общество

baptist *n.* креститель; баптист, -ка;
~s баптисты; Seventh-day ~s
баптисты Седьмо́го дня; ~'s
day Рождество честного славного Пророка, Предтечи и Крестителя Господня Иоанна,
День Крестителя Господня,
Иванов день

baptistery *n.* крестильня; купель;
баптистерий

baptize *v.* крестить; крестить; окрестить (кого-л.) "I indeed baptize you with water unto repentance: but he that cometh after
me is mightier than I, whose
shoes I am not worthy to bear: he
shall baptize you with the Holy
Ghost, and [with] fire" (Mt.,
3:11) / «Я крещу вас в воде
в покаяние, но Идущий за
мною сильнее меня; я не достоин понести обувь Его; Он
будет крестить вас Духом
Святым и огнем» (Матф.,
3:11); совершать обряд крещения; давать имя, нарекать;
креститься, подвергаться обряду крещения

Bar Mitzvah *n.* бар-мицва

Barait(h)a *n.* Бараита

Baraitot Бараитот

barathrum *n.* адская бездна, ад

barb *n.* белый плоеный нагруд-
ник монахини

barbarian I *n.* варвар "I am
debtor both to the Greeks, and to
the Barbarians; both to the wise,
and to the unwise" (Ro., 1:14) /
«Я должен и Еллинам и варва-
рам, мудрецам и невеждам»
(Рим., 1:14); чужестранец, -нка

"Therefore if I know not the
meaning of the voice, I shall be
unto him that speaketh a barbarian, and he that speaketh [shall
be] a barbarian unto me" (1 Co.,
14:11) / «Но если я не разумею
значения слов, то я для гово-
рящего чужестранец, и говорящий для меня чужестранец»
(1 Кор., 14:11); иноплеменник
"And when the barbarians saw
the [venomous] beast hang on
his hand, they said among
themselves, No doubt this man
is a murderer, whom, though he
hath escaped the sea, yet vengeance suffereth not to live" (Ac.,
28:4) / «Иноплеменники, когда
увидели висящую на руке его
змею, говорили друг другу:
верно этот человек — убийца,
когда его, спасшегося от моря,
суд Божий не оставляет жить»
(Деян., 28:4); дикарь; невежа

barbarian II *adj.* варварский, дикий

barbarism *n.* варварство; невежество; грубость; дикость

barbarity *n.* бесчеловечие, бесчеловечность; варварство; изуверство; жестокость, дикость,
зверства; ~ous бесчеловечный;
варварский; дикий

bare *adj.* нагой

barefaced *adj.* бесстыдный

Barefoot Carmelites. *n. pl.* «Босые кармелитки»

bareness *n.* неплодие, бесплодие

Barnabas *n.* Св. Варнава

Barnabites *n. pl.* варнавиты, уставные клирики Ордена Св.
Павла

Barnaby Bright *n.* День Св. Варнавы

Barnaby Св. Варнава

barren *adj.* бесплодный; неплодный "But Sarai was barren; she [had] no child" (Ge., 11:30) / «И Сара была неплодна и бездетна» (Быт., 11:30); ~ fig-tree бесплодная смоковница

barrenness *n.* бесчадие, бесплодие

barrier *n.* ограда

barrow *n.* курган; могильный холм

Bartholomew *n.* Варфоломей

Bartholomew I *n.* Варфоломей I

Baruch *n.* Варух

base I *n.* основа; корень

base II *adj.* низменный

base III *v.* обосновывать, обосновать (что-л.)

Basilians *n. pl.* василиане

basilica *n.* базилика; ~ of St. apostle Peter базилика св. апостола Петра; василики, базилики; ~ of Constantine базилика Константина; ~ of Maxentius, базилика Максенция; ~ of Guadalupe базилика Пречистой Девы «Гваделупская»; ~e базилики

Basilidians *n. pl.* василидиане, последователи Василида

basilisk *n.* василиск; ~-glance сглаз

basin *n.* купель

basis *n.* основа; обоснование

basket meeting религиозное собрание на открытом воздухе, проводимое в форме пикника

Bat Mitzvah *n.* бат-мицва

Batak Protestant Christian Church Батакская протестантская христианская церковь

bath *v.* обмывать, обмыть (кого-л./что-л.)

Bathsheba *n.* Бат-шеба, Вирсавия

battle *n.* сражение "And there went out the king of Sodom, and the king of Gomorrah, and the king of Admah, and the king of Zeboiim, and the king of Bela (the same [is] Zoar;) and they joined battle with them in the vale of Siddim" (Ge., 14:8) / «И вышли царь Содомский, царь Гоморрский, царь Адмы, царь Севоимский и царь Белы, которая есть Сигор; и вступили в сражение с ними в долине Сиддим» (Быт., 14:8); война "And Moses was wroth with the officers of the host, [with] the captains over thousands, and captains over hundreds, which came from the battle" (Nu., 31:14) / «И прогневался Моисей на военачальников, тысяченачальников и стоначальников, пришедших с войны» (Числ., 31:14), ратоборство

Bava batra «Бава батра»

Bava metzi'a «Бава мецайа»

Bava qamma «Бава кама»

Bay Psalm Book «Псалтырь колонистов Массачусетского залива»

BB. (Beati) блаженные

bead-house *n.* богадельня; дом призрения

beadle *n.* церковный служитель

bead-roll *n.* поминальный список

beads *n.* четки; count/say/tell one's ~ читать молитву по четкам

beadsman *n.* молящийся за благодетеля; призреваемый в богадельне

beadswoman *n.* молящаяся за спасение душ грешных или за благодетеля; призреваемая в богадельне

beam I *n.* луч; бревно "Thou hypocrite, first cast out the beam out of thine own eye; and then shalt thou see clearly to cast out the mote out of thy brother's eye" (Mt., 7:5) / «Лицемер! вынь прежде бревно из твоего глаза и тогда увидишь, как вынуть сучок из глаза брата твоего» (Матф., 7:5); навой "And the staff of his spear [was] like a weaver's beam; and his spear's head [weighed] six hundred shekels of iron: and one bearing a shield went before him" (1 Sa., 17:7) / «И древко копья его, как навой у ткачей; а самое копье его в шестьсот сиклей железа, и пред ним шел оруженосец» (1 Цар., 17:7).

beam II *v.* сиять

Bear Bible *n.* «Медведка»

bear *v.* терпеть; переносить, перенести, перенесть (что-л.); нести (что-л.); сносить, снести (что-л.) (терпеть) "And Cain said unto the Lord, My punishment [is] greater than I can bear" (Ge., 4:13) / «И сказал Каин Господу [Богу]: наказание мое больше, нежели снести можно» (Быт., 4:13); зарождать, зародить (кого-л./что-л.); родить "And the angel of the Lord said unto her, Behold, thou [art] with child, and shalt bear a son, and shalt call his name Ishmael; because the Lord hath heard thy affliction" (Ge., 16:11) / «И еще сказал ей Ангел Господень: вот, ты беременна, и родишь сына, и наречешь ему имя Из-

маил, ибо услышал Господь страдание твое» (Быт., 16:11); ~ up against affliction переносить превратности судьбы; ~ fruit принести плоды; ~ the bell главенствовать (над кем-л., над чем-л.); ~ penalty нести наказание; ~ing несение; ~ing the Cross несение креста

bearable *adj.* терпимый

bearer *n.* носильщик "And he set threescore and ten thousand of them [to be] bearers of burdens, and fourscore thousand [to be] hewers in the mountain, and three thousand and six hundred overseers to set the people a work" (2 Chr., 2:18) / «И сделал он из них семьдесят тысяч носильщиков и восемьдесят тысяч каменосеков на горах и три тысячи шестьсот надзирателей, чтобы они побуждали народ к работе» (2 Пар., 2:18); носитель, -ница; явитель, -ница

beast *n.* животное; зверь "And I saw the beast, and the kings of the earth, and their armies, gathered together to make war against him that sat on the horse, and against his army" (Rev., 19:19) / «И увидел я зверя и царей земных и воинства их, собранных, чтобы сразиться с Сидящим на коне и с воинством Его» (Откр., 19:19); скот; ~s of field звери сельные

beastly *adj.* скотский

beat *v.* избивать, избить (кого-л.)

beaten *p. p.* торный

beatific(al) *adj.* блаженный

beatification *n.* беатификация, причисление к лику блаженных; дарование блаженства

beatify *v.* причислять к лику блаженных; давать блаженство

beatitude *n.* благословение; блаженство; the Eight ~s восемь заповедей блаженства

Beatty Biblical Papyrus I *n.* Папирус I из собрания Честера Битти

Beatty Biblical Papyrus II *n.* Папирус II из собрания Честера Битти

Beatty Biblical Papyrus III *n.* Папирус III из собрания Честера Битти

beautify *v.* украшать, украсить (кого-л./что-л., чем-л.) "Blessed [be] the Lord God of our fathers, which hath put [such a thing] as this in the king's heart, to beautify the house of the Lord which [is] in Jerusalem" (Ezr., 7:27) / «Благословен Господь, Бог отцов наших, вложивший в сердце царя — украсить дом Господень, который в Иерусалиме» (Ездр., 7:27); прославить "For the Lord taketh pleasure in his people: he will beautify the meek with salvation" (Ps., 149:4) / «Ибо благоволит Господь к народу Своему, прославляет смиренных спасением» (Псл., 149:4).

beauty *n.* красота, краса "The beauty of Israel is slain upon thy high places: how are the mighty fallen!" (2 Sa., 1:19) / «Краса твоя, о Израиль, поражена на высотах твоих! как пали сильные!» (2 Цар., 1:19); благоле-

пие "And thou shalt make holy garments for Aaron thy brother for glory and for beauty" (Ex., 28:2) / «И сделай священные одежды Аарону, брату твоему, для славы и благолепия» (Исх., 28:2); расцвет

bechance *v.* случаться, происходить случайно; доставаться, выпадать на долю

become *v.* становиться, стать (кем-л./чем-л.) "And the Lord hath blessed my master greatly; and he is become great: and he hath given him flocks, and herds, and silver, and gold, and menservants, and maidservants, and camels, and asses" (Ge., 24:35) / «Господь весьма благословил господина моего, и он сделался великим: Он дал ему овец и волов, серебро и золото, рабов и рабынь, верблюдов и ослов» (Быт., 24:35); годиться, пригодиться (для чего-л., кому-л.); делаться, сделаться (кем-л./чем-л.); приличествовать (кому-л./чему-л.); ~ a Christian принять христианскую веру; ~ proud of возгордиться (чем-л.); becoming приличный; пристойный

becomingness *n.* приличие

bed *n.* ложе; одр; on one's death-~ на смертном одре

bedamn *v.* проклинать, предавать проклятию

Bedell's Bible «Библия Биделл'з», ирландский перевод «Ветхого Завета»

bedight I *adj.* украшенный, разодетый, разряженный

bedight II *v.* одевать; покрывать, накрывать

bedral *n.* церковный сторож; звонарь

bedrop *v.* окроплять; опрыскивать

Beelzebub, Beelzebul *n.* Вельзевул

beer *n.* пиво

beforehand *prep.* предварительно; наперед "But when they shall lead [you], and deliver you up, take no thought beforehand what ye shall speak, neither do ye premeditate: but whatsoever shall be given you in that hour, that speak ye: for it is not ye that speak, but the Holy Ghost" (Mk., 13:11) / «Когда же поведут предавать вас, не заботьтесь наперед, что вам говорить, и. не обдумывайте; но что дано будет вам в тот час, то и говорите, ибо не вы будете говорить, но Дух Святый» (Марк., 13:11).

befoul *v.* пачкать; осквернять

beg *v.* просить (кого-л., о чем-л.); нищенствовать; христарадничать; ~ off вымолить прощение

beg *v.* просить; умолять, молить; нищенствовать; просить подаяния, милостыню; ~ one's bread жить подаянием

beget *v.* зарождать, зародить, (кого-л./что-л.); порождать, породить (кого-л./что-л.); рождать, родить (кого-л.) "And thy issue, which thou begettest after them, shall be thine, [and] shall be called after the name of their brethren in their inheritance" (Ge., 48:6) / «Дети же твои, которые родятся от тебя после них, будут твои; они под именем братьев своих будут именоваться в их уделе» (Быт., 48:6); ~ting *ger.* зарождение

beggar *n.* нищий, нищая "He raiseth up the poor out of the dust, [and] lifteth up the beggar from the dunghill, to set [them] among princes, and to make them inherit the throne of glory: for the pillars of the earth [are] the Lord'S, and he hath set the world upon them" (1 Sa., 2:8) / «Из праха подъемлет Он бедного, из брения возвышает нищего, посаждая с вельможами, и престол славы дает им в наследие; ибо у Господа основания земли, и Он утвердил на них вселенную» (1 Цар., 2:8)

beggardom *n.* нищие, нищая братия, нищий люд; нищенство

beggarhood *n.* нищета; нищий люд

beggarism (beggarliness) *n.* нищенство; нищета

beggarly *adj.* нищенский; бедный "But now, after that ye have known God, or rather are known of God, how turn ye again to the weak and beggarly elements, whereunto ye desire again to be in bondage?" (Ga., 4:9) / «Ныне же, познав Бога, или, лучше, получив познание от Бога, для чего возвращаетесь опять к немощным и бедным вещественным началам и хотите еще снова поработить себя им?» (Гал., 4:9)

beggary *n.* нищенство; нищета, нужда; крайняя бедность; нищие, нищая братия; притон нищих; нищенство; live in ~

жить в нищете; reduced to ~ доведенный до нищеты

Begging Friars *n. pl.* бегарды

begin *v.* начинать, начать, начинаться, начинается (что-л.); the sermon is going to ~ проповедь начинается; наступать, наступить; становиться, стать (кем-л./чем-л.); ~ to desire возжелать (чего-л.)

beginning *n.* начало «In the beginning God created the heaven and the earth" (Ge., 1:1) / «В начале сотворил Бог небо и землю» (Быт., 1:1); make a ~ положить начало чему-л; вчинание; главизна; зачатие; основа; происхождение; at the ~ вначале

beginning *n.* начало; источник, происхождение; первопричина

Beguinae, Beguines *n. pl.* бегинки

behaving *adj.* благонравный

behaviour *n.* манера; лицо "And he changed his behaviour before them, and feigned himself mad in their hands, and scrabbled on the doors of the gate, and let his spittle fall down upon his beard" (1 Sa., 21:13) / «И изменил лице свое пред ними, и притворился безумным в их глазах, и чертил на дверях, [кидался на руки свои] и пускал слюну по бороде своей» (1 Цар., 21:13).

behead *v.* обезглавливать, обезглавить (кого-л.) "And he sent, and beheaded John in the prison" (Mt., 14:10) / «И послал отсечь Иоанну голову в темнице» (Матф., 14:10); усекать главу, обезглавливать; ~ing обезглавливание; усекновение главы; ~ing of St. John the Baptist Па-

мять Страстей Св. Иоанна Крестителя; Усекновение главы Пророка, Предтечи и Крестителя Господня Иоанна

behest *n.* заповедь, завет

Behmentis *n. pl.* бементисты, беманисты; филадельфисты

behold *v.* зреть, узреть (кого-л./что-л.); смотреть, созерцать

behoof *n.* польза, выгода, интерес

being *n.* бытие; дыхание (издыхание); существо; существование; тварь

Bekhorot *n.* «Бехорот»

belabour *v.* бить, колотить

belaud *v.* воскуривать, воскурять, воскурить (что-л.); восхвалять, превозносить

belfry *n.* колокольня, звонница

Belgic Confession Бельгийское вероисповедание

Belial Велиар (падший ангел) "And what concord hath Christ with Belial? or what part hath he that believeth with an infidel?" (2 Co., 6:15) / «Какое согласие между Христом и Велиаром? Или какое соучастие верного с неверным?» (2 Кор., 6:15)

belie *v.* давать неверное представление; представлять в ложном свете; изобличать, разоблачать; опровергать; противоречить; отступить; оболгать, оклеветать; ~ one's faith отступить от веры

belief *n.* вера "But we are bound to give thanks alway to God for you, brethren beloved of the Lord, because God hath from the beginning chosen you to salvation through sanctification of the Spirit and belief of the truth" (2 Th., 2:13) / «Мы же всегда должны благодарить Бога за вас, возлюбленные Господом братия, что Бог от начала, через освящение Духа и веру истине, избрал вас ко спасению» (2 Фес., 2:13); верование; поверье; heathen ~s языческие верования; вера; ~s of the Christian Church догмы Христианской Церкви

belief *n.* вера, верование; the ~ Символ веры, Кредо; light of ~ легковерный; heathen ~s языческие верования; strange ~s странные поверья; superstitious ~s суеверия, приметы; ~ in God and afterlife вера в Бога и в загробную жизнь; the ~s of the Christian Church вероучения христианской церкви

believe *v.* веровать "He that believeth on the Son of God hath the witness in himself: he that believeth not God hath made him a liar; because he believeth not the record that God gave of his Son" (1 Jn., 5:10) / «Верующий в Сына Божия имеет свидетельство в себе самом; не верующий Богу представляет Его лживым, потому что не верует в свидетельство, которым Бог свидетельствовал о Сыне Своем» (1 Ин., 5:10); уверовать; верить "And told him, saying, Joseph [is] yet alive, and he [is] governor over all the land of Egypt. And Jacob's heart fainted, for he believed them not" (Ge., 45:26) / «И известили его, сказав: Иосиф [сын твой] жив и теперь владычествует над всею землею Египетскою.

Но сердце его смутилось, ибо он не верил им. поверить» (Быт., 45:26); "And he believed in the Lord; and he counted it to him for righteousness" (Ge., 15:6) / «Аврам поверил Господу, и Он вменил ему это в праведность» (Быт., 15:6).

believe *v.* веровать, верить; ~ in God the Father, God the Son and God the Holy Spirit веровать в Бога-Отца, Бога-Сына и Бога-Святого Духа

believer *n.* верующий, -щая "And believers were the more added to the Lord, multitudes both of men and women" (Ac., 5:14) / «Верующих же более и более присоединялось к Господу, множество мужчин и женщин» (Деян., 5:14); true ~ правоверный

belike *adv.* вероятно; по-видимому; быть может

belittle *v.* умалять, умалить (что-л.); уменьшать, уменьшить (что-л.)

belittling *n.* умаление

bell I *n.* колокол; колокольчик; набат; перезвон колоколов

bell II *v.* звонить, бить в колокола; ~ loft звонница; помещение для колоколов на колокольне или башне; ~ tower колокольня; звонница

bellow *v.* рыкать (рычать); ржать "Because ye were glad, because ye rejoiced, O ye destroyers of mine heritage, because ye are grown fat as the heifer at grass, and bellow as bulls" (Je., 50:11) / «Ибо вы веселились, вы торжествовали, расхитители наследия Моего; прыгали от радости, как телица на траве, и ржали, как боевые кони» (Иер., 50:11).

bell-ringer *n.* звонарь

bell-tower *n.* звонница; колокольня

belly *n.* живот, брюхо; чрево, утроба; Jonah in the ~ of the fish Иона во чреве китовом; ~ of hell преисподняя, ад

belly *n.* чрево "Whatsoever goeth upon the belly, and whatsoever goeth upon [all] four, or whatsoever hath more feet among all creeping things that creep upon the earth, them ye shall not eat; for they [are] an abomination" (Lev., 11:42) / «Всего ползающего на чреве и всего ходящего на четырех ногах, и многоножных из животных пресмыкающихся по земле, не ешьте, ибо они скверны» (Лев., 11:42); ложесна

belly-slave *n.* чревоугодник, -ница

belly-sod *n.* чревоугодник, -ница

belong (to) *v.* принадлежать (кому-л./чему-л.) "In the year of the jubile the field shall return unto him of whom it was bought, [even] to him to whom the possession of the land [did belong]" (Lev., 27:24) / «Поле же в юбилейный год перейдет опять к тому, у кого куплено, кому принадлежит владение той земли» (Лев., 27:24); ~ing принадлежность; ~s собственность

belove *v.* любить, возлюбить

beloved *adj.* возлюбленный, -ая; любимый, -ая "If a man have two wives, one beloved, and another hated, and they have born him children, [both] the beloved and the hated; and [if] the firstborn son be hers that was hated" (De., 21:15) / «Если у кого будут две жены — одна любимая, а другая нелюбимая, и как любимая, так и нелюбимая родят ему сыновей, и первенцем будет сын нелюбимой)» (Втор., 21:15); dearly ~ brethren возлюбленные братия; ~ Disciple ученик возлюбленный, Св. апостол Иоанн Богослов; ~ Physician врач возлюбленный, св. евангелист Лука

below I *adj.* нижний

below II *prep.* внизу

bemire *v.* грязнить, загрязнить (кого-л./что-л.)

bemuse *v.* ошеломлять, поражать

Ben. (Benedictio) *n.* благословение; молитва до и после еды

bename *v.* называть, величать

bench *n.* епископат

bench-table *n.* низкое каменное сиденье в церковной нише, около колонны

bend *v.* склонять, склонить (кого-л./что-л.); преклонять, преклонить (что-л., перед чем-л.); напрячь "Let them melt away as waters [which] run continually: [when] he bendeth [his bow to shoot] his arrows, let them be as cut in pieces" (Ps., 58:7) / «Да исчезнут, как вода протекающая; когда напрягут стрелы, пусть они будут как переломленные» (Псл., 57:8); ~ one's knees преклонить колени

beneath *prep.* внизу "Thou shalt not make unto thee any graven image, or any likeness [of any thing] that [is] in heaven above, or that [is] in the earth beneath, or that [is] in the water under the earth" (Ex., 20:4) / «Не делай себе кумира и никакого изображения того, что на небе вверху, и что на земле внизу, и что в воде ниже земли» (Исх., 20:4); ниже "But Deborah Rebekah's nurse died, and she was buried beneath Bethel under an oak: and the name of it was called Allonbachuth" (Ge., 35:8) / «И умерла Девора, кормилица Ревеккина, и погребена ниже Вефиля под дубом, который и назвал Иаков дубом плача» (Быт., 35:8).

Benedicite «Благословляйте», католическая молитвенная формула

Benedict I *n.* Бенедикт I

Benedict II *n.* Бенедикт II

Benedict III *n.* Бенедикт III

Benedict IV *n.* Бенедикт IV

Benedict the Grammarian *n.* Бенедикт V Грамматик

Benedict V *n.* Бенедикт V Грамматик

Benedict VI *n.* Бенедикт VII

Benedict VIII *n.* Бенедикт VIII

Benedict IX *n.* Бенедикт IX

Benedict X *n.* Бенедикт X

Benedict XI *n.* Бенедикт XI

Benedict XII *n.* Бенедикт XII

Benedict XIII *n.* Бенедикт XIII

Benedict XIV *n.* Бенедикт (XIV), «спрятанный Папа»

Benedict XV *n.* Бенедикт XV

Benedictine *n.* бенедиктинец, монах бенедиктинского ордена

Benedictine rule *n.* устав бенедиктинского ордена

benedictio Domini sit vobiscum «Да пребудет с вами благословенье Господне» (католическая формула благословения)

benediction *n.* благословение; бенедикция

benedictive (-ory) *adj.* благословляющий

Benedictus «Бенедиктус», «Благословен будь»

benefaction *n.* благодетельность; благодеяние; милость; благотворительность; пожертвование на благотворительные нужды

benefactor *n.* благодетель "And he said unto them, The kings of the Gentiles exercise lordship over them; and they that exercise authority upon them are called benefactors" (Lk., 22:25) / «Он же сказал им: цари господствуют над народами, и владеющие ими благодетелями называются» (Лук., 22:25); печальник, -ница; благотворитель, даритель

benefactress, (-ix) *n.* благодетельница; благотворительница; благожелательница; дарительница

benefic *adj.* милостивый; благосклонный

benefice *n.* бенефиций; приход; доход священника

beneficence *n.* благодетельность; благодеяние; благотворительность; благотворность; милосердие

beneficent *adj.* благодетельный; благотворный; благодатный;

благостынный; милосердный; добрый; полезный

benefit *n.* благодеяние, милость, доброе дело; приход; обряд; польза; благодеяние "But Hezekiah rendered not again according to the benefit [done] unto him; for his heart was lifted up: therefore there was wrath upon him, and upon Judah and Jerusalem" (2 Chr., 32:25) / «Но не воздал Езекия за оказанные ему благодеяния, ибо возгордилось сердце его. И был на него гнев Божий и на Иудею, и на Иерусалим» (2 Пар., 32:25); ~ of clergy неподсудность духовенства светскому суду

Bene-Israel *n.* бене-исраэль, «сыны Израилевы»

Benevol. (Benevolentia) благожелательность, доброжелательность, благосклонность; доброта, добросердечие; человеколюбие; благотворительность; щедрость; благодеяние; пожертвование; дар

benevolence *n.* благожелательность, доброжелательность, благосклонность; доброта, добросердечие; человеколюбие; благотворительность; щедрость; благодеяние; пожертвование; дар; благорасположение "Let the husband render unto the wife due benevolence: and likewise also the wife unto the husband" (1 Co., 7:3) / «Муж оказывай жене должное благорасположение; подобно и жена мужу» (1 Кор., 7:3); доброжелательность, -ство

benevolent *adj.* благоволительный; благодушный; благожелательный; доброжелательный; благосклонный; благотворительный; щедрый; великодушный

benight *v.* ввергнуть во мрак невежества; покрывать мраком ночи; окутывать тьмой; ~ed находящийся во мраке; отсталый, некультурный; ~ prejudices закоснелые предрассудки

benign *adj.* милостивый; милосердный; кроткий, ласковый, послушный, смирный

benignancy *n.* добросердечие, доброта

benignant *adj.* благожелательный, благорасположенный; благосклонный; добрый

benignity *n.* добросердечие, доброта

bequeath *v.* завещать; поверять

bequeathal *n.* завещание

Berachah, berakah *n.* берака, благословение

Berakhot «Брахот», «Благословения»

berate *v.* ругать, бранить, поносить

bereave *v.* лишать; ~d оставшийся один, осиротевший

bereavement *n.* утрата, потеря; лишение

Bereshit «Берешит», «Бытие» (книга Библии)

berit mila *n.* брит мила, договор об обрезании

Bernardine *n.* бернардинец, цистерианский монах

beseech *v.* умолять, молить; ~ing умоляющий, просительный

beseecher *n.* молитель, проситель

beseem *v.* подобать, приличествовать

beset *v.* нападать, напасть (на кого-л./на что-л.)

beshrew *v.* проклинать; накликать беду

beslave *v.* порабощать

besot *v.* обуять (кого-л.)

bespell *v.* околдовывать, напускать чары

besprinkle *v.* обрызгивать, окроплять

best *adj.* лучший "And the maiden pleased him, and she obtained kindness of him; and he speedily gave her her things for purification, with such things as belonged to her, and seven maidens, [which were] meet to be given her, out of the king's house: and he preferred her and her maids unto the best [place] of the house of the women" (Esth., 2:9) / «И понравилась эта девица глазам его и приобрела у него благоволение, и он поспешил выдать ей притиранья и все, назначенное на часть ее, и приставить к ней семь девиц, достойных быть при ней, из дома царского, и переместил ее и девиц ее в лучшее отделение женского дома» (Есф., 2:9).

bestial *adj.* скотский, животный; дикий

bestiality *n.* скотоложство; скотство; грубость; бесстыдство, распущенность; содомия

bestir *v.* пробуждать, побуждать к действию

bestow *v.* даровать (что-л., кому-л.); жаловать, пожаловать (кого-л. чем-л./кому-л. что-л.); оделять, оделить (кого-л., чем-л.); дать "Behold, what manner of love the Father hath bestowed upon us, that we should be called the sons of God: therefore the world knoweth us not, because it knew him not" (1 Jn., 3:1) / «Смотрите, какую любовь дал нам Отец, чтобы нам называться и быть детьми Божиими. Мир потому не знает нас, что не познал Его» (1 Ин., 3:1); ~ upon возлагать, возложить (на кого-л./на что-л.); ~ed дарёный

bestower *n.* податель, -ница; ~ of all good things всякому благу податель

bet din *n.* бет дин, раввинистический религиозный суд

bet ha-Knesset (bet ha-Tefilla) *n.* синагога

bet midrash *n.* бет мидраш, учебное помещение

Bethany *n.* Вифания

bethel *n.* святое место; сектантская, нонконформистская часовня в Великобритании; церковь/часовня для моряков

Bethesda Pool *n.* целебный источник иерусалимский

bethink *v.* размышлять; поразмыслить; призадуматься; вспоминать, припоминать; напоминать

Bethlehem *n.* Вифлеем, Бетлехем

Bethlehemites *n. pl.* вифлеемиты

betide *v.* случаться; постигать

betray *v.* изменять, совершать предательство; выдавать, предавать

betrayal *n.* измена, предательство

betrayer *n.* изменник, -ница; предатель, -ница "Which of the prophets have not your fathers persecuted? and they have slain them which shewed before of the coming of the Just One; of whom ye have been now the betrayers and murderers" (Ac., 7:52) / «Кого из пророков не гнали отцы ваши? Они убили предвозвестивших пришествие Праведника, Которого предателями и убийцами сделались ныне вы» (Деян., 7:52).

betroth *v.* обручить, помолвить; ~ed суженый(ая), вступающий(ая) в брак, обрученный(ая); the ~ pair жених и невеста

betrothal *adj.* обручальный; обручальный обряд; ~ symbol обручальное кольцо

betrothal *n.* обручение, помолвка

betrothed *p. p.* обрученный, -ая "For he found her in the field, [and] the betrothed damsel cried, and [there was] none to save her" (De., 22:27) / «Ибо он встретился с нею в поле, и хотя отроковица обрученная кричала, но некому было спасти ее» (Втор., 22:27); жених; суженая

better *adj.* лучше "And Laban said, [It is] better that I give her to thee, than that I should give her to another man: abide with me" (Ge., 29:19) / «Лаван сказал [ему]: лучше отдать мне ее за тебя, нежели отдать ее за другого кого; живи у меня» (Быт., 29:19).

between *prep.* между "And I will put enmity between thee and the woman, and between thy seed and her seed; it shall bruise thy head, and thou shalt bruise his heel" (Ge., 3:15) / «И вражду положу между тобою и между женою, и между семенем твоим и между семенем ее; оно будет поражать тебя в голову, а ты будешь жалить его в пяту» (Быт., 3:15).

Betza *n.* «Беца»

beverage *n.* питие; пиво

bewailing *n.* причитание

beware *v.* беречься, остерегаться, остеречься (чего-л.) "And Abraham said unto him, Beware thou that thou bring not my son thither again" (Ge., 24:6) / «Авраам сказал ему: берегись, не возвращай сына моего туда» (Быт., 24:6).

beweep *v.* оплакивать

bewept *adj.* оплаканный

bewitch *v.* околдовывать, заколдовывать; очаровывать, пленять, восхищать; ~ed заколдованный; очарованный

bewitchery *n.* колдовство; чары

bewitchment *n.* колдовство; чары

beyond *prep.* вне

bezonian *n.* негодяй, мерзавец, подлец

bibelot *n.* миниатюрная книга

Bible *n.* Библия; Geneva ~ Женевская Библия; the polyglot ~ Библия с текстом на нескольких языках; the Autorized Version of the ~ английский перевод Библии, принятый английской Церковью; ~-Christian *n.* образцовый христианин; ~-oath *n.* клятва на Библии; ~ of Elizabeth «Елизаветинская Библия»; ~ -Christians «библейские христиане», брайаниты, методисты; ~-clerk читальщик, студент Оксфордского или Кембриджского университета, в обязанности которого входило читать Библию в церкви, перед едой; ~ -oath *n*. клятва на Библии, священная клятва; ~ -thumper христианский ортодокс, христианский фундаменталист

Biblia Pauperum «Библия бедняков», «Библия бедных», «Библия для бедных»

Biblia Regia «Царская Библия», «Антверпенская полиглотта»

Biblical Judaism *n*. библейский иудаизм

biblicism *n*. строгое соблюдение библейских заповедей

bibliolatry *n*. библиолатрия, культ Библии

bibliomancy *n*. библиомантия, гадание по Библии

bibliotheca *n*. библиотека; библиографический каталог

Biblist *n*. библиист

bidding prayer молитва за души благодетелей

bier *n*. похоронные дроги; гроб; могила; weep round ~ рыдать у гроба

bigamist *n*. двоеженец

bigamy *n*. двоебрачие; двоеженство

bigot пустосвят, -тка; пустосвятный; святоша; ханжа; ~ed ханжеский

bigotry *n*. пустосвятство; святошество; ханжество

Bikkurim «Биккурим»

bimah *n*. бима

bimillenary *n*. две тысячи лет

bimillennium *n*. бимилленниум, две тысячи лет

bina *n*. бина

bind *v*. связывать, связать (кого-л./что-л.); обязывать, обязать (кого-л.); оковывать, оковать (кого-л./что-л.); прикрепить "And they did bind the breastplate by his rings unto the rings of the ephod with a lace of blue, that it might be above the curious girdle of the ephod, and that the breastplate might not be loosed from the ephod; as the Lord commanded Moses" (Ex., 39:21) / «И прикрепили наперсник кольцами его к кольцам ефода посредством шнура из голубой шерсти, чтобы он был над поясом ефода, и чтобы не отставал наперсник от ефода, как повелел Господь Моисею» (Исх., 39:21).

binding I *n*. обшивка "And there shall be an hole in the top of it, in the midst thereof: it shall have a binding of woven work round about the hole of it, as it were the hole of an habergeon, that it be not rent" (Ex., 28:32) / «Среди ее должно быть отверстие для головы; у отверстия ее вокруг должна быть обшивка тканая, подобно как у отверстия брони, чтобы не дралось» (Исх., 28:32).

binding II *adj*. обязательный

biography *n*. жизнеописание; житие

bird *n*. птица They, and every beast after his kind, and all the cattle after their kind, and every creeping thing that creepeth upon the earth after his kind, and every fowl after his kind, every bird of every sort" (Ge. 7:14) / «Они, и все звери [земли] по роду их, и всякий скот по роду его, и все гады, пресмыкающиеся по земле, по роду их, и все летающие по роду их, все птицы, все крылатые» (Быт., 7:14).

biretta *n.* биретта

birth *n.* рождение "A good name [is] better than precious ointment; and the day of death than the day of one's birth" (Ec., 7:1) / «Доброе имя лучше дорогой масти, и день смерти — дня рождения» (Екк., 7:1); происхождение; родины; birthday день рождения

birthright *n.* право первородства

bishop епископ; святитель; архиерей; блюститель душ "For ye were as sheep going astray; but are now returned unto the Shepherd and Bishop of your souls" (1 Pe., 2:25) / «Ибо вы были, как овцы блуждающие (не имея пастыря), но возвратились ныне к Пастырю и Блюстителю душ ваших» (1 Петр., 2:25); exercise the functions of a ~ архиерействовать; the Most Reverend/Eminent ~ Его Высокопреосвященство; ~ stool трон епископа; ~'s архиерейский; ~ Heber's hymn гимн епископа Гебера; ~ in infidelium/partibus епископ без епархии, титулярный епископ; ~'s ambo архиерейский амвон; ~s' Bible «Епископская Библия»

bishopess *n.* епископ-женщина

bishopric I *n.* епархия; сан епископа; административный совет мормонской общины; епископия; епархия

bishopric II *adj.* епископский

bissextile *n.* високос

bit *n.* лепта (мелкая медная монета)

bite I *n.* угрызение

bite II *v.* жалить, ужалять (кого-л./что-л.); уязвлять, уязвить (кого-л., чем-л.); язвить, уязвить (кого-л., чем-л.)

biting *adj.* ядовитый; язвительный

bitter *adj.* горький "And when Esau heard the words of his father, he cried with a great and exceeding bitter cry, and said unto his father, Bless me, [even] me also, O my father" (Ge., 27:34) / «Исав, выслушав слова отца своего [Исаака], поднял громкий и весьма горький вопль и сказал отцу своему: отец мой! благослови и меня» (Быт., 27:34); горючий; bitter tears горькие/горючие слезы; bitter tongue злой язык

bitterness *n.* горесть "My soul is weary of my life; I will leave my complaint upon myself; I will speak in the bitterness of my soul" (Job, 10:1) / «Опротивела душе моей жизнь моя; предамся печали моей; буду говорить в горести души моей» (Иов., 10:1); скорбь "And she [was] in bitterness of soul, and prayed unto the Lord, and wept sore" (1 Sa., 1:10) / «И была она в скорби души, и молилась Господу, и горько плакала» (1 Цар., 1:10); горечь "Then said Sam-

uel, Bring ye hither to me Agag
the king of the Amalekites. And
Agag came unto him delicately.
And Agag said, Surely the bitterness of death is past" (1 Sa.,
15:32) / «Потом сказал Самуил: приведите ко мне Агага,
царя Амаликитского. И подошел к нему Агаг дрожащий, и
сказал Агаг: конечно горечь
смерти миновалась?» (1 Цар.
15:32)

black I *adj.* черный "And if the
priest look on the plague of the
scall, and, behold, it [be] not in
sight deeper than the skin, and
[that there is] no black hair in it;
then the priest shall shut up [him
that hath] the plague of the scall
seven days" (Lev., 13:31) / «Если же священник осмотрит язву паршивости и она не ока-
жется углубленною в коже, и
волос на ней не черный, то
священник имеющего язву
паршивости заключит на семь
дней» (Лев., 13:31); мрачный
"And it came to pass in the mean
while, that the heaven was black
with clouds and wind, and there
was a great rain. And Ahab rode,
and went to Jezreel" (1 Ki.,
18:45) / «Между тем небо сделалось мрачно от туч и от ветра, и пошел большой дождь.
Ахав же сел в колесницу, [за-
плакал] и поехал в Изреель»
(3 Цар., 18:45); смуглый "Look
not upon me, because I [am]
black, because the sun hath
looked upon me: my mother's
children were angry with me;
they made me the keeper of the
vineyards; [but] mine own vine-

yard have I not kept" (Song, 1:6) /
«Не смотрите на меня, что я
смугла, ибо солнце опалило
меня: сыновья матери моей
разгневались на меня, поставили меня стеречь виноград-
ники, — моего собственного
виноградника я не стерегла»
(Песн., 1:5); ~ monk бенедиктинец; ~ Bogey Черное стра-
щилище, Диавол, Дьявол, Сатана; ~ Friar

black II *n.* монах-доминиканец; ~
Genevan ряса женевская; ~
Pope «Черный Папа» Ордена
иезуитов; ~ Rood of Scotland
шотландское Черное распя-
тие; ~-art чернокнижие; ~ -
frier доминиканец; ~-hearted
злой; недоброжелательный; ~
-letter

black III *n.* старинный английский готический шрифт; кни-
га, напечатанная английским
готическим шрифтом

blackmail *n.* вымогательство; ~er
вымогатель

blame *n.* вина; нарекание; укор;
v. осуждать, осудить (кого-л.);
укорить, укорить (кого-л., за
что-л., в чем-л.); хулить (кого-
л./что-л.)

blameless *adj.* невиновный "Or
have ye not read in the law, how
that on the sabbath days the
priests in the temple profane the
sabbath, and are blameless?"
(Mt., 12:5) / «Или не читали ли
вы в законе, что в субботы
священники в храме нарушают
субботу, однако невиновны?»
(Матф., 12:5); неповинный
"Who shall also confirm you
unto the end, [that ye may be]

blameless in the day of our Lord Jesus Christ" (1 Co., 1:8) / «Который и утвердит вас до конца, чтобы вам быть неповинными в день Господа нашего Иисуса Христа» (1 Кор., 1:8); правый "And Samson said concerning them, Now shall I be more blameless than the Philistines, though I do them a displeasure" (Jdg., 15:3) / «Но Самсон сказал им: теперь я буду прав пред Филистимлянами, если сделаю им зло» (Суд., 15:3); неукоризненный "That ye may be blameless and harmless, the sons of God, without rebuke, in the midst of a crooked and perverse nation, among whom ye shine as lights in the world" (Php., 2:15) / «Чтобы вам быть неукоризненными и чистыми, чадами Божиими непорочными среди строптивого и развращенного рода, в котором вы сияете, как светила в мире» (Фил., 2:15); свободный "And the men said unto her, We [will be] blameless of this thine oath which thou hast made us swear" (Jos., 2:17) / «И сказали ей те люди: мы свободны будем от твоей клятвы, которою ты нас закляла, если не сделаешь так» (Нав., 2:17); неосужденный; непостыдный

blamelessness *n.* безупречность

blamer *n.* хулитель, -ница

blameworthy *adj.* предосудительный

blaming I *n.* хуление

blaming II *adj.* хулительный

blaspheme *v.* богохульствовать, -хульничать; хулить "And the Israelitish woman's son blasphemed the name [of the Lord], and cursed. And they brought him unto Moses: (and his mother's name [was] Shelomith, the daughter of Dibri, of the tribe of Dan" (Lev., 24:11) / «Хулил сын Израильтянки имя [Господне] и злословил. И привели его к Моисею [имя же матери его Саломиф, дочь Давриина, из племени Данова]» (Лев. 24:11); кощунствовать; хулить (кого-л./что-л.); поносить; blaspheming хуление

blasphemer *n.* хулитель "Who was before a blasphemer, and a persecutor, and injurious: but I obtained mercy, because I did [it] ignorantly in unbelief" (1 Ti., 1:13) / «Меня, который прежде был хулитель и гонитель и обидчик, но помилован потому, что так поступал по неведению, в неверии» (1 Тим., 1:13).

blasphemous *adj.* богохульный; хульный "Then they suborned men, which said, We have heard him speak blasphemous words against Moses, and [against] God" (Ac., 6:11) / «Тогда научили они некоторых сказать: мы слышали, как он говорил хульные слова на Моисея и на Бога» (Деян., 6:11); кощунственный; хулительный

blasphemy *n.* богохуление, богохульство "Then the high priest rent his clothes, saying, He hath spoken blasphemy; what further need have we of witnesses? behold, now ye have heard his blasphemy" (Mt. 26:65) / «Тогда первосвященник разодрал одежды свои и сказал: Он богохульствует! на что еще нам свидетелей? вот, теперь вы слышали богохульство Его!» (Матф., 26:65); хула "Wherefore I say unto you, All manner of sin and blasphemy shall be forgiven unto men: but the blasphemy [against] the [Holy] Ghost shall not be forgiven unto men" (Mt., 12:31) / «Посему говорю вам: всякий грех и хула простятся человекам, а хула на Духа не простится человекам» (Матф., 12:31).

blaze *n.* пламя; ад; in a ~ в огне

blearedness *n.* гной из глаз

blemish *n.* порок "Your lamb shall be without blemish, a male of the first year: ye shall take [it] out from the sheep, or from the goats" (Ex., 12:5) / «Агнец у вас должен быть без порока, мужеского пола, однолетний; возьмите его от овец, или от коз» (Исх., 12:5).

bless *v.* благословлять; благословить «And God blessed them, saying, Be fruitful, and multiply, and fill the waters in the seas, and let fowl multiply in the earth» (Ge., 1:22) / «И благословил их Бог, говоря: плодитесь и размножайтесь, и наполняйте воды в морях, и птицы да размножаются на земле» (Быт., 1:22); осенять, осенить (кого-л.); приосенять, приосенить (кого-л.); ~ed благословенный "And God said unto Balaam, Thou shalt not go with them; thou shalt not curse the people: for they [are]

blessed" (Nu., 22:12) / «И сказал Бог Валааму: не ходи с ними, не проклинай народа сего, ибо он благословен» (Числ., 22:12); блаженный "And when one of them that sat at meat with him heard these things, he said unto him, Blessed [is] he that shall eat bread in the kingdom of God" (Lk., 14:15) / «Услышав это, некто из возлежащих с Ним сказал Ему: блажен, кто вкусит хлеба в Царствии Божием!» (Лук., 14:15); праведный; освященный; священный; ~ed Ordinance Св. Причастие, таинство Св. Причащения; ~ed Sacrament Св. Дары; ~ed Trinity Св. Троица; ~ed Virgin Пресвятая Дева Мария, Пречистая Дева Мария; Пресвятая Богородица и Приснодева Мария

blessedness *n.* праведность; блаженство "[Cometh] this blessedness then upon the circumcision [only], or upon the uncircumcision also? for we say that faith was reckoned to Abraham for righteousness" (Ro., 4:9) / «Блаженство сие относится к обрезанию, или к необрезанию? Мы говорим, что Аврааму вера вменилась в праведность» (Рим., 4:9).

blessful *adj.* нетварный

blessing *n.* благословение "And I will make of thee a great nation, and I will bless thee, and make thy name great; and thou shalt be a blessing" (Ge., 12:2) / «И Я произведу от тебя великий народ, и благословлю тебя, и возвеличу имя твое, и будешь ты в благословение» (Быт., 12:2); осенение; ~ of water водосвятие, водосвящение

blessing *n.* благословение; благодеяние; блаженство; молитва до и после еды; ~ Way путь благословения

blighter *n.* губитель, погубитель

blind I *adj.* слепой "And the Lord said unto him, Who hath made man's mouth? or who maketh the dumb, or deaf, or the seeing, or the blind?" (Ex., 4:11) / «Господь сказал [Моисею]: кто дал уста человеку? кто делает немым, или глухим, или зрячим, или слепым?» (Исх., 4:11); ~ imitation слепое подражание

blind II *v.* ослеплять, ослепить (кого-л.)

blinding *n.* ослепление

blindly *adv.* слепо

blindness *n.* ослепление; слепота "And they smote the men that [were] at the door of the house with blindness, both small and great: so that they wearied themselves to find the door" (Ge., 19:11) / «А людей, бывших при входе в дом, поразили слепотою, от малого до большого, так что они измучились, искав входа» (Быт., 19:11).

bliss *n.* блаженство; celestial ~ райское/неземное блаженство

blissful *adj.* блаженный, счастливый

blissfulness *n.* блаженство

blockhead *n.* глупец

blood *n.* кровь "And he said, What hast thou done? the voice of thy brother's blood crieth unto me

from the ground" (Ge., 4:10) / «И сказал [Господь]: что ты сделал? голос крови брата твоего вопиет ко Мне от земли» (Быт., 4:10); flesh and ~ плоть и кровь; ~ relations сродники по плоти

bloodguiltiness *n.* душегубство

bloody *adj.* кровавый "Make a chain: for the land is full of bloody crimes, and the city is full of violence" (Ez., 7:23) / «Сделай цепь, ибо земля эта наполнена кровавыми злодеяниями, и город полон насилий» (Иез., 7:23); кровожадный "Then there was a famine in the days of David three years, year after year; and David enquired of the Lord. And the Lord answered, [It is] for Saul, and for [his] bloody house, because he slew the Gibeonites" (2 Sa., 21:1) / «Был голод на земле во дни Давида три года, год за годом. И вопросил Давид Господа. И сказал Господь: это ради Саула и кровожадного дома его, за то, что он умертвил Гаваонитян» (2 Цар., 21:1).

Bloody Thursday *n.* первый четверг Великого поста у католиков, второй день Великого поста у католиков

bloom I *n.* цвет "And it came to pass, that on the morrow Moses went into the tabernacle of witness; and, behold, the rod of Aaron for the house of Levi was budded, and brought forth buds, and bloomed blossoms, and yielded almonds" (Nu., 17:8) / «На другой день вошел Моисей [и Аарон] в скинию откровения, и вот, жезл Ааронов, от дома Левиина, расцвел, пустил почки, дал цвет и принес миндали» (Числ., 17:8).

bloom II *v.* процветать, процвести, процвесть

blossom *n.* цвет "Therefore as the fire devoureth the stubble, and the flame consumeth the chaff, [so] their root shall be as rottenness, and their blossom shall go up as dust: because they have cast away the law of the Lord of hosts, and despised the word of the Holy One of Israel" (Isa, 5:24) / «За то, как огонь съедает солому, и пламя истребляет сено, так истлеет корень их, и цвет их разнесется, как прах; потому что они отвергли закон Господа Саваофа и презрели слово Святого Израилева» (Ис., 5:24); расцветать "And it shall come to pass, [that] the man's rod, whom I shall choose, shall blossom: and I will make to cease from me the murmurings of the children of Israel, whereby they murmur against you" (Nu., 17:5) / «И кого Я изберу, того жезл расцветет; и так Я успокою ропот сынов Израилевых, которым они ропщут на вас» (Числ., 17:5).

blot *v.* пачкать; ~ out изглажать, изглаживать, изгладить (из памяти); гасить, погасить

blow I *n.* удар

blow II *v.* дуть "Thou didst blow with thy wind, the sea covered them: they sank as lead in the mighty waters" (Ex., 15:10) / «Ты дунул духом Твоим, и по-

крыло их море: они погрузились, как свинец, в великих водах» (Исх., 15:10); трубить "And if they blow [but] with one [trumpet], then the princes, [which are] heads of the thousands of Israel, shall gather themselves unto thee" (Nu., 10:4) / «Когда одною трубою затрубят, соберутся к тебе князья и тысяченачальники Израилевы» (Числ., 10:4).

Blue Law *n.* «Закон о скуке», закон о запрете некоторых видов светской деятельности в дни воскресные

Blue Monday *n.* последний понедельник перед Великим постом у католиков

blueness *n.* синева; голубец

bluenose *n.* синеносый, пуританин, ригорист

blunder *n.* ошибка; ошибаться, ошибиться

BMT. (Bene Merenti) предостойному

Boanerges Воанергес, сыны громовы (апостолы Иоанн и Иаков) "And James the [son] of Zebedee, and John the brother of James; and he surnamed them Boanerges, which is, The sons of thunder" (Mk., 3:17) / «Иакова Зеведеева и Иоанна, брата Иакова, нарекши им имена Воанергес, то есть сыны громовы» (Марк., 3:17).

board *n.* коллегия (церковная); управа

boast I *n.* тщеславие "Thou sayest, Lo, thou hast smitten the Edomites; and thine heart lifteth thee up to boast: abide now at home; why shouldest thou meddle to [thine] hurt, that thou shouldest fall, [even] thou, and Judah with thee?" (2 Chr., 25:19) / «Ты говоришь: вот я побил Идумеян, — и вознеслось сердце твое до тщеславия. Сиди лучше у себя дома. К чему тебе затевать опасное дело? Падешь ты и Иудея с тобою» (2 Пар., 25:19).

boast **II** *v.* - восхваляться, (вос)хвалиться "For the wicked boasteth of his heart's desire, and blesseth the covetous, [whom] the Lord abhorreth" (Ps., 10:3) / «Ибо нечестивый хвалится похотью души своей; корыстолюбец ублажает себя» (Псл., 9:24); тщеславиться

boastful *adj.* тщеславный

boasting *n.* самохвальство; тщеславие; похвала "For if I have boasted any thing to him of you, I am not ashamed; but as we spake all things to you in truth, even so our boasting, which [I made] before Titus, is found a truth" (2 Co., 7:14) / «Итак я не остался в стыде, если чем-либо о вас похвалился перед ним, но как вам мы говорили все истину, так и перед Титом похвала наша оказалась истинною» (2 Кор., 7:14).

boat *n.* лодка "The day following, when the people which stood on the other side of the sea saw that there was none other boat there, save that one whereinto his disciples were entered, and that Jesus went not with his disciples into the boat, but [that] his disciples were gone away alone"

(Jn., 6:22) / «На другой день народ, стоявший по ту сторону моря, видел, что там, кроме одной лодки, в которую вошли ученики Его, иной не было, и что Иисус не входил в лодку с учениками Своими, а отплыли одни ученики Его» (Ин., 65:22).

bode **I** *n.* герольд, вестник; предзнаменование

bode **II** *v.* предвещать, сулить; предзнаменовывать, предзнаменовать (что-л.)

bodeful *adj.* зловещий; предвещающий несчастье

bodement *n.* предзнаменование; предсказание; знамение; дурное предзнаменование

bodiless *adj.* бесплотный; бестелесный; невещественный

bodily *adj.* плотский "And the Holy Ghost descended in a bodily shape like a dove upon him, and a voice came from heaven, which said, Thou art my beloved Son; in thee I am well pleased" (Lk., 3:22) / «И Дух Святый нисшел на Него в телесном виде, как голубь, и был глас с небес, глаголющий: Ты Сын Мой Возлюбленный; в Тебе Мое благоволение!» (Лук., 3:22).

boding **I** *n.* предзнаменование, знак, предчувствие, знамение

boding **II** *adj.* предвещающий

Bodmer Papyrus XVII *n.* Папирус XVII из собрания Мартина Бодмера

body **I** *n.* тело "All the days that he separateth [himself] unto the Lord he shall come at no dead body" (Nu., 6:6) / «Во все дни, на которые он посвятил себя в назореи Господу, не должен он подходить к мертвому телу» (Числ., 6:6); плоть; ~ modifications поругание плоти, уродование тела

body II *adj.* дерзкий; дерзновенный; смелый

Bogomils *n. pl.* богомилы

Bohemian Brethren *n. pl.* богемская братия

Bohemian Confession Богемское вероисповедование

boldness *n.* дерзновение "And when they had prayed, the place was shaken where they were assembled together; and they were all filled with the Holy Ghost, and they spake the word of God with boldness" (Ac., 4:31) / «И, по молитве их, поколебалось место, где они были собраны, и исполнились все Духа Святого, и говорили слово Божие с дерзновением» (Деян., 4:31); дерзость; смелость "Now when they saw the boldness of Peter and John, and perceived that they were unlearned and ignorant men, they marvelled; and they took knowledge of them, that they had been with Jesus" (Ac., 4:13) / «Видя смелость Петра и Иоанна и приметив, что они люди некнижные и простые, они удивлялись, между тем узнавали их, что они были с Иисусом» (Деян., 4:13); суровость "Who [is] as the wise [man]? and who knoweth the interpretation of a thing? a man's wisdom maketh his face to shine, and the boldness of his face shall be

changed" (Ec., 8:1) / «Кто — как мудрый, и кто понимает значение вещей? Мудрость человека просветляет лице его, и суровость лица его изменяется» (Екк., 8:1).

Bollandists *n. pl.* болландисты

bombast *n.* велеречивость

bombastic *adj.* велеречивый

Bon. Mem. (Bonae Memoriae) блаженной памяти

bondage *n.* оковы; плен

bonds *n.* узы "O Lord, truly I [am] thy servant; I [am] thy servant, [and] the son of thine handmaid: thou hast loosed my bonds" (Ps., 116:16) / «О, Господи! я раб Твой, я раб Твой и сын рабы Твоей; Ты разрешил узы мои» (Псл., 115:7); зарок "But if her husband altogether hold his peace at her from day to day; then he establisheth all her vows, or all her bonds, which [are] upon her: he confirmeth them, because he held his peace at her in the day that he heard [them]" (Nu., 30:14) / «Всякий обет и всякий клятвенный зарок, чтобы смирить душу, муж ее может утвердить, и муж ее может отвергнуть» (Числ., 30:14); marriage ~ брачные узы

Boniface I *n.* Бонифаций I
Boniface II *n.* Бонифаций II
Boniface III *n.* Бонифаций III
Boniface IV *n.* Бонифаций IV
Boniface V *n.* Бонифаций V
Boniface VI *n.* Бонифаций VI
Boniface VII *n.* Бонифаций VII
Boniface VIII *n.* Бонифаций VIII
Boniface IX *n.* Бонифаций IX

bonify *v.* творить добро; обращать на пользу

book *n.* книга "And the Lord said unto Moses, Write this [for] a memorial in a book, and rehearse [it] in the ears of Joshua: for I will utterly put out the remembrance of Amalek from under heaven" (Ex., 17:14) / «И сказал Господь Моисею: напиши сие для памяти в книгу и внуши Иисусу, что Я совершенно изглажу память Амаликитян из поднебесной» (Исх., 17:14); the ~, the ~ of God Библия; ~ of life книга животная; the ~ of Fate Книга Судьбы; the ~ of Life Книга Жизни; second canonical ~s второканонические книги; ~ of devotion требник; родословие "This [is] the book of the generations of Adam. In the day that God created man, in the likeness of God made he him" (Ge., 5:1) / «Вот родословие Адама: когда Бог сотворил человека, по подобию Божию создал его» (Быт., 5:1); ~ of ~s Книга книг, Библия; ~ of Canons «Книга канонов»; ~ of Common Order «Наставление к общественному богослужению»; ~ of Common Prayer «Книга общественного богослужения»; ~ of Concord «Конкордия»; ~ of Daniel Книга Пророка Даниила (книга Библии); ~ of Esther Книга Есфирь (книга Библии); ~ of Ezekiel Книга Пророка Иезекииля (книга Библии); ~ of Fate книга судьбы; ~ of Habakkuk Книга Пророка Аввакума (книга Библии); ~ of Haggai Книга Пророка Аггея (книга Библии); ~ of Hosea Книга Пророка Осии (книга Библии); ~ of hours часослов, часовник, «Книга Часов»; ~ of Isaiah Книга Пророка Исайи (книга Библии); ~ of Jeremiah Книга Пророка Иеремии (книга Библии); ~ of Job Книга Иова (книга Библии); ~ of Joel Книга Пророка Иоиля (книга Библии); ~ of Jonah Книга Пророка Ионы (книга Библии); ~ of Joshua Книга Иисуса Навина (книга Библии); ~ of Judges Книга Судей Израилевых (книга Библии); ~ of Judith Книга Юдифи (книга Библии); ~ of Kells лицевое Евангелие монастыря Келлз; ~ of Life книга Жизни; ~ of Malachi Книга Пророка Малахии (книга Библии); ~ of Micah Книга Пророка Михея (книга Библии); ~ of Mormon Книга Мормона; ~ of Nahum Книга Пророка Наума (книга Библии); ~ of Numbers Четвертая книга Моисеева. Числа (книга Библии); ~ of Obadiah Книга Пророка Авдия (книга Библии); ~ of Proverbs Книга Притчей Соломоновых (книга Библии); ~ of Psalms Псалтырь (книга Библии); ~ of Rules Книга Правил; ~ of Ruth Книга Руфь (книга Библии); ~ of Sirach Книга Иисуса, сына Сирахова; ~ of Sports «Декларация о воскресных развлечениях, христианам дозволенных»; ~ of Sticheron стихирарь; ~ of the Apocalypse of Baruch the Son of Neriah «Книга апока-

липсиса Варуха, сына Нирия»;
~ of the Helmsman «Кормчая
книга», «Кормчая»; ~ of the
Prophet Isaiah Книга Пророка
Исайи (книга Библии); ~ of the
Prophet Jeremiah Книга Пророка Иеремии (книга Библии); ~
of the Wars of Yahweh «Книга
войн Яхве»; ~ of Tobias «Книга
Товит»; ~ of Zechariah Книга
Пророка Захарии (книга Библии); ~ of Zephaniah Книга
Пророка Софонии (книга Библии); ~-fell *n.* тонкий пергамен
для письма; рукопись на пер-
гамене; ~-oath *n.* клятва на
Библии; священная клятва; ~s
of Discipline «Дисциплинарные
книги»; ~s of Ezra and Nehemiah «Книги Ездры и Неемии»
(книги Библии); ~s of Kings
Третья книга Царств, Четвертая книга Царств; Первая книга царей, Вторая книга царей
(книги Библии); ~s of Samuel
Первая книга Царств, Вторая
книга Царств; Первая книга
Самуила, Вторая книга Са-
муила (книги Библии); ~s of
the Chronicles Паралипоменон;
Летопись (книги Библии); ~s of
the Maccabees Книги Маккавейские (книги Библии); ~s of
the Old and the New Covenant
книги «Ветхого Завета» и «Нового Завета»
boon *n.* благо, благодеяние; преимущество; удобство; просьба;
мольба
bordering *adj.* сопредельный
borrow *v.* одалживать "And if a
man borrow [ought] of his
neighbour, and it be hurt, or die,
the owner thereof [being] not

with it, he shall surely make [it]
good" (Ex., 22:14) / «Если кто
займет у ближнего своего скот,
и он будет поврежден, или умрет, а хозяина его не было при
нем, то должен заплатить»
(Исх., 22:14); выпрашивать
"But every woman shall borrow
of her neighbour, and of her that
sojourneth in her house, jewels
of silver, and jewels of gold, and
raiment: and ye shall put [them]
upon your sons, and upon your
daughters; and ye shall spoil the
Egyptians" (Ex., 3:22) / «Каждая женщина выпросит у соседки своей и у живущей в доме ее вещей серебряных и вещей золотых, и одежд, и вы
нарядите ими и сыновей ваших и дочерей ваших, и оберете Египтян» (Исх., 3:22). черпать, почерпнуть (что-л. из чего-л.); просить "And the children of Israel did according to
the word of Moses; and they bor-
rowed of the Egyptians jewels of
silver, and jewels of gold, and
raiment" (Ex., 12:35) / «И сделали сыны Израилевы по слову Моисея и просили у Египт-
тян вещей серебряных и вещей
золотых и одежд» (Исх.,
12:35).
bosom *n.* недро "And Sarai said
unto Abram, My wrong [be]
upon thee: I have given my
maid into thy bosom; and when
she saw that she had con-
ceived, I was despised in her
eyes: the Lord judge between me
and thee" (Ge., 16:5) / «И сказала Сара Авраму: в обиде моей
ты виновен; я отдала служанку

мою в недро твое; а она, увидев, что зачала, стала презирать меня; Господь пусть будет судьею между мною и между тобою» (Быт., 16:5); пазуха "And the Lord said furthermore unto him, Put now thine hand into thy bosom. And he put his hand into his bosom: and when he took it out, behold, his hand [was] leprous as snow" (Ex., 4:6) / «Еще сказал ему Господь: положи руку твою к себе в пазуху. И он положил руку свою к себе в пазуху, вынул ее [из пазухи своей], и вот, рука его побелела от проказы, как снег» (Исх., 4:6); объятия "And Naomi took the child, and laid it in her bosom, and became nurse unto it" (Ru., 4:16) / «И взяла Ноеминь дитя сие, и носила его в объятиях своих, и была ему нянькою» (Руф., 4:16); грудь "But the poor [man] had nothing, save one little ewe lamb, which he had bought and nourished up: and it grew up together with him, and with his children; it did eat of his own meat, and drank of his own cup, and lay in his bosom, and was unto him as a daughter" (2 Sa., 12:3) / «А у бедного ничего, кроме одной овечки, которую он купил маленькую и выкормил, и она выросла у него вместе с детьми его; от хлеба его она ела, и из его чаши пила, и на груди у него спала, и была для него, как дочь» (2 Цар., 12:3); лоно "If thy brother, the son of thy mother, or thy son, or thy daughter, or the wife of thy bosom, or thy friend, which [is] as thine own soul, entice thee secretly, saying, Let us go and serve other gods, which thou hast not known, thou, nor thy fathers" (De., 13:6) / «Если будет уговаривать тебя тайно брат твой, [сын отца твоего или] сын матери твоей, или сын твой, или дочь твоя, или жена на лоне твоем, или друг твой, который для тебя, как душа твоя, говоря: пойдем и будем служить богам иным, которых не знал ты и отцы твои» (Втор., 13:6); Abraham's ~ лоно Авраамово; ~ sermons заученные проповеди

bottom *n.* дно; глубь; глубина "The depths have covered them: they sank into the bottom as a stone" (Ex., 15:5) / «Пучины покрыли их: они пошли в глубину, как камень» (Исх., 15:5); drink the cup of bitterness to the ~ испить до дна чашу страданий

bottomless *adj.* бездонный; ~ pit ад, пропасть бездонная

bougie *n.* восковая свеча

bound *n.* граница, предел "And I will set thy bounds from the Red sea even unto the sea of the Philistines, and from the desert unto the river: for I will deliver the inhabitants of the land into your hand; and thou shalt drive them out before thee" (Ex., 23:31) / «Проведу пределы твои от моря Чермного до моря Филистимского и от пустыни до реки [великой Евфрата], ибо предам в руки ваши жителей сей земли, и прогонишь их от лица твоего» (Исх., 23:31); черта "And thou shalt set bounds unto the people round about, saying, Take heed to yourselves, [that ye] go [not] up into the mount, or touch the border of it: whosoever toucheth the mount shall be surely put to death" (Ex., 19:12) / «И проведи для народа черту со всех сторон и скажи: берегитесь восходить на гору и прикасаться к подошве ее; всякий, кто прикоснется к горе, предан будет смерти» (Исх., 19:12).

boundless *adj.* беспредельный; необъятный; ~ness беспредельность; необъятность

bountiful *adj.* милосердный "He that hath a bountiful eye shall be blessed; for he giveth of his bread to the poor" (Pr., 22:9) / «Милосердый будет благословляем, потому что дает бедному от хлеба своего» (Притч., 22:9); честный "The vile person shall be no more called liberal, nor the churl said [to be] bountiful" (Isa, 32:5) / «Невежду уже не будут называть почтенным, и о коварном не скажут, что он честный» (Ис., 32:5); изобильный; щедрый

bounty *n.* благо; heavenly bounties небесные блага; благословение "Therefore I thought it necessary to exhort the brethren, that they would go before unto you, and make up beforehand your bounty, whereof ye had notice before, that the same might be ready, as [a matter of]

bounty, and not as [of] covetousness" (2 Co., 9:5) / «Посему я почел за нужное упросить братьев, чтобы они наперед пошли к вам и предварительно озаботились, дабы возвещенное уже благословение ваше было готово, как благословение, а не как побор» (2 Кор., 9:5); щедрость, щедрота

bow I *n.* поклон; ~ to the ground земной поклон; low bow низкий поклон; радуга "I do set my bow in the cloud, and it shall be for a token of a covenant between me and the earth" (Ge., 9:13) / «Я полагаю радугу Мою в облаке, чтоб она была знамением [вечного] завета между Мною и между землею» (Быт., 9:13).

bow II *v.* отдавать поклон; ~ bells колокола церкви Сент-Мэри-ле-Боу (в Лондоне); "And Joseph [was] the governor over the land, [and] he [it was] that sold to all the people of the land: and Joseph's brethren came, and bowed down themselves before him [with] their faces to the earth" (Ge., 42:6) / «Иосиф же был начальником в земле той; он и продавал хлеб всему народу земли. Братья Иосифа пришли и поклонились ему лицем до земли» (Быт., 42:6); склонять, склонить (кого-л./что-л.); ~ the head преклонить голову

boy *n.* мальчик; отрок "And they have cast lots for my people; and have given a boy for an harlot, and sold a girl for wine, that they might drink" (Joel, 3:3) / «И о народе Моем они бросали жребий, и отдавали отрока за блудницу, и продавали отроковицу за вино, и пили» (Иоил., 3:3); ~ Bishop «дитя-епископ», Никола-угодник

branch *n.* ветвь "And Joseph said unto him, This [is] the interpretation of it: The three branches [are] three days" (Ge., 40:12) / «И сказал ему Иосиф: вот истолкование его: три ветви — это три дня» (Быт., 40:12); колено

Brandenburg Confession Бранденбургское исповедование

brave *adj.* доблестный

bravery *n.* доблесть

bread *n.* хлеб; "In the sweat of thy face shalt thou eat bread, till thou return unto the ground; for out of it wast thou taken: for dust thou [art], and unto dust shalt thou return" (Ge., 3:19) / «В поте лица твоего будешь есть хлеб, доколе не возвратишься в землю, из которой ты взят, ибо прах ты и в прах возвратишься» (Быт., 3:19); daily ~ хлеб насущный; ~ of life хлеб животный; ~ and wine причастие; break ~ преломить хлеба

break I *n.* излом

break II *v.* нарушать, нарушить (что-л.); преломлять, преломить (что-л.); преступать, преступить (что-л.); расстраивать, расстроить (кого-л./что-л.); сокрушать, сокрушить (кого-л./что-л.); ломать

breaker *n.* нарушитель, -ница; преступник, -ца "For circumci-

sion verily profiteth, if thou keep the law: but if thou be a breaker of the law, thy circumcision is made uncircumcision" (Ro., 2:25) / «Обрезание полезно, если исполняешь закон; а если ты преступник закона, то обрезание твое стало необрезанием» (Рим., 2:25).

breaking *n.* нарушение; преломление

breast *n.* грудь "His own hands shall bring the offerings of the Lord made by fire, the fat with the breast, it shall he bring, that the breast may be waved [for] a wave offering before the Lord" (Lev., 7:30) / «Своими руками должен он принести в жертву Господу: тук с грудью должен он принести [и сальник на печени], потрясая грудь пред лицем Господним» (Лев., 7:30).

breath *n.* дыхание "And the Lord God formed man [of] the dust of the ground, and breathed into his nostrils the breath of life; and man became a living soul" (Ge., 2:7) / «И создал Господь Бог человека из праха земного, и вдунул в лице его дыхание жизни, и стал человек душею живою» (Быт., 2:7); издыхание; дух; to the uttermost ~ до последнего издыхания

breathe *v.* дуть "And the Lord God formed man [of] the dust of the ground, and breathed into his nostrils the breath of life; and man became a living soul" (Ge., 2:7) / «И создал Господь Бог человека из праха земного, и вдунул в лице его дыхание жизни, и стал человек душею живою» (Быт., 2:7); дышать; ~ one's last испустить последнее дыхание; ~ one's love изливать любовь

breathing *n.* (воз)дыхание "Thou hast heard my voice: hide not thine ear at my breathing, at my cry" (La., 3:56) / «Ты слышал голос мой; не закрой уха Твоего от воздыхания моего, от вопля моего» (Плач., 3:56); издыхание

breathless *adj.* бездыханный; ~ness бездыханность

breed I *n.* порождение

breed II *v.* порождать, породить (кого-л./что-л.); распложать(ся), расплодить(ся) "Bring forth with thee every living thing that [is] with thee, of all flesh, [both] of fowl, and of cattle, and of every creeping thing that creepeth upon the earth; that they may breed abundantly in the earth, and be fruitful, and multiply upon the earth" (Ge., 8:17) / «Выведи с собою всех животных, которые с тобою, от всякой плоти, из птиц, и скотов, и всех гадов, пресмыкающихся по земле: пусть разойдутся они по земле, и пусть плодятся и размножаются на земле» (Быт., 8:17).

breeding *n.* расположение

brethren *n. pl.* братия; братья; ~ of Christ братья Христовы; ~ of Purity «Братья непорочности»

breve *n.* папское бреве, послание Папы Римского

Breviarium Syriacum «Сирийский мартиролог»

breviary *n.* бревиарий (католический служебник)

Breviloquium «Краткослов»

brevity *n.* краткость, недолговечность

bribe *n.* взятка "He that walketh righteously, and speaketh uprightly; he that despiseth the gain of oppressions, that shaketh his hands from holding of bribes, that stoppeth his ears from hearing of blood, and shutteth his eyes from seeing evil" (Isa, 33:15) / «Тот, кто ходит в правде и говорит истину; кто презирает корысть от притеснения, удерживает руки свои от взяток, затыкает уши свои, чтобы не слышать о кровопролитии, и закрывает глаза свои, чтобы не видеть зла» (Ис., 33:15); мздоимство "In whose hands [is] mischief, and their right hand is full of bribes" (Ps., 26:10) / «У которых в руках злодейство, и которых правая рука полна мздоимства» (Псл., 25:10).

bribe-taker *n.* взяточник

bride *n.* невеста "Lift up thine eyes round about, and behold: all these gather themselves together, [and] come to thee. [As] I live, saith the Lord, thou shalt surely clothe thee with them all, as with an ornament, and bind them [on thee], as a bride [doeth]" (Isa, 49:18) / «Возведи очи твои и посмотри вокруг, — все они собираются, идут к тебе. Живу Я! говорит Господь, — всеми ими ты облечешься, как убранством, и нарядишься ими, как невеста» (Ис., 49:18); ever-

virgin ~ невеста неневестная;
unwedded ~ неискусобрачная
невеста; новобрачная
bride-bed *n.* брачное ложе
bridegroom *n.* жених "Which [is]
as a bridegroom coming out of
his chamber, [and] rejoiceth as a
strong man to run a race" (Ps.,
19:5) / «И оно выходит, как
жених из брачного чертога
своего, радуется, как исполин,
пробежать поприще» (Псл.,
18:6); новобрачный
Bridgettine *n. pl. n.* бригиттинки
brief *n.* бреве (папское бреве)
bright *adj.* светлый; светозарный; ясный "I Jesus have
sent mine angel to testify unto
you these things in the
churches. I am the root and the
offspring of David, [and] the
bright and morning star" (Rev.,
22:16) / «Я, Иисус, послал Ангела Моего засвидетельствовать вам сие в церквах. Я есмь
корень и потомок Давида,
звезда светлая и утренняя»
(Откр., 22:16); ~ Week Светлая
седмица, Сплошная седмица
brighten *v.* светлеть
brilliant *adj.* светозарный; светоносный
bring *v.* нести (что-л.); приносить, принести (что-л.); влечь
за собою быть причиной); ~
down низводить, низвести (кого-л./что-л.); ~ in вливать,
влить; ~ out изводить, извести
(кого-л./что-л.); ~ food out of
the earth извести хлеб от земли; ~ up возражать, возрастить
(детей); воспитывать, воспитать (кого-л./что-л.)

bringing up *ger.* воспитание; вознесение; возращение
British and Foreign Bible Society
Британский совет Церквей
broach *n.* шпиль церкви
broad *adj.* широкий
Broad Church Широкая англиканская церковь
brother *n.* брат "And she again
bare his brother Abel. And Abel
was a keeper of sheep, but Cain
was a tiller of the ground" (Ge.,
4:2) / «И еще родила брата его,
Авеля. И был Авель пастырь
овец, а Каин был земледелец»
(Быт., 4:2); natural ~ побочный
брат; foster-~ молочный брат;
half-~ сводный брат; ~-uterine
единоутробный брат; dearly
beloved brethern возлюбленные братья
brotherhood *n.* братство "Then I
cut asunder mine other staff,
[even] Bands, that I might break
the brotherhood between Judah
and Israel" (Ze., 11:14) / «И пе-
реломил Я другой жезл Мой —
узы, чтобы расторгнуть братство между Иудою и Израи-
лем» (Зах., 11:14); ~ of the
Cross and Star Братство Креста
и Звезды; ~ of the Theologians
Братство богословов
brother-in-law *n.* деверь; шурин
Brothers of the Christian Schools
«Братья христианских школ»
Brothers' Bible «Библия моравской братии»
bruit *n.* молва, слух; слава
brush *n.* кисть
brutal *adj.* бесчеловечный; жестокий; скотский; ~ity бесчеловечие, бесчеловечность
Bryanites *n. pl.* брайаниты

build v. строить, построить (что-л.) "And Cain knew his wife; and she conceived, and bare Enoch: and he builded a city, and called the name of the city, after the name of his son, Enoch" (Ge., 4:17) / «И познал Каин жену свою; и она зачала и родила Еноха. И построил он город; и назвал город по имени сына своего: Енох» (Быт., 4:17); устроить "And Noah builded an altar unto the Lord; and took of every clean beast, and of every clean fowl, and offered burnt offerings on the altar" (Ge., 8:20) / «И устроил Ной жертвенник Господу; и взял из всякого скота чистого и из всех птиц чистых и принес во всесожжение на жертвеннике» (Быт., 8:20); зиждить (что-л.); ~ up созидать, создать (что-л.)

builder n. строитель "And they gave the money, being told, into the hands of them that did the work, that had the oversight of the house of the Lord: and they laid it out to the carpenters and builders, that wrought upon the house of the Lord" (2 Ki., 12:11) / «И отдавали сосчитанное серебро в руки производителям работ, приставленным к дому Господню, а сии издерживали его на плотников и строителей, работавших в доме Господнем» (4 Цар., 12:11); работник "And Solomon's builders and Hiram's builders did hew [them], and the stonesquarers: so they prepared timber and stones to build the house" (1 Ki., 5:18) / «Обтесывали же их работники Соломоновы и работники Хирамовы и Гивлитяне, и приготовляли дерева и камни для строения дома [три года]» (3 Цар., 5:18); зиждитель

building n. строение "And the house, when it was in building, was built of stone made ready before it was brought thither: so that there was neither hammer nor axe [nor] any tool of iron heard in the house, while it was in building" (1 Ki., 6:7) / «Когда строился храм, на строение употребляемы были обтесанные камни; ни молота, ни тесла, ни всякого другого железного орудия не было слышно в храме при строении его» (3 Цар., 6:7); дом; созидание

Bulgarian Catholic Church Болгарская католическая церковь

Bulgarian chant болгарский распев

Bulgarian Orthodox Church Болгарская православная церковь

bull n. папская булла; печать Папы Римского

bulla n. папская булла; печать Папы Римского; ~е буллы

bullock n. телец "And this [is] the thing that thou shalt do unto them to hallow them, to minister unto me in the priest's office: Take one young bullock, and two rams without blemish" (Ex., 29:1) / «Вот что должен ты совершить над ними, чтобы посвятить их во священники Мне: возьми одного тельца из волов, и двух овнов без порока» (Исх., 29:1).

burden *n.* обуза; тягость, тяжесть; ~ of responsibility тяжесть ответственности; ярем; *v.* обременять, обременить (кого-л., чем-л.) бременить; отягощать, отяготить (кого-л./что-л. чем-л.); ~ of Isaiah пророчество Исайи

burdener *n.* обременитель, -ница

burdening *n.* отягощение

burdensome *adj.* обременительный; тяжелый "And in that day will I make Jerusalem a burdensome stone for all people: all that burden themselves with it shall be cut in pieces, though all the people of the earth be gathered together against it" (Ze., 12:3) / «И будет в тот день, сделаю Иерусалим тяжелым камнем для всех племен; все, которые будут поднимать его, надорвут себя, а соберутся против него все народы земли» (Зах., 12:3).

burial I *n.* похороны; погребение, захоронение; погребение "If a man beget an hundred [children], and live many years, so that the days of his years be many, and his soul be not filled with good, and also [that] he have no burial; I say, [that] an untimely birth [is] better than he" (Ec., 6:3) / «Если бы какой человек родил сто детей, и прожил многие годы, и еще умножились дни жизни его, но душа его не наслаждалась бы добром и не было бы ему и погребения, то я сказал бы: выкидыш счастливее его» (Екк., 6:3); "Thou shalt not be

joined with them in burial, because thou hast destroyed thy land, [and] slain thy people: the seed of evildoers shall never be renowned" (Isa, 14:20) / «Не соединишься с ними в могиле; ибо ты разорил землю твою, убил народ твой: во веки не помянется племя злодеев» (Ис., 14:20).

burial II *adj.* похоронный; погребальный; ~ service отпевание; ~ ground кладбище, погост; ~ hill могильный холм; ~ mound курган; ~ place место погребения; ~ burial service заупокойная служба, панихида

burial-ground *n.* кладбище

burn *v.* возжигать, возжечь (что-л.); воскуривать, воскурять, воскурить (что-л.); палить (что-л.); опалять, опалить (кого-л., что-л. чем-л.); обжигать "And they said one to another, Go to, let us make brick, and burn them throughly. And they had brick for stone, and slime had they for morter" (Ge., 11:3) / «И сказали друг другу: наделаем кирпичей и обожжем огнем. И стали у них кирпичи вместо камней, а земляная смола вместо извести» (Быт., 11:3); гореть; ~ down сжигать, сжечь (что-л./кого-л.); ~ incense воскурить фимиам; ~ out догорать, догореть; ~ with воспылать (чем-л.); the ~ing bush неопалимая купина

burning *n.* сожжение, сожигание; горение; горячий; сжигание; обожжение "Burning for burning, wound for wound, stripe for stripe" (Ex., 21:25) / «Обожжение за обожжение, рану за рану, ушиб за ушиб» (Исх., 21:25); воскурение (благовоний); ~ing out догорание

burnt-offering (burnt-sacrifice) *n.* всесожжение

bursar *n.* казначей, брат-казначей

bury *v.* (с)хоронить, похоронить (кого-л./что-л.) "I [am] a stranger and a sojourner with you: give me a possession of a buryingplace with you, that I may bury my dead out of my sight" (Ge., 23:4) / «Я у вас пришлец и поселенец; дайте мне в собственность место для гроба между вами, чтобы мне умершую мою схоронить от глаз моих» (Быт., 23:4); погребать, погребсти (кого-л.); засыпать кого-л. землей; ~ing ground кладбище, погост; ~ing place кладбище, погост

burying *n.* погребание "She hath done what she could: she is come aforehand to anoint my body to the burying" (Mk., 14:8) / «Она сделала, что могла: предварила помазать тело Мое к погребению» (Марк., 14:8); buried *p. p.* забвенный

buring *n.* схоронение

bush *n.* куст "And the angel of the Lord appeared unto him in a flame of fire out of the midst of a bush: and he looked, and, behold, the bush burned with fire, and the bush [was] not consumed" (Ex., 3:2) / «И явился ему Ангел Господень в пламени огня из среды тернового куста. И увидел он, что терновый куст горит огнем, но куст не сгорает» (Исх., 3:2).

business *n.* дело "And it came to pass about this time, that [Joseph] went into the house to do his business; and [there was] none of the men of the house there within" (Ge., 39:11) / «Случилось в один день, что он вошел в дом делать дело свое, а никого из домашних тут в доме не было» (Быт., 39:11).

busk *v.* облачаться, обряжаться, одеваться; облачать, обряжать, одевать

buss *n.* целование

busy *adj.* занятый; деятельный

butler *n.* виночерпий

buy *v.* покупать; купить (что-л.) "And all countries came into Egypt to Joseph for to buy [corn]; because that the famine was [so] sore in all lands" (Ge., 41:57) / «И из всех стран приходили в Египет покупать хлеб у Иосифа, ибо голод усилился по всей земле» (Быт., 41:57).

bygone *n.* прошлое, пережитое; прошлые обиды

bypast *adj.* прошедший, канувший в прошлое

bystander *n.* предстоятель, -ница

Byzantian, Byzantine *adj.* византийский; ~ art византийское искусство; ~ chant византийский распев; ~ Empire Византийская империя, Византия

C

C. F. (Clarissima Femina) преславнейшая, наиславнейшая

C. J. M. (Congregation Jesu et Mariae, Eudist Fathers) Конгрегация Иисуса и Марии, эдисты, евдисты, евдиты, отцы-евдиты

C. M. (Congregatio Mariae) Конгрегация Отцов Монтфора; (Causa Mortis) по случаю кончины

C. O. B. Q. (Cum Omnibus Bonis Quiescat) да найдет он упокоение со святыми душами

C. P. (Congregatio Passionis, Passionists) Конгрегация Страстей Господних; Орден Страстей Господних; (Clarissima Puella) Дева Наиславнейшая

C. PP. S. (Congregatio Pretiosissimi Sanguinis) Конгрегация Отцов Пресвятой Крови Господней

C. R. (Congregatio Resurrectionis) Конгрегация Отцов Воскрешения

C. R. C. S. (Clerici Regulares Congregationis Somaschae) сомаски

C. R. I. C. (Canonici Regulares) уставные каноники Непорочного Зачатия

C. R. L. (Canonici Regulares Lateranenses) латеранские уставные каноники, латеране

C. R. M. (Clerici Regulares Minores) уставные клирики минориты

C. R. M. D. (Clerici Regulares Matris Dei) уставные клирики Пресвятой Богородицы

C. R. M. I. (Clerici Regulares Ministrantes Infirmis) уставные клирики-камиллиане, камиллиане

C. R. P. (Congregatio Reformatorum Praemonstratensium) белые канонники, премонстранты, норбертинцы

C. R. S. P. (Clerici Regulares Sancti Pauli) варнавиты, уставные клирики Ордена Св. Павла

C. R. T. (Clerici Regulares Theatini) театинцы, уставные клирики-театинцы

C. S. B. (Congregatio Sancti Basilii) Конгрегация Св. Василия, василиане

C. S. C. (Congregatio Sanctae Crucis) Конгрегация Пресвятого Креста

C. S. P. (Congregatio Sancti Pauli) Конгрегация Св. Павла

C. S. Sp. (Congregatio Sancti Spiritus) Конгрегация Святого Духа

C. S. V. (Clerici Sancti Viatoris) клирики Св. Виаториса

C. SS. CC. (Congregatio Sacratissimorum Cordium) Конгрегация миссионеров Пресвятых Сердец Иисуса и Марии

C. SS. R. (Congregatio Sanctissimi Redemptoris) Конгрегация Пресвятого Искупителя

cabal *n.* злоухищрение

Cabala, Cabbala *n.* кабала, каббала

cabalic *adj.* кабалистический

Cabalism *n.* кабалистика

Cabbalism *n.* кабалистика; оккультизм

cabbalistic *adj.* кабалистический

caducity *n.* бренность; недолговечность; дряхлость

caducous *adj.* бренный; недолго-
вечный

Caedmon manuscript Кэдмон-
ский манускрипт

Caesar *n.* кесарь "Tell us therefore, What thinkest thou? Is it
lawful to give tribute unto Caesar, or not?" (Mt., 22:17) / «Итак
скажи нам: как Тебе кажется?
позволительно ли давать подать кесарю, или нет?» (Матф.,
22:17); ~ean operation кесарево
сечение

Caesarea Palaestinae *n.* Кесария
Палестинская

Caesarea Philippi *n.* Кесария
Филиппова

Caesarean *n.* сторонник импера-
тора в борьбе против Папы
Римского; кесарев; император-
ский

caesaropapacy (-ism) *n.* цезаре-
папизм

Cain Каин "And Adam knew Eve
his wife; and she conceived, and
bare Cain, and said, I have gotten a man from the Lord" (Ge.,
4:1) / «Адам познал Еву, жену
свою; и она зачала, и родила
Каина, и сказала: приобрела я
человека от Господа» (Быт.,
4:1); the brand/ mark of ~ каи-
нова печать

Cainites *n. pl.* каиниты

cairn *n.* курган

caitiff I *n.* негодяй

caitiff II *adj.* подлый, презренный, жалкий

Cal. (Calendae, calends) календы, первый день месяца по
древнеримскому календарю

calamitous *adj.* бедственный

calamity *n.* бедствие "They prevented me in the day of my calamity: but the Lord was my
stay" (1 Sa., 22:19) / «Они восстали на меня в день бедствия
моего; но Господь был опорою
для меня» (1 Цар., 22:19); погибель "To me [belongeth]
vengeance, and recompence;
their foot shall slide in [due]
time: for the day of their calamity [is] at hand, and the things
that shall come upon them make
haste" (De., 32:35) / «У Меня
отмщение и воздаяние, когда
поколеблется нога их; ибо
близок день погибели их, скоро наступит уготованное для
них» (Втор., 32:35); страдание
"Oh that my grief were
throughly weighed, and my calamity laid in the balances together!" (Job, 6:2) / «О, если бы
верно взвешены были вопли
мои, и вместе с ними положили на весы страдание
мое!» (Иов., 6:2); сокрушение
"A foolish son [is] the calamity
of his father: and the contentions
of a wife [are] a continual drop-
ping" (Pr., 19:13) / «Глупый
сын — сокрушение для отца
своего, и сварливая жена —
сточная труба» (Притч., 19:13);
несчастье "Thine own friend,
and thy father's friend, forsake
not; neither go into thy brother's
house in the day of thy calamity: [for] better [is] a neighbour
[that is] near than a brother far
off» (Pr., 27:10) / «Не покидай
друга твоего и друга отца
твоего, и в дом брата твоего не
ходи в день несчастья твоего:

лучше сосед вблизи, нежели брат вдали» (Притч., 27:10); обстояние

calendar *n.* календарь; святцы; летосчисление; стиль летосчисления; Julian ~ юлианский календарь; Gregorian ~ грегорианский календарь

Calenders *n.* калнедеры, каландериане

calf *n.* теленок "And Abraham ran unto the herd, and fetcht a calf tender and good, and gave [it] unto a young man; and he hasted to dress it" (Ge., 18:7) / «И побежал Авраам к стаду, и взял теленка нежного и хорошего, и дал отроку, и тот поспешил приготовить его» (Быт., 18:7); телец "And he received [them] at their hand, and fashioned it with a graving tool, after he had made it a molten calf: and they said, These [be] thy gods, O Israel, which brought thee up out of the land of Egypt" (Ex., 32:4) / «Он взял их из рук их, и сделал из них литого тельца, и обделал его резцом. И сказали они: вот бог твой, Израиль, который вывел тебя из земли Египетской!» (Исх., 32:4); the golden ~ золотой телец; worship the golden ~ поклоняться золотому тельцу

caligae *n.* калики, калиги

Calixtines *n.* каликстинцы

Calixtus I *n.* Калликст I

Calixtus II *n.* Калликст II

Calixtus III *n.* Калликст III

call I *n.* зов; ~ of Abraham веление Господне Авраму; ~ of God призыв Господа

call II *v.* именовать, наименовывать (кого-л./что-л.); называть "And God called the light Day, and the darkness he called Night. And the evening and the morning were the first day" (Ge., 1:5) / «И назвал Бог свет днем, а тьму ночью. И был вечер, и было утро: день один» (Быт., 1:5); ~ in накликать (что-л. на кого-л.); ~ together созывать, созвать (кого-л./что-л.); ~ed званый; "For many are called, but few [are] chosen" (Mt., 22:14) / «Ибо много званных, да мало избранных» (Матф., 22:14); ~ing призвание; звание; созывание "Make thee two trumpets of silver; of a whole piece shalt thou make them: that thou mayest use them for the calling of the assembly, and for the journeying of the camps" (Nu., 10:2) / «Сделай себе две серебряные трубы, чеканные сделай их, чтобы они служили тебе для созывания общества и для снятия станов» (Числ., 10:2).

callousness *n.* черствость

calm I *n.* тишина "He maketh the storm a calm, so that the waves thereof are still" (Ps., 107:29) / «Он превращает бурю в тишину, и волны умолкают» (Псл., 106:29).

calm II *adj.* тихий; покойный; спокойный

calmness *n.* спокойствие

calotte *n.* камилавка; скуфейка

Caloyers *n. pl.* калоеры

calumniate I *n.* злословец, -ница

calumniate II v. клеветать (на кого-л./на что-л.), оклеветать (кого-л./что-л.) (кого-л./что-л.)
calumniation n. клевета
calumniator n. клеветник
calumnious adj. клеветнический
calvary n. распятие
Calvary n. Голгофа; Лобное место "And when they were come
to the place, which is called Calvary, there they crucified him,
and the malefactors, one on the
right hand, and the other on
the left" (Lk., 23:33) / «И когда
пришли на место, называе-
мое Лобное, там распяли Его
и злодеев, одного по правую,
а другого по левую сторону»
(Лук., 23:33); Страсти Господни; ~ Cross страстной крест
Calvinism n. кальвинизм
Calvinist n. кальвинист
Calvinistic, -al adj. кальвинисти-
ческий; ~ Methodist Church
Кальвинистская методистская
церковь
Cam. (Camera) n. папское казна-
чейство
Camaldulani n. pl. камальдулы
Cameronians n. pl. камерониан-
цы
camp meeting (camp-meeting) n.
молебен на открытом воздухе,
богослужение на открытом
воздухе; проповедь на открытом воздухе
campaniform adj. колоколооб-
разный
campanile n. колокольня, звонница; campanili колокольни
campanology n. кампанология,
искусство колокольного зво-
на; искусство отливки колоколов

campground n. место проведения
богослужения или религиозной проповеди на открытом
воздухе
camp-meeting n. моле-
бен/проповедь/богослужение
на открытом воздухе
Can. (Canonicus) n. каноник
Canaan Ханаан, земля Ханаанская
Canaanite religion ханаанская
религия, ханаанейская религия
Cananaeans n. pl. зилоты
cancel v. отменять, отменить
(что-л.); расторгать, расторгнуть (что-л.)
cancellation n. расторжение
candelabrum n. подсвечник, светильник, канделябр
candid adj. откровенный
candidly adv. положа руку на
сердце
candle n. свеча "And he said unto
them, Is a candle brought to be
put under a bushel, or under a
bed? and not to be set on a candlestick?" (Mk., 4:21) / «И сказал им: для того ли приносится
свеча, чтобы поставить ее под
сосуд или под кровать? не для
того ли, чтобы поставить ее на
подсвечнике?» (Марк., 4:21);
tallow-~ сальная свеча; wax-~
восковая свеча; ~ grease свеч-
ное сало
candle-end n. огарок свечи, свечной огарок
candle-lighter n. кандиловозжи-
гатель, аколит, церковный прислужник, зажигающий свечи
Candlemas Очищение Пресвятой Девы Марии; Сретение
Господне; ~ Day Сретение
Господа

candlestick *n.* подсвечник; шандал

candle-wick *n.* светильня

Cane. (Cancellarius) *n.* канцлер

canon *n.* песнопение; установление; церковный устав; канон; каноник; канонник (католич. святцы); Canon список книг, принятый в качестве Священного Писания; правило, предписание; каноническая литература; церковное песнопение; ~ law каноническое право, церковное право, закон церковной жизни; ~ of the Mass канон мессы; ~ уставный каноник; ~s of Saint Hippolytus «Каноны Св. Ипполита»; Augustinian ~s уставные канноники Св. Августина, члены Ордена каноников-августинцев, каноники-августинцы

canoness *n.* канонисса

canonic(al) *adv.* канонический; ~ age возраст рукоположения; ~ dress церковное облачение, облачение священнослужителя; ~ Epistles канонические Послания; ~ hours уставные часы молитв; ~ obedience каноническое послушание, каноническая субординация

canonicals *n.* церковное облачение, облачение священнослужителя

canonicity *n.* каноничность

Canonist *n.* знаток канонического права, знаток церковного права, канонист

canonistic(al) *adj.* относящийся к каноническому праву

canonization *n.* канонизация; причисление к лику святых;

all-church ~ всецерковная канонизация

canonize *v.* канонизировать (кого-л.); причислять святых; включать в список канонических книг, признавать священным писанием; признавать священным, освятить; включать в канон; признать каноническим; ~d hours установленный час молитв

canonry *n.* должность каноника; бенефиций каноника; каноничество

canonship *n.* каноничество

canorous *adj.* мелодичный; звучный; певучий

cant *n.* пустосвятство

Cantate *n.* «Кантате», 98-й псалом; четвертое воскресение после Пасхи; ~ Sunday четвертая неделя после Пасхи (у католиков)

canticle *n.* духовная песнь, кант, гимн; стихира; ипакой; песнопение

Canticles *n.* Книга Песни Песней Соломона (книга Библии)

Canticum angelorum *n.* «Кантикум ангелорум», хвалебная песнь ангелов, «Слава в вышних Богу»

Canticum canticorum *n.* «Кантикум кантикорум», Книга Песни Песней Соломона (книга Библии)

cantillation *n.* кантиляция; чтение нараспев; речитатив

cantor *n.* регент хора; певчий-солист в церкви; кантор

cantoria *n.* хоры; -е хоры

cantoris *n.* канторис, северный клирос

cantus planus «Кантус плянус», григорианский распев

canutism *n.* консерватизм; ретроградство

capability *n.* даровитость

capable *adj.* даровитый; дееспособный; правоспособный; способный

capacity *n.* дарование; дееспособность; правоспособность; способность

Capernaum Капернаум

capital *adj.* главный; ~ sin тяжкий грех; ~ Sins смертные грехи

capitulary *n.* капитулярий

captain of the host of the Lord *n.* архистратиг

captivate *v.* оковывать, оковать (кого-л./что-л.); прельщать, прельстить (кого-л., чем-л.); пленять; держать в плену

captive I *n.* пленник, -ница; узник, -ца "And it came to pass, that at midnight the Lord smote all the firstborn in the land of Egypt, from the firstborn of Pharaoh that sat on his throne unto the firstborn of the captive that [was] in the dungeon; and all the firstborn of cattle" (Ex., 12:29) / «В полночь Господь поразил всех первенцев в земле Египетской, от первенца фараона, сидевшего на престоле своем, до первенца узника, находившегося в темнице, и все первородное из скота» (Исх., 12:29).

captive II *adj.* окованный

captive III *v.* держать (что-л.)

captivity *n.* плен "Thou shalt beget sons and daughters, but thou shalt not enjoy them; for they shall go into captivity" (De., 28:41) / «Сынов и дочерей родишь, но их не будет у тебя, потому что пойдут в плен» (Втор., 28:41); пленники "That then the Lord thy God will turn thy captivity, and have compassion upon thee, and will return and gather thee from all the nations, whither the Lord thy God hath scattered thee" (De., 30:3) / «Тогда Господь Бог твой возвратит пленных твоих и умилосердится над тобою, и опять соберет тебя от всех народов, между которыми рассеет тебя Господь Бог твой» (Втор., 30:3); порабощенность, рабство; неволя; жизнь в неволе; пленение; Babylonian ~ Вавилонское пленение

capuche *n.* клобук капуцина

capuchin friar, Capuchin *n.* капуцин

Capucinae *n. pl.* капуцинки, «Дщери Страстей Господних»

Capucini ordinis fratrum minorum капуцины, Орден братьев младших капуцинов

Card. (Cardinalis) *n.* кардинал

cardinal *n.* кардинал; ~ vicar викарий Папы Римского; *adj.* главный; ~ sin смертный грех; ~ virtues (Justice, главные христианские добродетели; ~'s кардинальский

cardinalate *n.* должность, сан кардинала

cardinalship *n.* кардинальство

care *n.* бережность; внимание; попечение; призрение; радивость; рачение; тщание; тщательность; хранение; осторожность; забота; worldly cares житейские (мирские) заботы; *v.* печься (о ком-л./о чем-л.) "A land which the Lord thy God careth for: the eyes of the Lord thy God [are] always upon it, from the beginning of the year even unto the end of the year" (De., 11:12) / «Земля, о которой Господь, Бог твой, печется: очи Господа, Бога твоего, непрестанно на ней, от начала года и до конца года» (Втор., 11:12); радеть, порадеть (кому-л., о чем-л.); ~ Sunday Страстная неделя

career *n.* поле деятельности

care-free *adj.* беспечный

careful *adj.* бережливый; бережный; внимательный; заботливый; осторожный; радетельный; радивый; рачительный; тщательный

carefully *adv.* тщательно

carefulness *n.* забота "But I would have you without carefulness. He that is unmarried careth for the things that belong to the Lord, how he may please the Lord" (1 Co., 7:32) / «А я хочу, чтобы вы были без забот. Неженатый заботится о Господнем, как угодить Господу» (1 Кор., 7:32); заботливость; радение; радивость; рачение; тщательность; печаль "Son of man, eat thy bread with quaking, and drink thy water with trembling and with carefulness" (Ez., 12:18) / «Сын человеческий! хлеб твой ешь с трепетом, и воду твою пей с дрожанием и печалью» (Иез., 12:18).

careless *adj.* беспечный "Rise up, ye women that are at ease; hear my voice, ye careless daughters; give ear unto my speech" (Isa, 32:9) / «Женщины беспечные! встаньте, послушайте голоса моего; дочери беззаботные! приклоните слух к моим словам» (Ис., 32:9); нерадивый

carelessness *n.* беспечность; нерадение, нерадивость

carillon *n.* подбор колоколов; мелодичный колокольный перезвон; куранты

Carling Sunday Страстная неделя

Carmelite I *n.* кармелит, -тка

Carmelite II *adj.* кармелитский

Carmelite sisters сестры-кармелитки, сестры Ордена калабрийца Бертольда

Carmelites *n. pl.* кармелиты; Орден калабрийца Бертольда

carnage *n.* резня, бойня, кровавая бойня

carnal *adj.* плотский "For we know that the law is spiritual: but I am carnal, sold under sin" (Ro., 7:14) / «Ибо мы знаем, что закон духовен, а я плотян, продан греху» (Рим., 7:14); телесный "It hath pleased them verily; and their debtors they are. For if the Gentiles have been made partakers of their spiritual things, their duty is also to minister unto them in carnal things" (Ro. 15:27) / «Усердствуют, да и должники они перед ними. Ибо если язычники сделались участниками в их духовном, то должны и им послужить в телесном» (Рим., 15:27); чувственный; ~ pleasures плотские наслаждения; плотские утехи, земные радости

carnification *n.* карнификация, превращение хлеба Св. Причастия в плоть Христову

Carnival *n.* масленица, Сырная седмица, карнавал

carol *n.* рождественский гимн, песнопение; ~ service рождественское богослужение с гимнами

Carpocratians *n. pl.* карпократиане

carrier *n.* носитель, -ница

carry *v.* нести (что-л.); ~ away восхищать, восхитить (кого-л./что-л.)

Carthusian *n.* картезианец, -нка

case *n.* случай

cassock I *n.* ряса; сутана

cassock II *adj.* рясный

cast *v.* бросать; cast away отвергать, отвергнуть (что-л./кого-л.); ~ out выгонять "Wherefore she said unto Abraham, Cast out this bondwoman and her son: for the son of this bondwoman shall not be heir with my son, [even] with Isaac" (Ge., 21:10) / «И сказала Аврааму: выгони эту рабыню и сына ее, ибо не наследует сын рабыни сей с сыном моим Исааком» (Быт., 21:10).

castaway *n.* отверженный, изгнанник; изгой

castigate *v.* бичевать; сурово осуждать; жестоко критиковать; бить; пороть, наказывать

castigation *n.* бичевание; суровое осуждение; жестокая критика, разнос; наказание, порка

castigator *n.* бичеватель

casting *n.* метание; ~ lots метание жребия

castrate *n.* скопец

casual *adj.* случайный; причинный; ~ relationship причинная связь

casuality *n.* причинность

casuistic(-al) *adj.* казуистический

casuistry *n.* казуистика

cataclasm *n.* разрушение; катастрофа, гибель, погибель

cataclasmic *adj.* разрушительный, гибельный

cataclysm *n.* катаклизм; решительный поворот; перелом; потоп; наводнение

catacomb *adj.* катакомбы

catafalque *n.* катафалк; погребальная колесница; помост под балдахином для гроба

catamite *n.* мужеложец; содомит

Cataphrygian heresy *n.* катафригийская ересь, монтанизм

cataract *n.* ливень; ~s of heaven хляби небесные

catch I *n.* ловитва, ловля; прилипчивость

catch II *v.* улавливать, уловлять, уловить (кого-л./что-л.); поймать "And whatsoever man [there be] of the children of Israel, or of the strangers that sojourn among you, which hunteth and catcheth any beast or fowl that may be eaten; he shall even pour out the blood thereof, and cover it with dust" (Lev., 17:13) / «Если кто из сынов Израилевых и из пришельцев, живущих между вами, на ловле поймает зверя или птицу, которую можно есть, то он должен дать вытечь крови ее и покрыть ее землею» (Лев., 17:13); схватить "And see, and, behold, if the daughters of Shiloh come out to dance in dances, then come ye out of the vineyards, and catch you every man his wife of the daughters of Shiloh, and go to the land of Benjamin" (Jdg., 21:21) / «И смотрите, когда выйдут девицы Силомские плясать в хороводах, тогда выйдите из виноградников и схватите себе каждый жену из девиц Силомских и идите в землю Вениаминову» (Суд., 21:21); захватить "And the king arose in the night, and said unto his servants, I will now shew you what the Syrians have done to us. They know that we [be] hungry; therefore are they gone out of the camp to hide themselves in the field, saying, When they come out of the city, we shall catch them alive, and get into the city" (2 Ki., 7:12) / «И встал царь ночью, и сказал слугам своим: скажу вам, что делают с нами Сирияне. Они знают, что мы терпим голод, и вышли из стана, чтобы спрятаться в поле, думая так: когда они выйдут из города, мы захватим их живыми и вторгнемся в город» (4 Цар., 7:12).

catechesis *n.* катехизис, беседословие, наставление в христианской вере, оглашение; наставление новообращенных

catechetic(al) *adj.* катехизический; ~ school катехизическая школа, катехуменат

catechetics *n.* религиозное образование обращенных к вере Христовой

catechise *v.* оглашать, огласить (что-л./кого-л.)

catechiser *n.* огласитель, -ница

catechisic *adj.* катехизический; ~ sermon катехизическое поучение

catechisis *n.* катехизис; наставление новообращенных;

catechism *n.* катехизис, изустное наставление в христианской вере обращающихся к церкви

catechist *n.* законоучитель; огласитель, -ница

catechist *n.* катехизатор

catechistic(al) *adj.* катехизический; огласительный

catechize *v.* наставлять в основах веры

catechumen *n.* катехумен, новообращенный; изучающий основы христианской веры; оглашенный

catenae *n. pl.* катены, экзегетические сборники

Cathari, Cathars *n. pl.* катары, альбигойцы

cathedra *n.* кафедра; престол в кафедральном соборе; кафедральный собор; сан епископа; ~е кафедры епископов

cathedral I *n.* кафедральный собор; ~s of the New Foundation Новые английские соборы; ~s of the Old Foundation Старинные английские соборы, соборы Генриха VIII

cathedral II *adj.* кафедральный; ~ church кафедральный собор; соборная церковь; ~ epistle соборное послание; ~ school соборная школа

Cathern *n.* Катеринин день; праздник св. Екатерины

Catholic I *n.* католик

Catholic II *adj.* католический; вселенский; соборный; апостольский, кафолический; his ~ Majesty Его Католическое Величество; ~ Action труды апостольские; ~ and Apostolic Church Католическая и апостольская церковь; ~ Association Католическая ассоциация; ~ Church Вселенская церковь; Кафолическая церковь; Латинская церковь; Западная церковь; Римско-католическая церковь; ~ Epistles Соборные послания апостолов; ~ Kings/Monarchs/Majesties Католические монархи; ~ League Католическая лига феодалов Германии; ~ Letters соборные послания; ~ reform Католическая реформа; ~ Reformation Контрреформация, Католическая реформация; ~ Revival Возрождение католицизма, Контрреформация, Католическая реформация; ~ Roll «Католический реестр»

catholical *n.* кафолический

catholically *adv.* в католическом духе, по-католически

catholicate *n.* юрисдикция католикоса

Catholicism *n.* католицизм; католичество

Catholicity *n.* Римско-Католическая Церковь; соответствие учению Римско-католической церкви

catholicize *v.* обращать в католичество; становиться католиком

catholicon *n.* панацея

Catholicos *n.* католикос

cattle *n.* скот "And God said, Let the earth bring forth the living creature after his kind, cattle, and creeping thing, and beast of the earth after his kind: and it was so" (Ge., 1:24) / «И сказал Бог: да произведет земля душу живую по роду ее, скотов, и гадов, и зверей земных по роду их. И стало так» (Быт., 1:24).

causa *n.* причина; повод; побуждение; ~ causans первопричина, причина причин; ~ proxima непосредственная причина; ~e причины

causal *adj.* винословный

causality *n.* винословность

cause I *n.* причина; weighty ~ веская причина; trustworthy ~ заслуживающая внимания причина; secondary ~ вторичная причина; material ~ вещественная причина; educational ~ образовательная причина; final ~ конечная причина; instrumental ~ орудийная причина; example ~ прообразная причина; original ~ первопричина; prime ~ причина всех причин; ~ and effect причина и следствие; *v.* причинять, причинить (что-л., кому-л.); ~ a misfortune причинить несчастие

cause II *v.* влечь за собою; доставлять, доставить (кому-л., что-л.)

caution I *n.* осторожность; предостережение; бережность

caution II *v.* остерегать, остеречь (кого-л.)

cautious *adj.* бережный; благоразумный

Cave of Machpelah *n.* пещера Махпела, усыпальница патриархов

Cave of the Nativity *n.* пещера, где родился Иисус

cavern *n.* вертеп

CC. W. (Clarissimi Viri) *n.* мужи наиславнейшие

ceasation *n.* прекращение

cease *v.* переставать, перестать; прекращать, прекратить (что-л.) "While the earth remaineth, seedtime and harvest, and cold and heat, and summer and winter, and day and night shall not cease" (Ge., 8:22) / «Впредь во все дни земли сеяние и жатва, холод и зной, лето и зима, день и ночь не прекратятся» (Быт., 8:22).

ceaseless *adj.* беспрестанный; немолчный

ceaselessly *adv.* немолчно

ceasing *n.* прекращение

cedar *n.* кедр "Then shall the priest command to take for him that is to be cleansed two birds alive [and] clean, and cedar wood, and scarlet, and hyssop" (Lev., 14:4) / «То священник прикажет взять для очищаемого двух птиц живых чистых, кедрового дерева, червленую нить и иссопа» (Лев., 14:4); ~ of Lebanon кедры ливанские

celebrant *n.* священник, отправляющий церковную службу; участник религиозного обряда; молящийся

celebrate *v.* праздновать (что-л.) "It [shall be] unto you a sabbath of rest, and ye shall afflict your souls: in the ninth [day] of the month at even, from even unto even, shall ye celebrate your sabbath" (Lev., 23:32) / «Это для вас суббота покоя, и смиряйте души ваши, с вечера де-

вятого [дня] месяца; от вечера до вечера [десятого дня месяца] празднуйте субботу вашу» (Лев., 23:32); воспевать, воспеть (кого-л./что-л.); ознаменовывать, ознаменовать (что-л.); прославлять, прославить (кого-л./что-л.); славить (кого-л./что-л.); служить (кому-л./чему-л., что-л.); чествовать (кого-л.); восхвалять "For the grave cannot praise thee, death can [not] celebrate thee: they that go down into the pit cannot hope for thy truth" (Isa, 38:18) / «Ибо не преисподняя славит Тебя, не смерть восхваляет Тебя, не нисшедшие в могилу уповают на истину Твою» (Ис., 38:18).

celebrate *v.* прославлять; превозносить

celebrater *n.* воспеватель, -ница

celebration *n.* воспевание; отправление; прославление; чествование; церковная служба; the ~ of the Eucharist совершение Евхаристии, таинства Св. Причастия

celeste *adj.* небесный, небесно-голубой

celestial *adj.* небесный "[There are] also celestial bodies, and bodies terrestrial: but the glory of the celestial [is] one, and the [glory] of the terrestrial [is] another" (1 Co., 15:40) / «Есть тела небесные и тела земные; но иная слава небесных, иная земных» (1 Кор., 15:40); горний; ~ visitant посланник неба; неземной; ~ bless неземное блаженство

celestial *adj.* небесный, божественный; ~ visitant посланец

Неба; ~ Father Отец небесный; ~ Church of Christ Небесная Церковь Христова; ~ hierarchy небесная иерархия; чины ангельские

Celestine I *n.* Целестин I

Celestine II *n.* Целестин II

Celestine III *n.* Целестин III

Celestine IV *n.* Целестин IV

Celestine V *n.* Целестин V

Celestines *n. pl.* целестинцы

celibacy *n.* безбрачие, обет безбрачия; целибат

celibat I *n.* целибат

celibat II *v.* связывать (кого-л.) обетом безбрачия

celibatarian *n.* сторонник целибата

celibate *n.* давший обет безбрачия; связанный обетом безбрачия

cell *n.* обитель; келья

cella *n.* целла, святилище; ~е святилища

cellarer *n.* келарь; трапезник

cellaress *n.* мать-казначея, мать-келарь

cellarist *n.* келарь

cellular *adj.* келейный

Celtic Church *n.* Кельтская церковь

cemeterial *adj.* кладбищенский; могильный

cemetery *n.* кладбище, погост; могильник

Cen. Eccl. (Censura Ecclesiastica) *n.* церковное порицание

cenacle *n.* горница большая, место Тайной вечери; пиршественный зал; католический приют для женщин; обитель, убежище монастырского типа

cenobite *n.* монах киновии

cenobitic monasticism *n.* киновитное монашество, общежительное монашество

cenoby *n.* киновия

cenotaph *n.* кенотаф, кенотафий

Cens. (Censuris) подлежит осуждению, порицанию

cense *v.* кадить (чем-л.); курить благовониями

censer *n.* кадило, кадильница; "And take every man his censer, and put incense in them, and bring ye before the Lord every man his censer, two hundred and fifty censers; thou also, and Aaron, each [of you] his censer" (Nu., 16:17) / «И возьмите каждый свою кадильницу, и положите в них курения, и принесите пред лице Господне каждый свою кадильницу, двести пятьдесят кадильниц; ты и Аарон, каждый свою кадильницу» (Числ., 16:17); курильница

censing *n.* каждение

censor liborum *n.* цензор Римско-католической Церкви

censure I *n.* нарекание; хула

censure II *v.* осуждать, осудить (кого-л.)

centennial I *n.* столетие, столетняя годовщина; столетний юбилей; празднование столетнего юбилея

centennial II *adj.* столетний, вековой

centennium *n.* столетие, век

center *n.* центр; средоточие; ~-point средоточие

central *adj.* центральный

centralize *v.* сосредотачивать, сосредоточить (что-л., на чем-л.)

centuple I *adj.* стократный

centuple II *v.* увеличивать во сто крат, преумножать стократно

Centuriae Magdeburgenses «Магдебургские центурии»

centuries-old *adj.* многовековой

centurion *n.* сотник "And when Jesus was entered into Capernaum, there came unto him a centurion, beseeching him" (Mt., 8:5) / «Когда же вошел Иисус в Капернаум, к Нему подошел сотник и просил Его» (Матф., 8:5); сотник, сотенный начальник; центурион, кентурион

cerecloth *n.* саван

cerement *n.* погребальный одежды

ceremonial *n.* обряд; ритуал; церемониал; *adj.* обрядный, обрядовый; церемониальный

ceremonialism *n.* обрядовость; приверженность обрядам, ритуалам; ритуализм

ceremonialist *n.* сторонник обрядовости, ритуалист

ceremony *n.* обряд; ритуал; священные предметы; обрядовые принадлежности; церемония; чин

cerise *adj.* светло-вишневый

certain *adj.* надежный; некоторый "Then certain of the vagabond Jews, exorcists, took upon them to call over them which had evil spirits the name of the Lord Jesus, saying, We adjure you by Jesus whom Paul preacheth" (Ac., 19:13) / «Даже некоторые из скитающихся Иудейских заклинателей стали употреблять над имеющими злых духов имя Господа Иисуса, говоря: заклинаем

вас Иисусом, Которого Павел проповедует» (Деян., 19:13); несомненный; определенный

certainly *adv.* всеконечно; конечно "And Joseph said unto them, What deed [is] this that ye have done? wot ye not that such a man as I can certainly divine?" (Ge., 44:15) / «Иосиф сказал им: что это вы сделали? разве вы не знали, что такой человек, как я, конечно угадает?» (Быт., 44:15)

certainty *n.* надежность; несомненность; уверенность

certificate *n.* свидетельство

certify *v.* свидетельствовать (о чем-л.); уведомлять "We certify the king that, if this city be builded [again], and the walls thereof set up, by this means thou shalt have no portion on this side the river" (Ezr., 4:16) / «Посему мы уведомляем царя, что если город сей будет достроен и стены его доделаны, то после этого не будет у тебя владения за рекою» (Ездр., 4:16); возвещать "But I certify you, brethren, that the gospel which was preached of me is not after man. (Ga., 1:11) / «Возвещаю вам, братия, что Евангелие, которое я благовествовал, не есть человеческое» (Гал., 1:11).

chain *n.* цепь "And Pharaoh took off his ring from his hand, and put it upon Joseph's hand, and arrayed him in vestures of fine linen, and put a gold chain about his neck" (Ge., 41:42) / «И снял фараон перстень свой с руки своей и надел его на руку

Иосифа; одел его в виссонные одежды, возложил золотую цепь на шею ему» (Быт., 41:42); цепочка "And two chains [of] pure gold at the ends; [of] wreathen work shalt thou make them, and fasten the wreathen chains to the ouches" (Ex., 28:14) / «И [сделай] две цепочки из чистого золота, витыми сделай их работою плетеною, и прикрепи витые цепочки к гнездам» (Исх., 28:14); ~s оковы; цепи; вериги; in ~s, в цепях; ~ed окованный

chair *n.* кафедра; седалище

Chaldea *n.* халдея "And Chaldea shall be a spoil: all that spoil her shall be satisfied, saith the Lord" (Je., 50:10) / «И Халдея сделается добычею их; и опустошители ее насытятся, говорит Господь» (Иер., 50:10); земля Халдейская

Chaldean I *n.* халдей; халдеянин "But after that our fathers had provoked the God of heaven unto wrath, he gave them into the hand of Nebuchadnezzar the king of Babylon, the Chaldean, who destroyed this house, and carried the people away into Babylon" (Ezr., 5:12) / «Когда же отцы наши прогневали Бога небесного, Он предал их в руку Навуходоносора, царя Вавилонского, Халдеянина; и дом сей он разрушил, и народ переселил в Вавилон» (Ездр., 5:12)

Chaldean II *adj.* халдейский; ~ Catholic Church Халдейская католическая церковь; ~ rite халдейский чин

chalice *n.* потир, чаша; сосуд; фиал

chamber *n.* горница; спальня "But it came to pass within a while after, in the time of wheat harvest, that Samson visited his wife with a kid; and he said, I will go in to my wife into the chamber. But her father would not suffer him to go in" (Jdg., 15:1) / «Чрез несколько дней, во время жатвы пшеницы, пришел Самсон повидаться с женою своею, принеся с собою козленка; и когда сказал: войду к жене моей в спальню, отец ее не дал ему войти» (Суд., 15:1); палата; чертог; ~ of His Glory Чертог Славы Его

Chamberlain to the Pope *n.* камерарий при папском дворе, камерарий Папы Римского

champion *n.* защитник; поборник

chance I *n.* случай

chance II *adj.* случайный

chance III *v.* случаться, случиться

chandler *n.* свечник

change I *n.* изменение; перемена; претворение; прехождение; смена; пременение

change II *v.* переменять, переменить (что-л.) "And your father hath deceived me, and changed my wages ten times; but God suffered him not to hurt me" (Ge., 31:7) / «А отец ваш обманывал меня и раз десять переменял награду мою; но Бог не попустил ему сделать мне зло» (Быт., 31:7); преложить (что-л.); преображать, преобразить (кого-л./что-л.)

changeability (changeableness) *n.* изменчивость, изменяемость

changeable *adj.* изменчивый, изменяемый

changeful *adj.* превратный

chansel *n.* алтарь (в греческой церкви)

chant I *n.* распев; церковное пение, песнопение; хорал

chant II *v.* петь (что-л.); распевать; ~ the praises of smb. восхвалять кого-л.; воздавать кому-л. хвалу

chanter *n.* певчий

chantry *n.* пожертвование церкви на отправление заупокойных служб по дарителю; часовня или придел, построенные на пожертвование; вклад, оставленный на отправление заупокойных служб (по завещателю)

Chanuk(k)ah *n.* Ханука, Праздник Освящения, Праздник Маккавеев

chaos *n.* хаос; полный беспорядок; бездна; rise out of ~ возникнуть из Хаоса

chaotic *adj.* хаотический

chapel *n.* молельня; придел; святыня "But prophesy not again any more at Bethel: for it [is] the king's chapel, and it [is] the king's court" (Am., 7:13) / «А в Вефиле больше не пророчествуй, ибо он святыня царя и дом царский» (Ам., 7:13); утварь; часовня; ~ of ease часовня приходской церкви; богослужение в часовне; придворная певческая капелла; Lady-~ капелла богоматери; небольшая церковь; неангликанская церковь; христианский храм; ~ folk

нонконформисты; сектанты; хор певчих; церковная утварь; ритуальное помещение в похоронном бюро; ~ of ease часовня приходской церкви

chapelgoer *n.* прихожанин неангликанской церкви в Англии; сектант

Chapelle Ardente *n.* усыпальница

chapel-master *n.* регент; хормейстер

chaplain *n.* капеллан; священник; -~'s fund фонд на религиозные нужды; ~ service служба военных священников; ~-in-Chief главный капеллан военно-воздушных сил; ~ of the Fleet главный капеллан флота

chaplaincy *n.* капеланство; сан/должность капеллана, военного священника

chaplainship *n.* капеланство; сан/должность капеллана, военного священника

chaplet *n.* четки из 50 бусин; молитвы, отсчитываемые по четкам

chapter *n.* глава, раздел; капитул церковный, монашеский; собрание капитула, собрание каноников; ~ house здание капитула, общая зала для братии; ~-lands земли, принадлежащие капитулу; монастырские угодья

character *n.* склад; ~s письмена

characterize *v.* характеризовать, охарактеризовать (кого-л./что-л.)

charactonym *n.* имя, фамилия персонажа, характеризующие его

charcoal *n.* уголь

charge I *n.* паства; повеление; обвинение

charge II *v.* повелевать; заповедать "And Isaac called Jacob, and blessed him, and charged him, and said unto him, Thou shalt not take a wife of the daughters of Canaan" (Ge., 28:1) / «И призвал Исаак Иакова и благословил его, и заповедал ему и сказал: не бери себе жены из дочерей Ханаанских» (Быт., 28:1); ~ (with) обвинять, обвинить (кого-л., в чем-л.); charging with возложение

charger *n.* большое плоское блюдо "And his offering [was] one silver charger, the weight thereof [was] an hundred and thirty [shekels], one silver bowl of seventy shekels, after the shekel of the sanctuary; both of them [were] full of fine flour mingled with oil for a meat offering" (Nu., 7:13) / «Приношение его было: одно серебряное блюдо, весом в сто тридцать сиклей, одна серебряная чаша в семьдесят сиклей, по сиклю священному, наполненные пшеничною мукою, смешанною с елеем, в приношение хлебное» (Числ., 7:13).

charges *n. pl.* сбор (деньги); содержание "Who goeth a warfare any time at his own charges? who planteth a vineyard, and eateth not of the fruit thereof? or who feedeth a flock, and eateth not of the milk of the flock?" (1 Co., 9:7) / «Какой воин служит когда-либо на своем содержании? Кто, насадив виноград, не ест плодов его? Кто, пася стадо, не ест молока от стада?» (1 Кор., 9:7)

chariot *n.* колесница "And he made him to ride in the second chariot which he had; and they cried before him, Bow the knee: and he made him [ruler] over all the land of Egypt" (Ge., 41:43) / «Велел везти его на второй из своих колесниц и провозглашать пред ним: преклоняйтесь! И поставил его над всею землею Египетскою» (Быт., 41:43).

charism(a) *n.* харизма; боговдохновение; дар Божий; ~ta харизмы

charismatic *adj.* боговдохновенный; наделенный даром Божиим

charitable *adj.* милосердный, -ая; ~ institution благотворительное заведение

charity *n.* благодеяние; любовь "Now as touching things offered unto idols, we know that we all have knowledge. Knowledge puffeth up, but charity edifieth" (1 Co., 8:1) / «Идоложертвенных яствах мы знаем, потому что мы все имеем знание; но знание надмевает, а любовь назидает» (1 Кор., 8:1); благотворительность; for a purpose of ~ с благотворительной целью; милосердие; administer ~ оказывать милосердие; милостыня; подаяние; призрение

charity *n.* благотворительность; филантропия; благотворительное общество/учреждение; приют, богадельня; милосердие; отзывчивость; сострадание; снисходительность в суждениях; доброжелательность; благожелательность; милостыня, подаяние; любовь к ближнему; with ~ for all всем желая добра; Brother or Sister of ~ брат или сестра милосердия из монахов и монахинь; be/ live in ~ пребывать/жить в любви и милосердии

charm I *n.* заклинание; магическая формула; заговор, наговор; чары; талисман, амулет; колдовство; сглаз

charm II *v.* восхищать, восхитить (кого-л./что-л.); заколдовывать; пленять, пленить (кого-л./что-л., чем-л.); прельщать, прельстить (кого-л., чем-л.); заклинать

charmer *n.* заклинатель; чародей; маг

charmer *n.* пленитель, -ница; обаятель, -ница "Or a charmer, or a consulter with familiar spirits, or a wizard, or a necromancer" (De., 18:11) / «Обаятель, вызывающий духов, волшебник и вопрошающий мертвых" (Втор., 18:11); заклинатель "Which will not hearken to the voice of charmers, charming never so wisely" (Ps., 58:5) / «И не слышит голоса заклинателя, самого искусного в заклинаниях» (Псл., 57:6); чародей "And the spirit of Egypt shall fail in the midst thereof; and I will destroy the counsel thereof: and they shall seek to the idols, and to the charmers, and to them that have familiar spirits, and to the wizards" (Isa, 19:3) / «И дух Египта изнемо-

жет в нем, и разрушу совет его, и прибегнут они к идолам и к чародеям, и к вызывающим мертвых и к гадателям» (Ис., 19:3).

charmful *adj.* колдовской, магический

charming *adj.* пленительный

charm-seal *n.* амулет; талисман

charnel I *n.* кладбище

charnel II *adj.* кладбищенский; погребальный, похоронный; гробовой; ~ house склеп; покойницкая

charpet-lands *n.* монастырские угодья

chart(er) *n.* хартия; грамота; документ

charterhouse *n.* картезианский монастырь

Charterhouse *n.* Чартерхаус

Chartres cathedral *n.* кафедральный собор в Шартре

chartulary *n.* картулярий; монастырская книга записей; хартофилакс, хранитель архива

chartulary *n.* монастырская книга записей

chase I *n.* ловительство

chase II *v.* chase гнаться, погнаться (за кем-л., за чем-л.); прогонять "And five of you shall chase an hundred, and an hundred of you shall put ten thousand to flight: and your enemies shall fall before you by the sword" (Lev., 26:8) / «Пятеро из вас прогонят сто, и сто из вас прогонят тьму, и падут враги ваши пред вами от меча» (Лев., 26:8); преследовать "And the Amorites, which dwelt in that mountain, came out against you, and chased you, as bees do, and destroyed you in Seir, [even] unto Hormah" (De., 1:44) / «И выступил против вас Аморрей, живший на горе той, и преследовали вас так, как делают пчелы, и поражали вас на Сеире до самой Хормы» (Втор., 1:44); ~ away изгонять

Chasidism *n.* хасидизм

chasm *n.* пропасть

chasse *n.* рака

chaste *adj.* непорочный, целомудренный, чистый, невинный "For I am jealous over you with godly jealousy: for I have espoused you to one husband, that I may present [you as] a chaste virgin to Christ" (2 Co., 11:2) / «Ибо я ревную о вас ревностью Божиею; потому что я обручил вас единому мужу, чтобы представить Христу чистою девою» (2 Кор., 11:2).

chasten *v.* карать; наказывать с целью исправления; обуздывать; исправлять, выправлять

chastise *v.* карать, покарать (кого-л./что-л.); наказывать, наказать (кого-л., за что-л.) "Then I will walk contrary unto you also in fury; and I, even I, will chastise you seven times for your sins" (Lev., 26:28) / «То и Я в ярости пойду против вас и накажу вас всемеро за грехи ваши» (Лев., 26:28).

chastisement *n.* кара, карание; наказание "And know ye this day: for [I speak] not with your children which have not known, and which have not seen the chastisement of the Lord your God, his greatness, his mighty

hand, and his stretched out arm" (De., 11:2) / «И вспомните ныне, — ибо я говорю не с сынами вашими, которые не знают и не видели наказания Господа Бога вашего, — Его величие [и] Его крепкую руку и высокую мышцу его» (Втор., 11:2).

chastity *n.* воздержание; непорочность; целомудрие; девственность; невинность; чистота, добродетельность; воздержанность; ~ belt пояс целомудрия

chasuble *n.* риза; фелонь, церковное облачение

cheat I *n.* обман; обманщик, -щица

cheat II *v.* обманывать, обмануть (кого-л./что-л.)

check *v.* обуздывать, обуздать (что-л.)

cheek *n.* щека "But Zedekiah the son of Chenaanah went near, and smote Micaiah on the cheek, and said, Which way went the Spirit of the Lord from me to speak unto thee?" (1 Ki., 22:24) / «И подошел Седекия, сын Хенааны, и, ударив Михея по щеке, сказал: как, неужели от меня отошел Дух Господень, чтобы говорить в тебе?» (3 Цар., 22:24); ланита

cheerful *adj.* маститый

Cheese-Fast Sunday Сыропустная неделя

cheiro(g)nomy *n.* хиромантия

cheiromancy *n.* хиромантия

cherish *v.* возлюблять, возлюбить (кого-л.); ~ hope/love питать надежду/любовь; ~ hopes обольщаться надеждами

Cherub *n.* херувим

Cherubic(al) *adj.* херувимский; ангелоподобный; ~ song херувимская песнь

cherubim *n.* херувимы, чин ангельский; ~ hymn песнь херувимская

cherubimic(al) *adj.* херувимский

chest *n.* грудь; ковчег, ковчежец; ящик "But Jehoiada the priest took a chest, and bored a hole in the lid of it, and set it beside the altar, on the right side as one cometh into the house of the Lord: and the priests that kept the door put therein all the money [that was] brought into the house of the Lord" (2 Ki., 12:9) / «И взял священник Иодай один ящик, и сделал отверстие сверху его, и поставил его подле жертвенника на правой стороне, где входили в дом Господень. И полагали туда священники, стоящие на страже у порога, все серебро, приносимое в дом Господень» (4 Цар., 12:9).

chevet *n.* восточная часть готического собора во французском стиле

chief I *n.* глава; chief начальник, -ница

chief II *adj.* главный; первый

chiefly *adv.* преимущественно; наипаче "All the saints salute you, chiefly they that are of Caesar's household" (Php., 4:22) / «Приветствуют вас все святые, а наипаче из кесарева дома» (Фил., 4:22).

chief-priest *n.* первосвященник

chieftain *n.* чиноначальник; ~-warrior возбранный воевода

chieftaincy *n.* водительство, предводительство, предвождение

chieftainship *n.* водительство

child *n.* ребенок, дитя, младенец; ~ of God дитя Божие; сын Церкви Христовой; дочь Церкви Христовой; детище; исчадие; отрок; чадо; natural ~ незаконнорожденное дитя

childbearing *n.* деторождение; чадородие "Notwithstanding she shall be saved in childbearing, if they continue in faith and charity and holiness with sobriety" (1 Ti., 2:15) / «Впрочем спасется через чадородие, если пребудет в вере и любви и в святости с целомудрием» (1 Тим., 2:15).

Childermas, Childermas-day *n.* День избиения младенцев, 28 декабря; День мучеников 14 000 младенцев, от Ирода в Вифлееме избиенных; 29 декабря

childhood *n.* детство; юность "And now, behold, the king walketh before you: and I am old and grayheaded; and, behold, my sons [are] with you: and I have walked before you from my childhood unto this day" (1 Sa., 12:2) / «И вот, царь ходит пред вами; а я состарился и поседел; и сыновья мои с вами; я же ходил пред вами от юности моей и до сего дня» (1 Цар., 12:2).

childless бездетный "And Abram said, Lord God, what wilt thou give me, seeing I go childless, and the steward of my house [is] this Eliezer of Damascus?"

(Ge., 15:2) «Аврам сказал: Владыка Господи! что Ты дашь мне? я остаюсь бездетным; распорядитель в доме моем этот Елиезер из Дамаска» (Быт., 15:2).

childlessness *n.* бесчадие, бесчадство

child-murder *n.* чадоубийство

children *n. pl.* дети; "Unto the woman he said, I will greatly multiply thy sorrow and thy conception; in sorrow thou shalt bring forth children; and thy desire [shall be] to thy husband, and he shall rule over thee" (Ge., 3:16) / «Жене сказал: умножая умножу скорбь твою в беременности твоей; в болезни будешь рождать детей; и к мужу твоему влечение твое, и он будет господствовать над тобою» (Быт., 3:16); ~'s Crusade Детский крестовый поход

chiliad *n.* хилиада, тысячелетнее земное царство Христа

Chiliasm *n.* хилиазм

Chiliast *n.* хилиаст

chime I *n.* звон; набор колоколов; куранты; колокольный перезвон; мелодия, исполняемая на курантах, колоколах; бой часов

chime II *v.* звонить в колокола; призывать, приглашать колокольным звоном

chimer *n.* звонарь; симара, подрясник

CHI-RHO, Chi-Rho христограмма; монограмма из греческих букв, символизирующая имя Христа

chirognomist, chiromancer, chiromantist *n.* хиромант, -ка

chirognomy, chiromancy *n.* хиромантия

chirographist *n.* писец, каллиграф

chirography *n.* хирография, каллиграфия

chironomy *n.* дирижирование рукой церковным хором

choice I *n.* избрание

choice II *adj.* отборный "When Joab saw that the front of the battle was against him before and behind, he chose of all the choice [men] of Israel, and put [them] in array against the Syrians" (2 Sa., 10:9) / «И увидел Иоав, что неприятельское войско было поставлено против него и спереди и сзади, и избрал воинов из всех отборных в Израиле, и выстроил их против Сирийцев» (2 Цар., 10:9).

choir *n.* хор; клирос; ~ service service служба с хоровым пением, церковное хоровое пение; хоры в церкви; ~ brother/sister клирошанин, -нка; ~ loft хоры в церкви; ~ of the Holy Archangels «Собор архангелов»; ~ schools школы церковно-хорового пения, средние школы при соборе

choirboy *n.* мальчик-певчий

choir-brother *n.* клирошанин

choirman *n.* певчий в церкви

choirmaster *n.* регент церковного хора

choir-office *n.* служба с хоровым пением

choir-service *n.* служба с хоровым пением; церковное хоровое пение

choir-sister *n.* клирошанка

choir-stalls *n.* места для певчих в церкви

choose *v.* избирать, избрать (кого-л./что-л.); выбирать "And Moses said unto Joshua, Choose us out men, and go out, fight with Amalek: to morrow I will stand on the top of the hill with the rod of God in mine hand" (Ex., 17:9) / «Моисей сказал Иисусу: выбери нам мужей [сильных] и пойди, сразись с Амаликитянами; завтра я стану на вершине холма, и жезл Божий будет в руке моей» (Исх., 17:9).

choral I *n.* хорал

choral II *adj.* хоральный; хоровой, ~ service служба с хором

choralist *n.* певчий; хорист

chorepiscopus *n.* хор-епископ, помощник епископа

chorist *n.* клирошанин, -шанка

chorister *n.* певчий; хорист, мальчик-певчий; регент хора

chorus *n.* хор

chrism *n.* елей, миро, хризма, благовонная мазь

chrismation *n.* христианское таинство миропомазания

chrismatory *n.* мирница, алабастр, алавастр

chrismon *n.* христограмма; монограмма из греческих букв, символизирующая имя Христа

chrisom *n.* анаволий, крестильная сорочка; ~ child умерший во младенчестве; ~-cloth/robe анаволий; крестник

chrisscross *n.* крестик

Christ hood *n.* мессианство

Christ Христос "And Jacob begat Joseph the husband of Mary, of whom was born Jesus, who is called Christ" (Mt., 1:16) / «Иаков родил Иосифа, мужа Марии, от Которой родился Иисус, называемый Христос» (Матф., 1:16); ~ Child Младенец Христос; ~ in Majesty «Спас в силах»

Christadelphians *n. pl.* христадельфиане, братья Христовы, томаситы

christcross *n.* крест; четырехконечный мальтийский крест в начале азбуки; азбука; ~-row алфавит, азбука

christen I *v.* крестить; окрестить (кого-л.) давать имя при крещении; нарекать; ~ing крещение, баня пакибытия; крестины

christen II *adj.* крестильный; ~ing robe анаволий, крестильная рубаха

Christendom *n.* христианство; христианский мир

Christi ipsissima verba собственные слова Христа; слова, приписываемые Иисусу Христу

Christian I *n.* христианин, -нка "Then Agrippa said unto Paul, Almost thou persuadest me to be a Christian" (Ac., 26:28) / «Агриппа сказал Павлу: ты немного не убеждаешь меня сделаться Христианином» (Деян., 26:28).

Christian II *adj.* христианский; ~ Brothers «Братья-христиане»; ~ burial похороны по христианскому обряду; ~ caste христианская каста; ~ Catholic Church Христианская католическая церковь; ~ Court церковный суд; ~ Economy христианская

5 Англо-русский теологический словарь

бережливость; ~ era христианская эра, христианское летосчисление; ~ ethics христианская мораль, христианская этика; ~ faith христианская вера, христианская религия; ~ Methodist Episcopal Church Христианская методистская епископальная церковь; ~ name имя, данное при крещении; ~ Reformed Church in North America Христианская реформатская церковь Северной Америки; ~ religion христианская религия, христианское вероисповедование; ~ Science Церковь Христа Всезнающего, «Христианская наука»; ~ Scriptures Священное Писание христиан, Новый завет Господа нашего Иисуса Христа; ~ Virtues христианские добродетели

Christianism *n.* христианство

Christianity *n.* христианство; христианская вера, религия; христианское вероисповедание; христианское вероучение; христианство; христианский мир; establishment of ~ введение христианства; embracing to ~ принятие христианства

Christianize *v.* обращать в христианство; христианизировать

Christianly *adv.* по-христиански

Christly *adj.* христов, христоподобный

Christmas (Day) *n.* Рождество Христово; святки; ~ seal «рождественская печать»; ~ tree рождественская елка; ~ Eve Навечерие Рождества Христова, рождественский сочельник, канун Рождества Христова

Christmassy *adj.* рождественский, праздничный; благодушный; веселый, радостный, светлый

Christmastide *n.* святки, «святые дни», «святые вечера»

Christmastime *n.* святки, рождественские праздники, «святые дни», «святые вечера»

Christogram *n.* христограмма, монограмма из греческих букв, символизирующая имя Христа

Christolatry *n.* христолатрия, поклонение Христу

Christology *n.* христология

Christophany *n.* христофания, явление Христа народу

Christopher Христофор I

chronicle *n.* летопись "And the rest of the acts of Jeroboam, how he warred, and how he reigned, behold, they [are] written in the book of the chronicles of the kings of Israel" (1 Ki., 14:19) / «Прочие дела Иеровоама, как он воевал и как царствовал, описаны в летописи царей Израильских» (3 Цар., 14:19); the ~s Паралипоменон (книга Библии)

chronicler *n.* летописец

chronographer *n.* летописец; составитель хронологии, хронологического указателя

chronological *adj.* хронологический

chronology *n.* хронология

chrysophilist *n.* сребролюбец

chrysophilite *n.* сребролюбец, стяжатель

chrysophrosus *n.* хризолиф

chrysostom *n.* златоустый; John the ~ Иоанн Златоуст

church I *n.* церковь "And I say also unto thee, That thou art Peter, and upon this rock I will build my church; and the gates of hell shall not prevail against it" (Mt., 16:18) / «И Я говорю тебе: ты — Петр, и на сем камне Я создам Церковь Мою, и врата ада не одолеют ее» (Матф., 16:18); богослужение; miss a ~a chapel пропустить богослужение; ~ is done, ~is over богослужение окончено; Holy Catholic ~ Святая Соборная Церковь; Apostolic ~ Апостольская Церковь; Reformed ~ Реформаторская Церковь; Roman ~ Католическая Церковь; Bethel ~ Сектантская Церковь (в Англии); Anglican ~ Англиканская Церковь; Broad ~ Всеобъемлющая Церковь; High ~ Высокая Церковь (Ортодоксальная Англиканская); Low ~ Нижняя Церковь (Евангелическая Англиканская); Greek ~ Греко-Католическая Церковь; Established ~ Государственная Церковь; Lutheran ~ Лютеранская Церковь; ~ of the Purification сретенская церковь; ~ flag/pennant вымпел (церковный); храм; служители культа; верующие; деноминация, вероисповедание; конгрегация; духовенство

church II *adj.* церковный

church III *v.* приводить или приносить в церковь для крещения; ~ Army Армия Церкви; ~ attire церковное облачение; ~ book служебник, требник; церковная метрическая книга; ~ burial погребение по христианскому обряду с отпеванием в церкви; ~ door церковное крыльцо, вход в церковь, в храм, двери церкви, двери храма; ~ Fathers Отцы Церкви; ~ flag церковный вымпел, поднимаемый во время богослужения; хоругвь; ~ in Wales Англиканская церковь Уэльса; ~ Invisible Церковь незримая; ~ land(s) земли, принадлежащие Церкви; монастырские земли; ~ living церковный приход; ~ member член христианской Церкви; ~ membership вероисповедание; принадлежность к церкви; ~ Militant Церковь воинствующая; ~ Missionary Society Церковное миссионерское общество; ~ music духовная музыка; ~ of Cyprus Кипрская православная церковь; ~ of England Англиканская церковь; ~ of Finland Церковь Финляндии; ~ of God Церковь Божия; ~ of God and Saints of Christ Церковь Бога и святых Христа; ~ of God in Christ Церковь Бога во Христе; ~ of Greece Греческая церковь; ~ of Ireland Англиканская церковь Ирландии; ~ of Jesus Christ of Latter-day Saints Церковь Иисуса Христа святых Последнего дня; ~ of the New Jerusalem (New Jerusalem ~) Церковь Нового Иерусалима, Новая церковь, сведенборгиане; ~ of North America Церковь Северной Америки; ~ of North India Церковь Северной Индии; ~ of Pakistan Церковь Пакистана; ~ of Rome (Roman Catholic ~) Римско-католическая церковь;

~ of Scientology Церковь сайентологии; ~ of South India Церковь Южной Индии; ~ of St. Mary Magdalen церковь Св. Марии Магдалины; ~ of the Holy Wisdom храм Софии Премудрости Божией; ~ of the Nazarene Церковь Назорея; ~ parade построение для молебствия; ~ pennant церковный вымпел; ~ plate утварь церковная; ~ register церковная метрическая книга; ~ school школа, содержащаяся на средства Церкви; кружок по изучению религиозно-этических вопросов под эгидой местной церкви; ~ scot подать церковная; ~ service церковная служба, богослужение; молитвенник, молитвослов, требник; ~ Slavic/Slavonic церковнославянский язык; ~ States Папская область, Церковная область; ~ Triumphant Церковь торжествующая; ~ Visible Церковь зримая, Церковь видимая; ~ year литургический год, год по церковному календарю; ~-ale пиво церковное; ~-goer набожный человек, усердно посещающий церковь; ~-going исправное посещение церкви; богомольность; ~ bell благовест; ~-government церковное управление; церковное устройство ~-house церковное здание; молитвенный дом

church-bell *n.* колокол

church-book *n.* требник

church-chandelier *n.* паникадило

church-discipline *n.* церковный устав

churchdom *n.* сан; церковные власти

church-going *n.* богомольность

church-government *n.* управление (церковное)

church-house *n.* церковный/молитвенный дом

churching *n.* проведение церковного обряда; очистительная молитва родильницы

churchism *n.* преданность церкви; церковность; English ~ преданность государственной Англиканской церкви

church-law *n.* церковное право

churchless *adj.* не принадлежащий ни к одной церкви; не освященный церковью

churchlet *n.* церковка, церквушка

churchlike *adv.* в духе церкви

church-living *n.* церковный доход

church-lustre *n.* паникадило

churchly *adj.* церковный

churchman *n.* духовное лицо, церковнослужитель, священнослужитель; церковный активист, церковник; верующий, добропорядочный прихожанин

church-office *n.* служба, богослужение; церковный обряд

church-painting *n.* иконописание, иконопись

church-rate *n.* подать на содержание церкви; церковное обложение, церковные сборы

church-robber *n.* святотат, -татец, -тица; тать церковный, церковный вор

church-shot *n.* натуральная подать на содержание местной церкви

church-takings *n.* церковный сбор

church-text *n.* английский готический шрифт

church-time *n.* время богослужения

church-ward *n.* смотритель, -ница; церковный староста; глава приходского управления

churchwarden *n.* церковный сторож

churchwoman *n.* церковница, богомолка

church-work *n.* работа по церковному приходу (священническая, благотворительная); участие в сооружении храма

churchy *adj.* богомольный; набожный

church-yard *n.* кладбище при церкви; погост; церковный двор

churl *n.* скаред

churlishness *n.* скаредность

ciborium *n.* дароносица; киворий; сень, балдахин

çilice *n.* колумбарий

cinerarium *n.* колумбарий; ниша для хранения урны с прахом усопшего

cineration *n.* кремация; предание тела огню

cingulum *n.* пояс стихаря

cinnabar *n.* киноварь, ярко-красный цвет

circuit *n.* округ (церковный); ~ rider совместитель, священник-методист, обслуживающий несколько приходов

circumambience *n.* окружение

circumambulation *n.* движение вокруг чего-л., коловращение

Circumcelliones *n. pl.* циркумцеллионы; агонистики

circumcise *v.* совершать обрезание; ~ yourselves to the Lord обрежьте себя для Господа

circumcision *n.* обрезание "So he let him go: then she said, A bloody husband [thou art], because of the circumcision" (Ex., 4:26) / «И отошел от него Господь. Тогда сказала она: жених крови — по обрезанию» (Исх., 4:26).

circumgyration *n.* вращение; кружение

circumincession *n.* триипостасное божество

circumlocutionize *v.* не говорить напрямую, ходить вокруг да около, словоблудить

Circumpeone. (Circumspectione) с осторожностью, аккуратно, осмотрительно

circumspect *adj.* осмотрительный

circumspection, circumspectness *n.* осмотрительность

circumstance *n.* обстоятельство; concurrence of ~s стечение обстоятельств; aggravating ~ обстоятельство, отягощающие вину

circumstantiation *n.* обоснование; уточнение; детализация

cirriculum vitae *n.* жизнеописание

Cistercian *n.* цистерцианец, белый монах; ~ style цистерианский архитектурный стиль; ~ Order орден цистерианцев

citadel *n.* цитадель; твердыня; убежище; оплот

citation *n.* ссылка

city *n.* град, город «And Cain knew his wife; and she conceived, and bare Enoch: and he builded a city, and called the name of the city, after the name of his son, Enoch» (Ge., 4:17) / «И познал Каин жену свою; и она зачала и родила Еноха. И построил он город; и назвал город по имени сына своего: Енох» (Быт., 4:17); ~ of David град Давидов; ~ of God град Господень; the Heavenly (Holy) ~ Священный город; ~ of Destruction Град погибели; мир безбожников; ~ of Saints Город святых; ~ of St. Michael Град Св. Михаила, Дамфис

civilization *n.* просвещение

civilize *v.* просвещать, просветить (кого-л./что-л.); ~ a people просветить народ

civilizing *adj.* просветительный

Cl. (Clericus) *n.* клирик

Cl. V. (Clarissimus Vir) *n.* муж наиславнейший

Cla. (Clausula) *n.* статья, пункт, условие; оговорка, клаузула

claim *v.* требовать (чего-л.)

clairvoyance *n.* ясновидение

clairvoyant *n.* ясновидец, -дица; ясновидящий

clamour I *n.* крик "Let all bitterness, and wrath, and anger, and clamour, and evil speaking, be put away from you, with all malice" (Eph., 4:31) / «Всякое раздражение и ярость, и гнев, и крик, и злоречие со всякою злобою да будут удалены от вас» (Ефес., 4:31).

clamour II *v.* вопиять, возопиять

Clapham Sect *n.* клапхэмская секта

clapper I *n.* язык колокола

clapper II *v.* звонить в колокол

Clarisses *n. pl.* клариссинки

Clarissines *n. pl.* клариссинки, дамианистки, Орден клариссинок

class *n.* разряд

Classical Hebrew классический иврит, древнееврейский язык

claustral *adj.* монастырский; монашеский, аскетический; ~ rule монастырский устав

clean I *adj.* чистый "Of every clean beast thou shalt take to thee by sevens, the male and his female: and of beasts that [are] not clean by two, the male and his female" (Ge., 7:2) / «И всякого скота чистого возьми по семи, мужеского пола и женского, а из скота нечистого по два, мужеского пола и женского» (Быт., 7:2).

clean II *v.* чистить (кого-л./что-л.)

cleanness *n.* чистота

cleanse *v.* (о)чистить (кого-л./что-л.) "And he shall take to cleanse the house two birds, and cedar wood, and scarlet, and hyssop" (Lev., 14:49) / «И чтобы очистить дом, возьмет он две птицы, кедрового дерева, червленую нить и иссопа» (Лев., 14:49).

cleansing I *n.* очищение "But if the scab spread much abroad in the skin, after that he hath been seen of the priest for his cleansing, he shall be seen of the priest again: (Lev., 13:7) / «Если же лишаи станут распространяться по коже, после того как он являлся к священнику для очищения, то он вторично должен явиться к священнику» (Лев., 13:7).

cleansing II *adj.* чистительный

clear I *n.* служащий

clear II *adj.* ясный; свободный "And if the woman will not be willing to follow thee, then thou shalt be clear from this my oath: only bring not my son thither again" (Ge., 24:8) / «Если же не захочет женщина идти с тобою [в землю сию], ты будешь свободен от сей клятвы моей; только сына моего не возвращай туда» (Быт., 24:8); светлый "And he shewed me a pure river of water of life, clear as crystal, proceeding out of the throne of God and of the Lamb" (Rev., 22:1) / «И показал мне чистую реку воды жизни, светлую, как кристалл, исходящую от престола Бога и Агнца» (Откр., 22:1).

clear III *v.* очищать, очистить (кого-л./что-л.); ~ up выяснять, выяснить (что-л.); уяснять, уяснить (что-л.); ~ing up вразумление

clemency *n.* милосердие, снисходительность; акт милосердия; смягчение наказания; пощада

clemency *n.* снисхождение "Notwithstanding, that I be not further tedious unto thee, I pray thee that thou wouldest hear us of thy clemency a few words" (Ac., 24:4) / «Но, чтобы много не утруждать тебя, прошу тебя выслушать нас кратко, со свойственным тебе снисхождением» (Деян., 24:4); милосердие

Clement VII *n.* Климент VII

clement *adj.* благостынный; вопиющий; милосердный, милостивый

Clement I, Clement of Rome *n.* Климент I

Clement II *n.* Климент II

Clement III *n.* Климент III

Clement IV *n.* Климент IV

Clement V *n.* Климент V

Clement VI *n.* Климент VI

Clement VII *n.* Климент VII

Clement VIII *n.* Климент VIII

Clement IX *n.* Климент IX

Clement X *n.* Климент X

Clement XI *n.* Климент XI

Clement XII *n.* Климент XII

Clement XIII *n.* Климент XIII

Clement XIV *n.* Климент XIV

Clementina(e), Clementine literature «Климентины»

Clementine liturgy литургия Климента

clerestory *n.* верхний ряд окон, освещающий хоры; галерея

clergy *n.* духовенство, клир; священнослужители; the regular and secular ~ черное и белое духовенство; ~ Reserves земли клира; a man belonging to the ~ человек духовного звания; клир

clergyman *n.* клирик, духовное лицо, священник; пастор; священнослужитель

clergywoman *n.* женщина-пастор

cleric *n.* клирик, духовное лицо

clerical I *n.* духовное лицо; клерикал; облачение

clerical II *adj.* духовный; клерикальный; церковнический; церковный; ~ collar пасторский воротник; ~ vestments облачение священника.

clericalism *n.* клерикализм

clericalist *n.* клерикал

clericalize *v.* усиливать влияние духовенства; ~ a nation подчинить государство Церкви

clericature *n.* церковная должность; положение в церковной иерархии

Clerichi regulares Matris Dei уставные клирики Божией Матери

Clerichi regulares ministrantes infirmis камиллинцы

Clerichi regulares minores меньшие уставные клирики, мариане

Clerici regulares pauperum Matris Dei Scholarum Piarum пиаристы, уставные клирики-пиарии

Clerici regulares S. Paul decollati варнавиты, барнабиты

clerk *n.* клирик; чиновник; духовное лицо; ~ in holy orders священнослужитель; ~ regular иеромонах-католик; ~ vicar дьячок, певчий; ~ale пиво церковное; ~s Regular of the Mother of God уставные клирики Божией Матери

Clico. (Clericus) *n.* клирик

cliff *n.* скала; возвышенность "To morrow go ye down against them: behold, they come up by the cliff of Ziz; and ye shall find them at the end of the brook, before the wilderness of Jeruel" (2 Chr., 20:16) / «Завтра выступите против них: вот они всходят на возвышенность Циц, и вы найдете их на конце долины, пред пустынею Иеруилом» (2 Пар., 20:16).

cloak *n.* мантия

cloghead *n.* башенка церкви в Ирландии; колоколенка, небольшая звонница

clogs *n. pl.* путы

cloister I *n.* монастырь; обитель

cloister II *v.* заточать в монастырь; retire to a ~ уйти, удалиться в монастырь; confine/shut up smb. in a ~ заточить кого-л. в монастырь; ~al rule монастырский устав

cloisterer *n.* монах, монашествующий

cloistral *adj.* монастырский; монашеский; заточенный в монастырь; уединенный; затворнический; ~ hush монастырская тишина; ~ glades пустынные долины

cloitre *n.* клуатр, крытая галерея, обрамляющая монастырский двор

Clootie *n.* шотл. Сатана; Диавол, Дьявол

Cloots *n.* Сатана; Диавол, Дьявол; Нечистый

close I *n.* попечение

close II *adj.* твердый "[His] scales [are his] pride, shut up together [as with] a close seal" (Job, 41:15) / «Крепкие щиты его — великолепие; они скреплены как бы твердою печатью» (Иов., 41:7).

closing *adj.* заключительный; окончательный

cloth I *n.* ткань; пелена; ~ of estate черная ткань, идущая на одежду для духовенства; communion ~ антиминс;

cloth II *v.* облачать, облачить (кого-л.); облекать, облечь (кого-л., чем-л.); одевать, одеть (кого-л./что-л.); ~es одежда; ~ing облечение

clothback *n.* книга в тканевом переплете

cloud *n.* облако "I do set my bow in the cloud, and it shall be for a token of a covenant between me and the earth» (Ge., 9:13) / «Я полагаю радугу Мою в облаке, чтоб она была знамением [вечного] завета между Мною и между землею» (Быт., 9:13); мгла; ~ed помраченный

Clun. (Cluniacenses) клюнийские монахи

Cluniac reform Клюнийское движение

coach *n.* ложе; одр

coadjutor bishop *n.* викарный епископ, коадъютор, прелат при епископе

coadjutor *n.* коадъютор (заместитель епископа и других духовных лиц)

coal *n.* уголь "And he shall take a censer full of burning coals of fire from off the altar before the Lord, and his hands full of sweet incense beaten small, and bring [it] within the vail" (Lev., 16:12) / «И возьмет горящих угольев полную кадильницу с жертвенника, который пред лицем Господним, и благовонного мелко истолченного курения полные горсти, и внесет за завесу» (Лев., 16:12).

Cod. (Codex) *n.* кодекс, манускрипт

code *n.* свод (законов); code of canonic law свод (уложение) канонических прав

Codex *n.* кодекс; ~ Alexandrinus «Александрийский кодекс»; ~

Argenteus «Серебряный кодекс», «Кодекс Аргентус»; ~ Bezae Cantabrigiensis «Кодекс Безы», «Кембриджский кодекс»; ~ Claromontanus «Клермонский кодекс»; ~ Ephraemi Syri rescriptus палимпсест «Кодекс Ефрема Сирина»; ~ Freerianus «Вашингтонский кодекс»; ~ Gissensis «Кодекс Гиссенсис»; ~ Juris Canonici «Кодекс канонического права»; ~ Koridethiànus «Коридетианский кодекс»; ~ Laudianus «Кодекс лаудианус»; ~ Peresianus «Парижский кодекс», «Кодекс Переса»; ~ Sinaiticus «Синайский кодекс»; ~ Teplensis «Кодекс Теплленсис»; ~ Trocortesianus «Мадридский кодекс»; ~ Vaticanus «Ватиканский кодекс»; ~ Washingtonianus «Вашингтонский кодекс»

coenoby *n.* киновия, общежительный монастырь

coeternal *adj.* соприсносущий

coexistence *n.* сосуществование

coexistent *adj.* равновечный

co-existing *n.* сосуществование

coffin I *n.* гроб; ковчег "So Joseph died, [being] an hundred and ten years old: and they embalmed him, and he was put in a coffin in Egypt" (Ge., 50:26) / «И умер Иосиф ста десяти лет. И набальзамировали его и положили в ковчег в Египте» (Быт., 50:26).

coffin II *v.* класть в гроб; ~ Texts «Тексты саркофагов»

coffin-bearer *n.* гробоносец

coffin-maker *n.* гробовщик

Cofradia *n.* кофрадия

Cog. Leg. (Cognatio Legalis) *n.* юридическое родство

Cog. Spir. (Cognatio Spiritualis) *n.* духовное родство

cogniscibility познаваемость

cognition *n.* познавательная способность

cognitive *adj.* познавательный

cognizance *n.* ведение

cohabit *v.* сожительствовать (с кем-л.)

cohabitant *n.* сожитель, -ница

cohabitation *n.* сожительство

cohanim *n. pl.* коганим, аарониды

cohen *n.* коген

coif *n.* камилавка монахини

coin *n.* монета

coincide *v.* совпадать, совпасть (с чем-л.)

coincidence *n.* стечение

Col. Послание к Колоссянам Св. апостола Павла (книга Библии)

cold *n.* холод "While the earth remaineth, seedtime and harvest, and cold and heat, and summer and winter, and day and night shall not cease" Ge., 8:22) / «Впредь во все дни земли сеяние и жатва, холод и зной, лето и зима, день и ночь не прекратятся» (Быт., 8:22); bear ~ терпеть холод; холодный

coldness *n.* холод; холодность

coliphia *n.* коливо, кутья, сочиво, угощение поминальное

Coll. Conc. (Collectio Conciliorum) *n.* Собрание Соборов

collaboration *n.* сотрудничество

collaborate with *v.* сотрудничать (с кем-л.)

collate *v.* сличать, сличить (что-л., с чем-л.); сравнивать, сопоставлять; предоставлять свя-

щеннику бенефиций; ~ with the original сличать с оригиналом

collation *n.* сличение

collect *v.* собирать, собрать (что-л./кого-л.)

collection *n.* собрание; сбор "Now concerning the collection for the saints, as I have given order to the churches of Galatia, even so do ye" (1 Co., 16:1) / «При сборе же для святых поступайте так, как я установил в церквах Галатийских» (1 Кор., 16:1).

collective *adj.* собирательный

collector *n.* собиратель, -ница

College of Cardinals *n.* Священная коллегия, коллегия кардиналов

collegiality *n.* соборность; коллегиальность

collegiate church *n.* коллегиальная церковь, соборная церковь с коллегией или капитулом

Collegium Germanicum Германский богословский колледж

Collegium Orientate Theologicum Восточный богословский колледж

collision *n.* столкновение; ~ of obligations столкновение обязанностей

collocutor *n.* собеседник

Collop Monday Святой понедельник, Святая ночь

colloquy *n.* беседа

collusio *n.* соумышление

Collyridians *n. pl.* коллиридианки, приверженцы культа Пречистой Девы Марии

colobium *n.* колобиум, длинная туника

Colossians *n.* Послание к Колоссянам св. апостола Павла (книга Библии)

colour-book *n.* иллюминирован-
ное издание, книга с цветными
иллюстрациями

columbarium *n.* колумбарий;
ниша для урны

combat I *n.* ратоборство

combat II *v.* ратоборствовать

combatant *n.* ратоборец

combination *n.* совмещение; совокупность; сочетание

combining *n.* совмещение

combite *v.* совмещать, совместить (что-л., с чем-л.)

come *v.* грясти; наступать, наступить; приходить, придти (к кому-л./к чему-л.); ~ about случаться, случиться; ~ in входить, войти (во что-л.); ~ out
выходить, выйти (из чего-л.); ~
to достигать, достичь (чего-л.),
достигнуть; ~ unto прибегать,
прибегнуть (к чему-л./кому-л.)

comfort I *n.* утешение; отрада

comfort II *v.* успокаивать, давать
утешение; утешать, утешить
(кого-л., чем-л.) "And he called
his name Noah, saying, This
[same] shall comfort us concerning our work and toil of our
hands, because of the ground
which the Lord hath cursed"
(Ge., 5:29) / «И нарек ему
имя: Ной, сказав: он утешит
нас в работе нашей и в трудах
рук наших при возделывании
земли, которую проклял Господь [Бог]» (Быт., 5:29); подкреплять "And I will fetch a
morsel of bread, and comfort ye
your hearts; after that ye shall
pass on: for therefore are ye

come to your servant. And they
said, So do, as thou hast said"
(Ge., 18:5) / «А я принесу хлеба, и вы подкрепите сердца
ваши; потом пойдите [в путь
свой]; так как вы идете мимо
раба вашего. Они сказали: сделай так, как говоришь» (Быт.,
18:5).

comfortable *adj.* отрадный; утешительный "And the Lord answered the angel that talked with
me [with] good words [and]
comfortable words" (Ze., 1:13) /
«Тогда в ответ Ангелу, гово-
рившему со мною, изрек Господь слова благие, слова уте-
шительные» (Зах., 1:13).

comforter *n.* утешитель, -ница
"And the princes of the children
of Ammon said unto Hanun their
lord, Thinkest thou that David
doth honour thy father, that he
hath sent comforters unto thee?"
(2 Sa., 10:3) / «Но князья Ам-
монитские сказали Аннону,
господину своему: неужели ты
думаешь, что Давид из уважения к отцу твоему прислал к
тебе утешителей?» (2 Цар.,
10:3).

Comforter *n.* Утешитель, Параклит, Святой Дух

Coming *n.* Второе пришествие
Христа

coming I *n.* приход; пришествие
"And now, little children, abide
in him; that, when he shall appear, we may have confidence,
and not be ashamed before him
at his coming" (1 Jn., 2:28) /
«Итак, дети, пребывайте в
Нем, чтобы, когда Он явится,
иметь нам дерзновение и не

постыдиться пред Ним в пришествие Его» (1 Ин., 2:28); Second ~ Второе Пришествие; coming to достижение

coming II *adj.* грядущий; предстоящий

Comm. Prec. (Commemoratio Praecedentis) бревиарий «Коммеморатио прэседентис»

Comm. Seq. (Commemoratio Sequentis) бревиарий «Коммеморатио секвентис»

command I *n.* веление

command II *v.* велеть, повелеть; заповедать "And the Lord God commanded the man, saying, Of every tree of the garden thou mayest freely eat" (Ge., 2:16) / «И заповедал Господь Бог человеку, говоря: от всякого дерева в саду ты будешь есть» (Быт., 2:16); главенствовать (над кем-л., над чем-л.)

commander *n.* повелитель; наставник "Behold, I have given him [for] a witness to the people, a leader and commander to the people" (Isa, 55:4) / «Вот, Я дал Его свидетелем для народов, вождем и наставником народам» (Ис., 55:4).

commandment *n.* заповедь "And said, If thou wilt diligently hearken to the voice of the Lord thy God, and wilt do that which is right in his sight, and wilt give ear to his commandments, and keep all his statutes, I will put none of these diseases upon thee, which I have brought upon the Egyptians: for I [am] the Lord that healeth thee" (Ex., 15:26) / «И сказал: если ты будешь слушаться гласа Господа, Бога

твоего, и делать угодное пред очами Его, и внимать заповедям Его, и соблюдать все уставы Его, то не наведу на тебя ни одной из болезней, которые навел Я на Египет, ибо Я Господь [Бог твой], целитель твой» (Исх., 15:26); the ten ~s десять заповедей; приказание "And the children of Israel did so: and Joseph gave them wagons, according to the commandment of Pharaoh, and gave them provision for the way" (Ge., 45:21) / «Так и сделали сыны Израилевы. И дал им Иосиф колесницы по приказанию фараона, и дал им путевой запас» (Быт., 45:21).

commandress *n.* повелительница

commemorable *adj.* памятный, достопамятный, приснопамятный

commemorate *v.* поминать (кого-л./что-л.)

commemorate *v.* праздновать, отмечать годовщину, отмечать событие

commemoration *n.* поминовение

commemorative *adj.* памятный

commemoratory *adj.* памятный

commence *v.* начинать, начать, начинаться

commencement *n.* зачатие; начало

commend *v.* хвалить "The princes also of Pharaoh saw her, and commended her before Pharaoh: and the woman was taken into Pharaoh's house" (Ge., 12:15) / «Увидели ее и вельможи фараоновы и похвалили ее фараону; и взята была она в дом фараонов» (Быт., 12:15); пре-

поручать, препоручить (кому-л., что-л.)

commendation *n.* похвала; одобрение; хвала; хваление

commendernent *n.* препоручение

comment I *n.* объяснение; толкование

comment II *v.* истолковывать, истолковать (что-л.); толковать (что-л.)

commentary *n.* истолкование; разъяснение; толкование

commentator *n.* истолкователь, -ница; толкователь, -ница

commination *n.* угроза наказанием; обличение; покаянное богослужение в первый день Великого поста у католиков

comminicate *v.* сообщать, сообщить (кому-л., что-л.); сожалеть (о ком-л./о чем-л.)

commiserable *adj.* достойный сострадания

commiseration *n.* сочувствие, сострадание

commiseration *v.* сожаление

commissariat *adj.* церковный, епархиальный

commission *n.* поручение "Whereupon as I went to Damascus with authority and commission from the chief priests" (Ac., 26:12) / «Для сего, идя в Дамаск со властью и поручением от первосвященников» (Деян., 26:12); повеление "And they delivered the king's commissions unto the king's lieutenants, and to the governors on this side the river: and they furthered the people, and the house of God" (Ezr., 8:36) / «И отдали царские повеления царским сатрапам и заречным областе-

начальникам, и они почтили народ и дом Божий» (Ездр., 8:36).

commit *v.* содеять (что-л.); творить, сотворить (кого-л./что-л.); учинять, учинить (что-л.); ~ a sin впадать в грех

common *adj.* всеобщий; общий; обычный; простой "And the priest answered David, and said, [There is] no common bread under mine hand, but there is hallowed bread; if the young men have kept themselves at least from women" (1 Sa., 21:4) / «И отвечал священник Давиду, говоря: нет у меня под рукою простого хлеба, а есть хлеб священный; если только люди твои воздержались от женщин» (1 Цар., 21:4); народный And laid their hands on the apostles, and put them in the common prison" (Ac., 5:18) / «И наложили руки свои на Апостолов, и заключили их в народную темницу» (Деян., 5:18); скверный "But Peter said, Not so, Lord; for I have never eaten any thing that is common or unclean" (Ac., 10:14) / «Но Петр сказал: нет, Господи, я никогда не ел ничего скверного или нечистого» (Деян., 10:14); ~ Era наша эра; новое летоисчисление; ~ grave общая/ братская могила, общее захоронение; ~ Hallel литургия; «Книга общественного богослужения»; ~ Vestry церковная община, церковный

commotion *n.* растерянность; смятение "But when ye shall hear of wars and commotions, be not terrified: for these things must first come to pass; but the end [is] not by and by" (Lk., 21:9) / «Когда же услышите о войнах и смятениях, не ужасайтесь, ибо этому надлежит быть прежде; но не тотчас конец" (Лук., 21:9).

communal *adj.* общинный

commune *v.* причащаться, приобщаться св. Тайн

communicant *n.* причастник, -ница

communicat *n.* причастник, -ница

communicate *v.* приобщать, приобщить (кого-л., чему-л.); принять участие "Notwithstanding ye have well done, that ye did communicate with my affliction" (Php., 4:14) / «Впрочем вы хорошо поступили, приняв участие в моей скорби» (Фил., 4:14).

communication *n.* поведение; сообщение; слово "But let your communication be, Yea, yea; Nay, nay: for whatsoever is more than these cometh of evil" (Mt., 5:37) / «Но да будет слово ваше: да, да; нет, нет; а что сверх этого, то от лукавого» (Матф., 5:37); сообщество "Be not deceived: evil communications corrupt good manners" (1 Co., 15:33) / «Не обманывайтесь: худые сообщества развращают добрые нравы» (1 Кор., 15:33); общение "That the communication of thy faith may become effectual by the acknowledging of every good thing which is in you in Christ Jesus" (Phm., 1:6) / «Дабы общение веры твоей оказалось деятельным в познании всяко-

го у вас добра во Христе Иисусе» (Филим., 1:6).

communicative *adj.* общежительный, общежительский

communion *n.* приобщение "The cup of blessing which we bless, is it not the communion of the blood of Christ? The bread which we break, is it not the communion of the body of Christ?" (1 Co., 10:16) / «Чаша благословения, которую благословляем, не есть ли приобщение Крови Христовой? Хлеб, который преломляем, не есть ли приобщение Тела Христова?» (1 Кор., 10:16); общее "Be ye not unequally yoked together with unbelievers: for what fellowship hath righteousness with unrighteousness? and what communion hath light with darkness?" (2 Co., 6:14) / «Не преклоняйтесь под чужое ярмо с неверными, ибо какое общение праведности с беззаконием? Что общего у света с тьмою?» (2 Кор., 6:14); общение "The grace of the Lord Jesus Christ, and the love of God, and the communion of the Holy Ghost, [be] with you all" (2 Co., 13:14) / «Благодать Господа нашего Иисуса Христа, и любовь Бога Отца, и общение Святаго Духа со всеми вами» (2 Кор., 13:13); of the same ~ одного и того же вероисповедания; причастие; to go to ~ идти к причастию; ~ anthem причастный стих; причащение

Communion *n.* таинство Св. Причастия; приобщение Святых Тайн; Евхаристия, боже-

ственная литургия; вероисповедание; принадлежность к
церкви; the Anglican ~ Англиканская церковь; be of the same
~ быть одного и того же вероисповедания; ~ cloth напрестольная пелена; ~ cup потир,
потирная чаша; ~ of saints апостолы Христовы; ~ service Евхаристия, божественная литургия; ~ table престол

communion-cup *n.* чаша

communion-table *n.* престол

community *n.* жительство; общежитие; община; общность

Compagnia de San Luca *n.* Гильдия Св. Луки

company *n.* общество; сообщество; стан "So went the present
over before him: and himself
lodged that night in the company" (Ge., 32:21) / «И пошли
дары пред ним, а он ту ночь
ночевал в стане» (Быт., 32:21);
множество "And God said unto
him, I [am] God Almighty: be
fruitful and multiply; a nation
and a company of nations shall
be of thee, and kings shall come
out of thy loins" (Ge., 35:11) /
«И сказал ему Бог: Я Бог Всемогущий; плодись и умножайся; народ и множество народов
будет от тебя, и цари произойдут из чресл твоих» (Быт.,
35:11); сонм "And there went
up with him both chariots and
horsemen: and it was a very
great company" (Ge., 50:9) /
«С ним отправились также колесницы и всадники, так что
сонм был весьма велик» (Быт.,
50:9).

Company of Mary *n.* Конгрегация отцов Монтфора

comparable *adj.* сравнимый;
равноценный "The precious
sons of Zion, comparable to
fine gold, how are they esteemed as earthen pitchers, the
work of the hands of the potter!" (La., 4:2) / «Сыны Сиона
драгоценные, равноценные
чистейшему золоту, как они
сравнены с глиняною посудою, изделием рук горшечника!» (Плач., 4:2).

compare *v.* сличать, сличить
(что-л., с чем-л.) "To whom will
ye liken me, and make [me]
equal, and compare me, that we
may be like?" (Isa, 46:5) / «Кому уподобите Меня, и с кем
сравните, и с кем сличите,
чтобы мы были сходны?» (Ис.,
46:5); сравнивать, сравнить
(что-л. с чем-л., кого-л. с кем-
л.) "For we dare not make ourselves of the number, or compare
ourselves with some that commend themselves: but they
measuring themselves by themselves, and comparing themselves among themselves, are not
wise" (2 Co., 10:12) / «Ибо мы
не смеем сопоставлять или
сравнивать себя с теми, которые сами себя выставляют:
они измеряют себя самими собою и сравнивают себя с собою неразумно» (2 Кор.,
10:12); уподоблять, уподобить
(кого-л./что-л. чему-л.) "To
whom then will ye liken God? or
what likeness will ye compare
unto him?" (Isa, 40:18) / «Итак
кому уподобите вы Бога? И ка

кое подобие найдете Ему?» (Ис., 40:18)

comparing *n.* сличение

comparison *n.* сличение; уподобление; сопоставление; сравнение; beyond ~ без/вне сравнения

compassion *n.* гуманность; жалость; сердоболие; соболезнование; сострадание; сочувствие; участие; человечность; щедрость, щедрота

compassionate *adj.* гуманный; человечный; жалостливый; сердобольный; *v.* сострадать (кому-л./чему-л.)

compatibility *n.* совместимость; совместность

compatible *adj.* совместимый; совместный

compatriot *n.* единоземец, -земка; соотечественник, -ница

compatriotism *n.* единоземство

compel *v.* неволить, приневолить (кого-л. к чему-л.); принуждать, принудить (кого-л. к чему-л.) "And whosoever shall compel thee to go a mile, go with him twain" (Mt., 5:41) / «И кто принудит тебя идти с ним одно поприще, иди с ним два» (Матф., 5:41); соблазнить "Moreover he made high places in the mountains of Judah, and caused the inhabitants of Jerusalem to commit fornication, and compelled Judah [thereto]" (2 Chr., 21:11) / «Также высоты устроил он на горах Иудейских, и ввел в блужение жителей Иерусалима и соблазнил Иудею» (2 Пар., 21:11).

compelle intrare «заставь войти», формула насильственного обращения иноверцев

compensate *v.* возвращать, возвратить; возмещать, возместить (что-л.); вознаграждать, вознаградить (кого-л./что-л.)

compensation *n.* возвращение; возмещение; secret ~ тайное возмещение

competence *n.* компетенция; admistrative ~ административная компетенция; judicial ~ судебная компетенция; legislative ~ законодательная компетенция; personal ~ личная компетенция; real ~ реальная компетенция

Compl. (Completorium) *n.* бревиарий «Комплеториум»

complaining I *n.* сетование; вопли "[That] our oxen [may be] strong to labour; [that there be] no breaking in, nor going out; that [there be] no complaining in our streets" (Ps., 144:14) / «Да будут волы наши тучны; да не будет ни расхищения, ни пропажи, ни воплей на улицах наших» (Псл., 143:14).

complaining II *adj.* жалобный

complaint *n.* сетование; жалоба "If I say, I will forget my complaint, I will leave off my heaviness, and comfort [myself]" (Job, 9:27) / «Если сказать мне: забуду я жалобы мои, отложу мрачный вид свой и ободрюсь» (Иов., 9:27); горесть "When I say, My bed shall comfort me, my couch shall ease my complaint" (Job, 7:13) / «Когда подумаю: утешит меня постель моя, унесет горесть мою ложе мое» (Иов., 7:13); страдание "Even to day [is] my complaint bitter: my stroke is heavier than my groaning" (Job, 23:2) / «Еще и ныне горька речь моя: страдания мои тяжелее стонов моих» (Иов., 23:2); make ~s приносить жалобы

complaisance *n.* угождение

complaisant I *n.* угодник; -ница

complaisant II *adj.* благоугодливый

complete I *n.* полнота "And ye are complete in him, which is the head of all principality and power" (Col., 2:10) / «И вы имеете полноту в Нем, Который есть глава всякого начальства и власти» (Кол., 2:10).

complete II *adj.* полный; бесконечный

complete III *v.* довершать, довершить (что-л.); завершать, завершить (что-л.); исполнять, исполнить (что-л.); оканчивать, окончить (что-л.); свершать, свершить (что-л.); совершать, совершить (что-л.); закончить (что-л.); увенчивать, увенчать (кого-л. чем-л., что-л.)

completer *n.* довершитель, -ница

completion *n.* довершение; завершение; окончание; свершение; совершение

completor *n.* завершитель, -ница

complicity *n.* сопричастие; соумышление

complin(e) *n.* католическая вечерня

Complutensian Polyglot Bible «Комплютенская Библия», «Комплютенская полиглотта»

compose *v.* писать (что-л.); составлять, составить (что-л.); сочинять, сочинить (что-л.); ~d составной

composer *n.* сочитатель, -ница

composition *n.* составление; сочинение

comprehend *v.* понимать, понять (кого-л./что-л.); постигать, постичь "May be able to comprehend with all saints what [is] the breadth, and length, and depth, and height" (Eph., 3:18) / «Чтобы вы, укорененные и утвержденные в любви, могли постигнуть со всеми святыми, что широта и долгота, и глубина и высота» (Еф., 3:18); понимать (что-л./кого-л.); разуметь (что-л.); заключаться "For this, Thou shalt not commit adultery, Thou shalt not kill, Thou shalt not steal, Thou shalt not bear false witness, Thou shalt not covet; and if [there be] any other commandment, it is briefly comprehended in this saying, namely, Thou shalt love thy neighbour as thyself" (Ro., 13:9) / «Ибо заповеди: не прелюбодействуй, не убивай, не кради, не лжесвидетельствуй, не пожелай чужого и все другие заключаются в сем слове: люби ближнего твоего, как самого себя» (Рим., 13:9).

comprehensible *adj.* постижимый

comprehension *n.* понимание

comprehensive *adj.* всеисчерпывающий

compulsion *n.* принуждение

compulsory *adj.* обязательный; принудительный

conceal *v.* скрывать, скрыть (кого-л./что-л. от кого-л.) "And Judah said unto his brethren, What profit [is it] if we slay our brother, and conceal his blood?" (Ge., 36:26) / «И сказал Иуда братьям своим: что пользы, если мы убьем брата нашего и скроем кровь его?» (Быт., 37:26); сокрыть (что-л., от кого-л.); схоронить (кого-л./что-л.); таить, утаить (кого-л./что-л.); прикрывать "Thou shalt not consent unto him, nor hearken unto him; neither shall thine eye pity him, neither shalt thou spare, neither shalt thou conceal him" (De., 13:8) / «То не соглашайся с ним и не слушай его; и да не пощадит его глаз твой, не жалей его и не прикрывай его» (Втор., 13:8); ~ed сокровенный; сокрытый;

concealing *n.* сокрытие

concealment *n.* сокрытие

conceit *n.* тщеславие; воображение "The rich man's wealth [is] his strong city, and as an high wall in his own conceit" (Pr., 18:11) / «Имение богатого — крепкий город его, и как высокая ограда в его воображении» (Притч., 18:12).

conceive *v.* возыметь; зачать "And Adam knew Eve his wife; and she conceived, and bare Cain, and said, I have gotten a man from the Lord" (Ge., 4:1) / «Адам познал Еву, жену свою; и она зачала, и родила Каина, и сказала: приобрела я человека от Господа» (Быт., 4:1).

concentration *n.* сосредоточение

concept *n.* понятие

conception зарождение; зачатие; беременность "Unto the woman he said, I will greatly multiply thy sorrow and thy conception; in sorrow thou shalt bring forth children; and thy desire [shall be] to thy husband, and he shall rule over thee" (Ge., 3:16) / «Жене сказал: умножая умножу скорбь твою в беременности твоей; в болезни будешь рождать детей; и к мужу твоему влечение твое, и он будет господствовать над тобою» (Быт., 3:16); понятие; immaculate/seedless ~бессемянное зачатие; viciousless ~ беспорочное зачатие; viciousless ~ непорочное зачатие

concern *n.* участие; *v.* принадлежать (кому-л./чему-л.)

concession *n.* дарование; уступка

concetrate *v.* сосредотачивать, сосредоточить (что-л., на чем-л.)

concidence *n.* совпадение

conciliarism *n.* консилиаризм

conciliator *n.* примиритель; миротворец

concinnity *n.* изысканность литературного стиля; соразмерность частей произведения

conclave *n.* конклав (пленарное собрание кардиналов, избирающих нового Папу Римского)

conclude *v.* выводить, вывести (что-л./кого-л. из чего-л.); признавать "Therefore we conclude that a man is justified by faith without the deeds of the law" (Ro., 3:28) / «Ибо мы при-

знаем, что человек оправды-
вается верою, независимо от
дел закона» (Рим., 3:28); заключать, заключить "For God
hath concluded them all in unbelief, that he might have
mercy upon all" (Ro., 11:32) /
«Ибо всех заключил Бог в
непослушание, чтобы всех
помиловать» (Рим., 11:32); ~
with завершать, завершить
(что-л.)

conclusion *n.* завершение; окончание; сущность "Let us hear
the conclusion of the whole matter: Fear God, and keep his
commandments: for this [is] the
whole [duty] of man" (Ec.,
12:13) / «Выслушаем сущность
всего: бойся Бога и заповеди
Его соблюдай, потому что в
этом все для человека» (Екк.,
12:13); вывод; wrong ~ ложный
вывод; hasty ~ поспешный вывод; come to the ~ сделать вывод

conclusive *adj.* доказательный;
заключительный; окончательный

concord *n.* гармония; единогласие; единомыслие; единство;
содружество; сочетание; согласие "And what concord hath
Christ with Belial? or what part
hath he that believeth with an infidel?" (2 Co., 6:15) / «Какое
согласие между Христом и Велиаром? Или какое соучастие
верного с неверным?» (2 Кор.,
6:15).

concordance *n.* указатель библейских изречений

concordant *adj.* согласный

concordat *n.* конкордат; ~ of 1801
Конкордат 1801 года; ~ of
Worms Вормский конкордат

concordia *n.* конкордия (пребывание в согласии)

concourse *n.* стечение; собрание
"She crieth in the chief place of
concourse, in the openings of the
gates: in the city she uttereth
her words, [saying]" (Pr., 1:21) /
«В главных местах собраний
проповедует, при входах в го-
родские ворота говорит речь
свою» (Притч., 1:21).

concrete *adj.* конкретный

concubinage *n.* незаконное сожительство

concubine *n.* наложница "And
his concubine, whose name
[was] Reumah, she bare also
Tebah, and Gaham, and Thahash, and Maachah" (Ge.,
22:24) / «И наложница его,
именем Реума, также родила
Теваха, Гахама, Тахаша и
Мааху» (Быт., 22:24).

concupisence *n.* вожделение

concur *v.* поспешствовать (кому-
л./чему-л.)

concurrence *n.* совмещение

concurrent *n.* стечение

condemn *v.* обрекать, обречь (кого-л./что-л. на что-л.); осуждать, осудить (кого-л.) "If there
be a controversy between men,
and they come unto judgment,
that [the judges] may judge
them; then they shall justify the
righteous, and condemn the
wicked" (De., 25:1) / «Если будет тяжба между людьми, то
пусть приведут их в суд и рассудят их, правого пусть оправдают, а виновного осудят»

(Втор., 25:1); обвинять "For all
manner of trespass, [whether it
be] for ox, for ass, for sheep, for
raiment, [or] for any manner of
lost thing, which [another] chal-
lengeth to be his, the cause of
both parties shall come before
the judges; [and] whom the
judges shall condemn, he shall
pay double unto his neighbour"
(Ex., 22:9) / «О всякой вещи
спорной, о воле, об осле, об
овце, об одежде, о всякой вещи
потерянной, о которой кто-
нибудь скажет, что она его, дело обоих должно быть доведе-
но до судей: кого обвинят су-
дьи, тот заплатит ближнему
своему вдвое» (Исх., 22:9);
пренебрегать, пренебречь (кем-
л./ чем-л.)

condemnation *n.* осуждение
"Therefore as by the offence of
one [judgment came] upon all
men to condemnation; even so
by the righteousness of one [the
free gift came] upon all men
unto justification of life" (Ro.,
5:18) / «Посему, как преступ-
лением одного всем человекам
осуждение, так правдою одного всем человекам оправдание
к жизни» (Рим., 5:18); суд
"And this is the condemnation,
that light is come into the world,
and men loved darkness rather
than light, because their deeds
were evil" (Jn., 3:19) / «Суд же
состоит в том, что свет пришел
в мир; но люди более возлю-
били тьму, нежели свет, потому что дела их были злы»
(Ин., 3:19).

condenscention *n.* сострастие

condescendence *n.* благоизволение; снисхождение

condescension *n.* благоугодность

condescension *n.* снисхождение;
снисходительность

condign *adj.* понесенный заслу-
жено

conditio sine qua non непремен-
ное условие

condition *n.* звание; состояние;
условие; indispensable ~ не-
пременное условие

condole *v.* выражать соболезнование, сочувствие; соболезновать (кому-л.)

condolence *n.* соболезнование,
сочувствие

Conf. (Confessor) *n.* исповедник;
духовник

**Conf. Doct. (Confessor et Doctor
Breviary)** *n.* бревиарий «Конфессор эт доктор»

Conf. Pont. (Confessor Pontifex)
n. бревиарий «Конфессор понтифекс»

confer *v.* возлагать, возложить
(на кого-л./на что-л.); жаловать, пожаловать (кого-л.
чем-л./кому-л. что-л.); присвоить, присвоить (что-л.); советоваться "And he conferred with
Joab the son of Zeruiah, and
with Abiathar the priest: and
they following Adonijah helped
[him]" (1 Ki., 1:7) / «И советовался он с Иоавом, сыном
Саруиным, и с Авиафаром
священником, и они помога-
ли Адонии» (3 Цар., 1:7); рассуждать

confess *v.* сознаваться, сознаться (в чем-л.); исповедывать,
исповедать (что-л./кого-л.)
"When thy people Israel be smit-

ten down before the enemy, because they have sinned against thee, and shall turn again to thee, and confess thy name, and pray, and make supplication unto thee in this house" (1 Ki., 8:33) / «Когда народ Твой Израиль будет поражен неприятелем за то, что согрешил пред Тобою, и когда они обратятся к Тебе, и исповедают имя Твое, и будут просить и умолять Тебя в сем храме» (3 Цар., 8:33); исповедаться (священнику) "And it shall be, when he shall be guilty in one of these [things], that he shall confess that he hath sinned in that [thing]" (Lev., 5:5) / «Если он виновен в чем-нибудь из сих, и исповедается, в чем он согрешил» (Лев., 5:5); покаяться (в чем-л.); ~ oneself каяться (кому-л., в чем-л.); ~ one's sins каяться в грехах "Then they shall confess their sin which they have done: and he shall recompense his trespass with the principal thereof, and add unto it the fifth [part] thereof, and give [it] unto [him] against whom he hath trespassed" (Nu., 5:7) / «То пусть исповедаются во грехе своем, который они сделали, и возвратят сполна то, в чем виновны, и прибавят к тому пятую часть и отдадут тому, против кого согрешили» (Числ., 5:7).

confessant *n.* исповедующийся

Confessio Belgica Бельгийское вероисповедание

confession *n.* исповедание "And Joshua said unto Achan, My son,

give, I pray thee, glory to the Lord God of Israel, and make confession unto him; and tell me now what thou hast done; hide [it] not from me" (Jos., 7:19) / «Тогда Иисус сказал Ахану: сын мой! воздай славу Господу, Богу Израилеву и сделай пред Ним исповедание и объяви мне, что ты сделал; не скрой от меня» (Нав., 7:19); heartful ~ сердечное исповедание; исповедь (священнику); receive one's ~ принять чью-л. исповедь; go to ~ идти на исповедь; auricular ~ исповедать на ухо священнику; ~ for the whole life исповедь за всю жизнь; ~ for one year исповедь за год; повинная; признание; be at ~ быть на духу

confession I *n.* исповедь; вероисповедание; принадлежность к религии или церкви; ~ of Faith исповедальня

confession II *adj.* исповедальный, сокровенный; конфессиональный, вероисповедный; secrets of the ~ тайна исповеди; ~al strife раздоры между представителями разных конфессий

confessional *adj.* исповедной, исповедный; конфессиональный

confessionalism *n.* конфессионализм

confessionary I *n.* исповедальня

confessionary II *adj.* исповедной, исповедный

confession-chair *n.* исповедальня

Confessiones «Исповедь»

confessor *n.* духовник; духовный отец; ~ of faith исповед-

ник, -ница; исповедник; исповедующийся

confidant *n.* наперсник, -ница

confide *v.* доверять, доверить
(кому-л., что-л.); поверять,
поверить (что-л., кому-л.);
полагаться, положиться (на
кого-л./на что-л.); препору-
чать, препоручить (кому-л.,
что-л.)

confidement *n.* препоручение

confidence *n.* доверие; abuse/ betray one's ~ употребить во зло
чье-л. доверие; lose one's ~
лишиться доверия, потерять
доверие; have ~ in питать доверие к чему-л./ кому-л.; уверенность; moral ~ моральная уверенность; scientific ~ научная
уверенность; usual ~ обычная
уверенность; упование "And
Rabshakeh said unto them,
Speak ye now to Hezekiah, Thus
saith the great king, the king
of Assyria, What confidence
[is] this wherein thou trustest?"
(2 Ki., 18:19) / «И сказал им
Рабсак: скажите Езекии: так
говорит царь великий, царь
Ассирийский: что это за упование, на которое ты упова-
ешь?» (4 Цар., 18:19); надежда
"His confidence shall be rooted
out of his tabernacle, and it shall
bring him to the king of terrors"
(Job, 18:14) / «Изгнана будет из
шатра его надежда его, и это
низведет его к царю ужасов»
(Иов., 18:14).

confidential *adj.* доверенный

confine *v.* заключить (кого-л., во
что-л.); заточать, заточить (кого-л., во что-л.)

confinement *n.* заточение

confirm *v.* закреплять, закрепить
(что-л.); укреплять "For thou
hast confirmed to thyself thy
people Israel [to be] a people
unto thee for ever: and thou,
Lord, art become their God"
(2 Sa., 7:24) / «И Ты укрепил
за Собою народ Твой, Израиля, как собственный народ, на
веки, и Ты, Господи, сделался
его Богом» (2 Цар., 7:24); подтверждать, подтвердить (что-
л.); утверждать, утвердить
(что-л.) "[And] Pul the king of
Assyria came against the land:
and Menahem gave Pul a thousand talents of silver, that his
hand might be with him to confirm the kingdom in his hand"
(2 Ki., 15:19) / «Тогда пришел
Фул, царь Ассирийский, на
землю [Израилеву]. И дал Менаим Фулу тысячу талантов
серебра, чтобы руки его были
за него и чтобы утвердить царство в руке своей» (24 Цар.,
15:19); дополнять "Behold,
while thou yet talkest there with
the king, I also will come in after thee, and confirm thy words"
(1 Ki., 1:14) / «И вот, когда ты
еще будешь говорить там с царем, войду и я вслед за тобою
и дополню слова твои» (3 Цар.,
1:14).

confirmand *n.* конфирмант

confirmation *n.* конфирмация; ~
class школа конфирмантов;
утверждение "Even as it is
meet for me to think this of you
all, because I have you in my
heart; inasmuch as both in my
bonds, and in the defence and
confirmation of the gospel, ye all

are partakers of my grace" (Php.,
1:7) / «Как и должно мне помышлять о всех вас, потому что я имею вас в сердце в узах моих, при защищении и утверждении благовествования, вас всех, как соучастников моих в благодати» (Фил., 1:7); подтверждение; удостоверение "For men verily swear by the greater: and an oath for confirmation [is] to them an end of all strife" (He., 6:16) / «Люди клянутся высшим, и клятва во удостоверение оканчивает всякий спор их» (Евр., 6:16).

confirmee *n.* конфирмант

Confiteor *n.* «Конфитеор», начало католической покаянной молитвы

conflagrant *adj.* огнем горящий, охваченный пламенем

conflagration *n.* большой пожар

conflict *n.* распря; подвиг "Having the same conflict which ye saw in me, and now hear [to be] in me" (Php., 1:30) / «Таким же подвигом, какой вы видели во мне и ныне слышите о мне» (Фил., 1:30).

confluence *n.* стечение

conform *v.* сообразовывать, сообразовать (что-л., с чем-л.)

conformable *adj.* сообразный

conformism *n.* конформизм

conformist *n.* конформист

conformity (to) *n.* сообразность

conformity *n.* конформизм, ортодоксальность, следование догматам

conforting *adj.* утешительный

confraternity *n.* сотоварищество, братство

confrere *n.* собрат; сотоварищ

confront *v.* сопоставлять, сопоставить (что-л., с чем-л.)

confrontation *n.* сопоставление

Confucianism *n.* конфуцианство

confuse *v.* смущать, смутить (кого-л./что-л.); ~d растерянный; смятенный; беспорядочный "Some therefore cried one thing, and some another: for the assembly was confused; and the more part knew not wherefore they were come together" (Ac., 19:32) / «Между тем одни кричали одно, а другие другое, ибо собрание было беспорядочное, и большая часть собравшихся не знали, зачем собрались» (Деян., 19:32).

confusion *n.* растерянность; смущение; смятение; молва; мерзость " And if a man lie with his daughter in law, both of them shall surely be put to death: they have wrought confusion; their blood [shall be] upon them" (Lev., 20:12) / «Если кто ляжет с невесткою своею, то оба они да будут преданы смерти: мерзость сделали они, кровь их на них» (Лев., 20:12); срам "Then Saul's anger was kindled against Jonathan, and he said unto him, Thou son of the perverse rebellious [woman], do not I know that thou hast chosen the son of Jesse to thine own confusion, and unto the confusion of thy mother's nakedness?" (1 Sa., 20:30) / «Тогда сильно разгневался Саул на Ионафана и сказал ему: сын негодный и непокорный! разве я не знаю, что ты подружился с сыном Иессеевым на срам себе и на срам матери твоей?» (1 Цар., 20:30); унижение "If I be wicked, woe unto me; and [if] I be righteous, [yet] will I not lift up my head. [I am] full of confusion; therefore see thou mine affliction" (Job, 10:15) / «Если я виновен, горе мне! если и прав, то не осмелюсь поднять головы моей. Я пресыщен унижением; взгляни на бедствие мое» (Иов., 10:15).

confutation *n.* опровержение

confute *v.* опровергать, опровергнуть (что-л.)

confuter *n.* опровергатель, -ница

congregant *n.* член конгрегации; прихожанин

congregate *n.* прихожане, паства; конгрегация, религиозное братство; объединение (полу)монашеских общин в католической церкви; отдел папской курии в Ватикане

Congregatio resurrectionis Domini Nostri Jesu Christi Конгрегация в честь Воскресения Христова, резуррекционисты

Congregatio Sanctissimi Redemptoris Конгрегация Пресвятого Искупителя, редемптористы

congregation *n.* конгрегация, собрание; ~ of Clerics Regular Конгрегация уставных клириков; ~ of Jesus and Mary Конгрегация Иисуса и Марии, эдисты, евдисты, евдиты; ~ of Priests of the Mission Конгрегация священников миссии; ~ of the Discalced Clerks of the Most Holy Cross and Passion of Our Lord Jesus Christ Орден босоногих служителей Пресвятого Креста и Страстей Господа нашего Иисуса Христа; ~ of the Mission Конгрегация священников миссии; лазариты ~ of the Most Holy Redeemer Конгрегация Пресвятого Спасителя; ~ of the Oratory Конгрегация ораторианцев; ораториане; ~ of the Oratory of Jesus and Mary Immaculate Французская конгрегация ораторианцев; ~ of the Passion (~ of the Discalced Clerks of the Most Holy Cross and Passion of Our Lord Jesus Christ) Орден Страстей Господних; ~ of the Visitation of Holy Mary Конгрегация визитандинок, Орден визитандинок; общество (сынов) "Speak ye unto all the congregation of Israel, saying, In the tenth [day] of this month they shall take to them every man a lamb, according to the house of [their] fathers, a lamb for an house" (Ex., 12:3) / «Скажите всему обществу [сынов] Израилевых: в десятый день сего месяца пусть возьмут себе каждый одного агнца по семействам, по агнцу на семейство» (Исх., 12:3); Roman ~ конгрегация римская · (институт римской курии); ~ of Eastern church конгрегация Восточных церквей; прихожане

congregational *adj.* конгрегационалистский; ~ singing пение прихожан ~al Church of England and Wales Конгрегационалистская церковь Англии и Уэльса; ~al Council for World Mission Конгрегационалистский совет Всемирной миссии

Congregationalism *n.* конгрегационализм, индепендентство

Congregationalists *n. pl.* конгрегационалисты

conjoin *v.* соединять, соединить (кого-л./что-л.)

conjoint *adj.* совместный

conjointly *adv.* вместе

conjointness *n.* совместность

conjubilant *adj.* разделяющий всеобщую радость; ликующий со всем народом

conjuction *n.* совокупность; совокупление

conjugal *adj.* брачный; супружеский; ~ faithfulness/fidelity супружеская верность

conjugality *n.* супружество

conjugate *v.* соединяться, сливаться

conjunct *adj.* совокупный

conjuration *n.* колдовство; заклинание

conjure *v.* вызывать; умолять

conjurer *n.* волшебник; маг; заклинатель

conjuror *n.* маг; заклинатель

conjury *n.* магия; колдовство; волшебство

connatural *adj.* врожденный, природный

connectedness *n.* складность

connection *n.* склад; соотношение

conquer *v.* побеждать, победить (кого-л./что-л.)

conquerer *n.* победитель, -ница

conqueror *n.* победоносец

conquest *n.* победа

Cons. (Consecratio) *n.* консекрация, акт священнодействия; посвящение в сан епископа; рукоположение

consaguineous *adj.* единокровный

consanguinity *n.* единокровность

consanguinity *n.* кровное/духовное родство, духовная близость

Consciae. (Conscientiae) по совести

conscience *n.* совесть "And they which heard [it], being convicted by [their own] conscience, went out one by one, beginning at the eldest, [even] unto the last: and Jesus was left alone, and the woman standing in the midst" (Jn., 8:9) / «Они же, услышав то и будучи обличаемы совестью, стали уходить один за другим, начиная от старших до последних; и остался один Иисус и женщина, стоящая посреди» (Ин., 8:9); case of ~ дело совести; take smth. upon one's ~ взять что-л. на душу; good/clear ~ чистая совесть; guilty ~ нечистая совесть; wandering ~ блуждающая совесть; scrupulous ~ щепетильная совесть; timid/timorous ~ боязливая совесть; puzzled ~ недоумевающая совесть; disoluted ~ распущенная совесть; burnt ~ сожженая совесть; mistrustful ~ мнительная совесть; keen/delicate ~ чуткая совесть; doubting ~ сомневающаяся совесть; right ~ здравая совесть; false ~ ложная совесть

conscientiouness *n.* совестливость

conscientious *adj.* добросовестный; совестливый

conscientiousness *n.* добросовестность

consciously *adv.* сознательно

Consecr. (Consecratus) *adv.* освящённый; рукоположенный

consecrate *v.* освящать, освятить (что-л.); посвящать, посвятить (кого-л., во что-л.) "And thou shalt put them upon Aaron thy brother, and his sons with him; and shalt anoint them, and consecrate them, and sanctify them, that they may minister unto me in the priest's office" (Ex., 28:41) / «И облеки в них Аарона, брата твоего, и сынов его с ним, и помажь их, и наполни руки их, и посвяти их, и они будут священниками Мне» (Исх., 28:41); ~ church святить церковь; ~ a bishop посвятить в епископы; ~ a saint причислить к лику святых; ~d священный; освящённый; ~d bread and wine освящённые на Евхаристии хлеб и вино; ~d water агиасма, святая вода

consecration *n.* консекрация, акт священнодействия; освящение; ~ of a church освящение храма; ~ of smth. by law and custom освящение чего-л. законом и обычаем; Консекрация, освящение хлеба и вина на Евхаристии; освящение; посвящение "And he brought the other ram, the ram of consecration: and Aaron and his sons laid their hands upon the head of the ram" (Lev., 8:22) / «И привел [Моисей] другого овна, овна посвящения, и возложили Аарон и сыны его руки свои на голову овна» (Лев., 8:22); посвящение в сан; ~ of water водосвятие, водосвящение;

рукоположение; священие; вручение священства "Also thou shalt take of the ram the fat and the rump, and the fat that covereth the inwards, and the caul [above] the liver, and the two kidneys, and the fat that [is] upon them, and the right shoulder; for it [is] a ram of consecration" (Ex., 29:22) / «И возьми от овна тук и курдюк, и тук, покрывающий внутренности, и сальник с печени, и обе почки и тук, который на них, правое плечо [потому что это овен вручения священства]» (Исх., 29:22).

consecrator *n.* освятитель

consecutive *adj.* последовательный

consejo real Королевский совет

consenance *n.* созвучие

consent *n.* согласие; соглашение; соизволение; *v.* соглашаться "But in this will we consent unto you: If ye will be as we [be], that every male of you be circumcised" (Ge., 34:15) / «Только на том условии мы согласимся с вами [и поселимся у вас], если вы будете как мы, чтобы и у вас весь мужеский пол был обрезан» (Быт., 34:15); соблаговолить; соизволять, соизволить (что-л.); согласный

consequence *n.* последствие; следствие

consequent tone рядовой глас

conservation *n.* сохранение; хранение

Conservative Judaism консервативный иудаизм

conserve *v.* сохранять, сохранить (кого-л./что-л.)

consider v. рассуждать, рассудить (о чем-л., о ком-л.); считать, счесть (кого-л./что-л.); помыслить "Now therefore, I pray thee, if I have found grace in thy sight, shew me now thy way, that I may know thee, that I may find grace in thy sight: and consider that this nation [is] thy people" (Ex., 33:13) / «Итак, если я приобрел благоволение в очах Твоих, то молю: открой мне путь Твой, дабы я познал Тебя, чтобы приобрести благоволение в очах Твоих; и помысли, что сии люди Твой народ» (Исх., 33:13); знать "Thou shalt also consider in thine heart, that, as a man chasteneth his son, [so] the Lord thy God chasteneth thee" (De., 8:5) / «И знай в сердце твоем, что Господь, Бог твой, учит тебя, как человек учит сына своего» (Втор., 8:5).

consideration n. внимательность; размышление

consign v. передавать, поручать, вверять

consistence n. бытие

consistent adj. сообразный

consistorial adj. консисторский

consistory n. консистория (административно-судебный орган при архиереи)

consitution n. склад

consociation n. объединение; ассоциация христианских церквей, религиозных обществ, организаций, структур; собрание христианских церквей или религиозных обществ

consolation n. отрада; утешение "[Are] the consolations of God small with thee? is there any secret thing with thee?" (Job, 15:11) / «Разве малость для тебя утешения Божии? И это неизвестно тебе?» (Иов., 15:11).

consolatory adj. отрадный; утешительный

console v. утешать

consolidate v. закреплять, закрепить (что-л.)

consolidation n. консолидация

conspiracy n. заговор "And Absalom sent for Ahithophel the Gilonite, David's counsellor, from his city, [even] from Giloh, while he offered sacrifices. And the conspiracy was strong; for the people increased continually with Absalom" (2 Sa., 15:12) / «Во время жертвоприношения Авессалом послал и призвал Ахитофела Гилонянина, советника Давидова, из его города Гило. И составился сильный заговор, и народ стекался и умножался около Авессалома» (2 Цар., 15:12); измена "And the king of Assyria found conspiracy in Hoshea: for he had sent messengers to So king of Egypt, and brought no present to the king of Assyria, as [he had done] year by year: therefore the king of Assyria shut him up, and bound him in prison" (2 Ki., 17:4) / «И заметил царь Ассирийский в Осии измену, так как он посылал послов к Сигору, царю Египетскому, и не доставлял дани царю Ассирийскому каждый год; и взял его царь Ассирийский под стражу, и заключил его в дом

темничный» (4 Цар., 17:4); заклятие "And they were more
than forty which had made this
conspiracy" (Ac., 23:13) / «Было же более сорока сделавших
такое заклятие» (Деян., 23:13).

**Const. Ap. (Constitutio Aposto-
lica)** Апостольские постановления и правила

Constantine *n.* Константин I

Constantine (II) *n.* Константин II

Constantinople *n.* Константино-
поль

Constantinopolitan *adj.* константинопольский; византийский;
~ Creed Никейско-констан-
тинопольский символ веры

Constbus. (Constitutionibus) по
постановлению

constituent *adj.* учредительный

Constitutions of Clarendon Кла-
рендонские конституции

constitutor *n.* учредитель, -ница

constrain *v.* неволить, приневолить (кого-л., к чему-л.); нудить, принудить (кого-л., к чему-л.) "And straightway Jesus
constrained his disciples to get
into a ship, and to go before him
unto the other side, while he sent
the multitudes away" (Mt.,
14:22) / «И тотчас понудил Иисус учеников Своих войти в
лодку и отправиться прежде
Его на другую сторону, пока
Он отпустит народ» (Матф.,
14:22); упрашивать "And it fell
on a day, that Elisha passed to
Shunem, where [was] a great
woman; and she constrained him
to eat bread. And [so] it was,
[that] as oft as he passed by, he
turned in thither to eat bread"
(2 Ki., 4:8) / «В один день

пришел Елисей в Сонам. Там
одна богатая женщина упроси-
ла его к себе есть хлеба; и когда он ни проходил, всегда за-
ходил туда есть хлеба» (4 Цар.,
4:8); теснить "For I am full of
matter, the spirit within me con-
straineth me" (Job, 32:18) /
«Ибо я полон речами, и дух во
мне теснит меня» (Иов.,
32:18); удерживать "But they
constrained him, saying, Abide
with us: for it is toward evening,
and the day is far spent. And he
went in to tarry with them" (Lk.,
24:29) / «Но они удерживали
Его, говоря: останься с нами,
потому что день уже склонил-
ся к вечеру. И Он вошел и остался с ними» (Лук., 24:29);
убеждать "And when she was
baptized, and her household, she
besought [us], saying, If ye have
judged me to be faithful to the
Lord, come into my house, and
abide [there]. And she constrained us" (Ac., 16:15) / «Когда же крестилась она и домашние ее, то просила нас,
говоря: если вы признали
меня верною Господу, то
войдите в дом мой и живите
у меня. И убедила нас» (Деян., 16:15).

constraint *n.* принуждение

construct *v.* созидать, создать
(что-л.); строить, построить
(что-л.)

construction *n.* делание; созидание

consubstantial *adj.* единосущный

consubstantiality *n.* единосущ-
ность; ~ of the Son единосущ-
ность Сына Божия Богу-Отцу

consubstantiate *v.* пресуществляться

consubstantiation *n.* пресуществление

consuetudinary *n.* монастырский устав

consult *v.* советоваться, посоветоваться (с кем-л./с чем-л.) "And king Rehoboam consulted with the old men, that stood before Solomon his father while he yet lived, and said, How do ye advise that I may answer this people?" (1 Ki., 12:6) / «Царь Ровоам советовался со старцами, которые предстояли пред Соломоном, отцом его, при жизни его, и говорил: как посоветуете вы мне отвечать сему народу?» (3 Цар., 12:6); совещаться "And when he had consulted with the people, he appointed singers unto the Lord, and that should praise the beauty of holiness, as they went out before the army, and to say, Praise the Lord; for his mercy [endureth] for ever" (2 Chr., 20:21) / «И совещался он с народом, и поставил певцов Господу, чтобы они в благолепии святыни, выступая впереди вооруженных, славословили и говорили: славьте Господа, ибо вовек милость Его!» (2 Пар., 20:21).

consultant *n.* советник, -ница

consultor *n.* советник епископа у католиков

consume *v.* потреблять, потребить (что-л.); опалять, опалить (кого-л.,что-л. чем-л.) "And in the greatness of thine excellency thou hast overthrown them that rose up against thee: thou sentest forth thy wrath, [which] consumed them as stubble" (Ex., 15:7) / «Величием славы Твоей Ты низложил восставших против Тебя. Ты послал гнев Твой, и он попалил их, как солому» (Исх., 15:7); истощить "And there shall arise after them seven years of famine; and all the plenty shall be forgotten in the land of Egypt; and the famine shall consume the land» (Ge., 41:30) / «После них настанут семь лет голода, и забудется все то изобилие в земле Египетской, и истощит голод землю» (Быт., 41:30); истребить "Now therefore let me alone, that my wrath may wax hot against them, and that I may consume them: and I will make of thee a great nation" (Ex., 32:10) / «Итак оставь Меня, да воспламенится гнев Мой на них, и истреблю их, и произведу многочисленный народ от тебя» (Исх., 32:10); погубить "Unto a land flowing with milk and honey: for I will not go up in the midst of thee; for thou [art] a stiffnecked people: lest I consume thee in the way» (Ex., 33:3) / «[И введет он вас] в землю, где течет молоко и мед; ибо Сам не пойду среди вас, чтобы не погубить Мне вас на пути, потому что вы народ жестоковыйный» (Исх., 33:3); consuming сожжение, сожигание

consumer *n.* потребитель,-ница

consummation *n.* довершение

Consummatum est «Совершилось!»

consumption *n.* потребление;
чахлость "I also will do this
unto you; I will even appoint
over you terror, consumption,
and the burning ague, that shall
consume the eyes, and cause sorrow of heart: and ye shall sow
your seed in vain, for your enemies shall eat it" (Lev., 26:16) /
«То и Я поступлю с вами так:
пошлю на вас ужас, чахлость и
горячку, от которых истомятся
глаза и измучится душа, и будете сеять семена ваши напрасно, и враги ваши съедят
их» (Лев., 26:16); истребление
"For the Lord God of hosts shall
make a consumption, even determined, in the midst of all the
land" (Isa, 20:23) / «Ибо опре-
деленное истребление совершит Господь, Господь Саваоф,
во всей земле» (Ис., 20:23).

contact *n.* касание

contagion *n.* зараза

contagious *adj.* прилипчивый

contagiousness *n.* прилипчивость

contain *v.* содержать (что-л.);
вмещать "And it [was] an hand
breadth thick, and the brim
thereof was wrought like the
brim of a cup, with flowers of
lilies: it contained two thousand
baths" (1 Ki., 7:26) / «Толщи-
ною оно было в ладонь, и края
его, сделанные подобно краям
чаши, походили на распустив-
шуюся лилию. Оно вмещало
две тысячи батов» (3 Цар.,
7:26); ~ one's anger воздержать
гнев

contakion *n.* кондакт

contemn *v.* презирать, пренебрегать

contemplate *v.* созерцать (кого-
л./что-л.)

contemplation *n.* созерцание

contemplative *adj.* созерцатель-
ный

contemplator *n.* созерцатель, -ница

contemporaneous *adj.* современный

contemporary I *n.* современник,
-ница

contemporary II *adj.* современный; равновечный

contempt *n.* презрение "Did I fear
a great multitude, or did the contempt of families terrify me, that
I kept silence, [and] went not
out of the door?" (Job, 31:34) /
«То я боялся бы большого общества, и презрение одноплеменников страшило бы меня, и
я молчал бы и не выходил бы
за двери» (Иов., 31:34); стыд
"He poureth contempt upon
princes, and weakeneth the
strength of the mighty" (Job,
12:21) / «Покрывает стыдом
знаменитых и силу могучих
ослабляет» (Иов., 12:21); бесчестие "He poureth contempt
upon princes, and causeth them
to wander in the wilderness,
[where there is] no way" (Ps.,
107:40) / «Он изливает бесчестие на князей и оставляет их
блуждать в пустыне, где нет
путей» (Псл., 106:40).

contemptible *adj.* презренный
"Therefore have I also made you
contemptible and base before all
the people, according as ye have
not kept my ways, but have been
partial in the law" (Mal., 2:9) /

«За то и Я сделаю вас презренными и униженными перед всем народом, так как вы не соблюдаете путей Моих, лицеприятствуете в делах закона» (Мал., 2:9); незначительный "For [his] letters, say they, [are] weighty and powerful; but [his] bodily presence [is] weak, and [his] speech contemptible" (2 Co., 10:10) / «Так как некто говорит: в посланиях он строг и силен, а в личном присутствии слаб, и речь его незначительна» (2 Кор., 10:10).

contented *adj.* довольный

contentedly *adv.* довольно

contenting *n.* довольствование

contentment *n.* довольство

contents *n.* содержание

contest *n.* распря

contestator *n.* контестатор (священнослужитель или богослов, открыто выступающий против руководства)

continence *n.* воздержание (половое)

continently *adv.* сдержанно; целомудренно

continual *adj.* постоянный "And thou shalt say unto them, This [is] the offering made by fire which ye shall offer unto the Lord; two lambs of the first year without spot day by day, [for] a continual burnt offering" (Nu., 28:3) / «И скажи им: вот жертва, которую вы должны приносить Господу: два агнца однолетних без порока на день, во всесожжение постоянное» (Числ., 28:3); всегдашний "And upon the table of shewbread they shall spread a cloth of blue, and put thereon the dishes, and the spoons, and the bowls, and covers to cover withal: and the continual bread shall be thereon" (Nu., 4:7) / «И стол хлебов предложения накроют одеждою из голубой шерсти, и поставят на нем блюда, тарелки, чаши и кружки для возлияния, и хлеб его всегдашний должен быть на нем» (Числ., 4:7); непрестанный "That I have great heaviness and continual sorrow in my heart" (Ro., 9:2) / «Что великая для меня печаль и непрестанное мучение сердцу моему» (Рим., 9:2); неотвратимый "He who smote the people in wrath with a continual stroke, he that ruled the nations in anger, is persecuted, [and] none hindereth" (Isa, 14:6) / «Поражавший народы в ярости ударами неотвратимыми, во гневе господствовавший над племенами с неудержимым преследованием» (Ис., 14:6).

continually *adv.* постепенно "And the waters returned from off the earth continually: and after the end of the hundred and fifty days the waters were abated" (Ge., 8:3) / «Вода же постепенно возвращалась с земли, и стала убывать вода по окончании ста пятидесяти дней» (Быт., 8:3); немолчно

continuation *n.* продолжение

continuator *n.* продолжатель, -ница

continue *v.* продолжать, продолжить (что-л.); пробавлять, пробавить (что-л.); сидеть

"Gilead abode beyond Jordan: and why did Dan remain in ships? Asher continued on the sea shore, and abode in his breaches" (Jdg., 5:17) / «Галаад живет спокойно за Иорданом, и Дану чего бояться с кораблями? Асир сидит на берегу моря и у пристаней своих живет спокойно» (Суд., 5:17).; оставаться "And the ark of the Lord continued in the house of Obededom the Gittite three months: and the Lord blessed Obededom, and all his household" (2 Sa., 6:11) / «И оставался ковчег Господень в доме Аведдара Гефянина три месяца, и благословил Господь Аведдара и весь дом его» (2 Цар., 6:11).

continuous *adj.* непрерывный; непрестанный

continuously *adv.* неустанно

contract I *n.* договор; break the ~ нарушать договор; ~ of wedding брачный договор

contract II *v.* договариваться, договориться (с кем-л. о чем-л.)

contradict *v.* перечить, поперечить; противоречить (кому-л./чему-л.)

contradiction *n.* противоречие; прекословие "And without all contradiction the less is blessed of the better" (He., 7:7) / «Без всякого же прекословия меньший благословляется большим» (Евр., 7:7); "For consider him that endured such contradiction of sinners against himself, lest ye be wearied and faint in your minds" (He., 12:3) / «Помыслите о Претерпевшем та-

кое над Собою поругание от грешников, чтобы вам не изнемочь и не ослабеть душами вашими» (Евр., 12:3); inner ~ внутреннее противоречие; self-~ самопротиворечие; spiritual ~ духовные противоречия

contradictory *adj.* противоречивый

contradistinction *n.* противопоставление

contradistinguish *v.* противопоставлять

Contra-Remonstrants *n.* контрремонстрант, гомарист

contrariety *n.* противоречие, крайняя противоположность, несовместимость

contrary *adj.* противоположный; (со)противный "And when we had launched from thence, we sailed under Cyprus, because the winds were contrary" (Ac., 27:4) / «Отправившись оттуда, мы приплыли в Кипр, по причине противных ветров» (Деян., 27:4).

contrast I *n.* противоположность

contrast II *v.* противополагать, противоположить (что-л., чему-л.)

contrastive *adj.* сравнительный; ~ studies сравнительные изыскания, исследования

contribute *v.* содействовать; поспешествовать (кому-л./чему-л.) (кому-л./чему-л.); ~ (to smth.) вспомоществовать (кому-л.)

contribution *n.* дань; подаяние "For it hath pleased them of Macedonia and Achaia to make a certain contribution for the poor saints which are at Jerusalem" (Ro., 15:26) / «Ибо Македония и Ахаия усердствуют некоторым подаянием для бедных между святыми в Иерусалиме» (Рим., 15:26); содействие; споспешествование

contributor *n.* споспешествователь, -ница

contrite *adj.* сокрушенный "For thus saith the high and lofty One that inhabiteth eternity, whose name [is] Holy; I dwell in the high and holy [place], with him also [that is] of a contrite and humble spirit, to revive the spirit of the humble, and to revive the heart of the contrite ones" (Isa, 57:15) / «Ибо так говорит Высокий и Превознесенный, вечно Живущий, — Святый имя Его: Я живу на высоте небес и во святилище, и также с сокрушенными и смиренными духом, чтобы оживлять дух смиренных и оживлять сердца сокрушенных» (Ис., 57:15); with ~ heart с сокрушенным сердцем

contrition *n.* искреннее раскаяние

contrive *v.* умышлять, умыслить (что-л.)

control *v.* обуздывать, обуздать (что-л.); управлять (кем-л./чем-л.)

controversial *adj.* спорный

controversialist *n.* полемист, спорщик

controversy *n.* спор, дискуссия, полемика

controvert *v.* спорить, полемизировать

contrreformation *n.* контрреформация (церковное движение направленное против протестантизма)

contumelious *adj.* оскорбительный, дерзкий

contumely *n.* оскорбление действием/словом; дерзость; бесчестье, позор

convene *v.* созывать, созвать (кого-л./что-л.)

convenience *n.* годность

convenient *adj.* годный; удобный "And when a convenient day was come, that Herod on his birthday made a supper to his lords, high captains, and chief [estates] of Galilee" (Mk., 6:21) / «Настал удобный день, когда Ирод, по случаю дня рождения своего, делал пир вельможам своим, тысяченачальникам и старейшинам Галилейских» (Марк., 6:21).

convent *n.* женский монастырь; монастырь; обитель; go into a ~ постричься в монахини; educated at a ~ получившая образование в монастыре; ~ chant монастырский распев

conventicle *n.* тайное собрание сектантов на молебен; сектантская молельня

convention *n.* договор

Conventual *n.* конвентуал; *adj.* конвентуальный; ~ dress одеяние конвентуала; ~ prior приор конвентуалов, настоятель католического монастыря с монастырским устройством

conventual I *n.* монах

conventual II *adj.* монашеский, монастырский

conversation *n.* образ жизни "For ye have heard of my conversation in time past in the Jews' religion, how that beyond measure I persecuted the church of God, and wasted it" (Ga., 1:13) / «Вы слышали о моем прежнем образе жизни в Иудействе, что я жестоко гнал Церковь Божию, и опустошал ее» (Гал., 1:13); жительство "For our conversation is in heaven; from whence also we look for the Saviour, the Lord Jesus Christ" (Php., 3:20) / «Наше же жительство — на небесах, откуда мы ожидаем и Спасителя, Господа нашего Иисуса Христа» (Фил., 3:20); житие "Let no man despise thy youth; but be thou an example of the believers, in word, in conversation, in charity, in spirit, in faith, in purity" (1 Ti., 4:12) / «Никто да не пренебрегает юностью твоею; но будь образцом для верных в слове, в житии, в любви, в духе, в вере, в чистоте» (1 Тим., 4:12); житие "Likewise, ye wives, [be] in subjection to your own husbands; that, if any obey not the word, they also may without the word be won by the conversation of the wives" (1 Pe., 3:1) / «Также и вы, жены, повинуйтесь своим мужьям, чтобы те из них, которые не покоряются слову, житием жен своих без слова приобретаемы были» (1 Петр., 3:1); разглагольствование

converse I *n.* конверсо, испанский еврей, обращенный в христианство

converse II *v.* толковать (о чем-л., с кем-л.)

conversion *n.* обращение в веру; переход в другую веру; ~ to Christianity переход в христианство; обращение грешников на путь истинный; ~ of the heathen обращение язычников в христианство

conversion *n.* обращение грешников "And being brought on their way by the church, they passed through Phenice and Samaria, declaring the conversion of the Gentiles: and they caused great joy unto all the brethren" (Ac., 15:3) / «Итак, быв провожены церковью, они проходили Финикию и Самарию, рассказывая об обращении язычников, и производили радость великую во всех братиях» (Деян., 15:3); отступничество

convert I *n.* келейник, -ница; послушник, -ница; новообращенный

convert II *v.* обращать(ся) в другую веру; ~ heathens обращать язычников в христианство; ~ed обращенный в какую-л. веру; новообращенный; ~ natives крещеные туземцы

convict *v.* (из)обличать, (из)обличить (кого-л./что-л.) "And they which heard [it], being convicted by [their own] conscience, went out one by one, beginning at the eldest, [even] unto the last: and Jesus was left alone, and the woman standing in the midst" (Jn., 8:9) / «Они же, услышав то и будучи обличаемы совестью, стали уходить один за другим, начиная от старших до последних; и остался один Иисус и женщина, стоящая посреди» (Ин., 8:9); осуждать, осудить (кого-л.)

convicter *n.* обличитель, -ница

conviction *n.* осуждение; проникновение; сознание греховности; убеждение

convictive *adj.* обличительный

convince *v.* убеждать; убедить (кого-л., в чем-л.); обличать "Yea, I attended unto you, and, behold, [there was] none of you that convinced Job, [or] that answered his words" (Job, 32:12) / «Я пристально смотрел на вас, и вот никто из вас не обличает Иова и не отвечает на слова его» (Иов., 32:12); опровергать "For he mightily convinced the Jews, [and that] publickly, shewing by the scriptures that Jesus was Christ" (Ac., 18:28) / «Ибо он сильно опровергал Иудеев всенародно, доказывая Писаниями, что Иисус есть Христос» (Деян., 18:28); convincing убедительный

convincingness *n.* убедительность

convinently *adv.* угодно

convocation *n.* созыв; собрание "And in the first day [there shall be] an holy convocation, and in the seventh day there shall be an holy convocation to you; no manner of work shall be done in them, save [that] which every man must eat, that only may be done of you" (Ex., 12:16) / «И в первый день да будет у вас священное собрание, и в седьмой день священное собрание: никакой работы не должно делать в них; только что есть каждому, одно то можно делать вам» (Исх., 12:16); ~s *n. pl.* конвокации

convoke *v.* созывать, созвать (кого-л./что-л.)

Convulsionnaires *n. pl.* конвульсионеры

cony *n.* заяц

cool I *n.* прохлада "And they heard the voice of the Lord God walking in the garden in the cool of the day: and Adam and his wife hid themselves from the presence of the Lord God amongst the trees of the garden" (Ge., 3:8) / «И услышали голос Господа Бога, ходящего в раю во время прохлады дня; и скрылся Адам и жена его от лица Господа Бога между деревьями рая» (Быт., 3:8).

cool II *adj.* невозмутимый; прохладный; хладнокровный

cool III *v.* прохлаждать "And he cried and said, Father Abraham, have mercy on me, and send Lazarus, that he may dip the tip of his finger in water, and cool my tongue; for I am tormented in this flame" (Lk., 16:24) / «И, возопив, сказал: отче Аврааме! умилосердись надо мною и пошли Лазаря, чтобы омочил конец перста своего в воде и прохладил язык мой, ибо я мучаюсь в пламени сем» (Лук., 16:24).

coolness *n.* невозмутимость; прохлада; хладнокровие

cooperate *v.* поспешствовать (кому-л./чему-л.); ~ with сотрудничать (с кем-л.)

cooperation *n.* взаимодействие; взаимоотношения; содружество; сотрудничество

coordination *n.* согласованность; созвучие; ~ of the Saint/Holy Scripture библейские созвучия; index of scriptural ~ указатель библейских созвучий

copartner *n.* сопричастник, -ница

cope *n.* риза, мантия, покров

copier *n.* мастер-переписчик; копиист

copiousness *n.* изобилие, плодовитость

Coptic Catholic Church Коптская католическая церковь

Coptic Church Коптская церковь

Coptic literature коптская литература

copulate *v.* совокупляться, совокупиться

copulation *n.* сношения; совокупление

copyist *n.* мастер-переписчик; копиист

corban *n.* корван

cord *n.* струна

cordial *adj.* душевный; сердечный; теплый; ~ understanding сердечное согласие

cordiality *n.* добросердечие, добросердие

coreligionist *n.* единоверец, -рка

Corinthians Первое послание к Коринфянам св. апостола Павла; Второе послание к Коринфянам св. апостола Павла (книги Библии)

Cornelius *n.* Корнелий

corner *n.* угол "And thou shalt make for it four rings of gold, and put the rings in the four corners that [are] on the four feet thereof" (Ex., 25:26) / «И сделай для него четыре кольца золотых и утверди кольца на четырех углах у четырех ножек его» (Исх., 25:26).

corollary *n.* следствие

Coronation of the Virgin «Коронование Пречистой Девы Марии», «Коронование Богородицы»

corporal *n.* антиминс; напрестолие; *adj.* внешний; телесный

corporation *n.* сообщество

corpse-candle *n.* блуждающие огни на кладбище

Corpus Christi праздник Тела Христова

Corpus Juris Canonici «Свод канонических законов»

Corpus of Canon Law «Свод канонических законов»

Corpus-Christ Day Праздник Тела Христова

correct I *adj.* правильный

correct II *v.* исправлять, исправить (кого-л./что-л.); обличать "He that chastiseth the heathen, shall not he correct? he that teacheth man knowledge, [shall not he know]?" (Ps., 94:10) / «Вразумляющий народы неужели не обличит, — Тот, Кто учит человека разумению?» (Псл., 93:10); наказывать "Correct thy son, and he shall give thee rest; yea, he shall give delight unto thy soul" (Pr., 29:17) / «Наказывай сына твоего, и он даст тебе покой, и доставит радость душе твоей» (Притч., 29:17).

correction *n.* исправление; обличение "My son, despise not the chastening of the Lord; neither be weary of his correction"

(Pr., 3:11) / «Наказания Господня, сын мой, не отвергай, и не тяготись обличением Его» (Притч., 3:11); наказание "Correction [is] grievous unto him that forsaketh the way: [and] he that hateth reproof shall die" (Pr., 15:10) / «Злое наказание — уклоняющемуся от пути, и ненавидящий обличение погибнет» (Притч., 15:10); вразумление "In vain have I smitten your children; they received no correction: your own sword hath devoured your prophets, like a destroying lion" (Je., 2:30) / «Вотще поражал Я детей ваших: они не приняли вразумления; пророков ваших поядал меч ваш, как истребляющий лев» (Иер., 2:30); наставление "She obeyed not the voice; she received not correction; she trusted not in the Lord; she drew not near to her God" (Zeph., 3:2) / «Не слушает голоса, не принимает наставления, на Господа не уповает, к Богу своему не приближается» (Соф., 3:2).

corrective *adj.* исправительный

correctness *n.* безошибочность

corrector *n.* исправитель, -ница

correlate *v.* соотносить, соотнести (что-л., с чем-л.)

correlation *n.* соотносительность; соотношение

correlative *adj.* соотносительный

corrigenda *n. pl.* исправленные опечатки; список опечаток

corrigendum *n.* обнаруженная опечатка, исправление ошибки; поправка

corrupt I *v.* гнить, сгнить; заражать, заразить (кого-л., чем-л.)

corrupt II *adj.* развратный; растленный "And God looked upon the earth, and, behold, it was corrupt; for all flesh had corrupted his way upon the earth" (Ge., 6:12) / «И воззрел [Господь] Бог на землю, и вот, она растленна, ибо всякая плоть извратила путь свой на земле» (Быт., 6:12).

corrupt III *v.* развращать, развратить (кого-л./что-л.); развращаться, развратиться "And the Lord said unto Moses, Go, get thee down; for thy people, which thou broughtest out of the land of Egypt, have corrupted [themselves]" (Ex., 32:7) / «И сказал Господь Моисею: поспеши сойти [отсюда], ибо развратился народ твой, который ты вывел из земли Египетской» (Исх., 322:7); растлевать, растлить (кого-л./что-л.); ~ed растлевший

corrupter *n.* растлитель, -ница; развратитель, -ница "They [are] all grievous revolters, walking with slanders: [they are] brass and iron; they [are] all corrupters" (Je., 6:28) / «Все они — упорные отступники, живут клеветою; это медь и железо, — все они развратители» (Иер., 6:28).

corruptible *adj.* тленный "And changed the glory of the uncorruptible God into an image made like to corruptible man, and to birds, and fourfooted beasts, and creeping things" (Ro., 1:23) / «И славу нетленного Бога изменили в образ, подобный тленному человеку, и птицам, и четвероногим, и пресмыкающимся» (Рим., 1:23).

corruptibleness *n.* тленность

corruption *n.* гниение; повреждение "Neither from a stranger's hand shall ye offer the bread of your God of any of these; because their corruption [is] in them, [and] blemishes [be] in them: they shall not be accepted for you" (Lev., 22:25) / «И из рук иноземцев не приносите всех таковых животных в дар Богу вашему, потому что на них повреждение, порок на них: не приобретут они вам благоволения» (Лев., 22:25); тление "And as concerning that he raised him up from the dead, [now] no more to return to corruption, he said on this wise, I will give you the sure mercies of David" (Ac., 13:34) / «А что воскресил Его из мертвых, так что Он уже не обратится в тление, о сем сказал так: Я дам вам милости, обещанные Давиду, верно» (Деян., 13:34); разврат; развращение; растление нравов; ~ of children растление детей; скверна; тлен; seed of corruption семя тли; тля; гроб "I have said to corruption, Thou [art] my father: to the worm, [Thou art] my mother, and my sister" (Job, 17:14) / «Гробу скажу: ты отец мой, червю: ты мать моя и сестра моя» (Иов., 17:14); могила "That he should still live for ever, [and] not see corruption" (Ps., 49:9) / «Чтобы остался кто

жить навсегда и не увидел могилы» (Псл., 48:10); погибель "Behold, for peace I had great bitterness: but thou hast in love to my soul [delivered it] from the pit of corruption: for thou hast cast all my sins behind thy back" (Isa, 38:17) / «Вот, во благо мне была сильная горесть, и Ты избавил душу мою от рва погибели, бросил все грехи мои за хребет Свой» (Ис., 38:17).

coruscate *v.* сверкать, блистать

coruscation *n.* сверкание, блеск

Corybant корибант

cosher *n.* кошер

cosinage *n.* кровное родство

cost *n.* цена; at the ~ of ценою чего-л.; at any ~ любой ценой

costly *adj.* ценный; дорогой "And the king commanded, and they brought great stones, costly stones, [and] hewed stones, to lay the foundation of the house" (1 Ki., 5:17) / «И повелел царь привозить камни большие, камни дорогие, для основания дома, камни обделанные» (3 Цар., 5:17); дорогой "Then took Mary a pound of ointment of spikenard, very costly, and anointed the feet of Jesus, and wiped his feet with her hair: and the house was filled with the odour of the ointment" (Jn., 12:3) / «Мария же, взяв фунт нардового чистого драгоценного мира, помазала ноги Иисуса и отерла волосами своими ноги Его; и дом наполнился благоуханием от мира» (Ин., 12:3); многоценный "In like manner also, that women adorn themselves in modest apparel, with shamefacedness and sobriety; not with broided hair, or gold, or pearls, or costly array" (1 Ti., 2:9) / «Чтобы также и жены, в приличном одеянии, со стыдливостью и целомудрием, украшали себя не плетением волос, не золотом, не жемчугом, не многоценною одеждою» (1 Тим., 2:9).

council *n.* синедрион "But I say unto you, That whosoever is angry with his brother without a cause shall be in danger of the judgment: and whosoever shall say to his brother, Raca, shall be in danger of the council: but whosoever shall say, Thou fool, shall be in danger of hell fire" (Mt., 5:22) / «А Я говорю вам, что всякий, гневающийся на брата своего напрасно, подлежит суду; кто же скажет брату своему: рака, подлежит синедриону; а кто скажет: безумный, подлежит геенне огненной» (Матф., 5:22); судилище "But beware of men: for they will deliver you up to the councils, and they will scourge you in their synagogues" (Mt., 10:17) / «Остерегайтесь же людей: ибо они будут отдавать вас в судилища и в синагогах своих будут бить вас» (Матф., 10:17); совещание "Then the Pharisees went out, and held a council against him, how they might destroy him" (Mt., 12:14) / «Фарисеи же, выйдя, имели совещание против Него, как бы погубить Его. Но Иисус, узнав, удалился оттуда» (Матф., 12:14); совет "Then gathered the chief priests and the Pharisees a council, and said, What do we? for this man doeth many miracles" (Jn., 11:47) / «Тогда первосвященники и фарисеи собрали совет и говорили: что нам делать? Этот Человек много чудес творит» (Ин., 11:47); собор; Ecumenical ~ Вселенский Собор; landed ~ поместный собор; ~ in Trullo Трулльский собор, Константинопольский пято-шестой собор; ~ of Antioch Антиохийский собор; ~ of Ariminum Ариминский собор; ~ of Aries Арелатский собор; ~ of Basel Базельский собор; ~ of Blood Кровавый трибунал; ~ of Chalcedon Халкедонский собор; ~ of Clermont Клермонский собор; ~ of Constance Константский собор; ~ of Constantinople Константинопольский собор; ~ of Elvira Эльвирский собор; ~ of Ephesus Эфесский собор; ~ of Ferrara-Florence Феррара-флорентийский собор; ~ of Florence Флорентийский собор; ~ of Gangra Гангрский собор; ~ of Jerusalem Иерусалимский собор христианских апостолов; ~ of Lyon Лионский собор католической церкви; ~ of Neocaesarea поместный Неокесарийсккий собор; ~ of Nicaea Никейский собор христианской церкви; ~ of Orange Собор в Оранже; ~ of Pisa Пизанский собор католической церкви; ~ of Sardica Сардикийский собор христианской церкви; ~ of Toledo Толедский собор католической церкви; ~ of Trent

Тридентский собор; ~ of Troubles Кровавый трибунал; ~ of Trullo Трулльский собор, Константинопольский пято-шестой собор христианской церкви; ~ of Vienna Вьенский собор католической церкви

counsel *n.* мудрость, премудрость

counselor *n.* советник, -ница

count *v.* считать, счесть (кого-л./что-л.)

Counter-Reformation I *n.* контрреформация

Counter-Reformation II *adj.* контрреформаторский, прокатолический, направленный против протестантской Реформации

counter-signature *n.* скрепа (вторая подпись)

countless *adj.* бесчисленный; неисчетный; несметный; несчетный

country *n.* местность; страна "And they returned, and came to Enmishpat, which [is] Kadesh, and smote all the country of the Amalekites, and also the Amorites, that dwelt in Hazezontamar" (Ge., 14:7) / «И возвратившись оттуда, они пришли к источнику Мишпат, который есть Кадес, и поразили всю страну Амаликитян, и также Аморреев, живущих в Хацацон-Фамаре» (Быт., 14:7); земля "Now the Lord had said unto Abram, Get thee out of thy country, and from thy kindred, and from thy father's house, unto a land that I will shew thee" (Ge., 12:1) / «Сказал Господь Авраму: пойди из земли твоей, от родства твоего и из дома

отца твоего [и иди] в землю, которую Я укажу тебе» (Быт., 12:1).

couple I *n.* пара; чета; married ~ супружеская чета

couple II *v.* соединять "And thou shalt couple five curtains by themselves, and six curtains by themselves, and shalt double the sixth curtain in the forefront of the tabernacle" (Ex., 26:9) / «И соедини пять покрывал особо и шесть покрывал особо; шестое покрывало сделай двойное с передней стороны скинии» (Исх., 26:9).

courage *n.* дерзость, (смелость); смелость; дух "And as soon as we had heard [these things], our hearts did melt, neither did there remain any more courage in any man, because of you: for the Lord your God, he [is] God in heaven above, and in earth beneath" (Jos., 2:11) / «Когда мы услышали об этом, ослабело сердце наше, и ни в ком [из нас] не стало духа против вас; ибо Господь Бог ваш есть Бог на небе вверху и на земле внизу» (Нав., 2:11).

courageous *adj.* смелый "Now Absalom had commanded his servants, saying, Mark ye now when Amnon's heart is merry with wine, and when I say unto you, Smite Amnon; then kill him, fear not: have not I commanded you? be courageous, and be valiant" (2 Sa., 13:28) / «Авессалом же приказал отрокам своим, сказав: смотрите, как только развеселится сердце Амнона от вина, и я скажу вам: поразите Амнона, тогда убейте его, не бойтесь; это я приказываю вам, будьте смелы и мужественны» (2 Цар., 13:28); мужественный "Only be thou strong and very courageous, that thou mayest observe to do according to all the law, which Moses my servant commanded thee: turn not from it [to] the right hand or [to] the left, that thou mayest prosper whithersoever thou goest" (Jos., 1:7) / «Только будь тверд и очень мужествен, и тщательно храни и исполняй весь закон, который завещал тебе Моисей, раб Мой; не уклоняйся от него ни направо ни налево, дабы поступать благоразумно во всех предприятиях твоих» (Нав., 1:7); отважный "And [he that is] courageous among the mighty shall flee away naked in that day, saith the Lord" (Am., 2:16) / «И самый отважный из храбрых убежит нагой в тот день, говорит Господь» (Ам., 2:16).

courier *n.* гонец

court *n.* двор "And thou shalt make the court of the tabernacle: for the south side southward [there shall be] hangings for the court [of] fine twined linen of an hundred cubits long for one side" (Ex., 27:9) / «Сделай двор скинии: с полуденной стороны к югу завесы для двора должны быть из крученого виссона, длиною во сто локтей по одной стороне» (Исх., 27:9); палата; суд; ~ of arches арчский суд; ~ of arbitration третейский суд; ~ of Arches Церковный апелля-

ционный суд Англиканской церкви; ~ of the Gentile суд для гоев (неевреев)

courteousness *n.* благосклонность

courtyard *n.* двор

cousin *n.* двоюродный брат; родственник "And her neighbours and her cousins heard how the Lord had shewed great mercy upon her; and they rejoiced with her" (Lk., 1:58) / «И услышали соседи и родственники ее, что возвеличил Господь милость Свою над нею, и радовались с нею» (Лук., 1:58); second ~ троюродный брат

coven *n.* шабаш ведьм; группа из тринадцати ведьм

covenant *n.* завет "But with thee will I establish my covenant; and thou shalt come into the ark, thou, and thy sons, and thy wife, and thy sons' wives with thee" (Ge., 6:18) / «Но с тобою Я поставлю завет Мой, и войдешь в ковчег ты, и сыновья твои, и жена твоя, и жены сынов твоих с тобою» (Быт., 6:18); ковчег, ковчежец; ~ of salt завет соли; ~ theology теология заветов

Covenanter *n.* ковенантер, приверженец Ковенанта

cover I *n.* одеяние; покров; покрывало

cover II *v.* покрывать, покрыть (кого-л./что-л., чем-л.) "And Shem and Japheth took a garment, and laid [it] upon both their shoulders, and went backward, and covered the nakedness of their father; and their faces [were] backward, and they saw not their father's nakedness"

(Ge., 9:23) / «Сим же и Иафет взяли одежду и, положив ее на плечи свои, пошли задом и покрыли наготу отца своего; лица их были обращены назад, и они не видали наготы отца своего» (Быт., 9:23).

Coverdale's Bible «Библия Ковердаля», первая полная Библия на английском языке

covet *v.* (воз)желать (чего-л.) "Thou shalt not covet thy neighbour's house, thou shalt not covet thy neighbour's wife, nor his manservant, nor his maidservant, nor his ox, nor his ass, nor any thing that [is] thy neighbour's" (Ex., 20:17) / «Не желай дома ближнего твоего; не желай жены ближнего твоего, [ни поля его,] ни раба его, ни рабыни его, ни вола его, ни осла его, [ни всякого скота его,] ничего, что у ближнего твоего» (Исх., 20:17); ~ wealth and power жаждать богатства и власти

covetous *adj.* алчный, жадный; жаждущий

covetousness *n.* алчность; лихоимство "Thefts, covetousness, wickedness, deceit, lasciviousness, an evil eye, blasphemy, pride, foolishness" (Mk., 7:22) / «Кражи, лихоимство, злоба, коварство, непотребство, завистливое око, богохульство, гордость, безумство» (Марк., 7:22); корысть "Moreover thou shalt provide out of all the people able men, such as fear God, men of truth, hating covetousness; and place [such] over them, [to be] rulers of thousands, [and]

rulers of hundreds, rulers of fifties, and rulers of tens" (Ex., 18:21) / «Ты же усмотри [себе] из всего народа людей способных, боящихся Бога, людей правдивых, ненавидящих корысть, и поставь [их] над ним тысяченачальниками, стоначальниками, пятидесятиначальниками и десятиначальниками» (Исх., 18:21); корыстолюбие "Therefore will I give their wives unto others, [and] their fields to them that shall inherit [them]: for every one from the least even unto the greatest is given to covetousness, from the prophet even unto the priest every one dealeth falsely" (Je., 8:10) / «За то жен их отдам другим, поля их — иным владетелям; потому что все они, от малого до большого, предались корыстолюбию; от пророка до священника — все действуют лживо" (Иер., 8:10); жадность "O thou that dwellest upon many waters, abundant in treasures, thine end is come, [and] the measure of thy covetousness" (Je., 51:13) / «О, ты, живущий при водах великих, изобилующий сокровищами! пришел конец твой, мера жадности твоей» (Иер., 51:13); любостяжание "And he said unto them, Take heed, and beware of covetousness: for a man's life consisteth not in the abundance of the things which he possesseth" (Lk., 12:15) / «При этом сказал им: смотрите, берегитесь любостяжания, ибо жизнь человека не зависит от изобилия его имения» (Лук., 12:15); побор "Therefore I thought it necessary to exhort the brethren, that they would go before unto you, and make up beforehand your bounty, whereof ye had notice before, that the same might be ready, as [a matter of] bounty, and not as [of] covetousness" (2 Co., 9:5) / «Посему я почел за нужное упросить братьев, чтобы они наперед пошли к вам и предварительно озаботились, дабы возвещенное уже благословение ваше было готово, как благословение, а не как побор» (2 Кор., 9:5).

cowl I *n.* клобук; ряса с капюшоном;. сутана с капюшоном; капюшон рясы

cowl II *v.* надевать рясу; постригать в монахи

Cr. **(Credo)** *n.* бревиарий «Кредо»

craft *n.* хитрость (коварство) "After two days was [the feast of] the passover, and of unleavened bread: and the chief priests and the scribes sought how they might take him by craft, and put [him] to death" (Mk., 14:1) / «Через два дня надлежало быть празднику Пасхи и опресноков. И искали первосвященники и книжники, как бы взять Его хитростью и убить» (Марк., 14:1); ремесло "And because he was of the same craft, he abode with them, and wrought: for by their occupation they were tentmakers" (Ac., 18:3) / «И, по одинаковости ремесла, остался у них и ра-

ботал; ибо ремеслом их было делание палаток» (Деян., 18:3).

craftiness *n.* злокозненность; лукавство "He taketh the wise in their own craftiness: and the counsel of the froward is carried headlong" (Job, 5:13) / «Он уловляет мудрецов их же лукавством, и совет хитрых становится тщетным» (Иов., 5:13); хитрость "But have renounced the hidden things of dishonesty, not walking in craftiness, nor handling the word of God deceitfully; but by manifestation of the truth commending ourselves to every man's conscience in the sight of God" (2 Co., 4:2) / «Но, отвергнув скрытные постыдные дела, не прибегая к хитрости и не искажая слова Божия, а открывая истину, представляем себя совести всякого человека пред Богом» (2 Кор., 4:2).

crafty *adj.* злокозненный; злоухищренный; коварный "He disappointeth the devices of the crafty, so that their hands cannot perform [their] enterprise" (Job, 5:12) / «Он разрушает замыслы коварных, и руки их не довершают предприятия» (Иов., 5:12); лукавый "For thy mouth uttereth thine iniquity, and thou choosest the tongue of the crafty" (Job, 15:5) / «Нечестие твое настроило так уста твои, и ты избрал язык лукавых» (Иов., 15:5); хитроумный

Cranmer's Bible «Библия Кранмера»

crassitude *n.* крайняя тупость, глупость

crave *v.* понуждать "He that laboureth laboureth for himself; for his mouth craveth it of him" (Pr., 16:26) / «Трудящийся трудится для себя, потому что понуждает его к тому рот его» (Притч., 16:26); просить "Joseph of Arimathaea, an honourable counsellor, which also waited for the kingdom of God, came, and went in boldly unto Pilate, and craved the body of Jesus" (Mk., 15:43) / «Пришел Иосиф из Аримафеи, знаменитый член совета, который и сам ожидал Царствия Божия, осмелился войти к Пилату, и просил тела Иисусова» (Марк., 15:43); crave for жаждать (чего-л.); those who ~ for life жаждущие жизни; craving for smth. жажда

crawl *v.* влачиться; повлечься; ~ along влачиться

craziness *n.* безумство; юродивость

crazy *adj.* безумный; юродивый

create *v.* созидать, создать (что-л.); создавать, создать (кого-л./что-л.); зиждить (что-л.); творить, сотворить (кого-л./что-л.) "In the beginning God created the heaven and the earth" (Ge., 1:1) / «В начале сотворил Бог небо и землю» (Быт., 1:1).

creation *n.* детище; мироздание; создание "But from the beginning of the creation God made them male and female" (Mk., 10:6) / «В начале же создания, Бог мужчину и женщину сотворил их» (Марк., 10:6); со-

зидания; сотворение; ~ of the world сотворение мира; тварь "For we know that the whole creation groaneth and travaileth in pain together until now" (Ro., 8:22) / «Ибо знаем, что вся тварь совокупно стенает и мучится доныне» (Рим., 8:22); творение "For [in] those days shall be affliction, such as was not from the beginning of the creation which God created unto this time, neither shall be" (Mk., 13:19) / «Ибо в те дни будет такая скорбь, какой не было от начала творения, которое сотворил Бог, даже доныне, и не будет» (Марк., 13:19); ~ myth история Сотворения Мира

creationism *n.* креационизм

Creator *n.* Создатель, Творец, Господь; "I [am] the Lord, your Holy One, the creator of Israel, your King" (Isa. 43:15) / «Я Господь, Святый ваш, Творец Израиля, Царь ваш» (Ис., 43:15); Creator of all things Всезиждитель; зиждитель; создатель, -ница "Remember now thy Creator in the days of thy youth, while the evil days come not, nor the years draw nigh, when thou shalt say, I have no pleasure in them" (Ec., 12:1) / «И помни Создателя твоего в дни юности твоей, доколе не пришли тяжелые дни и не наступили годы, о которых ты будешь говорить: нет мне удовольствия в них!» (Екк., 12:1); творитель, -ница

creature *n.* создание "And every creature which is in heaven, and on the earth, and under the earth, and such as are in the sea, and all that are in them, heard I saying, Blessing, and honour, and glory, and power, [be] unto him that sitteth upon the throne, and unto the Lamb for ever and ever" (Rev., 5:13) / «И всякое создание, находящееся на небе и на земле, и под землею, и на море, и все, что в них, слышал я, говорило: Сидящему на престоле и Агнцу благословение и честь, и слава и держава во веки веков» (Откр., 5:13); существо; тварь; every ~ всякая тварь; дыхание (издыхание); let every ~ praise the Lord всякое дыхание да хвалит Господа; душа "And with every living creature that [is] with you, of the fowl, of the cattle, and of every beast of the earth with you; from all that go out of the ark, to every beast of the earth" (Ge., 9:10) / «И со всякою душею живою, которая с вами, с птицами и со скотами, и со всеми зверями земными, которые у вас, со всеми вышедшими из ковчега, со всеми животными земными» (Быт., 9:10); творение "For every creature of God [is] good, and nothing to be refused, if it be received with thanksgiving" (1 Ti., 4:4) / «Ибо всякое творение Божие хорошо, и ничто не предосудительно, если принимается с благодарением» (1 Тим., 4:4).

creche *n*. рождественский вертеп
credence *n*. вера; жертвенник в алтаре; ~ table жертвенник в алтаре

credence *n*. догматы веры; жертвенник (в алтаре)
credenda *n. pl.* догматы веры
credit I *n*. доверие; почесть; честь; lose one's ~ лишиться доверия, потерять доверие
credit II *v*. доверять, доверить (кому-л., что-л.)
credo in Deum Patrem omnipotentem «Верую в Бога Отца, Вседержителя»
credo in Spiritum Sactum «Верую во Святого Духа»
Credo *n*. Символ веры
creed I *n*. вероисповедание; символ веры
creed II *v*. повлечься
Creed *n*. Символ веры
creep *v*. ползать "So that the fishes of the sea, and the fowls of the heaven, and the beasts of the field, and all creeping things that creep upon the earth, and all the men that [are] upon the face of the earth, shall shake at my presence, and the mountains shall be thrown down, and the steep places shall fall, and every wall shall fall to the ground" (Ez., 38:20) / «И вострепещут от лица Моего рыбы морские и птицы небесные, и звери полевые и все пресмыкающееся, ползающее по земле, и все люди, которые на лице земли, и обрушатся горы, и упадут утесы, и все стены падут на землю» (Иез., 38:20); раболепствовать; вкрадываться "For of this sort are they which creep into houses, and lead captive silly women laden with sins, led away with divers lusts" (2 Ti., 3:6) / «К сим принадлежат те,

которые вкрадываются в домы и обольщают женщин, утопающих во грехах, водимых различными похотями» (2 Тим., 3:6).

cremains *n. pl.* пепел, прах кремированного

cremate *v.* кремировать; сжигать трупы

cremation *n.* кремация; сожжение покойников

crematorium, crematory *n.* крематорий

Cretan *adj.* критский

Crete *n.* о. Крит

Cretian I *n.* критянин "One of themselves, [even] a prophet of their own, said, The Cretians [are] alway liars, evil beasts, slow bellies" (1 Ti., 1:12) / «Из них же самих один стихотворец сказал: Критяне всегда лжецы, злые звери, утробы ленивые» (1 Тим., 1:12).

Cretian II *adj.* критский

crib *n.* ясли "Will the unicorn be willing to serve thee, or abide by thy crib?" (Job, 39:9) / «Захочет ли единорог служить тебе и переночует ли у яслей твоих?» (Иов., 39:9).

crime *n.* злодейство; злодеяние "Make a chain: for the land is full of bloody crimes, and the city is full of violence" (Ez., 7:23) / «Сделай цепь, ибо земля эта наполнена кровавыми злодеяниями, и город полон насилий» (Иез., 7:23); преступление "For this [is] an heinous crime; yea, it [is] an iniquity [to be punished by] the judges" (Job, 31:11) / «Потому что это — преступление, это — беззако-

ние, подлежащее суду» (Иов., 31:11); обвинение "For it seemeth to me unreasonable to send a prisoner, and not withal to signify the crimes [laid] against him" (Ac., 25:27) / «Ибо, мне кажется, нерассудительно послать узника и не показать обвинений на него» (Деян., 25:27); commit a ~ совершать преступление

criminal I *n.* преступник, -ница

criminal II *adj.* законопреступный; преступный

criminality *n.* преступность

crimination *n.* обвинение в преступлении

cringe *v.* раболепствовать

cripple *n.* калека

criterion *n.* мерило

criticize *v.* осуждать, осудить (кого-л.)

Cromwell's Bible «Библия Кромвеля»

crook *n.* посох

crop I *n.* жатва

crop II *v.* жать (что-л.)

crosier *n.* епископский жезл; посох (епископский); патерица

cross I *n.* крест "And he that taketh not his cross, and followeth after me, is not worthy of me" (Mt., 10:38) / «И кто не берет креста своего и следует за Мною, тот не достоин Меня» (Матф., 10:38); communion ~ напрестольный крест; pectoral ~ наперсный крест; exaltation of the ~ воздвижение креста; the ~ Честное древо, древо Честного Креста; the Holy ~ животворящее древо (крест Господень)

cross II *v.* проходить, пройти (что-л.); ~ oneself осенить себя крестным знамением; ~ing прохождение

cross-bun *n.* булочка с крестом на верхней корке, которую по традиции едят в Великую, или Страстную, пятницу

cross-cultural *adj.* межкультурный

crosskeys *n.* скрещенные ключи

crosslet *n.* крестик

cross-staff *n.* крест архиепископа

crostarie *n.* горящий крест, служащий знаком для собрания клана

crouch *v.* раболепствовать; сгибаться "He croucheth, [and] humbleth himself, that the poor may fall by his strong ones" (Ps., 10:10) / «Сгибается, прилегает, — и бедные падают в сильные когти его» (Псл., 9:31).

crowd I *n.* сонм, сонмище; толпа

crowd II *v.* толпиться, столпиться

crown I *n.* венец; "And thou shalt overlay it with pure gold, within and without shalt thou overlay it, and shalt make upon it a crown of gold round about" (Ex., 25:11) / «И обложи его чистым золотом, изнутри и снаружи покрой его; и сделай наверху вокруг его золотой венец» (Исх., 25:11); martyr's ~ мученический венец; crown of thorns терновый венец "And when they had platted a crown of thorns, they put [it] upon his head, and a reed in his right hand: and they bowed the knee before him, and mocked him, saying, Hail, King of the Jews!" (Mt., 27:29) / «И, сплетши венец из терна, возложили Ему на голову и дали Ему в правую руку трость; и, становясь пред Ним на колени, насмехались над Ним, говоря: радуйся, Царь Иудейский!» (Матф., 27:29); корона

crown II *v.* возлагать венец; увенчивать, увенчать (кого-л. чем-л., что-л.); ~ with завершать, завершить (что-л.); ~ing завершающий; увенчание; ~ of Thorns Терновый венец

crozier *n.* епископский жезл/ посох

crucifer *n.* крестоносец

crucifiction *n.* распинание; распятие; ~ with Bystanders «Распятие с Предстоящими»

crucifier *n.* мучитель

crucifige eum! «Распни его!»

crucifix *n.* распятие

crucifixion *n.* крестная мука; распятие на кресте

crucify *v.* распинать, распять (кого-л.) "Wherefore, behold, I send unto you prophets, and wise men, and scribes: and [some] of them ye shall kill and crucify; and [some] of them shall ye scourge in your synagogues, and persecute [them] from city to city" (Mt., 23:34) / «Посему, вот, Я посылаю к вам пророков, и мудрых, и книжников; и вы иных убьете и распнете, а иных будете бить в синагогах ваших и гнать из города в город» (Матф., 23:34); ~ing распинание; распятие

cruel *adj.* жестокий "Thou art become cruel to me: with thy strong hand thou opposest thyself against me" (Job, 30:21) /

«Ты сделался жестоким ко мне, крепкою рукою враждуешь против меня» (Иов., 30:21); свирепый "Cursed [be] their anger, for [it was] fierce; and their wrath, for it was cruel: I will divide them in Jacob, and scatter them in Israel" (Ge., 49:7) / «Проклят гнев их, ибо жесток, и ярость их, ибо свирепа; разделю их в Иакове и рассею их в Израиле" (Быт., 49:7); гибельный "Their wine [is] the poison of dragons, and the cruel venom of asps. " (De., 32:33) / «Вино их яд драконов и гибельная отрава аспидов» (Втор., 32:33); лютый "Consider mine enemies; for they are many; and they hate me with cruel hatred" (Ps., 25:19) / «Посмотри на врагов моих, как много их, и какою лютою ненавистью они ненавидят меня» (Псл., 24:19); жестокосердый "The merciful man doeth good to his own soul: but [he that is] cruel troubleth his own flesh" (Pr., 11:17) / «Человек милосердый благотворит душе своей, а жестокосердый разрушает плоть свою» (Притч., 11:17); ~ suffering жестокие страдания; ~ necessity жестокая необходимость; жестокосердный; злосердый; изуверный, изуверский; лютый; ~ foe лютый враг; немилосердный

cruelly *adv.* жестокосердно; жестоко "[As for] his father, because he cruelly oppressed, spoiled his brother by violence, and did [that] which [is] not good among his people, lo, even he shall die in his iniquity" (Ez., 18:18) / «А отец его, так как он жестоко притеснял, грабил брата и недоброе делал среди народа своего, вот, он умрет за свое беззаконие» (Иез., 18:18); люто

cruelness *n.* бесчеловечие, бесчеловечность; злосердие

cruelty *n.* жестокость "Simeon and Levi [are] brethren; instruments of cruelty [are in] their habitations" (Ge., 49:5) / «Симеон и Левий братья, орудия жестокости мечи их» (Быт., 49:5); мщение "That the cruelty [done] to the threescore and ten sons of Jerubbaal might come, and their blood be laid upon Abimelech their brother, which slew them; and upon the men of Shechem, which aided him in the killing of his brethren" (Jdg., 9:24) / «Дабы таким образом совершилось мщение за семьдесят сынов Иероваааловых, и кровь их обратилась на Авимелеха, брата их, который убил их, и на жителей Сихемских, которые подкрепили руки его, чтоб убить братьев своих» (Суд., 9:24); злоба "Deliver me not over unto the will of mine enemies: for false witnesses are risen up against me, and such as breathe out cruelty" (Ps., 27:12) / «Не предавай меня на произвол врагам моим, ибо восстали на меня свидетели лживые и дышат злобою» (Псл., 26:12); насилие "Have respect unto the covenant: for the dark places of the earth are full of the habitations of cruelty" (Ps., 74:20) / «Призри на завет Твой; ибо наполнились все мрачные места земли жилищами насилия» (Псл., 73:20); жестокосердие; злосердие; немилосердие

cruet *n.* потирная чаша, потир

crusade *n.* крестовый поход

crusader *n.* крестоносец, участник крестового похода

Crusades *n. pl.* крестовые походы

Crutched Friars крестовые братья

crux commissa крест соединенный, «тау»-крест, крест Св. Антония

crux decussata Х-образный крест, андреевский крест

crux gammata *n.* свастика

crux immissa латинский крест

crux quadrata греческий крест

cry I *n.* вопль "And the Lord said, Because the cry of Sodom and Gomorrah is great, and because their sin is very grievous" (Ge., 18:20) / «И сказал Господь: вопль Содомский и Гоморрский, велик он, и грех их, тяжел он весьма» (Быт., 18:20).

cry II *v.* плакать (о ком-л./о чем-л.); ~ aloud воспевать, воспеть (кого-л./что-л.); ~ out unto smb. вопить, возопить (к кому-л./о ком-л.); вопиять, возопиять; cry up возносить, вознести (кого-л./что-л.); восхвалять, восхвалить (кого-л./что-л.); превозносить, превознести (кого-л./что-л.)

crypt *n.* крипта; склеп; место для погребения под церковью

cubit *n.* кубит; лакоть, локоть (мера длины) "And this [is the

fashion] which thou shalt make it [of]: The length of the ark [shall be] three hundred cubits, the breadth of it fifty cubits, and the height of it thirty cubits" (Ge., 6:15) / «И сделай его так: длина ковчега триста локтей; ширина его пятьдесят локтей, а высота его тридцать локтей» (Быт., 6:15).

culpability *n.* виновность

culpable *adj.* преступный

culprit *n.* виновник, -ница

cult *n.* культ (поклонение)

cultism *n.* превращение в культ; создание кумиров

cultivate *v.* воспитывать, воспитать (кого-л./что-л.); прививать, привить (кому-л., что-л.)

cultivation *n.* привитие

cult-object *n.* предмет культа

cultural *adj.* культурный

culture *n.* культура

cultus *n.* религиозный культ; религия; ~ image икона, образ; ~ statue церковная статуя

Cumberland Presbyterian Church Кумберлэндская пресвитерианская церковь

cummer *n.* крестная мать, крестная

cunctation *n.* промедление, опоздание, задержка; запоздалое действие

cunning I *n.* уловка

cunning II *adj.* злокозненный; лукавый; хитрый; хитроумный; искусный "And the boys grew: and Esau was a cunning hunter, a man of the field; and Jacob [was] a plain man, dwelling in tents" (Ge., 25:27) / «Дети выросли, и стал Исав человеком искусным в звероловстве, человеком полей; а Иаков человеком кротким, живущим в шатрах» (Быт., 25:27).

cunningness *n.* злокозненность

cup *n.* потир, потирная чаша; сосуд; фиал; чаша "And Pharaoh's cup [was] in my hand: and I took the grapes, and pressed them into Pharaoh's cup, and I gave the cup into Pharaoh's hand" (Ge., 40:11) / «И чаша фараонова в руке у меня; я взял ягод, выжал их в чашу фараонову и подал чашу в руку фараону» (Быт., 40:11).

cupbearer *n.* виночерпий "And the meat of his table, and the sitting of his servants, and the attendance of his ministers, and their apparel, and his cupbearers, and his ascent by which he went up unto the house of the Lord; there was no more spirit in her" (1 Ki., 10:5) / «И пищу за столом его, и жилище рабов его, и стройность слуг его, и одежду их, и виночерпиев его, и всесожжения его, которые он приносил в храме Господнем. И не могла она более удержаться» (3 Цар., 10:5).

cupidity *n.* алчность, корыстолюбие; страстное желание, вожделение; любостяжание; своекорыстие; сребролюбие

cupola *n.* купол; купол

curacy *n.* сан викария, младшего приходского священника; должность викария

curate *n.* викарий, второй священник прихода; младший приходский священник

curator *n.* попечитель, -ница; хранитель музея, библиотеки

cure I *n.* исцеление; целебное средство "Behold, I will bring it health and cure, and I will cure them, and will reveal unto them the abundance of peace and truth" (Je., 33:6) / «Вот, Я приложу ему пластырь и целебные средства, и уврачую их, и открою им обилие мира и истины» (Иер., 33:6); faith-cure исцеление с помощью молитвы

cure II *v.* исцелять, исцелить (кого-л./что-л.) "And I brought him to thy disciples, and they could not cure him" (Mt., 17:16) / «Я приводил его к ученикам Твоим, и они не могли исцелить его» (Матф., 17:16); излечивать "When Ephraim saw his sickness, and Judah [saw] his wound, then went Ephraim to the Assyrian, and sent to king Jareb: yet could he not heal you, nor cure you of your wound" (Hos., 5:13) / «И увидел Ефрем болезнь свою, и Иуда — свою рану, и пошел Ефрем к Ассуру, и послал к царю Иареву; но он не может исцелить вас, и не излечит вас от раны» (Ос., 5:13); врачевать "Then he called his twelve disciples together, and gave them power and authority over all devils, and to cure diseases" (Lk., 9:1) / «Созвав же двенадцать, дал силу и власть над всеми бесами и врачевать от болезней» (Лук., 9:1); curing врачевание; целение; целительный

cure *n.* кюре; всеисцеляющее средство, панацея

curer *n.* врачеватель, -ница; исцелитель, -ница; целитель, -ница

curia *n.* курия

current *n.* струя

curse I *n.* проклятие

curse II *v.* проклинать; отлучать от церкви; богохульствовать; ~ of Adam; клясть (кого-л./что-л.); кощунствовать; проклинать, проклясть (кого-л./что-л.); cursing клятва; проклятие "Then the priest shall charge the woman with an oath of cursing, and the priest shall say unto the woman, The Lord make thee a curse and an oath among thy people, when the Lord doth make thy thigh to rot, and thy belly to swell" (Nu., 5:21) / «Тогда священник пусть заклянет жену клятвою проклятия и скажет священник жене: да предаст тебя Господь проклятию и клятве в народе твоем, и да соделает Господь лоно твое опавшим и живот твой опухшим» (Числ., 5:21).

curtain I *n.* ковер "My tabernacle is spoiled, and all my cords are broken: my children are gone forth of me, and they [are] not: [there is] none to stretch forth my tent any more, and to set up my curtains" (Je., 10:20) / «Шатер мой опустошен, и все веревки мои порваны; дети мои ушли от меня, и нет их: некому уже раскинуть шатра моего и развесить ковров моих» (Быт., 10:20); покрывало "The length of one curtain [shall be] eight and twenty cubits, and the breadth of one curtain four cubits: and every one of the curtains shall have one measure" (Ex., 26:2) / «Длина каждого покрывала двадцать восемь локтей, а ширина каждого покрывала четыре локтя: мера одна всем покрывалам» (Исх., 26:2); палатка "I saw the tents of Cushan in affliction: [and] the curtains of the land of Midian did tremble" (Hab., 3:7) / «Грустными видел я шатры Ефиопские; сотряслись палатки земли Мадиамской» (Авв., 3:7).

curtain II *v.* сокращать, сократить (что-л.)

custodian *n.* хранитель, -ница; страж

custom *n.* навык; обычай "And it came to pass at the end of two months, that she returned unto her father, who did with her [according] to his vow which he had vowed: and she knew no man. And it was a custom in Israel" (Jdg., 11:39) / «По прошествии двух месяцев она возвратилась к отцу своему, и он совершил над нею обет свой, который дал, и она не познала мужа. И вошло в обычай у Израиля» (Суд., 11:39); долг "And the priests' custom with the people [was, that], when any man offered sacrifice, the priest's servant came, while the flesh was in seething, with a fleshhook of three teeth in his hand" (1 Sa., 2:13) / «И долга священников в отношении к народу. Когда кто приносил жертву, отрок священнический, во время варения мяса, приходил с вилкой

в руке своей» (1 Цар., 2:13);
~s нравы

cut *v.* резать; стричь, остричь (кого-л./что-л.); ~ down expenses
сократить расходы

cymbal *n.* тимпан; цимбалы;
кимвал "And David and all the
house of Israel played before the
Lord on all manner of [instru-
ments made of] fir wood, even
on harps, and on psalteries, and
on timbrels, and on cornets,
and on cymbals" (2 Sa., 6:5) /
«А Давид и все сыны Израилевы играли пред Господом на
всяких музыкальных орудиях
из кипарисового дерева, и на
цитрах, и на псалтирях, и на
тимпанах, и на систрах, и на
кимвалах» (2 Цар., 6:5); ~s of
jubilation кимвалы восклица-
ния

Cyprian *n.* Киприан

Cyprus *n.* Кипр

Cyril Lucaris *n.* Кирилл Лукарис

Cyrillic I *n.* кириллица

Cyrillic II *adj.* кириллический; ~
alphabet   кириллица;   рус-
ский/болгарский/сербский алфавит; ~ book script кирилли-
ческое книжное письмо; ~
script кириллическая печать

czar *n.* царь; самодержец

czardom *n.* царенье, царованье;
царская   персона;   царствова-
нье; царство

czarevitch, czarewich *n.* царевич,
цесаревич, царский престоло-
наследник

czarevna *n.* царевна

czarina, czaritza *n.* царица

Czechoslovak Hussite Church
Чехословацкая гуситская церковь

Czechoslovak Чехословацкая
церковь

D

d. (Dies) *n.* день

D. (Dominus) *n.* Господь; (Depositus) обретший покой; Dulcis дорогой; (Divus) Божественный

**D. C. L. (Doctor Canonicae
Legis)** *n.* доктор канонического
права

D. D. (Dedit) дал, даровал; (Dedi-
cavit) посвященный;   (Doctor
Divinitatis) доктор теологии,
доктор богословия; (Doctores)
доктора

D. D. D. (Dat) дает; (Donat) да-
рит; (Dedicat) посвящает

D. G. (Dei Gratia) милостию Божией

D. I. P. (Dormit In Pace) покоится с миром

D. N. (Domino Nostro) Господу
нашему; (Dominus Noster) Господь наш

**D. N. J. C. (Dominus Noster Je-
sus Christus)** Господь наш Иисус Христос

D. O. M. (Deo Optimo Maximo)
Господу Всевышнему

D. R. (Decanus Ruralis) *n.* декан,
благочинный

D. Se. (Doctor Scientiarum) *n.*
доктор наук

D. V. (Deo Volente) если будет
угодно Богу, если будет на то
Божия воля

daemon *n.* демон

daemonic *adj.* демонический

Dagan *n.* Дагон

daily I *adj.* дневной, дневный;
повседневный;   ежедневный;

всегдашний "And to the office of Eleazar the son of Aaron the priest [pertaineth] the oil for the light, and the sweet incense, and the daily meat offering, and the anointing oil, [and] the oversight of all the tabernacle, and of all that therein [is], in the sanctuary, and in the vessels thereof" (Nu., 4:16) / «Елеазару, сыну Аарона священника, поручается елей для светильника и благовонное курение, и всегдашнее хлебное приношение и елей помазания, — поручается вся скиния и все, что в ней, святилище и принадлежности его» (Числ., 4:16).

daily II *adv.* повседневно

dalmatic *n.* далматик

damage I *n.* вред; ущерб "For we are sold, I and my people, to be destroyed, to be slain, and to perish. But if we had been sold for bondmen and bondwomen, I had held my tongue, although the enemy could not countervail the king's damage" (Esth., 7:4) / «Ибо проданы мы, я и народ мой, на истребление, убиение и погибель. Если бы мы проданы были в рабы и рабыни, я молчала бы, хотя враг не вознаградил бы ущерба царя» (Есф., 7:4); обременение "And over these three presidents; of whom Daniel [was] first: that the princes might give accounts unto them, and the king should have no damage" (Da., 6:2) / «А над ними трех князей, — из которых один был Даниил, — чтобы сатрапы давали им отчет и чтобы царю не бы-

ло никакого обременения» (Дан., 6:2).

damage II *v.* вредить, повредить (кому-л. чем-л.); повреждать, повредить (что-л.)

Damascus Document «Дамасский документ»

Damasus I Дамас I

Damasus II Дамас II

damn *v.* проклинать, проклясть (кого-л./что-л.)

damnation *n.* проклятие; may ~ take him будь он проклят; eternal ~ вечные муки

damnific *adj.* вредоносный, пагубный

Daniel Даниил; Книга Пророка Даниила (книга Библии)

Danzig Bible «Данцигская Библия»

Darbyites *n. pl.* дарбисты, дарбииты, «Плимутские братья»

dare *v.* дерзать, дерзнуть; решать, решиться (на что-л.); сметь, посметь "Dare any of you, having a matter against another, go to law before the unjust, and not before the saints?" (1 Co., 6:1) / «Как смеет кто у вас, имея дело с другим, судиться у нечестивых, а не у святых?» (1 Кор., 6:1); решаться "For scarcely for a righteous man will one die: yet peradventure for a good man some would even dare to die" (Ro., 5:7) / «Ибо едва ли кто умрет за праведника; разве за благодетеля, может быть, кто и решится умереть» (Рим., 5:7); осмеливаться "For I will not dare to speak of any of those things which Christ hath not wrought by me, to make the Gentiles obedient, by word and deed" (Ro., 15:18) / «Ибо не осмелюсь сказать что-нибудь такое, чего не совершил Христос через меня, в покорении язычников вере, словом и делом» (Рим., 15:18).

daring I *n.* дерзновение, дерзание; saint ~ святое дерзновение

daring II *adj.* дерзкий; дерзновенный; смелый

daringness *n.* смелость

dark *n.* тьма, темнота, темень; ночь; неведение; невежество; ~ Ages мрачное средневековье, раннее средневековье; ~ling в темноте, во мракеж *adj.* мрачный; темный "If thy whole body therefore [be] full of light, having no part dark, the whole shall be full of light, as when the bright shining of a candle doth give thee light" (Lk., 11:36) / «Если же тело твое все светло и не имеет ни одной темной части, то будет светло все так, как бы светильник освещал тебя сиянием» (Лук., 11:36).

darken *v.* помрачать, помрачить (что-л.); омрачать "Who [is] this that darkeneth counsel by words without knowledge?" (Job, 38:2) / «Кто сей, омрачающий Провидение ~ing помрачение

darkness *n.* мгла; мрак; ночь, нощь; помрачение; тьма "And the earth was without form, and void; and darkness [was] upon the face of the deep. And the Spirit of God moved upon the face of the waters" (Ge., 1:2) / «Земля же была безвидна и пуста, и тьма над бездною, и

Дух Божий носился над водою» (Быт., 1:2); Egyptian ~ тьма египетская; the powers of ~ силы тьмы

darkness *n.* темнота; тьма; темень; мрак; ночь; смуглость; мрачность; слепота; невежество;

darnel *n.* плевел

data *n.* данные; сведения

datary *n.* датария (при папе)

date *n.* число

daughter *n.* дочерь, дочь "And the days of Adam after he had begotten Seth were eight hundred years: and he begat sons and daughters" (Ge., 5:4) / «Дней Адама по рождении им Сифа было восемьсот лет, и родил он сынов и дочерей» (Быт., 5:4); ~ of Zion дщерь Сиона, Иерусалим; жители Иерусалима, народ Иерусалима; ~s of Charity of Saint Vincent de Paul «Дочери милосердия св. Винцента де Поля»; ~s of Eve дочери Евы, женщины; ~s of Wisdom Дщери Премудрости

daughter-in-law *n.* невестка

dauntless *adj.* неустрашимый, бесстрашный; ~ courage бесстрашие

David *n.* Давид; Дауд

dawn *n.* утренняя заря

day I *n.* день "And God called the light Day, and the darkness he called Night. And the evening and the morning were the first day" (Ge., 1:5) / «И назвал Бог свет днем, а тьму ночью. И был вечер, и было утро: день один» (Быт., 1:5); week ~ будний день; working ~ рабочий

день; name's/Saint's ~ день ан-
гела; never-waiting ~ невечер-
ний день; Judgement ~ день
Страшного Суда; St. Peter's ~
Петров день; Midsummer ~,
Baptist's ~ Иванов день;
unlucky/rainy ~ черный день;
All-Hallows/All Saints ~ день
Всех Святых; All Souls ~ День
Поминовения Всех Усопших;
All-Hallows ~ День Поминове-
ния Всех Святых; St. George's
~Юрьев День; ~ of Atonement
День Всепрощения, Иом-
Киппур; ~ of Reckoning Суд-
ный день, День Возмездия,
День Страшного суда; ~ of Ret-
ribution Судный день, День
Возмездия, День Страшного
суда; ~ of the Lord День торже-
ства Господня

day II *adj.* дневной, дневный
daybreak *n.* утренняя заря
day-hours *n.* обедня
day-labour *n.* дневной труд
daylight *n.* дневной свет
DD. NN. (Dominis Nostris) нашим владыкам, нашим влас-
тителям
De civitate Dei «О Граде
Божием»
de die in diem изо дня в день,
каждодневно, ежедневно, каждый день
de facto де-факто, фактически
de fide принимаемый на веру
de integro заново, снова, опять
de jure де-юре, юридически
de novo снова, с самого начала,
заново, опять
de visu воочию
deacon *n.* диакон, дьякон "Paul
and Timotheus, the servants of
Jesus Christ, to all the saints in
Christ Jesus which are at Philippi, with the bishops and deacons" (Php., 1:1) / «Павел и
Тимофей, рабы Иисуса Хри-
ста, всем святым во Христе
Иисусе, находящимся в Фи-
липпах, с епископами и диако-
нами» (Фил., 1:1); священнослужитель; regular ~ иеродиакон; ~'s bench скамья диакон-
ская; ~'s doors двери диакон-
ские

deaconess *n.* диаконисса, диако-
ница, прислужница пресвитера
deaconhood *n.* диаконство, дья-
конство; диаконы, дьяконы
deaconry *n.* диаконство, дьякон-
ство
deaconry *n.* диаконство; диаконы, дьяконы
deaconsecrate *v.* секуляризировать (кого-л.)
deaconship *n.* диаконство, дья-
конство; диаконы, дьяконы
dead I *n.* мертвец "And Pharaoh
rose up in the night, he, and all
his servants, and all the Egyptians; and there was a great cry
in Egypt; for [there was] not a
house where [there was] not one
dead" (Ex., 12:30) / «И встал
фараон ночью сам и все рабы
его и весь Египет; и сделался
великий вопль [во всей земле]
Египетской, ибо не было дома,
где не было бы мертвеца»
(Исх., 12:30).
dead II *adj.* умерший, -ая "My
lord, hearken unto me: the land
[is worth] four hundred shekels
of silver; what [is] that betwixt
me and thee? bury therefore thy
dead"; беззаветный "devoted
heart and soul" (Ge., 23:15) /

«Господин мой! послушай меня: земля стоит четыреста сиклей серебра; для меня и для тебя что это? похорони умершую твою» (Быт., 23:15); мертвый "Thus the Lord saved Israel that day out of the hand of the Egyptians; and Israel saw the Egyptians dead upon the sea shore" (Ex., 14:30) / «И избавил Господь в день тот Израильтян из рук Египтян, и увидели [сыны] Израилевы Египтян мертвыми на берегу моря» (Исх., 14:30); ~ service заупокойная служба; rise from the ~ восстать из мертвых

dead-born *n.* мертворожденный

dead-clothes *n. pl.* смертные одежды покойника; саван

dead-doing *adj.* убийственный, смертоносный, несущий смерть

deaden *v.* умерщвлять; убивать

dead-light *n.* свеча у гроба покойника

deadly *adj.* смертельный "And I saw one of his heads as it were wounded to death; and his deadly wound was healed: and all the world wondered after the beast" (Rev., 13:3) / «И видел я, что одна из голов его как бы смертельно была ранена, но эта смертельная рана исцелела. И дивилась вся земля, следя за зверем, и поклонились дракону, который дал власть зверю» (Откр., 13:3); смертный; смертоносный "They shall take up serpents; and if they drink any deadly thing, it shall not hurt them; they shall lay hands on the sick, and they shall recover" (Mk., 16:18) / «Будут брать змей; и если что смертоносное выпьют, не повредит им; возложат руки на больных, и они будут здоровы» (Марк., 16:18); ~ sin смертный грех

dead-office *n.* заупокойная служба; панихида

dead-roll *n.* поминальный список

deaf *adj.* глухой "And the Lord said unto him, Who hath made man's mouth? or who maketh the dumb, or deaf, or the seeing, or the blind? have not I the Lord?" (Ex., 4:11) / «Господь сказал [Моисею]: кто дал уста человеку? кто делает немым, или глухим, или зрячим, или слепым? не Я ли Господь [Бог]?» (Исх., 4:11); ~ and dumb, ~-mute person глухонемой

deafness *n.* глухота

deambulation *n.* прогулка

deambulatory *adj.* странствующий

dean *n.* настоятель собора; старший священник; декан; ~ of the Sacred College старший кардинал-епископ коллегии кардиналов; ~'s side южный клирос

deanery *n.* деканство; деканат; резиденция благочинного

dear *adj.* возлюбленный, -ая

death *n.* смерть "And she went, and sat her down over against [him] a good way off, as it were a bowshot: for she said, Let me not see the death of the child. And she sat over against [him], and lift up her voice, and wept" (Ge., 21:16) / «И пошла, села вдали, в расстоянии на один выстрел из лука. Ибо она сказала: не хочу видеть смерти отрока. И она села против, и подняла вопль, и плакала» (Быт., 21:16); кончина; гибель, преставление; hour of ~ смертный час; ~ angel ангел смерти; spiritual ~ духовная смерть; everlasting/ eternal ~ погибель на веки вечные, погибель вековечная; ~ hour смертный час, час кончины; ~ knell похоронный звон; ~ of God movement движение «Смерть Господа»; ~'s-head череп, эмблема смерти; natural ~ естественная смерть; sudden/unexpected ~ внезапная смерть; be at the point/on the verge of ~ быть при смерти; be on one's ~ bed быть на одре смерти/на смертном одре; taste of ~ вкусить смерть; put to ~ предать кого-л. смерти

death-bed *n.* смертное ложе; on one's ~ на смертном одре; при смерти

death-bell *n.* похоронный звон

death-bill *n.* поминание, синодик

death-bringing *adj.* смертоносный

death-day *n.* день смерти; годовщина смерти

death-giving *adj.* смертоносный

deathless *adj.* бессмертный; ~ fame and name бессмертная слава и бессмертное имя

death-pile *n.* погребальный костер

deathplace *n.* место кончины

death-weight *n.* монеты, которые кладутся на закрытые веки усопшего

debarb *v.* снимать остроту вопроса

debarment *n.* предотвращение, недопущение; запрещение; лишение прав

debarras *v.* выводить из затруднения; освобождать от хлопот, забот

debase *v.* низводить, низвести (кого-л./что-л.); унижаться «And thou wentest to the king with ointment, and didst increase thy perfumes, and didst send thy messengers far off, and didst debase [thyself even] unto hell" (Isa, 57:9) / «Ты ходила также к царю с благовонною мастью и умножила масти твои, и далеко посылала послов твоих, и унижалась до преисподней» (Ис., 57:9).

debate I *n.* диспут; обсуждение; theological ~ богословский диспут

debate II *v.* вести диспут; обсуждать, обсудить (что-л., с кем-л.)

debauch I *n.* разврат

debauch II *v.* совращать, совратить (кого-л.)

debauchee *n.* развратный человек

debaucher *n.* развратитель, -ница; совратитель, -ница

debilitate *v.* обессиливать, обессилить (кого-л.)

Deborah *n.* Дебора

debtor *n.* должник, -ница "And hath not oppressed any, [but] hath restored to the debtor his pledge, hath spoiled none by violence, hath given his bread to the hungry, and hath covered the naked with a garment" (Ez., 18:7) / «Никого не притесняет, должнику возвращает залог его, хищения не производит, хлеб свой дает голодному и нагого покрывает одеждою» (Иез., 18:7).

debunk *v.* развенчивать, развенчать (кого-л., что-л.)

Dec. (Decanus) старший священник; декан

decadency *n.* упадок, разложение

Decalog, Decalogue *n.* Декалог, Десять заповедей, Десятисловие

decalogist *n.* толкователь Десятисловия

decani *n.* деканский хор

decapitate *v.* обезглавливать, обезглавить (кого-л.)

decapitation *n.* обезглавливание

decatholicize *v.* освобождать от католицизма

decay I *n.* гниение; преклонность (лет, возраста); разрушение; упадок "And if thy brother be waxen poor, and fallen in decay with thee; then thou shalt relieve him: [yea, though he be] a stranger, or a sojourner; that he may live with thee" (Lev., 25:35) / «Если брат твой обеднеет и придет в упадок у тебя, то поддержи его, пришлец ли он, или поселенец, чтоб он жил с тобою» (Лев., 25:35).

decay II *v.* гнить, сгнить; тлеть, истлеть; ветшать, разрушаться, приходить в упадок

decease I *n.* болезнь; кончина; смерть; исход "Who appeared in glory, and spake of his decease which he should accomplish at Jerusalem" (Lk., 9:31) / «Явившись во славе, они говорили об исходе Его, который Ему надлежало совершить в Иерусалиме» (Лук., 9:31); отшествие "Moreover I will endeavour

that ye may be able after my decease to have these things always in remembrance" (2 Pe., 1:15) / «Буду же стараться, чтобы вы и после моего отшествия всегда приводили это на память» (2 Петр., 1:15); ~d умершие, покойники; усопшие "Now there were with us seven brethren: and the first, when he had married a wife, deceased, and, having no issue, left his wife unto his brother" (Mt., 22:25) / «Было у нас семь братьев; первый, женившись, умер и, не имея детей, оставил жену свою брату своему» (Матф., 22:25).

decease II *v.* скончаться

decedent *adj.* покойный; усопший; умерший

deceitful *adj.* обманчивый "Be not desirous of his dainties: for they [are] deceitful meat" (Pr., 23:3) / «Не прельщайся лакомыми яствами его; это — обманчивая пища» (Притч., 23:3); двоедушный, лукавый "Deliver my soul, O Lord, from lying lips, [and] from a deceitful tongue" (Ps., 120:2) / «Господи! избавь душу мою от уст лживых, от языка лукавого» (Псл., 119:2); прелестный; коварный "Thou lovest all devouring words, O [thou] deceitful tongue" (Ps., 52:4) / «Ты любишь всякие гибельные речи, язык коварный» (Псл., 51:6); неверный "But turned back, and dealt unfaithfully like their fathers: they were turned aside like a deceitful bow" (Ps., 78:57) / «Отступали и изменяли, как отцы их, обращались назад, как неверный лук» (Псл., 77:57); ненадежный "The wicked worketh a deceitful work: but to him that soweth righteousness [shall be] a sure reward" (Pr., 11:18) / «Нечестивый делает дело ненадежное, а сеющему правду — награда верная» (Притч., 11:18); лживый "A true witness delivereth souls: but a deceitful [witness] speaketh lies" (Pr., 14:25) / «Верный свидетель спасает души, а лживый наговорит много лжи» (Притч., 14:25).

deceitive *adj.* обольстительный

deceive *v.* обманывать "And your father hath deceived me, and changed my wages ten times; but God suffered him not to hurt me" (Ge., 31:7) / «А отец ваш обманывал меня и раз десять переменял награду мою; но Бог не попустил ему сделать мне зло» (Быт., 31:7); обольщать, обольстить (кого-л., чем-л.)

deceiver *n.* обманщик, -щица "My father peradventure will feel me, and I shall seem to him as a deceiver; and I shall bring a curse upon me, and not a blessing" (Ge., 27:12) / «Может статься, ощупает меня отец мой, и я буду в глазах его обманщиком и наведу на себя проклятие, а не благословение» (Быт., 27:12); обольститель, -ница "For many deceivers are entered into the world, who confess not that Jesus Christ is come in the flesh. This is a deceiver and an antichrist" (2 Jn., 1:7) / «Ибо многие обольстители вошли в

мир, не исповедующие Иисуса Христа, пришедшего во плоти: такой человек есть обольститель и антихрист» (2 Ин., 1:7).

decency *n.* благопристойность, благочинность, добропорядочность; благочиние; порядочность; приличие; пристойность

decennary *n.* десятилетие; десятилетний юбилей, десятая годовщина

decennium *n.* десятилетие

decent *adj.* благопристойный; порядочный; приличный; пристойный

deception *n.* обольщение

deceptive *adj.* обманчивый

dechristianize *v.* обращать христианскую страну в другую веру; искоренять веру христианскую, искоренять христианство

decide *v.* решать, решить (что-л.) "And as thy servant was busy here and there, he was gone. And the king of Israel said unto him, So [shall] thy judgment [be]; thyself hast decided [it]" (1 Ki., 20:40) / «Когда раб твой занялся теми и другими делами, его не стало. — И сказал ему царь Израильский: таков тебе и приговор, ты сам решил» (3 Цар., 20:40); разрешать; разрешить (что-л., кому-л.)

decider *n.* решитель, -ница

decimate *v.* подвергать децимации, казнить каждого десятого

decimation *n.* десятина; децимация; взимание десятины, десятипроцентного налога

decimestrial *adj.* десятимесячный

decision *n.* постановление; разрешение; решение; суд "Multitudes, multitudes in the valley of decision: for the day of the Lord [is] near in the valley of decision" (Joel, 3:14) / «Толпы, толпы в долине суда! ибо близок день Господень к долине суда!» (Иоил., 3:14)

decisive *adj.* решительный; решающий

Declaration of Indulgence «Декларация религиозной терпимости»

Declaration of Sports «Декларация о воскресных развлечениях, христианам дозволенных»

Declaration of Sports «Декларация о воскресных развлечениях, христианам дозволенных»

declarative *adj.* возвестительный

declare *v.* возвещать, возвестить (что-л./кому-л.); гласить, возгласить (что-л.); поведать (что-л., кому-л.); изъяснять "And the thin ears devoured the seven good ears: and I told [this] unto the magicians; but [there was] none that could declare [it] to me" (Ge., 41:24) / «И пожрали тощие колосья семь колосьев хороших. Я рассказал это волхвам, но никто не изъяснил мне» (Быт., 41:24); объявлять "And Moses declared unto the children of Israel the feasts of the Lord" (Lev., 23:44) / «И объявил Моисей сынам Израилевым о праздниках Господних»

(Лев., 23:44); ~ praise возвещать хвалу

declension *n.* отклонение, отступление от принятого образца; отступничество

declinature *n.* отклонение, вежливый отказ

decline I *n.* преклонность (лет, возраста)

decline II *v.* отказываться, отказаться (от чего-л.); уклоняться "According to the sentence of the law which they shall teach thee, and according to the judgment which they shall tell thee, thou shalt do: thou shalt not decline from the sentence which they shall shew thee, [to] the right hand, nor [to] the left" (De., 17:11) / «По закону, которому научат они тебя, и по определению, какое они скажут тебе, поступи, и не уклоняйся ни направо, ни налево от того, что они скажут тебе» (Втор., 17:11).

decollation *n.* усекновение главы

decomplex *adj.* вдвойне сложный; состоящий из сложных частей; комплексный

deconsecrate *v.* секуляризировать; обмирщать, делать светским

deconsecration *n.* секуляризация; обмирщение, уход от влияния церкви

decorous *adj.* благопристойный; благочинный; приличный

decorticate *v.* разоблачать, срывать покровы, показывать без прикрас

decorum *n.* благопристойность; благочиние; приличие

despondency *n.* отчаяние

decrease *v.* уменьшать, уменьшить (что-л.); убивать, убить (уменьшиться в количестве); умалять, умалить (что-л.); "He must increase, but I [must] decrease" (Jn., 3:30) / «Ему должно расти, а мне умаляться» (Ин., 3:30); убывать "And the waters decreased continually until the tenth month: in the tenth [month], on the first [day] of the month, were the tops of the mountains seen" (Ge., 8:5) / «Вода постоянно убывала до десятого месяца; в первый день десятого месяца показались верхи гор» (Быт., 8:5); decreasing умаление

decree *n.* декрет; Декреталия (папское послание); постановление религиозного совета; решение; эдикт; ~ of heavens перст Божий; pseudo-Isidor's ~s лже-Исидоровы декратилии

decree *n.* постановление церковного совета; декреталии; повеление, предопределение, воля; ~s of fate веление рока; ~ of God, Divine ~ Божественное предопределение; ~ of providence воля провидения

decrepitude *n.* ветхость, обветшалость

decretal *n.* декрет; ~ epistle Декреталия (папское послание), папское постановление; ~s декреталии, постановления Пап

decrial *n.* открытое осуждение, порицание

decrown *v.* лишать короны, лишать власти, свергать с престола

decry *v.* открыто осуждать; порицать; хулить; подвергать диффамации

decuman *adj.* колоссальный, громадный

decumbence, decumbency, decumbiture *n.* возлежание

dedicate *v.* освящать церковь; ~ a temple to God освятить храм; a church ~d to Saint Peter церковь Святого Петра; посвящать, посвятить (кому-л., что-л.) "And when he had restored the eleven hundred [shekels] of silver to his mother, his mother said, I had wholly dedicated the silver unto the Lord from my hand for my son, to make a graven image and a molten image: now therefore I will restore it unto thee" (Jdg., 17:3) / «И возвратил он матери своей тысячу сто сиклей серебра. И сказала мать его: это серебро я от себя посвятила Господу для [тебя,] сына моего, чтобы сделать из него истукан и литый кумир; итак отдаю оное тебе» (Суд., 17:3); dedicating освятительный

dedication *n.* освящение; ~ day храмовой праздник; посвящение; приношение "This [was] the dedication of the altar, in the day when it was anointed, by the princes of Israel: twelve chargers of silver, twelve silver bowls, twelve spoons of gold" (Nu., 7:84) / «Вот приношения от начальников Израилевых при освящении жертвенника в день помазания его: двенадцать серебряных блюд, двенадцать серебряных чаш, двенадцать золотых кадильниц» (Числ., 7:84); обновление "And it was at Jerusalem the feast of the dedication, and it was winter" (Jn., 10:22) / «Настал же тогда в Иерусалиме праздник обновления, и была зима» (Ин., 10:22); торжественное открытие "Then Nebuchadnezzar the king sent to gather together the princes, the governors, and the captains, the judges, the treasurers, the counsellors, the sheriffs, and all the rulers of the provinces, to come to the dedication of the image which Nebuchadnezzar the king had set up" (Da., 3:2) / «И послал царь Навуходоносор собрать сатрапов, наместников, воевод, верховных судей, казнохранителей, законоведцев, блюстителей суда и всех областных правителей, чтобы они пришли на торжественное открытие истукана, которого поставил царь Навуходоносор» (Дан., 3:2); освящение "And at the dedication of the wall of Jerusalem they sought the Levites out of all their places, to bring them to Jerusalem, to keep the dedication with gladness, both with thanksgivings, and with singing, [with] cymbals, psalteries, and with harps" (Ne., 12:27) / «При освящении стены Иерусалимской потребовали левитов из всех мест их, приказывая им придти в Иерусалим для совершения освящения и радостного празднества со славословиями и песнями при звуке ким-

валов, псалтирей и гуслей» (Неем., 12:27).

deduction *n.* вывод; the result of ~ результат вывода

deed *n.* дело "Thou hast done deeds unto me that ought not to be done" (Ge. 20:9) / «Ты сделал со мною дела, каких не делают» (Быт., 20:9); деяние; a good ~ доброе дело; alms- ~богоугодное дело; ~s служба

deem *v.* полагать, думать, считать

deep I *n.* бездна "And the earth was without form, and void; and darkness [was] upon the face of the deep. And the Spirit of God moved upon the face of the waters" (Ge., 1:2) / «Земля же была безвидна и пуста, и тьма над бездною, и Дух Божий носился над водою» (Быт., 1:2).

deep II *adj.* глубокий, крепкий (сон) "And when the sun was going down, a deep sleep fell upon Abram; and, lo, an horror of great darkness fell upon him" (Ge., 15:12) / «При захождении солнца крепкий сон напал на Аврама, и вот, напал на него ужас и мрак великий» (Быт., 15:12); ~ mourning глубокий траур; ~-rooted закоренелый

deep-green *adj.* темно-зеленый

deep-rooted *adj.* укоренившийся; закоренелый; глубокий

deer *n.* олень (елень)

deesis *n.* деисус, деисис, деисусный чин, ряд иконостаса с иконами Вседержителя и предстоящими Богоматерью, Иоанном Крестителем и архангелами

Def. (Defunctus) покойный

defamation *n*. бесчестие; диффамация (клевета); оклеветание;
поношение

defamatory *adj*. позорный

defame *v*. обесславливать, обесславить (кого-л./что-л.); оклеветать (кого-л./что-л.); позорить (кого-л./что-л.); порочить,
опорочить (кого-л./что-л.)

defame *v*. поносить, порочить;
клеветать; позорить; бесчестить

defamer *n*. поноситель, -ница

defeat I *n*. поражение

defeat II *v*. поражать, поразить
(кого-л., чем-л.); расстраивать
"But if thou return to the city,
and say unto Absalom, I will be
thy servant, O king; [as] I [have
been] thy father's servant hitherto, so [will] I now also [be]
thy servant: then mayest thou
for me defeat the counsel of
Ahithophel" (2 Sa., 15:34) / «Но
если возвратишься в город и
скажешь Авессалому: царь,
[прошли мимо братья твои, и
царь отец твой прошел, и ны-
не] я раб твой; [оставь меня в
живых;] доселе я был рабом
отца твоего, а теперь я —
твой раб: то ты расстроишь
для меня совет Ахитофела»
(2 Цар., 15:34).

defence *n*. заступление; заступничество; защита "Only rebel
not ye against the Lord, neither
fear ye the people of the land; for
they [are] bread for us: their defence is departed from them, and
the Lord [is] with us: fear them
not" (Nu., 14:9) / «Только против Господа не восставайте и
не бойтесь народа земли сей;

ибо он достанется нам на съедение: защиты у них не стало,
а с нами Господь; не бойтесь
их» (Числ., 14:9); оборона;
ограда; ответ; пристанище;
щит "My defence [is] of God,
which saveth the upright in
heart" (Ps., 7:10) / «Щит мой
в Боге, спасающем правых
сердцем» (Псл., 7:11); заступник "[Because of] his strength
will I wait upon thee: for God
[is] my defence" (Ps., 59:9) /
«Сила — у них, но я к Тебе
прибегаю, ибо Бог — заступник мой» (Псл., 58:10).

defend *v*. защищать, защитить
(кого-л./что-л.) "And I will add
unto thy days fifteen years; and
I will deliver thee and this city
out of the hand of the king of
Assyria; and I will defend this
city for mine own sake, and for
my servant David's sake» (2 Ki.,
20:6) / «И прибавлю ко дням
твоим пятнадцать лет, и от руки царя Ассирийского спасу
тебя и город сей, и защищу
город сей ради Себя и ради
Давида, раба Моего» (4 Цар.,
20:6); ~ smb. заступаться, заступиться (за кого-л./за что-л.);
вступаться, вступиться (за кого-л./за что-л.); оберегать, оберечь (кого-л., чем-л.; что-л.);
оборонять, оборонить (кого-
л./что-л., чем-л.); отстаивать,
отстоять (что-л.); поборствовать (кому-л.); ратовать (за
что-л./за кого-л.); сберегать
«But he stood in the midst of
the ground, and defended it,
and slew the Philistines: and
the Lord wrought a great vic-

tory» (2 Sa., 23:12) / «То он стал среди поля и сберег его и поразил Филистимлян. И даровал тогда Господь великую победу» (2 Цар., 23:12); охранять «For I will defend this city, to save it, for mine own sake, and for my servant David's sake» (2 Ki., 19:34) / «Я буду охранять город сей, чтобы спасти его ради Себя и ради Давида, раба Моего» (4 Цар., 19:34).

defendant *n.* оборонитель, -ница

defender *n.* заступник, -ница; защитник, -ница; оборонитель, -ница; поборник, -ница; защищение; оборона; ограждение; сбережение; ~ of the Faith Защитник веры

defenestrate *v.* выбрасывать из окна; казнить путем выбрасывания из окна

defenestration *n.* выбрасывание из окна, казнь путем выбрасывания из окна

defensibly *adv.* оправданно

defensive *adj.* оборонительный

deferentially *adv.* почтительно

defiance *n.* духовные противоречия

deficiency *n.* недостаток

defier *n.* отрицатель; поноситель, хулитель

defilament *n.* скверна

defile I *adj.* осквернительный; скверный

defile II *v.* осквернять, осквернить (что-л.) «There is nothing from without a man, that entering into him can defile him: but the things which come out of him, those are they that defile the man» (Mk., 7:15) / «Ничто, вхо-

дящее в человека извне, не может осквернить его; но что исходит из него, то оскверняет человека» (Марк., 7:13); обесчестить «And Jacob heard that he had defiled Dinah his daughter: now his sons were with his cattle in the field: and Jacob held his peace until they were come» (Ge., 34:5) / «Иаков слышал, что [сын Емморов] обесчестил Дину, дочь его, но как сыновья его были со скотом его в поле, то Иаков молчал, пока не пришли они» (Быт., 34:5); тлеть, истлеть

defilement *n.* осквернение; нетление; without ~ без нетления

defilement *n.* осквернение; профанация

defiler *n.* осквернитель, -ница

define *v.* определять, определить (что-л.)

definite *adj.* определенный

definitely *adv.* определено

definition *n.* определение

definitude *n.* точность, определенность

deformation *n.* искажение; ~ of the image of the Lord искажение образа Божиего

defossion *n.* погребение живым

defrock *v.* лишать духовного сана; расстригать

defunct *adj.* усопший, покойный, скончавшийся

defunction *n.* кончина, смерть

degenerate I *n.* выродок

degenerate II *adj.* дикий «Yet I had planted thee a noble vine, wholly a right seed: how then art thou turned into the degenerate plant of a strange vine unto me?» (Je., 2:21) / «Я насадил тебя как благородную лозу, — самое чистое семя; как же ты превратилась у Меня в дикую отрасль чужой лозы?» (Иер., 2:21).

degenerate III *v.* вырождаться, выродиться; перерождаться, переродиться

degeneration *n.* вырождение; перерождение; моральное падение; уничижение

degrade *v.* низводить, низвести (кого-л./что-л.); падать, пасть; расстригать, расстричь (кого-л.); унижать, унизить (кого-л./что-л.); degrading расстрижение

degree *n.* степень; ученая степень; колено; ступень «And Isaiah said, This sign shalt thou have of the Lord, that the Lord will do the thing that he hath spoken: shall the shadow go forward ten degrees, or go back ten degrees?» (2 Ki., 20:9) / «И сказал Исаия: вот тебе знамение от Господа, что исполнит Господь слово, которое Он изрек: вперед ли пройти тени на десять ступеней, или воротиться на десять ступеней?» (4 Цар., 20:9).

Dei Gratia милостью Божией

Dei Judicium Суд Божий, ордалии

deicide *n.* богоубийство; богоубийца

deific *adj.* божественный, богоподобный; обожествляющий

deification *n.* боготворение; обоготворение; обожествление; обожение

deiform *adj.* богоподобный, богообразный

deify *v.* обожествлять, обоживать; поклоняться; почитать

deign *v.* изволять, изволить; сподоблять, сподобить (кого-л.); снизойти, соизволить, соблаговолить, смилостивиться

deism *n.* деизм

deist *n.* деист

deistic *adj.* деистический

deity *n.* божество

dejection *n.* уныние

delating *adj.* изветный

delation *n.* извет

delay I *n.* отсрочка, отлагательство “Therefore, when they were come hither, without any delay on the morrow I sat on the judgment seat, and commanded the man to be brought forth” (Ac., 25:17) / «Когда же они пришли сюда, то, без всякого отлагательства, на другой же день сел я на судейское место и повелел привести того человека» (Деян., 25:17).

delay II *v.* медлить “Thou shalt not delay [to offer] the first of thy ripe fruits, and of thy liquors: the firstborn of thy sons shalt thou give unto me” (Ex., 22:29) / «Не медли [приносить Мне] начатки от гумна твоего и от точила твоего; отдавай Мне первенца из сынов твоих» (Исх., 22:29).

delegate I *n.* делегат

delegate II *v.* делегировать (кого-л.)

delegation *n.* делегация

deleterious *adj.* вредоносный; ядовитый

deliberate I *adj.* намеренный

deliberate II *v.* рассуждать, рассудить (о чем-л., о ком-л.)

deliberately *adv.* сознательно

deliberation *n.* рассуждение

delicate I *n.* сласти «Nebu-
chadrezzar the king of Babylon
hath devoured me, he hath
crushed me, he hath made me
an empty vessel, he hath swallowed me up like a dragon, he
hath filled his belly with my
delicates, he hath cast me out»
(Je., 51:34) / «Пожирал меня и
грыз меня Навуходоносор,
царь Вавилонский; сделал
меня пустым сосудом; погло-
щал меня, как дракон; напол-
нял чрево свое сластями моими, извергал меня» (Иер.,
51:34).

delicate II *adj.* чуткий; рос-
кошный "Come down, and sit
in the dust, O virgin daughter of
Babylon, sit on the ground:
[there is] no throne, O daughter
of the Chaldeans: for thou shalt
no more be called tender and
delicate" (Isa, 47:1) / «Сойди
и сядь на прах, девица, дочь
Вавилона; сиди на земле:
престола нет, дочь Халдеев, и
вперед не будут называть тебя
нежною и роскошною» (Ис.,
47:1); изнеженный "I have
likened the daughter of Zion to
a comely and delicate [woman]"
(Je., 6:2) / «Разорю Я дочь
Сиона, красивую и изнежен-
ную» (Иер., 6:2).

delight I *n.* наслаждение; восхищение; радование; сладость;
услаждение; prevailing ~ пре-
дубеждающее услаждение

delight II *v.* услаждать, усладить
(кого-л., чем-л.)

delightful *adj.* сладкий; сладостный; make ~ восхищать, восхитить (кого-л./что-л.)

delinquency *n.* проступок

deliver *v.* говорить; ~ a speech говорить речь; ~ a sermon гово-
рить проповедь; доставлять,
доставить (кому-л., что-л.); ~
from избавлять, избавить (кого-л./что-л., от кого-л., чего-л.);
освобождать, освободить "Deliver me, I pray thee, from the
hand of my brother, from the
hand of Esau: for I fear him, lest
he will come and smite me, [and]
the mother with the children"
(Ge., 32:11) / «Избавь меня от
руки брата моего, от руки Исава, ибо я боюсь его, чтобы он,
придя, не убил меня [и] матери с детьми» (Быт., 32:11);
разрешать, разрешить (кого-л.
от чего-л.); спасать, спасти
(кого-л./что-л.); ~ oneself from
избавляться, избавиться (от
кого-л./от чего-л.); ~ (from)
исхищать, исхитить (кого-
л./что-л.); ~ us from evil избавить нас от лукавого; ~ing рождение; избавительный

deliverance *n.* воззвание; избавление "And God sent me before
you to preserve you a posterity
in the earth, and to save your
lives by a great deliverance"
(Ge., 45:7) / «Бог послал меня
перед вами, чтобы оставить
вас на земле и сохранить вашу жизнь великим избавле-
нием» (Быт., 45:7); избава;
исторжение; освобождение;
спасение

deliverer *n.* воскреситель,-ница;
искупитель, -ница; освободи-

тель, -ница; спаситель, -ница "And when the children of Israel cried unto the Lord, the Lord raised up a deliverer to the children of Israel, who delivered them, [even] Othniel the son of Kenaz, Caleb's younger brother" (Jdg., 3:9) / «Тогда возопили сыны Израилевы к Господу, и воздвигнул Господь спасителя сынам Израилевым, который спас их, Гофониила, сына Кеназа, младшего брата Халевова» (Суд., 3:9); избавитель, -ница "And he said, The Lord [is] my rock, and my fortress, and my deliverer" (2 Sa., 22:2) / «Господь — твердыня моя и крепость моя и избавитель мой» (2 Цар., 22:2).

delivery *n.* роды "Like as a woman with child, [that] draweth near the time of her delivery, is in pain, [and] crieth out in her pangs; so have we been in thy sight, O Lord" (Isa, 26:17) / «Как беременная женщина, при наступлении родов, мучится, вопит от болей своих, так были мы пред Тобою, Господи» (Ис., 26:17); родины

delubrum *n.* святилище; храм; церковь с баптистерием; купель, крестильная, крещальня

delude *v.* обманывать, запутывать, сбивать с толку; лгать; ввести кого-л. в заблуждение; обмануть (кого-л./что-л.); обольщать, обольстить (кого-л., чем-л.)

deluge *n.* потоп; the ~ Всемирный Потоп

delusion *n.* заблуждение "And for this cause God shall send them strong delusion, that they should believe a lie" (2 Th., 2:11) / «И за сие пошлет им Бог действие заблуждения, так что они будут верить лжи» (2 Фес., 2:11); be under a ~ быть в заблуждении; lead out of delusion вывести из заблуждения; лганье; обман; обольщение "I also will choose their delusions, and will bring their fears upon them; because when I called, none did answer; when I spake, they did not hear: but they did evil before mine eyes, and chose [that] in which I delighted not" (Isa, 66:4) / «Так и Я употреблю их обольщение и наведу на них ужасное для них: потому что Я звал, и не было отвечающего, говорил, и они не слушали, а делали злое в очах Моих и избирали то, что неугодно Мне» (Ис., 66:4).

delusive *adj.* обманчивый

deluvial *adj.* относящийся к Всемирному Потопу

Demai *n.* «Демай»

demand I *n.* требование

demand II *v.* требовать (чего-л.); говорить "And the officers of the children of Israel, which Pharaoh's taskmasters had set over them, were beaten, [and] demanded, Wherefore have ye not fulfilled your task in making brick both yesterday and to day, as heretofore?" (Ex., 5:14) / «А надзирателей из сынов Израилевых, которых поставили над ними приставники фарао-

новы, били, говоря: почему
вы вчера и сегодня не изготовляете урочного числа кирпичей, как было до сих пор?»
(Исх., 5:14); расспрашивать
"And when Uriah was come unto
him, David demanded [of him]
how Joab did, and how the people did, and how the war pros-
pered" (2 Sa., 11:7) / «И пришел
к нему Урия, и расспросил его
Давид о положении Иоава и о
положении народа, и о ходе
войны» (2 Цар., 11:7); спрашивать «Gird up now thy loins
like a man; for I will demand of
thee, and answer thou me» (Job,
38:3) / «Препояшь ныне чресла
твои, как муж: Я буду спрашивать тебя, и ты объясняй Мне»
(Иов., 38:3).

dementation *n.* сумасшествие,
умопомешательство; помутне-
ние рассудка, потеря рассудка;
безумие

demise *n.* кончина (смерть); преставление

demolish *v.* разрушать, разрушить (что-л.); сокрушать, сокрушить (кого-л./что-л.); уничтожать, уничтожить (кого-
л./что-л.)

demolition *n.* уничтожение

demon *n.* бес; демон; черт; искуситель; malignant ~ злой дух;
avenging ~ дух отмщения;
regular ~ сущий дьявол; drive
out/ exorcise ~s изгонять бесов,
нечистую силу; call forth ~s
вызывать злых духов, призывать нечистую силу; possessed
with ~s одержимый нечистой
силой, бесноватый

demoniac *adj.* одержимый, бесноватый; маньяк; дьявольский,
демонический; ~ boy сатанинское отродье; ~ possession/
frenzy бесноватость; ~ character демоническая натура

demoniacal *adj.* дьявольский,
демонический; ~ temptation
дьявольское искушение

demonism *n.* демонизм

demonolatry *n.* демонолатрия,
поклонение демонам

demonology *n.* демонология

demonstrate *v.* показывать, показать (что-л., кому-л.)

demonstration *n.* доказательство;
показ; явление "And my speech
and my preaching [was] not with
enticing words of man's wisdom, but in demonstration of
the Spirit and of power" (1 Co.,
2:4) / «И слово мое и проповедь моя не в убедительных
словах человеческой мудрости, но в явлении духа и силы» (1 Кор., 2:4).

demonstrative *adj.* доказательный

den *n.* гнездилище; логово

Denarii St. Petri динарии Св.
Петра

denarius *n.* динарий; сребреник

denegation *n.* отрицание, отказ

denial *n.* отказ; отречение; отрицание; опровержение; возра-
жение; отклонение, отвод; отречение; ~ of a faith отречение
от веры; Peter's ~ отречение
апостола Петра; ~ Bible «Библия отречения»

denigrate *v.* чернить; клеветать

denigration *n.* почернение; диффамация, поношение, хула

denigrator *n.* клеветник, диффаматор

denizen *n.* житель, обитатель

denomination *n.* вероисповедание; деноминация

denouncing *adj.* изветный

denunciation *n.* извет; разоблачение

deny *v.* отрицать (что-л.); отвергать, отвергнуть (что-л./кого-л.); ~ assistance отказать кому-л. в помощи; отметать, отмести (что-л.); отрекаться, отречься (от кого-л./от чего-л.) «Lest I be full, and deny [thee], and say, Who [is] the Lord? or lest I be poor, and steal, and take the name of my God [in vain]» (Pr., 30:9) / «Дабы, пресытившись, я не отрекся Тебя и не сказал: кто Господь? и чтобы, обеднев, не стал красть и употреблять имя Бога моего всуе» (Притч., 30:9); отказывать(ся) «And now I ask one petition of thee, deny me not. And she said unto him, Say on» (1 Ki., 2:16) / «Теперь я прошу тебя об одном, не откажи мне. Она сказала ему: говори» (3 Цар., 2:16).

Deo adjuvante с Божией помощью, с помощью Господа

Deo favente с Божией помощью, с помощью Господа

Deo gratias слава Богу, хвала Всевышнему

Deo juvante с Божией помощью, с помощью Господа

Deo volente если Господу будет угодно; если будет на то Божия воля

DEP. (Depositus) обретший покой, получивший покой

depart I *n.* кончина (смерть)

depart II *v.* исходить, изойти (от кого-л./чего-л.); почивать, почить; скончаться; усыпать, усыпить; уходить, уйти "So Abram departed, as the Lord had spoken unto him; and Lot went with him: and Abram [was] seventy and five years old when he departed out of Haran" (Ge., 12:4) / «И пошел Аврам, как сказал ему Господь; и с ним пошел Лот. Аврам был семидесяти пяти лет, когда вышел из Харрана» (Быт., 12:4); ~ed новопреставленный, покойный, почивший, усопший

depart I *n.* смерть, кончина

depart II *v.* умирать; скончаться; преставиться; ~ from this life/ ~ out of this world покинуть этот бренный мир; ~ed покойник, усопший; pray for the souls of the ~ молиться за души усопших

department *n.* кафедра; отправление; удаление; уход

depend (on) *v.* зависеть (от кого-л./чего-л.)

dependence *n.* зависимость

dependent *adj.* зависимый

deperdition *n.* потеря, утрата; гибель, всеобщее уничтожение

depict *v.* изображать, изобразить (кого-л./что-л.)

deplorable *adj.* плачевный; ~ result плачевный результат; слезный

deploration *n.* сожаление, раскаяние; причитание, жалобы, оплакивание

deplore *v.* сожалеть; оплакивать

depose *v.* низлагать, низложить (кого-л.); расстригать, рас-

стричь (кого-л.); deposing расстрижение

deposit *n.* заклад

Deposition *n.* «Положение во
гроб», «Оплакивание Христа»;
~ of the Holy Robe Положение
честной ризы Пресвятой Богородицы; погребение святого

depository *n.* вместилище; кладезь; ~ of learning кладезь премудрости; хранилище

depot *n.* хранилище

depravation *n.* порочность; развращение; растление

deprave *v.* развращать, развратить (кого-л./что-л.); растлевать, растлить (кого-л./что-л.);
~d порочный; растлевший; de-
praving развращение

depraver *n.* развратитель, -ница

depravity *n.* порочность; порча;
разврат; развращенность, ис-
порченность; греховность

deprecate *v.* умолять

deprecation *n.* возражение; протест; осуждение; мольба об от-
вращении беды

deprecatory *adj.* молящий об от-
вращении беды; примиритель-
ный; просительный

depreciate *v.* унижать, унизить
(кого-л./что-л.)

depredate *v.* производить опустошение

depredation *n.* разграбление,
расхищение; хищническое истребление; вторжение; налет;
опустошительный набег

depredator *n.* грабитель

depredatory *adj.* грабительский;
разрушительный, опустоши-
тельный

depress *v.* наводить уныние

deprise *n.* уничижение

deprivation *n.* лишение; лишение
бенефиция

deprive *v.* лишать "Until thy
brother's anger turn away from
thee, and he forget [that] which
thou hast done to him: then I will
send, and fetch thee from thence:
why should I be deprived also of
you both in one day?" (Ge.,
27:45) / «Пока утолится гнев
брата твоего на тебя, и он по-
забудет, что ты сделал ему: тогда я пошлю и возьму тебя оттуда; для чего мне в один день
лишиться обоих вас?» (Быт.,
27:45); отбирать бенефиций;
~d развратный

depth *n.* глубина "The Lord said,
I will bring again from Bashan,
I will bring [my people] again
from the depths of the sea" (Ps.,
68:22) / «Господь сказал: от
Васана возвращу, выведу из
глубины морской» (Псл.,
67:23); глубь; пучина "The
depths have covered them: they
sank into the bottom as a stone"
(Ex., 15:5) / «Пучины покрыли
их: они пошли в глубину, как
камень» (Исх., 15:5); бездна
"The depth saith, It [is] not in
me: and the sea saith, [It is] not
with me" (Job, 28:14) / «Бездна
говорит: не во мне она; и море
говорит: не у меня» (Иов.,
28:14).

deputize *v.* замещать, заместить
(кого-л./что-л. кем-л./чем-л.)

deputy *n.* наместник, -ница
"[There was] then no king in
Edom: a deputy [was] king" (1 Ki.,
22:47) / «В Идумее тогда не
было царя; был наместник
царский» (3 Цар., 22:47); про-

консул "But Elymas the sorcerer (for so is his name by interpretation) withstood them, seeking to turn away the deputy from the faith" (Ac., 13:8) / «А Елима волхв (ибо то значит имя его) противился им, стараясь отвратить проконсула от веры» (Деян., 13:8).

derasha(h) *n.* дераша, проповедь раввина

Derekh Ere(t)z *n.* дерех эрец, поведение, достойное иудея

deride *v.* глумиться, смеяться, насмехаться (над кем-л., над чем-л.) "And the Pharisees also, who were covetous, heard all these things: and they derided him" (Lk., 16:14) / «Слышали все это и фарисеи, которые были сребролюбивы, и они смеялись над Ним» (Лук., 16:14); "And the people stood beholding. And the rulers also with them derided [him], saying, He saved others; let him save himself, if he be Christ, the chosen of God" (Lk., 23:35) / «И стоял народ и смотрел. Насмехались же вместе с ними и начальники, говоря: других спасал; пусть спасет Себя Самого, если Он Христос, избранный Божий» (Лук., 23:35); deriding глумительный

derision *n.* глумление; поругание "Thou makest us a reproach to our neighbours, a scorn and a derision to them that are round about us" (Ps., 44:13) / «Отдал нас на поношение соседям нашим, на посмеяние и поругание живущим вокруг нас» (Псл., 43:14); посмеяние

"O Lord, thou hast deceived me, and I was deceived: thou art stronger than I, and hast prevailed: I am in derision daily, every one mocketh me" (Je., 20:7) / «Ты влек меня, Господи, — и я увлечен; Ты сильнее меня — и превозмог, и я каждый день в посмеянии, всякий издевается надо мною» (Иер., 20:7); посмешище "I was a derision to all my people; [and] their song all the day" (La., 3:14) / «Я стал посмешищем для всего народа моего, вседневною песнью их» (Плач., 3:14).

derivative *adj.* производный

derive *v.* извлекать, извлечь (кого-л./что-л. из чего-л.); ~ benefit извлечь пользу; поучаться, поучиться (от кого-л., чему-л.); черпать, почерпнуть (что-л. из чего-л.)

descend *v.* (on, upon) нисходить; снисходить, снизойти (на кого-л., с чего-л.) "And he carried me away in the spirit to a great and high mountain, and shewed me that great city, the holy Jerusalem, descending out of heaven from God" (Rev., 21:10) / «И вознес меня в духе на великую и высокую гору, и показал мне великий город, святый Иерусалим, который нисходил с неба от Бога» (Откр., 21:10); сходить "And mount Sinai was altogether on a smoke, because the Lord descended upon it in fire: and the smoke thereof ascended as the smoke of a furnace, and the whole mount quaked greatly" (Ex., 19:18) / «Гора же Синай вся дымилась оттого, что Господь сошел на нее в огне; и восходил от нее дым, как дым из печи, и вся гора сильно колебалась» (Исх., 19:18); спускаться "And it came to pass, as Moses entered into the tabernacle, the cloudy pillar descended, and stood [at] the door of the tabernacle, and [the Lord] talked with Moses" (Ex., 33:9) / «Когда же Моисей входил в скинию, тогда спускался столп облачный и становился у входа в скинию, и [Господь] говорил с Моисеем» (Исх., 33:9); ~ing нисходящий; in a ~ing line по нисходящей линии; in a ~ing order в нисходящем порядке

descendant *n.* потомок

descendence *n.* снисхождение

Descensus Ad Inferos of Jesus «Сошествие Христа во ад»

descent I *n.* нисшествие; the ~ of the Holy Ghost нисшествие Святого Духа; спуск "And when he was come nigh, even now at the descent of the mount of Olives, the whole multitude of the disciples began to rejoice and praise God with a loud voice for all the mighty works that they had seen" (Lk., 19:37) / «А когда Он приблизился к спуску с горы Елеонской, все множество учеников начало в радости велегласно славить Бога за все чудеса, какие видели они» (Лук., 19:37); родословие "Without father, without mother, without descent, having neither beginning of days, nor end of life; but made like unto the Son of God; abideth a priest continu-

ally" (He., 7:3) / «Без отца, без матери, без родословия, не имеющий ни начала дней, ни конца жизни, уподобляясь Сыну Божию, пребывает священником навсегда» ·(Евр., 7:3).

descent II *v.* происходить, произойти (от кого-л., из чего-л.)

describe *v.* описывать "And the men went and passed through the land, and described it by cities into seven parts in a book, and came [again] to Joshua to the host at Shiloh" (Jos., 18:9) / «Они пошли, прошли по земле, [осмотрели ее] и описали ее, по городам ее, на семь уделов, в книге, и пришли к Иисусу в стан, в Силом» (Нав., 18:9); изображать, изобразить (кого-л./что-л.); характеризовать, охарактеризовать (кого-л./что-л.); называть "Even as David also describeth the blessedness of the man, unto whom God imputeth righteousness without works" (Ro., 4:6) / «Так и Давид называет блаженным человека, которому Бог вменяет праведность независимо от дел» (Рим., 4:6); расписывать "Ye shall therefore describe the land [into] seven parts, and bring [the description] hither to me, that I may cast lots for you here before the Lord our God" (Jos., 18:6) / «А вы распишите землю на семь уделов и представьте мне сюда: я брошу вам жребий здесь пред лицом Господа Бога нашего» (Нав., 18:6); написать "And caught a young man of the men of Succoth, and enquired of him: and he described unto him the princes of Succoth, and the elders thereof, [even] threescore and seventeen men" (Jdg., 8:14) / «И захватил юношу из жителей Сокхофа и выспросил у него; и он написал ему князей и старейшин Сокхофских семьдесят семь человек» (Суд., 8:14).

description *n.* изображение

desecrate I *adj.* оскверненный, испоганенный

desecrate II *v.* осквернять святыню; поганить; посвящать себя служению злу; расстригать, расстричь (кого-л.); ~ a temple осквернить храм

desecration *n.* осквернение; профанация; поругание; расстрижение; ~ of the graves осквернение могил

desert I *n.* пустыня "And they said, The God of the Hebrews hath met with us: let us go, we pray thee, three days' journey into the desert, and sacrifice unto the Lord our God; lest he fall upon us with pestilence, or with the sword" (Ex., 5:3) / «Они сказали [ему]: Бог Евреев призвал нас; отпусти нас в пустыню на три дня пути принести жертву Господу, Богу нашему, чтобы Он не поразил нас язвою, или мечом» (Исх., 5:3); заслуга

desert II *adj.* запустелый; ~ Fathers Отцы; пустыни, пустынники; ~ed сирый

desertion *n.* ренегатство

deserving (smth.) *adj.* достойный; ~ faith достойный веры

desiderium *n.* горячее желание, страстное желание; горечь и боль утраты

design I *n.* помысл

design II *v.* помышлять, помыслить (о ком-л./о чем-л.); умышлять, умыслить (что-л.)

desinence *n.* конец; окончание, завершение

desipience, (-у) *n.* глупость; шалость, баловство

desirable *adj.* желанный; отборный "She doted upon the Assyrians [her] neighbours, captains and rulers clothed most gorgeously, horsemen riding upon horses, all of them desirable young men" (Ez., 23:12) / «Она пристрастилась к сынам Ассуровым, к областеначальникам и градоправителям, соседям ее, пышно одетым, к всадникам, ездящим на конях, ко всем отборным юношам» (Иез., 23:12).

desire I *n.* вожделение; влечение "Unto the woman he said, I will greatly multiply thy sorrow and thy conception; in sorrow thou shalt bring forth children; and thy desire [shall be] to thy husband, and he shall rule over thee" (Ge., 3:16) / «Жене сказал: умножая умножу скорбь твою в беременности твоей; в болезни будешь рождать детей; и к мужу твоему влечение твое, и он будет господствовать над тобою» (Быт., 3:16); изволение; пожелание; хотение; strong ~ алкание; the ~s of the flesh плотские вожделения; возжелание; желание; wise ~ разумное желание; pious ~ благочестивое желание; depraved ~ развратное желание; burn with ~ гореть желанием

desire II *v.* желать, пожелать (чего-л., кому-л. чего-л.) "For I will cast out the nations before thee, and enlarge thy borders: neither shall any man desire thy land, when thou shalt go up to appear before the Lord thy God thrice in the year" (Ex., 34:24) / «Ибо Я прогоню народы от лица твоего и распространю пределы твои, и никто не пожелает земли твоей, если ты будешь являться пред лице Господа Бога твоего три раза в году» (Исх., 34:24); хотеть, восхотеть (чего-л.); просить "Not so: go now ye [that are] men, and serve the Lord; for that ye did desire. And they were driven out from Pharaoh's presence" (Ex., 10:11) / «Нет: пойдите одни мужчины и совершите служение Господу, так как вы сего просили. И выгнали их от фараона» (Исх., 10:11); ~d вожделенный

desist *v.* переставать; воздерживаться

desistance *n.* прекращение

desk *n.* аналой; аналогий, стол для чтения и положения икон, кафедра проповедническая

desolate I *adj.* заброшенный, запущенный; разрушенный; необитаемый, пустынный; безлюдный; покинутый, оставленный всеми, одинокий; запустелый; пустой "I will not drive them out from before thee in one year; lest the land become desolate, and the beast of the

field multiply against thee" (Ex., 23:29) / «Не выгоню их от лица твоего в один год, чтобы земля не сделалась пуста и не умножились против тебя звери полевые» (Исх., 23:29); ~ heart одинокая душа; несчастный, неутешный

desolate II *v.* опустошать, разорять; приводить в запустение; оставлять, делать несчастным, приводить в отчаяние; ~ wilderness бесплодная пустыня; ~ death одинокая смерть

desolation *n.* запустелость; опустошение "And be not ye like your fathers, and like your brethren, which trespassed against the Lord God of their fathers, [who] therefore gave them up to desolation, as ye see" (2 Chr., 30:7) / «И не будьте таковы, как отцы ваши и братья ваши, которые беззаконно поступали пред Господом Богом отцов своих; и Он предал их на опустошение, как вы видите» (2 Пар., 30:7); запустение; abomination of ~ мерзость запустения

desolation *n.* мерзость запустения; опустошение, разрушение; разорение; in utter ~ в полном запустении; fall to ~ прийти в запустение; emerge from ~ восстать из руин; become a ~ превратиться в пустыню

despair I *n.* отчаяние; give oneself up to ~ впасть в отчаяние; безысходность, безнадежность

despair II *v.* отчаиваться, впадать в отчаяние, терять надежду

despicable *adj.* вызывающий презрение, жалкий, презренный

despisal *n.* презрение

despise *v.* гнушаться (чем-л., кем-л.); презирать, презреть (кого-л./что-л.) "And if ye shall despise my statutes, or if your soul abhor my judgments, so that ye will not do all my commandments, [but] that ye break my covenant" (Lev., 26:15) / «И если презрите Мои постановления, и если душа ваша возгнушается Моими законами, так что вы не будете исполнять всех заповедей Моих, нарушив завет Мой» (Лев., 26:15); уничижать (кого-л./что-л.); пренебрегать "Then Jacob gave Esau bread and pottage of lentiles; and he did eat and drink, and rose up, and went his way: thus Esau despised [his] birthright" (Ge., 25:34) / «И дал Иаков Исаву хлеба и кушанья из чечевицы; и он ел и пил, и встал и пошел; и пренебрег Исав первородство» (Быт., 25:34); despising презрение

despite *n.* злоба; презрение

despiteous *adj.* злобный, жестокий, безжалостный, беспощадный

despodency *n.* уныние

despoil *v.* грабить, разорять; обирать

despoliation *n.* расхищение, разграбление

despond *v.* падать духом, предаваться унынию, унывать; терять веру, надежду

despondence *n.* уныние, упадок духа, подавленность; тоска; fall into ~ впасть в уныние

despondency *n.* уныние, упадок духа

despot *n.* деспот

despotic(al) *adj.* деспотический

despotism *n.* деспотизм

dessiatine *n.* десятина; десятая часть

destination *n.* предназначение

destine *v.* обрекать, обречь (кого-л./что-л. на что-л.); предопределять; предназначать, предназначить (что-л., кому-л.); ~d суженый, предназначенный, предначертанный, предопределенный

destinism *n.* фатализм

destiny *n.* судьба, судьбина; участь; жребий; рок; доля

destitution *n.* нищета

destroy *v.* разрушать, разрушить (что-л.); губить, погубить (кого-л., что-л.) "For the Son of man is not come to destroy men's lives, but to save [them]. And they went to another village" (Lk., 9:56) / «Ибо Сын Человеческий пришел не губить души человеческие, а спасать. И пошли в другое селение» (Лук., 9:56); истреблять, истребить (кого-л./что-л.) "And the Lord said, I will destroy man whom I have created from the face of the earth; both man, and beast, and the creeping thing, and the fowls of the air; for it repenteth me that I have made them" (Ge., 6:7) / «И сказал Господь: истреблю с лица земли человеков, которых Я сотворил, от человека до скотов, и гадов и птиц небесных истреблю, ибо Я раскаялся, что создал их» (Быт., 6:7); потреблять, потребить (что-л.); разорять, разорить (кого-л./что-л.); расстраивать, расстроить (кого-л./что-л.); уничтожать, уничтожить (кого-л./что-л.); ~ing сокрушительный; ~ing angel дух разрушения

destroyer *n.* губитель, -ница "For the Lord will pass through to smite the Egyptians; and when he seeth the blood upon the lintel, and on the two side posts, the Lord will pass over the door, and will not suffer the destroyer to come in unto your houses to smite [you]" (Ex., 12:23) / «И пойдет Господь поражать Египет, и увидит кровь на перекладине и на обоих косяках, и пройдет Господь мимо дверей, и не попустит губителю войти в домы ваши для поражения» (Исх., 12:23); искоренитель, -ница; истребитель, -ница "And I will prepare destroyers against thee, every one with his weapons: and they shall cut down thy choice cedars, and cast [them] into the fire" (Je., 22:7) / «И приготовлю против тебя истребителей, каждого со своими орудиями, и срубят лучшие кедры твои и бросят в огонь» (Иер., 22:7); разрушитель, -ница; сокрушитель, -ница; опустошитель "And when the people saw him, they praised their god: for they said, Our god hath delivered into our hands our enemy, and the destroyer of our country, which slew many of us" (Jdg., 16:24) / «Также и народ, видя его, прославлял бога своего, говоря: бог наш предал в руки наши врага нашего и

опустошителя земли нашей, который побил многих из нас» (Суд., 16:24); притеснитель "Concerning the works of men, by the word of thy lips I have kept [me from] the paths of the destroyer" (Ps., 17:4) / «В делах человеческих, по слову уст Твоих, я охранял себя от путей притеснителя» (Псл., 16:4); расхититель "Because ye were glad, because ye rejoiced, O ye destroyers of mine heritage, because ye are grown fat as the heifer at grass, and bellow as bulls" (Je., 50:11) / «Ибо вы веселились, вы торжествовали, расхитители наследия Моего; прыгали от радости, как телица на траве, и ржали, как боевые кони» (Иер., 50:11).

destruction *n.* разрушение; гибель; губительство; истребление; пагуба; падение; погибель; разорение; уничтожение; смятение "But the Lord thy God shall deliver them unto thee, and shall destroy them with a mighty destruction, until they be destroyed" (De., 7:23) / «Но предаст их тебе Господь, Бог твой, и приведет их в великое смятение, так что они погибнут» (Втор., 7:23); зараза "[They shall be] burnt with hunger, and devoured with burning heat, and with bitter destruction: I will also send the teeth of beasts upon them, with the poison of serpents of the dust" (De., 32:24) / «Будут истощены голодом, истреблены горячкою и лютою заразою; и пошлю на них зубы зверей и яд ползающих по земле» (Втор., 32:24).

destructive *adj.* губительный; истребительный; пагубный; сокрушительный

destructor *n.* разоритель, -ница

detachment *n.* отделение

detailed *adj.* подробный

detect *v.* находить, найти (кого-л./что-л.)

detector *n.* открыватель, -ница

determination *n.* определение

determinator *n.* решитель, -ница

determine *v.* определять, определить (что-л.); разрешать; разрешить (что-л., кому-л.); решать, решить (что-л.) "And it came to pass, as he talked with him, that [the king] said unto him, Art thou made of the king's counsel? forbear; why shouldest thou be smitten? Then the prophet forbare, and said, I know that God hath determined to destroy thee, because thou hast done this, and hast not hearkened unto my counsel" (2 Chr., 25:16) / «Когда он говорил ему, царь отвечал: разве советником царским поставили тебя? перестань, чтобы не убили тебя. И перестал пророк, сказав: знаю, что решил Бог погубить тебя, потому что ты сделал сие и не слушаешь совета моего» (2 Пар., 25:16); положить "And Solomon determined to build an house for the name of the Lord, and an house for his kingdom" (2 Chr., 2:1) / «И положил Соломон построить дом имени Господню и дом царский для себя» (2 Пар., 2:1); ~d решительный

detest *v.* ненавидеть (кого-л./что-л.); отвращаться "Neither shalt thou bring an abomination into thine house, lest thou be a cursed thing like it: [but] thou shalt utterly detest it, and thou shalt utterly abhor it; for it [is] a cursed thing" (De., 7:26) / «И не вноси мерзости в дом твой, дабы не подпасть заклятию, как она; отвращайся сего и гнушайся сего, ибо это заклятое» (Втор., 7:26).

detestable *adj.* ненавистный

detestation *n.* ненависть

detester *n.* ненавистник, -ница

dethrone *v.* низлагать, низложить (кого-л.); развенчивать, развенчать (кого-л., что-л.); свергать с трона, престола

dethronement *n.* свержение с трона, престола, лишение власти, отрешение от власти

dethrowing *n.* низложение

detractor *n.* злоязычник, -ница

detriment *n.* ущерб

deuce *n.* черт, дьявол, нечистая сила

Deusdedit *n.* Деодат I

Deut. (Deuteronomy) *n.* Второзаконие (книга Библии)

deuterocanonical books девтероканонические книги, неканонические книги

Deutero-Isaiah «Девтероисайя», «Второй Исайя»

Deuteronomic Reform реформа Второзакония

Deuteronomy Второзаконие

Deuteronomy Второзаконие (книга Библии)

Devarim «Деварим», «Дварим», «Второзаконие» (книга Библии)

devastate *v.* опустошать, разорять

devastating *adj.* опустошительный

devastation *n.* опустошение, разорение

devekut *n.* двекут, девекут

development *n.* развитие

device *n.* замысел "And Esther spake yet again before the king, and fell down at his feet, and besought him with tears to put away the mischief of Haman the Agagite, and his device that he had devised against the Jews" (Esth., 8:3) / «И продолжала Есфирь говорить пред царем и пала к ногам его, и плакала и умоляла его отвратить злобу Амана Вугеянина и замысел его, который он замыслил против Иудеев» (Есф., 8:3); ухищрение "Behold, I know your thoughts, and the devices [which] ye wrongfully imagine against me" (Job, 21:27) / «Знаю я ваши мысли и ухищрения, какие вы против меня сплетаете» (Иов., 21:27): нелегкая

devil *n.* диавол, дьявол; the devil and his angels дьявол и его присные; attack of devil диавольское поспешение; нелегкая; бес "They sacrificed unto devils, not to God; to gods whom they knew not, to new [gods that] came newly up, whom your fathers feared not" (De., 32:17) / «Приносили жертвы бесам, а не Богу, богам, которых они не знали, новым, которые пришли от соседей и о которых не помышляли отцы ваши» (Втор., 32:17); черт; devils идолы "And they shall no more offer their sacrifices unto devils, after whom they have gone a whoring. This shall be a statute for ever unto them throughout their generations" (Lev., 17:7) / «Чтоб они впредь не приносили жертв своих идолам, за которыми блудно ходят они. Сие да будет для них постановлением вечным в роды их» (Лев., 17:7); ~ worship сатанизм; ~'s Paternoster «молитва Дьяволу», произнесенное шепотом проклятие; ~'s side сторона диавольская, сторона сатанинская; Север, северная сторонка

devildom *n.* черти, бесы, нечистая сила; дьявольщина, чертовщина, бесовщина

deviless *adj.* дьяволица

devilish *adj.* бесовский "This wisdom descendeth not from above, but [is] earthly, sensual, devilish" (Jas., 3:15) / «Это не есть мудрость, нисходящая свыше, но земная, душевная, бесовская» (Иак., 3:15); диавольский; сатанинский, чертовский

devilize *v.* ожесточать; неистовствовать, безумствовать

devilkin *n.* чертенок, бесенок, дьяволенок

devilment *n.* чертовщина, дьявольщина, сатанизм

devilry *n.* бесовщина; дьявольщина

devisor *n.* завещатель, -ница

devote *v.* посвящать, посвятить (кого-л., во что-л.); ~ oneself to God посвятить себя Богу; ~d преданный; благоговейный; заклятый; приверженный "But the field, when it goeth out in the jubile, shall be holy unto the

Lord, as a field devoted; the possession thereof shall be the priest's" (Lev., 27:21) / «Поле то, когда оно в юбилей отойдет, будет святынею Господу, как бы поле заклятое; священнику достанется оно во владение» (Лев., 27:21).

devotedly *adv.* преданно

devotedness *n.* преданность; привязанность

devotee *n.* истово верующий; преданный; подвижник, -ница; ревнитель, -ница; ярый церковник; ревностный поборник веры

devotion *n.* набожность; преданность; благоговение; святыня "For as I passed by, and beheld your devotions, I found an altar with this inscription, TO THE UNKNOWN GOD. Whom therefore ye ignorantly worship, him declare I unto you" (Ac., 17:23) / «Ибо, проходя и осматривая ваши святыни, я нашел и жертвенник, на котором написано «неведомому Богу». Сего-то, Которого вы, не зная, чтите, я проповедую вам» (Деян., 17:23); приверженность; благочестие, чтение молитв, моление; отправление религиозных обрядов; почитание; ревностное служение; book of ~s требник, евхологий; be at one's ~ молиться;

devotional *adj.* молитвенный; религиозный; благочестивый; ~ attitude молитвенная поза

devotionalism *n.* набожность

devout *adj.* благочестивый "And, behold, there was a man in Jerusalem, whose name [was] Simeon; and the same man [was] just and devout, waiting for the consolation of Israel: and the Holy Ghost was upon him" (Lk., 2:25) / «Тогда был в Иерусалиме человек, именем Симеон. Он был муж праведный и благочестивый, чающий утешения Израилева; и Дух Святый был на нем» (Лук., 2:25); набожный "And there were dwelling at Jerusalem Jews, devout men, out of every nation under heaven" (Ac., 2:5) / «В Иерусалиме же находились Иудеи, люди набожные, из всякого народа под небом» (Деян., 2:5); благоговейный "And devout men carried Stephen [to his burial], and made great lamentation over him" (Ac., 8:2) / «Стефана же погребли мужи благоговейные, и сделали великий плач по нем» (Деян., 8:2).

dew *n.* роса "Therefore God give thee of the dew of heaven, and the fatness of the earth, and plenty of corn and wine" (Ge., 27:28) / «Да даст тебе Бог от росы небесной и от тука земли, и множество хлеба и вина» (Быт., 27:28).

dexter *n.* правая сторона

dextral *adj.* расположенный одесную, справа

diablery *n.* черная магия

diabolic(al) *adj.* бесовской, дьявольский, сатанинский; злобный, жестокий, зверский; диавольский; ~ suggestion диавольское наваждение; ~ arts черная магия

diabolically *adv.* бесовски, дьявольски; жестоко, свирепо, зверски

diabolicalness *n.* бесовщина

diabolism *n.* колдовство, черная магия; одержимость, бесноватость; сатанизм; дьяволизм, сатанизм

diacon *n.* диакон, дьякон

diaconal *adj.* диаконский, дьяконский

diaconicon (diaconicum) *n.* ризница

diagnose *v.* распознавать, распознать (кого-л./что-л.)

diagrace *n.* срам

dialogue *n.* беседа

Diatessaron *n.* «Диатессарон»

dichotomy *n.* дихотомия

dictum *n.* авторитетное заявление, компетентное мнение; ~ — factum сказано — сделано

Didache *n.* «Дидахе», «Учение 12 апостолов»

didactive *adj.* поучительный

Didascalia Apostolorum «Дидаскалия», «Учение апостольское», «Учение кафолическое двенадцати апостолов и святых учеников Спасителя нашего»

die *v.* умирать "But of the tree of the knowledge of good and evil, thou shalt not eat of it: for in the day that thou eatest thereof thou shalt surely die" (Ge., 2:17) / «А от дерева познания добра и зла не ешь от него, ибо в день, в который ты вкусишь от него, смертью умрешь» (Быт., 2:17); скончаться; исчезать, исчезнуть; усыпать, усыпить; ~ in pains замучиться; ~

testate оставить после себя духовное завещание

dies fastus *n.* присутственный день; день у древних римлян, когда разрешалось выносить судебные приговоры

dies infastus запретный день, неприсутственный день

Dies Irae «День Гнева», «Диес ирэ»

Dies Irae Диес Ире (песнопение)

dies non запретный день, неприсутственный день

diferential *adj.* уважительный

differ *v.* отличать, отличить, различать (что-л. от чего-л.); отличаться "Now I say, [That] the heir, as long as he is a child, differeth nothing from a servant, though he be lord of all" (Ga., 4:1) / «Еще скажу: наследник, доколе в детстве, ничем не отличается от раба, хотя и господин всего» (Гал., 4:1); различаться, расходиться, разойтись (в чем-л.); разниться "[There is] one glory of the sun, and another glory of the moon, and another glory of the stars: for [one] star differeth from [another] star in glory" (1 Co., 15:41) / «Иная слава солнца, иная слава луны, иная звезд; и звезда от звезды разнится в славе» (1 Кор., 15:41).

difference *n.* отличие; противоположность; различие "But against any of the children of Israel shall not a dog move his tongue, against man or beast: that ye may know how that the Lord doth put a difference between the Egyptians and Israel" (Ex., 11:7) / «У всех же сынов

Израилевых ни на человека, ни на скот не пошевелит пес языком своим, дабы вы знали, какое различие делает Господь между Египтянами и между Израильтянами» (Исх., 11:7); разница; разность; распря

different *adj.* иной; отличительный; противоположный; различный; сопротивный

differentiate *v.* разграничивать, разграничить

differently *adv.* иначе

difficult *adj.* трудный; тяжелый

difficulty *n.* трудность; обуза

diglot(t) I *n.* диглотта; книга с параллельным текстом на двух языках

diglot(t) II *adj.* двуязычный, на двух языках

dignify *v.* воздавать почести, возвеличивать; возводить в достоинство, в сан; ~ing *n.* величание

dignitary *n.* сановник

dignity *n.* достоинство "Reuben, thou [art] my firstborn, my might, and the beginning of my strength, the excellency of dignity, and the excellency of power" (Ge., 49:3) / «Рувим, первенец мой! ты — крепость моя и начаток силы моей, верх достоинства и верх могущества» (Быт., 49:3); сан; отличие "And the king said, What honour and dignity hath been done to Mordecai for this? Then said the king's servants that ministered unto him, There is nothing done for him" (Esth., 6:3) / «И сказал царь: какая дана почесть и отличие Мардохею за это? И сказали отроки царя, служившие

при нем: ничего не сделано ему» (Есф., 16:3).

digression *n.* дигрессия, авторское отступление;

dilacerate *v.* раздирать, разрывать на части

diligence *n.* поспешение; прилежание; тщание; тщательность; усердие "Or he that exhorteth, on exhortation: he that giveth, [let him do it] with simplicity; he that ruleth, with diligence; he that sheweth mercy, with cheerfulness" (Ro., 12:8) / «Увещатель ли, увещевай; раздаватель ли, раздавай в простоте; начальник ли, начальствуй с усердием; благотворитель ли, благотвори с радушием» (Рим., 12:8).

diligent *adj.* прилежный "He becometh poor that dealeth [with] a slack hand: but the hand of the diligent maketh rich" (Pr., 10:4) / «Ленивая рука делает бедным, а рука прилежных обогащает» (Притч., 10:4); радивый; тщательный

diligently *adv.* прилежно; с большим тщанием; тщательно "Only take heed to thyself, and keep thy soul diligently, lest thou forget the things which thine eyes have seen, and lest they depart from thy heart all the days of thy life: but teach them thy sons, and thy sons' sons" (De., 4:9) / «Только берегись и тщательно храни душу твою, чтобы тебе не забыть тех дел, которые видели глаза твои, и чтобы они не выходили из сердца твоего во все дни жизни твоей; и поведай о них сынам твоим и сынам сынов твоих» (Втор., 4:9).

diluvian *adj.* относящийся к Всемирному потопу; делювиальный

diluvii testes свидетели Потопа

dimension *n.* размер

diminish *v.* ослаблять, ослабить (что-л.); сокращать, сократить (что-л.); убавлять "And the tale of the bricks, which they did make heretofore, ye shall lay upon them; ye shall not diminish [ought] thereof: for they [be] idle; therefore they cry, saying, Let us go [and] sacrifice to our God" (Ex., 5:8) / «А кирпичей наложите на них то же урочное число, какое они делали вчера и третьего дня, и не убавляйте; они праздны, потому и кричат: пойдем, принесем жертву Богу нашему» (Исх., 5:8); убивать, убить (уменьшиться в количестве); умалять, умалить (что-л.); уменьшить "According to the multitude of years thou shalt increase the price thereof, and according to the fewness of years thou shalt diminish the price of it: for [according] to the number [of the years] of the fruits doth he sell unto thee" (Lev., 25:16) / «Если много остается лет, умножь цену; а если мало лет остается, уменьши цену, ибо известное число лет жатв он продает тебе» (Лев., 25:16); ~ing умаление

Dimitrios *n.* Димитрий

dinanderie *n.* медная церковная утварь

dinative *n.* доброхотное даяние

ding *n.* звон колокола

ding-dong *n.* звон колокола; перезвон

dinner *n.* обед "Then said he also to him that bade him, When thou makest a dinner or a supper, call not thy friends, nor thy brethren, neither thy kinsmen, nor [thy] rich neighbours; lest they also bid thee again, and a recompence be made thee" (Lk., 14:12) / «Сказал же и позвавшему Его: когда делаешь обед или ужин, не зови друзей твоих, ни братьев твоих, ни родственников твоих, ни соседей богатых, чтобы и они тебя когда не позвали, и не получил ты воздаяния» (Лук., 14:12); блюдо "Better [is] a dinner of herbs where love is, than a stalled ox and hatred therewith" (Pr., 15:17) / «Лучше блюдо зелени, и при нем любовь, нежели откормленный бык, и при нем ненависть» (Притч., 15:17).

diocesan I *n.* епископ епархии

diocesan II *adj.* епархиальный

diocese *n.* епархия; диецез, диоцез

Dionysius the Areopagite *n.* Дионисий Ареопагит

Dionysius *n.* Дионисий

Dioscorus *n.* Диоскор

dip *v.* погружать, погрузить (кого-л./что-л., во что-л.); обмакивать "And ye shall take a bunch of hyssop, and dip [it] in the blood that [is] in the bason, and strike the lintel and the two side posts with the blood that [is] in the bason; and none of you shall go out at the door of his house until the morning" (Ex., 12:22) / «И возьмите пучок иссопа, и обмочите в кровь, которая в сосуде, и помажьте перекладину и оба косяка дверей кровью, которая в сосуде; а вы никто не выходите за двери дома своего до утра» (Исх., 12:22); омочить "And the priest shall dip his finger in the blood, and sprinkle of the blood seven times before the Lord, before the vail of the sanctuary" (Lev., 4:6) / «И омочит священник перст свой в кровь и покропит кровью семь раз пред Господом пред завесою святилища» (Лев., 4:6).

direct I *adj.* непосредственный

direct II *v.* направлять, направить (кого-л., на что-л.) "In all thy ways acknowledge him, and he shall direct thy paths" (Pr., 3:6) / «Во всех путях твоих познавай Его, и Он направит стези твои» (Притч., 3:6); наставлять, наставить (кого-л. на что-л.); пасти (кого-л.); указывать, указать (кому-л., что-л.); управлять "A man's heart deviseth his way: but the Lord directeth his steps" (Pr., 16:9) / «Сердце человека обдумывает свой путь, но Господь управляет шествием его» (Притч., 16:9).

direction *n.* направление; указание

directly *adv.* прямо "And according to the doors of the chambers that [were] toward the south [was] a door in the head of the way, [even] the way directly before the wall toward the east, as one entereth into them" (Ex., 42:12) / «Такие же двери, как и у комнат, которые на юг, и для

входа в них дверь у самой дороги, которая шла прямо вдоль стены на восток» (Исх., 42:12).

director *n.* наставник, учитель; духовный отец, духовник

directory *n.* служебник; указатель

direful *adj.* страшный, ужасный

direly *adv.* ужасно страшно, зловеще

dirge *n.* плач; погребальная песнь; погребальная служба; панихида; рыдание; funeral ~ надгробное рыдание

dirt *n.* грязь "Then did I beat them small as the dust before the wind: I did cast them out as the dirt in the streets" (Ps., 18:42) / «Я рассеваю их, как прах пред лицем ветра, как уличную грязь попираю их» (Псл., 17:43).

dirty I *adj.* грязный; скверный

dirty II *v.* грязнить, загрязнить (кого-л./что-л.)

disadvise *v.* не советовать, отсоветовать

disagreable *adj.* неугодный

disagree *v.* расходиться, разойтись (в чем-л.)

disanimate *v.* приводить в уныние, лишать присутствия духа; лишать жизни

disappear *v.* исчезать, исчезнуть

disarray *n.* смущение

disaster *n.* бедствие; злополучие; напасть

disastrous *adj.* бедственный; гибельный; злополучный

disavow *v.* отрицать (что-л.)

disbeliever *n.* неверующий

discalceate(d) *adj.* босоногий

discalced *adj.* босоногий; босые; ~ Carmelite Fathers босоногие отцы-кармелиты; ~ Carmelite Nuns босые кармелитки; ~ Carmelites босые кармелитки; ~ Carmelite Nuns *n. pl.* «Босые кармелитки»

discern *v.* различать, различить (кого-л./что-л.) "I [am] this day fourscore years old: [and] can I discern between good and evil?" (2 Sa., 19:35) / «Мне теперь восемьдесят лет; различу ли хорошее от худого?» (2 Цар., 19:35); распознавать, распознать (кого-л./что-л.); узнавать "And he discerned him not, because his hands were hairy, as his brother Esau's hands: so he blessed him" (Ge., 27:23) / «И не узнал его, потому что руки его были, как руки Исава, брата его, косматые; и благословил его» (Быт., 27:23); discerning распознавание; discerning of spirits распознавание духов

discharge I *n.* избавление "[There is] no man that hath power over the spirit to retain the spirit; neither [hath he] power in the day of death: and [there is] no discharge in [that] war; neither shall wickedness deliver those that are given to it" (Ec., 8:8) / «Человек не властен над духом, чтобы удержать дух, и нет власти у него над днем смерти, и нет избавления в этой борьбе, и не спасет нечестие нечестивого» (Екк., 8:8); ~ Bible «Библия без заклинания»; увольнение; discharging извержение

discharge II *v.* извергать, извергнуть (кого-л./что-л., из чего-л.); увольнять, уволить (кого-л.)

disciple *n.* апостол; последователь; ученик, сторонник, приверженец; ~s of Christ «Ученики Христовы»; "Bind up the testimony, seal the law among my disciples" (Isa, 8:16) / «Завяжи свидетельство, и запечатай откровение при учениках Моих» (Ис., 8:19); twelve ~s 12 апостолов

disciplinant *n.* флагеллант

disciplinarian I *n.* приверженец пресвитерианства

disciplinarian II *adj.* пресвитерианский

discipline I *n.* епитимья; умерщвление плоти; наказание; ~ with the rod наказание розгами; дисциплина; вразумление "He openeth also their ear to discipline, and commandeth that they return from iniquity" (Job, 36:10) / «И открывает их ухо для вразумления и говорит им, чтоб они отстали от нечестия» (Иов., 36:10).

discipline II *v.* дисциплинировать (кого-л./что-л.); налагать епитимию (на кого-л.); наказывать, наказать (кого-л., за что-л.); бичевать; пороть; умерщвлять плоть

discipular *adj.* ученический

disclose *v.* открывать "For, behold, the Lord cometh out of his place to punish the inhabitants of the earth for their iniquity: the earth also shall disclose her blood, and shall no more cover her slain" (Isa, 26:21) / «Ибо вот, Господь выходит из жилища Своего наказать обитателей земли за их беззаконие, и земля откроет поглощенную ею кровь и уже не скроет убитых своих» (Ис., 26:21); обличать, обличить (кого-л./что-л.); обнажать, обнажить (что-л.); disclosing обнажение

discloser *n.* открыватель, -ница

disclosure *n.* обнаружение; открытие; обличение; разоблачение

discommend *v.* порицать, осуждать

discommendable *adj.* непохвальный

discommode *v.* причинять неудобство, беспокойство; стеснять

discommodity *n.* неудобство, беспокойство

disconsolate *adj.* безутешный; неутешный

disconsolateness *n.* неутешность

disconsolation *n.* безутешность; неутешность

discontented *adj.* неудовлетворенный

discord *n.* несогласие; be in discord быть в несогласии; sow the seeds of discord посеять несогласие; разлад, разладица; распря; раздор "Frowardness [is] in his heart, he deviseth mischief continually; he soweth discord" (Pr., 6:14) / «Коварство в сердце его: он умышляет зло во всякое время, сеет раздоры» (Притч., 6:14).

discordance *n.* разлад, разладица; разногласие

discourse I *n.* лекция, речь, слово; deliver a ~ произнести речь; выступить с речью; рассуждение; комментарий

discourse II *v.* петь, распевать; исполнять; комментировать, рассуждать, разъяснять; беседовать, побеседовать; discoursing дискурсивный

discover *v.* открывать "A man shall not take his father's wife, nor discover his father's skirt" (De., 22:30) / «Никто не должен брать жены отца своего и открывать край одежды отца своего» (Втор., 22:30); находить, найти (кого-л./что-л.); обнаруживать, обнаружить (что-л.); обнажать "And if a man shall lie with a woman having her sickness, and shall uncover her nakedness; he hath discovered her fountain, and she hath uncovered the fountain of her blood: and both of them shall be cut off from among their people" (Lev., 20:18) / «Если кто ляжет с женою во время болезни кровоочищения и откроет наготу ее, то он обнажил истечения ее, и она открыла течение кровей своих: оба они да будут истреблены из народа своего» (Лев., 20:18); ~ing обличение; обнаружение

discoverer *n.* обличитель, -ница; открыватель, -ница

discovery *n.* открытие; обретение; ~ of the Forerunner's Head Обретение Главы Предтечи и Крестителя Господня Иоанна

discredit I *n.* немилость

discredit II *v.* лишать кого-л. доверия; позорить (кого-л./что-л.)

discrepancy *n.* несогласие между двумя версиями; различие; расхождение

discretion *n.* милость; осмотрительность; усмотрение; рассудительность "To give subtilty to the simple, to the young man knowledge and discretion" (Pr., 1:4) / «Простым дать смышленость, юноше — знание и рассудительность» (Притч., 1:4).

discriminate *v.* отличать, отличить (что-л. от чего-л.); разграничивать, разграничить; различать, различить (кого-л./что-л.)

discrimination *n.* отличие; разграничение

disculpate *v.* оправдывать

discuss *v.* обсуждать, обсудить (что-л., с кем-л.); рассуждать, рассудить (о чем-л., о ком-л.); спорить (с кем-л., о чем-л.); трактовать

discussion *n.* диспут; обсуждение; рассуждение; спор

disdain I *n.* презрение; пренебрежение

disdain II *v.* презирать, презреть (кого-л./что-л.)

disease *n.* болезнь "And said, If thou wilt diligently hearken to the voice of the Lord thy God, and wilt do that which is right in his sight, and wilt give ear to his commandments, and keep all his statutes, I will put none of these diseases upon thee, which I have brought upon the Egyptians: for I [am] the Lord that healeth thee" (Ex., 15:26) / «И сказал: если ты будешь слушаться гласа Господа, Бога твоего, и делать угодное пред очами Его, и внимать заповедям Его, и соблюдать все уставы Его, то не наведу на тебя ни одной из болезней, которые навел Я на Египет, ибо Я Господь [Бог твой], целитель твой» (Исх., 15:26); недуг

disembody *v.* делать бесплотным

disenchant *v.* освобождать от чар

disenchantment *n.* разочарование

disentomb *v.* выкапывать из могилы

disestablish *v.* лишать статуса и привилегий государственной Церкви

disestablishment *n.* отделение Церкви от государства, разделение Церкви и государства

disfavour *n.* немилость

disfrock *v.* лишать духовного сана/звания; ~ of dignity лишать сана священнослужителя; расстригать

disgorge *v.* извергать, извергнуть (кого-л./что-л., из чего-л.)

disgown *v.* лишать духовного звания, сана; расстригать; слагать с себя духовный сан/ духовное звание

disgrace I *n.* бесчестие; стыд; позор; немилость; fall into ~ попасть в немилость к кому-л.; позор; позорище; поношение; посрамление

disgrace II *v.* унижать "Do not abhor [us], for thy name's sake, do not disgrace the throne of thy glory: remember, break not thy covenant with us" (Je., 14:21) / «Не отрини нас ради имени Твоего; не унижай престола славы Твоей: вспомни, не разрушай завета Твоего с нами» (Иер., 14:21); позорить (кого-л./что-л.); посрамлять, посрамить (кого-л./что-л.), бесчестить, пятнать, дискредитировать

disgraceful *adj.* стыдный

disgust *n.* отвращение

disgustful *adj.* гадкий

dishonest *adj.* бесчестный; ~ gain корыстолюбие "Behold, therefore I have smitten mine hand at thy dishonest gain which thou hast made, and at thy blood" (Ez., 22:13) / «И вот, Я всплеснул руками Моими о корыстолюбии твоем, какое обнаруживается у тебя, и о кровопролитии, которое совершается среди тебя» (Иез., 22:13); корысть "Her princes in the midst thereof [are] like wolves ravening the prey, to shed blood, [and] to destroy souls, to get dishonest gain" (Ez., 22:27) / «Князья у нее как волки, похищающие добычу; проливают кровь, губят души, чтобы приобрести корысть» (Иез., 22:27).

dishonesty *n.* бессовестность; бесчестность

dishonour I *n.* уничижение; поношение; позор "Let them be ashamed and brought to confusion together that rejoice at mine hurt: let them be clothed with shame and dishonour that magnify [themselves] against me" (Ps., 35:26) / «Да постыдятся и посрамятся все, радующиеся моему несчастью; да облекутся в стыд и позор величающиеся надо мною» (Псл., 34:26); посрамление "Thou hast known my reproach, and my shame, and my dishonour: mine adversaries [are] all before thee" (Ps., 69:19) / «Ты знаешь поношение мое, стыд мой и посрамление мое: враги мои все пред Тобою» (Псл., 68:20);

ущерб "Now because we have maintenance from [the king's] palace, and it was not meet for us to see the king's dishonour, therefore have we sent and certified the king" (Ezr., 4:14) / «Так как мы едим соль от дворца царского, и ущерб для царя не можем видеть, поэтому мы посылаем донесение к царю» (Ездр., 4:14).

dishonour II *v.* растлевать, растлить (кого-л./что-л.); позорить (кого-л./что-л.); бесчестить, пятнать; запятнать; опозорить, покрыть позором; ~ing растление нравов; позорить "For the son dishonoureth the father, the daughter riseth up against her mother, the daughter in law against her mother in law; a man's enemies [are] the men of his own house" (Mi., 7:6) / «Ибо сын позорит отца, дочь восстает против матери, невестка — против свекрови своей; враги человеку — домашние его» (Мих., 7:6); бесчестить, обесчестить (кого-л.) "Let them be confounded [and] consumed that are adversaries to my soul; let them be covered [with] reproach and dishonour that seek my hurt" (Ps., 71:13) / «Да постыдятся и исчезнут враждующие против души моей, да покроются стыдом и бесчестием ищущие мне зла!» (Псл., 70:13); сквернить "Wherefore God also gave them up to uncleanness through the lusts of their own hearts, to dishonour their own bodies between themselves" (Ro., 1:24) / «То и предал их Бог в похотях сердец их нечистоте, так что они сквернили сами свои тела» (Рим., 1:24); постыжать "Every man praying or prophesying, having [his] head covered, dishonoureth his head" (1 Co., 11:4) / «Всякий муж, молящийся или пророчествующий с покрытою головою, постыжает свою голову» (1 Кор., 11:4).

dishonourable *adj.* бесчестный; позорный

disinclination *n.* нерасположение

disinterested *adj.* бескорыстный; бессребренник, -ца

disinterestedness *n.* бескорыстие

dislike *n.* нерасположение

dismay *v.* страшить (кого-л.)

dismiss *v.* увольнять, уволить (кого-л.); отпускать "So the Levites and all Judah did according to all things that Jehoiada the priest had commanded, and took every man his men that were to come in on the sabbath, with them that were to go [out] on the sabbath: for Jehoiada the priest dismissed not the courses" (2 Chr., 23:8) / «И сделали левиты и все Иудеи, что приказал Иодай священник; и взяли каждый людей своих, приходящих в субботу с отходящими в субботу, потому что не отпустил священник Иодай сменившихся черед» (2 Пар., 23:8); ~ the thought отрешиться от мысли

dismissal *n.* увольнение; отпуст

dismission *n.* низложение

dismissive *n.* отпуст

disobedience *n.* неповиновение; непослушание "For as by one man's disobedience many were made sinners, so by the obedience of one shall many be made righteous" (Ro., 5:19) / «Ибо, как непослушанием одного человека сделались многие грешными, так и послушанием одного сделаются праведными многие» (Рим., 5:19); ослушание

disobey *v.* ослушаться (кого-л./чего-л.); не повиноваться "And he cried unto the man of God that came from Judah, saying, Thus saith the Lord, Forasmuch as thou hast disobeyed the mouth of the Lord, and hast not kept the commandment which the Lord thy God commanded thee" (1 Ki., 13:21) / «И произнес он к человеку Божию, пришедшему из Иудеи, и сказал: так говорит Господь: за то, что ты не повиновался устам Господа и не соблюл повеления, которое заповедал тебе Господь Бог твой» (3 Цар., 13:21).

disorder *n.* бесчиние, бесчинство

disparage *v.* затоптать кого-л. в грязь

dispensable *adj.* ненадобный

dispensation *n.* давание; the Mose's ~s законы Моисея; Christian ~s заповеди христианства; устроение "That in the dispensation of the fulness of times he might gather together in one all things in Christ, both which are in heaven, and which are on earth; [even] in him" (Eph., 1:10) / «В устроении полноты времен, дабы все небесное и земное соединить под главою Христом» (Ефес., 1:10); домостроительство "If ye have heard of the dispensation of the grace of God which is given me to you-ward" (Eph., 3:2) / «Как вы слышали о домостроительстве благодати Божией, данной мне для вас» (Ефес., 3:2).

dispensation *n.* произволение, Божий промысел; закон, завет; Mosaic ~s Моисеевы законы; Christian ~s заповеди христианства; Papal ~ произволение Папы Римского

dispenser *n.* податель, -ница

dispension *n.* раздача, раздавание

dispeopled *adj.* запустелый

Dispersion *n.* иудейская диаспора

dispirit *v.* приводить в уныние, удручать

dispiteous *adj.* безжалостный, неумолимый

Displacement *n.* суперцессия, замена народа богоизбранного

display I *n.* обнаружение; открытие; проявление

display II *v.* обличать, обличить (кого-л./что-л.); обнажать, обнажить (что-л.); проявлять, проявить (что-л.); ~ oneself проявляться, проявиться

dispose *v.* располагать "Dost thou know when God disposed them, and caused the light of his cloud to shine?" (Job, 37:15) / «Знаешь ли, как Бог располагает ими и повелевает свету блистать из облака Своего?» (Иов., 37:15); расположить (кого-л./что-л.); склонять, склонить (кого-л./что-л.); управлять "Who hath given him a charge over the earth? or who

hath disposed the whole world?" (Job, 34:13) / «Кто кроме Его промышляет о земле? И кто управляет всею вселенною?» (Иов., 34:13); ~d склонный

disposition *n.* мироощущение; склонность; служение "Who have received the law by the disposition of angels, and have not kept [it]" (Ac., 7:53) / «Вы, которые приняли закон при служении Ангелов и не сохранили» (Деян., 7:53).

dispraise I *n.* нарекание; хула; осуждение, неодобрение, порицание

dispraise II *v.* осуждать, не одобрять, порицать, предавать порицанию

disproof *n.* опровержение

disprove *v.* опровергать, опровергнуть (что-л.)

disprover *n.* опровергатель, -ница

disputable *adj.* спорный

disputant *n.* диспутант, участник диспута

dispute I *n.* спор; распря

dispute II *v.* рассуждать "And he came to Capernaum: and being in the house he asked them, What was it that ye disputed among yourselves by the way?" (Mk., 9:33) / «Пришел в Капернаум; и когда был в доме, спросил их: о чем дорогою вы рассуждали между собою?» (Марк., 9:33); состязаться "There the righteous might dispute with him; so should I be delivered for ever from my judge" (Job, 23:7) / «Тогда праведник мог бы состязаться с Ним, — и я навсегда получил бы свободу от Судии моего» (Иов., 23:7).

disquisition *n.* подробное обсуждение; изучение; исследование, изыскание

disrepute *n.* дурная слава; fall into ~ приобрести дурную славу

disrobe *v.* разоблачать, разоблачить (кого-л./что-л.); лишать духовного сана

disrupt *v.* раскалывать, расколоть (кого-л./что-л.)

dissemble *v.* утаивать "Israel hath sinned, and they have also transgressed my covenant which I commanded them: for they have even taken of the accursed thing, and have also stolen, and dissembled also, and they have put [it] even among their own stuff" (Jos., 7:11) / «Израиль согрешил, и преступили они завет Мой, который Я завещал им; и взяли из заклятого, и украли, и утаили, и положили между своими вещами» (Нав., 7:11); лицемерить "And the other Jews dissembled likewise with him; insomuch that Barnabas also was carried away with their dissimulation" (Ga., 2:13) / «Вместе с ним лицемерили и прочие Иудеи, так что даже Варнава был увлечен их лицемерием» (Гал., 2:13).

dissembler *n.* лицемер, -ка

dissension *n.* разлад, разладица; распря "And when he had so said, there arose a dissension between the Pharisees and the Sadducees: and the multitude was divided" (Ac., 23:7) / «Когда же он сказал это, произошла распря между фарисеями и садду-

кеями, и собрание разделилось» (Деян., 23:7); раздор "And when there arose a great dissension, the chief captain, fearing lest Paul should have been pulled in pieces of them, commanded the soldiers to go down, and to take him by force from among them, and to bring [him] into the castle" (Ac., 23:10) / «Но как раздор увеличился, то тысяченачальник, опасаясь, чтобы они не растерзали Павла, повелел воинам сойти взять его из среды их и отвести в крепость» (Деян., 23:10).

dissension *n.* раскол; раздор, вражда; трения; разногласие; несогласие

dissent I *n.* раскол; ~ing иноверный, раскольнический, раскольничий; сектантство; расхождение во взглядах; разногласие; инакомыслие; несогласие; отказ дать согласие; pressures against ~ давление на инакомыслящих

dissent II *v.* отступать от взглядов ортодоксальной церкви

Dissenter *n.* диссентер, пуританин; сектант; диссидент, нонконформист; иноверец, -рка; раскольник, -ница

dissertation *n.* ученое рассуждение; диссертация

dissidence *n.* иноверие; раскол

dissident I *n.* иноверец, -рка; раскольник, -ница; диссидент; сектант, нонконформист

dissident II *adj.* раскольнический, диссидентский, сектантский; разномыслящий

dissimulate *v.* скрывать, таить

dissimulation *n.* лицемерие "And the other Jews dissembled likewise with him; insomuch that Barnabas also was carried away with their dissimulation" (Ga., 2:13) / «Вместе с ним лицемерили и прочие Иудеи, так что даже Варнава был увлечен их лицемерием» (Гал., 2:13); сокрытие, утайка

dissipate *v.* расточать, расточить (что-л.)

dissipator *n.* расточитель, -ница

dissolute *adj.* блудный; непотребный; распущенный

dissoluteness *n.* распущенность

dissolution *n.* расторжение

dissolve *v.* расторгать, расторгнуть (что-л.); ~ a marriage расторгнуть брак

dissonance *n.* разлад, разладица; разногласие

dissuade *v.* разуверить (кого, в чём)

distance *n.* даль; протяжение

distant *adj.* далекий; дальний; ~ country дальняя сторона, дальний край

distaste *n.* отвращение

distinction *n.* отличие; почесть

distinctive *adj.* отличительный

distinguish *v.* отличать, отличить (что-л., от чего-л.); различать, различить (кого-л./что-л.); ~ed отличительный; ~ing различение

distort *v.* искажать; ~ the truth исказать, исказить истину

distortion *n.* искажение; извращение

distress I *n.* бедствие "And let us arise, and go up to Bethel; and I will make there an altar unto God, who answered me in the day of my distress, and was with me in the way which I went" (Ge., 35:3) / «Встанем и пойдем в Вефиль; там устрою я жертвенник Богу, Который услышал меня в день бедствия моего и был со мною [и хранил меня] в пути, которым я ходил» (Быт., 35:3); горе "And they said one to another, We [are] verily guilty concerning our brother, in that we saw the anguish of his soul, when he besought us, and we would not hear; therefore is this distress come upon us" (Ge., 42:21) / «И говорили они друг другу: точно мы наказываемся за грех против брата нашего; мы видели страдание души его, когда он умолял нас, но не послушали [его]; за то и постигло нас горе сие» (Быт., 42:21); беда "And Jephthah said unto the elders of Gilead, Did not ye hate me, and expel me out of my father's house? and why are ye come unto me now when ye are in distress?" (Jdg., 11:7) / «Иеффай сказал старейшинам Галаадским: не вы ли возненавидели меня и выгнали из дома отца моего? зачем же пришли ко мне ныне, когда вы в беде?» (Суд., 11:7); притеснение "And every one [that was] in distress, and every one that [was] in debt, and every one [that was] discontented, gathered themselves unto him; and he became a captain over them: and there were with him about four hundred men" (1 Sa., 22:2) / «И собрались к нему все притесненные и все должники и все огорченные

душею, и сделался он на-
чальником над ними; и было
с ним около четырехсот человек» (1 Цар., 22:2); огорчение; прискорбие; стеснение
"And it yieldeth much increase
unto the kings whom thou hast
set over us because of our sins:
also they have dominion over
our bodies, and over our cattle,
at their pleasure, and we [are]
in great distress" (Ne., 9:37) /
«И произведения свои она во
множестве приносит для царей, которым Ты покорил нас
за грехи наши. И телами нашими и скотом нашим они
владеют по своему произволу,
и мы в великом стеснении»
(Неем., 9:37); уныние "And
there shall be signs in the sun,
and in the moon, and in the stars;
and upon the earth distress of nations, with perplexity; the sea
and the waves roaring" (Lk.,
21:25) / «И будут знамения в
солнце и луне и звездах, а на
земле уныние народов и недоумение; и море восшумит и
возмутится» (Лук., 21:25); нужда "I suppose therefore that
this is good for the present distress, [I say], that [it is] good for
a man so to be" (1 Co., 7:26) /
«По настоящей нужде за лучшее признаю, что хорошо человеку оставаться так» (1 Кор.,
7:26); теснота "In my distress
I called upon the Lord, and cried to my God: and he did hear
my voice out of his temple,
and my cry [did enter] into his
ears" (2 Sa., 22:7) / «Но в тесноте моей я призвал Господа

и к Богу моему воззвал, и Он
услышал из [святого] чертога
Своего голос мой, и вопль мой
дошел до слуха Его» (2 Цар.,
22:7); скорбь

distress II *v.* стеснять "And thou
shalt eat the fruit of thine own
body, the flesh of thy sons and of
thy daughters, which the Lord
thy God hath given thee, in the
siege, and in the straitness,
wherewith thine enemies shall
distress thee" (De., 28:53) / «И
ты будешь есть плод чрева
твоего, плоть сынов твоих и
дочерей твоих, которых Господь Бог твой дал тебе, в осаде
и в стеснении, в котором стес-
нит тебя враг твой» (Втор.,
28:53); скорбеть "I am distressed for thee, my brother
Jonathan: very pleasant hast thou
been unto me: thy love to me
was wonderful, passing the love
of women. (2 Sa., 1:26) /
«Скорблю о тебе, брат мой
Ионафан; ты был очень дорог
для меня; любовь твоя была
для меня превыше любви
женской» (2 Цар., 1:26); начинать войну "And [when] thou
comest nigh over against the
children of Ammon, distress
them not, nor meddle with
them: for I will not give thee of
the land of the children of
Ammon [any] possession; because I have given it unto the
children of Lot [for] a possession" (De., 2:19) / «И приблизился к Аммонитянам; не
вступай с ними во вражду, и
не начинай с ними войны, ибо
Я не дам тебе ничего от земли

сынов Аммоновых во владение, потому что Я отдал ее во владение сынам Лотовым» (Втор., 2:19); огорчать, огорчить (кого-л., чем-л.); сокрушать, сокрушить (кого-л./что-л.); ~ed скорбный; смутившийся "Then Jacob was greatly afraid and distressed: and he divided the people that [was]" (Ge., 32:7) / «Иаков очень испугался и смутился; и разделил людей, бывших с ним, и скот мелкий и крупный и верблюдов на два стана» (Быт., 32:7); смущенный "And David was greatly distressed; for the people spake of stoning him, because the soul of all the people was grieved, every man for his sons and for his daughters: but David encouraged himself in the Lord his God" (1 Sa., 30:6) / «Давид сильно был смущен, так как народ хотел побить его камнями; ибо скорбел душею весь народ, каждый о сыновьях своих и дочерях своих» (1 Цар., 30:6); устрашившийся "And Moab was sore afraid of the people, because they [were] many: and Moab was distressed because of the children of Israel" (Nu., 22:3) / «И весьма боялись Моавитяне народа сего, потому что он был многочислен; и устрашились Моавитяне сынов Израилевых» (Числ., 22:3); стесненный "Whithersoever they went out, the hand of the Lord was against them for evil, as the Lord had said, and as the Lord had sworn unto them: and they were greatly distressed"

(Jdg., 2:15) / «Куда они ни пойдут, рука Господня везде была им во зло, как говорил им Господь и как клялся им Господь. И им было весьма тесно» (Суд., 2:15); истомившийся "And the men of Israel were distressed that day: for Saul had adjured the people, saying, Cursed [be] the man that eateth [any] food until evening, that I may be avenged on mine enemies. So none of the people tasted [any] food" (1 Sa., 14:24) / «Люди Израильские были истомлены в тот день; а Саул [весьма безрассудно] заклял народ, сказав: проклят, кто вкусит хлеба до вечера, доколе я не отомщу врагам моим. И никто из народа не вкусил пищи» (1 Цар., 14:24); огорчительный, удручающий

distribute v. оделять, оделить (кого-л., чем-л.); располагать, расположить (кого-л./что-л.); распределять "And David distributed them, both Zadok of the sons of Eleazar, and Ahimelech of the sons of Ithamar, according to their offices in their service" (1 Chr., 24:3) / «И распределил их Давид — Садока из сыновей Елеазара, и Ахимелеха из сыновей Ифамара, поочередно на службу их» (1 Пар., 24:3); раздавать "Now when Jesus heard these things, he said unto him, Yet lackest thou one thing: sell all that thou hast, and distribute unto the poor, and thou shalt have treasure in heaven: and come, follow me" (Lk., 18:22) /

«Услышав это, Иисус сказал ему: еще одного недостает тебе: все, что имеешь, продай и раздай нищим, и будешь иметь сокровище на небесах, и приходи, следуй за Мною» (Лук., 18:22).

distribution *n.* раздача, раздавание; разделение; распределение

distrust *n.* недоверие

distrustful *adj.* недоверчивый

distrustfulness *n.* недоверчивость

disturb *v.* смущать, смутить (кого-л./что-л.); ~ the peace of mind смутить чей-л. душевный покой

disturbance *n.* смятение

disunion *n.* несогласие

disunite *v.* разлучать, разлучить (кого-л. с чем-л.)

disutility *n.* вред, вредность, пагубность

ditheism *n.* дитеизм, двоебожие

dittology *n.* двойное чтение/толкование

diurnal *adj.* дневной, дневный

diurnal *n.* служебник; молитвенник; дневник; требник, евхологий

dive (into) *v.* вникать, вникнуть (во что-л.)

diver *v.* отвращать, отвратить (кого-л./что-л. от кого-л./чего-л.)

divergence *n.* расхождение

diverse *adj.* разнообразный; отличный (от чего-л.) "And Haman said unto king Ahasuerus, There is a certain people scattered abroad and dispersed among the people in all the provinces of thy kingdom; and their laws [are] diverse from all people; neither keep they the king's laws: therefore it [is] not for the king's profit to suffer them" (Esth., 3:8) / «И сказал Аман царю Артаксерксу: есть один народ, разбросанный и рассеянный между народами по всем областям царства твоего; и законы их отличны от законов всех народов, и законов царя они не выполняют; и царю не следует так оставлять их» (Есф., 3:8).

diversity *n.* многообразие; разнообразие

divestment *n.* совлечение

divide *v.* разделять, разделить (что-л./кого-л.); отделить; "And God saw the light, that [it was] good: and God divided the light from the darkness" (Ge., 1:4) / «И увидел Бог свет, что он хорош, и отделил Бог свет от тьмы» (Быт., 1:4).

divider *n.* разделитель, -ница

divination *n.* гадание "Then the Lord said unto me, The prophets prophesy lies in my name: I sent them not, neither have I commanded them, neither spake unto them: they prophesy unto you a false vision and divination, and a thing of nought, and the deceit of their heart" (Je., 14:14) / «И сказал мне Господь: пророки пророчествуют ложное именем Моим; Я не посылал их и не давал им повеления, и не говорил им; они возвещают вам видения ложные и гадания, и пустое и мечты сердца своего» (Иер., 14:14); волхвование "And the elders of Moab and the elders of Midian departed with the rewards of divination in their hand; and they came unto Balaam, and spake unto him the words of Balak" (Nu., 22:7) / «И пошли старейшины Моавитские и старейшины Мадиамские, с подарками в руках за волхвование, и пришли к Валааму, и пересказали ему слова Валаковы» (Числ., 22:6); ворожба "Surely [there is] no enchantment against Jacob, neither [is there] any divination against Israel: according to this time it shall be said of Jacob and of Israel, What hath God wrought!" (Nu., 23:23) / «Нет волшебства в Иакове и нет ворожбы в Израиле. В свое время скажут об Иакове и об Израиле: вот что творит Бог!» (Числ., 23:3); предвещание "Have ye not seen a vain vision, and have ye not spoken a lying divination, whereas ye say, The Lord saith [it]; albeit I have not spoken?" (Ez., 13:7) / «Не пустое ли видение видели вы? и не лживое ли предвещание изрекаете, говоря: Господь сказал, а Я не говорил?» (Иез., 13:7); предсказывание будущего; предсказание, прорицание

divine I *n.* священник; богослов, теолог

divine II *adj.* божественный "According as his divine power hath given unto us all things that [pertain] unto life and godliness, through the knowledge of him that hath called us to glory and virtue" (2 Pe., 1:3) / «Как от Божественной силы Его даро-

вано нам все потребное для жизни и благочестия, через познание Призвавшего нас славою и благостию» (2 Петр., 1:34); богоподобный; вдохновенный "A divine sentence [is] in the lips of the king: his mouth transgresseth not in judgment" (Pr., 16:10) / «В устах царя — слово вдохновенное; уста его не должны погрешать на суде» (Притч., 16:10); Божеский "Whereby are given unto us exceeding great and precious promises: that by these ye might be partakers of the divine nature, having escaped the corruption that is in the world through lust" (2 Pe., 1:4) / «Которыми дарованы нам великие и драгоценные обетования, дабы вы через них соделались причастниками Божеского естества, удалившись от господствующего в мире растления похотью» (2 Петр., 1:4); Божий; Богоданный; небесный, божественный

divine III *v.* предсказывать, прорицать; пророчествовать; ~ will произволение Божие; воля Божия; ~ right право помазанника Божиего; ~ Economy домостроительство; ~ Liturgy Божественная литургия; ~ Office канонические часы; богослужение 1-го, 3-го, 6-го и 9-го часа; ~ Principle «Божественный принцип»; ~ right of kings право помазанника Божия; ~ service служба в церкви, богослужение; ~ Word Missionary миссионер конгрегации «Общество Божественного Слова»

diviner *n.* предсказатель; прорицатель; ворожея "For these nations, which thou shalt possess, hearkened unto observers of times, and unto diviners: but as for thee, the Lord thy God hath not suffered thee so [to do]" (De., 18:14) / «Ибо народы сии, которых ты изгоняешь, слушают гадателей и прорицателей, а тебе не то дал Господь Бог твой» (Втор., 18:14); гадатель "Therefore hearken not ye to your prophets, nor to your diviners, nor to your dreamers, nor to your enchanters, nor to your sorcerers, which speak unto you, saying, Ye shall not serve the king of Babylon" (Je., 27:9) / «И вы не слушайте своих пророков и своих гадателей, и своих сновидцев, и своих волшебников, и своих звездочетов, которые говорят вам: не будете служить царю Вавилонскому» (Иер., 27:9); вещун, -нья "For the idols have spoken vanity, and the diviners have seen a lie, and have told false dreams; they comfort in vain: therefore they went their way as a flock, they were troubled, because [there was] no shepherd" (Ze., 10:2) / «Ибо терафимы говорят пустое, и вещуны видят ложное и рассказывают сны лживые; они утешают пустотою; поэтому они бродят как овцы, бедствуют, потому что нет пастыря» (Зах., 10:2); волхвователь, -ница

divinify *v.* обожествлять; поклоняться; почитать

divinity *n.* теология, богословие; божественность; ~ course курс богословия; Doctor of ~ доктор богословия; божество; божественное существо; бог; богиня; ~ calf темно-коричневая кожа для переплетов; ~ school школа богословия

divisible *adj.* разделимый

division *n.* деление; principal division основное деление; разделение "And I will put a division between my people and thy people: to morrow shall this sign be" (Ex., 8:23) / «Я сделаю разделение между народом Моим и между народом твоим. Завтра будет сие знамение [на земле]» (Исх., 8:23).

divorce I *n.* развод; ~ suit бракоразводный процесс

divorce II *v.* развенчивать, развенчать (кого-л., что-л.); разводить, развести (супругов)

divulgation *n.* разглашение; обнародование

divulge *v.* разглашать, разгласить (что-л.); обнародовать; divulging разглашение

divulgence *n.* разглашение; обнародование

divulsion *n.* отрыв, отделение; разрыв

Dn (Daniel) Книга Пророка Даниила (книга Библии)

DN, DNS, DNUS (Dominus) Господь

do *v.* делать, сделать (что-л.); деять, содеять (что-л.); соделывать, соделать (что-л.); содеять (что-л.); творить, сотворить (кого-л./что-л.); учинять, учинить (что-л.); ~ing соделание; содеяние

Docetes *n. pl.* докеты
Docetism *n.* докетизм
doctor *n.* врач; доктор; Doctor of Theology доктор богословия; учитель "And it came to pass, that after three days they found him in the temple, sitting in the midst of the doctors, both hearing them, and asking them questions" (Lk., 2:46) / «Через три дня нашли Его в храме, сидящего посреди учителей, слушающего их и спрашивающего их» (Лук., 2:46); врачеватель, -ница; целитель, -ница; ~ing врачевание
Doctor *n.* Фома Аквинский, Фома Аквинат; ~ Hymn «Песнь ангельская»; ~ Salutation «Аве Мария»
doctrinairism *n.* доктринерство
doctrine *n.* доктрина, теория, учение; догма, догмат, правило веры; ~s and Covenants «Учение и Соглашения» "My doctrine shall drop as the rain, my speech shall distil as the dew, as the small rain upon the tender herb, and as the showers upon the grass" (De., 32:2) / «Польется как дождь учение мое, как роса речь моя, как мелкий дождь на зелень, как ливень на траву» (Втор., 32:2); суждение "For thou hast said, My doctrine [is] pure, and I am clean in thine eyes" (Job, 11:4) / «Ты сказал: суждение мое верно, и чист я в очах Твоих»» (Иов., 11:4); послушание "They also that erred in spirit shall come to understanding, and they that murmured shall learn doctrine" (Isa, 29:24) / «Тогда блуждающие

духом познают мудрость, и непокорные научатся послушанию» (Ис., 29:24); Christian ~ христианское учение; ~ of metempsychosis/of transmigration of souls учение о переселении душ
doer *n.* деятель, -ница; совершитель, -ница; содетель, -ница
dogma *n.* вероучение; догма; догмат; the ~s of the Church догматы Церкви; правило веры; ~ta догмы; догматы
dogmatic(-al) *adj.* догматический; ~ definition вероопределение; ~ theology догматическая теология, догматика, догматическая теология
dogmatics *n.* догматика; догматическая проповедь
dogmatism *n.* догматизм; догматичность
dogmatist *n.* догматик
dolapidator *n.* расточитель, -ница
dole *n.* подаяние
doleful *adj.* жалобный
Dom *n.* Ваше/Его/Их Преосвященство
Dom. (Dominica) *n.* неделя, воскресенье, день воскресный
dome I *n.* купол, свод
dome II *v.* венчать куполом; возвышаться куполом; onion ~s of a church луковичные купола церкви; ~ of the Rock «Купол Скалы», мечеть Куббат ас-Сахра, мечеть Омара; ~d с куполом/куполами; куполообразный, имеющий форму купола, в форме купола
domelike *adj.* куполообразный
domestic prelate *n.* почетный прелат при Папе Римском

domina *n.* госпожа, хозяйка; всемогущественная повелительница, властительница; ~e повелительницы

dominance *n.* господство, преобладание, превосходство, влияние, доминирующее положение

dominancy *n.* преобладание

dominate *v.* господствовать (над кем-л., чем-л.)

domination *n.* владычество, владычествование; властвование; Власти (ангельский чин); главенство; господство; обладание; ~s власти

dominator *n.* властелин; властитель, -ница

Domine «Господи на небесах»

Domine, dirige nos «Направь нас, Господи», девиз города Лондона

Domine, quo vadis? Господи! куда Ты идешь?

Dominica in albis Белое воскресенье

Dominica Refectionis четвертая неделя Великого поста у католиков

Dominical *adj.* Господень, Христов; воскресный; ~ day день Господень, день отдохновения от трудов праведных

Dominical Letters вруцелетные буквы, вруцелета, буквы воскресные

Dominical year год от Рождества Христова, нашей эры, новой эры

Dominican *n.* монах-доминиканец, доминиканец

dominie *n.* пастор; священник

dominion *n.* владение "Judah was his sanctuary, [and] Israel his dominion" (Ps., 114:2) / «Иуда сделался святынею Его, Израиль — владением Его» (Псл., 113:2); владычество; государство; держава

dominions *n. pl.* Власти (чин ангельский)

Dominus ac Redemptor «Господь и Спаситель»

dominus *n.* господин

Dominus vobiscum «Господь с вами», (формула благословения/прощания у католиков)

Domnus *n.* Домн I

Domus Sanctae Mariae Theutonicorum Тевтонский орден, рыцари Тевтонского ордена

donate *v.* преподносить в качестве дара, передавать в дар, жертвовать, дарить

Donatio Constantini «Дарение Константина»

donation *n.* вклад; дар; дарение; дарование; даяние; подаяние; пожертвование; приношение; бенефиций (доброхотное даяние)

donation *n.* передача в дар; безвозмездный дар, пожертвование; ~ of Constantine «Дарение Константина»

Donatism *n.* донатизм

Donatist *n.* донатист

donative I *n.* бенефиций (доброхотное даяние)

donative II *adj.* дарственный

donative *n.* бенефиций, доброхотное даяние; дар, пожертвование, приношение

donator *n.* даритель; донор, донатор

dong I *n.* звук колокола

dong II *v.* звучать

Donme денме

donor *n.* благодетель, -ца; даритель, -ница; датель, -ница; даятель, -ница; жертвователь, -ница; донатор

doom I *n.* гибель; участь; рок, судьба, фатум; гибель; Страшный Суд; the day of ~ день Страшного Суда

doom II *v.* обрекать, обречь (кого-л./что-л. на что-л.); ~ed souls обреченные души; the torture of the ~ed муки обреченных

Doomsday *n.* Второе Пришествие; день Страшного Суда; День Страшного Суда; светопреставление; Конец света, Судный день; Конец света

door *n.* дверь "After this I looked, and, behold, a door [was] opened in heaven: and the first voice which I heard [was] as it were of a trumpet talking with me; which said, Come up hither, and I will shew thee things which must be hereafter" (Rev., 4:1) / «После сего я взглянул, и вот, дверь отверста на небе, и прежний голос, который я слышал как бы звук трубы, говоривший со мною, сказал: взойди сюда, и покажу тебе, чему надлежит быть после сего» (Откр., 4:1).

Dorcas Society Общество Серны

dorm *v.* усыпать, усыпить

Dormition *n.* Взятие на Небо (Успение) Пресвятой Девы Марии; Успение Пресвятой Владычицы нашей Богородицы и Приснодевы Марии

dorter *n.* дортуар в монастыре

Dositheos *n.* Досифей

dossal, dosser *n.* заалтарная завеса

dotation *n.* пожертвование; вклад

Douai Bible, Douay Version «Дуэйская Библия»

double *adj.* двоякий

Double Feast Breviary бревиарий «Дуплекс»

double-dealer *n.* двоедушный человек

double-dealer *n.* двурушник, -ница

double-dealing I *n.* двоедушие; двуличие; двурушничество; двуличность

double-dealing II *adj.* двоедушный; двуличный; двурушный

double-faced *adj.* двуличный

double-meaning *n.* двусмысленность; двусмысленный

double-minded *adj.* двоедушный; двуличный

double-mindedness *n.* двоемыслие

doubleness *n.* двоякость

double-tongued *adj.* двоязычный

doubly *adv.* сугубо

doubt I *n.* сомнение; недоумение "Then came the Jews round about him, and said unto him, How long dost thou make us to doubt? If thou be the Christ, tell us plainly" (Jn., 10:24) / «Тут Иудеи обступили Его и говорили Ему: долго ли Тебе держать нас в недоумении? если Ты Христос, скажи нам прямо» (Ин., 10:24); it is past ~ не подлежит сомнению; relieve from ~ разрешить сомнение

doubt II *v.* сомневаться (в ком-л./в чем-л.)

doubtful *adj.* сомневающийся; сомнительный

doubtless *adv.* несомненно

dove *n.* голубь "Also he sent forth a dove from him, to see if the waters were abated from off the face of the ground" (Ge., 8:8) / «Потом выпустил от себя голубя, чтобы видеть, сошла ли вода с лица земли» (Быт., 8:8); голубица

downfall *n.* крушение (кого-л./чего-л.); разорение

Doxol. (Doxologia), Doxology Breviary *n.* бревиарий «Доксология»

doxology *n.* доксология, славословие, прославление Бога

doxy *n.* верование, убеждение

drag (along) *v.* влачить

draught *n.* питие; лов "Now when he had left speaking, he said unto Simon, Launch out into the deep, and let down your nets for a draught" (Lk., 5:4) / «Когда же перестал учить, сказал Симону: отплыви на глубину и закиньте сети свои для лова» (Лук., 5:4).

draw *v.* влачить; be feel ~n to smth./smth. иметь влечение (к чему-л., к кому-л.); привлекать, привлечь (кого-л./что-л. к чему-л.); черпать, почерпнуть (что-л. из чего-л.); ~ into вовлекать, вовлечь (кого-л./во что-л.); ~ out изгонять, изгнать (кого-л. из чего-л.); ~ up from извлекать, извлечь (кого-л./что-л. из чего-л.); ~ing into вовлечение

drawback *n.* недостаток

dread I *n.* боязнь; ужас "Fear and dread shall fall upon them; by the greatness of thine arm they shall be [as] still as a stone; till thy people pass over, O Lord, till the people pass over, [which] thou hast purchased"

(Ex., 15:16) / «Да нападет на них страх и ужас; от величия мышцы Твоей да онемеют они, как камень, доколе проходит народ Твой, Господи, доколе проходит сей народ, который Ты приобрел» (Исх., 15:16); трепет "There shall no man be able to stand before you: [for] the Lord your God shall lay the fear of you and the dread of you upon all the land that ye shall tread upon, as he hath said unto you" (De., 11:25) / «Никто не устоит против вас: Господь, Бог ваш, наведет страх и трепет пред вами на всякую землю, на которую вы ступите, как Он говорил вам» (Втор., 11:25); страх "Shall not his excellency make you afraid? and his dread fall upon you?" (Job, 13:11) / «Неужели величие Его не устрашает вас, и страх Его не нападает на вас?» (Иов., 13:11).

dread II *adj.* страшный

dreadful *adj.* ужасный; страшный "After this I saw in the night visions, and behold a fourth beast, dreadful and terrible, and strong exceedingly; and it had great iron teeth: it devoured and brake in pieces, and stamped the residue with the feet of it: and it [was] diverse from all the beasts that [were] before it; and it had ten horns" (Da., 7:7) / «После сего видел я в ночных видениях, и вот зверь четвертый, страшный и ужасный и весьма сильный; у него большие железные зубы; он пожирает и сокрушает, остатки же попирает ногами; он отличен был от всех прежних зверей, и десять рогов было у него» (Дан., 7:7).

dreadfulness *n.* грозность

dream *n.* мечта; сновидение; сон "But God came to Abimelech in a dream by night, and said to him, Behold, thou [art but] a dead man, for the woman which thou hast taken; for she [is] a man's wife" (Ge., 20:3) / «И пришел Бог к Авимелеху ночью во сне и сказал ему: вот, ты умрешь за женщину, которую ты взял, ибо она имеет мужа» (Быт., 20:3); *v.* возмечтать (о чем-л.)

dreamer *n.* мечтатель, -ница; сновидец, -дица "And they said one to another, Behold, this dreamer cometh" (Ge., 37:19) / «И сказали друг другу: вот, идет сновидец» (Быт., 37:19).

dress I *n.* одежда

dress II *v.* одевать, одеть (кого-л./что-л.); одеваться, одеться (чем-л.); возделывать "And the Lord God took the man, and put him into the garden of Eden to dress it and to keep it" (Ge., 2:15) / «И взял Господь Бог человека, [которого создал,] и поселил его в саду Едемском, чтобы возделывать его и хранить его» (Быт., 2:15); приготовить "And Abraham ran unto the herd, and fetcht a calf tender and good, and gave [it] unto a young man; and he hasted to dress it" (Ge., 18:7) / «И побежал Авраам к стаду, и взял теленка нежного и хорошего, и

дал отроку, и тот поспешил приготовить его» (Быт., 18:7).

drink *v.* пить (что-л.) "And let it come to pass, that the damsel to whom I shall say, Let down thy pitcher, I pray thee, that I may drink; and she shall say, Drink, and I will give thy camels drink also: [let the same be] she [that] thou hast appointed for thy servant Isaac; and thereby shall I know that thou hast shewed kindness unto my master" (Ge., 24:14) / «И девица, которой я скажу: наклони кувшин твой, я напьюсь, и которая скажет [мне]: пей, я и верблюдам твоим дам пить, [пока не напьются,] — вот та, которую Ты назначил рабу Твоему Исааку; и по сему узнаю я, что Ты творишь милость с господином моим» (Быт., 24:14); ~ing питие

drive (away) *v.* изгонять; изгнять, изгнать (кого-л. из чего-л.)

droop *v.* увядать, увянуть

drop I *n.* капля; ~ by ~ по капле

drop II *v.* литься "My doctrine shall drop as the rain, my speech shall distil as the dew, as the small rain upon the tender herb, and as the showers upon the grass" (De., 32:2) / «Польется как дождь учение мое, как роса речь моя, как мелкий дождь на зелень, как ливень на траву» (Втор., 32:2); трястись, проливать "Lord, when thou wentest out of Seir, when thou marchedst out of the field of Edom, the earth trembled, and the heavens dropped, the clouds

also dropped water" (Jdg., 5:4) /
«Когда выходил Ты, Господи,
от Сеира, когда шел с поля
Едомского, тогда земля тряс-
лась, и небо капало, и облака
проливали воду» (Суд., 5:4).

dry *adj.* сухой "And now she [is]
planted in the wilderness, in a
dry and thirsty ground" (Ez.,
19:13) / «А теперь она переса-
жена в пустыню, в землю
сухую и жаждущую» (Иез.,
9:13).

DS (Deus) *n.* Бог

duad *n.* диада, двойка, пара

Dualism *n.* дуализм

due I *n.* участок "And ye shall eat
it in the holy place, because it
[is] thy due, and thy sons' due, of
the sacrifices of the Lord made
by fire: for so I am commanded"
(Lev., 10:13) / «И ешьте его на
святом месте, ибо это участок
твой и участок сынов твоих из
жертв Господних: так мне по-
велено» (Лев., 10:13); ~s сбор
(деньги); должное "Render
therefore to all their dues: tribute
to whon tribute is due; custon to
whon custon: fear to whon fear;
honour to whon honour" (Ro.,
13:7) / «Итак отдавайте всякому должное: кому подать, подать; кому оброк, оброк; кому
страх, страх; кому честь,
честь» (Рим., 13:7).

due II *adj.* должный; надлежащий; должностной

duel *n.* единоборство; fight a ~
единоборствовать

dulia *n.* поклонение святым или
ангелам

dull *adj.* глупый; скудоумный

dullness *n.* бессодержательность;
глупость; непонятливость; скудоумие

dumb *adj.* немой "And the Lord
said unto him, Who hath made
man's mouth? or who maketh the
dumb, or deaf, or the seeing, or
the blind? have not I the Lord?"
(Ex., 4:11) «Господь сказал
[Моисею]: кто дал уста человеку? кто делает немым, или
глухим, или зрячим, или слепым? не Я ли Господь [Бог]?»
(Исх., 4:11); гугнивый

dumbness *n.* бессловесность

Dunkard *n.* окунанец

Dunker *n.* окунанец

duomo *n.* собор; кафедральный
собор

duplicate *v.* служить две службы
в один день

duplicity *n.* двоедушие; двоякость; двуличие, двуличность

durable *adj.* крепкий;
непогибающий "Riches and
honour [are] with me; [yea], durable riches and righteousness"
(Pr., 8:18) / «Богатство и слава
у меня, сокровище непо-
гибающее и правда» (Притч.,
8:18); прочный "And her merchandise and her hire shall be
holiness to the Lord: it shall not
be treasured nor laid up; for her
merchandise shall be for them
that dwell before the Lord, to eat
sufficiently, and for durable
clothing" (Isa, 23:18) / «Но
торговля его и прибыль его
будут посвящаемы Господу;
не будут заперты и уложены в
кладовые, ибо к живущим
пред лицем Господа будет переходить прибыль от торговли

его, чтобы они ели до сытости и имели одежду прочную» (Ис., 23:18).

durance *n.* заточение; in ~ vile в заточении

durante vita в течение жизни, за годы жизни

duration *n.* продолжение

dust *n.* прах "And the Lord God formed man [of] the dust of the ground, and breathed into his nostrils the breath of life; and man became a living soul" (Ge., 2:7) / «И создал Господь Бог человека из праха земного, и вдунул в лице его дыхание жизни, и стал человек душею живою» (Быт., 2:7); персть

Dutch Reformed Church in Africa Голландская реформатская церковь Африки

duty *n.* обязанность; duties сбор (деньги)

dwell *v.* жить "And the land was not able to bear them, that they might dwell together: for their substance was great, so that they could not dwell together" (Ge., 13:6) / «И непоместительна была земля для них, чтобы жить вместе, ибо имущество их было так велико, что они не могли жить вместе» (Быт., 13:6); вселяться, вселиться (в кого-л., во что-л.); dwelling жилище "They saw not one another, neither rose any from his place for three days: but all the children of Israel had light in their dwellings" (Ex., 10:23) / «Не видели друг друга, и никто не вставал с места своего три дня; у всех же сынов Израилевых был свет в жили-

щах их» (Исх., 10:23); жительство; обитание "And Isaac his father answered and said unto him, Behold, thy dwelling shall be the fatness of the earth, and of the dew of heaven from above" (Ge., 27:39) / «И отвечал Исаак, отец его, и сказал ему: вот, от тука земли будет обитание твое и от росы небесной свыше» (Быт., 27:39); селение; поселение "And their dwelling was from Mesha, as thou goest unto Sephar a mount of the east" (Ge., 10:30) / «Поселения их были от Меши до Сефара, горы восточной» (Быт., 10:30).

dweller *n.* жилец, -лица; житель, -ница "Parthians, and Medes, and Elamites, and the dwellers in Mesopotamia, and in Judaea, and Cappadocia, in Pontus, and Asia" (Ac., 2:9) / «Парфяне, и Мидяне, и Еламиты, и жители Месопотамии, Иудеи и Каппадокии, Понта и Асии» (Деян., 2:9).

dwelling-place *n.* обиталище

dybbuk *n.* диббук

dying *n.* кончина (смерть); мертвость "Always bearing about in the body the dying of the Lord Jesus, that the life also of Jesus might be made manifest in our body" (2 Co., 4:10) / «Всегда носим в теле мертвость Господа Иисуса, чтобы и жизнь Иисусова открылась в теле нашем» (2 Кор., 4:10).

dyslogistic *adj.* неодобрительный, осуждающий

Dysmas *n.* Дисма, Дисмас

E

E source *n.* Элохист, Элогист, библейский первоисточник

E. (Ecclesia) *n.* церковь

e. g. (Exempli Gratia) например, к примеру

E. V. (Ex Voto) во исполнение принятого обета

each *pron., adj.* всякий, всяк; каждый "And it came to pass on the third day, when they were sore, that two of the sons of Jacob, Simeon and Levi, Dinah's brethren, took each man his sword, and came upon the city boldly, and slew all the males" (Ge., 34:25) / «На третий день, когда они были в болезни, два сына Иакова, Симеон и Левий, братья Динины, взяли каждый свой меч, и смело напали на город, и умертвили весь мужеский пол» (Быт., 34:25).

eagerly *adv.* горячо

eagerness *n.* усердие

ear *n.* ухо; слух

early *adj.* ранний; *adv.* рано "And Abraham gat up early in the morning to the place where he stood before the Lord" (Ge., 19:27) / «И встал Авраам рано утром [и пошел] на место, где стоял пред лицем Господа» (Быт., 19:27); старинный, древний; ~ manuscript древняя рукопись; ~ philosophers древние философы; ~ printed book старопечатная книга; ~ Christian art раннее христианское искусство; ~ English раннеанглийская готика, раннеанглий-

ский архитектурный стиль; ~ Middle Ages раннее средневековье

earn *v.* снискать (что-л.)

earnest I *n.* залог "Now he that hath wrought us for the selfsame thing [is] God, who also hath given unto us the earnest of the Spirit" (2 Co., 5:5) / «На сие самое и создал нас Бог и дал нам залог Духа» (2 Кор., 5:5).

earnest II *adj.* ревностный

earth *n.* земля "In the beginning God created the heaven and the earth" (Ge., 1:1) / «В начале сотворил Бог небо и землю» (Быт., 1:1); the ~ персть; ~-born земнородный; земной, смертный, человеческий; порожденный землей

earthful *adj.* материалистический

earthliness *n.* приземленность

earthling I *n.* приземленный человек, человек, поглощенный мирской суетой

earthling II *adj.* земнородный

earthly *adj.* земной "For we know that if our earthly house of [this] tabernacle were dissolved, we have a building of God, an house not made with hands, eternal in the heavens" (2 Co., 5:1) / «Ибо знаем, что, когда земной наш дом, эта хижина, разрушится, мы имеем от Бога жилище на небесах, дом нерукотворенный, вечный» (2 Кор., 1:5); житейский; мирской, суетный; перстный; ~ cares житейские заботы; ~ blessings земные блага

east I *n.* восток "And Cain went out from the presence of the

Lord, and dwelt in the land of Nod, on the east of Eden" (Ge., 4:16) / «И пошел Каин от лица Господня и поселился в земле Нод, на восток от Едема» (Быт., 4:16).

east II *adj.* восточный; the Church of the ~ Восточная Церковь; ~ Syrian liturgy of Addai and Mari литургия по восточно-сирийскому чину; ~ Syrian Rite восточносирийский чин

Easter *n.* Пасха (у христиан); ~ Eve Великая Суббота/ Страстная Суббота; ~ Sunday Пасха (у христиан); ~ Week Святая Неделя; Светлое Христово Воскресение; ~ Eggs пасхальные яйца; ~ Vigil Пасхальная вигилия; ~ Week Светлая седмица, Сплошная седмица; ~ ale пиво церковное; гуляние в День Светлого Воскресения Христова, на Пасху

easterly *adj.* восточный

Eastern Catholic Church Восточная католическая церковь, Униатская церковь

Eastern Orthodox православный

Eastern Orthodoxy православие, Православная церковь

Eastern rite church Восточная католическая церковь

Eastern Roman Empire Восточная Римская империя

Eastertide промежуток от Светлой седмицы до праздника Вознесения Господня или Дня Святой Троицы, Пятидесятницы, Пентикостии

East-West Schism Великий раскол христианской Церкви в 1054 году

Ebedmelech *n.* Авдемелех "Now when Ebedmelech the Ethiopian, one of the eunuchs which was in the king's house, heard that they had put Jeremiah in the dungeon; the king then sitting in the gate of Benjamin" (Je., 38:7) / «И услышал Авдемелех Ефиоплянин, один из евнухов, находившихся в царском доме, что Иеремию посадили в яму; а царь сидел тогда у ворот Вениаминовых» (Иер., 38:7).

Ebionites *n. pl.* эбиониты, евиониты

Ebrew Jew *n.* еврей из евреев, чистейший еврей, настоящий еврей

ebriate(d) *adj.* пьяный, опьяневший

ebriety *n.* опьянение; пьянство

ebulliate *v.* кипеть; переливаться через край; бить ключом; бурно протекать

ebullience *n.* кипение; бурное вскипание; возбуждение; волнение; кипучесть

ebullition *n.* взрыв, вспышка

ecbasis *n.* дигрессия, авторское отступление; отход

Eccl. (Ecclesiastes) *n.* Книга Екклесиаста, или Проповедника (книга Библии); (Ecclesia) церковь; (Ecclesiasticus) священнослужитель, духовное лицо; церковный; священнический

Ecclae. (Ecclesiae) *adj.* церковный

Ecclesia *n.* Церковь; экклесия; ~e Церкви; экклесии

ecclesial *adj.* церковный; духовный

ecclesiarch *n.* екклезиарх; эклисиарх

ecclesiast *n.* проповедник; член древнегреческой экклесии

ecclesiastic I *n.* духовное лицо, священнослужитель; клирик; церковник

ecclesiastic (-al) II *adj.* церковный, церковнический; духовный; священнический; ~ attire священнические одежды; ~ ceremony чиноположение; ~ courts церковные суды; ~ law церковное право; ~ judge судья церковного суда; ~ modes церковные средневековые лады; ~ Academy Духовная академия

Ecclesiastica historia «История Церкви»

ecclesiasticism *n.* церковность

Ecclesiasticus «Екклезиастикус», «Книга Премудрости Иисуса, сына Сирахова»

ecclesiolae in ecclesia «Церкви в Церкви»

ecclesiolatry *n.* неумеренное преклонение перед церковью; церковность (преданность церкви)

ecclesiology *n.* изучение церковной архитектуры и истории; богословская церковная доктрина

Ecclis. (Ecclesiasticis) церковный; священнический

eclecticism *n.* эклектицизм, эклектизм, эклектика

economical *adj.* бережливый

economy *n.* бережливость

ecph(r)asis *n.* исчерпывающее заявление; точное описание

ecstasize *v.* впадать в экстаз; вызывать экстаз, приводить в восторг

ecstasy *n.* благодатное восхищение; экстаз; go into ecstasies впасть в экстаз; throw/drive one into ecstasies приводить в экстаз; транс; исступление; приводить в экстаз, бурный восторг

ecstatic *adj.* исступленный; экстатический; впавший в транс

ecumenic(-al) *adj.* экуменический; вселенский; ~ movement экуменическое движение; ~ Council Вселенский собор

ecumenicity *n.* экуменизм

ecumenics *n.* экуменика

ecumenism *n.* экуменизм, экуменическое движение

Eden *n.* Едем, Эдем "And the Lord God planted a garden eastward in Eden; and there he put the man whom he had formed" (Ge., 2:8) / «И насадил Господь Бог рай в Едеме на востоке, и поместил там человека, которого создал» (Быт., 2:8).

edict *n.* эдикт; ~ of Nantes Нантский эдикт; ~ of Toleration Эдикт о веротерпимости

edification *n.* назидание "Let every one of us please [his] neighbour for [his] good to edification" (Ro., 15:2) / «Каждый из нас должен угождать ближнему, во благо, к назиданию» (Рим., 15:2); созидание "For though I should boast somewhat more of our authority, which the Lord hath given us for edification, and not for your destruction, I should not be ashamed" (2 Co., 10:8) / «Ибо если бы я и более стал хвалиться нашею властью, которую Господь дал нам к созиданию, а не к расстройству вашему, то не остался бы в стыде» (2 Кор., 10:8).

edification *n.* наставление, поучение "Let every one of us please [his] neighbour for [his] good to edification" (Ro., 15:2) / «Каждый из нас должен угождать ближнему, во благо, к назиданию» (Рим., 15:2).

edificatory *adj.* поучительный, назидательный, душеполезный, душеспасительный

edifier *n.* наставник

edify *v.* назидать (кого-л.) "All things are lawful for me, but all things are not expedient: all things are lawful for me, but all things edify not" (1 Co., 10:23) / «Все мне позволительно, но не все полезно; все мне позволительно, но не все назидает» (1 Кор., 10:23); укреплять в вере; ~ing назидание "I would that ye all spake with tongues, but rather that ye prophesied: for greater [is] he that prophesieth than he that speaketh with tongues, except he interpret, that the church may receive edifying" (1 Co., 14:5) / «Желаю, чтобы вы все говорили языками; но лучше, чтобы вы пророчествовали; ибо пророчествующий превосходнее того, кто говорит языками, разве он притом будет и изъяснять, чтобы церковь получила назидание» (1 Кор., 14:5); назидательный

editio princeps первое печатное издание

educate *v.* воспитывать, воспитать (кого-л./что-л.); ~d образованный (получивший образование)

education *n.* воспитание; образование; просвещение

educator *n.* воспитатель, -ница

educt *n.* вывод; полученный результат

edversary *n.* супостат

effable *adj.* выразимый словами

efface *v.* изглажать, изглаживать, изгладить (что-л.); стирать, изглаживать; вычеркивать, зачеркивать; уничтожать; отменять; предавать забвению

effect I *n.* воздействие; действие

effect II *v.* влиять, повлиять (на кого-л./что-л.); действовать, содеять, совершать (что-л.) "Thus Solomon finished the house of the Lord, and the king's house: and all that came into Solomon's heart to make in the house of the Lord, and in his own house, he prosperously effected" (2 Chr., 7:11) / «И окончил Соломон дом Господень и дом царский; и все, что предположил Соломон в сердце своем сделать в доме Господнем и в доме своем, совершил он успешно» (2 Пар., 7:11); сделать "I know his wrath, saith the Lord; but [it shall] not [be] so; his lies shall not so effect [it]" (Je., 48:30) / «Знаю Я дерзость его, говорит Господь, но это ненадежно; пустые слова его: не так сделают» (Иер., 48:30); ~ing соделание; содеяние

effective *adj.* благоуспешный; ~ prayer благоуспешная молитва

effectrix *n.* побудительная причина

effectuate *v.* соделывать, соделать (что-л.); совершать, выполнять

effectuation *n.* приведение в исполнение

efficiency *n.* работоспособность

effigy *n.* изображение; статуя; объемный портрет

efflation *n.* порождение

effluence, effluvium *n.* истечение, эманация

effort *n.* усилие; make ~s прилагать усилие

effrontery *n.* нахальство

effulgence *n.* блеск, лучезарность, сверкание, свечение; сияние

Effum. (Effectum) *n.* эффект

egg *n.* яйцо "If a bird's nest chance to be before thee in the way in any tree, or on the ground, [whether they be] young ones, or eggs, and the dam sitting upon the young, or upon the eggs, thou shalt not take the dam with the young" (De., 22:6) / «Если попадется тебе на дороге птичье гнездо на каком-либо дереве или на земле, с птенцами или яйцами, и мать сидит на птенцах или на яйцах, то не бери матери вместе с детьми» (Втор., 22:6); paschal/Easter ~ красное яйцо, пасхальное яичко

Egg-Feast *n.* сыропустная суббота и неделя у католиков

Egg-Saturday *n.* сыропустная неделя

egis *n.* эгида, щит; защита

egoism *n.* эгоизм

egoist *n.* самолюбец, -ца; эгоист, -ка

egoistic(-al) *adj.* самолюбивый эгоистический

egoity *n.* индивидуальность

egotism *n.* себялюбие

egotist *n.* себялюбец, -бица

egotistic(-al) *adj.* себялюбивый

egress I *n.* выход

egress II *v.* выходить

egression *n.* выход, уход

Eighth Crusade Восьмой крестовый поход

Eighth Day of Solemn Assembly Восьмой день собрания, Шмини Ацерет

Eighth Ecumenical Council Восьмой Вселенский собор

Ekklesia *n.* экклесия; ~e экклесии

ektene *n.* ектенья

El Bethel *n.* Эль Бетхель

El Elyon *n.* Эль Элион, Господь Бог Всевышний

El Olam Эль Олам, Господь Бог Вечносущий

El Ro'i Эль Рои, Господь Бог Всевидящий

El Shaddai Эль Шаддай

El. (Electio) *n.* избрание, выбор; (Electus) избранный

elbow *n.* лакоть, локоть (мера длины)

eld *n.* старость; старина, былое

elder *n.* старец; пресвитер; церковный староста; старейшина

eldership *n.* пресвитерия; собрание старейшин; старшинство

elder-tree *n.* бузина

elect I *n.* избранный "And he shall send his angels with a great sound of a trumpet, and they shall gather together his elect from the four winds, from one end of heaven to the other" (Mt., 24:31) / «И пошлет Ангелов Своих с трубою громогласною, и соберут избранных Его от четырех ветров, от края небес до края их» (Матф., 24:31).

elect II *v.* избирать, избрать (кого-л./что-л.); голосовать, проголосовать (за кого-л./за что-л.)

election *n.* избрание "Even so then at this present time also there is a remnant according to the election of grace" (Ro., 11:5) / «Так и в нынешнее время, по избранию благодати, сохранился остаток» (Рим., 11:5); голосование

elegance *n.* благолепие

element *n.* стихия "But the day of the Lord will come as a thief in the night; in the which the heavens shall pass away with a great noise, and the elements shall melt with fervent heat, the earth also and the works that are therein shall be burned up" (2 Pe., 3:10) / «Придет же день Господень, как тать ночью, и тогда небеса с шумом прейдут, стихии же, разгоревшись, разрушатся, земля и все дела на ней сгорят» (2 Петр., 3:10); элемент; the ~s хлеб и вино при причащении

elemental *adj.* стихийный

elementary *adj.* первоначальный; элементарный

elevate *v.* воздвигать, воздвигнуть (что-л.); ~d soul возвышенная душа

elevation *n.* возношение; ~ of the Host возношение даров за обедней; возвеличение; воздвижение; ~ of the Host преподнесение Святых Даров; ~ of the Life Воздвижение Честного и Животворящего Креста Господня, Крестовоздвижение

Eleven Thousand Virgins одиннадцать тысяч дев непорочных

Elijah's cup чаша Илии Пророка

Eliphaz the Temanite Елифаз Феманитянин

Elkesaite *n.* элкесаит, элкасаит

Elohim *n.* Элохим, Элогим

Elohist source *n.* Элохист, Элогист

eloquence *n.* витийство

eloquent *adj.* златоустый; речистый "And Moses said unto the Lord, O my Lord, I [am] not eloquent, neither heretofore, nor since thou hast spoken unto thy servant: but I [am] slow of speech, and of a slow tongue" (Ex., 4:10) / «И сказал Моисей Господу: о, Господи! человек я не речистый, и таков был и вчера и третьего дня, и когда Ты начал говорить с рабом Твоим: я тяжело говорю и косноязычен» (Исх., 4:10); красноречивый "And a certain Jew named Apollos, born at Alexandria, an eloquent man, [and] mighty in the scriptures, came to Ephesus" (Ac., 18:24) / «Некто Иудей, именем Аполлос, родом из Александрии, муж красноречивый и сведущий в Писаниях, пришел в Ефес» (Деян., 18:24); ~ Doctor Златоустый доктор

elucidate *v.* выяснять, выяснить (что-л.); разъяснять, разъяснить (что-л. кому-л.)

elucidation *n.* объяснение, пояснение, разъяснение

elucidator *n.* толкователь, толковник, истолкователь, интерпретатор

elude *v.* избегать, избегнуть, избежать

Elul *n.* элул, елул (месяц еврейского календаря) "So the wall was finished in the twenty and fifth [day] of [the month] Elul, in fifty and two days" (Ne., 6:15) / «Стена была совершена в двадцать пятый день месяца Елула, в пятьдесят два дня» (Неем., 6:15).

emaciate *v.* истощать, изнурять; чахнуть, иссыхать

emaciation *n.* истощение, истощенность

emanant *adj.* эманентный, выходящий, вытекающий, исходящий; происходящий

emanate *v.* исходить, истекать, излучаться; происходить; излучать, испускать, эманировать

emanation *n.* истечение; излучение, испускание; эманация; порождение, порождающее начало

emasculate *v.* оскоплять, оскопить (кого-л.)

emasculation *n.* оскопление

embalm *v.* (на)бальзамировать "And Joseph commanded his servants the physicians to embalm his father: and the physicians embalmed Israel" (Ge., 50:2) / «И повелел Иосиф слугам своим — врачам, бальзамировать отца его; и врачи набальзамировали Израиля» (Быт., 50:2); умащать благово-

ниями, мазями благовонными, натирать благовониями

embarrass *v.* смущать, смутить (кого-л./что-л.); ~ed растерянный

embarrassment *n.* растерянность; смущение

Ember Days дни поста и молитвы в Западной Церкви

Ember Weeks недели поста и молитвы в Западной Церкви

embers *n.* пепел

embezzelement *n.* хищение

embitter *v.* ожесточать, ожесточить (кого-л./что-л.)

emblazonry *n.* прославление, восхваление

embodiment *n.* олицетворение; воплощение

embody *v.* воплощать, воплотить; олицетворять, олицетворить (что-л.); претворять в жизнь, реализовать; облекать в плоть и кровь

embrace I *n.* объятия

embrace II *v.* обнимать, обнять (кого-л./что-л.) "And it came to pass, when Laban heard the tidings of Jacob his sister's son, that he ran to meet him, and embraced him, and kissed him, and brought him to his house. And he told Laban all these things" (Ge., 29:13) / «Лаван, услышав о Иакове, сыне сестры своей, выбежал ему навстречу, обнял его и поцеловал его, и ввел его в дом свой; и он рассказал Лавану все сие» (Быт., 29:13); объять (что-л.); ~ Christianity принять христианскую веру

embrew *v.*, запятнать, обагрить

embush *n.* ловительство

emeraldine *adj.* изумрудный; изумрудно-зеленый

emergent *n.* первый год летосчисления; our ~ year is the birth of Christ современное летосчисление ведется от рождества Христова

emeritus *adj.* почетный

emigrate *v.* переселяться, переселиться

emigration *n.* переселение

eminence *n.* преосвященство; Высокопреосвященство; Your ~ Ваше Преосвященство

eminency *n.* преосвященство; высокопреосвященство, эминенция

eminent *adj.* величественный "Thus saith the Lord God; I will also take of the highest branch of the high cedar, and will set [it]; I will crop off from the top of his young twigs a tender one, and will plant [it] upon an high mountain and eminent" (Ezr., 17:22) / «Так говорит Господь Бог: и возьму Я с вершины высокого кедра, и посажу; с верхних побегов его оторву нежную отрасль и посажу на высокой и величественной горе» (Езд., 17:22); преосвященный; most ~ высокопреосвященный

emolument *n.* содержание

emotion *n.* молва

empathize *v.* сопереживать; глубоко проникаться чувствами другого человека

empire *n.* царство "And when the king's decree which he shall make shall be published throughout all his empire, (for it is great,) all the wives shall give

to their husbands honour, both to great and small" (Esth., 1:20) / «Когда услышат о сем постановлении царя, которое разойдется по всему царству его, как оно ни велико, тогда все жены будут почитать мужей своих, от большого до малого» (Есф., 1:20); владычество; господство; государство; царствие

empirean *n.* седьмое небо

employ *v.* применять, применить (что-л., к чему-л.)

employee *n.* служащий

employer *n.* работодатель, -ница

employment *n.* применение

emptiness *n.* пустота; уничтожение "But the cormorant and the bittern shall possess it; the owl also and the raven shall dwell in it: and he shall stretch out upon it the line of confusion, and the stones of emptiness" (Isa, 34:11) / «И завладеют ею пеликан и еж; и филин и ворон поселятся в ней; и протянут по ней вервь разорения и отвес уничтожения» (Ис., 34:11).

empty I *adj.* пустой "And they took him, and cast him into a pit: and the pit [was] empty, [there was] no water in it" (Ge., 37:24) / «И взяли его и бросили его в ров; ров же тот был пуст; воды в нем не было» (Быт., 37:24); тощий "And the seven thin and ill favoured kine that came up after them [are] seven years; and the seven empty ears blasted with the east wind shall be seven years of famine" (Ge., 41:27) / «И семь коров тощих и худых, вышедших после тех, это семь лет, также и семь колосьев тощих и иссушенных восточным ветром, это семь лет голода» (Быт., 41:27); тщий; с пустыми руками "I went out full, and the Lord hath brought me home again empty: why [then] call ye me Naomi, seeing the Lord hath testified against me, and the Almighty hath afflicted me?" (Ru., 1:21) / «Я вышла отсюда с достатком, а возвратил меня Господь с пустыми руками; зачем называть меня Ноеминью, когда Господь заставил меня страдать, и Вседержитель послал мне несчастье?» (Руф., 1:21); ни с чем "And they said, If ye send away the ark of the God of Israel, send it not empty; but in any wise return him a trespass offering: then ye shall be healed, and it shall be known to you why his hand is not removed from you" (1 Sa., 6:3) / «Те сказали: если вы хотите отпустить ковчег [завета Господа] Бога Израилева, то не отпускайте его ни с чем, но принесите Ему жертву повинности; тогда исцелитесь и узнаете, за что не отступает от вас рука Его» (1 Цар., 6:3); незанятый "Then Jonathan said to David, To morrow [is] the new moon: and thou shalt be missed, because thy seat will be empty" (1 Sa., 20:18) / «И сказал ему Ионафан: завтра новомесячие, и о тебе спросят, ибо место твое будет не занято» (1 Цар., 20:18); праздный "And the king sat upon his seat, as at other times, [even] upon a seat by the wall: and Jonathan arose, and Abner sat by Saul's side, and David's place was empty" (1 Sa., 20:25) / «Царь сел на своем месте, по обычаю, на седалище у стены, и Ионафан встал, и Авенир сел подле Саула; место же Давида осталось праздным» (1 Цар., 20:25); даром "From the blood of the slain, from the fat of the mighty, the bow of Jonathan turned not back, and the sword of Saul returned not empty" (2 Sa., 1:22) / «Без крови раненых, без тука сильных лук Ионафана не возвращался назад, и меч Саула не возвращался даром» (2 Цар., 1:22); порожний "Then he said, Go, borrow thee vessels abroad of all thy neighbours, [even] empty vessels; borrow not a few" (2 Ki., 4:3) / «И сказал он: пойди, попроси себе сосудов на стороне, у всех соседей твоих, сосудов порожних; набери немало» (4 Цар., 4:3); ветвистый "Israel [is] an empty vine, he bringeth forth fruit unto himself: according to the multitude of his fruit he hath increased the altars; according to the goodness of his land they have made goodly images" (Hos., 10:1) / «Израиль — ветвистый виноград, умножает для себя плод: чем более у него плодов, тем более умножает жертвенники; чем лучше земля у него, тем более украшают они кумиры» (Ос., 10:1).

empty II *v.* опорожнить "Then the priest shall command that they empty the house, before the priest go [into it] to see the plague, that all that [is] in the house be not made unclean: and afterward the priest shall go in to see the house" (Lev., 14:36) / «Священник прикажет опорожнить дом, прежде нежели войдет священник осматривать язву, чтобы не сделалось нечистым все, что в доме; после сего придет священник осматривать дом» (Лев., 14:36); изливать "And I answered again, and said unto him, What [be these] two olive branches which through the two golden pipes empty the golden [oil] out of themselves?" (Ze., 4:12) / «Вторично стал я говорить и сказал ему: что значат две масличные ветви, которые через две золотые трубочки изливают из себя золото?» (Зах., 4:12).

empurple v. обагрять; одевать в багряницу

empyreal adj. небесный, заоблачный; пламенный; пылающий небесным огнем

empyrean I n. горнее небо; эмпирей; рай; небеса; небесная твердь, небо

empyrean II adj. небесный, райский, неземной

Emus (Eminentissimus) adj. высокопреосвященный

enable v. давать силу "And I thank Christ Jesus our Lord, who hath enabled me, for that he counted me faithful, putting me into the ministry" (1 Ti., 1:12) / «Благодарю давшего мне силу, Христа Иисуса, Господа нашего, что Он признал меня верным, определив на служение» (1 Тим., 1:12); дать (что-л. кому-л.)

enactment n. постановление

enchant v. околдовывать; пленять, пленить (кого-л./что-л., чем-л.)

enchanter n. колдун, -нья; чародей, пленитель, -ница; волшебник, -ица "Therefore hearken not ye to your prophets, nor to your diviners, nor to your dreamers, nor to your enchanters, nor to your sorcerers, which speak unto you, saying, Ye shall not serve the king of Babylon" (Je., 27:9) / «И вы не слушайте своих пророков и своих гадателей, и своих сновидцев, и своих волшебников, и своих звездочетов, которые говорят вам: не будете служить царю Вавилонскому» (Иер., 27:9).

enchanting adj. колдовской, волшебный; пленительный

enchantment n. колдовство, волшебство "Surely [there is] no enchantment against Jacob, neither [is there] any divination against Israel: according to this time it shall be said of Jacob and of Israel, What hath God wrought!" (Nu., 23:23) / «Нет волшебства в Иакове и нет ворожбы в Израиле. В свое время скажут об Иакове и об Израиле: вот что творит Бог!» (Числ., 23:23); чары "Then Pharaoh also called the wise men and the sorcerers: now the magicians of Egypt, they also did in like manner with their enchantments" (Ex., 7:11) / «И призвал фараон мудрецов [Египетских] и чародеев; и эти волхвы Египетские сделали то же своими чарами» (Исх., 7:11); волхвование "And when Balaam saw that it pleased the Lord to bless Israel, he went not, as at other times, to seek for enchantments, but he set his face toward the wilderness" (Nu., 24:1) / «Валаам увидел, что Господу угодно благословлять Израиля, и не пошел, как прежде, для волхвования, но обратился лицем своим к пустыне» (Числ., 24:1); заговаривание "Surely the serpent will bite without enchantment; and a babbler is no better" (Ec., 10:11) / «Если змей ужалит без заговаривания, то не лучше его и злоязычный» (Екк., 10:11).

enchantress *n.* колдунья

enchase *v.* класть в раку

encincture *v.* опоясывать

encloister *v.* заточать в монастырь

enclose *v.* заключить (кого-л., во что-л.); -ing ограждение

enclosure *n.* ограда

enclothe *v.* облачать, облекать

encoffinment *n.* положение во гроб

encomiast *n.* панегирист, восхвалитель

encomiastic *adj.* панегирический, хвалебный, восторженный, восторженно-хвалебный

encomium *n.* панегирик, восторженно-хвалебный отзыв, восхваление

encounter *v.* встречать, встретить (кого-л./что-л.); спорить "Then certain philosophers of the Epi-

cureans, and of the Stoicks, encountered him. And some said, What will this babbler say? other some, He seemeth to be a setter forth of strange gods: because he preached unto them Jesus, and the resurrection" (Ac., 17:18) / «Некоторые из эпикурейских и стоических философов стали спорить с ним; и одни говорили: «что хочет сказать этот суеслов?», а другие: «кажется, он проповедует о чужих божествах», потому что он благовествовал им Иисуса и воскресение» (Деян., 17:18).

encourage *v.* возбудить мужество, ободрять; поощрять, поощрить (кого-л./что-л.); утверждать "[But] Joshua the son of Nun, which standeth before thee, he shall go in thither: encourage him: for he shall cause Israel to inherit it" (De., 1:38) / «Иисус, сын Навин, который при тебе, он войдет туда; его утверди, ибо он введет Израиля во владение ею» (Втор., 1:38).

encouragement *n.* ободрение; поощрение

encourager ободритель, -ница

Encratites *n. pl.* энкратиты, воздержники

enculturate *v.* приобщать к культуре; окультуривать

enculturation *n.* приобщение к культуре; окультуривание

encumbrance *n.* обуза

encyclic *n.* энциклика

end I *n.* завершение; конец "And God said unto Noah, The end of all flesh is come before me; for the earth is filled with violence through them; and, behold, I will destroy them with the earth" (Ge., 6:13) / «И сказал [Господь] Бог Ною: конец всякой плоти пришел пред лице Мое, ибо земля наполнилась от них злодеяниями; и вот, Я истреблю их с земли» (Быт., 6:13); окончание; скончание; цель; прошествие

end II *v.* исходить, изойти (от кого-л./чего-л.); оканчивать, окончить (что-л.); свершать, свершить (что-л.) "And on the seventh day God ended his work which he had made; and he rested on the seventh day from all his work which he had made" (Ge., 2:2) / «И совершил Бог к седьмому дню дела Свои, которые Он делал, и почил в день седьмый от всех дел Своих, которые делал» (Быт., 2:2); скончать (что-л.)

endeavor *n.* усилие

ending I *n.* окончание

ending II *adj.* окончательный

endless *adj.* бесконечный "Neither give heed to fables and endless genealogies, which minister questions, rather than godly edifying which is in faith: [so do]" (1 Ti., 1:4) / «И не занимались баснями и родословиями бесконечными, которые производят больше споры, нежели Божие назидание в вере» (1 Тим., 1:4); непрестающий "Who is made, not after the law of a carnal commandment, but after the power of an endless life" (He., 7:16) / «Который таков не по закону заповеди плотской, но

по силе жизни непрестающей» (Евр., 7:16).

endlessness *n.* бесконечность

endue *v.* дать "And Leah said, God hath endued me [with] a good dowry; now will my husband dwell with me, because I have born him six sons: and she called his name Zebulun" (Ge., 30:20) / «И сказала Лия: Бог дал мне прекрасный дар; теперь будет жить у меня муж мой, ибо я родила ему шесть сынов. И нарекла ему имя: Завулон» (Быт., 30:20); облекать, облечь (кого-л. чем-л.)

endungeon *v.* заключать в темницу

endure *v.* переносить, перенести, перенесть (что-л.); претерпевать, претерпеть (что-л.); сносить, снести (что-л.) (терпеть); страдать; выстоять; устоять "If thou shalt do this thing, and God command thee [so], then thou shalt be able to endure, and all this people shall also go to their place in peace" (Ex., 18:23) / «Если ты сделаешь это, и Бог повелит тебе, то ты можешь устоять, и весь народ сей будет отходить в свое место с миром» (Исх., 18:23); пребывать "But the Lord shall endure for ever: he hath prepared his throne for judgment" (Ps., 9:7) / «Но Господь пребывает вовек; Он приготовил для суда престол Свой» (Псл., 9:8), enduring претерпевание, претерпение

enemical *adj.* враждебный

enemity *n.* вражда

enemy *n.* ворог, враг "Thy right hand, O Lord, is become glorious in power: thy right hand, O Lord, hath dashed in pieces the enemy" (Ex., 15:6) / «Десница Твоя, Господи, прославилась силою; десница Твоя, Господи, сразила врага» (Исх., 15:6); супостат; the ~ of the mankind враг рода человеческого; ~'s вражий

energy *n.* энергия

enfeeble *v.* обессиливать, обессилить (кого-л.); ослаблять, ослабить (что-л.)

enfeeblement *n.* ослаба, ослабление

enfetter *v.* заковывать в кандалы; надевать оковы

enflesh *v.* превратить в плоть, облечь в плоть, воплотить, сделать материальным

enflower *v.* покрывать цветами

enforce *v.* принуждать, принудить (кого-л. к чему-л.)

enfrenzy *v.* приводить в ярость, в бешенство, доводить до белого каления

engage *v.* обручать, обручить (кого-л.)

engender *v.* зарождать, зародить, (кого-л./что-л.); ~ing зарождение

engloom *v.* помрачать, затемнять; омрачать

engolden *v.* золотить, позлащать

engore *v.* залить кровью; запачкать кровью

engrave *v.* запечатлевать, запечатлеть (кого-л./что-л.); ~ in one's heart запечатлеть в сердце

enhalo *v.* окружать нимбом, ореолом

enheaven *v.* возносить на небо

enigmatic *adj.* загадочный

enjoy *v.* удовлетворять "Then shall the land enjoy her sabbaths, as long as it lieth desolate, and ye [be] in your enemies' land; [even] then shall the land rest, and enjoy her sabbaths" (Lev., 26:34) / «Тогда удовлетворит себя земля за субботы свои во все дни запустения [своего]; когда вы будете в земле врагов ваших, тогда будет покоиться земля и удовлетворит себя за субботы свои» (Лев., 26:34); наслаждаться, насладиться (чем-л.)

enjoyment *n.* вкушение; наслаждение; удовольствие

enlarge *v.* преувеличивать, преувеличить (что-л.); расширять, расширить (что-л.); распространять "God shall enlarge Japheth, and he shall dwell in the tents of Shem; and Canaan shall be his servant" (Ge., 9:27) / «Да распространит Бог Иафета, и да вселится он в шатрах Симовых; Ханаан же будет рабом ему» (Быт., 9:27).

enlighten I *v.* озарять, озарить (кого-л./что-л.); освещать, осветить (что-л.) "His lightnings enlightened the world: the earth saw, and trembled" (Ps., 97:4) / «Молнии Его освещают вселенную; земля видит и трепещет» (Псл., 96:4); просвещать, просветить (кого-л./что-л.) "For thou wilt light my candle: the Lord my God will enlighten my darkness" (Ps., 18:28) / «Ты возжигаешь светильник мой, Господи; Бог мой просвещает тьму мою» (Псл., 17:29); ~ the reason просветить ум; ~ing озарение

enlighten II *adj.* просветительный

enlightment *n.* прозрение; просвещение

enlightner *n.* просветитель, -ница

enmoss *v.* обрастать, порасти мхом

Enoch *n.* Енох; Первая книга Еноха; Вторая книга Еноха (книги Библии)

enough *adv.* довольно

enrage *v.* приводить в ярость, в бешенство

enragement *n.* ярость; бешенство; гнев

enrapture *v.* восхищать, приводить в полный восторг; приводить в экстаз

enravishment *n.* экстаз, упоение

enrobe *v.* облачать, облачить (кого-л.)

enroot *v.* укоренять, укоренить; ~ing вкоренение

ensalve *v.* порабощать, поработить (кого-л./что-л.)

ensanguine *v.* залить, обагрить кровью

ensepulchre *v.* класть в гробницу; погребать, помещать в склеп

enshrine *v.* класть в раку

enshroud *v.* покрывать саваном

ensky *v.* возносить на небеса

enslavement *n.* порабощение

enslaver *n.* поработитель, -ница

ensnare *v.* улавливать, уловлять, уловить (кого-л./что-л.)

ensorcell *v.* околдовать, заворожить

ensure *v.* обеспечивать, обеспечить (кого-л., чем-л.)

entail *v.* влечь за собою

entame *v.* укрощать, приручать

enter *v.* входить, войти (во что-л.) "In the selfsame day entered Noah, and Shem, and Ham, and Japheth, the sons of Noah, and Noah's wife, and the three wives of his sons with them, into the ark" (Ge., 7:13) / «В сей самый день вошел в ковчег Ной, и Сим, Хам и Иафет, сыновья Ноевы, и жена Ноева, и три жены сынов его с ними» (Быт., 7:13); вступать, вступить (во что-л.); ~ a monastery принять монашество; ~ing вступление

enthralment *n.* порабощение, рабство

enthrone *v.* возвести, поставить на епархию, митрополию; интронизировать Патриарха, Папу; возвести на престол, посадить на трон; возвести на епархию, митрополию

enthronement *n.* восшествие на епархию, митрополию

enthusiast *n.* вдохновенный проповедник

enthusiastic(al) *adj.* исступленный, фанатический; оголтелый

entice *v.* прельщать, прельстить (кого-л., чем-л.); соблазнять, соблазнить (кого-л./что-л., чем-л.); ~ away развращать, развратить (кого-л./что-л.); обольщать "And if a man entice a maid that is not betrothed, and lie with her, he shall surely endow her to be his wife" (Ex., 22:16) / «Если обольстит кто девицу необрученную и переспит с нею, пусть даст ей вено [и возьмет ее] себе в жену» (Исх., 22:16); уговаривать "And it came to pass on the seventh day, that they said unto

Samson's wife, Entice thy husband, that he may declare unto us the riddle, lest we burn thee and thy father's house with fire: have ye called us to take that we have? [is it] not [so]?" (Jdg., 14:15) / «В седьмой день сказали они жене Самсоновой: уговори мужа твоего, чтоб он разгадал нам загадку; иначе сожжем огнем тебя и дом отца твоего; разве вы призвали нас, чтоб обобрать нас?» (Суд., 14:15); увлекать "And the Lord said, Who shall entice Ahab king of Israel, that he may go up and fall at Ramothgilead? And one spake saying after this manner, and another saying after that manner" (2 Chr., 18:19) / «И сказал Господь: кто увлек бы Ахава, царя Израильского, чтобы он пошел и пал в Рамофе Галаадском? И один говорил так, другой говорил иначе» (2 Пар., 18:19).

enticement *n.* обольщение; прелесть

enticer *n.* обольститель, -ница; прелестник, -ница; растлитель, -ница

enticing *adj.* обольстительный; убедительный "And my speech and my preaching [was] not with enticing words of man's wisdom, but in demonstration of the Spirit and of power" (1 Co., 2:4) / «И слово мое и проповедь моя не в убедительных словах человеческой мудрости, но в явлении духа и силы» (1 Кор., 2:4); вкрадчивый "And this I say, lest any man should beguile you with enticing words" (Col., 2:4) /

«Это говорю я для того, чтобы кто-нибудь не прельстил вас вкрадчивыми словами» (Кол., 2:4).

entify *v.* считать сущностью; признавать реально, объективно существующим

entire *adj.* всецелый; целый

entirely *adv.* всецело

entity *n.* бытие, существование; объективно существующее; данность; объект; сущность, существо

entoil *v.* поймать в сети, опутать тенетами

entomb *v.* погребать, опускать в могилу; служить гробницей

entombment *n.* положение во гроб; погребение; могила, гробница

entrance *n.* вход "And the spies saw a man come forth out of the city, and they said unto him, Shew us, we pray thee, the entrance into the city, and we will shew thee mercy" (Jdg., 1:24) / «И увидели стражи человека, идущего из города, [и взяли его] и сказали ему: покажи нам вход в город, и сделаем с тобою милость» (Суд., 1:24); дверь; притвор; ~ into Jerusalem «Вход Господень в Иерусалим»; откровение "The entrance of thy words giveth light; it giveth understanding unto the simple" (Ps., 119:130) / «Откровение слов Твоих просвещает, вразумляет простых» (Псл., 118:130).

entrancement *n.* транс, экстаз; оцепенение; приведение в транс, оцепенение, экстаз, прострацию

entrap v. улавливать, уловлять, уловить (кого-л./что-л.)

entreastor n. проситель, -ница

entreasure v. класть в сокровищницу; хранить как сокровище, ценить как богатство

entreat v. поступать (с кем-л.) "The Lord said, Verily it shall be well with thy remnant; verily I will cause the enemy to entreat thee [well] in the time of evil and in the time of affliction" (Je., 15:11) / «Господь сказал: конец твой будет хорош, и Я заставлю врага поступать с тобою хорошо во время бедствия и во время скорби» (Иер., 15:11).

entreating adj. просительный

entreaty n. мольба; страстная просьба; прошение

entrust smth. unto smb. v. заповедовать, заповедать (что-л., кому-л.)

entry n. вход "And the covert for the sabbath that they had built in the house, and the king's entry without, turned he from the house of the Lord for the king of Assyria" (2 Ki., 16:18) / «И отменил крытый субботний ход, который построили при храме, и внешний царский вход к дому Господню. ради царя Ассирийского» (4 Цар., 16:18); ~ into the Church вступление в Церковь

envier n. завистник, -ница

envious adj. завистливый

enviousness n. завистливость

environ v. окружать "For the Canaanites and all the inhabitants of the land shall hear [of it], and shall environ us round, and cut off our name from the earth: and what wilt thou do unto thy great name?" (Jos., 7:9) / «Хананеи и все жители земли услышат и окружат нас и истребят имя наше с земли. И что сделаешь тогда имени Твоему великому?» (Нав., 7:9).

envision v. представлять себе; предвидеть

envy I n. зависть "A sound heart [is] the life of the flesh: but envy the rottenness of the bones" (Pr., 14:30) / «Кроткое сердце — жизнь для тела, а зависть — гниль для костей» (Притч., 14:30); раздражительность "For wrath killeth the foolish man, and envy slayeth the silly one" (Job, 5:2) / «Так, глупца убивает гневливость, и несмысленного губит раздражительность» (Иов., 5:2); ревность "Wrath [is] cruel, and anger [is] outrageous; but who [is] able to stand before envy?" (Pr., 27:4) / «Жесток гнев, неукротима ярость; но кто устоит против ревности?» (Притч., 27:4).

envy II v. завидовать "Let not thine heart envy sinners: but [be thou] in the fear of the Lord all the day long" (Pr., 23:17) / «Да не завидует сердце твое грешникам, но да пребудет оно во все дни в страхе Господнем» (Притч., 23:17).

enwomb v. носить во чреве; прятать, таить, затаивать; зарывать; запрятывать

EP. (Episcopus) n. епископ

eparch n. епарх

eparchial adj. епархальный

eparchy n. епархия

Eph. (Epistle to the Ephesians) Послание к Ефесянам св. апостола Павла (книга Библии)

ephemeral *adj.* скоротечный

Ephesian *n.* ефесянин; Epistle to the ~s Послание к Ефесянам св. апостола Павла (книга Библии)

ephod *n.* ефод (часть облачения первосвященника)

Ephrata Community Ефратская протестантская община

epicedian *adj.* элегический; погребальный

epicedium *n.* погребальная песнь

epichorial *adj.* местный, локальный

Epichristian *adj.* раннехристианский

epiclesis *n.* эпиклезис

Epiphany *n.* Богоявление; Крещение (праздник); Праздник Теофании, Епифании, трех королей, трех волхвов; Святое Богоявление

Episc. (Episcopus) *n.* епископ

episcopacy *adj.* епископский

episcopal *adj.* епископский; епископальный; ~ Church Епископальная церковь; ~ Church in Scotland Шотландская епископальная церковь; ~ Signatures подписи епископов, епископские подписи

Episcopalian I *n.* сторонник епископальной системы церковного управления; член епископальной англиканской церкви

Episcopalian II *adj.* епископальный; принадлежащий к Англиканской протестантской церкви

episcopate *n.* епископство; сан епископа; епархия; епископы, епископат; епископия

episcopi vagantes епископи вагантес, епископы без епархии

episcopize *v.* возводить в сан епископа; быть епископом; возглавлять епархию; обратить в англиканство

episcopus vagans епископус ваганс, непризнаваемый епископ

episcopy *n.* скамья епископов в парламенте; суд епископов

epistle *n.* письмо "So when they were dismissed, they came to Antioch: and when they had gathered the multitude together, they delivered the epistle" (Ac., 15:30) / «Итак, отправленные пришли в Антиохию и, собрав людей, вручили письмо» (Деян., 15:30); послание "I Tertius, who wrote [this] epistle, salute you in the Lord" (Ro., 16:22) / «Приветствую вас в Господе и я, Тертий, писавший сие послание» (Рим., 16:22); read the epistles читать Апостола; chapter of the ~s отрывок из Апостола; послание; the ~s of the Apostles послание апостолов; cathedral ~ соборное послание; catholic ~s соборные послания апостолов; lent ~ великопостное послание; апостольское послание; чтение отрывка из апостольского послания; read the ~ читать из «Апостола»; ~ of James Соборное послание св. апостола Иакова (книга Библии); ~ of Jeremiah Послание Иеремии; ~ Послание к Колоссянам св. апостола Павла (книга Библии); ~ of Paul the Apostle to the Ephesians Послание к Ефесянам св. апостола Павла (книга Библии); ~ of Paul the Apostle to the Galatians Послание к Галатам св. апостола Павла (книга Библии); ~ of Paul the Apostle to the Hebrews Послание к Евреям св. апостола Павла (книга Библии); ~ of Paul the Apostle to the Philippians Послание к Филиппийцам св. апостола Павла (книга Библии); ~ of Paul the Apostle to the Romans Послание к Римлянам св. апостола Павла (книга Библии); ~ of Paul to Philemon Послание к Филимону (книга Библии); ~ of Paul to Timothy Первое послание к Тимофею, Второе послание к Тимофею (книги Библии), ~ of Paul to Titus Послание к Титу св. апостола Павла (книга Библии); ~ of St. James the Apostle Соборное послание св. апостола Иакова (книга Библии); ~ side южная часть алтаря

epistler *n.* чтец из «Апостола»; автор послания

Epistola tractoria *n.* «Эпистола трактория»

epistolary *adj.* эпистолярный

epistolize *v.* обращаться с посланием

epistolographic *adj.* используемый для написания писем; демотический

epistolography *n.* писание писем, посланий

Epistula Apostolorum «Послание апостолов»

epitactic *adj.* увещевательный; запретительный

epitaph *n.* надгробная надпись; эпитафия; надгробие

epithalamium *n.* эпиталама

eponym *n.* эпоним

EPS. (Episcopus) *n.* епископ

epurate *v.* очищать

epuration *n.* очищение

Epus. (Episcopus) епископ

equaeval *adj.* одного возраста, века; относящийся к одному периоду

equal I *adj.* равный "And the city lieth foursquare, and the length is as large as the breadth: and he measured the city with the reed, twelve thousand furlongs. The length and the breadth and the height of it are equal" (Rev., 21:16) / «Город расположен четвероугольником, и длина его такая же, как и широта. И измерил он город тростью на двенадцать тысяч стадий; длина и широта и высота его равны» (Откр., 21:16).

equal II *v.* равняться "The topaz of Ethiopia shall not equal it, neither shall it be valued with pure gold" (Job, 28:19) / «Не равняется с нею топаз Ефиопский; чистым золотом не оценивается она» (Иов., 28:18).

equality *n.* единообразие; приравнение; равенство; равномерность "But by an equality, [that] now at this time your abundance [may be a supply] for their want, that their abundance also may be [a supply] for your want: that there may be equality" (2 Co., 8:14) / «Ныне ваш избыток в восполнение их недостатка; а после их избыток в восполнение вашего недостатка, чтобы была равномерность» (2 Кор., 8:14).

equally *adv.* равно

equanimity *n.* равнодушие; хладнокровие

equanimous *adj.* хладнокровный

equatable *adj.* отождествимый; сопоставимый

equate *v.* приравнивать, приравнять (что-л. к чему-л.)

equiparation *n.* приравнивание; сравнение

equitable *adj.* справедливый

equity *n.* правосудие; справедливость; правота "To receive the instruction of wisdom, justice, and judgment, and equity" (Pr., 1:3) / «Усвоить правила благоразумия, правосудия, суда и правоты» (Притч., 1:3); прямота "Then shalt thou understand righteousness, and judgment, and equity; [yea], every good path" (Pr., 2:9) / «Тогда ты уразумеешь правду и правосудие и прямоту, всякую добрую стезю» (Притч., 2:9); честность "And judgment is turned away backward, and justice standeth afar off: for truth is fallen in the street, and equity cannot enter" (Isa, 59:14) / «И суд отступил назад, и правда стала вдали, ибо истина преткнулась на площади, и честность не может войти» (Ис., 59:14); правда "The law of truth was in his mouth, and iniquity was not found in his lips: he walked with me in peace and equity, and did turn many away from iniquity" (Mal., 2:6) / «Закон истины был

в устах его, и неправды не обреталось на языке его; в мире и правде он ходил со Мною и многих отвратил от греха» (Мал., 2:6).

equivalent *adj.* равнозначащий, равнозначный; равноценный

equivocal *adj.* двусмысленный; ~ compliment сомнительный комплимент

equivocalness *n.* двусмысленность

era *n.* эра, эпоха; летосчисление, эра; Christian ~ христианская эра

eradiate *v.* излучать; испускать лучи; сиять

eradiation *n.* испускание лучей; сияние

eradicate *v.* искорнять, искоренить (грехи)

eradication *n.* искоренение (грехов)

erase *v.* изглажать, изглаживать, изгладить (что-л.)

Erastianism *n.* эрастианизм

erect *v.* воздвигать, воздвигнуть (что-л.); созидать, создать (что-л.); ~ a temple созидать храм; строить, построить (что-л.); поставить "And he erected there an altar, and called it Elelohe-Israel" (Ge., 33:20) / «И поставил там жертвенник, и призвал имя Господа Бога Израилева» (Быт., 33:20).

erection *n.* воздвижение

eremite *n.* отшельник, затворник

eremitic(al) *adj.* особножитный, отшельнический, затворнический; ~ monasticism особножитное монашество, отшельническое монашество eremitish *adj.* особножитный, отшельнический, затворнический

Eretz Israel *n.* Эрец-Исраэль, Земля израильская, Земля Израиля

erotesis *n.* риторический вопрос

erotetic *adj.* вопросительный, вопрошающий

err *v.* блуждать

errancy *n.* заблуждение

errand *n.* поручение; слово "But he himself turned again from the quarries that [were] by Gilgal, and said, I have a secret errand unto thee, O king: who said, Keep silence. And all that stood by him went out from him" (Jdg., 3:19) / «То сам возвратился от истуканов, которые в Галгале, и сказал: у меня есть тайное слово до тебя, царь. Он сказал: тише! И вышли от него все стоявшие при нем» (Суд., 3:19).

erratum *n.* опечатка; ошибка, недосмотр, промах

erring *adj.* заблудший, грешный

erroneous *adj.* ошибочный

erroneously *adv.* неправильно

erroneousness *n.* ошибочность

error *n.* ошибка; неправота; заблуждение; lead into ~ ввести кого-л. в заблуждение; погрешность "And be it indeed [that] I have erred, mine error remaineth with myself" (Job, 19:4) / «Если я и действительно погрешил, то погрешность моя при мне остается» (Иов., 19:4).

erstwhile *adv.* прежде, некогда

eruct *v.* изрыгать дым, пламень

eructate *v.* изрыгать; извергать

eruption *n.* извержение

Eruvin «Эрубин»

Esbat *n.* шабаш ведьм

escape *v.* избегать, избегнуть, избежать (наказания); скрываться, скрыться (от кого-л./от чего-л.); ~ from избавляться, избавиться (от кого-л./от чего-л.); спасаться "And it came to pass, when they had brought them forth abroad, that he said, Escape for thy life; look not behind thee, neither stay thou in all the plain; escape to the mountain, lest thou be consumed" (Ge., 19:17) / «Когда же вывели их вон, то один из них сказал: спасай душу свою; не оглядывайся назад и нигде не останавливайся в окрестности сей; спасайся на гору, чтобы тебе не погибнуть» (Быт., 19:17).

eschatology *n.* эсхатология

eschewal *n.* избежание зла и пороков, уклонение от пути зла

eschewance *n.* избежание зла и пороков, уклонение от пути зла

escort *v.* сопутствовать (кому-л./чему-л.)

esonarthex *n.* эзонартекс, вход в неф, вход в корабль

esoteric *adj.* тайный, эзотерический; скрытый; ~ truth истина, открытая избранным

esotery *n.* тайное учение

especial *adj.* особенный; сугубый

especially *adv.* особенно "Let the elders that rule well be counted worthy of double honour, especially they who labour in the word and doctrine" (1 Ti., 5:17) / «Достойно начальствующим пресвитерам должно оказывать сугубую честь, особенно тем, которые трудятся в слове и учении» (1 Тим., 5:17); сугубо; даже "I was a reproach among all mine enemies, but especially among my neighbours, and a fear to mine acquaintance: they that did see me without fled from me" (Ps., 31:11) / «От всех врагов моих я сделался поношением даже у соседей моих и страшилищем для знакомых моих; видящие меня на улице бегут от меня» (Псл., 3:12); наипаче "As we have therefore opportunity, let us do good unto all [men], especially unto them who are of the household of faith" (Ga., 6:10) / «Итак, доколе есть время, будем делать добро всем, а наипаче своим по вере» (Гал., 6:10).

espousal *n.* обручение; свадьба; бракосочетание "Go forth, O ye daughters of Zion, and behold king Solomon with the crown wherewith his mother crowned him in the day of his espousals, and in the day of the gladness of his heart" (Song, 3:11) / «Пойдите и посмотрите, дщери Сионские, на царя Соломона в венце, которым увенчала его' мать его в день бракосочетания его, в день, радостный для сердца его» (Песн., 3:11).

esprit *n.* живой ум; дух

essay *n.* очерк

esse *n.* существование, бытие; сущность, суть

essence *n.* сущность, существо; in ~ по существу, в сущности; fifth ~ пятый элемент, пятая стихия, основная сущность вещей, квинтэссенция

Essene *n.* ессей

essential I *n.* сущность

essential II *adj.* главный; существенный

essentialism *n.* эссенциализм

establish *v.* вкоренять, вкоренить; вселять, вселить (что-л., в кого-л.); основывать, основать (что-л.); устанавливать, установить (что-л.); поставить "But with thee will I establish my covenant; and thou shalt come into the ark, thou, and thy sons, and thy wife, and thy sons' wives with thee" (Ge., 6:18) / «Но с тобою Я поставлю завет Мой, и войдешь в ковчег ты, и сыновья твои, и жена твоя, и жены сынов твоих с тобою» (Быт., 6:18); утверждать, утвердить (что-л.); учинять, учинить (что-л.); ~ed Church государственная Церковь

establishment *n.* основание; заведение; charitable ~ богоугодное заведение; государственная церковь

Establishmentarian *n.* противник отделения церкви от государства

estate *n.* состояние "When thy sisters, Sodom and her daughters, shall return to their former estate, and Samaria and her daughters shall return to their former estate, then thou and thy daughters shall return to your former estate" (Ez., 16:55) / «И сестры твои, Содома и дочери ее, возвратятся в прежнее состояние свое; и Самария и дочери ее возвратятся в прежнее состояние свое, и ты и дочери твои возвратитесь в прежнее состояние ваше» (Иез., 16:55); достоинство "If it please the king, let there go a royal commandment from him, and let it be written among the laws of the Persians and the Medes, that it be not altered, That Vashti come no more before king Ahasuerus; and let the king give her royal estate unto another that is better than she" (Esth., 1:19) / «Если благоугодно царю, пусть выйдет от него царское постановление и впишется в законы Персидские и Мидийские и не отменяется, о том, что Астинь не будет входить пред лице царя Артаксеркса, а царское достоинство ее царь передаст другой, которая лучше ее» (Есф., 1:19); обстоятельства "Whom I have sent unto you for the same purpose, that he might know your estate, and comfort your hearts" (Col., 4:8) / «Которого я для того послал к вам, чтобы он узнал о ваших обстоятельствах и утешил сердца ваши» (Кол., 4:8); место "And in his estate shall stand up a vile person, to whom they shall not give the honour of the kingdom: but he shall come in peaceably, and obtain the kingdom by flatteries" (Da., 11:21) / «И восстанет на место его презренный, и не воздадут ему царских почестей, но он придет без шума и лестью овладеет царством» (Дан., 11:21); low ~ унижение "Who remembered us in our low estate: for his mercy [endureth]

for ever" (Ps., 136:23) / «Вспомнил нас в унижении нашем, ибо вовек милость Его» (Псл., 135:23); смирение "For he hath regarded the low estate of his handmaiden: for, behold, from henceforth all generations shall call me blessed" (Lk., 1:48) / «Что призрел Он на смирение Рабы Своей, ибо отныне будут ублажать Меня все роды» (Лук., 1:48); great ~ величие "I communed with mine own heart, saying, Lo, I am come to great estate, and have gotten more wisdom than all [they] that have been before me in Jerusalem: yea, my heart had great experience of wisdom and knowledge" (Ec., 1:16) / «Говорил я с сердцем моим так: вот, я возвеличился и приобрел мудрости больше всех, которые были прежде меня над Иерусалимом, и сердце мое видело много мудрости и знания» (Екк., 1:16); ~s времена "And I will multiply upon you man and beast; and they shall increase and bring fruit: and I will settle you after your old estates, and will do better [unto you] than at your beginnings: and ye shall know that I [am] the Lord" (Ez., 36:11) / «И умножу на вас людей и скот, и они будут плодиться и размножаться, и заселю вас, как было в прежние времена ваши, и буду благотворить вам больше, нежели в прежние времена ваши, и узнаете, что Я Господь» (Иез., 36:11); угодья

esteeming *n.* почитание

Esther Есфирь; Эстер, Книга Есфирь (книга Библии)

esthetic, -al *adj.* эстетический

esthetics *n.* эстетика

estimate *v.* ценить (кого-л./что-л.); оценивать "And when a man shall sanctify his house [to be] holy unto the Lord, then the priest shall estimate it, whether it be good or bad: as the priest shall estimate it, so shall it stand" (Lev., 27:14) / «Если кто посвящает дом свой в святыню Господу, то священник должен оценить его, хорош ли он, или худ, и как оценит его священник, так и состоится» (Лев., 27:14).

estrange *v.* отчуждать (что-л., от кого-л.) "He hath put my brethren far from me, and mine acquaintance are verily estranged from me" (Job, 19:13) / «Братьев моих Он удалил от меня, и знающие меня чуждаются меня» (Иов., 19:13).

estrangement *n.* отрешенность; отчуждение; удаление

Est. (Esther) *n.* Книга Есфирь (книга Библии)

esurience (-y) *n.* алкота, голод

esurient *adj.* алчущий, голодный

et cetera и так далее; и тому подобное

Et. (Etiam) также, даже

etc. (Et cetera) и так далее, и прочее

eternal *adj.* бесконечный; вечный "And, behold, one came and said unto him, Good Master, what good thing shall I do, that I may have eternal life?" (Mt., 19:16) / «И вот, некто, подойдя, сказал Ему: Учитель благий! что сделать мне доброго, чтобы иметь жизнь вечную?» (Матф., 19:16); древний "The eternal God [is thy] refuge, and underneath [are] the everlasting arms: and he shall thrust out the enemy from before thee; and shall say, Destroy [them]" (De., 33:27) / «Прибежище [твое] Бог древний, и [ты] под мышцами вечными; Он прогонит врагов от лица твоего и скажет: истребляй!» (Втор., 33:27); ~ memory вечная память; древний "The eternal God [is thy] refuge, and underneath [are] the everlasting arms: and he shall thrust out the enemy from before thee; and shall say, Destroy [them]" (De., 33:27) / «Прибежище [твое] Бог древний, и [ты] под мышцами вечными; Он прогонит врагов от лица твоего и скажет: истребляй!» (Втор., 33:27); нестареемый; превечный; предвечный; присносущий; ~ life жизнь вечная, бессмертие; ~ punishment вечные муки ада; from time ~ испокон веку, испокон веков; ~ City Вечный город, Рим; ~ light нер тамид, огонь негасимый, лампада у Ковчега Завета

Eternal *n.* Предвечный, Присносущий, Бессмертный, Вековечный, Безначальный

eternally *adv.* вовек, вовеки

eternity *n.* бесконечность; вечность; превечность; ~ box гроб, саркофаг; for ~ вовеки веков

eternize *v.* увековечивать, увековечить (что-л.); делать вечным, нескончаемым; обессмертить (кого-л./что-л.), наделить вечной славой, прославить в веках; ~ smb. 's memory увековечить чью-л. память

Ethical Culture этическая культура

ethical relativism этический релятивизм

ethics *n.* этика; учение о морали; теория нравственности; мораль, нравственность; порядочность

Ethiopian I *n.* мурин (ефиоплянин)

Ethiopian II *adj.* эфиопский, эфиоплянин,   эфиоплянка "With twelve hundred chariots, and threescore thousand horsemen: and the people were without number that came with him out of Egypt; the Lubims, the Sukkiims, and the Ethiopians" (2 Chr., 12:3) / «С тысячью и двумя стами колесниц и шестьюдесятью тысячами всадников; и не было числа народу, который пришел с ним из Египта, Ливиянам, Сукхитам и Ефиоплянам» (12 Пар., 12:3); "And Miriam and Aaron spake against Moses because of the Ethiopian woman whom he had married: for he had married an Ethiopian woman" (Nu., 12:1) / «И упрекали Мариам и Аарон Моисея за жену Ефиоплянку, которую он взял, — ибо он взял за себя Ефиоплянку» (Числ., 12:1); ~ Church Абиссинская Церковь; ~ Orthodox Church Эфиопская православная церковь; ~ Overcoming Holy Church of God

Эфиопская, всепобеждающая св. церковь Божия

Ethiopianism *n.* эфиопианизм

Ethiopic Book of Enoch «Первая книга Еноха»

ethnic I *n.* язычник

ethnic II *adj.* языческий

ethnicism *n.* язычество

Etz Hayyim Эц хайим, рукописные свитки Торы на деревянных катушках

Eucharist *n.* Евхаристия, Св. Причастие, Св. Причащение

eucharist *n.* евразистия; причащение; spiritual ~ духовное причащение

Eucharistic(al) *adj.* евхаристический; причастный; относящийся к Св. Причастию; благодарственный

eucharistic(al) *adj.* евразистический

eudaemonism, eudaimonism *n.* эвдемонизм, теория эвдемонизма

eudaimonist I *n.* эвдемонист

eudaimonist II *adj.* эвдемонический

Eudist Fathers *n.* эдисты, евдиты

Eudoxians *n. pl.* евдоксиане

Eugenius I *n.* Евгений I

Eugenius II *n.* Евгений II

Eugenius III *n.* Евгений III

Eugenius IV *n.* Евгений IV

Eulalius *n.* Евлалий

eulogia *n.* кусочки просфоры, раздаваемые верующим после Св. Причастия; евлогия

eulogic *adj.* хвалебный; панегирический; превозносящий

eulogism *n.* хвалебная речь; превознесение; панегирик, восхваление

eulogize v. превозносить, восхвалять; произносить панегирики

eulogy n. хвалебная речь; панегирик, восхваление, превознесение; ~ on a person/thing хвала кому-л./чему-л.; надгробное слово, надгробная речь; похвала; хвала; хваление

eunach n. скопец

eunomy n. правление, основанное на началах законности и справедливости

euodic adj. благовонный, ароматический

eupathy n. душевное равновесие, спокойствие, покой

euphonious adj. благозвучный; сладкозвучный, ласкающий слух

Eusebians n. pl. евсевиане

Eusebius n. Евсевий

Euthymius I n. Евфимий I

Euthymius of Turnovo n. Евфимий Тырновский

Eutychian n. Евтихиан

Eutychians n. pl. евтихиане

evade v. избегать, избегнуть, избежать; ~ a question уклоняться от вопроса

evagation n. блуждание; блуждания, скитания, странствия

eval adj. вековой, столетний, древний

Evang. (Evangelium) бревиарий «Евангелиум»

evangel n. евангелист; проповедник

Evangel (Evangelion) n. Евангелие (благовестие); the ~ of St. Matthew Евангелие от Матфея; the ~ of St. Marcus Евангелие от Марка; the ~ of St. Lucas Евангелие от Луки; the ~ of St. John Евангелие от Иоанна

evangeliarium n. евангелиарий, евангелистарий; ~ of Ebbo «Евангелиарий Эббо»; ~ volumen евангелиарий, евангелистарий

evangelic(al) adj. евангельский; протестантский; евангелический; фундаменталистский; ~ Alliance Евангелический союз; ~ and Reformed Church Евангелическая реформатская церковь; ~ Church Евангелическая церковь; ~ Church in Germany Евангелическая церковь Германии; ~ Church of Czech Brethern Евангелическая церковь чешских братьев; ~ Doctor Евангелический доктор, Джон Виклиф, Джон Уиклиф; ~ Free Church of America Американская свободная евангелическая церковь; ~ Lutheran Church in America Американская евангелическая лютеранская церковь; ~ Lutheran Church of Finland Евангелическая лютеранская церковь Финляндии; ~ Lutheran People's Church of Denmark Евангелическая лютеранская народная церковь Дании; ~ Union Евангелическая уния, Протестантская уния; ~ United Brethern Church Евангелическая объединенная церковь

Evangelicalism n. евангеличество; протестантство; протестантизм

evangelism n. евангелизм

evangelist n. евангелист; проповедник; миссионер; благовестник; лютеранин, -нка

evangelistary *n.* евангелистарий, евангелиарий

evangelistary *n.* Евангелие (экземпляр книги); книга с извлечениями из Евангелия

evangelistic *adj.* евангелистский

Evangelium *n.* Евангелие; ~ de nativitate Mariae «Евангелие о рождестве Марии»

evangelization *n.* проповедь Евангелия; обращение в христианство

evangelize *v.* проповедовать Евангелие; обращать в христианство

evanition *n.* исчезновение

Evaristus *n.* Эварист

evasive *adj.* уклончивый

eve *n.* навечерие; канун; on the ~ накануне; fastens-~ канун Великого Поста

even I *n.* вечер

even II *adj.* равный

even III *adv.* даже

Evening Prayer *n.* вечерня

evening-service *n.* всенощное бдение

Evensong *n.* вечерня

event *n.* событие

eventide *n.* время на закате дня, вечерняя пора "And Isaac went out to meditate in the field at the eventide: and he lifted up his eyes, and saw, and, behold, the camels [were] coming" (Ge., 24:63) / «При наступлении вечера Исаак вышел в поле поразмыслить, и возвел очи свои, и увидел: вот, идут верблюды» (Быт., 24:63).

ever-being *adj.* предвечный, бессмертный

everburning *adj.* неугасаемый; неугасимый

everlasting вечный "And the bow shall be in the cloud; and I will look upon it, that I may remember the everlasting covenant between God and every living creature of all flesh that [is] upon the earth" (Ge., 9:16) / «И будет радуга [Моя] в облаке, и Я увижу ее, и вспомню завет вечный между Богом [и между землею] и между всякою душею живою во всякой плоти, которая на земле» (Быт., 9:16).

everlasting *adj.* вечный "And the bow shall be in the cloud; and I will look upon it, that I may remember the everlasting covenant between God and every living creature of all flesh that [is] upon the earth" (Ge., 9:16) / «И будет радуга [Моя] в облаке, и Я увижу ее, и вспомню завет вечный между Богом [и между землею] и между всякою душею живою во всякой плоти, которая на земле» (Быт., 9:19); непрерывный; предвечный; ~ bonfire вечный огонь ада; from ~ испокон веков; from ~ to ~ во веки веков; ~ punishment вечные муки; ~ woe неизбывное горе; присносущий

everlastingly *adv.* вечно; навсегда, во веки веков; вовек, вовеки

ever-living *adj.* бессмертный, вечно живой

everpresent *adj.* присносущий; вековечный

Ever-Virgin Mary Приснодева Мария, Мадонна, Пресвятая Богородица

every *adj.* каждый; всякий, всяк "And God created great whales,

and every living creature that
moveth, which the waters
brought forth abundantly, after
their kind, and every winged
fowl after his kind: and God saw
that [it was] good" (Ge., 1:21) /
«И сотворил Бог рыб больших
и всякую душу животных пресмыкающихся, которых произ-
вела вода, по роду их, и всякую птицу пернатую по роду
ее. И увидел Бог, что это хорошо» (Быт., 1:21).

everybody *pron.* каждый; всякий,
всяк

everyone *pron.* каждый

everywhere *pron.* повсеместно

everywhereness *n.* вездесущность

evidence *n.* доказательство; очевидность; свидетельство; incontrovertible ~ неопровержимое доказательство

evident *adj.* видимый; известный
"For [it is] evident that our Lord
sprang out of Juda; of which
tribe Moses spake nothing concerning priesthood" (He., 7:14) /
«Ибо известно, что Господь
наш воссиял из колена Иудина,
о котором Моисей ничего не
сказал относительно священства» (Евр., 7:14); очевидный;
ясный "But that no man is justified by the law in the sight of
God, [it is] evident: for, The just
shall live by faith" (Ga., 3:11) /
«А что законом никто не оп-
равдывается пред Богом, это
ясно, потому что праведный
верою жив будет» (Гал., 3:11).

evidently *adv.* воочию; ясно "He
saw in a vision evidently about
the ninth hour of the day an angel of God coming in to him, and

saying unto him, Cornelius"
(Ac., 10:3) / «Он в видении ясно видел около девятого часа
дня Ангела Божия, который
вошел к нему и сказал ему:
Корнилий!» (Деян., 10:3)

evil I *n.* зло "And out of the
ground made the Lord God to
grow every tree that is pleasant
to the sight, and good for food;
the tree of life also in the midst
of the garden, and the tree of
knowledge of good and evil"
(Ge., 2:9) / «И произрастил
Господь Бог из земли всякое
дерево, приятное на вид и хорошее для пищи, и дерево
жизни посреди рая, и дерево
познания добра и зла» (Быт.,
2:9); порок; do ~ things совер-
шать/делать зло; fly/eschew ~
and do good отойди от зла и сотвори благо; ~ of long standing
закоренелый порок; бедствие,
несчастье; неудача; грех; горе;
good and ~ добро и зло;
lesser/less ~ меньшее зло; speak
~ злословить; ~ comes from ~
зло порождает зло; return good
for ~ отплатить добром за зло;
keep thy tongue from ~ удержи-
вай язык твой от зла; lead a life
of ~ вести порочную жизнь;
wish smb. ~ желать кому-л. беды; shun ~ отойти от греха; ~
be to him that... горе тому,
кто...; ~ spirits злые духи; ~
tongue злой язык; ~ conscience
нечистая совесть; ~ fruit плоды
худые; ~ deeds преступления; ~
life распутная жизнь; путь разврата; ~ men грешники; стоящие на пути разврата; ~ eye
дурной глаз; ~ One Лукавый,

Диавол, Дьявол, Нечистый, Сатана; ~-boding зловещий; предвещающий беду, несчастье, горе

evil II *adj.* дурной; злой, зловредный, злонамеренный; испорченный, порочный; развратный, порочный, грешный; преступный; худой "Even those men that did bring up the evil report upon the land, died by the plague before the Lord" (Nu., 14:37) / «Сии, распустившие худую молву о земле, умерли, быв поражены пред Господом» (Числ., 14:37); ~ еуе дурной глаз; ~angel нечистый/злой дух, демон-искуситель

evil-disposed *adj.* злонамеренный; недоброжелательный; нерасположенный

evil-doer *n.* грешник; злодей; преступник; зло чинящий

evil-doer *n.* злодей, -ка

evil-doing *n.* злые поступки; злодеяния; зло

evil-minded *adj.* злой, злобный, зловредный

evil-mindedness *n.* злонамеренность

evil-severance *n.* злоотсечение

evil-speaker *n.* злоязычник, -ница

evil-speaking I *n.* злословие, поношение

evil-speaking II *adj.* злоречивый

evocation *n.* вызывание духов; воскрешение в памяти событий

evulse *v.* вырывать, выдергивать; исторгать

Ex. (Exodus) *n.* Исход (книга Библии)

Ex. (Extra) за пределами

ex animo искрение, чистосердечно

ex cathedra экс катедра (с папского престола)

ex gratia из милости

ex professo по профессии, по обязанности

EX. TM. (Ex Testamento) по завету

ex veto *n.* жертвоприношение по обету

exact *v.* взыскивать "And this [is] the manner of the release: Every creditor that lendeth [ought] unto his neighbour shall release [it]; he shall not exact [it] of his neighbour, or of his brother; because it is called the Lord'S release" (De., 15:2) / «Прощение же состоит в том, чтобы всякий заимодавец, который дал взаймы ближнему своему, простил долг и не взыскивал с ближнего своего или с брата своего, ибо провозглашено прощение ради Господа [Бога твоего]» (Втор., 15:2); ~ upon превозмочь "The enemy shall not exact upon him; nor the son of wickedness afflict him" (Ps., 89:22) / «Враг не превозможет его, и сын беззакония не притеснит его» (Псл., 88:23); требовать

exacting *adj.* взыскательный

exaction *n.* взыскание

exaggerate *v.* преувеличивать, преувеличить (что-л.)

exaggeration *n.* преувеличение

exalt *v.* возносить, возвеличивать, возводить в сан, на трон; возвышать, возвысить (кого-л./что-л.); превозносить, превознести (кого-л./что-л.) "The

Lord [is] my strength and song, and he is become my salvation: he [is] my God, and I will prepare him an habitation; my father's God, and I will exalt him" (Ex., 15:2) / «Господь крепость моя и слава моя, Он был мне спасением. Он Бог мой, и прославлю Его; Бог отца моего, и превознесу Его» (Исх., 15:2); ~ed возвышенный

exaltation *n.* восторженное состояние; возношение; величание; возвеличение; воздвижение; the ~ of the Cross воздвижение Честнаго Креста, Крестовоздвижение

examen *n.* расследование ереси; собеседование с кандидатом на рукоположение в священники католической церкви

examplarily *adv.* примерно

examplary *adj.* примерный

exanimate *adj.* бездыханный; безжизненный

exaposteilarion, exapostilarion *n.* ексапостиларий, светилен

exarch *n.* экзарх

exarchate, exarchy *n.* экзархат

exasperate I *adj.* раздраженный; гневный

exasperate II *v.* раздражать, выводить из себя; изводить

exasperation *n.* озлобление; гнев, злоба

excardinate *v.* перевести священника, диакона из одного прихода в другой

excarnate *adj.* бесплотный, лишенный плоти

excarnation *n.* освобождение от плоти, развоплощение

exceed *v.* превосходить, превзойти (кого-л./что-л., в чем-л.)

Excellence *n.* превосходительство; his sable ~ Князь тьмы, Сатана, Диавол, Дьявол

excellently *adv.* примерно

exceptive *adj.* исключающий

excerpta *n. pl.* избранные места, избранное

excerptum *n.* отрывок, выдержка

excess *n.* излишек; неправда "Woe unto you, scribes and Pharisees, hypocrites! for ye make clean the outside of the cup and of the platter, but within they are full of extortion and excess" (Mt., 23:25) / «Горе вам, книжники и фарисеи, лицемеры, что очищаете внешность чаши и блюда, между тем как внутри они полны хищения и неправды» (Матф., 23:25); распутство "And be not drunk with wine, wherein is excess; but be filled with the Spirit" (Eph., 5:18) / «И не упивайтесь вином, от которого бывает распутство; но исполняйтесь Духом» (Ефес., 5:18); излишество "For the time past of [our] life may suffice us to have wrought the will of the Gentiles, when we walked in lasciviousness, lusts, excess of wine, revellings, banquetings, and abominable idolatries" (1 Pe., 4:3) / «Ибо довольно, что вы в прошедшее время жизни поступали по воле языческой, предаваясь нечистотам, похотям (мужеложству, скотоложству, помыслам), пьянству, излишеству в пище и питии и нелепому идолослужению» (1 Петр., 4:3).

excide *v.* исключить; вычеркнуть

excision *n.* отлучение

excitation *n.* возбуждение

excite *v.* возбуждать, возбудить (кого-л./что-л.); ~ pity возбудить жалость; подвигнуть (кого-л., на что-л.); расстравлять, расстравить (что-л.)

excitement *n.* возбуждение

exciting *adj.* возбудительный

exclaim *v.* вопиять; роптать; возглашать, возгласить (что-л.); возопиять; грянуть

exclamation *n.* ропот, протест; возглас; возглашение; звание

Excoe. (Excommunicatione) отлучением от Церкви

excogitate *v.* выдумывать; измышлять

excogitation *n.* измышление; вымысел

excommunicable *adj.* подлежащий отлучению, наказуемый отлучением

excommunicate I *n.* грешник, отлученный от Церкви

excommunicate II *v.* отлучать, отлучить (от церкви)

excommunication *n.* отлучение; анафема; церковная клятва

excruciate *v.* подвергать мучениям; терзать

excruciation *n.* мучительство; муки; пытка

excubant *adj.* стерегущий; бдительный

exculpable *adj.* простительный

exculpate *v.* оправдывать, оправдать (кого-л./что-л.)

exculpation *n.* оправдание

excusable *adj.* извинительный, простительный

excusal *n.* прощение; извинение

excuse I *n.* прощение; пощада

excuse II *v.* прощать, простить (кому-л., что-л.); оправдывать "Again, think ye that we excuse ourselves unto you? we speak before God in Christ: but [we do] all things, dearly beloved, for your edifying" (2 Co., 12:19) / «Не думаете ли еще, что мы только оправдываемся перед вами? Мы говорим пред Богом, во Христе, и все это, возлюбленные, к вашему назиданию» (2 Кол., 12:19).

Exe. (Excommunicatus) отлученный от Церкви; (Excommunicatio) отлучение от Церкви

execrate *v.* ненавидеть, питать отвращение; проклинать, призывать проклятие; осыпать проклятиями

execration *n.* проклятие "And I will take the remnant of Judah, that have set their faces to go into the land of Egypt to sojourn there, and they shall all be consumed, [and] fall in the land of Egypt; they shall [even] be consumed by the sword [and] by the famine: they shall die, from the least even unto the greatest, by the sword and by the famine: and they shall be an execration, [and] an astonishment, and a curse, and a reproach" (Je., 44:12) / «И возьму оставшихся Иудеев, которые обратили лице свое, чтобы идти в землю Египетскую и жить там, и все они будут истреблены, падут в земле Египетской; мечом и голодом будут истреблены; от малого и до большого умрут от меча и голода, и будут проклятием и ужасом, поруганием и поношением» (Иер., 44:19); омерзение, отвращение, ненависть; предмет отвращения; омерзительный человек/явление

execrative *adj.* ненавидящий; выражающий ненависть, отвращение

execrator *n.* хулитель, поноситель; ненавистник

execratory *adj.* ненавидящий, отвратительный, мерзкий

execute *v.* соделывать, соделать (что-л.); производить "For I will pass through the land of Egypt this night, and will smite all the firstborn in the land of Egypt, both man and beast; and against all the gods of Egypt I will execute judgment: I [am] the Lord" (Ex., 12:12) / «А Я в сию самую ночь пройду по земле Египетской и поражу всякого первенца в земле Египетской, от человека до скота, и над всеми богами Египетскими произведу суд. Я Господь» (Исх., 12:12); executing содеяние

execution *n.* казнь; соделание

executor *n.* содетель, -ница; ~ of a will душеприказчик; executrix of a will душеприказщица

exedra *n.* экседра; ~e *n. pl.* экседры; апсиды

exegesis *n.* экзегеза, интерпретация, трактовка, толкование

exegete *n.* экзегет, толковник, толкователь

exegetics, exegis *n.* экзегетика

exempla *n. pl.* примеры

exempli gratia к примеру, например

exemplum *n.* пример, иллюстрация; поучительный рассказ; прорись

exempt *n.* монастырь/церковь/священник, не входящие в ведение епископа

exenterate *v.* опустошать, грабить, разграбить

exenteration *n.* погребальный, похоронный

exequy *n.* погребальные обряды, похороны; погребальная, похоронная процессия

exercise *n.* движение

exertion *n.* напряжение; применение, использование; проявление

Exhaltation of the Holy Cross Воздвижение Честного и Животворящего Креста Господня, Крестовоздвижение

exhaust *v.* изнурять, изнурить (кого-л./что-л.); *adj.* ~ing изнурительный

exhaustion *n.* изнурение

exhort *v.* увещевать (кого-л.) "And with many other words did he testify and exhort, saying, Save yourselves from this untoward generation" (Ac., 2:40) / «И другими многими словами он свидетельствовал и увещевал, говоря: спасайтесь от рода сего развращенного» (Деян., 2:40).

exhortation *n.* увещевание; увещание "But he that prophesieth speaketh unto men [to] edification, and exhortation, and comfort1" (Co., 14:3) / «А кто пророчествует, тот говорит людям в назидание, увещание и утешение» (1 Кор., 14:3); проповедь; fraternal ~ братское увещание; наставление "And when he had gone over those parts, and had given them much exhortation, he came into Greece" (Ac., 20:2) / «Пройдя же те места и преподав верующим обильные наставления, пришел в Елладу» (Деян., 20:2); учение "For our exhortation [was] not of deceit, nor of uncleanness, nor in guile" (1 Th., 2:3) / «Ибо в учении нашем нет ни заблуждения, ни нечистых побуждений, ни лукавства» (1 Фес., 2:3); утешение "And ye have forgotten the exhortation which speaketh unto you as unto children, My son, despise not thou the chastening of the Lord, nor faint when thou art rebuked of him" (He., 12:5) / «И забыли утешение, которое предлагается вам, как сынам: сын мой! не пренебрегай наказания Господня, и не унывай, когда Он обличает тебя» (Евр., 12:5).

exhortative *adj.* увещевательный; поучительный, нравоучительный; увещательный; хитрословесный

exhortator *n.* увещатель, -ница

exhortatory *adj.* увещевательный; поучительный, нравоучительный

exhorter *n.* проповедник; увещеватель

exigence *n.* крайняя необходимость; срочность; критическое положение

exiguity *n.* скудость, незначительность

exiguous *adj.* скудный

Exile *n.* Вавилонский плен, Вавилонское пленение

exile I *n.* изгнание; live in ~ жить в изгнании; ссылка

exile II *v.* изгонять, изгнать (кого-л. из чего-л.); ссылать сослать (кого-л.)

exilement *n.* изгнание

Exilian, exilic *adj.* относящийся к Вавилонскому пленению

exinanition *n.* опустошение; истощение; опустошенность; изнуренность; унижение

exist *v.* существовать; ~ing сущий

existence *n.* бытие; существование

exit *n.* выход

Exit. (Existit) *v.* существует

Exodus *n.* исход евреев из Египта; Исход. Вторая книга Моисеева (книга Библии)

exonarthex *n.* экзонартекс, паперть

exonerate *v.* оправдать; очищать, очистить (кого-л./что-л.)

exoneration *n.* оправдание, реабилитация; очищение

exorcise *v.* изгонять нечистую силу, беса; заклинать злых духов; ~ the demon изгнать беса, изгнать дьявола, нечистых духов

exorcism *n.* экзорцизм; заклинание

exorcist *n.* экзорцист, изгоняющий дьявола

exorcize *v.* изгонять бесов

exordial *adj.* вводный

exordium *n.* вступление, введение; пролог

exostracize *v.* подвергать остракизму, изгонять

exoteric(al) *adj.* непосвященный, посторонний; экзотерический

exoterics *n.* экзотерические труды или доктрины

exotery *n.* экзотерическое учение, экзотерика

expand *v.* расширять, расширить (что-л.); ~ one's heart излить кому-л. сердце

expansion *n.* расширение

expatriation *n.* изгнание из отечества

expect *v.* ожидать (кого-л./чего-л.); дожидаться, дождаться (чего-л.); предполагать; чаять (чего-л.); ~ed чаемый

expectancy *n.* ожидание; надежда, упование, чаяние

expectation *n.* ожидание; упование; чаяние; beyond ~ паче чаяния; ~ Week Седмица Ожидания

expedience *n.* целесообразность; целесообразность

expedient *adj.* полезный; целесообразный

expedite *v.* ускорять, ускорить (что-л.)

expeditious *adj.* деятельный

expel *v.* изгонять, изгнать (кого-л. из чего-л.) "And they gave Hebron unto Caleb, as Moses said: and he expelled thence the three sons of Anak" (Jdg., 1:20) / «И отдали Халеву Хеврон, как говорил Моисей, [и получил он там в наследие три города сынов Енаковых] и изгнал оттуда трех сынов Енаковых» (Суд., 1:20); выгнать "Nevertheless the children of Israel expelled not the Geshurites, nor the Maachathites: but the Geshurites and the Maachathites dwell among the Israelites until this day" (Jos., 13:13) / «Но сыны Израилевы не выгнали жителей Гессура и Маахи [и Хана-

неев], и живет Гессур и Мааха среди Израиля до сего дня» (Нав., 13:13); прогонять "And the Lord your God, he shall expel them from before you, and drive them from out of your sight; and ye shall possess their land, as the Lord your God hath promised unto you" (Jos., 23:5) / «Господь Бог ваш Сам прогонит их от вас [доколе не погибнут; и пошлет на них диких зверей, доколе не истребит их и царей их от лица вашего], и истребит их пред вами, дабы вы получили в наследие землю их, как говорил вам Господь Бог ваш» (Нав., 23:5).

expend *v.* затрачивать, затратить (что-л.)

expenditure *n.* затрата

expense *n.* затрата; ~s издержки "[With] three rows of great stones, and a row of new timber: and let the expenses be given out of the king's house" (Ezr., 6:4) / «Рядов из камней больших три, и ряд из дерева один; издержки же пусть выдаются из царского дома» (Ездр., 6:4).

experience I *n.* опытность "And patience, experience; and experience, hope " (Ro., 5:4) / «От терпения опытность, от опытности надежда» (Рим. 5:4).

experience II *v.* изведывать, изведать (что-л.); испытывать, испытать (что-л./кого-л.); познавать, познать (что-л.); чувствовать (что-л.)

expiable *adj.* искупимый; ~ wrong искупимая вина

expiate *v.* искупать, искуплять, искупить (что-л.); ~ one's sin искупить грех; отвращать молитвой; очищать покаянием

expiation *n.* искупление греха; сре́дство/способ искупления греха; in ~ во искупление

expiational *adj.* искупительный

expiatory *adj.* искупительный; in ~ во искупление

expiration *n.* издыхание; прошествие

expiry *n.* кончина, смерть

explain *v.* истолковывать, истолковать (что-л.); объяснять, объяснить (что-л., кому-л.); пояснять, пояснить (кому-л., что-л.); разъяснять, разъяснить (что-л. кому-л.); толковать (что-л.); толмачить

explainable *adj.* объяснимый

explainer *n.* толкователь, -ница

explanation *n.* вразумление; истолкование; объяснение; пояснение; ~ of thesis пояснение положения; разъяснение; ~s of the Sayings of the Lord «Пять книг изъяснений изречений Господних»

explicable *adj.* объяснимый

explicate *v.* объяснять, объяснить (что-л., кому-л.)

explication *n.* толкование

exploit *n.* подвиг

explore *v.* исследовать (что-л.)

explorer *n.* исследователь, -ница

exponent I *n.* истолкователь

exponent II *adj.* объяснительный; the foremost ~ of prophesies известнейший истолкователь пророчеств

expose *v.* изобличать, изобличить (кого-л./что-л.); ~ smb. as a liar изобличать кого-л. во лжи; обличать, обличить (кого-л./что-л.); открывать, открыть (что-л.,

кому-л.); подвергать, подвергнуть (кого-л./что-л. чему-л.)

expositor *n.* толковник, толкователь; комментатор; интерпретатор

expostulation *n.* увещевание, уговаривание; укоризна, упрек; протест, возражение

exposure *n.* обличение; разоблачение

expound *v.* толковать, интерпретировать, комментировать; отгадывать "And he said unto them, out of the eater came forth meat, and out of the strong came forth sweetness. And they could not in three days expound the riddle" (Jdg., 14:14) / «И сказал им: из ядущего вышло ядомое, и из сильного вышло сладкое. И не могли отгадать загадку в три дня» (Суд., 14:14); изъяснять "But without a parable spake he not unto them: and when they were alone, he expounded all things to his disciples" (Mk., 4:34) / «Без притчи же не говорил им, а ученикам наедине изъяснял все» (Матф., 4:34).

expounder *n.* толкователь; комментатор

express *v.* выражать, выразить (что-л.); знаменовать, ознаменовать; ~ oneself гласить, возгласить (что-л.); ~ing выражение; ~ of faith выражение веры

expression *n.* выражение; речение; термин

expulsion *n.* изгнание из общества; отгнание

expunction *n.* вычеркивание; исключение; стирание, подчистка

expunge *v.* вычеркивать, исключать из текста

expurgate *v.* подвергать цензуре

expurgatory *adj.* очистительный, очищающий от греха; ~ index указатель книг, чтение которых католикам разрешается только после изъятия нежелательных мест

extant *adj.* существующий; живой

exteem *n.* уважение

extend *v.* простирать, простереть (что-л.); протягивать, протянуть (что-л.); склонять "For we [were] bondmen; yet our God hath not forsaken us in our bondage, but hath extended mercy unto us in the sight of the kings of Persia, to give us a reviving, to set up the house of our God, and to repair the desolations thereof, and to give us a wall in Judah and in Jerusalem" (Ezr., 9:9) / «Мы — рабы, но и в рабстве нашем не оставил нас Бог наш. И склонил Он к нам милость царей Персидских, чтоб они дали нам ожить, воздвигнуть дом Бога нашего и восстановить его из развалин его, и дали нам ограждение в Иудее и в Иерусалиме» (Ездр., 9:9); направлять "For thus saith the Lord, Behold, I will extend peace to her like a river, and the glory of the Gentiles like a flowing stream: then shall ye suck, ye shall be borne upon [her] sides, and be dandled upon [her] knees" (Isa, 66:12) / «Ибо так говорит Господь: вот, Я направляю к нему мир как реку, и богатство народов —

как разливающийся поток для наслаждения вашего; на руках будут носить вас и на коленях ласкать» (Ис., 66:12); расширять, расширить (что-л.); ~ the limits расширить пределы

extension *n.* расширение

extensive *adj.* пространный

extent *n.* протяжение

extenuate *v.* изнурять, изнурить (кого-л./что-л.); уменьшать, уменьшить (что-л.); extenuating изнурительный

extenuation *n.* изнурение

exterior *adj.* внешний

exterminate *v.* изводить, извести (кого-л./что-л.); искоренять, искоренить; истреблять, истребить (кого-л./что-л.); уничтожать, уничтожить (кого-л./что-л.)

extermination *n.* избиение; искоренение; истребление; уничтожение

exterminator *n.* истребитель, -ница

exterminatory *adj.* истребительный

external *adj.* внешний

externalization *n.* облечение в конкретную форму, воплощение, овеществление; олицетворение

externalize *v.* облекать в конкретную форму; овеществлять, воплощать; признавать объективное существование; ~ oneself воплощаться, находить конкретное выражение

extinction *n.* гашение

extinguish *v.* гасить, погасить; ~ing гашение

extirpate *v.* искоренять, искоренить; extirpating искоренительный

extirpation *n.* искоренение пороков; истребление

extirpator *n.* искоренитель, -ница; истребитель, -ница

extol(l) I *n.* слава

extol(l) II *v.* возвышать, возвысить (кого-л./что-л.); превозносить, превознести (кого-л./что-л.) "I will extol thee, O Lord; for thou hast lifted me up, and hast not made my foes to rejoice over me" (Ps., 30:1) / «Превознесу Тебя, Господи, что Ты поднял меня и не дал моим врагам восторжествовать надо мною» (Псл., 29:2); славить (кого-л./что-л.), расхваливать; ~ to the skies превозносить до небес; возвеличивать, возвеличить (кого-л./что-л.); возносить, вознести (кого-л./что-л.); восхвалять, восхвалить (кого-л./что-л.); ~ling величание, восхваление

extort *v.* исторгать, исторгнуть (что-л., из чего-л.)

extortion *n.* вымогательство; грабительство; исторжение

extortioner *n.* лихоимец

extracanonical *adj.* экстраканонический; неканонический

extract I *n.* извлечение

extract II *v.* извлекать, извлечь (кого-л./что-л. из чего-л.)

extraction *n.* извлечение

extramundane *adj.* потусторонний; внеземной

extranatural *adj.* сверхъестественный

extraordinary *adj.* чрезвычайный; чудесный

extraprovincial *adj.* внеепархальный; находящиеся в другой епархии

extreme *adj.* чрезвычайный

extremeunction *n.* соборование

extrinsicism *n.* экстринсицизм

exuberate *v.* изобиловать; ликовать; торжествовать

exult *v.* ликовать, торжествовать

exultance, exultancy, exultation *n.* ликование, торжество

eye *n.* глаз; око "For God doth know that in the day ye eat thereof, then your eyes shall be opened, and ye shall be as gods, knowing good and evil" (Ge., 3:5) / «Но знает Бог, что в день, в который вы вкусите их, откроются глаза ваши, и вы будете, как боги, знающие добро и зло» (Быт., 3:5); ~ eye дурной глаз; mind ~ духовное око

eyewitness *n.* очевидец, -дица; свидетель, -ница

Ez. (Ezekiel) Книга Пророка Иезекииля (книга Библии)

Ezr. (Ezra) Книга Ездры (книга Библии)

Ezra Ездра, Езра, Эзра; Книга Ездры (книга Библии; ~ Apocalypse «Апокалипсис Ездры», «Третья книга Ездры»

F

F. (Fecit) исполнил; **(Filius)** сын; **(Feliciter)** счастливо; **(Frater, Frere)** брат

F. C. (Fieri Curavit) вынужденный

F. F. (Fieri Fecit) вынужденный

fable *n.* басня "Neither give heed to fables and endless genealogies, which minister questions, rather than godly edifying which is in faith: [so do]" (1 Ti., 1:4) /

«И не занимались баснями и
родословиями бесконечными,
которые производят больше
споры, нежели Божие назидание в вере» (1 Тим., 1:4); fable;
maker of ~s баснотворец

fabricate v. выдумывать, вздумать

fabricator n. делатель, -ница

fabulous adj. баснословный

face n. лицо; лице "But there went
up a mist from the earth, and watered the whole face of the
ground" (Ge., 2:6) / «Но пар
поднимался с земли и орошал
все лице земли» (Быт., 2:6).

facilitation n. облегчение

fact n. событие

fade v. увядать, увянуть "The
grass withereth, the flower
fadeth: because the spirit of the
Lord bloweth upon it: surely the
people [is] grass" (Isa, 40:7) /
«Засыхает трава, увядает цвет,
когда дунет на него дуновение
Господа: так и народ — трава»
(Ис., 40:7); ~ away бледнеть
"Strangers shall fade away, and
they shall be afraid out of their
close places" (2 Sa., 22:46) /
«Иноплеменники бледнеют и
трепещут в укреплениях
своих» (2 Цар., 22:46).

faint I adj. слабый; ~ hope слабая
надежда; усталый "And Jacob
sod pottage: and Esau came from
the field, and he [was] faint"
(Ge., 25:29) / «И сварил Иаков
кушанье; а Исав пришел с поля усталый» (Быт., 25:29).

faint II v. смущаться "And told
him, saying, Joseph [is] yet
alive, and he [is] governor over
all the land of Egypt. And

Jacob's heart fainted, for he believed them not" (Ge., 45:26) /
«И известили его, сказав: Иосиф [сын твой] жив и теперь
владычествует над всею землею Египетскою. Но сердце
его смутилось, ибо он не верил
им» (Быт., 45:26).

faint-heartedness n. малодушие

fair adj. справедливый, честный;
чистый; красивый "That the
sons of God saw the daughters of
men that they [were] fair; and
they took them wives of all
which they chose" (Ge., 6:2) /
«Тогда сыны Божии увидели
дочерей человеческих, что они
красивы, и брали их себе в жены, какую кто избрал» (Быт.,
6:2).

fairly adv. довольно; изрядно

fairness n. справедливость

faith n. вера "Remember them
which have the rule over you,
who have spoken unto you the
word of God: whose faith follow,
considering the end of [their]
conversation" (He., 13:7) / «По-
минайте наставников ваших,
которые проповедывали вам
слово Божие, и, взирая на кон-
чину их жизни, подражайте
вере их» (Евр., 13:7); deep-
seated ~ непоколебимая вера;
Orthodox ~ православная вера;
the ~ of our fathers вера наших
отцов; firm in the ~ твердый в
вере; principles of ~ правила
веры; convert one to the Christian ~ обратить (кого-л.) в христианскую веру; ~, Hope and
Charity Вера, Надежда, Любовь; доверие; верность "And
he said, I will hide my face from

them, I will see what their end [shall be]: for they [are] a very froward generation, children in whom [is] no faith" (De., 32:20) / «И сказал: сокрою лице Мое от них [и] увижу, какой будет конец их; ибо они род развращенный; дети, в которых нет верности» (Втор., 32:20).

faithful *adj.* верный "Know therefore that the Lord thy God, he [is] God, the faithful God, which keepeth covenant and mercy with them that love him and keep his commandments to a thousand generations" (De., 7:9) / «Итак знай, что Господь, Бог твой, есть Бог; Бог верный, Который хранит завет [Свой] и милость к любящим Его и сохраняющим заповеди Его до тысячи родов» (Втор., 7:9); "My servant Moses [is] not so, who [is] faithful in all mine house" (Nu., 12:7) / «Но не так с рабом Моим Моисеем, — он верен во всем дому Моем» (Числ., 12:7); правоверный

faithfulness *n.* истина "The Lord render to every man his righteousness and his faithfulness: for the Lord delivered thee into [my] hand to day, but I would not stretch forth mine hand against the Lord'S anointed" (1 Sa., 26:23) / «И да воздаст Господь каждому по правде его и по истине его, так как Господь предавал тебя в руки мои, но я не захотел поднять руки моей на помазанника Господня» (1 Цар., 26:23); "For [there is] no faithfulness in their mouth; their

inward part [is] very wickedness; their throat [is] an open sepulchre; they flatter with their tongue " (Ps., 5:9) / «Ибо нет в устах их истины: сердце их — пагуба, гортань их — открытый гроб, языком своим льстят» (Псл., 5:10); верность "I have not hid thy righteousness within my heart; I have declared thy faithfulness and thy salvation: I have not concealed thy lovingkindness and thy truth from the great congregation" (Ps., 40:10) / «Правды Твоей не скрывал в сердце моем, возвещал верность Твою и спасение Твое, не утаивал милости Твоей и истины Твоей пред собранием великим» (Псл., 39:11).

faithless *adj.* неверующий "Then saith he to Thomas, Reach hither thy finger, and behold my hands; and reach hither thy hand, and thrust [it] into my side: and be not faithless, but believing" (Jn., 20:27) / «Потом говорит Фоме: подай перст твой сюда и посмотри руки Мои; подай руку твою и вложи в ребра Мои; и не будь неверующим, но верующим» (Ин., 20:27); безбожный; неверный "Then Jesus answered and said, O faithless and perverse generation, how long shall I be with you? how long shall I suffer you? bring him hither to me" (Mt., 17:17) / «Иисус же, отвечая, сказал: о, род неверный и развращенный! доколе буду с вами? доколе буду терпеть вас? приведите его ко Мне сюда» (Матф., 17:17).

fakement *n.* подделка, фальсификация; обман

Falasha *n.* фалаша, эфиопский иудей

faldstool *n.* складной стул епископа; скамья для молитвенного коленопреклонения; аналой в англиканской церкви

Fall *n.* грехопадение, первородный грех; разорение; падение before/ after the ~ до/после грехопадения; ~ from grace грехопадение; *v.* падать, пасть; грянуть; напасть "Fear and dread shall fall upon them; by the greatness of thine arm they shall be [as] still as a stone; till thy people pass over, O Lord, till the people pass over, [which] thou hast purchased" (Ex., 15:16) / «Да нападет на них страх и ужас; от величия мышцы Твоей да онемеют они, как камень, доколе проходит народ Твой, Господи, доколе проходит сей народ, который Ты приобрел» (Исх., 15:16); приходиться (на что-л.); ~ down падать, пасть; ~ into впадать, впасть (во что-л.); ~ upon нападать, напасть (на кого-л./на что-л.); ~en angels падшие ангелы; ~ing падение

fallacious *adj.* порочный

fallacy *n.* софистика

false I *n.* лесть

false II *adj.* ложный "Thou shalt not bear false witness against thy neighbour" (Ex., 20:16) / «Не произноси ложного свидетельства на ближнего твоего» (Исх., 20:16); неправдивый; напрасный; превратный; притворный; пустосвятный; ханжеский; лестчий, льстивый; ~

Decretals «Лжеисидоровы декреталии»; ~ devotion ханжество; ~ prophet лжепророк

falsehood *n.* ложь "Thou hast trodden down all them that err from thy statutes: for their deceit [is] falsehood" (Ps., 119:118) / «Всех, отступающих от уставов Твоих, Ты низлагаешь, ибо ухищрения их — ложь» (Псл., 118:118); неправда, обман "Because ye have said, We have made a covenant with death, and with hell are we at agreement; when the overflowing scourge shall pass through, it shall not come unto us: for we have made lies our refuge, and under falsehood have we hid ourselves" (Isa, 28:15) / «Так как вы говорите: «мы заключили союз со смертью и с преисподнею сделали договор: когда всепоражающий бич будет проходить, он не дойдет до нас, — потому что ложь сделали мы убежищем для себя, и обманом прикроем себя» (Ис., 28:15); неправдивость

falseness *n.* двоедушие

falsification *n.* фальсификация, подделка

falsificator *n.* фальсификатор

falsifier *n.* фальсификатор, подделыватель

falsify *v.* фальсифицировать

falsism *n.* заведомая ложь

falsity *n.* ложь; ложность; поддельность; обманчивость; недостоверность

fame *n.* слава "Now [if] thou shalt kill [all] this people as one man, then the nations which have heard the fame of thee will speak, saying" (Nu., 14:15) / «И если Ты истребишь народ сей, как одного человека, то народы, которые слышали славу Твою, скажут» (Числ., 14:15); известность; молва, слух "And the fame thereof was heard in Pharaoh's house, saying, Joseph's brethren are come: and it pleased Pharaoh well, and his servants" (Ge., 45:16) / «Дошел в дом фараона слух, что пришли братья Иосифа; и приятно было фараону и рабам его» (Быт., 45:16); love of ~ тщеславие; as the ~ runs как гласит молва; ill ~ дурная слава

Familists *n. pl.* фамилисты

family *n.* семья; семейство; племя "And ye shall hallow the fiftieth year, and proclaim liberty throughout [all] the land unto all the inhabitants thereof: it shall be a jubile unto you; and ye shall return every man unto his possession, and ye shall return every man unto his family" (Lev., 25:10) / «И освятите пятидесятый год и объявите свободу на земле всем жителям ее: да будет это у вас юбилей; и возвратитесь каждый во владение свое, и каждый возвратитесь в свое племя» (Лев., 25:10); род "Of Gershon [was] the family of the Libnites, and the family of the Shimites: these [are] the families of the Gershonites" (Nu., 3:21) / «От Гирсона род Ливни и род Шимея: это роды Гирсоновы» (Числ., 3:21); ~ Family Святое Семейство; ~ Bible семейная Библия; ~ of

Love фамилисты; ~ tree генеалогическое древо

famine *n.* глад, голод "And there was a famine in the land: and Abram went down into Egypt to sojourn there; for the famine [was] grievous in the land" (Ge., 12:10) / «И был голод в той земле. И сошел Аврам в Египет, пожить там, потому что усилился голод в земле той» (Быт., 12:10).

famish *v.* морить голодом; ~ed голодающий "And when all the land of Egypt was famished, the people cried to Pharaoh for bread: and Pharaoh said unto all the Egyptians, Go unto Joseph; what he saith to you, do" (Ge., 41:55) / «Но когда и вся земля Египетская начала терпеть голод, то народ начал вопиять к фараону о хлебе. И сказал фараон всем Египтянам: пойдите к Иосифу и делайте, что он вам скажет» (Быт., 41:55); ~ing голодание

famishment *n.* голод, голодная смерть; голодание

famous *adj.* известный; славный "And the women said unto Naomi, Blessed [be] the Lord, which hath not left thee this day without a kinsman, that his name may be famous in Israel" (Ru., 4:14) / «И говорили женщины Ноемини: благословен Господь, что Он не оставил тебя ныне без наследника! И да будет славно имя его в Израиле!» (Руф., 4:14); именитый "And these [were] the heads of the house of their fathers, even Epher, and Ishi, and Eliel, and Azriel, and Jeremiah, and Hodaviah, and Jahdiel, mighty men of valour, famous men, [and] heads of the house of their fathers" (1 Chr., 5:24) / «И вот главы поколений их: Ефер, Ишьи, Елиил, Азриил, Иеремия, Годавия и Иагдиил, мужи мощные, мужи именитые, главы родов своих» (1 Пар., 5:24); великий "And slew famous kings: for his mercy [endureth] for ever" (Ps., 136:18) / «И убил царей сильных, ибо вовек милость Его» (Псл., 135:18); знаменитый "Son of man, wail for the multitude of Egypt, and cast them down, [even] her, and the daughters of the famous nations, unto the nether parts of the earth, with them that go down into the pit" (Ez., 32:18) / «Сын человеческий! оплачь народ Египетский, и низринь его, его и дочерей знаменитых народов в преисподнюю, с отходящими в могилу» (Иез., 32:18).

fanatic I *n.* фанатик, -ичка; изувер

fanatic II *adj.* фанатичный; фанатический; изуверный, изуверский; ~ zeal фанатическое рвение; ~ sects секты фанатиков

fanaticism *n.* фанатизм; religious ~ религиозный фанатизм; изуверство

fanaticize *n.* превращать в фанатика; становиться фанатиком

fancy *v.* возмечтать (о чем-л.)

fane *n.* церковь; храм

far I *adj.* далекий; дальний

far II *adv.* далеко "And Pharaoh said, I will let you go, that ye may sacrifice to the Lord your God in the wilderness; only ye shall not go very far away: intreat for me" (Ex., 8:28) / «И сказал фараон: я отпущу вас принести жертву Господу Богу вашему в пустыне, только не уходите далеко; помолитесь обо мне [Господу]» (Исх., 8:28); ~ off, ~ from далеко, далеко, далече

far-back *adj.* стародавний, древний

far-fetched *adj.* неестественный, натянутый, принесенный издалека; дошедший из старины

farraginous *adj.* смешанный, сборный; пестрый; лоскутный

farse *n.* вставки на местном наречии, включенные в латинский текст церковной службы

far-sighted *adj.* дальновидный

Fasching *n.* карнавал на Сырной седмице

fascinator *n.* чародей, кудесник, волшебник

fast I *n.* пост

fast II *adj.* постный; скорый

fast III *adv.* скоро

fast IV *v.* поститься; постничать; ~ day, a day for a general ~ постный день; to observe the ~s and feasts of the church соблюдать посты и праздники; to break one's ~ разговеться, нарушать пост; ~ of Gedaliah Пост Гедалии; ~ of Tammuz праздник 17 Тамуза, Шибеа-Асар бе-Таммуз

faster *n.* постник, -ница

fasting *n.* пост "And in every province, whithersoever the king's commandment and his decree came, [there was] great mourning among the Jews, and fasting, and weeping, and wailing; and many lay in sackcloth and ashes" (Esth., 4:3) / «Равно и во всякой области и месте, куда только доходило повеление царя и указ его, было большое сетование у Иудеев, и пост, и плач, и вопль; вретище и пепел служили постелью для многих» (Есф., 4:3); ~ -day постный день, пост

fat I *n.* масть; тук "And Abel, he also brought of the firstlings of his flock and of the fat thereof. And the Lord had respect unto Abel and to his offering" (Ge., 4:4) / «И Авель также принес от первородных стада своего и от тука их. И призрел Господь на Авеля и на дар его» (Быт., 4:4).

fat II *adj.* маститый; тучный

fatal *adj.* фатальный, роковой, неизбежный; губительный, роковой; бедственный; гибельный; погибельный; смертельный; the ~ hour роковой час; смертный час; ~ spot роковое место; the ~ sisters парки; the ~ thread of life нить жизни; the ~ shears смерть; the ~- books книги судьбы; ~ day несчастный день

fatalism *n.* фатализм

fatalist *n.* фаталист

fatalistic *adj.* фаталистический; роковой

fatality *n.* пагубность, губительность; несчастье, катастрофа, смерть; обреченность; рок; фатальность; предопределение Божие; to believe in ~ верить в рок, в судьбу

fate *n.* судьба, доля; предопределение Божие; судьбина; рок; участь, жребий, удел; гибель, смерть; предопределять; to tempt ~ искушать судьбу; to accept one's ~ смириться с судьбой; to share the same ~ разделить ту же участь; the divine ~ перст Божий; ~d суженый

fateful *adj.* роковой, фатальный; пророческий; зловещий; the ~ hour роковой час

father *n.* отец "Therefore shall a man leave his father and his mother, and shall cleave unto his wife: and they shall be one flesh" (Ge., 2:24) / «Потому оставит человек отца своего и мать свою и прилепится к жене своей; и будут [два] одна плоть» (Быт, 2:24); родитель; заступник, защитник; духовный отец; священник; епископ; ~ confessor духовник, исповедник; ~ of Lies Отец лжи, Лукавый, Диавол, Дьявол, Сатана; ~ of Lights Отец Света, Господь; ~ of the Faithful отец правоверных; God the ~ Бог отец; ecclesiastical/ spiritual ~ духовный отец; Celestial ~ Отец Небесный; holy ~s святые отцы; ~s of the Church Отцы Церкви; ~s of the Desert Отцы пустыни, пустынники

father-in-law *n.* тесть

fatherland *n.* отечество, отчизна, родина

fatherly *adj.* отеческий; отеческий

father-superior *n.* настоятель монастыря

fatidic(al) *adj.* пророческий

fatigue *v.* томить (кого-л./что-л.; чем-л.)

fatiloquent *adj.* пророческий

fault *n.* вина "And it shall be, if the wicked man [be] worthy to be beaten, that the judge shall cause him to lie down, and to be beaten before his face, according to his fault, by a certain number" (Ge., 25:2) / «И если виновный достоин будет побоев, то судья пусть прикажет положить его и бить при себе, смотря по вине его, по счет» (Втор., 45:2); redeem one's ~ искупить вину; грех "Then spake the chief butler unto Pharaoh, saying, I do remember my faults this day" (Ge., 41:9) / «И стал говорить главный виночерпий фараону и сказал: грехи мои вспоминаю я ныне» (Быт., 41:9); худое "Then said the princes of the Philistines, What [do] these Hebrews [here]? And Achish said unto the princes of the Philistines, [Is] not this David, the servant of Saul the king of Israel, which hath been with me these days, or these years, and I have found no fault in him since he fell [unto me] unto this day?" (1 Sa., 29:3) / «И говорили князья Филистимские: это что за Евреи? Анхус отвечал князьям Филистимским: разве не знаете, что это Давид, раб Саула, царя Израильского? он при мне уже более года, и я не нашел в нем ничего худого со времени его прихода до сего дня» (1 Цар., 29:3); ошибка; проступок

faultiness *n.* ошибочность

faultless *adj.* безошибочный; безукоризненный; непорочный "Now unto him that is able to keep you from falling, and to present [you] faultless before the presence of his glory with exceeding joy" (Jud., 1:24) / «Могущему же соблюсти вас от падения и поставить пред славою Своею непорочными в радости» (Иуд., 1:24).

faultlessness *n.* безошибочность; беспорочность

faulty *adj.* ошибочный; порочный

fautor *n.* приверженец

favorable *adj.* благодушный; благожелательный

favorableness *n.* благожелательность

favour I *n.* доброжелательность, -ство; благоволение "And said, My Lord, if now I have found favour in thy sight, pass not away, I pray thee, from thy servant" (Ge., 18:3) / «И сказал: Владыка! если я обрел благоволение пред очами Твоими, не пройди мимо раба Твоего» (Быт., 18:3).

favour II *v.* жаловать, пожаловать (кого-л. чем-л./кому-л. что-л.); споспешествовать (кому-л./чему-л.)

favourable *adj.* благой, благий; милостивый "He shall pray unto God, and he will be favourable unto him: and he shall see his face with joy: for he will render unto man his righteousness" (Job, 33:26) / «Будет молиться Богу, и Он — милостив к нему; с радостью взирает на лице его и возвращает человеку праведность его» (Иов., 33:26);

благоприятный; положительный

favourer *n.* покровитель; помощник, сторонник, приверженец;
благоволитель, -ница

favourite *n.* наперсник, -ница

fawn *v.* раболепствовать

fear *n.* страх "And Abraham said,
Because I thought, Surely the
fear of God [is] not in this place;
and they will slay me for my
wife's sake" (Ge., 20:11) / «Авраам сказал: я подумал, что
нет на месте сем страха Божия,
и убьют меня за жену мою»
(Быт., 20:11), боязнь; трепет;
ужас; *v.* почитать; the ~ of God
богобоязненность; to ~ God
бояться Бога

fearful *adj.* ужасный, страшный
"If thou wilt not observe to do all
the words of this law that are
written in this book, that thou
mayest fear this glorious and
fearful name, THE LORD THY
GOD" (De., 28:58) / «Если не
будешь стараться исполнять
все слова закона сего, напи-
санные в книге сей, и не будешь бояться сего славного и
страшного имени Господа Бога
твоего» (Втор., 28:58); пугаю-
щий; напуганный, испуган-
ный; боящийся, робкий, пуг-
ливый; боязливый "And the officers shall speak further unto the
people, and they shall say, What
man [is there that is] fearful and
fainthearted? let him go and return unto his house, lest his
brethren's heart faint as well as
his heart" (De., 20:8) / «И еще
объявят надзиратели народу,
и скажут: кто боязлив и ма-

лодушен, тот пусть идет и возвратится в дом свой, дабы он
не сделал робкими сердца
братьев его, как его сердце»
(Втор., 20:8).

fearless *adj.* безбоязненный; смелый

fearlessness *n.* безбоязненность;
смелость

feast I *n.* торжество; религиозный праздник; угощение "And
he pressed upon them greatly;
and they turned in unto him, and
entered into his house; and he
made them a feast, and did bake
unleavened bread, and they did
eat" (Ge., 19:3) / «Он же сильно
упрашивал их; и они пошли к
нему и пришли в дом его. Он
сделал им угощение и испек
пресные хлебы, и они ели»
(Быт., 19:3); пир "And the child
grew, and was weaned: and
Abraham made a great feast the
[same] day that Isaac was
weaned" (Ge., 21:8) / «Дитя вы-
росло и отнято от груди; и Авраам сделал большой пир в тот
день, когда Исаак [сын его] от-
нят был от груди» (Быт., 21:8);
пиршество " And he made them
a feast, and they did eat and
drink" (Ge., 26:30) / «Он сделал
им пиршество, и они ели и пили» (Быт., 26:30).

feast II *v.* праздновать (что-л.);
совершать торжественную ли-
тургию; ~ day праздник; ~ of
Booths Суккот; ~ of Christ the
King Праздник Господа нашего
Иисуса Христа — Царя Все-
ленной, последняя неделя католического литургического
года; ~ of Corpus Christi

Праздник Пресвятого Тела; ~ of Dedication Праздник Освящения, Праздник Маккавеев, Ханука; ~ of Fools Праздник дураков; ~ of Immaculate Conception Непорочное Зачатие Пресвятой Девы Марии; ~ of Lanterns Праздник фонарей; ~ of Lights Праздник Освящения, Праздник Маккавеев, Ханука; ~ of Lots Пурим; ~ of Maccabees Праздник Маккавеев, Праздник Освящения; ~ of Orthodoxy Торжество Православия; ~ of SS. Michael, Gabriel, and Raphael, archangels День свв. архангелов Михаила, Гавриила и Рафаила; День освящения базилики св. Михаила Архангела; ~ of St. Mary Праздник Пресвятой Девы Марии, Божией Матери; ~ of St. Michael and All Angels День св. Михаила и всех ангелов; Собор Архистратига Михаила и прочих Небесных Сил бесплотных; ~ of Tabernacles Суккот, Праздник Кущей; ~ of the Annunciation Благовещение Пресвятой Девы Марии, Благовещение Пресвятой Богородицы; ~ of the Assumption Взятие на Небо (Успение) Пресвятой Девы Марии; Успение Пресвятой Владычицы нашей Богородицы и Приснодевы Марии; ~ of the Entry of Our Most Holy Lady Theotokos and Ever-Virgin Mary into the Temple Введение во храм Пресвятой Девы Марии; Введение во храм Пресвятой Владычицы нашей Богородицы и Приснодевы Марии; ~ of the Finding of the Cross Праздник Обретения Святого Креста Господня; Праздник Обретения Честного Креста Господня; ~ of the Holy Family Праздник Святого Семейства, Марии и Иосифа. День семьи; ~ of the Holy Innocents День избиения младенцев, 28 декабря; День мучеников 14 000 младенцев, от Ирода в Вифлееме избиенных, 29 декабря; ~ of the Holy Trinity День Святой Троицы, Пятидесятница; ~ of the Immaculate Heart of Mary День Пренепорочного Сердца Пресвятой Девы Марии; ~ of the Purification of the Virgin Mary Очищение Пресвятой Девы Марии; ~ of the Sacred Heart Праздник Пресвятого Сердца Иисусова; ~ of the Transfiguration Преображение Господа Бога и Спаса нашего Иисуса Христа; ~ of Trumpets) Рош-ха-Шана, иудейский Новый год; ~ of the Theotokos Богородничны праздники; ~ers празднущие

featly *adv.* уместно; кстати

feature *n.* черта

febriae *n. pl.* будни, будний дни

Febronianism *n.* февронианизм

februation *n.* обряд очищения

fecundity *n.* плодородность, плодородие

feeble I *adj.* немощный; слабосильный; слабый; ~ attempt слабая попытка; худой; жалкий "And he spake before his brethren and the army of Samaria, and said, What do these feeble Jews? will they fortify themselves? will they sacrifice? will they make an end in a day? will they revive the stones out of the heaps of the rubbish which are burned?" (Ne., 4:2) / «И говорил при братьях своих и при Самарийских военных людях, и сказал: что делают эти жалкие Иудеи? неужели им это дозволят? неужели будут они приносить жертвы? неужели они когда-либо кончат? неужели они оживят камни из груд праха, и притом пожженные?» (Неем., 4:2).

feeble II *v.* слабеть, ослабеть

feeble-minded *adj.* слабоумный

feeblemindedness *n.* слабоумие

feebleness *n.* немочь, немощь; слабость; томление

feed *v.* питать, напитать

feel *v.* осязать (что-л.); ощупывать "My father peradventure will feel me, and I shall seem to him as a deceiver; and I shall bring a curse upon me, and not a blessing" (Ge., 27:12) / «Может статься, ощупает меня отец мой, и я буду в глазах его обманщиком и наведу на себя проклятие, а не благословение» (Быт., 27:12); чувствовать; ~ing осязание; ощущение

Fel. Mem. (Felicis Memoriae) блаженной памяти, доброй памяти

Fel. Rec. (Felicis Recordationis) блаженной памяти, доброй памяти

felicific *adj.* приносящий счастье; счастливый

felicitate *v.* желать счастья, поздравлять; делать счастливым, осчастливливать

felicitation *n.* поздравление; поздравительное послание; поздравительная речь

felicitator *n.* поздравитель

felicity *n.* счастье, блаженство; счастливый дар; to beam with ~ сиять от счастья; благополучие

Felix I *n.* Феликс I

Felix II *n.* Феликс II

Felix III *n.* Феликс III

Felix IV *n.* Феликс IV

Felix V *n.* Феликс V

fellow-champion *n.* сподвижник, -ница

fellow-traveller *n.* сопутник, сопутница

fence *n.* ограда

Fer. (Feria) будний день

ferial *adj.* будний, непраздничный

ferine *n.* дикий, неприрученный; грубый, жестокий, зверский, варварский

ferity *n.* дикость, необузданность, варварство

fermery *n.* лазарет при монастыре

ferocious *adj.* лютый

ferociously *adv.* люто

ferociousness *n.* жестокость, свирепость

ferocity *n.* жестокость, свирепость; дикость

Ferrara Bible «Библия Феррары»

fertile *adj.* плодородный; благоплодный; тучный

fertility *n.* плодородие

ferula *n.* ферула, скипетр императоров Византии

fervency *n.* горячность, рвение, пыл; ревность

fervent *adj.* горячий; пламенный; ревностный; усердный "And above all things have fervent charity among yourselves: for charity shall cover the multitude of sins" (1 Pe., 4:8) / «Более же

всего имейте усердную лю-
бовь друг ко другу, потому что
любовь покрывает множество
грехов» (1 Петр., 4:8).

fervently *adv.* покорно

fervid *adj.* пылкий, страстный

fervidity *n.* пылкость, горячность; рвение

fervour *n.* жар, пыл; горячность,
рвение

festal *adj.* праздничный; радостный, веселый

festination *n.* поспешность, то-
ропливость

festival *n.* церковный праздник;
the ~ of Christmas праздник
Рождества Господня; ~ of
Lights Праздник света, Празд-
ник Освящения, Ханука,
Праздник Маккавеев

festive *adj.* праздничный; the ~
season святки

festivity *n.* празднество; торжест-
ва; Christmas festivities рождественские развлечения

fetch *v.* приносить, принести
(что-л.) "And I will fetch a morsel of bread, and comfort ye your
hearts; after that ye shall pass on:
for therefore are ye come to your
servant. And they said, So do, as
thou hast said" (Ge., 18:5) / «А я
принесу хлеба, и вы подкрепите сердца ваши; потом пойдите
[в путь свой]; так как вы идете
мимо раба вашего. Они сказали: сделай так, как говоришь»
(Быт., 18:5).

fetch-light *adj.* таинственный
свет, предвещающий близкую
и неизбежную смерть

fete *n.* день памяти святого

fetial *n.* фициал

fetich *n.* кумир

feticism, fetishism *n.* фетишизм

fetish *n.* фетиш, амулет; идол,
кумир

fetisher *n.* колдун; идолопоклонник

fetish-man *n.* колдун; идолопоклонник

fetters *n.* путы; оковы "Thy hands
[were] not bound, nor thy feet
put into fetters: as a man falleth
before wicked men, [so] fellest
thou. And all the people wept
again over him" (2 Sa., 3:34) /
«Руки твои не были связаны, и
ноги твои не в оковах, и ты
пал, как падают от разбойни-
ков. И весь народ стал еще более плакать над ним» (2 Цар.,
3:34); ножные кандалы, желе-
зы; in ~s закованный; скован-
ный; рубище; узы; цепи "But
the Philistines took him, and put
out his eyes, and brought him
down to Gaza, and bound him
with fetters of brass; and he did
grind in the prison house" (Jdg.,
16:21) / «Филистимляне взяли
его и выкололи ему глаза, привели его в Газу и оковали его
двумя медными цепями, и он
молол в доме узников» (Суд.,
16:21).

Feuillants *n. pl.* фельянтинцы

fewness *n.* немногочисленность

FF. (Fratres) *n. pl.* сыны, сыновья; **(Filii)** братья;

fiction *n.* выдумка; вымысел

Fidei Defensor Защитник веры

fideism *n.* фидеизм

fidel *adj.* верный

fidelity *n.* верность, преданность,
лояльность "Not purloining, but
shewing all good fidelity; that
they may adorn the doctrine of

God our Saviour in all things"
(Tit., 2:10) / «Не красть, но оказывать всю добрую верность,
дабы они во всем были укра-
шением учению Спасителя
нашего, Бога» (Тит., 2:10);
приверженность

field *n.* поле; поле деятельности;
поприще

field-meeting *n.* молебен под от-
крытым небом

fiend *n.* Враг рода человеческого,
Диавол, Сатана; злой дух, де-
мон; нечистая сила; исчадие
ада, сатанинское исчадие

fiendish *adj.* вражий, дьявольский, сатанинский, злодейский, жестокий

fiery *adj.* пламенный; ядовитый
"And the Lord sent fiery serpents
among the people, and they bit
the people; and much people of
Israel died" (Nu., 21:6) / «И послал Господь на народ ядови-
тых змеев, которые жалили
народ, и умерло множество
народа из [сынов] Израилевых» (Числ, 21:6).

fiesta *n.* день памяти святого;
приходский праздник

Fifteen O's Пятнадцать медитаций «О, Иисусе» св. Бригитты

Fifth Crusade Пятый крестовый
поход

Fifth Ecumenical Council Пятый
Вселенский собор

Fifth Monarchy Men «Люди Пятой монархии», хилиасты

Fig Sunday Цветоносное воскресенье; Вербное воскресенье

fight I *n.* сопротивление; ратоборство; ужас

fight II *v.* сражаться "The Lord
your God which goeth before

you, he shall fight for you, according to all that he did for you
in Egypt before your eyes" (De.,
1:30) / «Господь, Бог ваш, идет
перед вами; Он будет сра-
жаться за вас, как Он сделал
с вами в Египте, пред глазами вашими» (Втор., 1:10); ратоборствовать; вооружаться
"Come on, let us deal wisely
with them; lest they multiply,
and it come to pass, that, when
there falleth out any war, they
join also unto our enemies, and
fight against us, and [so] get
them up out of the land" (Ex.,
1:10) / «Перехитрим же его,
чтобы он не размножался;
иначе, когда случится война,
соединится и он с нашими неприятелями, и вооружится
против нас, и выйдет из земли
[нашей]» (Исх., 1:10); ~ for ратовать (за что-л./за кого-л.)

fighter *n.* воин; ратоборец

Fighting Prelate «Неистовый
прелат»

fighting *n.* сражение "Now Saul,
and they, and all the men of Israel, [were] in the valley of
Elah, fighting with the Philistines" (1 Sa., 17:19) / «Саул и
они и все Израильтяне находились в долине дуба и гото-
вились к сражению с Фили-
стимлянами» (1 Цар., 17:19);
распри "From whence [come]
wars and fightings among you?
[come they] not hence, [even] of
your lusts that war in your
members?» (Jas., 4:1) / «Откуда у вас вражды и распри? не
отсюда ли, от вожделений
ваших, воюющих в членах

ваших?» (Иак., 4:1); ратоборство

fig-tree *n.* смоковница; barren ~ бесплодная смоковница

figurative *adj.* образный

Filaret *n.* Филарет

Filiae Passionis «Дщери Страстей Господних», капуцинки

Filiae Passionis капуцинки, «Дщери Страстей Господних»

filial piety *n.* сыновья почтительность, почитание родителей

filicide *n.* детоубийца; детоубийство

Filioque *n.* филиокве

filth *n.* грязь; мерзость; отбросы; разврат; скверна "When the Lord shall have washed away the filth of the daughters of Zion, and shall have purged the blood of Jerusalem from the midst thereof by the spirit of judgment, and by the spirit of burning" (Isa, 4:4) / «Когда Господь омоет скверну дочерей Сиона и очистит кровь Иерусалима из среды его духом суда и духом огня» (Ис., 4:4).

filthify *v.* загрязнять, пачкать; делать мерзким, отвратительным; развращать

filthness *n.* скверна

filthy *adj.* грязный; мерзкий; скверный; непотребный "They are all gone aside, they are [all] together become filthy: [there is] none that doeth good, no, not one" (Ps., 14:3) / «Все уклонились, сделались равно непотребными; нет делающего добро, нет ни одного» (Псл., 14:3); запачканный "But we are all as an unclean [thing], and all our righteousnesses [are] as

filthy rags; and we all do fade as a leaf; and our iniquities, like the wind, have taken us away" (Isa, 64:6) / «Все мы сделались — как нечистый, и вся праведность наша — как запачканная одежда; и все мы поблекли, как лист, и беззакония наши, как ветер, уносят нас» (Ис., 64:6); нечистый "Woe to her that is filthy and polluted, to the oppressing city!" (Zeph., 3:1) / «Горе городу нечистому и оскверненному, притеснителю!» (Соф., 3:1); запятнанный "Now Joshua was clothed with filthy garments, and stood before the angel" (Ze., 3:3) / «Иисус же одет был в запятнанные одежды и стоял перед Ангелом» (Зах., 3:3).

final I *n.* конец

final II *adj.* заключительный; конечный; окончательный; ~ impenitence смерть без покаяния

finance *n.* материальность

financial *adj.* материальный

find I *n.* находка

find II *v.* находить, найти (кого-л./что-л.) "And the Lord said, If I find in Sodom fifty righteous within the city, then I will spare all the place for their sakes" (Ge., 18:26) / «Господь сказал: если Я найду в городе Содоме пятьдесят праведников, то Я ради них пощажу [весь город и] все место сие» (Быт., 18:26); обретать, обрести, обресть (что-л.); search and you will ~ ищите и обрящете; ~ out выяснять, выяснить (что-л.); обнаруживать, обнаружить (что-л.)

finding *n.* находка; обретение; ~ of the Head of John the Baptist Обретение Главы Предтечи и Крестителя Господня Иоанна

finesse *n.* хитроумие

finger *n.* палец; перст "Then the magicians said unto Pharaoh, This [is] the finger of God: and Pharaoh's heart was hardened, and he hearkened not unto them; as the Lord had said" (Ex., 8:19) / «И сказали волхвы фараону: это перст Божий. Но сердце фараоново ожесточилось, и он не послушал их, как и говорил Господь» (Исх., 8:19); the ~ of Fate перст Судьбы, the ~ of God перст Божий, воля Всевышнего, воля Господа

finicking *adj.* излишне утонченный, вычурный, претенциозный

finific *adj.* ограничивающий, лимитирующий

finis *n.* конец; заключение; ~es концы; заключения

finish I *n.* конец; скончание

finish II *v.* довершать, довершить (что-л.); оканчивать, окончить (что-л.) "And he reared up the court round about the tabernacle and the altar, and set up the hanging of the court gate. So Moses finished the work" (Ex., 40:33) / «И поставил двор вокруг скинии и жертвенника и повесил завесу в воротах двора. И так окончил Моисей дело» (Исх., 40:33); свершать, свершить (что-л.); скончать (что-л.); увенчивать, увенчать (кого-л. чем-л., что-л.)

finisher *n.* довершитель, -ница; совершитель, -ница "Looking unto Jesus the author and finisher of [our] faith; who for the joy that was set before him endured the cross, despising the shame, and is set down at the right hand of the throne of God" (Не., 12:2) / «Взирая на начальника и совершителя веры Иисуса, Который, вместо предлежавшей Ему радости, претерпел крест, пренебрегши посрамление, и воссел одесную престола Божия» (Евр, 12:2).

finishing I *n.* довершение; окончание; свершение

finishing II *adj.* окончательный

finiteness *n.* конечность

fire I *n.* огонь, огнь "Then the Lord rained upon Sodom and upon Gomorrah brimstone and fire from the Lord out of heaven" (Ge., 19:24) / «И пролил Господь на Содом и Гоморру дождем серу и огонь от Господа с неба» (Быт., 19:24); пламень, пламя

fire II *v.* возжигать, возжечь (что-л.); одушевлять, одушевить (кого-л./что-л.)

fire-proof *adj.* несгораемый

fire-worship *n.* огнепоклонничество, -поклонство

fire-worshipper *n.* огнепоклонник, -ница

firm *adj.* незыблемый; непоколебимый; stand ~ оставаться непоколебимым; твердый; ~ will твердая воля

firmament *n.* (небесная) твердь "And God said, Let there be a firmament in the midst of the

waters, and let it divide the waters from the waters" (Ge., 1:6) /
«И сказал Бог: да будет твердь
посреди воды, и да отделяет
она воду от воды» (Быт., 1:6);
утверждение; незыблемость

firmness *n.* непоколебимость

first I *adj.* первый "And the waters decreased continually until
the tenth month: in the tenth
[month], on the first [day] of the
month, were the tops of the
mountains seen" (Ge., 8:5) /
«Вода постоянно убывала до
десятого месяца; в первый
день. десятого месяца показались верхи гор» (Быт, 8:5); ~
estate первое сословие, духовенство; ~ principle первопричина; ~ service ранняя
обедня

first II *adv.* предварительно; ~-
begotten первородный, перворожденный; ~-called первозванный; St. Apostle Andrew
The ~-Called Святой Апостол
Андрей Первозванный; ~-hand
непосредственный

First Book of the Kings «Третья
книга Царств»

**First Church of Christ, Scien-
tist** Церковь Христа Всезнающего; Церковь христиан-
ской науки

First Crusade Первый крестовый
поход,   · Франко-норманский
крестовый поход

First Day день первый, воскресенье

First Epistle General of Peter
Первое соборное послание св.
апостола Петра (книга Библии)

First Epistle of John Первое соборное послание св. апостола
Иоанна Богослова (книга Библии)

**First Epistle of Paul the Apostle
to the Corinthians** Первое послание к Коринфянам св. апостола Павла (книга Библии)

**First Epistle of Paul the Apostle
to the Thessalonians** Первое
послание к Фессалоникийцам
св. апостола Павла (книга Библии)

**First Epistle of Paul the Apostle
to the Timothy** Первое послание к Тимофею св. апостола
Павла (книга Библии)

**First Gospel of the Infancy of Je-
sus** «Арабское благовествование о детстве Иисуса»

**First Gospel of the Infancy of Je-
sus** «Арабское евангелие дет-
ства»

First Letter of Clement «Первое
послание Климента к Коринфянам»

First Reader Первый чтец

First Vatican Council Первый
Ватиканский собор

fish *n.* рыба "And God said, Let us
make man in our image, after our
likeness: and let them have dominion over the fish of the sea,
and over the fowl of the air, and
over the cattle, and over all the
earth, and over every creeping
thing that creepeth upon the
earth" (Ge., 1:26) / «И сказал
Бог: сотворим человека по образу Нашему [и] по подобию
Нашему, и да владычествуют
они над рыбами морскими, и
над птицами небесными, [и
над зверями,] и над скотом, и
над всею землею, и над всеми

гадами, пресмыкающимися по земле» (Быт., 1:26).

fisherman *n.* рыбак, рыбарь; ~'s Ring «Кольцо рыбака» с печатью Папы Римского

fit I *n.* порыв; ~ of anger порыв гнева

fit II *adj.* годный; угодный

Five Articles of Perth «Пять пертских статей»

Five Books of Moses Пять книг Моисеевых; Пятикнижие; Тора

Five Joyful Mysteries Пять тайн радостных

Five Points of Calvinism Пять постулатов кальвинизма

Five Sacraments пять Святых Таинств

fivefold *adv.* пятерицею

fix *v.* сосредотачивать, сосредоточить (что-л., на чем-л.); ~ed feasts непереходящие церковные праздники; ~ed holy days непереходящие церковные праздники

flag *n.* стяг; камыш "Can the rush grow up without mire? can the flag grow without water?" (Job, 8:11) / «Поднимается ли тростник без влаги? растет ли камыш без воды?» (Иов., 8:11).

flagellants *n. pl.* флагелланты, бичующиеся

flagellate *v.* бичевать (кого-л.)

flagellation *n.* бичевание, самобичевание, истязание плоти

Flagellum «Бич Божий», «Наказание Господне»

flagitious *adj.* гнусный; отвратительный; преступный; чудовищный, ужасный

flame *n.* огонь, огнь; пламень, пламя "And the angel of the Lord appeared unto him in a flame of fire out of the midst of a bush: and he looked, and, behold, the bush burned with fire, and the bush [was] not consumed" (Ex., 3:2) / «И явился ему Ангел Господень в пламени огня из среды тернового куста. И увидел он, что терновый куст горит огнем, но куст не сгорает» (Исх., 3;2).

flaming *adj.* огненный; пламенный "So he drove out the man; and he placed at the east of the garden of Eden Cherubims, and a flaming sword which turned every way, to keep the way of the tree of life" (Ge., 3:24) / «И изгнал Адама, и поставил на востоке у сада Едемского Херувима и пламенный меч обращающийся, чтобы охранять путь к дереву жизни» (Быт., 3:24); пылающий "Who maketh his angels spirits; his ministers a flaming fire" (Ps., 104:4) / «Ты творишь ангелами Твоими духов, служителями Твоими — огонь пылающий» (Псл., 103:4); палящий "He gave them hail for rain, [and] flaming fire in their land" (Ps., 105:32) / «Вместо дождя послал на них град, палящий огонь на землю их» (Псл., 104:32).

flamy *adj.* пламенный

flatterer *n.* человекоугодник, -ница

flattery *n.* лесть; самообольщение; человекоугодие

Flavian II of Antioch *n.* Флавиан II Антиохийский

flavour I *n.* вкус

flavour II *v.* вкушать, вкусить

fleche *n.* церковный шпиль

flee *v.* (у)бегать, (у)бежать (от кого-л./от чего-л.) "And he said, Hagar, Sarai's maid, whence camest thou? and whither wilt thou go? And she said, I flee from the face of my mistress Sarai" (Ge., 16:8) / «И сказал [ей Ангел Господень]: Агарь, служанка Сарина! откуда ты пришла и куда идешь? Она сказала: я бегу от лица Сары, госпожи моей» (Быт., 16:8); прибегать, прибегнуть (к чему-л./кому-л.)

flesh I *n.* тело; плоть; "And the Lord God caused a deep sleep to fall upon Adam, and he slept: and he took one of his ribs, and closed up the flesh instead thereof" (Ge., 2:21) / «И навел Господь Бог на человека крепкий сон; и, когда он уснул, взял одно из ребр его, и закрыл то место плотию» (Быт., 2:21); ~ and blood плоть и кровь; walk after the ~ повиноваться плоти; скоромная пища

flesh II *adj.* скоромный

fleshly *adj.* плотский "For our rejoicing is this, the testimony of our conscience, that in simplicity and godly sincerity, not with fleshly wisdom, but by the grace of God, we have had our conversation in the world, and more abundantly to you-ward" (2 Co., 1:12) / «Ибо похвала наша сия есть свидетельство совести нашей, что мы в простоте и богоугодной искренности, не по плотской мудрости, но по благодати Божией, жили в мире, особенно же у вас» (2 Кор., 1:12).

flight *n.* бегство; побег "But pray ye that your flight be not in the winter, neither on the sabbath day" (Mt., 24:20) / «Молитесь, чтобы не случилось бегство ваше зимою или в субботу» (Матф., 24:20); put smb. to ~ обращать кого-л. в бегство, разогнать; "These [are] they that went over Jordan in the first month, when it had overflown all his banks; and they put to flight all [them] of the valleys, [both] toward the east, and toward the west" (1 Chr., 12:15) / «Они-то перешли Иордан в первый месяц, когда он выступает из берегов своих, и разогнали всех живших в долинах к востоку и западу» (1 Пар., 12:15); turn to ~ прогонять "Quenched the violence of fire, escaped the edge of the sword, out of weakness were made strong, waxed valiant in fight, turned to flight the armies of the aliens" (He., 11:34) / «Угашали силу огня, избегали острия меча, укреплялись от немощи, были крепки на войне, прогоняли полки чужих» (Евр., 11:34), take to ~ обращаться в бегство; the ~ into Egypt бегство в Египет

flock *n.* паства; стадо "And Abel, he also brought of the firstlings of his flock and of the fat thereof. And the Lord had respect unto Abel and to his offering" (Ge., 4:4) / «И Авель также принес от первородных стада своего и от тука их. И призрел Господь на Авеля и на дар его» (Быт., 4:4).

flood I *n.* река; а ~ of tears река слез; потоп "And, behold, I, even I, do bring a flood of waters upon the earth, to destroy all flesh, wherein [is] the breath of life, from under heaven; [and] every thing that [is] in the earth shall die" (Ge., 6:17) / «И вот, Я наведу на землю потоп водный, чтоб истребить всякую плоть, в которой есть дух жизни, под небесами; все, что есть на земле, лишится жизни» (Быт, 6:17); the Great ~ Всемирный Потоп; Всемирный потоп, before the ~ в допотопные времена; наводнение; струя

flood II *v.* топить (что-л./кого-л.)

flourish *v.* благоденствовать; процветать "In his days shall the righteous flourish; and abundance of peace so long as the moon endureth" (Ps., 72:7) / «Во дни его процветет праведник, и будет обилие мира, доколе не престанет луна» (Псл., 71:7); размножаться "There shall be an handful of corn in the earth upon the top of the mountains; the fruit thereof shall shake like Lebanon: and [they] of the city shall flourish like grass of the earth" (Ps., 72:16) / «Будет обилие хлеба на земле, наверху гор; плоды его будут волноваться, как лес на Ливане, и в городах размножатся люди, как трава на земле» (Псл., 71:16); процвести, процвесть; ~ing процветание

flow I *n.* складность

flow II *v.* течь; ~ to притекать, притечь (к кому-л./к чему-л.)

flower I *n.* цвет "And thou shalt make a candlestick [of] pure gold: [of] beaten work shall the candlestick be made: his shaft, and his branches, his bowls, his knops, and his flowers, shall be of the same" (Ex., 25:31) / «И сделай светильник из золота чистого; чеканный должен быть сей светильник; стебель его, ветви его, чашечки его, яблоки его и цветы его должны выходить из него» (Исх., 25:31); цветок

flower II *v.* процветать, процвести, процвесть

flowering *n.* расцвет

flowing *adj.* складный

fly *v.* летать; ~ from уклоняться, уклониться (от чего-л.); ~ up воспарять, воспарить; ~ing up воспарение

focus *n.* средоточие

foe *n.* враг "Either three years' famine; or three months to be destroyed before thy foes, while that the sword of thine enemies overtaketh [thee]; or else three days the sword of the Lord, even the pestilence, in the land, and the angel of the Lord destroying throughout all the coasts of Israel. Now therefore advise thyself what word I shall bring again to him that sent me" (1 Chr., 21:12) / «Или три года — голод, или три месяца будешь ты преследуем неприятелями твоими и меч врагов твоих будет досягать до тебя; или три дня — меч Господень и язва на земле и Ангел Господень, истребляющий во всех пределах Израиля. Итак, рассмотри, что мне отвечать Пославшему меня с словом» (1 Пар., 21:12); недруг; sworn ~ заклятый враг; our ~ Враг рода человеческого, Сатана; ворог; иноплеменник, -ница; супостат

fold *n.* лоно; паства; to return to the ~ вернуться в лоно Церкви; to bring back the stray sheep to the ~ вернуть заблудшую овцу в овчарню; стадо "And other sheep I have, which are not of this fold: them also I must bring, and they shall hear my voice; and there shall be one fold, [and] one shepherd" (Jn., 10:16) / «Есть у Меня и другие овцы, которые не сего двора, и тех надлежит Мне привести: и они услышат голос Мой, и будет одно стадо и один Пастырь» (Ин., 10:16).

folk *n.* народ "The conies [are but] a feeble folk, yet make they their houses in the rocks" (Pr., 30:26) / «Горные мыши — народ слабый, но ставят домы свои на скале» (Притч., 30:26); ~ mass *n.* литургия с пением молитв на народные мотивы

folklore *n.* фольклор; народное поверье

follow *v.* следовать (чему-л./кому-л.; за кем-л./за чем-л.) "And the third angel followed them, saying with a loud voice, If any man worship the beast and his image, and receive [his] mark in his forehead, or in his hand" (Rev., 14:9) / «И третий Ангел последовал за ними, говоря громким голосом: кто поклоняется зверю и образу его и принимает начертание на чело свое, или

на руку свою» (Откр., 14:9); следить (за кем-л./за чем-л.)

follower *n.* последователь, -ница; приверженец, -ица; подражатель, -ница "Be ye followers of me, even as I also [am] of Christ" (1 Co., 11:1) / «Будьте подражателями мне, как я Христу» (1 Кор., 11:1); ревнитель "And who [is] he that will harm you, if ye be followers of that which is good?" (1 Pe., 3:13) / «И кто сделает вам зло, если вы будете ревнителями доброго?» (1 Петр., 3:13).

folly *n.* безумие "This their way [is] their folly: yet their posterity approve their sayings" (Ps., 49:13) / «Этот путь их есть безумие их, хотя последующие за ними одобряют мнение их» (Псл., 48:14); юродивость

fondle *v.* пестовать, выпестовать (кого-л./что-л.); fondling пестование

font *n.* купель; ~ name имя, данное при крещении

fontal *adj.* крестильный

font-stone *n.* каменная купель

food *n.* пища "And out of the ground made the Lord God to grow every tree that is pleasant to the sight, and good for food; the tree of life also in the midst of the garden, and the tree of knowledge of good and evil" (Ge., 2:9) / «И произрастил Господь Бог из земли всякое дерево, приятное на вид и хорошее для пищи, и дерево жизни посреди рая, и дерево познания добра и зла» (Быт., 2:9); lenten ~ постная пища; сеlestial ~ пища богов; пропитание; снедь; хлеб

fool *n.* глупец "The fear of the Lord [is] the beginning of knowledge: [but] fools despise wisdom and instruction" (Pr., 1:7) / «Начало мудрости — страх Господень; [доброе разумение у всех, водящихся им; а благоговение к Богу — начало разумения;] глупцы только презирают мудрость и наставление» (Притч., 1:7); безумствующий "I said unto the fools, Deal not foolishly: and to the wicked, Lift not up the horn" (Ps., 75:4) / «Говорю безумствующим: не безумствуйте, и нечестивым: «не поднимайте рога» (Псл., 74:5); невежда "A brutish man knoweth not; neither doth a fool understand this" (Ps., 92:6) / «Человек несмысленный не знает, и невежда не разумеет того» (Псл., 91:7); ~'s errand *n.* бесплодный труд

foolish *adj.* глупый "Do ye thus requite the Lord, O foolish people and unwise? [is] not he thy father [that] hath bought thee? hath he not made thee, and established thee?" (De., 32:6) / «Сие ли воздаете вы Господу, народ глупый и несмысленный? не Он ли Отец твой, Который усвоил тебя, создал тебя и устроил тебя?» (Втор., 32:6); неразумный; юродивый

foolishness *n.* неразумие; безумие "My wounds stink [and] are corrupt because of my foolishness" (Ps., 38:5) / «Смердят, гноятся раны мои от безумия моего»

(Псл., 37:6); глупость "A prudent man concealeth knowledge: but the heart of fools proclaimeth foolishness" (Pr., 12:23) / «Человек рассудительный скрывает знание, а сердце глупых высказывает глупость» (Притч., 12:23).

foolly *n.* неразумие

foot *n.* нога "And Pharaoh said unto Joseph, I [am] Pharaoh, and without thee shall no man lift up his hand or foot in all the land of Egypt" (Ge., 41:44) / «И сказал фараон Иосифу: я фараон; без тебя никто не двинет ни руки своей, ни ноги своей во всей земле Египетской» (Быт., 41:44); ~-path стезя; ~-print след; ~-washing омовение ног

forbear (from) *v.* воздерживаться, воздержаться (от чего-л.)

forbearance *n.* долготерпение; кротость "Or despisest thou the riches of his goodness and forbearance and longsuffering; not knowing that the goodness of God leadeth thee to repentance?" (Ro., 2:4) / «Или пренебрегаешь богатство благости, кротости и долготерпения Божия, не разумея, что благость Божия ведет тебя к покаянию?» (Рим., 2:4).

forbearing I *n.* кротость "By long forbearing is a prince persuaded, and a soft tongue breaketh the bone" (Pr., 25:15) / «Кротостью склоняется к милости вельможа, и мягкий язык переламывает кость» (Притч., 25:15); долготерпение "With all lowliness and meekness, with longsuffering, forbearing one another in love" (Eph., 4:2) / «Со всяким смиренномудрием и кротостью и долготерпением, снисходя друг ко другу любовью» (Ефес. 4:2).

forbearing II *adj.* благотерпеливый; долготерпеливый

forbid *v.* возбранять, возбранить; воспрещать, воспретить (что-л./кого-л.); запрещать, запретить (что-л.) "And Joshua the son of Nun, the servant of Moses, [one] of his young men, answered and said, My lord Moses, forbid them" (Nu., 11:28) / «В ответ на это Иисус, сын Навин, служитель Моисея, один из избранных его, сказал: господин мой Моисей! запрети им» (Числ., 11:28); ~den заповедный, запретный; ~ding запрещение

forbiddance *n.* запрет; запрещение

force I *n.* сила "And [if] any man said unto him, Let them not fail to burn the fat presently, and [then] take [as much] as thy soul desireth; then he would answer him, [Nay]; but thou shalt give [it me] now: and if not, I will take [it] by force" (1 Sa., 2:16) / «И если кто говорил ему: пусть сожгут прежде тук, как должно, и потом возьми себе, сколько пожелает душа твоя, то он говорил: нет, теперь же дай, а если нет, то силою возьму» (1 Цар., 2:16); крепость "And Moses [was] an hundred and twenty years old when he died: his eye was not dim, nor his natural force abated" (De., 34:7) / «Моисею было сто два-

дцать лет, когда он умер; но зрение его не притупилось, и крепость в нем не истощилась" (Втор., 34:7); насильство; принуждение; come into ~ возыметь силу; formidable ~s грозные силы

force II *v.* неволить, приневолить (кого-л., к чему-л.); нудить, принудить (кого-л., к чему-л.); принуждать, принудить (кого-л. к чему-л.); ~ out исторгать, исторгнуть (что-л., из чего-л.); ~d насильственный, принудительный

forceless *adj.* слабосильный; слабый

forcible *adj.* сильный "How forcible are right words! but what doth your arguing reprove?" (Job, 6:25) / «Как сильны слова правды! Но что доказывают обличения ваши?» (Иов., 6:25); насильственный

forebode I *v.* предвещать, предвозвещать (кому-л., что-л.); foreboding

forebode II *n.* предвестие; дурное предзнаменование; предчувствие; предвестник несчастья

forebodement *n.* дурное предчувствие

foreclose *v.* исключать

foredestine *v.* предопределять

foredoom I *n.* предопределение, судьба

foredoom II *v.* предопределять; предрешать судьбу

forefather *n.* предок, праотец "They are turned back to the iniquities of their forefathers, which refused to hear my words; and they went after other gods to serve them: the house of Israel and the house of Judah have broken my covenant which I made with their fathers" (Je., 11:10) / «Они опять обратились к беззакониям праотцев своих, которые отреклись слушаться слов Моих и пошли вослед чужих богов, служа им. Дом Израиля и дом Иуды нарушили завет Мой, который Я заключил с отцами их» (Иер., 11:10); прародитель "I thank God, whom I serve from [my] forefathers with pure conscience, that without ceasing I have remembrance of thee in my prayers night and day" (2 Ti., 1:3) / «Благодарю Бога, Которому служу от прародителей с чистою совестью, что непрестанно вспоминаю о тебе в молитвах моих днем и ночью» (2 Тим., 1:3); предшественник, -ница

forefeeling *n.* предчувствие

forefeet *v.* предчувствовать

forego *v.* предшествовать (кому-л./чему-л.)

foregoer *n.* предшественник; предок

foregoing *adj.* предшественный

forehead *n.* лоб; чело "And it shall be upon Aaron's forehead, that Aaron may bear the iniquity of the holy things, which the children of Israel shall hallow in all their holy gifts; and it shall be always upon his forehead, that they may be accepted before the Lord" (Ex., 28:38) / «И будет она на челе Аароновом, и понесет на себе Аарон недостатки приношений, посвящаемых

от сынов Израилевых, и всех даров, ими приносимых; и будет она непрестанно на челе его, для благоволения Господня к ним» (Исх., 28:38).

foreign *adj.* чуждый

foreigner *n.* иноплеменник, -ница "In the day that thou stoodest on the other side, in the day that the strangers carried away captive his forces, and foreigners entered into his gates, and cast lots upon Jerusalem, even thou [wast] as one of them" (Ob., 1:11) / «В тот день, когда ты стоял напротив, в тот день, когда чужие уводили войско его в плен и иноплеменники вошли в ворота его и бросили жребий об Иерусалиме, ты был как один из них» (Авд., 1:11); чужестранец, -нка; иноземец "Of a foreigner thou mayest exact [it again]: but [that] which is thine with thy brother thine hand shall release" (De., 15:3) / «С иноземца взыскивай, а что будет твое у брата твоего, прости» (Втор., 15:3); поселенец "A foreigner and an hired servant shall not eat thereof" (Ex., 12:45) / «Поселенец и наемник не должен есть ее» (Исх., 12:45); пришелец "Now therefore ye are no more strangers and foreigners, but fellowcitizens with the saints, and of the household of God" (Eph., 2:19) / «Итак вы уже не чужие и не пришельцы, но сограждане святым и свои Богу» (Ефес., 2:19).

fore-intend *v.* преднамереваться

foreknow *v.* предвидеть; предузнать "For whom he did foreknow, he also did predestinate [to be] conformed to the image of his Son, that he might be the firstborn among many brethren" (Ro., 8:29) / «Ибо кого Он предузнал, тем и предопределил быть подобными образу Сына Своего, дабы Он был первородным между многими братиями» (Рим., 8:29).

foreknowledge *n.* предвидение; предведение "Him, being delivered by the determinate counsel and foreknowledge of God, ye have taken, and by wicked hands have crucified and slain" (Ac., 2:23) / «Сего, по определенному совету и предведению Божию преданного, вы взяли и, пригвоздив руками беззаконных, убили» (Деян., 2:23).

foreman *n.* глава

fore-mention *v.* упоминать ранее, выше

foremost *adj.* первый "And he commanded the foremost, saying, When Esau my brother meeteth thee, and asketh thee, saying, Whose [art] thou? and whither goest thou? and whose [are] these before thee? (Ge., 32:17) / «И приказал первому, сказав: когда брат мой Исав встретится тебе и спросит тебя, говоря: чей ты? и куда идешь? и чье это стадо [идет] пред тобою?» (Быт., 32:17).

foremother *n.* праматерь, прародительница

foreordain *v.* предназначать, предназначить (что-л., кому-л.); предопределять, предопределить (что-л. кому-л.)

foreordination *n.* предопределение

forerun *v.* предшествовать; предвещать

forerunner *n.* предтеча "Whither the forerunner is for us entered, [even] Jesus, made an high priest for ever after the order of Melchisedec" (He., 6:20) / «Куда предтечею за нас вошел Иисус, сделавшись Первосвященником навек по чину Мелхиседека» (Евр., 6:20); предшественник; предвестник, -ца

foresee *v.* провидеть (что-л.); видеть "A prudent [man] foreseeth the evil, and hideth himself: but the simple pass on, and are punished" (Pr., 22:3) / «Благоразумный видит беду, и укрывается; а неопытные идут вперед, и наказываются» (Притч., 22:3).

fore-seeing *adj.* дальновидный

foreshadow *n.* предзнаменование; *v.* предвещать,

foreshow *v.* предсказывать, предвещать

foresight *n.* предвидение; смотрение

foresignify *v.* предвещать, указывать заранее

forest *n.* лес "And the prophet Gad said unto David, Abide not in the hold; depart, and get thee into the land of Judah. Then David departed, and came into the forest of Hareth" (1 Sa., 22:5) / «Но пророк Гад сказал Давиду: не оставайся в этом убежище, но ступай, иди в землю Иудину. И пошел Давид и пришел в лес Херет» (1 Цар., 22:5); дубрава, дуброва

foreswear v. отрекаться, отречься (от кого-л./от чего-л.)

foretell v. предсказывать; предвещать; to ~ smb. 's future предсказывать чью-л. судьбу; предвещать, предвозвещать (кому-л., что-л.); предрекать, предречь (что-л. кому-л.); провозвещать, провозестить (кому-л. что-л.); прорекать, проречь (что-л., кому-л.); пророчествовать; предварять "I told you before, and foretell you, as if I were present, the second time; and being absent now I write to them which heretofore have sinned, and to all other, that, if I come again, I will not spare" (2 Co., 13:2) / «Я предварял и предваряю, как бы находясь у вас во второй раз, и теперь, отсутствуя, пишу прежде согрешившим и всем прочим, что, когда опять приду, не пощажу» (2 Кор., 13:2); ~ing провозвещение, прорицание

foreteller n. предсказатель; прорицатель; пред вещатель, -ница; провозвестник, -ница

foretime n. прошедшие времена; прошлое

foretoken I n. предзнаменование

foretoken II v. предвещать; предсказывать; a ~ of disaster предвестник несчастья

foretype n. прообраз, первообраз, прототип

forever I n. вечность

forever II adv. навсегда, навечно, навеки; ~ and ever на веки вечные; ~ and aye во веки веков

forevermore adv. навсегда, на веки вечные

foreverness n. вечность; вечные времена

forewarn v. остерегать, остеречь (кого-л.)

forfend v. отвращать; God ~! Боже упаси!

forge n. горнило

forget v. забывать; прощать; forgotten забвенный; Forgotten Sins Bible «Библия забытых грехов»

forgetfulness n. забвение; тление "Shall thy wonders be known in the dark? and thy righteousness in the land of forgetfulness?" (Ps., 88:12) / «Или во гробе будет возвещаема милость Твоя, и истина Твоя — в месте тления?» (Псл. 87:13).

forgivable adj. простительный

forgive v. прощать "So shall ye say unto Joseph, Forgive, I pray thee now, the trespass of thy brethren, and their sin; for they did unto thee evil: and now, we pray thee, forgive the trespass of the servants of the God of thy father. And Joseph wept when they spake unto him" (Ge., 50:17) / «Так скажите Иосифу: прости братьям твоим вину и грех их, так как они сделали тебе зло. И ныне прости вины рабов Бога отца твоего. Иосиф плакал, когда ему говорили это» (Быт., 50:17); оставлять грехи; помиловать (кого-л.); прощать, простить (кому-л. что-л.); разрешать, разрешить; сменить гнев на милость

forgiveness n. прощение "But [there is] forgiveness with thee, that thou mayest be feared" (Ps., 130:4) / «Но у Тебя прощение,

да благоговеют пред Тобою»
(Псл., 129:4); снисхождение;
снисходительность; to grant ~
даровать прощение; прощение;
~ of debt прощение долга

forked cap *n.* митра епископа

forlorn *adj.* жалкий, несчастный;
заброшенный; покинутый; оставленный; одинокий; поте-
рявший надежду

forlornness *n.* заброшенность,
покинутость; одиночество; отчаяние, уныние

form *n.* форма; зрак; take the ~ of
a slave/ servant принять зрак
раба; *v.* образовывать, образовать (что-л.) "And out of the
ground the Lord God formed
every beast of the field, and
every fowl of the air; and
brought [them] unto Adam to see
what he would call them: and
whatsoever Adam called every
living creature, that [was] the
name thereof" (Ge., 2:19) / «Господь Бог образовал из земли
всех животных полевых и всех
птиц небесных, и привел [их] к
человеку, чтобы видеть, как он
назовет их, и чтобы, как наре-
чет человек всякую душу живую, так и было имя ей» (Быт.,
2:19); создать "And the Lord
God formed man [of] the dust of
the ground, and breathed into his
nostrils the breath of life; and
man became a living soul" (Ge.,
2:7) / «И создал Господь Бог
человека из праха земного, и
вдунул в лице его дыхание
жизни, и стал человек душею
живою» (Быт., 2:7); облекать,
облечь (кого-л., чем-л.); возыметь

formal *adj.* формальный
formality *n.* формальность
formation *n.* образование
former *adj.* прежний "Yet within
three days shall Pharaoh lift up
thine head, and restore thee unto
thy place: and thou shalt deliver
Pharaoh's cup into his hand, after
the former manner when thou
wast his butler" (Ge., 40:13) /
«Через три дня фараон возне-
сет главу твою и возвратит тебя на место твое, и ты подашь
чашу фараонову в руку его, по
прежнему обыкновению, когда
ты был у него виночерпием»
(Быт., 40:13); первый "Her former husband, which sent her
away, may not take her again to
be his wife, after that she is defiled; for that [is] abomination
before the Lord: and thou shalt
not cause the land to sin, which
the Lord thy God giveth thee
[for] an inheritance" (De., 24:4) /
«То не может первый ее муж,
отпустивший ее, опять взять
ее себе в жену, после того как
она осквернена, ибо сие есть
мерзость пред Господом [Бо-
гом твоим], и не порочь земли, которую Господь Бог твой
дает тебе в удел» (Втор.,
24:4); ~ Prophets «Ранние
Пророки»

formicate *v.* прелюбодействовать
formication *n.* прелюбодеяние,
прелюбодейство
formicator *n.* прелюбодей
formidable *adj.* страшный
Formosus *n.* Формоз
formulary *n.* требник, потребник,
богослужебная книга

fornicate *v.* блудить, предаваться блуду; греховодить; прелюбодействовать

fornication *n.* блуд; прелюбодеяние "But I say unto you, That whosoever shall put away his wife, saving for the cause of fornication, causeth her to commit adultery: and whosoever shall marry her that is divorced committeth adultery" (Mt., 5:32) / «А Я говорю вам: кто разводится с женою своею, кроме вины прелюбодеяния, тот подает ей повод прелюбодействовать; и кто женится на разведенной, тот прелюбодействует» (Матф., 5:32); блудодейство "But thou didst trust in thine own beauty, and playedst the harlot because of thy renown, and pouredst out thy fornications on every one that passed by; his it was" (Ezr., 16:15) / «Но ты понадеялась на красоту твою, и, пользуясь славою твоею, стала блудить и расточала блудодейство твое на всякого мимоходящего, отдаваясь ему» (Ездр., 16:15); блужение "Moreover he made high places in the mountains of Judah, and caused the inhabitants of Jerusalem to commit fornication, and compelled Judah [thereto]" (2 Chr., 21:11) / «Также высоты устроил он на горах Иудейских, и ввел в блужение жителей Иерусалима и соблазнил Иудею» (2 Пар., 21:11); блудодеяние "Thou hast moreover multiplied thy fornication in the land of Canaan unto Chaldea; and yet thou wast not satisfied herewith" (Ezr., 16:29) / «И умножила блудодеяния твои в земле Ханаанской до Халдеи, но и тем не удовольствовалась» (Ездр., 16:29); любодеяние "For from within, out of the heart of men, proceed evil thoughts, adulteries, fornications, murders" (Mt., 7:21) / «Ибо извнутрь, из сердца человеческого, исходят злые помыслы, прелюбодеяния, любодеяния, убийства» (Матф., 7:21); блуд "As touching the Gentiles which believe, we have written [and] concluded that they observe no such thing, save only that they keep themselves from [things] offered to idols, and from blood, and from strangled, and from fornication" (Ac., 21:25) / «А об уверовавших язычниках мы писали, положив, чтобы они ничего такого не наблюдали, а только хранили себя от идоложертвенного, от крови, от удавленины и от блуда» (Деян., 21:25).

fornicator *n.* блудник; прелюбодей

fornicatress *n.* блудница; прелюбодейка

forsake *v.* оставлять "(For the Lord thy God [is] a merciful God;) he will not forsake thee, neither destroy thee, nor forget the covenant of thy fathers which he sware unto them" (De., 4:31) / «Господь, Бог твой, есть Бог [благий и] милосердый; Он не оставит тебя и не погубит тебя, и не забудет завета с отцами твоими, который Он клятвою утвердил им» (Втор., 4:31); по-

кидать, бросать; отказываться;
~ the path of duty уклоняться от
долга

forswear v. отказываться, отрекаться; закаиваться, закаяться
(что-л. делать); ~ (doing smth.)
зарекаться, заречься (делать
что-л.)

forswearer n. клятвопреступник,
-ница

forsworn adj. клятвопреступный

forter-child n. воспитанник

forthcoming adj. предстоящий

forth-going n. исход

forthright I adj. откровенный;
честный; прямой

forthright II adv. прямо; реши-
тельно

fortify v. укреплять, укрепить
(кого-л./что-л.) "And ye have
numbered the houses of Jerusalem, and the houses have ye broken down to fortify the wall"
(Isa, 22:10) / «И отмечаете домы в Иерусалиме, и разрушае-
те домы, чтобы укрепить
стену» (Ис., 22:10); возмущать
"And he sent messengers unto
Abimelech privily, saying, Behold, Gaal the son of Ebed and
his brethren be come to Shechem; and, behold, they fortify
the city against thee" (Jdg.,
9:31) / «Он хитрым образом
отправляет послов к Авимелеху, чтобы сказать: вот, Гаал,
сын Еведов, и братья его пришли в Сихем, и вот, они воз-
мущают против тебя город»
(Суд., 9:31).

fortitude n. сила; сила духа, стой-
кость

fortuitous adj. случайный

fortuity n. случайность; случай

fortunate adj. благополучный;
счастливый

fortune n. достояние; имущество; состояние; счастие, счастье

fortune-teller n. гадалка, предсказатель, -ница, ворожея

fortune-telling n. предсказание
будущего; гадание, ворожба

Forty-two Line Bible 42-строчная
Библия Гутенберга

forward v. посылать, послать (кого-л./что-л., кому-л.); ~ing благопоспешный

foul adj. гнусный; ~ mouth злой
язык; грязный; ~ words гряз-
ные слова; нечистый "When
Jesus saw that the people came
running together, he rebuked the
foul spirit, saying unto him,
[Thou] dumb and deaf spirit,
I charge thee, come out of him,
and enter no more into him"
(Mk., 9:25) / «Иисус, видя, что
сбегается народ, запретил духу
нечистому, сказав ему: дух
немой и глухой! Я повелеваю
тебе, выйди из него и впредь
не входи в него» (Марк., 9:25).

foulness n. грязь

found v. основывать, основать
(что-л.); создавать, создать (кого-л./что-л.); зиждить (что-л.)

foundation n. корень; основа; основание; создание; твердь

founder n. зиждитель; основатель; создатель; учредитель,
-ница

foundress n. основательница;
создательница

fountain n. источник "In the six
hundredth year of Noah's life, in
the second month, the seven-
teenth day of the month, the
same day were all the fountains

of the great deep broken up, and the windows of heaven were opened" (Ge., 7:11) / «В шестисотый год жизни Ноевой, во второй месяц, в семнадцатый день месяца, в сей день разверзлись все источники великой бездны, и окна небесные отворились» (Быт., 7:11).

Four Gospels Тетроевангелие, Четвероевангелие

Four Horsemen Четыре всадника Апокалипса

Fourth Book of Moses Четвертая книга Моисеева. Числа (книга Библии)

Fourth Crusade крестовый поход

fowl *n.* птица "And God said, Let the waters bring forth abundantly the moving creature that hath life, and fowl [that] may fly above the earth in the open firmament of heaven" (Ge., 1:20) / «И сказал Бог: да произведет вода пресмыкающихся, душу живую; и птицы да полетят над землею, по тверди небесной» (Быт., 1:20); ~s of the air птицы небесные

Fr. (Frater, Frere) *n.* брат

Fra *n.* фра, брат, монах (приставка к имени монаха)

fracture I *n.* излом

fracture II *v.* преломлять, преломить (что-л.)

fragile *adj.* бренный; преходящий

fragility *n.* бренность

fragrance *n.* благовоние; благоухание, spiritual ~ благоухание духовное

fragrancy *n.* благовойность

fragrant *adj.* благовонный

frail *adj.* бренный; тленный

frailness *n.* бренность; тленность

frailty *n.* тленность

Franciscan *n.* францисканец

frank *adj.* нелицемерный; откровенный

frankincense *n.* благовоние; ладан; ливан "But if he be not able to bring two turtledoves, or two young pigeons, then he that sinned shall bring for his offering the tenth part of an ephah of fine flour for a sin offering; he shall put no oil upon it, neither shall he put [any] frankincense thereon: for it [is] a sin offering" (Lev., 5:11) / «Если же он не в состоянии принести двух горлиц или двух молодых голубей, пусть принесет за то, что согрешил, десятую часть ефы пшеничной муки в жертву за грех; пусть не льет на нее елея, и ливана пусть не кладет на нее, ибо это жертва за грех» (Лев., 5:11).

frankness *n.* откровенность; чистота сердца

frate *n.* фра, брат; *n. pl.* монахи, братия

frater *n.* трапезная монастыря; член религиозного братства

fraternal *adj.* братский; ~ affection братская любовь; ~ order association братство, общество

fraternity *n.* братия; община; monastic/cloistral ~ монастырская братия

frati *n. pl.* монахи, братия

Fraticelli *n. pl.* фратичелли, еретики

Fratres Caritatis «Братья милосердия»

Fratres Communis Vitae «Братья общинной жизни»

Fratres de Paupera «Братья бедной жизни»

Fratres Majores доминиканцы

Fratres Militiae «Братья воинства Христова», Ливонский орден, Ливонские рыцари

Fratres Minores францисканцы

Fratres Spiritus Liberatis «Братья свободного духа»

fratricidal *adj.* братоубийственный; ~ war братоубийственная война

fratricide *n.* братоубийство; братоубийца; братогубец

fratry *n.* трапезная монастыря

fraud *n.* обман

fraudful *adj.* обманчивый

freakery *n.* странность, чудачество; урод

free I *adj.* свободный; вольный; невозбранный; ~ Church Federal Council Федеральный совет Свободной церкви; ~ Church of Scotland Свободная шотландская церковь; ~ Churches Свободные церкви; ~ Churchman диссентер, нонконформист, сектант, диссидент, раскольник; ~ Methodist Church of North America Североамериканская свободная методистская церковь; ~ Presbyterian Church of Ulster Свободная пресвитерианская церковь Ольстера; ~ will свободная воля

free II *v.* освобождать, освободить; избавлять, избавить (кого-л./что-л., от кого-л., чего-л.); ~ oneself from избавляться, избавиться (от кого-л./от чего-л.)

free-agency *n.* свободная воля

freedom *n.* свобода "And whosoever lieth carnally with a woman, that [is] a bondmaid, betrothed to an husband, and not at all redeemed, nor freedom given her; she shall be scourged; they shall not be put to death, because she was not free" (Lev., 19:20) / «Если кто переспит с женщиною, а она раба, обрученная мужу, но еще не выкупленная, или свобода еще не дана ей, то должно наказать их, но не смертью, потому что она несвободная» (Лев., 19:20); гражданство "And the chief captain answered, With a great sum obtained I this freedom. And Paul said, But I was [free] born" (Ac., 22:28) / «Тысяченачальник отвечал: я за большие деньги приобрел это гражданство. Павел же сказал: а я и родился в нем» (Деян., 22:28).

free-gift *n.* добровольное приношение

freely *adv.* невоздержно; даром "We remember the fish, which we did eat in Egypt freely; the cucumbers, and the melons, and the leeks, and the onions, and the garlick" (Nu., 11:5) / «Мы помним рыбу, которую в Египте мы ели даром, огурцы и дыни, и лук, и репчатый лук и чеснок» (Числ., 11:5).

Freemasonry *n.* масонство

Freewill Baptist *n.* баптист Доброй воли

French Prophets пророки французские

French Religious Wars гугенотские войны во Франции

French Wars of Religion религиозные войны во Франции, гугенотские войны

frenzy *n.* бесноватость; frenzied бесноватый

fresco *n.* стенопись; фреска

fresh *adj.* маститый; новый; прохладный

freshness *n.* прохлада

Friar *n.* брат, фра; ~ s Major братья старшие, доминиканцы; ~s Minor минориты, братья меньшие, францисканцы; ~s of the Penance of Jesus Christ «Братья покаяния Христова»; ~s of the Sack «Братья покаяния Христова»; монах нищенствующего ордена; ~'s habit монашеское одеяние; ~ s hood капюшон монаха

friar *n.* чернец; черноризец; ~s монашествующая братия

friary *n.* монастырь; женский монастырь

Friday *n.* пятница; пяток; пятница; Good ~ Страстная Пятница

friendly *adj.* дружелюбивый, дружелюбный; дружественный; благоприязненный

friendship дружба "Ye adulterers and adulteresses, know ye not that the friendship of the world is enmity with God? whosoever therefore will be a friend of the world is the enemy of God" (Jas., 4:4) / «Прелюбодеи и прелюбодейцы! не знаете ли, что дружба с миром есть вражда против Бога? Итак, кто хочет быть другом миру, тот становится врагом Богу» (Иак., 4:4).

frighten *v.* страшить (кого-л.); устрашать, устрашить (кого-л., чем-л.)

frivolous *adj.* суесловный; суетный

fruit *n.* плод "And God said, Let the earth bring forth grass, the herb yielding seed, [and] the fruit tree yielding fruit after his kind, whose seed [is] in itself, upon the earth: and it was so" (Ge., 1:11) / «И сказал Бог: да произрастит земля зелень, траву, сеющую семя [по роду и по подобию ее, и] дерево плодовитое, приносящее по роду своему плод, в котором семя его на земле. И стало так» (Быт., 1:11); ~ of the womb плод чрева; forbidden ~ запретный плод; the ~s of labour плоды трудов; evil ~ плоды худые; ~ of Wisdom «Плод мудрости»

fruitful *adj.* плодородный

fruitfulness *n.* плодородие

fruitless *adj.* напрасный; тщетный

Frum. (Fratrum) *n.* братьев

frustrate *v.* упразднять, упразднить (что-л.); отвергать "I do not frustrate the grace of God: for if righteousness [come] by the law, then Christ is dead in vain" (Ga., 2:21) / «Не отвергаю благодати Божией; а если законом оправдание, то Христос напрасно умер» (Гал., 2:21).

frustration *n.* крушение (кого-л./чего-л.)

FS. (Fossor) *n.* копатель

fulfil *v.* исполнять, исполнить (что-л.); совершать, совершить (что-л.); оканчивать "Fulfil her week, and we will give thee this also for the service which thou shalt serve with me yet seven other years" (Ge., 29:27) /

«Окончи неделю этой, потом дадим тебе и ту за службу, которую ты будешь служить у меня еще семь лет других» (Быт., 29:27).

fulfillment *n.* свершение; исполнение; сбытие

fulgid *adj.* сверкающий, сияющий, блестящий

fulgo(u)r *n.* яркий ослепительный свет, блеск

fulgurant *adj.* сверкающий

full *adj.* всецелый; полный

fully *adv.* всецело

fumigate *v.* окуривать, окурить (что-л., чем-л.)

fumigation *v.* окуривание

function I *n.* функция; служба

function II *v.* функционировать

Fund. (Fundatio) *n.* основание; фонд, учреждение

fundamentalism *n.* фундаментализм

fundamentalist *adj.* фундаменталист; фанатик

funeral I *n.* похороны, погребение; похоронная процессия

funeral II *adj.* похоронный; погребальный; траурный; ~ ceremony похоронный обряд; ~ knell похоронный звон; ~ oration надгробное слово; ~ procession похоронное шествие; ~ service заупокойная служба, отпевание

furnace *n.* горнило; печь "And it came to pass, that, when the sun went down, and it was dark, behold a smoking furnace, and a burning lamp that passed between those pieces" (Ge., 15:17) / «Когда зашло солнце и наступила тьма, вот, дым как бы из печи и пламя огня прошли между рассеченными животными» (Быт., 15:17).

furnish *v.* доставлять, доставить (кому-л., что-л.) "[Now] Hiram the king of Tyre had furnished Solomon with · cedar trees and fir trees, and with gold, according to all his desire,) that then king Solomon gave Hiram twenty cities in the land of Galilee1" (1 Ki., 9:11) / «На что Хирам, царь Тирский, доставлял Соломону дерева кедровые и дерева кипарисовые и золото, по его желанию, — царь Соломон дал Хираму двадцать городов в земле Галилейской» (3 Цар., 9:11); снабжать "Thou shalt furnish him liberally out of thy flock, and out of thy floor, and out of thy winepress: [of that] wherewith the Lord thy God hath blessed thee thou shalt give unto him" (De., 15:14) / «Но снабди его от стад твоих, от гумна твоего и от точила твоего: дай ему, чем благословил тебя Господь, Бог твой» (Втор., 15:14).

furnisher *v.* снабдитель, -ница

furniture *n.* утварь; принадлежности "The tabernacle of the congregation, and the ark of the testimony, and the mercy seat that [is] thereupon, and all the furniture of the tabernacle" (Ex., 31:7) / «Скинию собрания и ковчег откровения и крышку на него, и все принадлежности скинии» (Исх., 31:7).

furrow-weed *n.* плевел

further, furthermost *adj.* дальнейший

fury *n.* ярость "And tarry with him a few days, until thy brother's fury turn away" (Ge., 27:44) / «И поживи у него несколько времени, пока утолится ярость брата твоего» (Быт., 27:44); бесноватость

futile *adj.* суетный

futility *n.* пустота

future *adj.* будущий; грядущий; ~-being будущая жизнь

futurity *n.* будущность; загробная жизнь, жизнь после смерти; будущая жизнь

G

G. L. (Genio Loci) гению места (формула римской посвятительной надписи)

Gabriel *n.* архангел Гавриил "And in the sixth month the angel Gabriel was sent from God unto a city of Galilee, named Nazareth" (Lk., 1:26) / «В шестой же месяц послан был Ангел Гавриил от Бога в город Галилейский, называемый Назарет» (Лук., 1:26).

gaffer *n.* старец, старик; крестный, крестный отец

gain I *n.* приобретение

gain II *v.* приобретать, приобрести (что-л.) "For what is a man profited, if he shall gain the whole world, and lose his own soul? or what shall a man give in exchange for his soul?" (Mt., 16:26) / «Какая польза человеку, если он приобретет весь мир, а душе своей повредит? или какой выкуп даст человек за душу свою?» (Матф., 16:26); ~ experience приобрести опыт

gainsay *v.* опровергать; отрицать; возражать, противоречить "For I will give you a mouth and wisdom, which all your adversaries shall not be able to gainsay nor resist" (Lk., 21:15) / «Ибо Я дам вам уста и премудрость, которой не возмогут противоречить ни противостоять все, противящиеся вам» (Лук., 21:15).

Gaius *n.* Гай

Gal. (Epistle to the Galatians) Послание к Галатам св. апостола Павла (книга Библии)

Galaktotrophousa «Богоматерь Млекопитательница», «Галактотрофуса»

Galilean I *n.* галлилеянин, -нка; житель Галилеи

Galilean II *adj.* галилейский

gallery *n.* хоругвь

Gallican Articles «Галликанские статьи»

Gallican chant галликанский распев

Gallican *n.* галликанец

Gallicanism *n.* галликанство, галликанизм

Gamaliel законоучитель Гамалиил

gammadion *n.* свастика

gammer *n.* старуха; крестная, крестная мать

ganch I *n.* кол

ganch II *v.* сажать на кол

gaon *n.* гаон

gape *v.* зиять; разверзаться, разверзнуться; раскрывать "They have gaped upon me with their mouth; they have smitten me upon the cheek reproachfully;

they have gathered themselves together against me" (Job, 16:10) / «Разинули на меня пасть свою; ругаясь бьют меня по щекам; все сговорились против меня» (Иов., 16:10); gaping зияние

garble *v.* искажать; фальсифицировать; garbling *n.* искажение; фальсификация

garden *n.* сад; рай "And the Lord God planted a garden eastward in Eden; and there he put the man whom he had formed" (Ge., 2:8) / «И насадил Господь Бог рай в Едеме на востоке, и поместил там человека, которого создал» (Быт., 2:8;. ~ of Eden сад Едемский, райский сад

garment *n.* одежда "And Shem and Japheth took a garment, and laid [it] upon both their shoulders, and went backward, and covered the nakedness of their father; and their faces [were] backward, and they saw not their father's nakedness" (Ge., 9:23) / «Сим же и Иафет взяли одежду и, положив ее на плечи свои, пошли задом и покрыли наготу отца своего; лица их были обращены назад, и они не видали наготы отца своего» (Быт., 9:23); одеяние

garrulity *n.* болтливость

garrulous *adj.* болтливый

gate *n.* ворота "And there came two angels to Sodom at even; and Lot sat in the gate of Sodom: and ot seeing [them] rose up to meet them; and he bowed himself with his face toward the ground" (Ge., 19:1) / «И пришли те два Ангела в Содом вечером, когда Лот сидел у ворот Содома. Лот увидел, и встал, чтобы встретить их, и поклонился лицем до земли» (Быт., 19:1); врата "And Ephron dwelt among the children of Heth: and Ephron the Hittite answered Abraham in the audience of the children of Heth, [even] of all that went in at the gate of his city" (Ge., 23:10) / «Ефрон же сидел посреди сынов Хетовых; и отвечал Ефрон Хеттеянин Аврааму вслух сынов Хета, всех входящих во врата города его» (Быт., 23:10); the ~s of heaven/ paradise Райские врата, Врата рая; ~s врата; ~s of the hades врата адовы Ge. 23:10; holy ~s святые врата; Royal ~s Царские врата

gather *v.* собирать, собрать (что-л./кого-л.) "And take thou unto thee of all food that is eaten, and thou shalt gather [it] to thee; and it shall be for food for thee, and for them" (Ge., 6:21) / «Ты же возьми себе всякой пищи, какою питаются, и собери к себе; и будет она для тебя и для них пищею» (Быт., 6:21); собираться, собраться

gatherer *n.* собиратель, -ница

gaud *n.* украшение; празднества; торжество

gaudery *n.* украшение; пышная одежда; пышность

gay *adj.* веселый; богатый "And ye have respect to him that weareth the gay clothing, and say unto him, Sit thou here in a good place; and say to the poor, Stand thou there, or sit here under my footstool" (Jas., 2:3) / «И вы, смотря на одетого в богатую одежду, скажете ему: тебе хорошо сесть здесь, а бедному скажете: ты стань там, или садись здесь, у ног моих» (Иак., 2:3).

Gazari *n. pl.* катары, альбигойцы

gaze *v.* видеть "And the Lord said unto Moses, Go down, charge the people, lest they break through unto the Lord to gaze, and many of them perish" (Ex., 19:21) / «И сказал Господь Моисею: сойди и подтверди народу, чтобы он не порывался к Господу видеть Его, и чтобы не пали многие из него» (Исх., 19:21).

Gehenna *n.* геенна; геенна огненная, ад, преисподняя

Gelasius II *n.* Геласий II

gem *n.* драгоценный камень

Gemara *n.* «Гемара»

gematria *n.* гематрия

gemmery *n.* сокровищница

gemstone *n.* драгоценный камень

Gen. (Generalis) общее положение

genealogical *adj.* генеалогический; родословный

genealogically *adv.* генеалогически

genealogist *n.* генеалог

genealogize *v.* прослеживать родословную; составлять родословное древо

genealogy *n.* генеалогия

genearch *n.* глава рода; глава племени

General I *n.* глава религиозного ордена/конгрегации; ~ assembly генеральная ассамблея; ~ Baptist общий баптист; ~ Council of Congregational Christian Churches Всеобщий

совет конгрегационалистских христианских церквей; ~ Epistle of James «Соборное послание св. апостола Иакова»; ~ Epistle of Jude «Соборное послание св. апостола Иуды»; ~ Judgment Страшный суд

General II *adj.* всеобщий; общий; повсеместный

generality *n.* всеобщность

generate *v.* зарождать, зародить, (кого-л./что-л.); порождать, породить (кого-л./что-л.)

generation *n.* род; житие "These [are] the generations of Noah: Noah was a just man [and] perfect in his generations, [and] Noah walked with God" (Ge., 6:9) / «Вот житие Ноя: Ной был человек праведный и непорочный в роде своем; Ной ходил пред Богом» (Быт., 6:9); колено; происхождение "These [are] the generations of the heavens and of the earth when they were created, in the day that the Lord God made the earth and the heavens" (Ge., 2:4) / «Вот происхождение неба и земли, при сотворении их, в то время, когда Господь Бог создал землю и небо» (Быт., 2:4); родословие "This [is] the book of the generations of Adam. In the day that God created man, in the likeness of God made he him" (Ge., 5:1) / «Вот родословие Адама: когда Бог сотворил человека, по подобию Божию создал его» (Быт., 5:1); деторождение

generosity, generousness *n.* великодушие; щедрость, щедрота

generous *adj.* великодушный; щедрый

Genesis Первая книга Моисеева. Бытие (книга Библии)

Genesis Apocryphon «Бытие. Апокрифическая книга»

genetrix *n.* прародительница; праматерь

Geneva bands женевские ленты протестантских священников

Geneva Bible «Женевская Библия»

Geneva Catechism Женевский катехизис

Geneva gown черная одежда кальвинистских священников

Geneva tabs женевские ленты

geniality, genialness *n.* добродушие; доброта, сердечность

genitor *n.* родитель, отец; создатель

genitrix *n.* прародительница

geniture *n.* рождение; порождение

genius I *n.* гениальность; гений; дарование

genius II *adj.* гениальный

genizah *n.* гениза

Gennadios II Scholarios *n.* Геннадий II Схоларий, Георгий Куртесий

Gennadius I of Constantinople *n.* Геннадий I

Gentile I *n.* гой, неиудей; нееврей; язычник "But the court which is without the temple leave out, and measure it not; for it is given unto the Gentiles: and the holy city shall they tread under foot forty [and] two months" (Rev., 11:2) / «А внешний двор храма исключи и не измеряй его, ибо он дан язычникам: они будут попирать святый город сорок два месяца» (Откр., 11:2); немор-

мон; ~s народы "By these were the isles of the Gentiles divided in their lands; every one after his tongue, after their families, in their nations" (Ge., 10:5) / «От сих населились острова народов в землях их, каждый по языку своему, по племенам своим, в народах своих» (Быт., 10:5); язык

Gentile II, gentilish *adj.* языческий

gentilism язычество

gentle *adj.* кроткий; тихонравный; тихий "But we were gentle among you, even as a nurse cherisheth her children" (1 Th., 2:7) / «Были тихи среди вас, подобно как кормилица нежно обходится с детьми своими» (1 Фес., 2:7); приветливый "And the servant of the Lord must not strive; but be gentle unto all [men], apt to teach, patient" (2 Ti., 2:24) / «Рабу же Господа не должно ссориться, но быть приветливым ко всем, учительным, незлобивым» (2 Тим., 2:24).

gentleness *n.* кротость; незлобие; тихонравие; милость "Thou hast also given me the shield of thy salvation: and thy gentleness hath made me great" (2 Sa., 22:36) / «Ты даешь мне щит спасения Твоего, и милость Твоя возвеличивает меня» (2 Цар., 22:36); снисхождение "Now I Paul myself beseech you by the meekness and gentleness of Christ, who in presence [am] base among you, but being absent am bold toward you" (2 Co., 10:1) / «Я же, Павел, который лично между вами скромен, а заочно против вас отважен, убеждаю вас кротостью и снисхождением Христовым» (2 Кор., 10:1); благость "But the fruit of the Spirit is love, joy, peace, longsuffering, gentleness, goodness, faith" (Ga., 5:22) / «Плод же духа: любовь, радость, мир, долготерпение, благость, милосердие, вера» (Гал., 5:22).

gentrice *n.* знатность, родовитость

genuflect *v.* преклонять колена

genuflection, genuflexion *n.* коленопреклонение

genuflectory *adj.* коленопреклоненный

genuine *adj.* подлинный

geomancy *n.* геомантия

George *n.* Св. Георг; великомученник Георгий Победоносец; St. ~'s day день Св. Георга, день Великомученика Георгия Победоносца

Georgian Orthodox church Грузинская православная церковь

gerent *n.* правитель

germane *adj.* братский; родственный; уместный, подходящий

germinate *v.* произрастать, произрасти; прозябать, прозябнуть

germination *n.* зарождение; прозябание

gest *n.* подвиг; славное деяние

get I *n.* гет, свидетельство о разводе

get II *v.* получать, получить (что-л.); становиться, стать (кем-л./чем-л.); стяжать; ~ away избегать, избегнуть, избежать; ~ in входить, войти (во что-л.); ~

out выходить, выйти (из чего-л.); ~ proud of возгордиться (чем-л.); ~ ready уготавливать, уготовить (что-л., кому-л.); ~ rrid of избавляться, избавиться (от кого-л./от чего-л.); ~ through оканчивать, окончить (что-л.); ~ up вставать, встать; ~ting down сошествие

Gethsemane *n.* Гефсимания "Then cometh Jesus with them unto a place called Gethsemane, and saith unto the disciples, Sit ye here, while I go and pray yonder" (Mt., 26:36) / «Потом приходит с ними Иисус на место, называемое Гефсимания, и говорит ученикам: посидите тут, пока Я пойду, помолюсь там» (Матф., 26:36).

gevura *n.* гевура

ghost *n.* привидение, призрак; тень; душа, дух; the Holy ~ Святой Дух "And when they had prayed, the place was shaken where they were assembled together; and they were all filled with the Holy Ghost, and they spake the word of God with boldness" (Ac., 4:31) / «И, по молитве их, поколебалось место, где они были собраны, и исполнились все Духа Святого, и говорили слово Божие с дерзновением» (Деян., 4:31).

ghostlike *adj.* призрачный

ghostly *adj.* призрачный; духовный; ~ father/ adviser/director духовник; ~ comfort духовное утешение; ~ weapons религиозная аргументация

ghost-seer *n.* духовидец

Gichtelians *n. pl.* гихтелиане

Gideon *n.* Гедеон; ~s «Гедеоны»

gift *n.* подарок "But unto the sons of the concubines, which Abraham had, Abraham gave gifts, and sent them away from Isaac his son, while he yet lived, eastward, unto the east country" (Ge., 25:6) / «А сынам наложниц, которые были у Авраама, дал Авраам подарки и отослал их от Исаака, сына своего, еще при жизни своей, на восток, в землю восточную» (Быт., 25:6); дар "And thou shalt take no gift: for the gift blindeth the wise, and perverteth the words of the righteous" (Ex., 23:8) / «Даров не принимай, ибо дары слепыми делают зрячих и превращают дело правых» (Исх., 23:8); подношение; ~ of God дар Божий; дарование; приношение; талант

gild *v.* золотить; позлащать, позлатить (что-л.); ~ing позолота, золочение

gilt I *n.* позолота

gilt II *adj.* золоченый, позолоченный

gilt III *v.* золотить, позолотить (что-л.)

gimp *n.* шейный платок у монахинь

gird *v.* препоясывать, препоясать (что-л.); расседлать "And the man came into the house: and he ungirded his camels, and gave straw and provender for the camels, and water to wash his feet, and the men's feet that [were] with him" (Ge., 24:32) / «И вошел человек. Лаван расседлал верблюдов и дал соломы и корму верблюдам, и воды умыть ноги ему и людям, ко-

торые были с ним» (Быт., 24:32).

girdle *v.* препоясывать, препоясать (что-л.)

girl *n.* девица; отроковица "And they have cast lots for my people; and have given a boy for an harlot, and sold a girl for wine, that they might drink" (Joel., 3:3) / «И о народе Моем они бросали жребий, и отдавали отрока за блудницу, и продавали отроковицу за вино, и пили» (Иоил., 3:3).

girlhood *n.* девичество

Gittin *n.* «Гиттин»

give *n.* давать, дать (что-л. кому-л.); даровать (что-л. кому-л.); дарствовать (что-л. кому-л.); доставлять, доставить (кому-л. что-л.); ~ reward доставить мзду; оделять, оделить (кого-л. чем-л.); подавать, подать (что-л. кому-л.); присвоить, присвоить (что-л.); ~ back возвращать(ся), возвратить(ся); ~ in уступать, уступить (кому-л. что-л.); ~ notice возвещать, возвестить (что-л. кому-л.); ~ out провозглашать, провозгласить (что-л.); ~ up (doing smth.) закаиваться, закаяться (что-л. делать), отрешаться, отрешиться (от чего-л.); giving давание, присвоение; giving up отрешение; giving notice возвестительный; ~n данный

giver *n.* даритель, -ница; датель, -ница; даятель, -ница; податель, -ница; the ~ of life жизни податель

Gl. (Gloria) слава Всевышнему, слава Богу, Господу слава

gladness *n.* веселье "Also in the day of your gladness, and in your solemn days, and in the beginnings of your months, ye shall blow with the trumpets over your burnt offerings, and over the sacrifices of your peace offerings; that they may be to you for a memorial before your God" (Nu., 10:10) / «В день веселия вашего, и в праздники ваши, и в новомесячия ваши трубите трубами при всесожжениях ваших и при мирных жертвах ваших, — и это будет напоминанием о вас пред Богом вашим» (Числ., 10:10); торжество "And it was told king David, saying, The Lord hath blessed the house of Obededom, and all that [pertaineth] unto him, because of the ark of God. So David went and brought up the ark of God from the house of Obededom into the city of David with gladness" (2 Sa., 6:12) / «Когда донесли царю Давиду, говоря: «Господь благословил дом Аведдара и все, что было у него, ради ковчега Божия», то пошел Давид и с торжеством перенес ковчег Божий из дома Аведдара в город Давидов» (2 Цар., 6:12); радость "Glory and honour [are] in his presence; strength and gladness [are] in his place" (1 Chr., 16:27) / «Слава и величие пред лицем Его, могущество и радость на месте [святом] Его» (1 Пар., 16:27); радость

glance *n.* взгляд

glaze *n.* глазурь; glazing глазурь

gleam *v.* воссиять; светить, светиться

glebe *n.* земли церковные; ~-house дом сельского пастора

glitter I *n.* блеск; сверкание

glitter II *v.* блестеть; сверкать "It is sharpened to make a sore slaughter; it is furbished that it may glitter: should we then make mirth? it contemneth the rod of my son, [as] every tree" (Ex., 21:10) / «Наострен для того, чтобы больше заколать; вычищен, чтобы сверкал, как молния. Радоваться ли нам, что жезл сына Моего презирает всякое дерево?» (Исх., 21:10).

gloam I *n.* вечер, сумерки; ~ing сумерки; in the ~ в сумерках

gloam II *v.* темнеть, смеркаться

gloom I *n.* мрак; темнота, тьма; уныние

gloom II *adj.* темное, неосвещенное; ~-and-doom фаталистический, пессимистический

gloomy *adj.* мрачный

Gloria in Excelsis «Кантикум ангелорум», хвалебная песнь ангелов, «Слава в вышних Богу»

gloria *n.* слава, нимб, сияние, ореол; ~ in Excelsis «Глориа Патри», «Слава Отцу и Сыну и Святому Духу», малое славословие; ~ Tibi «Слава Тебе, Господи», малое славословие, краткое славословие

glorification *n.* прославление; восхваление

glorify *v.* прославлять; возвеличивать; возвышать, возвысить (кого-л./что-л.); воспевать, воспеть (кого-л./что-л.) "And call upon me in the day of trouble: I will deliver thee, and thou

shalt glorify me" (Ps., 50:15) /
«И призови Меня в день скорби; Я избавлю тебя, и ты прославишь Меня» (Псл., 49:15);
славить "I will praise thee, O
Lord my God, with all my heart:
and I will glorify thy name for
evermore" (Ps., 86:12) / «Буду
восхвалять Тебя, Господи,
Боже мой, всем сердцем моим
и славить имя Твое вечно»
(Псл., 85:12); славить (кого-
л./что-л.); славословить; ~ing
величание

gloriole *n.* слава, нимб, ореол,
сияние

glorious *adj.* светлый; славный;
become ~ возвеличиваться,
возвеличиться; прославиться
"Thy right hand, O Lord, is become glorious in power: thy
right hand, O Lord, hath dashed
in pieces the enemy" (Ex., 15:6) /
«Десница Твоя, Господи, прославилась силою; десница
Твоя, Господи, сразила врага»
(Исх., 15:6); most ~ всеславный

glory I *n.* слава "And ye shall tell
my father of all my glory in
Egypt, and of all that ye have
seen; and ye shall haste and
bring down my father hither"
(Ge., 45:13) / «Скажите же отцу моему о всей славе моей в
Египте и о всем, что вы видели, и приведите скорее отца
моего сюда» (Быт., 45:13);
нимб, ореол, сияние; рай, небеса; блаженство; изображение
рая

glory II *v.* величать; прославлять;
светиться

glossarian, glossarist *n.* толкователь древних авторов

glossator *n.* глоссатор, толкователь старинных юридических
манускриптов; толкователь
древних авторов

glossist *n.* комментатор, толкователь

glossolalia *n.* глоссолалия

glow *v.* сиять

glowering *adj.* враждебный, сердитый, злой

gluttony *n.* чревоугодие

Glykophilousa «Богоматерь Гликофилуса», «Богоматерь Умиление»

Gn. (Genesis) *n.* Бытие (книга
Библии)

Gnalis. (Generalis) общее

gnash I *n.* скрежет зубов

gnash II *v.* скрежетать (чем-л.)
"He teareth [me] in his wrath,
who hateth me: he gnasheth
upon me with his teeth; mine enemy sharpeneth his eyes upon
me" (Job, 16:9) / «Гнев Его терзает и враждует против меня,
скрежещет на меня зубами
своими; неприятель мой острит на меня глаза свои» (Иов.,
16:9).

gnaw *v.* снедать, снести (кого-
л./что-л.); кусать "And the fifth
angel poured out his vial upon
the seat of the beast; and his
kingdom was full of darkness;
and they gnawed their tongues
for pain" (Rev., 16:10) / «Пятый
Ангел вылил чашу свою на
престол зверя: и сделалось
царство его мрачно, и они кусали языки свои от страдания»
(Откр., 16:10).

gnosis *n.* гносис

Gnostic, gnostic *n.* гностик; *n. pl.*
~s гностики

Gnosticism *n.* гностицизм

go *v.* идти; проходить, пройти (что-л.); грясти; ступать, ступить потерять стыд; ~ after следовать (чему-л./кому-л.; за кем-л./за чем-л.); ~ astray совращаться, совратиться; ~ down снисходить, снизойти (на кого-л., с чего-л.); ~ forth исходить, изойти (от кого-л./чего-л.); ~ out исходить, изойти (от кого-л./чего-л.); ~ round обходить, обойти (кого-л./что-л.); ~ up восходить, взойти (на что-л.)

goat *n.* козел; scope-~ козел отпущения

god I *n.* бог, божество; идол, кумир

god II *v.* обожествлять; may ~ speed you Бог в помощь; да поможет вам Бог; by ~ ! ей-Богу!; for ~'s sake! ради Бога!; ~ forbid! избави Бог! сохрани Бог!; ~ bless me/my soul! Господи помилуй!; thank ~! слава Богу! ~ damn you! будьте прокляты! ~ damn it! черт возьми!; in ~'s name! во имя Господа!; во имя Всевышнего!; ~ the Father Бог-Отец; ~ the Holy Ghost Бог-Дух Святой; ~ the Holy Spirit Бог-Дух Святой; ~ the Son Бог-Сын; ~'s Acre кладбище; ~'s book Библия, Святое Писание; ~'s elect избранники Божий; ~'s fool юродивый, блаженный; ~'s word Слово Божие; ~ be praised слава Богу!; by ~! видит Бог!

God-bearing *adj.* богоносный

godbox *n.* церквушка; часовенка

god-child *n.* крестник; крестница

god-damn I *n.* проклятие

god-damn II *adj.* проклятый; goddamned Богом проклятый

god-daughter, goddaughter *n.* крестница, крестная дочь

goddess *n.* богиня "For ye have brought hither these men, which are neither robbers of churches, nor yet blasphemers of your goddess" (Ac., 19:37) / «А вы привели этих мужей, которые ни храма Артемидина не обокрали, ни богини вашей не хулили» (Деян., 19:37).

godfather *n.* крестный отец; восприемник; to stand ~ to a child быть крестным отцом ребенка

god-fearing *adj.* богобоязненный, религиозный

god-given *adj.* богоданный

godhead *n.* божественность, божественная сущность; Божество "Forasmuch then as we are the offspring of God, we ought not to think that the Godhead is like unto gold, or silver, or stone, graven by art and man's device" (Ac., 17:29) / «Итак мы, будучи родом Божиим, не должны думать, что Божество подобно золоту, или серебру, или камню, получившему образ от искусства и вымысла человеческого» (Деян., 17:29).

godhood *n.* божественность

god-issued, god-led *adj.* боготечный

godkin *n.* божок

godless *adj.* безбожный; нечестивый

godlessness *n.* безбожие, нечестивость; нечестие; окаянство

godlike *adj.* богоподобный; божественный

godliness *n.* набожность, благочестие "For kings, and [for] all that are in authority; that we may lead a quiet and peaceable life in all godliness and honesty" (1 Ti., 2:2) / «За царей и за всех начальствующих, дабы проводить нам жизнь тихую и безмятежную во всяком благочестии и чистоте» (1 Тим., 2:2).

godling *adj.* благочестивый, религиозный

godly *adj.* праведный; божий "For I am jealous over you with godly jealousy: for I have espoused you to one husband, that I may present [you as] a chaste virgin to Christ" (2 Co., 11:2) / «Ибо я ревную о вас ревностью Божиею; потому что я обручил вас единому мужу, чтобы представить Христу чистою девою» (2 Кор., 11:2); ~-wisdom богомудрие; ~-wise богомудрый

god-mamma *n.* крестная

God-Man *n.* богочеловек

godmother *n.* крестная мать; воспреемница; to stand ~ to a child стать крестной матерью ребенка

god-papa *n.* крестный

god-parent *n.* крестный отец, крестный; крестная мать, крестная; крестный родитель

God-pleasing *adj.* богоприятный

God-receiver *n.* богоприимец; St. Simeon, the receiver of God Семеон Богоприимец

God-seeking *n.* богоискательство

godsend *n.* неожиданная удача; находка

godship *n.* божественность; божество

godson *n.* крестник; крестный сын

god-speed *n.* пожелание успеха/удачи; to bid/wish smb. ~ желать кому-л. удачи

Gog *n.* Гог

gold I *n.* злато, золото "The name of the first [is] Pison: that [is] it which compasseth the whole land of Havilah, where [there is] gold" (Ge., 2:11) / «Имя одной Фисон: она обтекает всю землю Хавила, ту, где золото» (Быт., 2:11); leaf-~ сусальное золото; ~-bind оправлять что-л. в золото

gold II *adj.* золотой; ~-brocaded златотканый

golden *adj.* золотой "And it came to pass, as the camels had done drinking, that the man took a golden earring of half a shekel weight, and two bracelets for her hands of ten [shekels] weight of gold" (Ge., 24:22) / «Когда верблюды перестали пить, тогда человек тот взял золотую серьгу, весом полсикля, и два запястья на руки ей, весом в десять сиклей золота» (Быт., 24:22); златый; ~ calf золотой телец; ~ Legend «Золотая легенда о житиях святых»; ~ Rule Золотое правило; ~ section золотое сечение; ~-domed златоверхий, златоглавый; ~-mouthed Иоанн Златоуст; ~-winged златокрылый; ~-mouthed сладкоречивый, златоустый

gold-plate *v.* позолотить, покрыть позолотой

gold-size *n.* клеевая грунтовка для позолоты

Golgotha *n.* Голгофа "And when they were come unto a place called Golgotha, that is to say, a place of a skull" (Mt., 27:33) / «И, придя на место, называемое Голгофа, что значит: Лобное место» (Матф., 27:33).

Goliath *n.* Голиаф

Gomarist *n.* гомарист

Gomorrah *n.* Гоморра "And the border of the Canaanites was from Sidon, as thou comest to Gerar, unto Gaza; as thou goest, unto Sodom, and Gomorrah, and Admah, and Zeboim, even unto Lasha" (Ge., 10:19) / «И были пределы Хананеев от Сидона к Герару до Газы, отсюда к Содому, Гоморре, Адме и Цевоиму до Лаши» (Быт., 10:19).

gonfalon, gonfanon, gonfenon *n.* хоругвь

gonfalonier *n.* хоругвеносец

good I *n.* добро, благо; ~s имущество; the ~ люди добрые

good II *adj.* хороший "And God saw the light, that [it was] good: and God divided the light from the darkness" (Ge., 1:4) / «И увидел Бог свет, что он хорош, и отделил Бог свет от тьмы» (Быт., 1:4); добрый ~ Samaritan добрый самаритянин; ~ shepherd пастырь добрый, ~ Shepherd Sisters «Сестры Доброго Пастыря»; ~ tide Сырная седмица; ~ Wednesday Великая Среда; ~ for годный; благой, благий; ~ advice благой совет; well and ~ в добрый час; ~ will добрая воля; ~-for-nothing никчемный; ~-hearted добрый,

~-minded. благожелательный; доброжелательный; благонамеренный; ~-natured благосердный, незлобивый; ~-tempered добронравный

goodman *n.* муж "For the goodman [is] not at home, he is gone a long journey" (Pr., 7:19) / «Потому что мужа нет дома: он отправился в дальнюю дорогу» (Притч., 7:19); супруг; хозяин дома "And when they had received [it], they murmured against the goodman of the house" (Mt., 20:11) / «И, получив, стали роптать на хозяина дома» (Матф., 20:11); глава семьи

goodness *n.* благодеяния "And Jethro rejoiced for all the goodness which the Lord had done to be gracious, and will shew mercy on whom I will shew mercy" (Ex., 33:19) / «И сказал [Господь Моисею]: Я проведу пред тобою всю славу Мою и провозглашу имя Иеговы пред тобою, и кого помиловать — помилую, кого пожалеть — пожалею» (Исх., 33:19); благо "And now, O Lord God, thou [art] that God, and thy words be true, and thou hast promised this goodness unto thy servant" (2 Sa., 7:28) / «Итак, Господи мой, Господи! Ты Бог, и слова Твои непреложны, и Ты возвестил рабу Твоему такое благо!» (2 Цар., 7:28); добродетель; годность; доброта

goodwife *n.* супруга; хозяйка дома, мать семейства

goodwill *n.* благоволение; ~ among man в человецах благоволение; благоизволение; благорасположение; благосклонность; доброхотство

Goose Bible «Дортская Библия»

gospel *n.* благовестие; Евангелие "And Jesus went about all Galilee, teaching in their synagogues, and preaching the gospel of the kingdom, and healing all manner of sickness and all manner of disease among the people" (Mt., 4:23) / «И ходил Иисус по всей Галилее, уча в синагогах их и проповедуя Евангелие Царствия, и исцеляя всякую болезнь и всякую немощь в людях» (Матф., 4:23); preach the ~ благовестить, благовествовать

Gospel Breviary *n.* бревиарий «Евангелиум»

gospel-oath *n.* клятва на Евангелии

gospel-shop *n.* методистская часовня

gospel-truth *n.* истинная, святая, сущая правда

Gossamer *n.* нить Божия

gossip *n.* сплетня; сплетник, -ница; сплетничать (о ком-л./о чем-л.); ~ing сплетничание

Gothic *adj.* готический; ~ architecture готическая архитектура, готика; ~ book script готическое книжное письмо

gothicism *n.* варварство; безвкусица; характерные черты готического стиля

govern *v.* господствовать (над кем-л., чем-л.); править (кем-л./чем-л.); управлять (кем-л./чем-л.); владычествовать "Shall even he that hateth right govern? and wilt thou condemn him that is most just?" (Job, 34:17) / «Ненавидящий правду может ли владычествовать? И можешь ли ты обвинить Всеправедного?» (Иов., 34:17); ~ing правящий

governance *n.* правление; управление; руководство; власть

government *n.* владычество "Of the increase of [his] government and peace [there shall be] no end, upon the throne of David, and upon his kingdom, to order it, and to establish it with judgment and with justice from henceforth even for ever. The zeal of the Lord of hosts will perform this" (Isa, 9:7) / «Умножению владычества Его и мира нет предела на престоле Давида и в царстве его, чтобы Ему утвердить его и укрепить его судом и правдою отныне и до века. Ревность Господа Саваофа соделает это» (Ис., 9:7); власть "And I will clothe him with thy robe, and strengthen him with thy girdle, and I will commit thy government into his hand: and he shall be a father to the inhabitants of Jerusalem, and to the house of Judah" (Isa, 22:21) / «И одену его в одежду твою, и поясом твоим опояшу его, и власть твою передам в руки его; и будет он отцом для жителей Иерусалима и для дома Иудина» (Ис., 22:21); управление "And God hath set some in the church, first apostles, secondarily prophets, thirdly teachers, after that miracles, then gifts of healings, helps, governments, diversities of tongues" (1 Co., 12:28) / «И иных Бог поставил в Церкви, во-первых, Апостолами, во-вторых, пророками, в-третьих, учителями; далее, иным дал силы чудодейственные, также дары исцелений, вспоможения, управления, разные языки» (1 Кор., 12:28); начальства "But chiefly them that walk after the flesh in the lust of uncleanness, and despise government. Presumptuous [are they], self-willed, they are not afraid to speak evil of dignities" (2 Pe., 2:10) / «А наипаче тех, которые идут вслед скверных похотей плоти, презирают начальства, дерзки, своевольны и не страшатся злословить высших» (2 Петр., 2:10); начальство; правительство

governor *n.* правитель, -ница; начальник, -ница "And Joseph [was] the governor over the land, [and] he [it was] that sold to all the people of the land: and Joseph's brethren came, and bowed down themselves before him [with] their faces to the earth" (Ge., 42:6) / «Иосиф же был начальником в земле той; он и продавал хлеб всему народу земли. Братья Иосифа пришли и поклонились ему лицем до земли» (Быт., 42:6).

gown *n.* мантия

Gr. (Gratia) *n.* благодать

grabber *n.* стяжатель, -ница

grace *n.* благодать; благодать Божия "But Noah found grace in the eyes of the Lord" (Ge., 6:8) / «Ной же обрел благодать пред очами Господа [Бога]» (Быт., 6:8); apostolic succesion of grace передача апостольской благодати; grace justifies and renovates благодать оправдывает и обновляет; благоволение "Behold now, thy servant hath found grace in thy sight, and thou hast magnified thy mercy, which thou hast shewed unto me in saving my life; and I cannot escape to the mountain, lest some evil take me, and I die" (Ge., 19:19) / «Вот, раб Твой обрел благоволение пред очами Твоими, и велика милость Твоя, которую Ты сделал со мною, что спас жизнь мою; но я не могу спасаться на гору, чтоб не застигла меня беда и мне не умереть» (Быт., 19:19); преосвященство; ~ after meat молитва после вкушения пищи; ~ before meat молитва перед вкушением пищи; ~ cup братина; ~ of God милость Божия, благодать; be in one's good ~ пользоваться (чьим-л.) благоволением

gracious *adj.* gracious милосердный "For that [is] his covering only; it [is] his raiment for his skin: wherein shall he sleep? and it shall come to pass, when he crieth unto me, that I will hear; for I [am] gracious" (Ex., 22:27) / «Ибо она есть единственный покров у него, она — одеяние тела его: в чем будет он спать? итак, когда он возопиет ко Мне, Я услышу, ибо Я милосерд» (Исх., 22:27); милостивый

graciousness *n.* благость

Grad. (Gradus) *n.* ступень

gradatim *adv.* постепенно

gradatory *n.* лестница, ведущая на хоры

grade *n.* ступень; степень

gradin(e) *n.* полка или выступ позади алтаря, где хранятся свечи

gradino *n.* полка или выступ позади алтаря, где хранятся свечи; украшение полки позади алтаря

gradual I *n.* гимн; часть католической обедни между чтением «Апостола» и Евангелия; богослужебная книга хоровых песнопений католической обедни; ~ Psalms «Песнь восхождения», псалмы 119—133

gradual II *adj.* постепенный

gradually *adv.* постепенно

gradualness *n.* постепенность

gradus *n. pl.* ступени амвона

Grail *n.* Грааль, чаша Грааля

grammatolatry *n.* приверженность букве священного Писания

Grand Inquisitor Великий инквизитор

Grand Master Великий магистр

Grand Preceptor Главный настоятель Ордена храмовников

Grandchamp community Община Грандшан

grandeur *n.* великолепие; пышность; грандиозность; благородство; знатность; величие

grandeval *adj.* старый; древний, стародавний

grandiloquence *n.* напыщенность, высокопарность; велеречие

grandiloquent *adj.* высокопарный, напыщенный

grand-mass *n.* обедня с коленопреклонением

grant *v.* давать, дать (что-л. кому-л.) "The Lord grant you that ye may find rest, each [of you] in the house of her husband. Then she kissed them; and they lifted up their voice, and wept" (Ru., 1:9) / «Да даст вам Господь, чтобы вы нашли пристанище каждая в доме своего мужа! И поцеловала их. Но они подняли вопль и плакали» (Руф., 1:9); God ~ it дай Бог; ~ a pardon даровать прощение; внимать, внять (чему-л.); воздавать, воздать (кому-л. чем-л.); дозволять, дозволить (что-л., кому-л.) "And in all the land of your possession ye shall grant a redemption for the land" (Lev., 25:24) / «По всей земле владения вашего дозволяйте выкуп земли» (Лев., 25:24); жаловать, пожаловать (кого-л. чем-л./ кому-л. что-л.); ниспослать "And Jabez called on the God of Israel, saying, Oh that thou wouldest bless me indeed, and enlarge my coast, and that thine hand might be with me, and that thou wouldest keep [me] from evil, that it may not grieve me! And God granted him that which he requested" (1 Chr., 4:10) / «И воззвал Иавис к Богу Израилеву и сказал: о, если бы Ты благословил меня Твоим благословением, распространил пределы мои, и рука Твоя была со мною, охраняя меня от зла, чтобы я не горевал!.. И Бог ниспослал ему, че-

го он просил» (1 Пар., 4:10);
~ed данный, дарёный

grapery *n.* виноградник

grasp *n.* взятка

grasper *n.* взяточник

grass *n.* злак; трава

grassiness *n.* злачность

Grat. (Gratias) *n.* благодарение;
(Gratis) безвозмездно, бес-
платно

grateful *adj.* благодарный; признательный

gratification *n.* угода; удовлетворение; удовольствие

gratify *v.* благоугождать, благоугодить (кому-л.); угождать,
угодить (кому-л., чем-л.);
удовлетворять, удовлетворить
(кого-л./что-л.); утолять, утолить (что-л.)

gratifying *adj.* отрадный; ~ circumstance отрадное явление;
угодный

gratis *adv.* безвозмездно

gratitude *n.* благодарность; признательность; express ~ принести благодарность

gratuitous *adj.* дармовой, даро-
вой

grave I *n.* могила; усыпальница;
место погребения; ~-clothes
погребальные одежды, саван;
гроб "And Jacob set a pillar
upon her grave: that [is] the pillar of Rachel's grave unto this
day" (Ge., 35:20) / «Иаков поставил над гробом ее па-
мятник. Это надгробный памятник Рахили до сего дня»
(Быт., 35:20); преисподняя
"And all his sons and all his
daughters rose up to comfort
him; but he refused to be comforted; and he said, For I will go
down into the grave unto my son
mourning. Thus his father wept
for him" (Ge., 37:35) / «И собрались все сыновья его и все
дочери его, чтобы утешить его;
но он не хотел утешиться и
сказал: с печалью сойду к сыну моему в преисподнюю. Так
оплакивал его отец его» (Быт.,
37:35); have one foot in the ~
стоять на краю гроба

grave II *adj.* тяжкий

grave(-)stone *n.* могильная плита,
надгробный памятник, надгро-
бие

grave-cloth *n.* гробная пелена

grave-digger *n.* гробокопатель

grave-ground *n.* кладбище

grave-maker *n.* гробокопатель

grave-mound *n.* могильный
холм, курган

graverobber *n.* грабитель могил

grave-worm *n.* гробожитель

graveyard *n.* кладбище, погост

great *adj.* великий; ~ Acaphistus
Великий акафист; ~ Account
день Страшного Суда, Судный
день; ~ Awakening Великое
пробуждение; ~ Bible «Большая Библия»; ~ Blessing of Water Великое водосвятие; ~ Dis-
appointment Великое разочарование, Великое огорчение; ~
Ektene Великая ектенья; ~ Entrance Великий вход; ~ Hallel
«Большой Галлель», «Большой
Галель»; ~ Kanon «Великий
канон», «Канон Андрея Крит-
ского»; ~ Paschal period большой пасхальный цикл; ~ Peter
Большой Петров колокол~
Sanhedrin Большой синедрион;
~ Schism Великий Раскол, Великая Схизма; ~ Synagogue Ве-

ликая синагога; ~ Tom of Lin-
coln большой колокол колокольни Линкольнского собора;
~ Tom of Oxford большой колокол колокольни Оксфорд-
ской церкви Христа; высокий

greaten v. увеличивать(ся)

greater adj. вящий; ~ doxology
великое славословие; ~ excommunication полная анафема

great-grandparent n. прародитель; праотец

great-hearted adj. великодушный

greatheartedness n. великодушие

greatuitous adj. безвозмездный

greed n. жадность; алчность; корыстолюбие; лихоимство; любостяжание

greediness n. жадность; алчность; златолюбие; ненасыти-
мость "Who being past feeling
have given themselves over unto
lasciviousness, to work all uncleanness with greediness"
(Eph., 4:19) / «Они, дойдя до
бесчувствия, предались рас-
путству так, что делают всякую нечистоту с ненасытимо-
стью» (Еф., 4:19); сребролюбие

greedy adj. жадный; алчный
"Yea, [they are] greedy dogs
[which] can never have enough,
and they [are] shepherds [that]
cannot understand: they all look
to their own way, every one for
his gain, from his quarter" (Isa,
56:11) / «И это псы, жадные
душею, не знающие сытости; и
это пастыри бессмысленные:
все смотрят на свою дорогу,
каждый до последнего, на
свою корысть» (Ис., 56:11);
жаждущий "Like as a lion [that]

is greedy of his prey, and as it
were a young lion lurking in secret places" (Ps., 17:12) / «Они
подобны льву, жаждущему добычи, подобны скимну, сидящему в местах скрытных»
(Псл., 16:12); алчущий; злато-
любивый; корыстолюбивый
"He that is greedy of gain troubleth his own house; but he that
hateth gifts shall live" (Pr.,
15:27) / «Корыстолюбивый
расстроит дом свой, а ненавидящий подарки будет жить»
(Притч., 15:27).

Greek adj. греческий; the ~s гре-
ки; ~ era греческое летосчисление; ~ type греческий
шрифт; ~ calendar греческий
календарь; ~ Catholic Church
Греческая католическая церковь; ~ Church Восточная церковь, Православная церковь;
Греко-кафолическая право-
славная церковь; ~ cross греческий крест; ~ Ezra «Первая
книга Ездры»; ~ Orthodox правоверный, Греческой православной церкви; ~ Orthodox
Church Греческая православная церковь; ~ Orthodox Patriarchate of Alexandria Александрийский патриархат Греческой православной церкви; ~
Orthodox Patriarchate of Antioch
and All the East Патриархат великого града Божия Антиохии
и всего Востока; ~ Orthodox
Patriarchate of Jerusalem Патриархат Святого Града Иерусалима и всей Обетованной
земли; ~-cross plan крестово-
купольный храм

greese n. масть

greet *v.* приветствовать (кого-
л./что-л.) "And David sent out
ten young men, and David said
unto the young men, Get you
up to Carmel, and go to Nabal,
and greet him in my name"
(1 Sa., 25:5) / «И послал Давид десять отроков, и сказал
Давид отрокам: взойдите на
Кармил и пойдите к Навалу, и
приветствуйте его от моего
имени» (1 Цар., 25:5); рыдать, плакать; оплакивать;
скорбеть, печалиться

greeter *n.* плакальщик, оплаки-
вающий; скорбящий

greeting *n.* приветствие

Gregorian calendar григорианский календарь

Gregorian chant григорианский
распев

Gregorian Reform Григориан-
ская реформа

Gregorian year Григорианский
год

Gregory *n.* День Св. Григория

Gregory I *n.* Григорий I

Gregory II Cyprius *n.* Григорий
II Кипрский

Gregory II *n.* Григорий II

Gregory III *n.* Григорий III

Gregory IV *n.* Григорий IV

Gregory the Great *n.* Григорий
Великий

Gregory the Theologian *n.* Григорий Богослов, или Назиан-
зин

Gregory V *n.* Григорий V

Gregory VI *n.* Григорий VI

Gregory VII *n.* Григорий VII

Gregory VIII *n.* Григорий VIII

Gregory IX *n.* Григорий IX

Gregory X *n.* Григорий X

Gregory XI *n.* Григорий XI

Gregory XII *n.* Григорий XII

Gregory XIII *n.* Григорий XIII

Gregory XIV *n.* Григорий XIV

Gregory XV *n.* Григорий XV

Gregory XVI *n.* Григорий XVI

Grey Friar *n.* францисканец

Grey Sister *n.* францисканка

grief *n.* горе; preyed upon by ~
снедаемый горем; горесть
"Have mercy upon me, O Lord,
for I am in trouble: mine eye is
consumed with grief, [yea], my
soul and my belly" (Ps., 31:9) /
«Помилуй меня, Господи, ибо
тесно мне; иссохло от горести
око мое, душа моя и утроба
моя» (Псл., 30:10); грусть;
огорчение "That this shall be no
grief unto thee, nor offence of
heart unto my lord, either that
thou hast shed blood causeless,
or that my lord hath avenged
himself: but when the Lord shall
have dealt well with my lord,
then remember thine handmaid"
(1 Sa., 25:31) / «То не будет это
сердцу господина моего огор-
чением и беспокойством, что
не пролил напрасно крови и
сберег себя от мщения. И Господь облагодетельствует господина моего, и вспомнишь
рабу твою» (1 Цар., 25:31); печаль "For my life is spent with
grief, and my years with sighing:
my strength faileth because of
mine iniquity, and my bones are
consumed" (Ps., 31:10) / «Истощилась в печали жизнь моя
и лета мои в стенаниях; изне-
могла от грехов моих сила моя,
и кости мои иссохли» (Псл.,
30:11); прискорбие; сожаление;
страдание "So they sat down

with him upon the ground seven days and seven nights, and none spake a word unto him: for they saw that [his] grief was very great" (Job, 2:13) / «И сидели с ним на земле семь дней и семь ночей; и никто не говорил ему ни слова, ибо видели, что страдание его весьма велико» (Иов., 2:13); скорбь "Though I speak, my grief is not asswaged: and [though] I forbear, what am I eased?" (Job, 16:6) / «Говорю ли я, не утоляется скорбь моя; перестаю ли, что отходит от меня?» (Иов., 16:6)

grievance *n.* жалоба; причитание

grieve *v.* грустить; печалиться, опечалиться; огорчать, огорчить (кого-л., чем-л.) "The archers have sorely grieved him, and shot [at him], and hated him" (Ge., 49:23) / «Огорчали его, и стреляли и враждовали на него стрельцы» (Быт., 49:23); печалить, опечалить (кого-л./что-л.); сетовать (на кого-л.), (о чем-л.); скорбеть (о ком-л./о чем-л.) "Then said Elkanah her husband to her, Hannah, why weepest thou? and why eatest thou not? and why is thy heart grieved? [am] not I better to thee than ten sons?" (1 Sa., 1:8) / «И сказал ей Елкана, муж ее: Анна! [Она отвечала ему: вот я. И сказал ей:] что ты плачешь и почему не ешь, и отчего скорбит сердце твое? не лучше ли я для тебя десяти сыновей?» (1 Цар., 1:8); ~d скорбный; grieving горевание

grievous *adj.* огорчительный; тяжкий; неприятный "And the thing was very grievous in Abraham's sight because of his son" (Ge., 21:11) / «И показалось это Аврааму весьма неприятным ради сына его» (Быт., 21:11).

grind *v.* молоть "But the Philistines took him, and put out his eyes, and brought him down to Gaza, and bound him with fetters of brass; and he did grind in the prison house" (Jdg., 16:21) / «Филистимляне взяли его и выкололи ему глаза, привели его в Газу и оковали его двумя медными цепями, и он молол в доме узников» (Суд., 16:21); скрежетать (зубами); ~ing скрежет; ~ing of teeth скрежет зубовный

gripeful *n.* горсть, пригоршня

groan I *n.* стон; стенание

groan II *v.* стонать; стенать "Men groan from out of the city, and the soul of the wounded crieth out: yet God layeth not folly [to them]" (Job, 24:12) / «В городе люди стонут, и душа убиваемых вопит, и Бог не воспрещает того» (Иов., 24:12).

groanful *adj.* стонущий; печальный

groaning *n.* стон; стенание "And God heard their groaning, and God remembered his covenant with Abraham, with Isaac, and with Jacob" (Ex., 2:24) / «И услышал Бог стенание их, и вспомнил Бог завет Свой с Авраамом, Исааком и Иаковом» (Исх., 2:24); плач

Grolier Codex «Грольерский кодекс»

grotto *n.* грот, пещера

ground I *n.* земля "And every plant of the field before it was in the earth, and every herb of the field before it grew: for the Lord God had not caused it to rain upon the earth, and [there was] not a man to till the ground" (Ge., 2:5) / «И всякий полевой кустарник, которого еще не было на земле, и всякую полевую траву, которая еще не росла, ибо Господь Бог не посылал дождя на землю, и не было человека для возделывания земли» (Быт., 2:5); to fall on stony ~ падать на бесплодную почву; дно; место; обоснование; причина

ground II *v.* обосновывать, обосновать (что-л.)

ground-color *n.* грунт; фон

groundless *adj.* необоснованный; неосновательный; несостоятельный

groundlessness *n.* неосновательность; несостоятельность

ground-tint *n.* основной цвет

grove *n.* дубрава, дуброва; роща "And [Abraham] planted a grove in Beersheba, and called there on the name of the Lord, the everlasting God" (Ge., 21:33) / «И насадил [Авраам] при Вирсавии рощу и призвал там имя Господа, Бога вечного» (Быт., 21:33); дерево "And when the men of the city arose early in the morning, behold, the altar of Baal was cast down, and the grove was cut down that [was] by it, and the second bullock was offered upon the altar [that was] built" (Jdg., 6:28) / «Поутру встали жители города, и

вот, жертвенник Ваалов разрушен, и дерево при нем срублено, и второй телец вознесен во всесожжение на новоустроенном жертвеннике» (Суд., 6:28).

grovel *v.* быть распростертым ниц

grovel(l)ing *adj.* распростертый ниц

grow *v.* расти, вырасти; произрастать, произрасти; растить, вырастить (кого-л./что-л.); делаться, сделаться (кем-л./чем-л.); становиться, стать (кем-л./чем-л.); ~ poor скудеть, оскудеть; ~ up возмужать; ~ up возрастать, возрасти; ~n up возмужалый;

growl *n.* рыкать (рычать); ~ing рыкание

grudger *n.* завистник, -ница

grudging I *n.* зависть, ревность; ропот "Use hospitality one to another without grudging" (1 Pe., 4:9) / «Будьте страннолюбивы друг ко другу без ропота» (1 Петр., 4:9).

grudging II *adj.* скупой

gruelling I *n.* тяжелое наказание; суровое обращение

gruelling II *adj.* суровый; изнурительный

gruesome *adj.* ужасный, страшный

grumble *v.* роптать (на что-л, на кого-л)

grumbler *n.* роптатель, -ница

grumbling *n.* ропот

guarantee *n.* ручательство

guard I *n.* преграда; стража; телохранитель "And the Midianites sold him into Egypt unto Potiphar, an officer of Pharaoh's,

[and] captain of the guard" (Ge., 37:36) / «Мадианитяне же продали его в Египте Потифару, царедворцу фараонову, начальнику телохранителей» (Быт., 37:36).

guard II *v.* оберегать, оберечь (кого-л., чем-л.; что-л.); ограждать, оградить (кого-л./что-л.); пасти (кого-л.); стеречь (кого-л./что-л.); хранить, сохранить (что-л.); ~ed бережёный

guardian *n.* блюститель, -ница; попечитель, -ница; сторож; хранитель, -ница

guarding *n.* бережение; ограждение; сбережение

Guerinists *n. pl.* геринисты

guest *n.* гость, гостья; приглашенный, -ая "And Adonijah and all the guests that [were] with him heard [it] as they had made an end of eating. And when Joab heard the sound of the trumpet, he said, Wherefore [is this] noise of the city being in an uproar?" (1 Ki., 1:41) / «И услышал Адония и все приглашенные им, как только перестали есть; а Иоав, услышав звук трубы, сказал: отчего этот шум волнующегося города?» (3 Цар., 1:41).

guidance *n.* напутствие

guide I *n.* наставник, -ница; пестун; путеводитель, -ница

guide II *v.* напутствовать (кого-л. чем-л.); наставлять, наставить (кого-л. на что-л.); оберегать "Thus the Lord saved Hezekiah and the inhabitants of Jerusalem from the hand of Sennacherib the king of Assyria, and from the hand of all [other],

and guided them on every side" (2 Chr., 32:22) / «Так спас Господь Езекию и жителей Иерусалима от руки Сеннахирима, царя Ассирийского, и от руки всех и оберегал их отовсюду» (2 Пар., 32:22); пасти (кого-л.); guiding путеводительный, путеводный

Guild of St. Luke *n.* Гильдия Св. Луки

guile *n.* вероломство, коварство "Wickedness [is] in the midst thereof: deceit and guile depart not from her streets" (Ps., 55:11) / «Посреди его пагуба; обман и коварство не сходят с улиц его» (Псл., 54:12); хитрость; лукавство "Blessed [is] the man unto whom the Lord imputeth not iniquity, and in whose spirit [there is] no guile" (Ps., 32:2) / «Блажен человек, которому Господь не вменит греха, и в чьем духе нет лукавства!» (Псл., 31:2).

guileful *adj.* вероломный, коварный; хитрый

guilt *n.* проступок; прегрешение, грех; вина

guiltiness *n.* виновность; грех "Но Авимелех сказал [ему]: что это ты сделал с нами? едва один из народа [моего] не совокупился с женою твоею, и ты ввел бы нас в грех" (Ge., 26:10) / «Но Авимелех сказал [ему] : что это ты сделал с нами? едва один из народа [моего] не совокупился с женою твоею, и ты ввел бы нас в грех» (Быт., 26:10).

guiltless *adj.* неповинный "And the land be subdued before the

Lord: then afterward ye shall return, and be guiltless before the Lord, and before Israel; and this land shall be your possession before the guiltless: for thou [art] a wise man, and knowest what thou oughtest to do unto him; but his hoar head bring thou down to the grave with blood" (1 Ki., 2:9) / «Ты же не оставь его безнаказанным; ибо ты человек мудрый и знаешь, что тебе сделать с ним, чтобы низвести седину его в крови в преисподнюю» (3 Цар., 2:9); ненаказанный "And David said to Abishai, Destroy him not: for who can stretch forth his hand against the Lord'S anointed, and be guiltless?" (1 Sa., 26:9) / «Но Давид сказал Авессе: не убивай его; ибо кто, подняв руку на помазанника Господня, останется ненаказанным?» (1 Цар. 26:9); невинный "And afterward when David heard [it], he said, I and my kingdom [are] guiltless before the Lord for ever from the blood of Abner the son of Ner" (2 Sa., 3:28) / «И услышал после Давид об этом и сказал: невинен я и царство мое вовек пред Господом в крови Авенира, сына Нирова» (2 Цар., 3:28); безнаказанный

guiltlessness *n.* безвинность; невинность; неповинность

guilty *adj.* виновный "And if the whole congregation of Israel sin through ignorance, and the thing be hid from the eyes of the assembly, and they have done [somewhat against] any of the commandments of the Lord [concerning things] which should not be done, and are guilty" (Lev., 4:13) / «Если же все общество Израилево согрешит по ошибке и скрыто будет дело от глаз собрания, и сделает что-нибудь против заповедей Господних, чего не надлежало делать, и будет виновно» (Лев., 4:13); преступный

guise *n.* вид, личина, маска; наружность, внешность; облик; обличье; одеяние, наряд; манера, обычай, повадка; under the ~ of religion прикрываясь религией

guiser *n.* ряженый на Рождество

gull I *n.* обманщик, плут

gull II *v.* обманывать, дурить

gullibility *n.* легковерие, доверчивость

gultless *adj.* невинный

gust *n.* порыв; flame ~ пламенный порыв

Gutenberg Bible «Библия Гутенберга»

gutter I *n.* корыто "And he set the rods which he had pilled before the flocks in the gutters in the watering troughs when the flocks came to drink, that they should conceive when they came to drink" (Ge., 30:38) / «И положил прутья с нарезкою перед скотом в водопойных корытах, куда скот приходил пить, и где, приходя пить, зачинал пред прутьями» (Быт., 30:38).

gutter II *v.* оплывать

gyve I *n.* кандалы, оковы, узы

gyve II *v.* заковывать в кандалы; сковывать; связывать

Н

H. (Haeres) *n.* наследник; **(Hie)** здесь, в этом месте

H. L. S. (Hoc Loco Situs) здесь покоится, здесь лежит, здесь пребывает

H. M. F. F. (Hoc Monumentum Fieri Fecit) монумент воздвигнут по заказу...

H. S. (Hie Situs) здесь покоится, здесь лежит, здесь пребывает

Habacuc Аввакум, Хаваккук; Книга Пророка Аввакума (книга Библии)

Habad *n.* хабад

Habakkuk, Habacuc Аввакум Книга Пророка Аввакума (книга Библии)"The burden which Habakkuk the prophet did see" (Hab., 1:1) / «Пророческое видение, которое видел пророк Аввакум» (Авв., 1:1).

habile *adj.* ловкий, умелый, искусный

habiliment *n.* одежда, одеяние

habit *n.* навык; привычка; одеяние; monk's ~ монашеская ряса, одеяние монаха

habitacle *n.* ниша для скульптуры, изваяния

habitation *n.* жительство; обиталище; жилище "Thou in thy mercy hast led forth the people [which] thou hast redeemed: thou hast guided [them] in thy strength unto thy holy habitation" (Ex., 15:13) / «Ты ведешь милостью Твоею народ сей, который Ты избавил, — сопровождаешь силою Твоею в жилище святыни Твоей» (Исх., 15:13).

habitual *adj.* привычный

habitualness *n.* привычность; обыкновение

habitude *n.* свойство; обыкновение

Haftarah *n.* гафтара

Hag ha-Asif Хаг га-Асиф, Праздник Кущей, Суккот

Hag ha-Qazir Хаг га-Казир, Праздник урожая, Шавуот

Hag Праздник опресноков, Песах

Ha-Galil *n.* Галилея

Hagar *n.* Агарь

Haggadoth *n.* агады

Haggai *n.* Аггей; Хаггай; Книга Пророка Агтея (книга Библии)

Hagia Sophia *n.* храм Св. Софии, храм Софии Премудрости Божией

hagiarchy *n.* иерархия святых

Hagiga «Хагига»

hagiocracy *n.* агиократия, власть жрецов

Hagiographa *n.* «Агиографы», «Писания», «Кетувим», «Ктувим», «Кетубим»

hagiographer *n.* агиограф, составитель житий святых

hagiography *n.* агиография, житийная литература

hagiolatry *n.* агиолатрия, культовое почитание святых

hagiology *n.* агиология, описание житий святых

Hagiosoritissa «Богоматерь Агиосоритисса»

Hail Mary «Аве Мария»

hair-cloth, hair-shirt *n.* власяница

ha-Kotel ha-Ma'aravi Стена плача

Halakha(h) *n.* Галаха

Halakhic Midrashim галахический мидрашим

Halakhot gedolot «Галахот гедолот»

Halakhot pesuqot «Галахот песукот»

half *adj.* единокровный; ~-brother единокровный брат; ~-sister единокровная сестра; ~-blood children единокровные дети

half-baptize *v.* крестить без соблюдения правил

half-blood *adj.* единоутробный

half-uncial *n.* полуустав

halhma *n.* алхма

halidom *n.* священное место; святыня; реликвия; святость

halitza *n.* халица

hall *n.* зал, чертог; ~ church зальная церковь, зальный храм; ~ Sunday Святое воскресенье; ~ Monday Святой понедельник; ~ Night Святая ночь

Halla *n.* «Хала»

Hallel *n.* «Галлель»

hallel *n.* благодарственный гимн

halleluiah, hallelujah аллилуйя; ~ of supplication сугубая аллилуйя; ~-lass девчонка из «Армии спасения»

hallenkirchen *n.* зальная кирха

hallow I *n.* святой; святые мощи, реликвии

hallow II *v.* освящать; посвящать Богу; благословлять; свято чтить, почитать, благоговеть; отмечать дату, праздник; ~ed be Thy name да святится имя Твое; освятить "For [in] six days the Lord made heaven and earth, the sea, and all that in them [is], and rested the seventh day: wherefore the Lord blessed the sabbath day, and hallowed it" (Ex., 20:11) / «Ибо в шесть дней создал Господь небо и землю, море и все, что в них, а в день седьмой почил; посему благословил Господь день субботний и освятил его» (Исх., 20:11); посвящать "Speak unto Aaron and to his sons, that they separate themselves from the holy things of the children of Israel, and that they profane not my holy name [in those things] which they hallow unto me: I [am] the Lord" (Lev., 22:2) / «Скажи Аарону и сынам его, чтоб они осторожно поступали со святынями сынов Израилевых и не бесчестили святого имени Моего в том, что они посвящают Мне. Я Господь» (Лев., 22:2); святить (что-л.).

Halloween, Hallowe'en *n.* Хэллоуин, канун Дня всех святых, 31 октября

Hallowmas *n.* День всех святых

hallows *n.* реликвия

halo I *n.* ореол; сияние; нимб

halo II *v.* окружать ореолом, сиянием

halt I *n.* хромота

halt II *adj.* хромой; the ~ хромые; the ~ and the blind хромые и слепые

hamantaschen *n. pl.* хоменташен, «уши Амана», «карманы Амана»

Hampton Court Conference Гемптонкортский совет по вопросам церковной реформы в Англии

Hananiah *n.* Анания

hand *n.* рука "And the Lord God said, Behold, the man is become as one of us, to know good and evil: and now, lest he put forth his hand, and take also of the tree of life, and eat, and live for ever" (Ge., 3:22) / «И сказал Господь Бог: вот, Адам стал как один из Нас, зная добро и зло; и теперь как бы не простер он руки своей, и не взял также от дерева жизни, и не вкусил, и не стал жить вечно» (Быт., 3:22); длань; be heart and ~ for предаться чему-л. душой и телом

handfast I *adj.* обрученный, помолвленный

handfast II *v.* обручать, устраивать помолвку

handkerchief *n.* платок "So that from his body were brought unto the sick handkerchiefs or aprons, and the diseases departed from them, and the evil spirits went out of them" (Ac., 19:12) / «Так что на больных возлагали платки и опоясания с тела его, и у них прекращались болезни, и злые духи выходили из них» (Деян., 18:12); Holy ~ плащаница

handreading *n.* хиромантия

Hanukka(h) *n.* Ха-нука

Haphtarah *n.* Гафтара

happen *v.* деяться, содеяться "And see, if it goeth up by the way of his own coast to Beth-shemesh, [then] he hath done us this great evil: but if not, then we shall know that [it is] not his hand [that] smote us: it [was] a chance [that] happened to us" (1 Sa., 6:9) / «И смотрите, если он пойдет к пределам своим, к Вефсамису, то он великое сие зло сделал нам; если же нет, то мы будем знать, что не его рука поразила нас, а сделалось это с нами случайно» (1 Цар., 6:9); происходить, произойти (от кого-л., из чего-л.); случаться, случиться

happiness *n.* благополучие; блаженство; счастие, счастье

happy *adj.* благой, благий; ~ idea благая мысль; блаженный "Happy [art] thou, O Israel: who [is] like unto thee, O people saved by the Lord, the shield of thy help, and who [is] the sword of thy excellency! and thine enemies shall be found liars unto thee; and thou shalt tread upon their high places" (De., 33:29) / «Блажен ты, Израиль! кто подобен тебе, народ, хранимый Господом, Который есть щит, охраняющий тебя, и меч славы твоей? Враги твои раболепствуют тебе, и ты попираешь выи их» (Втор., 33:29); счастливый

harbinger I *n.* провозвестник, -ница; предвестник, -ница

harbinger II *v.* предвещать

harbour *v.* ввести в дом; окормлять, окормить (кого-л.); ~ing окормление

hard *adj.* твердый; трудный "Is any thing too hard for the Lord?" (Ge., 18:14) / «Есть ли что трудное для Господа?» (Быт., 18:14); ~ labour трудная работа; ~ times трудные времена; черствый

harden *v.* ожесточать, ожесточить (кого-л./что-л.) "And the

Lord said unto Moses, When thou goest to return into Egypt, see that thou do all those wonders before Pharaoh, which I have put in thine hand: but I will harden his heart, that he shall not let the people go" (Ex., 4:21) / «И сказал Господь Моисею: когда пойдешь и возвратишься в Египет, смотри, все чудеса, которые Я поручил тебе, сделай пред лицем фараона, а Я ожесточу сердце его, и он не отпустит народа» (Исх., 4:21).

hardhearted *adj.* жестокосердный "But the house of Israel will not hearken unto thee; for they will not hearken unto me: for all the house of Israel [are] impudent and hardhearted" (Ez., 3:7) / «А дом Израилев не захочет слушать тебя; ибо они не хотят слушать Меня, потому что весь дом Израилев с крепким лбом и жестоким сердцем» (Иез., 3:7).

hardheartedness *n.* жестокосердие

hardiment *n.* храбрость, смелость, удаль

hardly *adv.* едва

hardness *n.* черствость; ожесточение "And when he had looked round about on them with anger, being grieved for the hardness of their hearts, he saith unto the man, Stretch forth thine hand. And he stretched [it] out: and his hand was restored whole as the other" (Mk., 3:5) / «И, воззрев на них с гневом, скорбя об ожесточении сердец их, говорит тому

человеку: протяни руку твою. Он протянул, и стала рука его здорова, как другая» (Марк., 3:5); упорство "But after thy hardness and impenitent heart treasurest up unto thyself wrath against the day of wrath and revelation of the righteous judgment of God" (Ro., 2:5) / «Но, по упорству твоему и нераскаянному сердцу, ты сам себе собираешь гнев на день гнева и откровения праведного суда от Бога» (Рим., 2:5); страдания "Thou therefore endure hardness, as a good soldier of Jesus Christ" (2 Ti., 2:3) / «Итак переноси страдания, как добрый воин Иисуса Христа» (2 Тим., 2:3); грязь "When the dust groweth into hardness, and the clods cleave fast together?" (Job, 38:38) / «Когда пыль обращается в грязь и глыбы слипаются?» (Иов., 38:38).

Hard-shell Baptists ортодоксальные баптисты

hardship *n.* трудность

hardworking *adj.* работящий

harm I *n.* вред; вредность; худо; зло "This heap [be] witness, and [this] pillar [be] witness, that I will not pass over this heap to thee, and that thou shalt not pass over this heap and this pillar unto me, for harm" (Ge., 31:52) / «Этот холм свидетель, и этот памятник свидетель, что ни я не перейду к тебе за этот холм, ни ты не перейдешь ко мне за этот холм и за этот памятник, для зла» (Быт., 31:52); do ~ вредить, повредить (кому-л. чем-л.), творить напасти

harm II *v.* напасть; producing ~ бедоносный

harmful *adj.* вредный; вредоносный

harmonic *adj.* гармонический; благогласный

harmonious *adj.* складный; согласный

harmoniously *adv.* согласно

harmonist *n.* гармонизатор

harmony *n.* гармония; благогласие; склад; складность; согласие; сочетание; единодушие

harp I *n.* гусли "And his brother's name [was] Jubal: he was the father of all such as handle the harp and organ" (Ge., 4:21) / «Имя брату его Иувал: он был отец всех играющих на гуслях и свирели» (Быт., 4:21).

harp II *v.* играть на арфе

Harrowing of Hell сошествие во ад; «Анастасис»

harsh *adj.* черствый

harvest I *n.* жатва "While the earth remaineth, seedtime and harvest, and cold and heat, and summer and winter, and day and night shall not cease" (Ge., 8:22) / «Впредь во все дни земли сеяние и жатва, холод и зной, лето и зима, день и ночь не прекратятся» (Быт., 8:22).

harvest II *v.* жать (что-л.)

hasid *n.* хасид

Hasideans *n. pl.* хасидеи

Hasidism *n.* хасидизм

Hasmonaean *n. pl.* хасмонеи; маккавеи

haste *v.* поспешать, поспешить "Haste thee, escape thither; for I cannot do any thing till thou be come thither" (Ge., 19:22) / «Поспешай, спасайся туда,

ибо Я не могу сделать дела, доколе ты не придешь туда» (Быт., 19:22).

hasten *v.* спешить, поспешить "And Abraham hastened into the tent unto Sarah, and said, Make ready quickly three measures of fine meal, knead [it], and make cakes upon the hearth (Ge., 18:6) / «И поспешил Авраам в шатер к Сарре и сказал [ей]: поскорее замеси три саты лучшей муки и сделай пресные хлебы» (Быт., 18:6); торопить "And when the morning arose, then the angels hastened Lot, saying, Arise, take thy wife, and thy two daughters, which are here; lest thou be consumed in the iniquity of the city" (Ge., 19:15) / «Когда взошла заря, Ангелы начали торопить Лота, говоря: встань, возьми жену твою и двух дочерей твоих, которые у тебя, чтобы не погибнуть тебе за беззакония города» (Быт., 19:15); течь; ~ing поспешение

hate I *n.* ненависть

hate II *v.* (воз)ненавидеть (кого-л./что-л.) "And Esau hated Jacob because of the blessing wherewith his father blessed him: and Esau said in his heart, The days of mourning for my father are at hand; then will I slay my brother Jacob" (Ge., 27:41) / «И возненавидел Исав Иакова за благословение, которым благословил его отец его; и сказал Исав в сердце своем: приближаются дни плача по отце моем, и я убью Иакова, брата моего» (Быт., 27:41).

hateful *adj.* ненавистный; отвратительный "And he cried mightily with a strong voice, saying, Babylon the great is fallen, is fallen, and is become the habitation of devils, and the hold of every foul spirit, and a cage of every unclean and hateful bird" (Rev., 18:2) / «И воскликнул он сильно, громким голосом говоря: пал, пал Вавилон, великая блудница, сделался жилищем бесов и пристанищем всякому нечистому духу, пристанищем всякой нечистой и отвратительной птице» (Откр., 18:2).

hater *n.* ненавистник, -ница

hatred *n.* ненависть "But if he thrust him of hatred, or hurl at him by laying of wait, that he die" (Nu., 35:20) / «Если кто толкнет кого по ненависти, или с умыслом бросит на него что-нибудь так, что тот умрет» (Числ., 35:20).

haughtiness *n.* гордость; надменность "And I will punish the world for [their] evil, and the wicked for their iniquity; and I will cause the arrogancy of the proud to cease, and will lay low the haughtiness of the terrible" (Isa, 13:11) / «Я накажу мир за зло, и нечестивых — за беззакония их, и положу конец высокоумию гордых, и уничижу надменность притеснителей» (Ис., 13:11); высокомерие "We have heard of the pride of Moab; [he is] very proud: [even] of his haughtiness, and his pride, and his wrath: [but] his lies [shall] not [be] so" (Isa, 16:6) / «Слы-

хали мы о гордости Моава, гордости чрезмерной, о надменности его и высокомерии и неистовстве его: неискренна речь его» (Ис., 16:6); превозношение "We have heard the pride of Moab, (he is exceeding proud) his loftiness, and his arrogancy, and his pride, and the haughtiness of his heart" (Je., 48:29) / «Слыхали мы о гордости Моава, гордости чрезмерной, о его высокомерии и его надменности, и кичливости его и превозношении сердца его» (Иер., 48:29).

Havdala(h) *n.* габдала, абдала

have *v.* возыметь; ~/produce an effect возыметь действие; ~ an effect воздействовать (на кого-л./на что-л.); ~ an influence on/over влиять, повлиять (на кого-л./что-л.)

haven *n.* пристань "Then are they glad because they be quiet; so he bringeth them unto their desired haven" (Ps., 107:30) / «И веселятся, что они утихли, и Он приводит их к желаемой пристани» (Псл., 106:30); пристанище

haz(z)an *n.* хазан, хаззан, кантор

Hb. (Habakkuk) *n.* Книга Пророка Аввакума (книга Библии)

He Bible «Мужская Библия»

head *n.* голова "And I will put enmity between thee and the woman, and between thy seed and her seed; it shall bruise thy head, and thou shalt bruise his heel" (Ge., 3:15) / «И вражду положу между тобою и между женою, и между семенем твоим и между семенем ее; оно будет поражать тебя в голову, а ты будешь жалить его в пяту» (Быт., 3:15); глава

headman *n.* глава

head-master *n.* начальник

headsman *n.* палач

headstone *n.* надгробный камень, надгробие; краеугольный камень

heal *v.* исцелять, исцелить (кого-л./что-л.) "So Abraham prayed unto God: and God healed Abimelech, and his wife, and his maidservants; and they bare [children]" (Ge., 20:17) / «И помолился Авраам Богу, и исцелил Бог Авимелеха, и жену его, и рабынь его, и они стали рождать» (Быт., 20:17); целить

healer *n.* исцелитель, -ница; целитель, -ница

healing I *n.* врачевание; исцеление; целение "Hast thou utterly rejected Judah? hath thy soul lothed Zion? why hast thou smitten us, and [there is] no healing for us? we looked for peace, and [there is] no good; and for the time of healing, and behold trouble!" (Je., 14:19) / «Разве Ты совсем отверг Иуду? Разве душе Твоей опротивел Сион? Для чего поразил нас так, что нет нам исцеления? Ждем мира, и ничего доброго нет; ждем времени исцеления, и вот ужасы» (Иер., 14:19).

healing II *adj.* целительный

health *n.* здоровье, здравие; исцеление "We looked for peace, but no good [came; and] for a time of health, and behold trouble!" (Je., 8:15) / «Ждем мира, а

ничего доброго нет, — времени исцеления, и вот ужасы» (Иер., 8:15).

healthful *adj.* целебный

hear *v.* слушать; внимать, внять (чему-л.); сведать (что-л.); слышать (кого-л./что-л.); those who have ears to ~ let them ~ имеющий уши да слышит; ~ing слух, слышание

hearsay *n.* слух

hearse I *n.* катафалк, похоронные дроги; треугольный станок для свечей; надгробный памятник; гроб; могила

hearse II *v.* класть во гроб; везти в катафалке покойника; хоронить; погребать; ~ cloth черный покров на гроб

hearsy *adj.* похоронный

heart I *n.* сердце

heart II *v.* ободрять, вдохновлять; go into the ~ of the matter вникнуть в обстоятельства

heartbreak *n.* горе; печаль; разочарование; отчаяние

heart-easing *adj.* облегчающий душу

heartfelt *adj.* проникновенный; сердечный; with ~ contrition от всего сердца

heartly *adv.* усердно

heart-sore *n.* скорбь

hearty *adj.* сердечный "Ointment and perfume rejoice the heart: so [doth] the sweetness of a man's friend by hearty counsel" (Pr., 27:9) / «Масть и курение радуют сердце; так сладок всякому друг сердечным советом своим» (Притч., 27:9); теплый

heat *n.* зной "While the earth remaineth, seedtime and harvest, and cold and heat, and summer and winter, and day and night shall not cease" (Ge., 8:22) / «Впредь во все дни земли сеяние и жатва, холод и зной, лето и зима, день и ночь не прекратятся» (Быт., 8:22); стремление

heathen I *n.* язычник, -ница; народы "Both thy bondmen, and thy bondmaids, which thou shalt have, [shall be] of the heathen that are round about you; of them shall ye buy bondmen and bondmaids" (Lev., 25:44) / «А чтобы раб твой и рабыня твоя были у тебя, то покупайте себе раба и рабыню у народов, которые вокруг вас» (Лев., 25:44).

heathen II *adj.* языческий; ~ customs языческие обычаи

heathendom *n.* язычество; язычники

heathenish *adj.* языческий

heathenism *n.* язычество; языческие обычаи, нравы

heathenize *v.* обращать в язычество; совершать языческие обряды

heathenry *n.* язычество; языческие обычаи, нравы, народы

heaven *n.* небеса; небо "In the beginning God created the heaven and the earth" (Ge., 1:1) / «В начале сотворил Бог небо и землю» (Быт., 1:1); небесный свод; ~s opened небеса разверзлись; the ~ of ~s седьмое небо, небеса небес; блаженство райское; Провидение; Господь; боги; merciful and righteous ~ милосердный и праведный Бог; the will of ~ воля Небес; justice of ~ Высшая справедливость; de-

crees of ~ перст Божий; ~-born рожденный небом, божественный, предопределенный, предначертанный свыше; прирожденный, ниспосланный, богоданный; ~-gate Врата рая, Врата райские; ~-gifted ниспосланный с Небес; ~-sent богоданный

heavenlike *adj.* божественный, небесный

heavenlikess *n.* божественность

heavenly *adj.* божественный, небесный; горний; райский; ~ birds райские птицы; ~ angel ангел небесный; ~ City Град Небесный; Горний Иерусалим; ~ Father Отец Небесный "For if ye forgive men their trespasses, your heavenly Father will also forgive you" (Mt., 6:14) / «Ибо если вы будете прощать людям согрешения их, то простит и вам Отец ваш Небесный» (Матф., 6:14); ~ host силы небесные, сонм ангелов, воинство небесное "And suddenly there was with the angel a multitude of the heavenly host praising God" (Lk., 2:13) / «И внезапно явилось с Ангелом многочисленное воинство небесное, славящее Бога» (Лук., 2:13); ~ Jerusalem Небесный Иерусалим "But ye are come unto mount Sion, and unto the city of the living God, the heavenly Jerusalem, and to an innumerable company of angels" (He., 12:22) / «Но вы приступили к горе Сиону и ко граду Бога живого, к небесному Иерусалиму и тьмам Ангелов» (Евр., 12:22); ~ Spirit

Святой Дух; ~-minded набожный, благочестивый

heave-offering *n.* приношение, жертва

heavy *adj.* тяжелый "Thou wilt surely wear away, both thou, and this people that [is] with thee: for this thing [is] too heavy for thee; thou art not able to perform it thyself alone" (Ex., 18:18) / «Ты измучишь и себя и народ сей, который с тобою, ибо слишком тяжело для тебя это дело: ты один не можешь исправлять его» (Исх, 18:18); обременительный

Heb. (Epistle to the Hebrews) Послание к Евреям св. апостола Павла (книга Библии)

hebd. (Hebdomada) *n.* седмица

hebdomadary *n.* священник, совершающий службу понедельно, недельный священник в Римско-католической церкви

hebetate *v.* притуплять умственные способности

hebetude *n.* тупоумие, тупость, глупость

Hebraic(al) *adj.* гебраический, (древне)еврейский

Hebraism *n.* иудаизм; иудейство

Hebraize *v.* гебраизировать; следовать древнееврейским обычаям

Hebrew I *n.* древнееврейский язык; иврит; иудей, -ка; еврей, -ка "And there came one that had escaped, and told Abram the Hebrew; for he dwelt in the plain of Mamre the Amorite, brother of Eshcol, and brother of Aner: and these [were] confederate with Abram" (Ge., 14:13) / «И

пришел один из уцелевших и известил Аврама Еврея, жившего тогда у дубравы Мамре; Аморреянина, брата Эшколу и брата Анеру, которые были союзники Аврамовы» (Быт., 14:13).

Hebrew II *adj.* (древне)еврейский, иудейский; of ~ extraction еврейского происхождения; ~ calendar иудейский календарь, древнееврейский календарь; ~ Union College Колледж иудейского союза

Hebrewess *n.* иудейка; еврейка; евреянка "That every man should let his manservant, and every man his maidservant, [being] an Hebrew or an Hebrewess, go free; that none should serve himself of them, [to wit], of a Jew his brother" (Je., 34:9) / «Чтобы каждый отпустил на волю раба своего и рабу свою, Еврея и Евреянку, чтобы никто из них не держал в рабстве Иудея, брата своего» (Иер., 34:9).

Hebrewism *n.* гебраизм

Hebrews *n.* Послание к Евреям (книга Библии)

heed *n.* внимание

heedless *adj.* неблагоразумный

heel *n.* пята "And I will put enmity between thee and the woman, and between thy seed and her seed; it shall bruise thy head, and thou shalt bruise his heel" (Ge., 3:15) / «И вражду положу между тобою и между женою, и между семенем твоим и между семенем ее; оно будет поражать тебя в голову, а ты бу-

дешь жалить его в пяту» (Быт.,
3:15).

hegoumenos *n.* игумен

hegumen *n.* игумен

hegumeness *n.* игуменья

Heidelberg Catechism *n.* гей-
дельбергское вероисповедование

height *n.* высота "And this [is the
fashion] which thou shalt make it
[of]: The length of the ark [shall
be] three hundred cubits, the
breadth of it fifty cubits, and the
height of it thirty cubits" (Ge.,
6:15) / «И сделай его так: длина ковчега триста локтей; ширина его пятьдесят локтей, а
высота его тридцать локтей»
(Быт., 6:15).

heir *n.* наследник; преемник

heiress *n.* наследница; преемница

Heirmologion *n.* «Ирмологий»,
«Ирмологион»

heirmos *n.* ирмос

Heliand *n.* «Хелианд», «Спаситель»

hell *n.* ад "For a fire is kindled in
mine anger, and shall burn unto
the lowest hell, and shall consume the earth with her increase,
and set on fire the foundations of
the mountains" (De., 32:22) /
«Ибо огонь возгорелся во гневе Моем, жжет до ада преис-
поднего, и поядает землю и
произведения ее, и попаляет
основания гор» (Втор., 32:22);
преисподняя; геенна; кромеш-
ная тьма; пекло

hellborn I *n.* исчадие ада, сатанинское исчадие

hellborn II *adj.* рожденный в аду

hell-bred *n.* исчадие ада, сатанинское исчадие

hellfire *n.* адский огонь; геенна
огненная; адские муки

hell-gate *n.* врата ада

hell-haunted *adj.* одержимый (бесами)

hellhole *n.* бездна адская

hellish *adj.* адский; дьявольский,
жестокий

hellkite *n.* жестокий человек, изверг, злодей

help I *n.* помощь; вспоможение,
вспомоществование; споспешествование; помощник, -ница

help II *v.* вспомоществовать (кому-л.); поборствовать (кому-
л.); помогать, помочь (кому-л.,
чем-л.); поспешствовать (кому-
л./чему-л.); содействовать (кому-л./чему-л.); споспешствовать (кому-л./чему-л.)

helper *n.* помощник, -ница "For
the Lord saw the affliction of
Israel, [that it was] very bitter:
for [there was] not any shut up,
nor any left, nor any helper for
Israel" (2 Ki., 14:26) / «Ибо
Господь видел бедствие Израиля, весьма горькое, так
что не оставалось ни заклю-
ченного, ни оставшегося, и
не было помощника у Израиля» (4 Цар., 14:26); споспешствователь, -ница

helping *adj.* благопоспешный

helpless *adj.* немощный

helplessness *n.* безысходность;
немочь, немощь

helpmate *n.* помощник, -ница

henceforth *prep.* отныне; впредь
"Neither must the children of Israel henceforth come nigh the
tabernacle of the congregation,
lest they bear sin, and die" (Nu.,
18:22) / «И сыны Израилевы

не должны впредь приступать к скинии собрания, чтобы не понести греха и не умереть» (Числ., 18:22).

henceforward *prep.* отныне; впредь "[Even] all that the Lord hath commanded you by the hand of Moses, from the day that the Lord commanded [Moses], and henceforward among your generations" (Nu., 15:23) / «Всего, что заповедал вам Господь [Бог] чрез Моисея, от того дня, в который Господь заповедал вам, и впредь в роды ваши» (Числ., 15:23).

Heptateuch *n.* Семикнижие, первые семь книг Ветхого Завета

herald *n.* предвестник, -ца; провозвестник, -ница; глашатай "Then an herald cried aloud, To you it is commanded, O people, nations, and languages" (Da., 3:4) / «Тогда глашатай громко воскликнул: объявляется вам, народы, племена и языки» (Дан., 3:4).

herb *n.* злак; трава "And God said, Let the earth bring forth grass, the herb yielding seed, [and] the fruit tree yielding fruit after his kind, whose seed [is] in itself, upon the earth: and it was so" (Ge., 1:11) / «И сказал Бог: да произрастит земля зелень, траву, сеющую семя [по роду и по подобию ее, и] дерево плодовитое, приносящее по роду своему плод, в котором семя его на земле. И стало так» (Быт., 1:11); ~s зелие

herbage *n.* трава

herbiferous *adj.* злачный

herd *n.* паства; стадо "And Abraham ran unto the herd, and fetcht a calf tender and good, and gave [it] unto a young man; and he hasted to dress it" (Ge., 18:7) / «И побежал Авраам к стаду, и взял теленка нежного и хорошего, и дал отроку, и тот поспешил приготовить его» (Быт., 18:7).

hereditability *n.* наследственность

hereditary *adj.* наследственный

heredity *n.* наследственность

herelding *n.* проповедание

herem *n.* херем

heremeit, heremyt(e) *n.* отшельник; анахорет

heresiarch *n.* ересиарх

heresiology *n.* учение о ересях

heresy *n.* ересь; еретичество; to fall into ~ впасть в ересь; to smack of ~/to savour of ~ отдавать ересью; раскол

heretic I еретик, -тичка; раскольник, -ница

heretic II *adj.* еретический

heretical *adj.* еретический; раскольничий; ~ opinions еретические взгляды, еретические воззрения

heritage *n.* наследие

hermeneut *n.* герменевт, толковник; толкователь, -ница

hermeneutic(al) *adj.* интерпретационный, толковательный

hermeneutics *n.* герменевтика, искусство толкования

hermit *n.* отшельник; пустынник; затворник; анахорет; пустынник, -ница; скитник

hermitage *n.* обитель отшельника, анахорета; пустынь, скит;

отшельничество, анахоретство, затворничество; пустыня

hermitary *adj.* отшельнический, затворнический

hermitess *n.* затворница; отшельница

hermitical *adj.* затворнический; отшельнический

hermitry *n.* отшельничество

Hermogen *n.* Ермоген (Гермоген)

hesed *n.* гесед

Heshvan *n.* хешван, месяц еврейского календаря

hesitate *v.* колебаться

hesitation *n.* колебание

Hesperinos *n.* вечерня

hest *n.* приказание; заповедь; желание

hesternal *adj.* вчерашний

Hesychasm *n.* исихазм; молинизм; квиетизм

Hesychast *n.* исихаст, квиетист, молчальник, безмолвник

heterodox *adj.* инославный

heterodox I *n.* иноверец, -рка

heterodox II *adj.* инославный

heterodoxy *n.* неортодоксальность, иноверие, ересь

heterogeneous *adj.* несродный

Heteroousian I *n.* гетерусианин

Heteroousian II *adj.* иносушный

hetoimasia *n.* Этимасия, «Престол уготованный»

hevra qaddisha *n.* хевра кадиша

hexaemeron *n.* шестоднев; 6 дней творения; гексамерон

Hexapla *n.* «Гексапла», «Гекзапла»

hexapsalm *n.* шестопсалмие

Hexateuch *n.* Шестикнижие

hide *v.* скрывать, скрыть (кого-л./что-л. от кого-л.); сокрыть (что-л., от кого-л.) "When that year was ended, they came unto

him the second year, and said unto him, We will not hide [it] from my lord, how that our money is spent; my lord also hath our herds of cattle; there is not ought left in the sight of my lord, but our bodies, and our lands" (Ge., 47:18) / «И прошел этот год; и пришли к нему на другой год и сказали ему: не скроем от господина нашего, что серебро истощилось и стада скота нашего у господина нашего; ничего не осталось у нас пред господином нашим, кроме тел наших и земель наших» (Быт., 47:18); схоронить (кого-л./что-л.); таить, утаить (кого-л./что-л.) "And the Lord said, Shall I hide from Abraham that thing which I do" (Ge., 18:17) / «И сказал Господь: утаю ли Я от Авраама [раба Моего], что хочу делать!» (Быт., 18:17); ~ oneself скрываться, скрыться (от кого-л./от чего-л.); hidden сокровенный; сокрытый; тайный; hiding схоронение

hidel *n.* укрытие, убежище

hideousness *n.* безобразие, гнусность, мерзость

hierarch *n.* иерарх; священноначальник

hierarchal *adj.* иерархический

hierarchy *n.* иерархия; священноначалие, церковная власть, теократия

hieratic *adj.* иератический; религиозный, культовый; священнический

hierocracy *n.* церковная иерархия

hierodeacon *n.* иеродиакон

hierogram *n.* священный знак (символические письмена древних жрецов)

hierography *n.* священные письмена

hieromancy *n.* гадание по жертве

hieromonk *n.* священноинок

Hieronymian «Иеронимийский мартиролог»

Hieronymite *n. pl.* иеронимиты

hierurgy *n.* священнодействие

high *adj.* высокий; вышний; горний; ~ altar главный алтарь церкви; ~ Church Высокая церковь; ~ day день праздничный, праздник; ~ God небесное божество; ~ mass торжественная месса; ~ Churchman сторонник/представитель Высокой церкви; ~ criticism библейская текстология; ~-souled возвышенный, благородный

high-aspiring *adj.* честолюбивый

high-day *n.* торжественный день

highest *adj.* вышний

high-place *n.* место жертвоприношения

high-priest *n.* первосвященник

high-priesthood *n.* первосвященство

high-toned *adj.* велегласный

hill *n.* гора "And the waters prevailed exceedingly upon the earth; and all the high hills, that [were] under the whole heaven, were covered" (Ge., 7:19) / «И усилилась вода на земле чрезвычайно, так что покрылись все высокие горы, какие есть под всем небом» (Быт., 7:19); холм "The blessings of thy father have prevailed above the blessings of my progenitors unto the utmost bound of the everlasting hills: they shall be on the head of Joseph, and on the crown of the head of him that was separate from his brethren" (Ge., 49:26) / «Благословениями отца твоего, которые превышают благословения гор древних и приятности холмов вечных; да будут они на голове Иосифа и на темени избранного между братьями своими» (Быт., 49:26).

hillock *n.* холм

hilly *adj.* нагорный

hinder *v.* мешать

hindrance *n.* преграда, препона

hint *n.* намек

hireling *n.* наемник, -ница "[Is there] not an appointed time to man upon earth? [are not] his days also like the days of an hireling?" (Job, 7:1) / «Не определено ли человеку время на земле, и дни его не то же ли, что дни наемника?» (Иов., 7:1)

history *n.* история; scripture ~ священная история

hitherto *adv.* доныне; доселе "And thou shalt say unto him, The Lord God of the Hebrews hath sent me unto thee, saying, Let my people go, that they may serve me in the wilderness: and, behold, hitherto thou wouldest not hear" (Ex., 7:16) / «И скажи ему: Господь, Бог Евреев, послал меня сказать тебе: отпусти народ Мой, чтобы он совершил Мне служение в пустыне; но вот, ты доселе не послушался» (Исх., 7:16).

Hockday *n.* 2-й вторник после Пасхи

hod *n.* ход

hodiernal *adj.* нынешний, сегодняшний

Hogmanay *n.* новогодняя ночь; новогодний подарок

hoi ha-mo'ed хол га-моэд

hoi polloi *n. pl.* простолюдины, простонародье

hold *v.* держать (что-л.); удерживать, удержать (кого-л./что-л.); ~ against противопоставлять, противопоставить (что-л., чему-л.); устоять (перед чем-л., против чего-л.); ~ing держание

holiday *n.* праздник; праздничный день

holidom *n.* реликвия

holily *adv.* благочестиво, свято "Ye [are] witnesses, and God [also], how holily and justly and unblameably we behaved ourselves among you that believe" (1 Th., 2:10) / «Свидетели вы и Бог, как свято и праведно и безукоризненно поступали мы перед вами, верующими» (1 Фес., 2:10).

Holiness *n.* святость, священность; благочестие; Святейшество (титул); Your ~ Ваше Преосвященство ~ movement «Движение истинной святости»

Hollantide канун и сам день Всех святых, 31 октября -1 ноября

hollen *adj.* святой; священный

holocaust *n.* жертвоприношение, поглощаемое огнем; Холокост; всесожжение

holy *adj.* святой; непорочный; праведный; небесный; богоподобный; безгрешный; благочестивый; божественный; Божий; Богоданный; священный; святейший; ~ bread хлеб Свя-

того Причастия, просвира; просфора; ~ City Священный город; ~ Club Священный клуб; ~ Coat святой хитон Господень; ~ Holy Communion Святое Причастие; ~ Cross Честной и Животворящий Крест Господень, Животворящее Древо; ~ Cross Day праздник Воздвижения Честного и Животворящего Креста Господня, праздник Крестовоздвижения; ~ day церковный праздник; ~ days of obligation праздники Римско-католической Церкви; ~ door Царские врата; ~ Family Святое Семейство; «Святое Семейство»; ~ Father Его Святейшество Папа Римский, Его Святейшество Патриарх православной церкви, святой отец; ~ Fathers Святые Отцы; ~ Friday Великий Пяток, Страстная Пятница; ~ Ghost Святой Дух; ~ Ghost Fathers католическая конгрегация Святого Духа; ~ Grail священный Грааль; ~ ground освященная земля; ~ Innocents День избиения младенцев, День мучеников 14 000 младенцев, от Ирода в Вифлееме избиенных; ~ Inquisition Святая Инквизиция; ~ Island Ирландия; ~ Joe капеллан, черноризник; ~ Lamb Агнец Божий; ~ Lance Святое Копье; ~ Land Святая Земля; ~ League «Святая лига»; ~ love святая любовь; ~ man праведник, святой, святой жизни человек; ~ Mandylion «Спас Мокрая Брада», «Спас Нерукотворный»; ~ Monday Великий Понедельник, понедельник Страстной седмицы, последний понедельник перед Светлым воскресением Христовым; ~ Mother Пресвятая Богородица, Богоматерь; ~ Mountain гора Афон; ~ of Holies Святая Святых, Святое Святых; ~ oblation святой хлеб; ~ Office Святая Палата Римской католической церкви, инквизиция; ~ oil святой елей, миро; ~ orders священство, степени священства, духовное звание/духовный сан; to be in ~ иметь духовный сан, быть священником; ~ Orthodox Catholic Apostolic Eastern Church Святая Православная Кафолическая Апостольская Восточная Церковь; ~ Passion Страсти Господни; ~ places святилища, святые места; ~ Reed Изображение Христа (Распятие); ~ Rollers трясуны; ~ Roman Empire Священная Римская Империя; ~ rood распятие, Крест Господень; ~ Rood Day Воздвижение Честного и Животворящего Креста Господня; ~ Russia Русь Святая; ~ Saturday Великая Суббота; ~ Scripture Священное Писание, ~ See Святейший престол; папский престол; ~ Sepulchre гроб Господень; храм Гроба Господня; ~ Shroud Святая плащаница; ~ souls праведные души; ~ Spirit Святой Дух; ~ Spirit Association for the Unification of World Christianity Церковь Объединения; ~ Synod Святой Синод; ~ Table престол; ~ Thursday Великий Четверток, Вознесение Господне; ~ tide цер-

ковные праздники; ~ Transfiguration Преображение Господне; ~ Trinity Святая Троица; ~ Tuesday Великий Вторник; ~ vessels церковная утварь; ~ War Священная война; ~ Water святая вода; ~-water sprinkle кропило; ~ Wednesday Великая Среда; ~ Week Страстная седмица; ~ well чудотворный источник; ~ Writ Священное Писание; ~ Year Святой год; Most ~ Всесвятый

holytide *n.* полоса церковных праздников

homage I *n.* почтение, уважение; преклонение, благоговение; челобитие

homage II *v.* воздавать должное

home *n.* дом "And she laid up his garment by her, until his lord came home" (Ge., 39:16) / «И оставила одежду его у себя до прихода господина его в дом свой» (Быт., 39:16); очаг; обиталище

homicide *n.* душегуб, душегубец; душегубство

homiletic *adj.* проповеднический; ~ theology/divinity гомилетика

homiletics *n.* гомилетика

Homiliarium *n.* гомилиарий

homiliary *n.* сборник проповедей

Homiliastes (the surname of St. Grerory) *n.* Двоеслов

homilist *n.* проповедник; составитель проповедей

homilize *v.* проповедовать (что-л. кому-л.); поучать, наставлять; читать проповеди, наставления

Homily Breviary *n.* бревиарий «Гомилиа»

homily *n.* проповедь; пастырское наставление; омилия (изъяснительная беседа)

Homoeans *n. pl.* акакияне

homologate *v.* соглашаться; выражать согласие; утверждать; подтверждать, санкционировать

homonymous *adj.* единоименный

Homoousia *n.* омоусия

Homoousian *n.* омоусианин

honest *adj.* добропорядочный; добросовестный; порядочный; честный; добрый "Providing for honest things, not only in the sight of the Lord, but also in the sight of men" (2 Co., 8:21) / «Ибо мы стараемся о добром не только пред Господом, но и пред людьми» (2 Кор., 8:21).

honesty *n.* добросовестность; порядочность; честность; чистота "For kings, and [for] all that are in authority; that we may lead a quiet and peaceable life in all godliness and honesty" (1 Ti., 2:2) / «За царей и за всех начальствующих, дабы проводить нам жизнь тихую и безмятежную во всяком благочестии и чистоте» (1 Тим., 2:2).

honor *n.* честь; *v.* возвеличивать, возвеличить (кого-л./что-л.); be ~ed возвеличиваться, возвеличиться; чествовать (кого-л.); чтить (кого-л./что-л.); ~ thy father and thy mother чти отца своего и матерь свою; ~ing чествование

Honorius I *n.* Гонорий I

Honorius II *n.* Гонорий II

Honorius III *n.* Гонорий III

Honorius IV *n.* Гонорий IV

honour *n.* почесть; слава "O my soul, come not thou into their secret; unto their assembly, mine honour, be not thou united: for in their anger they slew a man, and in their selfwill they digged down a wall" (Ge., 49:6) / «В совет их да не внидет душа моя, и к собранию их да не приобщится слава моя, ибо они во гневе своем убили мужа и по прихоти своей перерезали жилы тельца» (Быт., 49:6); ~ing почитание

honourable *adj.* славный; уважаемый "And he said unto him, Behold now, [there is] in this city a man of God, and [he is] an honourable man; all that he saith cometh surely to pass: now let us go thither; peradventure he can shew us our way that we should go" (1 Sa., 9:6) / «Но слуга сказал ему: вот в этом городе есть человек Божий, человек уважаемый; все, что он ни скажет, сбывается; сходим теперь туда; может быть, он укажет нам путь наш, по которому нам идти» (1 Цар., 9:6).

hood *n.* клобук

hope I *n.* надежда "Turn again, my daughters, go [your way]; for I am too old to have an husband. If I should say, I have hope, [if] I should have an husband also to night, and should also bear sons" (Ru., 1:12) / «Возвратитесь, дочери мои, пойдите, ибо я уже стара, чтоб быть замужем. Да если б я и сказала: «есть мне еще надежда», и даже если бы я сию же ночь была с мужем и потом родила сыновей» (Руф., 1:12); чаяние; in the ~ в чаянии; vain ~ тщетная надежда; false ~ обманчивая надежда; give ~ подавать надежду; be joyful in ~ утешаться надеждой; упование

hope II v. надеяться; уповать (на кого-л./на что-л.); ~ for чаять (чего-л.)

hopeless adj. безнадежный

hopelessness n. безнадежность

hopples n. путы

hor. (hora) n. час

horn n. труба; рог "And Abraham lifted up his eyes, and looked, and behold behind [him] a ram caught in a thicket by his horns: and Abraham went and took the ram, and offered him up for a burnt offering in the stead of his son" (Ge., 22:13) / «И возвел Авраам очи свои и увидел: и вот, позади овен, запутавшийся в чаще рогами своими. Авраам пошел, взял овна и принес его во всесожжение вместо [Исаака], сына своего» (Быт., 22:13).

Horn. (Homilia) n. бревиарий «Гомилиа»

horologium n. часослов, часовник, «Книга Часов»

horrible adj. ужасный "A wonderful and horrible thing is committed in the land" (Je., 5:30) / «Изумительное и ужасное совершается в сей земле» (Иер., 5:30).

horror n. ужас "And when the sun was going down, a deep sleep fell upon Abram; and, lo, an horror of great darkness fell upon

him" (Ge., 15:12) / «При захождении солнца крепкий сон напал на Аврама, и вот, напал на него ужас и мрак великий» (Быт., 15:12); трепет "They shall also gird [themselves] with sackcloth, and horror shall cover them; and shame [shall be] upon all faces, and baldness upon all their heads" (Ezr., 7:18) / «Тогда они препояшутся вретищем, и обоймет их трепет; и у всех на лицах будет стыд, и у всех на головах плешь» (Ездр., 7:18).

hortation n. увещевание, наставление

hortative I n. поучение, наставление, проповедь

hortative II, hortatory adj. наставительный, поучительный

Hos. (Hosea) n. Книга Пророка Осии (книга Библии)

hosanna(h) n. осанна

Hosea n. Книга Пророка Осии (книга Библии)

Hoshana Rabba n. го-шана рабба, последний день праздника Суккот

hoshen n. хошен

hospice n. монастырская гостиница; странноприимный дом; приют; богадельня

hospitable adj. гостепримный, гостеприимчивый;

hospitality n. гостеприимство; странноприимство; хлебосольство

Hospitaller n. госпитальер, мальтийский рыцарь

hospitaller n. гостинник

hospitium n. странноприимный дом; пристанище; приют

host n. гостия, облатка; просфора; хозяин, хозяйк;

сонмище; ~ host of angels сонм духов; the heavenly ~s рать небесная; воинство "Thus the heavens and the earth were finished, and all the host of them" (Ge., 2:1) / «Так совершены небо и земля и все воинство их» (Быт., 2:1).

hostile *adj.* враждебный; вражий; противоборный

hostility *n.* вражда; враждебность

hour-bell *n.* колокол, отбивающий часы

hour-book *n.* часослов, часовник, «Книга Часов»

hourly *adj.* ежечасный

Hours *n. pl.* уставные часы молитв; краткие богослужения

house *n.* дом "Now the Lord had said unto Abram, Get thee out of thy country, and from thy kindred, and from thy father's house, unto a land that I will shew thee" (Ge., 12:1) / «И сказал Господь Авраму: пойди из земли твоей, от родства твоего и из дома отца твоего [и иди] в землю, которую Я укажу тебе» (Быт., 12:1); храм, церковь; религиозное братство; монашеская обитель; церковная коллегия, совет; the ~ of God дом Божий; the ~ of bishops совет епископов; ~ of prayer молитвенный дом; ~ of the Hospitalers of St. Mary of the Teutons in Jerusalem Тевтонский орден, рыцари Тевтонского ордена; ~ of worship молитвенный дом

house-chapel *n.* домовая церковь

household *n.* семейство; семья; домочадцы; дом "Then Jacob said unto his household, and to

all that [were] with him, Put away the strange gods that [are] among you, and be clean, and change your garments" (Ge., 35:2) / «И сказал Иаков дому своему и всем бывшим с ним: бросьте богов чужих, находящихся у вас, и очиститесь, и перемените одежды ваши» (Быт., 35:2).

hovel *n.* ниша для размещения статуи

hubris I *n.* гордость, высокомерие; надменность

hubris II *adj.* высокомерный; презрительный

Huguenotism *n.* гугенотство

human I *n.* человеческое существо; the ~ человечество, род человеческий

human II *adj.* мирской, светский; ~ sacrifice человеческое жертвоприношение; человеколюбивый; человеческий; человечный; ~ race человечество

human-divine *adj.* богомужный

humane *adj.* гуманный

humanism *n.* гуманизм

humanist *n.* гуманист

humanitarian *n.* отрицающий божественность Христа

Humanitarians *n. pl.* гуманисты

humanity *n.* гуманность; человеколюбие; человечность

Humash *n.* Хумаш, Пятикнижие

humble I *adj.* смиренный, покорный; послушный

humble II *v.* унижать; принижать; низводить, низвести (кого-л./что-л.); смирять (кого-л./что-л.) "And Moses and Aaron came in unto Pharaoh, and said unto him, Thus saith the

Lord God of the Hebrews, How long wilt thou refuse to humble thyself before me? let my people go, that they may serve me" (Ex., 10:3) / «Моисей и Аарон пришли к фараону и сказали ему: так говорит Господь, Бог Евреев: долго ли ты не смиришься предо Мною? отпусти народ Мой, чтобы он совершил Мне служение» (Исх., 10:3).

humbleness *n.* смирение, покорность

humbly *adv.* покорно; прилежно; смиренно; смиренномудренно "He hath shewed thee, O man, what [is] good; and what doth the Lord require of thee, but to do justly, and to love mercy, and to walk humbly with thy God?" (Mi., 6:8) / «О, человек! Сказано тебе, что — добро, и чего требует от тебя Господь: действовать справедливо, любить дела милосердия и смиренномудренно ходить пред Богом твоим» (Мих., 6:8).

humiliate *v.* посрамлять, посрамить (кого-л./что-л.); унижать, унизить (кого-л./что-л.); уничижать (кого-л./что-л.)

Humiliati *n. pl.* гумилиаты

humiliation *n.* посрамление; уничижение "In his humiliation his judgment was taken away: and who shall declare his generation? for his life is taken from the earth" (Ac., 8:33) / «В уничижении Его суд Его совершился. Но род Его кто разъяснит? ибо вземлется от земли жизнь Его» (Деян., 8:33).

humility *n.* смиренность, скромность; смирение "Before destruction the heart of man is haughty, and before honour [is] humility" (Pr., 18:12) / «Перед падением возносится сердце человека, а смирение предшествует славе» (Притч., 18:13).

humour *n.* настроение

hunger *n.* алкота, глад, голод "And the children of Israel said unto them, Would to God we had died by the hand of the Lord in the land of Egypt, when we sat by the flesh pots, [and] when we did eat bread to the full; for ye have brought us forth into this wilderness, to kill this whole assembly with hunger" (Ex., 16:3) / «И сказали им сыны Израилевы: о, если бы мы умерли от руки Господней в земле Египетской, когда мы сидели у котлов с мясом, когда мы ели хлеб досыта! ибо вывели вы нас в эту пустыню, чтобы все собрание это уморить голодом» (Исх., 16:3); алкание

hungry *adj.* голодный; гладный "[They that were] full have hired out themselves for bread; and [they that were] hungry ceased: so that the barren hath born seven; and she that hath many children is waxed feeble" (1 Sa., 2:5) / «Сытые работают из хлеба, а голодные отдыхают; даже бесплодная рождает семь раз, а многочадная изнемогает» (1 Цар., 2:5); алчущий "If I were hungry, I would not tell thee: for the world [is] mine, and the fulness thereof" (Ps., 50:12) /

«Если бы Я взалкал, то не сказал бы тебе, ибо Моя вселенная и все, что наполняет ее»
(Псл., 49:12); be ~ for smth. алкать

hunt *n.* ловитва, ловля; ловительство

hurry I *n.* поспешение

hurry II *v.* поспешать, поспешить; спешить

hurt I *n.* зло "That thou wilt do us
no hurt, as we have not touched
thee, and as we have done unto
thee nothing but good, and have
sent thee away in peace: thou
[art] now the blessed of the
Lord" (Ge., 26:29) / «Чтобы ты
не делал нам зла, как и мы не
коснулись до тебя, а делали
тебе одно доброе и отпустили
тебя с миром; теперь ты благословен Господом» (Быт.,
28:29).

hurt II *v.* вредить, повредить
(кому-л. чем-л.); повредить
(кому-л.); уязвлять, уязвить
(кого-л. чем-л.); язвить, уязвить (кого-л. чем-л.)

hurter *n.* вредитель, -ница

hurtful *adj.* губительный; зловредный; пагубный; вредный
"That search may be made in the
book of the records of thy fathers: so shalt thou find in the
book of the records, and know
that this city [is] a rebellious city,
and hurtful unto kings and provinces, and that they have moved
sedition within the same of old
time: for which cause was this
city destroyed" (Ezr., 4:15) /
«Пусть поищут в памятной
книге отцов твоих, — и най-
дешь в книге памятной, и уз-

наешь, что город сей — город
мятежный и вредный для царей и областей, и что отпаде-
ния бывали в нем издавна, за
что город сей и опустошен»
(Ездр., 4:15); лютый "[It is he]
that giveth salvation unto kings:
who delivereth David his servant
from the hurtful sword" (Ps.,
144:10) / «Дарующему спасение царям и избавляющему
Давида, раба Твоего, от лютого
меча» (Псл., 143:10).

hurtfulness *n.* зловредность

hurting *adj.* вредителыный; вредный

husband *n.* муж "And when the
woman saw that the tree [was]
good for food, and that it [was]
pleasant to the eyes, and a tree
to be desired to make [one]
wise, she took of the fruit
thereof, and did eat, and gave
also unto her husband with
her; and he did eat" (Ge., 3:6) /
«И увидела жена, что дерево
хорошо для пищи, и что оно
приятно для глаз и вожделен-
но, потому что дает знание; и
взяла плодов его и ела; и дала
также мужу своему, и он ел»
(Быт., 3:6).

Hussites *n. pl.* гуситы

hymn I *n.* гимн; воспевание;
песнь; стихира; псалом; славословие "Speaking to yourselves
in psalms and hymns and spiritual songs, singing and making
melody in your heart to the
Lord" (Eph., 5:19) / «Назидая
самих себя псалмами и славословиями и песнопениями ду-
ховными, поя и воспевая в

сердцах ваших Господу» (Ефес., 5:19).

hymn II *v.* петь хвалу, славословить; петь гимны/псалмы

hymnal *n.* сборник церковных гимнов; псалтырь, псалтирь

hymnary, hymnbook *n.* сборник гимнов

hymnist *n.* псалмопевец; сочинитель псалмов

hymnody *n.* исполнение/сочинение/собрание гимнов

hymnographer *n.* гимнограф, сочинитель псалмов

hymnology *n.* гимнология

hypakoe *n.* ипакои

Hypapante *n.* Сретение Господне

hyperdulia *n.* гипердулия

hyperphysical *adj.* сверхъестественный

hypnosis *n.* внушение; лицемерие

hypocrisy *n.* лицемерие "Even so ye also outwardly appear righteous unto men, but within ye are full of hypocrisy and iniquity" (Mt., 23:28) / «Так и вы по наружности кажетесь людям праведными, а внутри исполнены лицемерия и беззакония» (Матф., 23:28); пустосвятство

hypocrite I *n.* лицемер, -рка "So [are] the paths of all that forget God; and the hypocrite's hope shall perish" (Job, 8:13) / «Таковы пути всех забывающих Бога, и надежда лицемера погибнет» (Иов., 8:13); притворщик, ханжа, святоша; пустосвят, -тка

hypocrite II *adj.* притворный, ханжеский; пустосвятный

hypocritical *adj.* лицемерный "With hypocritical mockers in

feasts, they gnashed upon me with their teeth" (Ps., 35:16) / «С лицемерными насмешниками скрежетали на меня зубами своими» (Псл., 34:16); притворный; нечестивый "I will send him against an hypocritical nation, and against the people of my wrath will I give him a charge, to take the spoil, and to take the prey, and to tread them down like the mire of the streets" (Isa, 10:6) / «Я пошлю его против народа нечестивого и против народа гнева Моего, дам ему повеление ограбить грабежом и добыть добычу и попирать его, как грязь на улицах» (Ис., 10:6).

hypogeum *n.* гипогей; подземелье; склеп

hypostasis *n.* ипостась

hypostasize *v.* гипостазировать

Hypostatic Union трехипостасное единство

hypostatize *v.* гипостазировать, ипостазировать

hypothesis *n.* гипотеза

hypothesize *v.* строить гипотезы

hyssop *n.* иссоп "And ye shall take a bunch of hyssop, and dip [it] in the blood that [is] in the bason, and strike the lintel and the two side posts with the blood that [is] in the bason; and none of you shall go out at the door of his house until the morning" (Ex., 12:22) / «И возьмите пучок иссопа, и обмочите в кровь, которая в сосуде, и помажьте перекладину и оба косяка дверей кровью, которая в сосуде; а вы никто не выходите за двери дома своего до утра» (Исх., 12:22); sprinkle with ~ окропить иссопом

I

I Am movement движение «Аз есмь»

I. C. (Vivas In Christo) да продлится жизнь твоя во Христе

i. e. (Id Est) то есть, или другими словами

I. H. S. (Iesus Hominum Salvator) Иисус Христос Спаситель человеков

I. L. H. (Jus Liberorum Habens) право занимать публичную, государственную должность

Ice Saints Св. Мамерт, Св. Панкратий Фригийский, Св. Серватий Бельгийский и Св. Вонифатий Тарсийский

ICHTHYS (Iesous CHristos. THeou Uios, Soter) «Иисус Христос, Сын Божий, Спаситель»

icon I *n.* икона; лик; образ

icon II, iconic *adj.* иконный

iconical *adj.* образной

iconize *v.* делать предметом поклонения; обожествлять

icon-lamp *n.* лампада

iconoclasm *n.* иконоборство, иконоборчество

iconoclast *n.* иконоборец; ~s иконоборцы

iconoclastic *adj.* иконоборческий; иконоборный; ~ Controversy иконоборчество

iconodules *n. pl.* иконопочитатели

iconograph *n.* книжная иллюстрация

iconographic *adj.* иконографический

iconographic *adj.* иконографический

iconography *n.* иконография

iconolatry *n.* иконолатрия

iconological *adj.* иконологический

iconology *n.* иконология

iconophilist *n.* специалист по иконам

iconostas *n.* иконостас

iconostasis *n.* иконостас; иконопочитание

icon-painting I *n.* иконописание, иконопись

icon-painting II *adj.* иконописный

ID. (Idibus) в иды, в 15-й день марта, мая, июля и октября; в 13-й день всех остальных месяцев

Id. (Idus, "Ides") иды, 15-й день марта, мая, июля и октября; 13-й день всех остальных месяцев

idea *n.* понятие

ideal I *n.* идеал

ideal II *adj.* идеальный

idealist *n.* идеалист

idealistic *adj.* идеалистический

idealize *v.* идеализировать (кого-л./что-л.)

identic, -al *adj.* тождественный

identification *n.* отождествление

identify I *n.* отождествление; тождество

identify II *v.* устанавливать, выявлять, определять; отождествлять, отождествить

ideograph *n.* идеограмма, знак, символ

ideographic(al) *adj.* идеографический

ideography *n.* идеография

ideological *adj.* идеологический

ideologist *n.* идеолог

ideology *n.* идеология; мировоззрение

Ides иды, 15-й день марта, мая,
июля и октября; 13-й день всех
остальных месяцев

idiographic *adj.* отдельный, конкретный, индивидуальный

idiorrythmic monasticism иди-
орритмическое, особножитное,
отшельническое монашество

idle I *n.* дармоед, -ка

idle II *adj.* праздный "And the tale
of the bricks, which they did
make heretofore, ye shall lay
upon them; ye shall not diminish
[ought] thereof: for they [be]
idle; therefore they cry, saying,
Let us go [and] sacrifice to our
God" (Ex., 5:8) / «А кирпичей
наложите на них то же урочное
число, какое они делали вчера
и третьего дня, и не убавляйте;
они праздны, потому и кричат:
пойдем, принесем жертву Богу
нашему» (Исх., 5:8); тщетный;
~ Bible «Библия бездействую-
щего пастуха»

idleness *n.* дармоедство; праздность "She looketh well to the
ways of her household, and
eateth not the bread of idleness"
(Pr., 31:27) / «Она наблюдает за
хозяйством в доме своем и не
ест хлеба праздности» (Притч.,
31:27); празднолюбие

idler *n.* бездельник, -ница; дармоед, -ка; празднолюбец

idol *n.* идол "Turn ye not unto
idols, nor make to yourselves
molten gods: I [am] the Lord
your God" (Lev., 19:4) / «Не

обращайтесь к идолам и богов
литых не делайте себе. Я Господь, Бог ваш» (Лев., 19:4);
кумир; божество; истукан to
pling ~s by prayer молитвами
сокрушать идолов

idolater *n.* идолопоклонник
"Neither be ye idolaters, as
[were] some of them; as it is
written, The people sat down to
eat and drink, and rose up to
play" (1 Co., 10:7) / «Не будьте
также идолопоклонниками,
как некоторые из них, о которых написано: народ сел есть и
пить, и встал играть» (1 Кор.,
10:7); идолослужитель "Yet not
altogether with the fornicators of
this world, or with the covetous,
or extortioners, or with idolaters;
for then must ye needs go out of
the world" (1 Co., 5:10) /
«Впрочем не вообще с блуд-
никами мира сего, или лихо-
имцами, или хищниками, или
идолослужителями, ибо иначе
надлежало бы вам выйти из
мира сего» (1 Кор., 5:10).

idolatress *n.* идолопоклонница

idolatrous *adj.* идолопоклоннический

idolatry *n.* идолопоклонство
"For rebellion [is as] the sin of
witchcraft, and stubbornness [is
as] iniquity and idolatry. Because thou hast rejected the
word of the Lord, he hath also
rejected thee from [being] king"
(1 Sa., 15:23) / «Ибо непокорность есть такой же грех, что
волшебство, и противление то
же, что идолопоклонство; за
то, что ты отверг слово Господа, и Он отверг тебя, чтобы ты

не был царем» (1 Цар., 15:23); идолослужение "Wherefore, my dearly beloved, flee from idolatry" (1 Co., 10:14) / «Итак, возлюбленные мои, убегайте идолослужения» (1 Кор., 10:14).

idolclast *n.* идолослужение

idolish *adj.* идолопоклоннический; идольский

idolism *n.* идолопоклонство; идолопоклонничество

idolist *n.* идолопоклонник

idolization *n.* обожествление; обожение

idolize *n.* боготворить, обоживать, обожить (кого-л./что-л.)

idoloclast *n.* разрушитель идолов

idol-temple *n.* капище

idolum *n.* фантом, видение

Iesus Nazarenus Rex Iudaeorum *n.* Иисус Назорей, Царь Иудейский

Iglesia ni Cristo *n.* Церковь Христа на Филиппинах, Иглесиа ни Кристо

Iglesia ni Kristo *n.* Церковь Христа на Филиппинах, Иглесиа ни Кристо

Ignatian *n.* игнатианец, иезуит

Ignatius *n.* Игнатий

igneous *adj.* огненный, пламенный, пламенеющий

ignicolist *n.* огнепоклонник, -ница

ignify *n.* воспламенять, зажигать

ignivomous *adj.* огнедышащий

ignobility *n.* подлость, низость; плебейство

ignoble *adj.* подлый, низменный; плебейский

ignobleness *n.* подлость, низость; плебейство

ignominious *adj.* недостойный, низкий, позорный, постыдный, унизительный; бесчестный

ignominy *n.* бесчестье, позор, унижение; бесславие "When the wicked cometh, [then] cometh also contempt, and with ignominy reproach" (Pr., 18:3) / «С приходом нечестивого приходит и презрение, а с бесславием — поношение» (Притч., 18:3); позорище; срам

ignorance *n.* неведение "As obedient children, not fashioning yourselves according to the former lusts in your ignorance" (1 Pe., 1:14) / «Как послушные дети, не сообразуйтесь с прежними похотями, бывшими в неведении вашем» (1 Петр., 1:14); невежественность; невежество "For so is the will of God, that with well doing ye may put to silence the ignorance of foolish men" (1 Pe., 2:15) / «Ибо такова есть воля Божия, чтобы мы, делая добро, заграждали уста невежеству безумных людей» (1 Петр., 2:15); ошибка "And if the whole congregation of Israel sin through ignorance, and the thing be hid from the eyes of the assembly, and they have done [somewhat against] any of the commandments of the Lord [concerning things] which should not be done, and are guilty" (Lev., 4:13) / «Если же все общество Израилево согрешит по ошибке и скрыто будет дело от глаз собрания, и сделает что-нибудь против заповедей Господних, чего не надлежало делать, и будет виновно» (Лев., 4:13).

ignorant I *n.* невежда

ignorant II *adj.* неведущий; несведущий; темный

ignoration *n.* пренебрежение, игнорирование

ignore *v.* игнорировать; пренебрегать, пренебречь (кем-л./чем-л.)

Igr. (Igitur) следовательно, итак

IHC *n.* Иисус Христос

ikon *n.* икона; образ; изображение

ill I *n.* зло, вред; несчастья, беды; худо; грех; the ~s of life жизненные невзгоды

ill II *adj.* больной; ~ fame плохая репутация, дурная слава; ~ nature злоба; недоброжелательность; ~ will злая воля; недоброжелательность, неприязнь, враждебность; *adj.* болезнующий, болящий; недугующий; немощный; худой; злой

illaudable *adj.* непохвальный, предосудительный

ill-boding *adj.* зловещий

illegal *adj.* законопреступный; незаконный; неправомерный

illegality *n.* незаконность; неправомерность

illegitimacy *n.* незаконность

illegitimate *n.* незаконнорожденный

ill-fated *adj.* злополучный; злосчастный; несчастливый

illiberal *adj.* некультурный; необразованный; ограниченный; недалекий, лишенный кругозора; нетерпимый; предубежденный; скупой, жадный

illiberality *n.* ограниченность

illicit *adj.* запретный

illimitable *adj.* безграничный, беспредельный; безмерный

illimited *adj.* неограниченный, беспредельный

ill-intended, ill-meaning, ill-minded *adj.* злонамеренный

ill-luck *n.* злополучие; злословие; несчастие, несчастье; bringing ~ бедоносный

ill-mind *adj.* зловещий

ill-natured *adj.* злонравный

ill-naturedness, ill-temper *n.* злонравие

illness болезнь; немочь, немощь

ill-omened *adj.* обреченный на неудачу; зловещий

ill-starred *adj.* несчастливый, невезучий

ill-starred *adj.* злополучный

ill-tempered *adj.* злонравный

illth *n.* бедность, нищета, недостаток

ill-timed *adj.* безвременный; неблаговременный

illude *v.* обольщать, обольстить (кого-л., чем-л.)

illuminate *v.* озарять, озарить (кого-л./что-л.)

illumination *n.* озарение

illuminatory *adj.* освещающий, озаряющий

illumine *v.* светлеть

illusion *n.* обольщение

illusive *adj.* обманчивый

illustrate *v.* характеризовать, охарактеризовать (кого-л./что-л.)

illustrious *adj.* блистательный; прославленный; известный; знаменитый, выдающийся

ill-wilier *n.* зложелатель, злоохотник, недоброжелатель

ill-will *n.* зложелание; злая воля; недоброжелательство; нерасположение

ill-wish *v.* желать зла (кому-л.)

ill-wisher *n.* зложелатель, злоохотник, недоброжелатель, -ница

image *n.* образ "And God said, Let us make man in our image, after our likeness: and let them have dominion over the fish of the sea, and over the fowl of the air, and over the cattle, and over all the earth, and over every creeping thing that creepeth upon the earth" (Ge., 1:26) / «И сказал Бог: сотворим человека по образу Нашему [и] по подобию Нашему, и да владычествуют они над рыбами морскими, и над птицами небесными, [и над зверями,] и над скотом, и над всею землею, и над всеми гадами, пресмыкающимися по земле» (Быт., 1:26); изображение; фигура; изваяние, статуя; икона; лик; лицо; graven ~ идол, кумир; ~ -breaker иконоборец

image-case *n.* божница

image-case *n.* киот

image-painter *n.* иконописец

image-room *n.* образная

imagery *n.* скульптура; картины; резьба

image-worship *n.* идолопоклонство

image-worshipper *n.* идолопоклонник

imbecil *n.* скудоумный

imbecile *adj.* слабоумный

imbecility *n.* скудоумие; слабоумие

imbreathe *v.* вдохнуть; вдохновлять

imbrue *v.* запятнать, обагрить

imbrute *v.* превращать в животное, в скотину

imitate *v.* подражать (кому-л./чему-л.)

imitation *n.* имитация, подделка; копия; ~ antique слепок с античной скульптуры

immaculacy *n.* непорочность, чистота, незапятнанность, безукоризненность

immaculate *adj.* непорочный, чистый, незапятнанный, безукоризненный; ~ Conception Непорочное/бессеменное Зачатие, праздник Непорочного Зачатия Пресвятой Девы Марии; ~ Heart of Mary Пренепорочное Сердце Пресвятой Девы Марии; бессеменный

immaculaty *n.* непорочность

immane *adj.* громадный; ужасный, жестокий

immanence *n.* имманентность

immanent *adj.* имманентный

immaterial *adj.* бесплотный, бестелесный; невещественный

immateriality *n.* бесплотность

immediate *adj.* непосредственный

immemorial *adj.* незапамятный; древний; from time ~ с незапамятных времен

immence *adj.* необъятный

immensity *n.* необъятность

immerse *v.* погружать, погрузить (кого-л./что-л., во что-л.); крестить окунанием в воду

immersion *n.* крещение окунанием в воду

imminence *n.* неминуемость

imminent *adj.* неминуемый

immingle *v.* смешивать, перемешивать; смешиваться, перемешиваться

immitigable *adj.* не поддающийся смягчению/облегчению; не поддающийся уговорам

immoderacy *n.* неумеренность, излишество

immoderate *adj.* неумеренный, чрезмерный

immoderation *n.* неумеренность, излишество

immodest *adj.* нецеломудренный

immodesty *n.* нецеломудренность

immolate *v.* жертвовать, пожертвовать (что-л., кем-л., чем-л.); приносить в жертву; закалывать (кого-л.); to ~ a ram/lamb приносить в жертву барана/ягненка

immolation *n.* жертвоприношение; жертва; заклание

immoral *adj.* безнравственный

immorality *n.* безнравственность

immortal *adj.* бессмертный; вечный

immortality *n.* бессмертие, вечность "To them who by patient continuance in well doing seek for glory and honour and immortality, eternal life" (Ro., 2:7) / «Тем, которые постоянством в добром деле ищут славы, чести и бессмертия, — жизнь вечную» (Рим., 2:7); нетление "But is now made manifest by the appearing of our Saviour Jesus Christ, who hath abolished death, and hath brought life and immortality to light through the gospel" (2 Ti., 1:10) / «Открывшейся же ныне явлением Спасителя нашего Иисуса Христа, разрушившего смерть и явившего жизнь и нетление через благовестие» (2 Тим., 1:10).

immortalization *n.* увековечение

immortalize *v.* обессмертить (кого-л./что-л.); увековечивать, увековечить (что-л.)

immovability *n.* незыблемость

immovable *adj.* непереходящий; ~ feast непереходящий праздник; ~ holy days церковные праздники, отмечаемые в одни и те же дни

immure *v.* заточать в тюрьму/монастырь; to ~ smb. in a cloister заточить кого-л. в монастырь

immutability *n.* неизменность, непреложность "Wherein God, willing more abundantly to shew unto the heirs of promise the immutability of his counsel, confirmed [it] by an oath" (He., 6:17) / «Посему и Бог, желая преимущественнее показать наследникам обетования непреложность Своей воли, употребил в посредство клятву» (Евр., 6:17).

immutable *adj.* неизменный, непреложный "That by two immutable things, in which [it was] impossible for God to lie, we might have a strong consolation, who have fled for refuge to lay hold upon the hope set before us" (He., 6:18) / «Дабы в двух непреложных вещах, в которых невозможно Богу солгать, твердое утешение имели мы, прибегшие взяться за предлежащую надежду» (Евр., 6:18).

imp *n.* чертенок, бесенок

Imp. (Imperator) *n.* император

impair *v.* ослаблять, уменьшать

impairment *n.* ухудшение, ослабление

Impanation *n.* импанация

impart *v.* прививать, привить (кому-л., что-л.); сообщать, сообщить (кому-л., что-л.); преподать "For I long to see you, that I may impart unto you some spiritual gift, to the end ye may be established" (Ro., 1:11) / «Ибо я весьма желаю увидеть вас, чтобы преподать вам некое дарование духовное к утверждению вашему» (Рим., 1:11); передавать "So being affectionately desirous of you, we were willing to have imparted unto you, not the gospel of God only, but also our own souls, because ye were dear unto us" (1 Th., 2:8) / «Так мы, из усердия к вам, восхотели передать вам не только благовестие Божие, но и души наши, потому что вы стали нам любезны» (1 Фес., 2:8).

impartial *adj.* беспристрастный; нелицеприятный

impartiality *n.* беспристрастность; нелицеприятие

impasibility *n.* бесстрастие

impassable *adj.* непроходной, непроходимый

impassible *adj.* бесстрастный

impassivity *n.* бесстрастие

impawn *v.* ручаться, давать слово

impeccability *n.* безгрешность, непогрешимость

impeccable *adj.* непогрешимый, безгрешный

impeccancy *n.* безгрешность

impeccant *adj.* безгрешный; непогрешимый, безупречный

impedent *adj.* неминуемый

impediment *n.* препона; преткновение

impel *v.* побуждать, побудить (кого-л., к чему-л.); принуждать, принудить (кого-л. к чему-л.); ~led движимый

impeller *n.* побудитель, -ница

impelling *adj.* побудительный

impendence *n.* неминуемость

impenetrate *v.* пронизывать, проникать

impenitence *n.* нераскаянность; закоренелость

impenitent *adj.* нераскаявшийся; нераскаянный "But after thy hardness and impenitent heart treasurest up unto thyself wrath against the day of wrath and revelation of the righteous judgment of God" (Ro., 2:5) / «Но, по упорству твоему и нераскаянному сердцу, ты сам себе собираешь гнев на день гнева и откровения праведного суда от Бога» (Рим., 2:5); закоренелый; ~ sinner нераскаявшийся грешник; ~ Thief нераскаявшийся разбойник

impenitently *adv.* без покаяния

imperceptible *adj.* невидимый

imperception *n.* отсутствие понимания

imperfect *adj.* несовершенный

imperfection *n.* несовершенство

imperious *adj.* необузданный "How weak is thine heart, saith the Lord God, seeing thou doest all these [things], the work of an imperious whorish woman" (Ez., 16:30) / «Как истомлено должно быть сердце твое, говорит Господь Бог, когда ты все это делала, как необузданная блудница!» (Иез., 16:30).

imperishability *n.* нетленность; вечность

imperishable *adj.* неувядаемый, нетленный

impermanence *n.* непостоянство; временность; непродолжительность

imperscriptible *adj.* неписаный; ~ right неписаное право

impersonalize *v.* обезличивать

impersonate *adj.* олицетворенный; воплощенный; олицетворять; воплощать

impersonate *v.* олицетворять, олицетворить (что-л.)

impersonation *n.* олицетворение; воплощение

impersoniry *v.* олицетворять, воплощать

imperspicuity *n.* неясность, неопределенность

impertinence *n.* нахальство

impertinent *adj.* дерзкий; нахальный

imperturbability *n.* невозмутимость

imperturbable *adj.* невозмутимый

imperturbation *n.* спокойствие, невозмутимость

impetinence *n.* нераскаянность

impetinent *adj.* нераскаянный

impetuosity *n.* стремление

impetuous *adj.* бурный

impicture *v.* изображать, рисовать

impiety *n.* нечестивость; неверие в Бога, непочтительность, неуважение; filial ~ сыновняя непочтительность; ~ to the dead осквернение памяти умерших; безбожие; богопротивность; злочестие; нечестие; окаянство

impious *adj.* нечестивый; безбожный; богоборный; злочес-

тивый; окаянный; ~ person безбожник, -ца, person безвер -ка

impiteous *adj.* безжалостный, немилосердный

implacability *n.* неумолимость, непримиримость

implacable *adj.* неумолимый; непримиримый "Without understanding, covenantbreakers, without natural affection, implacable, unmerciful" (Ro., 1:31) / «Безрассудны, вероломны, нелюбовны, непримиримы, немилостивы» (Рим., 1:31).

implant *v.* насаждать, насаживать, насадить (что-л.); садить (что-л.), сажать (что-л.); укоренять, укоренить

implement *n.* орудие

implicate *v.* впутывать, впутать (кого-л., во что-л.); подразумевать (что-л.)

imploration *n.* моление, упрашивание; мольба

implore *v.* умолять, просить, молить; принести мольбу; to ~ smb. 's forgiveness/pardon молить кого-л. о прощении; imploring умоляющий, молящий

imply *v.* подразумевать (что-л.)

importance *n.* значение

importanity *n.* неотступность

impose *v.* налагать, наложить (что-л. на кого-л.) "Also we certify you, that touching any of the priests and Levites, singers, porters, Nethinims, or ministers of this house of God, it shall not be lawful to impose toll, tribute, or custom, upon them" (Ezr., 7:24) / «И даем вам знать, чтобы ни на кого из священников или левитов, певцов, привратников, нефинеев и служащих при этом доме Божием, не налагать ни подати, ни налога, ни пошлины» (Ездр., 7:24); ~ hands возложить руки, рукополагать; ~ on обманывать, обмануть (кого-л./что-л.); ~ upon one the duty of smth. вменять в обязанность

imposing *adj.* внушительный

imposition *n.* возложение (рук), рукоположение

impossibility *n.* невозможность

impossible *adj.* невозможный "And Jesus said unto them, Because of your unbelief: for verily I say unto you, If ye have faith as a grain of mustard seed, ye shall say unto this mountain, Remove hence to yonder place; and it shall remove; and nothing shall be impossible unto you" (Mt., 17:20) / «Иисус же сказал им: по неверию вашему; ибо истинно говорю вам: если вы будете иметь веру с горчичное зерно и скажете горе сей: «перейди отсюда туда», и она перейдет; и ничего не будет невозможного для вас» (Матф., 17:20); немыслимый

impostor *n.* самозванец; обманщик, -щица

impoverishment *n.* оскудение

imprecate *v.* проклинать; клясть (кого-л./что-л.); проклинать, проклясть (кого-л./что-л.)

imprecation *n.* проклятие; to call down ~s upon smb. призывать проклятия на чью-л. голову; to utter ~s проклинать, ругать, поносить

imprescriptible *adj.* неотъемлемый, неотторжимый

impress *v.* вкоренять, вкоренить; впечатлять, впечатлить (кого-л.); запечатлевать, запечатлеть (кого-л./что-л.)

impressible *adj.* впечатлительный, восприимчивый

impressing I *n.* вкоренение

impressing II *adj.* впечатляющий

impression *n.* впечатление; produce ~ впечатлять, впечатлить (кого-л.)

impressionability *n.* впечатлительность

impressionable *adj.* впечатлительный

impressive *adj.* впечатляющий

imprimatur *n.* разрешение цензуры

imprimis *adv.* во-первых, прежде всего

imprint *v.* запечатлевать, запечатлеть (кого-л./что-л.)

imprisioner *n.* заточник, ница

imprison *v.* заключить (кого-л., во что-л.); заточать, заточить (в темницу) "And I said, Lord, they know that I imprisoned and beat in every synagogue them that believed on thee" (Ac., 22:19) / «Я сказал: Господи! им известно, что я верующих в Тебя заключал в темницы и бил в синагогах» (Деян., 22:19); пленять, пленить (кого-л./что-л., чем-л.)

imprisonment *n.* заключение; заточение; темница "And whosoever will not do the law of thy God, and the law of the king, let judgment be executed speedily upon him, whether [it be] unto death, or to banishment, or to confiscation of goods, or to imprisonment" (Ezr., 7:26) / «Кто же не будет исполнять закон Бога твоего и закон царя, над тем немедленно пусть производят суд, на смерть ли, или на изгнание, или на денежную пеню, или на заключение в темницу» (Ездр., 7:26); "In stripes, in imprisonments, in tumults, in labours, in watchings, in fastings" (2 Co., 6:5) / «Под ударами, в темницах, в изгнаниях, в трудах, в бдениях, в постах» (2 Кор., 6:5).

improbability *n.* неправдоподобие

improbable *adj.* неправдоподобный

improbity *n.* нечестность, бесчестность

impropriate *v.* передавать церковные владения светским лицам

impropriation *n.* передача церковных владений светским лицам

improve *v.* совершенствовать, усовершенствовать (что-л.); улучшать, улучшить (что-л.)

impudence *n.* бесстыдство; дерзость; смелость; нахальство; have the ~ иметь нахальство; неблагоразумие; оскорбление

impudent *adj.* дерзкий; дерзостный; нахальный; неблагоразумный; бесстыдный " So she caught him, and kissed him, [and] with an impudent face said unto him" (Pr., 7:13) / «Она схватила его, целовала его, и с бесстыдным лицом говорила ему» (Притч., 7:13).

impudicity *n.* бесстыдство, бессовестность

impugnment *n.* оспаривание; возражение

impuissance *n.* бессилие; слабость

impuissant *adj.* бессильный; слабый

impulse *n.* побуждение

impunity *n.* безнаказанность

imputable *adj.* вменяемый

imputation *n.* вменение; вменяемость; обвинение; ~ of a crime обвинение в преступлении

imputative *adj.* обвинительный

impute *v.* вменять, вменить (что-л. кому-л.) "Blessed [is] the man unto whom the Lord imputeth not iniquity, and in whose spirit [there is] no guile" (Ps., 32:2) / «Блажен человек, которому Господь не вменит греха, и в чьем духе нет лукавства!» (Псл., 31:2); ~ as a crime/fault, charge with вменять в вину; обвинять, обвинить (кого-л., в чем-л.) "Did I then begin to enquire of God for him? be it far from me: let not the king impute [any] thing unto his servant, [nor] to all the house of my father: for thy servant knew nothing of all this, less or more" (1 Sa., 22:15) / «Теперь ли я стал вопрошать для него Бога? Нет, не обвиняй в этом, царь, раба твоего и весь дом отца моего, ибо во всем этом деле не знает раб твой ни малого, ни великого» (1 Цар., 22:15).

imputer *n.* обвинитель, -ница

in absentia в отсутствие

in abstracto отвлеченно; абстрактно

in brevi вкратце

In Coena Domini «На вечери Господней»

in commendam по препоручительству

in esse в действительности; действительный, существующий

in extenso без сокращений

in extremis при смерти

in favorem в пользу

in fine в конце главы, раздела, параграфа, страницы

in flagrante delicto на месте преступления

in foro перед судом

in gremio legis под защитой закона

in invitum в принудительном порядке

in loco вместо

in medias res в самую суть дела; в разгар событий

in memoriam в память

in nomine Patris et Filii et Spiritus Sacti во имя Отца и Сына и Святого Духа

in partibus infidelium в краю безбожников

in pleno в полном составе

in propria persona собственной персоной

in situ на месте

in status quo в прежнем положении, без изменений

in usu в употреблении

in via путем, посредством, с помощью

inability *n.* неспособность

inaccessibility *n.* неприступность

inaccessible *adj.* неприступный

inaccordant *adj.* несозвучный, негармоничный

inaction *n.* бездействие

inactive *adj.* праздный

inactivity *n.* бездействие; праздность

inadequacy *n.* неудовлетворительность

inadequate *adj.* недостаточный; неудовлетворительный

inadmissible *adj.* неудобоприятный

inadunation *n.* неслитность

inadunatly *adv.* неслитно

inalinable *adj.* неотъемлемый

inane I *n.* пустота

inane II *adj.* пустой, незанятый

inanition *n.* истощение, изнурение; пустота, ненаполненность; духовное опустошение

inanity *n.* пустота; легковесность

inapposite *adj.* неподходящий; неуместный

inappreciable *adj.* неоценимый

inaugural *adj.* освятительный

inaugurate *v.* освящать, освятить (что-л.)

inauguration *n.* открытие

inaugurator *n.* освятитель

inauspicious *adj.* неблагоприятный

INB. (In Bono) в милости, в почете

inbeing *n.* сущность, существо

inborn *adj.* врожденный

inbreathe *v.* вдыхать; вдохновлять

incalculable *adj.* несчетный, несметный

incantation *n.* заклинание, колдовство; магическая формула; чары

incantatory *adj.* колдовской

incapable *adj.* неспособный

incar *v.* заточать, заточить (кого-л., во что-л.)

incarcerate *v.* заточать, заточить (кого-л., во что-л.)

incarceration *n.* заточение

incarnate I *adj.* воплощенный, олицетворенный; a devil ~ настоящий бес, сущий дьявол; virtue ~ сама добродетель

incarnate II *v.* осуществлять; воплощать; воплотить; облекать в плоть; become ~ вочеловечиваться, вочеловечить

incarnation *n.* инкарнация; вочеловечивание; воплощение;

incense I *n.* фимиам, ладан; благовоние; (вос)курение "Oil for the light, spices for anointing oil, and for sweet incense" (Ex., 25:6) / «Елей для светильника, ароматы для елея помазания и для благовонного курения» (Исх., 25:6); восхваление, лесть

incense II *v.* курить фимиам; кадить; озлоблять, озлобить (кого-л./что-л.); incensing каждение

incensory *n.* кадило, кадильница

inception *n.* начало

incertitude *n.* неуверенность; сомнение

incessant *adj.* беспрестанный

incest *n.* кровосмещение

inchoate I *adj.* начальный; начинающийся, ранний; зарождающийся

inchoate II *v.* начинать, зарождать

inchoation *n.* начало; начальная стадия

incident *n.* случай

incinerate *v.* испепелять, испепелить (кого-л./что-л.)

incineration *n.* испепеление

incipience *n.* начало, появление, возникновение, начальная стадия

incitation *n.* наущение; побуждение

incite *v.* наущать; ободрять, ободрить (кого-л., чем-л.); побуждать, побудить (кого-л., к чему-л.); поощрять, поощрить (кого-л./что-л.); *adj.* inciting побудительный

incitement *n.* ободрение; поощрение

inciter *n.* ободритель, -ница; побудитель, -ница

inclemency *n.* немилосердие

inclement *adj.* суровый; беспощадный; жестокий; немилосердный

inclination *n.* влечение; преклонение; склонность; стремление; evil ~s дурные стремления; тяготение; follow one's ~ следовать своему влечению

incline *v.* приклоняться, приклониться (к кому-л./к чему-л.); склонять, склонить (кого-л./что-л.) "And his mother's brethren spake of him in the ears of all the men of Shechem all these words: and their hearts inclined to follow Abimelech; for they said, He [is] our brother" (Jdg., 9:3) / «Братья матери его внушили о нем все сии слова жителям Сихемским; и склонилось сердце их к Авимелеху, ибо говорили они: он брат наш» (Суд., 9:3); ~d склонный

including *adv.* включительно; включительно

incogitable *adj.* немыслимый; непостижимый

incombustible *adj.* несгораемый

income *n.* доход

incompetence *n.* неподсудность

incompetent *adj.* неподсудный

incomplete *adj.* несовершенный

incompleteness *n.* несовершенство

incomprehensibility *n.* непонятность; непостижимость

incomprehensible *adj.* беспредельный; невразумительный; необъяснимый; непонятный; непостижимый

incomprehension *n.* непонимание

inconceivable *adj.* немыслимый

incondite *adv.* плохо/неумело построенный

incongruity *n.* невместность

inconsistency *n.* противоречие

inconsolable *adj.* безутешный; безысходный; неутешный; ~ grief неутолимая печаль

inconsolableness *n.* безутешность

inconsolate *adj.* безутешный

inconsonancy *n.* несогласие

incontestable *adj.* неоспоримый

incontinent *adj.* невоздержный "Without natural affection, trucebreakers, false accusers, incontinent, fierce, despisers of those that are good" (2 Ti., 3:3) / «Непримирительны, клеветники, невоздержны, жестоки, не любящие добра» (2 Тим., 3:3).

inconvincible *adj.* не поддающийся убеждению

incoronate *adj.* коронованный; увенчанный; бесплотный; бестелесный

incorporality *n.* бесплотность; бестелесность

incorporate *adj.* бесплотный, бестелесный

incorporeal *adj.* бесплотный, бестелесный, невещественный, нематериальный, эфирный

incorporeity *n.* бестелесность, бесплотность; невещественность, нематериальность

incorrect *adj.* неправильный

incorruptibility *n.* нетление

incorruptible *adj.* нетленный

increase I *n.* приращение; расположение; расширение

increase II *v.* возвышаться, возвыситься (до чего-л.); умножиться "And the flood was forty days upon the earth; and the waters increased, and bare up the ark, and it was lift up above the earth" (Ge., 7:17) / «И продолжалось на земле наводнение сорок дней [и сорок ночей], и умножилась вода, и подняла ковчег, и он возвысился над землею» (Быт., 7:17).

increate *adj.* нерукотворный, несотворенный, предвечный, присносущный, вековечный

incredibility *n.* неправдоподобие, невероятность

incredulity *n.* безверие; неверие

increment *n.* приращение

incriminate *v.* обвинять, обвинить (кого-л., в чем-л.)

incubus *n.* инкуб

inculcate *v.* вкоренять, вкоренить

inculcation *n.* вкоренение; привитие

inculcator *n.* вкоренитель, -ница

inculiate *v.* укоренять, укоренить

inculpable *adj.* невинный; безгрешный

incumbency *n.* бенефиций

incumbent *n.* священник, имеющий свой приход/бенефиций

Incunabula *n.* «Библия-инкунабула»

incunabulum *n.* инкунабула

incur v. накликать (что-л. на кого-л.)
incursion n. нашествие
Ind. (Index) n. индекс, перечень,
   указатель, список; (Indictio)
   хронологическое указание
indecorous adj. неподобный, неподобающий
indeed adv. воистину; именно
   "And God said, Sarah thy wife
   shall bear thee a son indeed; and
   thou shalt call his name Isaac:
   and I will establish my covenant
   with him for an everlasting
   covenant, [and] with his seed after him" (Ge., 17:19) / «Бог же
   сказал [Аврааму]: именно
   Сарра, жена твоя, родит тебе
   сына, и ты наречешь ему имя:
   Исаак; и поставлю завет Мой с
   ним заветом вечным [в том,
   что Я буду Богом ему и] потомству его после него» (Быт.,
   17:19).
indefinitude n. неопределенность
indelibility n. неизгладимость
indelible adj. неизгладимый
independence n. независимость
independent adj. независимый
index n. указатель; ~ Librorum
   «Индекс запрещенных книг»;
   ~ of Forbidden Books «Индекс
   запрещенных книг»
Indian Bible «Индейская Библия»
Indian Shaker Church Индейская церковь шейкеров
indicent adj. непотребный
indiction n. хронологическое указание
indifference n. равнодушие
indifferent adj. равнодушный
indifferentism n. индифферен-
   тизм

indigence n. бедность
indigenously adv. исконно; по
   происхождению
indigent n. нищий, нищая
indiscreet adj. болтливый
indisputability n. неоспоримость;
   непреложность
indisputable adj. неоспоримый;
   непреложный; ~ truth непре-
   ложная истина
indisputableness n. неоспоримость
indite v. сочинять, составлять,
   писать
individual n. человек
individualism n. обособленность
individualization n. обособление
individualize v. обособлять, обособить (кого-л./что-л.); ~d обособленный
indivisibility n. нераздельность
indivisible adj. нераздельный
indocile adj. непокорный
indocility n. непокорность
indolence n. бездействие
indubitableness n. несомненность
induce v. побуждать, побудить
   (кого-л., к чему-л.)
indulgence(-y), indult n. индульгенция
indult n. предоставленное Папой
   Римским особое разрешение с
   ограниченным сроком действия
industry n. трудолюбие
inearth v. предавать земле, погребать, хоронить; закапывать
   в землю
inedita n. неизданное, неопубли-
   кованное, неизданные литера-
   турные материалы
ineffable adj. непроизносимый
   всуе, святой

ineffable *adj.* неизреченный; несказанный

ineiroscopy *n.* снотолкование

ineluctable, inevasible *adj.* неизбежный, неотвратимый, неминуемый

inevitability *n.* неизбежность, неминуемость; неотвратимость

inevitable *adj.* неизбежный; неминуемый; неотвратимый

inexertion *n.* бездеятельность, праздность

inexhaustible *adj.* неиссякаемый; неистощимый

inexistence *n.* присущность, неотъемлемость; небытие, несуществование

inexorability *n.* непреклонность; неумолимость

inexorable *adj.* неумолимый, непреклонный

inexperience *n.* неискушенность; неопытность; ~d неискушенный, неопытный

inexplicable *adj.* необъяснимый

inexpressible *adj.* неизреченный; inexpressible неописанный (неописуемый)

inexpugnable *adj.* неприступный, непреодолимый

inextinguishable *adj.* неугасаемый, неугасимый

infall *n.* набег, вторжение, нашествие

infallibilitas ex cathedra непогрешимость с кафедры, с папского престола, непогрешимость Папы Римского

infallibility *n.* непогрешимость

infallible *adj.* непогрешимый

infamy *n.* позор, дурная слава; бесчестие "Lest he that heareth [it] put thee to shame, and thine infamy turn not away" (Pr., 25:10) / «Дабы не укорил тебя услышавший это, и тогда бесчестие твое не отойдет от тебя» (Притч., 25:10); пересуды

Infancy Gospel «Сочинение Св. Фомы о детстве Господа»; «Трактат о детстве Иисуса по Фоме»

infant *n.* дитя; младенец "Or as an hidden untimely birth I had not been; as infants [which] never saw light" (Job, 3:16) / «Или, как выкидыш сокрытый, я не существовал бы, как младенцы, не увидевшие света» (Иов., 3:16).

infanticide *n.* детоубийство; чадоубийство; детоубийца

infatuate *v.* обуять (кого-л.)

infaust *adj.* невезучий, неудачливый

infeasible *adj.* невыполнимый, неосуществимый

infect *v.* заражать, заразить (кого-л., чем-л.)

infection *n.* зараза

infectious *adj.* прилипчивый

infectiousness *n.* прилипчивость

infelicific *adj.* злополучный, злосчастный

infelicity *n.* несчастье, невезение

inferior *adj.* нижний

infernal *adj.* инфернальный

inferno *n.* ад, преисподняя

infidel *n.* язычник; варвар; неверный "And what concord hath Christ with Belial? or what part hath he that believeth with an infidel?" (2 Co., 6:15) / «Какое согласие между Христом и Велиаром? Или какое соучастие верного с неверным?» (2 Кор., 6:15); безбожник; нехристь

INF — INF

infidelity *n.* неверие, атеизм; безбожие

infinite *adj.* бесконечный; неизмеримый "Great [is] our Lord, and of great power: his understanding [is] infinite" (Ps., 147:5) / «Велик Господь наш и велика крепость [Его], и разум Его неизмерим» (Псл. 146:5); бесчисленный "Ethiopia and Egypt [were] her strength, and [it was] infinite; Put and Lubim were thy helpers" (Na., 3:9) / «Ефиопия и Египет с бесчисленным множеством других служили ему подкреплением; Копты и Ливийцы приходили на помощь тебе» (Наум., 3:9).

infinity *n.* безмерие, безмерность; бесконечность; беспредельность; несметность

infirm *adj.* недужный

inflame *v.* возжигать, возжечь (что-л.); разгорячать "Woe unto them that rise up early in the morning, [that] they may follow strong drink; that continue until night, [till] wine inflame them!" (Isa, 5:11) / «Горе тем, которые с раннего утра ищут сикеры и до позднего вечера разгорячают себя вином» (Ис., 5:11).

inflammable *adj.* горючий

inflexibility *n.* непреклонность

inflexible *adj.* непреклонный

inflict *v.* посещать, посетить (кого-л./что-л.);

influence I *n.* влияние; воздействие; beneficial/wholesome ~ благотворное влияние; have ~ over smb./smth. иметь влияние (на кого-л./что-л.); be under the ~ of smb./smth. подчиняться влиянию, быть под влиянием,

fall under the ~ of поддаваться влиянию

influence II *v.* влиять, повлиять (на кого-л./что-л.)

influential *adj.* влиятельный

inform *v.* извещать, известить, (кого-л./что-л.); сообщать, сообщить (кому-л., что-л.); уведомлять, уведомить (кого-л., о чем-л.); научать "And thou shalt do according to the sentence, which they of that place which the Lord shall choose shall shew thee; and thou shalt observe to do according to all that they inform thee" (De., 17:10) / «И поступи по слову, какое они скажут тебе, на том месте, которое изберет Господь [Бог твой, чтобы призываемо было там имя Его,] и постарайся исполнить все, чему они научат тебя» (Втор., 17:10); вразумлять "And he informed [me], and talked with me, and said, O Daniel, I am now come forth to give thee skill and understanding" (Da., 9:22) / «И вразумлял меня, говорил со мною и сказал: Даниил! теперь я исшел, чтобы научить тебя разумению» (Дан., 9:22).

information *n.* извещение; познание; сведение; сообщение; уведомление; данные

infra prep. ниже; ~ dig ниже чего-л. достоинства; ~ dignitatem ниже чьего-л. достоинства

Infralapsarians *n. pl.* инфралапсариане, сублапсариане

Infraptum. (Infrascriptum) нижеизложенное

infringe *v.* нарушать, нарушить (что-л.); преступать, преступить (что-л.)

infringement *n.* нарушение

infringer *n.* нарушитель, -ница

ingeminate *v.* твердить снова и снова

ingenious *adj.* гениальный

ingratitude *n.* неблагодарность

inhabit *v.* жить "Defile not therefore the land which ye shall inhabit, wherein I dwell: for I the Lord dwell among the children of Israel" (Nu., 35:34) / «Не должно осквернять землю, на которой вы живете, среди которой обитаю Я; ибо Я Господь обитаю среди сынов Израилевых» (Числ., 35:34); ~ing обитание

inhabitant *n.* житель, -ница "[Certain] men, the children of Belial, are gone out from among you, and have withdrawn the inhabitants of their city, saying, Let us go and serve other gods, which ye have not known" (De., 13:13) / «Что появились в нем нечестивые люди из среды тебя и соблазнили жителей города их, говоря: «пойдем и будем служить богам иным, которых вы не знали» (Втор., 13:13); обитатель, -ница

inherit *v.* наследовать "And give thee the blessing of Abraham, to thee, and to thy seed with thee; that thou mayest inherit the land wherein thou art a stranger, which God gave unto Abraham" (Ge., 28:4) / «И да даст тебе благословение Авраама [отца моего], тебе и потомству твоему с тобою, чтобы тебе насле-

довать землю странствования твоего, которую Бог дал Аврааму!» (Быт., 28:4); унаследовать (что-л.); присваивать, присвоить (что-л.); владеть "And he said, Lord God, whereby shall I know that I shall inherit it?" (Ge., 15:8) / «Он сказал: Владыка Господи! по чему мне узнать, что я буду владеть ею?» (Быт., 15:8).

inheritance *n.* достояние "Thou shalt bring them in, and plant them in the mountain of thine inheritance, [in] the place, O Lord, [which] thou hast made for thee to dwell in, [in] the Sanctuary, O Lord, [which] thy hands have established" (Ex., 15:17) / «Введи его и насади его на горе достояния Твоего, на месте, которое Ты соделал жилищем Себе, Господи, во святилище, которое создали руки Твои, Владыка!» (Исх., 15:17); наследие "And he said, If now I have found grace in thy sight, O Lord, let my Lord, I pray thee, go among us; for it [is] a stiffnecked people; and pardon our iniquity and our sin, and take us for thine inheritance" (Ex., 34:9) / «И сказал: если я приобрел благоволение в очах Твоих, Владыка, то да пойдет Владыка посреди нас; ибо народ сей жестоковыен; прости беззакония наши и грехи наши и сделай нас наследием Твоим» (Исх., 34:9); наследственность; наследство "And Rachel and Leah answered and said unto him, [Is there] yet any portion or inheritance for us in our

father's house?" (Ge., 31:14) /
«Рахиль и Лия сказали ему в
ответ: есть ли еще нам доля
и наследство в доме отца нашего?» (Быт., 31:14); присвоение

inheritor *n*. наследник "And I will
bring forth a seed out of Jacob,
and out of Judah an inheritor of
my mountains: and mine elect
shall inherit it, and my servants
shall dwell there" (Isa, 65:9) /
«И произведу от Иакова семя,
и от Иуды наследника гор Моих, и наследуют это избранные
Мои, и рабы Мои будут жить
там» (Ис., 65:9).

inhibit *v*. запрещать; налагать запрет

inhibition *n*. запрещение, запрет

inhuman *adj*. бесчеловечный

inhumanity *n*. бесчеловечие, бесчеловечность

inhumation *n*. погребение, предание земле

inhume *v*. предавать земле, погребать; погребсти (кого-л.);
inhuming погребание

iniquitous *adj*. чудовищный, несправедливый; неправедный

iniquity *n*. беззаконие "And when
the morning arose, then the angels hastened Lot, saying, Arise,
take thy wife, and thy two
daughters, which are here; lest
thou be consumed in the iniquity
of the city" (Ge., 19:15) / «Когда
взошла заря, Ангелы начали
торопить Лота, говоря: встань,
возьми жену твою и двух дочерей твоих, которые у тебя,
чтобы не погибнуть тебе за
беззакония города» (Быт.,
19:15); несправедливость; не-

праведность; неправда "And
Judah said, What shall we say
unto my lord? what shall we
speak? or how shall we clear
ourselves? God hath found out
the iniquity of thy servants: behold, we [are] my lord's servants,
both we, and [he] also with
whom the cup is found" (Ge.,
44:16) / «Иуда сказал: что нам
сказать господину нашему?
что говорить? чем оправды-
ваться? Бог нашел неправду
рабов твоих; вот, мы рабы господину нашему, и мы, и тот, в
чьих руках нашлась чаша»
(Быт., 44:16); зло; грех "And
they shall be upon Aaron, and
upon his sons, when they come
in unto the tabernacle of the
congregation, or when they come
near unto the altar to minister in
the holy [place]; that they bear
not iniquity, and die: [it shall be]
a statute for ever unto him and
his seed after him" (Ex., 28:43) /
«И да будут они на Аароне и
на сынах его, когда будут они
входить в скинию собрания,
или приступать к жертвеннику
для служения во святилище,
чтобы им не навести [на себя]
греха и не умереть. Это устав
вечный, [да будет] для него и
для потомков его по нем»
(Исх., 28:43); порок; lost in ~
погрязший в пороке/безза-
конии

initial *adj*. изначальный; первоначальный

initiate *v*. посвятить; посвятить в
сан

initiative *n*. вчинание

injure *v.* вредить, повредить (кому-л. чем-л.); обижать "Brethren, I beseech you, be as I [am]; for I [am] as ye [are]: ye have not injured me at all" (Ga., 4:12) / «Прошу вас, братия, будьте, как я, потому что и я, как вы. Вы ничем не обидели меня» (Гал., 4:12); оскорблять, оскорбить (кого-л./что-л.); повреждать, повредить (что-л.)

injurer *n.* вредитель, -ница; оскорбитель, -ница

injuring *adj.* вредный; вредительный

injurous *adj.* оскорбительный

injury *n.* вред; оскорбление; рана; ранение

injustice *n.* беззаконие; хищение "Not for [any] injustice in mine hands: also my prayer [is] pure" (Job, 16:17) / «При всем том, что нет хищения в руках моих, и молитва моя чиста» (Иов., 16:17); неправда; неправота

inmate I *n.* обитатель, -ница

inmate II *adj.* врожденный

innateness *n.* врожденность

inner *adj.* внутренний "And he built the inner court with three rows of hewed stone, and a row of cedar beams" (1 Ki., 6:36) / «И построил внутренний двор из трех рядов обтесанного камня и из ряда кедровых брусьев» (3 Цар., 6:36); ~ Light Внутренний свет; ~ Mission Миссия спасения, Внутренняя миссия

innocence *n.* невинность, чистота; целомудрие; безвинность; безгрешие, безгрешность; беспорочность; неискушенность; неповинность

innocent *adj.* невинный "Keep thee far from a false matter; and the innocent and righteous slay thou not: for I will not justify the wicked" (Ex., 23:7) / «Удаляйся от неправды и не умерщвляй невинного и правого, ибо Я не оправдаю беззаконника» (Исх., 23:7); невиновный "That innocent blood be not shed in thy land, which the Lord thy God giveth thee [for] an inheritance, and [so] blood be upon thee" (De., 19:10) / «Дабы не проливалась кровь невинного среди земли твоей, которую Господь Бог твой дает тебе в удел, и чтобы не было на тебе [вины] крови» (Втор., 19:10); непорочный "The righteous see [it], and are glad: and the innocent laugh them to scorn" (Job, 22:19) / «Видели праведники и радовались, и непорочный смеялся им» (Иов., 22:19); беспорочный "He may prepare [it], but the just shall put [it] on, and the innocent shall divide the silver" (Job, 27:17) / «Он наготовит, а одеваться будет праведник, и серебро получит себе на долю беспорочный» (Иов., 27:17); неискушенный; ~'s Day День избиения младенцев; День мучеников 14 000 младенцев, от Ирода в Вифлееме избиенных

Innocent I *n.* Иннокентий I

Innocent II *n.* Иннокентий II

Innocent III *n.* Иннокентий III

Innocent IV *n.* Иннокентий IV

Innocent V *n.* Иннокентий V

Innocent VI *n.* Иннокентий VI

Innocent VII *n.* Иннокентий VII

Innocent VIII *n.* Иннокентий VIII

Innocent IX *n.* Иннокентий IX

Innocent X *n.* Иннокентий X

Innocent XI *n.* Иннокентий XI

Innocent XII *n.* Иннокентий XII

Innocent XIII *n.* Иннокентий XIII

innocent *adj.* невинный

innocuity *n.* безвредность, безобидность

innominate *adj.* безымянный

innovation *n.* нововведение; новшество

innumerable *adj.* неисчетный; неисчислимый "For innumerable evils have compassed me about: mine iniquities have taken hold upon me, so that I am not able to look up; they are more than the hairs of mine head: therefore my heart faileth me" (Ps., 40:12) / «Ибо окружили меня беды неисчислимые; постигли меня беззакония мои, так что видеть не могу: их более, нежели волос на голове моей; сердце мое оставило меня» (Псл., 39:13); бесчисленный "Therefore sprang there even of one, and him as good as dead, [so many] as the stars of the sky in multitude, and as the sand which is by the sea shore innumerable" (He., 11:12) / «И потому от одного, и притом омертвелого, родилось так много, как много звезд на небе и как бесчислен песок на берегу морском» (Евр., 11:12); несметный

INP (In Pace) с миром

Inq. (Inquisitio) *n.* инквизиция

inquenchable *adj.* неугасаемый, неугасимый

inquire *v.* вопрошать, вопросить (кого-л. о чем-л.); спрашивать, спросить (кого-л. о чем-л.)

Inquisition *n.* инквизиция

inquisitional, inquisitorial *adj.* инквизиторский

inquisitor *n.* инквизитор

inquity *n.* беззаконие, беззаконность

INRI *n.* Иисус Назорей, Царь Иудейский

inroad *n.* набег, нашествие; вторжение

insane *adj.* безумный

insanity *n.* безумие

insatiable *adj.* неутолимый; ~ hunger неутолимый голод

inscription *n.* надпись

inscrutability *n.* непостижимость

inscrutable *adj.* неисповедимый; непостижимый

insecure *adj.* ненадежный

insensibility *n.* бесчувствие, бесчувственность; нечувствительность

insensible *adj.* бесчувственный

inseparable *adj.* нераздельный

inseperability *n.* неразлучность

inseperable *adj.* неразлучный

inseperably *adv.* неразлучно

insert *v.* вмещать, вместить (что-л., кого-л.; во что-л.)

insertion *n.* вмещение

insidious *adj.* коварный; лестчий, льстивый

insidiousness *n.* коварство; лесть

insignificance *n.* ничтожность

insignificant *adj.* ничтожный

insincere *adj.* притворный

insinuate *v.* вкрадаться, вкрасться; вкрасться в доверие

insinuating *adj.* вкрадчивый

insinuation *n.* внушение; тонкий намек

insipid *adj.* бессодержательный

insipient *adj.* неразумный, глупый

insolen *adj.* заносчивый

insolence *n.* дерзость, (смелость); заносчивость; нахальство

insolent *adj.* дерзкий; дерзостный; нахальный

inspect *n.* надзиратель

inspection *n.* смотрение

inspiration *n.* боговдохновение; наитие; вдохновение; внушение; воодушевление; одухотворение; дыхание "But [there is] a spirit in man: and the inspiration of the Almighty giveth them understanding" (Job, 32:8) / «Но дух в человеке и дыхание Вседержителя дает ему разумение» (Иов., 32:8).

inspirator *n.* вдохновитель

inspire *v.* вдохновлять, вдохновить; ~d боговдохновенный, богодухновенный, ниспосланный Богом, священный; ~ writings Священное писание; вливать, влить; внушать, внушить (что-л. кому-л.); воодушевлять, воодушевить (кого-л.); ниспослать наитие; ниспослать, ниспосылать (что-л., кому-л.); it was God who ~d him эта мысль ниспослана ему Богом; одухотворять, одухотворить (кого-л.); подвигнуть (кого-л., на что-л.)

inspirer *n.* внушитель, -ница

inspiring *n.* воодушевление; одушевление

inspirit *v.* ободрять, ободрить (кого-л. чем-л.); одушевлять, одушевить (кого-л./что-л.)

Inst. Char. (Institutum Charitatis) благотворительное учреждение

instability *n.* бренность; превратность

instable *adj.* превратный

install *v.* водворять, водворить (кого-л./во что-л.)

installation *n.* водворение; введение в должность

instauration *n.* реставрация; восстановление

instaurator *n.* реставратор

instigate *v.* наущать

instigation *n.* наущение

instigator *n.* зачинщик, -щица

instill *v.* внушать, внушить (что-л. кому-л.)

instillator *n.* внушитель, -ница

Institutes of the Christian Religion «Наставление в христианской вере»

institution *n.* заведение; облечение; установление чина таинств

instruct *v.* назидать (кого-л.); наставлять, наставить "And Jehoash did [that which was] right in the sight of the Lord all his days wherein Jehoiada the priest instructed him" (2 Ki., 12:2) / «И делал Иоас угодное в очах Господних во все дни свои, доколе наставлял его священник Иодай» (4 Цар., 12:2); оглашать, огласить (что-л./кого-л.); поучать, поучить (кого-л.); преподавать, преподать (что-л., кому-л.); просвещать, просветить (кого-л./что-л.); снабжать, снабдить (кого-л., чем-л.); указывать, указать (кому-л., что-л.); учить (кого-л., чему-л.); ~ing преподавание

instruction *n.* назидание; наставление "Then he openeth the ears of men, and sealeth their instruction" (Job, 33:16) / «Тогда Он открывает у человека ухо и запечатлевает Свое наставление» (Иов., 33:16); просвещение; снабдение; указание

instructive *adj.* назидательный; поучительный

instructor *n.* наставник, -ница "An instructor of the foolish, a teacher of babes, which hast the form of knowledge and of the truth in the law" (Ro., 2:20) / «Наставник невежд, учитель младенцев, имеющий в законе образец ведения и истины» (Рим., 2:20); преподаватель, -ница

instrument *n.* орудие "Simeon and Levi [are] brethren; instruments of cruelty [are in] their habitations" (Ge., 49:5) / «Симеон и Левий братья, орудия жестокости мечи их» (Быт., 49:5); вещь "And they shall keep all the instruments of the tabernacle of the congregation, and the charge of the children of Israel, to do the service of the tabernacle" (Nu., 3:8) / «И пусть хранят все вещи скинии собрания, и будут на страже за сынов Израилевых, чтобы отправлять службы при скинии» (Числ., 3:8).

insubmission *n.* непокорность, неповиновение; неподчинение; непослушание

insubmissive *adj.* непокорный, неповинующийся

insubordinate *adj.* непокорный, неповинующийся; неподчиняющийся; непослушный

insubordination *n.* непокорность; неповиновение

insufficiency *n.* неудовлетворительность

insufficient *adj.* недостаточный

insult I *n.* оскорбление

insult II *v.* оскорблять, оскорбить (кого-л./что-л.)

insulter *n.* оскорбитель, -ница

insulting *adj.* оскорбительный

insurgent I *n.* мятежник

insurgent II *adj.* мятежный

intact *adj.* целый

intellect *n.* разум; рассудок; ум

intellection *n.* разумение

intelligence *n.* разум

intelligible *adj.* вразумительный

intemerate *adj.* непорочный; неоскверненный

intemperate *adj.* невоздержный

intemuncio *n.* интернунций

intend *v.* намереваться; помышлять, помыслить (о ком-л./о чем-л.); умышлять, умыслить (что-л.); думать "And he said, Who made thee a prince and a judge over us? intendest thou to kill me, as thou killedst the Egyptian? And Moses feared, and said, Surely this thing is known" (Ex., 2:14) / «А тот сказал: кто поставил тебя начальником и судьею над нами? не думаешь ли убить меня, как убил [вчера] Египтянина? Моисей испугался и сказал: верно, узнали об этом деле» (Исх., 2:14); хотеть "Saying, Did not we straitly command you that ye should not teach in this name? and, behold, ye have filled Jerusalem with your doctrine, and intend to bring this man's blood upon us" (Ac., 5:28) / «Не запретили ли мы вам накрепко учить о имени сем? и вот, вы наполнили Иерусалим учением вашим и хотите навести на нас кровь Того Человека» (Деян., 5:28).

intention *n.* намерение; помысл

intentional *adj.* намеренный

inter alia в частности, наряду с прочим, среди прочего

inter nos между нами; доверительно

inter se между собой; доверительно

inter *v.* погребать; закапывать в землю

inter vivos от живого живому

interact *v.* взаимодействовать

interaction *n.* взаимодействие; взаимоотношения

intercalary day високосный день

intercede *n.* ходатайство *v.* просить за кого-л., заступничать за кого-л.; ходатайствовать (о ком-л./о чем-л.)

interceder I *n.* проситель, -ница, заступник, -ница; ходатай

interceder II *adj.* предстательный

intercession *n.* заступничество, ходатайство; покров; мольба за кого-л., молитва за кого-л.; заступление; предстательство; прошение "I exhort therefore, that, first of all, supplications, prayers, intercessions, [and] giving of thanks, be made for all men" (1 Ti., 2:1) / «Итак прежде всего прошу совершать молитвы, прошения, моления, благодарения за всех человеков» (1 Тим., 2:1).

intercessor *n.* проситель, -ница, заступник, -ница "And he saw that [there was] no man, and wondered that [there was] no intercessor: therefore his arm brought salvation unto him; and his righteousness, it sustained him" (Isa, 59:16) / «И видел, что нет человека, и дивился, что нет заступника; и помогла Ему мышца Его, и правда Его поддержала Его» (Ис., 59:16); посредник, -ница; представительный, -ница; ходатай; лицо временно замещающее епископа

intercessorial *adj.* просительский, умоляющий

intercessory *adj.* заступнический, просительский

intercommunication *n.* взаимопроникновение

interconffessional, interdenominational *adj.* межконфессиональный

intercourse *n.* сношения

interdict *n.* отлучение (от церкви); интердикт; to put/lay, smb. under an ~ подвергнуть кого-л. карам врачующим; возбранять, возбранить; воспрещать, воспретить (что-л./кого-л.); запрещать, запретить (что-л.); отлучать, отлучить (от церкви); расстригать, расстричь (кого-л.); ~ed запретный; ~ing расстрижение

interdiction *n.* возбранение; воспрещение; запрет; отлучение (от церкви); интердикт, кара врачующая, применение интердикта

interdictive *adj.* запретительный

interdictor *n.* возбранитель, -ница

interdictory *adj.* возбраненный, возбраняемый; запретительный

interdictum *n.* интердикт, кара врачующая; ~ generale общий интердикт; ~ locale местный интердикт; ~ particulare частный интердикт; ~ personale личный интердикт

interest *n.* сочувствие

Interim «Интерим»

interim *n.* промежуток времени

interior *adj.* внутренний

interlinear *n.* книга, напечатанная с подстрочным переводом; подстрочник; ~ Bible Библия с подстрочником на латинском языке

interlunation *n.* смутное время

interment *n.* погребение

internal *adj.* внутренний

international *adj.* международный; ~ Bible Students Association Международная ассоциация изучения Библии; ~ Religious Foundation Международный религиозный фонд; ~ Society of Christian Endeavor Международное общество христианских усилий

internecine *n.* междоусобие

interplait *v.* сплетать; переплетать

interpret *v.* истолковывать, истолковать (что-л.) "But he hanged the chief baker: as Joseph had interpreted to them" (Ge., 40:22) / «А главного хлебодара повесил [на дереве], как истолковал им Иосиф» (Быт., 40:22); объяснять, объяснить (что-л., кому-л.); разъяснять, разъяснить (что-л. кому-л.); толковать (что-л.); тол-

мачить; трактовать; ~ing толкование

interpretation *n.* истолкование "And they said unto him, We have dreamed a dream, and [there is] no interpreter of it. And Joseph said unto them, [Do] not interpretations [belong] to God? tell me [them], I pray you" (Ge., 40:8) / «Они сказали ему: нам виделись сны; а истолковать их некому. Иосиф сказал им: не от Бога ли истолкования? расскажите мне» (Быт., 40:8); разъяснение; толкование; трактование

interpretative *adj.* толковательный

interpreter *n.* толкователь, -ница; толковник, интерпретатор; толмач, переводчик "And they knew not that Joseph understood [them]; for he spake unto them by an interpreter" (Ge., 42:23) / «А того не знали они, что Иосиф понимает; ибо между ними был переводчик» (Быт., 42:23); ~ of dreams снотолкователь, -ница; истолкователь, -ница "But if there be no interpreter, let him keep silence in the church; and let him speak to himself, and to God" (1 Co., 14:28) / «Если же не будет истолкователя, то молчи в церкви, а говори себе и Богу» (1 Кор., 14:28).

interregnum *n.* междуцарствие

interrer *n.* могильщик

interrupt *v.* пресекать, пресечь (что-л.)

intervital *adj.* находящийся на грани смерти

intestine *n.* междоусобие; ~ war междоусобная брань

intice *v.* обольщать, обольстить (кого-л., чем-л.)

intimacy *n.* близость

intinction *n.* причащение, принятие причастия

intolerance *n.* нетерпимость

intolerant *adj.* нетерпимый

intonation *n.* произнесение нараспев; чтение речитативом; зачин

intone *v.* исполнять речитативом; произносить нараспев; запевать, петь зачин

intra muros в стенах

intransgressible *adj.* непреложный, ненарушимый

intravital *adj.* прижизненный

intrepid *adj.* неустрашимый; отважный, смелый; безбоязненный

intrepidity *n.* неустрашимость, бесстрашие; безбоязненность

intrigues *n.* козни; навет

intrinsicality *n.* сущность

introduce *v.* привносить, привнести (что-л. во что-л.); introducing привнесение

introduction *n.* вступление; привнесение; приступ

introit *n.* входная; первая часть католической мессы

intronization *n.* интронизация

Intropta. (Introscripta) изложенное в настоящем

intrusionist *n.* священник, назначаемый вопреки воле прихожан

inunction *n.* помазание

inundation *n.* наводнение

inurn *v.* погребать; помещать прах в урну

inutility *n.* ненадобность; тщетность

inutterable *adj.* непроизносимый

invaluable *adj.* неоценимый

invariable *adj.* беспеременный (неизменный)

invasion *n.* набег, нападение, вторжение; нашествие

inveigh *v.* яростно нападать, поносить, ругать; грянуть

inveigle *v.* соблазнять, обольщать; завлекать

inveiglement *n.* заманивание; обольщение

invent *v.* выдумывать, вздумать (что-л./кого-л.)

invention *n.* дело "Thou answeredst them, O Lord our God: thou wast a God that forgavest them, though thou tookest vengeance of their inventions" (Ps., 99:8) / «Господи, Боже наш! Ты внимал им; Ты был для них Богом прощающим и наказывающим за дела их» (Псл., 98:8); помысел "Lo, this only have I found, that God hath made man upright; but they have sought out many inventions" (Ec., 7:29) / «Только это я нашел, что Бог сотворил человека правым, а люди пустились во многие помыслы» (Еккл., 7:29); поступок "Thus were they defiled with their own works, and went a whoring with their own inventions" (Ps., 106:39) / «Оскверняли себя делами своими, блудодействовали поступками своими» (Псл., 105:39); выдумка; вымысел; ~ of the Cross обретение честного креста; Обретение Честного и Животворящего Креста Господня

inveracious *adj.* неправдивый, лживый

inveracity *n.* лживость

inverisimilitude *n.* неправдоподобие

investigate *v.* взыскивать, взыскать; вникать, вникнуть (во что-л.); испытывать, испытать (что-л./кого-л.); исследовать (что-л.)

investigation *n.* вникание; исследование; разбор

investigator *n.* взыскатель, -ница

investing *n.* облечение

investiture *n.* инвеститура; ~ Controversy борьба за право инвеституры, борьба за право назначения епископов

inveteracy *n.* закоренелость, застарелость

inveterate *adj.* закоренелый

invincibility *n.* неодолимость; непобедимость

invincible *adj.* неодолимый; непобедимый

inviolable *adj.* ненарушимый; нерушимый

invisible *adj.* невидимый "Who is the image of the invisible God, the firstborn of every creature" (Col., 1:15) / «Который есть образ Бога невидимого, рожденный прежде всякой твари» (Кол., 1:15); незримый; нетварный; ~ light/creation нетварный. свет

invitation *n.* приглашение; созыв

invitatory *adj.* призывательный стих/псалом

invite *v.* призывать, призвать (кого-л./что-л.); созывать, созвать (кого-л./что-л.) "And the cook took up the shoulder, and [that] which [was] upon it, and set [it] before Saul. And [Samuel] said, Behold that which is left! set [it] before thee, [and] eat: for unto this time hath it been kept for thee since I said, I have invited the people" (1 Sa., 9:24) / «И взял повар плечо и что было при нем и положил пред Саулом. И сказал [Самуил]: вот это оставлено, положи пред собою и ешь, ибо к сему времени сбережено это для тебя, когда я созывал народ» (1 Цар., 9:24); ~d званый; inviting звание

invocate *v.* призывать; взывать; молить; воззвать

invocation *n.* обращение, взывание к Богу; вызывание духов; чары, колдовство; воззвание; заклинание; мольба; призывание

invocatory *adj.* взывающий; молящий

invoke *v.* призывать; взывать; молить; призвать (кого-л./что-л.)

involve *v.* влечь, увлечь; вовлекать, вовлечь (кого-л./во что-л.); впутывать, впутать (кого-л., во что-л.); привлекать, привлечь (кого-л./что-л. к чему-л.); involving вовлечение, привлечение

invultuation *n.* надругательство над восковым изображением с целью накликать беду, несчастье, болезнь, смерть на человека

Inward Light *n.* Внутренний свет

inwardness *n.* сущность; true ~ подлинная сущность

Iona Community Община пророка Ионы

ipseity *n.* личность, индивидуальность

ipsissima verba точные слова цитируемого

ipso facto в силу самого факта

irascibility *n.* раздражительность, вспыльчивость; гневливость

irascible *adj.* гневливый

irate *adj.* гневный

ire *n.* ярость, гнев; гневность; озлобление

Ireland of Saints Остров святых, Ирландия

irenic *adj.* миротворческий, примирительный

irons *n. pl.* вериги; оковы

irrecocilable *adj.* непримиримый

irreconcilability *n.* непримиримость

irrecusable *adj.* не могущий быть отклоненным

irredeemable *adj.* неоплатный

irreflection *n.* бездумность; бездумье

irrefutability *n.* неопровержимость

irrefutable *adj.* неопровержимый

irregularly *adv.* неправильно

Irregulte. (Irregularitate) путем нарушения закона

irrelative *adj.* безотносительный

irrelevance *n.* неуместность

irrelevant *adj.* неуместный

irreligion *n.* неверие, отсутствие веры в Бога, атеизм; безбожие; безверие; злочестие; нечестие

irreligious *adj.* атеистический, неверующий; ~ talk антирелигиозные высказывания; безбожный; злочестивый; нечестивый

irremeable *adj.* безвозвратный; невозвратимый

irremissible sin непростительный грех

irreparability *n.* безысходность

irreparable *adj.* безысходный

irrepentance *n.* нераскаянность

irrepentant *adj.* чуждый раскаяния; нераскаянный

irreproachability *n.* безупречность

irreproachable *adj.* безупречный

irresistibility *n.* неодолимость

irresistible *adj.* неодолимый; ~ Grace всепобеждающая благодать Господня

irrespective *adj.* безотносительный

irreverence *n.* непочтительность; неуважение; непочтительное действие/высказывание

irreverend *adj.* недостойный почитания, уважения

irreverent *adj.* непочтительный, неуважительный

irrevocability *n.* непреложность

irritate *v.* гневить, прогневить (кого-л.); озлоблять, озлобить (кого-л./что-л.); расстравлять, расстравить (что-л.)

Irvingites *n. pl.* ирвингиты

Is. (Isaiah) *n.* Книга Пророка Исайи (книга Библии)

Is. (Idus) *n.* иды

Isaac the Great *n.* Исаак Великий

Isaiah *n.* Исайя; Иешаягу; Книга Пророка Исайи (книга Библии)

Iscariot *n.* Иуда Искариот "Then one of the twelve, called Judas Iscariot, went unto the chief priests" (Mt., 26:14) / «Тогда один из двенадцати, называемый Иуда Искариот, пошел к первосвященникам» (Матф., 26:14).

Ishmaelite *n.* измаэлит

Isidore of Kiev *n.* Исидор Киевский

Isidorian Decretals *n.* Лжеисидоровы декреталии

isolate *v.* обособлять, обособить (кого-л./что-л.); ~d обособленный

isolation *n.* обособленность; уединение

Israel *n.* Израиль; евреи, еврейский народ

Israeli *adj.* израильский

Israelites *n. pl.* израильтяне

issue *n.* исход

Italo-Albanian Church Итало-албанская церковь

Italo-Greek-Albanian Church Итало-греко-албанская церковь

I-Thou доктрина «Я-Ты»

Iyyar *n.* ияр (месяц еврейского календаря)

J

J. C. (Jesus Christus) *n.* Иисус Христос

J. C. D. (Juris Canonici Doctor) *n.* доктор канонического права, доктор церковного права

J. D. (Juris Doctor) *n.* доктор права

J. M. J. (Jesus, Maria, Joseph) *n.* Иисус, Мария, Иосиф

J. U. L. (Juris Utriusque Licentiatus) *n.* лицензиат канонического и гражданского права, правовед, имеющий ученую степень лицензиата канонического и гражданского права

Jacobine *n.* монах-доминиканец

Jacobite Monophysite Church Монофизитская церковь яковитов

Jacobites *n. pl.* яковиты, иаковиты

Jahveh, Jahweh Яхве, Иахве, Иегова

jail *n.* темница

James *n.* Иаков, Соборное послание св. апостола Иакова (книга Библии)

Jansenism *n.* янсенизм

Jansenists *n. pl.* янсениане

januis clausis при закрытых дверях, узкоколейно

jasper *n.* семинарист; святоша, ханжа

Jb. (Job) *n.* Книга Иова (книга Библии)

jealous *adj.* ревнивый; ревнующий; заботливый, ревностный; нетерпимый; ~ God Бог-ревнитель; завистливый

jealousy *n.* ревность "So the angel that communed with me said unto me, Cry thou, saying, Thus saith the Lord of hosts; I am jealous for Jerusalem and for Zion with a great jealousy" (Ze., 1:14) / «И сказал мне Ангел, говоривший со мною: провозгласи и скажи: так говорит Господь Саваоф: возревновал Я о Иерусалиме и о Сионе ревностью великою» (Зах., 1:14); зависть

jeer I *n.* глумление, осмеяние

jeer II *v.* глумиться, насмехаться, язвить

Jehovah *n.* Иегова; ~'s Witnesses «Свидетели Иеговы»

Jer. (Jeremiah) *n.* Книга Пророка Иеремии (книга Библии)

jeremiad *n.* иеремиада; горестные сетования

Jeremiah *n.* Иеремия; Книга Пророка Иеремии (книга Библии)

Jeremiel *n.* архангел Иеремиил

Jericho *n.* Иерихон

Jerobaal *n.* Иероваал, Гедион

Jerusalem *n.* Иерусалим; ~ Bible «Иерусалимская Библия»; ~ Chamber Иерусалимская палата; ~-Antioch Liturgy Иерусалиме-антиохийская литургия

Jesse (Jesus) window витрина с изображением генетического древа Христа

Jesuit *n.* иезуит; ~ drama театральная программа «Общества Иисуса»; ~ Estates противоборство из-за земельных владений «Общества Иисуса»; ~ ware фарфор иезуитов

Jesuitic(al) *adj.* иезуитский

Jesuitism *n.* иезуитизм, иезуитство

Jesuitry *n.* иезуитизм, иезуитство

Jesus Christ *n.* Иисус Христос

Jesus Movement «Движение за Иисуса»

Jew *n.* еврей, -ка; иудей, -ка "At that time Rezin king of Syria recovered Elath to Syria, and drave the Jews from Elath: and the Syrians came to Elath, and dwelt there unto this day" (2 Ki., 16:6) / «В то время Рецин, царь Сирийский, возвратил Сирии Елаф и изгнал Иудеев из Елафа; и Идумеяне вступили в Елаф, и живут там до сего дня» (4 Цар., 16:6); the ~s иудейство

Jew-baiting *n.* преследование евреев; антисемитские выступления

Jewish *adj.* еврейский; иудейский "Not giving heed to Jewish fables, and commandments of men, that turn from the truth" (Tit., 1:14) / «Не внимая Иудейским басням и постановлениям людей, отвращающихся от истины» (Тит., 1:14); ~ calendar иудейский календарь; ~ Enlightenment еврейское движение «Просвещение», Таскала; ~ religion иудаизм; ~ Theological Seminary Иудейская теологическая семинария Америки

Jewry *n.* Иудея "Then was Daniel brought in before the king. [And] the king spake and said unto Daniel, [Art] thou that Daniel, which [art] of the children of the captivity of Judah, whom the king my father brought out of Jewry?" (Da., 5:13) / «Тогда введен был Даниил пред царя, и царь начал речь и сказал Даниилу: ты ли Даниил, один из пленных сынов Иудейских, которых отец мой, царь, привел из Иудеи?» (Дан., 5:13); еврейская община; евреи

Jezreelites *n. pl.* изрееliterы

Jgs. (Judges) *n.* Книга Судей Израилевых (книга Библии)

jinx I *n.* человек/вещь, приносящие несчастье; проклятие, сглаз, злые чары

jinx II *v.* приносить несчастье; заколдовать, сглазить

Jl. (Joel) *n.* Книга Пророка Иоиля (книга Библии)

Jms. (Epistle of James) Соборное послание св. апостола Иакова (книга Библии)

Jn. (Gospel according to St. John) От Иоанна святое благовествование, Евангелие от Иоанна (книга Библии)

Jo., Joann. (Joannes) Иоанн

Joanna Southcott's Box ларец Иоанны Саутхотт

job *n.* задание

Job *n.* Иов; Книга Иова (книга Библии)

jocund *adj.* веселый, живой; приятный

jocundity *n.* веселье; веселость; радость

Joel *n.* Иоиль; Книга Пророка Иоиля (книга Библии)

John Chrysostom, John Chrysostomus *n.* Иоанн Златоуст

John Climacus *n.* Иоанн Лествичник

John I *n.* Иоанн I

John II *n.* Иоанн II

John III *n.* Иоанн III

John IV *n.* Иоанн IV

John of Antioch *n.* Иоанн Антиохийский, Иоанн III Схоластик

John of Damascus *n.* Иоанн Дамаскин

John of Kronshtadt *n.* Иоанн Кронштадский

John of the Ladder *n.* преподобный Иоанн Лествичник

John Paul I *n.* Иоанн Павел I

John Paul II *n.* Иоанн Павел II

John Scholasticus *n.* Иоанн III Схоластик

John the Baptist, John the Forerunner, John the Precursor *n.* Иоанн Креститель, Иоанн Предтеча

John the Beloved *n.* Иоанн Богослов

John the Climacus *n.* преподобный Иоанн Лествичник

John the Damascene *n.* Иоанн Дамаскин

John the Divine *n.* Иоанн Богослов

John the Faster *n.* Иоанн IV Постник

John V *n.* Иоанн V

John VI *n.* Иоанн VI

John VII *n.* Иоанн VII

John VIII *n.* Иоанн VIII

John IX *n.* Иоанн IX

John X *n.* Иоанн X

John XI *n.* Иоанн XI

John XII *n.* Иоанн XII

John XIII *n.* Иоанн XIII

John XIV *n.* Иоанн XIV

John XV *n.* Иоанн XV

John XVI *n.* Иоанн XVI

John XVII *n.* Иоанн XVII

John XVIII *n.* Иоанн XVIII

John XIX *n.* Иоанн XIX

John XX *n.* Иоанн XX

John XXI *n.* Иоанн XXI

John XXII *n.* Иоанн XXII

John XXIII *n.* Иоанн XXIII

John Иоанн; От Иоанна святое благовествование (книга Библии)

join *v.* соединять, соединить (кого-л./что-л.) "Come on, let us deal wisely with them; lest they multiply, and it come to pass, that, when there falleth out any war, they join also unto our enemies, and fight against us, and [so] get them up out of the land" (Ex., 1:10) / «Перехитрим же его, чтобы он не размножался; иначе, когда случится война, соединится и он с нашими неприятелями, и вооружится против нас, и выйдет из земли [нашей]» (Исх., 1:19); примыкать, примкнуть (к кому-л./к чему-л.); присовокуплять, присовокупить (что-л. к чему-л.); совокуплять, совокупить (что-л., с чем-л.); вступать, вступить (во что-л.); ~ing вступление, совокупление, соединение

joint I *n.* сустав; шов "And a [certain] man drew a bow at a venture, and smote the king of Israel between the joints of the harness: therefore he said to his chariot man, Turn thine hand, that thou mayest carry me out of the host; for I am wounded" (2 Chr., 18:33) / «Между тем один человек случайно натянул лук свой, и ранил царя Израильского сквозь швы лат. И сказал он вознице: поворотти назад, и вези меня от войска, ибо я ранен» (2 Пар., 18:33).

joint II *adj.* совместный; ~ ownership совместное владение

jointly *adv.* вместе; совместно

jolt *v.* трясти

Jon. (Jonah) *n.* Книга Пророка Ионы (книга Библии)

Jonas Иона; Книга Пророка Ионы (книга Библии)

Jordan River *n.* Иордан

Jos. (Joshua) *n.* Книга Иисуса Навина (книга Библии)

Josaphat I *n.* Иоасаф I

Josaphat II *n.* Иоасаф II

Joseph ben Matthias *n.* Иосиф Флавий

Joseph of Arimathea *n.* Иосиф Аримафейский

Joseph *n.* Иосиф

Josephite *n. pl.* иосифляне, осифляне

Josephus Phlavius *n.* Иосиф Флавий

Joshua *n.* Иисус Навин; Книга Иисуса Навина (книга Библии)

jostle *v.* толкать, толкнуть (кого-л./что-л.); ~ away отталкивать, оттолкнуть (кого-л./что-л.)

journey *n.* путешествие

Jovinianists *n. pl.* иовиниане

joy *n.* радование; радость "Moreover they that were nigh them, [even] unto Issachar and Zebulun and Naphtali, brought bread on asses, and on camels, and on mules, and on oxen, [and] meat, meal, cakes of figs, and bunches of raisins, and wine, and oil, and oxen, and sheep abundantly: for [there was] joy in Israel" (1 Chr., 12:40) / «Да и близкие к ним, даже до колена Иссахарова, Завулонова и Неффалимова, привозили все съестное на ослах, и верблюдах, и мулах, и волах: муку, смоквы, и изюм, и вино, и елей, и крупного и мелкого скота множество, так как радость была для Израиля» (1 Пар., 12:40).

joyful *adj.* веселый "Then went Haman forth that day joyful and with a glad heart: but when Haman saw Mordecai in the king's gate, that he stood not up, nor moved for him, he was full of indignation against Mordecai" (Esth., 5:9) / «И вышел Аман в тот день веселый и благодушный. Но когда увидел Аман Мардохея у ворот царских, и тот не встал и с места не тронулся пред ним, тогда испол-

нился Аман гневом на Мардохея» (Есф., 5:9); радостный

joyfulness *n.* радость "Strengthened with all might, according to
his glorious power, unto all patience and longsuffering with
joyfulness" (Col., 1:11) / «Укре-
пляясь всякою силою по мо-
гуществу славы Его, во всяком
терпении и великодушии с радостью» (Кол., 1:11); веселие
"Because thou servedst not the
Lord thy God with joyfulness,
and with gladness of heart, for
the abundance of all [things]"
(De., 28:47) / «За то, что ты не
служил Господу Богу твоему
с веселием и радостью сердца,
при изобилии всего» (Втор.,
28:47).

jubilance *n.* ликование, торжество

jubilant *adj.* ликующий, торже-
ствующий

Jubilate *n.* «Юбилате», 99-й псалом; третья неделя после Пас-
хи у католиков

jubilate *v.* ликовать, торжество-
вать, радоваться; праздновать;
~ Sunday третья неделя после
Пасхи у католиков

jubilation *n.* ликование; торжество, празднество

jubilee *n.* юбилейный/Святой
год; юбилей; *adj.* юбилейный

jubilize *v.* отмечать юбилей; ликовать, торжествовать; праздновать

Jud. (Judicium) *n.* суд

Judaea *n.* Иудея

Judaic(al) *adj.* иудейский, еврейский

Judaism *n.* иудаизм

Judaism *n.* иудаизм; иудейство

Judaist *n.* иудей

Judaize *v.* обращать в иудаизм;
следовать еврейским обычаям;
соблюдать предписания иудаизма

Judaizers *n. pl.* жидовствующие

Judas *n.* Иуда; Иуда Искариот;
св. апостол Иуда; ~ Bible
«Библия Иуды»; ~ kiss иудино
лобзание, поцелуй Иуды; ~ tree
древо Иудино

Jude *n.* св. апостол Иуда; Соборное послание св. апостола Иу-
ды (книга Библии)

Jude. (Epistle of Jude) *n.* Соборное послание св. апостола Иу-
ды (книга Библии)

judge I *n.* судья, судия "That be
far from thee to do after this
manner, to slay the righteous
with the wicked: and that the
righteous should be as the
wicked, that be far from thee:
Shall not the Judge of all the
earth do right?" (Ge., 18:25) /
«Не может быть, чтобы Ты поступил так, чтобы Ты погубил
праведного с нечестивым, чтобы то же было с праведником,
что с нечестивым; не может
быть от Тебя! Судия всей земли поступит ли неправосудно?» (Быт., 18:25).

judge II *v.* рассуживать, рассудить (кого-л., о ком-л.); судить
(кого-л./что-л.), (о ком-л./о
чем-л.) "And Rachel said, God
hath judged me, and hath also
heard my voice, and hath given
me a son: therefore called she his
name Dan" (Ge., 30:6) / «И сказала Рахиль: судил мне Бог, и
услышал голос мой, и дал мне
сына. Посему нарекла ему

имя: Дан» (Быт., 30:6); ~ not least be ~d не судите, да не судимы будете

judgement *n.* сознание; суд; суждение; решение; усмотрение; ~ Day Судный день, день Страшного суда; ~ of the Cross испытание крестом, крестовая ордалия

Judges *n.* Книга Судей Израилевых», «Шофтим» (книга Библии)

Judic *adj.* иудейский

Judica Sunday *n.* Судное воскресенье, пятая неделя Великого поста у католиков

judicial *adj.* судебный; справедливо ниспосланный за грехи

Judith *n.* Юдифь; Книга Юдифи (книга Библии)

juggernaut *n.* неумолимая сила

Julian *adj.* Юлианский; ~ calendar юлианский календарь

Julian the Apostate, Julianus Apostata *n.* Юлиан Отступник

Julius I *n.* Юлий I

Julius II *n.* Юлий II

Julius III *n.* Юлий III

jump up *v.* воспрянуть (от чего-л.)

junction *n.* соединение; сочетание

Jur. (Juris) по закону

jus divinum закон Божий, закон Высшей Справедливости

just *adj.* должностной; правый; преподобный; справедливый

justice *n.* правосудие; правота; правда "For I know him, that he will command his children and his household after him, and they shall keep the way of the Lord, to do justice and judgment; that the Lord may bring upon Abra-

ham that which he hath spoken of him" (Ge., 18:19) / «Ибо Я избрал его для того, чтобы он заповедал сынам своим и дому своему после себя, ходить путем Господним, творя правду и суд; и исполнит Господь над Авраамом [все], что сказал о нем» (Быт., 18:19); справедливость; the ~ of heavens перст Божий

justifiability *n.* состоятельность

justification *n.* оправдание; прощение; отпущение грехов; очищение

justify *v.* отпускать грехи; оправдывать; оправдать (кого-л./что-л.) "Keep thee far from a false matter; and the innocent and righteous slay thou not: for I will not justify the wicked" (Ex., 23:7) / «Удаляйся от неправды и не умерщвляй невинного и правого, ибо Я не оправдаю беззаконника» (Исх., 23:7); очищать, очистить (кого-л./что-л.)

Justinian *n.* Юстиниан

justness *n.* праведность

juvenility *n.* юность

St. John the Ladder *n.* Иоанн Лествичник

St. John *n.* Иоанн Богослов

K

K. (Kalendas), Kal. (Kalendae) *n.* календы, первый день месяца

K. B. M. (Karissimo Bene Merenti) любезнейшему и достойнейшему

Kabala *n.* кабала, каббала

Kabalism, Kabbalism *n.* кабалистика

Kabbalah *n.* кабала, каббала

Kaddish *n.* каддиш

kafizma *n.* кафизма

Kananaios *n.* Кананит, Симон Кананит, Симон Зилот

kanon *n.* канон

kantor *n.* кантор

Kappel Wars *n.* Каппельские войны

Karaism *n.* караизм, движение караимов

Karaitism *n.* движение караимов, караизм

kasher *n.* кошер

katabasia *n.* катавасия

kedesha(h) *n.* кедеша

kedoshim *n. pl.* кедошим, мученики, святые

keen I *n.* причитание по покойнику

keen II *v.* причитать по покойнику; голосить; вопить

keep *n.* держать (что-л.); ~ lent держать пост; ~ word держать слово; ~ in mind держать в мыслях; ~ in secret держать в тайне; соблюдать, соблюсти (что-л.); содержать (что-л.); сохранять, сохранить; (кого-л./что-л.); хранить, сохранить (что-л.); ~ silence хранить молчание; ~ a secret хранить тайну; ~ an eye on следить (за кем-л./за чем-л.); ~ away избегать, избегнуть, избежать; ~ away from обходить, обойти (кого-л./что-л.); ~ away устраняться, устраниться; ~ from избегать, избегнуть, избежать; ~ up with следить (за кем-л./за чем-л.)

keener *n.* профессиональная плакальщица на похоронах

keeper *n.* пастырь "And she again bare his brother Abel. And Abel was a keeper of sheep, but Cain was a tiller of the ground" (Ge., 4:2) / «И еще родила брата его, Авеля. И был Авель пастырь овец, а Каин был земледелец» (Быт., 4:2); сторож "And the Lord said unto Cain, Where [is] Abel thy brother? And he said, I know not: [Am] I my brother's keeper?" (Ge., 4:9) / «И сказал Господь [Бог] Каину: где Авель, брат твой? Он сказал: не знаю; разве я сторож брату моему?» (Быт., 4:9); хранитель "And David said to Achish, Surely thou shalt know what thy servant can do. And Achish said to David, Therefore will I make thee keeper of mine head for ever" (1 Sa., 28:2) / «И сказал Давид Анхусу: ныне ты узнаешь, что сделает раб твой. И сказал Анхус Давиду: за то я сделаю тебя хранителем головы моей на все время» (1 Цар., 28:2); ~ of manuscripts and rare books хранитель рукописей и редких книг; ~ing держание; ~ing сохранение; ~ing away устранение

Kelim *n.* «Келим»

keter 'elyon кетер елион

kettle-drum *n.* цимбалы

Ketubbot *n.* «Ктубот»

Ketuvim *n.* «Писания», «Кетувим», «Ктувим», «Кетубим»

key *n.* ключ "And they tarried till they were ashamed: and, behold, he opened not the doors of the parlour; therefore they took a key, and opened [them]: and, behold, their lord [was] fallen down dead on the earth" (Jdg., 3:25) / «Ждали довольно долго, но видя, что никто не отпирает дверей горницы, взяли ключ и отперли, и вот, господин их лежит на земле мертвый» (Суд., 3:25).

keystone *n.* краеугольный камень, основа

kid *n.* мальчик

Kilayim *n.* «Килаим»

kill *n.* убивать "And the Lord said unto him, Therefore whosoever slayeth Cain, vengeance shall be taken on him sevenfold. And the Lord set a mark upon Cain, lest any finding him should kill him" (Ge., 4:15) / «И сказал ему Господь [Бог]: за то всякому, кто убьет Каина, отмстится всемеро. И сделал Господь [Бог] Каину знамение, чтобы никто, встретившись с ним, не убил его» (Быт., 4:15); душегубствовать; закалывать, закаяться (кого-л.); избивать, избить (кого-л.); побивать, побить (когол.); ~ing заклание, убиение, убийство

Kimbanguist Church *n.* Церковь кимбангвистов

kind *adj.* доброжелательный; добронравный; добрый; незлобивый; ~-chosen благоизбранный

kindful *adj.* благодушный; благожелательный

kind-harmonic *adj.* благозвучный

kindhearted *adj.* благосердный; добросердечный, добросердный; ~ people добрые люди

kind-heartedness *n.* добросердечие, добросердие

kindle *v.* возжигать, возжечь (что-л.); засветить (что-л.); kindling up возжигание, возжение

kindler *n.* возжигатель, -ница

kindling *adj.* возжигательный

kindness *n.* доброжелательность, -ство; добронравие; доброта; дружелюбие; милость "And he said, O Lord God of my master Abraham, I pray thee, send me good speed this day, and shew kindness unto my master Abraham" (Ge., 24:12) / «И сказал: Господи, Боже господина моего Авраама! пошли ее сегодня навстречу мне и сотвори милость с господином моим Авраамом» (Быт., 24:12); благодеяние "But think on me when it shall be well with thee, and shew kindness, I pray thee, unto me, and make mention of me unto Pharaoh, and bring me out of this house" (Ge., 40:14) / «Вспомни же меня, когда хорошо тебе будет, и сделай мне благодеяние, и упомяни обо мне фараону, и выведи меня из этого дома» (Быт., 40:14); благосклонность "And Saul said unto the Kenites, Go, depart, get you down from among the Amalekites, lest I destroy you with them: for ye shewed kindness to all the children of Israel, when they came up out of Egypt. So the Kenites departed from among the Amalekites" (1 Sa., 15:6) / «И сказал Саул Кинеянам: пойдите, отделитесь, выйдите из среды Амалика, чтобы мне не погубить вас с ним, ибо вы оказали благосклонность всем Израильтянам, когда они шли из Египта. И отделились Кинеяне из среды Амалика» (1 Цар., 15:6).

kindred *n.* родня; родственники "But thou shalt go unto my father's house, and to my kindred, and take a wife unto my son" (Ge., 24:38) / «А пойди в дом отца моего и к родственникам моим, и возьмешь [оттуда] жену сыну моему» (Быт., 24:38); родство "Now the Lord had said unto Abram, Get thee out of thy country, and from thy kindred, and from thy father's house, unto a land that I will shew thee" (Ge., 12:1) / «И сказал Господь Авраму: пойди из земли твоей, от родства твоего и из дома отца твоего [и иди] в землю, которую Я укажу тебе» (Быт., 12:1); рождение "The Lord God of heaven, which took me from my father's house, and from the land of my kindred, and which spake unto me, and that sware unto me, saying, Unto thy seed will I give this land; he shall send his angel before thee, and thou shalt take a wife unto my son from thence" (Ge., 24:7) / «Господь, Бог неба [и Бог земли], Который взял меня из дома отца моего и из земли рождения моего, Который говорил мне и Который клялся мне, говоря: [тебе и] потомству твоему дам сию землю, — Он пошлет Ангела Своего пред тобою, и ты возьмешь жену сыну моему [Исааку] оттуда» (Быт., 24:7).

King James Bible, King James Version *n.* «Библия короля Иакова»

king *n.* царь "And it came to pass in the days of Amraphel king of Shinar, Arioch king of Ellasar, Chedorlaomer king of Elam, and Tidal king of nations" (Ge., 14:1) / «И было во дни Амрафела, царя Сеннаарского, Ариоха, царя Елласарского, Кедорлаомера, царя Еламского, и Фидала, царя Гоимского» (Быт., 14:1); Heavenly ~ Царь Небесный

kingdom *n.* царствие, царство; королевство; мир; Heavenly ~ Царствие Небесное; ~ of God Царство Божие; Царствие Божие; ~ of Heaven Царство Небесное; ~ of Jerusalem царство Иерусалимское, Иерусалимское королевство

kinglike I *adj.* королевский, царский; царственный, величественный

kinglike II *adv.* величественно

kingliness *n.* царственность, величественность

kingly *adj.* королевский, царский "But when his heart was lifted up, and his mind hardened in pride, he was deposed from his kingly throne, and they took his glory from him" (Da., 5:20) / «Но когда сердце его надмилось и дух его ожесточился до дерзости, он был свержен с царского престола своего и лишен славы своей» (Дан., 5:20); царственный, величественный; великолепный, пышный

kinship *n.* родство

kinsman *n.* сват; родственник "And Naomi had a kinsman of her husband's, a mighty man of wealth, of the family of Elimelech; and his name [was] Boaz" (Ru., 2:1) / «У Ноемини был родственник по мужу ее, человек весьма знатный, из племени Елимелехова, имя ему Вооз» (Руф., 2:1); сродник; наследник "But if the man have no kinsman to recompense the trespass unto, let the trespass be recompensed unto the Lord, [even] to the priest; beside the ram of the atonement, whereby an atonement shall be made for him" (Nu., 5:8) / «Если же у него нет наследника, которому следовало бы возвратить за вину: то посвятить это Господу; пусть будет это священнику, сверх овна очищения, которым он очистит его» (Числ., 5:8).

kinswoman *n.* сватья; сродница

kirk-garth *n.* кладбище при церкви; церковный погост; церковный двор

kirkman *n.* приверженец Шотландской церкви; шотландский священник, пастор

kirkyard *n.* кладбище при церкви; церковный погост; церковный двор

Kislev *n.* кислев (месяц еврейского календаря)

kiss *n.* поцелуй; лобзание "Greet ye one another with a kiss of charity. Peace [be] with you all that are in Christ Jesus" (1 Pe., 5:14) / «Приветствуйте друг друга лобзанием любви. Мир вам всем во Христе Иисусе» (1 Петр., 5:14); Juda's ~ поцелуй Иуды; *v.* целовать; поцеловать (кого-л./что-л.) "And his father Isaac said unto him, Come near now, and kiss me, my son" (Ge., 27:26) / «Исаак, отец его, сказал ему: подойди [ко мне], поцелуй меня, сын мой» (Быт., 27:26); приложиться (к чему-л.); ~ the relics приложиться к мощам; ~ing лобзание, целование

kist *n.* гроб; саркофаг

Kitchen Latin *n.* «кухонная» латынь

kittel *n.* киттел

knee *n.* колено "And she said, Behold my maid Bilhah, go in unto her; and she shall bear upon my knees, that I may also have children by her" (Ge., 30:3) / «Она сказала: вот служанка моя Валла; войди к ней; пусть она родит на колени мои, чтобы и я имела детей от нее» (Быт., 30:3).

kneel *v.* становиться на колени; молить, просить; преклонять колена "O come, let us worship and bow down: let us kneel before the Lord our maker" (Ps., 95:6) / «Приидите, поклонимся и припадем, преклоним колени пред лицем Господа, Творца нашего» (Псл., 94:6); стоять на коленях; ~ing коленопреклонение

kneeler *n.* коленопреклоненный; молящийся на коленях; подушечка для коленопреклонения; скамеечка для коленопреклонения

knell I *n.* погребальный, похоронный звон; предзнаменование конца, предвестие смерти; скорбный плач; погребальная песня

knell II v. звонить по усопшему; предвещать, сулить гибель; звонить в колокол; предвещать; doleful ~ скорбный звон колоколов; funeral ~ похоронный звон; to sound a ~ возвещать о смерти

Kneset ha-Gedola n. Кнессет га-Гедола, Великая Синагога

Knights Hospitaller n. рыцари-госпитальеры, Рыцари св. Иоанна Иерусалимского

Knights of Malta n. Мальтийские рыцари, Орден рыцарей-госпитальеров

Knights of St. Eulalia (A religious order founded in Spain in 1218) n. Рыцари Св. Эвлалии

Knights of the Holy Sepulchre n. Рыцари Святого Гроба Господня

Knights of the Sword n. Рыцари меча, рыцари Ливонского ордена

Knights Templars n. Рыцари Храма, храмовники, тамплиеры

knoll I n. звон по усопшему, погребальный звон

knoll II v. звонить в колокол по усопшему, возвещать о смерти; созывать звоном колокола; звонить в колокол

know v. знать (кого-л./что-л.) "For God doth know that in the day ye eat thereof, then your eyes shall be opened, and ye shall be as gods, knowing good and evil" (Ge., 3:5) / «Ро знает Бог, что в день, в который вы вкусите их, откроются глаза ваши, и вы будете, как боги, знающие добро и зло» (Быт., 3:5); ведать; God ~s Бог весть; познавать, познать (что-л.); ~ yourself познай самого себя

knowledge n. знание; a posteriori ~ апостериорное знание; познание "And out of the ground made the Lord God to grow every tree that is pleasant to the sight, and good for food; the tree of life also in the midst of the garden, and the tree of knowledge of good and evil" (Ge., 2:9) «И произрастил Господь Бог из земли всякое дерево, приятное на вид и хорошее для пищи, и дерево жизни посреди рая, и дерево познания добра и зла» (Быт., 2:9); ведение "And he hath filled him with the spirit of God, in wisdom, in understanding, and in knowledge, and in all manner of workmanship" (Ex., 35:31) / «И исполнил его Духом Божиим, мудростью, разумением, ведением и всяким искусством» (Исх., 35:31); the ~ of good and evil познание добра и зла; разум; сведение

Knox Version n. Библия в переводе Р. Нокса

Knox's Liturgy «Литургия Нокса»

kohen n. коген; ~ gadol верховный жрец Иерусалимского храма

kontakion n. кондак

kontakion n. кондакт

kosher n. кошер; ~ meat кошерное мясо; ~ restaurant кошерный ресторан

Kralitz Bible «Кралицевская Библия», «Библия моравской братии»

ksenofobia *n.* ксенофобия

L

L. (Locus) *n.* место

L. C. D. (Legis Civilis Doctor) *n.* доктор гражданского права

L. H. D. (Litterarum Humaniorum Doctor) *n.* доктор литературы

L. L. M. (Legum Magister) *n.* магистр канонического и гражданского права

L. M. (Locus Monumenti) *n.* место памятника

L. S. (Loco Sigilli) *n.* место печати; (Locus Selpuchri) место гроба

labarum *n.* лабарум, лаборум, императорская хоругвь, штандарт Константина Великого

labefaction *n.* ниспровержение; падение

labor *v.* работать

laborious *adj.* работящий; трудолюбивый

labour I *n.* работа; труд "Except the God of my father, the God of Abraham, and the fear of Isaac, had been with me, surely thou hadst sent me away now empty. God hath seen mine affliction and the labour of my hands, and rebuked [thee] yesternight" (Ge., 31:42) / «Если бы не был со мною Бог отца моего, Бог Авраама и страх Исаака, ты бы теперь отпустил меня ни с чем. Бог увидел бедствие мое и труд рук моих и вступился за

меня вчера» (Быт., 31:42); роды "And they journeyed from Bethel; and there was but a little way to come to Ephrath: and Rachel travailed, and she had hard labour" (Ge., 35:16) / «И отправились из Вефиля. [И раскинул он шатер свой за башнею Гадер.] И когда еще оставалось некоторое расстояние земли до Ефрафы, Рахиль родила, и роды ее были трудны» (Быт., 35:16).

labour II *v.* работать "Six days shalt thou labour, and do all thy work" (Ex., 20:9) / «Шесть дней работай и делай [в них] всякие дела твои» (Исх., 20:9); трудиться "I am afraid of you, lest I have bestowed upon you labour in vain" (Ga., 4:11) / «Боюсь за вас, не напрасно ли я трудился у вас» (Гал., 4:11).

labyrinth *n.* дебрь

lachrymation *n.* плач

lachrymose *adj.* слезный

lack I *n.* недостаток "And when they did mete [it] with an omer, he that gathered much had nothing over, and he that gathered little had no lack; they gathered every man according to his eating" (Ex., 16:18) / «И меряли гомором, и у того, кто собрал много, не было лишнего, и у того, кто мало, не было недостатка: каждый собрал, сколько ему съесть» (Исх., 6:18).

lack II *v.* недоставать "Peradventure there shall lack five of the fifty righteous: wilt thou destroy all the city for [lack of] five? And he said, If I find there forty and five, I will not destroy [it]"

(Ge., 18:28) / «Может быть, до
пятидесяти праведников не-
достанет пяти, неужели за не-
достатком пяти Ты истребишь
весь город? Он сказал: не истреблю, если найду там сорок
пять» (Быт., 18:28).

lack-all *n.* горемыка

lacrimal *adj.* слезный

Lacrimosa «Лакримоса»; ~ dies
День Слез, День Страшного
Суда, Судный День

lacunae *n. pl.* пропуски

lad *n.* мальчик; отрок "And God
said unto Abraham, Let it not be
grievous in thy sight because of
the lad, and because of thy
bondwoman; in all that Sarah
hath said unto thee, hearken unto
her voice; for in Isaac shall thy
seed be called" (Ge., 21:12) /
«Но Бог сказал Аврааму: не
огорчайся ради отрока и рабыни твоей; во всем, что скажет
тебе Сарра, слушайся голоса
ее, ибо в Исааке наречется тебе семя» (Быт., 21:12).

Lady *n.* our ~ Богородица; the ~-
Day Благовещение Пресвятой
Девы Марии; Благовещение
Пресвятой Владычицы нашей
Богородицы и Приснодевы
Марии; ~ Chapel часовня Пре-
чистой Девы Марии; придел
Приснодевы Марии, придел
Пресвятой Богородицы; ~
Freemason вольная каменщица;
~-Chapel часовня Богоматери
(при большой церкви или со-
боре)

Laeterate Sunday четвертая неделя Великого поста у католиков

Lag ba-'Omer лаг ба-омер

laic I *n.* мирянин

laic II *adj.* мирской, секулярный

Laic. (Laicus) *n.* мирянин

laical *adj.* светский, мирской, секулярный

laicize *v.* освобождать от церковного влияния; проводить об-
мирщание; секуляризировать

laidly *adj.* отвратительный, от-
талкивающий

lair *n.* гнездилище

Lam. (Lamentations) *n.* Плач
Иеремии (книга Библии)

Lamb *n.* Агнец Божий "The next
day John seeth Jesus coming
unto him, and saith, Behold the
Lamb of God, which taketh
away the sin of the world" (John,
1:29) / «На другой день видит
Иоанн идущего к нему Иисуса
и говорит: вот Агнец Божий,
Который берет на Себя грех
мира» (Ин., 1:29); ~ of God Агнец Божий; ~-ale пиво церковное

Lambeth Conference *n.* Ламбет-
ская конференция

Lambeth Quadrilateral *n.* Лам-
бетский четырехугольник

lamblike *adj.* кроткий; покорный,
безропотный

lame *adj.* хромой "And Jonathan,
Saul's son, had a son [that was]
lame of [his] feet. He was five
years old when the tidings came
of Saul and Jonathan out of Jezreel, and his nurse took him up,
and fled: and it came to pass, as
she made haste to flee, that he
fell, and became lame" (2 Sa.,
4:4) / «У Ионафана, сына Саулова, был сын хромой. Пять
лет было ему, когда пришло
известие о Сауле и Ионафане

из Изрееля, и нянька, взяв его, побежала. И когда она бежала поспешно, то он упал, и сделался хромым» (2 Цар., 4:4); the ~ хромые; the halt and the ~ хромые и немощные; слабый; ~ excuse слабое оправдание; ~ excuse слабый аргумент

lament I *n.* плач, рыдания, стенания; сетование; жалобы; элегия, жалобная песнь; похоронная песнь

lament II *v.* оплакивать "[That] the daughters of Israel went yearly to lament the daughter of Jephthah the Gileadite four days in a year" (Jdg., 11:40) / «Что ежегодно дочери Израилевы ходили оплакивать дочь Иеффая Галаадитянина, четыре дня в году.; стенать, горевать, сокрушаться; сетовать» (Суд., 11:40); ~ for smb. вопить, возопить (к кому-л./о ком-л.); возрыдать; голосить (по кому-л./чему-л.); плакать (о ком-л./о чем-л.) "And he smote the men of Bethshemesh, because they had looked into the ark of the Lord, even he smote of the people fifty thousand and threescore and ten men: and the people lamented, because the Lord had smitten [many] of the people with a great slaughter" (1 Sa., 6:19) / «И поразил Он жителей Вефсамиса за то, что они заглядывали в ковчег Господа, и убил из народа пятьдесят тысяч семьдесят человек; и заплакал народ, ибо поразил Господь народ поражением великим» (1 Цар., 6:19); причитывать, причитать (по ком-л.);

сетовать (на кого-л.), (о чем-л.); ~ after обратиться "And it came to pass, while the ark abode in Kirjathjearim, that the time was long; for it was twenty years: and all the house of Israel lamented after the Lord" (1 Sa., 7:2) / «С того дня, как остался ковчег в Кириаф-Иариме, прошло много времени, лет двадцать. И обратился весь дом Израилев к Господу» (1 Цар., 7:2); ~ing плакание

lamentable *adj.* скорбный, печальный; жалостный; плачевный; жалобный "And when he came to the den, he cried with a lamentable voice unto Daniel: [and] the king spake and said to Daniel, O Daniel, servant of the living God, is thy God, whom thou servest continually, able to deliver thee from the lions?" (Da., 6:20) / «И, подойдя ко рву, жалобным голосом кликнул Даниила, и сказал царь Даниилу: Даниил, раб Бога живого! Бог твой, Которому ты неизменно служишь, мог ли спасти тебя от львов?» (Дан., 6:20).

lamentation *n.* вопль; жалоба; причитание; плач "And they came to the threshingfloor of Atad, which [is] beyond Jordan, and there they mourned with a great and very sore lamentation: and he made a mourning for his father seven days" (Ge., 50:10) / «И дошли они до Горен-гаатада при Иордане и плакали там плачем великим и весьма сильным; и сделал Иосиф плач

по отце своем семь дней»
(Быт., 50:10); сетование; «Оплакивание Христа»; жалобы,
сетования; the ~ of Jeremiah
Плач Иеремии (книга Библии)

lamp *n.* светильник "And thou
shalt command the children of
Israel, that they bring thee pure
oil olive beaten for the light, to
cause the lamp to burn always"
(Ex., 27:20) / «И вели сынам
Израилевым, чтобы они приносили тебе елей чистый, вы-
битый из маслин, для освещения, чтобы горел светильник
во всякое время» (Исх., 27:20);
лампада "And thou shalt make
the seven lamps thereof: and
they shall light the lamps thereof, that they may give light
over against it" (Ex., 25:37) / «И
сделай к нему семь лампад и
поставь на него лампады его,
чтобы светили на переднюю
сторону его» (Исх., 25:37).

land *n.* земля "The name of the
first [is] Pison: that [is] it which
compasseth the whole land of
Havilah, where [there is] gold"
(Ge., 2:11) / «Имя одной
Фисон: она обтекает всю землю Хавила, ту, где золото»
(Быт., 2:11); the promised ~/ ~
of Promise земля обетованная;
church-~ церковная земля; место; страна; угодья; ~ of the
Covenant земля обетованная,
земля Ханаанская

Land. (Laudes) *n.* бревиарий
«Лаудес»

Lando *n.* Ландо

langsyne I *n.* далекое прошлое

langsyne II *adv.* давным-давно

language *n.* язык "And the whole
earth was of one language, and
of one speech" (Ge., 11:1) / «На
всей земле был один язык и
одно наречие» (Быт., 11:1); ancient ~s древние языки

languish I *n.* томление

languish II *v.* томиться (чем-л.);
изнемогать "Therefore shall the
land mourn, and every one that
dwelleth therein shall languish,
with the beasts of the field, and
with the fowls of heaven; yea,
the fishes of the sea also shall be
taken away" (Hos., 4:3) / «За то
восплачет земля сия, и изнемо-
гут все, живущие на ней, со
зверями полевыми и птицами
небесными, даже и рыбы морские погибнут» (Ос., 4:3); увядать "The vine is dried up, and
the fig tree languisheth; the
pomegranate tree, the palm tree
also, and the apple tree, [even]
all the trees of the field, are
withered: because joy is withered away from the sons of men"
(Joel, 1:12) / «Засохла виноградная лоза и смоковница за-
вяла; гранатовое дерево, пальма и яблоня, все дерева в поле
посохли; потому и веселье у
сынов человеческих исчезло»
(Иоил., 1:12).

languor *n.* томление

lantern of the dead кладбищен-
ские светильники

lapidate *v.* побивать камнями

lapidation *n.* побивание камнями

lapidification *n.* окаменение

lapidify *v.* превращать в камень

lapis offensionis et petra scandali
камень преткновения и камень
соблазна

lapse *n.* прошествие; ~d впавший в грех/ересь

lapsus calami, lapsus pennae ошибка пера, описка, ляпсус

lapsus linguae обмолвка, оговорка, ляпсус

lapsus memoriae ошибка памяти, ляпсус

Large Family Bible «Библия многодетной семьи»

large-heartedness *n.* великодушие; доброта, снисходительность, терпимость

Larger Catechism «Большой катехизис»

largess(e) *n.* щедрое пожертвование, щедрота

lascivious *adj.* блудный; ~ thoughts блудные помыслы

lass *n.* отроковица

last *adj.* последний "Ye [are] my brethren, ye [are] my bones and my flesh: wherefore then are ye the last to bring back the king?" (2 Sa., 19:12) / «Вы братья мои, кости мои и плоть моя — вы; зачем хотите вы быть последними в возвращении царя в дом его?» (2 Цар., 19:12); конечный; окончательный; прошлый; ~ Day Судный день; ~ days грядущие дни "And Jacob called unto his sons, and said, Gather yourselves together, that I may tell you [that] which shall befall you in the last days" (Ge., 49:1) / «И призвал Иаков сыновей своих и сказал: соберитесь, и я возвещу вам, что будет с вами в грядущие дни» (Быт., 49:1); ~ end кончина "Who can count the dust of Jacob, and the number of the fourth [part] of Israel? Let me die the death of the righteous, and let my last end be like his!" (Nu., 23:10) / «Кто исчислит песок Иакова и число четвертой части Израиля? Да умрет душа моя смертью праведников, и да будет кончина моя, как их!» (Числ., 23:10); ~ Judgment Страшный Суд; ~ of the Fathers Последний из Отцов; ~ straw капля, переполнившая чашу; ~ Supper Тайная вечеря; ~ trump труба, возвещающая конец света; ~ will завещание; последняя воля; ~ing долгий

late I *adj.* покойный, почивший

late II *adv.* поздно "[It is] vain for you to rise up early, to sit up late, to eat the bread of sorrows: [for] so he giveth his beloved sleep" (Ps., 127:2) / «Напрасно вы рано встаете, поздно просиживаете, едите хлеб печали, тогда как возлюбленному Своему Он дает сон» (Псл., 126:2).

lately *adv.* недавно "And found a certain Jew named Aquila, born in Pontus, lately come from Italy, with his wife Priscilla; (because that Claudius had commanded all Jews to depart from Rome:) and came unto them" (Ac., 18:2) / «И, найдя некоторого Иудея, именем Акилу, родом Понтянина, недавно пришедшего из Италии, и Прискиллу, жену его, — потому что Клавдий повелел всем Иудеям удалиться из Рима, — пришел к ним» (Деян., 18:2); давеча

laten *v.* задерживать кого-л., запаздывать, задерживаться

Lateran Council Латеранский собор

Lateran Pact of 1929 Латеранский договор

Latin I *n.* латынь, латинский язык; католик; латинские четки

Latin II *adj.* латинский; римско-католический; ~ alphabet латиница, латинский алфавит; ~ book script латинское книжное письмо; ~ Church Латинская Церковь, Западная Церковь; ~ cross католический крест; ~ rite католический чин богослужения

Latinism *n.* латинизм

Latinist *n.* латинист

latinize *v.* латинизировать

latitude *n.* широта взглядов, суждений; свобода, терпимость; ~ in/of religion свобода вероисповедания; веротерпимость

Latitudinarians *n. pl.* латитудинарии; индифферентные в вопросах религии

latter *adj.* последний "And [if] the latter husband hate her, and write her a bill of divorcement, and giveth [it] in her hand, and sendeth her out of his house; or if the latter husband die, which took her [to be] his wife" (De., 24:3) / «Но и сей последний муж возненавидит ее и напишет ей разводное письмо, и даст ей в руки, и отпустит ее из дома своего, или умрет сей последний муж ее, взявший ее себе в жену» (Втор., 24:3); поздний " That I will give [you] the rain of your land in his due season, the first rain and the latter rain, that thou mayest gather in thy corn, and thy wine, and

thine oil" (De., 11:14) / «То дам земле вашей дождь в свое время, ранний и поздний; и ты соберешь хлеб твой и вино твое и елей твой» (Втор., 11:14); ~ Prophets «Поздние Пророки»; ~-day Saints «Святые наших дней», «Святые последнего дня», мормоны

lattermost *adj.* самый последний

laud I *n.* хвала, восхваление, прославление; хвалебный гимн

laud II *v.* возносить, вознести (кого-л./что-л.); восхвалять, восхвалить (кого-л./что-л.); хвалить; похвалить; прославлять "And again, Praise the Lord, all ye Gentiles; and laud him, all ye people" (Ro., 15:11) / «И еще: хвалите Господа, все язычники, и прославляйте Его, все народы» (Рим., 15:11); ~ing восхваление

laudable *adj.* достославный; похвальный

laudably *adv.* похвально

laudation *n.* восхваление, прославление

laudatory *adj.* величательный; хвалебный

Laudisti *n. pl.* лаудисты

lauditai *n. pl.* певцы духовных гимнов и псалмов, лаудисты

lauds *n. pl.* часы; ~ Breviary бревиарий «Лаудес»; служба первого часа у католиков; часы перед обедней

Laurentius *n.* Лаврентий

lavabo *n.* омовение рук

lavation *n.* омовение, очищение

laver *n.* сосуд для омовений; купель

lavish I *adj.* расточительный

lavish II *v.* расточать, расточить (что-л.)

lavishness *n.* расточительность

lavra *n.* лавра; Kiev Pecherskaya ~ Киево-Печерская Лавра

law *n.* закон "Because that Abraham obeyed my voice, and kept my charge, my commandments, my statutes, and my laws" (Ge., 26:5) / «За то, что Авраам [отец твой] послушался гласа Моего и соблюдал, что Мною заповедано было соблюдать: повеления Мои, уставы Мои и законы Мои» (Быт., 26:5); ~ of Moses закон Моисеев; ~-giver/~-maker законодатель, -ница; ~-governed закономерный

law-breaker *n.* законопреступник, -ница

lawful *adj.* законный "But if ye enquire any thing concerning other matters, it shall be determined in a lawful assembly" (Ac., 19:39) / «А если вы ищете чего-нибудь другого, то это будет решено в законном собрании» (Деян., 19:39).

lawfulness *n.* законность

lawless *adj.* беззаконный "Knowing this, that the law is not made for a righteous man, but for the lawless and disobedient, for the ungodly and for sinners, for unholy and profane, for murderers of fathers and murderers of mothers, for manslayers" (1 Ti., 1:9) / «Зная, что закон положен не для праведника, но для беззаконных и непокоривых, нечестивых и грешников, развратных и оскверненных, для оскорбителей отца и матери, для человекоубийц»

(1 Тим., 1:9); незаконный; неправый

Lawrence *n.* Лаврентий

lay I *adj.* светский, мирской; ~ members of the vestry члены церковного совета из мирян; ~ baptism крещение, совершенное мирянином; ~ brother белец; ~ Investiture борьба за право назначения епископов; ~ of Igor's Warfare «Слово о полку Игореве»; ~ reader мирянин, проводящий богослужение; ~ sister белица; ~ vicar дьячок, певчий из мирян; ~ing in the Bier «Положение во гроб», «Оплакивание Христа»; ~ing on of hands рукоположение, руковозложение

lay II *v.* полагать, положить (что-л. на что-л.); ~ aside откладывать, отложить (что-л.); ~ bare разоблачать, разоблачить (кого-л./что-л.); ~ down низлагать, низложить (кого-л.); ~ on вменять, вменить (что-л. кому-л.), налагать, наложить (что-л. на кого-л); ~ upon возлагать, возложить (на кого-л./на что-л.); ~ hands возложить руки; ~ waste разорять, разорить (кого-л./что-л.), разрушать, разрушить (что-л.); ~ing on вменение, возложение

lay-brother *n.* келейник; послушник

layman *n.* мирянин

lay-sister *n.* келейница; послушница

laywoman *n.* мирянка

lazar *n.* прокаженный; нищий

Lazarist, Lazarite *n.* лазарит

laziness *n.* праздность

lazy *adj.* праздный

lazyness *n.* дармоедство́

lead *v.* управлять (кем-л./чем-л.); возводить, возвести (кого-л. на что-л.); окормлять, окормить (кого-л.); ~ into вводить, ввести (кого-л. во что-л.); ~ into temptation ввести во искушение "And lead us not into temptation, but deliver us from evil: For thine is the kingdom, and the power, and the glory, for ever" (Mt., 6:13) / «И не введи нас в искушение, но избавь нас от лукавого. Ибо Твое есть Царство и сила и слава во веки» (Матф., 6:13); ~ing astray совращение; ~ astray совращать, совратить (кого-л.); ~ down низводить, низвести (кого-л./что-л.); ~ing off отвращение; ~ off отвращать, отвратить (кого-л./что-л. от кого-л./чего-л.); ~ out выводить, вывести (что-л./кого-л. из чего-л.)

leadership *n.* окормление; spiritual ~ окормление души

leading *adj.* путеводительный, путеводный

leal *adj.* верный; лояльный; преданный

leap-year *n.* високосный год

learn *v.* изучать, изучить (что-л.); познавать, познать (что-л.); проходить, пройти (что-л.); сведать (что-л.); учиться (чему-л., от кого-л.) "[Specially] the day that thou stoodest before the Lord thy God in Horeb, when the Lord said unto me, Gather me the people together, and I will make them hear my words, that they may learn to fear me all the days that they shall live upon the earth, and [that] they may teach their children" (De., 4:10) / «О том дне, когда ты стоял пред Господом, Богом твоим, при Хориве, [в день собрания,] и когда сказал Господь мне: собери ко Мне народ, и Я возвещу им слова Мои, из которых они научатся бояться Меня во все дни жизни своей на земле и научат сыновей своих» (Втор., 4:10); ~ed образованный (получивший образование), сведущий; ~ing познание, прохождение

leasing *n.* неправда, ложь "O ye sons of men, how long [will ye turn] my glory into shame? [how long] will ye love vanity, [and] seek after leasing?" (Ps., 4:2) / «Сыны мужей! доколе слава моя будет в поругании? доколе будете любить суету и искать лжи» (Псл., 4:3); обман

least *adj.* нижайший; слабейший

leather *n.* кожа

leathern *adj.* кожаный "And the same John had his raiment of camel's hair, and a leathern girdle about his loins; and his meat was locusts and wild honey" (Mt., 3:4) / «Сам же Иоанн имел одежду из верблюжьего волоса и пояс кожаный на чреслах своих, а пищею его были акриды и дикий мед» (Матф., 3:4).

leave I *n.* позволение

leave II *v.* уходить, уйти покидать, покинуть (кого-л./что-л.); устраняться, устраниться; уезжать, уехать; выходить, выйти (из чего-л.); оставлять "Therefore shall a man leave his father and his mother, and shall cleave unto his wife: and they shall be one flesh" (Ge., 2:24) / «Потому оставит человек отца своего и мать свою и прилепится к жене своей; и будут [два] одна плоть» (Быт., 2:24); ~ off переставать, перестать; leaving выход, оставление, уход

leave-taking *n.* отдание, уход, прощание

lecher *n.* развратник; old ~ старый греховодник

lecherous *adj.* распутный, развратный; блудный

lechery *n.* распутство, разврат; блуд

Lect. (Lectio) *n.* урок

lectern *n.* аналой; аналогий, налой

lection *n.* поучение, чтение поучения

lectionarium, lectionarius, lectionary *n.* книга «Апостол», соединенная с евангелистарием

lectisternium *n.* лектистерний

lector *n.* анагност; чтец; дьячок, причетник, псаломщик

lecture I *n.* рацея; чтение; отрывок из Библии читаемый во время проповеди

lecture II *v.* преподавать, преподать (что-л. кому-л.); lecturing преподавание

lecturer *n.* преподаватель, -ница; чтец, чтица

lecythus *n.* лекиф

Leda Bible «Библия Леды»

ledger *n.* могильная плита, надгробный камень; ~ stone надгробный камень

left *adj.* левый "And he divided himself against them, he and his servants, by night, and smote

them, and pursued them unto Hobah, which [is] on the left hand of Damascus" (Ge., 14:15) / «И, разделившись, напал на них ночью, сам и рабы его, и поразил их, и преследовал их до Ховы, что по левую сторону Дамаска» (Быт., 14:15).

left-hander *n.* левша

legacy *n.* миссия или должность папского легата; наследие; наследство; ~ of the past наследие прошлого

legal *adj.* законный; легальный; судебный

legalism *n.* приверженность букве закона

legality *n.* законность; легальность

legally *adv.* законно, на законном основании

legate *n.* легат, папский посол; pope ~ папский легат

legatine *adj.* легатский

legation *n.* назначение папского легата; резиденция легата

legend *n.* легенда; предание; сказание; житие святого; четьи-минеи

Legenda Aurea *n.* «Золотая легенда»

legendary I *n.* сборник легенд, преданий; сказаний; легенды, предания; сказания

legendary II *adj.* баснословный; легендарный

Legio Maria *n.* Легио Мария, Легион церкви Марии

legion *n.* легион "And he asked him, What [is] thy name? And he answered, saying, My name [is] Legion: for we are many" (Mk., 5:9) / «И спросил его: как тебе имя? И он сказал в ответ: легион имя мне, потому что нас много» (Марк., 5:9); ~ of Mary Church Легион церкви Марии, Легио Мария

legionary *n.* легионер

legislative *adj.* законодательный; ~ power законодательные органы

legislator *n.* законодатель, -ница

Legit. (Legitime) законно, на законном основании; (Legitimus) законный

legitimate *adj.* законный

Lekha Dodi «Леха Доди», «Приди, мой друг»

lenity *n.* кротость, мягкость; милосердие

Lent *n.* Великий пост, Великая Четыредесятница; ~-diet *n.* постная, нескоромная пища; постная пища

lenten *adj.* постный; ~ fare нескоромная пища; великопостный; четыредесятничный; ~ curtain великопостный покров; ~ day день Великого поста, Великой Четыредесятницы; ~ fast Великий пост; ~ season время Великого поста, Великий пост, Великая Четыредесятница; ~ sermon великопостная проповедь; ~ veil великопостный покров, покров четыредесятничный; ~ food постная пища

lentil *n.* чечевица "Then Jacob gave Esau bread and pottage of lentiles; and he did eat and drink, and rose up, and went his way: thus Esau despised [his] birthright" (Ge., 25:34) / «И дал Иаков Исаву хлеба и кушанья из чечевицы; и он ел и пил, и встал и пошел; и пренебрег Исав первородство» (Быт.,

25:34); ~ soup чечевичная похлебка

lentitude *n.* медлительность, вялость

Leo I, Leo the Great *n.* Лев I Великий

Leo II *n.* Лев II

Leo III *n.* Лев III

Leo IV *n.* Лев IV

Leo V *n.* Лев V

Leo VI *n.* Лев VI

Leo VII *n.* Лев VII

Leo VIII *n.* Лев VIII

Leo IX *n.* Лев IX

Leo X *n.* Лев X

Leo XI *n.* Лев XI

Leo XII *n.* Лев XII

Leo XIII *n.* Лев XIII

Leonardini *n. pl.* леонардиане, уставные клирики Пресвятой Богородицы

Leopolita «Леополисская Библия»

leper *n.* прокаженный "And the leper in whom the plague [is], his clothes shall be rent, and his head bare, and he shall put a covering upon his upper lip, and shall cry, Unclean, unclean" (Lev., 13:45) / «У прокаженного, на котором эта язва, должна быть разодрана одежда, и голова его должна быть не покрыта, и до уст он должен быть закрыт и кричать: нечист! нечист!» (Лев., 13:45); ~ed прокаженный

leprosy *n.* проказа "When a man shall have in the skin of his flesh a rising, a scab, or bright spot, and it be in the skin of his flesh [like] the plague of leprosy; then he shall be brought unto Aaron the priest, or unto one of his sons

the priests" (Lev., 13:2) / «Когда
у кого появится на коже тела
его опухоль, или лишаи, или
пятно, и на коже тела его сделается как бы язва проказы, то
должно привести его к Аарону
священнику, или к одному из
сынов его, священников»
(Лев., 13:2).

leprous *adj.* прокаженный "He is
a leprous man, he [is] unclean:
the priest shall pronounce him
utterly unclean; his plague [is] in
his head" (Lev., 13:44) / «То он
прокаженный, нечист он; священник должен объявить его
нечистым, у него на голове язва» (Лев., 13:44).

lesser doxology малое славословие, «Глориа Патри»

lesser excommunication неполн-
ное отлучение

Lesser Prophets «Малые Пророки»

lesson *n.* поучение, отрывок из
Библии, зачитываемый во время службы; ~s учение

let I *n.* помеха, препятствие

let II *v.* мешать, препятствовать,
служить помехой; позволять,
позволить (что-л. кому-л.); попускать, попустить (кому-л.
что-л.); разрешать; разрешить
(что-л. кому-л.)

let(h)iferous *adj.* смертоносный;
смертельный

let-off *n.* прощение; амнистия;
помилование

letter *n.* послание; эпистола;
письмо "And it came to pass in
the morning, that David wrote a
letter to Joab, and sent [it] by the
hand of Uriah" (2 Sa., 11:14) /
«Поутру Давид написал пись-

мо к Иоаву и послал его с Ури-
ею» (2 Цар., 11:14); ~s летопись; записи; письмена; печать; slavonian/ecclesiastical ~s
церковная печать; modern ~s
гражданская печать ~ of
Barnabas «Послание Варнавы»;
~ of James Соборное послание
св. апостола Иакова (книга
Библии); ~ of Jeremiah «Послание Иеремии»; ~ of Jude
Соборное послание св. апостола Иуды (книга Библии); ~
of Paul the Apostle to the Colossians Послание к Колоссянам
св. апостола Павла (книга Библии); ~ of Paul the Apostle to the
Corinthians Первое послание к
Коринфянам св. апостола Павла, Второе послание к Коринфянам св. апостола Павла
(книги Библии); ~ of Paul the
Apostle to the Ephesians Послание к Ефесянам св. апостола
Павла (книга Библии); ~ of
Paul the Apostle to the Galatians
Послание к Галатам св. апостола Павла (книга Библии); ~
of Paul the Apostle to the Hebrews Послание к Евреям св.
апостола Павла (книга Библии); ~ of Paul the Apostle to the
Philippians Послание к Филип-
пийцам св. апостола Павла
(книга Библии); ~ of Paul the
Apostle to the Romans Послание к Римлянам св. апостола
Павла (книга Библии); ~ of
Paul to Philemon Послание к
Филимону св. апостола Павла
(книга Библии); ~ of Paul to the
Alexandrians Послание Павла к
Александрийцам; ~ of Paul to
Timothy Первое послание к

Тимофею св. апостола Павла,
Второе послание к Тимофею
св. апостола Павла (книги
Библии); ~ of Paul to Titus Послание к Титу св. апостола
Павла (книга Библии); ~s of
Ignatius of Antioch «Послания
Игнатия Богоносца»; ~s of
John Первое соборное послание св. апостола Иоанна Богослова, Второе соборное послание св. апостола Иоанна Богослова, Третье соборное послание св. апостола Иоанна Богослова (книги Библии); ~s of
Paul to the Thessalonians Первое послание к Фессало-
никийцам св. апостола Павла,
Второе послание к Фессалоникийцам св. апостола Павла
(книги Библии); ~s of Peter Послания св. апостола Петра

Lev. (Leviticus) *n.* Левит (книга
Библии)

leviathan *n.* левиафан "Canst thou
draw out leviathan with an hook?
or his tongue with a cord [which]
thou lettest down?" (Job, 41:1) /
«Можешь ли ты удою выта-
щить левиафана и веревкою
схватить за язык его?» (Иов.,
40:20); змий

levin *n.* молния; вспышка молнии

levirate *n.* левират

levitate *v.* парить в воздухе, леви-
тировать

levitation *n.* (левитация, подъем,
воспарение

Levite *n.* левит; левитянин "And
the anger of the Lord was kindled against Moses, and he said,
[Is] not Aaron the Levite thy
brother? I know that he can
speak well. And also, behold, he

cometh forth to meet thee: and
when he seeth thee, he will be
glad in his heart" (Ex., 4:14) /
«И возгорелся гнев Господень
на Моисея, и Он сказал: разве
нет у тебя Аарона брата, Ле-
витянина? Я знаю, что он может говорить [вместо тебя], и
вот, он выйдет навстречу тебе,
и, увидев тебя, возрадуется в
сердце своем» (Исх., 4:14).

Leviticus *n.* Третья книга Моисеева; Левит (книга Библии)

lewd *adj.* нецеломудренный; похотливый; развратный; распутный "Yet they went in unto
her, as they go in unto a woman
that playeth the harlot: so went
they in unto Aholah and unto
Aholibah, the lewd women"
(Ez., 23:44) / «Но приходили к
ней, как приходят к жене блуд-
нице, так приходили к Оголе и
Оголиве, к распутным женам»
(Иез., 23:44).

lewdness *n.* разврат "Because thou
hast not remembered the days of
thy youth, but hast fretted me in
all these [things]; behold, therefore I also will recompense thy
way upon [thine] head, saith the
Lord God: and thou shalt not
commit this lewdness above all
thine abominations" (Ezr.,
16:43) / «За то, что ты не
вспомнила о днях юности твоей и всем этим раздражала
Меня, вот, и Я поведение твое
обращу на твою голову, говорит Господь Бог, чтобы ты не
предавалась более разврату
после всех твоих мерзостей»
(Ездр., 16:43); гнусность "In
thee are men that carry tales to

shed blood: and in thee they eat upon the mountains: in the midst of thee they commit lewdness" (Ezr., 22:9) / «Клеветники находятся в тебе, чтобы проливать кровь, и на горах едят у тебя идоложертвенное, среди тебя производят гнусность» (Ездр., 22:9); непотребство "What hath my beloved to do in mine house, [seeing] she hath wrought lewdness with many, and the holy flesh is passed from thee? when thou doest evil, then thou rejoicest" (Je., 11:15) / «Что возлюбленному Моему в доме Моем, когда в нем совершаются многие непотребства? и священные мяса не помогут тебе, когда, делая зло, ты радуешься» (Иер., 11:15); нецеломудренность, похотливость, распутство "Thus thou calledst to remembrance the lewdness of thy youth, in bruising thy teats by the Egyptians for the paps of thy youth" (Ez., 23:21) / «Так ты вспомнила распутство молодости твоей, когда Египтяне жали сосцы твои из-за девственных грудей твоих» (Иез., 23:21); мерзость "In thy filthiness [is] lewdness: because I have purged thee, and thou wast not purged, thou shalt not be purged from thy filthiness any more, till I have caused my fury to rest upon thee" (Ezr., 24:13) / «В нечистоте твоей такая мерзость, что, сколько Я ни чищу тебя, ты все нечист; от нечистоты твоей ты и впредь не очистишься, доколе ярости

Моей Я не утолю над тобою» (Ездр., 24:13); срамота "And now will I discover her lewdness in the sight of her lovers, and none shall deliver her out of mine hand" (Hos., 2:10) / «И ныне открою срамоту ее пред глазами любовников ее, и никто не исторгнет ее из руки Моей» (Ос., 2:10).

lex *n.* закон; правопорядок; ~ non scripta неписаный закон; ~ scripta писаный закон

lexical *adj.* лексический

lexicographer *n.* лексиколог

lexicography *n.* лексикография

lexicon *n.* лексикон

Lia. (Licentia) *n.* лицензия, разрешение

Lib. (Liber) *n.* книга; (Libro) в книге

Lib. cit. (Liber Citatus) *n.* цитированная книга; цитированный источник

libate *v.* творить/совершать возлияние

libation *n.* возлияние

libellant *n.* истец в церковном суде

libellatici *n. pl.* либеллатики

libellee *n.* ответчик в церковном суде

libelli *n. pl.* свидетельство о жертвоприношении языческим богам

Liber Censuum Romanae Ecclesiae «Счетная книга Римской церкви»

Liber Durnus Romanorum Pontificum «Сборник формул, принятых римской курией»

Liber Pontificalis «Книга Пап Римских»

liber vitae *n.* книга жизни

Liberal Judaism *n.* либеральный иудаизм

liberating *adj.* избавительный

liberation *n.* освобождение; ~ theology теология освобождения

Liberationism *n.* движение за отделение Церкви от государства

Liberationist *n.* сторонник отделения Церкви от государства

liberator *n.* избавитель, -ница; искупитель, -ница; освободитель, -ница

Liberius *n.* Либерий

libertine *n.* распутник; вольнодумец; *adj.* распутный; свободомыслящий; ~ Gnostics свободные гностики

libertinism *n.* распутство; вольнодумство

liberty *n.* свобода "And ye shall hallow the fiftieth year, and proclaim liberty throughout [all] the land unto all the inhabitants thereof: it shall be a jubile unto you; and ye shall return every man unto his possession, and ye shall return every man unto his family" (Lev., 25:10) / «И освятите пятидесятый год и объявите свободу на земле всем жителям ее: да будет это у вас юбилей; и возвратитесь каждый во владение свое, и каждый возвратитесь в свое племя» (Лев., 25:10); освобождение "The Spirit of the Lord God [is] upon me; because the Lord hath anointed me to preach good tidings unto the meek; he hath sent me to bind up the brokenhearted, to proclaim liberty to the captives, and the opening of the prison to [them that are]

bound" (Isa, 61:1) / «Дух Господа Бога на Мне, ибо Господь помазал Меня благовествовать нищим, послал Меня исцелять сокрушенных сердцем, проповедывать пленным освобождение и узникам открытие темницы» (Ис., 61:1).

licentious *adj.* распущенный

licentiousness *n.* распущенность

licit *adj.* законный

lie I *n.* лесть; неправда

lie II *v.* возлежать, возлечь; ложиться "And Rachel said, Therefore he shall lie with thee to night for thy son's mandrakes" (Ge., 30:15) / «Рахиль сказала: так пусть он ляжет с тобою эту ночь, за мандрагоры сына твоего» (Быт., 30:15); лгать

Lie. (Licentia) *n.* лицензия, разрешение; (Licentiatus) лицензиат

lier *n.* лгун, -нья

life *n.* жизнь "And all that dwell upon the earth shall worship him, whose names are not written in the book of life of the Lamb slain from the foundation of the world" (Rev., 13:8) / «И поклонятся ему все живущие на земле, которых имена не написаны в книге жизни у Агнца, закланного от создания мира» (Откр., 13:8); the ~ to come/ after-~ загробная жизнь, будущая жизнь; manner/mode of ~ образ жизни; turn over a new ~ начать новую жизнь; lead a ~ жить; житие; the things from Christ's ~ Спас в житии

life-bringing *adj.* живоносный

life-giver *n.* живодавец

life-giving *adj.* живодательный; ~ force живительная сила; животворный, животворящий

lifeless *adj.* мертвый

lifelessness *n.* бездыханность

lift *v.* возносить, вознести (кого-л./что-л.); возводить "And Lot lifted up his eyes, and beheld all the plain of Jordan, that it [was] well watered every where, before the Lord destroyed Sodom and Gomorrah, [even] as the garden of the Lord, like the land of Egypt, as thou comest unto Zoar" (Ge., 13:10) / «Лот возвел очи свои и увидел всю окрестность Иорданскую, что она, прежде нежели истребил Господь Содом и Гоморру, вся до Сигора орошалась водою, как сад Господень, как земля Египетская» (Быт., 13:10); ~ up воздевать, воздеть (руки); ~ting воздеяние

Lift. (Littera) *n.* буква, литера

light I *n.* свет "And God said, Let there be light: and there was light" (Ge., 1:3) / «И сказал Бог: да будет свет. И стал свет» (Быт., 1:3); сияние; never fading ~ свет немерцающий; ~ of the knowledge свет разума; in its true ~ в истинном свете

light II *v.* светить, светиться; возжигать, возжечь (что-л.); засветить (что-л.); ~ the candles засветить свечи; ~ing возжигательный

lightful *adj.* светоносный; светлый

lightness *n.* чуткость; обольщение "Behold, I [am] against them that prophesy false dreams, saith the Lord, and do tell them,

and cause my people to err by their lies, and by their lightness; yet I sent them not, nor commanded them: therefore they shall not profit this people at all, saith the Lord" (Je., 23:32) / «Вот, Я — на пророков ложных снов, говорит Господь, которые рассказывают их и вводят народ Мой в заблуждение своими обманами и обольщением, тогда как Я не посылал их и не повелевал им, и они никакой пользы не приносят народу сему, говорит Господь» (Иер., 23:32).

lightning I *n.* молния "And it came to pass on the third day in the morning, that there were thunders and lightnings, and a thick cloud upon the mount, and the voice of the trumpet exceeding loud; so that all the people that [was] in the camp trembled" (Ex., 19:16) / «На третий день, при наступлении утра, были громы и молнии, и густое облако над горою [Синайскою], и трубный звук весьма сильный; и вострепетал весь народ, бывший в стане» (Исх., 19:16); пламя "And all the people saw the thunderings, and the lightnings, and the noise of the trumpet, and the mountain smoking: and when the people saw [it], they removed, and stood afar off" (Ex., 20:18) / «Весь народ видел громы и пламя, и звук трубный, и гору дымящуюся; и увидев то, [весь] народ отступил и стал вдали» (Исх., 20:18); блистание "He directeth it under the whole heaven, and his lightning unto the ends of the earth" (Job, 37:3) / «Под всем небом раскат его, и блистание его — до краев земли» (Иов., 37:3).

lightning II *adj.* молниевидный, молниезрачный

liken *v.* уподоблять, уподобить (кого-л./что-л. чему-л.) "To whom then will ye liken God? or what likeness will ye compare unto him?" (Isa, 40:18) / «Итак кому уподобите вы Бога? И какое подобие найдете Ему?» (Ис., 40:18).

liking *n.* пристрастие (склонность)

Limbo *n.* чистилище; ~ младенцев; ~ of the Fathers чистилище Отцов праведных, до Христа живших; ~ of the Patriarchs чистилище Патриархов; ~ Infantium чистилище младенцев, лимбус инфантиум; ~ of Fools рай для глупеньких, рассудком повредившихся; ~ Patrum чистилище Отцов праведных, лимбус патрум

limit I *n.* предел

limit II *v.* определять "Again, he limiteth a certain day, saying in David, To day, after so long a time; as it is said, To day if ye will hear his voice, harden not your hearts" (He., 4:7) / «То еще определяет некоторый день, «ныне», говоря через Давида, после столь долгого времени, как выше сказано: «ныне, когда услышите глас Его, не ожесточите сердец ваших» (Евр, 4:7).

Limited Atonement *n.* искупление грехов избранных

limiter *n.* монах, собирающий подаяние в пределах определенной местности

limn *n.* писать картину, портрет; описывать, изображать; иллюминировать, украшать рукопись рисунками, виньетками

Lindisfarne Gospels «Линдисфарнское евангелие»

line *n.* черта; ~ hymnody строчное пение

linger *v.* медлить "And while he lingered, the men laid hold upon his hand, and upon the hand of his wife, and upon the hand of his two daughters; the Lord being merciful unto him: and they brought him forth, and set him without the city" (Ge., 19:16) / «И как он медлил, то мужи те [Ангелы], по милости к нему Господней, взяли за руку его и жену его, и двух дочерей его, и вывели его и поставили его вне города» (Быт., 19:16); годить, погодить; закосневать, закоснеть (в чем-л.)

list *n.* список

litany *n.* ектенья; ектения; литания; ~ for the Catechumens ектенья об оглашенных; ~ for the Departed ектенья об усопших; ~ of Fervent Supplication сугубая ектенья; ~ of Supplication сугубая/просительная/заключительная ектенья; Little ~ Малая ектенья

literal *n.* буквенная опечатка/описка

literatim буквально, абсолютно точно

literature *n.* литература; the ~ of theology богословская литература

Litma. (Legitima) *adj.* законный

little I *adj.* маленький; малый; ~ Entrance Малый вход; ~ Hours Малые часы, служба первого, третьего, шестого и девятого часа

little II *adv.* мало; немного

liturgic(al) *adj.* литургический; богослужебный, служебный; ~ drama церковная пьеса, церковное представление; ~ Hours канонические часы; литургия часов, богослужение 1-го, 3-го, 6-го и 9-го часа; ~ Latin литургическая/церковная, латынь, латынь Римско-католической церкви; ~ Movement Литургическое движение

liturgies, liturgiology *n.* литургика

liturgy *n.* обедня; литургия; ~ of Constantinople Константинопольская литургия; ~ of Saint Basil Литургия святителя Василия Великого; ~ of Saint Gregory the Great Литургия святителя Григория Великого; ~ of Saint James Литургия Св. Иакова; ~ of St. Gregory the Illuminator Литургия св. Григория Просветителя; ~ of St. John Chrysostom Литургия Св. Иоанна Златоустого; ~ of the Cappadocian monasteries Литургия каппадоцианских монастырей; ~ of the Catechimens Литургия оглашенных; ~ of the Faithful Литургия правоверных, Евхаристия; ~ of the Hours литургия часов; канонические часы; богослу-

жение 1-го, 3-го, 6-го и 9-го часа; ~ of the Presanctified Gifts Литургия Преждеосвященных Даров; ~ of the Presanctified Offerings Литургия Преждеосвященных Даров; Divine ~ Божественная Литургия

live *v.* жить; ~ by one's labour жить своими трудами; ~ according to the commandments жить по заповедям; ~ in charity and good accordance жить в любви и согласии; существовать

living I *n.* пропитание; бенефиций; the ~ мир живых

living II *adj.* живой; сущий

Livonian Knights рыцари Ливонского ордена

Livonian Order Ливонский орден, «Братья воинства Христова»

Lk. (Gospel according to St. Luke) От Луки святое благовествование, Евангелие от Луки (книга Библии)

Lo. (Libro) в книге

load I *n.* обуза; тягость, тяжесть; бремя "Bel boweth down, Nebo stoopeth, their idols were upon the beasts, and upon the cattle: your carriages [were] heavy. loaden; [they are] a burden to the weary [beast]" (Isa, 46:1) / «Пал Вил, низвергся Нево; истуканы их — на скоте и вьючных животных; ваша ноша сделалась бременем для усталых животных» (Ис., 46:1).

load II *v.* обременять, обременить (кого-л. чем-л.) "Blessed [be] the Lord, [who] daily loadeth us [with benefits, even] the God of our salvation" (Ps., 68:19) / «Благословен Господь всякий день. Бог возлагает на нас бремя, но Он же и спасает нас» (Псл., 67:20); ~ smb. with favours изливать милости; ~ing отягощение

loader *n.* обременитель, -ница

loathsome *adj.* мерзкий; отвратительный "[But] even a whole month, until it come out at your nostrils, and it be loathsome unto you: because that ye have despised the Lord which [is] among you, and have wept before him, saying, Why came we forth out of Egypt?" (Nu., 11:20) / «Но целый месяц [будете есть], пока не пойдет оно из ноздрей ваших и не сделается для вас отвратительным, за то, что вы презрели Господа, Который среди вас, и плакали пред Ним, говоря: для чего было нам выходить из Египта?» (Числ., 11:20).

local *adj.* местный; ~ church местная церковь; ~ preacher методистский пастор, работающий по специальному разрешению

locality *n.* местность

loco citato в приводившейся выше цитате

locus *n.* место; местоположение; ~ classicus классическая цитата, применяемая в данном случае; ~ communis общее место, банальность; ~ in quo место действия

locusts *n. pl.* саранча "Else, if thou refuse to let my people go, behold, to morrow will I bring the locusts into thy coast" (Ex., 10:4) / «А если ты не отпустишь народа Моего, то вот, завтра [в это самое время] Я наведу саранчу на [всю] твою область» (Исх., 10:4).

locution *n.* речение

lodging *n.* жилище; ночлег "And they turned aside thither, to go in [and] to lodge in Gibeah: and when he went in, he sat him down in a street of the city: for [there was] no man that took them into his house to lodging" (Jdg., 19:15) / «И повернули они туда, чтобы пойти ночевать в Гиве. И пришел он и сел на улице в городе; но никто не приглашал их в дом для ночлега» (Суд., 19:15); помещение "But withal prepare me also a lodging: for I trust that through your prayers I shall be given unto you" (Phm., 1:22) / «А вместе приготовь для меня и помещение; ибо надеюсь, что по молитвам вашим я буду дарован вам» (Фил., 1:22); гостиница "And when they had appointed him a day, there came many to him into [his] lodging; to whom he expounded and testified the kingdom of God, persuading them concerning Jesus, both out of the law of Moses, and [out of] the prophets, from morning till evening" (Ac., 28:23) / «И, назначив ему день, очень многие пришли к нему в гостиницу; и он от утра до вечера излагал им учение о Царствии Божием, приводя свидетельства и удостоверяя их о Иисусе из закона

Моисеева и пророков» (Деян., 28:23).

loft *n.* верхняя галерея; хоры

loftiness *n.* возвышенность; благородство; высота; величие "And the loftiness of man shall be bowed down, and the haughtiness of men shall be made low: and the Lord alone shall be exalted in that day" (Isa, 2:17) / «И падет величие человеческое, и высокое людское унизится; и один Господь будет высок в тот день» (Ис., 2:17); высокомерие "We have heard the pride of Moab, (he is exceeding proud) his loftiness, and his arrogancy, and his pride, and the haughtiness of his heart" (Je., 48:29) / «Слыхали мы о гордости Моава, гордости чрезмерной, о его высокомерии и его надменности, и кичливости его и превозношении сердца его» (Иер., 48:29).

lofty *adj.* возвышенный; ~ sentiments возвышенные чувства; горний; высокомерный "[There is] a generation, O how lofty are their eyes! and their eyelids are lifted up" (Pr., 30:13) / «Есть род — о, как высокомерны глаза его, и как подняты ресницы его!» (Притч., 30:13); гордый "The lofty looks of man shall be humbled, and the haughtiness of men shall be bowed down, and the Lord alone shall be exalted in that day" (Isa, 2:11) / «Поникнут гордые взгляды человека, и высокое людское унизится; и один Господь будет высок в тот день» (Ис., 2:11); высокий, выдающийся "Upon

a lofty and high mountain hast thou set thy bed: even thither wentest thou up to offer sacrifice" (Isa, 57:7) / «На высокой и выдающейся горе ты ставишь ложе твое и туда восходишь приносить жертву» (Ис., 57:7).

logia *n.* изречения Христовы, поучения Христовы, фразы Иисуса

logion *n.* изречение Христа, сохранившиеся не в Евангелии

logomachy *n.* словопрение

Logos *n.* Логос, Слово

loins *n. pl.* чресла "And God said unto him, I [am] God Almighty: be fruitful and multiply; a nation and a company of nations shall be of thee, and kings shall come out of thy loins" (Ge., 35:11) / «И сказал ему Бог: Я Бог Всемогущий; плодись и умножайся; народ и множество народов будет от тебя, и цари произойдут из чресл твоих» (Быт., 35:11); to gird up the one's ~ препоясать чресла

loiter *v.* годить, погодить

loll *n.* безделье

Lollardism *n.* лоллардизм

Lollards *n. pl.* лоллардисты

London Polyglot «Лондонская полиглотта»

lonely *adj.* сирый; уединенный

long I *adj.* долгий; ~ duration долговременность; ~ haul долгий жизненный путь; ~ robe ряса; духовенство

long II *v.* ~ for возжелать (чего-л.), ~ for жаждать (чего-л.), томиться жаждою; ~ for/after вожделеть (чего-л.) "Behold, I have longed after thy precepts:

quicken me in thy righteousness"
(Ps., 119:40) / «Вот, я возже-
лал повелений Твоих; живо-
твори меня правдою Твоею»
(Псл., 118:40); ~ after воздыхать (о чем-л.); алкать; ~ing
for вожделение, пожелание,
возжелание, восхотение; irri-
table ~ раздражительное вожделение

longanimity *n.* долготерпение

longer *v.* продлеваться, продлиться

longeval *adj.* долговечный

longevity *n.* долговечность; дол-
голетие

long-sufferance *n.* долготерпение;
многострадальность; кроткость

longsuffered *adj.* многоболезнен-
ный

long-suffering I *n.* долготерпение

long-suffering II *adj.* многостра-
дальный; долготерпеливый,
кроткий

look I *n.* воззрение

look II *v.* смотреть (на кого-л./на
что-л.); ~ after присматривать;
~ around озирать (что-л.); ~ for
чаять (чего-л.); ~ing смотрение

Lord *n.* Господь Бог "These [are]
the generations of the heavens
and of the earth when they were
created, in the day that the Lord
God made the earth and the
heavens" (Ge., 2:4) / «Вот происхождение неба и земли, при
сотворении их, в то время, когда Господь Бог создал землю
и небо» (Быт., 2:4); Our ~ Господь, Иисус Христос; in the
year of Our ~ от Рождества
Христова, в нашу эру; ~ bless
me! помилуй Бог! Спаси Боже!; ~ forbid! упаси Бог! не

приведи Господь!; ~ God of
Hosts Господь Сил; by the ~
черт побери!; the ~ be with you
Господь с тобою; ~ Jesus Christ
Господь наш Бог Иисус Христос, ~ 's Prayer молитва Господня, «Отче наш»; ~'s Supper
Св. Причастие; ~ 's table престол; ~ over господствовать
(над кем-л., чем-л.); ~ing властвование

lordship *n.* преосвященство; высокопреосвященство

lore *n.* ученость; эрудиция

losel *n.* никчемный человек; ничтожество

loss *n.* извод; ущерб; убыток
"That which was torn [of beasts]
I brought not unto thee; I bare
the loss of it; of my hand didst
thou require it, [whether] stolen
by day, or stolen by night" (Ge.,
31:39) / «Растерзанного зверем
я не приносил к тебе, это был
мой убыток; ты с меня взыскивал, днем ли что пропадало,
ночью ли пропадало» (Быт.,
31:39); потеря "Therefore hear
now this, [thou that art] given to
pleasures, that dwellest care-
lessly, that sayest in thine heart,
I [am], and none else beside me;
I shall not sit [as] a widow, neither shall I know the loss of children" (Isa, 47:8) / «Но ныне вы-
слушай это, изнеженная, жи-
вущая беспечно, говорящая в
сердце своем: «я, — и другой
подобной мне нет; не буду сидеть вдовою и не буду знать
потери детей» (Ис., 47:8); ~ of
voice безгласие

Lost Sunday Потерянное воскресенье; третья неделя перед Ве-

ликим постом, или Великой Четыредесятницей

lot *n.* жребий; судьба, доля, участь; рок; судьбина; удел

loud *adj.* громкий; ~ voice громкий голос "That she called unto the men of her house, and spake unto them, saying, See, he hath brought in an Hebrew unto us to mock us; he came in unto me to lie with me, and I cried with a loud voice" (Ge., 39:14) / «Кликнула домашних своих и сказала им так: посмотрите, он привел к нам Еврея ругаться над нами. Он пришел ко мне, чтобы лечь со мною, но я закричала громким голосом» (Быт., 39:14); громогласный; громовой

loudly *adv.* громогласно; ~-voiced велегласный

lout *v.* низко кланяться, выражать нижайшее почтение

Lovanienses *n. pl.* Лувэнские богословы

love I *n.* любовь "Now I beseech you, brethren, for the Lord Jesus Christ's sake, and for the love of the Spirit, that ye strive together with me in [your] prayers to God for me" (Ro., 15:30) / «Между тем умоляю вас, братия, Господом нашим Иисусом Христом и любовию Духа, подвизаться со мною в молитвах за меня к Богу» (Рим., 15:30); приязнь; ~ feast агапа, вечеря любви

love II *v.* любить "And he said, Take now thy son, thine only [son] Isaac, whom thou lovest, and get thee into the land of Moriah; and offer him there for a burnt offering upon one of the mountains which I will tell thee of" (Ge., 22:2) / «Бог сказал: возьми сына твоего, единственного твоего, которого ты любишь, Исаака; и пойди в землю Мориа и там принеси его во всесожжение на одной из гор, о которой Я скажу тебе» (Быт., 22:2); возлюблять, возлюбить (кого-л.)

loving-cup *n.* братина

loving-kindness *n.* милосердие Божие

Low Church *n.* Низкая церковь

Low Latin *n.* средневековая латынь

Low Mass *n.* малая месса

Low Sunday *n.* Антипасха; вторая неделя по Пасхе, неделя апостола Фомы, Фомино воскресенье

Low Week *n.* вторая седмица по Пасхе

low *adj.* низкий

lower *adj.* нижний "A window shalt thou make to the ark, and in a cubit shalt thou finish it above; and the door of the ark shalt thou set in the side thereof; [with] lower, second, and third [stories] shalt thou make it" (Ge., 6:16) / «И сделай отверстие в ковчеге, и в локоть сведи его вверху, и дверь в ковчег сделай с боку его; устрой в нем нижнее, второе и третье [жилье]» (Быт, 6:16); ~ criticism библейская текстология, изучение текстов Библии; ~ world преисподняя, ад; *v.* низводить, низвести (кого-л./что-л.)

lowery *adj.* мрачный; подавленный; хмурый

lowliness *n.* низкое/скромное положение; скромность; покорность, смирение; ~ of mind смиренномудрие "With all lowliness and meekness, with longsuffering, forbearing one another in love" (Eph., 4:2) / «Со всяким смиренномудрием и кротостью и долготерпением, снисходя друг ко другу любовью» (Ефес., 4:2).

loyal *adj.* благонамеренный

loyality *n.* благонамеренность

lucernarium *n.* светильничное

Lucifer *n.* Люцифер

Luciferians *n. pl.* люцифериане

luciferous *adj.* светящийся; дающий свет; светоносный; озаряющий

Lucius I *n.* Люций I

Lucius II *n.* Люций II

Lucius III *n.* Люций III

luckless *adj.* несчастливый

lucky *adj.* счастливый

lucrative *adj.* доходный; хлебный (выгодный)

lud *n.* луд

Luke *n.* Лука Евангелист; От Луки святое благовествование (книга Библии)

lulab *n.* лулав, ветвь финиковой пальмы

lumen mundi свет мира; светоч мира

luminary *n.* светило

luminous *adj.* светоносный

lunatic *adj.* сумасшедший; бесноватый "Lord, have mercy on my son: for he is lunatick, and sore vexed: for ofttimes he falleth into the fire, and oft into the water" (Mt., 17:15) / «Сказал: Господи! помилуй сына моего; он в новолуния беснуется и тяжко страдает, ибо часто бросается в огонь и часто в воду» (Матф., 17:15).

lust I *n.* вожделение, похоть; нецеломудренность; похотливость; сильное желание

lust II *v.* испытывать вожделение; возжелать "Lust not after her beauty in thine heart; neither let her take thee with her eyelids" (Pr., 6:25) / «Не пожелай красоты ее в сердце твоем, [да не уловлен будешь очами твоими,] и да не увлечет она тебя ресницами своими» (Притч., 6:25); the ~s of the flesh плотские страсти; to ~ after a woman смотреть на женщину с вожделением;

lustful *adj.* нецеломудренный; похотливый; ~ glances/ looks похотливые взгляды

lustral *adj.* люстральный, очистительный

lustrate *v.* приносить очистительные жертвы, совершать обряд очищения, проводить люстрацию

lustration *n.* люстрация, принесение очистительной жертвы, очищение

Luther *n.* Мартин Лютер

Lutheran *n.* лютеранин, -нка; *adj.* лютеранский; ~ Church Лютеранская церковь; ~ Church in America Лютеранская церковь Америки; ~ Church in Wurttemberg Лютеранская церковь Вюртемберга; ~ Church of Oldenburg Лютеранская церковь Олденбурга; ~ Church-Missouri Synod Лютеранская церковь — Синод Миссури; ~

Church Council in the United States of America Лютеранский совет Соединенных Штатов Америки; ~ Synodical Conference Лютеранская синодальная конференция; ~ World Federation Лютеранская всемирная организация

Lutheranism n. лютеранство

lych-gate n. покойничьи ворота, крытый проход на кладбище для вноса гробов с усопшими

lying I n. ложь; лживость; обман

lying II adj. ложный; обманчивый; лживый; ~ prophet лжепророк; ~-in-state в бозе почивший

lyke-wake n. ночное бдение у тела покойника

lyre n. лира (музыкальный инструмент)

M

M. (Martyr) n. мученик; **(Monumentum)** памятник, монумент; **(Maria)** Мария

M. A. (Missionarius Apostolicus) миссионер апостольский, **(Magister Artium)** магистр искусств

M. C. (Missionaries of Charity) миссионеры

M. P. (Monumentum Posuit) памятник воздвиг

M. R. (Missionarius Rector) ректор-миссионер

M. S. (Missionaries of La Salette) миссионеры Ла-Салетты

M. S. C. (Missionarii Sacratissimi Cordis) миссионеры Ордена Пресвятого Сердца; (Missionarii Sancti Caroli) Посвя-

щенные св. Карла, миссионеры Общества св. Карла

M. T. V. (Mutatur Terminatio Versiculi) бревиарий «Мутатур терминатио версикули»

ma'amadot n. pl. маамад

Ma'aser sheni n. «Маасер-Шени»

Ma'aserot n. «Маасрот»

Macarius n. Макарий

Maccabees n. pl. маккавеи; Книги Маккавейские

Macedonianism n. македонианство

Macedonians n. pl. духоборы, последователи Македония

Machabees n. pl. маккавеи

machinate v. строить козни кому-л.

machination n. злоухищрение; козни

macrology n. многословие, суесловие, словоблудие

mad adj. безумный; сумасшедший; юродивый

madman n. сумасшедший

madness n. сумасшествие "The Lord shall smite thee with madness, and blindness, and astonishment of heart" (De., 28:28) / «Поразит тебя Господь сумасшествием, слепотою и оцепенением сердца» (Втор., 28:28); безумие "And I gave my heart to know wisdom, and to know madness and folly: I perceived that this also is vexation of spirit" (Ec., 1:17) / «И предал я сердце мое тому, чтобы познать мудрость и познать безумие и глупость: узнал, что и это — томление духа» (Екк., 1:17); бешенство "And they were filled with madness; and communed one with another

what they might do to Jesus"
(Lk., 6:11) / «Они же пришли
в бешенство и говорили между
собою, что бы им сделать с
Иисусом» (Лук. 6:11).

Madonna *n.* Мадонна, Дева Мария; ~ of Mercy «Дева Мария
Милосердие», «Мизерикордия»

Madre Pia «Мадре Пиа», «Дева
Мария с руками, сложенными
в молитве»

Madrid Codex «Мадридский кодекс»

Maesta *n.* «Маэста»

Mag. (Magister) *n.* магистр

Magdeburg Centuries «История
Церкви Христовой»

mage *n.* маг; мудрец; волшебник;
кудесник; чародей

Magen David *n.* Маген-довид,
звезда Давида, щит Давидов

maggid *n.* маггид

magi *n. pl.* волхвы

magian (pl. magi) I волхв

magian (pl. magi) II *adj.* волховской

magic I *n.* магия, колдовство;
волхвование; волшебство

magic II *adj.* магический; волшебный; ~ square магический
квадрат

magical *adj.* магический; волшебный

magician *n.* волшебник, маг, чародей, колдун; волхвователь,
-ница; волхв "And it came to
pass in the morning that his spirit
was troubled; and he sent and
called for all the magicians of
Egypt, and all the wise men
thereof: and Pharaoh told them
his dream; but [there was] none
that could interpret them unto

Pharaoh" (Ge., 41:8) / «Утром
смутился дух его, и послал он,
и призвал всех волхвов Египта
и всех мудрецов его, и рассказал им фараон сон свой; но не
было никого, кто бы истолковал его фараону» (Быт., 41:8);
тайноведец "Then the king
commanded to call the magicians, and the astrologers, and
the sorcerers, and the Chaldeans, for to shew the king his
dreams. So they came and
stood before the king" (Da.,
2:2) / «И велел царь созвать
тайноведцев, и гадателей, и
чародеев, и Халдеев, чтобы
они рассказали царю сновидения его. Они пришли, и стали
перед царем» (Дан., 2:2); мудрец "O Belteshazzar, master of
the magicians, because I know
that the spirit of the holy gods
[is] in thee, and no secret troubleth thee, tell me the visions of
my dream that I have seen, and
the interpretation thereof" (Da.,
4:9) / «Валтасар, глава мудрецов! я знаю, что в тебе дух
святого Бога, и никакая тайна
не затрудняет тебя; объясни
мне видения сна моего, который я видел, и значение его»
(Дан., 4:6).

magnanimity *n.* великодушие,
щедрость

magnanimous *adj.* великодушный, щедрый

magniamism *n.* учение волхвов

magnific(al) *adj.* великолепный;
внушительный; помпезный,
высокопарный; хвалебный;
восторженный; величественный "And David said, Solomon

my son [is] young and tender, and the house [that is] to be builded for the Lord [must be] exceeding magnifical, of fame and of glory throughout all countries: I will [therefore] now make preparation for it. So David prepared abundantly before his death" (1 Chr., 22:5) / «И сказал Давид: Соломон, сын мой, молод и малосилен, а дом, который следует выстроить для Господа, должен быть весьма величествен, на славу и украшение пред всеми землями: итак буду я заготовлять для него. И заготовил Давид до смерти своей много» (1 Пар., 22:5).

magnificance *n.* благолепие; великолепие

magnificant *adj.* благолепный; великолепный

Magnificat *n.* «Магнификат»; величальная песнь Богородице, гимн Девы Марии; to correct ~ before one has learnt Te Deum браться не за свое дело; относиться предвзято; to sing ~ at matins делать что-л. не вовремя/ не к месту

magnification *n.* панегирик; восхваление

magnificence *n.* великолепие; пышность; величие "So that not only this our craft is in danger to be set at nought; but also that the temple of the great goddess Diana should be despised, and her magnificence should be destroyed, whom all Asia and the world worshippeth" (Ac., 19:27) / «А это нам угрожает тем, что не только ремесло наше придет в презрение, но и храм великой богини Артемиды ничего не будет значить, и испровергнется величие той, которую почитает вся Асия и вселенная» (Деян., 19:27).

magnify *v.* восхвалять, превозносить; прославлять, величать "And the Lord said unto Joshua, This day will I begin to magnify thee in the sight of all Israel, that they may know that, as I was with Moses, [so] I will be with thee" (Jos., 3:7) / «Тогда Господь сказал Иисусу: в сей день Я начну прославлять тебя пред очами всех [сынов] Израиля, дабы они узнали, что как Я был с Моисеем, так буду и с тобою» (Нав., 3:7).

magnifying *adj.* величательный

magniloquence *n.* высокопарность, напыщенность, помпезность

magniloquent *adj.* высокопарный, напыщенный

Magro. (Magistro) магистру; магистром

magus *n.* волхв; маг

mahzor *n.* махзор

maid *n.* девица; служанка "And Sarai said unto Abram, Behold now, the Lord hath restrained me from bearing: I pray thee, go in unto my maid; it may be that I may obtain children by her. And Abram hearkened to the voice of Sarai" (Ge., 16:2) / «И сказала Сара Авраму: вот, Господь заключил чрево мое, чтобы мне не рождать; войди же к служанке моей: может быть, я буду иметь детей от нее. Аврам послушался слов Сары» (Быт., 16:2).

maiden I *n.* девица "Behold, [here is] my daughter a maiden, and his concubine; them I will bring out now, and humble ye them, and do with them what seemeth good unto you: but unto this man do not so vile a thing" (Jdg., 19:24) / «Вот у меня дочь девица, и у него наложница, выведу я их, смирите их и делайте с ними, что вам угодно; а с человеком сим не делайте этого безумия» (Суд., 19:24); девушка, дева; служанка "And Leah said, God hath given me my hire, because I have given my maiden to my husband: and she called his name Issachar" (Ge., 30:18) / «И сказала Лия: Бог дал возмездие мне за то, что я отдала служанку мою мужу моему. И нарекла ему имя: Иссахар» (Быт., 30:18); прислужница "And the daughter of Pharaoh came down to wash [herself] at the river; and her maidens walked along by the river's side; and when she saw the ark among the flags, she sent her maid to fetch it" (Ex., 2:5) / «И вышла дочь фараонова на реку мыться, а прислужницы ее ходили по берегу реки. Она увидела корзинку среди тростника и послала рабыню свою взять ее» (Исх., 2:5).

maiden II *adj.* девический

maidenhead *n.* девственность, непорочность, чистота; девичество; девство

maidenlike *adj.* девичий, девический; скромный, застенчивый; *adv.* по-девичьи; скромно

maidenly *adj.* девичий, девический; скромный

maidhood *n.* девичество; непорочность

maigre *adj.* постный; ~ days постные дни

mainly *adv.* преимущественно

maintain *v.* содержать (что-л.); отстаивать "Though he slay me, yet will I trust in him: but I will maintain mine own ways before him" (Job, 13:15) / «Вот, Он убивает меня, но я буду надеяться; я желал бы только отстоять пути мои пред лицем Его!» (Иов., 13:15); ~ing содержание

Majestatsbrief «Грамота Его Величества»

majestic *adj.* великолепный

majesty *n.* величественность; величие; сила; величество; великолепие "Fair weather cometh out of the north: with God [is] terrible majesty" (Job, 37:22) / «Светлая погода приходит от севера, и окрест Бога страшное великолепие» (Иов., 37:22); держава

major excommunication полное отлучение от Церкви, полная анафема

major orders *n.* духовенство

Major Prophets Великие пророки (Исайя, Иеремия, Иезекииль, Даниил)

major seminary семинария высшей ступени

majority *n.* совершеннолетие

make *v.* соделывать, соделать (что-л.); делать, сделать (что-л.);

деять, содеять (что-л.); создавать, создать (кого-л./что-л.); творить, сотворить (кого-л./что-л.); уготавливать, уготовить (что-л., кому-л.); учинять, учинить (что-л.); ~ the dead alive воздвигнуть умерших; ~ up выдумывать, вздумать (что-л./кого-л.), образовывать, образовать (что-л.); making up образование

maker *n.* делатель, -ница; совершитель, -ница; содетель, -ница; создатель, -ница; творец, творитель, -ница

Makhshirin *n.* «Махширин»

Makkot *n.* «Маккот»

Mal. (Malachi) *n.* Книга Пророка Малахии (книга Библии)

Malabar Christians малабарские христиане, фомисты

Malabarese Catholic Church Малабаризская католическая церковь

Malachi Малахия, Малахи; Книга Пророка Малахии (книга Библии)

Malachias Малахия, Книга Пророка Малахии (книга Библии)

Malankarese Catholic Church Маланкаризская католическая церковь

malapert I *n.* наглец, нахал

malapert II *adj.* бесстыдный, наглый

Malatesta Chapel *n.* часовня «Малатеста», усыпальница «Малатеста»

male I *n.* мужчина "So God created man in his [own] image, in the image of God created he him; male and female created he them" (Ge., 1:27) / «И сотворил Бог человека по обра-

зу Своему, по образу Божию сотворил его; мужчину и женщину сотворил их» (Быт., 1:27).

male II *adj.* мужской

maledict I *adj.* проклятый

maledict II *v.* проклинать, накликать беду

malediction *n.* проклятие; to give one's — to smb. проклинать кого-л., to pronounce a ~ upon smb. проклясть кого-л.; ~ be upon him! будь он проклят

maledictory *adj.* проклинающий; злословящий

malefaction *n.* злодеяние; пакость

malefactor *n.* злодей "And there were also two other, malefactors, led with him to be put to death" (Lk., 23:32) / «Вели с Ним на смерть и двух злодеев» (Лук., 23:32); зловредитель; пакостник; преступник

malefic *adj.* зловредный; пакостный; пагубный

maleficate *v.* напустить порчу, сглазить

malefice *n.* чары, сглаз; злодеяние

maleficence *n.* зловредность; злодейство

maleficent *adj.* пагубный; преступный

malevolence *n.* злоба; недоброжелательность; зложелание; недоброжелательство

malevolent *adj.* злой, злобный; недоброжелательный; ~ fate злая судьба malice злоба, злость; malicious злобный, злой

malice *n.* злая воля; злоба "Let all bitterness, and wrath, and anger, and clamour, and evil speaking, be put away from you, with all malice" (Eph., 4:31) / «Всякое раздражение и ярость, и гнев, и крик, и злоречие со всякою злобою да будут удалены от вас» (Ефес., 4:31); порок "Therefore let us keep the feast, not with old leaven, neither with the leaven of malice and wickedness; but with the unleavened [bread] of sincerity and truth" (1 Co., 5:8) / «Посему станем праздновать не со старою закваскою, не с закваскою порока и лукавства, но с опресноками чистоты и истины» (1 Кор., 5:8).

malicious *adj.* злобный; злой "Wherefore, if I come, I will remember his deeds which he doeth, prating against us with malicious words: and not content therewith, neither doth he himself receive the brethren, and forbiddeth them that would, and casteth [them] out of the church" (3 Jn., 1:10) / «Посему, если я приду, то напомню о делах, которые он делает, понося нас злыми словами, и не довольствуясь тем, и сам не принимает братьев, и запрещает желающим, и изгоняет из церкви» (3 Ин., 1:10); ~ intention злой умысел

malign I *adj.* пагубный; вредный; дурной; злобный, злостный, злой

malign II *v.* клеветать, злословить; ~ desire низменное желание; ~ forces злые силы; to ~ an innocent person оклеветать, опорочить, очернить

malignance *n.* зловредность, злобность

malignancy, malignity *n.* пагубность; злобность; злоба; зложелание

malignant *adj.* зловредный; пагубный; злобный, злой; злостный; язвительный

malison *n.* проклятие

malkhut *n.* малхут

Malleus maleficarum «Молот ведьм»

Maltese cross мальтийский крест

mammon *n.* ммамона "No man can serve two masters: for either he will hate the one, and love the other; or else he will hold to the one, and despise the other. Ye cannot serve God and mammon" (Mt., 6:24) / «Никто не может служить двум господам: ибо или одного будет ненавидеть, а другого любить; или одному станет усердствовать, а о другом нерадеть. Не можете служить Богу и маммоне» (Матф., 6:24); богатство "And I say unto you, Make to yourselves friends of the mammon of unrighteousness; that, when ye fail, they may receive you into everlasting habitations" (Lk., 16:9) / «И Я говорю вам: приобретайте себе друзей богатством неправедным, чтобы они, когда обнищаете, приняли вас в вечные обители» (Лук., 16:19).

mammonish *adj.* алчный, сребролюбивый

man *n.* муж; мужчина; человек; ~ of God святой; духовное лицо; ~ of lawn епископ; архиепископ; ~ of sin человек греха; ~ of Sorrows «Муж скорбей»

manciple *n.* трапезник

Mand. (Mandamus) «Мы повелеваем, мы приказываем»

Mand. Ap. (Mandatum Apostolicum) мандат апостольский

Mandaens *n. pl.* мандеи; христиане Св. Иоанна, крестильники

mandatary *n.* папский уполномоченный

mandate *n.* рескрипт (папский)

mandyas *n.* архиерейская мантия

man-hater *n.* человеконенавистник, -ница

manifest *v.* обличать, обличить (кого-л./что-л.); показывать, показать (что-л., кому-л.); проявлять, проявить (что-л.); являть "This beginning of miracles did Jesus in Cana of Galilee, and manifested forth his glory; and his disciples believed on him" (Jn., 2:11) / «Так положил Иисус начало чудесам в Кане Галилейской и явил славу Свою; и уверовали в Него ученики Его» (Ин., 2:11); испытывать "I said in mine heart concerning the estate of the sons of men, that God might manifest them, and that they might see that they themselves are beasts" (Ec., 3:18) / «Сказал я в сердце своем о сынах человеческих, чтобы испытал их Бог, и чтобы они видели, что они сами по себе животные» (Еккл., 3:18); ~ing обличение

manifestation *n.* проявление "But the manifestation of the Spirit is given to every man to profit withal" (1 Co., 12:7) / «Но каждому дается проявление Духа на пользу» (1 Кор., 12:7).

manifestly *adv.* явно, очевидно, открыто

maniple *n.* орарь

manition *n.* фетиш

mankind *n.* человечество, человеческий род, люди; мужчины "Thou shalt not lie with mankind, as with womankind: it [is] abomination" (Lev., 18:22) / «Не ложись с мужчиною, как с женщиною: это мерзость» (Лев., 18:22).

manna *n.* манна небесная "And the house of Israel called the name thereof Manna: and it [was] like coriander seed, white; and the taste of it [was] like wafers [made] with honey" (Ex., 16:31) / «И нарек дом Израилев хлебу тому имя: манна; она была, как кориандровое семя, белая, вкусом же как лепешка с медом» (Исх., 16:31).

manner *n.* манера

mansuete *adj.* кроткий, смирный, мягкий

manswear *v.* лжесвидетельствовать

mantics *n. pl.* провидцы, ясновидящие

mantle *n.* мантия; накидка; одежда; милоть "So he departed thence, and found Elisha the son of Shaphat, who [was] plowing [with] twelve yoke [of oxen] before him, and he with the twelfth: and Elijah passed by him, and cast his mantle upon him" (1 Ki., 19:19) / «И пошел он оттуда, и нашел Елисея, сына Сафатова, когда он орал; двенадцать пар [волов] было у него, и сам он был при двенадцатой. Илия, проходя мимо него, бросил на него милоть свою» (3 Цар., 19:19); верхняя одежда "Then Job arose, and rent his mantle, and shaved his head, and fell down upon the ground, and worshipped" (Job, 1:20) / «Тогда Иов встал и разодрал верхнюю одежду свою, остриг голову свою и пал на землю и поклонился» (Иов., 1:20); ковер "And Jael went out to meet Sisera, and said unto him, Turn in, my lord, turn in to me; fear not. And when he had turned in unto her into the tent, she covered him with a mantle" (Jdg., 4:18) / «И вышла Иаиль навстречу Сисаре и сказала ему: зайди, господин мой, зайди ко мне, не бойся. Он зашел к ней в шатер, и она покрыла его ковром [своим]» (Суд., 4:18).

Manual of Discipline «Устав Кумранской общины»

manumit *v.* отпускать на волю; освобождать

manuscript I *n.* рукопись; рукописание; манускрипт

manuscript II *adj.* рукописный

Maqom *n.* маком, трансцендентность Бога

Marcellinus *n.* Марцеллин

Marcellus I *n.* Марцелл I

Marcellus II *n.* Марцелл II

march I *n.* переход; шествие

march II *v.* идти "They shall run like mighty men; they shall climb the wall like men of war; and they shall march every one on his ways, and they shall not break their ranks" (Joel, 2:7) / «Как борцы бегут они и как храбрые воины влезают на стену, и каждый идет своею дорогою, и не сбивается с путей своих» (Иоил., 2:7); шествовать "Thou didst march through the land in indignation, thou didst thresh the heathen in anger" (Hab., 3:12) / «Во гневе шествуешь Ты по земле и в негодовании попираешь народы» (Авв., 3:12).

Marcionites *n. pl.* маркиониты

Mardi gras Марди грас, Вторник Покаяния

Marheshvan *n.* мархешван

Maria Lactans «Дева Кормящая», «Мария Кормящая»

Maria Legio Легио Мария, Легион церкви Марии

Marian antiphons Мариинские антифоны

Marian Vespers Мариинская вечерня, молитвы Пресвятой Деве Марии

Marian Year год Девы Марии, год Мариинский

Marianists *n. pl.* мариане, меньшие уставные клирики

Marinus I *n.* Марин I

Marinus II *n.* Марин II

Mariolatry *n.* мариолатрия

marital *adj.* супружеский; ~ bed супружеское ложе; ~ relations супружеские отношения; ~ right супружеское право

Mark *n.* Марк (Иоанн) Евангелист, От Марка святое благовествование (книга Библии)

mark I *n.* примета; ~ of the beast начертание зверя; знамение

"And the Lord set a mark upon Cain, lest any finding him should kill him" (Ge., 4:15) / «И сделал Господь [Бог] Каину знамение, чтобы никто, встретившись с ним, не убил его» (Быт., 4:15).

mark II *v.* ознаменовывать, ознаменовать (что-л.); ~ed меченный

market-bell *n.* базарный колокол

market-cross *n.* крест на базарной площади

Maronite Church Маронитская церковь

Marprelate Controvercy перепалка с Марпрелатом

Marranos *n. pl.* мараны

marriage *n.* брак; бракосочетание; брачный пир "Go ye therefore into the highways, and as many as ye shall find, bid to the marriage" (Mt., 22:9) / «Итак пойдите на распутия и всех, кого найдете, зовите на брачный пир» (Матф., 22:9); civil ~ гражданский брак; secret/clandestine ~ тайный брак; imaginary ~ мнимый брак; mixed ~ смешанный брак; publication of ~ оглашение брака; insolubility of ~ нерасторжимость брака; inefficacity of ~ недействительность брака; ratification of ~ скрепление брака; ~ contract брачный договор; брачный союз; женитьба; замужество; свадьба; сочетание браком; уневещение

Marrow Controvercy Спор об основах Божественного

Marrow men 12 несогласных

marry *v.* женить(ся) "And Judah said unto Onan, Go in unto thy brother's wife, and marry her, and raise up seed to thy brother" (Ge., 38:8) / «И сказал Иуда Онану: войди к жене брата твоего, женись на ней, как деверь, и восстанови семя брату твоему» (Быт., 38:8); идти под венец; венчать; обвенчивать, обвенчать; обвенчаться (с кем-л.); повенчать (кого-л., с кем-л.); соединять, соединить (кого-л./что-л.); get ~ жениться (на ком-л.), выходить замуж (за кого. л.); married женатый; замужняя

Mart. (Martyr) *n.* мученик

Martin I *n.* Мартин I

Martin II *n.* Мартин II

Martin III *n.* Мартин III

Martin IV *n.* Мартин IV

Martin V *n.* Мартин V

martin *n.* ластовица, ласточка

Martinmas День Св. Мартина; Мартынов день

martirize *v.* тиранить (кого-л.)

Martyr King *n.* король-мученик, Чарльз I, король английский

martyr *n.* мученик, -ница

martyrdom *n.* мученичество; ~ of «Мученичество Исайи»; ~ of Polycarp «Мученичество Поликарпа»

martyrize *v.* мучить; подвергать пытке; подвергать мученической смерти

martyrologic(al) *adj.* мартирологический

martyrology *n.* четьи-минеи; мартиролог, жизнеописание мучеников

Martyrs Breviary бревиарий «Мартирес»

Martyrs Memorial Free Presbyterian Church of Ulster Свободная пресвитерианская церковь Ольстера памяти мучеников

Marut *n.* Марут

marvel I *n.* диво; чудо "And he said, Behold, I make a covenant: before all thy people I will do marvels, such as have not been done in all the earth, nor in any nation: and all the people among which thou [art] shall see the work of the Lord: for it [is] a terrible thing that I will do with thee" (Ex., 34:10) / «И сказал [Господь Моисею]: вот, Я заключаю завет: пред всем народом твоим соделаю чудеса, каких не было по всей земле и ни у каких народов; и увидит весь народ, среди которого ты находишься, дело Господа; ибо страшно будет то, что Я сделаю для тебя» (Исх., 34:10).

marvel II *v.* удивляться "Marvel not that I said unto thee, Ye must be born again" (Jn., 3:7) / «Не удивляйся тому, что Я сказал тебе: должно вам родиться свыше» (Ин., 3:7); дивиться "Jesus answered and said unto them, I have done one work, and ye all marvel" (Jn., 7:21) / «Иисус, продолжая речь, сказал им: одно дело сделал Я, и все вы дивитесь» (Ин., 7:21); ~ at дивоваться (на что-л.)

marvellous *adj.* преславный; дивный

marvelousness *n.* дивность

Mary Magdalene *n.* Мария Магдалина

Mary of Egypt *n.* Мария Египетская

Masada *n.* Масада

Mashiah *n.* Машиах, Мессия, Помазанник

mason *n.* масон

masonic *adj.* масонский

masonship *n.* масонство

Masoretic texts масоретские тексты

Mass Breviary бревиарий «Месса»

mass *n.* месса; обедня; high ~ обедня с пением; low ~ обедня без пения; say ~ служить обедни; литургия; совершение Евхаристии; месса; to say ~ for smb.'s soul служить обедню за упокой чьей-л. души; to go to ~ идти к обедне; ~ for the Dead заупокойная месса, реквием; ~ of the Resurrection заупокойная литургия

massacre I *n.* резня; избиение, побиение; бойня; ~ of Saint Bartholomew's Day Варфоломеевская ночь; ~ of the Innocents избиение младенцев

massacre II *v.* душегубствовать; избивать, избить (кого-л.); побивать, побить (кого-л.)

mass-book *n.* католический требник; служебник

massekhtot *n.* масехтот

master I *n.* господин "And the servant put his hand under the thigh of Abraham his master, and sware to him concerning that matter" (Ge., 24:9) / «И положил раб руку свою под стегно Авраама, господина своего, и клялся ему в сем" (Быт., 24:9);

обладатель, -ница; хозяин, хозяйка; разрушитель,-ница; повелитель, -ница

master II *v.* превозмочь (что-л.); смирить (кого-л./что-л.)

masterdom *n.* превосходство, господство

mastering *n.* усвоение

masterpiece *n.* шедевр

Mat. (Matutinum), Matins Breviary *n.* бревиарий «Матутинум»

match *n.* женитьба; соединять, соединить (кого-л./что-л.)

Mater Amabilis «Богоматерь Умиление»

Mater Dei Богоматерь

Mater Dolorosa «Матерь скорбящая»

mater dolorosa скорбящая матерь

Mater Sapientiae «Матерь Мудрость», «Дева Мария с Младенцем и с книгой»

material *adj.* вещественный; ~ universe вещественный мир; материальный

materialist *n.* материалист

materialist *adj.* материалистический

materiality *n.* материальность

maternal *adj.* материнский

matins *n.* заутреня; утренняя молитва; утреня

Matr. (Matrimonum) *n.* брак

matricide *n.* матереубийство

matrimonial *adj.* брачный; супружеский

matrimony *n.* брак; contract ~ (with) сочетаться браком; the bonds of ~ брачные узы; сочетание браком; супружество

matter *n.* дело; вопрос; in ~s of religion в вопросах религии; гной; материя; содержание

Matthew Parker's Bible «Библия Паркера», «Епископская Библия»

Matthew *n.* Матфей; От Матфея святое благовествование (книга Библии)

Matthew's Bible Библия в переводе Т. Маттью

mattins *n.* заутреня; утренняя молитва

mature *adj.* возмужалый

matutine *n.* ранний

matutinal *adj.* ранний

matza, matzah, matzo, matzoth *n.* маца, опресноки

matzeva *n.* маццеба, надгробье

Matzot Мацот, Праздник пресного хлеба, Песах; маца, опресноки

maunde *n.* омовение ног

maundy money милостыня, раздаваемая на Страстной седмице

Maundy Thursday Великий Четверток, Чистый Четверг

maundy *n.* обряд омовения ног беднякам на страстной неделе

Maundy-week Страстная седмица

Maurist *n.* маврист, мавринианин

maxim *n.* принцип; максима; сентенция, афоризм; трюизм; поговорка; copy-book ~ прописная истина

may *n.* дева; девственница

Mazarin Bible «Библия Мазарини», «Мазаринская Библия»

maze *n.* дебрь

Me'arat ha-Makhpela Меарат га-Махпела, пещера Махпела, усыпальница патриархов в Хевроне

Me'assef «Меассеф»

Me'ila «Меила»

mea culpa моя вина, по моей вине

mea maxima culpa моя величайшая вина», формула покаяния и исповеди у католиков

meal *n.* трапеза; мука "It is like leaven, which a woman took and hid in three measures of meal, till the whole was leavened" (Lk., 13:21) / «Оно подобно закваске, которую женщина, взяв, положила в три меры муки, доколе не вскисло все» (Лук., 13:21).

mean I *adj.* низкий; скупой; презренный; низменный; ~ soul низкая душа; ~ person низкий человек

mean II *v.* значить (что-л.); подразумевать (что-л.); разуметь (что-л.)

meaning *n.* намерение, цель, замысел; значение "And it came to pass, when I, [even] I Daniel, had seen the vision, and sought for the meaning, then, behold, there stood before me as the appearance of a man" (Da., 8:15) / «И было: когда я, Даниил, увидел это видение и искал значения его, вот, стал предо мною как облик мужа» (Дан., 8:15); смысл

meaningless *adj.* бессмысленный

meaningness *n.* бессмысленность, бессмыслица

means *n.* средство

mean-spirited *adj.* подлый, низкий; злонамеренный; скупой; скаредный; мелочный

measure I *n.* мера "The length of one curtain [shall be] eight and twenty cubits, and the breadth of one curtain four cubits: and every one of the curtains shall have one measure" (Ex., 26:2) / «Длина каждого покрывала двадцать восемь локтей, а ширина каждого покрывала четыре локтя: мера одна всем покрывалам» (Исх., 26:2).

measure II *v.* измерять, измерить (что-л.); ~ off/out отмеривать, отмерять, отмерить (что-л., кому-л.) "And ye shall measure from without the city on the east side two thousand cubits, and on the south side two thousand cubits, and on the west side two thousand cubits, and on the north side two thousand cubits; and the city [shall be] in the midst: this shall be to them the suburbs of the cities" (Nu., 35:5) / «И отмерьте за городом к восточной стороне две тысячи локтей, и к южной стороне две тысячи локтей, и к западу две тысячи локтей, и к северной стороне две тысячи локтей, а посредине город: таковы будут у них поля при городах» (Числ., 35:5).

meat I *n.* пища "And God said, Behold, I have given you every herb bearing seed, which [is] upon the face of all the earth, and every tree, in the which [is] the fruit of a tree yielding seed; to you it shall be for meat" (Ge., 1:29) / «И сказал Бог: вот, Я дал вам всякую траву, сеющую семя, какая есть на всей земле, и всякое дерево, у которого плод древесный, сею-щий семя; — вам сие будет в пищу» (Быт., 1:29).

meat II *adj.* скоромный

Meat-Fare Sunday мясопуст, мясопустная неделя

meat-offering *n.* жертвоприношение пищи

Mechitarists *n. pl.* мхитаристы

mediate *n.* ходатайство; *v.* ходатайствовать (о ком-л./о чем-л.)

mediator *n.* посредник, -ница "Wherefore then [serveth] the law? It was added because of transgressions, till the seed should come to whom the promise was made; [and it was] ordained by angels in the hand of a mediator" (Ga., 3:19) / «Для чего же закон? Он дан после по причине преступлений, до времени пришествия семени, к которому относится обетование, и преподан через Ангелов, рукою посредника» (Гал., 3:19); ходатай "And for this cause he is the mediator of the new testament, that by means of death, for the redemption of the transgressions [that were] under the first testament, they which are called might receive the promise of eternal inheritance" (He., 9:15) / «И потому Он есть ходатай нового завета, дабы вследствие смерти Его, бывшей для искупления от преступлений, сделанных в первом завете, призванные к вечному наследию получили обетованное» (Евр., 9:15); ~ of life ходатай живота

medieval *adj.* средневековый

meditate *v.* размышлять, размыслить (о чем-л.) "And Isaac went out to meditate in the field at the eventide: and he lifted up his eyes, and saw, and, behold, the camels [were] coming" (Ge., 24:63) / «При наступлении вечера Исаак вышел в поле поразмыслить, и возвел очи свои, и увидел: вот, идут верблюды» (Быт., 24:63); поучаться "This book of the law shall not depart out of thy mouth; but thou shalt meditate therein day and night, that thou mayest observe to do according to all that is written therein: for then thou shalt make thy way prosperous, and then thou shalt have good success" (Jos., 1:8) / «Да не отходит сия книга закона от уст твоих; но поучайся в ней день и ночь, дабы в точности исполнять все, что в ней написано: тогда ты будешь успешен в путях твоих и будешь поступать благоразумно» (Нав., 1:8); вникать "I will meditate also of all thy work, and talk of thy doings" (Ps., 77:12) / «Буду вникать во все дела Твои, размышлять о великих Твоих деяниях» (Псл., 76:13).

meditation *n.* медитация; размышление "My mouth shall speak of wisdom; and the meditation of my heart [shall be] of understanding" (Ps., 49:3) / «Уста мои изрекут премудрость, и размышления сердца моего — знание» (Псл., 489:4); созерцание; помышление "Let the words of my mouth, and the meditation of my heart, be acceptable in thy sight, O Lord, my strength, and my redeemer"

(Ps., 19:14) / «Да будут слова уст моих и помышление сердца моего благоугодны пред Тобою, Господи, твердыня моя и Избавитель мой!» (Псл., 18:15).

meek *adj.* кроткий "The meek will he guide in judgment: and the meek will he teach his way" (Ps., 25:9) / «Направляет кротких к правде, и научает кротких путям Своим» (Псл., 24:9); незлобливый; бедный "The meek shall eat and be satisfied: they shall praise the Lord that seek him: your heart shall live for ever" (Ps., 22:26) / «Да едят бедные и насыщаются; да восхвалят Господа ищущие Его; да живут сердца ваши во веки!» (Псл., 21:27).

meekly *adv.* смиренно

meekness *n.* кротость "And in thy majesty ride prosperously because of truth and meekness [and] righteousness; and thy right hand shall teach thee terrible things" (Ps., 45:4) / «И в сем украшении Твоем поспеши, воссядь на колесницу ради истины и кротости и правды, и десница Твоя покажет Тебе дивные дела» (Псл., 44:5); мягкость; смиренность; смирение

meet *v.* встречать, встретить (кого-л./что-л.)

meeting *n.* встреча "Then came David to Nob to Ahimelech the priest: and Ahimelech was afraid at the meeting of David, and said unto him, Why [art] thou alone, and no man with thee?" (1 Sa., 21:1) / «И пришел Давид в Номву к Ахиме-

леху священнику, и смутился Ахимелех при встрече с Давидом и сказал ему: почему ты один, и никого нет с тобою?» (1 Цар., 21:1); собрание; сретение

meeting-house *n.* молитвенный дом

Megilla «Металла»

Megillah «Мегилла»

megrim *n.* прихоть, каприз, причуда

Mekhilta *n.* «Мехилта»; ~ de Rabbi Shim'on ben Yohai «Мехилта де рабби Шимон бен Иохай»

melancholy *n.* грусть

Melchisedech *n.* Мельхиседек

Melchisedechians *n. pl.* мельхиседекиане

Melchite Church Мельхитская церковь

Melchite *n. pl.* мельхиты, мелькиты

Melchizedek priesthood чин Мельхиседеков

Melchizedek Мельхиседек; «царь справедливости»

meliorism *n.* мелиоризм

meliorist *n.* мелиорист

meliority *n.* превосходство

mellifluous *adj.* медоточивый; сладкозвучный

Mellifluous Doctor *n.* Св. Бернард Клервоский, Учитель Церкви

mellisonant *adj.* сладкозвучный, сладкоголосый

melodious *adj.* благогласный

melody *n.* напев

melt *v.* таять, растаять

member *n.* член

memento mori «помни о смерти»

memento, quia pulvis es «помни, что ты прах»

memorability *n.* достопамятность

memorable *adj.* достопамятный; памятный

memorial I *n.* памятник "And it shall be for a sign unto thee upon thine hand, and for a memorial between thine eyes, that the Lord'S law may be in thy mouth: for with a strong hand hath the Lord brought thee out of Egypt" (Ex., 13:9) / «И да будет тебе это знаком на руке твоей и памятником пред глазами твоими, дабы закон Господень был в устах твоих, ибо рукою крепкою вывел тебя Господь [Бог] из Египта» (Исх., 13:9); памятование "And God said moreover unto Moses, Thus shalt thou say unto the children of Israel, The Lord God of your fathers, the God of Abraham, the God of Isaac, and the God of Jacob, hath sent me unto you: this [is] my name for ever, and this [is] my memorial unto all generations" (Ex., 3:15) / «И сказал еще Бог Моисею: так скажи сынам Израилевым: Господь, Бог отцов ваших, Бог Авраама, Бог Исаака и Бог Иакова послал меня к вам. Вот имя Мое на веки, и памятование о Мне из рода в род» (Исх., 3:15); память "And thou shalt put the two stones upon the shoulders of the ephod [for] stones of memorial unto the children of Israel: and Aaron shall bear their names before the Lord upon his two shoulders

for a memorial" (Ex., 28:12) / «И положи два камня сии на нарамники ефода: это камни на память сынам Израилевым; и будет Аарон носить имена их пред Господом на обоих раменах своих для памяти» (Исх., 28:12); хроника, летопись; поминовение

memorial II *adj.* памятный, мемориальный; ~s of a past age летопись прошлых лет; ~ park мемориальное кладбище; мемориальный некрополь; ~ service поминальная заупокойная служба; богослужение в память умерших

memorize *v.* запоминать, запомнить (кого-л./что-л.)

memorizer *n.* помянник

memory *n.* воспоминание, воспоминовение; память "Let them be before the Lord continually, that he may cut off the memory of them from the earth" (Ps., 109:15) / «Да будут они всегда в очах Господа, и да истребит Он память их на земле» (Псл., 108:15).

menace *v.* грозить, пригрозить (кому-л., чем-л.)

menacing *adj.* грозный

menanion *n.* минея; ~ for the month минея месячная; common ~ минея общая; festal ~ минея праздничная; liturgical ~ минея служебная

mendacity, mendicity *n.* нищенство

mendicancy *n.* нищенство; попрошайничество

mendicant *n.* нищенствующий; монах ордена нищенствую-

щих; ~ Order орден нищенст-
вующих; нищий, нищая

Mennonite *n.* меннонит

Mennonitism *n.* мен(н)онтство

menologion *n.* месяцеслов; микологии (сборник жития святых)

Menologium *n.* Четьи-Минеи

menology *n.* месяцеслов; жизнеописание святых; микологии
(сборник жития святых); Четьи-Минеи

menora(h) *n.* менора, семисвеч-
ник

Mentel Bible «Библия Ментеля»

mention *n.* напоминание, напоминовение

mentor *n.* наставник, воспитатель, ментор; пестун

Mercedarian *n.* рыцарь Ордена
милосердия

mercenariness *n.* корыстолюбие;
мшелоимство

mercenary *adj.* корыстный

merciful *adj.* милосердный; со-
страдательный "(For the Lord
thy God [is] a merciful God;) he
will not forsake thee, neither destroy thee, nor forget the covenant of thy fathers which he
sware unto them" (De., 4:31) /
«Господь, Бог твой, есть Бог
[благий и] милосердый; Он не
оставит тебя и не погубит тебя,
и не забудет завета с отцами
твоими, который Он клятвою
утвердил им» (Втор., 4:31);
милостивый "With the merciful thou wilt shew thyself merciful, [and] with the upright
man thou wilt shew thyself upright" (2 Sa., 22:26) / «С милостивым Ты поступаешь
милостиво, с мужем искрен-

ним — искренно» (2 Цар.,
22:26); милостивый

mercifully *adv.* милостиво

mercifulness *n.* милосердие; сострадание; милость, благосклонность

merciless *adj.* нещадный

mercilessness *n.* бессердечие;
жестокость; немилосердие

mercy *n.* милосердие, сострадания; жалость; милость "Behold
now, thy servant hath found
grace in thy sight, and thou hast
magnified thy mercy, which thou
hast shewed unto me in saving
my life; and I cannot escape to
the mountain, lest some evil take
me, and I die" (Ge., 19:19) /
«Вот, раб Твой обрел благоволение пред очами Твоими, и
велика милость Твоя, которую
Ты сделал со мною, что спас
жизнь мою; но я не могу спасаться на гору, чтоб не застигла меня беда и мне не
умереть» (Быт., 19:19); пощада; сердоболие; снисхождение; to the ~ of God на произвол судьбы

mere I *n.* рубеж; межа

mere II *adj.* простой

mere III *v.* ограничивать, меже-
вать, размежевать

meretrix *n.* блудница; распутни-
ца; развратница

merit I *n.* достоинство; заслуга

merit II *v.* заслуживать, заслу-
жить (что-л.)

meritorious *adj.* достославный

Merry Monday Веселый понедельник

message *n.* послание; проповедь;
сообщение; слово "And Ehud
said, I have a message from God

unto thee. And he arose out of [his] seat" (Jdg., 3:20) / «И сказал Аод: у меня есть до тебя, [царь,] слово Божие. [Еглон] встал со стула» (Суд., 3:20); благовествование "For this is the message that ye heard from the beginning, that we should love one another" (1 Jn., 3:11) / «Ибо таково благовествование, которое вы слышали от начала, чтобы мы любили друг друга» (1 Ин., 3:11); благовестие "This then is the message which we have heard of him, and declare unto you, that God is light, and in him is no darkness at all" (1 Jn., 1:5) / «И вот благовестие, которое мы слышали от Него и возвещаем вам: Бог есть свет, и нет в Нем никакой тьмы» (1 Ин., 1:5); посольство "But his citizens hated him, and sent a message after him, saying, We will not have this [man] to reign over us" (Lk., 19:14) / «Но граждане ненавидели его и отправили вслед за ним посольство, сказав: не хотим, чтобы он царствовал над нами» (Лук., 19:14).

Messalianism *n.* мессалианизм, мессалианство, евхитизм

Messalians *n. pl.* мессалиане, евхиты

messenger *n.* вестник "And Jacob sent messengers before him to Esau his brother unto the land of Seir, the country of Edom" (Ge., 32:3) / «И послал Иаков пред собою вестников к брату своему Исаву в землю Сеир, в область Едом» (Быт., 32:3); посол

"And Moses sent messengers from Kadesh unto the king of Edom, Thus saith thy brother Israel, Thou knowest all the travail that hath befallen us" (Nu., 20:14) / «И послал Моисей из Кадеса послов к царю Едомскому [сказать]: так говорит брат твой Израиль: ты знаешь все трудности, которые постигли нас» (Числ., 20:14); возвеститель, -ница; гонец; посланец, посланник; служащий

Messiah *n.* Мессия; Помазанник

messianism *n.* мессианство

metabole *n.* таинственное превращение

metaphrase *n.* дословный перевод

metaphysical *adj.* метафизический; трансцендентный; сверхъестественный

metaphysician *n.* метафизик

metaphysics *n.* метафизика

Metatron *n.* Метатрон, князь предстояния

metempsychosis *n.* метемпсихоз, переселение души

methodical *adj.* систематический

Methodism *n.* методизм

Methodist *n.* методист

Methodius I *n.* Мефодий I

metrical doxology метрическое славословие

Metrophanes Kritopoulos *n.* Митрофан Критопулос

metropolitan I *n.* митрополит; архиепископ

metropolitan II *adj.* митрополичий

metropolitanate *n.* чин митрополита/архиепископа; митрополия митрополита/архиепископа

metropolite, metropolitical *n.* митрополит

mezuzah *n.* мезуза

Mgr. (Monseigneur, Monsignore) Ваше Преосвященство, титулование епископов; Ваше Высокопреосвященство, титулование архиепископов

Mi. (Micah) Книга Пророка Михея (книга Библии)

Micah *n.* Михей; Книга Пророка Михея (книга Библии)

Michael архангел Михаил, архистратиг Михаил

Michaelmas Михайлов день

midday I *n.* полдень "And it came to pass, when midday was past, and they prophesied until the [time] of the offering of the [evening] sacrifice, that [there was] neither voice, nor any to answer, nor any that regarded" (1 Ki., 18:29) / «Прошел полдень, а они все еще бесновались до самого времени вечернего жертвоприношения; но не было ни голоса, ни ответа, ни слуха» (3 Цар., 18:29).

midday II *adj.* полдневый, полуденный

Middle Latin средневековая латынь

Middot *n.* «Мидот»

midnight *n.* полуночь "And Moses said, Thus saith the Lord, About midnight will I go out into the midst of Egypt" (Ex., 11:4) / «И сказал Моисей: так говорит Господь: в полночь Я пройду посреди

Египта» (Исх., 11:4); полунощь; полунощный

Midrash *n.* Мидраш; ~ rabba «Мидраш рабба», раввинистическое толкование Пятикнижия Моисеева

Midsummer Day Рождество честного славного Пророка, Предтечи и Крестителя Господня Иоанна; Иванов день

mid-week *n.* среда

might *n.* сила; держава

mighty *adj.* державный; могущественный; сильный "He was a mighty hunter before the Lord: wherefore it is said, Even as Nimrod the mighty hunter before the Lord" (Ge., 10:9) / «Он был сильный зверолов пред Господом [Богом], потому и говорится: сильный зверолов, как Нимрод, пред Господом» (Быт., 10:9).

migrate *v.* переселяться, переселиться

migration *n.* переселение

mikvah, mikveh *n.* миква, микве

mild *adj.* кроткий; тихонравный

mildness *n.* благорастворение, благорастворенность; кротость; незлобие; тихонравие

mild-tempered *adj.* кроткий

militant *adj.* воинствующий; ~ Church воинствующая Церковь

military *adj.* ратный

milites Christi воины Христовы

millenarian I *n.* миллинарий, хилиаст

millenarian II *adj.* тысячелетний

millenary I *n.* тысячелетие; тысячелетняя годовщина

millenary II *adj.* миллинарный; тысячелетний; ~ Petition «Петиция тысячи»

millennia *n. pl.* тысячелетия

millennial *adj.* тысячелетний; ~ Church шейкеры

Millennium *n.* 1000-летнее земное царствование Христа; тысячелетие

mind I *n.* ум; sullied ~ помраченный ум; conscious ~ сознательный ум; spontaneous ~ самопроизвольный ум; brightness of ~ умная быстрота

mind II *v.* внимать, внять (чему-л.); слушаться, послушаться; break one's ~ открыть душу

mindful *adj.* внимательный

mindfulness *n.* внимательность

mingling *n.* растворение

minhag *n.* минхаг, религиозный обычай

miniature manuscript лицевая рукопись

minister I *n.* церковнослужитель; священник; пастор; слуга; служитель "And Moses rose up, and his minister Joshua: and Moses went up into the mount of God" (Ex., 24:13) / «И встал Моисей с Иисусом, служителем своим, и пошел Моисей на гору Божию» (Исх., 24:17).

minister II *v.* совершать богослужение, проводить службу

minister-general *n.* глава ордена

ministerial *n.* церковная служба

ministering *n.* совершение богослужения; служение "Or ministry, [let us wait] on [our] ministering: or he that teacheth, on teaching" (Ro., 12:7) / «Имеешь ли служение, пребывай в служении; учитель ли, — в учении» (Рим., 12:7); ~ angel ангел-хранитель

Ministers of the Sick Конгрегация служителей больных, камиллинцы

ministrant *n.* священник

ministration *n.* богослужение; to receive the ~s of a priest получить благословение/отпущение грехов

ministry *n.* духовенство; пастырство; to enter the ~ принять духовный сан

minor excommunication неполное отлучение, неполная анафема

minor orders церковные прислужники, псаломщики, певцы, чтецы, привратники

Minor Prophets «Малые Пророки»

minor seminary семинария первой ступени

Minoresses *n. pl.* миноритки, Орден кларисс, клариссинки

Minorites *n. pl.* минориты, братья меньшие; францисканцы

minority *n.* меньшинство

Minors *n. pl.* монахи-минориты, братья меньшие; францисканцы

minster *n.* монастырская церковь; кафедральный собор

mint place монетный двор

minute *adj.* подробный

minyan *n.* миньян, кворум для чтения молитв

Miqwa'ot *n.* «Микваот»

Mir. (Misericorditer) *adv.* милостиво

miracle *n.* чудо "And the beast was taken, and with him the false prophet that wrought miracles before him, with which he deceived them that had received the mark of the beast, and them that worshipped his image. These both were cast alive into a lake of fire burning with brimstone" (Rev., 19:20) / «И схвачен был зверь и с ним лжепророк, производивший чудеса пред ним, которыми он обольстил принявших начертание зверя и поклоняющихся его изображению: оба живые брошены в озеро огненное, горящее серою» (Откр., 19:20); to work/ accomplish a ~ совершать чудо; to work ~s творить чудеса; диво; знамение "And his miracles, and his acts, which he did in the midst of Egypt unto Pharaoh the king of Egypt, and unto all his land" (De., 11:3) / «Знамения Его и дела Его, которые Он сделал среди Египта с фараоном, царем Египетским, и со всею землею его» (Втор., 11:3).

miraculous *adj.* чудотворный, сверхъестественный; чудесный, удивительный; чудодейственный; дивный; ~ escape чудесное спасение

miraculously *adv.* чудесным образом

mire I *n.* грязь "Then did I beat them as small as the dust of the earth, I did stamp them as the mire of the street, [and] did spread them abroad" (2 Sa., 22:43) / «Я рассеваю их, как прах земной, как грязь уличную мну их и топчу их» (2 Цар., 22:43).

mire II *v.* грязнить, загрязнить (кого-л./что-л.)

mirth *n.* радость "Even in laughter the heart is sorrowful; and the end of that mirth [is] heaviness" (Pr., 14:13) / «И при смехе иногда болит сердце, и концом радости бывает печаль» (Притч., 14:13); веселие "Wherefore didst thou flee away secretly, and steal away from me; and didst not tell me, that I might have sent thee away with mirth, and with songs, with tabret, and with harp?" (Ge., 31:27) / «Зачем ты убежал тайно, и укрылся от меня, и не сказал мне? я отпустил бы тебя с веселием и с песнями, с тимпаном и с гуслями» (Быт., 31:27).

mirthful *adj.* радостный

miry *adj.* грязный; ~ soul грязная душа

misadventure *n.* напасть, злоключение

misanthrope *n.* человеконенавистник, -ница

misanthropic, -al *adj.* человеконенавистный

misbelief *n.* зловерие; ересь; заблуждение

misbelieve *v.* впадать в ересь, зловерие

misbeliever *n.* еретик, зловерный

mischief *n.* нечестие; make not ~ in the earth не распространяйте нечестия на земле

mischief-makers *n.* распространяющие нечестие

mischief-making *adj.* зловредный

miscitation *n.* искаженная цитата

miscite *v.* неправильно цитировать

misconstrue *v.* неправильно истолковывать

misconstrue *v.* извращать, извратить (что-л.)

miscopy I *n.* ошибка при переписке/перепечатке

miscopy II *v.* делать ошибки при переписке/перепечатке; неправильно копировать

miscreance *n.* поклонение ложным богам; неверие, зловерие, безбожие

miscreant I *n.* неверный; еретик; злокоман; муж кровей

miscreant II *adj.* еретический; зловерный

misdate *v.* неправильно датировать; to ~ an event or a document неверно датировать

misdeed *n.* преступление, злодеяние; злодейство; злодеяние

misdeem *v.* заблуждаться, делать неверное предположение; неправильно судить

misdoer *n.* злодей, злец

miser *n.* скаред; скупец

miserable *adj.* горемычный; жалкий "I have heard many such things: miserable comforters [are] ye all" (Job, 16:2) / «Слышал я много такого; жалкие утешители все вы!» (Иов., 16:2); несчастный "If in this life only we have hope in Christ, we are of all men most miserable" (1 Co., 15:19) / «И если мы в этой только жизни надеемся на Христа, то мы несчастнее всех человеков» (1 Кор., 15:19); окаянный

Miserere «Помилуй мя, Господи», «Мизерере»

misericord(e) *n.* послабление в монастырском уставе; монастырская столовая для непостящихся; откидной стул на хорах церкви

miserliness *n.* скупость, скаредность

miserliness *n.* скряжничество

miserly *adj.* скупой, скаредный

misery *n.* страдание; горе, мучение; нищета "And they put away the strange gods from among them, and served the Lord: and his soul was grieved for the misery of Israel" (Jdg., 10:16) / «И отвергли от себя чужих богов и стали служить [только] Господу. И не потерпела душа Его страдания Израилева» (Суд., 10:16); горе "Because thou shalt forget [thy] misery, [and] remember [it] as waters [that] pass away" (Job, 11:16) / «Тогда забудешь горе: как о воде протекшей, будешь вспоминать о нем» (Иов., 11:16).; зло "Because to every purpose there is time and judgment, therefore the misery of man [is] great upon him" (Ec., 8:6) / «Потому что для всякой вещи есть свое время и устав; а человеку великое зло оттого» (Екк., 8:6); пагуба "Destruction and misery [are] in their ways" (Ro., 3:16) / «Разрушение и пагуба на путях их» (Рим., 3:16).

misfaith *n.* неверие; недоверие

misfortune *n.* беда, несчастье; неудача; бедствие; горе; горесть; злополучие; злословие; лихо; напасть; lead into ~ вводить в напасть; несчастие

mishap *n.* неудача, несчастье; незадача

mishkan *n.* мишкан, скиния

Mishle «Мишлей», «Книга Притчей Соломоновых»

Mishna(h) *n.* «Мишна»

Mishnaic Hebrew раввинистический иврит

Mishne Torah «Мишне Тора»

Mi-Sinai tune распев мисинай

misinform *v.* неправильно информировать

misinterpret *v.* неверно истолковывать; извращать, извратить (что-л.); истолковать превратно; неправильно истолковать

misinterpretation *n.* неправильное истолкование, толкование, понимание; извращение

misjudge *v.* неправильно судить

misoneism *n.* ретроградство

misperception *n.* неправильное восприятие

mispersuasion *n.* ересь; заблуждение в вере

misplaced *adj.* невместимый; невместный; неуместный

mispresent *v.* неправильно представить; ~ the facts искажать истину

mispresentation *n.* искажение

misquote *v.* неправильно цитировать

Miss. (Missa) *n.* бревиарий «Мисса»; (Missionarius) миссионер

Miss. Apost. (Missionarius Apostolicus) *n.* миссионер апостольский

missa cantata сокращенная торжественная месса; обедня с певчими

missa pro defunctis заупокойная месса

missa solemnis торжественная месса, великая каноническая месса

missa votiva месса по данному обету

missal *n.* миссал; служебник; молитвенник; требник

mission *n.* миссия; поручение; ~s *n.* миссионерство

missionary I *n.* миссионер; вероучитель; ~ apostolic миссионер апостольский; Missionaries of the Most Sacred Heart миссионеры Ордена Пресвятого Сердца; Missionaries of St. Charles Посвященные св. Карла, миссионеры Общества Св. Карла

missionary II *adj.* миссионерский

missioner *n.* миссионер

mission-school *n.* школа для обращенных при миссии; благотворительная школа для бедных, руководимая миссионерами

missive *n.* посланный; letter ~, ~ letter грамота

mist *n.* мгла; пар "But there went up a mist from the earth, and watered the whole face of the ground" (Ge., 2:6) / «Но пар поднимался с земли и орошал все лице земли» (Быт., 2:6); мрак "And immediately there fell on him a mist and a darkness; and he went about seeking some to lead him by the hand" (Ac., 13:11) / «И вдруг напал на него мрак и тьма, и он, обращаясь туда и сюда, искал вожатого» (Деян., 13:11).

mistake I *n.* ошибка; заблуждение

mistake II *v.* обмануться (в ком-л., в чем-л.); ошибаться, ошибиться

mistrust *n.* недоверие

mistrustful *adj.* недоверчивый

misunderstand *v.* неправильно понять; принимать превратно; ~ing непонимание

misusage *n.* злоупотребление

misuse *v.* злоупотреблять, злоупотребить (чем-л.); ругаться "But they mocked the messengers of God, and despised his words, and misused his prophets, until the wrath of the Lord arose against his people, till [there was] no remedy" (2 Chr., 36:16) / «Но они издевались над посланными от Бога и пренебрегали словами Его, и ругались над пророками Его, доколе не сошел гнев Господа на народ Его, так что не было ему спасения» (2 Пар., 36:16).

mite *n.* лепта (мелкая медная люнета)

mitigation *n.* утоление

mitre I *n.* митра

mitre II *v.* пожаловать митру, возвести в сан епископа/аббата

mitzvah *n.* мицва

mitzwot *n. pl.* мицвот, святые заповеди/предписания

Mizrahi Мизрахи, сионистское движение

Mk. (Gospel according to St. Mark) От Марка святое благовествование, Евангелие от Марка (книга Библии)

MM. (Martyres) *n.* мученики; **(Martyrs Breviary)** бревиарий «Мартирес»

Mo'ed *n.* «Моэд»

Mo'ed qatan *n.* «Моэд-катан»

Moabites *n. pl.* моавитяне

moan I *n.* стон; стенание

moan II *v.* стонать; скорбеть (о ком-л./о чем-л.); стенать

mob *n.* толпа

mobility *n.* движимость

mock *v.* глумиться (над кем-л., над чем-л.) "That she called unto the men of her house, and spake unto them, saying, See, he hath brought in an Hebrew unto us to mock us; he came in unto me to lie with me, and I cried with a loud voice" (Ge., 39:14) / «Кликнула домашних своих и сказала им так: посмотрите, он привел к нам Еврея ругаться над нами. Он пришел ко мне, чтобы лечь со мною, но я закричала громким голосом» (Быт., 39:14); обманывать "And Delilah said unto Samson, Behold, thou hast mocked me, and told me lies: now tell me, I pray thee, wherewith thou mightest be bound" (Jdg., 16:10) / «И сказала Далида Самсону: вот, ты обманул меня и говорил мне ложь; скажи же теперь мне, чем связать тебя?» (Суд., 16:10); ругаться (над кем-л., над чем-л.) "And it came to pass at noon, that Elijah mocked them, and said, Cry aloud: for he [is] a god; either he is talking, or he is pursuing, or he is in a journey, [or] peradventure he sleepeth, and must be awaked" (1 Ki., 18:27) / «В полдень Илия стал смеяться над ними и говорил: кричите громким голосом, ибо он бог; может быть, он задумался, или занят чем-либо, или в дороге, а может быть, и спит, так он проснется!» (3 Цар., 18:27).

mockery *n.* глумление

mocking *adj.* глумительный

model *adj.* примерный

moderation *n.* умеренность; сдержанность, чувство меры; кротость «Let your moderation be known unto all men. The Lord [is] at hand" (Php., 4:5) / «Кротость ваша да будет известна всем человекам. Господь близко» (Фил., 4:5).

modern *adj.* новый; ~ Hebrew современный иврит

Modernism *n.* модернизм

modest *adj.* целомудренный

modesty *n.* целомудрие

Moffat Translation Библия в переводе Джеймса

Mogen David Магендовид, звезда Давида, щит Давидов

mollify *v.* смягчать, смягчить (что-л.)

monac(h)al *adj.* монашеский; монастырский; иноческий

monachism *n.* монашество; иночество

monarch *n.* монарх

monarchal *adj.* монархический, монарший

Monarchian *adj.* монархианский

Monarchianism *n.* монархианство

monarchic (-al) *adj.* единовластный; монархический, монарший

monarchism *n.* монархизм

monarchist *n.* монархист

monarchy *n.* единовластие; единоначалие; монархия

monastery *n.* монастырь; ~ chant монастырский распев; обитель

monastic *adj.* монастырский; монашеский; ~ vows монашеские обеты; ~ order монашеский орден; ~ life монашеская жизнь; ~ binding монастырский переплет

monasticism *n.* монашество, монастырская жизнь; иночество

monasticon *n.* книга о монастырях, монахах и жизни монастырской

Monday *n.* понедельник; first ~ of lent чистый понедельник; Blue ~ понедельник перед великим постом; ~ Monday понедельник на Фоминой неделе

monger *n.* ясли

monition *n.* увещание

monitory I *n.* увещевательное послание

monitory II *adj.* предостерегающий

monk *n.* монах; инок; чернец; ~s монашествующая братия

monkery *n.* монашеская жизнь, монастырская жизнь; монашество; монахи; монастырь

monkhood *n.* монашество; монахи; иночество

monkish *adj.* монашеский; иноческий

monogamist *n.* единоженец

monogamous *adj.* единобрачный

monogamy *n.* единобрачие; единоженство; моногамия

monomachy *n.* единоборство

Monophysite *n.* монофизит

Monophysitism монофизитство

monotheism *n.* монотеизм; единобожие

monotheist *n.* монотеист

monotheistic *adj.* монотеистический

Monothelite *n.* монофелит

Monothelitism *n.* монофилитство

monotonous *adj.* единообразный

monotony *n.* единообразие

monsignor *n.* монсеньер

monster *n.* чудовище; монстр; the ~s of the deep чудища морские; a ~ of cruelty изверг, деспот

monstrance *n.* монстранция, дароносица

monstrosity *n.* чудовище

Montanism *n.* монтанизм

Montanists *n. pl.* монтанисты

Montfort Fathers Конгрегация отцов Монтфора

monthly *adj.* ежемесячный

monument *n.* гробница; памятник; пещера "Which remain among the graves, and lodge in the monuments, which eat swine's flesh, and broth of abominable [things is in] their vessels" (Isa, 65:4) / «Сидит в гробах и ночует в пещерах; ест свиное мясо, и мерзкое варево в сосудах у него» (Ис., 65:4).

mood *n.* настроение

Moonies *n. pl.* муниты, члены Церкви Объединения

moral *adj.* благонравный; нравственный; ~ theology христианская этика; ~ virtues главные добродетели; ~s нравы; нравственность

morality *n.* благонравие; нравоучение; нравственность; indignant ~ зазорные нравы

moralizing *adj.* нравоучительный

Moravian church Моравская церковь

Mormon *n.* мормон; ~ Church мормонская Церковь

Mormonism *n.* мормонство

morning prayer заутреня; утренняя служба

morning n. утро "And God called the light Day, and the darkness he called Night. And the eve-

ning and the morning were the first day" (Ge., 1:5) / «И назвал Бог свет днем, а тьму ночью. И был вечер, и было утро: день один» (Быт., 1:5); ~ service заутреня, утренняя служба; ~-tide утро, утренние часы

mortal I *n.* человек; ~s смертные (о людях)

mortal II *adj.* смертельный; смертный " Let not sin therefore reign in your mortal body, that ye should obey it in the lusts thereof" (Ro., 6:12) / «Итак да не царствует грех в смертном вашем теле, чтобы вам повиноваться ему в похотях его» (Рим., 6:12); смертоносный; ~ disease смертельная болезнь; ~ hatred смертельная ненависть; ~ enemy смертельный враг; ~ sin смертный грех; mere ~ простой смертный

mortification of the flesh умерщвление плоти

mortuary *n.* покойницкая; ~ enclosure погребальная оградка; ~ house домик мертвых; ~ rites погребальные обряды; ~ urn урна с прахом

Mosaic *adj.* Моисеев; ~ dispensations Моисеевы законы; ~ Economy благоразумие Моисеево; ~ law законы Моисеевы

mosaic I *n.* мозаика

mosaic II *adj.* мозаичный; сусальный

mosaic III *v.* делать мозаичную работу; украшать мозаикой; ~ binding инкрустированный переплет

Moses *n.* Моисей "And the child grew, and she brought him unto Pharaoh's daughter, and he became her son. And she called his name Moses: and she said, Because I drew him out of the water" (Ex., 2:10) / «И вырос младенец, и она привела его к дочери фараоновой, и он был у нее вместо сына, и нарекла имя ему: Моисей, потому что, говорила она, я из воды вынула его» (Исх., 2:10); ~'s rod жезл Моисеев

Most Eminent Высокопресвященный; преосвященный

Most Reverend Всечеснейший

motet *n.* мотет

mother *n.* мать "Therefore shall a man leave his father and his mother, and shall cleave unto his wife: and they shall be one flesh" (Ge., 2:24) / «Потому оставит человек отца своего и мать свою и прилепится к жене своей; и будут [два] одна плоть» (Быт., 2:24); мама; матерь; родительница; матушка; ~ Theresa мать Тереза; ~ Superior мать-настоятельница; игуменья; ~ church материнская церковь; ~ of God Матерь Божия, Богоматерь; Богородица; ~ superior настоятельница; ~-church церковь, от которой отделились другие церкви; ~s' Meeting собрание матушек; ~s' Union «Союз матерей»

Mothering Sunday четвертая неделя Великого поста у католиков, Материнское воскресенье

mother-in-law *n.* теща

motherland *n.* отечество

motif *n.* двигатель

motion *n.* движение; побуждение; причина

motto *n.* девиз

motu proprio *n.* документ, подписанный лично Папой

mould candle формованная, фигурная свеча

mount I *n.* гора "And their dwelling was from Mesha, as thou goest unto Sephar a mount of the east" (Ge., 10:30) / «Поселения их были от Меши до Сефара, горы восточной» (Быт., 10:30); холм; ~ Athos гора Афон, Святая гора, Афонская гора; ~ Marwah гора Марва; ~ of Beatitudes гора Блаженств; ~ of Olives гора Елеонская; ~ Sinai гора Синай; ~ Sion гора Сион

mount II *v.* возноситься, вознестись

mountain *n.* гора "Fifteen cubits upward did the waters prevail; and the mountains were covered" (Ge., 7:20) / «На пятнадцать локтей поднялась над ними вода, и покрылись [все высокие] горы» (Быт., 7:20).

mountaneous *adj.* нагорный

mounting *n.* восшествие

mourn *v.* рыдать "And Sarah died in Kirjatharba; the same [is] Hebron in the land of Canaan: and Abraham came to mourn for Sarah, and to weep for her" (Ge., 23:2) / «И умерла Сарра в Кириаф-Арбе, [который на долине,] что ныне Хеврон, в земле Ханаанской. И пришел Авраам рыдать по Сарре и оплакивать ее» (Быт., 23:2); скорбеть; печалиться, горевать; огорчаться; носить траур; to ~ the death of smb., to ~ for smb. оплакивать чью-л. смерть; to ~

for smth. оплакивать что-л.
"And Jacob rent his clothes, and
put sackcloth upon his loins,
and mourned for his son many
days" (Ge., 37:34) / «И разодрал Иаков одежды свои, и
возложил вретище на чресла
свои, и оплакивал сына своего
многие дни» (Быт., 37:34),
скорбеть по поводу чего-л.;
плакать (о ком-л./о чем-л.)

mourner *n.* плакальщик, -ца
"Also [when] they shall be
afraid of [that which is] high,
and fears [shall be] in the way,
and the almond tree shall flourish, and the grasshopper shall be
a burden, and desire shall fail:
because man goeth to his long
home, and the mourners go
about the streets" (Ec., 12:5) /
«И высоты будут им страшны,
и на дороге ужасы; и зацветет
миндаль, и отяжелеет кузне-
чик, и рассыплется каперс.
Ибо отходит человек в вечный
дом свой, и готовы окружить
его по улице плакальщицы»
(Еккл., 12:5); кающийся грешник; chief ~ самый близкий
родственник умершего на похоронах

mournful *adj.* жалобный; скорбный

mourning *n.* печаль, горе, скорбь;
плач "And Esau hated Jacob because of the blessing wherewith
his father blessed him: and Esau
said in his heart, The days of
mourning for my father are at
hand; then will I slay my brother
Jacob" (Ge., 27:41) / «И возненавидел Исав Иакова за благословение, которым благосло-

вил его отец его; и сказал Исав
в сердце своем: приближаются дни плача по отце моем, и
я убью Иакова, брата моего»
(Быт., 27:41), рыдание, стенание; ~ coach черная карета
похоронного кортежа; пла-
кание

mouth *n.* уста "And now [art] thou
cursed from the earth, which
hath opened her mouth to receive
thy brother's blood from thy
hand" (Ge., 4:11) / «И ныне
проклят ты от земли, которая
отверзла уста свои принять
кровь брата твоего от руки
твоей» (Быт., 4:11).

movable *adj.* движимый; ~
feasts/holy days переходящие
церковные праздники

move I *n.* движение

move II *v.* двигать, двинуть (кого-л./что-л.); двигаться, двинуться; проходить, пройти
(что-л.)

mover *n.* двигатель, -ница; воз-
будитель "For we have found
this man [a] pestilent [fellow],
and a mover of sedition among
all the Jews throughout the
world, and a ringleader of the
sect of the Nazarenes" (Ac.,
24:5) / «Найдя сего человека
язвою общества, возбудителем
мятежа между иудеями, живу-
щими по вселенной, и пред-
ставителем Назорейской ереси» (Деян., 24:5).

moving *n.* движение

Mozarabs *n. pl.* мосарабы, моза-
рабы; Mozarabic chant моза-
рабский распев

mozzetta *n.* мозетта

Mrimonium. (Matrimonium) законный брак

MRT. (Merenti) достойному; за-
служившему

**Mt. (Gospel according to St. Mat-
thew)** От Матфея святое благовествование, Евангелие от
Матфея (книга Библии)

mud *n.* грязь

muddy *adj.* грязный

Muggletonians *n. pl.* магглето-
ниане

multiloquence *n.* многословие

multiloquy *n.* многословие

multiplication *n.* расположение

multiply *v.* распложать(ся), рас-
плодить(ся); размножаться
"And God blessed them, saying,
Be fruitful, and multiply, and
fill the waters in the seas, and
let fowl multiply in the earth"
(Ge., 1:22) / «И благословил их
Бог, говоря: плодитесь и размножайтесь, и наполняйте воды в морях, и птицы да размножаются на земле» (Быт.,
1:22).

multitude *n.* сонм, сонмище;
множество "And the angel of
the Lord said unto her, I will
multiply thy seed exceedingly,
that it shall not be numbered for
multitude" (Ge., 16:10) / «И сказал ей Ангел Господень: умножая умножу потомство твое,
так что нельзя будет и счесть
его от множества» (Быт.,
16:10).

Mumping Day *n.* День попро-
шаек

mundane *adj.* земной; мирской;
светский; ~ affairs/desires земные дела/помыслы; ~ pleasures
мирские удовольствия

mural *n.* фреска; стенная роспись, стенопись; ~ painting
стенная роспись, фресковая
живопись; ~ decoration стен-
ные украшения, стенная роспись, скульптурные украшения

muralist *n.* художник-монумен-
талист; мастер по фрес-
кам/стенописи

murder I *n.* убийство, убиение;
душегубство, душеубийство;
~er, ~ess душегуб, душегубец;
убийца "And if he smite him
with an instrument of iron, so
that he die, he [is] a murderer:
the murderer shall surely be put
to death" (Nu., 35:16) / «Если
кто ударит кого железным
орудием так, что тот умрет, то
он убийца: убийцу должно
предать смерти» (Числ.,
35:16).

murder II *v.* душегубствовать

Murid sect *n. pl.* мюриды, мури-
ды

murmur I *n.* молва; ропот

murmur II *v.* роптать (на что-л,
на кого-л) "And the people
murmured against Moses, saying, What shall we drink?" (Ex.,
15:24) / «И возроптал народ на
Моисея, говоря: что нам
пить?» (Исх., 15:24).

murmurer *n.* роптатель, -ница;
ропотник "These are murmurers, complainers, walking after
their own lusts; and their mouth
speaketh great swelling [words],
having men's persons in admiration because of advantage"
(Jud., 1:16) / «Это ропотники,
ничем не довольные, поступающие по своим похотям

(нечестиво и беззаконно); уста их произносят надутые слова; они оказывают лицеприятие для корысти» (Иуд., 1:16).

music(k) *n.* музыка

mutability *n.* изменчивость, изменяемость

mutable *adj.* изменчивый, изменяемый

mute I *n.* гробоносец

mute II *adj.* безмолвный

muteness *n.* бессловесность

mutineer *n.* мятежник

mutinous *adj.* мятежный

mutiny *n.* мятеж

mutual *adj.* взаимный; общий "That is, that I may be comforted together with you by the mutual faith both of you and me" (Ro., 1:12) / «То есть утешиться с вами верою общею, вашею и моею» (Рим., 1:12); обоюдный

mutuality *n.* взаимность; обоюдность

myrrh *n.* миро; мирра; смирна; ладан "And they sat down to eat bread: and they lifted up their eyes and looked, and, behold, a company of Ishmeelites came from Gilead with their camels bearing spicery and balm and myrrh, going to carry [it] down to Egypt" (Ge., 37:25) / «И сели они есть хлеб, и, взглянув, увидели, вот, идет из Галаада караван Измаильтян, и верблюды их несут стираксу, бальзам и ладан: идут они отвезти это в Египет» (Быт., 37:25).

myrrophores *n.* *pl.* жены-мироносицы

mysterious *adj.* таинственный; загадочный; ~ happening/thing загадочное явление; ~ disappearance загадочное исчезновение; неведомый; тайный

mystery *n.* сокровенность; таинство; тайна "And he said unto them, Unto you it is given to know the mystery of the kingdom of God: but unto them that are without, all [these] things are done in parables" (Mk., 4:11) / «И сказал им: вам дано знать тайны Царствия Божия, а тем внешним все бывает в притчах» (Марк., 4:11); mysteries мистерии; sacred/holy mysteries святые тайны; mysteries of the rosary неточные мистерии; be administered the holy mysteries приобщиться святых тайн

mystic I *n.* мистик

mystic II *adj.* мистический; таинственный, загадочный; оккультный, эзотерический

mystical *adj.* мистический, посвященный; оккультный; эзотерический; таинственный, загадочный

mysticism *n.* мистицизм, мистика

myth *n.* миф

mythic, -al *adj.* мифический

mythological *adj.* мифологический

mythology *n.* мифология

N

N. (Nonas) служба 9-го часа; ноны; (Numero) номер

N. D. (Nostra Domina) *n.* Госпожа наша, Владычица, Богородица

N. D. N. J. C. (Nativitas Domini Nostri Jesu Christi) *n.* Рождество Господа Бога и Спаса нашего Иисуса Христа

N. S. (New Style) нового стиля; (Notre Seigneur, Nostro Signore) Господь наш

N. T. (Novum Testamentum) Новый Завет

Na. (Nahum) Книга Пророка Наума (книга Библии)

Naassenes *n. pl.* наассиниане, офиты

Nahum *n.* Наум; Книга Пророка Наума (книга Библии)

naked *adj.* нагой "And they were both naked, the man and his wife, and were not ashamed" (Ge., 2:25) / «И были оба наги, Адам и жена его, и не стыдились» (Быт., 2:25); голый; ~ truth голая истина

nakedness *n.* нагота "And if a man shall take his sister, his father's daughter, or his mother's daughter, and see her nakedness, and she see his nakedness; it [is] a wicked thing; and they shall be cut off in the sight of their people: he hath uncovered his sister's nakedness; he shall bear his iniquity." (Lev., 20:17) / «Если кто возьмет сестру свою, дочь отца своего или дочь матери своей, и увидит наготу ее, и она увидит наготу его: это срам, да будут они истреблены пред глазами сынов народа своего; он открыл наготу сестры своей: грех свой понесет он» (Лев., 20:17).

name *n.* имя "The name of the first [is] Pison: that [is] it which compasseth the whole land of Havilah, where [there is] gold" (Ge., 2:11) / «Имя одной Фисон: она обтекает всю землю Хавила, ту, где золото» (Быт.,2:11); Christian ~ имя, данное при рождении; give a ~ дать кому-л. имя; live under the ~ of жить под именем; in the ~ of во имя кого-л., чего-л.; звание; *v.* именовать, наименовывать (кого-л./что-л.); ~'s day день ангела; ~-day/ ~'s-day = name-day, именины; крестины

nameless *adj.* безымянный

narrate *v.* рассказывать; повествовать

narration *n.* рассказ; повествование

narrative I *n.* рассказ, повесть; изложение; повествование

narrative II *adj.* повествовательный; a ~ of plain facts простое изложение фактов

narrator *n.* рассказчик; повествователь; вещатель, -ница

narrow *adj.* узкий "Because strait [is] the gate, and narrow [is] the way, which leadeth unto life, and few there be that find it" (Mt., 7:14) / «Потому что тесны врата и узок путь, ведущие в жизнь, и немногие находят их» (Матф., 7:14); тесный "And the angel of the Lord went further, and stood in a narrow place, where [was] no way to turn either to the right hand or to the left" (Nu., 22:26) / «Ангел Господень опять перешел и стал в тесном месте, где некуда своротить, ни направо, ни налево» (Числ., 22:26).

narthex *n.* притвор

nascence, nascency *n.* рождение, нарождение, появление

nascent *adj.* рождающийся, нарождающийся; зарождающийся, появляющийся

Nashim *n.* «Нашим»

nastiness *n.* скверна

nasty *adj.* мерзкий; скверный

nation *n.* люди; народ; язык; ~s народы "By these were the isles of the Gentiles divided in their lands; every one after his tongue, after their families, in their nations" (Ge., 10:5) / «От сих населились острова народов в землях их, каждый по языку своему, по племенам своим, в народах своих» (Быт., 19:5).

national *adj.* национальный; отечественный; ~ Association of Evangelicals Национальная ассоциация евангелистов; ~ Council of the Churches Национальный совет Церквей Христовых США; ~ Covenant «Национальный обет»

Nativ. (Nativitas Domini Nostri Jesu Christi) Рождество Господа Бога и Спаса нашего Иисуса Христа

native *adj.* родной "Weep ye not for the dead, neither bemoan him: [but] weep sore for him that goeth away: for he shall return no more, nor see his native country" (Je., 22:10) / «Не плачьте об умершем и не жалейте о нем; но горько плачьте об отходящем в плен, ибо он уже не возвратится и не увидит родной страны своей» (Иер., 22:10); отечественный;

~ American Church Исконная американская церковь

nativity *n.* рождение "And Haran died before his father Terah in the land of his nativity, in Ur of the Chaldees" (Ge., 11:28) / «И умер Аран при Фарре, отце своем, в земле рождения своего, в Уре Халдейском» (Быт., 11:28); Рождество, Рождество Христово; ~ of our Lord Jesus Christ Рождество Господа Бога и Спаса нашего Иисуса Христа; ~ of the Blessed Virgin Рождество Пресвятой Девы Марии, Рождество Богородицы; ~ of the Most Holy Theotokos Рождество Пресвятой Владычицы нашей Богородицы и Приснодевы Марии; ~ play рождественская пьеса; инсценировка евангельской истории

natural *adj.* естественный "For this cause God gave them up unto vile affections: for even their women did change the natural use into that which is against nature" (Ro., 1:26) / «Потому предал их Бог постыдным страстям: женщины их заменили естественное употребление противоестественным» (Рим., 1:26); ~ man естественный человек; ~ history естествознание; закономерный врожденный; незаконнорожденный; ~ child побочный ребенок; стихийный; ~ calamity стихийное бедствие; ~ theology естественная теология; ~ virtues главные христианские добродетели

naturalism, naturality *n.* естественность

naturally *adv.* естественно; по природе "But these speak evil of those things which they know not: but what they know naturally, as brute beasts, in those things they corrupt themselves" (Jud., 1:10) / «А сии злословят то, чего не знают; что же по природе, как бессловесные животные, знают, тем растлевают себя» (Иуд., 1:10).

naturalness *n.* естественность

nature *n.* природа "For when the Gentiles, which have not the law, do by nature the things contained in the law, these, having not the law, are a law unto themselves" (Ro., 2:14) / «Ибо когда язычники, не имеющие закона, по природе законное делают, то, не имея закона, они сами себе закон» (Рим., 2:14); мир, вселенная; естество; свойство

naught I *n.* ничто; *adj.* ничтожный; дурной "[It is] naught, [it is] naught, saith the buyer: but when he is gone his way, then he boasteth" (Pr., 20:14) / «Дурно, дурно», говорит покупатель, а когда отойдет, хвалится» (Притч., 20:14); грешный, порочный; погибший; нехороший "And the men of the city said unto Elisha, Behold, I pray thee, the situation of this city [is] pleasant, as my lord seeth: but the water [is] naught, and the ground barren" (2 Ki., 2:19) / «И сказали жители того города Елисею: вот, положение этого города хорошо, как видит господин мой; но вода нехороша и земля бесплодна» (4 Цар., 2:19).

naughtiness *n.* порочность, греховность; беззаконие "The righteousness of the upright shall deliver them: but transgressors shall be taken in [their own] naughtiness" (Pr., 11:6) / «Правда прямодушных спасет их, а беззаконники будут уловлены беззаконием своим» (Притч., 11:6).

naughty *adj.* порочный, греховный; пагубный "A wicked doer giveth heed to false lips; [and] a liar giveth ear to a naughty tongue" (Pr., 17:4) / «Злодей внимает устам беззаконным, лжец слушается языка пагубного» (Притч., 17:4); лукавый "A naughty person, a wicked man, walketh with a froward mouth" (Pr., 6:12) / «Человек лукавый, человек нечестивый ходит со лживыми устами» (Притч., 6:12), плохой, худой "One basket [had] very good figs, [even] like the figs [that are] first ripe: and the other basket [had] very naughty figs, which could not be eaten, they were so bad" (Je., 24:2) / «Одна корзина была со смоквами весьма хорошими, каковы бывают смоквы ранние, а другая корзина — со смоквами весьма худыми, которых по негодности их нельзя есть» (Иер., 24:2); ~ world грешный мир

nave *n.* неф

nave *n.* трапезная

navicula *n.* кадило, кадильница; курильница

nay-say *n.* отказ; отрицание

nayward *n.* темная/отрицательная сторона; to the ~ на пути к неверию

Nazarean, Nazarite *n.* назарей

Nazarene *n.* Назорей, Иисус Христос; назарей, назареянин

Nazarene назорей (о Христе)

NB (Nota Bene) обрати внимание, отметь

nearness *n.* близость

neatness *n.* чистота

Neb. (Nehemiah) Книга Неемии (книга Библии)

necessary *adj.* надлежащий; надобный; необходимый; нужный "Yet I supposed it necessary to send to you Epaphroditus, my brother, and companion in labour, and fellowsoldier, but your messenger, and he that ministered to my wants" (Php., 2:25) / «Впрочем я почел нужным послать к вам Епафродита, брата и сотрудника и сподвижника моего, а вашего посланника и служителя в нужде моей» (Фил., 2:25); потребный

necessity *n.* надобность; необходимость; нужда; потребность; потреба "Therefore I take pleasure in infirmities, in reproaches, in necessities, in persecutions, in distresses for Christ's sake: for when I am weak, then am I strong" (2 Co., 12:10) / «Посему я благодушествую в немощах, в обидах, в нуждах, в гонениях, в притеснениях за Христа, ибо, когда я немощен, тогда силен» (2 Кор., 12:10).

neck-verse *n.* стих спасительный, первый стих 51-го псалма

necrolatry *n.* некролатрия

necrologue *n.* некролог

necrology *n.* некролог; синодик, поминальная книга; список новопреставленных

necromancer *n.* некромант; вопрошающий мертвых "Or a charmer, or a consulter with familiar spirits, or a wizard, or a necromancer" (De., 18:11) / «Обаятель, вызывающий духов, волшебник и вопрошающий мертвых» (Втор., 18:11); колдун, чародей; чернокнижник

necromancy *n.* некромантия; колдовство; чародейство; чернокнижие

Nedarim *n.* «Недарим»

need I *n.* надобность; необходимость; нужда; потребность; потреба; ~ed необходимый, нужный

need II *v.* нуждаться

needliness *n.* необеспеченность

needy *adj.* убогий; нищий "For the poor shall never cease out of the land: therefore I command thee, saying, Thou shalt open thine hand wide unto thy brother, to thy poor, and to thy needy, in thy land" (De., 15:11) / «Ибо нищие всегда будут среди земли [твоей]; потому я и повелеваю тебе: отверзай руку твою брату твоему, бедному твоему и нищему твоему на земле твоей» (Втор., 15:11).

nefarious *adj.* гнусный, подлый; нечестивый; низкий

Nega'im *n.* «Негаим»

negate *v.* отрицать существование/ истинность чего-л.

negation *n.* отрицание; ~ of God отрицание Бога

negationist *n.* отрицатель; нигилист

negative *adj.* отрицательный

neglect I *n.* забвение; пренебрежение; to ensure against ~ спасти от забвения; to fall into ~ быть преданным забвению; ~ed забытый, заброшенный

neglect II *v.* пренебрегать, пренебречь (кем-л./чем-л.)

neglectful *adj.* нерадивый

negligence *n.* нерадение, нерадивость

negligent *adj.* нерадивый; небрежный "My sons, be not now negligent: for the Lord hath chosen you to stand before him, to serve him, and that ye should minister unto him, and burn incense" (2 Chr., 29:11) / «Дети мои! не будьте небрежны, ибо вас избрал Господь предстоять лицу Его, служить Ему и быть у Него служителями и возжигателями курений» (2 Пар., 29:11).

negotiate *v.* договариваться, договориться (с кем-л. о чем-л.); ~ for peace договориться о мире

Nehemiah *n.* Неемия, Книга Неемии (книга Библии)

neighbour *n.* сосед "But every woman shall borrow of her neighbour, and of her that sojourneth in her house, jewels of silver, and jewels of gold, and raiment: and ye shall put [them] upon your sons, and upon your daughters; and ye shall spoil the Egyptians" (Ex., 3:22) / «Каждая женщина выпросит у соседки своей и у живущей в доме ее вещей серебряных и ве-

щей золотых, и одежд, и вы нарядите ими и сыновей ваших и дочерей ваших, и оберете Египтян» (Исх., 3:22); ближний "Speak now in the ears of the people, and let every man borrow of his neighbour, and every woman of her neighbour, jewels of silver, and jewels of gold" (Ex. 11:2) / «Внуши народу [тайно], чтобы каждый у ближнего своего и каждая женщина у ближней своей выпросили вещей серебряных и вещей золотых» (Исх., 11:2).

neilah *n.* нэила, неила

neologize *n.* принимать/выдвигать новые богословские доктрины

Neo-Orthodoxy *n.* неоортодоксальное иудейство

neophyte *n.* неофит

nest *n.* гнездо "And he looked on the Kenites, and took up his parable, and said, Strong is thy dwellingplace, and thou puttest thy nest in a rock" (Nu., 24:21) / «И увидел он Кенеев, и произнес притчу свою, и сказал: крепко жилище твое, и на скале положено гнездо твое» (Числ., 24:21).

nestle *v.* гнездиться, возгнездиться

Nestorian *n.* несторианец

Nestorianism *n.* несторианство

Nestorians *n. pl.* несториане

net *n.* сеть; мрежа; тенета

nether world *n.* ад, преисподняя; загробная жизнь; царство мертвых

Netherlands Reformed Church Реформатская церковь Нидерландов

nethermost fire геенна огненная; огонь ада

netzah *n.* нецах

never-dying *adj.* бессмертный

never-ending *adj.* непрекращающийся; бесконечный, нескончаемый, вечный

Nevi'im *n.* «Невиим», «Небиим», «Пророки»

new *adj.* новый

New Agnoetae *n. pl.* новые агноиты

New and Latter House of Israel изреелиты, Новый и последний дом Израилев

New Apostolic Church Новая апостольская церковь

New Church Новая церковь, Церковь Нового Иерусалима, сведенборгиане

New English Bible Библия в переводе на современный английский язык

New Jerusalem Church Церковь Нового Иерусалима, Новая церковь, сведенборгиане

New Jerusalem Горний Иерусалим

New Latin средневековая латынь

New Moon Рош Ходеш

New Prophecy *n.* монтанизм

New Saint Peter's Basilica Новая базилика св. апостола Петра

New St. Mary Санта Мария Новелла во Флоренции

New Style Calendar Григорианский календарь, новый стиль

New Testament «Новый Завет»

New Testament in Modern Speech «Новый Завет на современном английском языке»

New Testament *n.* Новый Завет

New Thought «Новая мысль»

news *n.* известие; новость; весть "[As] cold waters to a thirsty soul, so [is] good news from a far country" (Pr., 25:25) / «Что холодная вода для истомленной жаждой души, то добрая весть из дальней страны» (Притч., 25:25).

Neziqin *n.* «Незикин»

Nicene *adj.* никейский, никео-цареградский, никейско-константинопольский; ~ Council Никейский собор христианской церкви; ~ Creed Никейский символ веры

Niceno-Constantinopolitan Creed Никео-цареградский символ веры

Nicephorus I *n.* Никифор I

niche *n.* ниша

Nicholas I *n.* Николай I Великий; Николай I Мистик

Nicholas II Николай II

Nicholas III *n.* Папа Римский Николай III; Патриарх Николай III Кирдиниат Грамматик

Nicholas IV *n.* Николай IV

Nicholas V *n.* Николай V

Nicholas the Great *n.* Папа Римский Николай I Великий

Nicholas the Mystic *n.* Патриарх константинопольский Николай I Мистик

Nicholas *n.* святитель и чудотворец Николай

Nick-Nan Night навечерие Прощеного вторника

Nicolaitans *n. pl.* николаиты

nicolaitism *n.* николайтизм

Nidda *n.* «Нидда»

niddering I *n.* негодяй; трус

niddering II *adj.* низкий, подлый; трусливый, презренный

niggard *n.* скаред

niggardliness *n.* скаредность; скупость

niggardly *adj.* скаредный

night, night-time *n.* ночь, нощь

Nigr. (Niger) *n.* бревиарий «Нигер», «Черный служебник»

nihil ad rem не относящийся к делу

nihil obstat ничего препятствующего публикации книги

nihil sine labore ничто не дается без труда

nihil ничто, ничего

nihility *n.* небытие

nihility *n.* ничтожность

Nikon Никон, патриарх Московский

Nikopoia *n.* «Богоматерь Никопея»

Nilus Cabasilas *n.* Нил Кавасила

nim *n.* брать; красть

nimb *n.* нимб, сияние, ореол; ~ed окруженный ореолом; ~ i нимбы, ореолы

nimbus *n.* венец; нимб; сияние; слава

nimiety *n.* излишество, избыток; многословие, словоблудие

Nine First Fridays *n.* Девять первых пятниц

Nineteen Letters of Ben Uziel «Девятнадцать писем об иудаизме»

Ninety-five Theses *n.* «95 тезисов»

Nisan *n.* нисан (месяц еврейского календаря)

Nm. (Numbers) *n.* Числа (книга Библии)

NN. (Nostris) нашим; (Numeri) числа

No. (Nobis) нам, для нас

Noachic(al) deluge Ноев потоп

Noah Ной

Noah's Ark Ноев ковчег

Noahian Laws Ноевы заповеди, Семь заповедей Ноевых

Noahide Laws Ноевы заповеди

Nob. (Nobilis) *adj.* благородный; (Nobiles) благородные

nobility *n.* благородство

noble *adj.* благородный "Yet I had planted thee a noble vine, wholly a right seed: how then art thou turned into the degenerate plant of a strange vine unto me?" (Je., 2:21) / «Я насадил тебя как благородную лозу, — самое чистое семя; как же ты превратилась у Меня в дикую отрасль чужой лозы?» (Иер., 2:21); славный "And the rest of the nations whom the great and noble Asnappar brought over, and set in the cities of Samaria, and the rest [that are] on this side the river, and at such a time" (Ezr., 4:10) / «И прочие народы, которых переселил Аснафар [Сеннахирим] великий и славный и поселил в городах Самарийских и в прочих городах за рекою, и прочее» (Ездр., 4:10); первый "And let this apparel and horse be delivered to the hand of one of the king's most noble princes, that they may array the man [withal] whom the king delighteth to honour, and bring him on horseback through the street of the city, and proclaim before him, Thus shall it be done to the man whom the king delighteth to honour" (Esth., 6:9) / «И пусть подадут одеяние и коня в руки одному из первых князей царских, — и облекут того человека, которого царь хочет отличить почестью, и выведут его на коне на городскую площадь, и провозгласят пред ним: так делается тому человеку, которого царь хочет отличить почестью!» (Есф., 6:9); благомысленный "These were more noble than those in Thessalonica, in that they received the word with all readiness of mind, and searched the scriptures daily, whether those things were so" (Ac., 17:11) / «Здешние были благомысленнее Фессалоникских: они приняли слово со всем усердием, ежедневно разбирая Писания, точно ли это так» (Деян., 17:11); достопочтенный "We accept [it] always, and in all places, most noble Felix, with all thankfulness" (Ac., 24:3) / «Всегда и везде со всякою благодарностью признаем мы, что тебе, достопочтенный Феликс, обязаны мы многим миром, и твоему попечению благоустроением сего народа» (Деян., 24:3).

nobleness *n.* благородность; благородство

Noct. (Nocturnum) *adj.* ночной

noctidial *adj.* происходящий днем и ночью

nocturn *adj.* ночной

nocturnes *n.* полунощница

Noe *n.* Ной

noel *n.* рождественский гимн; Рождество; святки

noesis *n.* умственное восприятие; познание

noisy *adj.* громкий

Nolascan *n.* рыцарь Ордена милосердия, рыцарь св. Эвлалии

nomenclature *n.* терминология

nominalism *n.* номинализм

nomination *n.* наречие

nominatus *n.* номинант

nomocanon *n.* номоканон

non est disputandum обсуждению не подлежит

non est это не так

non expedit политика папского запрета

non grata недопустимо

non liquet неясность, сомнение; сомнительность

non plus ultra до крайних пределов

Non. (Nonae) служба 9-го часа

non-ability *n.* неспособность

non-believer *n.* неверующий; зловерный

non-communicant *n.* непричащающийся

non-conformism *n.* нонконформизм

nonconformist, non-conformist *n.* нонконформист; раскольник, -ница; ~ ministers пасторы-диссиденты

nonconformity *n.* раскол; нонконформизм

nonentity *n.* небытие; ничтожество; плоды воображения

Nones *n. pl.* служба 9-го часа; ноны

non-existence *n.* небытие

non-existent *adj.* несуществующий

nonintervention *n.* невмешательство

Nonintrusionist *n.* нонинтрузионист

non-jurisdiction *n.* неподсудность

Nonjurors *n. pl.* неприсягатели

non-observance *n.* несоблюдение

non-participation *n.* непричастность

Nonpossessors *n. pl.* нестяжатели

non-punishability *n.* ненаказуемость

non-punishable *adj.* ненаказуемый

non-resistance *n.* непротивление; пассивное подчинение; ~ to evil непротивление злу

non-resistant *n.* непротивленец; несопротивляющийся

nonsectarian *n.* не •следующий никакой религии; ~ school школа, принимающая учащихся независимо от их религиозной принадлежности

nonsense *n.* бессмысленность, бессмыслица; нелепость

non-substantial *adj.* несубстанциальный; нематериальный, невещественный

non-substantialism *n.* нонсубстанциализм

noon *n.* полдень "And when Joseph saw Benjamin with them, he said to the ruler of his house, Bring [these] men home, and slay, and make ready; for [these] men shall dine with me at noon" (Ge., 43:16) / «Иосиф, увидев между ними Вениамина [брата своего, сына матери своей], сказал начальнику дома своего: введи сих людей в дом и заколи что-нибудь из скота, и приготовь, потому что со мною будут есть эти люди в полдень» (Быт., 43:16).

noontide I *n.* полдень "And let that man be as the cities which the Lord . overthrew, and re-

pented not: and let him hear the cry in the morning, and the shouting at noontide" (Je., 20:16) / «И да будет с тем человеком, что с городами, которые разрушил Господь и не пожалел; да слышит он утром вопль и в полдень рыдание» (Иер., 20:16).

noontide II *adj.* полдневый, полуденный

Norbertine *n.* норбертинец, премонстрант, белый каноник

norm *n.* норма

normal *adj.* нормальный

north *n.* север "And thou shalt set the table without the vail, and the candlestick over against the table on the side of the tabernacle toward the south: and thou shalt put the table on the north side" (Ex., 26:35) / «И поставь стол вне завесы и светильник против стола на стороне скинии к югу; стол же поставь на северной стороне [скинии]» (Исх., 26:35).

Nostr. (Noster) наш; **(Nostri)** нашего

Nostra Domina de Humilitate «Мадонна Смирение»

Not. (Notitia) *n.* знание

notanda *n. pl.* записки; заметки

notandum *n.* заметка, запись; памятная записка, меморандум

not-being *n.* небытие

Notes of the Church Четыре признака Церкви

nothingarian *n.* нигилист; атеист, безбожник

nothingness *n.* ничто, ничтожество; небытие; to pass into ~ переходить в небытие

notice *n.* возвещение; извещение; уведомление

notification *n.* возвещение; уведомление

notify *v.* извещать, известить, (кого-л./что-л.); уведомлять, уведомить (кого-л., о чем-л.)

notion *n.* сведение

notitia *n.* церковный список, церковный перечень; ~е церковные списки

notitia *n.* список

notoriety *n.* известность

Notre Dame Госпожа наша, Владычица, Богородица

Notre-Dame Cathedral собор Парижской Богоматери, Нотр-Дам-де-Пари

Notre-Dame de Paris собор Парижской Богоматери, Нотр-Дам-де-Пари

Notre-Dame school школа Нотр-Дам, школа собора Парижской Богоматери

nought *n.* ничтожность; ничто "And there shall cleave nought of the cursed thing to thine hand: that the Lord may turn from the fierceness of his anger, and shew thee mercy, and have compassion upon thee, and multiply thee, as he hath sworn unto thy fathers" (De., 13:17) / «Ничто из заклятого да не прилипнет к руке твоей, дабы укротил Господь ярость гнева Своего, и дал тебе милость и помиловал тебя, и размножил тебя, [как Он говорил тебе,] как клялся отцам твоим» (Втор., 13:17).

nourish *v.* питать "Now therefore fear ye not: I will nourish you, and your little ones. And he com-

forted them, and spake kindly unto them" (Ge., 50:21) / «Итак не бойтесь: я буду питать вас и детей ваших. И успокоил их и говорил по сердцу их» (Быт., 50:21); напитать; прокормить "And there will I nourish thee; for yet [there are] five years of famine; lest thou, and thy household, and all that thou hast, come to poverty" (Ge., 45:11) / «Прокормлю тебя там, ибо голод будет еще пять лет, чтобы не обнищал ты и дом твой и все твое» (Быт., 45:11); снабжать "And Joseph nourished his father, and his brethren, and all his father's household, with bread, according to [their] families" (Ge., 47:12) / «И снабжал Иосиф отца своего и братьев своих и весь дом отца своего хлебом, по потребностям каждого семейства» (Быт., 47:12).

nourishement *n.* пища

nourisher *n.* питатель, -ница "And he shall be unto thee a restorer of [thy] life, and a nourisher of thine old age: for thy daughter in law, which loveth thee, which is better to thee than seven sons, hath born him" (Ru., 4:15) / «Он будет тебе отрадою и питателем в старости твоей, ибо его родила сноха твоя, которая любит тебя, которая для тебя лучше семи сыновей» (Руф., 4:15).

Novatian *n.* Новациан; ~ Schism раскол Новициана, схизма Новицианова

Novatians *n. pl.* новациане

novelty *n.* новшество

novena *n.* новена

novice *n*. послушник, -ница

noviceship *n*. послушничество

noviciate *n*. новициат

novissima verbe *n*. новициат, послушничество; испытание, искус; дом послушничества; послушник; послушница; to go through one's ~ быть послушником/послушницей

novitiate *n*. послушничество

noxious *adj*. вредоносный; зловредный; тлетворный

Ntri. (Nostri) нашего

nugatory *adj*. отрицательный

Nuhus. (Nullatenus) никоим образом; ни в коем случае; вовсе нет, отнюдь не

nullifidian *n*. неверующий, атеист; *adj*. нерелигиозный

number *n*. число; количество; ~ of the Beast число зверя (666) "Here is wisdom. Let him that hath understanding count the number of the beast: for it is the number of a man; and his number [is] Six hundred threescore [and] six" (Rev., 13:18) / «Здесь мудрость. Кто имеет ум, тот сочти число зверя, ибо это число человеческое; число его шестьсот шестьдесят шесть» (Откр., 13:18).

numberless *adj*. бесчисленный; несметный; несчетный

Numbers Четвертая книга Моисеева. Числа (книга Библии)

numerology *n*. нумерология

numinous *adj*. сверхчувственный, сверхъестественный; божественный; мистический, таинственный, непостижимый; возвышающий, вдохновляющий

nun *n*. монахиня; инокиня; черница; черноризица

Nunc Dimittis «Ныне отпущаеши»

nunciate *n*. вестник, провозвестник; посланец; провозвестие

nunciature *n*. папский нунций, посланник Папы Римского

nunnery *n*. женский монастырь

nunnish *adj*. похожая на монашку

Nup. (Nuptiae) *n*. бракосочетание, обряд бракосочетания; свадьба

nuptial *adj*. брачный; венечный; свадебный; ~ knot брачные узы; ~ bed брачное ложе; ~ benediction венчание; ~ mass венчальная месса

nurse I *n*. питатель, -ница; кормилица "And they sent away Rebekah their sister, and her nurse, and Abraham's servant, and his men" (Ge., 24:59) / «И отпустили Ревекку, сестру свою, и кормилицу ее, и раба Авраамова, и людей его» (Быт., 24:59); сестра милосердия

nurse II *v*. пестовать, выпестовать (кого-л./что-л.); кормить "And Pharaoh's daughter said unto her, Take this child away, and nurse it for me, and I will give [thee] thy wages. And the woman took the child, and nursed it" (Ex., 2:9) / «Дочь фараонова сказала ей: возьми младенца сего и вскорми его мне; я дам тебе плату. Женщина взяла младенца и кормила его» (Исх., 2:9); nursing пестование

O

O. (Hora) *n.* час; **(Obiit)** *v.* преставился, скончался, почил, умер; **(Ordo)** *n.* орден

O. C. (Ordo Charitatis) Отцы Ордена милосердия

O. C. C. (Ordo Carmelitarum Calceatorum, Carmelites) Орден калабрийца Бертольда; кармелиты, кармелитки

O. C. D. (Ordo Carmelitarum Discalceatorum) Орден босоногих кармелитов

O. C. R. (Ordo Reformatorum Cisterciensium) Орден цистерцианцев, цистерцианцы, белые монахи, трапписты

O. M. I. (Oblati Mariae Immaculatae) Конгрегация «Облаты Непорочного Зачатия»

O. Merced. (Ordo Beatae Mariae Virginis de Redemptione Captivorum Mercedarians) Орден милосердия

O. P. (Ordo Praedicatorum) Орден монахов-доминиканцев

O. S. (Old Style) старого стиля

O. S. A. (Ordo Sancti Augustini) Орден августинцев, монахи-августинцы

O. S. F. C. (Ordinis Sancti Francisci Capuccini) Орден капуцинов-францисканцев

O. S. F. S. (Oblati Sancti Francisci Salesii) Конгрегация «Облаты Св. Франциска Сальского»

O. S. H. (Ordo Sancti Hieronymi) Орден иеронимитов

O. S. M. (Ordo Servorum Mariae) Орден Слуг Марии, сервиты

O. S. U. (Order of St. Ursula) Орден св. Урсулы

O. S. B. (Ordo Sancti Benedicti) Орден бенедектинцев, монахи-бенедектинцы

O. S. C. (Oblati Sancti Caroli) Конгрегация «Облаты св. Карла»

O. S. C. (Oblati Sacratissimi Cordis) Конгрегация «Облаты Святого Сердца», служители Святого Сердца

O. T. (Old Testament) Ветхий Завет

O. Trinit. (Ordo Sanctissimae Trinitatis) Орден тринитариев, тринитарии

O's of St. Bridget Пятнадцать медитаций «О, Иисусе» Св. Бригитты

Oak Boys борцы за отмену десятины, ольстерские крестьяне-протестанты

oath I *n.* клятва "And if the woman will not be willing to follow thee, then thou shalt be clear from this my oath: only bring not my son thither again" (Ge., 24:8) / «Если же не захочет женщина идти с тобою [в землю сию], ты будешь свободен от сей клятвы моей; только сына моего не возвращай туда» (Быт., 24:8); присяга; крестное целование; Bible/Book ~ клятва на Библии; Bodily/Corporal ~ клятва, подкрепляемая прикосновением к священному предмету

oath II *v.* произносить клятву

oath-breaker *n.* клятвопреступник, -ница

oath-breaking *n.* клятвопреступление

Ob. (Obadiah) Книга Пророка Авдия (книга Библии)

Ob. (Obiit) *v.* скончался, умер, почил

Obadiah, Abdias Авдий "The vision of Obadiah. Thus saith the Lord God concerning Edom; We have heard a rumour from the Lord, and an ambassador is sent among the heathen, Arise ye, and let us rise up against her in battle" (Ob., 1:1) / «Видение Авдия. Так говорит Господь Бог об Едоме: весть услышали мы от Господа, и посол послан объявить народам: «вставайте, и выступим против него войною!» (Авд., 1:1); Книга Пророка Авдия (книга Библии)

obduracy *n.* закоснелость, черствость; ожесточение; нераскаянность, упорство в грехе

obdurate *adj.* закоснелый, черствый; ожесточенный; *v.* ожесточать

obduration *n.* непреклонность; твердость; черствость; закоснелость; ожесточение; очерствение; упорство; упрямство; неисправимость

obedience *n.* послушание "For as by one man's disobedience many were made sinners, so by the obedience of one shall many be made righteous" (Ro., 5:19) / «Ибо, как непослушанием одного человека сделались многие грешными, так и послушанием одного сделаются праведными многие» (Рим.,

5:19); повиновение; implicit ~ слепое повиновение; покорность "For your obedience is come abroad unto all [men]. I am glad therefore on your behalf: but yet I would have you wise unto that which is good, and simple concerning evil" (Ro., 16:19) / «Ваша покорность вере всем известна; посему я радуюсь за вас, но желаю, чтобы вы были мудры на добро и просты на зло» (Рим., 16:19).

obedient I *n.* послушник, -ница

obedient II *adj.* покорный; послушный "And he took the book of the covenant, and read in the audience of the people: and they said, All that the Lord hath said will we do, and be obedient" (Ex., 24:7) / «И взял книгу завета и прочитал вслух народу, и сказали они: все, что сказал Господь, сделаем и будем послушны» (Исх., 24:7).

obediential *adj.* послушанический

obedientiary *n.* монах/монахиня, выполняющие послушание

obeisance *n.* почтение, уважение; поклонение

obeisant *adj.* почтительный; покорный

obese *adj.* тучный

obey *v.* повиноваться (кому-л./чему-л.); подчиняться, подчиниться (кому-л./чему-л.); покоряться, покориться (кому-л./чему-л.); слушаться, послушаться (кого-л./чего-л.) "And in thy seed shall all the nations of the earth be blessed; because thou hast obeyed my

voice" (Ge., 22:18) / «И бла-
гословятся в семени твоем
все народы земли за то, что
ты послушался гласа Моего»
(Быт., 22:18).

obeyance *n.* повиновение, послушание

obit *n.* дата/годовщина смерти;
некролог; заупокойная месса;
поминальная служба

obit *n.* панихида; поминальная
служба

obiter dicta случайные наблю-
дения

obiter dictum sing замечание,
сделанное мимоходом

obitual I *n.* обитуарий; некролог

obitual II *adj.* панихидный

obituary *n.* обитуарий; некролог; поминальный список; синодик

object I *n.* цель

object II *v.* возражать, возразить
(кому-л. на что-л.); противополагать, противоположить
(что-л., чему-л.); обвинять
"Who ought to have been here
before thee, and object, if they
had ought against me" (Ac.,
24:19) / «Это были некоторые
Асийские Иудеи, которым
надлежало бы предстать пред
тебя и обвинять меня, если
что имеют против меня» (Деян., 24:19).

objection *n.* возражение

objectionable *adj.* неугодный

objective *adj.* объективный

objectiveness *n.* объективность

objicient *n.* оппонент

oblate *n.* белец; облат

**Oblate (Fathers) of Mary Im-
maculate** конгрегация «Облаты
Непорочного Зачатия»

Oblate Fathers of St. Charles
конгрегация «Облаты Св. Карла»

**Oblate Fathers of St. Francis of
Sales** конгрегация «Облаты
Св. Франциска Сальского»

**Oblate Fathers of the Sacred
Heart** конгрегация «Облаты
Святого Сердца», служители
Святого Сердца

Oblates of St. Ambrose конгрегация «Облаты Св. Амвросия»

Oblates of St. Frances of Rome
«Облаты преподобной Фран-
циски Римской»

Oblates of the Assumption конгрегация «Облаты Успения»,
ассумпционистки

Oblation *n.* Воздаяние

oblation *n.* жертвоприношение,
жертва воздаяние; прино-
шение, дар, "And if thou bring
an oblation of a meat offering
baken in the oven, [it shall be]
unleavened cakes of fine flour
mingled with oil, or unleavened
wafers anointed with oil" (Lev.,
2:4) / «Если же приносишь
жертву приношения хлебного
из печеного в печи, то приноси
пшеничные хлебы пресные,
смешанные с елеем, и лепешки
пресные, помазанные елеем»
(Лев., 2:4); возношение; проскомидия

oblational *adj.* жертвенный; по-
жертвованный

oblationary *n.* причастник, -ница

oblatory *adj.* жертвенный

oblectation *n.* удовольствие; уте-
ха; услада; ~ of the senses чув-
ственное наслаждение

obley *n.* облатка

obligation *n.* обязанность

obligatory *adj.* обязательный

oblige *v.* нудить, принудить (кого-л. к чему-л.); обязывать, обязать (кого-л.); принуждать, принудить (кого-л. к чему-л.)

obligement *n.* обязанность; доброхотство

obliging *adj.* доброхотный; обязательный

obliterate *v.* изглажать, изглаживать, изгладить (что-л.)

oblivescence *n.* забывчивость

oblivion *n.* забвение; seek ~ искать забвения в чем-л.

obloquy *n.* позор, бесчестье; злословие; оскорбление, поношение

obmutescence *n.* упорное молчание; немота

obmutescent *n.* хранящий упорное молчание

obnubilation *n.* затемнение, затуманивание

obscure I *adj.* непонятный; темный

obscure II *v.* помрачать, помрачить (что-л.)

obscurity *n.* тьма "And in that day shall the deaf hear the words of the book, and the eyes of the blind shall see out of obscurity, and out of darkness" (Isa, 29:18) / «И в тот день глухие услышат слова книги, и прозрят из тьмы и мрака глаза слепых» (Ис., 29:18).

obsecrate *v.* умолять; просить; заклинать

obsecration *n.* мольба, просьба; заклинание; деисус, деисис; умилостивление богов

obsequence *n.* послушание, покладистость; услужливость; угодливость

obsequial *adj.* похоронный, погребальный; ~ rites погребальные обряды

obsequies *n. pl.* похороны, отправление погребальных обрядов

obsequiousness *n.* низкопоклонство, раболепие

observance *n.* соблюдение; устав, соблюдение; ~ of custom соблюдение обычаев; хранение

Observantine *n.* францисканец строгого толка

observe *v.* соблюдать, соблюсти (что-л.); замечать "And his brethren envied him; but his father observed the saying" (Ge., 37:11) / «Братья его досадовали на него, а отец его заметил это слово» (Быт., 37:11); наблюдать "And ye shall observe [the feast of] unleavened bread; for in this selfsame day have I brought your armies out of the land of Egypt: therefore shall ye observe this day in your generations by an ordinance for ever" (Ex., 12:17) / «Наблюдайте опресноки, ибо в сей самый день Я вывел ополчения ваши из земли Египетской, и наблюдайте день сей в роды ваши, как установление вечное» (Исх., 12:17); хранить "And ye shall observe this thing for an ordinance to thee and to thy sons for ever" (Ex., 12:24) / «Храните сие, как закон для себя и для сынов своих на веки» (Исх., 12:24).

obsess v. вселяться; ~ed by demons одержимый нечистой силой, одержимый бесами

obsession n. одержимость; наваждение

obsignation n. печать дара Духа Святого

obsoletism n. устаревшее слово/выражение/обычай

obstacle n. преграда; препона; преткновение

obtain v. снискивать, снискать (что-л.)

obtenebrate v. затенять, затемнять

obtest v. призывать в свидетели; умолять, упрашивать; заклинать; протестовать

obtestation n. мольба, заклинание; протест

obtrusion n. навязывание

obvention n. ниспосланный дар

obvious adj. очевидный

obviously adv. воочию

obviousness n. очевидность

occasion n. случай

Occident n. запад

occult I n. оккультизм; сверхъестественные силы; сверхъестественное, таинственное

occult II adj. таинственный; оккультный; сокровенный; the ~ sciences оккультные науки; ~ fortuneteller прорицатель, предсказатель

occultism n. оккультизм

occultist n. оккультист

occultness n. таинственность; скрытность; сокровенность

occur v. деяться, содеяться; происходить, произойти; случаться, случиться

occurrence n. случай

Oct. (Octava), Octave Breviary n. бревиарий «Октава»

Octagon n. Октагон

Octateuch n. Восьмикнижие

octave n. октава; октет

Octave of Christmas Рождественская октава

Octave of Prayer for Christian Unity Седмица молитв о единстве христиан

Octoechos n. октоих, осмогласник, осьмогласник

oculus n. отверстие в вершине купола

Ocursus Domini «Сретение Господне», «Встреча Господа»

Odes of Solomon «Оды Соломоновы»

odious adj. гадкий; ненавистный "And when the children of Ammon saw that they had made themselves odious to David, Hanun and the children of Ammon sent a thousand talents of silver to hire them chariots and horsemen out of Mesopotamia, and out of Syriamaachah, and out of Zobah" (1 Chr., 19:6) / «Когда Аммонитяне увидели, что они сделались ненавистными Давиду, тогда послал Аннон и Аммонитяне тысячу талантов серебра, чтобы нанять себе колесниц и всадников из Сирии Месопотамской и из Сирии Мааха и из Сувы» (1 Пар., 19:6).

odium n. ненависть, отвращение

odorous adj. благовонный; благоуханный

oecumene n. ойкумена, эйкумена

oecumenical adj. вселенский; экуменический; ~ Councils Вселенские соборы; ~ Movement экуменистическое движение

oecumenicity *n.* экуменизм

offence *n.* вина; проступок "If the spirit of the ruler rise up against thee, leave not thy place; for yielding pacifieth great offences" (Ec., 10:4) / «Если гнев начальника вспыхнет на тебя, то не оставляй места твоего; потому что кротость покрывает и большие проступки» (Екк., 10:4); соблазн "And he shall be for a sanctuary; but for a stone of stumbling and for a rock of offence to both the houses of Israel, for a gin and for a snare to the inhabitants of Jerusalem" (Isa, 8:14) / «И будет Он освящением и камнем преткновения, и скалою соблазна для обоих домов Израиля, петлею и сетью для жителей Иерусалима» (Ис., 8:14); оскорбление; проступок; согрешение

offend *v.* озлоблять, озлобить (кого-л./что-л.); оскорблять, оскорбить (кого-л./что-л.); сбивать кого-л. с пути; соблазнять, соблазнить (кого-л./что-л., чем-л.); согрешать, согрешить; уязвлять, уязвить (кого-л., чем-л.)

offender *n.* оскорбитель, -ница

offensive *adj.* оскорбительный

offer I *n.* предложение

offer II *v.* предлагать, предложить; жертвовать (что-л., кому-л.), пожертвовать (что-л., кем-л., чем-л.); приносить, принести (что-л.); ~ up a prayer вознести молитву, воссылать, восслать (что-л./кому-л.)

offerer *n.* жертвоприноситель, -ница

offering *n.* пожертвование; жертва, жертвоприношение, приношение; bloodless ~ бескровное приношение; Easter ~ пасхальный денежный сбор; plate блюдо для сбора пожертвований; the head of an ~ голова жертвенного животного; ~ up воссылание; whole burnt ~ жертва всесожжения; peace~ жертва умилостивления; trespass ~, sin~очистительная жертва; meat ~ жертвоприношение пищи

offertory *n.* проскомидия, дароприношение; стих из псалма, зачитываемый в начале проскомидии; церковные пожертвования; сбор денег во время службы

office *n.* церковная служба, чтение молитв/псалмов; религиозный обряд; to say/ recite one's ~ читать молитву; to perform the last ~s for smb. совершать погребальный обряд над кем-л.; ~ for the dead заупокойная служба; ~ of baptism обряд крещения; ~ of the mass месса, литургия, обедня; служение; divine ~ богослужение; unstinting ~ беззаветное служение; ungodliness/heathenish ~служение варварское; управа

officiant *n.* священник, совершающий богослужение

officiate *v.* совершать богослужение, отправлять службу; совершать ритуал, обряд; to ~ at a marriage ceremony совершать обряд бракосочетания; отправлять церковные требы; свя-

щенствовать; служить (кому-
л./чему-л., что-л.)

officiation *n.* совершение богослужения, отправление религиозного обряда

offspring *n.* детище; исчадие; потомок "If his children be multiplied, [it is] for the sword: and
his offspring shall not be satisfied with bread" (Job, 27:14) /
«Если умножаются сыновья
его, то под меч; и потомки его
не насытятся хлебом» (Иов.,
27:14); отрасль "Thou shalt
know also that thy seed [shall
be] great, and thine offspring as
the grass of the earth" (Job,
5:25) / «И увидишь, что семя
твое многочисленно, и отрасли
твои, как трава на земле»
(Иов., 5:25); потомство "And
their seed shall be known among
the Gentiles, and their offspring
among the people: all that see
them shall acknowledge them,
that they [are] the seed [which]
the Lord hath blessed" (Isa,
61:9) / «И будет известно между народами семя их, и потомство их — среди племен; все
видящие их познают, что они
семя, благословенное Господ-
дом» (Ис., 6:19); род "Forasmuch then as we are the offspring of God, we ought not to
think that the Godhead is like
unto gold, or silver, or stone,
graven by art and man's device"
(Ac., 17:29) / «Итак мы, будучи
родом Божиим, не должны думать, что Божество подобно
золоту, или серебру, или камню, получившему образ от ис-

кусства и вымысла человеческого» (Деян., 17:29).

oftentimes *adv.* часто; долгое
время "For he had commanded
the unclean spirit to come out of
the man. For oftentimes it had
caught him: and he was kept
bound with chains and in fetters;
and he brake the bands, and was
driven of the devil into the wilderness (Lk., 8:29) / «Ибо Иисус повелел нечистому духу
выйти из сего человека, потому что он долгое время мучил
его, так что его связывали
цепями и узами, сберегая его;
но он разрывал узы и был го-
ним бесом в пустыни» (Лук.,
8:29); многократно "And every
priest standeth daily ministering
and offering oftentimes the
same sacrifices, which can
never take away sins" (He.,
10:11) / «И всякий священник
сжедневно стоит в служении, и
многократно приносит одни и
те же жертвы, которые никогда
не могут истребить грехов»
(Евр., 10:11).

oil *n.* елей "Oil for the light, spices
for anointing oil, and for sweet
incense" (Ex., 25:6) / «Елей для
светильника, ароматы для елея
помазания и для благовонного
курения» (Исх., 25:6); holy ~
святый елей

oiliness *n.* елейность

oily *adj.* елейный

old *adj.* старый, давний, древний;
as ~ as Adam древний, как мир;
~ Adam ветхий Адам, нераскаявшийся грешник

Old Believer *n.* старообрядец,
старовер

Old Catholic Church of The Netherlands старокатолическая церковь Нидерландов

Old Catholic Church старокатолицизм, Старокатолическая церковь

Old Christmas Святое Богоявление

Old Church Slavic церковнославянский язык

Old Church Slavonic древнецерковнославянский язык

Old Cracow Bible «Леополисская Библия», «Старокраковская Библия»

Old Ritualist *n.* старовер

Old Roman chant древнеримский распев

Old Saint Peter's Basilica старая Базилика св. апостола Петра

Old Testament «Ветхий Завет»

Old Testament Judaism ветхозаветный иудаизм

olden *adj.* старый, былой; in ~ times/ days в старые времена

oldness *n.* давность

old-time *adj.* старинный; ~ customs старинные обычаи; ~ religion древняя религия

olibanum *n.* ладан

omen I *n.* знак, предзнаменование; примета; предчувствие, предвестие

omen II *v.* предвещать; to be of good/ill ~ служить хорошим/дурным предзнаменованием; ~ of misfortune плохая примета; to believe in ~s верить в приметы

Omn. (Omnes) все; (Omnibus) всем

omnific *adj.* всезиждущий; всесоздающий

omnificent *adj.* всесоздающий, всемогущий

omnipotence *n.* всемогущество; the ~ of God всемогущество Бога, всемогущество Господне

omnipotent *adj.* всевластный; всемогущий, всемощный; всесильный

omnipresence *n.* вездесущность; вездесущность

omnipresent *adj.* вездесущий; присносущий

omniscience *n.* всезнание, всеведение

omniscient *adj.* всезнающий, всеведущий

omnitude *n.* универсальность; всесторонность; многогранность

omniunity *n.* всеединство

omophorion *n.* омофор

OMS. (Omnes) все

once единожды

oncer *n.* прихожанин, который ходит только к воскресной обедне

Oneg Shabbat онег шабат

one-headed *adj.* единоглавный

Oneida Community община «Онейда», перфекционисты

oneiric *adj.* сновещательный

oneness *n.* единичность, исключительность; единство, общность; идентичность, тождество; согласие, единомыслие

onliness *n.* одиночество; уникальность, исключительность

Only-begotten Son единородный Сын Божий, Иисус Христос

onomancy *n.* ономантия

onset *n.* нападение

OP. (Optimus) отлично, исключительно хорошо

Op. Cit. (Opere Citato) в упомянутой работе; (Opus Citatum) процитированное произведение

open *v.* открывать, открыть (что-л., кому-л.); отворять, отворить (что-л.); отверзать, отверзнуть (что-л.); зиять; разверзаться, разверзнуться; расстравлять, расстравить (что-л.)

open-eyed *adj.* неусыпный

open-hearted *adj.* откровенный

opening *n.* отверзение; растворение

openness *n.* откровенность

operate *v.* действовать

operation *n.* действо; действование; дело "Because they regard not the works of the Lord, nor the operation of his hands, he shall destroy them, and not build them up" (Ps., 28:5) / «За то, что они невнимательны к действиям Господа и к делу рук Его, Он разрушит их и не созиждет их» (Псл., 27:5); деяние "And the harp, and the viol, the tabret, and pipe, and wine, are in their feasts: but they regard not the work of the Lord, neither consider the operation of his hands" (Isa, 5:12) / «И цитра и гусли, тимпан и свирель и вино на пиршествах их; а на дела Господа они не взирают и о деяниях рук Его не помышляют» (Ис., 5:12).

opinion *n.* воззрение; мнение "And Elihu the son of Barachel the Buzite answered and said, I [am] young, and ye [are] very old; wherefore I was afraid, and durst not shew you mine opinion" (Job, 32:6) / «И отве-

чал Елиуй, сын Варахиилов, Вузитянин, и сказал: я молод летами, а вы — старцы; поэтому я робел и боялся объявлять вам мое мнение» (Иов., 32:6); отзыв; суждение; точка зрения

opportunity *n.* случай "And from that time he sought opportunity to betray him" (Mt., 26:16) / «И с того времени он искал удобного случая предать Его» (Матф., 26:16); удобное время "And he promised, and sought opportunity to betray him unto them in the absence of the multitude" (Lk., 22:6) / «И он обещал, и искал удобного времени, чтобы предать Его им не при народе» (Лук., 22:6).

oppose *v.* противиться (кому-л./чему-л.) "And when they opposed themselves, and blasphemed, he shook [his] raiment, and said unto them, Your blood [be] upon your own heads; I [am] clean: from henceforth I will go unto the Gentiles" (Ac., 18:6) / «Но как они противились и злословили, то он, отрясши одежды свои, сказал к ним: кровь ваша на главах ваших; я чист; отныне иду к язычникам» (Деян., 18:6); противоборствовать (кому-л./чему-л.); противополагать, противоположить (что-л., чему-л.); противопоставлять, противопоставить (что-л., чему-л.); противостоять (кому-л./чему-л.); сопротивляться, сопротивиться (кому-л./чему-л.); ~d сопротивный; враждовать "Thou art become cruel to me: with thy strong hand thou opposest thyself against me" (Job, 30:21) / «Ты сделался жестоким ко мне, крепкою рукою враждуешь против меня» (Иов., 30:21).

opposite *adj.* противоположный

opposition *n.* противоборство; противоположность; противоположение; противопоставление; противоречие; противостояние

oppress *v.* гнать (кого-л.), (подвергать преследованию); отягощать, отяготить (кого-л./что-л. чем-л.); притеснять, притеснить (кого-л.); томить (кого-л./что-л.; чем-л.); угнетать, угнести (кого-л.) "Now therefore, behold, the cry of the children of Israel is come unto me: and I have also seen the oppression wherewith the Egyptians oppress them" (Ex., 3:9) / «И вот, уже вопль сынов Израилевых дошел до Меня, и Я вижу угнетение, каким угнетают их Египтяне» (Исх., 3:9); удручать, удручить (кого-л.)

oppression *n.* гонение; отягощение; притеснение; угнетение "And when we cried unto the Lord God of our fathers, the Lord heard our voice, and looked on our affliction, and our labour, and our oppression" (De., 26:7) / «И возопили мы к Господу Богу отцов наших, и услышал Господь вопль наш и увидел бедствие наше, труды наши и угнетение наше» (Втор., 26:7); угнетенность; стесение "And Jehoa-

haz besought the Lord, and the Lord hearkened unto him: for he saw the oppression of Israel, because the king of Syria oppressed them" (2 Ki., 13:4) / «И помолился Иоахаз лицу Господню, и услышал его Господь, потому что видел стеснение Израильтян, как теснил их царь Сирийский» (4 Цар., 13:4).

oppressor *n.* гонитель, -ница; притеснитель, -ница "The wicked man travaileth with pain all [his] days, and the number of years is hidden to the oppressor" (Job, 15:20) / «Нечестивый мучит себя во все дни свои, и число лет закрыто от притеснителя» (Иов., 15:20); приставник "[There] the prisoners rest together; they hear not the voice of the oppressor" (Job, 3:18) / «Там узники вместе наслаждаются покоем и не слышат криков приставника» (Иов., 3:18).

opprobrium *n.* позор, бесчестье; оскорбление; посрамление; поругание; брань

oppugn *v.* нападать; оспаривать, отрицать

oppugnant *adj.* противодействующий; противоборствующий; противоречащий

optation *n.* пожелание; желание

option *n.* усмотрение

opulence *n.* богатство, роскошь; изобилие

opulent *adj.* богатый, состоятельный; зажиточный; обильный, изобильный; пышный

Opus Dei «Дело Божие»

opus operantis опус оперантис

opus operatum опус оператум

Or. (Oratio) бревиарий «Оратио»

Ora et labora «Молись и трудись», девиз бенедиктинцев

oracle *n.* оракул, жрец; храм, оракул, прорицание, предсказание; прорицалище; давир "And the oracle in the forepart [was] twenty cubits in length, and twenty cubits in breadth, and twenty cubits in the height thereof: and he overlaid it with pure gold; and [so] covered the altar [which was of] cedar" (1 Ki., 6:20) / «И давир был длиною в двадцать локтей, шириною в двадцать локтей и вышиною в двадцать локтей; он обложил его чистым золотом; обложил также и кедровый жертвенник» (3 Цар., 6:20).

oractice *n.* навык

oracular *adj.* пророческий, вещий, оракульский; зловещий, знаменательный; ~ utterances вещие пророческие слова

oracularity *n.* непогрешимость; мудрость

oral *adj.* словесный; ~ law неписаный закон

Orange Order Орден оранжистов

Orange Society Общество оранжистов, Союз оранжистов

Orangeman *n.* оранжист

Orant(a) *n.* «Оранта»

orarion *n.* епитрахиль; орарь; орарий

orarium *n.* епитрахиль; орарь

Oratio Dominica молитва Господня, «Отче наш»

oratio *n.* орацио (молитва Господня у римо-католиков)

oration *n.* речь

orator *n.* ритор "And after five days Ananias the high priest descended with the elders, and [with] a certain orator [named] Tertullus, who informed the governor against Paul" (Ac., 24:1) / «Через пять дней пришел первосвященник Анания со старейшинами и с некоторым ритором Тертуллом, которые жаловались правителю на Павла» (Деян., 24:1).

oratorial *adj.* витийский

Oratorians *n. pl.* ораториане; конгрегация ораторианцев

oratorical *adj.* витийский

oratorium, oratory *n.* часовня; молельня; молельный дом

oratory *n.* риторика; витийство; образная; часовня

Ord. (Ordo) *n.* орден; **(Ordinatio)** рукоположение, посвящение в духовный сан; **(Ordinarius)** служебник; ординарный священник; священник, подготавливающий приговоренных к смерти; обычный

Ord. Fratr. Praed. (Ordo Praedicatorum) Орден монахов-доминиканцев

Ord. Praem. (Ordo Praemonstratensium) Орден премонстрантов, премонстранты, белые каноники, норбертинцы

ordain *v.* рукополагать/посвящать в сан; завещать (что-л., кому-л.); устанавливать "And Jeroboam ordained a feast in the eighth month, on the fifteenth day of the month, like unto the feast that [is] in Judah, and he offered upon the altar. So did he in Bethel, sacrificing unto the calves that he had made: and he placed in Bethel the priests of the high places which he had made" (1 Ki., 12:32) / «И установил Иеровоам праздник в восьмой месяц, в пятнадцатый день месяца, подобный тому празднику, какой был в Иудее, и приносил жертвы на жертвеннике; то же сделал он в Вефиле, чтобы приносить жертву тельцам, которых сделал. И поставил в Вефиле священников высот, которые устроил» (3 Цар., 12:32), ~ing посвящение

ordeal *n.* ордалия, суд Божий; искус; мытарство; trial by ~ испытание судом Божиим; ~ bark кора ядовитого дерева, употреблявшаяся при ордалиях; ~ by cold water испытание холодной водой; ~ by fire испытание посредством огня, огненная ордалия; ~ by sieve and shears испытание посредством сита и ножниц; ~ of battle испытание поединком; ~ of boiling water испытание кипящей водой; ~ of fire испытание посредством огня; ~ of the corsned испытание посредством горбушки хлеба; ~ of the cross испытание крестом; ~ of the Eucharist испытание священников Св. Причащением

order I *n.* веление; повеление; заповедь; орден (монашеский); духовный сан/чин; степень священства

order II *v.* рукополагать; посвящать в духовный сан; to be in ~s/ to take ~s быть/стать духовным лицом; to confer ~s руко-

полагать, посвящать в духовный сан; ~ of angels чин ангельский; the ~ of priests священники; the ~ of bishops епископы; the ~ of deacons дьяконы; holy/full ~s духовенство; повелевать; повелеть (кому-л., что-л.); сан; holy ~s духовный сан; take holy ~s быть посвященным в сан, чин; велеть; завещать (что-л., кому-л.); заповедовать, заповедать (что-л., кому-л.)

Order of Brothers Орден братьев кармелитской Пречистой Девы Марии, Орден кармелитов; кармелиты

Order of Carthusians Орден картузианцев, Орден картезианцев

Order of Discalced Brothers of the Blessed Virgin Mary of Mt. Carmel Орден босоногих братьев кармелитской Пречистой Девы Марии

Order of Friar Servants, Ordo Fratrum Servorum Sanctae Mariae Орден слуг Пресвятой Девы Марии; сервиты

Order of Friars Minor Capuchin Орден братьев младших капуцинов

Order of Friars Preachers Орден св. Доменика, доминиканцы

Order of Geneva «Женевское наставление»

Order of Minim Brothers *n.* минимы

Order of Our Lady of Mercy Рыцари св. Эвлалии

Order of Our Lady of Ransom Орден Богоматери-Искупительницы

Order of Our Lady Орден Богоматери-Искупительницы

Order of Poor Clerks Regular of the Mother of God of the Pious Schools, Ordo Clericorum Regularium Pauperum Matris Dei Scholarum Piarum Орден пиаристов

Order of Preachers Орден Св. Доменика, доминиканцы

Order of Santiago Орден Сантьяго

Order of St. Clare Орден кларисс

Order of the Brothers of the Sword Ливонский орден

Order of the Hermit Friars of Saint Augustine Орден братьев-отшельников Св. Августина, Августинский орден, августинцы

Order of the Visitation Орден визитации

orderly *adj.* добропорядочный

ordinal *n.* обряд; чинопоследование

Ordinances of the Holy Apostles through Clement «Апостольские постановления и правила», «Постановления святых апостолов через Климента, римского епископа и гражданина»

ordinand *n.* лицо, ожидающее рукоположения

ordinant *n.* лицо, посвящающее в духовный сан

Ordinaoni. (Ordinationi) рукоположению, посвящению в духовный сан

Ordinarium *n.* ординариум, требник

ordinary *n.* ординарный священнослужитель; служебник,

ординариум, требник; ~ of the mass календарная часть мессы

ordination *n.* рукоположение, посвящение в духовный сан

ordinee *n.* новорукоположенный; новопосвященный

ordines *n. pl.* календари церковные

Ordio. (Ordinario) ординарному; ординарным

ordo *n.* календарь Римско-католической Церкви

Ordo Clericorum Regularium Matris Dei уставные клирики Божией Матери

Ordo Fratrum Eremitarum S. Augustini августинские еремиты, Августинский орден, августинцы

Ordo Praedictatorum Орден Св. Доменика, доминиканцы

organ *n.* орган; ~ loft хоры

organist *n.* органист

organization *n.* устроение

organize *v.* образовывать, образовать (что-л.); устанавливать, установить (что-л.); устраивать, устроить (что-л.)

organizer *n.* образователь, -ница

organ-loft *n.* хоры

organ-player *n.* органист

Orient *n.* восток

oriental *adj.* восточный

Origenism *n.* учение Оригена Александрийского

Origenists *n. pl.* оригенисты

origin *n.* происхождение; divine origin Божественное происхождение

original I *n.* оригинал, подлинник; первоисточник

original II *adj.* первоначальный; исконный; to take a copy from the ~ снять копию с подлинника; ~ sin первородный грех; первобытный; первоначальный; первообразный; первородный

originary *adj.* первообразный

orison *n.* молитва; моление

ornament *n.* утварь; украшение "And when the people heard these evil tidings, they mourned: and no man did put on him his ornaments" (Ex., 33:4) / «Народ, услышав грозное слово сие, возрыдал, и никто не возложил на себя украшений своих» (Исх., 33:4); ~s ризы

orphan I *n.* сирота "We are orphans and fatherless, our mothers [are] as widows" (La., 5:3) / «Мы сделались сиротами, без отца; матери наши — как вдовы» (Пл. Иер., 5:3).

orphan II *adj.* сиротский; ~ed сирый

orphanhood *n.* сиротство

orphrey *n.* вышитая золотом полоса на ризе

Orthodox *adj.* православный; ортодоксальный; правоверный; ~ church православная церковь; ~ faith православие; ~ beliefs канонические вероучения

Orthodox Catholic Church Православная кафолическая церковь

Orthodox Church in America Православная церковь Америки, Американская православная церковь

Orthodox Church of Antioch Антиохийская православная церковь

Orthodox Church of Cyprus Кипрская православная церковь

Orthodox Church of Czechoslovakia Православная церковь Чехословакии

Orthodox Church of Finland Финская православная церковь

Orthodox Church of Poland Православная церковь Польши

Orthodox Judaism ортодоксальный иудаизм

Orthodoxy *n.* православие; правоверие

Orthodoxy, Autocracy, and Nationality «Православие, Самодержавие и Народность»

Orthodoxy Sunday Торжество Православия, первая неделя Великого поста

Orthros *n.* заутреня

Osee *n.* Осия, Книга Пророка Осии (книга Библии)

ossuary *n.* склеп; урна; хранилище

ostension *n.* возношение даров за обедней

ostensorium *n.* дароносица; дарохранительница

ostensory *n.* дарохранительница; дароносица

ostent *n.* знак, предзнаменование; чудо; показ; ~s of love проявление любви, знак любви

ostentation I *n.* тщеславие

ostentation II *adj.* тщеславный

ostiary *n.* аколуф, чтец, псаломщик

Ostrog Bible «Острожская Библия»

Ostromir's Evangelium «Остромирово евангелие»

OSU (Order of St. Ursula) Орден св. Урсулы

OT (Old Testament) Ветхий Завет

otherguess *adj.* иной, другой, непохожий

otherness *n.* инакость; различие, непохожесть

otherwise *adv.* иначе

otherworldly *adj.* не от мира сего; трансцендентный; потусторонний; сверхъестественный; таинственный

otiosity *n.* бесполезность; бесплодность

Our Father Отец наш, Господь, Создатель; молитва «Отче наш»

Our Lady of Sorrows «Матерь скорбящая»

Our Lady Пресвятая Богородица, Приснодева Мария

Our Saviour *n.* Спаситель

outcast *n.* изверг; изгнанник "The Lord doth build up Jerusalem: he gathereth together the outcasts of Israel" (Ps., 147:2) / «Господь созидает Иерусалим, собирает изгнанников Израиля» (Псл., 146:2).

outrage *n.* бесчиние, бесчинство

outrunner *n.* предвестник, предтеча

outset *n.* заря; at the ~ of one's life на заре жизни

outward *adj.* внешний "Of the Izharites, Chenaniah and his sons [were] for the outward business over Israel, for officers and judges" (1 Chr., 26:29) / «Из племени Ицгарова: Хенания и сыновья его определены на внешнее служение у Изра-ильтян, писцами и судьями» (1 Пар., 26:29).

overawe *v.* держать в благоговейном страхе; внушать благоговейный страх

overbearing *adj.* властный, повелительный

overburden *v.* бременить, обременять; обременять, обременить (кого-л., чем-л.); тяготить (кого-л.)

overcharge *v.* обременять, обременить (кого-л., чем-л.); отягчать(ся) "And take heed to yourselves, lest at any time your hearts be overcharged with surfeiting, and drunkenness, and cares of this life, and [so] that day come upon you unawares" (Lk., 21:34) / «Смотрите же за собою, чтобы сердца ваши не отягчались объядением и пьянством и заботами житейскими, и чтобы день тот не постиг вас внезапно» (Лук., 21:34).

overcome *v.* побеждать, победить; превозмочь (что-л.); томить (кого-л./что-л.; чем-л.); теснить "Gad, a troop shall overcome him: but he shall overcome at the last" (Ge., 49:19) / «Гад, — толпа будет теснить его, но он оттеснит ее по пятам» (Быт.,49:19); одолеть "And Caleb stilled the people before Moses, and said, Let us go up at once, and possess it; for we are well able to overcome it" (Nu., 13:30) / «Амалик живет на южной части земли, Хеттеи, [Евеи,] Иевусеи и Аморреи живут на горе, Хананеи же живут при море и на берегу Иордана» (Числ., 13:30).

overfeeding *n.* чревоугодие

overindulgence *n.* излишество

overload *v.* бременить, обременять; отягощать, отяготить (кого-л./что-л. чем-л.); тяготить (кого-л.)

overpast *adj.* прошедший, прошлый

overpower *v.* отягощать, отяготить (кого-л./что-л. чем-л.); томить (кого-л./что-л.; чем-л.)

overproud *adj.* горделивый, самонадеянный

override *v.* подчинять, подчинить (что-л./кого-л., кому-л.)

oversensitive *adj.* болезненный

oversensitively *adv.* болезненно

oversimplification *n.* упрощение; упрощенчество

oversimplify *v.* излишне упрощать; понимать слишком упрощенно

overthrow I *n.* ниспровержение

overthrow II *v.* ниспровергать, ниспровергнуть (кого-л.) "And he said unto him, See, I have accepted thee concerning this thing also, that I will not overthrow this city, for the which thou hast spoken" (Ge., 19:21) / «И сказал ему: вот, в угодность тебе Я сделаю и это: не ниспровергну города, о котором ты говоришь» (Быт., 19:21).

overwatch *v.* изнурять чрезмерным бодрствованием, бдением или бессонницей

overwhelm *v.* отягощать, отяготить (кого-л./что-л. чем-л.); тяготить (кого-л.); удручать, удручить (кого-л.); нападать "Yea, ye overwhelm the father-

less, and ye dig [a pit] for your friend" (Job, 6:27) / «Вы нападаете на сироту и роете яму другу вашему» (Иов., 6:27).

overwhelming *adj.* обременительный

owner *n.* обладатель, -ница; хозяин "If an ox gore a man or a woman, that they die: then the ox shall be surely stoned, and his flesh shall not be eaten; but the owner of the ox [shall be] quit" (Ex., 21:28) / «Если вол забодает мужчину или женщину до смерти, то вола побить камнями и мяса его не есть; а хозяин вола не виноват» (Исх., 21:28); владелец "nd he bought the hill Samaria of Shemer for two talents of silver, and built on the hill, and called the name of the city which he built, after the name of Shemer, owner of the hill, Samaria" (1 Ki., 16:24) / «И купил Амврий гору Семерон у Семира за два таланта серебра, и застроил гору, и назвал построенный им город Самариею, по имени Семира, владельца горы» (3 Цар., 16:24); владетель "There is a sore evil [which] I have seen under the sun, [namely], riches kept for the owners thereof to their hurt" (Ec., 5:13) / «Есть мучительный недуг, который видел я под солнцем: богатство, сберегаемое владетелем его во вред ему» (Екк., 5:12); начальник "Nevertheless the centurion believed the master and the owner of the ship, more than those things which were spoken by Paul" (Ac., 27:11) / «Но сотник более доверял кормчему и начальнику корабля, нежели словам Павла» (Деян., 27:11).

Oxford Movement Оксфордское движение

Oxon. (Oxonium) *n.* Оксфорд, (Oxonienses) «Оксфордские богословы»

P

p. (Pagina) *n.* страница

P. (Pater, Pere) *n.* отец; (Pax) мир; (Pius) послушный; покорный, преданный; (Ponendum) для размещения; (Pridie) накануне; (Plus) кроме того, более того, а также

P. C. (Poni Curavit) *v.* разместить, поместить; (Post Consulatum) после консульства; (Patres Conscripti) сенаторы

P. I. (Poni Jussit) *v.* поместить по приказу

P. K. (Pridie Kalendas) накануне календ

P. M. (Plus Minus) более или менее; (Piae Memoriae) доброй памяти; (Post Mortem) после кончины, после смерти

p. m. (Post Meridiem) после полудня

P. O. (Presbyteri Oratorii, Oratorians) Конгрегация ораторианцев, ораториане

P. P. (Parochus) приходской священник в Ирландии

P. P. P. (Propria Pecunia Posuit, «erected at his own expense») воздвигнуто или сооружено на собственные средства

P. R. (Permanens Rector) постоянный ректор; (Populus Romanus) римский народ

P. S. (Post Scriptum) постскриптум

P. S. M. (Pia Societas Missionum) Конгрегация Отцов-миссионеров

P. S. S. (Presbyteri Sancti Sulpicii) суплициане

P. T. C. S. (Pax Tibi Cum Sanctis) мир тебе со святыми, со святыми упокой

P. Cons. (Post Consulatum) после консульства

Pa. (Papa) Папа Римский; (Pater) отец, патер

pabulum for reflection пища размышлений

pacable *adj.* кроткий, незлопамятный

pacation *n.* умиротворение, успокоение

Pachomian monasteries пахомианские монастыри, общежительные монастыри, киновии

Pachomians *n. pl.* пахомиане, монахи общежительных монастырей

pacificate *v.* умиротворять; успокаивать

pacification *n.* умиротворение, успокоение; усмирение; наведение порядка

pacificator *n.* миротворец; усмиритель, -ница

pacify *v.* умиротворять, успокаивать(ся); смирять, смирить (кого-л./что-л.); усмирять, усмирить (кого-л./что-л.); умилостивлять "The wrath of a king [is as] messengers of death: but a wise man will pacify it" (Pr., 16:14) / «Царский гнев — вестник смерти; но мудрый человек умилостивит его» (Притч., 16:14).

ract *n.* договор

paedobaptism *n.* педобаптизм, крещение детей

pagan I *n.* язычник, -ница

pagan II *adj.* языческий

pagandom *n.* язычество; языческий мир, язычники

paganish *adj.* языческий

paganism *n.* язычество; идолопоклонство

paganize *n.* обращать(ся) в язычество

pageant *n.* театрализованное представление религиозного содержания

pagoda *n.* капище

pain *n.* боль "And his daughter in law, Phinehas' wife, was with child, [near] to be delivered: and when she heard the tidings that the ark of God was taken, and that her father in law and her husband were dead, she bowed herself and travailed; for her pains came upon her" (1 Sa., 4:19) / «Невестка его, жена Финеесова, была беременна уже пред родами. И когда услышала она известие о взятии ковчега Божия и о смерти свекра своего и мужа своего, то упала на колени и родила, ибо приступили к ней боли ее» (1 Цар., 4:19); скорбь; терзание

painful *adj.* болезненный; трудный "When I thought to know this, it [was] too painful for me" (Ps., 73:16) / «И думал я, как бы уразуметь это, но это трудно было в глазах моих» (Псл.,

72:16); горестный; горький; тяжелый; чувствительный

painfully *adv.* болезненно

painless *adj.* безболезненный

painlessly *adv.* безболезненно

palace *n.* дворец "And it came to pass after these things, [that] Naboth the Jezreelite had a vineyard, which [was] in Jezreel, hard by the palace of Ahab king of Samaria" (1 Ki., 21:1) / «И было после сих происшествий: у Навуфея Изреелитянина в Изреели был виноградник подле дворца Ахава, царя Самарийского» (3 Цар., 21:1); ~s чертоги

Palatine Chapel *n.* дворцовая часовня

Paleo-Christian art раннее христианское искусство

Palestine *n.* Палестина

Palestinian I *n.* палестинец

Palestinian II *adj.* палестинский; ~ Talmud «Иерушалми», «Иерусалимский Талмуд», «Талмуд Иерушалаим», «Палестинский Талмуд»

pall *n.* покров на гробе; гроб с телом; паллий

pall-bearer *n.* поддерживающий концы покрова на похоронной процессии; несущий гроб на похоронной процессии

pallium *n.* паллий, плат архиепископский

Palm Sunday Вербное Воскресенье/неделя

palm *n.* ладонь "And the priest shall take [some] of the log of oil, and pour [it] into the palm of his own left hand" (Lev., 14:15) / «И возьмет священник из лога елея и польет на левую свою ладонь длань» (Лев., 14:15); пядь; ~ tree пальма "And the children of the Kenite, Moses' father in law, went up out of the city of palm trees with the children of Judah into the wilderness of Judah, which [lieth] in the south of Arad; and they went and dwelt among the people" (Jdg., 1:16) / «И сыны [Иофора] Кенеянина, тестя Моисеева, пошли из города Пальм с сынами Иудиными в пустыню Иудину, которая на юг от Арада, и пришли и поселились среди народа» (Суд., 1:16); веточка вербы, которую несут в церковь в Вербное Воскресенье

palm-branch *n.* пальмовая ветвь

palmer I *n.* паломник, -ница; пилигрим; паломник

palmer II *v.* отправляться в паломничество

palmist *n.* хиромант, -ка

palmistry *n.* хиромантия

palm-reader *n.* хиромант

Palm-Sunday *n.* Цветоносная Неделя

paltry *adj.* ничтожный

panacea *n.* панацея

panagia *n.* панагия

Pan-Anglican *adj.* панангликанский

Pancake Bell колокольный звон, возвещающий начало гуляний во вторник Сырной седмицы

Pancake Day, Pancake Tuesday вторник на Сырной седмице, вторник масленицы

pandemoniac *adj.* адский, демонический

Pandemonium *n.* ад; обиталище демонов

pander *n.* сводник, -ница

panegyric I *n.* панегирик; похвальное слово; хвалебный гимн, хвалебная песнь

panegyric II *adj.* хвалебный; ~ eulogy похвальное слово

panegyrical *adj.* хвалебный, панегирический

panegyrist *n.* панегирист

panegyrize *v.* восхвалять, превозносить, восславлять; сочинять панегирик; произносить панегирик

panhagia *n.* панагия

pantheism *n.* пантеизм

pantheist *n.* пантеист

pantheistic (-al) *adj.* пантеистический

pantheon *n.* пантеон

Pantocrator *n.* Вседержитель

Pantokrator-Judge *n.* Вседержитель-Судия

papa *n.* батюшка

papacy *n.* папский престол; папство; папское правление

papal *adj.* папский; католический; ~ dispensation произволение Папы; ~ infallibility непогрешимость Пап; ~ States Папская область

papalize *v.* насаждать папистские доктрины; проникаться папистскими убеждениями

Papess *n.* папесса

papish *adj.* папистский

papism *n.* папизм; католицизм

papist *n.* папист; католик

papistic(al) *adj.* папистский

papistry *n.* папизм; католицизм

Para «Пара»

parable *n.* притча "And he took up his parable, and said, Balak the king of Moab hath brought me from Aram, out of the mountains of the east, [saying], Come, curse me Jacob, and come, defy Israel" (Nu., 23:7) / «И произнес притчу свою и сказал: «Из Месопотамии привел меня Валак, царь Моава, от гор восточных: приди, прокляни мне Иакова, приди, изреки зло на Израиля!» (Числ., 23:7); ~ of the talents притча о талантах; иносказание, парабола, аллегория

parabolize *v.* говорить притчами

parachronism *n.* парахронизм

para-church I *n.* союз верующих, не принадлежащих к официальной церкви

para-church II *adj.* межцерковный

paraclete *n.* Параклит, Утешитель; заступник, -ница

paradisal *adj.* райский

paradise *n.* рай "And Jesus said unto him, Verily I say unto thee, To day shalt thou be with me in paradise" (Lk., 23:43) / «И сказал ему Иисус: «Истинно говорю тебе, ныне же будешь со Мною в раю» (Лук., 23:43); благодать; infusion of ~ влитие благодати; Эдем

paradisiac(al) *adj.* райский

paradyhm *n.* парадигма

paraenesis *n.* совет, увещевание

paralipomena *n.* паралипоменон

Paralipomenon *n.* Паралипоменон (книга Библии)

paralipsis *n.* умолчание

parallel *v.* сравнивать, сравнить (что-л. с чем-л., кого-л. с кем-л.)

paralytic *adj.* расслабленный

paramount *adj.* главный

parasite *n.* дармоед, -ка

parasitism *n.* дармоедство

parclose *n.* решетка/перегородка, отделяющая гробницу, часовню от остальной части храма

pardon I *n.* пощада; оставление/отпущение (грехов); прощение; разрешение; general ~ всепрощение; индульгенция

pardon II *v.* помиловать (кого-л.); прощать, простить (кому-л. что-л.) "Beware of him, and obey his voice, provoke him not; for he will not pardon your transgressions: for my name [is] in him" (Ex., 23:21) / «Блюди себя пред лицем Его и слушай гласа Его; не упорствуй против Него, потому что Он не простит греха вашего, ибо имя Мое в Нем» (Исх., 23:21); разрешать, разрешить (кого-л. от чего-л.)

pardonable I *n.* отпуст

pardonable II *adj.* простительный

pardoner *n.* продавец индульгенций

parent *n.* родитель, -ница; праотец, предок; spiritual ~ духовный отец; our first ~s прародители наши; ~s родители "And the brother shall deliver up the brother to death, and the father the child: and the children shall rise up against [their] parents, and cause them to be put to death" (Mt., 10:21) / «Предаст же брат брата на смерть, и отец — сына; и восстанут дети на родителей, и умертвят их» (Матф., 10:21).

parental *adj.* родительский

parergon *n.* украшательство

pareve *n.* парев

parfidious *adj.* предательский

paring *n.* обрезание

Paris Polyglot «Парижская полиглотта»

parish *n.* община; погост; приход; прихожане; ~ church приходская церковь; ~ clerk приходской клерк, псаломщик, ведущий церковные книги; ~ council приходский совет; ~ priest кюре; приходской священник; ~ register приходская, церковная метрическая книга

parishioner *n.* прихожанин, -ка

parish-relief *n.* пособие по бедности, получаемое в церковном приходе

Parisian Wedding Варфоломеевская ночь

parity *n.* равенство

parlatory *n.* монастырская приемная зала

parochial *adj.* приходский; ~ school приходская школа; ~ education образование, получаемое в приходской школе

parochialism *n.* ограниченность интересами прихода

parochiality *n.* приходские дела

paroemia *n.* паремия, притча, поговорка, пословица

paroemiac *adj.* нравоучительный

parson *n.* священник, проповедник, пастор

parsonage *n.* дом приходского священника

parsoness *n.* жена пастора

parsonic *adj.* похожий на священника

part I *n.* часть; доля

part II *adj.* одержимый (чем-л.)

part III *v.* разделять, разделить (что-л./кого-л.); разлучать, разлучить (кого-л. с чем-л.); разлучаться, разлучиться (с кем-л./с чем-л.)

partake *v.* приобщаться, приобщиться (чего-л., к чему-л.); участвовать (в чем-л.)

partaking *adj.* причастный

parter *n.* разделитель, -ница

parthenic *adj.* девственный, непорочный, нетронутый, чистый

partial *adj.* пристрастный

partiality *n.* лицеприятие; пристрастие "I charge [thee] before God, and the Lord Jesus Christ, and the elect angels, that thou observe these things without preferring one before another, doing nothing by partiality" (1 Ti., 5:21) / «Пред Богом и Господом Иисусом Христом и избранными Ангелами заклинаю тебя сохранить сие без предубеждения, ничего не делая по пристрастию» (1 Тим., 5:21).

partible *adj.* разделимый

participant *n.* общник, -ница; сопричастник, -ница; участник, -ница

participate *v.* (со)участвовать (в чем-л.); ~ in commission соучаствовать в поручении; ~ in advice/council соучаствовать в совете

participating *adj.* сопричастный

participation *n.* сопричастие, участие

Particular Judgment *n.* Страшный суд

particular *adj.* особенный; сугубый; частный

particularity *n.* особенность

particularly *adv.* сугубо

partimony *n.* отцовское наследие

parting *n.* отделение; разделение; разлука; разлучение

partition *n.* отделение; преграда "For he is our peace, who hath made both one, and hath broken down the middle wall of partition [between us]" (Eph., 2:14) / «Ибо Он есть мир наш, соделавший из обоих одно и разрушивший стоявшую посреди преграду» (Ефес., 2:14).

partitive *adj.* разделительный

parvis *n.* паперть

parviscient *adj.* малознающий

Pascendi Dominici Gregis «О насыщении паствы Божией»

Pasch *n.* Пасха, Песах, еврейская Пасха; ~ eggs пасхальные яйца

Pasch. (Pascha) бревиарий «Пасха», «Пасхальный служебник»

Paschal I *n.* Пасхалий I

Paschal II *n.* Пасхалий II

Paschal III *n.* Пасхалий III

Paschal *adj.* пасхальный,

Paschal Controversies пасхальный диспут

Paschal Lamb пасхальный агнец

Pasque eggs пасхальные яйца

pass *v.* проходить, пройти (что-л.); скончать (что-л.); течь; ~ away переставать, перестать; ~ing away прехождение; ~ over оканчивать, окончить (что-л.); ~ through проникать, проникнуть (в кого-л., во что-л.); ~ed прошлый; ~ing bell похоронный звон; ~ing through прохождение

passage *n.* переход "And between the passages, by which Jonathan sought to go over unto the Philistines' garrison, [there was] a sharp rock on the one side, and a sharp rock on the other side: and the name of the one [was] Bozez, and the name of the other Seneh" (1 Sa., 14:4) / «Между переходами, по которым Ионафан искал пробраться к отряду Филистимскому, была острая скала с одной стороны и острая скала с другой: имя одной Боцец, а имя другой Сене» (1 Цар., 14:4); переправа "And the Gileadites took the passages of Jordan before the Ephraimites: and it was [so], that when those Ephraimites which were escaped said, Let me go over; that the men of Gilead said unto him, [Art] thou an Ephraimite?" (Jdg., 12:5) «И перехватили Галаадитяне переправу чрез Иордан от Ефремлян, и когда кто из уцелевших Ефремлян говорил: позвольте мне переправиться, то жители Галаадские говорили ему: не Ефремлянин ли ты?» (Суд., 12:5).

passion *n.* гнев; страсть; Страсти Господни; Holy ~s страсти Христовы

Passion music музыкальные произведения на тему Страстей Господних

Passion play мистерия, представляющая Страсти Господни

Passion Sunday Судное воскресенье, пятая неделя Великого поста у католиков

Passion(-)tide пятая и шестая седмицы Великого поста

Passion Week Страстная седмица, последняя седмица Великого поста; седмица от пятой недели Великого поста до Вербного Воскресенья (у католиков)

passional I *n.* мартиролог
passional II *adj.* страстной
passionate *adj.* страстный
passionately *adv.* горячо
Passionist *n.* член Ордена Страстей Господних
passionless *adj.* бесстрастный
passive obedience слепое повиновение
Passover *n.* Пасха, Песах "And thus shall ye eat it; [with] your loins girded, your shoes on your feet, and your staff in your hand; and ye shall eat it in haste: it [is] the Lord'S passover" (Ex., 12:11) / «Ешьте же его так: пусть будут чресла ваши препоясаны, обувь ваша на ногах ваших и посохи ваши в руках ваших, и ешьте его с поспешностью: это — Пасха Господня» (Исх., 12:11).
pastor *n.* пастор; пастух "Many pastors have destroyed my vineyard, they have trodden my portion under foot, they have made my pleasant portion a desolate wilderness" (Je., 12:10) / «Множество пастухов испортили Мой виноградник, истоптали ногами участок Мой; любимый участок Мой сделали пустою степью» (Иер., 12:10); пастырь "The priests said not, Where [is] the Lord? and they that handle the law knew me not: the pastors also transgressed against me, and the prophets prophesied by Baal, and walked after [things that] do not profit"

(Je., 2:8) / «Священники не говорили: где Господь?, и учители закона не знали Меня, и пастыри отпали от Меня, и пророки пророчествовали во имя Ваала и ходили во след тех, которые не помогают» (Иер., 2:8).

pastoral I *n.* пасторское послание; послание епископа к своей епархии
pastoral II *adj.* пастырский; ~ service пасторское служение; ~ Epistle пасторское послание; ~ mass рождественская месса
pastorate *n.* пасторат
pastorly *adj.* пасторский; pastorly пастырский
pastorship *n.* пасторат, пасторство, пастырство
pasture *n.* двор; пажить "They said moreover unto Pharaoh, For to sojourn in the land are we come; for thy servants have no pasture for their flocks; for the famine [is] sore in the land of Canaan: now therefore, we pray thee, let thy servants dwell in the land of Goshen" (Ge., 47:4) / «И сказали они фараону: мы пришли пожить в этой земле, потому что нет пажити для скота рабов твоих, ибо в земле Ханаанской сильный голод; итак позволь поселиться рабам твоим в земле Гесем» (Быт., 46:4); пастбище "Ten fat oxen, and twenty oxen out of the pastures, and an hundred sheep, beside harts, and roebucks, and fallowdeer, and fatted fowl" (1 Ki. 4:23) / «Десять волов откормленных и двадцать волов с па-

стбища, и сто овец, кроме оленей, и серн, и сайгаков, и откормленных птиц» (3 Цар., 4:23).

patency *n.* явность, очевидность

paterfamilias *n.* отец семейства

patericon *n.* патерик

paternal *adj.* отеческий; отчий; родительский

paternalism *n.* патернализм

paternalistic *adj.* отеческий; отцовский

Paternitas «Отечество»

Paternoster «Патер ностер», «Отче наш»

paternoster *n.* четки

path *n.* путь "Dan shall be a serpent by the way, an adder in the path, that biteth the horse heels, so that his rider shall fall backward" (Ge., 49:17) / «Дан будет змеем на дороге, аспидом на пути, уязвляющим ногу коня, так что всадник его упадет назад» (Быт., 49:17); стезя "He hath fenced up my way that I cannot pass, and he hath set darkness in my paths" (Job, 19:8) / «Он преградил мне дорогу, и не могу пройти, и на стези мои положил тьму» (Иов., 19:8); ~ of salvation путь спасения

patibulum *n.* поперечина креста для распятия

patience *n.* долготерпение; терпение "But that on the good ground are they, which in an honest and good heart, having heard the word, keep [it], and bring forth fruit with patience" (Lk., 8:15) / «А упавшее на добрую землю, это те, которые, услышав слово, хранят его в добром и чистом сердце и приносят плод в терпении» (Лук., 8:15).

patient *adj.* терпеливый "Better [is] the end of a thing than the beginning thereof: [and] the patient in spirit [is] better than the proud in spirit" (Ec., 7:8) / «Конец дела лучше начала его; терпеливый лучше высокомерного» (Екк., 7:8); долготерпеливый "Now we exhort you, brethren, warn them that are unruly, comfort the feebleminded, support the weak, be patient toward all [men]" (1 Th. 5:14) / «Умоляем также вас, братия, вразумляйте бесчинных, утешайте малодушных, поддерживайте слабых, будьте долготерпеливы ко всем» (1 Фес., 5:14); тихий "Not given to wine, no striker, not greedy of filthy lucre; but patient, not a brawler, not covetous" (1 Ti., 3:3). "Не пьяница, не убийца, не сварлив, не корыстолюбив, но тих, миролюбив, не сребролюбив" (1 Тим., 3:3); незлобивый "And the servant of the Lord must not strive; but be gentle unto all [men], apt to teach, patient" (2 Ti., 2:24) / «Рабу же Господа не должно ссориться, но быть приветливым ко всем, учительным, незлобивым» (2 Тим., 2:24).

Patmos *n.* остров Патмос "I John, who also am your brother, and companion in tribulation, and in the kingdom and patience of Jesus Christ, was in the isle that is called Patmos, for the word of God, and for the testimony of Jesus Christ" (Rev., 1:9) / «Я, Иоанн, брат ваш и соучастник в скорби и в царствии и в терпении Иисуса Христа, был на острове, называемом Патмос, за слово Божие и за свидетельство Иисуса Христа» (Откр., 1:9).

Patr. (Patriarcha) *n.* патриарх

Patres oratori *n. pl.* ораторианцы

patriarch *n.* патриарх "And he gave him the covenant of circumcision: and so [Abraham] begat Isaac, and circumcised him the eighth day; and Isaac [begat] Jacob; and Jacob [begat] the twelve patriarchs" (Ac., 7:8) / «И дал ему завет обрезания. По сем родил он Исаака и обрезал его в восьмой день; а Исаак родил Иакова, Иаков же двенадцать патриархов» (Деяне., 7:8); ~ of Rome Папа Римский; праотец "Men [and] brethren, let me freely speak unto you of the patriarch David, that he is both dead and buried, and his sepulchre is with us unto this day" (Ac., 2:29) / «Мужи, братия! Да будет позволено с дерзновением сказать вам о праотце Давиде, что он и умер и погребен, и гроб его у нас до сего дня» (Деян., 2:29).

patriarchal *adj.* патриарший; патриархальный; ~ cross патриарший крест

Patriarchate *n.* патриаршество; патриархия, патриархат

patriarchic *adj.* патриаршеский

patriarchship *n.* патриаршество

patriarchy *n.* патриархия

patricide *n.* отцеубийство; отцеубийца

patrimony *n.* церковная собственность

patristic(al) *adj.* святоотеческий; ~ literature святоотеческая литература

patristics *n.* патристика

patrology *n.* патрология

patron *n.* заступник, защитник, хранитель; покровитель, патрон; ~ saint святой заступник

patronage *n.* патронаж, покровительство, протекция; право назначения на должность; предстательство

patronal *adj.* покровительственный; ~ festival праздник в честь святого хранителя

patronize *v.* покровительствовать (кому-л./чему-л.)

patronizer *n.* покровитель, -ница

paucis verbis без многословия, без лишних слов

Paul I *n.* Павел I

Paul II *n.* Павел II

Paul III *n.* Павел III

Paul IV *n.* Павел IV

Paul V *n.* Павел V

Paul VI *n.* Павел VI

Paul *n.* св. апостол Павел

Paulicians *n. pl.* павликиане, павликанцы

Paulists *n. pl.* павлиане

pauperism *n.* нищенство

Pax Christi Мир во Христе

Pax Dei Мир Божий

Pax Ecclesiae Мир Божий, Мир во Христе

Pax huic domui «мир дому сему» (формула приветствия у христиан)

Pax tecum мир с тобой

Pax vobiscum «мир вам»

pay I *n.* расплата

pay II *v.* платить "If he rise again, and walk abroad upon his staff, then shall he that smote [him] be quit: only he shall pay [for] the loss of his time, and shall cause [him] to be thoroughly healed" (Ex., 21:19) / «То, если он встанет и будет выходить из дома с помощью палки, ударивший [его] не будет повинен смерти; только пусть заплатит за остановку в его работе и даст на лечение его» (Исх., 21:19); ~ ог искупать, искуплять, искупить (что-л.)

payment *n.* расплата

paynim I *n.* язычник; мусульманин

paynim II *adj.* языческий; мусульманский; ~ countries языческие/мусульманские страны

Pe'a «Пеа»

peace *n.* мир "That thou wilt do us no hurt, as we have not touched thee, and as we have done unto thee nothing but good, and have sent thee away in peace: thou [art] now the blessed of the Lord" (Ge., 26:29) / «Чтобы ты не делал нам зла, как и мы не коснулись до тебя, а делали тебе одно доброе и отпустили тебя с миром; теперь ты благословен Господом» (Быт., 26:29); preach ~ возвещать мир; go in ~ идти с миром; depart in ~ отпускать с миром; покой; may God give him ~ вечный ему покой; тишина; упокоение, упокой

Peace Mission Миссия мира

Peace of God Мир Божий

peaceful *adj.* мирный; безбранный; тихий

peacemaker *n.* миротворец "Blessed [are] the peacemakers: for they shall be called the children of God" (Mt., 5:9) / «Блаженны миротворцы, ибо они будут наречены сынами Божиими» (Матф., 5:9); усмиритель, -ница

peacemaking *adj.* миротворческий

peace-offering *n.* умилостивительная/искупительная жертва

peal I *n.* звон колоколов, перезвон, набор колоколов

peal II *v.* звонить в колокола

pearl *n.* жемчуг "Give not that which is holy unto the dogs, neither cast ye your pearls before swine, lest they trample them under their feet, and turn again and rend you" (Mt., 7:6) / «Не давайте святыни псам и не бросайте жемчуга вашего перед свиньями, чтобы они не попрали его ногами своими и, обратившись, не растерзали вас» (Матф., 7:6); all-sparkling ~ честный бисер

peasant *n.* селянин, -нка

peccability *n.* грешность, греховность

peccable *adj.* грешный, греховный

peccancy *n.* грешность, греховность; грех, прегрешение, проступок

pectoral cross наперсный крест

peculiar *n.* независимая церковь

Peculiar People богоизбранный народ

peculiar people избранный народ

peculiar *adj.* особенный; частный

peculiarity *n.* особенность

pedigree *n.* генеалогия, родословие "And they assembled all the congregation together on the first [day] of the second month, and they declared their pedigrees after their families, by the house of their fathers, according to the number of the names, from twenty years old and upward, by their polls" (Nu., 1:18) / «И собрали они все общество в первый [день] второго месяца. И объявили они родословия свои, по родам их, по семействам их, по числу имен, от двадцати лет и выше, поголовно» (Числ., 1:18).

Peep-of-day boys протестантские боевики

Pelagian *n.* пелагианин

Pelagianism *n.* пелагианство

pelf *n.* деньги, богатство

penalty *n.* кара, карание; наказание, взыскание

penance I *n.* наказание; покаяние; раскаяние; епитимья

penance II *v.* налагать епитимью (на кого-л.), подвергать наказанию; to perform ~ for smth. принести покаяние в чем-л., исполнить епитимью

penetrate *v.* проникать, (в кого-л., во что-л.)

penetration *n.* дальновидность; проникновение

penitent I *n.* кающийся грешник; раскаивающийся; духовный сын; исповедник, -ница; находящийся под епитимией

penitent II *adj.* сокрушенный

Penitential I «Пенитенциал»; ~ book книга покаяний, церковное уложение о наказаниях

Penitential II *adj.* покаянный; ~ Psalms псалмы покаянные

penitentiary *n.* пенитенциарий

Penitents *n. pl.* орден кающихся грешников

penman *n.* писец; переписчик книг

penscript *adj.* рукописный

pentarchy *n.* пентархия

Pentateuch *n.* Пятикнижие, Тора

Pentecost *n.* День Святой Троицы. Пятидесятница, Пентикостия, Троицын день

pentecost *n.* пятидесятница

Pentecostal Assemblies of the World, Inc. Пятидесятнические ассамблеи мира

Pentecostal Church of God of America, Inc. Церковь Божия пятидесятников Америки

Pentecostal Holiness Church, Inc. Пятидесятническая церковь святости

Pentecostalism *n.* пятидесятничество

Pentecostals *n. pl.* пятидесятники; пожертвования на Пятидесятницу

Pentecostarion «Пентикостарий», «Триодь цветная»

Penticostal Churches Церкви пятидесятников

Pentient Thief раскаявшийся разбойник

penumbra *n.* полутень, полусвет, полумрак

penury *n.* ущерб "In all labour there is profit: but the talk of the lips [tendeth] only to penury" (Pr., 14:23) / «От всякого труда есть прибыль, а от пустословия только ущерб» (Притч., 14:23);

скудость "For all these have of
their abundance cast in unto the
offerings of God: but she of her
penury hath cast in all the living
that she had" (Lk., 21:4) / «Ибо
все те от избытка своего положили в дар Богу, а она от
скудости своей положила все
пропитание свое, какое имела» (Лук., 21:4).

people *n.* народ "And the Lord
said, Behold, the people [is]
one, and they have all one language; and this they begin to
do: and now nothing will be restrained from them, which they
have imagined to do" (Ge.,
11:6) / «И сказал Господь: вот,
один народ, и один у всех
язык; и вот что начали они делать, и не отстанут они от того,
что задумали делать» (Быт.,
11:6); common ~ простой народ; язык; люди

per se *adv.* по сути, непосредст-
венно

peradventure *n.* неизвестность,
сомнение; случайность; be-
yond/past/without ~ без сомнения

perannial *adj.* годовой

peraqim *n.* пераким

perceivable *adj.* видимый

perceive *v.* узреть (кого-л./что-л.)

perceive *v.* ощущать, ощутить
(что-л.); постигать, постичь,
понимать (что-л./кого-л.);
знать "And they made their father drink wine that night: and
the firstborn went in, and lay
with her father; and he perceived not when she lay down,
nor when she arose" (Ge.,
19:33) / «И напоили отца сво-

его вином в ту ночь; и вошла
старшая и спала с отцом своим [в ту ночь]; а он не знал,
когда она легла и когда
встала» (Быт., 19:33); разуметь "Yet the Lord hath not
given you an heart to perceive,
and eyes to see, and ears to
hear, unto this day" (De., 29:4) /
«Но до сего дня не дал вам
Господь [Бог] сердца, чтобы
разуметь, очей, чтобы видеть,
и ушей, чтобы слышать»
(Втор., 29:4); узнать "And Phinehas the son of Eleazar the
priest said unto the children of
Reuben, and to the children of
Gad, and to the children of Manasseh, This day we perceive
that the Lord [is] among us, because ye have not committed
this trespass against the Lord:
now ye have delivered the children of Israel out of the hand of
the Lord" (Jos., 22:31) / «И сказал Финеес, сынам Елеазара,
священник, сынам Рувимо-
вым и сынам Гадовым и сы-
нам Манассииным: сегодня
мы узнали, что Господь среди
нас, что вы не сделали пред
Господом преступления сего;
теперь вы избавили сынов
Израиля от руки Господней»
(Нав., 22:31); (у)видеть "And
when Gideon perceived that he
[was] an angel of the Lord,
Gideon said, Alas, O Lord God!
for because I have seen an angel
of the Lord face to face" (Jdg.,
6:22) / «И увидел Гедеон, что
это Ангел Господень, и сказал
Гедеон: увы мне, Владыка
Господи! потому что я видел

Ангела Господня лицем к лицу» (Суд., 6:22).

perceptibility *n.* видимость

perception *n.* ощущение

perdition *n.* (по)гибель "While I was with them in the world, I kept them in thy name: those that thou gavest me I have kept, and none of them is lost, but the son of perdition; that the scripture might be fulfilled" (Jn., 17:12) / «Когда Я был с ними в мире, Я соблюдал их во имя Твое; тех, которых Ты дал Мне, Я сохранил, и никто из них не погиб, кроме сына погибели, да сбудется Писание» (Ин., 17:12); вечные муки; гибель; пагуба "But they that will be rich fall into temptation and a snare, and [into] many foolish and hurtful lusts, which drown men in destruction and perdition" (1 Ti., 6:9) / «А желающие обогащаться впадают в искушение и в сеть и во многие безрассудные и вредные похоти, которые погружают людей в бедствие и пагубу» (1 Тим., 6:9).

peregrinate I *adj.* чужеземный

peregrinate II *v.* странствовать

peregrination *n.* странствование, путешествие

peregrine I *n.* пилигрим

peregrine II *adj.* чужеземный, заморский

perennially *adv.* вечно, постоянно; неугасимо

perfect I *adj.* истый; полный; непорочный "These [are] the generations of Noah: Noah was a just man [and] perfect in his generations, [and] Noah walked with God" (Ge., 6:9) / «Вот житие Ноя: Ной был человек праведный и непорочный в роде своем; Ной ходил пред Богом» (Быт., 6:9); точный "[But] thou shalt have a perfect and just weight, a perfect and just measure shalt thou have: that thy days may be lengthened in the land which the Lord thy God giveth thee" (De., 25:15) / «Гиря у тебя должна быть точная и правильная, и ефа у тебя должна быть точная и правильная, чтобы продлились дни твои на земле, которую Господь Бог твой дает тебе [в удел]» (Втор., 25:15).

perfect II *v.* совершенствовать, усовершенствовать (что-л.)

perfection *n.* совершенство "I have seen an end of all perfection: [but] thy commandment [is] exceeding broad" (Ps., 119:96) / «Я видел предел всякого совершенства, но Твоя заповедь безмерно обширна» (Псл., 118:96); совершенствование

Perfectionists *n. pl.* перфекционисты

perfery *n.* вероломство

perfidible *adj.* лестчий, льстивый

perfidious *adj.* вероломный, предательский; изменнический; коварный

perfidy *n.* вероломство, предательство; коварство; лесть

performer *n.* совершитель, -ница

perform *v.* свершать, свершить (что-л.); творить, сотворить (кого-л./что-л.); исполнять "Sojourn in this land, and I will be with thee, and will bless thee; for unto thee, and unto thy

seed, I will give all these countries, and I will perform the oath
which I sware unto Abraham
thy father" (Ge., 26:3) /
«Странствуй по сей земле, и
Я буду с тобою и благословлю
тебя, ибо тебе и потомству
твоему дам все земли сии и
исполню клятву [Мою], которою Я клялся Аврааму, отцу
твоему» (Быт., 26:3); perfor-
mance of religious rites отправление религиозного культа

perfume I *n.* курительный состав "And thou shalt make it a
perfume, a confection after the
art of the apothecary, tempered
together, pure [and] holy" (Ex.,
30:35) / «И сделай из них искусством составляющего масти курительный состав, стер-
тый, чистый, святый» (Исх.,
30:35); курения "And [as for]
the perfume which thou shalt
make, ye shall not make to
yourselves according to the
composition thereof: it shall be
unto thee holy for the Lord"
(Ex., 30:37) / «Курения, сде-
ланного по сему составу, не
делайте себе: святынею да будет оно у тебя для Господа»
(Исх., 30:37).

perfume II *v.* надушить "I have
perfumed my bed with myrrh,
aloes, and cinnamon" (Pr., 7:17) /
«Спальню мою надушила
смирною, алоем и корицею»
(Притч., 7:17); окуривать, окурить (что-л., чем-л.)

perfusion *n.* окропление; орошение

peribolos, peribolus *n.* внутренний двор храма; ограда внут-
реннего двора храма

perinsistence *n.* неотступность

period *n.* период

periodical *adj.* периодический

peripter *n.* периптер

perish *v.* (по)гибнуть, погибать
"And that food shall be for store
to the land against the seven
years of famine, which shall be
in the land of Egypt; that the
land perish not through the famine" (Ge., 41:36) / «И будет сия
пища в запас для земли на
семь лет голода, которые будут
в земле Египетской, дабы земля не погибла от голода» (Быт.,
41:36).

perishability *n.* тленность

perishable *adj.* бренный; тленный

perishableness *n.* бренность

perjured *adj.* клятвопреступный
"For whoremongers, for them
that defile themselves with mankind, for mensfealers, for liars,
for perjured persons, and if there
be any other thing that is contrary to sound doctrine" (1 Ti.,
1:10) / «Для блудников, муже-
ложников, человекохищников,
(клеветников, скотоложников)
лжецов, клятвопреступников,
и для всего, что противно
здравому учению» (1 Тим.,
1:10).

perjurer *n.* клятвопреступник,
-ница

perjurious *adj.* клятвопреступный

perjury *n.* клятвопреступление

permeate *v.* проникать, проникнуть (в кого-л., во что-л.)

permissibility *n.* дозволитель-
ность; допустимость
permissible *adj.* допустимый
permission *n.* дозволение; позволение "But I speak this by
permission, [and] not of commandment" (1 Co., 7:6) /
«Впрочем это сказано мною
как позволение, а не как повеление» (1 Кор., 7:6); to ask ~
просить позволения; with
one's ~ с чьего-л. позволения;
попущение; разрешение
permit *v.* дозволять, дозволить
(что-л. кому-л.); допускать,
допустить (что-л.); позволять,
позволить (что-л. кому-л.)
"Then Agrippa said unto Paul,
Thou art permitted to speak for
thyself. Then Paul stretched forth
the hand, and answered for himself" (Ac., 26:1) / «Агриппа
сказал Павлу: позволяется тебе
говорить за себя. Тогда Павел,
простерши руку, стал говорить
в свою защиту» (Деян., 26:1);
попускать, попустить (кому-л.,
что-л.); разрешать; разрешить
(что-л., кому-л.); ~ted позволительный
pernicious *adj.* (по)гибельный;
тлетворный; ~ book развратная
книга
perniciousless *n.* вредность
pernoctation *n.* ночное бдение
perpetrator *n.* виновник преступления
perpetual *adj.* вечный "Wherefore the children of Israel shall
keep the sabbath, to observe the
sabbath throughout their generations, [for] a perpetual covenant" (Ex., 31:16) / «И пусть
хранят сыны Израилевы суб-

боту, празднуя субботу в роды
свои, как завет вечный»
(Исх., 31:16); всегдашний
"And when Aaron lighteth the
lamps at even, he shall burn incense upon it, a perpetual incense before the Lord throughout your generations" (Ex.,
30:8) / «И когда Аарон зажига-
ет лампады вечером, он будет
курить им: это — всегдашнее
курение пред Господом в роды
ваши» (Исх., 30:8); постоянный "This [is] the offering of
Aaron and of his sons, which
they shall offer unto the Lord in
the day when he is anointed; the
tenth part of an ephah of fine
flour for a meat offering perpetual, half of it in the morning,
and half thereof at night" (Lev.,
6:20) / «Вот приношение от
Аарона и сынов его, которое
принесут они Господу в день
помазания его: десятая часть
ефы пшеничной муки в жертву постоянную, половина сего
для утра и половина для вечера» (Лев., 6:20); вековой "Lift
up thy feet unto the perpetual
desolations; [even] all [that] the
enemy hath done wickedly in the
sanctuary" (Ps., 74:3) / «Под-
вигни стопы Твои к вековым
развалинам: все разрушил враг
во святилище» (Псл., 73:3);
упорный "Why [then] is this
people of Jerusalem slidden back
by a perpetual backsliding? they
hold fast deceit, they refuse to
return" (Je., 8:5) / «Для чего
этот народ, Иерусалим, нахо-
дится в упорном отступниче-
стве? Они крепко держатся

обмана и не ~~хотят~~ обратиться»
(Иер., 8:5).

perpetuate v. увековечивать

perpetuation n. увековечение

perpetuity n. вечность, бесконечность

perpetuum silentium вечное молчание

perplexed adj. недоуменный; смятенный

perplexity n. недоумение “And there shall be signs in the sun, and in the moon, and in the stars; and upon the earth distress of nations, with perplexity; the sea and the waves roaring” (Lk., 21:25) / «И будут знамения в солнце и луне и звездах, а на земле уныние народов и недоумение; и море восшумит и возмутится» (Лук., 21:25); растерянность; замешательство “For [it is] a day of trouble, and of treading down, and of perplexity by the Lord God of hosts in the valley of vision, breaking down the walls, and of crying to the mountains” (Isa, 22:5) / «Ибо день смятения и попрания и замешательства в долине видения от Господа, Бога Саваофа. Ломают стену, и крик восходит на горы» (Ис., 22:5); смятение “The best of them [is] as a brier: the most upright [is sharper] than a thorn hedge: the day of thy watchmen [and] thy visitation cometh; now shall be their perplexity” (Mi., 7:4) / «Лучший из них — как терн, и справедливый — хуже колючей изгороди, день провозвестников Твоих, посещение

Твое наступает; ныне постигнет их смятение» (Мих., 7:4).

perscrutation n. тщательное исследование, рассмотрение, изучение, анализ

persecute v. гнать (кого-л.) “And the Lord thy God will put all these curses upon thine enemies, and on them that hate thee, which persecuted thee” (De., 30:7) / «Тогда Господь Бог твой все проклятия сии обратит на врагов твоих и ненавидящих тебя, которые гнали тебя» (Втор., 30:7); подвергать преследованию; преследовать “Why do ye persecute me as God, and are not satisfied with my flesh?” (Job, 19:22) «Зачем и вы преследуете меня, как Бог, и плотью моею не можете насытиться?» (Иов., 19:22); притеснять, притеснить (кого-л.)

persecution n. притеснение, гонение “Yet hath he not root in himself, but dureth for a while: for when tribulation or persecution ariseth because of the word, by and by he is offended” (Mt., 13:21) / «Но не имеет в себе корня и непостоянен: когда настанет скорбь или гонение за слово, тотчас соблазняется» (Матф., 13:21).

persecutor n. преследователь; гонитель, -ница “Many [are] my persecutors and mine enemies; [yet] do I not decline from thy testimonies” (Ps., 119:157) / «Много у меня гонителей и врагов, но от откровений Твоих я не удаляюсь» (Псл.,

118:157); притеснитель, -ница;
терзатель, -ница

perseity *n.* независимое существование

Perseverance of the Saints *n.* спасение святых на вечные вре-
мена

person *n.* человек "And the king
of Sodom said unto Abram,
Give me the persons, and take
the goods to thyself" (Ge.,
14:21) / «И сказал царь Содомский Авраму: отдай мне
людей, а имение возьми себе»
(Быт., 14:21).

persona sacrosancta *n.* священная особа/персона

personal *adj.* личный

personality *n.* личность

personalization *n.* воплощение;
олицетворение; персонификация

personalize *v.* воплощать; олицетворять; персонифицировать

personification *n.* олицетворение

personify *v.* олицетворять; олицетворить (что-л.)

perspicacious *adj.* дальновидный

perspicuity *n.* прозрачность; яс-
ность, понятность

perspicuous *adj.* явный, замет-
ный, видимый; вразумитель-
ный

perspiracity *n.* дальновидность

persuade *v.* убеждать; убедить
(кого-л., в чем-л.); склонять
"And the Lord said, Who shall
persuade Ahab, that he may go
up and fall at Ramothgilead?"
(1 Ki., 22:20) / «И сказал Господь: кто склонил бы Ахава,
чтобы он пошел и пал в Рамофе Галаадском?» (3 Цар.,
22:20).

persuasive *adj.* убедительный

persuasiveness *n.* убедительность

pertinacity *n.* упрямство, неус-
тупчивость

pertinence *n.* уместность

perturabation *n.* смятение; растерянность

perusal *n.* внимательное чте-
ние/прочтение; рассматрива-
ние

peruse *v.* внимательно прочитать;
думать, размышлять; внимательно рассматривать

perverse *adj.* развратный; строптивый "They have corrupted
themselves, their spot [is] not
[the spot] of his children: [they
are] a perverse and crooked generation" (De., 32:5) / «Но они
развратились пред Ним, они
не дети Его по своим
порокам, род строптивый и
развращенный» (Втор., 32:5);
виновный "If I justify myself,
mine own mouth shall condemn
me: [if I say], I [am] perfect, it
shall also prove me perverse"
(Job, 9:20) / «Если я буду оп-
равдываться, то мои же уста
обвинят меня; если я невинен,
то Он признает меня винов-
ным» (Иов., 9:20).

perversion *n.* развращение

perversity *n.* порча; разврат

pervert *v.* извращать, извратить
(что-л.); развращать, развратить (кого-л./что-л.); превращать "And thou shalt take no
gift: for the gift blindeth the
wise, and perverteth the words
of the righteous" (Ex., 23:8) /
«Даров не принимай, ибо дары слепыми делают зрячих и

превращают дело правых»
(Исх., 23:8).

perverter *n.* развратитель, -ница; совратитель, -ница; ~ing to another religion совращение в чужую веру

pervertion *n.* искажение

Pesah *n.* Песах

Pesahim *n.* «Песахим»

peshat *n.* пешат

Pesiqta de Rab Kahana «Песикта Кахана»

Pesiqta rabbati «Песикта раббати»

pessimal *adj.* прескверный

pestilence *n.* язва "And they said, The God of the Hebrews hath met with us: let us go, we pray thee, three days' journey into the desert, and sacrifice unto the Lord our God; lest he fall upon us with pestilence, or with the sword" (Ex., 5:3) / «Они сказали [ему]: Бог Евреев призвал нас; отпусти нас в пустыню на три дня пути принести жертву Господу, Богу нашему, чтобы Он не поразил нас язвою, или мечом» (Исх., 5:3).

pestilential *adj.* тлетворный

Peter Mogila *n.* Петр Могила, метрополит Киевский

Peter *n.* св. апостол Петр; Первое соборное послание св. апостола Петра; Второе соборное послание св. апостола Петра (книги Библии)

Peter's farthings, Peter's Pence лепта Св. Петру

Peter-penny *n.* лепта Св. Петру; пожертвование в папскую казну

petitio *n.* петиция; прошение; ходатайство

petition I *n.* ходатайство, прошение "Then Eli answered and said, Go in peace: and the God of Israel grant [thee] thy petition that thou hast asked of him" (1 Sa., 1:17) / «И отвечал Илий и сказал: иди с миром, и Бог Израилев исполнит прошение твое, чего ты просила у Него» (1 Цар., 1:17); челобитие; петиция; просьба "Then she said, I desire one small petition of thee; [I pray thee], say me not nay. And the king said unto her, Ask on, my mother: for I will not say thee nay" (1 Ki., 2:20) / «И сказала: я имею к тебе одну небольшую просьбу, не откажи мне. И сказал ей царь: проси, мать моя; я не откажу тебе» (3 Цар., 2:20);. мольба; желание "And the king said unto Esther at the banquet of wine, What [is] thy petition? and it shall be granted thee: and what [is] thy request? even to the half of the kingdom it shall be performed" (Esth,, 5:6) / «И сказал царь Есфири при питье вина: какое желание твое? оно будет удовлетворено; и какая просьба твоя? хотя бы до полуцарства, она будет исполнена» (Есф., 5:6).

petition II *v.* подавать прошение/ходатайство; обращаться с петицией; просить, умолять; to ~ for smth. молить (о чем-л.); to ~ for smb. просить (за кого-л.)

petitionary *adj.* просительный, содержащий просьбу/ходатайство/заявление

petitioner *n.* проситель, -ница

Petrine theory теория первоапостольства Св. Петра, теория примата Папы Римского

Petro Mohyla *n.* Петр Могила

Petru Movila *n.* Петр Могила

pettinence *n.* ничтожество

pewholder *n.* владелец места в церкви

pew-opener *n.* служитель при церкви

pew-rent *n.* плата за место в церкви

phantasm *n.* фантом, призрак; иллюзия

phantasma *n.* иллюзия; сон, видение; призрак, привидение, фантом

phantom *n.* фантом, призрак; видение

pharaoh *n.* фараон "The princes also of Pharaoh saw her, and commended her before Pharaoh: and the woman was taken into Pharaoh's house" (Ge., 12:15) / «Увидели ее и вельможи фараоновы и похвалили ее фараону; и взята была она в дом фараонов» (Быт., 12:15).

pharisaic(al) *adj.* фарисейский

Pharisaism *n.* фарисейство

Pharisee *n.* фарисей "But when he saw many of the Pharisees and Sadducees come to his baptism, he said unto them, O generation of vipers, who hath warned you to flee from the wrath to come?" (Mt., 3:7) / «Увидев же Иоанн многих фарисеев и саддукеев, идущих к нему креститься, сказал им: порождения ехиднины! кто внушил вам бежать от будущего гнева?» (Матф., 3:7).

phasm *n.* иллюзия; видение, призрак

phenomenon *n.* знамение

phial *n.* фиал

Philadelphists *n. pl.* филадельфисты

philanthropic *adj.* человеколюбивый

philanthropist *n.* благотворитель

Philaret *n.* Филарет

Philip the Apostle *n.* св. апостол Филипп

Philip *n.* антипапа Филипп

philippic *n.* филиппика

Philistine *n.* филистимлянин

philistinism *n.* мещанство, филистерство

Phillip *n.* св. апостол Филипп

philobiblic *n.* книголюб

Philokalia *n.* «Добротолюбие»

philoprogenitive *adj.* чадолюбивый

philosophaster *n.* жалкий любомудр, псевдофилософ

philosopher *n.* философ

philosophic, -al *adj.* философский

philosophise *v.* умствовать

philosophist *n.* мыслитель

philosophize *v.* мудрить

philosophize *v.* мыслить, помышлять (о ком-л./о чем-л.); философствовать

philosophizing *n.* мудрствование, умствование

Philosophumena *n.* «Философумена»

philosophy *n.* философия "Beware lest any man spoil you through philosophy and vain deceit, after the tradition of men, after the rudiments of the world, and not after Christ" (Col., 2:8) / «Смотрите, братия, чтобы кто не увлек вас философиею и пустым обольщением, по преданию человеческому, по стихиям мира, а не по Христу» (Кол., 2:8).

Philotheus Kokkinos *n.* Филофей Коккин

Philoxenus of Mabbug *n.* Филоксен, Ксенайас Мабугский

Photian Schism Фотиев раскол, Фотиева схизма

phrenetic I *n.* безумец, маньяк

phrenetic II *adj.* одержимый; фанатичный; ~ missionaries фанатичные миссионеры

phylactery *n.* филактерия; рака; фарисейство, ханжество; амулет; талисман; оберег

phylarch *n.* филарх, местный правитель

physical *adj.* естественный; чувственный

physician *n.* врач "And Joseph commanded his servants the physicians to embalm his father: and the physicians embalmed Israel" (Ge., 50:2) / «И повелел Иосиф слугам своим — врачам, бальзамировать отца его; и врачи набальзамировали Израиля» (Быт., 50:2).

pia desideria *n.* благие пожелания (намерения)

piacle *n.* тяжелый проступок; тяжкий грех

piacular *adj.* искупительный, очищающий; греховный; ~ offering искупительная жертва

Piarists *n. pl.* пиаристы, пиарии

Picards *n. pl.* пикардисты

pickthank *n.* льстец, угодник, подхалим

Picpus Fathers *n.* конгрегация Пикпуса

picture *n.* изображение "Then ye shall drive out all the inhabitants of the land from before you, and destroy all their pictures, and destroy all their molten images, and quite pluck down all their high places" (Nu., 33:52) / «То прогоните от себя всех жителей земли и истребите все изображения их, и всех литых идолов их истребите и все высоты их разорите» (Числ., 33:52); украшения "And upon all the ships of Tarshish, and upon all pleasant pictures" (Isa, 2:16).

picturesque *adj.* образный

piece *n.* часть

Pieta *n.* «Пиета», «Скорбящая Мать»

pieta *n.* плач Богоматери

pietism *n.* благочестие, набожность, богопочитание, пиетет

pietism *n.* пиетизм

pietist *n.* пиетист; набожный человек, богомол; благочестивый

pietistic *adj.* глубоко набожный; истово верующий; благочестивый

piety *n.* благочестис, набожность; добродетельный/богоугодный поступок

pigeon *n.* голубь "And he said unto him, Take me an heifer of three years old, and a she goat of three years old, and a ram of three years old, and a turtledove, and a young pigeon" (Ge., 15:9) / «Господь сказал ему: возьми Мне трехлетнюю телицу, трехлетнюю козу, трехлетнего овна, горлицу и молодого голубя» (Быт., 15:9).

pikestaff *n.* посох

Pilate *n.* Понтий Пилат

pile *v.* накапливать, накопить (что-л.)

piling *n.* накопление (богатства)

pilgrim *n.* пилигрим, паломник, -ница; богомолец, -ица; пришелец, странник, -ница "These all died in faith, not having received the romises, but having seen them afar off, and were persuaded of [them], and embraced [them], and confessed that they were strangers and pilgrims on the earth" (He., 11:13) / «Все сии умерли в вере, не получив обетований, а только издали видели оные, и радовались, и говорили о себе, что они странники и пришельцы на земле» (Евр., 11:13); путешественник, -ница

pilgrimage I *n.* путешествие; паломничество; странствование "And Jacob said unto Pharaoh, The days of the years of my pilgrimage [are] an hundred and thirty years: few and evil have the days of the years of my life been, and have not attained unto the days of the years of the life of my fathers in the days of their pilgrimage" (Ge., 47:9) / «Иаков сказал фараону: дней странствования моего сто тридцать лет; малы и несчастны дни жизни моей и не достигли до лет жизни отцов моих во днях странствования их» (Быт., 47:9); жизненный путь

pilgrimage II *v.* паломничать

pilgrimize *v.* паломничать

Piligrim Festivals дни паломничества, праздники паломников

Piligrim's way Дорога богомольцев

pillage *n.* грабительство

pillager *n.* грабитель

pillar *n.* столп; ~ of Fire «Столп огня»; ~ of salt соляной столп "But his wife looked back from behind him, and she became a pillar of salt" (Ge., 19:26) / «Жена же Лотова оглянулась позади его, и стала соляным столпом» (Быт., 19:26).

pillarists, pillar-saints *n. pl.* святые столпники

pillory *n.* позорный столб; put in the ~ пригвоздить к позорному столбу

pilpul *n.* пилпул

pilpulist *n.* опытный талмудист

Pimen *n.* Пимен

pine *v.* томиться (чем-л.); ~ away истаять "Therefore, O thou son of man, speak unto the house of Israel; Thus ye speak, saying, If our transgressions and our sins [be] upon us, and we pine away in them, how should we then live?" (Ez., 33:10) «И ты, сын человеческий, скажи дому Израилеву: вы говорите так: преступления наши и грехи наши на нас, и мы истаеваем в них: как же можем мы жить?» (Иез., 33:10).

Pinkster *n.* День Святой Троицы, Пятидесятница, Троицын день

pious *adj.* набожный, благочестивый, религиозный; ~ literature религиозная литература; ~ wish благочестивое желание; pious богобоязненный, боязливый

piously *adv.* благоговейно

piousness *n.* набожность; благочестие; религиозность

Piphles *n. pl.* катары, альбигойцы

piscina, piscine *n.* умывальница в ризнице; ~е умывальницы

pishogue *n.* колдовство; заклинание

piteousness *n.* жалость; сострадание

pitiful *adj.* жалкий; жалостный; мягкосердный "The hands of the pitiful women have sodden their own children: they were their meat in the destruction of the daughter of my people" (La., 4:10) / «Руки мягкосердых женщин варили детей своих, чтобы они были для них пищею во время гибели дщери народа моего» (Пл. Иер., 4:10).

pitiless *adj.* жестокосердный, немилосердный, нещадный

pitious *adj.* жалкий

Pitirim *n.* Питирим, патриарх Московский

pity I *n.* жалость; сожаление; сердоболие

pity II *v.* жалеть (кого-л./что-л.; о ком-л./о чем-л.); соболезновать (кому-л.); сожалеть (о ком-л./о чем-л.); ~ing жаление

Pius I *n.* Пий I

Pius II *n.* Пий II

Pius III *n.* Пий III

Pius IV *n.* Пий IV

Pius V *n.* Пий V

Pius VI *n.* Пий VI

Pius VII *n.* Пий VII

Pius VIII *n.* Пий VIII

Pius IX *n.* Пий IX

Pius X *n.* Пий X

Pius XI *n.* Пий XI

Pius XII *n.* Пий XII

placability *n.* кротость, незлобивость, незлопамятность; благодушие, мягкость

placable *adj.* кроткий, незлобивый, незлопамятный; благодушный

place I *n.* место "And God said, Let the waters under the heaven be gathered together unto one place, and let the dry [land] appear: and it was so" (Ge., 1:9) / «И сказал Бог: «да соберется вода, которая под небом, в одно место, и да явится суша». И стало так» (быт., 1:9).

place II *v.* вчинять, вчинить (кого-л./что-л.); полагать, положить (что-л., на что-л.); располагать, расположить (когол./что-л.); ставить, поставить (кого-л./что-л.); ~ in вмещать, вместить (что-л., кого-л.; во что-л.); ~ of receipt странноприимный дом; ~ together совмещать, совместить (что-л., с чем-л.); placing in вмещение

placebo *n.* плацебо, «Я буду угоден»

Placemakers' Bible «Чиновничья Библия», «Библия чиновников»

plague *n.* язва; the 10 ~s of Egypt 10 казней египетских; казнь "And the Lord said unto Moses, Yet will I bring one plague [more] upon Pharaoh, and upon Egypt; afterwards he will let you go hence: when he shall let [you] go, he shall surely thrust you out hence altogether" (Ex., 11:1) / «И сказал Господь Моисею: еще одну казнь Я наведу на фараона и на Егип-

тян; после того он отпустит
вас отсюда; когда же он будет
отпускать [вас], с поспешностью будет гнать вас отсюда»
(Исх., 11:1).

plain I *n.* окрестность "And Lot
lifted up his eyes, and beheld all
the plain of Jordan, that it [was]
well watered every where, before
the Lord destroyed Sodom and
Gomorrah, [even] as the garden
of the Lord, like the land of
Egypt, as thou comest unto
Zoar" (Ge., 13:10) / «Лот возвел
очи свои и увидел всю окрестность Иорданскую, что она,
прежде нежели истребил Господь Содом и Гоморру, вся до
Сигора орошалась водою, как
сад Господень, как земля Египетская» (Быт., 13:10); дубрава
"And Abram passed through the
land unto the place of Sichem,
unto the plain of Moreh. And the
Canaanite [was] then in the land"
(Ge., 12:6) / «И прошел Аврам
по земле сей [по длине ее] до
места Сихема, до дубравы Море. В этой земле тогда [жили]
Хананеи» (Быт., 12:6).

plain II *adj.* откровенный; простой

plainsong *n.* «кантус плянус»,
григорианский распев

plan I *n.* план

plan II *v.* планировать (что-л.)

planet *n.* риза священника

plant *v.* садить (что-л.), сажать
(что-л.) "And the Lord God
planted a garden eastward in
Eden; and there he put the man
whom he had formed" (Ge.,
2:8) / «И насадил Господь Бог
рай в Едеме на востоке, и по-

местил там человека, которого
создал» (Быт., 2:8); ~ Christianity насаждать христианство; вселять, вселить (что-л.,
в кого-л.)

planter *n.* садитель, -ница; сеятель, -ница

plate *n.* блюдо; offering ~ блюдо
для сбора пожертвований

pleader *n.* предстательный, -ница

pleading I *n.* заступничество, ходатайство; мольба

pleading II *adj.* просительный,
просящий

pleasance *n.* удовольствие, при-
ятность; радость

pleasant *adj.* приятный "And out
of the ground made the Lord
God to grow every tree that is
pleasant to the sight, and good
for food; the tree of life also in
the midst of the garden, and the
tree of knowledge of good and
evil" (Ge., 2:9) / «И произрастил Господь Бог из земли всякое дерево, приятное на вид и
хорошее для пищи, и дерево
жизни посреди рая, и дерево
познания добра и зла» (Быт.,
2:9).

please *v.* (у)довольствовать (кого-
л.); угождать, угодить (кому-л.,
чем-л.); услаждать, усладить
(кого-л., чем-л.); нравиться
"And their words pleased
Hamor, and Shechem Hamor's
son" (Ge., 34:18) / «И понра-
вились слова сии Еммору и
Сихему, сыну Емморову»
(Быт., 34:18); ~d довольный;
pleasing угождение, угодный

pleasure *n.* изволение; угода; удовольствие; услаждение; уте-
шение "Therefore Sarah laughed

within herself, saying, After I am waxed old shall I have pleasure, my lord being old also?" (Ge., 18:12) «Сарра внутренне рассмеялась, сказав: мне ли, когда я состарилась, иметь сие утешение? и господин мой стар» (Быт., 18:12).

pledge *n.* залог; ~ of success залог успеха; зарок

plenary indulgence полное отпущение грехов

plot I *n.* злоухищрение; комплот; навет

plot II *v.* соумышлять, соумыслить (что-л.); умышлять, умыслить (что-л.); ~ against злоумышлять, злоумыслить "The wicked plotteth against the just, and gnasheth upon him with his teeth" (Ps., 37:12) / «Нечестивый злоумышляет против праведника и скрежещет на него зубами своими» (Псл., 36:12).

plotter *n.* злоумышленник, -ница

Plough Monday Пахотный понедельник, первый понедельник после Святого Богоявления

ploughman *n.* (о)ратай

plunder *n.* хищение

plunge *v.* погружать, погрузить (кого-л./что-л., во что-л.) "Yet shalt thou plunge me in the ditch, and mine own clothes shall abhor me" (Job, 9:31) / «То и тогда Ты погрузишь меня в грязь, и возгнушаются мною одежды мои» (Иов., 9:31).

pluperfection *n.* верх/предел совершенства

pluralism *n.* одновременное владение несколькими бенефициями; плюрализм

pluralist *n.* священник, владеющий несколькими бенефициями

pluripresence *n.* вездесущность

pluvial *n.* риза священника

Plymouth Brethren *n.* Плимутская братия, дарбииты

pneumatology *n.* учение о духах

Poenit Ap. (Poenitentiaria Apostolica) пенитенциарий апостольский

poignant *adj.* мучительный

point *n.* сущность; точка; ~ of view точка зрения; from one's ~ of view с точки зрения; ~ out указывать, указать (кому-л., что-л.)

poison *n.* зелье; яд "[They shall be] burnt with hunger, and devoured with burning heat, and with bitter destruction: I will also send the teeth of beasts upon them, with the poison of serpents of the dust" (De., 32:24) / «Будут истощены голодом, истреблены горячкою и лютою заразою; и пошлю на них зубы зверей и яд ползающих по земле» (Втор., 33:24).

poisonous *adj.* ядовитый

Pokrovsky Cathedral Покровский собор, храм Покрова на Рву

police-office *n.* управа благочиния

policy *n.* образ действий

polieley *n.* полиелей

Polish National Catholic Church of America Польская национальная католическая церковь Америки

politability *n.* культура

politable *adj.* культурный

polluter *n.* осквернитель, -ница

pollution *n.* осквернение

poltroonery *n.* малодушие, боязливость

polygamist *n.* многоженец

polygamy *n.* многоженство

polyglot Bible *n.* Библия-полиглотта

Polyglot Londoninesis *n.* «Лондонская полиглотта»

polytheism *n.* многобожие

polytheistic *adj.* политеистический, многобожный

pomp *n.* великолепие; гордыня "Thy pomp is brought down to the grave, [and] the noise of thy viols: the worm is spread under thee, and the worms cover thee" (Isa, 14:11) / «В преисподнюю низвержена гордыня твоя со всем шумом твоим; под тобою подстилается червь, и черви — покров твой» (Ис., 14:11); надменность "Wherefore I will bring the worst of the heathen, and they shall possess their houses: I will also make the pomp of the strong to cease; and their holy places shall be defiled" (Ex., 7:24). «Я приведу злейших из народов, и завладеют домами их. И положу конец надменности сильных, и будут осквернены святыни их» (Исч., 7:24).

pompous *adj.* великолепный; торжественный

ponirology *n.* понирология (учение о зле)

Pont. (Pontifex) *n.* бревиарий «Понтифекс»

Pontificatus *n.* понтификат

Pont. Max. (Pontifex Maximus) верховный понтифик

Pontian *n.* Понциан

pontifex *n.* понтифик, Папа Римский

Pontifex *n.* бревиарий «Понтифекс»

pontiff *n.* Папа Римский; епископ, архиерей; первосвященник, понтифик

pontifical I *n.* архиерейский обрядник; архиерейское/епископское/кардинальское/папское облачение

pontifical II *adj.* папский; епископский, архиерейский; епископальный; первосвященнический; догматический; ~ Gendarmerie жандармерия Ватикана, жандармерия понтифика; ~ high mass архиерейская торжественная месса

pontificate I *n.* понтификат, первосвященство

pontificate II, pontify *v.* служить архиерейскую торжественную мессу

Pontus. (Pontificatus) *n.* понтификат, срок пребывания у власти Папы Римского или архиепископа

poor I *n.* нищий, нищая; ~ in spirit нищие духом

poor II *adj.* бедный "If thou lend money to [any of] my people [that is] poor by thee, thou shalt not be to him as an usurer, neither shalt thou lay upon him usury" (Ex., 22:25) / «Если дашь деньги взаймы бедному из народа Моего, то не притесняй его и не налагай на него роста» (Исх., 22:25); худой "And, behold, seven other kine came up after them, poor and very ill favoured and lean-fleshed, such as I never saw in all the land of Egypt for badness" (Ge., 41:19) / «Но вот, после них вышли семь коров других, худых, очень дурных видом и тощих плотью: я не видывал во всей земле Египетской таких худых, как они» (Быт., 41:19); убогий "But the seventh [year] thou shalt let it rest and lie still; that the poor of thy people may eat: and what they leave the beasts of the field shall eat. In like manner thou shalt deal with thy vineyard, [and] with thy oliveyard" (Ex., 23:11) / «А в седьмой оставляй ее в покое, чтобы питались убогие из твоего народа, а остатками после них питались звери полевые; так же поступай с виноградником твоим и с маслиною твоею» (Исх., 23:11); нищий "Ye shall do no unrighteousness in judgment: thou shalt not respect the person of the poor, nor honour the person of the mighty: [but] in righteousness shalt thou judge thy neighbour" (Lev., 19:15) / «Не делайте неправды на суде; не будь лицеприятен к нищему и не угождай лицу великого; по правде суди ближнего твоего» Лев., 19:15); скудный; grow ~ беднеть, обеднеть; ~ development слабое развитие

Poor Clares *n.* клариссинки

Poor Knights of Christ and of the Temple of Solomon Бедные рыцари Христа и Соломонова храма, храмовники, тамплиеры

poor-box *n.* кружка для сбора в пользу бедных

poorhouse *n.* дом призрения, богадельня

poorness *n.* скудность

Pope Joan *n.* папесса Иоанна

Pope *n.* патриарх; священник, поп; Папа Римский, понтифик

Pope of Geneva *n.* женевский папа, Джон Кальвин

Pope's slave *n.* прислужница Папы

popedom *n.* папство

popery *n.* папизм

popish *adj.* папский, папистский

populacy *n.* простой народ

porch *n.* паперть

porch *n.* притвор

porrect *v.* представлять, передавать документ на рассмотрение/исправление

porta clausa *n.* врата затворенные

Porta del Paradise *n.* райские врата, врата рая

portas *n.* карманный молитвенник; бревиарий, католический требник

portent *n.* знамение; дурной знак; предостережение; чудо

portentous *adj.* зловещий, необыкновенный; удивительный

porteous *n.* карманный молитвенник; бревиарий, католический требник

portion *n.* часть "And Rachel and Leah answered and said unto him, [Is there] yet any portion or inheritance for us in our father's house?" (Ge., 31:14) «Рахиль и Лия сказали ему в ответ: есть ли еще нам доля и наследство в доме отца нашего?» (Быт., 31:14); доля "Save only that which the young men have eaten, and the portion of the men which went with me, Aner, Eshcol, and Mamre; let them take their portion" (Ge., 14:24) / «Кроме того, что съели отроки, и кроме доли, принадлежащей людям, которые ходили со мною; Анер, Эшкол и Мамрий пусть возьмут свою долю» (Быт., 14:24); участок "Only the land of the priests bought he not; for the priests had a portion [assigned them] of Pharaoh, and did eat their portion which Pharaoh gave them: wherefore they sold not their lands" (Ge., 47:22) / «Только земли жрецов не купил [Иосиф], ибо жрецам от фараона положен был участок, и они питались своим участком, который дал им фараон; посему и не продали земли своей» (Быт., 47:22).

portliness *n.* величественность, импозантность

portress *n.* привратница в женском монастыре

Port-Royal des Champs монастырь Порт-Рояль

positive *adj.* положительный

Poss. (Possessor) *n.* владелец; **(Possessio)** владение

Possesors *n. pl.* иосифляне, стяжатели

possess *v.* обладать (чем-л.); овладеть "That in blessing I will bless thee, and in multiplying I will multiply thy seed as the stars of the heaven, and as the sand which [is] upon the sea

shore; and thy seed shall possess the gate of his enemies" (Ge., 22:17) / «То Я благословляя благословлю тебя и умножая умножу семя твое, как звезды небесные и как песок на берегу моря; и овладеет семя твое городами врагов своих» (Быт., 22:17); ~ed одержимый

possession *n.* одержимость бесами, Сатаной; владение "And I will give unto thee, and to thy seed after thee, the land wherein thou art a stranger, all the land of Canaan, for an everlasting possession; and I will be their God" (Ge., 17:8) / «И дам тебе и потомкам твоим после тебя землю, по которой ты странствуешь, всю землю Ханаанскую, во владение вечное; и буду им Богом» (Быт., 17:8); обладание

possessor *n.* владыка "And he blessed him, and said, Blessed [be] Abram of the most high God, possessor of heaven and earth" (Ge., 14:19) / «И благословил его, и сказал: благословен Аврам от Бога Всевышнего, Владыки неба и земли» (Быт., 14:19); обладатель, -ница

possessory *adj.* владетельный

post *n.* сан

post factum *adv.* постфактум; задним числом

post mortem, post obitum *adv.* после смерти, после кончины

postcommunion *n.* запричастная молитва

postdiluvian *adj.* происшедший после всемирного потопа

posterity *n.* потомство "Behold, I will take away the posterity of Baasha, and the posterity of his house; and will make thy house like the house of Jeroboam the son of Nebat" (1 Ki., 16:3) / «Вот, Я отвергну дом Ваасы и дом потомства его и сделаю с домом твоим то же, что с домом Иеровоама, сына Наватова» (3 Цар., 16:3); потомки "Speak unto the children of Israel, saying, If any man of you or of your posterity shall be unclean by reason of a dead body, or [be] in a journey afar off, yet he shall keep the passover unto the Lord" (Nu., 9:10) / «Скажи сынам Израилевым: если кто из вас или из потомков ваших будет нечист от прикосновения к мертвому телу, или будет в дальней дороге, то и он должен совершить Пасху Господню» (Числ., 9:10).

post-exilian, post-exilic *adj.* происшедший после вавилонского пленения

postexistence *n.* жизнь после смерти

posthaste *n.* быстрота, поспешность

postil *n.* помета на Библии

Postilla *n.* «Постилла», сборник проповедей Яна Гуса

postpone *v.* откладывать, отложить (что-л.); отсрочить (что-л.)

postponement *n.* отсрочка

postscript *n.* приписка

postulancy *n.* послушничество

postulant *n.* послушник

potence *n.* сила, могущество; власть

potency *n.* сила, могущество; власть; потенция; владыка, повелитель

potent *adj.* сильный, могущественный, мощный; державный

potentate *n.* властитель, -ница

potion *n.* зелье; питие

pour *v.* лить; ~ in вливать, влить; ~ out изливать, излить (что-л., на кого-л.)

poverty *n.* бедность "So shall thy poverty come as one that travelleth, and thy want as an armed man" (Pr., 6:11) / «И придет, как прохожий, бедность твоя, и нужда твоя, как разбойник. [Если же будешь не ленив, то, как источник, придет жатва твоя; скудость же далеко убежит от тебя.]» (Притч., 6:11); скудость "The rich man's wealth [is] his strong city: the destruction of the poor [is] their poverty" (Pr., 10:15) / «Имущество богатого — крепкий город его, беда для бедных — скудость их» (Притч., 10:15); нищета "Poverty and shame [shall be to] him that refuseth instruction: but he that regardeth reproof shall be honoured" (Pr., 13:18) / «Нищета и посрамление отвергающему учение; а кто соблюдает наставление, будет в чести» (Притч., 13:18); come to ~ (о)беднеть "For the drunkard and the glutton shall come to poverty: and drowsiness shall clothe [a man] with rags" (Pr., 23:21) / «Потому что пьяница и пресыщающийся обеднеют, и сонливость оденет в рубище» (Притч., 23:21); нищета; нужда; убожество

power *n.* государство, держава; могущественность; сила "It is in the power of my hand to do you hurt: but the God of your father spake unto me yesternight, saying, Take thou heed that thou speak not to Jacob either good or bad" (Ge., 31:29) / «Есть в руке моей сила сделать вам зло; но Бог отца вашего вчера говорил ко мне и сказал: берегись, не говори Иакову ни хорошего, ни худого» (Быт., 31:29); могущество "Reuben, thou [art] my firstborn, my might, and the beginning of my strength, the excellency of dignity, and the excellency of power" (Ge., 49:3) / «Рувим, первенец мой! Ты — крепость моя и начаток силы моей, верх достоинства и верх могущества» (Быт., 49:3); владычество; under the ~ of под владычеством; власть "Where the word of a king [is, there is] power: and who may say unto him, What doest thou?" (Ec., 8:4) / «Где слово царя, там власть; и кто скажет ему: что ты делаешь?» (Екк., 8:4); solemnity ~ власть священнодействия; ~ of teaching власть учительства; ~ of jurisdiction власть юрисдикции; ordinary ~ ординарная власть; official ~ должностная власть; entrusted ~ препорученная власть; reducing ~ принуждающая власть; ~s власти "And when they bring you unto the synagogues, and [unto] magistrates, and powers, take ye no thought how or what thing ye shall answer, or what ye shall say" (Lk., 12:11) / «Когда же приведут вас в синагоги, к начальствам и властям, не заботьтесь, как или что отвечать, или что говорить» (Лук., 12:11); силы "Immediately after the tribulation of those days shall the sun be darkened, and the moon shall not give her light, and the stars shall fall from heaven, and the powers of the heavens shall be shaken" (Mt., 24:29) / «И вдруг, после скорби дней тех, солнце померкнет, и луна не даст света своего, и звезды спадут с неба, и силы небесные поколеблются» (Матф., 24:29); Силы (ангельский чин) "For I am persuaded, that neither death, nor life, nor angels, nor principalities, nor powers, nor things present, nor things to come" (Ro., 8:38) / «Ибо я уверен, что ни смерть, ни жизнь, ни Ангелы, ни Начала, ни Силы, ни настоящее, ни будущее» (Рим., 8:38).

powerful *adj.* сильный "The voice of the Lord [is] powerful; the voice of the Lord [is] full of majesty" (Ps., 29:4) / «Глас Господа силен, глас Господа величествен» (Псл., 28:4); действенный "For the word of God [is] quick, and powerful, and sharper than any twoedged sword, piercing even to the dividing asunder of soul and spirit, and of the joints and marrow, and [is] a discerner of the thoughts and intents of the heart" (He., 4:12) / «Ибо слово Божие живо и действенно и острее всякого меча обоюдоострого: оно проникает до разделения души и духа, составов и мозгов, и судит помышления и намерения сердечные» (Евр., 4:12); державный; могущественный

PP. (Papa) *n.* Папа Римский; понтифик

Praepositus *adj.* помещенный, расположенный

PP. AA. (Patres Amplissimi) *n. pl.* кардиналы

Pr. (Praetor) *n.* претор; **(Pater)** отец, патер

PR. K. (Pridie Kalendas) накануне календ, накануне первого числа месяца у древних римлян

PR. N. (Pridie Nonas) накануне ноны, 6-го числа марта, мая, июля, октября и 4-го числа остальных месяцев в древнеримском календаре

practical *adj.* практический

Praef. (Praefatio) *n.* бревиарий «Прэфатио»

praetor *n.* претор

Praetorian I *n.* преторианец

Praetorian II *adj.* преторианский

praetorship *n.* должность претора

praise I *n.* (по)хвала; хваление; восхваление; слава; славословие; прославление

praise II *v.* восхвалять, восхвалить (кого-л./что-л.) "And she conceived again, and bare a son: and she said, Now will I praise the Lord: therefore she called his name Judah; and left bearing" (Ge., 29:35) / «И еще зачала и родила сына, и сказала: теперь-то я восхвалю Господа. Посему нарекла ему имя Иуда. И перестала рождать» (Быт., 29:35); прославлять "Praise ye the Lord for the avenging of Israel, when the people willingly offered themselves" (Jdg. 5:2) / «Израиль отмщен, народ показал рвение; прославьте Господа!» (Суд., 5:2); хвалить; превозносить; ~ oneself восхваляться, восхвалиться; благословлять, благословить; возносить, вознести (кого-л./что-л.); ~ a person up to the skies вознести кого-л. до небес; воспевать, воспеть (кого-л./что-л.); славить (кого-л./что-л.); славословить; praising восхваление

praiseworthily *adv.* похвально

praiseworthy *adj.* похвальный; достославный

pray I *n.* молитва

pray II *v.* молить(ся); призывать, призвать (кого-л./что-л.); ~ing моление, молитва, молящийся

prayer *n.* молитва; просьба; богослужение; мольба; молящийся, молельщик, to say one's ~s молиться, читать молитвы; common ~ литургия в Англиканской церкви; to be at one's ~s быть на богослужении; ~ beads четки; ~ book молитвенник; ~ meeting молитвенное собрание! ~ of Azariah молитва Азарии; ~ of Manasseh Молитва Манассии; ~ book требник

prayerful *adj.* богомольный, набожный; молитвенный

prayer-meeting *n.* молитвенное собрание

pray-in *n.* молебен в знак протеста

praying *n.* моление; богомолье, богомольство

PRB. (Presbyter) священник, священнослужитель; пресвитер

preach I *n.* проповедь

preach II *v.* проповедовать(ся) (что-л. кому-л.); to ~ Christ проповедовать христианство; to ~ temperance проповедовать воздержание; to ~ a long sermon прочитать длинную проповедь; поучать, поучить (кого-л.); разглашать "And thou hast also appointed prophets to preach of thee at Jerusalem, saying, [There is] a king in Judah: and now shall it be reported to the king according to these words. Come now therefore, and let us take counsel together" (Ne., 6:7) / «И пророков поставил ты, чтоб они разглашали о тебе в Иерусалиме и говорили: царь Иудейский! И такие речи дойдут до царя. Итак приходи, и посоветуемся вместе» (Неем., 6:7); возвещать "I have preached righteousness in the great congregation: lo, I have not refrained my lips, O Lord, thou knowest" (Ps., 40:9) / «Я возвещал правду Твою в собрании великом; я не возбранял устам моим: Ты, Господи, знаешь» (Псл., 39:10).

preacher *n.* проповедник "And spared not the old world, but saved Noah the eighth [person], a preacher of righteousness, bringing in the flood upon the world of the ungodly" (2 Pe., 2:5) / «И если не пощадил первого мира, но в восьми душах сохранил семейство Ноя, проповедника правды, когда навел потоп на мир нечестивых» (2 Петр., 2:5); священник

Preacher *n.* Екклесиаст "I the Preacher was king over Israel in Jerusalem" (Ec., 1:12) / «Я, Екклесиаст, был царем над Израилем в Иерусалиме» (Еккл., 1:12); Книга Екклесиаста, или Проповедника (книга Библии)

preaching I *n.* проповед(ов)ание; проповедь "The men of Nineveh shall rise in judgment with this generation, and shall condemn it: because they repented at the preaching of Jonas; and, behold, a greater than Jonas [is] here" (Mt., 12:41) / «Ниневитяне восстанут на суд с родом сим и осудят его, ибо они покаялись от проповеди Иониной; и вот, здесь больше Ионы» (Матф., 12:41).

preaching II *adj.* проповедующий; ~ friar монах-доминиканец

preaching-house *n.* молитвенный дом, молельня

preachment *n.* чтение проповеди

Pre-Adamites *n. pl.* преадамиты

prebend *n.* пребенда

prebendary *n.* пребендарий; специальный канон

precarious *adj.* вымоленный; необеспеченный

precariousness *n.* необеспеченность

precatory *adj.* просительный

precede *v.* предшествовать (кому-л./чему-л.)

precedence *n.* предшествие, предшествование

precedent *adj.* предшествующий

preceding I *n.* предварение

preceding II *adj.* предшественный

precent *v.* руководить/дирижировать хором

precenter *n.* регент

precentor *n.* регент церковного хора

precept *n.* наставление; правило; заповедь "And madest known unto them thy holy sabbath, and commandedst them precepts, statutes, and laws, by the hand of Moses thy servant" (Ne., 9:14) / «И указал им святую Твою субботу и заповеди, и уставы и закон преподал им чрез раба Твоего Моисея» (Неем., 9:14); повеление "Thou hast commanded [us] to keep thy precepts diligently" (Ps., 119:4) / «Ты заповедал повеления Твои хранить твердо» (Псл., 118:4).

preceptor *n.* настоятель Ордена храмовников

preceptory *n.* община Ордена храмовников/госпитальеров

pre-Christian *adj.* дохристианский

precious *adj.* драгий, драгоценный "And he took their king's crown from off his head, the weight whereof [was] a talent of gold with the precious stones: and it was [set] on David's head. And he brought forth the spoil of the city in great abundance" (2 Sa., 12:30) / «И взял Давид венец царя их с головы его, — а в нем было золота талант и драгоценный камень, — и возложил его Давид на свою голову, и добычи из города вынес очень много» (2 Цар., 12:30); ценный; честной; thy ~ blood честная кровь твоя; богатый "And the servant brought forth jewels of silver, and jewels of gold, and raiment, and gave [them] to Rebekah: he gave also to her brother and to her mother precious things" (Ge., 24:53) / «И вынул раб серебряные вещи и золотые вещи и одежды и дал Ревекке; также и брату ее и матери ее дал богатые подарки» (Быт., 24:53); вожделенный "And for the precious things of the earth and fulness thereof, and [for] the good will of him that dwelt in the bush: let [the blessing] come upon the head of Joseph, and upon the top of the head of him [that was] separated from his brethren" (De., 33:16) / «И вожделенными дарами земли и того, что наполняет ее; благословение Явившегося в терновом кусте да приидет па главу Иосифа и на темя наилучшего из братьев своих» (Втор., 33:16).

preciousness *n.* драгоценность

precisian, precisionist *n.* пурист

precisianism *n.* пуризм

preclude *v.* предотвращать, предотвратить (что-л.)

preclusion *n.* предотвращение

precognition *n.* предвидение

preconceive *v.* заранее составить мнение

precondemn *v.* осуждать заранее

preconize *v.* оглашать папский указ об утверждении кого-л. епископом/кардиналом

Precursor *n.* Иоанн Креститель, Иоанн Предтеча; предшественник, предтеча; St. John ~ Иоанн Предтеча

predatory *adj.* грабительский; хищный

predecessor *n.* предшественник, -ница

predella *n.* пределла

predesignation, predestination, predestination, predetermination *n.* предопределение

predestinarian *n.* фаталист

Predestinarians *n. pl.* предестинариане

predestinate I *adj.* предопределенный

predestinate II *v.* предопределять, предназначать

predestine *v.* предопределять, предопределить (что-л. кому-л.)

predetermine *v.* предопределять, предрешать; предопределить (что-л. кому-л.)

predicant I *n.* предикант, проповедник; монах-доминиканец

predicant II *adj.* проповедующий

predicatory *adj.* проповеднический; проповедуемый

predict *v.* предсказывать; пророчить; предвещать, предвозвещать (кому-л. что-л.); предрекать, предречь (что-л. кому-л.); вещать; провозвещать, провозвестить (кому-л. что-л.); прорекать, проречь (что-л. кому-л.); пророчествовать; напророчить (что-л. кому-л.)

predicting *adj.* вещий

prediction *n.* предсказание; пророчество; вещание; предведе-

ние; предречение; провозвещение; прорицание

predictor *n.* пророк; предвещатель, -ница; предсказатель, -ница; вещатель, -ница; провозвестник, -ница

predikant *n.* священник голландской протестантской церкви в Южной Африке

predilection *n.* пристрастие, предпочтение

predistine *v.* предназначать, предназначить (что-л., кому-л.)

predominance *n.* превосходство; господство; господствующая сила; преобладание

predominancy *n.* господство; господствующая сила

predominant *adj.* господствующий; преобладающий

predominate *v.* преобладать (над кем-л./чем-л.)

predomination *n.* преобладание

predoom *v.* обрекать, осуждать заранее

pre-echo I *n.* предзнаменование, предвестие

pre-echo II *v.* предварять; предвещать

pre-exilian *adj.* относящийся ко времени до вавилонского пленения

pre-exist *v.* предсуществовать

pre-existent *adj.* предсущий, присносущий

preface *n.* проскомидия

prefect apostolic *n.* апостольский префект

prefer *v.* предпочитать, предпочесть (что-л., чему-л.)

preferable *adj.* предпочтительный

preference *n.* предпочтение; преимущественное право

preferment *n.* высокое положение (в церкви)

prefiguration *n.* прообраз; предображение

pregnancy *n.* беременность

pregnant *adj.* беременная

prejudice *n.* предрассудок

prejudicial *adj.* вредоносный

prelacy *n.* прелатство; епископальная система управления; архипастырство; пастырство

prelapsarian *adj.* до грехопадения; безгреховный; ~ innocence райская безгрешность

prelate I *n.* прелат; архиерей; архиерейство; архипастырь

prelate II *adj.* архипастырский; архиерейский; exercise the functions of a ~ архиерействовать; святитель; священноначальник

prelateship *n.* архиерейство; архипастырство

prelatess *n.* аббатиса

prelatical *adj.* прелатский

prelatism, prelatry, prelature *n.* прелатство

preliminery *adj.* предварительный

premature *adj.* безвременный; ~ly deceased безвременно скончавшийся

Premillenarians *n. pl.* премилленарии, адвентисты

premillennialism *n.* премилленаризм

Premonstratensian *n.* белый каноник, премонстрант, норбертинец

premundane *adj.* существовавший до Сотворения Мира

preordain *v.* предназначать, предопределять

preordinance *n.* предназначение

preordination *n.* предопределение

preparation *n.* уготовление; предположение "The preparations of the heart in man, and the answer of the tongue, [is] from the Lord" (Pr., 16:1) / «Человеку принадлежат предположения сердца, но от Господа ответ языка» (Притч., 16:1); ~ for the sacrament говение

prepare *v.* готовить, приготовить (что-л., кому-л., для чего-л.) "And he said, Come in, thou blessed of the Lord; wherefore standest thou without? for I have prepared the house, and room for the camels" (Ge., 24:31) / «И сказал [ему]: войди, благословенный Господом; зачем ты стоишь вне? я приготовил дом и место для верблюдов» (Быт., 24:31); уготавливать, уготовить (что-л., кому-л.)

presage I *n.* предзнаменование; предвестие; предчувствие; предсказание, пророчество

presage II *v.* предвещать, предсказывать, предзнаменовывать (что-л.); предчувствовать; an evil ~ дурное предзнаменование

presanctified *adj.* преждеосвященный

Presbit. (Presbyter) *n.* священник, священнослужитель; пресвитер

presbytarian *n.* пресвитерианин

presbyter *n.* старейшина; пресвитер

presbyter(i)al *adj.* пресвитерианский

presbyterate *n.* пресвитерия

Presbyterian Church in Ireland Пресвитерианская церковь Ирландии

Presbyterian Church of England Пресвитерианская церковь Англии

Presbyterian Church of Wales Пресвитерианская церковь Уэльса

Presbyterian Church of USA Пресвитерианская церковь США

Presbyterianism *n.* пресвитерианство

presbyterianism *n.* пресвитерство

Presbyterians *n. pl.* пресвитериане

presbytery *n.* часть церкви с алтарем; собрание старейшин; пресвитерия; дом католического священника

prescience *n.* предведение

prescient *n.* наделенный даром предвидения; ~ of the future предвидящий будущее

presence *n.* присутствие; наличие; real ~ истинное присутствие (тела и крови Христа в причастии); in the ~ of пред лицом, пред очами "Nay, my lord, hear me: the field give I thee, and the cave that [is] therein, I give it thee; in the presence of the sons of my people give I it thee: bury thy dead" (Ge., 23:11) / «Нет, господин мой, послушай меня: я даю тебе поле и пещеру, которая на нем, даю тебе, пред очами сынов народа моего дарю тебе ее, похорони умершую твою» (Быт., 23:11); представление

кандидата на духовную должность

present I *n.* подарок "And he lodged there that same night; and took of that which came to his hand a present for Esau his brother" (Ge., 32:13) / «И ночевал там Иаков в ту ночь. И взял из того, что у него было, [и послал] в подарок Исаву, брату своему» (Быт., 32:12); дар; приношение; divine ~ дар неба; дарование; даяние

present II *adj.* наличный; нынешний; современный; сущий

present III *v.* дарить, подарить, одарить; дарствовать (что-л., кому-л.); подавать, подать (что-л., кому-л.); ~ed дареный

Presentatio Domini Представление Господа в храме; Сретение Господне

Presentation of Christ in the Temple Представление Господа в храме; Сретение Господне

Presentation of Our Lord Представление Господа в храме, Сретение Господне

Presentation of the Virgin Mary Введение во Храм Пресвятой Девы Марии; Введение во Храм Девы Марии

presenter *n.* лицо, представляющее кого-л. на духовную должность

presentiment *n.* дурное предчувствие

presently *adv.* сразу же, немедленно; тотчас же "A fool's wrath is presently known: but a prudent [man] covereth shame" (Pr., 12:16) / «У глупого тотчас же выкажется гнев его, а благоразумный скрывает оскорбление» (Притч., 12:16).

presentment *n.* жалоба епископу; представление кандидата на духовную должность

preservation *n.* сохранение

preserve *v.* сохранять, (со)хранить (что-л.); восставить "Come, let us make our father drink wine, and we will lie with him, that we may preserve seed of our father" (Ge., 19:32) / «Итак напоим отца нашего вином и переспим с ним, и восставим от отца нашего племя» (Быт., 19:32); ~d береженый

preserver *n.* хранитель, -ница; страж "I have sinned; what shall I do unto thee, O thou preserver of men? why hast thou set me as a mark against thee, so that I am a burden to myself?" (Job, 7:20) «Если я согрешил, то что я сделаю Тебе, страж человеков! Зачем Ты поставил меня противником Себе, так что я стал самому себе в тягость?» (Иов., 7:20).

preserving *n.* бережение

president *n.* президент; князь "And over these three presidents; of whom Daniel [was] first: that the princes might give accounts unto them, and the king should have no damage" (Da., 6:2) / «А над ними трех князей, — из которых один был Даниил, — чтобы сатрапы давали им отчет и чтобы царю не было никакого обременения» (Дан., 6:2).

presignify *v.* предвещать, предзнаменовать

pressing *adj.* необходимый

presume *v.* (по)сметь; дерзнуть "But they presumed to go up unto the hill top: nevertheless the ark of the covenant of the Lord, and Moses, departed not out of the camp" (Nu., 14:44) / «Но они дерзнули подняться на вершину горы; ковчег же завета Господня и Моисей не оставляли стана» (Числ., 14:44); отважиться "Then the king Ahasuerus answered and said unto Esther the queen, Who is he, and where is he, that durst presume in his heart to do so?" (Esth. 7:5) «И отвечал царь Артаксеркс и сказал царице Есфири: кто это такой, и где тот, который отважился в сердце своем сделать так?» (Есф, 7:5).

presumption *n.* бесстыдие

pretence *n.* притворство; for a ~ напоказ "Which devour widows' houses, and for a pretence make long prayers: these shall receive greater damnation" (Mk. 12:40) / «Сии, поядающие домы вдов и напоказ долго молящиеся, примут тягчайшее осуждение» (Марк., 12:40).

pretender *n.* притворщик, -щица

preterhuman *adj.* сверхчеловеческий

preternatural *adj.* сверхъестественный

pretor *n.* претор

Pretorian *n.* преторианец

prevail *v.* довлеть; побеждать, победить (кого-л./что-л.); преобладать (над кем-л./чем-л.); одолеть "All my familiars watched for my halting, [saying], Peradventure he will be enticed, and we shall prevail against him, and we shall take our revenge on him" (Je., 20:20) / «Все, жившие со мною в мире, сторожат за мною, не споткнусь ли я: может быть, говорят, он попадется, и мы одолеем его и отмстим ему» (Иер., 20:20); ~ing господствующий

prevailence *n.* преобладание

prevailent *adj.* преобладающий

prevenient *adj.* предвосхищающий

prevent *v.* вести, направлять; предупреждать; предшествовать; мешать; опутывать "The sorrows of hell compassed me about; the snares of death prevented me" (2 Sa., 22:6) / «Цепи ада облегли меня, и сети смерти опутали меня» (2 Цар., 22:6); предотвращать, предотвратить (что-л.); ~ing предварение

prevention *n.* предотвращение

previous *adj.* предварительный; предшествующий; предыдущий

previously *adv.* предварительно

previse *v.* предвидеть; предостерегать

prevision *n.* предвидение

priceless *adj.* неоценимый

pricelessness *n.* неоценимость

prick *v.* жалить, ужалять (кого-л./что-л.)

pride *n.* гордость "Notwithstanding Hezekiah humbled himself for the pride of his heart, [both] he and the inhabitants of Jerusalem, so that the wrath of the Lord came not upon them in the days of Hezekiah" (2 Chr., 32:26) / «Но как смирился Езекия в гордости сердца своего, — сам и жители Иерусалима, то не пришел на них гнев Господень во дни Езекии» (2 Пар., 32:26); гордыня; высокомерие "I know thy pride, and the naughtiness of thine heart; for thou art come down that thou mightest see the battle" (1 Sa., 17:28) / «Я знаю высокомерие твое и дурное сердце твое, ты пришел посмотреть на сражение» (1 Цар., 17:28); ~ oneself upon smth. возгордиться (чем-л.); ~ which apes humility гордыня, прикрывающаяся смирением

prideless *adj.* смиренный, кроткий

prie-dieu *n.* скамейка, на которую молящиеся становятся коленями; аналой

priest I *n.* священник "And Melchizedek king of Salem brought forth bread and wine: and he [was] the priest of the most high God" (Ge., 14:18) / «И Мелхиседек, царь Салимский, вынес хлеб и вино, — он был священник Бога Всевышнего» (Быт., 14:18); священнослужитель; поп; жрец "And unto Joseph were born two sons before the years of famine came, which Asenath the daughter of Potipherah priest of On bare unto him" (Ge., 41:50) / «До наступления годов голода, у Иосифа родились два сына, которых родила ему Асенефа, дочь По-

тифера, жреца Илиопольского»
(Быт., 41:50).

priest II *v.* посвящать в священники; выполнять обязанности
священника; regular ~ иеромонах

pnestcraft *n.* вмешательство духовенства в мирские дела; искусство священнослужителя

priestess *n.* жрица; попадья

priest-hole *n.* тайник

priesthood *n.* священство "And
thou shalt anoint them, as thou
didst anoint their father, that they
may minister unto me in the
priest's office: for their anointing
shall surely be an everlasting
priesthood throughout their generations" (Ex., 40:15) / «И помажь их, как помазал ты отца
их, чтобы они были священниками Мне, и помазание их по-
святит их в вечное священство
в роды их» (Исх., 40:15); священники; жречество; духовенство; пресвитерство; священ-
ничество

priestlike *adj.* священнический;
жреческий; иерейский

priestly *adj.* священнический;
поповский; жреческий; ~ vestments одеяние священника;
священнический

priest-ridden *adj.* находящийся
под властью/контролем духовенства

Priests' Charter Поповская хартия

primacy *n.* первосвятительство,
сан архиепископа

primary *adj.* изначальный; первоначальный; преимуществен-
ный; ~ importance преимущественное значение

primate *n.* примас

Primate of All England *n.* Примас всей Англии, титул архиепископа Кентерберийского

Primate of England *n.* Примас
Англии, титул архиепископа
Йоркского

primate *n.* первосвятитель

primateship *n.* первосвятительство

primatial *adj.* примасский, пер-
восвятительский

prime *n.* служба первого часа;
заутреня

Primitive Christian art раннее
христианское искусство

Primitive Methodist Church
Первометодистская церковь

primitive *adj.* первобытный

primo *adv.* прежде всего, во-
первых

**primogenital, primogenitary,
primogenitive** *adj.* перворожденный

primogenitor *n.* прародитель;
предок; пращур

primogenitrix *n.* прародительница

primogeniture *n.* первородство

primordial *adj.* первобытный;
первообразный

Primus *n.* Примас Шотландской
епископальной церкви

Prince of Church *n.* князь Церкви

Prince of Darkness *n.* князь Тьмы

Prince of the Apostles *n.* князь
апостольский, св. апостол
Петр

princedom *n.* княжение

princely *adj.* царский

princess *n.* княгиня

principal I *n.* доверитель, -ница

principal II *adj.* главный

Principality *n.* Начала (ангельский чин)

principally *adv.* главным образом

principalness *n.* главенство

principle *n.* правило; принцип

Printer's Bible «Библия печатников»

prior *n.* приор; настоятель

priorate *n.* приорат; приорство

prioress *n.* приоресса; настоятельница

priory *n.* небольшой монастырь, скит

Priscillianism *n.* прискиллианство

Priscillians *n. pl.* присциллиане, прискиллиане

prison *n.* темница "And Joseph's master took him, and put him into the prison, a place where the king's prisoners [were] bound: and he was there in the prison" (Ge., 39:20) / «И взял Иосифа господин его и отдал его в темницу, где заключены узники царя. И был он там в темнице» (Быт., 39:20).

prisoner *n.* пленник, -ница; узник, -ца "And the keeper of the prison committed to Joseph's hand all the prisoners that [were] in the prison; and whatsoever they did there, he was the doer [of it]" (Ge., 39:22) / «И отдал начальник темницы в руки Иосифу всех узников, находившихся в темнице, и во всем, что они там ни делали, он был распорядителем» (Быт., 39:22); ~ of Vatican Ватиканский узник

pristhood *n.* иерейство

pristine *adj.* древний; первоначальный; былой; чистый, нетронутый, неиспорченный

private *adj.* собственный; частный; ~ person частное лицо; ~ life частная жизнь; ~ baptism крещение на дому

privately *adv.* наедине "And as he sat upon the mount of Olives, the disciples came unto him privately, saying, Tell us, when shall these things be? and what [shall be] the sign of thy coming, and of the end of the world?" (Mt., 24:3) «Когда же сидел Он на горе Елеонской, то приступили к Нему ученики наедине и спросили: скажи нам, когда это будет? и какой признак Твоего пришествия и кончины века?» (Матф., 24:3); келейно; особо "And the apostles, when they were returned, told him all that they had done. And he took them, and went aside privately into a desert place belonging to the city called Bethsaida" (Lk., 9:10) / «Апостолы, возвратившись, рассказали Ему, что они сделали; и Он, взяв их с Собою, удалился особо в пустое место, близ города, называемого Вифсаидою» (Лук., 9:10).

privation *n.* лишение, нужда

pro aris et focis за алтари и очаги

pro bono publico ради общественного блага

pro et contra *adv.* за и против

pro hac vice для этого случая

pro patria за отечество

pro tanto *adv.* соответственно

pro tempore *adv.* временно

probabilism *n.* пробабилизм

probabilistic *adj.* пробабилистичный

probability *n.* вероятность

probable *adj.* вероятный; чаемый

probation *n.* искус; испытание; послушничество

probational I *n.* служащий для искуса/испытания

probational II *adj.* послушнический

probationary *adj.* послушнический

probationer *n.* кандидат на должность пастора; послушник

Probe Bibel исправленное издание первого варианта Лютеровской Библии

probity *n.* честность, неподкупность

problem *n.* вопрос; задача; ~ of evil проблема существования зла

problematic *adj.* спорный

procatalipsis *n.* предвосхищение возражений

procathedral *n.* кафедральная церковь

proceed (from) *v.* исходить, изойти (от кого-л./чего-л.); приходить "Then Laban and Bethuel answered and said, The thing proceedeth from the Lord: we cannot speak unto thee bad or good" (Ge., 24:50) / «И отвечали Лаван и Вафуил и сказали: от Господа пришло это дело; мы не можем сказать тебе вопреки ни худого, ни доброго» (Быт., 24:50); ~ing продолжение

proceleusmatic *adj.* волнующий, вдохновляющий

procellous *adj.* бурный

process *n.* процесс

procession I *n.* процессия; шествие; крестный ход; литания; исхождение; участники процессии

procession II *v.* участвовать в крестном ходе; to ~ a town идти крестным ходом по городу; the ~ of the Holy Spirit/Ghost исхождение Святого Духа

processional *adj.* молитвенник для религиозных процессий/крестного хода; молитва, гимн, псалом для пения во время крестного хода; крестный ход

processionary *n.* участник религиозной процессии/крестного хода

prochronism *n.* прохронизм; хронологическая ошибка

proclaim *v.* возглашать, возгласить (что-л.) "And the Lord passed by before him, and proclaimed, The Lord, The Lord God, merciful and gracious, longsuffering, and abundant in goodness and truth" (Ex., 34:6) / «И прошел Господь пред лицем его и возгласил: Господь, Господь, Бог человеколюбивый и милосердый, долготерпеливый и многомилостивый и истинный» (Исх., 34:6); провозвещать, провозвестить (кому-л. что-л.); провозглашать, провозгласить (что-л.) "And he said, I will make all my goodness pass before thee, and I will proclaim the name of the Lord before thee; and will be gracious to whom I will be gracious, and will shew mercy on whom I will shew mercy" (Ex., 33:19) / «И сказал [Господь Моисею]: Я проведу пред тобою всю славу Мою и провозглашу имя Иеговы пред тобою, и кого помиловать — помилую, кого пожалеть — пожалею» (Исх., 33:19); проповедоваться, проповедовать (что-л. кому-л.); публиковать, опубликовывать (что-л.); ~ing возглашение

proclaimation *n.* провозглашение

proclaimer *n.* провозглашатель, -ница

proctor *n.* адвокат, поверенный при церковных судах; проктор

proctorial *adj.* прокторский

proctorship *n.* должность/звание проктора

procuracy *n.* должность келаря

procuration *n.* прокурация, пошлина, выплачиваемая священником епископу

procurator *n.* келарь; прокуратор

procuratrix *n.* мать-казначея в женском монастыре; монахиня-экономка

procurer *n.* сводник, -ница

Prod *n.* протестант

prodigal I *n.* расточитель, -ница

prodigal II *adj.* расточительный; блудный; ~ son блудный сын

prodigality *n.* расточительность

prodigy *n.* чудо

proditor *n.* изменник, предатель

proditorous *adj.* предательский, коварный

proditory *adj.* предательский

produce *v.* зарождать, зародить, (кого-л./что-л.); порождать, породить (кого-л./что-л.); приносить, принести (что-л.); представлять "Produce your cause, saith the Lord; bring forth your strong [reasons], saith the

King of Jacob" (Isa, 41:21) / «Представьте дело ваше, говорит Господь; приведите ваши доказательства, говорит Царь Иакова» (Ис., 41:21).

Prof. I (Professus) принявший постриг; давший обет

Prof. II (Professio) обет; пострижение в монахи; вступление в религиозный орден

Prof. III (Professor) исповедующий религию; профессор

profanation *n.* профанация; осквернение; ~ of a temple осквернение храма; поругание

profane I *n.* непосвященный

profane II *adj.* осквернительный; мирской, светский; непосвященный; неосвященный; нечестивый, богохульный; ~ words богохульное слово

profane III *v.* бесчестить "And thou shalt not let any of thy seed pass through [the fire] to Molech, neither shalt thou profane the name of thy God: I [am] the Lord" (Lev., 18:21) / «Из детей твоих не отдавай на служение Молоху и не бесчести имени Бога твоего. Я Господь» (Лев., 18:21); профанировать (что-л.); осквернять; осквернить (что-л.) "Therefore [every one] that eateth it shall bear his iniquity, because he hath profaned the hallowed thing of the Lord: and that soul shall be cut off from among his people" (Lev., 19:8) / «Кто станет есть ее, тот понесет на себе грех, ибо он осквернил святыню Господню, и истребится душа та из народа своего» (Лев., 19:8); позорить; пятнать; ~ art светское искусство; ~ rites языческие обряды; ~ words богохульные слова; to ~ a shrine осквернять святилище; to ~ the name of God богохульствовать

profaner *n.* осквернитель, -ница

profanity *n.* богохульство; богохуление; профанация; to utter profanities богохульствовать

profanum vulgus *n.* чернь

profess *v.* исповед(ыв)ать, (что-л./кого-л.) "And thou shalt go unto the priest that shall be in those days, and say unto him, I profess this day unto the Lord thy God, that I am come unto the country which the Lord sware unto our fathers for to give us" (De., 26:3) / «И приди к священнику, который будет в те дни, и скажи ему: сегодня исповедую пред Господом Богом твоим, что я вошел в ту землю, которую Господь клялся отцам нашим дать нам» (Втор., 26:3); принимать/вступить в религиозный орден; принять монашество; ~ed принявший постриг; давший монашеский обет; объявлять "And then will I profess unto them, I never knew you: depart from me, ye that work iniquity" (Mt., 7:23) / «И тогда объявлю им: Я никогда не знал вас; отойдите от Меня, делающие беззаконие» (Матф., 7:23); говорить "They profess that they know God; but in works they deny [him], being abominable, and disobedient, and unto every good work reprobate" (Tit., 1:16) / «Они говорят, что зна-

ют Бога, а делами отрекаются, будучи гнусны и непокорны и не способны ни к какому доброму делу» (Тит., 1:16).

profession *n.* исповедание "Fight the good fight of faith, lay hold on eternal life, whereunto thou art also called, and hast professed a good profession before many witnesses" (1 Ti., 6:12) / «Подвизайся добрым подвигом веры, держись вечной жизни, к которой ты и призван, и исповедал доброе исповедание перед многими свидетелями» (1 Тим., 6:12); вероисповедание; обет; пострижение в монахи; вступление в религиозный орден; the ~ of Christianity исповедование христианства; ~ of faith вероисповедание

professional *adj.* профессиональный

professor *n.* профессор

profit I *n.* доход; доходность; польза "And Judah said unto his brethren, What profit [is it] if we slay our brother, and conceal his blood?" (Ge., 37:26) / «И сказал Иуда братьям своим: что пользы, если мы убьем брата нашего и скроем кровь его?» (Быт., 37:26).

profit II *v.* приносить пользу "And turn ye not aside: for [then should ye go] after vain [things], which cannot profit nor deliver; for they [are] vain" (1 Sa., 12:21) / «И не обращайтесь вслед ничтожных богов, которые не принесут пользы и не избавят; ибо они — ничто» (1 Цар., 12:21); воздавать "He looketh upon men, and [if any] say, I have sinned, and perverted [that which was] right, and it profited me not" (Job, 33:27) / «Он будет смотреть на людей и говорить: грешил я и превращал правду, и не воздано мне» (Иов., 33:27).

profitable *adj.* доходный; полезный "[And] how I kept back nothing that was profitable [unto you], but have shewed you, and have taught you publickly, and from house to house" (Ac., 20:20) / «Как я не пропустил ничего полезного, о чем вам не проповедывал бы и чему не учил бы вас всенародно и по домам» (Деян., 20:20).

profit-seeker *n.* корыстолюбец

profoundness *n.* глубокомысленность, -мыслие

profundity *n.* глубь

progenitor *n.* прародитель

progenitress, progenitrix *n.* прародительница, праматерь

prognostic *n.* предзнаменование, предвестие, предвестник; предсказание; предвещание

prognosticate *v.* предсказывать; предвещать; предзнамено(вы)вать (что-л.)

prognostication *n.* предсказание; прогнозирование; предзнаменование; предвестник

prognosticator *n.* предсказатель; предзнаменование; предвестник; предвещатель "Thou art wearied in the multitude of thy counsels. Let now the astrologers, the stargazers, the monthly prognosticators, stand up, and save thee from [these things] that shall come upon thee" (Isa, 47:13) / «Ты утомлена множеством советов твоих; пусть же выступят наблюдатели небес и звездочеты и предвещатели по новолуниям, и спасут тебя от того, что должно приключиться тебе» (Ис., 47:13).

progress *n.* достижение; преуспевание; развитие

progressive *adj.* постепенный

prohibit *v.* возбранять, возбранить; воспрещать, воспретить (что-л./кого-л.); запрещать, запретить (что-л.); ~ed запретный

prohibiter *n.* возбранитель, -ница

prohibition *n.* воспрещение; canonical ~ каноническое воспрещение; запрет; запрещение

prohibitive *adj.* запретительный

prohibitory *adj.* возбраненный, возбраняемый; запретительный

prokeimenon *n.* прокимен

prolegomenon *n.* пролегомены

prolicide *n.* детоубийство; истребление рода человеческого

prolongation *n.* продление

promise I *n.* обещание; обет

promise II *v.* давать обещание; обещать "Lest the land whence thou broughtest us out say, Because the Lord was not able to bring them into the land which he promised them, and because he hated them, he hath brought them out to slay them in the wilderness" (De., 9:28) / «Дабы [живущие] в той земле, откуда Ты вывел нас, не сказали: Господь не мог ввести их в землю, которую обещал им, и, ненавидя их, вывел Он их, чтоб умертвить их в пустыне» (Втор., 9:28); говорить "Wherefore Levi hath no part nor inheritance with his brethren; the Lord [is] his inheritance, according as the Lord thy God promised him" (De., 10:9) / «Потому нет левиту части и удела с братьями его: Сам Господь есть удел его, как говорил ему Господь, Бог твой» (Втор., 10:9); ~d Land Земля обетованная

promoter *n.* споспешствователь, -ница

prompt *v.* побуждать; ~ed движимый; ~ed by compassion движимый состраданием

prone I *n.* краткая проповедь/молитва перед Св. Причастием

prone II *adj.* склонный

pronounce *v.* изрекать, изречь (что-л.); объявлять "And the priest shall look on the plague in the skin of the flesh: and [when] the hair in the plague is turned white, and the plague in sight [be] deeper than the skin of his flesh, it [is] a plague of leprosy: and the priest shall look on him, and pronounce him unclean" (Lev., 13:3) / «Священник осмотрит язву на коже тела, и если волосы на язве изменились в белые, и язва оказывается углубленною в кожу тела его, то это язва проказы; священник, осмотрев его, объявит его нечистым» (Лев., 13:3).

pronuncio *n.* папский пронунций

Proof Bible исправленное издание первого варианта Лютеровской Библии

proof *n.* доказательство "To whom also he shewed himself alive after his passion by many infallible proofs, being seen of them forty days, and speaking of the things pertaining to the kingdom of God" (Ac., 1:3) / «Которым и явил Себя живым, по страдании Своем, со многими верными доказательствами, в продолжение сорока дней являясь им и говоря о Царствии Божием» (Деян., 1:3); incontrovertible ~ неопровержимое доказательство; ~ text слова Священного Писания, приводимые в доказательство утверждения

proofless *adj.* голословный

Prop. Fid. (Propaganda Fide) Конгрегация Пропаганды

Propaganda *n.* Пропаганда

propagandist *n.* член конгрегации по вопросам миссионерства; миссионер

propagate *v.* распложать(ся), расплодить(ся)

propagation *n.* расположение

Proper Breviary *n.* бревиарий «Проприум»

proper I *n.* изменяемая часть литургии/обедни/мессы; служба/молитвы, назначенные на определенный день; раздел молитвенника/требника с такими молитвами, назначенными на определенный день

proper II *adj.* годный; должный; надлежащий; приличный; пристойный; угодный; собственный "Moreover, because I have set my affection to the house of my God, I have of mine own proper good, of gold and silver, [which] I have given to the house of my God, over and above all that I have prepared for the holy house" (1 Chr., 29:3) / «И еще по любви моей к дому Бога моего, есть у меня сокровище собственное из золота и серебра, и его я отдаю для дома Бога моего, сверх всего, что заготовил я для святого дома» (1 Пар., 29:3); отечественный "And it was known unto all the dwellers at Jerusalem; insomuch as that field is called in their proper tongue, Aceldama, that is to say, The field of blood" (Ac., 1:19) / «И это сделалось известно всем жителям Иерусалима, так что земля та на отечественном их наречии названа Акелдама, то есть земля крови» (Деян., 1:19).

properly *adv.* должным образом

property *n.* достояние; имущество; свойство; собственность

prophecy I *n.* предсказание, пророчество "And when Asa heard these words, and the prophecy of Oded the prophet, he took courage, and put away the abominable idols out of all the land of Judah and Benjamin, and out of the cities which he had taken from mount Ephraim, and renewed the altar of the Lord, that [was] before the porch of the Lord" (2 Chr., 15:8) / «Когда услышал Аса слова сии и пророчество [Азарии], сына Одеда пророка, то ободрился и изверг мерзости языческие из всей

земли Иудиной и Вениаминовой и из городов, которые он взял на горе Ефремовой, и обновил жертвенник Господень, который пред притвором Господним» (2 Пар., 15:8); предречение; прорицание; публичная проповедь Писания; книга пророчеств; the gift of ~ дар ясновидения

prophecy II *v.* пророчествовать; (на)пророчить (что-л., кому-л.); предсказывать; предвещать, предвозвещать (кому-л., что-л.); провозглашать, провозгласить (что-л.); прорекать, проречь (что-л., кому-л.); толковать/проповедовать Писание

Prophecy of Aggeus *n.* Книга Пророка Аггея (книга Библии)

Prophecy of Daniel *n.* Книга Пророка Даниила (книга Библии)

Prophecy of Habacuc *n.* Книга Пророка Аввакума (книга Библии)

Prophecy of Malachias *n.* Книга Пророка Малахии (книга Библии)

prophesier *n.* предсказатель

prophet *n.* пророк "Now therefore restore the man [his] wife; for he [is] a prophet, and he shall pray for thee, and thou shalt live: and if thou restore [her] not, know thou that thou shalt surely die, thou, and all that [are] thine" (Ge., 20:7) / «Теперь же возврати жену мужу, ибо он пророк и помолится о тебе, и ты будешь жив; а если не возвратишь, то знай, что непременно умрешь ты и все твои» (Быт., 20:7); прорицатель; предвещатель, -ница; провозвестник, -ница; прорицатель, -ница

prophetess *n.* пророчица "And Miriam the prophetess, the sister of Aaron, took a timbrel in her hand; and all the women went out after her with timbrels and with dances" (Ex., 15:20) / «И взяла Мариам пророчица, сестра Ааронова, в руку свою тимпан, и вышли за нею все женщины с тимпанами и ликованием» (Исх., 15:20); прорицательница

prophetic(al) *adj.* пророческий; вещий

Prophets «Книги Пророков»

propinquity *n.* родственная близость

propitiation *n.* искупление; искупительная жертва; умилостивление "And he is the propitiation for our sins: and not for ours only, but also for [the sins of] the whole world " (1 Jn., 2:2) / «Он есть умилостивление за грехи наши, и не только за наши, но и за грехи всего мира» (1 Ин., 2:2).

propitiator *n.* искупитель

propitiatory *n.* покрышка киота Завета; *adj.* искупительный; ~ sacrifice искупительная жертва, искупительное жертвоприношение

propitious *adj.* благосклонный, милостивый; благоприятный

proposal *n.* предложение

propose *v.* предлагать, предложить (что-л., кому-л.)

proposition *n.* предложение

Propr. **(Proprium)** бревиарий «Проприум»

proprietor *n.* владетель, -ница

Pror. **(Procurator)** прокуратор; келарь

proscription *n.* проскрипция; запрещение; изгнание из страны

prose *n.* церковный гимн

prosecute *v.* обвинять, обвинить (кого-л., в чем-л.); предавать кого-л. суду

prosecutor *n.* обвинитель, -ница

proselyte I *n.* прозелит "Phrygia, and Pamphylia, in Egypt, and in the parts of Libya about Cyrene, and strangers of Rome, Jews and proselytes" (Ac., 2:10) / «Фригии и Памфилии, Египта и частей Ливии, прилежащих к Киринее, и пришедшие из Рима, Иудеи и прозелиты» (Деян., 2:10); новообращенный

proselyte II *v.* обращать в новую веру; ~ s of the gate эллины, необрезанные прозелиты

proselytism *n.* прозелитизм

proselytist *n.* обращающий в новую веру

proselytize *v.* обращать в свою/новую веру

prosopopoeia *n.* персонификация, воплощение

prosper *v.* благоденствовать; благоустроить "And he said unto me, The Lord, before whom I walk, will send his angel with thee, and prosper thy way; and thou shalt take a wife for my son of my kindred, and of my father's house" (Ge., 24:40) / «Он сказал мне: Господь [Бог], пред лицем Которого я хожу, пошлет с тобою Ангела Своего и благоустроит путь твой, и возьмешь жену сыну моему из родных моих и из дома отца моего» (Быт., 24:40); преуспевать, преуспеть (в чем-л.)

prosperity *n.* благополучие "Thou shalt not seek their peace nor their prosperity all thy days for ever" (De., 23:6) / «Не желай им мира и благополучия во все дни твои, во веки» (Втор., 23:6); богатство "Howbeit I believed not the words, until I came, and mine eyes had seen [it]: and, behold, the half was not told me: thy wisdom and prosperity exceedeth the fame which I heard" (1 Ki., 10:78) / «Но я не верила словам, доколе не пришла, и не увидели глаза мои: и вот, мне и в половину не сказано; мудрости и богатства у тебя больше, нежели как я слышала» (3 Цар., 10:7); благоденствие "And in my prosperity I said, I shall never be moved" (Ps., 30:6) / «И я говорил в благоденствии моем: не поколеблюсь вовек» (Псл., 29:7); довольство; преуспевание

prosperous *adj.* благоденственный; успешный "And the Lord was with Joseph, and he was a prosperous man; and he was in the house of his master the Egyptian" (Ge., 39:2) / «И был Господь с Иосифом: он был успешен в делах и жил в доме господина своего, Египтянина» (Быт., 39:2); преуспевающий

prosphora *n.* просфора

Prot. (Protestant) *n.* протестант

protagonist *n.* поборник, защитник, сторонник

protect *v.* защищать, защитить (кого-л./что-л.); вступаться, вступиться (за кого-л./за что-л.); заступаться, заступиться (за кого-л./за что-л.); оберегать, оберечь (кого-л., чем-л.; что-л.); оборонять, оборонить (кого-л./что-л., чем-л.); ограждать, оградить (кого-л./что-л.); пасти (кого-л.); покровительствовать (кому-л./чему-л.); ~ from отвращать, отвратить (кого-л./что-л. от кого-л./чего-л.); ~ with peace оградить миром; ~ed береженый; ~ing защищение, сбережение

protection *n.* защита; благоприятство; покров "Which did eat the fat of their sacrifices, [and] drank the wine of their drink offerings? let them rise up and help you, [and] be your protection" (De., 32:38) / «Которые ели тук жертв их [и] пили вино возлияний их, пусть они восстанут и помогут вам, пусть будут для вас покровом!» (Втор., 32:38); оборона; ограда; покровительство; предстательство; сень; эгида

protective *adj.* оборонительный

protector *n.* покровитель; благоволитель, -ца; блюститель, -ница; доброжелатель, -ница; заступник, -ница; защитник, -ница; оборонитель, -ница; патрон; печальник

protectress *n.* заступница; покровительница; печальница

protectrix *n.* защитница; покровительница

Protestant Episcopal Church Протестантская епископальная церковь

Protestant I *n.* протестант(ка)

Protestant II *adj.* протестантский; ~ ethic протестантская мораль, протестантская этика; ~ Orthodoxy протестантская схоластика

Protestant Union Евангелическая/Протестантская уния

protestant I *n.* протестант

protestant II *adj.* евангелический

Protestantism, protestantism *n.* протестантизм, протестантство

Protestantize *v.* обращать в протестантство; исповедовать протестантство

Protevangelium of James «Протоевангелие от Иакова»

prothesis *n.* жертвенник в алтаре

prothonotary apostolic апостолический протонотарий

Protocols of the Learned Elders of Zion «Протоколы сионских мудрецов»

protohistory *n.* раннеисторический период

protomartyr *n.* первомученик, -ница; ~ of Britain первомученик британский, Св. Альбан

protonotary *n.* протонотарий

protopapas *n.* протоиерей

protoplast *n.* прототип, прообраз; прародитель; Создатель, Творец

protopope *n.* протопресвитер; протопоп, протоиерей

prototype *n.* первообраз; прообраз

protreptic *n.* назидательная/нравоучительная речь

proud I *n.* гордыня "[If] God will not withdraw his anger, the proud helpers do stoop under him" (Job, 9:13) / «Бог не отвратит гнева Своего; пред Ним падут поборники гордыни» (Иов., 9:13); дерзость "He divideth the sea with his power, and by his understanding he smiteth through the proud" (Job, 26:12) / «Силою Своею волну-ет море и разумом Своим сражает его дерзость» (Иов., 26:12).

proud II *adj.* гордый; надменный "And said, Hitherto shalt thou come, but no further: and here shall thy proud waves be stayed?" (Job, 38:11) «И сказал: доселе дойдешь и не перейдешь, и здесь предел надменным волнам твоим?» (Иов., 38:11).

Prov. I (Provisio) *n.* положение

Prov. II (Provisum) *adv.* при условии

prove *v.* выясниться (оказаться); испытывать "And Moses said unto the people, Fear not: for God is come to prove you, and that his fear may be before your faces, that ye sin not" (Ex., 20:20) / «И сказал Моисей народу: не бойтесь; Бог [к вам] пришел, чтобы испытать вас и чтобы страх Его был пред лицем вашим, дабы вы не грешили» (Исх., 20:20).

proverb *n.* пословица "And one of the same place answered and said, But who [is] their father? Therefore it became a proverb, [Is] Saul also among the prophets?" (1 Sa., 10:12) «И отвечал один из бывших там и сказал: а у тех кто отец? Посему вошло в пословицу: неужели и Саул во пророках?» (1 Цар., 10:12); притча "And thou shalt become an astonishment, a proverb, and a byword, among all nations whither the Lord shall lead thee" (De., 28:37) / «И будешь ужасом, притчею и посмешищем у всех народов, к которым отведет тебя Господь [Бог]» (Втор., 28:37); парабола, иносказание; be a ~ and a byword, pass into a ~ быть притчей во языцех; the Book of ~s Книга Притчей Соломона

Proverbs *n.* Книга Притчей Соломоновых (книга Библии)

provide *v.* преподавать, преподать (что-л., кому-л.); усмотреть "And Abraham said, My son, God will provide himself a lamb for a burnt offering: so they went both of them together" (Ge., 22:8) / «Авраам сказал: Бог усмотрит Себе агнца для всесожжения, сын мой. И шли далее оба вместе» (Быт., 22:8); ~ for промышлять, промыслить (о ком-л./о чем-л.), работать "For [it was] little which thou hadst before I [came], and it is [now] increased unto a multitude; and the Lord hath blessed thee since my coming: and now when shall I provide for mine own house also?" (Ge., 30:30) «Ибо мало было у тебя до меня, а стало много; Господь благословил тебя с приходом моим; когда же я буду работать для своего дома?» (Быт., 30:30); ~ to радеть, порадеть (кому-л., о чем-л.); ~ with

снабжать, снабдить (кого-л., чем-л.); providing снабжение

Providence *n.* Промысл Божий, Провидение Господне; провидение; промышление (Божие); смотрение

provident *adj.* дальновидный

providential *adj.* предопределенный, ниспосланный; чудесный; счастливый; ~ escape чудесное избавление

provider *n.* промысленник; снабдитель, -ница

province *n.* архиепископская епархия, архиепископство; митрополия

provincial *n.* архиепископ; настоятель

provision *n.* продовольствие "And Solomon's provision for one day was thirty measures of fine flour, and threescore measures of meal" (1 Ki., 4:22) / «Продовольствие Соломона на каждый день составляли: тридцать коров муки пшеничной и шестьдесят коров прочей муки» (3 Цар., 4:22); запас "And the children of Israel did so: and Joseph gave them wagons, according to the commandment of Pharaoh, and gave them provision for the way" (Ge., 45:21) / «Так и сделали сыны Израилевы. И дал им Иосиф колесницы по приказанию фараона, и дал им путевой запас» (Быт., 45:21); обед "And he prepared great provision for them: and when they had eaten and drunk, he sent them away, and they went to their master. So the bands of Syria came no more into the land of Israel" (2 Ki., 6:23) / «И приготовил им большой обед, и они ели и пили. И отпустил их, и пошли к государю своему. И не ходили более те полчища Сирийские в землю Израилеву» (4 Цар., 6:23); приготовление "And give unto Solomon my son a perfect heart, to keep thy commandments, thy testimonies, and thy statutes, and to do all [these things], and to build the palace, [for] the which I have made provision" (1 Chr., 29:19) / «Соломону же, сыну моему, дай сердце правое, чтобы соблюдать заповеди Твои, откровения Твои и уставы Твои, и исполнить все это и построить здание, для которого я сделал приготовление» (1 Пар., 29:19); положение; назначение на церковную должность; предоставление бенефиция

provisional *adj.* временный

provisor *n.* эконом, казначей монастыря; кандидат на получение бенефиция

provocation *n.* оскорбление "And will make thine house like the house of Jeroboam the son of Nebat, and like the house of Baasha the son of Ahijah, for the provocation wherewith thou hast provoked [me] to anger, and made Israel to sin" (1 Ki., 21:22) / «И поступлю с домом твоим так, как поступил Я с домом Иеровоама, сына Наватова, и с домом Ваасы, сына Ахиина, за оскорбление, которым ты раздражил Меня и

ввел Израиля в грех» (3 Цар., 21:22); лжеучение

provoke *v.* возбуждать, возбудить (кого-л./что-л.)

provoking *adj.* возбудительный

provost *n.* провост, настоятель кафедрального собора

proximate *adj.* приближенный

prudence *n.* благоразумие; смысл "Huram said moreover, Blessed [be] the Lord God of Israel, that made heaven and earth, who hath given to David the king a wise son, endued with prudence and understanding, that might build an house for the Lord, and an house for his kingdom" (2 Chr., 2:12) / «И еще сказал Хирам: благословен Господь Бог Израилев, создавший небо и землю, давший царю Давиду сына мудрого, имеющего смысл и разум, который намерен строить дом Господу и дом царский для себя» (2 Пар., 2:12); осторожность; разум "I wisdom dwell with prudence, and find out knowledge of witty inventions" (Pr., 8:12) / «Я, премудрость, обитаю с разумом и ищу рассудительного знания» (Притч., 8:12); разумение "Wherein he hath abounded toward us in all wisdom and prudence" (Eph., 1:8) / «Каковую Он в преизбытке даровал нам во всякой премудрости и разумении» (Еф., 1:8).

prudent *adj.* благоразумный "A fool's wrath is presently known: but a prudent [man] covereth shame. " (Pr., 12:16) / «У глупого тотчас же выкажется гнев его, а благоразумный скрывает оскорбление» (Притч., 12:16); рассудительный "A prudent man concealeth knowledge: but the heart of fools proclaimeth foolishness» (Pr., 12:23) / «Человек рассудительный скрывает знание, а сердце глупых высказывает глупость» (Притч., 12:23); разумный "The wisdom of the prudent [is] to understand his way: but the folly of fools [is] deceit" (Pr. 14:8) / «Мудрость разумного — знание пути своего, глупость же безрассудных — заблуждение» (Притч., 14:8); осторожный

Prv. (Proverbs) Книга Притчей Соломоновых (книга Библии)

Ps. I (Psalms) Псалтырь (книга Библии)

Ps. II (Psalmus) псалм

psalm *n.* псалом "Take a psalm, and bring hither the timbrel, the pleasant harp with the psaltery" (Ps., 81:2) / «Возьмите псалом, дайте тимпан, сладкозвучные гусли с псалтирью» (Псл., 80:3); песнопение; песнь; invitatory ~ призывательный псалом

psalmtress *n.* женщина, играющая на псалтерионе

psalmbook *n.* псалтырь, псалтирь

psalmist *n.* псалмист, сочинитель псалмов; песнопевец "Now these [be] the last words of David. David the son of Jesse said, and the man [who was] raised up on high, the anointed of the God of Jacob, and the sweet psalmist of Israel, said" (2 Sa., 23:1) / «Вот последние слова Давида, изречение Да-

вида, сына Иессеева, изречение мужа, поставленного высоко, помазанника Бога Иаковлева и сладкого певца Израилева» (2 Цар., 23:1).

psalmist *n.* псаломщик; псалмопевец

psalmistry *n.* псалмное пение

psalmodic *adj.* псалмопевческий

psalmodist *n.* псалмопевец

psalmody *n.* псалмодия, пение псалмов; собрание псалмов; псалтирь; псалмное пение

psalm-reader *n.* псаломщик

Psalms Псалтирь; Псалмы Соломона (книга Библии)

psalm-singer *n.* псалмопевец

psalm-singing *n.* псалмное пение

Psalter Псалтирь; Псалмы Соломона (книга Библии); псалтирь (род арфы); псалтерион; ~ ia псалтерионы

psalterion *n.* псалтерион; гусли

psalterium *n.* псалтерион

Psalterium quintuplex «Псалтирь в пяти параллельных редакциях»

Psalterium triplex «Псалтирь тройная»

psaltery *n.* псалтерион; гусли; псалтырь, псалтирь "After that thou shalt come to the hill of God, where [is] the garrison of the Philistines: and it shall come to pass, when thou art come thither to the city, that thou shalt meet a company of prophets coming down from the high place with a psaltery, and a tabret, and a pipe, and a harp, before them; and they shall prophesy" (1 Sa., 10:5) / «После того ты придешь на холм Божий, где охранный отряд Филистимский; [там начальники Филистимские;] и когда войдешь там в город, встретишь сонм пророков, сходящих с высоты, и пред ними псалтирь и тимпан, и свирель и гусли, и они пророчествуют» (1 Цар., 10:5).

pseudepigrapha *n. pl.* псевдоэпиграфы

pseudepigraphon *n.* псевдоэпиграф

pseudepigraphy *n.* ложная атрибуция авторства

pseudoarchaic *adj.* псевдоантичный

pseudodox *n.* ошибочное мнение

pseudo-Gothic *adj.* псевдоготический

pseudograph *n.* псевдограф, литературная подделка

psychagogue *n.* психагог, проводник душ в загробный мир; заклинатель духов; духовный наставник

psyche *n.* душа, дух

psychomancy *n.* психомантия

Ptur. (Praefertur) *adv.* предпочтительно

Ptus. (Praefatus) *adj.* вышеупомянутый, вышеизложенный, вышесказанный

Pub. (Publicus) публичный; публично

public *adj.* общественный; общий; ~ wealth общее благо

publican *n.* мытарь "For if ye love them which love you, what reward have ye? do not even the publicans the same?" (Mt., 5:46) / «Ибо если вы будете любить любящих вас, какая вам награда? Не то же ли делают и мытари?» (Матф., 5:46).

Publicani *n. pl.* катары, альбигойцы

publication *n.* оглашение; провозглашение; публикация

publicity *n.* известность

publish *v.* провозглашать, провозгласить (что-л.); публиковать, опубликовывать (что-л.); прославлять "Because I will publish the name of the Lord: ascribe ye greatness unto our God" (De., 32:3) / «Имя Господа прославляю; воздайте славу Богу нашему» (Втор., 32:3); возвещать "Tell [it] not in Gath, publish [it] not in the streets of Askelon; lest the daughters of the Philistines rejoice, lest the daughters of the uncircumcised triumph" (2 Sa., 1:20) / «Не рассказывайте в Гефе, не возвещайте на улицах Аскалона, чтобы не радовались дочери Филистимлян, чтобы не торжествовали дочери необрезанных» (2 Цар., 1:20); ~ing разглашение

puissance *n.* мощь; власть; могущество

puissant *adj.* могущественный, сильный

pulpit *n.* кафедра проповедника; ~ eloquence красноречие проповедника; to occupy the ~ проповедовать; читать проповедь с кафедры

pulpiteer I *n.* проповедник

pulpiteer II *v.* проповедовать, читать проповедь

punish *v.* (по)карать (кого-л./что-л.); наказывать, наказать (кого-л., за что-л.)

punishment *n.* наказание "And Cain said unto the Lord, My punishment [is] greater than I can bear" (Ge., 4:13) / «И сказал Каин Господу [Богу]: наказание мое больше, нежели снести можно» (Быт., 4:13); взыскание; беда "And Saul sware to her by the Lord, saying, [As] the Lord liveth, there shall no punishment happen to thee for this thing" (1 Sa., 28:10) / «И поклялся ей Саул Господом, говоря: жив Господь! не будет тебе беды за это дело» (1 Цар., 28:10). возмездие; казнь; кара, карание; месть; as a ~ в наказание; corporal ~ телесное наказание; in pain of ~ под страхом наказания

purchase *v.* покупать; купить (что-л.); приобретать "The field which Abraham purchased of the sons of Heth: there was Abraham buried, and Sarah his wife" (Ge., 25:10) / «На поле [и в пещере], которые Авраам приобрел от сынов Хетовых. Там погребены Авраам и Сарра, жена его» (Быт., 25:10).

pure *adj.* чистый "And thou shalt overlay it with pure gold, within and without shalt thou overlay it, and shalt make upon it a crown of gold round about" (Ex., 25:11) / «И обложи его чистым золотом, изнутри и снаружи покрой его; и сделай наверху вокруг его золотой венец [витый]» (Исх., 25:11); верный "For thou hast said, My doctrine [is] pure, and I am clean in thine eyes" (Job, 11:4) / «Ты сказал: суждение мое верно, и чист я в очах Твоих» (Иов., 11:4); светлый "The statutes of the Lord [are] right, rejoicing the heart: the commandment of the Lord [is] pure, enlightening the eyes" (Ps., 19:8) / «Повеления Господа праведны, веселят сердце; заповедь Господа светла, просвещает очи» (Псл., 18:9); непорочный "The thoughts of the wicked [are] an abomination to the Lord: but [the words] of the pure [are] pleasant words" (Pr., 15:26) / «Мерзость пред Господом — помышления злых, слова же непорочных угодны Ему» (Притч., 15:26); непорочный; целомудренный; честный

Purg. Can. (Purgatio Canonica) каноническое очищение

purgation *n.* очищение; canonical ~ доказательство невиновности посредством присяги; vulgar ~ искупление греха

purgatorial, purgatorian *adj.* очистительный; чистилищный

purgatory *n.* чистилище

Purificatio Beatae MariaeVirginis Очищение Блаженной Девы Марии; Сретение Господне

purification *n.* очищение; жертва "And a man [that is] clean shall gather up the ashes of the heifer, and lay [them] up without the camp in a clean place, and it shall be kept for the congregation of the children of Israel for a water of separation: it [is] a purification for sin" (Nu., 19:9) / «И кто-нибудь чистый пусть соберет пепел телицы и положит вне стана на чистом месте, и будет он сохраняться для общества сынов Израилевых, для воды очистительной: это жертва за грех» (Числ., 19:9).

Purification of the Blessed Virgin Mary Очищение Пресвятой Девы Марии; Сретение Господне

Purification: the Purification of St. Mary праздник Сретения Господня

purificatory *adj.* очистительный, очищающий

purify *v.* очищать, очистить (кого-л./что-л.) "He shall purify himself with it on the third day, and on the seventh day he shall be clean: but if he purify not himself the third day, then the seventh day he shall not be clean" (Nu., 19:12) / «Он должен очистить себя сею [водою] в третий день и в седьмой день, и будет чист; если же он не очистит себя в третий и седьмой день, то не будет чист» (Числ., 19:12); чистить (кого-л./что-л.); искупать вину; совершать обряд очищения; to ~ smb. of/from sins отпустить кому-л. грехи; to ~ the heart облегчить душу; доставить очищение; ~ing очистительный

Purim *n.* пурим

purism *n.* пуризм

purist *n.* пурист

puristic(al) *adj.* пуристический

Puritan Fathers *n pl.* отцы-пуритане

Puritan I *n.* пуританин, -нка

Puritan II, Puritanic(al) *adj.* пуританский

Puritanism *n.* пуританство; пуританизм

purity *n.* чистота "Let no man despise thy youth; but be thou an example of the believers, in word, in conversation, in charity, in spirit, in faith, in purity" (1 Ti., 4:12) / «Никто да не пренебрегает юностью твоею; но будь образцом для верных в слове, в житии, в любви, в духе, в вере, в чистоте» (1 Тим., 4:12); непорочность; светлость; целомудрие; честность

purple *n.* багрянец; порфира; одеяние кардинала; пурпур; сан кардинала/епископа; to be raised to the ~ стать кардиналом; пурпуровый "And blue, and purple, and scarlet, and fine linen, and goats' [hair]" (Ex., 25:4) / «И шерсть голубую, пурпуровую и червленую, и виссон, и козью [шерсть]» (Исх., 25:?4).

purpose *n.* намерение; цель

pursue *v.* гнать (кого-л.), подвергать преследованию; преследовать "And when Abram heard that his brother was taken captive, he armed his trained [servants], born in his own house, three hundred and eighteen, and pursued [them] unto Dan" (Ge., 14:14) / «Аврам, услышав, что [Лот] сродник его взят в плен, вооружил рабов своих, рожденных в доме его, триста восемнадцать, и преследовал неприятелей до Дана» (Быт., 14:14); гнаться, погнаться (за кем-л., за чем-л.) "And he took his brethren with him, and pursued after him seven days' journey; and they overtook him in the mount Gilead" (Ge., 31:23) / «Тогда он взял с собою [сынов и] родственников своих, и гнался за ним семь дней, и догнал его на горе Галаад» (Быт., 31:23).

pursuer *n.* гонитель, -ница; преследователь, -ница "And when the men of Ai looked behind them, they saw, and, behold, the smoke of the city ascended up to heaven, and they had no power to flee this way or that way: and the people that fled to the wilderness turned back upon the pursuers" (Jos., 8:20) / «Жители Гая, оглянувшись назад, увидели, что дым от города восходил к небу. И не было для них места, куда бы бежать — ни туда, ни сюда; ибо народ, бежавший к пустыне, обратился на преследователей» (Нав., 8:20); погонщик "And from the daughter of Zion all her beauty is departed: her princes are become like harts [that] find no pasture, and they are gone without strength before the pursuer" (La., 1:6) / «И отошло от дщери Сиона все ее великолепие; князья ее — как олени, не находящие пажити; обессиленные они пошли вперед погонщика» (Пл. Иер., 1:6).

pursuit *n.* гонение

pus *n.* гной

Puseyism *n.* пьюзиизм

Puseyite *n.* пьюзиит

push *v.* толкать, толкнуть (кого-л./что-л.); ~ away отталкивать, оттолкнуть (кого-л./что-л.)

put *v.* полагать, положить (что-л. на что-л.); прилагать, приложить (что-л. к чему-л.); (по)ставить (кого-л./что-л.); ~ down низлагать, низложить (кого-л.), разорять, разорить (кого-л./что-л.); ~ expectations (in) возложить упование; ~ forth публиковать, опубликовывать (что-л.); ~ in place in вместить; ~ in вмещать, вместить (что-л./кого-л.; во что-л.); ~ting in вмещение; ~ into words выразить словами; ~ off откладывать, отложить (что-л.); ~ off отсрочить (что-л.); ~ on налагать, наложить (что на кого-л); ~ opposite to противополагать, противоположить (что-л., чему-л.); ~ out (по)гасить (свечу); ~ together совмещать, совместить (что-л. с чем-л.); ~ up (hands) воздевать, воздеть (руки); ~ up with сносить, снести (что-л.) (терпеть)

putrefaction *n.* нетление

putrefy *v.* гнить, сгнить

putrescence *n.* тление

pyramid *n.* пирамида

pyrolater *n.* огнепоклонник, -ница

pyrolatry *n.* огнепоклонничество, -поклонство

pyx *n.* пиксида, дарохранительница; дароносица

PZ. (Pie Zeses) пребывайте в благочестии

Q

Q. (Quiescit) покоится

Q. B. F. F. Q. S. (Quod Bonum Felix Faustumque Sit) пусть это будет во благо, на счастье и благоприятно

Q. I. P. (Quiescat In Pace) мир праху его/ее

Q. V. (Qui Vixit, «who lived») который жил

Qaraism *n.* караизм

Qd (Quod) потому что, так как; что; который

Qiddush *n.* киддуш

Qiddushin «Киддушин»

Qinnim «Киним»

Qobelet «Когелет», Книга Екклесиаста, или Проповедника (книга Библии)

Qodashim «Кодашим»

Qtnus. (Quatenus) насколько, поскольку, настолько насколько

qua I *cj.* поскольку

qua II *prep.* в качестве

Quaddish *n.* каддиш

Quadrag. (Quadragesima) Великий пост; бревиарий «Квадрагесима»

Quadragesima Великая Четыредесятница, Великий пост; воскресение первой недели Великого поста; бревиарий «Квадрагесима»

Quadragesima Sunday Неделя Православия; Торжество Православия, первая неделя Великого поста

quadragesimal *adj.* сорокадневный, длящийся сорок дней; великопостный

quadragesimals *n.* искупительное пожертвование

quadrennial *n.* четырехлетний период/юбилей

quadrennium *n.* четырехсотлетие

quadrilingual *adj.* четырехъязычный

quake I *n.* трепет

quake II *v.* трепетать; колебаться "And mount Sinai was altogether on a smoke, because the Lord descended upon it in fire: and the smoke thereof ascended as the smoke of a furnace, and the whole mount quaked greatly" (Ex., 19:18) / «Гора же Синай вся дымилась оттого, что Господь сошел на нее в огне; и восходил от нее дым, как дым из печи, и вся гора сильно колебалась» (Исх., 19:18); дрожать "And there was trembling in the host, in the field, and among all the people: the garrison, and the spoilers, they also trembled, and the earth quaked: so it was a very great trembling" (1 Sa., 14:15) / «И произошел ужас в стане на поле и во всем народе; передовые отряды и опустошавшие землю пришли в трепет [и не хотели сражаться]; дрогнула вся земля, и был ужас великий от Господа» (1 Цар., 14:15); трястись "The earth shall quake before them; the heavens shall tremble: the sun and the moon shall be dark, and the stars shall withdraw their shining" (Joel, 2:10) / «Перед ними потрясется земля, поколеблется небо; солнце и луна помрачатся, и звезды потеряют свой свет» (Иоил., 2:10).

Quaker *n.* квакер; ~ City Город квакеров, Филадельфия; ~ meeting молитвенное собрание квакеров, собрание «Общества друзей»

Quakerish *adj.* квакерский

qualificator *n.* квалификатор

quality *n.* достоинство; качество

quantity *n.* количество; число

quantum suflicit сколько нужно

quare impedit «кваре импедит», выражение официального недоверия епископу

quarrel *n.* распря; жалоба "Forbearing one another, and forgiving one another, if any man have a quarrel against any: even as Christ forgave you, so also [do] ye" (Col., 3:13) / «Снисходя друг другу и прощая взаимно, если кто на кого имеет жалобу: как Христос простил вас, так и вы» (Кол., 3:13).

Quarter Days праздники квартальные; ~ in Scotland квартальные праздники Шотландской церкви

Quartodecimans *n. pl.* кватродец022иманы

quasi *cj.* как будто, как бы

Quasimodo Sunday Антипасха, неделя апостола Фомы

quater-centenary *adj.* четырехсотлетний/четырехвековой юбилей; четырехсотлетие

queen *n.* королева; богиня, царица "And also Maachah his mother, even her he removed from [being] queen, because she had made an idol in a grove; and Asa destroyed her idol, and burnt [it] by the brook Kidron"

(1 Ki., 15:13) / «И даже мать свою Ану лишил звания царицы за то, что она сделала истукан Астарты; и изрубил Аса истукан ее и сжег у потока Кедрона» (3 Цар., 15:13).

Queen of Glory Царица Славы

Queen of Heaven Царица Небесная

Queen of Saba' царица Савская

Queen of Sheba царица Савская "And when the queen of Sheba heard of the fame of Solomon concerning the name of the Lord, she came to prove him with hard questions" (1 Ki., 10:1) / «Царица Савская, услышав о славе Соломона во имя Господа, пришла испытать его загадками» (1 Цар., 10:1).

Queen of the Cursives «царица курсивов»

queenly *adj.* царственный, королевский

queer *adj.* странный

quench *v.* гасить, погасить "And, behold, the whole family is risen against thine handmaid, and they said, Deliver him that smote his brother, that we may kill him, for the life of his brother whom he slew; and we will destroy the heir also: and so they shall quench my coal which is left, and shall not leave to my husband [neither] name nor remainder upon the earth" (2 Sa., 14:7) / «И вот, восстало все родство на рабу твою, и говорят: отдай убийцу брата своего; мы убьем его за душу брата его, которую он погубил, и истребим даже наследника. И так они погасят ос-

тальную искру мою, чтобы не
оставить мужу моему имени
и потомства на лице земли»
(2 Цар., 14:7); ~ing гашение

quérimony *n.* жалоба

quesitive *adj.* вопросительный

quest I *n.* поиски

quest II *v.* искать, разыскивать; in
~ of smb./smth. в поисках кого-
л./чего-л.

question I *n.* вопрос; загадка

question II *v.* вопрошать, вопросить (кого-л. о чем-л.); спрашивать, спросить (кого-л. о
чем-л.) "Then Hezekiah ques-
tioned with the priests and the
Levites concerning the heaps"
(2 Chr., 31:9) / «И спросил
Езекия священников и левитов об этих грудах» (2 Пар.,
31:9).

questionable *adj.* сомнительный;
~ advantage сомнительное преимущество

questman *n.* помощник церковного старосты

questor *n.* продавец индульгенций

quethen *v.* молвить

Qui. (Quiescit) *v.* покоится

quick *adj.* скорый; живой; горящий, полыхающий; the ~ and
the dead живые и мертвые

quicken *v.* оживлять "[Thou],
which hast shewed me great and
sore troubles, shalt quicken me
again, and shalt bring me up
again from the depths of the
earth" (Ps., 71:20) / «Ты посылал на меня многие и лютые
беды, но и опять оживлял меня и из бездн земли опять вы-
водил меня» (Псл., 70:20);
животворить (кого-л./что-л.)

quickly *adv.* скоро "And Isaac said
unto his son, How [is it] that
thou hast found [it] so quickly,
my son? And he said, Because
the Lord thy God brought [it] to
me" (Ge., 27:20) / «И сказал
Исаак сыну своему: что так
скоро нашел ты, сын мой? Он
сказал: потому что Господь
Бог твой послал мне на-
встречу» (Быт., 27:20); поскорее "And Abraham hastened
into the tent unto Sarah, and
said, Make ready quickly three
measures of fine meal, knead
[it], and make cakes upon the
hearth" (Ge., 18:6) / «И поспешил Авраам в шатер к
Сарре и сказал [ей]: поскорее
замеси три саты лучшей муки
и сделай пресные хлебы»
(Быт., 18:6).

quickness *n.* чуткость

Quicumque Vult Афанасьевский
символ веры

quid *n.* нечто; сущность

quidam *pron.* некто

quiddity *n.* суть, сущность, основное качество

quiescence, quiescency *n.* неподвижность; состояние покоя;
покой, бездействие

quiet *adj.* покойный; спокойный;
тихий "Then the five men departed, and came to Laish, and
saw the people that [were]
therein, how they dwelt careless,
after the manner of the Zidonians, quiet and secure; and
[there was] no magistrate in the
land, that might put [them] to
shame in [any] thing; and they
[were] far from the Zidonians,
and had no business with [any]

man" (Jdg., 18:7) / «И пошли те пять мужей, и пришли в Лаис, и увидели народ, который в нем, что он живет покойно, по обычаю Сидонян, тих и беспечен, и что не было в земле той, кто обижал бы в чем, или имел бы власть: от Сидонян они жили далеко, и ни с кем не было у них никакого дела» (Суд., 18:7); спокойный "And they took [the things] which Micah had made, and the priest which he had, and came unto Laish, unto a people [that were] at quiet and secure: and they smote them with the edge of the sword, and burnt the city with fire" (Jdg., 18:27) / «А [сыны Дановы] взяли то, что сделал Миха, и священника, который был у него, и пошли в Лаис, против народа спокойного и беспечного, и побили его мечом, а город сожгли огнем» (Суд., 18:27); молчаливый "But [let it be] the hidden man of the heart, in that which is not corruptible, [even the ornament] of a meek and quiet spirit, which is in the sight of God of great price" (1 Pe., 3:4) / «Но сокровенный сердца человек в нетленной красоте кроткого и молчаливого духа, что драгоценно пред Богом» (1 Петр., 3:4).

Quietism *n.* квиетизм, исихазм; молинизм

quietness *n.* спокойствие; тишина
"When he giveth quietness, who then can make trouble? and when he hideth [his] face, who then can behold him? whether [it be done] against a nation, or

against a man only" (Job, 34:29). «Дарует ли Он тишину, кто может возмутить? скрывает ли Он лице Свое, кто может увидеть Его? Будет ли это для народа, или для одного человека» (Иов., 34:29); покой "Behold, a son shall be born to thee, who shall be a man of rest; and I will give him rest from all his enemies round about: for his name shall be Solomon, and I will give peace and quietness unto Israel in his days" (1 Chr., 22:9) / «Вот, у тебя родится сын: он будет человек мирный; Я дам ему покой от всех врагов его кругом: посему имя ему будет Соломон. И мир и покой дам Израилю во дни его» (1 Пар., 22:9); мир "Better [is] a dry morsel, and quietness therewith, than an house full of sacrifices [with] strife" (Pr., 17:1) / «Лучше кусок сухого хлеба, и с ним мир, нежели дом, полный заколотого скота, с раздором» (Притч., 17:1); безмолвие "Now them that are such we command and exhort by our Lord Jesus Christ, that with quietness they work, and eat their own bread" (2 Th., 3:12) / «Таковых увещеваем и убеждаем Господом нашим Иисусом Христом, чтобы они, работая в безмолвии, ели свой хлеб» (2 Фес., 3:12); сытость "Surely he shall not feel quietness in his belly, he shall not save of that which he desired" (Job, 20:20) / «Не знал сытости во чреве своем и в жадности своей не щадил ничего» (Иов., 20:20).

quietus *n.* успокоение, смерть, конец

quillscript *n.* написанное гусиным пером

quinary *n.* пятерка

quincentenary *n.* (*adj.* пятисотлетний) юбилей

quincentennial *adj.* пятисотлетний, пятивековой

quindene *n.* 14-й день после Церковного праздника

quingentenary *n.* (*adj.* пятисотлетний) юбилей

Quinisext Council Константинопольский пято-шестой собор, Трулльский собор

Quinquag. (**Quinquagesima**) *n.* бревиарий «Квинквагесима»

Quinquagesima (**Sunday**) *n.* сыропустная неделя

quinquennial *adj.* продолжающийся пять лет

quinquennium *n.* пятилетие

quintessence *n.* квинтэссенция; сущность; совершенство; эфир

quintessential *adj.* основной, наиболее существенный

quintessentialize *v.* свести что-л. к наиболее существенному

Quintilians *n. pl.* квинтилиане

Quintodecimans *n. pl.* квинтодециманы

Quir. (**Quirites**) *n. pl.* квириты, римляне

quits *n.* возмездие, репрессалия

quo vadis? куда идешь?

quod erat demonstrandum что и требовалось доказать

quod erat faciendum что требовалось сделать

quod vide см. на странице

quodlibet *n.* вопрос, предложенный для диспута; схоластические дебаты

quodlibetical *adj.* схоластический, дискуссионный

quondam *adj.* бывший; ~ friend бывший друг

quorum *n.* кворум

quotation *n.* ссылка; цитата

quote *v.* цитировать, процитировать (что-л./кого-л.)

R

R. I (**Requiescit**) покоится

R. II (**Refrigerio**) для восстановления сил

R. III (**Responsorium**) бревиарий «Респонсориум»

R. IV (**Roma**) Рим

R. C. (**Roman Catholic**) *n.* католик; римско-католический

R. C. CH. (**Roman Catholic Church**) Римско-католическая церковь

R. D. (**Rural Dean**) благочинный, священник, наблюдающий за духовенством нескольких приходов

R. I. P. (**Requiescat In Pace**) мир праху его/ее

R. P. (**Reverendus Pater**) преподобный отец

Rabban Gamaliel раввин Гамалиил

rabbi *n.* рабби, равви "Then Jesus turned, and saw them following, and saith unto them, What seek ye? They said unto him, Rabbi, (which is to say, being interpreted, Master,) where dwellest thou?" (Jn., 1:38) «Иисус же, обратившись и увидев их идущих, говорит им: что вам надобно? Они сказали Ему: Равви, — что значит: учитель, — где живешь?» (Ин., 1:38); учитель "And greetings in the markets, and to be called of men, Rabbi, Rabbi" (Mt., 23:7) / «И приветствия в народных собраниях, и чтобы люди звали их: учитель! учитель!» (Матф., 23:7); раввин

rabbin *n.* раввин

rabbinate *n.* раввинство

rabbinic *adj.* раввинский; талмудистский; ~ Hebrew раввинистический иврит; ~ Judaism раввинизм, раввинистический иудаизм

rabbinical *n.* талмудический

rabbinism *n.* раввинизм, раввинистическое учение

rabbinist *n.* талмудист, раввинист

rack I *n.* разорение, истязание; гибель; to go to ~ and ruin

rack II *v.* обветшать; разрушиться; погибнуть

racker *n.* истязатель

racking *adj.* истязательный

radiance *n.* сияние; блеск, великолепие; in full ~ of beauty в блеске красоты; ~ of glory ореол славы; блистание; свет

radiancy *n.* сияние; блеск, великолепие

radiant *adj.* блистающий; светозарный; светоносный

radiate *v.* излучать свет/тепло; испускать лучи; блистать, блеснуть; сиять

radicate *v.* вкоренять, вкоренить

rage *n.* гнев; ярость "But a prophet of the Lord was there, whose name [was] Oded: and he went out before the host that came to Samaria, and said unto them, Behold, because the Lord God of your fathers was wroth with Judah, he hath delivered them into your hand, and ye have slain them in a rage [that] reacheth up unto heaven" (2 Chr., 28:9) / «Там был пророк Господень, имя его Одед. Он вышел пред лице войска, шедшего в Самарию, и сказал им: вот Господь Бог отцов ваших, во гневе на Иудеев, предал их в руку вашу, и вы избили их с такою яростью, которая достигла до небес» (2 Пар., 28:9); неистовство "Arise, O Lord, in thine anger, lift up thyself because of the rage of mine enemies: and awake for me [to] the judgment [that] thou hast commanded" (Ps., 7:6) / «Восстань, Господи, во гневе Твоем; подвигнись против неистовства врагов моих, пробудись для меня на суд, который Ты заповедал» (Псл., 7:7); дерзость "But I know thy abode, and thy going out, and thy coming in, and thy rage against me" (Isa, 37:28) / «Сядешь ли ты, выйдешь ли, войдешь ли, Я знаю все, знаю и дерзость твою против Меня» (Ис., 37:28).

raging *n.* ярость "Thou rulest the raging of the sea: when the waves thereof arise, thou stillest them" (Ps., 89:9) / «Ты владычествуешь над яростью моря: когда воздымаются волны его, Ты укрощаешь их» (Псл., 88:10); волнение "And they came to him, and awoke him, saying, Master, master, we perish. Then he arose, and rebuked the wind and the raging of the water: and they ceased, and there was a calm" (Lk., 8:24) / «И, подойдя, разбудили Его и сказали: Наставник! Наставник! погибаем. Но Он, встав, запретил ветру и волнению воды; и перестали, и сделалась тишина» (Лук., 8:24); свирепый "Raging waves of the sea, foaming out their own shame; wandering stars, to whom is reserved the blackness of darkness for ever" (Jud., 1:13) / «Свирепые морские волны, пенящиеся срамотами своими; звезды блуждающие, которым блюдется мрак тьмы на веки» (Иуд., 1:13).

rags *n.* рубище "For the drunkard and the glutton shall come to poverty: and drowsiness shall clothe [a man] with rags" (Pr., 23:21) / «Потому что пьяница и пресыщающийся обеднеют, и сонливость оденет в рубище» (Притч., 23:21); *n. pl.* лоскутья "So Ebedmelech took the men with him, and went into the house of the king under the treasury, and took thence old cast clouts and old rotten rags, and let them down by cords into the dungeon to Jeremiah" (Je., 38:11) / «Авдемелех взял людей с собою и вошел в дом царский под кладовую, и взял оттуда старых негодных тряпок и старых негодных лоскутьев и опустил их на верев-

ках в яму к Иеремии» (Иер., 38:11).

railing *n.* брань, ругань; поношение; злоречие "He is proud, knowing nothing, but doting about questions and strifes of words, whereof cometh envy, strife, railings, evil surmisings" (1 Ti., 6:4) / «Тот горд, ничего не знает, но заражен страстью к состязаниям и словопрениям, от которых происходят зависть, распри, злоречия, лукавые подозрения» (1 Тим., 6:4); ругательство "Not rendering evil for evil, or railing for railing: but contrariwise blessing; knowing that ye are thereunto called, that ye should inherit a blessing" (1 Pe., 3:9) / «Не воздавайте злом за зло или ругательством за ругательство; напротив, благословляйте, зная, что вы к тому призваны, чтобы наследовать благословение» (1 Петр., 3:9).

raiment *n.* одежда "And the servant brought forth jewels of silver, and jewels of gold, and raiment, and gave [them] to Rebekah: he gave also to her brother and to her mother precious things" (Ge., 24:53) / «И вынул раб серебряные вещи и золотые вещи и одежды и дал Ревекке; также и брату ее и матери ее дал богатые подарки» (Быт., 24:53).

raise *v.* возвеличивать, возвеличить (кого-л./что-л.); возводить, возвести (кого-л. на что-л.); восставлять, восставить (кого-л. от чего-л.); воздвигать, воздвигнуть (что-л.); ~ up возносить, вознести (кого-л./что-л.); ~ form созидать, создать (что-л.); ~ from the dead воскрешать, воскресить (кого-л.); ~ oneself возвышаться, возвыситься (до чего-л.); ~ to the throne воцарять, воцарить (кого-л.); ~ up воздевать, воздеть (руки); восстановить "And Judah said unto Onan, Go in unto thy brother's wife, and marry her, and raise up seed to thy brother" (Ge., 38:8) / «И сказал Иуда Онану: войди к жене брата твоего, женись на ней, как деверь, и восстанови семя брату твоему» (Быт., 38:8); raising from the dead воскрешение; raising up воздеяние, возношение; raising воздвижение

rakehelly *adj.* распутный, развратный

rakish *adj.* распутный, распущенный; беспутный

ramble *v.* блуждать

ranco(u)r *n.* злоба, озлобление; тайная ненависть; мстительность, злопамятность

rancorous *adj.* злобный, озлобленный; мстительный; злопамятливый, злопамятный

randiness *n.* похоть

rank *n.* звание; ecclesiastical ~ духовное звание; степень

ransom I *n.* искупление; выкуп "When thou takest the sum of the children of Israel after their number, then shall they give every man a ransom for his soul unto the Lord, when thou numberest them; that there be no plague among them, when [thou] numberest them" (Ex., 30:12) / «Когда будешь делать исчисление сынов Израилевых при пересмотре их, то пусть каждый даст выкуп за душу свою Господу при исчислении их, и не будет между ними язвы губительной при исчислении их» (Исх., 30:12); умилостивление "Then he is gracious unto him, and saith, Deliver him from going down to the pit: I have found a ransom" (Job, 33:24) / «Бог умилосердится над ним и скажет: освободи его от могилы; Я нашел умилостивление» (Иов., 33:24).

ransom II *v.* искупать; искуплять, искупить (что-л.)

Ransomer *n.* Искупитель, Спаситель

rapacity *n.* жадность, ненасытность

Raphael *n.* архангел Рафаил

rapid *n.* скорый

rapper *n.* спирит, медиум

raptorial *adj.* хищный

rapture *n.* постижение тайн; приобщение; вознесение

rascality *n.* сброд, чернь

rascally I *adj.* мошеннический; нечестный; низкий, подлый, бесчестный

rascally II *adv.* нечестно; низко, подло

rate *v.* ценить (кого-л./что-л.)

ration *n.* соотношение

rational *adj.* рассудочный

Rationale divinorum officiorum «Принципы богослужения и отправления церковных обрядов»

rave *v.* безумствовать

raving *adj.* бесноватый

ray *n.* луч

reach *v.* достигать, достичь (чего-л.), достигнуть; ~ing достижение

read *v.* читать (что-л.); ~ing чтение

reader *n.* чтец, чтица; ~ing desk аналой

readiness *n.* готовность

ready *adj.* готовый

real I *n.* действительность

real II *adj.* действительный, реальный; существующий; ~ presence истинное присутствие; истый

realism *n.* реализм

reality *n.* действительность; turn possibility into ~ превратить возможность в действительность; истина

realization *n.* осознание; претворение; претворение в жизнь

realize *v.* воплотить в жизнь; (о)сознавать, (о)сознать (что-л.); понимать, понять (кого-л./что-л.)

realness *n.* реальность, действительность; истинность; истина, правда

reanimate *v.* воскрешать, воскресить (кого-л.); (о)живить (кого-л./что-л.); животворить (кого-л./что-л.); перерождать, переродить (кого-л.)

reanimation *n.* воскресение (из мертвых); (о)животворение

reap *v.* жать (что-л.) "And when ye reap the harvest of your land, thou shalt not wholly reap the corners of thy field, neither shalt thou gather the gleanings of thy harvest" (Lev., 19:9) / «Когда будете жать жатву на земле вашей, не дожинай до края поля твоего, и оставшегося от жатвы твоей не подбирай» (Лев., 19:9).

reap. (Respublica) *n.* республика, государство, страна

rear *v.* возражать, возрастить (животных, растения)

reason I *n.* здравомыслие; причина "And the plenty shall not be known in the land by reason of that famine following; for it [shall be] very grievous" (Ge., 41:31) / «И неприметно будет прежнее изобилие на земле, по причине голода, который последует, ибо он будет очень тяжел» (Быт., 41:31); разум; рассудок

reason II *v.* рассуждать, рассудить (о чем-л., о ком-л.); ~ing *n.* рассуждение; умствование

reasonable *adj.* здравый, здоровый; разумный "I beseech you therefore, brethren, by the mercies of God, that ye present your bodies a living sacrifice, holy, acceptable unto God, [which is] your reasonable service" (Ro., 12:1) / «Итак умоляю вас, братия, милосердием Божиим, представьте тела ваши в жертву живую, святую, благоугодную Богу, для разумного служения вашего» (Рим., 12:1).

rebaptization *n.* перекрещение

rebaptize *v.* вторично крестить; давать новое имя при крещении, перекрещивать, перекрестить (кого-л.)

Rebaptizer *n.* анабаптист

rebbe *n.* реббе

rebbi *n.* раввин

rebel I *n.* мятежник

rebel II *v.* восставать, восстать "Only rebel not ye against the Lord, neither fear ye the people of the land; for they [are] bread for us: their defence is departed from them, and the Lord [is] with us: fear them not" (Nu., 14:9) / «Только против Господа не восставайте и не бойтесь народа земли сей; ибо он достанется нам на съедение: защиты у них не стало, а с нами Господь; не бойтесь их» (Числ., 14:9); возмущаться "Twelve years they served Chedorlaomer, and in the thirteenth year they rebelled" (Ge., 14:4) / «Двенадцать лет были они в порабощении у Кедорлаомера, а в тринадцатом году возмутились» (Быт., 14:4).

rebellion *n.* восстание; мятеж; упорство "For I know thy rebellion, and thy stiff neck: behold, while I am yet alive with you this day, ye have been rebellious against the Lord; and how much more after my death?" (De., 31:27) / «Ибо я знаю упорство твое и жестоковыйность твою: вот и теперь, когда я живу с вами ныне, вы упорны пред Господом; не тем ли более по смерти моей?» (Втор., 31:27); непокорность "For rebellion [is as] the sin of witchcraft, and stubbornness [is as] iniquity and idolatry. Because thou hast rejected the word of the Lord, he hath also rejected thee from [being] king" (1 Sa., 15:23) / «Ибо непокорность есть такой же грех, что волшебство, и противление то же,

что идолопоклонство; за то, что ты отверг слово Господа, и Он отверг тебя, чтобы ты не был царем» (1 Цар., 15:23).

rebellious *adj.* мятежный, непокорный "Ye have been rebellious against the Lord from the day that I knew you" (De., 9:24) / «Вы были непокорны Господу с того самого дня, как я стал знать вас» (Втор., 9:24).

rebirth *n.* второе рождение, возрождение; метемпсихоз, переселение душ

rebuild *v.* воссоздавать, воссоздать (что-л.); ~ing воссоздание

rebuke I *n.* несчастье "The Lord shall send upon thee cursing, vexation, and rebuke, in all that thou settest thine hand unto for to do, until thou be destroyed, and until thou perish quickly; because of the wickedness of thy doings, whereby thou hast forsaken me" (De., 28:20) / «Пошлет Господь на тебя проклятие, смятение и несчастье во всяком деле рук твоих, какое ни станешь ты делать, доколе не будешь истреблен, — и ты скоро погибнешь за злые дела твои, за то, что ты оставил Меня» (Втор., 28:20); запрещение

rebuke II *v.* вступаться (за кого-л.) "Except the God of my father, the God of Abraham, and the fear of Isaac, had been with me, surely thou hadst sent me away now empty. God hath seen mine affliction and the labour of my hands, and rebuked [thee] yesternight" (Ge., 31:42) / «Ес-

ли бы не был со мною Бог отца моего, Бог Авраама и страх
Исаака, ты бы теперь отпустил меня ни с чем. Бог увидел
бедствие мое и труд рук моих
и вступился за меня вчера»
(Быт., 31:42); бранить "And he
told [it] to his father, and to his
brethren: and his father rebuked
him, and said unto him, What
[is] this dream that thou hast
dreamed? Shall I and thy
mother and thy brethren indeed
come to bow down ourselves to
thee to the earth?" (Ge., 37:10)
«И он рассказал отцу своему
и братьям своим; и побранил
его отец его и сказал ему: что
это за сон, который ты видел?
неужели я и твоя мать, и твои
братья придем поклониться
тебе до земли?» (Быт., 37:10).

recalcitrance *n.* непокорность

recalcitrant *adj.* непокорный

recall *v.* взывать, воззвать; отвечать "This I recall to my mind,
therefore have I hope" (La.,
32:1) / «Вот что я отвечаю
сердцу моему и потому уповаю» (Пл. Иер., 32:1); воспоминать, воспомнить (кого-
л./что-л.); воспроизвести в памяти; воспроизводить; публично каяться; отрекать-
ся/отказываться от обета

recantation *n.* публичное отречение от убеждений.; публичное
покаяние; to feign a ~ of one's
faith фальшиво отказаться от
веры

receipt *n.* мытница; сбор "And as
he passed by, he saw Levi the
[son] of Alphaeus sitting at the
receipt of custom, and said unto

him, Follow me. And he arose
and followed him" (Mk., 2:14) /
«Проходя, увидел Он Левия
Алфеева, сидящего у сбора
пошлин, и говорит ему: следуй
за Мною. И он, встав, последовал за Ним» (Марк., 2:14).

receive *v.* внимать, внять (чему-
л.); воспринимать, воспри-
нять (кого-л./что-л.); встречать, встретить (кого-л./что-л.);
получать, получить (что-л.)
"Then Isaac sowed in that land,
and received in the same year an
hundredfold: and the Lord blessed him" (Ge., 26:12) / «И сеял
Исаак в земле той и получил в
тот год ячменя во сто крат: так
благословил его Господь»
(Быт., 26:17); принимать, принять (приять) (кого-л./что-л.)
"And now [art] thou cursed from
the earth, which hath opened
her mouth to receive thy brother's blood from thy hand"
(Ge., 4:11) / «И ныне проклят
ты от земли, которая отверзла
уста свои принять кровь брата
твоего от руки твоей» (Быт.,
4:11).

receiving восприятие

recense *v.* критически пересмат-
ривать текст

recension *n.* критический пере-
смотр текста; пересмотренное
издание

recent *adj.* новый

recently *adv.* давеча

receptacle *n.* вместилище; при-
ятелище

reception *n.* встреча; торжественный прием

receptive *adj.* восприемлемый

receptivity *n.* восприемлемость

recess *n.* ниша

recession *n.* отпуск, торжественный уход духовенства и хора в конце службы

recessional *n.* отпуск, последнее песнопение в конце богослужения; ~ hymn последнее песнопение в конце богослужения

Rechabite *n.* рехабиты

rechristen *v.* крестить вторично; давать новое имя; переименовывать, перекрещивать

reciprocal *adj.* взаимный; обоюдный

reciprocity *n.* взаимность; обоюдность

reckon *v.* считать; рассчитать(ся) "And he shall reckon with him that bought him from the year that he was sold to him unto the year of jubile: and the price of his sale shall be according unto the number of years, according to the time of an hired servant shall it be with him" (Lev., 25:50) / «И он должен рассчитаться с купившим его, начиная от того года, когда он продал себя, до года юбилейного, и серебро, за которое он продал себя, должно отдать ему по числу лет; как временный наемник он должен быть у него» (Лев., 25:50); ~ as вменять, вменить (что-л., кому-л.); ~ smth. as a punishment вменять в наказание; ~ing as вменение

reclaim *v.* требовать (чего-л.)

recluse I *n.* затворник, -ница; live the life of a ~ жить затворником/затворницей; отшельник; анахорет

recluse II *adj.* отшельнический, затворнический

reclusion *n.* затворничество; уход от мира; отшельничество; келья

reclusory *n.* келья

recognition *n.* признание

recognize *v.* признавать, признать (кого-л./что-л.); распознавать, распознать (кого-л./что-л.); сознавать, сознать (что-л.); ~ one's duty сознавать свой долг

recollection *n.* воспоминание, воспоминовение

recommend *v.* (по)советовать (кому-л. что-л.)

recompense I *n.* воздаяние; вознаграждение; справедливое возмездие, наказание

recompense II *v.* воздавать, воздать (кому-л. чем-л.) "The Lord recompense thy work, and a full reward be given thee of the Lord God of Israel, under whose wings thou art come to trust" (Ru., 2:12) / «Да воздаст Господь за это дело твое, и да будет тебе полная награда от Господа Бога Израилева, к Которому ты пришла, чтоб успокоиться под Его крылами!» (Руф., 2:12); отплатить кому-л.; ~ for one's sins наказание, расплата за грехи; to ~ smb. for his misdeeds наказать кого-л. за злодеяния; to ~ good with evil отплатить злом за добро; (воз)награждать, (воз)наградить (кого-л./что-л.) "Thy servant will go a little way over Jordan with the king: and why should the king recompense it me with such a reward?" (2 Sa., 19:36).

recompenser *n.* воздатель, -ница
reconcilable *adj.* согласимый
reconcile *v.* (по)мирить; примиряться, примириться (с кем-л./с чем-л.); святить оскверненную церковь; очищать "And so thou shalt do the seventh [day] of the month for every one that erreth, and for [him that is] simple: so shall ye reconcile the house" (Ez., 45:20) / «То же сделай и в седьмой день месяца за согрешающих умышленно и по простоте, и так очищайте храм» (Иез., 45:20); увещевать "And all things [are] of God, who hath reconciled us to himself by Jesus Christ, and hath given to us the ministry of reconciliation" (2 Co., 5:18) / «Все же от Бога, Иисусом Христом примирившего нас с Собою и давшего нам служение примирения» (2 Кор., 5:18); умиротворять "And, having made peace through the blood of his cross, by him to reconcile all things unto himself; by him, [I say], whether [they be] things in earth, or things in heaven" (Col., 1:20) / «И чтобы посредством Его примирить с Собою все, умиротворив через Него, Кровию креста Его, и земное и небесное» (Кол., 11:20); to ~ to God помириться с Богом; to ~ oneself to one's fate смириться с судьбой
reconcilement *n.* примирение
reconciliation *n.* примирение "And all things [are] of God, who hath reconciled us to himself by Jesus Christ, and hath

given to us the ministry of reconciliation" (2 Co., 5:18) / «Все же от Бога, Иисусом Христом примирившего нас с Собою и давшего нам служение примирения» (2 Кол., 5:18); умилостивление "Wherefore in all things it behoved him to be made like unto [his] brethren, that he might be a merciful and faithful high priest in things [pertaining] to God, to make reconciliation for the sins of the people" (He., 2:17) / «Посему Он должен был во всем уподобиться братиям, чтобы быть милостивым и верным первосвященником пред Богом, для умилостивления за грехи народа» (Евр., 2:17); ~ room исповедальня; освящение оскверненного храма
reconciliatory *adj.* примирительный
recongnition *n.* осознание
Reconquest, Reconquista *n.* Реконкиста
Reconstructionism *n.* Реконструкционизм
recordative *adj.* мемориальный, памятный
recourse *v.* прибегать, прибегнуть (к чему-л./кому-л.)
recover *v.* исцеляться, исцелиться; выздоравливать "And Ahaziah fell down through a lattice in his upper chamber that [was] in Samaria, and was sick: and he sent messengers, and said unto them, Go, enquire of Baalzebub the god of Ekron whether I shall recover of this disease" (2 Ki., 1:2) / «Охозия же упал чрез решетку с гор-

ницы своей, что в Самарии, и занемог. И послал послов, и сказал им: пойдите, спросите у Вельзевула, божества Аккаронского: выздоровею ли я от сей болезни?» (4 Цар., 1:2); оживать, ожить; отнимать "And David recovered all that the Amalekites had carried away: and David rescued his two wives" (1 Sa., 30:18) / «И отнял Давид все, что взяли Амаликитяне, и обеих жен своих отнял Давид» (1 Цар., 30:18); возвращать "And there was nothing lacking to them, neither small nor great, neither sons nor daughters, neither spoil, nor any [thing] that they had taken to them: David recovered all" (1 Sa., 30:19) / «И не пропало у них ничего, ни малого, ни большого, ни из сыновей, ни из дочерей, ни из добычи, ни из всего, что Амаликитяне взяли у них; все возвратил Давид» (1 Цар., 30:19); восстанавливать "David smote also Hadadezer, the son of Rehob, king of Zobah, as he went to recover his border at the river Euphrates" (2 Sa., 8:3) / «И поразил Давид Адраазара, сына Реховова, царя Сувского, когда тот шел, чтоб восстановить свое владычество при реке [Евфрате]» (2 Цар., 8:3).

recovery *n.* исцеление

recreance *n.* вероотступничество

recreant I *n.* вероотступник

recreant II *adj.* вероотступнический, неверный; вероотступный

recreate *v.* воссоздавать, воссоздать (что-л.)

recreation *n.* воссоздание

rector *n.* приходский священник; ректор

rectoral *adj.* всемогущий, всемощный

rectorate *n.* место приходского священника

rectory *n.* ректорство, приход ректора, дом приходского священника

rectress *n.* ректорша; жена приходского священника

recumbence, recumbency *n.* отдохновение; упование на Всевышнего/небеса

recusance, recusancy *n.* нонконформизм, диссидентство

recusant *n.* нонконформист, диссидент

Red Cross крест Св. Георгия, красный крест крестоносцев; ~ knight рыцарь-крестоносец

Red Eminence кардинал Луи Франсуа Арман дю Плесси Ришелье

Red Pope префект Пропаганды

redden *v.* обагрять, обагрить (что-л.)

rede *n.* (ис)толкование

redeem *v.* искупать, искуплять, искупить (что-л.); искупить грехи; Christ has ~ed mankind Спаситель искупил род человеческий; ~ from избавлять, избавить (кого-л./что-л., от кого-л., чего-л.) "Wherefore say unto the children of Israel, I [am] the Lord, and I will bring you out from under the burdens of the Egyptians, and I will rid you out of their bondage, and I will redeem you with a stretched out

arm, and with great judgments"
(Ex., 6:6) / «Итак скажи сынам
Израилевым: Я Господь, и
выведу вас из-под ига Египтян, и избавлю вас от рабства
их, и спасу вас мышцею простертою и судами великими»
(Исх., 6:6).

redeemer *n.* избавитель, -ница;
искупитель, -ница "Fear not,
thou worm Jacob, [and] ye men
of Israel; I will help thee, saith
the Lord, and thy redeemer, the
Holy One of Israel" (Isa, 41:14) /
«Не бойся, червь Иаков, малолюдный Израиль, — Я помогаю тебе, говорит Господь и
Искупитель твой, Святый Израилев» (Ис., 41:14); освободитель, -ница; защитник "For
their redeemer [is] mighty; he
shall plead their cause with thee"
(Pr., 23:11) / «Потому что Защитник их силен; Он вступится в дело их с тобою» (Притч.,
23:11).

redeeming *adj.* избавительный

redempting *n.* искупление людских грехов Христом

redemption *n.* спасение, освобождение, избавление; искупление людских грехов; избава;
выкуп "And in all the land of
your possession ye shall grant a
redemption for theland" (Lev.,
25:24) / «По всей земле владения вашего дозволяйте выкуп земли» (Лев., 25:24).

redemptional *adj.* искупительный

Redemptorists *n. pl.* редемптористы

redivivus *adj.* воскресший; возродившийся

redress *v.* искупать, искуплять,
искупить (что-л.)

reduce *v.* смирять, смирить (кого-л./что-л.); сокращать, сократить (что-л.)

reducing *n.* сокращение

redux *adj.* вернувшийся, возвращающийся

reed *n.* трость, тростинка

re-edify *v.* восстанавливать; воссоздавать, возрождать

reestablish *v.* воссоздавать, воссоздать (что-л.)

reestablishment *n.* воссоздание

refectory *n.* рефекторий, трапезарий, трапезная; трапеза

refer (to) *v.* ссылаться, сослаться
(на кого-л./на что-л.)

reference *n.* отзыв; ссылка

refinement *n.* изысканность

reflect *v.* размышлять, размыслить (о чем-л.)

reflection *n.* отражение; размышление

reflexible *adj.* возвратимый

reflexively *adv.* возвратно

reform I *n.* реформа

reform II *v.* исправлять, исправить (кого-л./что-л.); реформировать (что-л.)

reformed *adj.* реформатский;
кальвинистский

Reformation *n.* Реформация; ~
Day Де́нь Реформации

Reformed Carmelites *n. pl.* монахини-кармелитки

Reformed Church in America
Реформатская церковь Америки

Reformed Church of Hungary
Венгерская реформатская церковь

Reformed Churches in The Netherlands Реформатские церкви Нидерландов

Reformed Faith протестантство, протестантская церковь

Reformed League Реформатский союз

reformer *n.* реформатор, кальвинист; исправитель, -ница

reformism *n.* реформизм

reformist *n.* реформат, -тка; реформист

refractory *adj.* непокорный

refrain I *n.* припев

refrain II *v.* удерживать "Therefore I will not refrain my mouth; I will speak in the anguish of my spirit; I will complain in the bitterness of my soul" (Job, 7:11) / «Не буду же я удерживать уст моих; буду говорить в стеснении духа моего; буду жаловаться в горести души моей» (Иов., 7:11).

Refreshment Sunday четвертая неделя Великого поста у католиков

refuge *n.* прибежище; пристанище; приют; убежище "And among the cities which ye shall give unto the Levites [there shall be] six cities for refuge, which ye shall appoint for the manslayer, that he may flee thither: and to them ye shall add forty and two cities" (Nu., 35:6) / «Из городов, которые вы дадите левитам, [будут] шесть городов для убежища, в которые вы позволите убегать убийце; и сверх их дайте сорок два города» (Числ., 35:6).

refulgence *n.* сияние, сверкание, блеск

refulgent *adj.* сияющий, сверкающий

refusal *n.* отказ

refuse *v.* отвергать, отвергнуть (что-л./кого-л.); отказывать, отказать (кому-л. в чем-л.); ~ the copulation отказывать в супружеском сношении; отказываться, отказаться (от чего-л.) "But he refused, and said unto his master's wife, Behold, my master wotteth not what [is] with me in the house, and he hath committed all that he hath to my hand" (Ge., 39:8) / «Но он отказался и сказал жене господина своего: вот, господин мой не знает при мне ничего в доме, и все, что имеет, отдал в мои руки» (Быт., 39:8).

refuser *n.* отвергатель, -ница

Refutation of All Heresies «Обличение всех ересей»

refutation *n.* опровержение

refute *v.* опровергать, опровергнуть (что-л.)

refuter *n.* опровергатель, -ница

Reg. (Regionis) *n. pl.* места

regalism *n.* регализм

regard *n.* внимательность; ~ smth. as a merit on one's part вменять в заслугу

regency *n.* регентство

regenerate *v.* возрождать, возраждать, возродить (кого-л./что-л.); отраждать, отрадить (кого-л.); перерождать, переродить (кого-л.); ~d возрожденный

regeneration *n.* возрождение "Not by works of righteousness which we have done, but according to his mercy he saved us, by the washing of regeneration, and renewing of the Holy

Ghost" (Tit., 3:5) / «Он спас нас не по делам праведности, которые бы мы сотворили, а по Своей милости, банею возрождения и обновления Святым Духом» (Тит., 3:5); перерождение

regenerator *n.* возродитель, -ница

regent *n.* регент

Regina Caeli, laetare «Возрадуйся, Царица Небесная»

Regina Coeli «Царица Небесная»

region *n.* страна; область "And we took all his cities at that time, there was not a city which we took not from them, threescore cities, all the region of Argob, the kingdom of Og in Bashan" (De., 3:4) / «И взяли мы в то время все города его; не было города, которого мы не взяли бы у них: шестьдесят городов, всю область Аргов, царство Ога Васанского» (Втор., 3:4).

regorge *v.* изрыгать

regret I *n.* раскаяние; сожаление; express ~ выразить сожаление; сожалеть (о ком-л./о чем-л.)

regret II *v.* жалеть (кого-л./что-л.; о ком-л./о чем-л.); каяться (кому-л. в чем-л.); раскаиваться, раскаяться (в чем-л.); ~ting жаление

regular I *n.* уставный клирик; ~ clergy черное духовенство; ~s and seculars черное и белое духовенство

regular II *adj.* закономерный

regularity *n.* закономерность, законосообразность

regulate *v.* сообразовывать, сообразовать (что-л. с чем-л.)

regulation *n.* положение; правило; устав; установление

reify *v.* овеществлять

reign I *n.* господство; царствование; княжение

reign II *v.* державствовать; править (кем-л./чем-л.); царствовать "And Bela the son of Beor reigned in Edom: and the name of his city [was] Dinhabah" (Ge., 36:32) / «Царствовал в Едоме Бела, сын Веоров, а имя городу его Дингава» (Быт., 36:32); господствовать (над кем-л., чем-л.) "For the Lord thy God blesseth thee, as he promised thee: and thou shalt lend unto many nations, but thou shalt not borrow; and thou shalt reign over many nations, but they shall not reign over thee" (Ge., 15:6) / «Ибо Господь, Бог твой, благословит тебя, как Он говорил тебе, и ты будешь давать взаймы многим народам, а сам не будешь брать взаймы; и господствовать будешь над многими народами, а они над тобою не будут господствовать» (Быт., 15:6).

reigning I *n.* царствование

reigning II *adj.* державный

reimburse *v.* возвращать, возвратить; возмещать, возместить (что-л.)

reimbursement *n.* возвращение; возмещение

reins *n. pl.* внутренности "His archers compass me round about, he cleaveth my reins asunder, and doth not spare; he poureth out my gall upon the ground" (Job, 16:13) / «Окружили меня стрельцы Его; Он рассекает внутренности мои и не щадит, пролил на землю желчь мою»

(Иов., 16:13); утроба "Oh let the wickedness of the wicked come to an end; but establish the just: for the righteous God trieth the hearts and reins" (Ps., 7:9) / «Да прекратится злоба нечестивых, а праведника подкрепи, ибо Ты испытуешь сердца и утробы, праведный Боже!» (Псл., 7:10); сердце "Thou hast planted them, yea, they have taken root: they grow, yea, they bring forth fruit: thou [art] near in their mouth, and far from their reins" (Je., 12:2) / «Ты насадил их, и они укоренились, выросли и приносят плод. В устах их Ты близок, но далек от сердца их» (Иер., 12:2); чресла

reject *v.* пренебрегать, пренебречь (кем-л./чем-л.); отвергать, отвергнуть (что-л./кого-л.) "And the Lord said unto Samuel, Hearken unto the voice of the people in all that they say unto thee: for they have not rejected thee, but they have rejected me, that I should not reign over them" (1 Sa., 8:7) / «И сказал Господь Самуилу: послушай голоса народа во всем, что они говорят тебе; ибо не тебя они отвергли, но отвергли Меня, чтоб Я не царствовал над ними» (1 Цар., 8:7); отказывать, отказать (кому-л. в чем-л.); отметать, отмести (что-л.); отринуть (что-л.); отрицать (что-л.); презирать "And they rejected his statutes, and his covenant that he made with their fathers, and his testimonies which he testified

against them; and they followed vanity, and became vain, and went after the heathen that [were] round about them, [concerning] whom the Lord had charged them, that they should not do like them" (2 Ki., 17:15) / «И презирали уставы Его, и завет Его, который Он заключил с отцами их, и откровения Его, какими Он предостерегал их, и пошли вслед суеты и осуетились, и вслед народов окрестных, о которых Господь заповедал им, чтобы не поступали так, как они» (4 Цар., 17:15).

rejecter *n.* отвергатель, -ница

rejection *n.* отказ; отречение; пренебрежение

rejoice *n.* радовать(ся); ликовать "And Jethro rejoiced for all the goodness which the Lord had done to Israel, whom he had delivered out of the hand of the Egyptians" (Ex., 18:9). "Иофор радовался о всех благодеяниях, которые Господь явил Израилю, когда избавил его из руки Египтян" (Исх., 18:9); веселиться "And ye shall take you on the first day the boughs of goodly trees, branches of palm trees, and the boughs of thick trees, and willows of the brook; and ye shall rejoice before the Lord your God seven days" (Lev., 23:40) / «В первый день возьмите себе ветви красивых дерев, ветви пальмовые и ветви дерев широколиственных и верб речных, и веселитесь пред Господом Богом вашим семь дней» (Лев., 23:40); воз-радоваться "Verily, verily, I say unto you, That ye shall weep and lament, but the world shall rejoice: and ye shall be sorrowful, but your sorrow shall be turned into joy" (Jn., 16:20) / «Истинно, истинно говорю вам: вы восплачете и возрыдаете, а мир возрадуется; вы печальны будете, но печаль ваша в радость будет» (Ин., 16:20); услаждать, усладить (кого-л., чем-л.)

Rejoicing of the Law Праздник Закона, Праздник Торы

rejoicing I *n.* ликование

rejoicing II *adj.* радостный

rejoining *n.* воссоединение

relate *v.* принадлежать (кому-л./чему-л.)

relation I *n.* отношение; родня; соотношение; сродник, -ица; ~s взаимоотношения, сношения

relation II *adj.* родственный, -ница

relationship *n.* родство

relative I *n.* родня

relative II *adj.* родственный

relax *v.* ослаблять, ослабить (что-л.); смягчать, смягчить (что-л.)

relaxation *n.* ослаба, ослабление

release I *n.* избава; отпущение (грехов); прощение "At the end of [every] seven years thou shalt make a release" (De., 15:1) / «В седьмой год делай прощение» (Втор., 15:1).

release II *v.* избавлять, избавить (кого-л./что-л., от кого-л., чего-л.); облегчать, облегчить (что-л.); разрешать, разрешить (кого-л. от чего-л.); прощать "Of a foreigner thou mayest exact [it again]: but [that] which is thine

with thy brother thine hand shall release" (De., 15:3) / «С иноземца взыскивай, а что будет твое у брата твоего, прости» (Втор., 15:3).

reliability *n.* надежность

reliable *adj.* надежный

relic *n.* мощи; реликвии; святыня; a holy ~ святые мощи; ~s останки; incorruptible ~s нетленные мощи; translation of the ~ перенесение мощей

relief *n.* облегчение; утоление; пособие "Then the disciples, every man according to his ability, determined to send relief unto the brethren which dwelt in Judaea" (Ac., 11:29) / «Тогда ученики положили, каждый по достатку своему, послать пособие братьям, живущим в Иудее» (Деян., 11:29).

Relief Church Общественная церковь

religieuse *n.* монахиня

religio illicita недозволенная религия

religio loci местная религиозная святыня

religion *n.* религия; вера; adopt ~ принять веру; change ~ переменить веру; Закон Божий; исповедание; вероисповедание "Which knew me from the beginning, if they would testify, that after the most straitest sect of our religion I lived a Pharisee" (Ac., 26:5) «Они издавна знают обо мне, если захотят свидетельствовать, что я жил фарисеем по строжайшему в нашем вероисповедании учению» (Деян., 26:5); благочестие "Pure religion and unde-

filed before God and the Father
is this, To visit the fatherless
and widows in their affliction,
[and] to keep himself unspotted
from the world" (Jas., 1:27) /
«Чистое и непорочное благочестие пред Богом и Отцем
есть то, чтобы призирать сирот и вдов в их скорбях и хранить себя неоскверненным от
мира» (Иак., 1:27).

religioner *n.* монах

religionism *n.* фанатизм; ханжество

religionist *n.* религиозный человек; ханжа; святоша

religionize *v.* приобщать к религии; святошествовать, ханже-
ствовать

religiose *adj.* фанатично религиозный; святошеский, ханже-
ский

religiosity *n.* религиозность; фанатизм; святошество, ханже-
ство

religious I *n.* монах, монахиня

religious II *adj.* религиозный, верующий;   богобоязненный;
благочестивый "If any man
among you seem to be religious,
and bridleth not his tongue, but
deceiveth his own heart, this
man's religion [is] vain" (Jas.,
1:26) / «Если кто из вас думает, что он благочестив, и не
обуздывает своего языка, но
обольщает свое сердце, у того
пустое благочестие» (Иак.,
1:26); early ~ beliefs религиозные представления в древности; a ~ ceremony религиозный обряд; ~ house мона-
стырь; ~ habit монашеское
платье; ~ life благочестивая

жизнь; ~ order монашеский
орден; ~ syncretism религиозный синкретизм; ~ teacher вероучитель; ~ toleration веротерпимость

**Religious of Our Lady of Charity
of the Good Shepherd** Сестры
Доброго Пастыря

Religious Science «Религиозная
наука»

Religious Society of Friends Всеобщая конференция «Общест-
ва друзей»

religiousness *n.* богобоязненность; религиозность

reliquary *n.* реликварий; рака;
гробница; ковчег

reliquiae *n. pl.* мощи святого, останки, реликвии

relish *v.* вкушать, вкусить; ~ing
вкушение

relive *v.* облегчать, облегчить
(что-л.)

reluctance *n.* отвращение

reluctantly *adv.* скрепя сердцем

remain I *n.* ~s останки; mortal ~s
бренные останки

remain II *v.* оставаться, остаться
"And every living substance was
destroyed which was upon the
face of the ground, both man,
and cattle, and the creeping
things, and the fowl of the
heaven; and they were destroyed
from the earth: and Noah only
remained [alive], and they that
[were] with him in the ark" (Ge.,
7:23) / «Истребилось всякое
существо, которое было на поверхности [всей] земли; от человека до скота, и гадов, и
птиц небесных, — все истребилось с земли, остался только
Ной и что было с ним в ковче-

ге» (Быт., 7:23); пребывать, пребыть; закосневать, закоснеть (в чем-л.)

remainder *n.* останки, остаток "And if ought of the flesh of the consecrations, or of the bread, remain unto the morning, then thou shalt burn the remainder with fire: it shall not be eaten, because it [is] holy" (Ex., 29:34) / «Если останется от мяса вручения и от хлеба до утра, то сожги остаток на огне: не должно есть его, ибо это святыня» (Исх., 29:34).

remaining *adj.* прочий

remarry *v.* перевенчивать, перевенчать (кого-л.)

remember *v.* вспоминать, вспомнить (кого-л./что-л.) "And God remembered Noah, and every living thing, and all the cattle that [was] with him in the ark: and God made a wind to pass over the earth, and the waters assuaged" (Ge., 8:1) / «И вспомнил Бог о Ное, и о всех зверях, и о всех скотах, (и о всех птицах, и о всех гадах пресмыкающихся,) бывших с ним в ковчеге; и навсл Бог ветер на землю, и воды остановились» (Быт., 8:1); воспоминать, воспомнить (кого-л./что-л.); запоминать, запомнить (кого-л./что-л.); поминать (кого-л./что-л.); помнить (кого-л./что-л.); ~ed достопамятный

rememberable *adj.* памятный

remembrance *n.* воспоминание, воспоминовение; память "And the Lord said unto Moses, Write this [for] a memorial in a book, and rehearse [it] in the ears of

Joshua: for I will utterly put out the remembrance of Amalek from under heaven" (Ex., 17:14) / «И сказал Господь Моисею: напиши сие для памяти в книгу и внуши Иисусу, что Я совершенно изглажу память Амаликитян из поднебесной» (Исх., 17:14); everlasting ~ вечная память; ~ of death память смертная; помин

remind *v.* напоминать, напомнить (что-л., кому-л.)

reminding, reminder напоминание, напоминовение

reminiscence *n.* воспоминание, воспоминовение

remissible *n.* отпуст

remission *n.* отпущение (грехов); plenary ~ полное отпущение грехов; прощение; ~ of sins прощение/оставление грехов "John did baptize in the wilderness, and preach the baptism of repentance for the remission of sins" (Mt., 1:4) / «Явился Иоанн, крестя в пустыне и проповедуя крещение покаяния для прощения грехов» (Матф., 1:4); "For this is my blood of the new testament, which is shed for many for the remission of sins" (Mt., 26:28) / «Ибо сие есть Кровь Моя Нового Завета, за многих изливаемая во оставление грехов» (Матф., 26:28); разрешение

remit *v.* прощать, простить (кому-л., что-л.); отпускать грехи "Whose soever sins ye remit, they are remitted unto them; [and] whose soever [sins] ye retain, they are retained" (Jn., 20:23) / «Кому простите грехи, тому простятся; на ком оставите, на том останутся» (Ин., 20:23); помиловать (кого-л.); разрешать, разрешить (кого-л. от чего-л.); ~ a public penance разрешить от епитимий

remitment *n.* отпущение (грехов)

remittal *n.* отпущение грехов

remora *n. pl.* помеха

remorse *n.* жалость, сострадание; угрызение совести

remorseful *adj.* полный раскаяния

remote *adj.* давний; давнопрошедший; далекий; дальний

remoteness *n.* давность; даль

removal *n.* удаление

remove I *n.* колено

remove II *v.* переносить, перенести, перенесть (что-л.); двигаться "And he removed from thence unto a mountain on the east of Bethel, and pitched his tent, [having] Bethel on the west, and Hai on the east: and there he builded an altar unto the Lord, and called upon the name of the Lord" (Ge., 12:8) / «Оттуда двинулся он к горе, на восток от Вефиля; и поставил шатер свой так, что от него Вефиль был на запад, а Гай на восток; и создал там жертвенник Господу и призвал имя Господа» (Быт., 12:8).

remunerativeness *n.* доходность

remunerator *n.* воздатель, -ница

renascence *n.* возрождение; оживление

renascent *adj.* возрождающийся

render *v.* воздавать, воздать (кому-л. чем-л.) "Thus God rendered the wickedness of Abimelech, which he did unto his fa-

ther, in slaying his seventy brethren" (Jdg., 9:56) / «Так воздал Бог Авимелеху за злодеяние, которое он сделал отцу своему, убив семьдесят братьев своих» (Суд., 9:56).

renegade I *n.* вероотступник, -ница; отщепенец; ренегат

renegade II *adj.* вероотступнический

renegade III *v.* перейти в другую веру; a ~ priest поп-расстрига

renew *v.* восстанавливать, восстановить (что-л.); обновлять, обновить (что-л.) "Then said Samuel to the people, Come, and let us go to Gilgal, and renew the kingdom there" (1 Sa., 11:14) / «И сказал Самуил народу: пойдем в Галгал, и обновим там царство» (1 Цар., 11:14); выводить "Thou renewest thy witnesses against me, and increasest thine indignation upon me; changes and war [are] against me" (Job, 10:17) / «Выводишь новых свидетелей Твоих против меня; усиливаешь гнев Твой на меня; и беды, одни за другими, ополчаются против меня» (Иов., 10:17).

renewal *n.* восстановление; universal ~ всеобщее восстановление; обновление

renewing *adj.* оживительный

renounce *v.* отрицать (что-л.); закаиваться, закаяться (что-л. делать); зарекаться, заречься (делать что-л.); отрекаться, отречься (от кого-л./от чего-л.); отрешаться, отрешиться (от чего-л.); отвергать "But have renounced the hidden things of

dishonesty, not walking in craftiness, nor handling the word of
God deceitfully; but by manifestation of the truth commending ourselves to every
man's conscience in the sight of
God" (2 Co., 4:2) / «Но, отвергнув скрытные постыдные
дела, не прибегая к хитрости
и не искажая слова Божия, а
открывая истину, представляем себя совести всякого человека пред Богом» (2 Кор., 4:2);
~ one's point of view отказаться от своей точки зрения; ~d
отрешенный

renouncement *n.* отречение; отрешение

renovate *v.* возобновлять, возоб-
новить (что-л.); обновлять, обновить (что-л.)

Renovated Church Обновленче-
ская церковь

renovation *n.* восстановление;
реставрация; реконструкция;
освежение, обновление; ~ of
the soul духовное обновление;
возобновление; ~ of the soul
духовное обновление

renown *n.* слава "But thou didst
trust in thine own beauty, and
playedst the harlot because of
thy renown, and pouredst out thy
fornications on every one that
passed by; his it was" (Ez.,
16:15) / «Но ты понадеялась на
красоту твою, и, пользуясь
славою твоею, стала блудить и
расточала блудодейство твое
на всякого мимоходящего, отдаваясь ему» (Иез., 16:15); известность

renumeration I *n.* возмездие; вознаграждение

renumeration II *v.* вознаграждать,   вознаградить   (кого-
л./что-л.)

Reorganized Church of Jesus Ре-
организованная церковь Иисуса Христа святых наших дней

repaint I *n.* убежище, приют; по-
новление иконы

repaint II *v.* поновлять икону

repair *v.* исправлять, исправить
(кого-л./что-л.);   починивать
"And this [was] the cause that he
lifted up [his] hand against the
king: Solomon built Millo, [and]
repaired the breaches of the city
of David his father" (1 Ki.,
11:27) / «И вот обстоятельство,
по которому он поднял руку
на царя: Соломон строил
Милло, починивал повреж-
дения в городе Давида, отца
своего» (3 Цар., 11:27).

repairer *n.* исправитель, -ница;
восстановитель, -ница "And
[they that shall be] of thee shall
build the old waste places: thou
shalt raise up the foundations of
many generations; and thou shalt
be called, The repairer of the
breach, The restorer of paths to
dwell in" (Isa, 58:12) / «И застроятся потомками твоими
пустыни вековые: ты восстановишь основания многих поколений, и будут называть тебя восстановителем развалин,
возобновителем путей для населения» (Ис., 58:12).

repast *n.* трапеза

repay *v.* воздавать "And repayeth
them that hate him to their face,
to destroy them: he will not be
slack to him that hateth him, he
will repay him to his face" (De.,

7:10) / «И воздает ненавидящим Его в лице их, погубляя их; Он не замедлит, ненавидящему Его самому лично воздаст» (Втор., 7:10).

repeat *v.* повторять; воспроизводить, воспроизвести (что-л.)

repelling *n.* отражение

repent *v.* сокрушаться; to ~ one's sins каяться в грехах; каяться (кому-л., в чем-л.); покаяться (в чем-л.); раскаиваться, раскаяться (в чем-л.) "And it came to pass, when Pharaoh had let the people go, that God led them not [through] the way of the land of the Philistines, although that [was] near; for God said, Lest peradventure the people repent when they see war, and they return to Egypt" (Ex., 13:17) / «Когда же фараон отпустил народ, Бог не повел его по дороге земли Филистимской, потому что она близка; ибо сказал Бог: чтобы не раскаялся народ, увидев войну, и не возвратился в Египет» (Исх., 13:17); ~ of one's sins раскаяться в своих грехах; сожалеть (о ком-л./о чем-л.); ~ing раскаяние

repentance *n.* раскаяние "I will ransom them from the power of the grave; I will redeem them from death: O death, I will be thy plagues; O grave, I will be thy destruction: repentance shall be hid from mine eyes" (Hos., 13:14) / «От власти ада Я искуплю их, от смерти избавлю их. Смерть! где твое жало? ад! где твоя победа? Раскаяния в том не будет у Меня» (Ос.,

13:14); сожаление; покаяние "Bring forth therefore fruits meet for repentance" (Mt., 3:8) / «Сотворите же достойный плод покаяния « (Матф., 3:8); to show ~ раскаиваться; stool of ~ скамья для кающихся грешников; death-bed ~ запоздалое раскаяние

repentant *adj.* кающийся, раскаивающийся; ~ of one's sins кающиеся в своих грехах

repine I *n.* хищение

repine II *v.* роптать (на что-л, на кого-л)

repining *n.* ропот

repiner *n.* роптатель, -ница

replace *v.* заменять, заменить (что-л.); замещать, заместить (кого-л./что-л. кем-л./чем-л.)

replacement *n.* замещение; free ~ свободное замещение; смена

reply *n.* ответ; отвечать, ответить (кому-л., за что-л.)

report I *n.* доклад; слух "These [are] the generations of Jacob. Joseph, [being] seventeen years old, was feeding the flock with his brethren; and the lad [was] with the sons of Bilhah, and with the sons of Zilpah, his father's wives: and Joseph brought unto his father their evil report" (Ge., 37:2) / «Вот житие Иакова. Иосиф, семнадцати лет, пас скот [отца своего] вместе с братьями своими, будучи отроком, с сыновьями Валлы и с сыновьями Зелфы, жен отца своего. И доводил Иосиф худые о них слухи до [Израиля] отца их» (Быт., 37:2); сообщение; make a ~ делать доклад; молва "Nay, my sons; for

[it is] no good report that I hear:
ye make the Lord'S people to
transgress" (1 Sa. 2:24) / «Нет,
дети мои, нехороша молва,
которую я слышу [о вас, не
делайте так, ибо нехороша
молва, которую я слышу]; вы
развращаете народ Госпо-
день» (1 Цар., 2:24).

report II *v.* докладывать, до-
ложить (что-л., кому-л.); сообщать, сообщить (кому-л.,
что-л.)

repose I *n.* упокоение, упокой;
покой; may God give him ~
вечный ему покой; спокойствие

repose II *v.* започивать, започить

Repose of the Virgin Взятие на
Небо (Успение) Пресвятой
Девы Марии

repository *n.* репозиторий

reprehensible *adj.* предосудительный

represent *v.* изображать, изобразить (кого-л./что-л.)

representation, representment *n.*
изображение

repress *v.* воздерживать, воздержать (что-л.); обуздывать,
обуздать (что-л.)

reproach I *n.* поношение "And
David spake to the men that
stood by him, saying, What
shall be done to the man that
killeth this Philistine, and taketh
away the reproach from Israel?
for who [is] this uncircumcised
Philistine, that he should defy
the armies of the living God?"
(1 Sa., 17:26) / «И сказал Давид
людям, стоящим с ним: что
сделают тому, кто убьет этого
Филистимлянина и снимет

поношение с Израиля? ибо
кто этот необрезанный Фи-
листимлянин, что так поно-
сит воинство Бога живаго?»
(1 Цар., 17:26); попрек; укор;
бесчестие "And Nahash the
Ammonite answered them, On
this [condition] will I make [a
covenant] with you, that I may
thrust out all your right eyes,
and lay it [for] a reproach upon
all Israel" (1 Sa., 11:2) / «И сказал им Наас Аммонитянин: я
заключу с вами союз, но с тем,
чтобы выколоть у каждого из
вас правый глаз и тем положить бесчестие на всего Израиля» (1 Цар., 11:2); укори-
на; нарекание; посрамление
"And the Lord said unto Joshua,
This day have I rolled away the
reproach of Egypt from off you.
Wherefore the name of the place
is called Gilgal unto this day"
(Jos., 5:9) / «И сказал Господь
Иисусу: ныне Я снял с вас посрамление Египетское. Почему
и называется то место Галгал,
даже до сего дня» (Нав., 5:9);
пеня

reproach II *v.* пенять, попенять
(кому-л., за что-л.); попрекать;
укорить, укорять (кого-л., за
что-л., в чем-л.); хулить (кого-
л./что-л.); обижать "And when
she was risen up to glean, Boaz
commanded his young men, saying, Let her glean even among
the sheaves, and reproach her
not" (Ru., 2:15) / «И встала,
чтобы подбирать. Вооз дал
приказ слугам своим, сказав:
пусть подбирает она и между

снопами, и не обижайте ее» (Руф., 2:15).

reprobate I *n.* нечестивец

reprobate II *adj.* нечестивый, отверженный

reprobate III *v.* лишать спасения

reproduce *v.* возрождать, возраждать, возродить (кого-л./что-л.); воспроизводить, воспроизвести (что-л.)

reproducible *adj.* возрождаемый

reproduct *v.* воспроизводить, воспроизвести (что-л.)

reproduction *n.* воспроизведение

reproof *n.* попрек; обличение "They would none of my counsel: they despised all my reproof" (Pr., 1:30) / «Не приняли совета моего, презрели все обличения мои» (Притч., 1:30).

reprove *v.* попрекать; упрекать "And Abraham reproved Abimelech because of a well of water, which Abimelech's servants had violently taken away" (Ge., 21:25) / «И Авраам упрекал Авимелеха за колодезь с водою, который отняли рабы Авимелеховы» (Быт., 21:25); обличать "He suffered no man to do them wrong: yea, he reproved kings for their sakes" (1 Chr., 16:21) / «Но Он никому не позволил обижать их, и обличал за них царей» (1 Пар., 16:21).

repudiate *v.* отвергать, отвергнуть (что-л./кого-л.); отказывать, отказать (кому-л. в чем-л.); отказываться, отказаться (от чего-л.); отрекаться, отречься (от кого-л./от чего-л.)

repudiation *n.* отказ

repugn *v.* вызывать отвращение/антипатию; оказывать сопротивление; бороться с чем-л.; возражать против чего-л.

repulse *v.* отринуть (что-л.)

repulser *n.* отвергатель, -ннца

repulsion *n.* отражение

reputation *n.* известность; уважение "Receive him therefore in the Lord with all gladness; and hold such in reputation" (Php., 2:29) / «Примите же его в Господе со всякою радостью, и таких имейте в уважении» (Фил., 2:29).

Req. (Requiescat) мир праху его/ее

request I *n.* просьба; слово "And Joab fell to the ground on his face, and bowed himself, and thanked the king: and Joab said, To day thy servant knoweth that I have found grace in thy sight, my lord, O king, in that the king hath fulfilled the request of his servant" (2 Sa., 14:22) / «Тогда Иоав пал лицем на землю и поклонился, и благословил царя и сказал: теперь знает раб твой, что обрел благоволение пред очами твоими, господин мой царь, так как царь сделал по слову раба своего» (2 Цар., 14:22); comply with a ~ исполнить просьбу; требование

request II *v.* требовать (чего-л.); выпрашивать "And the weight of the golden earrings that he requested was a thousand and seven hundred [shekels] of gold; beside ornaments, and collars, and purple raiment that [was] on the kings of Midian, and beside the chains that [were] about their camels' necks" (Jdg., 8:26) / «Весу в золотых серьгах, которые он выпросил, было тысяча семьсот золотых [сиклей], кроме пряжек, пуговиц и пурпуровых одежд, которые были на царях Мадиамских, и кроме [золотых] цепочек, которые были на шее у верблюдов их» (Суд., 8:26).

requiem *n.* заупокойная месса/молитва; реквием; to say a ~ прочитать молитву по усопшему; ~ mass заупокойная месса, реквием; заупокойная служба; панихида

requiescat «Да покоится в мире»

requiescat in pace «Да покоится в мире»; «Мир праху его»; «Да почиет в мире»

requiescence *n.* покой, неподвижность

require *v.* взыскивать, взыскать "And surely your blood of your lives will I require; at the hand of every beast will I require it, and at the hand of man; at the hand of every man's brother will I require the life of man" (Ge., 9:5) / «Я взыщу и вашу кровь, в которой жизнь ваша, взыщу ее от всякого зверя, взыщу также душу человека от руки человека, от руки брата его» (Быт., 9:5); требовать (чего-л.); ~d надобный, нужный

requirement *n.* надобность; требование

requirer *n.* взыскатель, -ница

requital *n.* возмездие; отмщение

requite *v.* отплачивать; мстить, отомстить "And when Joseph's brethren saw that their father was dead, they said, Joseph will peradventure hate us, and will certainly requite us all the evil which we did unto him" (Ge., 50:15) / «И увидели братья Иосифовы, что умер отец их, и сказали: что, если Иосиф возненавидит нас и захочет отмстить нам за все зло, которое мы ему сделали?» (Быт., 50:15); to ~ good with evil отплатить злом за добро "Now David had said, Surely in vain have I kept all that this [fellow] hath in the wilderness, so that nothing was missed of all that [pertained] unto him: and he hath requited me evil for good" (1 Sa., 25:21) / «И Давид сказал: да, напрасно я охранял в пустыне все имущество этого человека, и ничего не пропало из принадлежащего ему; он платит мне злом за добро» (1 Цар., 25:21); воздавать, воздать (кому-л. чем-л.) "Do ye thus requite the Lord, O foolish people and unwise? [is] not he thy father [that] hath bought thee? hath he not made thee, and established thee?" (De., 32:6) «Сие ли воздаете вы Господу, народ глупый и несмысленный? Не Он ли Отец твой, Который усвоил тебя, создал тебя и устроил тебя?» (Втор., 32:6); вознаграждать, вознаградить (кого-л./что-л.)

requiter *n.* воздатель, -ница

rescript *n.* рескрипт; палимпсест

Rescue Mission «Миссия спасения»

rescue I *n.* спасение, освобождение, избавление

rescue II *v.* спасать, избавлять; освобождать " So the people rescued Jonathan, that he died not" (1 Sa., 14:45) / «И освободил народ Ионафана, и не умер он» (1 Цар., 14:45); исхищать, исхитить (кого-л./что-л.); защищать "Thine ox [shall be] slain before thine eyes, and thou shalt not eat thereof: thine ass [shall be] violently taken away from before thy face, and shall not be restored to thee: thy sheep [shall be] given unto thine enemies, and thou shalt have none to rescue [them]" (De., 28:31) / «Вола твоего заколют в глазах твоих, и не будешь есть его; осла твоего уведут от тебя и не возвратят тебе; овцы твои отданы будут врагам твоим, и никто не защитит тебя» (Втор., 28:31).

rescuer *n.* спаситель, избавитель

research I *n.* исследование

research II *v.* исследовать (что-л.)

researcher *n.* исследователь, -ница

Reset. (Rescriptum) *n.* рескрипт

reside *v.* пребывать, пребыть

residing *n.* обитание

residence *n.* обиталище; пребывание

resident *n.* житель, -ница; обитатель, -ница

residentiary *n.* приходский священник

resignation *n.* благотерпение

resigned *adj.* покорный, безропотный; смирившийся

resipiscence *n.* раскаяние

resist *v.* противиться (кому-л./чему-л.) "But I say unto you, That ye resist not evil: but whosoever shall smite thee on thy right cheek, turn to him the other also" (Mt., 5:39) / «А Я говорю вам: не противься злому. Но кто ударит тебя в правую щеку твою, обрати к нему и другую» (Матф., 5:39); противоборствовать (кому-л./чему-л.); противостоять (кому-л./чему-л.) "And they were not able to resist the wisdom and the spirit by which he spake" (Ac., 6:10) / «Но не могли противостоять мудрости и Духу, Которым он говорил» (Деян., 6:10); сопротивляться, сопротивиться (кому-л./чему-л.); устоять (перед чем-л., против чего-л.); противодействовать "And he shewed me Joshua the high priest standing before the angel of the Lord, and Satan standing at his right hand to resist him" (Ze., 3:1) / «И показал он мне Иисуса, великого иерея, стоящего перед Ангелом Господним, и сатану, стоящего по правую руку его, чтобы противодействовать ему» (Зах., 3:1).

resistance *n.* противоборство; противостояние; сопротивление

resolute *adj.* волевой; решительный

resoluteness *n.* решимость

resolution *n.* постановление; разрешение; решение; решимость

Resp. (Responsum) *n.* ответствие

respect I *n.* уважение; челобитие; честь

respect II *v.* уважать (кого-л./что-л.); чтить (кого-л./что-л.); различать "Ye shall not respect persons in judgment; [but] ye shall hear the small as well as the great; ye shall not be afraid of the face of man; for the judgment [is] God's: and the cause that is too hard for you, bring [it] unto me, and I will hear it" (De., 1:17) / «Не различайте лиц на суде, как малого, так и великого выслушивайте: не бойтесь лица человеческого, ибо суд — дело Божие; а дело, которое для вас трудно, доводите до меня, и я выслушаю его» (Втор., 1:17); ~ing почитание

respectable *adj.* добропорядочный; достопочтенный

respectful *adj.* благоговейный; уважительный

respire *v.* дышать

resplend *v.* сверкать, блистать

resplendence, resplendency *n.* блеск; великолепие

respond *v.* отвечать, ответить (кому-л., за что-л.)

responsa *n.* шеелот-у-тешубот

response *n.* ответ; ответствие хора

Responsorium graduale часть католической обедни между чтением Апостола и Евангелия; сборник хоровых песнопений католической обедни

responsory *n.* респонсорий; ектенья, литания; ~ Breviary бревиарий «Респонсориум»

ressurectionist *n.* гробокрад, -ец

rest I *n.* покой; упокоение, упокой; everlasting ~ вечное упокоение

rest II *v.* почивать, почить

restful *adj.* покойный

restless *adj.* мятущийся

restoration *n.* воззвание; ~ to life воззвание к жизни; возрождение; восстановление; исправление; обновление

restore *v.* восставлять, восставить (кого-л. от чего-л.); восстанавливать, восстановить (что-л.); возвращать "Now therefore restore the man [his] wife; for he [is] a prophet, and he shall pray for thee, and thou shalt live: and if thou restore [her] not, know thou that thou shalt surely die, thou, and all that [are] thine" (Ge., 20:7) / «Теперь же возврати жену мужу, ибо он пророк и помолится о тебе, и ты будешь жив; а если не возвратишь, то знай, что непременно умрешь ты и все твои» (Быт., 20:7); ~ good fame восстановить добрую славу; исправлять, исправить (кого-л./что-л.); обновлять, обновить (что-л.); ~ smb. to life воскрешать, воскресить (кого-л.); ~ to health животворить (кого-л./что-л.); ~ to life воскресать, воскреснуть; ~d возрожденный

restorer *n.* возродитель, -ница; исправитель, -ница; отрада "And he shall be unto thee a restorer of [thy] life, and a nourisher of thine old age: for thy daughter in law, which loveth thee, which is better to thee than seven sons, hath born him" (Ru., 4:15) / «Он будет тебе отрадою и питателем в старости твоей, ибо его родила сноха твоя, которая любит тебя, которая для тебя лучше семи сыновей» (Руф., 4:15); возобновитель, -ница "And [they that shall be] of thee shall build the old waste places: thou shalt raise up the foundations of many generations; and thou shalt be called, The repairer of the breach, The restorer of paths to dwell in" (Isa, 58:12) / «И застроятся потомками твоими пустыни вековые: ты восстановишь основания многих поколений, и будут называть тебя восстановителем развалин, возобновителем путей для населения» (Ис., 58:12).

restoring *adj.* исправительный

restrain *v.* воздерживать, воздержать (что-л.); обуздывать, обуздать "For I have told him that I will judge his house for ever for the iniquity which he knoweth; because his sons made themselves vile, and he restrained them not" (1 Sa. 3:13) / «Я объявил ему, что Я накажу дом его на веки за ту вину, что он знал, как сыновья его нечествуют, и не обуздывал их» (1 Цар., 3:13); подавлять, подавить (кого-л./что-л.); порабощать, поработить (кого-л./что-л.); смирять, смирить (кого-л./что-л.); усмирять, усмирить (кого-л./что-л.); ~ oneself воздерживаться, воздержаться (от чего-л.)

result *n.* исход

resurgation, resurgence *n.* возрождение, воскрешение

resurge *v.* возрождаться, воскресать

resurgent *adj.* возродившийся; воскресший

resurrect *v.* воскрешать; возрождать

resurrection *n.* воскресение из мертвых "The same day came to him the Sadducees, which say that there is no resurrection, and asked him" (Mt., 22:23) / «В тот день приступили к Нему саддукеи, которые говорят, что нет воскресения, и спросили Его» (Матф., 22:23); воскрешение; восстание

resurrectionary *adj.* воскрешающий; воскресительный

resurrectionism *n.* вера в воскрешение мертвых

resurrectionist *n.* похититель трупов; воскресший из мертвых

retable *n.* заалтарная полка, запрестольная полка

retain *v.* держать (что-л.); удерживать, удержать (кого-л./что-л.) "So the people took victuals in their hand, and their trumpets: and he sent all [the rest of] Israel every man unto his tent, and retained those three hundred men: and the host of Midian was beneath him in the valley" (Jdg., 7:8) / «И взяли они съестной запас у народа себе и трубы их, и отпустил Гедеон всех Израильтян по шатрам и удержал у себя триста человек; стан же Мадиамский был у него внизу в долине» (Суд., 7:8); ~ing удержание, удерживание

retainer *n.* приближенный

retaliation *n.* воздаяние; возмездие

reticence *n.* скрытность

reticent I *adj.* скрытный

reticent II *v.* скрытничать

retiracy *n.* уединение; to seek ~ искать уединения

retiral *n.* уход

retire *v.* выходить, выйти (из чего-л.); устраняться, устраниться; отступать "And when the men of Israel retired in the battle, Benjamin began to smite [and] kill of the men of Israel about thirty persons: for they said, Surely they are smitten down before us, as [in] the first battle" (Jdg., 20:39) / «Итак, когда Израильтяне отступили с места сражения, и Вениамин начал поражать и поверг Израильтян до тридцати человек и говорил: опять падают они пред нами, как и в прежние сражения» (Суд., 20:39); бежать "Set up the standard toward Zion: retire, stay not: for I will bring evil from the north, and a great destruction" (Je., 4:6). ~d уединенный; retiring устранение

retirement *n.* уединение

retreat *n.* уединение; to go into ~ уйти от мира; ~ one's words отказаться от своих слов

retreatant *n.* отшельник

retribution *n.* возмездие, кара, воздаяние; воздаяние, вознаграждение; ~ of evil for evil воздаяние злом за зло; месть; расплата

return I *n.* возвращение; ~ of the Prodigal Son Возвращение блудного сына; обращение

return II *v.* воздать; ~ good for evil воздать добром за зло; ~ evil for good воздать злом за добро; ~ thanks to God воздать благодарение Богу; возвращать(ся), возвратить(ся) "In the sweat of thy face shalt thou eat bread, till thou return unto the ground; for out of it wast thou taken: for dust thou [art], and unto dust shalt thou return" (Ge., 3:19) / «В поте лица твоего будешь есть хлеб, доколе не возвратишься в землю, из которой ты взят, ибо прах ты и в прах возвратишься» (Быт., 3:19); обращаться, обратиться (к кому-л./к чему-л.); ~ to God; обратиться к Богу

returnable *adj.* возвратимый

reunion *n.* воссоединение; the ~ of the Churches воссоединение Церквей

reunionist *n.* сторонник воссоединения

reunite *v.* воссоединять, воссоединить (кого-л./что-л.)

Rev. (Revelation) *n.* Откровение Святого Иоанна Богослова (книга Библии)

Rev. (Reverend, reverend) преподобный

reveal *v.* обличать, обличить (кого-л./что-л.); обнаруживать, обнаружить (что-л.); открывать, открыть (что-л., кому-л.) "And the Lord appeared again in Shiloh: for the Lord revealed himself to Samuel in Shiloh by the word of the Lord" (1 Sa., 3:21) / «И продолжал Господь являться в Силоме после того, как открыл Себя Самуилу в Силоме чрез слово Господне» (1 Цар., 3:21); показывать, показать (что-л., кому-л.); разоблачать, разоблачить (кого-л./что-л.); ~ed religion богооткровенная религия, откровенное богословие; ~ing обнажение; обнаружение

revealer *n.* обличитель, -ница; открыватель, -ница

revealment *n.* обличение

revelation *n.* откровение "But after thy hardness and impenitent heart treasurest up unto thyself wrath against the day of wrath and revelation of the righteous judgment of God" (Ro., 2:5) / «Но, по упорству твоему и нераскаянному сердцу, ты сам себе собираешь гнев на день гнева и откровения праведного суда от Бога» (Рим., 2:5); открытие; проявление; богооткровение; Откровение Св. Иоанна Богослова (книга Библии); visionary ~ откровение через видение

revenant *n.* выходец с того света; привидение

revenge I *n.* месть, мщение, отмщение

revenge II *v.* мстить "God [is] jealous, and the Lord revengeth; the Lord revengeth, and [is] furious; the Lord will take vengeance on his adversaries, and he reserveth [wrath] for his enemies" (Na., 1:2) / «Господь есть Бог ревнитель и мститель; мститель Господь и страшен в гневе: мстит Господь врагам Своим и не пощадит противников Своих» (Наум., 1:2); отмщать, отмстить (кому-л., за что-л.) "O Lord, thou knowest: remember me, and visit me, and revenge me of my persecutors;

take me not away in thy long-suffering: know that for thy sake I have suffered rebuke" (Je., 15:15) / «О, Господи! Ты знаешь все; вспомни обо мне и посети меня, и отмсти за меня гонителям моим; не погуби меня по долготерпению Твоему; Ты знаешь, что ради Тебя несу я поругание» (Иер., 15:15).

revengeful *adj.* мстительный

revengefulness *n.* мстительность

revenger *n.* местник; мститель "The revenger of blood himself shall slay the murderer: when he meeteth him, he shall slay him" (Nu., 35:19) / «Мститель за кровь сам может умертвить убийцу: лишь только встретит его, сам может умертвить его» (Числ., 35:19).

revenues *n. pl.* статьи дохода

revere I *n.* священник

revere II *adj.* преподобный; ~ mother мать-настоятельница монастыря; игуменья

revere III *v.* благоговеть (перед кем-л.); чтить (кого-л./что-л.); revering почитание

reverence I *n.* благоговение; to pray with ~ благоговейно молиться; Высокопреподобие; низкий поклон; преподобие; Your/His ~ Ваше/ Его преподобие

reverence II *v.* чтить "Ye shall keep my sabbaths, and reverence my sanctuary: I [am] the Lord" (Lev., 19:30) / «Субботы Мои храните и святилище Мое чтите. Я Господь» (Лев., 19:30); постыдиться "But last of all he sent unto them his son, saying,

They will reverence my son»
(Mt., 21:37) / «Наконец, послал он к ним своего сына,
говоря: постыдятся сына моего» (Матф., 21:37); бояться
"Nevertheless let every one of
you in particular so love his wife
even as himself; and the wife
[see] that she reverence [her]
husband» (Eph., 5:33) / «Так
каждый из вас да любит свою
жену, как самого себя; а жена
да боится своего мужа» (Еф.,
5:33); почитать; благоговеть;
to ~ the laws свято чтить законы

reverent *adj.* почтительный; благоговейный

revert *n.* вернувшийся к прежней
вере

review *n.* отзыв

revile *v.* поносить (кого-л./что-л.)
"Blessed are ye, when [men]
shall revile you, and persecute
[you], and shall say all manner
of evil against you falsely, for
my sake" (Mt., 5:11) / «Блаженны вы, когда будут поносить
вас и гнать и всячески непра-
ведно злословить за Меня»
(Матф., 5:11); злословить "And
they that passed by reviled him,
wagging their heads" (Mt.
27:39) / «Проходящие же злословили Его, кивая головами
своими» (Матф., 5:11); revil-
ting поношение

Revised Standard Version Американское исправленное издание Библии

Revised Version Исправленное
издание Библии

revival *n.* возрождение; оживотворение; отрождение; перерождение

revivalism *n.* возрожденчество

revivalist *n.* возрожденец

revive *v.* возрождать, возраждать,
возродить (кого-л./что-л.); воскресать, воскреснуть; живить,
оживить (кого-л./что-л.); обновлять, обновить (что-л.);
оживать, ожить "And they told
him all the words of Joseph,
which he had said unto them:
and when he saw the wagons
which Joseph had sent to carry
him, the spirit of Jacob their father revived" (Ge., 45:27) /
«Когда же они пересказали
ему все слова Иосифа, которые он говорил им, и когда
увидел колесницы, которые
прислал Иосиф, чтобы везти
его, тогда ожил дух Иакова,
отца их» (Быт., 45:27).

reviver *n.* возродитель, -ница;
воскреситель, -ница; житель,
-ница; оживитель, -ница

reviving *adj.* живительный; оживительный

reviviscence *n.* возвращение к
жизни

reviviscent *adj.* воскресающий,
оживающий

revoke *v.* отменять, отменить
(что-л.)

revolt *n.* мятеж

reward *n.* воздаяние; вознаграждение; плата; награда "After
these things the word of the
Lord came unto Abram in a vision, saying, Fear not, Abram:
I [am] thy shield, [and] thy exceeding great reward" (Ge.,
15:1) / «После сих происше-

ствий было слово Господа к
Авраму в видении [ночью],
и сказано: не бойся, Аврам;
Я твой щит; награда твоя [бу-
дет] весьма велика» (Быт.,
15:1); возмездие; v. воздавать,
воздать (кому-л. чем-л.); ~
everyone according to his deeds
воздать каждому по делам его;
вознаграждать, вознаградить
(кого-л./что-л.); доставить
мзду; платить "[And] when
they were gone out of the city,
[and] not [yet] far off, Joseph
said unto his steward, Up, follow after the men; and when
thou dost overtake them, say
unto them, Wherefore have ye
rewarded evil for good?" (Ge.,
44:4) «Еще не далеко отошли
они от города, как Иосиф сказал начальнику дома своего:
ступай, догоняй этих людей
и, когда догонишь, скажи им:
для чего вы заплатили злом за
добро?» (Быт., 44:4).

rewarder *n.* воздатель, -ница

rhetor, rhetorician *n.* ритор

rhetoric *n.* риторика

rhetorical *adj.* риторический

rib *n.* ребро "And the rib, which
the Lord God had taken from
man, made he a woman, and
brought her unto the man" (Ge.,
2:22) / «И создал Господь Бог
из ребра, взятого у человека,
жену, и привел ее к человеку»
(Быт., 2:22).

Ribbon Society «Союз зеленой
ленты»

Ribboner *n.* член «Союза зеленой ленты»

Ribbonism *n.* движение сторон-
ников «Союза зеленой ленты»

ribbon-man *n.* член «Союза зеленой ленты»

Rice Christians *n.* христиане, во
Христа не уверовавшие

rich *adj.* богатый; тучный

ridel *n.* алтарная завеса

right I *n.* право; church ~ церковное право; divine ~ право по-
мазаника Божия; правосудие; ~
hand/arm десница; ~ hand of
God Десница Божия; ~ of Sanctuary гарантия безопасности в
стенах святыни

right II *adj.* ~ правильный; правый; справедливый

right-doer *n.* делающий добро

righteous *adj.* праведный "And
the Lord said unto Noah, Come
thou and all thy house into the
ark; for thee have I seen righteous before me in this generation" (Ge., 7:10) / «И сказал
Господь [Бог] Ною: войди ты и
все семейство твое в ковчег,
ибо тебя увидел Я праведным
предо Мною в роде сем» (Быт.,
7:1).

righteousness *n.* праведность
"And he believed in the Lord;
and he counted it to him for
righteousness" (Ge., 15:6) / «Аврам поверил Господу, и Он
вменил ему это в праведность»
(Быт., 15:6); добродетельность;
справедливость "So shall my
righteousness answer for me in
time to come, when it shall come
for my hire before thy face:
every one that [is] not speckled
and spotted among the goats, and
brown among the sheep, that
shall be counted stolen with me"
(Ge., 30:33) / «И будет говорить за меня пред тобою спра-

ведливость моя в следующее время, когда придешь посмотреть награду мою. Всякая из коз не с крапинами и не с пятнами, и из овец не черная, краденое это у меня» (Быт., 30:33); civil ~ праведность мирянина; правота

rigorism *n.* ригоризм

rigorist *n.* ригорист

rigorous *adj.* грозный; риторический

rigour *n.* грозность

ring *n.* кольцо; звон колоколов; fisher's ~ печать Папы Римского с изображением Св. Петра с сетью; ~ing звон, трезвон, перезвон

ringer *n.* звонарь

rise I *n.* происхождение

rise II *v.* возноситься, вознестись; вставать, встать; ~ again воскресать, воскреснуть; ~ from the dead воскресать, воскреснуть; ~ from the dead воскресение (из мертвых)

risk *v.* дерзать, дерзнуть

risking *adj.* дерзновенный

Rit. (Ritus) *n. pl.* обряд(ы)

rite *n.* чин; обряд; ритуал; исповедание; культ (поклонение)

ritual I *n.* ритуал; церемония; служебник; требник

ritual II *adj.* обрядовый, ритуальный; ~ bath ритуальное омовение; обрядный

ritualism *n.* обрядность; ритуализм

ritualist *n.* приверженец обрядности

ritualize *v.* соблюдать обряды; ритуализировать

river *n.* река "And a river went out of Eden to water the garden; and from thence it was parted, and became into four heads" (Ge., 2:10) / «Из Едема выходила река для орошения рая; и потом разделялась на четыре реки» (Быт., 2:10); the ~ of life река жизни; the ~ of oblivion река забвения

Rlari. (Regulari) член религиозного или монашеского ордена; представитель черного духовенства, иеромонах; уставный, отказавшийся от мира, монашеский

road *n.* дорога; стезя; ~ to Calvary Крестный путь

roam *v.* скитаться; ~ing скитание, шатание

roamer *n.* скиталец, -ца

roar I *n.* рыкание

roar II *v.* рыкать (рычать); ~ing рыкание, рев "The roaring of the lion, and the voice of the fierce lion, and the teeth of the young lions, are broken" (Job, 4:10) / «Рев льва и голос рыкающего умолкает, и зубы скимнов сокрушаются» (Иов., 4:10).

rob *v.* грабить, ограбить (кого-л./что-л.)

robber *n.* вор; church-~ церковный вор; грабитель "The tabernacles of robbers prosper, and they that provoke God are secure; into whose hand God bringeth [abundantly]" (Job, 12:6) / «Покойны шатры у грабителей и безопасны у раздражающих Бога, которые как бы Бога носят в руках своих» (Иов., 12:6); разбойник, -ница; тать

robbery *n.* грабеж; грабительство "For I the Lord love judgment, I hate robbery for burnt offering; and I will direct their work in truth, and I will make an everlasting covenant with them" (Isa, 61:8) / «Ибо Я, Господь, люблю правосудие, ненавижу грабительство с насилием, и воздам награду им по истине, и завет вечный поставлю с ними» (Ис., 61:8); хищение "Trust not in oppression, and become not vain in robbery: if riches increase, set not your heart [upon them]" (Ps., 62:10) / «Не надейтесь на грабительство и не тщеславьтесь хищением; когда богатство умножается, не прилагайте к нему сердца» (Псл., 61:11).

robe *n.* мантия; ряса; риза "And thou shalt make the robe of the ephod all [of] blue" (Ex., 28:31) / «И сделай верхнюю ризу к ефоду всю голубого цвета» (Исх., 28:31).

rochet *n.* стихарь епископский; епископ

rock *n.* скала "Behold, I will stand before thee there upon the rock in Horeb; and thou shalt smite the rock, and there shall come water out of it, that the people may drink" (Ex., 17:6) / «Вот, Я стану пред тобою там на скале в Хориве, и ты ударишь в скалу, и пойдет из нее вода, и будет пить народ» (Исх., 17:6); ~ edicts наскальные эдикты; ~ of Ages твердыня вечная; ~ of offence камень преткновения; ~ of righteousness жезл правости

rod *n.* розга

rogation *n.* молебствие; ~ Days молебственные дни; ~ Sunday Неделя литании

rogue *n.* разбойник, -ница

roll *n.* список

Rom. (Epistle to the Romans) Послание к Римлянам св. апостола Павла (книга Библии)

Roma. (Romana) *adj.* римский

Romaic I *n.* новогреческий язык

Romaic II *adj.* новогреческий

Roman I *n.* римлянин "If we let him thus alone, all [men] will believe on him: and the Romans shall come and take away both our place and nation" (Jn., 11:48) / «Если оставим Его так, то все уверуют в Него, и придут Римляне и овладеют и местом нашим и народом» (Ин., 11:48); католик; латинский язык, латынь

Roman II *adj.* римский; римско-католический; древнеримский, ~ alphabet латинский алфавит; ~ rite римско-католический чин; ~ Catholic католик; ~ Catholic Church Римско-католическая церковь; ~ Catholic Church of Romania Римско-католическая церковь Румынии; ~ Catholicism католичество, Римско-католическое вероисповедание; ~ Church Западная Церковь; ~ collar пасторский воротник; ~ Curia римская курия; папская курия; ~ Empire Римская империя; ~ religion древнеримская религия; ~ republican calendar древнеримский календарь; ~ rosary латинские четки

Romanian Orthodox Church Румынская православная церковь

Romanism *n.* католицизм, папизм

Romanist *n.* католик, папист

Romanize *v.* обращать/переходить в католичество

Romanized script клерное письмо

Romans Послание св. апостола Павла к Римлянам (книга Библии)

Rome-penny лепта св. Петру, ежегодная дань папской казне

Rome-Scot лепта св. Петру

Romish *adj.* папистский, римско-католический; the ~ church папистская церковь

rood *n.* крест, распятие; ~ beam крестовая балка в своде алтаря; ~ loft галерея над Распятием; ~ screen алтарная перегородка

roof *n.* крыша; кровля "But she had brought them up to the roof of the house, and hid them with the stalks of flax, which she had laid in order upon the roof" (Jos., 2:6) / «А сама отвела их на кровлю и скрыла их в снопах льна, разложенных у нее на кровле» (Нав., 2:6).

room *n.* горница; отделение "Make thee an ark of gopher wood; rooms shalt thou make in the ark, and shalt pitch it within and without with pitch" (Ge., 6:14) / «Сделай себе ковчег из дерева гофер; отделения сделай в ковчеге и осмоли его смолою внутри и снаружи» (Быт., 6:14); место "And said, Whose daughter [art] thou? tell me, I pray thee: is there room

[in] thy father's house for us to lodge in?" (Ge., 24:23) «И сказал: чья ты дочь? скажи мне, есть ли в доме отца твоего место нам ночевать?» (Быт., 24:23).

root I *n.* корень "Lest there should be among you man, or woman, or family, or tribe, whose heart turneth away this day from the Lord our God, to go [and] serve the gods of these nations; lest there should be among you a root that beareth gall and wormwood" (De., 29:18) / «Да не будет между вами мужчины или женщины, или рода или колена, которых сердце уклонилось бы ныне от Господа Бога нашего, чтобы ходить служить богам тех народов; да не будет между вами корня, произращающего яд и полынь» (Втор., 29:18); отпрыск, потомок

root II *v.* ~ in вкоренять, вкоренить; ~ out искоренить, извергать "And the Lord rooted them out of their land in anger, and in wrath, and in great indignation, and cast them into another land, as [it is] this day" (De. 29:28) / «И извергнул их Господь из земли их в гневе, ярости и великом негодовании, и поверг их на другую землю, как ныне видим» (Втор., 29:28); ~ing out искоренение

rooter *n.* вкоренитель, -ница

rosary *n.* четки;. чтение молитв по четкам; to tell one's ~ читать молитвы по четкам

Rose Sunday Розовое воскресенье, четвертая неделя Великого поста у католиков

rose-cross *n.* роза и крест; розенкрейцер

Rosh Hashana Рош га-Шана

Rosh Hodesh Рош Ходеш

Rosicrucian *n.* розенкрейцер

Rosin Bible «Канифольная Библия»

rot I *n.* тлен; тление; тля

rot II *v.* гнить, сгнить; ~ting гниение

rottenly *adv.* низко, нечестно, подло

rottenness *n.* гниль "A virtuous woman [is] a crown to her husband: but she that maketh ashamed [is] as rottenness in his bones" (Pr., 12:4) / «Добродетельная жена — венец для мужа своего; а позорная — как гниль в костях его» (Притч., 12:4); тлен; тля; червь "Therefore [will] I [be] unto Ephraim as a moth, and to the house of Judah as rottenness" (Hos., 5:12) / «И буду как моль для Ефрема и как червь для дома Иудина» (Ос., 5:12); боль "When I heard, my belly trembled; my lips quivered at the voice: rottenness entered into my bones, and I trembled in myself, that I might rest in the day of trouble: when he cometh up unto the people, he will invade them with his troops" (Hab., 3:16) / «Я услышал, и вострепетала внутренность моя; при вести о сем задрожали губы мои, боль проникла в кости мои, и колеблется место подо мною; а я должен быть спокоен в

день бедствия, когда придет на народ мой грабитель его» (Авв., 3:16).

round *v.* обходить, обойти (кого-л./что-л.)

rouse *v.* пробуждать, пробудить (кого-л./что-л.); поднимать "Judah [is] a lion's whelp: from the prey, my son, thou art gone up: he stooped down, he couched as a lion, and as an old lion; who shall rouse him up?" (Ge., 49:9) «Молодой лев Иуда, с добычи, сын мой, поднимается. Преклонился он, лег, как лев и как львица: кто поднимет его?» (Быт, 49:9); ~ attention возбудить внимание; ~ envy возбудить зависть

routine *n.* навык

rove *v.* скитаться; roving скитание

rover *n.* скиталец, -ца

royal *adj.* царский "Out of Asher his bread [shall be] fat, and he shall yield royal dainties" (Ge., 49:20) / «Для Асира — слишком тучен хлеб его, и он будет доставлять царские яства» (Быт., 49:20); ~ Door Царские врата; ~ maunds королевская милостыня, раздаваемая на Страстной седмице

Ru. (Ruth) Книга Руфь (книга Библии)

rubric *n.* церковный устав

rude *adj.* дерзостный

rue I *n.* горе, печаль; раскаяние; сожаление; жалость, сострадание

rue II *v.* сожалеть; раскаиваться, раскаяться (в чем-л.); печалить, огорчать; печалиться, жаловаться; to take the ~ раскаиваться; to ~ the day when... сожалеть о том дне, когда...; проклинать тот день, когда...

rueful *adj.* печальный, горестный, унылый, удрученный; жалкий, жалобный; покаянный, полный раскаяния; жалостный

ruin I *n.* гибель; извод; крушение (кого-л./чего-л.); пагуба; погибель; on the brink of ~ на краю погибели; разорение; разрушение; падение "But they were the ruin of him, and of all Israel" (2 Chr., 28:23) / «Но они были на падение ему и всему Израилю» (2 Пар., 28:23).

ruin II *v.* губить, погубить (кого-л., что-л.); расстраивать, расстроить (кого-л./что-л.)

ruiner *n.* губитель, -ница; разоритель, -ница; разрушитель, -ница; сокрушитель, -ница

ruinous *adj.* губительный; пагубный; ~ heaps груды развалин "Hast thou not heard long ago [how] I have done it, [and] of ancient times that I have formed it? now have I brought it to pass, that thou shouldest be to lay waste fenced cities [into] ruinous heaps" (2 Ki., 19:25) / «Разве не слышал ты, что Я издавна сделал это, в древние дни предначертал это, а ныне выполнил тем, что ты опустошаешь крепкие города, превращая их в груды развалин?» (Ис., 37:26).

rule I *n.* правило норма; устав

rule II *v.* господствовать (над кем-л., чем-л.) "Unto the woman he said, I will greatly multiply thy sorrow and thy conception; in sorrow thou shalt bring forth children; and thy desire [shall be] to thy husband, and he shall rule over thee" (Ge., 3:16) / «Жене сказал: умножая умножу скорбь твою в беременности твоей; в болезни будешь рождать детей; и к мужу твоему влечение твое, и он будет господствовать над тобою» (Быт., 3:16); державствовать

ruler *n.* правитель, -ница; начальник, -ница "And when Joseph saw Benjamin with them, he said to the ruler of his house, Bring [these] men home, and slay, and make ready; for [these] men shall dine with me at noon" (Ge., 43:16) / «Иосиф, увидев между ними Вениамина [брата своего, сына матери своей], сказал начальнику дома своего: введи сих людей в дом и заколи что-нибудь из скота, и приготовь, потому что со мною будут есть эти люди в полдень» (Быт., 43:16); владыка, -чица "So now [it was] not you [that] sent me hither, but God: and he hath made me a father to Pharaoh, and lord of all his house, and a ruler throughout all the land of Egypt" (Ge., 45:8) / «Итак не вы послали меня сюда, но Бог, Который и поставил меня отцом фараону и господином во всем доме его и владыкою во всей земле Египетской» (Быт., 45:8); смотритель, -ница "The land of Egypt [is] before thee; in the best of the land make thy father and brethren to dwell; in the land of Goshen let them dwell: and if thou knowest [any] men of activity among them, then make them rulers over my cattle" (Ge., 47:6) / «Земля Египетская пред тобою; на лучшем месте земли посели отца твоего и братьев твоих; пусть живут они в земле Гесем; и если знаешь, что между ними есть способные люди, поставь их смотрителями над моим скотом» (Быт., 47:6).

ruling I *n.* господство

ruling II *adj.* владычествующий "The God of Israel said, the Rock of Israel spake to me, He that ruleth over men [must be] just, ruling in the fear of God" (2 Sa., 23:3) / «Сказал Бог Израилев, говорил о мне скала Израилева: владычествующий над людьми будет праведен, владычествуя в страхе Божием» (2 Цар., 23:3); управляющий "Let the deacons be the husbands of one wife, ruling their children and their own houses well" (1 Ti., 3:12) / «Диакон должен быть муж одной жены, хорошо управляющий детьми и домом своим» (1 Тим., 3:12); державный; правящий; преобладающий

rumour *n.* слух "I have heard a rumour from the Lord, and an ambassador is sent unto the heathen, [saying], Gather ye together, and come against her, and rise up to the battle" (Je., 49:14) / «Я слышал слух от Господа, и посол послан к на-

родам сказать: соберитесь и идите против него, и поднимайтесь на войну» (Иер., 49:14); весть "Behold, I will send a blast upon him, and he shall hear a rumour, and shall return to his own land; and I will cause him to fall by the sword in his own land" (2 Ki., 19:7) / «Вот Я пошлю в него дух, и он услышит весть, и возвратится в землю свою, и Я поражу его мечом в земле его» (4 Цар., 19:7).

run *v.* течь; ~ning water живая вода; ~ away убегать, убежать (от кого-л./от чего-л.); ~ short/ ~out иссякать, иссякнуть; ~ to притекать, притечь (к кому-л./к чему-л.)

runagate *n.* вероотступник

rupestrian *adj.* каменный; высеченный на камне

Russian Orthodox Church Русская Православная Церковь

ruth *n.* милосердие, сострадание, жалость; раскаяние; горе, печаль

Ruth *n.* Руфь; Книга Руфь (книга Библии)

S

S. (Sanctus) *adj.* святой; священный

s. a. (Sine Anno) без указания года

S. C. (Sacra Congregatio) Святая конгрегация; (Salesianorum Congregatio) Конгрегация Отцов-салезианцев, Облаты Св. Франциска Сальско-

го; (Senatus Consultum) решение сената

S. C. C. (Sacra Congregatio Concilii) Священная конгрегация Тридентского собора

S. C. EE. RR. (Sacra Congregatio Episcoporum et Regularium) Священная конгрегация епископов и уставных каноников

S. C. I. (Sacra Congregatio Indicis) Священная конгрегация Индекса

S. C. P. F. (Sacra Congregatio de Propaganda Fide) Пропаганда, Священная конгрегация распространения веры

S. D. (Servus Dei) *n.* раб Божий

s. d. (Sine Data) без даты

s. d. p. (Salutem dicit plurimam) автор письма шлет большой привет

S. D. S. (Societas Divini Salvatoris) Общество Божественного Спасителя

S. D. V. (Societas Divini Verbi) Общество Божественного Слова, Отцы Божественного Слова

S. I. D. (Spiritus In Deo) в Боге покоится Дух

S. J. (Societas Jesu) Орден иезуитов, иезуиты

S. M. (Societas Mariae) мариане, меньшие уставные клирики; (Sanctae Memoriae) святой памяти

S. Off. (Sanctum Officium) Святая Палата Римско-католической церкви; Инквизиция

S. P. (Sepultus) захоронен; (Sepulchrum) гроб; (Sanctissime Pater) Его Святейшество, ти-

тулование Папы Римского; (Summus Pontifex) понтифик, Папа Римский; (Sanctus Petrus) Св. Петр

S. P. A. (Sacrum Palatium Apostolicum) Святой апостольский дворец

S. P. M. (Societas Patrum Misericordiae) Общество Отцов милосердия, Отцы милосердия

S. P. Q. R. (Senatus Populusque Romanus) сенат и народ Рима

S. Petr. (Sanctus Petrus) Св. Петр

S. R. C. (Sacra Rituum Congregatio) Святая конгрегация обрядов

S. R. E. (Sancta Romana Ecclesia) Пресвятая Римско-католическая церковь

S. S. S. (Societas Sanctissimi Sacramenti) Общество Святых Даров, Отцы Святых Даров

S. T. B. (Sacrae Theologiae Baccalaureus) бакалавр священной теологии

S. T. D. (Sacred Theologiae Doctor) доктор священной теологии

S. T. L. (Sacrae Theologiae Licentiatus) лицензиат священной теологии

S. V. (Sacra Virgo) Пресвятая Дева; (Sanctitas Vestra) Ваше Святейшество, титулование Папы Римского

Sab., Sabb. (Sabbatum) *n.* суббота, день субботний, день отдохновения

Sabaoth Саваоф "And as Esaias said before, Except the Lord of Sabaoth had left us a seed, we had been as Sodoma, and been made like unto Gomorrha" (Ro., 9:29) / «И, как предсказал

Исаия: если бы Господь Саваоф не оставил нам семени, то
мы сделались бы, как Содом,
и были бы подобны Гоморре»
(Рим., 29:9).

sabbat *n.* священный день отдохновения (в христианстве воскресенье, в иудаизме суббота,
в исламе пятница); покой, отдохновение; to keep/break the ~
соблюдать/не соблюдать суб-
боту/воскресенье; ~ воскресная школа; "And he said unto
them, This [is that] which the
Lord hath said, To morrow [is]
the rest of the holy sabbath unto
the Lord: bake [that] which ye
will bake [to day], and seethe
that ye will seethe; and that
which remaineth over lay up for
you to be kept until the morning"
(Ex., 16:23) / «И [Моисей] сказал им: вот что сказал Господь:
завтра покой, святая суббота
Господня; что надобно печь,
пеките, и что надобно варить,
варите сегодня, а что останется, отложите и сберегите до
утра» (Исх., 16:23); покой, отдохновение; ~ Day шабаш

Sabbataeans *n. pl.* савватиане

Sabbatarian *n.* соблюдающий
субботу; субботник

Sabbatarianism *n.* субботничест-
во

Sabbath-breaker *n.* преступив-
ший заповедь о дне отдохновения

Sabbath-day *n.* день отдохновения; ~'s journey расстояние
субботнего дня, около кило-
метра

Sabbath-Day *n.* суббота

Sabbaths of hoi ha-mo'ed *n. pl.*
субботы хол га-моэд

Sabbatians *n. pl.* савватиане

Sabbatical *adj.* приносящий от-
дохновение/покой; субботний;
~ calm полнейшая тишина; ~
year год отдохновения

sabbatize *v.* соблюдать день отдохновения

Sabean *n.* сабей

Sabellianism *n.* савеллианство

Sabians *n. pl.* сабиане

Sabinian *n.* Сабиниан

sacerdotal I *n.* риза

sacerdotal II *adj.* священнический; жреческий

sacerdotalism *n.* вера в божественность власти духовенства;
клерикализм

sacerdotalist *n.* клерикал

sackbut *n.* свирель; цевница;
цитра " [That] at what time ye
hear the sound of the cornet,
flute, harp, sackbut, psaltery,
dulcimer, and all kinds of mu-
sick, ye fall down and worship
the golden image that Nebuchadnezzar the king hath set up"
(Da., 3:5) / «В то время, как
услышите звук трубы, свирели, цитры, цевницы, гуслей и
симфонии и всяких музы-
кальных орудий, падите и по-
клонитесь золотому истукану,
которого поставил царь Навуходоносор» (Дан., 3:5).

sackcloth *n.* власяница; вретище
"And Jacob rent his clothes, and
put sackcloth upon his loins,
and mourned for his son many
days" (Ge., 37:34) / «И разодрал Иаков одежды свои, и
возложил вретище на чресла
свои, и оплакивал сына своего

многие дни» (Быт., 37:34); in ~ and ashes надев власяницу и посыпав голову пеплом

Sacr. (Sacrum) священный

Sacra Conversazione «Святое собеседование»

Sacra Romana Rota *n.* Рота

sacral *adj.* сакральный, ритуальный, обрядовый; святой; священный

Sacrament *n.* Св. Причастие; Св. Дары; таинство; to take the ~ причащаться; to receive the last ~ причащаться перед смертью; to administer the ~ приобщать святых Тайн; ~ house закрытая ниша для хранения Святых Даров; administer the ~s совершать таинства; ~s of baptism таинство крещения; the holy ~ святые дары

sacramental I *n.* ритуал, обряд

sacramental II *adj.* сакраментальный; таинственный; священный; ~ wine вино для таинства Евхаристии; ~ bread просфора для таинства Евхаристии; ~ rites священные обряды; ~ oath священная клятва

Sacramentarian *n.* сакраментарий

sacrarium *n.* святилище; ризница; чаша; дарохранительница

sacred *adj.* священный, святой, святый; божественный; ненарушимый; духовный; религиозный; ~ memory священная память; to hold smth. ~ чтить что-л. как святыню; ~ and profane love любовь небесная и земная; ~ animal священное животное; ~ Book Священная книга; ~ City Священный город; ~ College Священная коллегия, коллегия кардиналов;; ~ duty священный долг; ~ Heart пресвятое сердце; ~ history священная история; ~ Isle Ирландия; ~ kingship священное царствование; ~ Majesty Святое величество; ~ music духовная музыка; ~ procession крестный ход; ~ service богослужение; ~ songs духовные песнопения/гимны/псалмы; ~ tomes священные книги; ~ tradition священное предание; ~ vestments; священнические одежды; ~ war священная война; ~ Way священная дорога; ~ weed вербена; ~ writings священное писание

Sacred Apostolic Palace Святой апостольский дворец

Sacred Congregation for the Propagation of the Faith Пропаганда, Священная конгрегация распространения веры

Sacred Congregation of Bishops and Regulars Священная конгрегация епископов и уставных каноников

Sacred Congregation of Rites Святая конгрегация обрядов

Sacred Congregation of the Index Священная конгрегация Индекса

sacredness *n.* святость

sacredotal *adj.* священнический

sacrementalogy *n.* сакраментология (учение о таинствах)

sacrifical *adj.* жертвенный

sacrificati *n. pl.* сакрификаты

sacrificator *n.* жертвоприноситель, -ница; жрец

sacrifice I *n.* жертва "Then Jacob offered sacrifice upon the mount, and called his brethren to eat bread: and they did eat bread, and tarried all night in the mount" (Ge., 31:54) / «И заколол Иаков жертву на горе и позвал родственников своих есть хлеб; и они ели хлеб [и пили] и ночевали на горе» (Быт., 31:54); жертвоприношение; пожертвование; треба

sacrifice II *v.* жертвовать, совершать жертвоприношение; to offer up a ~ приносить жертву; the fire of ~ жертвенный огонь; a ~ to the gods жертвоприношение богам; to make a ~ of fruit/an ox приносить в жертву плоды/быка; ~ smth. to smb принести жертву кому-л. "And they shall hearken to thy voice: and thou shalt come, thou and the elders of Israel, unto the king of Egypt, and ye shall say unto him, The Lord God of the Hebrews hath met with us: and now let us go, we beseech thee, three days' journey into the wilderness, that we may sacrifice to the Lord our God" (Ex., 3:18) / «И они послушают голоса твоего, и пойдешь ты и старейшины Израилевы к [фараону] царю Египетскому, и скажете ему: Господь, Бог Евреев, призвал нас; итак отпусти нас в пустыню, на три дня пути, чтобы принести жертву Господу, Богу нашему» (Исх., 3:18); закалывать, закаляться (кого-л.); посвящать, посвятить (кого-л., во что-л.); sacrificing жертвование, жертвоприношение

sacrificer *n.* жрец; жрица

sacrificial *adj.* жертвенный; ~ lamb агнец для заклания

sacrilege *n.* богохульство, кощунство, поругание святыни; святотатство; to commit ~ святотатствовать "Thou that sayest a man should not commit adultery, dost thou commit adultery? thou that abhorrest idols, dost thou commit sacrilege?" (Ro., 2:22) «Проповедуя не красть, крадешь? Говоря: не прелюбодействуй, прелюбодействуешь? Гнушаясь идолов, святотатствуешь?» (Рим., 2:22).

sacrilegious *adj.* святотатственный, богохульный, кощунственный; богомерзкий

sacring *n.* освящение; освящение Даров; посвящение в епископы; миропомазание венценосцев; ~ bell колокол, возвещающий о возношении Святых Даров

sacrist(a) *n.* ризничий; ключарь; сакелларий

sacristanship *n.* ключарство

sacristy *n.* сакристия; ризница

sacrosanct *adj.* священный и неприкосновенный; ~ place священное место; the ~ person of the king священная особа короля/царя

Sacy's Bible «Библия Сэси»

sad *adj.* горестный; жалкий; печальный "And she said, Let thine handmaid find grace in thy sight. So the woman went her way, and did eat, and her countenance was no more [sad]" (1 Sa., 1:18) / «Она же сказала: да найдет раба твоя милость в очах твоих! И пошла она в путь свой, и ела, и лице ее не было уже печально, как прежде» (1 Цар., 1:18); смутившийся "And Joseph came in unto them in the morning, and looked upon them, and, behold, they [were] sad" (Ge., 40:6) / «И пришел к ним Иосиф поутру, увидел их, и вот, они в смущении» (Быт., 40:6); унылый "Moreover when ye fast, be not, as the hypocrites, of a sad countenance: for they disfigure their faces, that they may appear unto men to fast. Verily I say unto you, They have their reward" (Mt., 6:16) / «Также, когда поститесь, не будьте унылы, как лицемеры, ибо они принимают на себя мрачные лица, чтобы показаться людям постящимися. Истинно говорю вам, что они уже получают награду свою» (Матф., 6:16); плачевный; скорбный

sadden грустить; печалить, опечалить (кого-л./что-л.)

Sadducee *n.* саддукей

sade *v.* утомлять(ся)

sadness *n.* грусть; печаль

Saec. (Saeculum) *n.* век, столетие

safe I *adj.* здравый, здоровый; ~ and sound здрав и невредим; благополучный "And the king said, Is the young man Absalom safe?" (2 Sa., 18:29) «И сказал царь: благополучен ли отрок Авессалом? И сказал Ахимаас: я видел большое волнение, когда раб царев Иоав посылал раба твоего; но я не знаю, что [там] было» (2 Цар., 18:29).

safe II *adv.* безопасно "And the Lord sent Jerubbaal, and Bedan,

and Jephthah, and Samuel, and delivered you out of the hand of your enemies on every side, and ye dwelled safe" (1 Sa., 12:11) / «Тогда Господь послал Иероваала, и Варака, и Иеффая, и Самуила, и избавил вас от руки врагов ваших, окружавших вас, и вы жили безопасно» (1 Цар., 12:11).

safeguard *n.* охранение "Abide thou with me, fear not: for he that seeketh my life seeketh thy life: but with me thou [shalt be] in safeguard" (1 Sa., 22:23) / «Останься у меня, не бойся, ибо кто будет искать моей души, будет искать и твоей души; ты будешь у меня под охранением» (1 Цар., 22:23); эгида

safe-keeping *n.* бережение; хранение

safety *n.* надежность; спасение

saga *n.* легенда

sagacious *adj.* проницательный, дальновидный; благоразумный; здравомыслящий

sagacity *n.* проницательность, дальновидность

sage I *n.* мудрец

sage II *adj.* мудрый; the Eastern ~s волхвы

Saimant. (Salmanticenses) *n. pl.* богословы Саламанки

sain *v.* осенять крестным знамением; перекрестить; благословлять; охранять молитвой; to ~ oneself перекреститься

saint I *n.* праведник; преподобный; святый; ~'s day день ангела; святой "And he said, The Lord came from Sinai, and rose up from Seir unto them; he shined forth from mount Paran, and he came with ten thousands of saints: from his right hand [went] a fiery law for them" (De., 33:2) / «Он сказал: Господь пришел от Синая, открылся им от Сеира, воссиял от горы Фарана и шел со тьмами святых; одесную Его огнь закона» (Втор., 33:2).

saint II *v.* канонизировать; ~'s day день святого; престольный праздник; smb. 's ~'s day чьи-л. именины; the image of a ~ икона святого; to invoke a ~ молиться святому, просить заступничества у святого

Saint Agnes' Eve ночь на Агнессу Римскую

Saint Antony's cross крест святого Антония, Т-образный крест

Saint Isaac's Cathedral Исаакиевский собор

Saint Mark's Basilica собор Св. Марка, базилика Св. Марка

Saint Paul's Cathedral кафедральный собор Св. Павла

Saint Peter's Basilica базилика св. апостола Петра в Риме

Saint Stephen's Cathedral собор Св. Стефана

Saint Valentine's Day День Св. Валентина, День всех влюбленных

saintdom *n.* святость; благость; праведность

sainted *adj.* канонизированный; святой, священный; ~ place святое место

sainthood *n.* святость; благость; праведность; лик/сонм святых

saintlike *adj.* праведный

saintliness *n.* святость, безгрешность, праведность; праведная жизнь

saintly *adj.* святой, праведный, безгрешный; ~ life праведная жизнь

saintship *n.* святость

Sal. (Salus) *n.* спасение

salacity *n.* непристойность; похотливость, сладострастие, развращенность

salary *n.* содержание

Salem *n.* Салим, Иерусалим

Salesian Fathers Конгрегация Отцов-салезианцев, Облаты Св. Франциска Сальского

Salesian Sisters *n. pl.* облатки Св. Франциска Сальского, сестры салезианки

Salesians *n. pl.* салезианцы Дона Боско; облаты Св. Франциска Сальского

Sally Army Армия спасения

salt I *n.* соль; "Ye are the salt of the earth: but if the salt have lost his savour, wherewith shall it be salted? it is thenceforth good for nothing, but to be cast out, and to be trodden under foot of men" (Mt., 5:13) / «Вы — соль земли. Если же соль потеряет силу, то чем сделаешь ее соленою? Она уже ни к чему негодна, как разве выбросить ее вон на попрание людям» (Матф., 5:13).

salt II *adj.* соляной; ~ pillar соляной столб

salubrity *n.* благорастворение, благорастворенность

salutary *adj.* спасительный; благотворный; душеспасительный; целебный; целительный

salutation *n.* приветствие "And when she saw [him], she was troubled at his saying, and cast in her mind what manner of salutation this should be" (Lk., 1:29) / «Она же, увидев его, смутилась от слов его и размышляла, что бы это было за приветствие» (Лук., 1:29).

salvability *n.* возможность спасения души

salvable *adj.* не погибший окончательно

salvation *n.* избавление от греха; спасение "And Moses said unto the people, Fear ye not, stand still, and see the salvation of the Lord, which he will shew to you to day: for the Egyptians whom ye have seen to day, ye shall see them again no more for ever" (Ex., 14:13) / «Но Моисей сказал народу: не бойтесь, стойте — и увидите спасение Господне, которое Он соделает вам ныне, ибо Египтян, которых видите вы ныне, более не увидите во веки» (Исх., 14:13); to find ~ обрести спасение души; "I have waited for thy salvation, O Lord" (Ge., 49:18) / «На помощь твою надеюсь, Господи!» (Быт., 49:18).

Salvation Army Армия спасения

Salvation Sal женщина-боец Армии спасения

Salvationist *n.* член Армии спасения; проповедник-евангелист

Salvator Mundi Спаситель Мира

salvatory I *n.* хранилище

salvatory II *adj.* спасительный

salve! храни вас Господь!

Salve, Regina «Сальве, Регина», «Слава Тебе, Царица Небесная»

Samaria *n.* Самария "And he bought the hill Samaria of Shemer for two talents of silver, and built on the hill, and called the name of the city which he built, after the name of Shemer, owner of the hill Samaria" (1 Ki., 16:24) / «И купил Амврий гору Семерон у Семира за два таланта серебра, и застроил гору, и назвал построенный им город Самариею, по имени Семира, владельца горы» (3 Цар., 16:24).

Samaritan *n.* самарянин "But a certain Samaritan, as he journeyed, came where he was: and when he saw him, he had compassion [on him]" (Lk., 10:33) / «Самарянин же некто, проезжая, нашел на него и, увидев его, сжалился» (Лук., 10:33); самаритянин; самарянка, самаритянка; a good ~ добрый самаритянин; ~ Pentateuch «Пятикнижие самаритянское»

sameliness *n.* однообразие, монотонность

sameness *n.* сходство, подобие, одинаковость; единообразие, тождество; монотонность; illusive ~ обманчивое сходство

samsonian *adj.* спасительный

San Carlo alle Quattro Fontane церковь Сан-Карлино

San Francesco *n.* Сан-Франческо

San Giorgio Maggiore Сан-Джорджо Маджоре, Большая церковь Св. Георгия в Венеции

Sance Bell колокольный звон во время 4-й части мессы и реквиема

sancta sanctorum святая святых, святое святых

sanctification *n.* освящение; освященность

sanctified *adj.* освященный, священный, посвященный; the ~ святые

sanctifier *n.* святитель; Святой Дух

sanctify *v.* освящать, освятить (что-л.) "Sanctify unto me all the firstborn, whatsoever openeth the womb among the children of Israel, [both] of man and of beast: it [is] mine" (Ex., 13:2) / «Освяти Мне каждого первенца, разверзающего всякие ложесна между сынами Израилевыми, от человека до скота, [потому что] Мои они» (Исх., 13:2); осенять, осенить (кого-л.); (о)святить (что-л.); уготавливать, уготовить (что-л., кому-л.); очищать от грехов; наделять святостью

sanctimonious *adj.* ханжеский, лицемерный

sanctimoniousness *n.* святошество

sanctimony *n.* святость; ханжество, святошество; набожность

sanction I *n.* соизволение

sanction II *v.* соизволять, соизволить (что-л.); утверждать, утвердить (что-л.)

sanctitude *n.* святость, безгрешность

sanctity *n.* святость, безгрешность; священность; неприкосновенность; нерушимость;

святыня; angelic ~ ангельская чистота

sanctuary *n.* святилище; святыня; алтарь; неф, храм; церковь; desecrated ~ оскверненное святилище; поруганная святыня; ~ ring дверной молоток на церковных вратах;

sanctum *n.* святилище; рака; ~ sanctorum святая святых, святое святых

Sanctus Aurelius Augustinus *n.* Св. Августин

Sanctus bell *n.* «Санктус», колокольный звон во время 4-й части мессы и реквиема

Sanctus *n.* Санктус

sand *n.* песок "That in blessing I will bless thee, and in multiplying I will multiply thy seed as the stars of the heaven, and as the sand which [is] upon the sea shore; and thy seed shall possess the gate of his enemies" (Ge., 22:17) / «То Я благословляя благословлю тебя и умножая умножу семя твое, как звезды небесные и как песок на берегу моря; и овладеет семя твое городами врагов своих» (Быт., 22:17).

Sangraal, Sangreai *n.* священный грааль

Sangrail *n.* грааль

sanguinary *adj.* кровавый

Sanhedrin *n.* Синедрион

Sankt Gallen аббатство Санкт-Галлен

Sankt Michael Микаэлькирхе

Sant'Ambrogio Basilica базилика Сант-Амброджио в Милане

Santa Maria dei Frari собор Санта-Мария деи Фрари

Santa Maria Novella собор Санта-Мария Новелла во Флоренции

sarcastic *adj.* язвительный

sarcophagus *n.* саркофаг; гробница; каменный гроб

sarcophagy *n.* плотоядие, мясоедство

Sariel *n.* Сариил

Sarum chant сарумский распев

Satan *n.* сатана "And Satan stood up against Israel, and provoked David to number Israel" (1 Chr., 21:1) / «И восстал сатана на Израиля, и возбудил Давида сделать счисление Израильтян» (1 Пар., 1:21); диавол, дьявол; member of ~ дьявольское отродье

satanic, -al *adj.* сатанинский; дьявольский; the ~ host падшие ангелы; ~ rites обряды сатанистов

Satanism *n.* сатанизм

sate *v.* насыщать, насытить (кого-л. чем-л.)

satiate *v.* насыщать, питать "And I will satiate the soul of the priests with fatness, and my people shall be satisfied with my goodness, saith the Lord" (Je., 31:14) / «И напитаю душу священников туком, и народ Мой насытится благами Моими, говорит Господь» (Иер., 31:14); удовлетворять; satiating насыщение

satiation *n.* насыщение, удовлетворенность; сытость; пресыщение, пресыщенность

satiety *n.* насыщение; пресыщение, пресыщенность; удовлетворенность; to eat and drink to ~ пить и есть досыта

satis *adv.* достаточно

satisfaction *n.* довольство; насыщение; удовлетворение; выкуп "Moreover ye shall take no satisfaction for the life of a murderer, which [is] guilty of death: but he shall be surely put to death" (Nu., 35:31) / «И не берите выкупа за душу убийцы, который повинен смерти, но его должно предать смерти» (Числ., 35:31).

satisfy *v.* удовлетворять, удовлетворить (кого-л./что-л.); благоугождать, благоугодить (кому-л.); насыщать "To satisfy the desolate and waste [ground]; and to cause the bud of the tender herb to spring forth? (Job, 38:27) / «Чтобы насыщать пустыню и степь и возбуждать травные зародыши к возрастанию?» (Иов., 38:27); упоявать "[Let her be as] the loving hind and pleasant roe; let her breasts satisfy thee at all times; and be thou ravished always with her love" (Pr., 5:19) / «Любезною ланью и прекрасною серною: груди ее да упоявают тебя во всякое время, любовью ее услаждайся постоянно» (Притч., 5:19); напитать "And [if] thou draw out thy soul to the hungry, and satisfy the afflicted soul; then shall thy light rise in obscurity, and thy darkness [be] as the noonday" (Isa, 58:10) / «И отдашь голодному душу твою и напитаешь душу страдальца: тогда свет твой взойдет во тьме, и мрак твой будет как полдень» (Ис., 58:10); довольствовать, удовольствовать (кого-л.); угождать, угодить (кому-л. чем-л.); satisfied довольный; ~ing довольствование, утоление

Saturday суббота; Holy ~ Великая Суббота

sauciness *n.* грубость

saucy *adj.* нахальный

savage *adj.* дикий

save *v.* сохранять, сохранить (кого-л./что-л.); спасать, спасти (кого-л./что-л.)

saver *n.* оживитель, -ница

saving *adj.* бережливый

savingness *n.* бережливость

saviour *n.* воскреситель,-ница; искупитель, -ница; Спас; Спаситель "The God of my rock; in him will I trust: [he is] my shield, and the horn of my salvation, my high tower, and my refuge, my saviour; thou savest me from violence" (2 Sa., 22:3) / «Бог мой — скала моя; на Него я уповаю; щит мой, рог спасения моего, ограждение мое и убежище мое; Спаситель мой, от бед Ты избавил меня!» (2 Цар., 22:3).

savour *n.* благоухание "And the Lord smelled a sweet savour; and the Lord said in his heart, I will not again curse the ground any more for man's sake; for the imagination of man's heart [is] evil from his youth; neither will I again smite any more every thing living, as I have done" (Ge., 8:21) / «И обонял Господь приятное благоухание, и сказал Господь [Бог] в сердце Своем: не буду больше проклинать землю за человека,

потому что помышление сердца человеческого — зло от юности его; и не буду больше поражать всего живущего, как Я сделал» (Быт., 8:21); сила

savoury *adj.* блаженный, безгрешный; ~ meat кушанье "And make me savoury meat, such as I love, and bring [it] to me, that I may eat; that my soul may bless thee before I die" (Ge., 27:4) / «И приготовь мне кушанье, какое я люблю, и принеси мне есть, чтобы благословила тебя душа моя, прежде нежели я умру» (Быт., 27:4).

Savoy Conference Савойская конференция

say I *n.* речь

say II *v.* говорить; гласить, возгласить (что-л.); сказать (что-л., кому-л.); ~ing изречение, слух

sc. (scilicet) *cj.* именно, то есть

SC. M. (Sanctae Memoriae) святой памяти

scab *n.* лишай "And the priest shall look on him again the seventh day: and, behold, [if] the plague [be] somewhat dark, [and] the plague spread not in the skin, the priest shall pronounce him clean: it [is but] a scab: and he shall wash his clothes, and be clean" (Lev., 13:6) / «В седьмой день опять священник осмотрит его, и если язва менее приметна и не распространилась язва по коже, то священник должен объявить его чистым: это лишаи, и пусть он омоет

одежды свои, и будет чист»
(Лев., 13:6); грязный человек

scale *n.* мерило; ~s чешуя "And
immediately there fell from his
eyes as it had been scales: and he
received sight forthwith, and
arose, and was baptized" (Ac.,
9:18) / «И тотчас как бы чешуя
отпала от глаз его, и вдруг он
прозрел; и, встав, крестился»
(Деян., 19:18).

scandalmonger *n.* злостный
сплетник

scandalous *adj.* вопиющий

scantliness *n.* скудность

scanty *adj.* недостаточный; скудный

scapegoat *n.* козел отпущения
"And he that let go the goat for
the scapegoat shall wash his
clothes, and bathe his flesh in
water, and afterward come into
the camp" (Lev., 16:26) / «И тот,
кто отводил козла для отпущения, должен вымыть одежды
свои, омыть тело свое водою, и
потом может войти в стан»
(Лев., 16:26).

scapuiary, scapular *n.* наплечник,
нарамник

scarcely *adv.* едва "For scarcely
for a righteous man will one die:
yet peradventure for a good man
some would even dare to die"
(Ro., 5:7) / «Ибо едва ли кто
умрет за праведника; разве за
благодетеля, может быть, кто
и решится умереть» (Рим.,
5:7).

scarf *n.* епитрахиль

scarlet *adj.* красный "And it came
to pass, when she travailed, that
[the one] put out [his] hand: and
the midwife took and bound

upon his hand a scarlet thread,
saying, This came out first"
(Ge., 38:28) / «И во время родов ее показалась рука [одно-
го]; и взяла повивальная бабка
и навязала ему на руку крас-
ную нить, сказав: этот вышел
первый» (Быт., 38:28); алый; ~
hat кардинальская шапка, кардинал; ~ whore/woman блудница

scathe *v.* наносить вред; сжигать,
опалять

scent I *n.* запах "Moab hath been
at ease from his youth, and he
hath settled on his lees, and hath
not been emptied from vessel to
vessel, neither hath he gone into
captivity: therefore his taste remained in him, and his scent is
not changed" (Je., 48:11) / «Моав от юности своей был в покое, сидел на дрожжах своих и
не был переливаем из сосуда с
сосуд, и в плен не ходил; оттого оставался в нем вкус его, и
запах его не изменялся» (Иер.,
48:11); благоухание "They that
dwell under his shadow shall return; they shall revive [as] the
corn, and grow as the vine: the
scent thereof [shall be] as the
wine of Lebanon" (Hos., 14:7) /
«Расширятся ветви его, и будет
красота его, как маслины, и
благоухание от него, как от
Ливана» (Ос., 14:7).

scent II *v.* обонять (что-л.)

sceptre *n.* скипетр "The sceptre
shall not depart from Judah, nor
a lawgiver from between his feet,
until Shiloh come; and unto him
[shall] the gathering of the people [be]" (Ge., 49:10) / «Не

отойдет скипетр от Иуды и законодатель от чресл его, доколе не приидет Примиритель, и Ему покорность народов» (Быт., 49:10); епископский жезл

Schelhorn's Bible Библия Шелгорна

schema *n.* раскол; схизма

scheme *n.* план; схима

schism *n.* отщепенство; раскол; ~ of 1054 раскол 1054 года, схизма 1054 года

schismatic (al) I *n.* отщепенец; раскольник, -ница; еретик

schismatic (al) II *adj.* раскольнический, раскольничий; еретический

schismatize *v.* раскольничать

schismogenesis *n.* схизмогенез, острые непримиримые споры

schismogenic *adj.* раскольнический

Schmalkaldic Шмалькальденский союз; ~ Articles Шмалькальденские статьи

scholastic I *n.* схоластик; академист, традиционалист

scholastic II *adj.* схоластический

Scholasticism *n.* схоластика

school *n.* школа; училище "But when divers were hardened, and believed not, but spake evil of that way before the multitude, he departed from them, and separated the disciples, disputing daily in the school of one Tyrannus" (Ac., 19:9) / «Но как некоторые ожесточились и не верили, злословя путь Господень перед народом, то он, оставив их, отделил учеников, и ежедневно проповедывал в училище некоего Тиранна» (Деян.,

19:9); направление; ~ of Alexandria Александрийская школа; ~ of Antioch Антиохийская школа; ~-divinity схоластическое богословие; ~ing наставление; наставничество

schoolman *n.* преподаватель богословия; схоластик .

schoolmaster *n.* детоводитель "Wherefore the law was our schoolmaster [to bring us] unto Christ, that we might be justified by faith" (Ga., 3:24) / «Итак закон был для нас детоводителем ко Христу, дабы нам оправдаться верою» (Гал., 3:24).

science *n.* наука "Children in whom [was] no blemish, but well favoured, and skilful in all wisdom, and cunning in knowledge, and understanding science, and such as [had] ability in them to stand in the king's palace, and whom they might teach the learning and the tongue of the Chaldeans" (Da., 1:4) / «Отроков, у которых нет никакого телесного недостатка, красивых видом, и понятливых для всякой науки, и разумеющих науки, и смышленых и годных служить в чертогах царских, и чтобы научил их книгам и языку Халдейскому» (Дан., 1:4); Christian ~ христианская наука; ~ and Health with Key to the Scriptures «Наука и Здоровье с Ключом от Писания»

scientific *adj.* ученый

scientist *n.* ученый

Scientology *n.* сайентология

scilicet *cj.* а именно; то есть

Scillitan Martyrs 12 мучеников циллиумских

scissure *n.* раскол, ересь

scoff I *n.* глумление

scoff II *v.* издеваться "And they shall scoff at the kings, and the princes shall be a scorn unto them: they shall deride every strong hold; for they shall heap dust, and take it" (Hab., 1:10) / «И над царями он издевается, и князья служат ему посмешищем; над всякою крепостью он смеется: насыплет осадный вал и берет ее» (Авв., 1:10).

scoffing *adj.* глумительный

scoffer *n.* ругатель "Knowing this first, that there shall come in the last days scoffers, walking after their own lusts" (2 Pe., 3:3) / «Прежде всего знайте, что в последние дни явятся наглые ругатели, поступающие по собственным своим похотям» (2 Петр., 3:3).

sconce *n.* канделябр; подсвечник

scorch *v.* палить (что-л.); жечь "And the fourth angel poured out his vial upon the sun; and power was given unto him to scorch men with fire" (Rev., 16:8) / «Четвертый Ангел вылил чашу свою на солнце: и дано было ему жечь людей огнем» (Откр., 16:8).

scorn *v.* презирать, презреть (кого-л./что-л.); смеяться; посмеиваться "He scorneth the multitude of the city, neither regardeth he the crying of the driver" (Job, 39:7) / «Он посмеивается городскому многолюдству и не слышит криков по-

гонщика» (Иов., 39:7); ~ at глумиться (над кем-л., над чем-л.); ~ing презрение

scorning *adj.* глумительный

scourge I *n.* бич "And the Lord of hosts shall stir up a scourge for him according to the slaughter of Midian at the rock of Oreb: and [as] his rod [was] upon the sea, so shall he lift it up after the manner of Egypt" (Isa, 10:26) / «И поднимет Господь Саваоф бич на него, как во время поражения Мадиама у скалы Орива, или как простер на море жезл, и поднимет его, как на Египет» (Ис., 10:26); кара, наказание

scourge II *v.* карать, наказывать; the divine ~ кара Божия; ~ of God «Бич Божий», «Наказание Господне»; scourging бичевание; the scourging of Christ бичевание Христа

scraper *n.* скупец

scribe *n.* книжник; переписчик; писец "And Zadok the son of Ahitub, and Ahimelech the son of Abiathar, [were] the priests; and Seraiah [was] the scribe" (2 Sa., 8:17) / «Садок, сын Ахитува, и Ахимелех, сын Авиафара, — священниками, Сераия — писцом» (2 Цар., 8:18).

scriniary *n.* архивариус

scrinium *n.* ларец для манускриптов

scrip *n.* сума "Nor scrip for [your] journey, neither two coats, neither shoes, nor yet staves: for the workman is worthy of his meat" (Mt., 10:10) / «Ни сумы на дорогу, ни двух одежд, ни обуви, ни посоха, ибо трудящийся достоин пропитания» (Матф., 10:10); заплечный мешок

scriptoria *n. pl.* скриптории

scriptorium *n.* скриптории

scriptory *adj.* письменный; написанный

Scriptural *n.* библейский

Scripture *n.* писание "But I will shew thee that which is noted in the scripture of truth: and [there is] none that holdeth with me in these things, but Michael your prince" (Da., 10:21) / «Впрочем я возвещу тебе, что начертано в истинном писании; и нет никого, кто поддерживал бы меня в том, кроме Михаила, князя вашего» (Дан., 10:21); Библия, Священное Писание; ~ text цитата из Библии; Holy ~ Святое Писание; ~ history библейская/священная история; ~ -reader читающий Библию другим людям

scripturists *n. pl.* караимы; фундаменталисты, ортодоксы

Scroll of the Songs of the Sabbath Sacrifice свиток «Песен субботнего жертвоприношения»

Scrovegni Chapel капелла Скровеньи (в Падуе)

scruple *n.* добросовестность

scrupulous *adj.* добросовестный; совестный

SCS (Sanctus) *n.* святой

scurf *n.* струп

scurvy *adj.* презренный

Sea of Galilee озеро Геннисаретское, море Галилейское

seal I *n.* печать; ключ; the ~ of the fisherman печать Папы Римского с изображением Св. Петра с сетью; ~ of confession тайна исповеди

seal II *v.* запечатывать, запечатать (что-л.) "So she wrote letters in Ahab's name, and sealed [them] with his seal, and sent the letters unto the elders and to the nobles that [were] in his city, dwelling with Naboth" (1 Ki., 21:8) / «И написала она от имени Ахава письма, и запечатала их его печатью, и послала эти письма к старейшинам и знатным в его городе, живущим с Навуфеем» (3 Цар.; 21:8).

search *v.* искать (кого-л./что-л.) "And Laban searched all the tent, but found [them] not" (Ge. 31:34) / «И обыскал Лаван весь шатер; но не нашел» (Быт., 31:34); испытывать, испытать (что-л./кого-л.); осматривать "Whereas thou hast searched all my stuff, what hast thou found of all thy household stuff? set [it] here before my brethren and thy brethren, that they may judge betwixt us both" (Ge., 31:37) / «Ты осмотрел у меня все вещи [в доме моем], что нашел ты из всех вещей твоего дома? Покажи здесь пред родственниками моими и пред родственниками твоими; пусть они рассудят между нами обоими» (Быт., 31:37).

seasonable *adj.* благовременный

seat *n.* седалище; mercy ~ крышка "And thou shalt make two cherubims [of] gold, [of] beaten work shalt thou make them, in the two ends of the mercy seat" (Ex., 25:18) / «И сделай из золота двух херувимов: чеканной работы сделай их на обоих концах крышки» (Исх., 25:18); judgment ~ судилище "And he drave them from the judgment seat" (Ac., 18:16) / «И прогнал их от судилища» (Деян., 18:16).

secede v. отступать от веры

secern v. отделять, различать

secession n. раскол, отделение; the ~ of Methodists from the Church of England отпадение методистов от Англиканской церкви

secessionist n. раскольник, отступник

seclude v. уединяться; жить затворником; ~d затворнический; ~d life затворнический образ жизни

seclusion n. уединение; место уединения, затвор; затворничество; заточение в монастыре; устранение от мира

Second Adam Второй Адам

Second Advent, Second Coming Второе пришествие Христа, Парусия

Second Adventists n. pl. адвентисты, премиллинарии

Second Book of Esdras «Апокалипсис Ездры»

Second Book of the Kings «Четвертая книга Царств»; «Вторая книга царей», Вторая книга «Мелахим»

Second Crusade Второй крестовый поход

Second Ecumenical Council Второй Вселенский собор

Second Epistle General of Peter Второе соборное послание св. апостола Петра (книга Библии)

Second Epistle of John Второе соборное послание св. апостола Иоанна Богослова (книга Библии)

Second Epistle of Paul the Apostle to the Thessalonians Второе послание к Фессалоникийцам св. апостола Павла (книга Библии)

Second Epistle of Paul the Apostle to the Timothy Второе послание к Тимофею св. апостола Павла (книга Библии)

Second Epistle of Paul the Apostle Второе послание к Коринфянам св. апостола Павла (книга Библии)

Second Letter of Clement Второе послание Климента к Коринфянам

Second Order of St. Augustine Второй орден Св. Августина, августинки

Second Reader второй чтец

Second Vatican Council Второй Ватиканский собор

secondary adj. вторичный; второстепенный; побочный

second-rank, second-rate adj. второстепенный

second-sight n. ясновидение

secrecy n. скрытность; сокровенность

Secret Gospel of Mark «Евангелие псевдо-Марка», «От Марка тайное благовествование»

Secret Sayings of Jesus «Фомы Израильтянина речения о детстве Господа»

secret I *n.* тайна "The secret of the Lord [is] with them that fear him; and he will shew them his covenant" (Ps., 25:14) / «Тайна Господня — боящимся Его, и завет Свой Он открывает им» (Псл., 24:14); совет "O my soul, come not thou into their secret; unto their assembly, mine honour, be not thou united: for in their anger they slew a man, and in their selfwill they digged down a wall" (Ge., 49:6) / «В совет их да не внидет душа моя, и к собранию их да не приобщится слава моя, ибо они во гневе своем убили мужа и по прихоти своей перерезали жилы тельца» (Быт., 49:6); уд "When men strive together one with another, and the wife of the one draweth near for to deliver her husband out of the hand of him that smiteth him, and putteth forth her hand, and taketh him by the secrets" (De., 25:11) / «Когда дерутся между собою мужчины, и жена одного [из них] подойдет, чтобы отнять мужа своего из рук бьющего его, и протянув руку свою, схватит его за срамный уд» (Втор., 25:11); милость "As I was in the days of my youth, when the secret of God [was] upon my tabernacle" (Job, 29:4) / «Как был я во дни молодости моей, когда милость Божия была над шатром моим» (Иов., 29:4); тьма "Hide them in the dust together; [and] bind their faces in secret" (Job, 40:13) / «Зарой всех их в землю и лица их покрой тьмою» (Иов., 40:8).

secret II *adj.* тайный "Cursed [be] the man that maketh [any] graven or molten image, an abomination unto the Lord, the work of the hands of the craftsman, and putteth [it] in [a] secret [place]. And all the people shall answer and say, Amen" (De., 27:15) / «Проклят, кто сделает изваянный или литый кумир, мерзость пред Господом, произведение рук художника, и поставит его в тайном месте! Весь народ возгласит и скажет: аминь» (Втор., 27:15); чудный "And the angel of the Lord said unto him, Why askest thou thus after my name, seeing it [is] secret?" (Jdg., 13:18) / «Ангел Господень сказал ему: что ты спрашиваешь об имени моем? Оно чудно» (Суд., 13:18); потаенный "But Jonathan Saul's son delighted much in David: and Jonathan told David, saying, Saul my father seeketh to kill thee: now therefore, I pray thee, take heed to thyself until the morning, and abide in a secret [place], and hide thyself:" (1 Sa., 19:2) / «И известил Ионафан Давида, говоря: отец мой Саул ищет умертвить тебя; итак берегись завтра; скройся и будь в потаенном месте» (1 Цар., 19:2); неизвестный "[Are] the consolations of God small with thee? is there any secret thing with thee?" (Job, 15:11) / «Разве малость для тебя утешения Божии? И это неизвестно тебе?»

(Иов., 15:11); скрытный; келейный; сокровенный; сокрытый

secrete *v.* укрывать, прятать

secretion *n.* сокрытие, укрывательство

secretly *adv.* тайно "Wherefore didst thou flee away secretly, and steal away from me; and didst not tell me, that I might have sent thee away with mirth, and with songs, with tabret, and with harp?" (Ge., 31:27) «Зачем ты убежал тайно, и укрылся от меня, и не сказал мне? Я отпустил бы тебя с веселием и с песнями, с тимпаном и с гуслями» (Быт., 31:27); келейно

secrify *v.* жертвовать, пожертвовать (что-л., кем-л., чем-л.)

sect *n.* секта; раскол; учение "But we desire to hear of thee what thou thinkest: for as concerning this sect, we know that every where it is spoken against" (Ac., 28:22) / «Впрочем желательно нам слышать от тебя, как ты мыслишь; ибо известно нам, что об этом учении везде спорят» (Деян., 28:22); ересь "Then the high priest rose up, and all they that were with him, (which is the sect of the Sadducees,) and were filled with indignation" (Ac., 5:17) / «Первосвященник же и с ним все, принадлежавшие к ереси саддукейской, исполнились зависти» (Деян., 5:17).

sectarian I *n.* сектант; вероотступник, еретик; раскольник

sectarian II *adj.* сектантский; вероотступнический, еретический, раскольнический

sectarianism *n.* сектантство; раскол

sectarist *n.* сектант

sectary *n.* еретик; сектант; раскольник, -ница

sectator *n.* сектант

section *n.* глава (книги)

sectionalism *n.* сектантство

sectrian *n.* сектант

secular I *n.* мирянин

secular II *adj.* светский, мирской, нецерковный, секулярный; немонашеский; ~ architecture светская архитектура; ~ courts нецерковные суды; ~ clergy белое духовенство; ~ vicar дьячок, певчий

secularism, secularization *n.* секуляризация, обмирщение

secularize *v.* секуляризовать, обмирщать

secundum artem согласно существующей практике

secundum naturam естественным образом

secure I *adj.* беспечный "Then the five men departed, and came to Laish, and saw the people that [were] therein, how they dwelt careless, after the manner of the Zidonians, quiet and secure; and [there was] no magistrate in the land, that might put [them] to shame in [any] thing; and they [were] far from the Zidonians, and had no business with [any] man" (Jdg., 18:7) / «И пошли те пять мужей, и пришли в Лаис, и увидели народ, который в нем, что он живет покойно, по обычаю Сидонян, тих и беспечен, и что не было в земле той, кто обижал бы в чем, или имел бы власть: от Сидонян они жили далеко, и ни с кем не было у них никакого дела» (Суд., 18:7); спокойный "And thou shalt be secure, because there is hope; yea, thou shalt dig [about thee, and] thou shalt take thy rest in safety" (Job, 11:18) / «И будешь спокоен, ибо есть надежда; ты огражден, и можешь спать безопасно» (Иов., 11:18).

secure II *v.* избавлять от неприятностей "And if this come to the governor's ears, we will persuade him, and secure you" (Mt., 28:14) / «И, если слух об этом дойдет до правителя, мы убедим его, и вас от неприятности избавим» (Матф., 28:14); обеспечивать, обеспечить (кого-л., чем-л.)

securely *adv.* надежно; мирно "Even of late my people is risen up as an enemy: ye pull off the robe with the garment from them that pass by securely as men averse from war" (Mi., 2:8) / «Народ же, который был прежде Моим, восстал как враг, и вы отнимаете как верхнюю, так и нижнюю одежду у проходящих мирно, отвращающихся войны» (Мих., 2:8).

security *n.* заклад; надежность; удостоверение "And when they had taken security of Jason, and of the other, they let them go" (Ac., 17:9) / «Но сии, получив удостоверение от Иасона и

прочих, отпустили их» (Деян., 17:9).

Sed festival Хеб-Сед

Seder *n.* седер

sedilia *n.* седилья

seduce *v.* искушать, искусить (кого-л., чем-л.); обольщать, обольстить (кого-л., чем-л.); прельщать, прельстить (кого-л., чем-л.); развращать, развратить (кого-л./что-л.); растлевать, растлить (кого-л./что-л.); соблазнять, соблазнить (кого-л./что-л., чем-л.); совратить "But they hearkened not: and Manasseh seduced them to do more evil than did the nations whom the Lord destroyed before the children of Israel" (2 Ki., 21:9) / «Но они не послушались; и совратил их Манассия до того, что они поступали хуже тех народов, которых истребил Господь от лица сынов Израилевых» (4 Цар., 21:9); ~d прельщаться, прельститься (чем-л.).

seducement *n.* обольщение; прельщение; соблазн

seducer *n.* искуситель, -ница; обольститель, -ница; прелестник, -ница; растлитель, -ница; обманщик, -ца "But evil men and seducers shall wax worse and worse, deceiving, and being deceived" (2 Ti., 3:13) / «Злые же люди и обманщики будут преуспевать во зле, вводя в заблуждение и заблуждаясь» (2 Тим., 3:13).

seducing *adj.* соблазнительный

seduction *n.* искушение; обольщение; прельщение; развращение; растление нравов; соблазн

seductive *adj.* искусительный; обольстительный; пленительный; соблазнительный

sedulity *n.* прилежание, усердие; рачение

sedulous *adj.* рачительный

see I *n.* престол епископский; епархия; епископство

see II *v.* зреть, узреть (кого-л./что-л.); ~ at last дожидаться, дождаться (чего-л.); ~ to следить (за кем-л./за чем-л.)

seed *n.* семя "And God said, Let the earth bring forth grass, the herb yielding seed, [and] the fruit tree yielding fruit after his kind, whose seed [is] in itself, upon the earth: and it was so" (Ge., 1:11) / «И сказал Бог: да произрастит земля зелень, траву, сеющую семя [по роду и по подобию ее, и] дерево плодовитое, приносящее по роду своему плод, в котором семя его на земле. И стало так» (Быт., 1:11); ~ сеять (что-л.)

seedless *adj.* бессеменный

seed-time *n.* время посева

seek *v.* искать (кого-л./что-л.) "And a certain man found him, and, behold, [he was] wandering in the field: and the man asked him, saying, What seekest thou?" (Ge., 37:15) «И нашел его некто блуждающим в поле, и спросил его тот человек, говоря: чего ты ищешь?» (Быт., 37:15); испытывать, испытать (что-л./кого-л.); стремиться (к кому-л./к чему-л.); тщиться

Seekers *n. pl.* спасения страждующие

seem *v.* чудиться, почудиться (кому-л.); (по)казаться "And Jacob served seven years for Rachel; and they seemed unto him [but] a few days, for the love he had to her" (Ge., 29:20) «И служил Иаков за Рахиль семь лет; и они показались ему за несколько дней, потому что он любил ее» (Быт., 29:20).

seemly I *adj.* подобающий, приличный, приличествующий; благопристойный

seemly II *adv.* благопристойно

seer *n.* пророк, провидец; ясновидец; прозорливец "(Beforetime in Israel, when a man went to enquire of God, thus he spake, Come, and let us go to the seer: for [he that is] now [called] a Prophet was beforetime called a Seer.)" (1 Sa., 9:9) / «Прежде у Израиля, когда кто-нибудь шел вопрошать Бога, говорили так: пойдем к прозорливцу; ибо тот, кого называют ныне пророком, прежде назывался прозорливцем» (1 Цар., 9:9).

seeress *n.* пророчица, провидица; ясновидящая

Sefer Hasidim «Сефер хасидим», «Книга благочестивых»

Sefer ha-Zohar *n.* «Зогар»

Sefer Torah «Сефер Тора», свиток Торы, свиток Пятикнижия

Sefer Yetzira «Сефер йецира», «Книга творения»

sefira *n.* сефира

sefirot *n. pl.* сефирот

seine *n.* мрежа

seize v. улавливать, уловлять, уловить (кого-л./что-л.)

Select Vestry совет церковной общины

select v. избирать, избрать (кого-л./что-л.); ~ed works избранные труды

selection n. избрание; избранные труды

self-glorification n. самопрославление

self-righteous adj. лицемерный

self-abandonment n. самозабвение

self-abasement n. самоуничижение

self-abasing adj. самоуничижительный

self-abnegation n. самоотречение

self-abuse n. самообольщение

self-accusatory adj. самообличительный

self-adoration n. самообожание

self-advertisement n. самохвальство

self-castigation n. самобичевание

self-conceit n. самомнение

self-condemnation n. самообвинение

self-consciousness n. самосознание

self-deceit n. самообольщение

self-deception n. самообман

self-delusion n. самообольщение, самообман

self-denial n. самопожертвование, самоотречение

self-denial n. самозабвение; самоотверженность

self-depreciation n. самоуничижение

self-devotion n. самопожертвование

self-devouring adj. самопожирающий

selfdom n. суть личности; индивидуальность

self-esteem n. гонор

self-exaltation n. тщеславие, самовосхваление

self-glorious adj. тщеславный

self-government n. самоуправление

self-homicide n. самоубийство

self-humiliation n. самоуничижение

self-immolation n. самосожжение

self-importance n. самомнение

self-imposture n. самообольщение

self-interest n. корыстолюбие; мшелоимство; своекорыстие; ~ed корыстолюбивый, своекорыстный

selfish adj. эгоистический; своекорыстный; себялюбивый

selfishness n. самолюбие; самоотверженность; себялюбие

self-knowledge n. самопознание

selfless adj. самозабвенный; самоотверженный

self-love n. гонор; себялюбие

self-lover n. себялюбец, -бица

self-mortification n. умерщвление плоти

self-murder n. самоубийство

self-murderer n. самоубийца

self-neglecting n. самозабвение

selfness n. самость

self-renouncement, self-renunciation n. самоотречение

self-restriction n. самоограничение

self-restricted adj. самоограниченный

self-righteous adj. лицемерный

self-righteousness n. лицемерие

self-sacrifice *n.* самопожертвование

self-satisfaction *n.* самодовольство

self-satisfied *adj.* самодовольный

self-torture *n.* самобичевание, самоистязание

selihoth *n.* слихот, молитвы о прощении

semblance *n.* подобие, сходство

Semi Double Feast Breviary бревиарий «Семидуплекс»

semi-Arianism *n.* полуарианство

semi-bull *n.* папская булла, изданная в период между избранием и коронацией

semicentenary I *n.* пятидесятилетие; полувековой юбилей

semicentenary II *adj.* пятидесятилетний, полувековой

Semid. (Semiduplex) бревиарий «Семидуплекс»

Semikha *n.* смиха, рукоположение в сан раввина

seminarian *n.* семинарист

seminary I *n.* семинария; ecclesiastical/theological ~ духовная семинария

seminary II *adj.* семинаристский

semi-Pelagianism *n.* полупелагианство, семипелагианство

Semite *n.* семит

Semitic *adj.* семитский; ~ languages семитские языки

semi-uncial *n.* полуустав

semper fidelis всегда верен, всегда предан

semper idem всегда то же самое; всегда тот же

semper paratus всегда готов

sempitern(al) *adj.* вечный, присносущий

sempiternal *adj.* вековечный

sempiternity *n.* вековечность

send *v.* отправлять, отправить (что-л.); посылать, послать (кого-л./что-л., кому-л.); ~ing отправление; ~ up воссылать, восслать (что-л./кому-л.); ~ up praise воссылать хвалу (славу); ~ing up воссылание

senectitude *n.* закат жизни; преддверие смерти

senility *n.* старость

sennight *n.* седмица

sensate *v.* ощущать, ощутить (что-л.); чувствовать (что-л.)

sensation *n.* ощущение

sense datum данное в чувствах

sense *n.* значение; смысл; common ~ здравый смысл; make ~ иметь смысл; it does not make any ~ это не имеет смысла; in a ~ в известном смысле; in a wide/broad ~ в широком смысле; сознание; ум; чувство

senseless *adj.* безумный; бессмысленный

senselessness *n.* бессмысленность, бессмыслица

sensibility *n.* чувствительность

sensible *adj.* чувствительный

sensitive *adj.* впечатлительный; чувствительный

sensitiveness *n.* чуткость

sensitivity *n.* чувствительность

sensual *adj.* чувственный; душевный "This wisdom descendeth not from above, but [is] earthly, sensual, devilish" (Jas., 3:15) / «Это не есть мудрость, нисходящая свыше, но земная, душевная, бесовская» (Иак., 3:15).

sensuality *n.* плотоугодие

sentence I *n.* изречение; суд "[Even] a full wind from those [places] shall come unto me:

now also will I give sentence against them" (Je., 4:12) / «И придет ко Мне оттуда ветер сильнее сего, и Я произнесу суд над ними» (Иер., 4:12).

sentence II *v.* осуждать, осудить (кого-л.)

sentiment *n.* чувство; noble ~ благородное чувство

separable *adj.* разделимый

separate I *adj.* раздельный

separate II *v.* разделять, разделить (что-л./кого-л.); отделять "[Is] not the whole land before thee? separate thyself, I pray thee, from me: if [thou wilt take] the left hand, then I will go to the right; or if [thou depart] to the right hand, then I will go to the left" (Ge., 13:9) / «Не вся ли земля пред тобою? Отделись же от меня: если ты налево, то я направо; а если ты направо, то я налево» (Быт., 13:9); разлучать, разлучить (кого-л. с чем-л.); разлучаться, разлучиться (с кем-л./с чем-л.); отрешаться, отрешиться (от чего-л.)

separation *n.* разделение; разграничение; разлука; очищение "And every thing that she lieth upon in her separation shall be unclean: every thing also that she sitteth upon shall be unclean" (Lev., 15:20) / «И все, на чем она ляжет в продолжение очищения своего, нечисто; и все, на чем сядет, нечисто» (Лев., 15:20).

separatistic *adj.* раскольнический, отступнический

Separatists *n. pl.* сепаратисты; раскольники, отступники, сектанты

separator *n.* разделитель, -ница

Sephardi *n.* сефард

Sephardim *n. pl.* сефарды

Sepher Hasidim «Сефер хасидим», «Книга благочестивых»

September Bible «Сентябрьская Библия», «Лютерова Библия»

septentrional *adj.* северный

Septuag (Septuagesima) бревиарий «Септуагесима»

Septuagesima (Sunday) третья неделя перед Великим постом; у православных христиан, неделя о Блудном сыне

Septuagint *n.* «Септуагинта»

sepulcher *n.* склеп

sepulchral *adj.* могильный, погребальный; гробовой; надгробный

sepulchre I *n.* гроб "And Gideon the son of Joash died in a good old age, and was buried in the sepulchre of Joash his father, in Ophrah of the Abiezrites" (Jdg., 8:32) / «И умер Гедеон, сын Иоасов, в глубокой старости, и погребен во гробе отца своего Иоаса, в Офре Авиезеровой» (Суд., 8:32); Holy ~ гроб Господень; whited (painted) ~ гробы поваленные; гробница; склеп, могила, гробница; погребение "And he buried him in a valley in the land of Moab, over against Bethpeor: but no man knoweth of his sepulchre unto this day" (De., 34:6) / «И погребен на долине в земле Моавитской против Беф-Фегора, и никто не знает места погребения его даже до сего дня» (Втор., 34:6).

sepulchre II *v.* погребать, хоронить

sepulture *n.* погребение, похороны; склеп, гробница, могила

sequence *n.* последовательность

Seraph *n.* Серафим

seraphic *adj.* серафимов, серафический; ~ Blessing серафимово благословление; ~ Doctor серафический учитель Церкви; ~ Father серафический Отец Церкви; ~ Hymn Гимн серафимов, «Санктус»; ~ Order Серафический орден, орден францисканцев

Seraphic(al) *adj.* серафимский

seraphim *n. pl.* серафимы "Above it stood the seraphims: each one had six wings; with twain he covered his face, and with twain he covered his feet, and with twain he did fly" (Isa, 6:2) / «Вокруг Него стояли Серафимы; у каждого из них по шести крыл: двумя закрывал каждый лице свое, и двумя закрывал ноги свои, и двумя летал» (Ис., 6:2).

Seraphim of Sarov *n.* Св. Серафим Саровский

Serbian Orthodox Church Сербская православная церковь

serene *adj.* безоблачный

serenity *n.* безмятежность; безоблачность

Sergius *n.* Сергий

Sergius I *n.* Сергий I, Папа Римский; Сергий I, Патриарх Константинопольский

Sergius II *n.* Сергий II, Папа Римский; Сергий II Мануилит,

патриарх Константинопольский

Sergius III *n.* Сергий III

Sergius IV *n.* Сергий IV

Sergius of Radonezh *n.* Св. Сергий Радонежский

serious *adj.* тяжкий

sermon I *n.* проповедь; to deliver a ~ произносить проповедь; the funeral ~ надгробное слово священника; ~ on the Mount «Нагорная проповедь»; moralizing ~ нравоучительная проповедь; euloquistic ~ похвальная проповедь; publicitic ~ публицистическая проповедь; exhorting ~ увещевательная проповедь; upland/highland ~ Нагорная проповедь; deliver a ~ произносить проповедь; рация

sermon II *v.* проповедоваться, проповедовать (что-л. кому-л.)

sermonig *n.* проповедание; проповедование

sermoner *n.* проповедник

sermonize *v.* проповедовать; поучать, поучить (кого-л.); проповедоваться, проповедовать (что-л. кому-л.)

sermonizer *n.* проповедник

serpent *n.* змей "Now the serpent was more subtil than any beast of the field which the Lord God had made. And he said unto the woman, Yea, hath God said, Ye shall not eat of every tree of the garden?" (Ge., 3:1) / «Змей был хитрее всех зверей полевых, которых создал Господь Бог. И сказал змей жене: подлинно ли сказал Бог: не ешьте ни от какого дерева в раю?» (Быт., 3:1);

змея; дракон; Змий-искуситель; Сатана

servant *n.* раб "And he said, Cursed [be] Canaan; a servant of servants shall he be unto his brethren" (Ge., 9:25) / «И сказал: проклят Ханаан; раб рабов будет он у братьев своих» (Быт., 9:25); слуга; служитель, -ница; ~ of God раб Божий

serve *v.* работать; служить (кому-л./чему-л., что-л.)

server *n.* прислужник, причетник; служитель, -ница

service *n.* работа; служба "Fulfil her week, and we will give thee this also for the service which thou shalt serve with me yet seven other years" (Ge., 29:27) / «Окончи неделю этой, потом дадим тебе и ту за службу, которую ты будешь служить у меня еще семь лет других» (Быт., 29:27); divine ~ Божественная служба; служение; evening ~ всенощное бдение; ~ book требник; служебник

service-book *n.* служебник

servile *adj.* раболепный

servilism *n.* раболепие, подобострастие

servility *n.* раболепие, подобострастие; раболепность; служение; ~ hierarchy чиноначалие

Servites *n. pl.* Слуги Пресвятой Девы Марии, сервиты

servitor *n.* служитель, -ница; слуга "And his servitor said, What, should I set this before an hundred men?" (2 Ki., 4:43) / «И сказал слуга его: что тут я дам ста человекам?» (4 Цар., 4:43).

servitude *n.* порабощение

servus servorum Dei раб рабов Божих (самоименование Папы Римского)

sesquicentennial *adj.* полуторавековой

set *v.* (по)ставить (кого-л./что-л.); возлагать, возложить (на кого-л./на что-л.); насаждать, насаживать, насадить (что-л.); прилагать, приложить (что-л., к чему-л.); ~ against противопоставлять, противопоставить (что-л., чему-л.); ~ forth излагать, изложить (что-л.); ~ in воцаряться, воцариться (установиться); ~ in наступать, наступить; ~ on fire сжигать, сжечь (что-л./кого-л.); ~ on наставлять, наставить (кого-л. на что-л.); ~ to motion двигать, двинуть (кого-л./что-л.); ~ting free освобождение

settle *v.* водворять, водворить (кого-л./во что-л.); ~ oneself водворяться, водвориться; вселять, вселить (что-л., в кого-л.); решать, решить (что-л.); ставить "But I will settle him in mine house and in my kingdom for ever: and his throne shall be established for evermore" (1 Chr., 17:14) / «Я поставлю его в доме Моем и в царстве Моем на веки, и престол его будет тверд вечно» (1 Пар., 17:14).

settlement *n.* водворение; дарственная запись

Seven Champions семь заступников христианских

Seven Churches of Asia семь церквей в Асии

seven corporal works of mercy семь проявлений милосердия, семь деяний милосердных

Seven Deacons семь диаконов

Seven Deadly Sins семь смертных грехов (гордыня, гневливость, зависть, распутство, чревоугодие, корыстолюбие, лень)

Seven Gifts of the Holy Ghost (of the Spirit) семь даров Святого Духа (проницательность, страх Божий, твердость, набожность, разум, мудрость, знание)

Seven Holy Founders семь св. отцов-основателей

Seven Joys of Mary (of the Virgin) семь радостей Девы Марии (Благовещение, Посещение Девой Марией Елисаветы, Богоявление, Нахождение двенадцатилетнего Иисуса в храме, Воскресение; Вознесение)

Seven O's семь великих антифонов

Seven Sacraments семь таинств (крещение, конфирмация, причащение, исповедь, священство, брак, последнее помазание)

Seven Servile Founders семь св. отцов-основателей ордена Слуг Пресвятой Девы Марии

Seven Sleepers of Ephesus семь спящих отроков эфесских

Seven Sorrows of Mary (of the Virgin) Семь скорбей Девы Марии (пророчество Симеона Богоприимца, бегство в Египет, потеря двенадцатилетнего Иисуса, встреча с Иисусом на пути Его к Голгофе, Распятие,

Снятие с Креста, Положение во гроб)

Seven Spiritual Works of Mercy семь духовных деяний милосердия

Seven Virtues семь христианских добродетелей (вера, надежда, любовь, справедливость, храбрость, благоразумие, умеренность)

Seventh Crusade седьмой крестовый поход

Seventh-Day Adventists адвентисты седьмого дня

Seventh-day Baptists баптисты седьмого дня

Seventieth Day Before Easter Breviary бревиарий «Септуагесима»

Seventy Interpreters семьдесят толковников

severe I *adj.* немилостивый

severe II *v.* отделять "And ye shall be holy unto me: for I the Lord [am] holy, and have severed you from [other] people, that ye should be mine" (Lev., 20:26) / «Будьте предо Мною святы, ибо Я свят Господь [Бог ваш], и Я отделил вас от народов, чтобы вы были Мои» (Лев., 20:26).

severeness *n.* суровость

Severinus *n.* Северин I

sex *n.* пол; ~ appeal половое влечение

Sexag. (Sexagesima) *n.* бревиарий «Сексагесима»

Sexagesima (Sunday) вторая неделя перед Великим постом; у православных христиан, мясопустная неделя

sexcentenary I *n.* шестисотая годовщина

sexcentenary II *adj.* шестисот-
летний

Sext *n.* служба 6-го часа

sexton *n.* дьячок, пономарь; церковный сторож; ризничный

sexton *n.* гробокопатель; ризничий; сакелларий

Sg. (Song of Solomon) Книга
Песни Песней Соломона (книга Библии)

Shabbat *n.* «Шаббат»

Shabbat Bereshit «Шабат Берешит», «Суббота Начала»

Shabbat ha-Gadol Шабат га-
Гадол, Великая Суббота

Shabbat Hazon Шабат Хазон

Shabbat Nahamu Шабат Нахуму

Shabbat Shira Шабат Шира

Shabbat Shuva Шабат шува,
«Суббота Возвращения»

shabby *adj.* скаредный; скупой

Shabuoth Шавуот, праздник Недель, Пятидесятница

shackles *n. pl.* путы

shade I *n.* тень; ~s тени умерших;
осенение; сень "The Lord [is]
thy keeper: the Lord [is] thy
shade upon thy right hand" (Ps.,
121:5) / «Господь — хранитель твой; Господь — сень
твоя с правой руки твоей»
(Псл., 121:5).

shade II *v.* помрачать, помрачить
(что-л.)

shadow *n.* тень "And the bramble
said unto the trees, If in truth ye
anoint me king over you, [then]
come [and] put your trust in my
shadow: and if not, let fire come
out of the bramble, and devour
the cedars of Lebanon" (Jdg.,
9:15) / «Терновник сказал деревам: если вы по истине по-
ставляете меня царем над со-

бою. то идите, покойтесь под
тенью моею; если же нет, то
выйдет огонь из терновника и
пожжет кедры Ливанские»
(Суд., 9:15); ~ of doubt тень
сомнения

shaharit(h) *n.* шахарит

shake I *n.* трепет

shake II *v.* трепетать; трясти;
трястись

Shakers *n. pl.* шейкеры

sham I *n.* притворщик, -щица

sham II *v.* притворяться, притвориться

shamanism *n.* шаманство

shame I *n.* позор; поношение;
посрамление "And when Moses
saw that the people [were] naked; (for Aaron had made them
naked unto [their] shame among
their enemies:)" (Ex., 32:25)
«Моисей увидел, что это народ
необузданный, ибо Аарон до-
пустил его до необузданности,
к посрамлению пред врагами
его» (Исх., 32:25); срам; стыд

shame II *v.* стыдить (кого-л.)

shameful *adj.* позорный; совестный; (по)стыдный "For [ac-
cording to] the number of thy
cities were thy gods, O Judah;
and [according to] the number of
the streets of Jerusalem have ye
set up altars to [that] shameful
thing, [even] altars to burn incense unto Baal" (Je., 11:13) /
«Ибо сколько у тебя городов,
столько и богов у тебя, Иуда, и
сколько улиц в Иерусалиме,
столько вы наставили жерт-
венников постыдному, жерт-
венников для каждения Ваалу»
(Иер., 11:13).

shamefulness *n.* срам

shameless *adj.* бесстыдный

shamelessness *n.* бесстыдство

shammas(h) *n.* шаммаш, служитель синагоги

shape I *n.* форма; вид "And the Holy Ghost descended in a bodily shape like a dove upon him, and a voice came from heaven, which said, Thou art my beloved Son; in thee I am well pleased" (Lk., 3:22) / «И Дух Святый нисшел на Него в телесном виде, как голубь, и был глас с небес, глаголющий: Ты Сын Мой Возлюбленный; в Тебе Мое благоволение!» (Лук., 3:22).

shape II *v.* облекать, облечь (кого-л., чем-л.); образовывать, образовать (что-л.)

share I *n.* удел

share II *v.* разделять, разделить (что-л./кого-л.)

sharer *n.* общник, -ница

sharp *adj.* острый "At that time the Lord said unto Joshua, Make thee sharp knives, and circumcise again the children of Israel the second time" (Jos., 5:2) / «В то время сказал Господь Иисусу: сделай себе острые [каменные] ножи и обрежь сынов Израилевых во второй раз» (Нав., 5:2); ~ practice сомнительные дела

sharpness *n.* строгость "Therefore I write these things being absent, lest being present I should use sharpness, according to the power which the Lord hath given me to edification, and not to destruction" (2 Co., 13:10) / «Для того я и пишу сие в отсутствии, чтобы в присутствии не употребить строгости по власти, данной мне Господом к созиданию, а не к разорению» (2 Кор., 13:10); чуткость

shatter *v.* сокрушать, сокрушить (кого-л./что-л.); трясти

Shavuot *n.* Шавуот, Праздник недель, Праздник первых плодов

She Bible «Женская Библия»

shear *v.* (о)стричь "And Laban went to shear his sheep: and Rachel had stolen the images that [were] her father's" (Ge., 31:19) / «И как Лаван пошел стричь скот свой, то Рахиль похитила идолов, которые были у отца ее» (Быт., 31:19).

shed *v.* изливать, излить (что-л., на кого-л.); проливать "Whoso sheddeth man's blood, by man shall his blood be shed: for in the image of God made he man" (Ge., 9:6) / «Кто прольет кровь человеческую, того кровь прольется рукою человека: ибо человек создан по образу Божию» (Быт., 9:6); источать, источить (что-л.); осенять, осенить (кого-л.)

sheep *n.* овца " And Abel was a keeper of sheep, but Cain was a tiller of the ground" (Ge., 4:2) / «И был Авель пастырь овец, а Каин был земледелец» (Быт., 4:2); stray/lost ~ заблудшая овца; to divide the ~ from the goats отделять овец от козлищ; паства

sheepskin I *n.* милоть "They were stoned, they were sawn asunder, were tempted, were slain with the sword: they wandered about in sheepskins and goatskins; being, destitute, afflicted, tormented" (He., 11:37) / «Были побиваемы камнями, перепиливаемы, подвергаемы пытке, умирали от меча, скитались в милотях и козьих кожах, терпя недостатки, скорби, озлобления» (Евр., 11:37); пергамент

sheepskin II *adj.* пергаментный

shehitah *n.* шхита

shekel *n.* сикль "This they shall give, every one that passeth among them that are numbered, half a shekel after the shekel of the sanctuary: (a shekel [is] twenty gerahs:) an half shekel [shall be] the offering of the Lord" (Ex., 30:13) / «Всякий, поступающий в исчисление, должен давать половину сикля, сикля священного; в сикле двадцать гер: полсикля приношение Господу» (Исх., 30:13); сребреник; шекель

Shekhina *n.* шехина

shelter I *n.* кров, покров; сень; пристанище, приют, убежище "They are wet with the showers of the mountains, and embrace the rock for want of a shelter" (Job, 24:8) / «Мокнут от горных дождей и, не имея убежища, жмутся к скале» (Иов., 24:8); прибежище "For thou hast been a shelter for me, [and] a strong tower from the enemy" (Ps., 61:3) / «Ибо Ты прибежище мое, Ты крепкая защита от врага» (Псл., 60:4).

shelter II *v.* приютить; укрывать

Shem *n.* Сим

Shema *n.* Шма

Shemini Atzeret Шмини Ацерет, Восьмой день собрания

shemone 'esre «Шмоне Эсре»

Shemot *n.* Шмот, Исход

Sheol *n.* шеол, преисподняя, ад

shepherd *n.* пастух "And the men [are] shepherds, for their trade hath been to feed cattle; and they have brought their flocks, and their herds, and all that they have" (Ge., 46:32) / «Эти люди пастухи овец, ибо скотоводы они; и мелкий и крупный скот свой, и все, что у них, привели они» (Быт., 46:31); пастырь "For ye were as sheep going astray; but are now returned unto the Shepherd and Bishop of your souls" (1 Pe., 2:25) / «Ибо вы были, как овцы блуждающие (не имея пастыря), но возвратились ныне к Пастырю и Блюстителю душ ваших» (1 Петр., 2:25).

Shepherd of Hermas «Пастырь Ермы», «Пастырь Гермы»

Sheqalim «Шекалим»

Shevat шват, шеват, зимний месяц иудейского календаря

Shevi'it *n.* «Шебиит»

Shevu'ot *n.* «Шебуот»

shewbread *n.* хлебы предложения "And thou shalt set upon the table shewbread before me alway" (Ex., 25:30) / «И полагай на стол хлебы предложения пред лицем Моим постоянно» (Исх., 25:30).

Shield of David звезда Давида

shield *n.* щит "After these things the word of the Lord came unto Abram in a vision, saying, Fear not, Abram: I [am] thy shield, [and] thy exceeding great reward" (Ge., 15:1) / «После сих происшествий было слово Господа к Авраму в видении [ночью], и сказано: не бойся, Аврам; Я твой щит; награда твоя [будет] весьма велика» (Быт., 15:1); эгида

shift I *n.* смена

shift II *v.* переносить, перенести, перенесть (что-л.)

shiksa *n.* шикса, неиудейка

shine *n.* сияние; сиять; светить, светиться "If I beheld the sun when it shined, or the moon walking [in] brightness" (Job, 31:26) / «Смотря на солнце, как оно сияет, и на луну, как она величественно шествует» (Иов., 31:26); воссиять "And he said, The Lord came from Sinai, and rose up from Seir unto them; he shined forth from mount Paran, and he came with ten thousands of saints: from his right hand [went] a fiery law for them" (De., 33:2) / «Он сказал: Господь пришел от Синая, открылся им от Сеира, воссиял от горы Фарана и шел со тьмами святых; одесную Его огнь закона» (Втор., 33:2).

shining *n.* сияние "And [he shall be] as the light of the morning, [when] the sun riseth, [even] a morning without clouds; [as] the tender grass [springing] out of the earth by clear shining after rain" (2 Sa., 23:4) / «И как на рассвете утра, при восходе солнца на безоблачном небе, от сияния после дождя вырастает трава из земли» (2 Цар., 23:4); блистание "And the Lord will create upon every dwelling place

of mount Zion, and upon her assemblies, a cloud and smoke by day, and the shining of a flaming fire by night: for upon all the glory [shall be] a defence. лучезарный" (Isa, 4:5) / «И сотворит Господь над всяким местом горы Сиона и над собраниями ее облако и дым во время дня и блистание пылающего огня во время ночи; ибо над всем чтимым будет покров» (Ис., 4:5); свет "The earth shall quake before them; the heavens shall tremble: the sun and the moon shall be dark, and the stars shall withdraw their shining" (Joel, 2:10) / «Перед ними потрясется земля, поколеблется небо; солнце и луна помрачатся, и звезды потеряют свой свет» (Иоил., 2:10); блеск

Shir ha-Shirim Книга Песни Песней Соломона

shivah *n.* шива

shiver I *n.* трепет

shiver II *v.* трепетать; трясти

Shmu'el Шмуэль; «Первая книга Царств», «Вторая книга Царств»; «Первая книга Самуила», «Вторая книга Самуила»

shock *n.* удар; копна "And when he had set the brands on fire, he let [them] go into the standing corn of the Philistines, and burnt up both the shocks, and also the standing corn, with the vineyards [and] olives" (Jdg., 15:5) / «И зажег факелы, и пустил их на жатву Филистимскую, и выжег и копны и нежатый хлеб, и вино-

градные сады и масличные"
(Суд., 15:5); сноп "Thou shalt
come to [thy] grave in a full age,
like as a shock of corn cometh
in in his season" (Job, 5:26) /
«Войдешь во гроб в зрелости,
как укладываются снопы пшеницы в свое время» (Иов.,
5:26).

shofar *n.* шофар

Shofetim *n.* «Шофтим», «Книга
Судей Израилевых»

shoot *v.* прозябать, прозябнуть;
произрастать, произрасти; расти, вырасти

shortage *n.* недостаток

shortcoming *n.* недостаток

shorten *v.* сокращать, сократить
(что-л.) "The days of his youth
hast thou shortened: thou hast
covered him with shame" (Ps.,
89:45) / «Сократил дни юности его и покрыл его стыдом»
(Псл., 88:46); ~ing сокращение

shortness *n.* скоротечность

shout song *n.* песнь-перекличка

shove *v.* толкать, толкнуть (кого-
л./что-л.)

show I *n.* показ; проявление

show II *v.* показывать, показать
(что-л., кому-л.); проявлять,
проявить (что-л.); проявляться,
проявиться; обличать, обличить (кого-л./что-л.); ~ forth
возвещать, возвестить (что-
л./кому-л.); ~ing обличение

shower *n.* ливень "My doctrine
shall drop as the rain, my speech
shall distil as the dew, as the
small rain upon the tender herb,
and as the showers upon the
grass" (De., 32:2) / «Польется
как дождь учение мое, как ро-

са речь моя, как мелкий дождь
на зелень, как ливень на
траву». (Втор., 32:2); дождь
"They are wet with the showers
of the mountains, and embrace
the rock for want of a shelter"
(Job, 24:8) / «Мокнут от горных дождей и, не имея убежища, жмутся к скале» (Иов.,
24:8); явитель, -ница

shrift *n.* исповедь; отпущение
грехов; to make one's ~ испове-
доваться; to hear a ~ исповедовать

shrine I *n.* рака; ковчег; ковчежец; гробница, усыпальница;
мавзолей; святыня; святое место; храм; алтарь

shrine II *v.* помещать, класть в
раку или в ковчег

shrive *v.* исповедовать, отпускать грехи; прощать; испове-
доваться

shriver *n.* исповедник, -ница

shroud I *n.* плащаница; саван;
покров

shroud II *v.* одевать в погребальные одежды; ~ of Turin Турин-
ская святая Плащаница

Shrove Sunday Прощеное воскресенье; неделя сыропустная

Shrove Tuesday Прощеный вторник; Сыропустный вторник,
заговение на Великий пост у
католиков

Shrovetide *n.* масленица; Сырная
седмица

Shrovetide *n.* мясопуст

Shulhan 'arukh «Шулхан арух»,
«Накрытый стол», кодекс законов Иосифа Каро

shun *v.* избегать, избегнуть, избежать (плохого общества);
уклоняться, уклониться (от

чего-л.); ~ the evil уклоняться от зла: устраняться, устраниться; удаляться "But shun profane [and] vain babblings: for they will increase unto more ungodliness" (2 Ti., 2:16) / «А непотребного пустословия удаляйся; ибо они еще более будут преуспевать в нечестии» (2 Тим., 2:16).

shut v. смежать, смежить (что-л.); ~ up заточать, заточить (кого-л., во что-л.)

sibyl n. сивилла, прорицательница, пророчица

Sibylline adj. сивиллин; пророческий; ~ books «Сивиллины книги»

sic passim так везде

sic transit gloria mundi так проходит слава мирская

Sicilian Vespers Сицилианская вечерня

sick adj. больной "And it came to pass after these things, that [one] told Joseph, Behold, thy father [is] sick: and he took with him his two sons, Manasseh and Ephraim" (Ge., 48:1) / «После того Иосифу сказали: вот, отец твой болен. И он взял с собою двух сынов своих, Манассию и Ефрем» (Быт., 48:1); болезнующий, болящий; недужный; недугующий; немощный

sickness n. болезнь "And ye shall serve the Lord your God, and he shall bless thy bread, and thy water; and I will take sickness away from the midst of thee" (Ex., 23:25) / «Служите Господу, Богу вашему, и Он благословит хлеб твой [и вино твое] и воду твою; и отвращу от вас болез-

ни» (Исх., 23:25); немощь "And the Lord will take away from thee all sickness, and will put none of the evil diseases of Egypt, which thou knowest, upon thee; but will lay them upon all [them] that hate thee" (De., 7:15) / «И отдалит от тебя Господь [Бог твой] всякую немощь, и никаких лютых болезней Египетских, [которые ты видел и] которые ты знаешь, не наведет на тебя, но наведет их на всех, ненавидящих тебя» (Втор., 7:15); недуг; немочь

siddur n. сидур

sidesman n. помощник церковного старосты

sidra n. сидра, чтение из Святого Писания

sigh v. воздыхать (о чем-л.); ~ing воздыхание

sight n. вид "And out of the ground made the Lord God to grow every tree that is pleasant to the sight, and good for food; the tree of life also in the midst of the garden, and the tree of knowledge of good and evil" (Ge., 2:9) / «И произрастил Господь Бог из земли всякое дерево, приятное на вид и хорошее для пищи, и дерево жизни посреди рая, и дерево познания добра и зла» (Быт., 2:9); очи "And said, My Lord, if now I have found favour in thy sight, pass not away, I pray thee, from thy servant" (Ge., 18:3) / «И сказал: Владыка! если я обрел благоволение пред очами Твоими, не пройди мимо

раба Твоего» (Быт., 18:3); зрение

sightless *adj.* слепой

sightlessness *n.* слепота

sightliness *n.* благообразие; при-
гожесть

sigla *n. pl.* буквы; значки; симво-
лы

sign *n.* знак; знамение the ~ of
the God/Cross крестное знамение; ознаменование; примета; ~ with the cross осенить
крестом; ~ed меченный

signalize *v.* ознаменовывать, ознаменовать (что-л.)

significance *n.* значение

signify *v.* знаменовать, ознаменовать; **указывать** "Searching
what, or what manner of time
the Spirit of Christ which was in
them did signify, when it testified beforehand the sufferings
of Christ, and the glory that
should follow" (1 Pe., 1:11) /
«Исследывая, на которое и на
какое время указывал сущий
в них Дух Христов, когда Он
предвозвещал Христовы страдания и последующую за ними славу» (1 Петр., 1:11).

signum temporis знамение времени

silence *n.* молчание "But when the
Pharisees had heard that he had
put the Sadducees to silence,
they were gathered together"
(Mt., 22:34) / «А фарисеи, услышав, что Он привел саддукеев в молчание, собрались
вместе» (Матф., 22:34); безмолвие "Let the woman learn
in silence with all subjection"
(1 Ti., 2:11) / «Жена да учится
в безмолвии, со всякою по-

корностью» (1 Тим., 2:11); тишина

silent *adj.* безмолвный "Unto thee
will I cry, O Lord my rock; be
not silent to me: lest, [if] thou be
silent to me, I become like them
that go down into the pit" (Ps.,
28:1) / «К Тебе, Господи, взы-
ваю: твердыня моя! не будь
безмолвен для меня, чтобы при
безмолвии Твоем я не уподо-
бился нисходящим в могилу»
(Псл., 27:1).

silentiary *n.* молчальник

silliness *n.* глупость

Silvanus *n.* Сильван

silver I *n.* серебро "And Abram
[was] very rich in cattle, in silver, and in gold" (Ge., 13:2) /
«И был Аврам очень богат
скотом, и серебром, и золотом» (Быт., 13:2); сребро

silver II *adj.* серебрянный; ~ plate
серебрянная посуда

Silverius *n.* Сильверий

silver-tongued *adj.* красноречивый

silvery *adj.* серебрянный

Simhat(h) Torah Симхат Тора,
Праздник Закона, Праздник
Торы

similar *adj.* подобный; равный

similarity *n.* уподобление

similitude *n.* уподобление; образ
"With him will I speak mouth to
mouth, even apparently, and not
in dark speeches; and the similitude of the Lord shall he behold:
wherefore then were ye not
afraid to speak against my servant Moses?" (Nu., 12:8) / «Устами к устам говорю Я с ним,
и явно, а не в гаданиях, и образ
Господа он видит; как же вы не

убоялись упрекать раба Моего, Моисея?» (Числ., 12:8)

Simon Magus, Simon the Magician, Simon the Sorcerer *n.* Симон Волхв

Simon the Cananaean Симон Кананит, Симон Зилот

Simon the Cyrenian Симон из Киринеи

Simon the Zealot Симон Кананит

simoniac, simonist *n.* святокупец

simoniacal *adj.* святокупный; симонический

Simonianism *n.* симонианство

Simonians *n. pl.* симониане, елениане

simonious *adj.* святокупный; симонический

simony *n.* симония; святокупство; симония

Simpl. (Simplex) *n.* бревиарий «Симплекс»

Simple Feast Breviary *n.* бревиарий «Симплекс»

simple *adj.* глупый "The simple believeth every word: but the prudent [man] looketh well to his going" (Pr., 14:15) / «Глупый верит всякому слову, благоразумный же внимателен к путям своим» (Притч., 14:15); неразумный "O ye simple, understand wisdom: and, ye fools, be ye of an understanding heart" (Pr., 8:5) / «Научитесь, неразумные, благоразумию, и глупые – разуму» (Притч., 8:5); простой "The law of the Lord [is] perfect, converting the soul: the testimony of the Lord [is] sure, making wise the simple" (Ps., 19:7) / «Закон Господа совершен, укрепляет душу; от-

кровение Господа верно, умудряет простых» (Псл., 18:8).

simples *n.* зелие

Simplicius *n.* Симплиций

simulacrum *n.* изображение; фигура, статуя; подобие; ~ of passion наигранная страсть

simulate *v.* притворяться, притвориться

simulation *n.* притворство

sin I *n.* грех "If thou doest well, shalt thou not be accepted? and if thou doest not well, sin lieth at the door. And unto thee [shall be] his desire, and thou shalt rule over him" (Ge., 4:7) / «Если делаешь доброе, то не поднимаешь ли лица? а если не делаешь доброго, то у дверей грех лежит; он влечет тебя к себе, но ты господствуй над ним» (Быт., 4:7); прегрешение; original ~ первородный грех; ~ of pride грех гордыни; ~ of gluttony чревоугодия; ~s of omission and of commission грехи деянием или недеянием; ~ against the Holy Ghost грех перед Святым Духом

sin II *v.* грешить "And Reuben answered them, saying, Spake I not unto you, saying, Do not sin against the child; and ye would not hear? therefore, behold, also his blood is required" (Ge., 42:22) / «Рувим отвечал им и сказал: не говорил ли я вам: не грешите против отрока? но вы не послушались; вот, кровь его взыскивается» (Быт., 42:22); согрешить; греховодничать

Sin *n.* Син "And they took their journey from Elim, and all the congregation of the children of

Israel came unto the wilderness of Sin, which [is] between Elim and Sinai, on the fifteenth day of the second month after their departing out of the land of Egypt" (Ex., 16:1) / «И двинулись из Елима, и пришло все общество сынов Израилевых в пустыню Син, что между Елимом и между Синаем, в пятнадцатый день второго месяца по выходе их из земли Египетской» (Исх., 16:1).

Sinai Independent Greek Orthodox Church Синайская независимая греческая православная церковь

sincere *adj.* душевный; задушевный; нелицемерный; проникновенный; чистый "That ye may approve things that are excellent; that ye may be sincere and without offence till the day of Christ" (Php., 1:10) / «Чтобы, познавая лучшее, вы были чисты и непреткновенны в день Христов» (Фил., 1:10).

sincerely *n.* искренне; положа руку на сердце

sin-eater *n.* пожиратель грехов, грехоприимец

sinful *adj.* грешный; греховный

sing *v.* петь (что-л.); ~ carols славить Христа; ~ing пение

singe *v.* опалять, опалить (кого-л., что-л. чем-л.)

singer *n.* певчий

single *adj.* чистый "The light of the body is the eye: if therefore thine eye be single, thy whole body shall be full of light" (Mt., 6:22) / «Светильник для тела есть око. Итак, если око твое

будет чисто, то все тело твое будет светло» (Матф., 6:22); холостой; ~ life безбрачие

single-hearted *adj.* прямодушный

single-heartedness *n.* прямодушие

single-minded *adj.* искренний

single-mindness *n.* искренность

singular *adj.* единичный; единственный; особенный

singularity *n.* единственность; особенность

sinister *adj.* дурной; зловещий; мрачный

sinister *adj.* зловещий

sink *v.* погружать, погрузить (кого-л./что-л., во что-л.); топить (что-л./кого-л.); утопать "But when he saw the wind boisterous, he was afraid; and beginning to sink, he cried, saying, Lord, save me"(Mt., 14:30) / «Но, видя сильный ветер, испугался и, начав утопать, закричал: Господи! спаси меня, утопить, утонуть» (Матф., 14:30); тонуть "And they beckoned unto [their] partners, which were in the other ship, that they should come and help them. And they came, and filled both the ships, so that they began to sink" (Lk., 5:7) / «И дали знак товарищам, находившимся на другой лодке, чтобы пришли помочь им; и пришли, и наполнили обе лодки, так что они начинали тонуть» (Лук., 5:7); ~ in the mire грязнуть, погрязнуть (в чем-л.) "I sink in deep mire, where [there is] no standing: I am come into deep waters, where the floods overflow me" (Ps., 69:2) / «Я погряз в глубоком болоте, и не на чем стать; вошел во глубину вод, и быстрое течение их увлекает меня» (Псл., 68:3); ~ing погружение (в воду)

sinless *adj.* безгрешный

sinlessness *n.* безгрешие, безгрешность

sinner *n.* грешник, -ница "The censers of these sinners against their own souls, let them make them broad plates [for] a covering of the altar: for they offered them before the Lord, therefore they are hallowed: and they shall be a sign unto the children of Israel" (Nu., 16:38) / «Кадильницы грешников сих смертью их, и пусть разобьют их в листы для покрытия жертвенника, ибо они принесли их пред лице Господа, и они сделались освященными; и будут они знамением для сынов Израилевых» (Числ., 16:38); преступник, -ница

sin-offering *n.* искупительная жертва

sinsere *adj.* искренний

sinserely *adv.* искренне

sinsereness, sinserity *n.* искренность

sinsyne *prep.* с тех пор

Siricius *n.* Сириций

sister *n.* сестра "Say, I pray thee, thou [art] my sister: that it may be well with me for thy sake; and my soul shall live because of thee" (Ge., 12:13) / «Скажи же, что ты мне сестра, дабы мне хорошо было ради тебя, и дабы жива была душа моя чрез тебя» (Быт., 12:13); half-blood ~

единокровная сестра; ~ of charity сестра милосердия

sisterhood *n.* сестричество

sister-in-law *n.* невестка, золовка

Sisters of Charity «Сестры милосердия»

Sisters of Mercy конгрегация «Сестры милосердия»

Sisters of Our Lady of Charity of the Good Shepherd Сестры Доброго Пастыря

Sistine Chapel Сикстинская капелла

sit *v.* сидеть; восседать, воссесть; ~ down восседать, воссесть

situation *n.* положение "And the men of the city said unto Elisha, Behold, I pray thee, the situation of this city [is] pleasant, as my lord seeth: but the water [is] naught, and the ground barren" (2 Ki., 2:19) / «И сказали жители того города Елисею: вот, положение этого города хорошо, как видит господин мой; но вода нехороша и земля бесплодна» (4 Цар., 2:19); desperate ~ безвыходное положение

Six-Principle Baptists баптисты Шести принципов

Sixth Crusade Шестой крестовый поход

Sixth Ecumenical Council Шестой Вселенский собор

Sixtieth Day Before Easter Breviary бревиарий «Сексагесима»

Sixtus I *n.* Сикст I

Sixtus II *n.* Сикст II

Sixtus III *n.* Сикст III

Sixtus IV *n.* Сикст IV

Sixtus V *n.* Сикст V

siyyum *n.* сийюм

size *n.* размер; мера "The length of one curtain [was] twenty and eight cubits, and the breadth of one curtain four cubits: the curtains [were] all of one size" (Ex., 36:9) / «Длина каждого покрывала двадцать восемь локтей, и ширина каждого покрывала четыре локтя: всем покрывалам одна мера» (Исх., 36:9).

Sjg. (Sigillum) *n.* печать

skilful *adj.* искусный "And Chenaniah, chief of the Levites, [was] for song: he instructed about the song, because he [was] skilful" (1 Chr., 15:22) / «А Хенания, начальник левитов, был учитель пения, потому что был искусен в нем» (1 Пар., 15:22); приученный "The sons of Reuben, and the Gadites, and half the tribe of Manasseh, of valiant men, men able to bear buckler and sword, and to shoot with bow, and skilful in war, [were] four and forty thousand seven hundred and threescore, that went out to the war" (1 Chr., 5:18) / «У потомков Рувима и Гада и полуплемени Манассиина было людей воинственных, мужей носящих щит и меч, стреляющих из лука и приученных к битве, сорок четыре тысячи семьсот шестьдесят, выходящих на войну» (1 Пар., 5:18); даровитый

skill *n.* даровитость; разумение "As for these four children, God gave them knowledge and skill in all learning and wisdom: and Daniel had understanding in all visions and dreams" (Da., 1:17) / «И даровал Бог четырем сим отрокам знание и разумение всякой книги и мудрости, а Даниилу еще даровал разуметь и всякие видения и сны» (Дан., 1:17); навык; ~ed сведущий

skin *n.* кожа

skullcap *n.* скуфейка

sky *n.* небо (небеса)

sky-sign *n.* знамение

slander I *n.* клевета "He that hideth hatred [with] lying lips, and he that uttereth a slander, [is] a fool" (Pr., 10:18) / «Кто скрывает ненависть, у того уста лживые; и кто разглашает клевету, тот глуп» (Притч., 10:18); злословие; оговор; оклеветание; злоречие "For I have heard the slander of many: fear [was] on every side: while they took counsel together against me, they devised to take away my life" (Ps., 31:13) / «Ибо слышу злоречие многих; отвсюду ужас, когда они сговариваются против меня, умышляют исторгнуть душу мою» (Псл., 30:14); клеветник; клеветница; злословец, -ница

slander II *v.* оклеветать (кого-л./что-л.) "Thou sittest [and] speakest against thy brother; thou slanderest thine own mother's son" (Ps. 50:20) / «Сидишь и говоришь на брата твоего, на сына матери твоей клевещешь» (Псл., 49:20); оклеветать (на кого-л./на что-л.), (кого-л./что-л.) "And he hath slandered thy servant unto my lord the king; but my lord the king [is] as an angel of God: do therefore [what is] good in thine eyes" (2 Sa., 19:27) / «А он оклеветал раба твоего пред господином моим царем. Но господин мой царь, как Ангел Божий; делай, что тебе угодно» (2 Цар., 19:27); злословить; порочить, чернить; оговаривать, оговорить (кого-л./что-л.); поносить (кого-л./что-л.)

slanderer I *n.* злоязычник, -ница; клеветник, -ница "Even so [must their] wives [be] grave, not slanderers, sober, faithful in all things" (1 Ti., 3:11) / «Равно и жены их должны быть честны, не клеветницы, трезвы, верны во всем» (1 Тим., 3:11); поноситель, -ница

slanderer II *adj.* злосердый

slanderous *adj.* клеветнический; ~ accusations клеветнические обвинения; поносительный; злоречивый

slaughter I *n.* убиение, убийство "And Saul, yet breathing out threatenings and slaughter against the disciples of the Lord, went unto the high priest" (Ac., 9:1) / «Савл же, еще дыша угрозами и убийством на учеников Господа, пришел к первосвященнику побиение» (Деян., 9:1); резня; бойня, кровопролитие; избиение; ~ of the innocents избиение младенцев; заклание "The place of the scripture which he read was this, He was led as a sheep to the slaughter; and like a lamb dumb before his shearer, so opened he not his mouth" (Ac., 8:32) / «А место из Писания, которое он читал, было сие: как овца, веден был Он на заклание, и, как агнец пред стригущим его безгласен, так Он не отверзает уст Своих» (Деян., 8:32); поражение "And the king of Sodom went out to meet him after his return from the slaughter of Chedorlaomer, and of the kings that [were] with him, at the valley of Shaveh, which [is] the king's dale" (Ge., 14:17) / «Когда он возвращался после поражения Кедорлаомера и царей, бывших с ним, царь Содомский вышел ему навстречу в долину Шаве, что ныне долина царская» (Быт., 14:17).

slaughter II *v.* совершать массовое убийство; убивать; устраивать резню, кровопролитие, бойню; закалывать, закаяться (кого-л.) избивать, избить (кого-л.)

slavery *n.* порабощение

slavish *adj.* раболепный

slavishness *n.* раболепность

Slavonic Book of Enoch «Вторая книга Еноха»

slay *v.* убивать "Behold, thou hast driven me out this day from the face of the earth; and from thy face shall I be hid; and I shall be a fugitive and a vagabond in the earth; and it shall come to pass, [that] every one that findeth me shall slay me" (Ge., 4:14) / «Вот, Ты теперь сгоняешь меня с лица земли, и от лица Твоего я скроюсь, и буду изгнанником и скитальцем на земле; и всякий, кто встретится со мною, убьет меня» (Быт., 4:14); избивать, избить (кого-л.); погубить "That be far from thee to do after this manner, to slay the righteous with the wicked: and that the righteous should be as the wicked, that be far from thee: Shall not the Judge of all the earth do right?" (Ge., 18:25) / «Не может быть, чтобы Ты поступил так, чтобы Ты погубил праведного с нечестивым, чтобы то же было с праведником, что с нечестивым; не может быть от Тебя! Судия всей земли поступит ли неправосудно?» (Быт., 18:25); побивать, побить (кого-л.); закалывать, закаяться (кого-л.); ~ing побиение

sleep I *n.* сон "And the Lord God caused a deep sleep to fall upon Adam, and he slept: and he took one of his ribs, and closed up the flesh instead thereof" (Ge. 2:21) / «И навел Господь Бог на человека крепкий сон; и, когда он уснул, взял одно из ребр его, и закрыл то место плотию» (Быт., 2:21); awake/rise from ~ восставать от сна; raise one from ~ восставить кого-л. от сна; after night's ~ по сне ночном

sleep II *v.* спать

sleeve *n.* рукав

slight *adj.* маленький

slogan *n.* девиз

sloth *n.* дармоедство

slough *n.* струп

sluggard *n.* дармоед, -ка

sly I *n.* лесть; навет

sly II *adj.* хитрый; лестчий, льстивый; лукавый; лукавое

slyness *n.* лукавство

slype *n.* крытая галерея, крытый переход

small *adj.* маленький; ~ vespers павечерница, павечерня

smallness *n.* ничтожество

smash *v.* сокрушать, сокрушить (кого-л./что-л.)

smear *v.* порочить, опорочить (кого-л./что-л.)

smell I *n.* запах "And he came near, and kissed him: and he smelled the smell of his raiment, and blessed him, and said, See, the smell of my son [is] as the smell of a field which the Lord hath blessed" (Ge., 27:27) / «Он подошел и поцеловал его. И ощутил Исаак запах от одежды его и благословил его и сказал: вот, запах от сына моего, как запах от поля [полного], которое благословил Господь» (Быт., 27:27); обоняние

smell II *v.* обонять (что-л.) "And the Lord smelled a sweet savour; and the Lord said in his heart, I will not again curse the ground any more for man's sake; for the imagination of man's heart [is] evil from his youth; neither will I again smite any more every thing living, as I have done" (Ge., 8:21) / «И обонял Господь приятное благоухание, и сказал Господь [Бог] в сердце Своем: не буду больше проклинать землю за человека, потому что помышление сердца человеческого — зло от юности его; и не буду больше поражать всего живущего, как Я сделал» (Быт., 8:21); ~ing обоняние

smoke I *n.* дым "And he looked toward Sodom and Gomorrah, and toward all the land of the plain, and beheld, and, lo, the smoke of the country went up as the smoke of a furnace" (Ge., 19:28) / «И посмотрел к Содому и Гоморре и на все пространство окрестности и увидел: вот, дым поднимается с земли, как дым из печи» (Быт., 19:28).

smoke II *v.* дымиться; окуривать, окурить (что-л., чем-л.); возгораться "The Lord will not spare him, but then the anger of the Lord and his jealousy shall smoke against that man, and all the curses that are written in this book shall lie upon him, and the Lord shall blot out his name from under heaven" (De., 29:20) / «Не простит Господь такому, но тотчас возгорится гнев Господа и ярость Его на такого человека, и падет на него все проклятие [завета сего], написанное в сей книге [закона], и изгладит Господь имя его из поднебесной» (Втор., 29:20).

smoldering *n.* тление

smother *v.* скрывать, скрыть (кого-л./что-л. от кого-л.)

snake *n.* змей, змея; ~ in the grass змея подколодная; cherish a ~ on one's bosom пригреть змею на груди

snare *n.* ловительство; сеть "They shall not dwell in thy land, lest they make thee sin against me: for if thou serve their gods, it will surely be a snare unto thee" (Ex. 23:33) / «Не должны они жить в земле твоей, чтобы они не ввели тебя в грех против Меня; ибо если ты будешь служить богам их, то это будет тебе сетью» (Исх., 23:33); тенета; ~s оковы

snasive *adj.* убедительный

soapy *adj.* елейный (слово)

soaring *n.* воскриление

sob *n.* вопль

sober-minder *n.* здравомыслящий

sobbing *n.* рыдание

sober *adj.* здравый, здоровый; трезвенный, трезвый "A bishop then must be blameless, the husband of one wife, vigilant, sober, of good behaviour, given to hospitality, apt to teach" (1 Ti., 3:2) / «Но епископ должен быть непорочен, одной жены муж, трезв, целомудрен, благочинен, честен, страннолюбив, учителен» (1 Тим., 3:2); ~ sought трезвенная мысль; скромный "For whether we be beside ourselves, [it is] to God: or whether we be sober, [it is] for your cause" (2 Co. 5:13) / «Если мы выходим из себя, то для Бога; если же скромны, то для вас» (2 Кор., 5:13).

sociable *adj.* общительный

Social Gospel «Общественное евангелие»

Society for the Propagation of the Faith «Общество распространения веры»

Society of Friends «Общество друзей»

Society of Jesus орден иезуитов

Society of Mary конгрегация мариан

Society of Missionaries of Africa африканское общество миссионеров, «Белые отцы»

Society of Saint-Sulpice конгрегация Св. Сульпиция

Society of St. Francis de Sales конгрегация «Облаты Св. Франциска Сальского»

Society of the Divine Saviour общество Божественного Спасителя

Society of the Divine Word Общество Божественного Слова

Society of the Sacred Heart Общество Пресвятого Сердца

Society of the Sacred Hearts of Jesus and Mary конгрегация Пикпуса

society *n.* общество; religious ~ религиозное общество; сообщество

Socinianism *n.* социнианство

Socinians *n. pl.* социниане

sodality *n.* объединение, братство, община, товарищество

Sodom *n.* Содом

sodomite *n.* мужеложец; содомит; скотоложец

sodomy I *n.* мужеложество; содомия; скотоложество

sodomy II *adj.* содомский

sofer *n.* сойфер, книжник

soften *v.* смягчать, смягчить (что-л.)

soft-headed *adj.* слабоумный

soft-voiced *adj.* благогласный

soil I *n.* поле "It was planted in a good soil by great waters, that it might bring forth branches, and that it might bear fruit, that it might be a goodly vine" (Ez., 17:8) / «Она была посажена на хорошем поле, у больших вод, так что могла пускать ветви и приносить плод, сде-

латься лозою великолепною» (Иез., 17:8).

soil II *v.* грязнить, загрязнить (кого-л./что-л.)

soldier *n.* воин; легионер; ратник; ратай; ~s воинство, войско "But the soldiers of the army which Amaziah sent back, that they should not go with him to battle, fell upon the cities of Judah, from Samaria even unto Bethhoron, and smote three thousand of them, and took much spoil" (2 Chr., 25:13) / «Войско же, которое Амасия отослал обратно, чтоб оно не ходило с ним на войну, рассыпалось по городам Иудеи от Самарии до Вефорона и перебило в них три тысячи, и награбило множество добычи» (2 Пар., 25:13).

Solemn League and Covenant «Священная лига и ковенант»

solemn rite священный обряд

solemn I *n.* торжество

solemn II *adj.* торжественный; священный "Seven days ye shall offer an offering made by fire unto the Lord: on the eighth day shall be an holy convocation unto you; and ye shall offer an offering made by fire unto the Lord: it [is] a solemn assembly; [and] ye shall do no servile work [therein]" (Lev., 23:36) / «В течение семи дней приносите жертву Господу; в восьмой день священное собрание да будет у вас, и приносите жертву Господу: это отдание праздника, никакой работы не работайте» (Лев., 23:36).

solemnity *n.* торжество; священный праздник "Ye shall have a song, as in the night [when] a holy solemnity is kept; and gladness of heart, as when one goeth with a pipe to come into the mountain of the Lord, to the mighty One of Israel" (Isa, 30:29) / «А у вас будут песни, как в ночь священного праздника, и веселие сердца, как у идущего со свирелью на гору Господню, к твердыне Израилевой» (Ис., 30:29).

solemnization *n.* празднование; совершение обряда

solemnize *v.* праздновать; торжественно отмечать; торжествовать

solicit I *n.* ходатайство

solicit II *v.* ходатайствовать (о ком-л./о чем-л.)

solicitant *n.* проситель, ходатай

solicitor *n.* проситель, -ница

solicitous *adj.* заботливый

solicitude *n.* заботливость; призрение

solid *adj.* состоятельный; твердый

solidarity *n.* взаимность

solitaire *n.* отшельник, пустынник; анахорет

solitariness *n.* одиночество, уединение

solitary I *n.* отшельник, пустынник, -ница; анахорет

solitary II *adj.* одинокий "God setteth the solitary in families: he bringeth out those which are bound with chains: but the rebellious dwell in a dry [land]" (Ps. 68:6) / «Бог одиноких вводит в дом, освобождает узников от оков, а непокорные оста-

ются в знойной пустыне» (Псл., 67:7); отшельнический, уединенный; ~ monasticism отшельническое монашество; обособленный; lead a ~ life жить уединено; безлюдный "Lo, let that night be solitary, let no joyful voice come therein" (Job, 3:7) / «О! ночь та — да будет она безлюдна; да не войдет в нее веселье!» (Иов., 3:7); пустынный "And in the morning, rising up a great while before day, he went out, and departed into a solitary place, and there prayed" (Mk., 1:35) / «А утром, встав весьма рано, вышел и удалился в пустынное место, и там молился» (Марк., 1:35).

solitude *n.* уединение, одиночество; пустынь; покинутость

solitudinarian *n.* отшельник, анахорет

Solomon *n.* Соломон; ~'s seal Соломонова печать

Solomonic *adj.* соломонов; мудрый; справедливый

solution *n.* разрешение

solve *v.* решать, решить (что-л.); разрешать; разрешить (что-л., кому-л.); ~ a problem разрешить проблему; ~ the doubt разрешить сомнение

solvency *n.* платежеспособность

solvent *adj.* платежеспособный

son *n.* сын; ~ of God Сын Божий; ~ of Man Сын Человеческий

song *n.* песня; стихира; ~ of praise похвальная песнь

son-in-law *n.* зять

Song of Solomon (of Songs) Книга Песни Песней Соломона (книга Библии)

Song of the Three Children «Песнь трех отроков», «Песня трех юношей»

Songs of Ascents (of Degrees) «Песни восхождения» (псалмы 119–133)

soon *adv.* скоро

sooth I *n.* правда, истина

sooth II *adj.* правдивый, искренний; in good ~ поистине, воистину, в самом деле; ~ to say по правде говоря

soothfast *adj.* правдивый, искренний; истинный, настоящий; верный, преданный

soothsay *v.* предсказывать, пророчествовать, прорицать; предрекать, предречь (что-л. кому-л.)

soothsayer *n.* вещун, предсказатель, прорицатель "Balaam also the son of Beor, the soothsayer, did the children of Israel slay with the sword among them that were slain by them" (Jos., 13:22) / «Также Валаама, сына Веорова, прорицателя, убили сыны Израилевы мечом в числе убитых ими» (Нав., 13:22); чародей "Therefore thou hast forsaken thy people the house of Jacob, because they be replenished from the east, and [are] soothsayers like the Philistines, and they please themselves in the children of strangers" (Isa, 2:6) / «Но Ты отринул народ Твой, дом Иакова, потому что они многое переняли от востока: и чародеи у них, как у Филистимлян, и с сынами чужих они в общении» (Ис., 2:6); гадатель "Daniel answered in the presence of the king, and said,

The secret which the king hath demanded cannot the wise [men], the astrologers, the magicians, the soothsayers, shew unto the king" (Da., 2:27) / «Даниил отвечал царю и сказал: тайны, о которой царь спрашивает, не могут открыть царю ни мудрецы, ни обаятели, ни тайноведцы, ни гадатели» (Дан., 2:27).

soothsaying *n.* предсказание, пророчество; предсказывание, гадание; предречение

Sophia София, Премудрость Божия

sophism *n.* софизм; суемудрие

sophistry *n.* софистика

Sophonias *n.* Софония; Книга Пророка Софонии (книга Библии)

sorcerer *n.* колдун, чародей "Then Pharaoh also called the wise men and the sorcerers: now the magicians of Egypt, they also did in like manner with their enchantments" (Ex., 7:11) / «И призвал фараон мудрецов [Египетских] и чародеев; и эти волхвы Египетские сделали то же своими чарами» (Исх., 7:11); волшебник; волхв "And when they had gone through the isle unto Paphos, they found a certain sorcerer, a false prophet, a Jew, whose name [was] Barjesus" (Ac. 13:6) / «Пройдя весь остров до Пафа, нашли они некоторого волхва, лжепророка, Иудеянина, именем Вариисуса» (Деян., 13:6); шаман, -нка

sorceress *n.* колдунья, ведьма, чародейка "But draw near hither, ye sons of the sorceress, the seed of the adulterer and the whore" (Isa, 57:3) / «Но приблизьтесь сюда вы, сыновья чародейки, семя прелюбодея и блудницы!» (Ис., 57:3)

sorcerous *adj.* колдовской

sorcery *n.* колдовство, волшебство, магия; чары, заклинания; волхвование; шаманство

sororate I *n.* горе, печаль, скорбь; тоска, грусть

sororate II *v.* горевать, скорбеть, печалиться, сожалеть

sorrow I *n.* горе; горесть; грусть; огорчение; печаль; скорбь "Unto the woman he said, I will greatly multiply thy sorrow and thy conception; in sorrow thou shalt bring forth children; and thy desire [shall be] to thy husband, and he shall rule over thee" (Ge., 3:16) / «Жене сказал: умножая умножу скорбь твою в беременности твоей; в болезни будешь рождать детей; и к мужу твоему влечение твое, и он будет господствовать над тобою» (Быт., 3:16); прискорбие

sorrow II *v.* сетовать (на кого-л.), (о чем-л.); ~ing горевание

sorrowful *adj.* горестный; несчастный; несчастливый; огорчительный; прискорбный; скорбный; скорбящий "For I have satiated the weary soul, and I have replenished every sorrowful soul" (Je., 31:25) / «Ибо Я напою душу утомленную и насыщу всякую душу скорбящую» (Иер., 31:25); слезный; отвратительный "The things [that] my soul refused to touch [are] as my sorrowful meat" (Job, 6:7) / «До чего не хотела коснуться душа моя, то составляет отвратительную пищу мою» (Иов., 6:7); печальный "I sent him therefore the more carefully, that, when ye see him again, ye may rejoice, and that I may be the less sorrowful" (Php., 2:28) / «Посему я скорее послал его, чтобы вы, увидев его снова, возрадовались, и я был менее печален» (Фил., 2:28).

sort *v.* различать, различить (кого-л./что-л.)

sortilege *n.* гадание, ворожба

soterology *n.* сотерология

soul *n.* душа; ~ cakes куличи для раздачи беднякам на День Всех Душ; ~ loss невозвращение души в тело; holy ~ праведная душа; God rest his ~ упокой, Господи, его душу; ~ pence деньги на помин души

soul-bell *n.* похоронный звон

soul-papers *n. pl.* поминальные записки

soul-saving *adj.* душеспасительный

sound I *n.* глас (голос); ~ of the trumpet трубный глас

sound II *adj.* здравый, здоровый; трезвенный, трезвый; ~ judgment трезвый взгляд (на что-л.); ~ing brass медь звенящая; ~ing немолчно

soundless *adj.* неизмеримый; бездонный

source *n.* источник; происхождение; ~ material первоисточники

soutane *n.* ряса, сутана

South India United Church Объединенная южноиндийская церковь

Southcottians *n. pl.* саутготтиане

sovereign I *n.* властелин; властитель, -ница

sovereign II *adj.* предержащий; ~ pontiff понтифик

sovereignity *n.* владычество

sow *v.* посевать, посеять (что-л.); ~ dissention посеять вражду; сеять (что-л.) "Then Isaac sowed in that land, and received in the same year an hundredfold: and the Lord blessed him" (Ge., 26:12) / «И сеял Исаак в земле той и получил в тот год ячменя во сто крат: так благословил его Господь» (Быт., 26:12); засевать "Then Joseph said unto the people, Behold, I have bought you this day and your land for Pharaoh: lo, [here is] seed for you, and ye shall sow the land" (Ge., 47:23) / «И сказал Иосиф народу: вот, я купил теперь для фараона вас и землю вашу; вот вам семена, и засевайте землю» (Быт., 47:23); ~ing посев

sower *n.* сеятель, -ница "A sower went out to sow his seed: and as he sowed, some fell by the way side; and it was trodden down, and the fowls of the air devoured it" (Lk., 8:5) / «Вышел сеятель сеять семя свое, и когда он сеял, иное упало при дороге и было потоптано, и птицы небесные поклевали его» (Лук., 8:5).

sowman *n.* сеятель, -ница

spacious *adj.* пространный

span *n.* пядь; пядень "Foursquare it shall be [being] doubled; a span [shall be] the length thereof, and a span [shall be] the breadth thereof" (Ex., 28:16) / «Он должен быть четыреугольный, двойной, в пядень длиною и в пядень шириною» (Исх., 28:16).

spare *v.* помиловать (кого-л.); щадить "Peradventure there be fifty righteous within the city: wilt thou also destroy and not spare the place for the fifty righteous that [are] therein?" (Ge., 18:24) / «Может быть, есть в этом городе пятьдесят праведников? неужели Ты погубишь, и не пощадишь [всего] места сего ради пятидесяти праведников, [если они находятся] в нем?» (Быт., 18:24); прощать "The Lord will not spare him, but then the anger of the Lord and his jealousy shall smoke against that man, and all the curses that are written in this book shall lie upon him, and the Lord shall blot out his name from under heaven" (De., 29:20) / «Не простит Господь такому, но тотчас возгорится гнев Господа и ярость Его на такого человека, и падет на него все проклятие [завета сего], написанное в сей книге [закона], и изгладит Господь имя его из поднебесной» (Втор., 29:20).

sparge *v.* окроплять

spargefication *n.* окропление

sparing *adj.* бережливый

sparingness *n.* бережливость

spatiate *v.* бродить, блуждать; странствовать

speak *n.* речь; говорить; изрекать, изречь (что-л.); глаголить; ~ out договаривать, договорить (что-л.)

spear-hand *n.* десница, правая рука

special *adj.* особенный; частный

speciality *n.* особенность

specific *adj.* конкретный

specificallity *n.* конкретность

specifically *adv.* конкретно

spectrum *n.* изображение, образ; привидение, призрак; образ, видение

speculation *n.* теория

speculator *n.* теоретик

Speculum Humanae Salvationis «Зерцала спасения человечества»

Speculum ludiciale «Зерцала правосудия»

speculum theologiae зерцала богословия

speech *n.* речь "Go to, let us go down, and there confound their language, that they may not understand one another's speech" (Ge., 11:7) / «Сойдем же и смешаем там язык их, так чтобы один не понимал речи другого» (Быт., 11:7); наречие "And the whole earth was of one language, and of one speech" (Ge., 11:1) / «На всей земле был один язык и одно наречие» (Быт., 11:1).

speechless *adj.* безмолвный; немой "And when he came out, he could not speak unto them: and they perceived that he had seen a vision in the temple: for he beckoned unto them, and re-

mained speechless" (Lk., 1:22) / «Он же, выйдя, не мог говорить к ним; и они поняли, что он видел видение в храме; и он объяснялся с ними знаками, и оставался нем» (Лук., 1:22).

speechlessness *n.* бессловесность

speed I *n.* поспешение

speed II *v.* ~ up ускорять, ускорить (что-л.); ~ing up ускорение

speedy *adj.* скорый; внезапный "Neither their silver nor their gold shall be able to deliver them in the day of the Lord'S wrath; but the whole land shall be devoured by the fire of his jealousy: for he shall make even a speedy riddance of all them that dwell in the land" (Zeph., 1:18) / «Ни серебро их, ни золото их не может спасти их в день гнева Господа, и огнем ревности Его пожрана будет вся эта земля, ибо истребление, и притом внезапное, совершит Он над всеми жителями земли» (Соф., 1:18).

spell *n.* заклинание; сглаз

spend *v.* затрачивать, затратить (что-л.); расточать, расточить (что-л.) "Whoso loveth wisdom rejoiceth his father: but he that keepeth company with harlots spendeth [his] substance" (Pr., 29:3) / «Человек, любящий мудрость, радует отца своего; а кто знается с блудницами, тот расточает имение» (Притч., 29:3); истощать "I will heap mischiefs upon them; I will spend mine arrows upon them" (De., 32:23) / «Соберу на них бедствия и истощу на них стрелы Мои» (Втор., 32:23).

spill *v.* источать, источить (что-л.); изливать "And Onan knew that the seed should not be his; and it came to pass, when he went in unto his brother's wife, that he spilled [it] on the ground, lest that he should give seed to his brother" (Ge., 38:9) / «Онан знал, что семя будет не ему, и потому, когда входил к жене брата своего, изливал [семя] на землю, чтобы не дать семени брату своему» (Быт., 38:9).

spirit *n.* дух "And the Lord said, My spirit shall not always strive with man, for that he also [is] flesh: yet his days shall be an hundred and twenty years" (Ge., 6:3) / «И сказал Господь [Бог]: не вечно Духу Моему быть пренебрегаемым человеками [сими], потому что они плоть; пусть будут дни их сто двадцать лет» (Быт., 6:3); призрак, привидение; гений; ангел; бес; бессмертная душа; possessed by ~s одержимый бесами; ancestral ~s души предков; departed ~ души усопших; to give up/yield up the ~ испустить дух, отдать душу; the abode of the ~s загробный мир; ~ water живая вода; the ~ of Christ дух Христов; the Holy ~ Святой Дух; right ~ правый Дух; evil ~ нечистый/злой дух; the ~ of God Дух Божий "And the earth was without form, and void; and darkness [was] upon the face of the deep. And the Spirit of God moved upon the face of the wa-

ters" (Ge., 1:2) / «Земля же была безвидна и пуста, и тьма над бездною, и Дух Божий носился над водою» (Быт., 1:2); ~ of darkness дух тьмы; flaming ~ пламенеющий дух; be in sound health and ~s быть бодрым телом и духом; blessed are the poor in ~ блаженны нищие духом; душа; тень; the abode of ~s царство теней

spiritedness *n.* одушевление

spiritism *n.* спиритизм

spiritist *n.* спирит

spiritual I *n.* религиозный человек; спиричуэл

spiritual II *adj.* духовный "For I long to see you, that I may impart unto you some spiritual gift, to the end ye may be established" (Ro., 1:11) / «Ибо я весьма желаю увидеть вас, чтобы преподать вам некое дарование духовное к утверждению вашему» (Рим., 1:11); вдохновенный "The days of visitation are come, the days of recompence are come; Israel shall know [it]: the prophet [is] a fool, the spiritual man [is] mad, for the multitude of thine iniquity, and the great hatred" (Hos., 9:7) / «Пришли дни посещения, пришли дни воздаяния; да узнает Израиль, что глуп прорицатель, безумен выдающий себя за вдохновенного, по причине множества беззаконий твоих и великой враждебности» (Ос., 9:7); верующий; церковный, духовный; религиозный, набожный; святой, божественный; бесплотный, призрачный: ~ court церковный суд

spiritualist *n.* спиритуалист: спирит

spirituality *n.* духовность, духовное начало; одухотворенность; церковные доходы; церковное имущество, церковные владения; духовенство; бесплотность, бестелесность, призрачность

spiritualization *n.* одухотворение

spiritualize *v.* возвышать; одухотворять; одухотворить (кого-л.)

spiritualty *n.* духовенство

spite *n.* злоба, злость, озлобленность; враждебность, неприязнь, недоброжелательство; озлобление; притеснение "Thou hast seen [it]; for thou beholdest mischief and spite, to requite [it] with thy hand: the poor committeth himself unto thee; thou art the helper of the fatherless" (Ps., 10:14) / «Ты видишь, ибо Ты взираешь на обиды и притеснения, чтобы воздать Твоею рукою. Тебе предает себя бедный; сироте Ты помощник» (Псл., 9:35).

spiteful *adj.* злой; завистливый; злопамятливый, злопамятный; ненавистный

spitefulness *n.* злоба

spitter *n.* злопыхатель, хулитель, ругатель

splendid *adj.* великолепный; благолепный; дивный

splendidness *n.* дивность

splendiferous *adj.* прекраснейший, великолепнейший, отличнейший

splendorous *adj.* блестящий, сверкающий

splendour *n.* блеск, сверкание; величие, слава, благородство; великолепие; светлость

split *v.* раскалывать, расколоть (кого-л./что-л.)

spoil 1 *n.* добыча "Benjamin shall ravin [as] a wolf: in the morning he shall devour the prey, and at night he shall divide the spoil" (Ge., 49:27) / «Вениамин, хищный волк, утром будет есть ловитву и вечером будет делить добычу» (Быт., 49:27).

spoil II *v.* повреждать, повредить (что-л.); разорять, разорить (кого-л./что-л.); растлевать, растлить (кого-л./что-л.); грабить, ограбить (кого-л./что-л.); разграбить "The sons of Jacob came upon the slain, and spoiled the city, because they had defiled their sister" (Ge., 34:27) / «Сыновья Иакова пришли к убитым и разграбили город за то, что обесчестили [Дину] сестру их» (Быт., 34:27); обобрать "But every woman shall borrow of her neighbour, and of her that sojourneth in her house, jewels of silver, and jewels of gold, and raiment: and ye shall put [them] upon your sons, and upon your daughters; and ye shall spoil the Egyptians" (Ex., 3:22) / «Каждая женщина выпросит у соседки своей и у живущей в доме ее вещей серебряных и вещей золотых, и одежд, и вы нарядите ими и сыновей ваших и дочерей ваших, и оберете Египтян» (Исх., 3:22).

spoiler *n.* разоритель, -ница; грабитель, -ница "And the anger of the Lord was hot against Israel, and he delivered them into the hands of spoilers that spoiled them, and he sold them into the hands of their enemies round about, so that they could not any longer stand before their enemies" (Jdg., 2:14) / «И воспылал гнев Господень на Израиля, и предал их в руки грабителей, и грабили их; и предал их в руки врагов, окружавших их, и не могли уже устоять пред врагами своими» (Суд., 2:14); губитель, -ница "O daughter of my people, gird [thee] with sackcloth, and wallow thyself in ashes: make thee mourning, [as for] an only son, most bitter lamentation: for the spoiler shall suddenly come upon us" (Je., 6:26) / «Дочь народа моего! опояшь себя вретищем и посыпь себя пеплом; сокрушайся, как бы о смерти единственного сына, горько плачь; ибо внезапно придет на нас губитель» (Иер., 6:26); опустошитель, -ница "The spoilers are come upon all high places through the wilderness: for the sword of the Lord shall devour from the [one] end of the land even to the [other] end of the land: no flesh shall have peace" (Je., 12:12) / «На все горы в пустыне пришли опустошители; ибо меч Господа пожирает все от одного края земли до другого: нет мира ни для какой плоти» (Иер., 12:12).

sponge *n.* губка

sponger *n.* дармоед, -ка

sponsor *n.* благодетель, -ца; восприемник, -ница

spontaneity *n.* добровольность

spontaneous *adj.* добровольный; произвольный

sport *n.* забава "[It is] as sport to a fool to do mischief: but a man of understanding hath wisdom" (Pr., 10:23) / «Для глупого преступное деяние как бы забава, а человеку разумному свойственна мудрость» (Притч., 10:23); make ~ забавлять, позабавить "And it came to pass, when their hearts were merry, that they said, Call for Samson, that he may make us sport. And they called for Samson out of the prison house; and he made them sport: and they set him between the pillars" (Jdg., 16:25) / «И когда развеселилось сердце их, сказали: позовите Самсона [из дома темничного], пусть он позабавит нас. И призвали Самсона из дома узников, и он забавлял их, [и заушали его] и поставили его между столбами» (Суд., 16:25); игралище

spousal I *n.* брак, супружество; свадьба, бракосочетание

spousal II *adj.* брачный, супружеский, матримониальный, свадебный

spouse I *n.* супруг; супруга; жена; невеста "Come with me from Lebanon, [my] spouse, with me from Lebanon: look from the top of Amana, from the top of Shenir and Hermon, from the lions' dens, from the mountains of the leopards"

(Song, 4:8) / «Со мною с Ливана, невеста! со мною иди с Ливана! спеши с вершины Аманы, с вершины Сенира и Ермона, от логовищ львиных, от гор барсовых!» (Песн., 4:8); невестка "They sacrifice upon the tops of the mountains, and burn incense upon the hills, under oaks and poplars and elms, because the shadow thereof [is] good: therefore your daughters shall commit whoredom, and your spouses shall commit adultery" (Hos., 4:13) / «На вершинах гор они приносят жертвы и на холмах совершают каждение под дубом и тополем и теревинфом, потому что хороша от них тень; поэтому любодействуют дочери ваши и прелюбодействуют невестки ваши» (Ос., 4:13); сожитель, -ница

spouse II *v.* сочетаться браком; выдать замуж; ~ of Christ невеста Христова; ~ of Jesus невеста Иисусова

spout *v.* источать, источить (что-л.)

spread *v.* расширять, расширить (что-л.); насаждать, насаживать, насадить (что-л.); ~ about разглашать, разгласить (что-л.); раскинуть "And he bought a parcel of a field, where he had spread his tent, at the hand of the children of Hamor, Shechem's father, for an hundred pieces of money" (Ge., 33:19) / «И купил часть поля, на котором раскинул шатер свой, у сынов Еммора, отца Сихемова, за сто монет»

(Быт., 33:19); ~ out простирать, простереть (что-л.); ~ing about разглашение

spring I *n.* источник; происхождение

spring II *v.* произрастать, произрасти; происходить, произойти (от кого-л., из чего-л.); наполняться "Then Israel sang this song, Spring up, O well; sing ye unto it" (Nu., 21:17) / «Тогда воспел Израиль песнь сию: наполняйся, колодезь, пойте ему» (Числ., 21:17).

sprinkle I *n.* кропило

sprinkle II *v.* кропить "And Moses took half of the blood, and put [it] in basons; and half of the blood he sprinkled on the altar" (Ex., 24:6) / «Моисей, взяв половину крови, влил в чаши, а другою половиною окропил жертвенник» (Исх., 24:6); бросать "And the Lord said unto Moses and unto Aaron, Take to you handfuls of ashes of the furnace, and let Moses sprinkle it toward the heaven in the sight of Pharaoh" (Ex., 9:8) / «И сказал Господь Моисею и Аарону: возьмите по полной горсти пепла из печи, и пусть бросит его Моисей к небу в глазах фараона» (Исх., 9:8); ~ with окроплять, окропить (кого-л./что-л. чем-л.); sprinkling окропление; орошение

sprinkler *n.* кропило

sprout *v.* прозябать, прозябнуть; произрастать, произрасти

spur *n.* побуждение; *v.* поощрять, поощрить (кого-л./что-л.)

Spy Wednesday среда Христопродавца

sq. (Sequens) *adj.* следующий

sqq. (Sequentes) следующие

squalid *adj.* убогий, нищенский, жалкий; заброшенный; ~ dwelling убогое жилье

squalidity *n.* запущенность, убожество, мерзость

squarson *n.* богатый пастор-землевладелец

SS. Peter and Paul Day день памяти святых апостолов Петра и Павла; день памяти славных и всехвальных первоверховных апостолов Петра и Павла

SS. D. N. (Sanctissimus Dominus Noster) Пресвятой Владыка наш; Иисус Христос; Папа Римский

SSA. (Subscripta) *adv.* подписано

St. Andrew's cross Андреевский крест, Х-образный крест

St. Anthony's cross крест Св. Антония, крест соединенный, «тау»-крест, Т-образный крест

St. George and the Dragon «Чудо Св. Георгия о Змии»

St. George's Chapel церковь Св. Георгия

St. John Lateran Латеранский кафедральный собор Св. Иоанна

St. Joseph's Day праздник Св. Иосифа Праведного

St. Mark eve навечерие молебного дня памяти апостола и евангелиста Марка

St. Peter's Chair кафедра святого Петра в Антиохии

stable *adj.* незыблемый

stage *n.* период

stall I *n.* стойло "And Solomon had forty thousand stalls of horses for his chariots, and twelve thousand horsemen" (1 Ki., 4:26) / «И было у Соломона сорок тысяч стойл для коней колесничных и двенадцать тысяч для конницы» (3 Цар., 4:26); ясли «The Lord then answered him, and said, [Thou] hypocrite, doth not each one of you on the sabbath loose his ox or [his] ass from the stall, and lead [him] away to watering?" (Lk., 13:15) / «Господь сказал ему в ответ: лицемер! не отвязывает ли каждый из вас вола своего или осла от яслей в субботу и не ведет ли поить?» (Лук., 13:15); хлев; сиденья на клиросах для духовенства и певчих

stall II *v.* снабжать церковь сиденьями

stamp I *n.* печать; indelible ~ неизгладимая печать

stamp II *v.* топтать

stand *v.* стоять; терпеть; становиться, стать (кем-л./чем-л.); ~ against противостоять (кому-л./чему-л.), сопротивляться, сопротивиться (кому-л./чему-л.); ~by/up for защищать, защитить (кого-л./что-л.), оборонять, оборонить (кого-л./что-л., чем-л.); ~ing by/up for защищение; ~ out выстаивать, выстоять (что-л.), противиться (кому-л./чему-л.); ~ shilly-shally придти в недоумение; ~ through the service выстоять службу; ~ up вставать, встать

Standard Slavonic edition «Елизаветинская Библия»

standard *n.* мерило; норма; знамя "And the children of Israel

shall pitch their tents, every
man by his own camp, and
every man by his own standard,
throughout their hosts" (Nu.,
1:52) / «Сыны Израилевы
должны становиться каждый
в стане своем и каждый при
своем знамени, по ополчени-
ям своим» (Числ., 1:52); стяг;
хоругвь

Standing Fishes Bible «Библия
стоящих рыб»

standing *n.* положение; ~ godfa-
ther/godmother восприятие от
купели

standpoint *n.* точка зрения

star I *n.* звезда "And there shall
be signs in the sun, and in the
moon, and in the stars; and upon
the earth distress of nations,
with perplexity; the sea and the
waves roaring" (Lk., 21:25) /
«И будут знамения в солнце и
луне и звездах, а на земле
уныние народов и недоуме-
ние; и море восшумит и возмутится» (Лук. 21:25); be born
under a lucky/unlucky ~ родиться под счастливою/не-
счастливою звездой

star II *adj.* звездный

Star of Bethlehem звезда Вифле-
емская

Star of David звезда Давида

stare (at) *v.* воззриться (на кого-
л./на что-л.)

starry *adj.* звездный

start I *n.* начало

start II *v.* начинать(ся), начать,
начинается (что-л.)

startling *adj.* поразительный

starvation *n.* голод, глад

starving *adj.* голодный, гладный

state I *n.* государство, держава;
состояние "So the workmen
wrought, and the work was per-
fected by them, and they set the
house of God in his state, and
strengthened it" (2 Chr., 24:13) /
«И работали производители
работ, и совершилось исправление руками их, и привели
дом Божий в надлежащее состояние его, и укрепили его»
(2 Пар., 24:13); звание; ecclesiastical ~ духовное звание;
родство "And they said, The
man asked us straitly of our
state, and of our kindred, saying, [Is] your father yet alive?
have ye [another] brother? and
we told him according to the
tenor of these words: could we
certainly know that he would
say, Bring your brother down?"
(Ge., 43:7) / «Они сказали:
расспрашивал тот человек о
нас и о родстве нашем, говоря: жив ли еще отец ваш? есть
ли у вас брат? Мы и рассказали ему по этим расспросам.
Могли ли мы знать, что он
скажет: приведите брата вашего?» (Быт., 43:7).

state II *v.* излагать, изложить
(что-л.); ~d clerk клерк-
исполнитель; ~ Church государственная церковь, офици-
альная церковь

statement *n.* утверждение

stater *n.* статир, статер

States of the Church Папская область

Stations of the Cross остановки
на Крестном пути

statue *n.* истукан

status quo *n.* статус-кво; ~ ante положение, существовавшее ранее

statute *n.* положение; устав "Because that Abraham obeyed my voice, and kept my charge, my commandments, my statutes, and my laws" (Ge., 26:5) / «За то, что Авраам [отец твой] послушался гласа Моего и соблюдал, что Мною заповедано было соблюдать: повеления Мои, уставы Мои и законы Мои» (Быт., 26:5).

stauropegion *adj.* ставропигальный

staurotheotokion *adj.* ставробогородичен

stave church норвежская деревянная церковь

stay I *n.* пребывание

stay II *v.* оставаться, остаться; останавливаться "And it came to pass, when they had brought them forth abroad, that he said, Escape for thy life; look not behind thee, neither stay thou in all the plain; escape to the mountain, lest thou be consumed" (Ge., 19:17) / «Когда же вывели их вон, то один из них сказал: спасай душу свою; не оглядывайся назад и нигде не останавливайся в окрестности сей; спасайся на гору, чтобы тебе не погибнуть» (Быт., 19:17); медлить "And he stayed yet other seven days; and again he sent forth the dove out of the ark" (Ge., 8:10); «И помедлил еще семь дней других и опять выпустил голубя из ковчега» (Быт., 8:10).

steadiness *n.* незыблемость; непоколебимость

steady *adj.* крепкий; незыблемый; непоколебимый

steal *v.* воровать, красть "And he that stealeth a man, and selleth him, or if he be found in his hand, he shall surely be put to death" (Ex., 21:16) / «Кто украдет человека [из сынов Израилевых] и [поработив его] продаст его, или найдется он в руках у него, то должно предать его смерти» (Исх., 21:16).

stealer *n.* вор; тать

steeple *n.* колокольня; крыша церкви или часовни

stellar(y) *adj.* звездный

stem *n.* отрасль "And there shall come forth a rod out of the stem of Jesse, and a Branch shall grow out of his roots" (Isa, 11:1) / «И произойдет отрасль от корня Иессеева, и ветвь произрастет от корня его» (Ис., 11:1); розга

stench *n.* зловоние

stenchy *adj.* зловонный

stentorian *adj.* громогласный; громоподобный

stentorophonic *adj.* громогласный

step I *n.* ступень "Neither shalt thou go up by steps unto mine altar, that thy nakedness be not discovered thereon" (Ex., 20:26) / «И не всходи по ступеням к жертвеннику Моему, дабы не открылась при нем нагота твоя» (Исх., 20:26); шаг "And David sware moreover, and said, Thy father certainly knoweth that I have found grace in thine eyes; and he saith, Let not Jonathan know this, lest he be grieved: but truly [as] the Lord liveth, and [as] thy soul liveth, [there is] but a step between me and death" (1 Sa., 20:3) / «Давид клялся и говорил: отец твой хорошо знает, что я нашел благоволение в очах твоих, и потому говорит сам в себе: пусть не знает о том Ионафан, чтобы не огорчился»; но жив Господь и жива душа твоя! один только шаг между мною и смертью» (1 Цар., 20:3).

step II *v.* ступать, ступить

sterile *adj.* бесплодный; бесчадный

sterility *n.* бесплодие; бесчадие, бесчадство

stern I *n.* корма "Then fearing lest we should have fallen upon rocks, they cast four anchors out of the stern, and wished for the day" (Ac., 27:29) / «Опасаясь, чтобы не попасть на каменистые места, бросили с кормы четыре якоря, и ожидали дня» (Деян., 27:29).

stern II *adj.* грозный

sternness *n.* грозность

sticheron *n.* стихира

stiff-hearted *adj.* черствый

stiff-necked *adj.* жестоковыйный

stiffness *n.* черствость

stigmata *n. pl.* стигматы

stigy *adj.* скаредный

still *adj.* спокойный; тихий

stimulate *v.* побуждать, побудить (кого-л., к чему-л.); поощрять, поощрить (кого-л./что-л.)

stimulating *adj.* возбудительный

stimulation *n.* возбуждение; побуждение; поощрение

sting I *n.* жало "O death, where [is] thy sting? O grave, where [is] thy victory?" (1 Co., 15:55) / «Смерть! где твое жало? ад! где твоя победа?» (1 Кор., 15:55).

sting II *v.* жалить, ужалять (кого-л./что-л.); уязвлять, (у)язвить (кого-л., чем-л.)

stinginess *n.* скаредность; скупость

stingy *adj.* скупой

stink I *n.* зловоние "But I will remove far off from you the northern [army], and will drive him into a land barren and desolate, with his face toward the east sea, and his hinder part toward the utmost sea, and his stink shall come up, and his ill savour shall come up, because he hath done great things" (Joel, 2:20) / «И пришедшего от севера удалю от вас, и изгоню в землю безводную и пустую, переднее полчище его — в море восточное, а заднее — в море западное, и пойдет от него зловоние, и поднимется от него смрад, так как он много наделал зла» (Иоил., 2:20); смрад "Their slain also shall be cast out, and their stink shall come up out of their carcases, and the mountains shall be melted with their blood" (Isa, 34:3) / «И убитые их будут разбросаны, и от трупов их поднимется смрад, и горы размокнут от крови их» (Ис., 34:3).

stink II *v.* смердеть "And the fish that [is] in the river shall die, and the river shall stink; and the

Egyptians shall lothe to drink of the water of the river" (Ex., 7:18) / «И рыба в реке умрет, и река воссмердит, и Египтянам омерзительно будет пить воду из реки» (Исх., 7:18).

stinky *adj.* зловонный

stipes *n.* столб для казни осужденного на распятие

stipulation *n.* оговорка

stir *v.* двигать, двинуть (кого-л./что-л.); побуждать, побудить (кого-л., к чему-л.); ~ up воздвигать, воздвигнуть (что-л.), возжигать, возжечь (что-л.), пробуждать, пробудить (кого-л./что-л.); ~ Up Sunday Воскресенье пробуждения

stock *n.* имущество; пень "Though the root thereof wax old in the earth, and the stock thereof die in the ground" (Job, 14:8) / «Если и устарел в земле корень его, и пень его замер в пыли» (Иов., 14:8); ствол "Yea, they shall not be planted; yea, they shall not be sown: yea, their stock shall not take root in the earth: and he shall also blow upon them, and they shall wither, and the whirlwind shall take them away as stubble" (Isa, 40:24) / «Едва они посажены, едва посеяны, едва укоренился в земле ствол их, и как только Он дохнул на них, они высохли, и вихрь унес их, как солому» (Ис., 40:24); дерево "Saying to a stock, Thou [art] my father; and to a stone, Thou hast brought me forth: for they have turned [their] back unto me, and not [their] face: but in the time of their trouble they will

say, Arise, and save us" (Je., 2:27) / «Говоря дереву: ты мой отец, и камню: ты родил меня; ибо они оборотили ко Мне спину, а не лице; а во время бедствия своего будут говорить: встань и спаси нас!» (Иер, 2:27).

stoic *adj.* стоический

stoicalness *n.* непоколебимость

stoicism *n.* стоицизм

stole *n.* епитрахиль; орарь

stomach *n.* чрево; желудок "Drink no longer water, but use a little wine for thy stomach's sake and thine often infirmities" (1 Ti., 5:23) / «Впредь пей не одну воду, но употребляй немного вина, ради желудка твоего и частых твоих недугов» (1 Тим., 5:23).

stone I *n.* камень "And they said one to another, Go to, let us make brick, and burn them throughly. And they had brick for stone, and slime had they for morter" (Ge., 11:3) / «И сказали друг другу: наделаем кирпичей и обожжем огнем. И стали у них кирпичи вместо камней, а земляная смола вместо извести» (Быт., 1:3); foundation-/key-~краеугольный камень; grave-~ надгробный камень; precious ~ драгоценный камень; скала

stone II *v.* побить камнями

stony *adj.* каменный "And I will give them one heart, and I will put a new spirit within you; and I will take the stony heart out of their flesh, and will give them an heart of flesh" (Ez., 11:19) / «И дам им сердце единое, и дух новый вложу в них, и возьму из плоти их сердце каменное, и дам им сердце плотяное» (Иез., 11:19).

stop I *n.* точка; ~ing прекращение

stop II *v.* переставать, перестать; прекращать, прекратить (что-л.); пресекать, пресечь (что-л.)

stoppage прекращение

storefront church городская уличная церковь

storehouse *n.* хранилище "He gathereth the waters of the sea together as an heap: he layeth up the depth in storehouses" (Ps., 33:7) / «Он собрал, будто груды, морские воды, положил бездны в хранилищах» (Псл., 32:7); кладовая "Storehouses also for the increase of corn, and wine, and oil; and stalls for all manner of beasts, and cotes for flocks" (2 Chr., 32:28) / «И кладовые для произведений земли, для хлеба, вина и масла, и стойла для всякого рода скота, и дворы для стад» (2 Пар., 32:28); житница "And Joseph opened all the storehouses, and sold unto the Egyptians; and the famine waxed sore in the land of Egypt" (Ge., 41:56) / «И отворил Иосиф все житницы, и стал продавать хлеб Египтянам. Голод же усиливался в земле Египетской» (Быт., 41:56).

storm *n.* буря "He maketh the storm a calm, so that the waves thereof are still" (Ps., 107:29) / «Он превращает бурю в тишину, и волны умолкают»

(Псл., 106:29); вихрь "They are as stubble before the wind, and as chaff that the storm carrieth away" (Job, 21:18) / «Они должны быть, как соломинка пред ветром, и как плева, уносимая вихрем» (Иов., 21:18); непогода "And there shall be a tabernacle for a shadow in the daytime from the heat, and for a place of refuge, and for a covert from storm and from rain" (Isa, 4:6) / «И будет шатер для осенения днем от зноя и для убежища и защиты от непогод и дождя» (Ис., 4:6); гроза

stormy *adj.* бурный "For he commandeth, and raiseth the stormy wind, which lifteth up the waves thereof" (Ps., 107:25) / «Он речет, — и восстанет бурный ветер и высоко поднимает волны его» (Псл., 106:25).

stoup *n.* чаша со святой водой

straight I *adj.* прямой

straight II *adv.* прямо

straighten *v.* выпрямлять, расправлять

straightforward *adj.* прямодушный

straightforwardness *n.* прямодушие

strange *adj.* странный; преславный

stranger *n.* иноплеменник, -ница "And he that is eight days old shall be circumcised among you, every man child in your generations, he that is born in the house, or bought with money of any stranger, which [is] not of thy seed" (Ge., 17:12) / «Восьми дней от рождения да будет обрезан у вас в роды ваши всякий младенец мужеского пола, рожденный в доме и купленный за серебро у какого-нибудь иноплеменника, который не от твоего семени» (Быт., 17:12); пришелец "And he said unto Abram, Know of a surety that thy seed shall be a stranger in a land [that is] not theirs, and shall serve them; and they shall afflict them four hundred years" (Ge., 15:13) / «И сказал Господь Авраму: знай, что потомки твои будут пришельцами в земле не своей, и поработят их, и будут угнетать их четыреста лет» (Быт., 15:13); странник, -ница; чужестранец, -нка

stream *n.* поток "And the Lord spake unto Moses, Say unto Aaron, Take thy rod, and stretch out thine hand upon the waters of Egypt, upon their streams, upon their rivers, and upon their ponds, and upon all their pools of water, that they may become blood; and [that] there may be blood throughout all the land of Egypt, both in [vessels of] wood, and in [vessels of] stone" (Ex., 7:19) / «И сказал Господь Моисею: скажи Аарону [брату твоему]: возьми жезл твой [в руку твою] и простри руку твою на воды Египтян: на реки их, на потоки их, на озера их и на всякое вместилище вод их, — и превратятся в кровь, и будет кровь по всей земле Египетской и в деревянных и в каменных сосудах» (Исх., 7:19); река; струя

strength *n.* сила "When thou tillest the ground, it shall not henceforth yield unto thee her strength; a fugitive and a vagabond shalt thou be in the earth" (Ge., 4:12) / «Когда ты будешь возделывать землю, она не станет более давать силы своей для тебя; ты будешь изгнанником и скитальцем на земле» (Быт., 4:12); состоятельность

strengthen *v.* закреплять, закрепить (что-л.); утверждать "But charge Joshua, and encourage him, and strengthen him: for he shall go over before this people, and he shall cause them to inherit the land which thou shalt see" (De., 3:28) / «И дай наставление Иисусу, и укрепи его, и утверди его; ибо он будет предшествовать народу сему и он разделит им на уделы [всю] землю, на которую ты посмотришь» (Втор., 3:28); укреплять, укрепить (кого-л./что-л.) "And the children of Israel did evil again in the sight of the Lord: and the Lord strengthened Eglon the king of Moab against Israel, because they had done evil in the sight of the Lord" (Jdg., 3:12) / «Сыны Израилевы опять стали делать злое пред очами Господа, и укрепил Господь Еглона, царя Моавитского, против Израильтян, за то, что они делали злое пред очами Господа» (Суд., 3:12); ~ing укрепление

stretch I *n.* протяжение

stretch II *v.* простирать, простереть (что-л.) "And Abraham stretched forth his hand, and took the knife to slay his son" (Ge., 22:10) / «И простер Авраам руку свою и взял нож, чтобы заколоть сына своего» (Быт., 22:10); протягивать, протянуть (что-л.); расширять, расширить (что-л.)

strict *adj.* взыскательный; строгий; суровый

strictly *adv.* свято

strictness *n.* суровость

strike I *n.* мятеж; распря

strike II *v.* поражать, поразить (кого-л., чем-л.); мазать "And they shall take of the blood, and strike [it] on the two side posts and on the upper door post of the houses, wherein they shall eat it" (Ex., 12:7) / «И пусть возьмут от крови его и помажут на обоих косяках и на перекладине дверей в домах, где будут есть его» (Исх., 12:7); возложить "But Naaman was wroth, and went away, and said, Behold, I thought, He will surely come out to me, and stand, and call on the name of the Lord his God, and strike his hand over the place, and recover the leper" (2 Ki., 5:11) / «И разгневался Нееман, и пошел, и сказал: вот, я думал, что он выйдет, станет и призовет имя Господа Бога своего, и возложит руку свою на то место и снимет проказу» (4 Цар., 5:11); ~ through проникать, проникнуть (в кого-л., во что-л.)

striking *adj.* поразительный

string *n.* струна; тетива "For, lo, the wicked bend [their] bow, they make ready their arrow upon the string, that they may privily shoot at the upright in heart" (Ps., 11:2) / «Ибо вот, нечестивые натянули лук, стрелу свою приложили к тетиве, чтобы во тьме стрелять в правых сердцем» (Псл., 10:2).

stroke *n.* удар; побои "If there arise a matter too hard for thee in judgment, between blood and blood, between plea and plea, and between stroke and stroke, [being] matters of controversy within thy gates: then shalt thou arise, and get thee up into the place which the Lord thy God shall choose" (De., 17:8) / «Если по какому делу затруднительным будет для тебя рассудить между кровью и кровью, между судом и судом, между побоями и побоями, и будут несогласные мнения в воротах твоих, то встань и пойди на место, которое изберет Господь, Бог твой» (Втор., 17:8); черта

stroll *v.* блуждать; скитаться; ~ing скитание, шатание

stroller *n.* скиталец, -ца

strong *adj.* сильный; крепкий "Then the Lord said unto Moses, Now shalt thou see what I will do to Pharaoh: for with a strong hand shall he let them go, and with a strong hand shall he drive them out of his land" (Ex., 6:1) / «И сказал Господь Моисею: теперь увидишь ты, что Я сделаю с фараоном; по действию руки крепкой он отпустит их; по действию руки крепкой даже выгонит их из земли своей» (Исх., 6:1); ~ in faith крепок в вере; сильный; ~ will сильная воля; ~-willed волевой

struggle I *n.* борьба; сопротивление; усилие

struggle II *v.* биться "And the children struggled together within her; and she said, If [it be] so, why [am] I thus? And she went to enquire of the Lord" (Ge., 25:22) / «Сыновья в утробе ее стали биться, и она сказала: если так будет, то для чего мне это? И пошла вопросить Господа» (Быт., 22:25).

STTL (Sit tibi terra levis) «Да будет земля тебе пухом».

studious *adj.* прилежный

studiousness *n.* прилежание

study *v.* изучать, изучить (что-л.); проходить, пройти (что-л.); учиться (чему-л., от кого-л.); стараться "Study to shew thyself approved unto God, a workman that needeth not to be ashamed, rightly dividing the word of truth" (2 Ti., 2:15) / «Старайся представить себя Богу достойным, делателем неукоризненным, верно преподающим слово истины» (2 Тим., 2:15); ~ing прохождение

stumbling *n.* преткновение; stumbling-stone/block камень преткновения "And he shall be for a sanctuary; but for a stone of stumbling and for a rock of offence to both the houses of Israel, for a gin and for a snare to the inhabitants of Jerusalem" (Isa, 8:14) / «И будет Он освя-

щением и камнем преткновения, и скалою соблазна для обоих домов Израиля, петлею и сетью для жителей Иерусалима» (Ис., 8:14).

stupid *adj.* глупый; скудоумный; ~ fellow глупец

stupidity *n.* глупость; непонятливость; скудоумие

style *n.* стиль; New/ Gregorian ~ новый (грегорианский) стиль; old (Julian) ~ старый (юлианский) стиль

stylites *n. pl.* святые столпники

suaveolent *adj.* благоуханный, ароматный

sub rosa без огласки; конфиденциально

sub verbo см. под этой рубрикой/ этим словом

sub voce см. под этой рубрикой/этим словом

subcelestial *adj.* смертный; поднебесный

subdeacon *n.* иподиакон

subdeaconry, subdeaconship, subdiaconate *n.* иподиаконство

subdivide *v.* подразделять, подразделить (что-л.)

subdivision *n.* подразделение

subdual *n.* покорение, усмирение; подчинение

subdue *v.* подчинять, подчинить (что-л./кого-л., кому-л.); покорять; покорить (кого-л./что-л.); порабощать, поработить (кого-л./что-л.); превозмочь (что-л.); смирять, смирить (кого-л./что-л.) "So God subdued on that day Jabin the king of Canaan before the children of Israel" (Jdg., 4:23) / «И смирил [Господь] Бог в тот день Иавина, царя Ханаанского, пред сынами Израилевыми» (Суд., 4:23); усмирять, усмирить (кого-л./что-л.)

subduer *n.* поработитель, -ница; усмиритель, -ница

subject I *n.* содержание; тема

subject II *v.* ~ to подвергать, подвергнуть (кого-л./что-л. чему-л.)

subjection *n.* подчинение; порабощение; покорность "Let the woman learn in silence with all subjection" (1 Ti., 2:11) / «Жена да учится в безмолвии, со всякою покорностью» (1 Тим., 2:11); послушание "One that ruleth well his own house, having his children in subjection with all gravity" (1 Ti., 3:4) / «Хорошо управляющий домом своим, детей содержащий в послушании со всякою честностью» (1 Тим., 3:4).

subjective *adj.* субъективный

subjectivism *n.* субъективизм

subjoin *v.* присовокуплять, присовокупить (что-л. к чему-л.)

Sublapsarians *n. pl.* сублапсариане

sublimation *n.* возвышение, очищение

sublime *adj.* возвышенный, высокий; the ~ of thought величие мысли

sublimity *n.* величественность, возвышенность

sublunary *adj.* подлунный, земной

submission *n.* повиновение; подчинение; покорность

submissive *adj.* покорный, смиренный

submissively *adv.* покорно

submissiveness *n.* смирение

submit *v.* подчинять, подчинить (что-л./кого-л., кому-л.); подчиняться, подчиниться (кому-л./чему-л.); покорять; покорить (кого-л./что-л.); покоряться, покориться (кому-л./чему-л.) "And the angel of the Lord said unto her, Return to thy mistress, and submit thyself under her hands" (Ge., 16:9) / «Ангел Господень сказал ей: возвратись к госпоже своей и покорись ей» (Быт., 16:9); ласкательствовать "Strangers shall submit themselves unto me: as soon as they hear, they shall be obedient unto me" (2 Sa., 22:45) / «Иноплеменники ласкательствуют предо мною; по слуху обо мне повинуются мне» (2 Цар., 22:45).

subordinate *v.* подчинять, подчинить (что-л./кого-л., кому-л.)

subordination *n.* повиновение; чиноначалие

subprior *n.* субприор, помощник настоятеля монастыря

subreptive *adj.* тайный

subserve *v.* содействовать

subservience *n.* подобострастие, раболепство

subsist *v.* существовать

subsistence *n.* существование; жизнь; живучесть; бытие пропитание

substance *n.* естество; субстанция; существо "And every living substance was destroyed which was upon the face of the ground, both man, and cattle and the creeping things, and the fowl of the heaven; and they were destroyed from the earth: and Noah only remained [alive], and they that [were] with him in the ark" (Ge., 7:23) / «Истребилось всякое существо, которое было на поверхности [всей] земли; от человека до скота, и гадов, и птиц небесных, — все истребилось с земли, остался только Ной и что было с ним в ковчеге» (Быт., 7:23); тело; имение "And Abram took Sarai his wife, and Lot his brother's son, and all their substance that they had gathered, and the souls that they had gotten in Haran; and they went forth to go into the land of Canaan; and into the land of Canaan they came" (Ge., 12:5) «И взял Аврам с собою Сару, жену свою, Лота, сына брата своего, и все имение, которое они приобрели, и всех людей, которых они имели в Харране; и вышли, чтобы идти в землю Ханаанскую; и пришли в землю Ханаанскую» (Быт., 7:23).

substantial *adj.* вещественный

substantiate *v.* обосновывать, обосновать (что-л.)

substantiation *n.* воплощение; обоснование

substitute *v.* заменять, заменить (что-л.); замещать, заместить (кого-л./что-л. кем-л./чем-л.)

substitution *n.* замещение

subversion *n.* ниспровержение

subvert *v.* ниспровергать, ниспровергнуть (кого-л.); развращать "Whose mouths must be stopped, who subvert whole houses, teaching things which they ought not, for filthy lucre's sake" (Tit., 1:11) / «Каковым

должно заграждать уста: они развращают целые домы, уча, чему не должно, из постыдной корысти» (Тит., 1:11).

subverte *n.* разрушение

subverter *n.* разрушитель, -ница

succedent *adj.* последующий

succeed *v.* изгонять "A people great, and many, and tall, as the Anakims; but the Lord destroyed them before them; and they succeeded them, and dwelt in their stead" (De., 2:21) / «Народ великий, многочисленный и высокий, как сыны Енаковы, и истребил их Господь пред лицем их, и изгнали они их и поселились на месте их» (Втор., 2:21); (у)наследовать (что-л.); ~ in преуспевать, преуспеть (в чем-л.)

succentor *n.* солист-бас церковного хора

success *n.* преуспевание; успех

successful *adj.* (благо)успешный; преуспевающий

succession *n.* наследие; последовательность

successive *adj.* последовательный

successor *n.* преемник, -ница; продолжатель, -ница

succour I *n.* вспоможение, вспомоществование

succour II *v.* помогать "But the people answered, Thou shalt not go forth: for if we flee away, they will not care for us; neither if half of us die, will they care for us: but now [thou art] worth ten thousand of us: therefore now [it is] better that thou succour us out of the city" (2 Sa., 18:3) / «Но люди отвечали ему: не ходи; ибо, если мы и побежим, то не обратят внимания на это; если и умрет половина из нас, также не обратят внимания; а ты один то же, что нас десять тысяч; итак для нас лучше, чтобы ты помогал нам из города» (2 Цар., 18:3); вспомоществовать (кому-л.)

succubus *n.* суккуб

succumb *v.* не выдержать, не устоять, уступить

Sudarium «Спас Нерукотворный»

sudden *adj.* внезапный; нечаянный; скоропостижный; неожиданный "Therefore snares [are] round about thee, and sudden fear troubleth thee" (Job, 22:10) / «За то вокруг тебя петли, и возмутил тебя неожиданный ужас» (Иов., 22:10).

suddenly *adv.* внезапно "And if any man die very suddenly by him, and he hath defiled the head of his consecration; then he shall shave his head in the day of his cleansing, on the seventh day shall he shave it" (Nu., 6:9) / «Если же умрет при нем кто-нибудь вдруг, нечаянно, и он осквернит тем голову назорейства своего: то он должен остричь голову свою в день очищения его, в седьмой день должен остричь ее» (Числ., 6:9).

suddenness *n.* внезапность

suffer *v.* страдать; испытывать; переносить, перенести, перенесть (что-л.); претерпевать, (пре)терпеть (что-л.); скорбеть (о ком-л./о чем-л.); сносить, снести (что-л.); ~ defeat нести поражение

sufferance *n.* терпимость

sufferer *n.* мученик, -ница

suffering I *n.* страдание "For I reckon that the sufferings of this present time [are] not worthy [to be compared] with the glory which shall be revealed in us" (Ro., 8:18) / «Ибо думаю, что нынешние временные страдания ничего не стоят в сравнении с тою славою, которая откроется в нас» (Рим., 8:18); мука; мученичество; претерпевание, (пре)терпение

suffering II *adj.* страдающий; страждущий

suffice *v.* удовлетворять "Shall the flocks and the herds be slain for them, to suffice them? or shall all the fish of the sea be gathered together for them, to suffice them?" (Nu., 11:22) «Заколоть ли всех овец и волов, чтобы им было довольно? Или вся рыба морская соберется, чтобы удовлетворить их?» (Числ., 11:22); довлеть

sufficiently *adv.* довольно

Suffr. **(Suffragia)** бревиарий «Суффрагиа»

suffragan *n.* викарный епископ; викарий

suffrage *n.* прошение в ектенье; ектенья, литания; заупокойная молитва

suggest *v.* внушать, внушить (что-л. кому-л.); предлагать, предложить (что-л., кому-л.); вливать, влить

suggestion *n.* внушение; наущение

suggestive *adj.* соблазнительный

suggestor *n.* внушитель, -ница

sui generis в своем роде, своеобразный

suicide *n.* самоубийство; самоубийца

suit I *n.* спор "Absalom said moreover, Oh that I were made judge in the land, that every man which hath any suit or cause might come unto me, and I would do him justice!" (2 Sa., 15:4) «И говорил Авессалом: о, если бы меня поставили судьею в этой земле! ко мне приходил бы всякий, кто имеет спор и тяжбу, и я судил бы его по правде» (2 Цар., 15:4).

suit II *v.* годиться, пригодиться (для чего-л., кому-л.)

suitable *adj.* годный; лучший; сообразный; угодный

suitableness *n.* годность

suitably *adv.* угодно

Sukka *n.* «Сукка»

Sukkoth *n.* Суккот

sullied *adj.* помраченный

Sulpicians *n. pl.* члены конгрегации Св. Сульпиция

summer *n.* лето "While the earth remaineth, seedtime and harvest, and cold and heat, and summer and winter, and day and night shall not cease" (Ge., 8:22) / «Впредь во все дни земли сеяние и жатва, холод и зной, лето и зима, день и ночь не прекратятся» (Быт., 8:22).

summon I *n.* созыв

summon II *v.* созывать, созвать (кого-л./что-л.); ~ed званый; ~ing призывание

Sunday Letters буквы дня Господня, литеры воскресные

Sunday of St. Gregory Palamas неделя памяти Св. Григория Паламы

Sunday of St. John of the Ladder неделя памяти преподобного Иоанна Лествичника

Sunday of St. Mary of Egypt неделя памяти преподобной Марии Египетской

Sunday of St. Thomas the Apostle Фомина неделя, Антипасха

Sunday of the Blind Man неделя о Слепом

Sunday of the Holy Fathers неделя святых отцов Первого Вселенского Собора

Sunday of the Judgement Day неделя о Страшном Суде

Sunday of the Myrrhbearers and Righteous Joseph неделя св. Жен-Мироносиц

Sunday of the Orthodoxy Торжество Православия

Sunday of the Paralytic Неделя о Расслабленном

Sunday of the Prodigal Son Неделя о блудном сыне

Sunday of the Publican and Pharisee Неделя о мытаре и фарисее

Sunday of the Samaritan Woman Неделя о Самарянине

Sunday *n.* воскресение, воскресенье (день недели); Palm-~ Вербное Воскресенье; Quasimodo/Low ~ Фомино воскресенье; Sexagesima ~ воскресение за 2 недели до Великого поста; Mothering ~ четвертое воскресение после поста; Passion ~ пятое воскресение поста; ~ saint воскресный святоша; ~ school воскресная церковная школа; Quadragesima

Сборное воскресенье; ~ -go-to-meeting подходящий для воскресного посещения церкви

sunrise *n.* восход солнца

sunset *n.* вечерняя заря; заход/закат солнца

super-composed *adj.* сверхсоставный

superior I *n.* настоятель; начальник, -ница; глава религиозной общины; Father ~ настоятель монастыря; игумен; Mother ~ настоятельница монастыря; игуменья; ~ general глава религиозного ордена/конгрегации

superior II *adj.* вящий

superioress *n.* глава религиозной общины; настоятельница монастыря; мать-игуменья

superiority *n.* превыспренность

supermundane *adj.* неземной

supernatural *adj.* сверхъестественный; неведомый; божественный; ~ revelation откровение свыше; ~ virtues теологические/библейские, добродетели

supernaturalism *n.* супернатурализм, вера в сверхъестественное

supernature *n.* сверхъестественное

superstition *n.* суеверие; предрассудок; поверье

superstitious *adj.* суеверный; набожный "Then Paul stood in the midst of Mars' hill, and said, [Ye] men of Athens, I perceive that in all things ye are too superstitious" (Ac., 17:22) / «И, став Павел среди ареопага, сказал: Афиняне! по всему

вижу я, что вы как бы особенно набожны» (Деян., 17:22).

superstitiousness *n.* суеверность

super-substantional *adj.* сверхсущностный

superterrestrial *adj.* неземной, небесный

superviser *n.* надзиратель

superworldly *adj.* премирный

suppedaneum *n.* подставка для ног распятого

supper *n.* пир "And when a convenient day was come, that Herod on his birthday made a supper to his lords, high captains, and chief [estates] of Galilee" (Mk., 6:21) / «Настал удобный день, когда Ирод, по случаю дня рождения своего, делал пир вельможам своим, тысяченачальникам и старейшинам Галилейским» (Марк., 6:21); ужин "Then said he also to him that bade him, When thou makest a dinner or a supper, call not thy friends, nor thy brethren, neither thy kinsmen, nor [thy] rich neighbours; lest they also bid thee again, and a recompence be made thee" (Lk., 14:12) / «Сказал же и позвавшему Его: когда делаешь обед или ужин, не зови друзей твоих, ни братьев твоих, ни родственников твоих, ни соседей богатых, чтобы и они тебя когда не позвали, и не получил ты воздаяния» (Лук., 14:12); Lord's ~ еврахистия

supplement *n.* дополнять, дополнить (что-л., чем-л.)

supplementary *adj.* дополнительный

suppletory *n.* восполняющий недостающее

suppliant I *n.* проситель, молящий; поклонник "From beyond the rivers of Ethiopia my suppliants, [even] the daughter of my dispersed, shall bring mine offering" (Zeph., 3:10) / «Из заречных стран Ефиопии поклонники Мои, дети рассеянных Моих, принесут Мне дары» (Соф., 3:10).

suppliant II *adj.* умоляющий, просительный, просящий

supplicant *n.* молящий; молящийся; проситель, -ница

supplicate *v.* умолять, просить, упрашивать; ублажать, ублажить (кого-л., чем-л.)

supplicatio *n.* супликация

supplication *n.* мольба, просьба; молитва; супликация; прошение "Yet have thou respect unto the prayer of thy servant, and to his supplication, O Lord my God, to hearken unto the cry and to the prayer, which thy servant prayeth before thee to day" (1 Ki., 8:28) / «Но призри на молитву раба Твоего и на прошение его, Господи Боже мой; услышь воззвание и молитву, которою раб Твой умоляет Тебя ныне» (3 Цар., 8:28); моление "And hearken thou to the supplication of thy servant, and of thy people Israel, when they shall pray toward this place: and hear thou in heaven thy dwelling place: and when thou hearest, forgive" (1 Ki., 8:30) / «Услышь моление раба Твоего и народа Твоего Израиля, когда они бу-

дут молиться на месте сем; услышь на месте обитания Твоего, на небесах, услышь и помилуй» (3 Цар., 8:30).

Supplioni. (Supplicationibus) *n.* супликации, супликацией; прошению; прошением

support I *n.* содержание; подтверждение

support II *v.* поддерживать "I have shewed you all things, how that so labouring ye ought to support the weak, and to remember the words of the Lord Jesus, how he said, It is more blessed to give than to receive" (Ac., 20:35) / «Во всем показал я вам, что, так трудясь, надобно поддерживать слабых и памятовать слова Господа Иисуса, ибо Он Сам сказал: блаженнее давать, нежели принимать» (Деян., 20:35); покровительствовать (кому-л./чему-л.); содержать (что-л.); ~ing покровительство

supporter *n.* покровитель, -ница; сторонник, -ница

supposition *n.* гипотеза

suppress *v.* подавлять, подавить (кого-л./что-л.); скрывать, скрыть (кого-л./что-л. от кого-л.)

suppression *n.* пресечение

suppurating, suppurative *adj.* гноеточивый

supremacy *n.* главенство

supreme *adj.* Всевысочайший; несоглядаемый; ~ Being Всевышний; ~ pontiff Верховный понтифик, Папа Римский

supress *v.* пресекать, пресечь (что-л.)

surcease I *n.* прекращение, остановка

surcease II *v.* прекращать(ся); останавливать; ~ of sorrow утоление печали surmount преодолевать, одолевать

sure *adj.* надежный; несомненный

surely *adv.* конечно

surge *v.* воздвигать, воздвигнуть (что-л.)

surmise *v.* сомневаться (в ком-л./в чем-л.)

surname I *n.* фамилия

surname II *v.* прозывать(ся) "One shall say, I [am] the Lord'S; and another shall call [himself] by the name of Jacob; and another shall subscribe [with] his hand unto the Lord, and surname [himself] by the name of Israel" (Isa, 44:5) / «Один скажет: я Господень, другой назовется именем Иакова; а иной напишет рукою своею: я Господень, и прозовется именем Израиля» (Ис., 44:5); называть по имени "For Jacob my servant's sake, and Israel mine elect, I have even called thee by thy name: I have surnamed thee, though thou hast not known me" (Isa, 45:4) / «Ради Иакова, раба Моего, и Израиля, избранного Моего, Я назвал тебя по имени, почтил тебя, хотя ты не знал Меня» (Ис., 45:4); нарекать "And Simon he surnamed Peter" (Mk., 3:16) / «Поставил Симона, нарекши ему имя Петр» (Марк., 3:16).

surpass *v.* превосходить, превзойти (кого-л./что-л., в чем-л.)

surplice *n.* стихарь; ~ fees плата за венчание и требы

surplice-fees *n.* плата за отправление требы

surprise I *n.* удивление

surprise II *v.* (у)дивить; удивлять (кого-л., чем-л.); поражать, поразить (кого-л., чем-л.)

surrender *v.* подчиняться, подчиниться (кому-л./чему-л.); покоряться, покориться (кому-л./чему-л.)

surrogate *n.* заместитель епископа

surround *v.* обходить, обойти (кого-л./что-л.)

survey *n.* надзиратель

suspect *v.* сомневаться (в ком-л./в чем-л.)

swaddling-cloth *n.* пелена

swallow *v.* поглощать "Therefore prophesy and say, Thus saith the Lord God; Because they have made [you] desolate, and swallowed you up on every side, that ye might be a possession unto the residue of the heathen, and ye are taken up in the lips of talkers, and [are] an infamy of the people" (Ez., 36:3) / «То изреки пророчество и скажи: так говорит Господь Бог: за то, именно за то, что опустошают вас и поглощают вас со всех сторон, чтобы вы сделались достоянием прочих народов и подверглись злоречию и пересудам людей» (Иез., 36:3).

swear I *n.* клятва; божба

swear II *v.* клясться; to ~ on the Bible клясться, поклясться на Библии; поклясться (в чем-л., кому-л.); ~ on the Book (Bible) клясться на Библии; ~ing клятва "By swearing, and lying, and killing, and stealing, and committing adultery, they break out, and blood toucheth blood" (Hos., 4:2) «Клятва и обман, убийство и воровство, и прелюбодейство крайне распространились, и кровопролитие следует за кровопролитием» (Ос., 4:2); проклятие "And if a soul sin, and hear the voice of swearing, and [is] a witness, whether he hath seen or known [of it]; if he do not utter [it], then he shall bear his iniquity" (Lev., 5:1) / «Если кто согрешит тем, что слышал голос проклятия и был свидетелем, или видел, или знал, но не объявил, то он понесет на себе грех» (Лев., 5:1).

Swedenborgians *n. pl.* сведенборгиане, церковь Нового Иерусалима, Новая церковь

sweep-net *n.* мрежа

sweep-net *n.* невод

sweet *adj.* сладкий; сладостный; приятный "And the Lord smelled a sweet savour; and the Lord said in his heart, I will not again curse the ground any more for man's sake; for the imagination of man's heart [is] evil from his youth; neither will I again smite any more every thing living, as I have done" (Ge., 8:21) / «И обонял Господь приятное благоухание, и сказал Господь [Бог] в сердце Своем: не буду больше проклинать землю за человека, потому что помышление сердца человеческого — зло от юности его; и не буду больше поражать всего живущего, как Я сде-

лал» (Быт., 8:21); тихонравный

sweetheart *n.* возлюбленный, -ая

sweetness *n.* сладость "But the fig tree said unto them, Should I forsake my sweetness, and my good fruit, and go to be promoted over the trees?" (Jdg., 9:11) / «Смоковница сказала им: оставлю ли я сладость мою и хороший плод мой и пойду ли скитаться по деревам?» (Суд., 9:11); тихонравие

sweet-scented *adj.* благоуханный

sweet-smelling *adj.* благовонный

swelter *v.* источать

swift *adj.* быстрый "And of the Gadites there separated themselves unto David into the hold to the wilderness men of might, [and] men of war [fit] for the battle, that could handle shield and buckler, whose faces [were like] the faces of lions, and [were] as swift as the roes upon the mountains" (1 Chr., 12:8) / «И из Гадитян перешли к Давиду в укрепление, в пустыню, люди мужественные, воинственные, вооруженные щитом и копьем; лица львиные — лица их, и они быстры как серны на горах» (1 Пар., 12:8); скорый; стремительный

Swiss Federation of Protestant Churches Швейцарская федерация протестантских церквей

sword-arm *n.* десница, правая рука

sybil *n.* сивилла, пророчица; прорицательница

sycamine *n.* смоковница "And the Lord said, If ye had faith as a grain of mustard seed, ye might say unto this sycamine tree, Be thou plucked up by the root, and be thou planted in the sea; and it should obey you" (Lk., 17:6) / «Господь сказал: если бы вы имели веру с зерно горчичное и сказали смоковнице сей: исторгнись и пересадись в море, то она послушалась бы вас» (Лук., 17:6).

sycophancy *n.* человекоугодие

sycophant *n.* человекоугодник, -ница

syllogism силлогизм; dispenctive ~ разделительный силлогизм

Sylvester I *n.* Сильвестр I

Sylvester II *n.* Сильвестр II

Sylvester III *n.* Сильвестр III

Sylvester IV *n.* Сильвестр IV

symbol *n.* знак; знамение; символ; ~ of faith символ веры

symbolic(al) *adj.* символический

symbolics *n.* символика

symbolization *n.* символизация

symbolize *v.* символизировать

symbololatry *n.* символолатрия

Symbolum quicunque Афанасьевский символ веры

sympathize (with) *v.* сочувствовать (кому-л./чему-л.)

sympathy *n.* сочувствие

symptom *n.* примета

Syn. (Synodus) *n.* синод

synagogue *n.* синагога "And Jesus went about all Galilee, teaching in their synagogues, and preaching the gospel of the kingdom, and healing all manner of sickness and all manner of disease among the people" (Mt., 4:23) / «И ходил Иисус по всей Галилее, уча в синаго-

гах их и проповедуя Евангелие Царствия, и исцеляя всякую болезнь и всякую немощь в людях» (Матф., 4:23).

Synagogue Council of America Синагогальный совет Америки

syne *prep.* с тех пор

Synedrion, Synedrium *n.* Синедрион

synod *n.* синод

Synod of Bishops синод епископов

Synod of Diamper Диамперский синод

Synod of Jerusalem Иерусалимский собор православной церкви

Synod of Pistoia синод Пистона

synodic, -al *adj.* синодический; синодальный; синодский; соборный

synodically *adv.* собором

synonymous *adj.* равнозначащий, равнозначный

Synoptic Gospels синоптические Евангелия

syntomon *n.* синтомон

Syriac literature сирийская литература

Syrian Catholic Church Сирийская католическая церковь

Syrian Jacobite Church, Syrian Orthodox Church, Syrian Orthodox Patriarchate of Antioch Сирийская православная церковь, Сирийский православный патриархат антиохийский

system *n.* система

systematic *adj.* систематический; ~ theology системная теология

systematization *n.* систематизация; систематика

systematize систематизировать (что-л.); заниматься систематикой

T

T. (Titulus) *n.* титул

Ta'anit «Таанит»; ~ Esther Пост Есфири

tabefaction *n.* истощение; изнуренность

tabefy *v.* истощать, изнурять

tabernacle *n.* дарохранительница; молитвенный дом, молельня; скиния "According to all that I shew thee, [after] the pattern of the tabernacle, and the pattern of all the instruments thereof, even so shall ye make [it]" (Ex., 25:9) / «Все [сделайте], как Я показываю тебе, и образец скинии и образец всех сосудов ее; так и сделайте» (Исх., 25:9); мишкан; ~ of testimony ковчег откровения; ~ of the congregation молельня; ~ of the meeting молельня; ~ of witness ковчег откровения; куща; Feast of ~s праздник кущей; рака; the ~ of the Lord Скиния Завета; сосуд (о человеке как вместилище души)

tabescence *n.* исхудание, истощение

table *n.* скрижаль; трапеза; Lord's ~ трапеза Господня; the ~ of devils трапеза бесовская "Ye cannot drink the cup of the Lord, and the cup of devils: ye cannot be partakers of the Lord's table, and of the table of devils" (1 Co., 10:21) / «Не можете пить чашу Господню и чашу бесовскую; не можете быть участниками в трапезе Господней и в трапезе бесовской» (1 Кор., 10:21).

table-tomb *n.* усыпальница

taboo I *n.* табу

taboo II *adj.* табуированный, запретный, запрещенный

taboo III *v.* накладывать табу; табуировать

tabor *n.* тимпан

Taborites *n. pl.* табориты

tabu I *n.* табу

tabu II *adj.* табуированный

tabu III *v.* табуировать, накладывать запрет

tabula *n.* табула, наличник для алтаря; ~ rasa табула раса

tacit prayer безмолвная молитва; молитва безмолвника, молчальника; умное делание

tacito consensu по молчаливому согласию

tact *n.* чуткость

tactful *adj.* чуткий

taint *v.* заражать, заразить (кого-л., чем-л.)

take *v.* воспринимать, воспринять (кого-л./что-л.); принимать, принять (приять) (кого-л./что-л.); taking восприятие; ~ away from отвращать, отвратить (кого-л./что-л. от кого-л./чего-л.); ~ away/out of изымать, изъять (что-л. от кого-л.); ~ off совлекать, совлечь (что-л. с чего-л./с кого-л.); ~ out извлекать, извлечь (кого-л./что-л. из чего-л.); ~ part in участвовать (в чем-л.); taking part in сопричастный; ~ part соучаствовать (в чем-л.); ~ part in complicity соучаствовать в преступлении; ~ part in agreement соучаствовать в согласии; ~ part in concealment соучаствовать в укрывательстве; ~ place случаться, случиться; ~ the veil постричься в монахини; taking off/down совлечение; takings human flesh вочеловечение

take-leave *n.* прощание; отдание

takkanah *n.* таккана

talent *n.* талант (мера) "[Of] a talent of pure gold shall he make it, with all these vessels" (Ex., 25:39) / «Из таланта золота чистого пусть сделают его со всеми сими принадлежностями» (Исх., 25:39); гениальность; дар; дарование; талант; ~ed гениальный, даровитый; ~s даровитость

tale-teller *n.* сплетник, -ница

talisman *n.* талисман

talk *v.* говорить; толковать (о чем-л., с кем-л.); сказать; ~ over советоваться, посоветоваться (с кем-л./с чем-л.)

talkative *adj.* болтливый; велеречивый

talkativeness *n.* болтливость; велеречивость

tallit(h) *n.* талис; талит; ~ katan талит катан

tallow-chandler *n.* свечник

Talmud *n.* Талмуд; ~ Torah Талмуд-Тора; ~ Yerushalmi «Иерусалимский Талмуд»

Talmudic(al) *adj.* талмудический

Talmudist *n.* талмудист

Talmudistic(al) *adj.* талмудистский, талмудический

tame *v.* укрощать "Because that he had been often bound with fetters and chains, and the chains had been plucked asunder by him, and the fetters broken in pieces: neither could any [man] tame him" (Mk., 5:4) / «Потому что многократно был он скован оковами и цепями, но разрывал цепи и разбивал оковы, и никто не в силах был укротить его» (Марк., 5:4).

Tamid «Тамид»

Tammuz *n.* таммуз (месяц иудейского календаря)

TaNaKh «Танах»

tang I *n.* звон

tang II *v.* звонить; звенеть, звучать

Tanhuma «Танхума»

tanna *n. pl.* танна, иудейские законоучители

tantony *n.* небольшой церковный колокол

taper *n.* восковая свеча

Targum Таргум

Targumim *n. pl.* арамейский перевод Библии в различных вариантах

tashlik *n.* ташлик

task *n.* задание; работа "And the taskmasters hasted [them], saying, Fulfil your works, [your] daily tasks, as when there was straw" (Ex., 5:13) / «Приставники же понуждали [их], говоря: выполняйте [урочную] работу свою каждый день, как и тогда, когда была у вас солома» (Исх., 5:13); миссионерство

taste I *n.* вкус "And the house of Israel called the name thereof Manna: and it [was] like coriander seed, white; and the taste of it [was] like wafers [made] with honey" (Ex., 16:31) / «И нарек дом Израилев хлебу тому имя: манна; она была, как кориандровое семя, белая, вкусом же как лепешка с медом» (Исх., 16:31); вкушение

taste II *v.* вкушать, вкусить; to taste of death вкусить смерть "And the men of Israel were distressed that day: for Saul had adjured the people, saying, Cursed [be] the man that eateth [any] food until evening, that I may be avenged on mine enemies. So none of the people tasted [any] food" (1 Sa., 14:24) / «Люди Израильские были истомлены в тот день; а Саул [весьма безрассудно] заклял народ, сказав: проклят, кто вкусит хлеба до вечера, доколе я не отомщу врагам моим. И никто из народа не вкусил пищи» (1 Цар., 14:24); гортань "My son, eat thou honey, because [it is] good; and the honeycomb, [which is] sweet to thy taste" (Pr., 24:13) / «Ешь, сын мой, мед, потому что он приятен, и сот, который сладок для гортани твоей» (Притч., 24:13); tasting вкушение

tau-cross *n.* крест святого Антония, Т-образный крест

Taverner's Bible «Тавернеровская Библия»

tax *n.* дань; impose a ~ обложить данью

teach *v.* учить "And thou shalt speak unto him, and put words in his mouth: and I will be with thy mouth, and with his mouth, and will teach you what ye shall do" (Ex., 4:15) / «Ты будешь ему говорить и влагать слова [Мои] в уста его, а Я буду при устах твоих и при устах его и буду учить вас, что вам делать» (Исх., 4:15); поучать, поучить (кого-л.); умудряться, умудрить (кого-л., чем-л.) (кого-л., чему-л.); вразумлять, вразумить (кого-л.); оглашать, огласить (что-л./кого-л.); преподавать, преподать (что-л., кому-л.); научить "Now therefore go, and I will be with thy mouth, and teach thee what thou shalt say" (Ex., 4:12) / «Итак пойди, и Я буду при устах твоих и научу тебя, что тебе говорить» (Исх., 4:12); ~ing учение; вразумление, наставничество, преподавание; ~ing of the Twelve Apostles «Учение Двенадцати апостолов»

teacher *n.* учитель, -ница "I have more understanding than all my teachers: for thy testimonies [are] my meditation" (Ps., 119:99) / «Я стал разумнее всех учителей моих, ибо размышляю об откровениях Твоих» (Псл., 118:99); наставник, -ница; преподаватель, -ница; проповедник

tear *n.* слеза "Turn again, and tell Hezekiah the captain of my people, Thus saith the Lord, the God of David thy father, I have heard thy prayer, I have seen thy tears: behold, I will heal thee: on the third day thou shalt go up unto the house of the Lord" (2 Ki., 20:5) / «Возвратись и скажи Езекии, владыке народа Моего: так говорит Господь Бог Давида, отца твоего: Я услышал

молитву твою, увидел слезы
твои. Вот, Я исцелю тебя; в
третий день пойдешь в дом
Господень» (4 Цар., 20:5);
flood of ~s слезная струя; ~s
плач; ~ing терзание; ~ing away
отторжение

tearful *adj.* слезный

tearfully *adv.* со слезами

teeming-time *n.* время зачатия

tefillin *n.* тефиллин, филактерия

Tehillim «Тегилин»

telegnosis *n.* ясновидение

tell *v.* говорить; сказать (что-л.,
кому-л.); to ~ the truth сказать
правду; глаголать; сообщать,
сообщить (кому-л., что-л.); ~
one's beads читать молитвы по
четкам; ~ing fortunes гадание

temder *adj.* сладостный

Temp. (Tempus) время; **(Tempore)** во времена

temperance *n.* воздержание
"And as he reasoned of righteousness, temperance, and
judgment to come, Felix trembled, and answered, Go thy way
for this time; when I have a
convenient season, I will call
for thee" (Ac., 24:25) / «И как
он говорил о правде, о воз-
держании и о будущем суде,
то Феликс пришел в страх и
отвечал: теперь пойди, а когда
найду время, позову тебя»
(Деян, 24:25).

tempest *n.* буря "I would hasten
my escape from the windy storm
[and] tempest" (Ps., 55:8) / «Поспешил бы укрыться от вихря,
от бури» (Псл., 54:9).

tempitate *v.* искушать, искусить
(кого-л., чем-л.)

templar I *n.* храмовник; ~s *n. pl.*
тамплиеры, храмовники, Ры-
цари Храма

templar II *adj.* храмный, храмовой

temple I *n.* храм "And ere the
lamp of God went out in the
temple of the Lord, where the
ark of God [was], and Samuel
was laid down [to sleep]" (1 Sa.,
3:3) / «И светильник Божий
еще не погас, и Самуил лежал
в храме Господнем, где ковчег
Божий; церковь» (1 Цар., 3:3);
висок "She put her hand to the
nail, and her right hand to the
workmen's hammer; and with
the hammer she smote Sisera,
she smote off his head, when
she had pierced and stricken
through his temples" (Jdg.,
5:26) / «[Левую] руку свою
протянула к колу, а правую
свою к молоту работников;
ударила Сисару, поразила голову его, разбила и пронзила
висок его» (Суд., 5:26).

temple II *v.* сооружать храм/ церковь; помещать в храме/церкви

Temple of Jerusalem Иерусалимский храм

Temple of Solomon храм Соломонов

Temple of Zerubbabel Иерусалимский храм

temporal *adj.* временный "While
we look not at the things which
are seen, but at the things which
are not seen: for the things which
are seen [are] temporal; but the
things which are not seen [are]
eternal" (2 Co., 4:18) / «Когда
мы смотрим не на видимое,
но на невидимое: ибо ви-

димое временно, а невидимое вечно. мирской; светский» (2 Кор., 4:18); ~s бренные/мирские дела

temporality *n.* светская власть; церковные владения или доходы; бренность, тленность

temporalize *v.* секуляризовать, обмирщать

temporally *n.* светская власть; мирские дела; бренность, тленность

temporary *adj.* временный

temporize *v.* годить, погодить

tempt *v.* испытывать, восхищать, восхитить (кого-л./что-л.); искушать, искусить (кого-л., чем-л.) "And it came to pass after these things, that God did tempt Abraham, and said unto him, Abraham: and he said, Behold, [here] I [am]" (Ge., 22:1) / «И было, после сих происшествий Бог искушал Авраама и сказал ему: Авраам! Он сказал: вот я» (Быт., 22:1); прельщать, прельстить (кого-л., чем-л.); соблазнять, соблазнить (кого-л./что-л., чем-л.)

temptation *n.* соблазн, искушение "Harden not your heart, as in the provocation, [and] as [in] the day of temptation in the wilderness" (Ps., 95:8) / «Не ожесточите сердца вашего, как в Мериве, как в день искушения в пустыне» (Псл., 94:8); восхищение; ~ of the enemy искушение противного; lead into ~ ввести во искушение; прелесть; прельщение; испытание "The great temptations which thine eyes saw, and the signs, and the wonders, and the mighty hand, and the stretched out arm, whereby the Lord thy God brought thee out: so shall the Lord thy God do unto all the people of whom thou art afraid" (De., 7:19) / «Те великие испытания, которые видели глаза твои, [великие] знамения, чудеса, и руку крепкую и мышцу высокую, с какими вывел тебя Господь, Бог твой; то же сделает Господь, Бог твой, со всеми народами, которых ты боишься» (Втор., 7:19); казнь "The great temptations which thine eyes have seen, the signs, and those great miracles" (De., 29:3) / «Те великие казни, которые видели глаза твои, и те великие знамения и чудеса» (Втор., 29:3).

temptative *adj.* искусительный

temptator *n.* искуситель

tempter *n.* искуситель "And when the tempter came to him, he said, If thou be the Son of God, command that these stones be made bread" (Mt., 4:3) / «И приступил к Нему искуситель и сказал: если Ты Сын Божий, скажи, чтобы камни сии сделались хлебами» (Матф., 4:3); соблазнитель; Диавол-искуситель, Сатана искушающий; прелестник

tempting *adj.* соблазнительный

temptress *n.* искусительница; прелестница

Temura «Темура»

Ten Commandments Десять Заповедей Господних

Ten Days of Penitence Десять дней покаяния

Ten Lost Tribes of Israel Десять изчезнувших колен Израилевых

Ten Tables Десять Заповедей Господних

tenant *n.* жилец, -лица

tendency *n.* влечение; направление; тенденция; стремление

tender-hearted *adj.* сердобольный

tenderheartedness *n.* сердоболие

Tenebrae *n.* заутреня на Страстной седмице

tenebrous *adj.* темный, сумрачный, мрачный

tenement *n.* обитель; жилище

tenet *n.* догмат, принцип; убеждение

tenor *n.* содержание

tent *n.* шатер "And Adah bare Jabal: he was the father of such as dwell in tents, and [of such as have] cattle" (Ge., 4:20) / «Ада родила Иавала: он был отец живущих в шатрах со стадами» (Быт., 4:20); скиния

terce *n.* служба 3-го часа

tercentenary, tercentennial I *n.* трехсотлетие, трехсотлетний юбилей

tercentenary, tercentennial II *adj.* трехсотлетний

terefa *n.* трефа

tergiversation *n.* отступничество, ренегатство

term *n.* речение; термин; условие

terminate *v.* оканчивать, окончить (что-л.); свершать, свершить (что-л.); скончать (что-л.)

termination *n.* окончание

terminology *n.* терминология

terminus ad quern конечная цель

termon *n.* земли церковные

terra ombra *n.* умбра

terrae filius сын земли; дитя природы

terrestrial *adj.* земной "[There are] also celestial bodies, and bodies terrestrial: but the glory of the celestial [is] one, and the [glory] of the terrestrial [is] another" (1 Co., 15:40) / «Есть тела небесные и тела земные; но иная слава небесных, иная земных» (1 Кор., 15:40); ~ paradise земной рай

terrible *adj.* грозный; страшный "And when we departed from Horeb, we went through all that great and terrible wilderness, which ye saw by the way of the mountain of the Amorites, as the Lord our God commanded us; and we came to Kadeshbarnea" (De., 1:19) / «И отправились мы от Хорива, и шли по всей этой великой и страшной пустыне, которую вы видели, по пути к горе Аморрейской, как повелел Господь, Бог наш, и пришли в Кадес-Варни» (Втор., 1:19); ужасный

terribleness *n.* грозность

terrify *v.* устрашать "That I may not seem as if I would terrify you by letters" (2 Co., 10:9) / «Впрочем, да не покажется, что я устрашаю вас только посланиями» (2 Кор., 10:9); (у)страшить (кого-л., чем-л.) "Did I fear a great multitude, or did the contempt of families terrify me, that I kept silence, [and] went not out of the door?" (Job, 31:34) / «То я боялся бы большого общества, и презрение одноплеменников страшило бы меня, и я молчал бы и не выходил бы за двери» (Иов., 31:34); ужасать "Let him take his rod away from me, and let not his fear terrify me" (Job, 9:34) / «Да отстранит Он от меня жезл Свой, и страх Его да не ужасает меня» (Иов., 9:34).

terror *n.* страх; ужас "And they journeyed: and the terror of God was upon the cities that [were] round about them, and they did not pursue after the sons of Jacob" (Ge., 35:5) / «И отправились они [от Сихема]. И был ужас Божий на окрестных городах, и не преследовали сынов Иаковлевых» (Быт., 35:5).

tertian father иезуит в третьем периоде послушничества

Tertiary *n.* член третьего ордена монашеского братства

tertium quid нечто третье

Terumot «Терумот»

tessera *n.* тессера

Test Act закон о вероисповедании служащих

test *v.* испытывать, испытать (что-л./кого-л.)

Test. (Testes) свидетели; (Testimonium) свидетельство

testament *n.* завет; ~ of the Lord «Завет Господа нашего»; ~ s of the Twelve Patriarchs) «Завет 12 патриархов»; духовное завещание; the Old/New ~ Ветхий/Новый Завет "But their minds were blinded: for until this day remaineth the same vail untaken away in the reading of the old testament; which [vail] is done away in Christ" (2 Co., 3:14) / «Но умы их ослеплены: ибо то же самое

покрывало доныне остается неснятым при чтении Ветхого Завета, потому что оно снимается Христом» (2 Кор., 3:14); "For this is my blood of the new testament, which is shed for many for the remission of sins" (Mt., 26:28) / «Ибо сие есть Кровь Моя Нового Завета, за многих изливаемая во оставление грехов» (Матф., 26:28); завещание

testamentary *adj.* завещательный

Testamentum Domini «Завет Господа нашего»

testator *n.* завещатель "For where a testament [is], there must also of necessity be the death of the testator" (He., 9:16) / «Ибо, где завещание, там необходимо, чтобы последовала смерть завещателя» (Евр., 9:16).

testatrix *n.* завещательница

testify *v.* свидетельствовать (о чсм-л.) "And it shall be, if thou do at all forget the Lord thy God, and walk after other gods, and serve them, and worship them, I testify against you this day that ye shall surely perish" (De., 8:19) / «Если же ты забудешь Господа, Бога твоего, и пойдешь вслед богов других, и будешь служить им и поклоняться им, то свидетельствуюсь вам сегодня [небом и землею], что вы погибнете» (Втор., 8:19).

testimonial *n.* отзыв; свидетельство

testimony *n.* доказательство; свидетельство; откровение "And thou shalt put into the ark the testimony which I shall give thee" (Ex., 25:16) / «И положи в ковчег откровение, которое Я дам тебе» (Исх., 25:16).

Tetragrammaton *n.* тетраграмматон, непроизносимое четырехбуквенное имя Бога

Tetrateuch «Четверокнижие»

Teutonic Knights тевтонские рыцари, рыцари Тевтонского ордена

Teutonic Order Тевтонский орден, рыцари Тевтонского ордена

Tevet тевет, тебеф (меся иудейского календаря)

Tevul yom «Тебул-Йом»

text текст

tfillin *n.* тефиллин, филактерия

Thalia «Талия»

thanatogenic *adj.* смертоносный

thanatopsis *n.* созерцание смерти

thank *v.* (воз)благодарить (кого-л./за что-л.) "But we are bound to give thanks alway to God for you, brethren beloved of the Lord, because God hath from the beginning chosen you to salvation through sanctification of the Spirit and belief of the truth" (2 Th., 2:13) / «Мы же всегда должны благодарить Бога за вас, возлюбленные Господом братия, что Бог от начала, через освящение Духа и веру истине, избрал вас ко спасению» (2 Фес., 2:13); give ~s to возблагодарить (кого-л./за что-л.); отблагодарить (кого-л., за что-л.); ~ you спасибо

thankful *adj.* благодарный; дружелюбный "And let the peace of God rule in your hearts, to the which also ye are called in one body; and be ye thankful" (Col.,

3:15) / «И да владычествует в сердцах ваших мир Божий, к которому вы и призваны в одном теле, и будьте дружелюбны» (Кол. 3:15); признательный

thankfulness *n.* признательность; благодарность "We accept [it] always, and in all places, most noble Felix, with all thankfulness" (Ac. 24:3) / «Всегда и везде со всякою благодарностью признаем мы, что тебе, достопочтенный Феликс, обязаны мы многим миром» (Деян., 24:3).

thank-offering *n.* благодарственная жертва

thanksgiving I *n.* благодарность "If he offer it for a thanksgiving, then he shall offer with the sacrifice of thanksgiving unleavened cakes mingled with oil, and unleavened wafers anointed with oil, and cakes mingled with oil, of fine flour, fried" (Lev., 7:12) / «Если кто в благодарность приносит ее, то при жертве благодарности он должен принести пресные хлебы, смешанные с елеем, и пресные лепешки, помазанные елеем, и пшеничную муку, напитанную елеем, хлебы, смешанные с елеем» (Лев., 7:12); благодарение; возблагодарение

thanksgiving II *adj.* благодарственный молебен; благодарственная молитва; ~ hymn благодарственный гимн

thaumaturge *n.* чудотворец, чудесник

thaumaturgic *adj.* чудотворный

thaumaturgic *adj.* чудотворный; thaumaturgical image чудотворная икона

thaumaturgics *n.* чудотворство, чудодейство, магия, волшебство, чародейство

thaumaturgist *n.* чудотворец

thaumaturgus *n.* чудотворец; ~ of the West Чудотворец Запада, преподобный Бернар, Св. Бернард Клервоский

thaumaturgy *n.* чудотворство, чудодейство

thaw *v.* таять, растаять

theandric, theanthropic, *adj.* антропоморфический

theanthropism *n.* антропоморфизм

thearchic, theocratic(al) *adj.* теократический

thearchy *n.* теократия

Theatines *n. pl.* театинцы

theism *n.* теизм

theist *n.* теист

theistic, -al *adj.* теистический

theme *n.* тема

theme-song *n.* ирмос

theocentric *adj.* теоцентрический

theocracy *n.* теократия; богодержавие; богоначалие; теократия

theocrasy *n.* теокразия, религиозный синкретизм

theocrat *n.* теократ

theodicy *n.* теодицея, богооправдание

Theodore Balsamon *n.* Феодор Валсамон

Theodore I *n.* Теодор I

Theodore II *n.* Анти-Папа Теодор II; Теодор II

Theodoric *n.* Теодорик

Theognostos *n.* Феогност

theogonic *adj.* теогонический

theogony *n.* теогония

Theol. (Theologia) *n.* теология

theolatry *n.* теолатрия

Theoleptus of Philadelphia Феолепт Филадельфийский

Theolia. (Theologia) *n.* теология

theolog(ue) *n.* студент-богослов; богослов, теолог

theologaster, theologian, theologician *n.* теолог, богослов

theologic(al) *adj.* теологический

Theological Virtues теологические/библейские добродетели

theologist *n.* теолог

theologize *v.* богословствовать

theology *n.* теология; богословие; Fundamental ~ основное богословие; Dogmatic ~ догматическое богословие; Comparative ~ сравнительное богословие; Moral ~ нравственное богословие; Pastor ~ пастырское богословие; School-~ схоластическое богословие; Ascetic ~ аскетическое богословие; Doctor of ~ доктор богословия; ~ school факультет богословия; ~ theory теологическая теория

theomachism *n.* богоборчество

theomachist *n.* богоборец, теомах, теокласт; богоборник

theomachy *n.* богоборчество, богоборство

theomancy *n.* теомантия, прозрение

theomorphic *adj.* богоподобный, теоморфический

Theopaschites *n. pl.* теопасхиты

theopathetic *adj.* богобоязненный

theopathic *adj.* набожный; богобоязненный

theopathy *n.* набожность, богопочитание

theophany *n.* богоявление

Theophilus of Alexandria *n.* Феофил Александрийский

theophobia *n.* страх Божий

theoretic, -al *adj.* теоретический

theorist *n.* теоретик

theorize *v.* теоретизировать

theory *n.* догма; доктрина; теория

theosoph *n.* теософ

theosophic, -al *adj.* теософический; теософский; ~ Society «Теософское общество»

theosophism, theosophy *n.* теософия

theosophist *n.* теософ

theosophize *v.* предаваться теософическим рассуждениям

theotokion *n.* богородичен

Theotokos Богородица, Богоматерь, Матерь Божия

thereagainst *adv.* в противоположность этому

thereanent *adv.* относительно этого

thereat *adv.* там, в том месте; тогда, в то время; в упомянутое время; по этой причине; из-за этого, в связи с этим

therebeside *adv.* поблизости, по соседству

therefore *adv.* посему

therefrom *adv.* оттуда, с того места

theretofore *adv.* до того, до этого времени

thereunto *adv.* к тому, к этому; к тому же

therewith *adv.* вместе с тем; с этим

therianthropic polytheism териантропический политеизм

thesis *n.* диссертация; defence of a ~ защита диссертации; maintain one's ~ защищать диссертацию

Thessalonians Первое послание к Фессалоникийцам св. апостола Павла, Второе послание к Фессалоникийцам св. апостола Павла (книги Библии)

theurgic(al) *adj.* теургический; магический, волшебный

theurgist *n.* маг; волшебник, чародей; чудотворец

theurgy *n.* теургия; магия, волшебство, чародейство

Thia. (Theologia) *n.* теология

thief *n.* вор "If a thief be found breaking up, and be smitten that he die, [there shall] no blood [be shed] for him" (Ex., 22:2) / «Если кто застанет вора подкапывающего и ударит его, так что он умрет, то кровь не вменится ему» (Исх., 22:2); разбойник, -ница; тать

thine *pron. adj.* твой, твоя, твое, твои

think *v.* мыслить, помышлять (о ком-л./о чем-л.); помышлять, помыслить (о ком-л./о чем-л.); считать, счесть (кого-л./что-л.)

thinker *n.* мыслитель

Third Crusade Третий крестовый поход

Third Epistle of John Третье соборное послание св. апостола Иоанна Богослова (книга Библии)

Third Force «Третья сила»

Third Order Carmelites кармелиты Третьего ордена

thirst I (for smth.) *n.* жажда "Therefore shalt thou serve thine enemies which the Lord shall send against thee, in hunger, and in thirst, and in nakedness, and in want of all [things]: and he shall put a yoke of iron upon thy neck, until he have destroyed thee" (De., 28:48) / «Будешь служить врагу твоему, которого пошлет на тебя Господь [Бог твой], в голоде, и жажде, и наготе и во всяком недостатке; он возложит на шею твою железное ярмо, так что измучит тебя» (Втор., 28:48); алкание; suffer from ~ томиться жаждою; quench/slake one's ~ утолять жажду; жаждать (чего-л.)

thirst II *v.* испытывать жажду; ~ for страстно желать; be ~y for smth. алкать

Thirteen Articles of Faith, Thirteen Principles «Тринадцать принципов иудейской веры»

Thirty-nine Articles «39 статей»

Thirty-six-Line Bible 36-строчная Библия

thisness *n.* особенность, присущая данной вещи

thither I *adj.* лежащий в том направлении/на той стороне

thither II *adv.* туда "Haste thee, escape thither; for I cannot do any thing till thou be come thither. Therefore the name of the city was called Zoar" (Ge., 19:22) / «Поспешай, спасайся туда, ибо Я не могу сделать дела, доколе ты не придешь туда. Потому и назван город сей: Сигор» (Быт., 19:22); в ту сторону

thitherto *adv.* до того времени

Thomas *n.* Фома; doubting ~ Фома неверный, Фома неверующий

Thomasites *n. pl.* томаситы

thomism *n.* учение Фомы Аквинского (томизм)

thomist *n.* последователь учения Фомы Аквинского

Thomists *n. pl.* фомисты

thorn *n.* шип; тернии; a ~ in the flesh жало в плоть; the ~ in the flesh плотские вожделения; ~s тернии; the crown of ~ терновый венец

thorn-bush *n.* терновый куст

thorny *adj.* терновый

thought *n.* мысль; помышление "And God saw that the wickedness of man [was] great in the earth, and [that] every imagination of the thoughts of his heart [was] only evil continually" (Ge., 6:5) / «И увидел Господь [Бог], что велико развращение человеков на земле, и что все мысли и помышления сердца их были зло во всякое время» (Быт., 6:5); помысл; luscivious ~s блудные помыслы

thoughtlessful *adj.* легкомысленный

threaten *v.* грозить, пригрозить (кому-л., чем-л.); угрожать "Who, when he was reviled, reviled not again; when he suffered, he threatened not; but committed [himself] to him that judgeth righteously" (1 Pe., 2:23) / «Будучи злословим, Он не злословил взаимно; страдая, не угрожал, но предавал то Судии Праведному» (1 Петр., 2:23).

threatening *adj.* грозный

Three Chapters «Три главы»

Three Chapters Controversy спор о «Трех главах»

Three Hours трехчасовая служба в Страстную пятницу

Three Weeks Три недели скорби

threefold *adj.* троекратный

threnode *n.* надгробная песнь, плач

threnody, threnos *n.* надгробная песнь, плач

thrice-holy *adj.* трисвятой

thrift *n.* бережливость

thrifty *adj.* бережливый

thrive *v.* преуспевать, преуспеть (в чем-л.); процветать, процвести, процвесть; thriving преуспевание, процветание

thriving *adj.* преуспевающий

throne I *n.* престол "Thou shalt be over my house, and according unto thy word shall all my people be ruled: only in the throne will I be greater than thou" (Ge., 41:40) / «Ты будешь над домом моим, и твоего слова держаться будет весь народ мой; только престолом я буду больше тебя» (Быт., 41:40); трон; царево седалище

throne II *adj.* тронный

Thrones *n. pl.* (ангельский чин)

throng I *n.* толпа

throng II *v.* толпиться, столпиться; теснить(ся) "And he spake to his disciples, that a small ship should wait on him because of the multitude, lest they should throng him" (Mk., 3:9) / «И сказал ученикам Своим, чтобы готова была для Него лодка по причине многолюдства, дабы не теснили Его» (Марк., 3:9).

throw *v.* бросать; ~ing метание; ~ aside отталкивать, оттолкнуть (кого-л./что-л.); ~ off отвергать, отвергнуть (что-л./кого-л.), отталкивать, оттолкнуть (кого-л./что-л.); ~ out извергать, извергнуть (кого-л./что-л., из чего-л.); ~ing out извержение

thunder I *n.* гроза; гром "And Moses stretched forth his rod toward heaven: and the Lord sent thunder and hail, and the fire ran along upon the ground; and the Lord rained hail upon the land of Egypt" (Ex., 9:23) / «И простер Моисей жезл свой к небу, и Господь произвел гром и град, и огонь разливался по земле; и послал Господь град на [всю] землю Египетскую» (Исх., 9:23); the ~s of the Vatican громы Ватикана; ~-stricken громом пораженный; ~-bolt громовая стрела; ~-bearing громоносный; ~-cloud грозовое облако

thunder II *adj.* грозовой; ~ out возвещать громовым голосом

thundering *adj.* громовой; громогласный

thunderous *adj.* громоносный

thurible *n.* кадило

thurifer *n.* кадильщик

thurification *n.* каждение ладаном

thurifier *n.* кадильщик

Thursday *n.* четверг; ~ Of Passion-Week, Maundy-~ Великий Четверг; Holy ~ Вознесение (праздник)

thy *propn. adj.* твой, твоя, твое, твои

Ti. (Epistle to Titus) Послание к Титу св. апостола Павла (книга Библии)

tiar, tiara *n.* тиара

tiara *n.* тиара; папское звание; to come to the ~ вступить на папский престол

Tiberias *n.* Тиверия, Тиберия

tidings *n.* вести; новости; известие "And Jonathan, Saul's son, had a son [that was] lame of [his] feet. He was five years old when the tidings came of Saul and Jonathan out of Jezreel, and his nurse took him up, and fled: and it came to pass, as she made haste to flee, that he fell, and became lame" (2 Sa., 4:4) / «У Ионафана, сына Саулова, был сын хромой. Пять лет было ему, когда пришло известие о Сауле и Ионафане из Изрееля, и нянька, взяв его, побежала. И когда она бежала поспешно, то он упал, и сделался хромым» (2 Цар., 4:4); слова "And the Spirit of God came upon Saul when he heard those tidings, and his anger was kindled greatly" (1 Sa., 11:6) / «И сошел Дух Божий на Саула, когда он услышал слова сии, и сильно воспламенился гнев его» (1 Цар., 11:6); good/evil ~ хорошие/недобрые вести

tie *v.* связывать, связать (кого-л./что-л.); ~s узы; adamantine ~s неразрывные узы

tierce *n.* служба 3-го часа

tif 'eret *n.* тиферет

tight *adj.* узкий

tillage *n.* земледелие "And [that] we should bring the firstfruits of our dough, and our offerings, and the fruit of all manner of trees, of wine and of oil, unto the priests, to the chambers of the house of our God; and the tithes of our ground unto the Levites, that the same Levites might have the tithes in all the cities of our tillage" (Ne., 10:37) / «И начатки из молотого хлеба нашего и приношений наших, и плодов со всякого дерева, вина и масла мы будем доставлять священникам в кладовые при доме Бога нашего и десятину с земли нашей левитам. Они, левиты, будут брать десятину во всех городах, где у нас земледелие» (Неем., 10:37); хлебопашество

tiller *n.* ратай; земледелец "And she again bare his brother Abel. And Abel was a keeper of sheep, but Cain was a tiller of the ground" (Ge., 4:2) / «И еще родила брата его, Авеля. И был Авель пастырь овец, а Каин был земледелец» (Быт., 4:2).

time *n.* время; present ~ настоящее время; at the ~ proper во время подобно; at all ~s на всякое время; година; hard ~s тяжелая година

timeliness *n.* благовремение

timely *adj.* благовременный

timid *adj.* боязливый

timorous *adj.* боязливый

Timothy Тимофей, Первое послание к Тимофею св. апостола Павла, Второе послание к Тимофею св. апостола Павла (книги Библии)

tintinnabulation *n.* звон колоколов

tintinnabulum *n.* колокольчик

tiqqun lei Shavu'ot «Тиккун лел-Шавуот»

tireless *adj.* неустанный

Tisha be-Av Тиша бе-Ав

Tishri тишрей (месяц иудейского календаря)

Tit. (Titulus) *n.* титул, звание

Tituli *n. pl.* титулы, звания

tithe I *n.* церковная десятина

tithe II *v.* облагать церковной десятиной; платить церковную десятину; ~ proctor сборщик церковной десятины; tithing обложение церковной десятиной, взыскивание десятины

title *n.* звание; титло, титул; памятник "Then he said, What title [is] that that I see?" (2 Ki., 23:17) «И сказал Иосия: что это за памятник, который я вижу?» (4 Цар., 23:17); надпись "This title then read many of the Jews: for the place where Jesus was crucified was nigh to the city: and it was written in Hebrew, [and] Greek, [and] Latin" (Jn., 19:20) / «Эту надпись читали многие из Иудеев, потому что место, где был распят Иисус, было недалеко от города, и написано было по-еврейски, по-гречески, по-римски» (Ин., 19:20).

title-deed *n.* дарственная запись

tittle-tattle *v.* сплетничать (о ком-л./о чем-л.)

titular bishop титулярный епископ

titulus *n.* титул

Titus Тит; Послание к Титу св. апостола Павла (книга Библии)

Tli. (Tituli) титулы, звания

Tm. (Tantum) только, столько, всего лишь

TM. (Testamentum) *n.* завет

Tn. (Tamen) тем не менее

Tobit *n.* Товит; «Книга Товит»

today *n. adv.* сегодня; нынешний день

together *adv.* вместе; совместно; совокупно

Tohorot «Тогорот»

toil I *n.* труд "And he called his name Noah, saying, This [same] shall comfort us concerning our work and toil of our hands, because of the ground which the Lord hath cursed" (Ge., 5:29) / «И нарек ему имя: Ной, сказав: он утешит нас в работе нашей и в трудах рук наших при возделывании земли, которую проклял Господь» (Быт., 5:29); тенета

toil II *v.* работать; трудиться "And why take ye thought for raiment? Consider the lilies of the field, how they grow; they toil not, neither do they spin" (Mt., 6:28) / «И об одежде что заботитесь? Посмотрите на полевые лилии, как они растут: ни трудятся, ни прядут» (Матф., 6:28); ~ out истощать тяжелым трудом

toiler *n.* трудящийся

toilful *adj.* трудный; трудоемкий

toilsome *adj.* трудный; утомительный

toil-worn *adj.* изнуренный тяжелым трудом

token *n.* знак; символ; залог; ~ of friendship залог дружбы; знак; знамение "And God said, This [is] the token of the covenant which I make between me and you and every living creature that [is] with you, for perpetual generations" (Ge., 9:12) / «И сказал [Господь] Бог: вот знамение завета, который Я поставляю между Мною и между вами и между всякою душею живою, которая с вами, в роды навсегда» (Быт., 9:12); ознаменование; примета

tolerable *adj.* терпимый; отрадный "Verily I say unto you, It shall be more tolerable for the land of Sodom and Gomorrha in the day of judgment, than for that city" (Mt., 10:15) / «Истинно говорю вам: отраднее будет земле Содомской и Гоморрской в день суда, нежели городу тому» (Матф., 10:15).

tolerance *n.* терпимость

tolerant *adj.* терпимый; веротерпимый

tolerate *v.* терпеть, выносить; допускать, допустить (что-л.); попускать, попустить (кому-л., что-л.)

toleration *n.* терпимость; веротерпимость; попущение; ~ Act Закон о веротерпимости

tolerationist *n.* сторонник терпимости

toll I *n.* колокольный звон; благовест; погребальный звон

toll II *v.* звонить в колокол; благовестить; собирать звоном колоколов; звонить по покойнику; to ~ a bell звонить в колокол; to ~ the people to church созывать прихожан в церковь колокольным звоном; to ~ a funeral knell издавать погребальный звон; звонить по усопшим

toller *n.* звонарь; колокол

tomb I *n.* гроб "And when he was come to the other side into the country of the Gergesenes, there met him two possessed with devils, coming out of the tombs, exceeding fierce, so that no man might pass by that way" (Mt., 8:28) / «И когда Он прибыл на другой берег в страну Гергесинскую, Его встретили два бесноватые, вышедшие из гробов, весьма свирепые, так что никто не смел проходить тем путем» (Матф., 8:28); усыпальница; могила "Yet shall he be brought to the grave, and shall remain in the tomb" (Job, 21:32) / «Его провожают ко гробам и на его могиле ставят стражу» (Иов., 21:32); надгробный памятник; гробница "Woe unto you, scribes and Pharisees, hypocrites! because ye build the tombs of the prophets, and garnish the sepulchres of the righteous" (Mt. 23:29) / «Горе вам, книжники и фарисеи, лицемеры, что строите гробницы пророкам и украшаете памятники праведников» (Матф., 23:29); склеп; мавзолей

tomb II *v.* хоронить, класть в могилу; to rifle a ~ разорить или осквернить могилу

tombstone *n.* надгробный камень; надгробная плита

tome *n.* том; фолиант

tone *n.* тон; affected ~ напускной тон

tongue *n.* язык "By these were the isles of the Gentiles divided in their lands; every one after his tongue, after their families, in

their nations" (Ge., 10:5) / «От
сих населились острова народов в землях их, каждый по
языку своему, по племенам
своим, в народах своих» (Быт.,
10:5).

tonsure I *n.* пострижение в монахи; тонзура

tonsure II *v.* постригать в монахи; выбривать тонзуру

tool *n.* орудие

tooth *n.* зуб "Eye for eye, tooth for
tooth, hand for hand, foot for
foot" (Ex., 21:24) / «Глаз за
глаз, зуб за зуб, руку за руку,
ногу за ногу» (Исх., 21:24);
grinding of ~ зубовный скрежет

topic *n.* тема

Torah *n.* Тора (Пятикнижие Моисеево)

torch *n.* светильник "In that day
will I make the governors of
Judah like an hearth of fire
among the wood, and like a torch
of fire in a sheaf; and they shall
devour all the people round
about, on the right hand and on
the left: and Jerusalem shall be
inhabited again in her own place,
[even] in Jerusalem" (Ze., 12:6) /
«В тот день Я сделаю князей
Иудиных, как жаровню с огнем между дровами и как горящий светильник среди сно-
пов, и они истребят все окре-
стные народы, справа и слева,
и снова населен будет Иерусалим на своем месте, в Иерусалиме» (Зах., 12:6).

torment I *n.* мука, мучение; терзание; истязание; томление;
страдание; припадок "And his
fame went throughout all Syria:

and they brought unto him all
sick people that were taken with
divers diseases and torments,
and those which were possessed
with devils, and those which
were lunatick, and those that
had the palsy; and he healed
them" (Mt., 4:24) / «И прошел
о Нем слух по всей Сирии; и
приводили к Нему всех не-
мощных, одержимых различ-
ными болезнями и припадка-
ми, и бесноватых, и лунати-
ков, и расслабленных, и Он
исцелял их» (Матф., 4:24).

torment II *v.* мучить, пытать, ис-
тязать; ~ to death замучивать,
замучить, замучать (кого-л.);
терзать, растерзать (кого-
л./что-л.); страдать "And saying, Lord, my servant lieth at
home sick of the palsy, griev-
ously tormented" (Mt., 8:6) /
«Господи! Слуга мой лежит
дома в расслаблении и жестоко страдает» (Матф. 8:6).

tormenting *adj.* истязательный

tormentor *n.* мучитель; палач;
истязатель "And his lord was
wroth, and delivered him to the
tormentors, till he should pay all
that was due unto him" (Mt.,
18:34) / «И, разгневавшись, го-
сударь его отдал его истязате-
лям, пока не отдаст ему всего
долга» (Матф., 18:34); терзатель, -ница

tormentoress *n.* истязательница

torture I *n.* пытка; истязание;
мука, мучение; страдание; терзание

torture II *v.* пытать, мучить, ис-
тязать (кого-л.); терзать, рас-

терзать (кого-л./что-л.); тиранить (кого-л.)

torturer *n.* мучитель; палач; истязатель; терзатель, -ница

tortureress *n.* истязательница; мучительница

torturing *adj.* истязательный

tosafot *n.* тосафат

Tosefta *n.* «Тосефта»

toss *v.* обуревать (кого-л.); ~ed with обуреваемый (чем-л.)

Total Depravity полная невозможность уверовать в Господа и спасти душу свою без помощи Божией

total *adj.* бесконечный; общий; полный

totem *n.* тотем; ~ pole/post тотемный столб

totemic, totemistic *adj.* тотемистический

totemism *n.* тотемизм

totemist *n.* тотемист

toties quoties каждый/всякий раз

touch I *n.* касание

touch II *v.* касаться, коснуться (кого-л./чего-л.); осязать (что-л.); прикасаться, прикоснуться (к кому-л./к чему-л.) "But of the fruit of the tree which [is] in the midst of the garden, God hath said, Ye shall not eat of it, neither shall ye touch it, lest ye die" (Ge., 3:3) / «Только плодов дерева, которое среди рая, сказал Бог, не ешьте их и не прикасайтесь к ним, чтобы вам не умереть» (Быт., 3:3); ~ing касание, осязание

towardness *n.* сговорчивость, уступчивость

towel *n.* полотенце "He riseth from supper, and laid aside his garments; and took a towel, and

girded himself" (Jn., 13:4) / «Встал с вечери, снял с Себя верхнюю одежду и, взяв полотенце, препоясался. покрывало для жертвенника» (Ин., 13:4); престольный покров; лентион, лентий

Tower of Babel Вавилонская башня

Towers of Silence Башни тишины, Башни молчания

town *n.* город; град

town-living *n.* бенефиций, городской приход

trace *n.* след

tractaiianism *n.* трактарианизм, пьюзиизм

tractate *n.* трактат

tradition *n.* обычай; предание "Why do thy disciples transgress the tradition of the elders? for they wash not their hands when they eat bread" (Mt., 15:2) / «Зачем ученики Твои преступают предание старцев? Ибо не умывают рук своих, когда едят хлеб» (Матф., 5:2); традиция

traditional *adj.* традиционный

traditionalism *n.* традиционализм

traditor *n.* предатель; ~ bishop епископ-изменник

traduce *v.* злословить; чернить, (о)клеветать (на кого-л./на что-л.), (кого-л./что-л.); обесславливать, обесславить (кого-л./что-л.); поносить (кого-л./что-л.)

traducement *n.* злословие; клевета

traducer *n.* клеветник, очернитель; злоязычник, -ница; поноситель, -ница

trail *v.* влачить

train *n.* шествие

trait *n.* черта

traitor *n.* изменник; предатель "And Judas [the brother] of James, and Judas Iscariot, which also was the traitor" (Lk., 6:16) / «Иуду Иаковлева и Иуду Искариота, который потом сделался предателем» (Лук., 6:16).

traitorous *adj.* изменнический

traitress *n.* изменница; предательница

tranquil *adj.* безмятежный; тихий

tranquility *n.* безмятежность; мир "Wherefore, O king, let my counsel be acceptable unto thee, and break off thy sins by righteousness, and thine iniquities by shewing mercy to the poor; if it may be a lengthening of thy tranquillity" (Da., 4:27) / «Посему, царь, да будет благоугоден тебе совет мой: искупи грехи твои правдою и беззакония твои милосердием к бедным; вот чем может продлиться мир твой» (Дан., 4:24).

transcend *v.* превосходить, превзойти (кого-л./что-л., в чем-л.)

transcendence *n.* трансцендентность

transcendent *adj.* трансцендентный; ~ reality трансцендентная реальность

transcendental *adj.* трансцедентный; трансцендентальный

transcendentalism *n.* трансцендентализм

transcendentality *n.* трансцендентальность

transcension *n.* выход за пределы чего-л

transept *n.* трансепт, поперечный неф готического собора

Transfiguration *n.* преображение; Праздник Преображения Господня; Преображение; ~ Of Our Lord Преображение Господне

transfigure *v.* преображать, преобразить (кого-л./что-л.)

transfixion *n.* пронзание, прокалывание

transform *v.* преображать, преобразить (кого-л./что-л.)

transformation *n.* претворение

transgress *n.* согрешение *v.* грешить, преступать, преступить (что-л.); нарушать, нарушить (что-л.); ~ the commandments of God нарушать заповеди Божьи "And Moses said, Wherefore now do ye transgress the commandment of the Lord? but it shall not prosper" (Nu., 14:41) / «Моисей сказал: для чего вы преступаете повеление Господне? это будет безуспешно» (Числ., 14:41); согрешать, согрешить

transgression *n.* грех, прегрешение "Keeping mercy for thousands, forgiving iniquity and transgression and sin, and that will by no means clear [the guilty]; visiting the iniquity of the fathers upon the children, and upon the children's children, unto the third and to the fourth [generation]" (Ex., 34:7) / «Сохраняющий [правду и являющий] милость в тысячи родов, прощающий вину и преступление и грех, но не оставляющий без наказания, наказывающий вину отцов» (Исх., 34:7); беззаконие "And Joshua said unto the people, Ye cannot serve the Lord: for he [is] an holy God; he [is] a jealous God; he will not forgive your transgressions nor your sins" (Jos., 24:19) / «Иисус сказал народу: не возможете служить Господу [Богу], ибо Он Бог святый, Бог ревнитель, не потерпит беззакония вашего и грехов ваших» (Нав., 24:19); преступление "Then were assembled unto me every one that trembled at the words of the God of Israel, because of the transgression of those that had been carried away; and I sat astonied until the evening sacrifice" (Ezr., 9:4) / «Тогда собрались ко мне все, убоявшиеся слов Бога Израилева по причине преступления переселенцев, и я сидел в печали до вечерней жертвы» (Ездр., 9:4); законопреступление; нарушение

transgressive *adj.* грешный

transgressor *n.* грешник, -ница; законопреступник, -ница; нарушитель, -ница; беззаконник, -ница "But the transgressors shall be destroyed together: the end of the wicked shall be cut off" (Ps., 37:38) / «А беззаконники все истребятся; будущность нечестивых погибнет» (Псл., 36:38).

transient *adj.* преходящий; скоропреходящий; скоротечный

transition *n.* переход

transitoriness *n.* скоротечность

transitory *adj.* привременный

translate *v.* переселять "By faith Enoch was translated that he should not see death; and was not found, because God had translated him: for before his translation he had this testimony, that he pleased" (He., 11:5) / «Верою Енох переселен был так, что не видел смерти; и не стало его, потому что Бог переселил его. Ибо прежде переселения своего получил он свидетельство, что угодил Богу» (Евр., 11:5); толмачить

translator *n.* толмач

transmake *v.* переделывать, превращать

transmigrate *v.* трансмигрировать, переселяться

transmigration of souls переселение душ, метемпсихоз

transmundane *adj.* горний, внеземной

transnatural *adj.* сверхъестественный

transpierce *v.* пронзать насквозь; проникать, проходить сквозь

transport *v.* переносить, перенести, перенесть (что-л.)

transubstantial *adj.* пресуществленный

transubstantiate *v.* пресуществлять

transubstantiation *n.* пресуществление

Trappist *n.* траппист

Traskites *n. pl.* траскииты

travel I *n.* путешествие

travel II *v.* путешествовать; странствовать; ~ling странствование

traveller *n.* путешественник, -ница; путник, -ница; странник, -ница "And there came a traveller unto the rich man, and he spared to take of his own flock and of his own herd, to dress for the wayfaring man that was come unto him; but took the poor man's lamb, and dressed it for the man that was come to him" (2 Sa., 12:4) / «И пришел к богатому человеку странник, и тот пожалел взять из своих овец или волов, чтобы приготовить [обед] для странника, который пришел к нему, а взял овечку бедняка и приготовил ее для человека, который пришел к нему» (2 Цар., 12:4); прохожий "The stranger did not lodge in the street: [but] I opened my doors to the traveller" (Job, 31:32) / «Странник не ночевал на улице; двери мои я отворял прохожему» (Иов., 31:32).

treacherous *adj.* вероломный "And I said after she had done all these [things], Turn thou unto me. But she returned not. And her treacherous sister Judah saw [it]" (Je., 3:7) / «И после того, как она все это делала, Я говорил: возвратись ко Мне; но она не возвратилась; и видела это вероломная сестра ее Иудея» (Иер., 3:7); изменнический; предательский

treachery *n.* измена "And Joram turned his hands, and fled, and said to Ahaziah, [There is] treachery, O Ahaziah" (2 Ki., 9:23) / «И поворотил Иорам руки свои, и побежал, и сказал Охозии: измена, Охозия!» (4 Цар., 9:23); предательство

Treacle Bible «Библия с патокой»

tread *v.* ступать, ступить "Every place whereon the soles of your feet shall tread shall be yours: from the wilderness and Lebanon, from the river, the river Euphrates, even unto the uttermost sea shall your coast be" (De., 11:24) / «Всякое место, на которое ступит нога ваша, будет ваше; от пустыни и Ливана, от реки, реки Евфрата, даже до моря западного будут пределы ваши» (Втор., 11:24).

treason *n.* измена; high ~ государственная измена; предательство; заговор "Now the rest of the acts of Zimri, and his treason that he wrought, [are] they not written in the book of the chronicles of the kings of Israel?" (1 Ki., 16:20) «Прочие дела Замврия и заговор его, который он составил, описаны в летописи царей Израильских» (3 Цар., 16:20).

treasure *n.* находка; сокровище "They shall call the people unto the mountain; there they shall offer sacrifices of righteousness: for they shall suck [of] the abundance of the seas, and [of] treasures hid in the sand" (De., 33:19) / «Созывают они народ на гору, там заколают законные жертвы, ибо они питаются богатством моря и сокровищами, сокрытыми в песке» (Втор., 33:19); хранилище "[Is] not this laid up in store with me, [and] sealed up among my treasures?" (De., 32:34) «Не сокрыто ли это у Меня? Не запечатано ли в хранилищах Моих?» (Втор., 32:34).

treat *v.* рассуждать, рассудить (о чем-л., о ком-л.); трактовать; ~ing трактование

treatise *n.* трактат; ~ on the Power and Primacy of the Pope «Трактат о власти и примате Папы Римского»

treatment *n.* целение

treaty *n.* договор; трактат

treble *adj.* тройственный; ~ bob *n.* трезвон, колокольный перезвон в три приема

tree *n.* древо; дерево "And God said, Let the earth bring forth grass, the herb yielding seed, [and] the fruit tree yielding fruit after his kind, whose seed [is] in itself, upon the earth: and it was so" (Ge., 1:11) / «И сказал Бог: да произрастит земля зелень, траву, сеющую семя [по роду и по подобию ее, и] дерево плодовитое, приносящее по роду своему плод, в котором семя его на земле». И стало так» (Быт, 1:11); the ~ of life древо жизни; the ~ of the knowledge of good and evil древо познания добра и зла; genealogical ~ родословное древо

tree-coffin *n.* гроб из выдолбленного дерева

tremble *v.* трепетать; трястись; вострепетать "And Isaac trembled very exceedingly, and said, Who? where [is] he that hath taken venison, and brought [it] me, and I have eaten of all before thou camest, and have blessed him? yea, [and] he shall be blessed" (Ge., 27:33) / «И вострепетал Исаак весьма великим трепетом, и сказал: кто ж это, который достал [мне] дичи и принес мне, и я ел от всего, прежде нежели ты пришел, и я благословил его? Он и будет благословен» (Быт., 27:33).

trembler *n.* трус; землетрясение; квакер

trembling I *n.* трепет "And there was trembling in the host, in the field, and among all the people: the garrison, and the spoilers, they also trembled, and the earth quaked: so it was a very great trembling" (1 Sa., 14:15) / «И произошел ужас в стане на поле и во всем народе; передовые отряды и опустошавшие землю пришли в трепет [и не хотели сражаться]; дрогнула вся земля, и был ужас великий от Господа» (1 Цар., 14:15).

trembling II *adj.* трепетный

trend *n.* направление

Trental *n.* заупокойная служба из 30 месс

trepidate *v.* дрожать; трепетать

trespass I *n.* вина "And Jacob was wroth, and chode with Laban: and Jacob answered and said to Laban, What [is] my trespass? what [is] my sin, that thou hast so hotly pursued after me?" (Ge., 31:36) / «Иаков рассердился и вступил в спор с Лаваном. И начал Иаков говорить и сказал Лавану: какая вина моя, какой грех мой, что ты преследуешь меня?» (Быт., 31:36); прегрешение, грех; преступление; согрешение

trespass II *v.* грешить; согрешать, согрешить; преступать, преступить (что-л.); forgive us our ~es прости нам наши прегрешения; ~ offering искупительная жертва

trespasser *n.* нарушитель, -ница; преступник, -ница

Treuga Dei Мир Божий

triad *n.* триада; Троица

trial *n.* искус; попытка; пытка "If the scourge slay suddenly, he will laugh at the trial of the innocent" (Job, 9:23) / «Если этого поражает Он бичом вдруг, то пытке невинных посмевается» (Иов., 9:23); испытание "How that in a great trial of affliction the abundance of their joy and their deep poverty abounded unto the riches of their liberality" (2 Co., 8:2) / «Ибо они среди великого испытания скорбями преизобилуют радостью; и глубокая нищета их преизбыточествует в богатстве их радушия» (2 Кор., 8:2).

triality *n.* троичность; тройственность

tribe *n.* колено "Dan shall judge his people, as one of the tribes of Israel" (Ge., 49:16) / «Дан будет судить народ свой, как одно из колен Израиля» (Быт., 49:16).

tribulate *v.* мучить, беспокоить

tribulation *n.* горе, страдание; несчастье; скорбь "When thou art in tribulation, and all these things are come upon thee, [even] in the latter days, if thou turn to the Lord thy God, and shalt be obedient unto his voice" (De., 4:30) / «Когда ты будешь в скорби, и когда все это постигнет тебя в последствие времени, то обратишься к Господу, Богу твоему, и послушаешь гласа Его» (Втор., 4:30); беда "And, behold, as thy life was much set by this day in mine eyes, so let my life be much set by in the eyes of the Lord, and let him deliver me out of all tribulation" (1 Sa., 26:24) / «И пусть, как драгоценна была жизнь твоя ныне в глазах моих, так ценится моя жизнь в очах Господа, [и да покроет Он меня] и да избавит меня от всякой беды!» (1 Цар., 26:24); мука

tribunal *n.* суд

tribune I *n.* кафедра; амвон

tribune II *adj.* амвонный

tributary *n.* данник, -ница "How doth the city sit solitary, [that was] full of people! [how] is she become as a widow! she [that was] great among the nations, [and] princess among the provinces, [how] is she become tributary!" (La., 1:1) / «Как одиноко сидит город, некогда многолюдный! Он стал, как вдова; великий между народами, князь над областями сделался данником» (Пл. Иер., 1:1); даннический

tribute *n.* дань "And he saw that rest [was] good, and the land that [it was] pleasant; and bowed his shoulder to bear, and became a servant unto tribute" (Ge., 49:15) / «И увидел он, что покой хорош, и что земля приятна: и преклонил плечи свои для ношения бремени и стал работать в уплату дани» (Быт., 49:15); ~ of esteem дань уважения

trifling *adj.* суесловный

triforium *n.* трифорий

Trinitarian *n.* тринитарий; триипостасник

Trinity Monday День Святого Духа

trinity *n.* троица; the Holy ~ Святая Троица; ~ Sunday Троицын День; триединство; троичность; ~ Sunday День Святой Троицы;

Triodion «Триодь»; ~ of the Lent «Постная триодь»

tripersonal *adj.* триединый

tripersonality *n.* триединство; Троица

triple *adj.* тройственный

triplicity *n.* тройственность

triptych *n.* триптих

tritheism *n.* трехбожие

Trito-Isaiah «Трито-Исайя», «Тритоисайя»

triumph I *n.* победа, торжество; ликование; триумф

triumph II *v.* возликовать; торжествовать "Tell [it] not in Gath, publish [it] not in the streets of Askelon; lest the daughters of the Philistines rejoice, lest the daughters of the uncircumcised triumph" (2 Sa., 1:20) / «Не рассказывайте в Гефе, не возвещайте на улицах Аскалона, чтобы не радовались дочери Филистимлян, чтобы не торжествовали дочери необрезанных» (2 Цар., 1:20); ~ over восторжествовать (над кем-л., над чем-л.) "By this I know that thou fa-

vourest me, because mine enemy doth not triumph over me" (Ps., 41:11) / «Из того узнаю, что Ты благоволишь ко мне, если враг мой не восторжествует надо мною» (Псл., 40:12); побеждать, победить (кого-л./что-л.)

triumphal *adj.* торжественный

triumphant *adj.* победный; победоносный

triumpher *n.* победитель, -ница

triune *n.* триединство, Троица; ~ God триединый Бог; ~ Godhead триединый Господь

triunity *n.* триединство; троица

trodden *adj.* торный

troparion *n.* тропарь

troth *n.* верность; преданность, честность

trothplight I *n.* обручение

trothplight II *adj.* обрученный

trouble I *n.* забота; горесть

trouble II *v.* смущать, смутить (кого-л./что-л.)

trow *v.* верить; полагать, думать "Doth he thank that servant because he did the things that were commanded him? I trow not" (Lk., 17:9) / «Станет ли он благодарить раба сего за то, что он исполнил приказание? Не думаю» (Лук., 17:9).

True Cross Честной и Животворящий Крест Господень

true I *n.* истина, правда; реальность; действительность

true II *adj.* верный, правильный; достоверный; истинный; истый; правдивый; преданный; справедливый; честный "We [are] all one man's sons; we [are] true [men], thy servants are no spies" (Ge., 42:11) /

«Мы все дети одного человека; мы люди честные; рабы твои не бывали соглядатаями» (Быт., 42:11).

true-hearted *adj.* искренний

true-heartedly *adv.* искренне

truly *adv.* воистину "Now when the centurion, and they that were with him, watching Jesus, saw the earthquake, and those things that were done, they feared greatly, saying, Truly this was the Son of God" (Mt., 27:54) / «Сотник же и те, которые с ним стерегли Иисуса, видя землетрясение и все бывшее, устрашились весьма и говорили: воистину Он был Сын Божий» (Матф., 27:54).

trump I *n.* труба; трубный глас

trump II *v.* трубить; возвещать трубным звуком; the ~ of doom архангельская труба Страшного суда

trumpet I *n.* труба

trumpet II *v.* протрубить

trust I *n.* доверие; упование

trust II *v.* доверять, доверить (кому-л., что-л); ~ in уповать (на кого-л./на что-л.); ~ to полагаться, положиться (на кого-л./на что-л.)

trustee *n.* попечитель, -ница

trustworthiness *n.* достоверность

trustworthy *adj.* достоверный; заслуживающий доверия

truth *n.* правда; истина "And he said, Blessed [be] the Lord God of my master Abraham, who hath not left destitute my master of his mercy and his truth: I [being] in the way, the Lord led me to the house of my master's

brethren" (Ge., 24:27) / «И сказал: благословен Господь Бог господина моего Авраама, Который не оставил господина моего милостью Своею и истиною Своею! Господь прямым путем привел меня к дому брата господина моего» (Быт., 24:27); достоверность; esoteric ~ истина, открытая избранным; справедливость

truthful *adj.* правдивый

truthfulness *n.* правдивость

try *v.* испытывать, испытать (что-л./кого-л.); ~ to grasp вникать, вникнуть (во что-л.)

tryptich *n.* складень

TT. (Tituli) *n. pl.* титулы

Tu bi-Shevat Ту би-Шват

tub-preacher *n.* уличный проповедник

tuition *n.* наставление

Tulchan Bishops мнимые епископы

tumble *v.* грянуться (оземь); катиться "And when Gideon was come, behold, [there was] a man that told a dream unto his fellow, and said, Behold, I dreamed a dream, and, lo, a cake of barley bread tumbled into the host of Midian, and came unto a tent, and smote it that it fell, and overturned it, that the tent lay along" (Jdg., 7:13) / «Гедеон пришел. И вот, один рассказывает другому сон и говорит: снилось мне, будто круглый ячменный хлеб катился по стану Мадиамскому и, прикатившись к шатру, ударил в него так, что он упал, опрокинул его, и шатер распался» (Суд., 7:13).

tumbrel *n.* тимпан

tumulary *adj.* надгробный; могильный; ~ stone надгробный камень; могильная плита

tumulate *v.* хоронить; предавать земле

tumuli *n. pl.* могильные холмы

tumulus *n.* могильный холм, курган

tune *n.* глас; голос; напев

turn *v.* поворачивать; ~ again to smth. возвращать(ся), возвратить(ся); ~ aside совращать, совратить (кого-л.); ~ away уклоняться, уклониться (от чего-л.); ~ monk постричься в монахи; ~ of mind склад ума; ~ out выясниться (оказаться); ~ out изгонять; ~ing aside совращение; ~ing away отвращение

turning-point *n.* перелом (нравственный)

turpitude *n.* гнусность

turtle *n.* горлица "The flowers appear on the earth; the time of the singing [of birds] is come, and the voice of the turtle is heard in our land" (Song, 2:12) / «Цветы показались на земле; время пения настало, и голос горлицы слышен в стране нашей» (Песн., 2:12).

turtledove *n.* горлица And he said unto him, Take me an heifer of three years old, and a she goat of three years old, and a ram of three years old, and a turtledove, and a young pigeon" (Ge., 15:9) / «Господь сказал ему: возьми Мне трехлетнюю телицу, трехлетнюю козу, трехлетнего овна, горлицу и молодого голубя» (Быт., 15:9).

tutelar(y) *n.* хранитель; ~ genius ангел-хранитель

tutor *n.* воспитатель; наставник, -ница; попечитель, -ница "But is under tutors and governors until the time appointed of the father" (Ga., 4:2) / «Он подчинен попечителям и домоправителям до срока, отцом назначенного» (Гал., 4:2).

tutorage *n.* воспитание

tutoress *n.* воспитательница

tutorship *n.* наставничество

twaddle *n.* празднословие

Twelfth-day Праздник Богоявления, Теофании, Епифании; Святое Богоявление

Twelfth-night крещенский сочельник; навечерие Епифании, навечерие Богоявления

Twelfthtide крещенские праздники, крещенский сочельник и Праздник Богоявления

Twelve Apostles, Twelve Disciples Двенадцать апостолов

Twelve Prophets «Малые Пророки»

Twelve Tribes of Israel двенадцать колен Израилевых

Twenty-five Articles of Religion «25 принципов веры»

Tyndale's Bible Библия в переводе Уильяма Тиндейла

tyrannize *v.* тиранить (кого-л.)

tyranny *n.* тирания

tyrant *n.* тиран

Tyrophagos *n.* мясопустная неделя

tzaddiq *n.* цаддик

tzar *n.* монарх; царь

Trisagion *n.* «Трисвятое»

Te Deum «Те Деум»; «Тебя Бога хвалим»

Te Igitur «Те Игитур»

U

ubiety *n.* местонахождение

ubiquarian, ubiquitous *adj.* вездесущий

Ubiquist *n.* убиквист

Ubiquitarian *n.* убиквист

ubiquitas, ubiquity *n.* вездесущность, вездесущие

Ukrainian Catholic Church Украинская католическая церковь

Ult. (Ultimo) прошлый месяц, прошлый год, вчера

ulteriorly *adv.* после; позднее; впоследствии

ultima ratio последний аргумент

ultimatism *n.* ультиматизм

ultimatistic *adj.* крайний

ultimo прошлого месяца

ultracrepidate *v.* критиковать, не имея достаточных знаний

ultrafidian *n.* слепо верящий

Ultramontane I *n.* ультрамонтан

Ultramontane II *adj.* ультрамонтанистический

Ultramontanism *n.* ультрамонтанство

ultramundane *adj.* потусторонний

ululant *adj.* рыдающий

ululate *v.* рыдать, плакать

ululation *n.* рыдания, плач

umpire *v.* судить (кого-л./что-л.), (о ком-л./о чем-л.)

unabiding *adj.* преходящий, непостоянный

unable *adj.* неспособный

unabsolved *adj.* непрощенный

unadulterated *adj.* настоящий, неподдельный

unallayed *adj.* безутешный, неутешный

unalphabeted *adj.* неграмотный; безграмотный

unalterable *adj.* беспеременный; неизменный; непреложный

unalterableness *n.* нерушимость

Unam sanctam «Унам санктам», «Единая святая»

unanimity *n.* единогласие; единодушие; complete ~ полное единодушие; church teacher's ~ церковное учительское единодушие; единомыслие

unanimous *adj.* единогласный; единодушный; единомысленный, -мышленный

unanimously *adv.* единодушно

unanointed *adj.* несоборованный елеем; непомазанный миром

unappeasable *adj.* неутолимый

unapproachable *adj.* неприступный; неудобовосходимый

unary *adj.* состоящий из одного элемента

unaspiring *adj.* нечестолюбивый

unavenged *adj.* неотмщенный

unavoidable *adj.* неизбежный; неминуемый

unaware *adj.* неведущий; несведущий

unawareness *n.* неведение

unawares *adv.* внезапно "And take heed to yourselves, lest at any time your hearts be overcharged with surfeiting, and drunkenness, and cares of this life, and [so] that day come upon you unawares" (Lk., 21:34) / «Смотрите же за собою, чтобы сердца ваши не отягчались объядением и пьянством и заботами житейскими, и чтобы день тот не постиг вас внезапно» (Лук., 21:34).

unbaptized *adj.* некрещенный

unbe *v.* прекратить существование

unbecoming *adj.* неподобный, неподобающий

unbelief *n.* неверие "And he did not many mighty works there because of their unbelief" (Mt., 13:58) / «И не совершил там многих чудес по неверию их» (Матф., 13:58); непослушание "For as ye in times past have not believed God, yet have now obtained mercy through their unbelief" (Ro., 11:30) / «Как и вы некогда были непослушны Богу, а ныне помилованы, по непослушанию их» (Рим., 11:30); непокорность "Seeing therefore it remaineth that some must enter therein, and they to whom it was first preached entered not in because of unbelief" (He., 4:6) / «Итак, как некоторым остается войти в него, а те, которым прежде возвещено, не вошли в него за непокорность» (Евр., 4:6).

unbeliever *adj.* неверующий; неверный "The lord of that servant will come in a day when he looketh not for [him], and at an hour when he is not aware, and will cut him in sunder, and will appoint him his portion with the unbelievers" (Lk., 12:46) / «То придет господин раба того в день, в который он не ожидает, и в час, в который не думает, и рассечет его, и подвергнет его одной участи с неверными» (Лук., 12:46); безвер, -ка

unbelieving *adj.* неверующий

unbeseeming *adj.* неприличествующий

unbiased *adj.* беспристрастный; непредвзятый; объективный

unbiblical *adj.* небиблейский

unblenched *adj.* бесстрашный

unblessed, unblest *adj.* лишенный благословения

unbodied *adj.* бестелесный, бесплотный; ~ souls бесплотные души

unbreakable *adj.* нерушимый

unbroken *adj.* непрерывный

unburied *adj.* непогребенный

uncanonical *adj.* неканонический

uncanonized *adj.* неканонизированный

uncertain *adj.* неопределенный "For if the trumpet give an uncertain sound, who shall prepare himself to the battle?" (1 Co., 14:8) / «И если труба будет издавать неопределенный звук, кто станет готовиться к сражению?» (1 Кор., 14:8); сомнительный; неверное "Charge them that are rich in this world, that they be not highminded, nor trust in uncertain riches, but in the living God, who giveth us richly all things to enjoy" (1 Ti., 6:17) / «Богатых в настоящем веке увещавай, чтобы они не высоко думали о себе и уповали не на богатство неверное, но на Бога живаго, дающего нам все обильно для наслаждения» (1 Тим., 6:17).

uncertainty *n.* безвесность; неопределенность

unchangeable *adj.* нерушимый; непреходящий "But this [man], because he continueth ever, hath an unchangeable priesthood"

(Не., 7:24) / «А Сей, как пребывающий вечно, имеет и священство непреходящее» (Евр., 7:24).

unchangeableness *n.* нерушимость

unchaste *adj.* нецеломудренный

unchastity *n.* нецеломудренность

unchristened *adj.* некрещеный

unchristian *adj.* нехристианский

unchurch *v.* отлучать от Церкви; лишать церковного статуса; ~ed не принадлежащий ни к одной Церкви

uncial *n.* унциал; устав

uncircumcised *adj.* необрезанный "And the uncircumcised man child whose flesh of his foreskin is not circumcised, that soul shall be cut off from his people; he hath broken my covenant" (Ge., 17:14) / «Необрезанный же мужеского пола, который не обрежет крайней плоти своей [в восьмой день], истребится душа та из народа своего, ибо он нарушил завет Мой» (Быт., 17:14).

unclean *adj.* нечистый "Or if a soul touch any unclean thing, whether [it be] a carcase of an unclean beast, or a carcase of unclean cattle, or the carcase of unclean creeping things, and [if] it be hidden from him; he also shall be unclean, and guilty" (Lev., 5:2) / «Или если прикоснется к чему-нибудь нечистому, или к трупу зверя нечистого, или к трупу скота нечистого, или к трупу гада нечистого, но не знал того, то он нечист и виновен» (Лев., 5:2); некошерный

unclerical *adj.* нецерковный, светский

uncloister *v.* выпускать из монастыря

unclosing *n.* растворение

uncoffined *adj.* не положенный в гроб; извлеченный из гроба

uncomforted *adj.* неутешный

unconcern *n.* беспечность; ~ed равнодушный

unconditional *adj.* безусловный; ~ Election безусловное предопределение

unconditionally *adv.* безусловно

unconfirmed *adj.* не прошедший конфирмацию

unconfutable *adj.* неопровержимый

uncongenial *adj.* чуждый по духу

unconquerable *adj.* непобедимый

unconscious *adj.* бесчувственный

unconsecrated *adj.* неосвященный

unconvincing *adj.* маловразумительный

uncover *v.* обнажать, обнажить (что-л.) "And Moses said unto Aaron, and unto Eleazar and unto Ithamar, his sons, Uncover not your heads, neither rend your clothes; lest ye die, and lest wrath come upon all the people: but let your brethren, the whole house of Israel, bewail the burning which the Lord hath kindled" (Lev., 10:6) / «Аарону же и Елеазару и Ифамару, сынам его, Моисей сказал: голов ваших не обнажайте и одежд ваших не раздирайте, чтобы вам не умереть и не навести гнева на все общество; но братья ваши, весь дом Израилев, могут плакать о сожженных, которых сожег Господь» (Лев., 10:6); открывать, открыть (что-л., кому-л.) "None of you shall approach to any that is near of kin to him, to uncover [their] nakedness: I [am] the Lord" (Lev., 18:6) / «Никто ни к какой родственнице по плоти не должен приближаться с тем, чтобы открыть наготу. Я Господь» (Лев., 18:6).

uncreated *adj.* нерукотворный, предвечный

uncrown *v.* развенчивать, развенчать (кого-л., что-л.)

unction *n.* помазание "But ye have an unction from the Holy One, and ye know all things" (1 Jn., 2:20) / «Впрочем, вы имеете помазание от Святого и знаете все» (1 Ин., 2:20); елей; набожность; елейность; extreme ~ елеопомазание; ~ with oil елеосвященние

unctuosity, unctuousness *n.* елейность

unctuous *adj.* елейный

undecayed *adj.* нетленный

undeceive *v.* вывести из заблуждения; разуверить (кого, в чём)

undedicated *adj.* неосвященный

undefiled *adj.* целомудренный; неоскверненный; непорочный "Blessed [are] the undefiled in the way, who walk in the law of the Lord" (Ps., 119:1) / «Блаженны непорочные в пути, ходящие в законе Господнем» (Псл., 118:1); нетленный

undeliberate *adj.* невольный

undeniable *adj.* неопровержимый

undercroft *n.* крипта

undergo *v.* переносить, перенести, перенесть (что-л.)

understand *v.* понимать, понять (кого-л./что-л.) "Go to, let us go down, and there confound their language, that they may not understand one another's speech" (Ge., 11:7) / «Сойдем же и смешаем там язык их, так чтобы один не понимал речи другого» (Быт., 11:7); постигать, постичь; разуметь (что-л.); уяснять, уяснить (что-л.)

understandable *adj.* постижимый

understanding *n.* понимание; разум "Huram said moreover, Blessed [be] the Lord God of Israel, that made heaven and earth, who hath given to David the king a wise son, endued with prudence and understanding, that might build an house for the Lord, and an house for his kingdom" (2 Chr., 2:12) / «И еще сказал Хирам: благословен Господь Бог Израилев, создавший небо и землю, давший царю Давиду сына мудрого, имеющего смысл и разум, который намерен строить дом Господу и дом царский для себя» (2 Пар., 2:12); разумение

undertake *v.* предпринимать, предпринять (что-л.); ~ for спасать "Like a crane [or] a swallow, so did I chatter: I did mourn as a dove: mine eyes fail [with looking] upward: O Lord, I am oppressed; undertake for me" (Isa, 38:14) / «Как журавль, как ласточка издавал я звуки, тосковал как голубь; уныло смотрели глаза мои к небу: Господи! тесно мне; спаси меня» (Ис., 38:14).

undertaker *n.* гробовщик

underworld *n.* подземное царство, тот свет; ад, преисподняя

undescribable *adj.* неописанный (неописуемый)

undeserving *adj.* недостойный

undipped *adj.* некрещеный

undisturbed *adj.* безмятежный

undoer *n.* губитель, -ница

undoubted *adj.* несомненный

undutifulness *n.* ослушание

undying *adj.* бессмертный

unearthly *adj.* неземной

uneradicable *adj.* неискоренимый

unerring *adj.* непогрешимый; безошибочный

unexpected *adj.* внезапный; нечаяный; скоропостижный

unexpectedly *adv.* внезапно

unexpectedness *n.* внезапность; нечаяние

unfading *adj.* бессмертный; нестареемый; неувядаемый

unfailing *adj.* неистощимый

unfaithful *adj.* неверующий; неверный; ненадежный "Confidence in an unfaithful man in time of trouble [is like] a broken tooth, and a foot out of joint" (Pr., 25:19) / «Что сломанный зуб и расслабленная нога, то надежда на ненадежного [человека] в день бедствия» (Притч., 25:19).

unfamiliar *adj.* неведомый

unfathomable *adj.* неудобозримый

unfavourable *adj.* неблагоприятный; отрицательный

unfeelingness *n.* нечувствие

unfleshly *adj.* бесплотный, бестелесный

unfold *v.* разверзать, разверзнуть (что-л.)

unforeknowable *adj.* неведомый

unforeseen *adj.* нечаяный

unforgettable *adj.* неизгладимый

unforgivable *adj.* непростительный; ~ sin непростительный/смертный грех

unfortunate *adj.* несчастный; бездольный; злополучный

unfortunatedness *n.* злосчастие

unfortunately *adv.* к сожалению

unfortune *adj.* несчастливый

unfounded *adj.* бездоказательный; необоснованный; несостоятельный

unfoundedness *n.* несостоятельность

unfrock *v.* лишать духовного сана; расстригать, расстричь (кого-л.); ~ing расстрижение

unfruitful *adj.* бесплодный "He also that received seed among the thorns is he that heareth the word; and the care of this world, and the deceitfulness of riches, choke the word, and he becometh unfruitful" (Mt., 13:22) / «А посеянное в тернии означает того, кто слышит слово, но забота века сего и обольщение богатства заглушает слово, и оно бывает бесплодно» (Матф., 13:22); неплодный

unfruitfulness *n.* бесплодие; неплодие

unget *v.* уничтожать в зародыше, искоренять

ungodliness *n.* богопротивность; нечестие "For the wrath of God is revealed from heaven against all ungodliness and unrighteousness of men, who hold the truth in unrighteousness" (Ro., 1:18) / «Ибо открывается гнев Божий с неба на всякое нечестие и неправду человеков, подавляющих истину неправдою» (Рим., 1:18); окаянство

ungodly *adj.* безбожный; богомерзский; нечестивый; ~ man нечестивец "But the heavens and the earth, which are now, by the same word are kept in store, reserved unto fire against the day of judgment and perdition of ungodly men" (2 Pe., 3:7) / «А нынешние небеса и земля, содержимые тем же Словом, сберегаются огню на день суда и погибели нечестивых человеков» (2 Петр., 3:7); ~ woman нечестивица; ~ life безбожничанье; lead an ~ life безбожничать; грешный; безбожный; окаянный

ungowned *adj.* лишенный духовного сана

ungracious *adj.* немилостивый

ungrateful *adj.* неблагодарный

ungrounded *adj.* необоснованный

unhallowed *adj.* несвященный; непочитаемый, нечтимый

unhappiness *n.* злословие; несчастие, несчастье

unhappy *adj.* злосчастный; несчастный; несчастливый; скорбный

unhindered *adj.* невозбранный

unholy *adj.* несвященный "And that ye may put difference between holy and unholy, and between unclean and clean" (Lev., 10:10) / «Чтобы вы могли отличать священное от несвященного и нечистое от чистого» (Лев., 10:10); нечестивый; развратный "Knowing this, that the law is not made for a righteous man, but for the lawless and disobedient, for the ungodly and for sinners, for unholy and profane, for murderers of fathers and murderers of mothers, for manslayers" (1 Ti., 1:9) / «Зная, что закон положен не для праведника, но для беззаконных и непокоривых, нечестивых и грешников, развратных и оскверненных, для оскорбителей отца и матери, для человекоубийц» (1 Тим., 1:9); дьявольский

unhouseled *adj.* непричащенный

unhypocntical *adj.* нелицемерный

Uniate Churches Униатские церкви

Uniates *n. pl.* униаты

unicorn *n.* единорог "God brought them out of Egypt; he hath as it were the strength of an unicorn" (Nu., 23:22) / «Бог вывел их из Египта, быстрота единорога у него» (Числ., 23:22).

unicum *n.* уникум

unification *n.* единение; объединение; ~ Church Церковь Объединения

uniform *adj.* единообразный

uniformity *n.* единообразие

unify *v.* единить, соединить, объединять (кого-л./что-л.); объединить (кого-л./что-л.)

unigeniture *n.* единородность

Unigenitus «Унигенитус»

unimpeachable *adj.* безупречный

unimpeded *adj.* беспрепонный

unintelligible *adj.* невразумительный

unintentional *adj.* ненамеренный

uninterrupted *adj.* беспрестанный; непрерывный

union *n.* единение; единство; общество; объединение; слияние (в одно целое); согласие; соединение; сочетание; союз; union ~ церковь единения; ~ of American Hebrew Congregations Союз американских иудейских конгрегации; ~ of Orthodox Jewish Congregations of America Союз ортодоксальных иудейских конгрегации Америки; ~ with Church воссоединение с Церковью

unique *adj.* единый

unison *n.* единогласие

unisonant *adj.* единогласный

Unitarian *n.* унитарий, антитринитарий

Unitarianism Движение унитариев

unite *v.* единить, соединить, объединять (кого-л./что-л.); объединить (кого-л./что-л.); совмещать, совместить (что-л., с чем-л.); совокуплять, совокупить (что-л., с чем-л.); соединять, соединить (кого-л./что-л.); утверждать "Teach me thy way, O Lord; I will walk in thy truth: unite my heart to fear thy name" (Ps., 86:11) / «Наставь меня, Господи, на путь Твой, и буду ходить в истине Твоей; утверди сердце моё в страхе имени Твоего» (Псл., 85:11); ~d совокупный

United Church of Canada Объединенная церковь Канады

United Evangelical Lutheran Church of Germany Единая евангелическая лютеранская церковь Германии

United Evangelical Lutheran Church Единая евангелическая лютеранская церковь

United Free Church of Scotland Единая свободная церковь Шотландии

United House of Prayer for All People Единый дом молитвы всех людей

United Methodist Church Единая методистская церковь

United Presbyterian Church Единая пресвитерианская церковь

United Society of Believers in Christ's Second Appearing Единое общество верующих во Второе явление Христа

United Society of Christian Endeavor Объединенное общество христианских усилий

United Synagogue of America Объединенная синагога Америки

Unity of Brethern Чешские братья

Unity School of Christianity Единая школа христианства

unity *n.* единство "Endeavouring to keep the unity of the Spirit in the bond of peace" (Eph., 4:3) / «Стараясь сохранять единство духа в союзе мира» (Ефес., 4:3); соединение; союз

universal *adj.* вселенский; всемирный; всеобщий; кафолический; повсеместный

Universalism *n.* универсализм

universality *n.* всеобщность

universe *n.* вселенная; мир

unjust I *n.* беззаконник "The just Lord [is] in the midst thereof; he will not do iniquity: every morning doth he bring his judgment to light, he faileth not; but the unjust knoweth no shame" (Zeph., 3:5) / «Господь праведен посреди него, не делает неправды, каждое утро являет суд Свой неизменно; но беззаконник не знает стыда» (Соф., 3:5).

unjust II *adj.* несправедливый "Judge me, O God, and plead my cause against an ungodly nation: O deliver me from the deceitful and unjust man? (Ps., 43:1) / «Суди меня, Боже, и вступись в тяжбу мою с народом недобрым. От человека лукавого и несправедливого избавь меня» (Псл., 42:1); беззаконный "When a wicked man dieth, [his] expectation shall perish: and the hope of unjust [men] perisheth" (Pr., 11:7) / «Со смертью человека нечестивого исчезает надежда, и ожидание беззаконных погибает» (Притч., 11:7); неправедный "An unjust man [is] an abomination to the just: and [he that is] upright in the way [is] abomination to the wicked" (Pr., 29:27) / «Мерзость для праведников — человек неправедный, и мерзость для нечестивого — идущий пря-

мым путем» (Притч., 29:27); неверный "And the lord commended the unjust steward, because he had done wisely: for the children of this world are in their generation wiser than the children of light" (Lk., 16:8) / «И похвалил господин управителя неверного, что догадливо поступил; ибо сыны века сего догадливее сынов света в своем роде» (Лук., 16:8); напрасный; неправый; несправедливый

unjustice *n.* неправедность; commit an ~ взять грех на душу

unknown *adj.* неведомый "For as I passed by, and beheld your devotions, I found an altar with this inscription, TO THE UNKNOWN God. Whom therefore ye ignorantly worship, him declare I unto you" (Ac., 17:23) / «Ибо, проходя и осматривая ваши святыни, я нашел и жертвенник, на котором написано «неведомому Богу». Сего-то, Которого вы, не зная, чтите, я проповедую вам» (Деян., 17:23); незнакомый "For he that speaketh in an [unknown] tongue speaketh not unto men, but unto God: for no man understandeth [him]; howbeit in the spirit he speaketh mysteries" (1 Co., 14:2) / «Ибо кто говорит на незнакомом языке, тот говорит не людям, а Богу; потому что никто не понимает его, он тайны говорит духом» (1 Кор., 14:2); неведомый "As unknown, and [yet] well known; as dying, and, behold, we live; as chastened, and not killed" (2 Co., 6:9) / «Мы неизвестны, но нас узнают; нас почитают умершими, но вот, мы живы; нас наказывают, но мы не умираем» (2 Кор., 6:9).

unlawful *adj.* незаконный; беззаконный "For that righteous man dwelling among them, in seeing and hearing, vexed [his] righteous soul from day to day with [their] unlawful deeds" (2 Pe., 2:8) / «Ибо сей праведник, живя между ними, ежедневно мучился в праведной душе, видя и слыша дела беззаконные» (2 Петр., 2:8).

unlearned *adj.* несведущий; некнижный "Now when they saw the boldness of Peter and John, and perceived that they were unlearned and ignorant men, they marvelled; and they took knowledge of them, that they had been with Jesus" (Ac., 4:13) / «Видя смелость Петра и Иоанна и приметив, что они люди некнижные и простые, они удивлялись, между тем узнавали их, что они были с Иисусом» (Деян., 4:13); невежественный "But foolish and unlearned questions avoid, knowing that they do gender strifes" (2 Ti., 2:23) / «От глупых и невежественных состязаний уклоняйся, зная, что они рождают ссоры» (2 Тим., 2:23).

unlike *adj.* неправдоподобный
unlikehood *n.* неправдоподобие
unlikeness *n.* разность
unlucky *adj.* злополучный; злосчастный

unmarry *v.* развенчивать, развенчать (кого-л., что-л.); разводить, развести (супругов); unmarried безбрачный, -ая "I say therefore to the unmarried and widows, It is good for them if they abide even as I" (1 Co., 7:8) / «Безбрачным же и вдовам говорю: хорошо им оставаться, как я» (1 Кор., 7:8); unmarried неженатый, незамужняя "But I would have you without carefulness. He that is unmarried careth for the things that belong to the Lord, how he may please the Lord" (1 Co., 7:32) / «А я хочу, чтобы вы были без забот. Неженатый заботится о Господнем, как угодить Господу» (1 Кор., 7:32), холостой, -ая

unmask *v.* изобличать, изобличить (кого-л./что-л.); ~ one's enemy изобличить врага; обнажать, обнажить (что-л.); разоблачать, разоблачить (кого-л./что-л.); ~ing обнажение, разоблачение

unmerciful *adj.* немилосердный; немилостивый "Without understanding, covenantbreakers, without natural affection, implacable, unmerciful" (Ro., 1:31) / «Безрассудны, вероломны, нелюбовны, непримиримы, немилостивы» (Рим., 1:31).

unnatural *adj.* ненатуральный
unnaturalness *n.* ненатуральность
unnecessary *adj.* ненадобный
unoriginal *adj.* безначальный

unorthodox *adj.* инославный, иноверный, неправоверный, зловерный

unorthodoxy *n.* инославие, иноверие, зловерие

unpaid *adj.* безвозмездный

unpardonable *adj.* неотпустительный

unpitying *adj.* нещадный

unpractised *adj.* неопытный

unprejudiced *adj.* непредвзятый

unpriest *v.* лишать сана

unpriestly *adj.* недостойный священника

unpunished *adj.* ненаказанный "[Though] hand [join] in hand, the wicked shall not be unpunished: but the seed of the righteous shall be delivered" (Pr., 11:21) / «Можно поручиться, что порочный не останется ненаказанным; семя же праведных спасется» (Притч., 11:21); go ~ остаться безнаказанным

unquenchable *adj.* неутолимый; ~ thirst неутолимая жажда; неугасимый "Whose fan [is] in his hand, and he will throughly purge his floor, and gather his wheat into the garner; but he will burn up the chaff with unquenchable fire" (Mt., 3:12) / «Лопата Его в руке Его, и Он очистит гумно Свое и соберет пшеницу Свою в житницу, а солому сожжет огнем неугасимым» (Матф., 3:12).

unreason *n.* неразумие

unreasonable *adj.* неразумный; нерассудительный "For it seemeth to me unreasonable to send a prisoner, and not withal to signify the crimes [laid]

against him" (Ac., 25:27) / «Ибо, мне кажется, нерассудительно послать узника и не показать обвинений на него» (Деян., 25:27); беспорядочный "And that we may be delivered from unreasonable and wicked men: for all [men] have not faith" (2 Th., 3:2) / «И чтобы нам избавиться от беспорядочных и лукавых людей, ибо не во всех вера» (2 Фес., 3:2).

unredeemed *adj.* неискупленный; неспасенный

unreliability *n.* ненадежность

unreliable *adj.* ненадежный

unreligious *adj.* светский, мирской; нерелигиозный, неверующий

unrepentant *n.* нераскаивающийся; нераскаявшийся; ~ sinner нераскаявшийся грешник

unrighteous *adj.* нечестивый, неправедный "If therefore ye have not been faithful in the unrighteous mammon, who will commit to your trust the true [riches]?" (Lk., 16:11) / «Итак, если вы в неправедном богатстве не были верны, кто поверит вам истинное?» (Лук., 16:11); бесчестный; the ~ нечестивцы, грешники; несправедливый "Woe unto them that decree unrighteous decrees, and that write grievousness [which] they have prescribed" (Isa, 10:1) / «Горе тем, которые постановляют несправедливые законы и пишут жестокие решения» (Ис., 10:1); ~ Bible «Библия неправедных»

unsainted *adj.* не причисленный к лику святых, неканонизированный

unsatisfactory *adj.* неудовлетворительный

unsatisfied *adj.* неудовлетворенный

unsaved *adj.* не спасенный от мук вечных

unscriptural *adj.* небиблейский

unscrupulous *adj.* бессовестный

unscrupulousness *n.* бессовестность

unsearchable *adj.* неисследимый "Which doeth great things and unsearchable; marvellous things without number" (Job, 5:9) / «Который творит дела великие и неисследимые, чудные без числа» (Иов., 5:9); непостижимый "O the depth of the riches both of the wisdom and knowledge of God! how unsearchable [are] his judgments, and his ways past finding out!" (Ro., 11:33) «О, бездна богатства и премудрости и ведения Божия! Как непостижимы судьбы Его и неисследимы пути Его!» (Рим., 11:33); неисповедимый

unseasonable *adj.* неблаговременный

unseasonableness *n.* безвременность

unsecular *adj.* несекулярный; церковный

unsecurity *n.* ненадежность

unselfish *adj.* бескорыстный

unselfishness *n.* альтруизм; бескорыстие

unshakable *adj.* непоколебимый

unshriven *adj.* неисповедовавшийся, не получивший отпущения грехов; to die ~ умереть без отпущения грехов

unshroud *v.* снять саван/покров

unshunnable doom неотвратимый рок

unslumbering *adj.* недремлющий, бдительный

unsonsy *adj.* зловещий, дурной

unsophisticated *adj.* неискушенный

unsparing *adj.* нещадный

unspeakable *adj.* неизреченный "Thanks [be] unto God for his unspeakable gift" (2 Co., 9:15) / «Благодарение Богу за неизреченный дар Его!» (2 Кор., 9:15); ~ delight неизреченная сладость; ~ goodness неизреченная доброта; неописанный; неописуемый; несказанный

unspell *v.* расколдовывать

unspotted *adj.* неоскверненный "Pure religion and undefiled before God and the Father is this, To visit the fatherless and widows in their affliction, [and] to keep himself unspotted from the world" (Jas., 1:27) / «Чистое и непорочное благочестие пред Богом и Отцем есть то, чтобы призирать сирот и вдов в их скорбях и хранить себя неоскверненным от мира» (Иак., 1:27).

unsuitable *adj.* невместимый; невместный

unsuitableness *n.* невместность

unthinkable *adj.* немыслимый

untimeliness *n.* безвременность

untimely *adj.* неблаговременный; untimely незрелый "And the stars of heaven fell unto the earth, even as a fig tree casteth her untimely figs, when she is shaken of a mighty wind" (Rev., 6:13) / «И звезды небесные пали на землю, как смоковница, потрясаемая сильным ветром, роняет незрелые смоквы свои» (Откр., 6:13).

untombed *adj.* непогребенный

untraceable *adj.* неисследимый

untroubled *adj.* беспечный

untrue *adj.* неправдивый

untrustworthy *adj.* ненадежный

untruth *n.* неправда

untruthfulness *n.* неправдивость

unveil *v.* открывать, открыть (что-л., кому-л.); ~ing разоблачение

unvoluntary *adj.* невольный

unwarned *adj.* безведомый

unweary *adj.* неусыпный

unwedded *adj.* небрачный

unwilling *adj.* нерасположенный

unwillingly *adv.* скрепя сердцем

unwise *adj.* неразумный "The sorrows of a travailing woman shall come upon him: he [is] an unwise son; for he should not stay long in [the place of] the breaking forth of children" (Hos., 13:13) / «Муки родильницы постигнут его; он — сын неразумный, иначе не стоял бы долго в положении рождающихся детей» (Ос., 13:13); несмысленный "Do ye thus requite the Lord, O foolish people and unwise? [is] not he thy father [that] hath bought thee? hath he not made thee, and established thee?" (De., 32:6) «Сие ли воздаете вы Господу, народ глупый и несмысленный? не Он ли Отец твой, Который усвоил тебя, создал тебя и уст-

роил тебя?» (Втор., 32:6); нерассудительный "Wherefore be ye not unwise, but understanding what the will of the Lord [is]" (Eph., 5:17) / «Итак, не будьте нерассудительны, но познавайте, что есть воля Божия» (Ефес., 5:17).

unworldly *adj.* неземной; духовный

unworthy *adj.* недостойный "Then Paul and Barnabas waxed bold, and said, It was necessary that the word of God should first have been spoken to you: but seeing ye put it from you, and judge yourselves unworthy of everlasting life, lo, we turn to the Gentiles" (Ac., 13:46) / «Тогда Павел и Варнава с дерзновением сказали: вам первым надлежало быть проповедану слову Божию, но как вы отвергаете его и сами себя делаете недостойными вечной жизни, то вот, мы обращаемся к язычникам» (Деян., 13:46).

unwreaked *adj.* неотмщенный

unyoke *v.* освободиться от ига

upbraid *v.* пенять, попенять (кому-л., за что-л.); укорять (кого-л., за что-л., в чем-л.) "Then began he to upbraid the cities wherein most of his mighty works were done, because they repented not" (Mt., 11:20) / «Тогда начал Он укорять города, в которых наиболее явлено было сил Его, за то, что они не покаялись» (Матф., 11:20); смеяться (над кем-л.) "And he came unto the men of Succoth, and said, Behold Zebah and Zalmunna, with

whom ye did upbraid me, saying. [Are] the hands of Zebah
and Zalmunna now in thine
hand, that we should give bread
unto thy men [that are] weary?"
(Jdg., 8:15) «И пришел он к
жителям Сокхофским, и сказал: вот Зевей и Салман, за
которых вы посмеялись надо
мною, говоря: разве рука Зе-
вея и Салмана уже в твоей руке, чтобы нам давать хлеб
утомившимся людям твоим?»
(Суд., 8:15); упрекать "Afterward he appeared unto the
eleven as they sat at meat, and
upbraided them with their unbelief and hardness of heart, because they believed not them
which had seen him after he
was risen" (Mk., 16:14) / «Наконец, явился самим один-
надцати, возлежавшим на вечери, и упрекал их за неверие
и жестокосердие, что видев-
шим Его воскресшего не по-
верили» (Марк., 16:14).

uphold *v.* подкреплять "For the
arms of the wicked shall be broken: but the Lord upholdeth the
righteous" (Ps., 37:17) / «Ибо
мышцы нечестивых сокру-
шатся, а праведников подкрепляет Господь» (Псл., 36:17);
отстаивать, отстоять (что-л.);
восставлять "Thy words have
upholden him that was falling,
and thou hast strengthened the
feeble knees" (Job, 4:4) / «Па-
дающего восставляли слова
твои, и гнущиеся колени ты
укреплял» (Иов., 4:4); поддерживать "Though he fall, he
shall not be utterly cast down:

for the Lord upholdeth [him
with] his hand" (Ps., 37:24) /
«Когда он будет падать, не
упадет, ибо Господь поддер-
живает его за руку» (Псл.,
36:24).

upright I *adj.* правдивый; правый; честный; непорочный
"I was also upright before him,
and have kept myself from
mine iniquity" (2 Sa., 22:24) /
«И был непорочен пред Ним,
и остерегался, чтобы не согрешить мне» (2 Цар., 22:24);
искренний "With the merciful
thou wilt shew thyself merciful, [and] with the upright man
thou wilt shew thyself upright"
(2 Sa., 22:26) / «С милостивым Ты поступаешь милостиво, с мужем искренним — искренно» (2 Цар., 22:26); справедливый "There was a man in
the land of Uz, whose name
[was] Job; and that man was
perfect and upright, and one
that feared God, and eschewed
evil" (Job, 1:1) / «Был человек
в земле Уц, имя его Иов; и
был человек этот непорочен,
справедлив и богобоязнен и
удалялся от зла» (Иов., 1:1).

upright II *adv.* прямо "For, behold, we [were] binding sheaves
in the field, and, lo, my sheaf
arose, and also stood upright;
and, behold, your sheaves stood
round about, and made obeisance to my sheaf" (Ge., 37:7) /
«Вот, мы вяжем снопы посреди поля; и вот, мой сноп встал
и стал прямо; и вот, ваши
снопы стали кругом и покло-

нились моему снопу» (Быт., 37:7).

uprightness *n.* правдивость; правота "Not for thy righteousness, or for the uprightness of thine heart, dost thou go to possess their land: but for the wickedness of these nations the Lord thy God doth drive them out from before thee, and that he may perform the word which the Lord sware unto thy fathers, Abraham, Isaac, and Jacob" (De., 9:5) / «Не за праведность твою и не за правоту сердца твоего идешь ты наследовать землю их, но за нечестие [и беззакония] народов сих Господь, Бог твой, изгоняет их от лица твоего, и дабы исполнить слово, которым клялся Господь отцам твоим Аврааму, Исааку и Иакову» (Втор., 9:5); искренность "[Is] not [this] thy fear, thy confidence, thy hope, and the uprightness of thy ways?" (Job, 4:6) «Слова мои от искренности моего сердца, и уста мои произнесут знание чистое» (Иов., 33:3); правда "Teach me to do thy will; for thou [art] my God: thy spirit [is] good; lead me into the land of uprightness" (Ps., 143:10) / «Научи меня исполнять волю Твою, потому что Ты Бог мой; Дух Твой благий да ведет меня в землю правды» (Псл., 142:10).

Urban I *n.* Урбан I
Urban II *n.* Урбан II
Urban III *n.* Урбан III
Urban IV *n.* Урбан IV
Urban V *n.* Урбан V
Urban VI *n.* Урбан VI
Urban VII *n.* Урбан VII
Urban VIII *n.* Урбан VIII
Urbanists *n. pl.* урабанисты
urge *v.* возбуждать, возбудить (кого-л./что-л.); упрашивать "And he urged him, and he took [it]" (Ge., 33:11) / «И упросил его, и тот взял» (Быт., 33:11); мучить "And it came to pass, when she pressed him daily with her words, and urged him, [so] that his soul was vexed unto death" (Jdg., 16:16) / «И как она словами своими тяготила его всякий день и мучила его; то душе его тяжело стало до смерти» (Суд., 16:16); приступать (к кому-л.) "And when they urged him till he was ashamed, he said, Send" (2 Ki., 2:17) / «Но они приступали к нему долго, так что наскучили ему, и он сказал: пошлите. И послали пятьдесят человек, и искали три дня, и не нашли его» (4 Цар., 2:17); принуждать "And he urged him to take [it]; but he refused" (2 Ki., 5:16) / «И тот принуждал его взять, но он не согласился» (4 Цар., 5:16); ~ against противополагать, противоположить (что-л., чему-л.); ~ on ускорять, ускорить (что-л.)

urgency *n.* крайняя необходимость

urgent *adj.* необходимый; строгий "Therefore because the king's commandment was urgent, and the furnace exceeding hot, the flame of the fire slew those men that took up Shadrach, Meshach, and Abednego". (Da., 3:22) / «И как повеление царя было строго, и печь раскалена была чрезвычайно, то пламя огня убило тех людей, которые бросали Седраха, Мисаха и Авденаго» (Дан., 3:22).

Ursinus *n.* Урсин

Ursuline *n.* урсулинка, монахиня ордена Св. Урсулы

usage *n.* употребление

use I *n.* польза; unto ~ на пользу; применение; употребление

use II *v.* применять, применить (что-л., к чему-л.)

useful *adj.* полезный

useless *adj.* ненадобный; непотребный; никчемный; тщетный; тщий

uselessness *n.* ненадобность; тщетность

usher *v.* вводить, ввести (кого-л. во что-л.)

Usq. (usque) *adv.* насколько, поскольку

usual *adj.* обычный

usurer *n.* лихоимец

usurpation *n.* присвоение

usurper *n.* присвоитель, -ница

ut infra как указано ниже

utensils *n.* утварь

uterine I *n.* ложесна

uterine II *adj.* единоутробный

Utraquists *n. pl.* утраквисты, каликстинцы

utter *v.* изрекать, изречь (что-л.); объявлять "And if a soul sin, and hear the voice of swearing, and [is] a witness, whether he hath seen or known [of it]; if he do not utter [it], then he shall bear his iniquity" (Lev., 5:1) /

«Если кто согрешит тем, что слышал голос проклятия и был свидетелем, или видел, или знал, но не объявил, то он понесет на себе грех» (Лкв., 5:1); воспеть "Awake, awake, Deborah: awake, awake, utter a song: arise, Barak, and lead thy captivity captive, thou son of Abinoam" (Jdg., 5:12) / «Воспряни, воспряни, Девора! воспряни, воспряни! воспой песнь! Восстань, Варак! и веди пленников твоих, сын Авиноамов!» (Суд., 5:12)

utterance *n.* крайний предел; слово "That in every thing ye are enriched by him, in all utterance, and [in] all knowledge" (1 Co., 1:5) / «Потому что в Нем вы обогатились всем, всяким словом и всяким познанием» (1 Кор., 1:5).

Ux. (Uxor) *n.* супруга, жена

V

v. (vide) смотри

V. (vixit) жил; (Venerable) преподобный; Его Преподобие, титулование архиепископа; (Vester) Ваш

V. C. (Vir Clarissimus) муж наиславнейший

V. F. (Vicarius Foraneus) викарий форейнский

V. G. (Vicarius Generalis) генеральный викарий

V. H. (Vir Honestus) муж достойный, достойный человек

V. M. (Vir Magnificus) великий человек

V. Rev. (Very Reverend) Высокопреподобие, титулование настоятеля собора

V. T. (Vetus Testamentum) Ветхий Завет

V. X. (Uxor Carissima) дражайшая супруга, дорогая жена

vade in pace «иди с миром»

vague *adj.* неопределенный

vagueness *n.* неопределенность

vain I *n.* тщета; тщеславие

vain II *adj.* напрасный; суетный; суесловный; праздный "And they gave him threescore and ten [pieces] of silver out of the house of Baalberith, wherewith Abimelech hired vain and light persons, which followed him" (Jdg., 9:4) / «И дали ему семьдесят сиклей серебра из дома Ваалверифа; Авимелех нанял на оные праздных и своевольных людей, которые и пошли за ним» (Суд., 9:4); пустой "Let there more work be laid upon the men, that they may labour therein; and let them not regard vain words" (Ex., 5:9) / «Дать им больше работы, чтоб они работали и не занимались пустыми речами» (Исх., 5:9); тщеславный; тщетный; in ~ всуе, напрасно "Thou shalt not take the name of the Lord thy God in vain; for the Lord will not hold him guiltless that taketh his name in vain" (Ex., 20:7) / «Не произноси имени Господа, Бога твоего, напрасно, ибо Господь не оставит без наказания того, кто произносит имя Его напрасно» (Исх., 20:7).

vainglorious *adj.* тщеславный; самовлюбленный

vainglory *n.* тщеславие "[Let] nothing [be done] through strife or vainglory; but in lowliness of mind let each esteem other better than themselves" (Php., 2:3) / «Ничего не делайте по любопрению или по тщеславию, но по смиренномудрию почитайте один другого высшим себя» (Фил., 2:3); тщета

vainness *n.* щетность

Val. (Valor) *n.* ценность

vale *n.* дол, долина "All these were joined together in the vale of Siddim, which is the salt sea" (Ge., 14:3) / «Все сии соединились в долине Сиддим, где ныне море Соленое» (Быт., 4:3); the ~ of years преклонный возраст, старость; юдоль the ~ of tears, woe, and misery юдоль плача, горя и печали

valediction *n.* прощание; прощальное слово

Valentine *n.* Валентин

Valentinians *n.* pl, валентиниане

valiant *adj.* доблестный; воинственный "And there was sore war against the Philistines all the days of Saul: and when Saul saw any strong man, or any valiant man, he took him unto him" (1 Sa., 14:52) / «И была упорная война против Филистимлян во все время Саулово. И когда Саул видел какого-либо человека сильного и воинственного, брал его к себе» (1 Цар., 14:52); храбрый "And Saul said to David, Behold my elder daughter Merab, her will I give thee to wife: only be thou valiant for me, and fight the Lord'S battles. For Saul said, Let not mine hand be upon him, but let the hand of the Philistines be upon him" (Sa., 18:17) / «И сказал Саул Давиду: вот старшая дочь моя, Мерова; я дам ее тебе в жену, только будь у меня храбрым и веди войны Господни. Ибо Саул думал: пусть не моя рука будет на нем, но рука Филистимлян будет на нем» (1 Цар., 18:17); сильный "All the valiant men arose, and went all night, and took the body of Saul and the bodies of his sons from the wall of Bethshan, and came to Jabesh, and burnt them there"(1 Sa., 31:12) / «И поднялись все люди сильные, и шли всю ночь, и взяли тело Саула и тела сыновей его со стены Беф-Сана, и пришли в Иавис, и сожгли их там» (1 Цар., 31:12); мужественный "Therefore now let your hands be strengthened, and be ye valiant: for your master Saul is dead, and also the house of Judah have anointed me king over them" (2 Sa., 2:7) / «Ныне да укрепятся руки ваши, и будьте мужественны; ибо господин ваш Саул умер, а меня помазал дом Иудин царем над собою» (2 Цар., 2:7).

valiantness *n.* доблесть
valid *adj.* действительный
validity *n.* обоснованность
valley *n.* долина "And the king of Sodom went out to meet him after his return from the slaughter of Chedorlaomer, and of the

kings that [were] with him, at the valley of Shaveh, which [is] the king's dale" (Ge., 14:17) / «Когда он возвращался после поражения Кедорлаомера и царей, бывших с ним, царь Содомский вышел ему навстречу в долину Шаве, что ныне долина царская» (Быт., 14:17); поле; юдоль

valorous *adj.* доблестный
valour *n.* доблесть
valuable *adj.* ценный
value I *n.* цена
value II *v.* ценить (кого-л./что-л.); оценивать "But if he be poorer than thy estimation, then he shall present himself before the priest, and the priest shall value him; according to his ability that vowed shall the priest value him" (Lev., 27:8) / «Если же он беден и не в силах отдать по оценке твоей, то пусть представят его священнику, и священник пусть оценит его: соразмерно с состоянием давшего обет пусть оценит его священник» (Лев., 27:8).

valuer *n.* ценитель, -ница
vandalism *n.* вандализм
vandalistic *adj.* вандальский
vandalize *n.* совершать акт вандализма
vanish *v.* исчезать, исчезнуть "Lift up your eyes to the heavens, and look upon the earth beneath: for the heavens shall vanish away like smoke, and the earth shall wax old like a garment, and they that dwell therein shall die in like manner: but my salvation shall be for ever, and my righteousness shall

not be abolished" (Isa, 51:6) / «Поднимите глаза ваши к небесам, и посмотрите на землю вниз: ибо небеса исчезнут, как дым, и земля обветшает, как одежда, и жители ее также вымрут; а Мое спасение пребудет вечным, и правда Моя не престанет» (Ис., 51:6); умаляться "What time they wax warm, they vanish: when it is hot, they are consumed out of their place" (Job, 6:17) / «Когда становится тепло, они умаляются, а во время жары исчезают с мест своих» (Иов., 6:17); уходить "[As] the cloud is consumed and vanisheth away: so he that goeth down to the grave shall come up no [more]" (Job, 7:9) / «Редеет облако и уходит; так нисшедший в преисподнюю не выйдет» (Иов., 7:9); упраздняться "Charity never faileth: but whether [there be] prophecies, they shall fail; whether [there be] tongues, they shall cease; whether [there be] knowledge, it shall vanish away" (1 Co., 13:8) / «Любовь никогда не перестает, хотя и пророчества прекратятся, и языки умолкнут, и знание упразднится» (1 Кор., 13:8).

vanitas *n.* суета

vanity *n.* суета "Let not him that is deceived trust in vanity: for vanity shall be his recompence" (Job, 15:31) / «Пусть не доверяет суете заблудший, ибо суета будет и воздаянием ему» (Иов., 15:31); суетность; ложь "They conceive mischief,

and bring forth vanity, and their belly prepareth deceit" (Job. 15:35) / «Он зачал зло и родил ложь, и утроба его приготовляет обман» (Иов., 15:35); тщета; тщеславие; the ~ of worldly wealth тщета мирского богатства; to forsake the vanities of the world отказаться от мирской суеты; all is ~ of vanities все суета сует

vanquish *v.* побеждать; покорять

vanquisher *n.* победоносец; потребитель, -ница

vantage *n.* преимущество; выгода, прибыль

vapid *adj.* бессодержательный

vapidity *n.* бессодержательность

variableness *n.* изменчивость, изменяемость; изменение "Every good gift and every perfect gift is from above, and cometh down from the Father of lights, with whom is no variableness, neither shadow of turning" (Jas., 1:17) / «Всякое даяние доброе и всякий дар совершенный нисходит свыше, от Отца Светов, у Которого нет изменения и ни тени перемены» (Иак., 1:17).

varied *adj.* разнообразный

variety *n.* многообразие; разнообразие

various *adj.* различный; разнообразный

varlet *n.* слуга, прислужник; плут; негодяй; оруженосец

varletry *n.* слуги; сброд, чернь

varmint *adj.* лихой, удалой

varnish *n.* глазурь

varosity *n.* правдивость

varsal *adj.* целый; всеобщий

vase *n.* сосуд

vassal *n.* данник, -ница: даннический

vast *adj.* широкий

Vat. (Vaticanus) *n.* Ватикан

Vatican Ватикан; ~ Council Ватиканский собор

vaticide *n.* убийца предсказате-
ля/прорицателя

vaticinal *adj.* пророческий

vaticinate *v.* пророчествовать;
предсказывать; прорицать

vaticination *n.* предсказание;
пророчество, прорицание;
предсказательство

vaticinator *n.* предсказатель; ясновидящий; прорицатель

Vatopedion monastery Ватопед-
ский монастырь

vault *n.* склеп

vaunt *v.* тщеславиться; возгордиться "And the Lord said unto
Gideon, The people that [are]
with thee [are] too many for me
to give the Midianites into their
hands, lest Israel vaunt themselves against me, saying, Mine
own hand hath saved me" (Jdg.,
7:2) / «И сказал Господь Геде-
ону: народа с тобою слишком
много, не могу Я предать Ма-
дианитян в руки их, чтобы не
возгордился Израиль предо
Мною и не сказал: моя рука
спасла меня» (Суд., 7:2); пре-
возноситься "Charity suffereth
long, [and] is kind; charity en-
vieth not; charity vaunteth not itself, is not puffed up" (1 Co.,
13:4); ~ed хваленый, восхва-
ляемый

vaunt-courier *n.* вестник; предвестник

vauntful *adj.* тщеславный, хваст-
ливый

VB. (Vir Bonus) муж добрый

Vba. (Verba) слова

vegetable *adj.* прозябаемый; ~
kingdom прозябаемое царство

vegetate *v.* прозябать, прозябнуть; произрастать, произрасти

vegetation *n.* прозябание

vehement *adj.* пламенный; ~ wish
пламенное желание; ~ passion
пламенная страсть; знойный
"And it came to pass, when the
sun did arise, that God prepared
a vehement east wind; and the
sun beat upon the head of Jonah,
that he fainted, and wished in
himself to die, and said, [It is]
better for me to die than to live"
(Jon., 4:8) / «Когда же взошло
солнце, навел Бог знойный
восточный ветер, и солнце
стало палить голову Ионы, так
что он изнемог и просил себе
смерти, и сказал: лучше мне
умереть, нежели жить» (Ион.,
4:8); сильный "Set me as a seal
upon thine heart, as a seal upon
thine arm: for love [is] strong as
death; jealousy [is] cruel as the
grave: the coals thereof [are]
coals of fire, [which hath a] most
vehement flame" (Song, 8:6) /
«Положи меня, как печать, на
сердце твое, как перстень, на
руку твою: ибо крепка, как
смерть, любовь; люта, как
преисподняя, ревность; стрелы
ее — стрелы огненные; она
пламень весьма сильный»
(Песн., 8:6).

veil I *n.* покров; покрывало "The
watchmen that went about the
city found me, they smote me,
they wounded me; the keepers

of the walls took away my veil from me" (Song, 5:7) / «Встретили меня стражи, обходящие город, избили меня, изранили меня; сняли с меня покрывало стерегущие стены» (Песн. Песн., 5:7); завеса "And, behold, the veil of the temple was rent in twain from the top to the bottom; and the earth did quake, and the rocks rent" (Mt., 27:51) / «И вот, завеса в храме раздралась надвое, сверху донизу; и земля потряслась; и камни расселись» (Матф., 27:51).

veil II *v.* покрывать, покрыть (кого-л./что-л., чем-л.)

vellum *n.* тонкий пергамент; ~ roll пергаментный свиток

Ven. (Venerable) преподобный; Его Преподобие, титулование архиепископа

Venebli (Venerabili) преподобный; Его Преподобие, титулование архиепископа

venerable *adj.* преподобный; благочестивый; достопочтенный

venerate *v.* благоговеть (перед кем-л.); чествовать (кого-л.)

veneration *n.* почитание; ~ of the Cross Поклонение Кресту Господню; благоговение; чествование

venge *v.* мстить

vengeance *n.* месть, мщение; возмездие; отмщение "To me [belongeth] vengeance, and recompence; their foot shall slide in [due] time: for the day of their calamity [is] at hand, and the things that shall come upon them make haste" (De., 32:35) /

«У Меня отмщение и воздаяние, когда поколеблется нога их; ибо близок день погибели их, скоро наступит уготованное для них» (Втор., 32:35).

Veni, Creator Spiritus «Прииди, Дух творящий»

Veni, Sancte Spiritus «Прииди, Святой Дух»

veniality *n.* простительность греха

Venite «Приидите», псалм 94

Venite adoremus «Приидите, поклонимся»

venom I *n.* злоба; яд; отрава "Their wine [is] the poison of dragons, and the cruel venom of asps" (De., 32:33) / «Вино их яд драконов и гибельная отрава аспидов» (Втор., 32:33).

venom II *v.* отравлять что-л.

venomous *adj.* ядовитый

vent *v.* изливать, излить (что-л., на кого-л.); ~ one's anger on smb. излить гнев

venture I *n.* попытка

venture II *v.* дерзать, дерзнуть; решать, решиться (на что-л.); сметь, посметь

veracious *adj.* правдивый, честный; откровенный

veracity *n.* правдивость; правда, истина

verbal *adj.* словесный

verberation *n.* удар в колокол

verbiage *n.* многословие; словоблудие

verbosity *n.* многословие; словоблудие

verge *n.* посох (символ власти); жезлоносец; церковный служитель

veridical *adj.* безоблыжный

verily *adv.* истинно "And he sighed deeply in his spirit, and saith, Why doth this generation seek after a sign? verily I say unto you, There shall no sign be given unto this generation" (Mk., 8:12) / «И Он, глубоко вздохнув, сказал: для чего род сей требует знамения? Истинно говорю вам, не дастся роду сему знамение» (Марк., 8:12); поистине

verisimilar *adj.* правдоподобный; вероятный

verisimilitude *n.* вероятность; правдоподобие

veritable *adj.* истинный

verity *n.* истина "Whereunto I am ordained a preacher, and an apostle, (I speak the truth in Christ, [and] lie not;) a teacher of the Gentiles in faith and verity" (1 Ti., 2:7) / «Для которого я поставлен проповедником и Апостолом, — истину говорю во Христе, не лгу, — учителем язычников в вере и истине» (1 Тим., 2:7); правда; реальность, действительность; ~ and falsity истина и ложь

vermail *n.* позолота

vermin *n.* гадина

vernacularize *v.* переводить Библию (с латинского яз.)

Vernicle «Спас Нерукотворный»

verocity *n.* справедливость

Vers. (Versiculus) бревиарий «Версикулус»

versal *adj.* целый

verse *n.* стих; ~s стихословие

verset *n.* стих

Versicle Breviary бревиарий «Версикулус»

versicle *n.* антифон; ектенья

version *n.* перевод Библии

versionist *n.* переводчик Священного Писания

versute *adj.* хитрый, хитроумный; коварный

vert (convert) обращенный в другую веру

verve *n.* способность, талант

very *adj.* истинный; the ~ God of the ~ God Бог истинный от Бога истинна; ~ Reverend досточтимый

Vesp. (Vesperae) бревиарий «Весперэ»

vesper I *n.* вечерняя звезда; вечерний звон; вечер; вечерняя пора

vesper II *adj.* вечерний; ~ bell вечерний звон; ~s вечерня; всенощная (служба)

Vespers Breviary бревиарий «Весперэ»

vessel *n.* сосуд "And the Lord spake unto Moses, Say unto Aaron, Take thy rod, and stretch out thine hand upon the waters of Egypt, upon their streams, upon their rivers, and upon their ponds, and upon all their pools of water, that they may become blood; and [that] there may be blood throughout all the land of Egypt, both in [vessels of] wood, and in [vessels of] stone" (Ex., 7:19) / «И сказал Господь Моисею: скажи Аарону [брату твоему]: возьми жезл твой [в руку твою] и простри руку твою на воды Египтян: на реки их, на потоки их, на озера их и на всякое вместилище вод их, — и превратятся в кровь, и будет кровь по всей земле Египетской и в деревянных и в каменных сосудах» (Исх., 7:19); посудина; ~s of election, chosen ~s сосуды избранные; the weaker ~ сосуд скудельный; broken ~ сосуд разбитый; ~ of mercy сосуд милосердия

vest I *n.* одеяние; наряд

vest II *v.* облачать, облачить (кого-л.); to ~ the altar украшать алтарь; ~ed priests священники в облачении

Vest. (Vester) Ваш

vestal I *n.* весталка; девственница; монахиня

vestal II *adj.* девственный, целомудренный; чистый, непорочный; стародевичий, стародевический

vestiarian *adj.* ризный

Vestiarian Controversy Спор о правилах ношения церковного облачения

vestiture *n.* одежда; одеяние; посвящение в духовный сан

vestment *n.* одеяние, одежда; наряд; покров; облачение; риза; фелонь; епанча; напрестольная пелена

vestry *n.* ризница; сакристия; собрание прихожан; церковный совет; ~ book церковная книга записи рождений, браков, смертей; инвентарная книга ризницы; ~ room ризница; сакристия

vestry-clerk *n.* приходский казначей; письмоводитель прихода

vestry-keeper *n.* сакелларий

vestryman *n.* член церковного совета

vesture *n.* одеяние; покров; покрывало "Thou shalt make thee fringes upon the four quarters of thy vesture, wherewith thou coverest [thyself]" (De., 22:12) / «Сделай себе кисточки на четырех углах покрывала твоего, которым ты покрываешься» (Втор., 22:12); одежды "They part my garments among them, and cast lots upon my vesture" (Ps., 22:18) / «Делят ризы мои между собою и об одежде моей бросают жребий» (Псл., 21:19).

veto *n.* запрещение

vex *v.* печалить, опечалить (кого-л./что-л.); притеснять, притеснить (кого-л.) "Thou shalt neither vex a stranger, nor oppress him: for ye were strangers in the land of Egypt" (Ex., 22:21) / «Пришельца не притесняй и не угнетай его, ибо вы сами были пришельцами в земле Египетской» (Исх., 22:21); враждовать "Vex the Midianites, and smite them" (Nu., 25:17) / «Враждуйте с Мадианитянами, и поражайте их» (Числ., 25:17); теснить "But if ye will not drive out the inhabitants of the land from before you; then it shall come to pass, that those which ye let remain of them [shall be] pricks in your eyes, and thorns in your sides, and shall vex you in the land wherein ye dwell" (Nu., 33:55) / «Если же вы не прогоните от себя жителей земли, то оставшиеся из них будут тернами для глаз ваших и иглами для боков ваших и будут теснить вас на земле, в которой вы будете жить» (Числ, 33:55).

vexation *n.* ужас; мука, томление; ~ of spirit томление духа "I have seen all the works that are done under the sun; and, behold, all [is] vanity and vexation of spirit" (Ec., 1:14) / «Видел я все дела, какие делаются под солнцем, и вот, все — суета и томление духа!» (Еккл., 1:14); ~ of mind душевные муки; притеснение; угнетение, угнетенность; смятение "The Lord shall send upon thee cursing, vexation, and rebuke, in all that thou settest thine hand unto for to do, until thou be destroyed, and until thou perish quickly; because of the wickedness of thy doings, whereby thou hast forsaken me" (De., 28:20) / «Пошлет Господь на тебя проклятие, смятение и несчастье во всяком деле рук твоих, какое ни станешь ты делать, доколе не будешь истреблен, — и ты скоро погибнешь за злые дела твои, за то, что ты оставил Меня» (Втор., 28:20); волнение "And in those times [there was] no peace to him that went out, nor to him that came in, but great vexations [were] upon all the inhabitants of the countries" (2 Chr., 15:5) / «В те времена не будет мира ни выходящему, ни входящему, ибо великие волнения будут у всех жителей земель» (2 Пар., 15:5).

vexer *n.* притеснитель, -ница

vexillum *n.* сулок, полотнище на архиерейском посохе

Via Dolorosa Крестный путь, Путь страданий

via prep. путем; посредством чего-л.

viaticum *n.* соборование; последнее причастие, to administer the ~ соборовать, причащать умирающего

viator *n.* путник; странник; ~es путники; странники

Vic. For. (Vicarius Fôraneus) викарий форейнский

vicar *n.* викарий; легат; ~ apostolic апостолический викарий; ~ choral регент; дьячок; ~ of Bray ренегат, приспособленец,; ~ of Christ викарий Иисуса Христа; наместник, -ница; приходский священник

vicarage *n.* бенифиций викария; дом священника; сан викария

vicarate *n.* викариат; наместничество

vicaress *n.* мать-казначея, жена викария

Vicar-Forane *n.* викарий форейнский

vicar-general *n.* генеральный викарий

vicarial *adj.* пастырский; викарный; наместнический; ~ duties пастырские обязанности

vicariate *n.* викариат

vicarious *adj.* искупительный; викарный; викарский; наместнический; ~ sacrifice искупительная жертва; the ~ sufferings of Christ страдания Христовы во искупление грехов

vicarship *n.* викарство

vice *n.* порок, зло; sunk in ~ погрязший в пороке; addict oneself to ~ предаваться порокам

vice versa наоборот

vicegerency *n.* наместничество

vicegerent I *n.* наместник, -ница

vicegerent II *adj.* наместнический

vice-legate *n.* советник папского нунция

vicennial *n.* двадцатилетний период/юбилей

vicious *adj.* порочный; развратный; ~ circle порочный круг

viciousness *n.* порочность

vicissitude *n.* превратность; злоключение; ~s of life превратности судьбы

victim *n.* жертва; ~ of expiation жертва искупления

victimization *n.* принесение в жертву

victimize *v.* приносить в жертву

victor *n.* победитель, -ница

Victor I *n.* Виктор I

Victor II *n.* Виктор II

Victor III *n.* Виктор III

Victor IV *n.* Виктор IV

Victorian period Большой пасхальный цикл

victorous *adj.* победительный; победоносный

victory *n.* победа "And the victory that day was [turned] into mourning unto all the people: for the people heard say that day how the king was grieved for his son" (2 Sa., 19:2) / «И обратилась победа того дня в плач для всего народа; ибо народ услышал в тот день и говорил, что царь скорбит о своем сыне» (2 Цар., 19:2); gain a ~ одержать победу над кем-л.

victress *n.* победительница

victrix *n.* победительница

victuals *n.* снедь; трапеза; запас "And they took all the goods of Sodom and Gomorrah, and all their victuals, and went their way" (Ge., 14:11) / «Победители взяли все имущество Содома и Гоморры и весь запас их и ушли» (Быт., 14:11); хлеб "Thou shalt not lend upon usury to thy brother; usury of money, usury of victuals, usury of any thing that is lent upon usury" (De., 23:19) / «Не отдавай в рост брату твоему ни серебра, ни хлеба, ни чего-либо другого, что можно отдавать в рост» (Втор., 23:19); продовольствие "And he enquired of the Lord for him, and gave him victuals, and gave him the sword of Goliath the Philistine" (1 Sa., 22:10) / «И тот вопросил о нем Господа, и дал ему продовольствие, и меч Голиафа Филистимлянина отдал ему». (1 Цар., 22:10); содержание "And they arose out of Midian, and came to Paran: and they took men with them out of Paran, and they came to Egypt, unto Pharaoh king of Egypt; which gave him an house, and appointed him victuals, and gave him land" (1 Ki., 11:18) / «Отправившись из Мадиама, они пришли в Фаран и взяли с собою людей из Фарана и пришли в Египет к фараону, царю Египетскому. [Адер вошел к фараону, и] он дал ему дом, и назначил ему содержание, и дал ему землю» (3 Цар., 11:18).

Vid. (Vidua) бревиарий «Видуа»; (Videlicet) то есть, а именно

Videl. (Videlicet) а именно, то есть

videlicet то есть; а именно

Vig. (Vigilia) бревиарий «Вигилиа»

vigil *n.* канун; бдение; навечерие; повечерие; всенощная; всенощное бдение; ~ of a Feast Breviary бревиарий «Вигилиа»; the Easter ~ пасхальная заутреня

vigilance *n.* бдение; бодрствование; всенощная (служба); неусыпность

vigilant *adj.* неусыпный

Vigilius Вигилий

vile *adj.* подлый, низкий; гнусный; ~ language сквернословие; ~ sin тяжкий грех; мерзкий; низменный; ~ motive низменное побуждение; презренный; скверный; обезображенный "Forty stripes he may give him, [and] not exceed: lest, [if] he should exceed, and beat him above these with many stripes, then thy brother should seem vile unto thee" (De., 25:3) / «Сорок ударов можно дать ему, а не более, чтобы от многих ударов брат твой не был обезображен пред глазами твоими» (Втор., 25:3); униженнный "Wherefore are we counted as beasts, [and] reputed vile in your sight?" (Job, 18:3) / «Зачем считаться нам за животных и быть униженными в собственных глазах ваших?» (Иов., 18:3).

vilification *n.* поношение, диффамация

vilifier *n.* поноситель, очернитель; клеветник

vilify *v.* поносить, чернить; клеветать

vilipend *v.* пренебрегать; поносить, чернить

village *n.* селение "But the houses of the villages which have no wall round about them shall be counted as the fields of the country: they may be redeemed, and they shall go out in the jubile" (Lev., 25:31) / «А домы в селениях, вокруг которых нет стены, должно считать наравне с полем земли: выкупать их [всегда] можно, и в юбилей они отходят» (Лев., 25:31); село

villager *n.* селянин, -нка

villain *n.* злодей, -ка; негодяй; преступник; муж кровей

villainy *n.* злодейство, преступление; подлость, низость

villanous *adj.* злодейский

villany *n.* злодейство

Vincentian *n.* винцентианин, лазарит

vindicate *v.* мстить; отстаивать, отстоять (что-л.)

vindicatress *n.* защитница, поборница

vindictive *adj.* мстительный; карательный; карающий; ~ punishment возмездие

vindictiveness *n.* мстительность

vine *n.* виноградная лоза; виноград "And the chief butler told his dream to Joseph, and said to him, In my dream, behold, a vine [was] before me" (Ge., 40:9) / «И рассказал главный виночерпий Иосифу сон свой и сказал ему: мне снилось, вот виноградная лоза предо мною» (Быт., 40:9).

vinedresser *n.* виноградарь "And strangers shall stand and feed your flocks, and the sons of the alien [shall be] your plowmen and your vinedressers" (Isa, 61:5) / «И придут иноземцы и будут пасти стада ваши; и сыновья чужестранцев будут вашими земледельцами и вашими виноградарями» (Ис., 61:5).

Vinegar Bible «Уксусная Библия»

vineyard виноградник "And Noah began [to be] an husbandman, and he planted a vineyard" (Ge. 9:20) «Ной начал возделывать землю и насадил виноградник» (Быт., 9:20).

viny *adj.* виноградный

Viol. (Violaceus) бревиарий «Виолакеус», «Фиолетовый служебник»

violate *v.* нарушать, нарушить (что-л.) "Her priests have violated my law, and have profaned mine holy things: they have put no difference between the holy and profane, neither have they shewed [difference] between the unclean and the clean, and have hid their eyes from my sabbaths, and I am profaned among them" (Ez., 22:26) / «Священники ее нарушают закон Мой и оскверняют святыни Мои, не отделяют святого от несвятого и не указывают различия между чистым и нечистым, и от суббот Моих они закрыли глаза свои, и Я уничижен у них» (Иез., 22:26); преступать, преступить (что-л.)

violation *n.* осквернение; оскорбление; the ~ of a sacred place осквернение святыни; ~ of sanctity поругание святыни; ~ of an oath нарушение клятвы

violator *n.* осквернитель; нарушитель, -ница

violence *n.* насилие, принуждение; насильство; злодеяние "The earth also was corrupt before God, and the earth was filled with violence" (Ge., 6:11) / «Но земля растлилась пред лицем Божиим, и наполнилась земля злодеяниями» (Быт., 6:11).

violent *adj.* насильственный; жестокий "And that bringeth me forth from mine enemies: thou also hast lifted me up on high above them that rose up against me: thou hast delivered me from the violent man" (2 Sa., 22:49) / «И избавляющий меня от врагов моих! Над восстающими против меня Ты возвысил меня; от человека жестокого Ты избавил меня» (2 Цар., 22:49); неблагонамеренный "A violent man enticeth his neighbour, and leadeth him into the way [that is] not good" (Pr. 16:29) / «Человек неблагонамеренный развращает ближнего своего и ведет его на путь недобрый» (Притч., 16:29).

Violet Breviary бревиарий «Виолакеус», «Фиолетовый служебник»

viper *n.* змей; гадюка; змеюка, змея, змий, гадина; аспид "The burden of the beasts of the south: into the land of trouble and anguish, from whence [come] the young and old lion, the viper and fiery flying serpent, they will carry their riches upon the shoulders of young asses, and their treasures upon the bunches of camels, to a people [that] shall not profit [them]". (Isa, 30:6) / «Тяжести на животных, идущих на юг, по земле угнетения и тесноты, откуда выходят львицы и львы, аспиды и летучие змеи; они несут на хребтах ослов богатства свои и на горбах верблюдов сокровища свои к народу, который не принесет им пользы» (Ис., 30:6); brood of ~ змея подколодная

Vir dolorum «Муж скорбей», «Христос в терновом венце»

virgin I *n.* дева "And the damsel [was] very fair to look upon, a virgin, neither had any man known her: and she went down to the well, and filled her pitcher, and came up" (Ge., 24:16) / «Девица была прекрасна видом, дева, которой не познал муж. Она сошла к источнику, наполнила кувшин свой и пошла вверх» (Быт., 24:16); девица "Behold, I stand by the well of water; and it shall come to pass, that when the virgin cometh forth to draw [water], and I say to her, Give me, I pray thee, a little water of thy pitcher to drink" (Ge., 24:43) / «То вот, я стою у источника воды, [и дочери жителей города выходят черпать воду,] и девица, которая вый-

дет почерпать, и которой я скажу: дай мне испить немного из кувшина твоего» (Быт., 24:43); девственница

virgin II *adj.* девический; девственный; матеродевственный; невинный, непорочный; ~ wax ярый (воск); ~ Mary Дева Мария, Приснодева Мария, Богородица; the Holy ~ Девоматерь; Ever-~ Приснодева; девица; the wise and foolish ~s мудрые и неразумные девы; ~ Birth Непорочное зачатие

virginal *adj.* девственный; невинный, непорочный; девический

virgin-birth *n.* непорочное зачатие

virginhood *n.* девственность; непорочность

virginity *n.* невинность, непорочность; девство "Then shall the father of the damsel, and her mother, take and bring forth [the tokens of] the damsel's virginity unto the elders of the city in the gate" (De., 22:15) / «То отец отроковицы и мать ее пусть возьмут и вынесут признаки девства отроковицы к старейшинам города, к воротам» (Втор., 22:15).

Virgo Lactans Дева Кормящая, Мария Кормящая

Virgo Sapientissima «Дева Премудрость», «Дева Мария с книгой»

Virid. (Viridis) бревиарий «Виридис», «Зеленый служебник»

virility *n.* возмужалость

virtue *n.* добродетель "Finally, brethren, whatsoever things are true, whatsoever things [are] honest, whatsoever things [are] just, whatsoever things [are] pure, whatsoever things [are] lovely, whatsoever things [are] of good report; if [there be] any virtue, and if [there be] any praise, think on these things" (Php., 4:8) / «Наконец, братия мои, что только истинно, что честно, что справедливо, что чисто, что любезно, что достославно, что только добродетель и похвала, о том помышляйте» (Фил., 4:8); нравственность; ~ and vice добродетель и порок; ~s силы (чин ангельский); heavenly ~s силы небесные; emulation in ~ соревнование в добродетели; достоинство; свойство; честность; сила "And Jesus, immediately knowing in himself that virtue had gone out of him, turned him about in the press, and said, Who touched my clothes?" (Mk., 5:30) «В то же время Иисус, почувствовав Сам в Себе, что вышла из Него сила, обратился в народе и сказал: кто прикоснулся к Моей одежде?» (Марк., 5:30); ~s Силы (ангельский чин); благость "According as his divine power hath given unto us all things that [pertain] unto life and godliness, through the knowledge of him that hath called us to glory and virtue" (2 Pe., 1:3) / «Как от Божественной силы Его даровано нам все потребное для жизни и благочестия, через познание Призвавшего нас славою и благостию» (2 Петр., 1:3).

virtuous *adj.* добродетельный "And now, my daughter, fear not; I will do to thee all that thou requirest: for all the city of my people doth know that thou [art] a virtuous woman" (Ru., 3:11) / «Итак, дочь моя, не бойся, я сделаю тебе все, что ты сказала; ибо у всех ворот народа моего знают, что ты женщина добродетельная» (Руф., 3:11).

virtuousness *n.* добродетель

visibility *n.* видимость

visible *adj.* видимый; ~ representative видимый образ; visible in substance видимый в существе: God is the Author of all things visible and invisible Бог есть Творец всего видимого и невидимого "For by him were all things created, that are in heaven, and that are in earth, visible and invisible, whether [they be] thrones, or dominions, or principalities, or powers: all things were created by him, and for him" (Col., 1:16) / «Ибо Им создано все, что на небесах и что на земле, видимое и невидимое: престолы ли, господства ли, начальства ли, власти ли, — все Им и для Него создано» (Кол., 1:16).

visibleness *n.* видимость

vision *n.* видение; "After these things the word of the Lord came unto Abram in a vision, saying, Fear not, Abram: I [am] thy shield, [and] thy exceeding great reward" (Ge., 15:1) / «После сих происшествий было слово Господа к Авраму

в видении [ночью], и сказано:
не бойся, Аврам; Я твой щит;
награда твоя [будет] весьма
велика» (Быт., 15:1); heavenly
~ небесное видение

visionary I *n.* духовидец; визионер; мистик; провидец, прорицатель, пророк

visionary II *adj.* воображаемый, иллюзорный, призрачный, нереальный

visionist *n.* визионер; духовидец; провидец

visit I *n.* посещение

visit II *v.* посещать, посетить (кого-л./что-л.) "And Joseph said unto his brethren, I die: and God will surely visit you, and bring you out of this land unto the land which he sware to Abraham, to Isaac, and to Jacob" (Ge., 50:24) / «И сказал Иосиф братьям своим: я умираю, но Бог посетит вас и выведет вас из земли сей в землю, о которой клялся Аврааму, Исааку и Иакову» (Быт., 50:24).; призреть "And the Lord visited Sarah as he had said, and the Lord did unto Sarah as he had spoken" (Ge., 21:1) / «И призрел Господь на Сарру, как сказал; и сделал Господь Сарре, как говорил» (Быт., 21:1).

Visitandine *n.* визитандинка

visitation *n.* посещение "And what will ye do in the day of visitation, and in the desolation [which] shall come from far? to whom will ye flee for help? and where will ye leave your glory?" (Isa, 10:3) «И что вы будете делать в день посеще-

ния, когда придет гибель издалека? К кому прибегнете за помощью? И где оставите богатство ваше?» (Ис., 10:3); посещение Девой Марией Елисаветы; кара; ~ of God for the people's sins наказание Божие за грехи; died by the ~ of God погиб от руки Божией; ~ Order Орден визитандинок; попечение "Thou hast granted me life and favour, and thy visitation hath preserved my spirit" (Job, 10:12) / «Жизнь и милость даровал мне, и попечение Твое хранило дух мой?» (Иов., 10:12).

visitor *n.* гость, гостья

Vitalian Виталиан

vitiate *v.* растлевать, растлить (кого-л./что-л.)

vitiation *n.* растление

vitiosity *n.* порочность

vituperation *n.* поношение, хула

vituperative *adj.* бранный, ругательный; оскорбительный; злобный, злоязычный

vituperator *n.* поноситель, хулитель

vivific *adj.* животворный, живительный; живоносный; животворный, животворящий

vivification *n.* оживотворение; воскрешение; животворение

vivifier *n.* животворец; жизнедатель; житель, -ница

vivify *v.* воскрешать; живить, оживить (кого-л./что-л.); животворить (кого-л./что-л.)

vivifying *adj.* живительный; животворный, животворящий; оживительный

vocation *n.* призвание

vociferation *n.* вопль

voice *n.* глас; голос "And they heard the voice of the Lord God walking in the garden in the cool of the day: and Adam and his wife hid themselves from the presence of the Lord God amongst the trees of the garden" (Ge., 3:8) / «И услышали голос Господа Бога, ходящего в раю во время прохлады дня; и скрылся Адам и жена его от лица Господа Бога между деревьями рая» (Быт., 3:8); the ~ of God, ~ of an angel глас Божий

voiceless *adj.* безгласый

voicelessness *n.* безмолвие; немота

voidance *n.* вакансия

volens nolens волей-неволей

volitional *adj.* волевой

voluntariness *n.* добровольность

voluntary I *n.* доброволец

voluntary II *adj.* вольный; добровольный; произвольный

volunteer *n.* доброволец

voluptuous *adj.* сладострастный

voluptuousness *n.* плотоугодие

votaress *n.* монахиня; ревностная служительница

votarist *n.* приверженец; апологет

votary *n.* монах; монахиня; приверженец; апологет

vote *v.* голосовать, проголосовать (за кого-л./за что-л.); voting голосование

votive *adj.* принесенный/исполненный по обету; ~ offering жертвоприношение по обету; ~ candle свеча, поставленная с мольбой Господу/Богородице/святому; ~ mass заказанная месса

votively *adv.* по обету

votress *n.* ревностная служительница; защитница

vouch *v.* подтверждать, подтвердить (что-л.)

vouchsafe *v.* изволять, изволить; сподоблять, сподобить (кого-л.)

vouchsafement *n.* соизволение; пожалование; милость; дар, благодеяние

vow I *n.* обет "And Jacob vowed a vow, saying, If God will be with me, and will keep me in this way that I go, and will give me bread to eat, and raiment to put on" (Ge., 28:20) / «И положил Иаков обет, сказав: если [Господь] Бог будет со мною и сохранит меня в пути сем, в который я иду, и даст мне хлеб есть и одежду одеться» (Быт., 28:20); клятва; зарок; мольба, молитва

vow II *v.* клясться, поклясться (в чем-л., кому-л.); давать обет/клятву; посвящать; обрекать; the ~ of chastity обет безбрачия; to take the ~s постричься в монахи, принять монашество; to ~ celibacy дать обет безбрачия; ~ of chastity обет безбрачия; break the ~ нарушить обет

vox clamantis in deserto глас вопиющего в пустыне

vox populi глас народа

voyage *n.* путешествие

Vrae. (Vestrae) Ваш

vulgar I *n.* толпа; чернь

vulgar II *adj.* народный; плебейский; ~ Latin народная латынь

Vulgate Вульгата, латинская Библия

vulgus *n.* толпа; чернь
vulnerable *adj.* уязвимый

W

Wadi Daliyeh Вади-Далия
Wadi Khabrah Вади-Хабра
Wadi Seiyal Вади-Сейял
wafer *n.* облатка; опреснок "And one loaf of bread, and one cake of oiled bread, and one wafer out of the basket of the unleavened bread that [is] before the Lord" (Ex., 29:23) / «И один круглый хлеб, одну лепешку на елее и один опреснок из корзины, которая пред Господом» (Исх., 29:23); просфора; лепешка "And the house of Israel called the name thereof Manna: and it [was] like coriander seed, white; and the taste of it [was] like wafers [made] with honey" (Ex., 16:31) / «И нарек дом Израилев хлебу тому имя: манна; она была, как кориандровое семя, белая, вкусом же как лепешка с медом» (Исх., 16:31).
wafer-baker *n.* просвирня
wail I *n.* плач, вопль; рыдание; причитание; сетование; стенания
wail II *v.* оплакивать "Son of man, wail for the multitude of Egypt, and cast them down, [even] her, and the daughters of the famous nations, unto the nether parts of the earth, with them that go down into the pit" (Ez., 32:18) / «Сын человеческий! оплачь народ Египетский, и низринь его, его и дочерей знаменитых народов в преисподнюю, с отходящими в могилу» (Иез., 32:18); причитать, стенать; to ~ for/over причитать над покойником; голосить (по кому-л./чему-л.); плакать (о ком-л./о чем-л.) "Therefore I will wail and howl, I will go stripped and naked: I will make a wailing like the dragons, and mourning as the owls" (Mi., 1:8) / «Об этом буду я плакать и рыдать, буду ходить, как ограбленный и обнаженный, выть, как шакалы, и плакать, как страусы» (Мих., 1:8); причитывать, причитать (по ком-л.); сетовать (на кого-л.), (о чем-л.); стенать; ~ing рыдание
wailful *adj.* жалобный
Wailing Wall Стена плача
wait *n.* христослав, колядчик, колядовщик; коледа, колядка, рождественское песнопение; *v.* годить, погодить; ~ for ожидать (кого-л./чего-л.); дожидаться, дождаться (чего-л.); ждать (кого-л./чего-л.); ~ing ожидание
wake I *n.* бдение; всенощная в канун местного праздника
wake II *v.* пробуждать, пробудить (кого-л./что-л.) "And the angel that talked with me came again, and waked me, as a man that is wakened out of his sleep" (Ze., 4:1) / «И возвратился тот Ангел, который говорил со мною, и пробудил меня, как пробуждают человека от сна его» (Зах., 4:1); бодрствовать "Who died for us, that, whether we wake or sleep, we should live to-

gether with him" (1 Th., 5:10) / «Умершего за нас, чтобы мы, бодрствуем ли, или спим, жили вместе с Ним» (1 Фес., 5:10); возбуждать "Proclaim ye this among the Gentiles; Prepare war, wake up the mighty men, let all the men of war draw near; let them come up" (Joel, 3:9) / «Провозгласите об этом между народами, приготовьтесь к войне, возбудите храбрых; пусть выступят, поднимутся все ратоборцы» (Иоил., 3:9); ~ up пробуждаться, пробудиться (от чего-л.); waking up пробуждение

Waldenses *n. pl.* вальденсы
Waldensian *adj.* вальденский
Waldensians *n. pl.* вальденсы
walk *v.* идти; ступать, ступить; ходить; ~ unstumblingly ходить непреткновенно; ~ in darkness ходить во тьме; ~ with God ходить перед Богом "And Enoch walked with God after he begat Methuselah three hundred years, and begat sons and daughters" (Ge., 5:22) / «И ходил Енох пред Богом, по рождении Мафусала, триста лет и родил сынов и дочерей» (Быт., 5:22); ~ by faith, not by sight ходить верою, а не видением; жить ~ in faith жить по заветам веры; ~ after the spirit жить духовной (праведной) жизнью; ~ honestly вести себя благочинно; ~ing прохождение
walking-staff *n.* пилигримский посох
wall *n.* стена "Joseph [is] a fruitful bough, [even] a fruitful bough by a well: [whose] branches run

over the wall" (Ge., 49:22) / «Иосиф — отрасль плодоносного дерева, отрасль плодоносного дерева над источником; ветви его простираются над стеною» (Быт., 49:22); ограда; ~-painting *n.* стенопись; фреска; фрески
wallow *v.* закосневать, закоснеть, погрязнуть (в грехе); утопать, утопить, утонуть; лежать "And Amasa wallowed in blood in the midst of the highway. And when the man saw that all the people stood still, he removed Amasa out of the highway into the field, and cast a cloth upon him, when he saw that every one that came by him stood still" (2 Sa., 20:12) / «Амессай же [мертвый] лежал в крови среди дороги; и тот человек, увидев, что весь народ останавливается над ним, стащил Амессая с дороги в поле и набросил на него одежду, так как он видел, что всякий проходящий останавливался над ним» (2 Цар., 20:12); посыпать "O daughter of my people, gird [thee] with sackcloth, and wallow thyself in ashes: make thee mourning, [as for] an only son, most bitter lamentation: for the spoiler shall suddenly come upon us" (Je., 6:26) / «Дочь народа моего! опояшь себя вретищем и посыпь себя пеплом; сокрушайся, как бы о смерти единственного сына, горько плачь; ибо внезапно придет на нас губитель» (Иер., 6:26).

22*

Walpurgis Night Вальпургиева
ночь

Walpurgis oil Вальпургиев елей

Waltonian Polyglot «Лондонская
полиглотта», «Уолтоновская
полиглотта»

wand-bearer *n.* жезлоносец

wander I *n.* странствие; скитание

wander II *v.* бродить; скитаться;
~ing Jew Вечный жид; странствовать "And it came to pass,
when God caused me to wander from my father's house,
that I said unto her, This [is] thy
kindness which thou shalt shew
unto me; at every place whither
we shall come, say of me, He
[is] my brother" (Ge., 20:13) /
«Когда Бог повел меня странствовать из дома отца моего,
то я сказал ей: сделай со
мною сию милость, в какое ни
придем мы место, везде говори обо мне: это брат мой»
(Быт., 20:13); заблудиться
"And Abraham rose up early in
the morning, and took bread,
and a bottle of water, and gave
[it] unto Hagar, putting [it] on
her shoulder, and the child, and
sent her away: and she departed,
and wandered in the wilderness
of Beersheba" (Ge., 21:14) /
«Авраам встал рано утром, и
взял хлеба и мех воды, и дал
Агари, положив ей на плечи, и
отрока, и отпустил ее. Она
пошла, и заблудилась в пустыне Вирсавии» (Быт., 21:14);
кочевать "And your children
shall wander in the wilderness
forty years, and bear your
whoredoms, until your carcases

be wasted in the wilderness"
(Nu., 14:33) / «А сыны ваши
будут кочевать в пустыне сорок лет, и будут нести наказание за блудодейство ваше, доколе не погибнут все тела ваши в пустыне» (Числ., 14:33);
ходить "And now, behold, the
Lord hath kept me alive, as he
said, these forty and five years,
even since the Lord spake this
word unto Moses, while [the
children of] Israel wandered in
the wilderness: and now, lo, I
[am] this day fourscore and five
years old" (Jos., 14:10) / «Итак,
вот, Господь сохранил меня в
живых, как Он говорил; уже
сорок пять лет прошло от того
времени, когда Господь сказал
Моисею слово сие, и Израиль
ходил по пустыне; теперь, вот,
мне восемьдесят пять лет»
(Нав., 14:10); скитаться "He
wandereth abroad for bread,
[saying], Where [is it]? he
knoweth that the day of darkness is ready at his hand" (Job,
15:23) / «Он скитается за кус-
ком хлеба повсюду; знает, что
уже готов, в руках у него день
тьмы» (Иов., 15:23); ~ing блуждание, скитание

wanderer *n.* скиталец, -ца "My
God will cast them away, because they did not hearken unto
him: and they shall be wanderers among the nations" (Hos.,
9:17) / «Отвергнет их Бог мой,
потому что они не послушались Его, и будут скитальцами
между народами» (Ос., 9:17);
странник, -ниц; переливатель
"Therefore, behold, the days

come, saith the Lord, that I will send unto him wanderers, that shall cause him to wander, and shall empty his vessels, and break their bottles" (Je., 48:12) / «Посему вот, приходят дни, говорит Господь, когда Я пришлю к нему переливателей, которые перельют его и опорожнят сосуды его, и разобьют кувшины его» (Иер., 48:12).

wandsman *n.* жезлоносец; служитель собора

want I *n.* надобность; необходимость; нужда; потребность; потреба

want II *v.* желать, пожелать (чего-л., кому-л. чего-л.); хотеть, восхотеть (чего-л.); нуждаться "But thou shalt open thine hand wide unto him, and shalt surely lend him sufficient for his need, [in that] which he wanteth" (De., 15:8) / «Но открой ему руку твою и дай ему взаймы, смотря по его нужде, в чем он нуждается» (Втор., 15:8); ~ed надобный, необходимый

wanton *adj.* развратный

war *n.* война; ратоборство

ward *n.* воспитанник; ~ off предотвращать, предотвратить (что-л.)

warfare *n.* война "And it came to pass in those days, that the Philistines gathered their armies together for warfare, to fight with Israel" (1 Sa., 28:1) / «В то время Филистимляне собрали войска свои для войны, чтобы воевать с Израилем» (1 Цар., 28:1); воинствование "For the weapons of our warfare [are]

not carnal, but mighty through God to the pulling down of strong holds" (2 Co., 10:4) / «Оружия воинствования нашего не плотские, но сильные Богом на разрушение твердынь: ими ниспровергаем замыслы» (2 Кор., 10:4); ратоборство

warlike *adj.* бранный

warm *adj.* теплый; ~-hearted добросердечный, добросердный

warm-heartedness *n.* добросердечие, добросердие

warmth *n.* тепло; теплота

warn *v.* остерегать, остеречь (кого-л.); предостерегать, предостеречь (кого-л. от чего-л.) "And the king of Israel sent to the place which the man of God told him and warned him of, and saved himself there, not once nor twice" (2 Ki., 6:10) / «И посылал царь Израильский на то место, о котором говорил ему человек Божий и предостерегал его; и сберег себя там не раз и не два» (4 Цар., 6:10); уведомлять, уведомить (кого-л., о чем-л.); наставлять "And what cause soever shall come to you of your brethren that dwell in their cities, between blood and blood, between law and commandment, statutes and judgments, ye shall even warn them that they trespass not against the Lord, and [so] wrath come upon you, and upon your brethren: this do, and ye shall not trespass" (2 Chr., 19:10) / «Во всяком деле спорном, какое поступит к вам от братьев ваших, живущих в городах своих, о кровопролитии ли, или о законе, заповеди, уставах и обрядах, наставляйте их, чтобы они не провинились пред Господом, и не было бы гнева Его на вас и на братьев ваших; так действуйте, — и вы не погрешите» (2 Пар., 19:10); ~ing предварение, предостережение, пророческий

warrant *n.* ручательство

warrior *n.* воин "And when Rehoboam was come to Jerusalem, he assembled all the house of Judah, with the tribe of Benjamin, an hundred and fourscore thousand chosen men, which were warriors, to fight against the house of Israel, to bring the kingdom again to Rehoboam the son of Solomon" (1 Ki., 12:21) / «Ровоам, прибыв в Иерусалим, собрал из всего дома Иудина и из колена Вениаминова сто восемьдесят тысяч отборных воинов, дабы воевать с домом Израилевым для того, чтобы возвратить царство Ровоаму, сыну Соломонову» (3 Цар., 12:21); воитель, -ница; ратник; ратай; ратоборец; воевода

warrior-angel *n.* ангел-воитель

warrior-host *n.* войско, воинство, рать

wash *v.* обмывать, обмыть (кого-л./что-л.); "Let a little water, I pray you, be fetched, and wash your feet, and rest yourselves under the tree" (Ge., 18:4) / «И принесут немного воды, и омоют ноги ваши; и отдохните под

сим деревом» (Быт., 18:4); ~ing омовение

wassail-singer *n.* христослав, колядовщик

waste *n.* разорение; напрасная затрата; *v.* изнурять, изнурить (кого-л./что-л.); напрасно затратить; расточать, расточить (что-л.)

wasteful *adj.* расточительный

wastefulness *n.* расточительность

wasteness *n.* запустение; заброшенность

waster *n.* разоритель, -ница; расточитель, -ница; губитель "Behold, I have created the smith that bloweth the coals in the fire, and that bringeth forth an instrument for his work; and I have created the waster to destroy" (Isa, 54:16) / «Вот, Я сотворил кузнеца, который раздувает угли в огне и производит орудие для своего дела, — и Я творю губителя для истребления» (Ис., 54:16).

watch I *n.* стража; ~ night всенощная

watch II *v.* следить (за кем-л./за чем-л.); стеречь (кого-л./что-л.); надзирать "And Mizpah; for he said, The Lord watch between me and thee, when we are absent one from another" (Ge., 31:49) / «Также: Мицпа, оттого, что Лаван сказал: да надзирает Господь надо мною и над тобою, когда мы скроемся друг от друга» (Быт., 31:49); ~ing бодрствование

watchful *adj.* неусыпный; воздвижен в делание; to be ~ бодрствовать "Be watchful, and strengthen the things which remain, that are ready to die: for I have not found thy works perfect before God" (Rev., 3:2) / «Бодрствуй и утверждай прочее близкое к смерти; ибо Я не нахожу, чтобы дела твои были совершенны пред Богом Моим» (Откр., 3:2); keep a ~ eye (on) бдеть

watchfulness *n.* бдение; неусыпность

watchman *n.* страж; дозорный; хранитель; сторож "And David sat between the two gates: and the watchman went up to the roof over the gate unto the wall, and lifted up his eyes, and looked, and behold a man running alone" (2 Sa., 18:24) / «Давид тогда сидел между двумя воротами. И сторож взошел на кровлю ворот к стене и, подняв глаза, увидел: вот, бежит один человек» (2 Цар., 18:24).

watch-night service новогодняя всенощная

water *n.* вода, водица; holy ~ святая вода; holy-~ basin водосвятная чаша; baptismal ~ купельная вода; *v.* поить "And thither were all the flocks gathered: and they rolled the stone from the well's mouth, and watered the sheep, and put the stone again upon the well's mouth in his place" (Ge., 29:3) / «Когда собирались туда все стада, отваливали камень от устья колодезя и поили овец; потом опять клали камень на свое место, на устье колоде-

зя» (Быт., 29:3); напоить (кого-л., чем-л.); ~ing орошение

wax I *n.* приступ гнева; ярость; воск; bleached ~ белый воск; unbleached ~ желтый воск; virgin ~ ярый воск

wax II *adj.* восковой *v.* делаться, становиться; ~ light восковая свеча; to ~ strong in spirit укрепляться духом

wax-candle *n.* восковая свеча

wax-light *n.* восковая свеча

waxen *adj.* восковой

wax-shot *n.* свечной сбор

Way of the Cross «Крестный путь»

way *n.* путь; стезя; the narrow ~ стезя добродетели; ~ out выход; ~s нравы

wayfarer *n.* путник; странник

wayfaring I *n.* странствия; путешествие; дорога, путь

wayfaring II *adj.* странствующий

Wayiqra *n.* Ваикра, Левит

weak *adj.* немощный; слабосильный; слабый "That he told her all his heart, and said unto her, There hath not come a razor upon mine head; for I [have been] a Nazarite unto God from my mother's womb: if I be shaven, then my strength will go from me, and I shall become weak, and be like any [other] man" (Jdg., 16:17) / «И он открыл ей все сердце свое, и сказал ей: бритва не касалась головы моей, ибо я назарей Божий от чрева матери моей; если же остричь меня, то отступит от меня сила моя; я сделаюсь слаб и буду, как прочие люди» (Суд., 16:17);

бессильный "And Samson said unto her, If they bind me with seven green withs that were never dried, then shall I be weak, and be as another man" (Jdg., 16:7) / «Самсон сказал ей: если свяжут меня семью сырыми тетивами, которые не засушены, то я сделаюсь бессилен и буду как и прочие люди» (Суд., 16:7); немощный "Have mercy upon me, O Lord; for I [am] weak: O Lord, heal me; for my bones are vexed" (Ps., 6:2) / «Помилуй меня, Господи, ибо я немощен; исцели меня, Господи, ибо кости мои потрясены» (Псл., 6:3); ослабевший "Strengthen ye the weak hands, and confirm the feeble knees" (Isa, 35:3) / «Укрепите ослабевшие руки и утвердите колени дрожащие» (Ис., 35:3); истомленный "How weak is thine heart, saith the Lord God, seeing thou doest all these [things], the work of an imperious whorish woman" (Ez. 16:30) / «Как истомлено должно быть сердце твое, говорит Господь Бог, когда ты все это делала, как необузданная блудница!» (Иез., 16:30); ~ will безволие; ~ point слабое место; ~-willed безвольный

weaken *v.* обессиливать, обессилить (кого-л.); ослаблять, ослабить (что-л.) "Then the people of the land weakened the hands of the people of Judah, and troubled them in building" (Ezr., 4:4) / «И стал народ земли той ослаблять руки народа Иудейского и препятствовать ему в строении» (Ездр, 4:4); ~ing оскудение; ослаба, ослабление

weak-minded *adj.* слабоумный

weakness *n.* немощь "And he said unto me, My grace is sufficient for thee: for my strength is made perfect in weakness" (2 Co., 12:9) / «Но Господь сказал мне: довольно для тебя благодати Моей, ибо сила Моя совершается в немощи» (2 Кор., 12:9); пристрастие; склонность; слабосилие; слабость; томление

wealth *n.* богатство "And all their wealth, and all their little ones, and their wives took they captive, and spoiled even all that [was] in the house" (Ge., 34:29) / «И все богатство их, и всех детей их, и жен их взяли в плен, и разграбили все, что было в [городе, и все, что было в] домах» (Быт., 34:29); польза; выгода; интерес

wealthy *adj.* богатый; мирный "Arise, get you up unto the wealthy nation, that dwelleth without care, saith the Lord, which have neither gates nor bars, [which] dwell alone" (Je., 49:31) / «Вставайте, выступайте против народа мирного, живущего беспечно, говорит Господь; ни дверей, ни запоров нет у него, живут поодиночке» (Иер., 49:31).

weary *v.* томить (кого-л./что-л.; чем-л.)

wed *v.* женить (кого-л.); обвенчивать, обвенчать; обвенчаться (с кем-л.); ~ded женатый

wedding *n.* бракосочетание; брачный пир "And sent forth his servants to call them that were bidden to the wedding: and they would not come" (Mt., 22:3) «И послал рабов своих звать званых на брачный пир; и не хотели придти» (Матф., 22:3); go to the ~ ceremony идти под венец; the ceremony of ~ венчание; женитьба; свадьба

wedlock *n.* женитьба; out of ~ внебрачный

weed *n.* сорная трава

Week of Prayer for Christian Unity Седмица молитв о единстве христиан

week *n.* неделя "Fulfil her week, and we will give thee this also for the service which thou shalt serve with me yet seven other years" (Ge., 29:27) / «Окончи неделю этой, потом дадим тебе и ту за службу, которую ты будешь служить у меня еще семь лет других» (Быт., 29:27); седмица, семь дней; Easter-~ святая неделя; Holy/Passion ~ страстная неделя; Quasimodo ~ Фомина неделя

weekday service дневная служба по будням

ween *v.* думать, полагать; воображать

weep I *n.* плач; рыдания

weep II *v.* плакать (о ком-л./о чем-л.) "Then Moses heard the people weep throughout their families, every man in the door of his tent: and the anger of the Lord was kindled greatly; Moses also was displeased" (Nu., 11:10) / «Моисей слы-

шал, что народ плачет в семействах своих, каждый у дверей шатра своего; и сильно воспламенился гнев Господень, и прискорбно было для Моисея» (Числ., 11:10); оплакивать "And Sarah died in Kirjatharba; the same [is] Hebron in the land of Canaan: and Abraham came to mourn for Sarah, and to weep for her" (Ge., 23:2) / «И умерла Сарра в Кириаф-Арбе, [который на долине,] что ныне Хеврон, в земле Ханаанской. И пришел Авраам рыдать по Сарре и оплакивать ее» (Быт., 23:2); ~ bitterly плакать зелне; ~ing Cross крест покаяния; to come home by ~ узнать горечь поражений; ~ing плакание

weeper *n.* плакальщик, -щица

weigh *v.* взвешивать, взвесить; отвешивать "And Abraham hearkened unto Ephron; and Abraham weighed to Ephron the silver, which he had named in the audience of the sons of Heth, four hundred shekels of silver, current [money] with the merchant" (Ge. 23:16) / «Авраам выслушал Ефрона; и отвесил Авраам Ефрону серебра, сколько он объявил вслух сынов Хетовых, четыреста сиклей серебра, какое ходит у купцов» (Быт., 23:16); ~ the pros and cons взвешивать обстоятельства; ~ one's words взвешивать слова

weight *n.* тягость, тяжесть, вес "And it came to pass, as the camels had done drinking, that the man took a golden earring

682   WEI — WEL

of half a shekel weight, and two
bracelets for her hands of ten
[shekels] weight of gold" (Ge.,
24:22) / «Когда верблюды перестали пить, тогда человек
тот взял золотую серьгу, весом полсикля, и два запястья
на руки ей, весом в десять
сиклей золота» (Быт., 24:22).

weighty *adj.* тяжкий; веский "A
stone [is] heavy, and the sand
weighty; but a fool's wrath [is]
heavier than them both" (Pr.,
27:3) / «Тяжел камень, весок и
песок; но гнев глупца тяжелее
их обоих» (Притч., 27:3);
строгий "For [his] letters, say
they, [are] weighty and powerful; but [his] bodily presence
[is] weak, and [his] speech contemptible" (2 Co., 10:10) / «Так
как некто говорит: в посланиях он строг и силен, а в личном присутствии слаб, и речь
его незначительна» (2 Кор.,
10:10).

weird I *n.* судьба, рок; предопределение;   предсказание;
предзнаменование; колдовство

weird II *adj.* таинственный; потусторонний

weird III *v.* предопределять

welcome I *n.* встреча

welcome II *adj.* желанный; приятный

welcome III *v.* встречать, встретить (кого-л./что-л.); приветствовать (кого-л./что-л.)

welfare *n.* благо "When Sanballat
the Horonite, and Tobiah the
servant, the Ammonite, heard
[of it], it grieved them exceedingly that there was come a man

to seek the welfare of the children of Israel" (Ne., 2:10) /
«Когда услышал сие Санаваллат, Хоронит и Товия, Аммо-
нитский раб, то им было
весьма досадно, что пришел
человек заботиться о благе
сынов Израилевых» (Неем.,
2:10); счастье "Terrors are
turned upon me: they pursue my
soul as the wind: and my welfare passeth away as a cloud"
(Job, 30:15) «Ужасы устреми-
лись на меня; как ветер, раз-
веялось величие мое, и счастье мое унеслось, как облако» (Иов., 30:15); благоденствие "Therefore the princes
said unto the king, We beseech
thee, let this man be put to
death: for thus he weakeneth the
hands of the men of war that
remain in this city, and the
hands of all the people, in
speaking such words unto them:
for this man seeketh not the
welfare of this people, but the
hurt" (Je., 38:4) «Тогда князья
сказали царю: да будет этот
человек предан смерти, потому что он ослабляет руки
воинов, которые остаются в
этом городе, и руки всего народа, говоря к ним такие слова; ибо этот человек не благо-
денствия желает народу сему,
а бедствия» (Иер., 38:4); здоровье "And he asked them of
[their] welfare, and said, [Is]
your father well, the old man of
whom ye spake? [Is] he yet
alive?" (Ge., 43:27) «Он спросил их о здоровье и сказал:
здоров ли отец ваш старец, о

котором вы говорили? жив ли еще он?» (Быт., 43:27)

well *n.* источник, кладезь, колодец; holy ~ чудотворный источник

well-beloved *adj.* возлюбленный

well-bred *adj.* воспитанный

well-disposed *adj.* благоволительный; доброхотный

well-doer *n.* добродетель, благотворитель; благодетель; доброхот

well-doing I *n.* добродетельность; добропорядочность; благотворительность; благополучие, процветание

well-doing II *adj.* добродетельный; добропорядочный

well-done *adj.* складный

well-fed *adj.* тучный

well-grounded *adj.* состоятельный

well-informed *adj.* сведущий

well-intentioned *adj.* благомысленный, -мыслящий

well-natured *adj.* добрый

well-off *adj.* преуспевающий; состоятельный

well-ordered *adj.* добропорядочный

well-organized *adj.* благоустроенный

well-principled *adj.* благонравный

well-sounding *adj.* доброгласный

well-tempered *adj.* добронравный

well-to-do *adj.* преуспевающий

well-wisher *adj.* благоволитель, -ца; доброжелатель, -ница; доброхот, -ка

well-wishing *n.* доброжелательность, -ство; *adj.* доброжелательный

welter *n.* сумбур, путаница, неразбериха, столпотворение, хаос

Wenzel Bible «Венцелева Библия»

Wesleyan Church Веслианская церковь

Wesleyan *n.* уэслианин

West Syrian rite западносирийский чин, антиохийский чин

Western Church Западная церковь; Латинская церковь; Римско-католическая церковь

Western Schism раскол Западной церкви

Western Wall Стена плача, Западная стена

Westminster Abbey Вестминстерское аббатство

Westminster Assembly Вестминстерское собрание

Westminster Catechism Вестминстерское исповедование веры

whale *n.* кит "For as Jonas was three days and three nights in the whale's belly; so shall the Son of man be three days and three nights in the heart of the earth" (Mt., 12:40) / «Ибо как Иона был во чреве кита три дня и три ночи, так и Сын Человеческий будет в сердце земли три дня и три ночи» (Матф., 12:40).

whatness *n.* сущность

whence *n.* источник, происхождение; *adv. conj.* откуда?

whereness *n.* местонахождение; местопребывания

Whig Bible «Библия вигов», «Чиновничья Библия»

whip I *n.* бич "And now whereas my father did lade you with a heavy yoke, I will add to your yoke: my father hath chastised you with whips, but I will chastise you with scorpions" (1 Ki., 12:11) / «Итак, если отец мой обременял вас тяжким игом, то я увеличу иго ваше; отец мой наказывал вас бичами, а я буду наказывать вас скорпионами» (3 Цар., 12:11).

whip II *v.* бичевать (кого-л.); ~ping бичевание

whipper *n.* бичеватель

Whit Monday День Святого Духа, Духов день

Whit Monday Духов день

Whit Sunday Пятидесятница

Whit Sunday Троицын день

Whit week Первая седмица по Пятидесятнице

White Canon белый каноник, премонстрант, норбертинец

White Fathers кармелиты

White Ladies цистерцианки

White Monk цистерцианец

White Sisters белые сестры

whiten *v.* убелять, убелить (кого-л./что-л.)

whithersoever *adv.* куда бы ни "Have not I commanded thee? Be strong and of a good courage; be not afraid, neither be thou dismayed: for the Lord thy God [is] with thee whithersoever thou goest" (Jos., 1:9) / «Вот Я повелеваю тебе: будь тверд и мужествен, не страшись и не ужасайся; ибо с тобою Господь Бог твой везде, куда ни пойдешь» (Нав., 1:9).

whitherward *adv.* куда?

Whitmonday Духов день

Whitsun *adj.* Троицкий

Whitsun Day Пятидесятница

Whitsun eye Троицкая родительская суббота

Whitsun farthing пожертвования на Пятидесятницу, День Святой Троицы

Whitsun week «Белая седмица», первая седмица по Пятидесятнице

Whitsun-ale пиво церковное; гуляние в День Святой Троицы

Whitsunday День Святой Троицы, Пятидесятница

Whitsuntide Троицын и Духов День; первая седмица по Пятидесятнице; Пятидесятница

whole *adj.* всецелый; целый

wholesome *adj.* целебный; ~ influence благотворное влияние; кроткий "A wholesome tongue [is] a tree of life: but perverseness therein [is] a breach in the spirit" (Pr., 15:4) / «Кроткий язык — древо жизни, но необузданный — сокрушение духа» (Притч., 15:4).

wholesomeness *n.* благорастворение, благорастворенность

wholly *adv.* всецело

whoredom *n.* блуд "And it came to pass about three months after, that it was told Judah, saying, Tamar thy daughter in law hath played the harlot; and also, behold, she [is] with child by whoredom" (Ge., 38:24) / «Прошло около трех месяцев, и сказали Иуде, говоря: Фамарь, невестка твоя, впала в блуд, и вот, она беременна от блуда» (Быт., 38:24); распутство; блудодейство "And your children shall wander in the wilderness forty years, and bear your whoredoms, until your carcases be wasted in the wilderness" (Nu., 14:33) / «А сыны ваши будут кочевать в пустыне сорок лет, и будут нести наказание за блудодейство ваше, доколе не погибнут все тела ваши в пустыне» (Числ., 14:33).; любодейство "And it came to pass, when Joram saw Jehu, that he said, [Is it] peace, Jehu? And he answered, What peace, so long as the whoredoms of thy mother Jezebel and her witchcrafts [are so] many?" (2 Ki., 9:22) / «И когда увидел Иорам Ииуя, то сказал: с миром ли Ииуй? И сказал он: какой мир при любодействе Иезавели, матери твоей, и при многих волхвованиях ее?» (4 Цар., 9:22); блужение "But hast walked in the way of the kings of Israel, and hast made Judah and the inhabitants of Jerusalem to go a whoring, like to the whoredoms of the house of Ahab, and also hast slain thy brethren of thy father's house, [which were] better than thyself" (2 Chr., 21:13) / «А пошел путем царей Израильских и ввел в блужение Иудею и жителей Иерусалима, как вводил в блужение дом Ахавов, еще же и братьев твоих, дом отца твоего, которые лучше тебя, ты умертвил» (2 Пар., 21:13).

whorish *adj.* заблудший; распутный; блудный "For by means of a whorish woman [a man is

brought] to a piece of bread: and the adulteress will hunt for the precious life" (Pr., 6:26) / «Потому что из-за жены блудной обнищевают до куска хлеба, а замужняя жена уловляет дорогую душу» (Притч., 6:26).

wicked *adj.* нечестивый "And Abraham drew near, and said, Wilt thou also destroy the righteous with the wicked?" (Ge., 18:23) / «И подошел Авраам и сказал: неужели Ты погубишь праведного с нечестивым?» (Быт., 18:23); беззаконник "Keep thee far from a false matter; and the innocent and righteous slay thou not: for I will not justify the wicked" (Ex., 23:7) / «Удаляйся от неправды и не умерщвляй невинного и правого, ибо Я не оправдаю беззаконника» (Исх., 23:7); злой "But the men of Sodom [were] wicked and sinners before the Lord exceedingly" (Ge., 13:13) / «Жители же Содомские были злы и весьма грешны пред Господом» (Быт., 13:13); виновный "And Pharaoh sent, and called for Moses and Aaron, and said unto them, I have sinned this time: the Lord [is] righteous, and I and my people [are] wicked" (Ex., 9:27) / «И послал фараон, и призвал Моисея и Аарона, и сказал им: на этот раз я согрешил; Господь праведен, а я и народ мой виновны» (Исх., 9:27); срамный "And if a man shall take his sister, his father's daughter, or his mother's daughter, and see her between men, and they come unto judgment, that [the judges] may judge them; then they shall justify the righteous, and condemn the wicked" (De., 25:1) / «Если будет тяжба между людьми, то пусть приведут их в суд и рассудят их, правого пусть оправдают, а виновного осудят» (Втор., 25:1); негодный "How much more, when wicked men have slain a righteous person in his own house upon his bed? shall I not therefore now require his blood of your hand, and take you away from the earth?" (2 Sa., 4:11) / «То теперь, когда негодные люди убили человека невинного в его доме на постели его, неужели я не взыщу крови его от руки вашей и не истреблю вас с земли?» (2 Цар., 4:11); виновный "Then hear thou in heaven, and do, and judge thy servants, condemning the wicked, to bring his way upon his head; and justifying the righteous, to give him according to his righteousness" (1 Ki., 8:32) / «Тогда Ты услышь с неба и произведи суд над рабами Твоими, обвини виновного, возложив поступок его на голову его, и оправдай правого, воздав ему по правде его» (3 Цар., 8:32); худой; ~ action гадкий поступок; злобный; порочный; безнравственный; злодейский; ~ Bible «Библия нечестивых»; ~ Prayer Book «Молитвенник нечестивых»

wickedness *n.* злоба; порок; греховность; грех; злодеяние; развращение "And God saw that the wickedness of man [was] great in the earth, and [that] every imagination of the thoughts of his heart [was] only evil continually" (Ge., 6:5) / «И увидел Господь [Бог], что велико развращение человеков на земле, и что все мысли и помышления сердца их были зло во всякое время» (Быт., 6:5); разврат "Do not prostitute thy daughter, to cause her to be a whore; lest the land fall to whoredom, and the land become full of wickedness" (Lev., 19:29) / «Не оскверняй дочери твоей, допуская ее до блуда, чтобы не блудодействовала земля и не наполнилась земля развратом» (Лев., 19:29);. зло "[There is] none greater in this house than I; neither hath he kept back any thing from me but thee, because thou [art] his wife: how then can I do this great wickedness, and sin against God?" (Ge., 39:9) / «Нет больше меня в доме сем; и он не запретил мне ничего, кроме тебя, потому что ты жена ему; как же сделаю я сие великое зло и согрешу пред Богом?» (Быт., 39:9); беззаконие "Thou shalt not uncover the nakedness of a woman and her daughter, neither shalt thou take her son's daughter, or her daughter's daughter, to uncover her nakedness; [for] they [are] her near kinswomen: it [is] wickedness" (Lev., 18:17) /

«Наготы жены и дочери ее не открывай; дочери сына ее и дочери дочери ее не бери, чтоб открыть наготу их, они единокровные ее; это беззаконие» (Лев., 18:17); нечестие "Speak not thou in thine heart, after that the Lord thy God hath cast them out from before thee, saying, For my righteousness the Lord hath brought me in to possess this land: but for the wickedness of these nations the Lord doth drive them out from before thee" (De., 9:4) / «Когда будет изгонять их Господь, Бог твой, от лица твоего, не говори в сердце твоем, что за праведность мою привел меня Господь овладеть сею [доброю] землею, и что за нечестие народов сих Господь изгоняет их от лица твоего» (Втор., 9:4); язва; пагуба "For [there is] no faithfulness in their mouth; their inward part [is] very wickedness; their throat [is] an open sepulchre; they flatter with their tongue " (Ps., 5:9) / «Ибо нет в устах их истины: сердце их — пагуба, гортань их — открытый гроб, языком своим льстят» (Псл., 5:10).

wide *adj.* пространный; широкий "They came [upon me] as a wide breaking in [of waters]: in the desolation they rolled themselves [upon me]" (Job, 30:14) / «Они пришли ко мне, как сквозь широкий пролом; с шумом бросились на меня» (Иов., 30:14).

widen *v.* расширять, расширить (что-л.)

widow *n.* вдова, вдовица "Then said Judah to Tamar his daughter in law, Remain a widow at thy father's house, till Shelah my son be grown: for he said, Lest peradventure he die also, as his brethren [did]. And Tamar went and dwelt in her father's house" (Ge., 38:11) «И сказал Иуда Фамари, невестке своей [по смерти двух сыновей своих]: живи вдовою в доме отца твоего, пока подрастет Шела, сын мой. Ибо он сказал [в уме своем]: не умер бы и он подобно братьям его. Фамарь пошла и стала жить в доме отца своего» (Быт., 38:11); ~ Breviary бревиарий «Видуа»; ~s' houses дома вдов

widower *n.* вдовец

widowhood *n.* вдовство "And she arose, and went away, and laid by her vail from her, and put on the garments of her widowhood" (Ge., 38:19) / «И, встав, пошла, сняла с себя покрывало свое и оделась в одежду вдовства своего» (Быт., 38:19).

widowly *adj.* вдовий

wife *n.* жена "Therefore shall a man leave his father and his mother, and shall cleave unto his wife: and they shall be one flesh" (Ge., 2:24) / «Потому оставит человек отца своего и мать свою и прилепится к жене своей; и будут [два] одна плоть» (Быт., 2:24); chaste ~ добродетельная жена; take a ~ жениться (на ком-л.)

wight *n.* существо, тварь; личность, человек

wild *adj.* дикий

wiliness *n.* злокозненность

will *n.* воля "Thy kingdom come. Thy will be done in earth, as [it is] in heaven" (Mt., 6:10) / «Да приидет Царствие Твое; да будет воля Твоя и на земле, как на небе» (Матф., 6:10); сила воли; желание, воля; изволение; хотение; free/arbitrary ~ свободная воля; the ~ of Heavens воля Божия; God's ~ воля Божия; do Thy ~ творить волю Твою; through/by one's own ~ волею; wait God's ~ положиться на волю Божию; the last ~ последняя Воля (умирающего); ~ desire волеизъявление *v.* желать; ~ing-hearted добровольный

will-worship *n.* служение по самомышлению

wily *adj.* злокозненный; злоухищренный

wind I *n.* ветер "And God remembered Noah, and every living thing, and all the cattle that [was] with him in the ark: and God made a wind to pass over the earth, and the waters asswaged" (Ge., 8:1) / «И вспомнил Бог о Ное, и о всех зверях, и о всех скотах, (и о всех птицах, и о всех гадах пресмыкающихся,) бывших с ним в ковчеге; и навел Бог ветер на землю, и воды остановились» (Быт., 8:1).

wind II *v.* обвивать, обвить (что-л., чем-л.)

windfall *n.* находка

winding-sheet *n.* плащаница; саван

wine *n.* вино "And he drank of the wine, and was drunken; and he was uncovered within his tent" (Ge., 9:21) / «И выпил он вина, и опьянел, и лежал обнаженным в шатре своем» (Быт., 9:21); red ~ церковное вино; sacramental ~ причастное вино

winebibber *n.* винопийца

wisdom *n.* мудрость "And I have filled him with the spirit of God, in wisdom, and in understanding, and in knowledge, and in all manner of workmanship" (Ex., 31:3) / «И Я исполнил его Духом Божиим, мудростью, разумением, ведением и всяким искусством» (Исх., 31:3); премудрость "And thou shalt speak unto all [that are] wise hearted, whom I have filled with the spirit of wisdom, that they may make Aaron's garments to consecrate him, that he may minister unto me in the priest's office" (Ex., 28:3) / «И скажи всем мудрым сердцем, которых Я исполнил духа премудрости [и смышления], чтобы они сделали Аарону [священные] одежды для посвящения его, чтобы он был священником Мне» (Исх., 28:3); ~ of Jesus the Son of Sirach «Книга Премудрости Иисуса, сына Сирахова»; ~ of Solomon «Книга премудрости Соломона»; премудрость; разум

wise *adj.* мудрый "Now therefore let Pharaoh look out a man discreet and wise, and set him over the land of Egypt" (Ge., 41:33) / «И ныне да усмотрит фараон мужа разумного и мудрого и да поставит его над землею

Египетскою» (Быт., 41:33); премудрый; the Book of ~, the ~ of Solomon Книга Премудрости Соломона; ~ man волхв;

wish I *n.* вожделение; возжелание; желание "Behold, I [am] according to thy wish in God's stead: I also am formed out of the clay" (Job, 33:6) / «Вот я, по желанию твоему, вместо Бога. Я образован также из брения» (Иов., 33:6); изволение; пожелание; хотение

wish II *v.* хотеть, восхотеть (чего-л.); желать, пожелать (чего-л., кому-л. чего-л.); изволять, изволить; ~ well доброжелательствовать; ~ed вожделенный; ~ing мечта

wit *n.* ум

witch I *n.* ведьма

witch II *v.* наводить порчу; ~ ball охранный шар; ~es' broom помело ведьмы; ~es' Sabbath шабаш ведьм; колдунья; чародей "There shall not be found among you [any one] that maketh his son or his daughter to pass through the fire, [or] that useth divination, [or] an observer of times, or an enchanter, or a witch" (De., 18:10) / «Не должен находиться у тебя проводящий сына своего или дочь свою чрез огонь, прорицатель, гадатель, ворожея, чародей» (Втор., 18:10).

witchcraft *n.* волшебство "For rebellion [is as] the sin of witchcraft, and stubbornness [is as] iniquity and idolatry. Because thou hast rejected the word of the Lord, he hath also rejected thee from [being] king"

(1 Sa., 15:23) / «Ибо непокорность есть такой же грех, что волшебство, и противление то же, что идолопоклонство; за то, что ты отверг слово Господа, и Он отверг тебя, чтобы ты не был царем колдовство» (1 Цар., 15:23); магия; волхвование "And it came to pass, when Joram saw Jehu, that he said, [Is it] peace, Jehu? And he answered, What peace, so long as the whoredoms of thy mother Jezebel and her witchcrafts [are so] many?" (2 Ki., 9:22) / «И когда увидел Иорам Ииуя, то сказал: с миром ли Ииуй? И сказал он: какой мир при любодействе Иезавели, матери твоей, и при многих волхвованиях ее?» (4 Цар., 9:22); чародеяние "And I will cut off witchcrafts out of thine hand; and thou shalt have no [more] soothsayers" (Mi., 5:12) / «Исторгну чародеяния из руки твоей, и гадающих по облакам не будет у тебя» (Мих., 5:12).

witchdoctor *n.* колдун, знахарь

witchery *n.* колдовство, магия; чары

witch-finder *n.* следователь по делам лиц, обвиняемых в колдовстве

witch-hat *n.* ведьмин колпак

wither *v.* увядать, вянуть "And he shall be like a tree planted by the rivers of water, that bringeth forth his fruit in his season; his leaf also shall not wither; and whatsoever he doeth shall prosper" (Ps., 1:3) / «И будет он как дерево, посаженное при потоках вод, которое приносит плод свой во время свое, и лист которого не вянет; и во всем, что он ни делает, успеет» (Псл., 1:3); ~ up иссыхать, иссохнуть; засыхать "Whilst it [is] yet in his greenness, [and] not cut down, it withereth before any [other] herb" (Job, 8:12) / «Еще он в свежести своей и не срезан, а прежде всякой травы засыхает» (Иов., 8:12).

withstand v. противиться (кому-л./чему-л.); устоять (перед чем-л., против чего-л.) "And there are gathered unto him vain men, the children of Belial, and have strengthened themselves against Rehoboam the son of Solomon, when Rehoboam was young and tenderhearted, and could not withstand them" (2 Chr., 13:7) / «И собрались вокруг него люди пустые, люди развращенные, и укрепились против Ровоама, сына Соломонова; Ровоам же был молод и слаб сердцем и не устоял против них» (2 Пар., 13:7); ~ temptation устоять против искушения

witness I n. свидетель, -ница "And Laban said, This heap [is] a witness between me and thee this day. Therefore was the name of it called Galeed" (Ge., 31:48) / «И сказал Лаван [Иакову]: сегодня этот холм [и памятник, который я поставил,] между мною и тобою свидетель. Посему и наречено ему имя: Галаад» (Быт., 31:48); свидетельство "And he

said, For [these] seven ewe lambs shalt thou take of my hand, that they may be a witness unto me, that I have digged this well" (Ge., 21:30) / «[Авраам] сказал: семь агниц сих возьми от руки моей, чтобы они были мне свидетельством, что я выкопал этот колодезь» (Быт., 21:30).

witness II v. свидетельствовать; видеть своими глазами

wive v. женить (кого-л.); ~d женатый

wizard I n. колдун, маг, чародей, кудесник, волшебник "Regard not them that have familiar spirits, neither seek after wizards, to be defiled by them: I [am] the Lord your God" (Lev., 19:31) / «Не обращайтесь к вызывающим мертвых, и к волшебникам не ходите, и не доводите себя до осквернения от них. Я Господь, Бог ваш» (Лев., 19:31).

wizard II adj. волшебный; заколдованный; колдовской

wizard III v. околдовать

wizardly adj. колдовской

wizardry n. колдовство, чары

woe n. горе "Woe to thee, Moab!" (Nu., 21:29) / «Горе тебе, Моав!» (Числ., 21:29); скорбь, печаль; горесть

woebegone adj. удрученный, горестный, скорбный

woeful adj. скорбный, печальный, горестный; жалкий; бедственный "As for me, I have not hastened from [being] a pastor to follow thee: neither have I desired the woeful day; thou knowest: that which came out of

my lips was [right] before thee"
(Je., 17:16) / «Я не спешил
быть пастырем у Тебя и не
желал бедственного дня, Ты
это знаешь; что вышло из уст
моих, открыто пред лицем
Твоим» (Иер, 17:16).

woman *n.* жена "And the rib,
which the Lord God had taken
from man, made he a woman,
and brought her unto the man"
(Ge., 2:22) / «И создал Господь Бог из ребра, взятого у
человека, жену, и привел ее к
человеку» (Быт., 2:22).

womb *n.* чрево "For the Lord had
fast closed up all the wombs of
the house of Abimelech, because of Sarah Abraham's wife"
(Ge., 20:18) / «Ибо заключил
Господь всякое чрево в доме
Авимелеха за Сарру, жену
Авраамову» (Быт., 20:18); ложесна; недра; утроба "And
when her days to be delivered
were fulfilled, behold, [there
were] twins in her womb" (Ge.,
25:24) / «И настало время родить ей: и вот близнецы в утробе ее» (Быт., 25:24).

wonder I *n.* диво; изумление;
удивление; чудо "And I will
stretch out my hand, and smite
Egypt with all my wonders
which I will do in the midst
thereof: and after that he will let
you go" (Ex., 3:20) / «И про-
стру руку Мою и поражу Египет всеми чудесами Моими,
которые сделаю среди его; и
после того он отпустит вас»
(Исх., 3:20).

wonder II *v.* удивлять, удивить
(кого-л., чем-л.); ~ at дивоваться (на что-л.)

wonderful *adj.* дивный; изумительный; чудесный; чудный
"Even to prepare me timber in
abundance: for the house which
I am about to build [shall be]
wonderful great" (2 Chr., 2:9) /
«Чтобы мне приготовить множество дерев, потому что дом,
который я строю, великий и
чудный» (2 Пар., 2:9); чудодейственный; дорогой "I am
distressed for thee, my brother
Jonathan: very pleasant hast
thou been unto me: thy love to
me was wonderful, passing the
love of women" (2 Sa., 1:26) /
«Скорблю о тебе, брат мой
Ионафан; ты был очень дорог
для меня; любовь твоя была
для меня превыше любви
женской» (2 Цар., 1:26).

wondermonger, wonder-worker
n. чудотворец

wonder-working *adj.* чудотворный

word *n.* глагол; речение; слово
"And, behold, the word of the
Lord [came] unto him, saying,
This shall not be thine heir; but
he that shall come forth out of
thine own bowels shall be thine
heir" (Ge., 15:4) / «И было
слово Господа к нему, и сказано: не будет он твоим наследником, но тот, кто произойдет из чресл твоих, будет
твоим наследником» (Быт.,
15:4); ~ of God слово Бо-
жие/Господне; Логос

wordless *adj.* бессловный

wordy *adj.* словесный

woridliness *n.* суетность; приземленность

work I *n.* дело; детище; деяние; good ~s благие деяния; деятельность; работа; создание; сочинение; творение; труд; трудиться; be hard at ~ неусыпно трудиться

work II *v.* действовать; делать, сделать (что-л.); работать; содеять (что-л.)

worker *n.* работник; творец; ~s of evil злодеи; ~s of miracles чудотворцы; делатель, -ница; деятель, -ница

worker-priest *n.* священник-совместитель

workman *n.* работник

workmanly *adv.* искусно; умело; со сноровкой

workwoman *n.* работница

world *n.* вселенная "He raiseth up the poor out of the dust, [and] lifteth up the beggar from the dunghill, to set [them] among princes, and to make them inherit the throne of glory: for the pillars of the earth [are] the Lord'S, and he hath set the world upon them" (1 Sa., 2:8) / «Из праха подъемлет Он бедного, из брения возвышает нищего, посаждая с вельможами, и престол славы дает им в наследие; ибо у Господа основания земли, и Он утвердил на них вселенную» (1 Цар., 2:8); мир; общество; the ~ to come будущий век

World Council of Churches Всемирный совет церквей

World Methodist Council Всемирный методистский совет

World Scripture «Всемирное писание»

World Union for Progressive Judaism Всемирный союз прогрессивного иудаизма

worldling *n.* человек, поглощенный мирской суетой

worldly *adj.* мирской "Teaching us that, denying ungodliness and worldly lusts, we should live soberly, righteously, and godly, in this present world" (Tit., 2:12) / «Научающая нас, чтобы мы, отвергнув нечестие и мирские похоти, целомудренно, праведно и благочестиво жили в нынешнем веке» (Тит. 2:12); земной "Then verily the first [covenant] had also ordinances of divine service, and a worldly sanctuary" (He., 9:1) / «И первый завет имел постановление о Богослужении и святилище земное» (Евр., 9:1); суетный; земной; ~ vanity житейская суета

worldview *n.* мировоззрение

worldwide *adj.* международный

worm *n.* змея; змей; дракон; червь "Notwithstanding they hearkened not unto Moses; but some of them left of it until the morning, and it bred worms, and stank: and Moses was wroth with them" (Ex., 16:20) / «Но не послушали они Моисея, и оставили от сего некоторые до утра, — и завелись черви, и оно воссмердело. И разгневался на них Моисей» (Исх., 16:20).

worry *v.* удручать, удручить (кого-л.)

worse *adj.* горше; хуже "And they said, Stand back. And they said [again], This one [fellow] came in to sojourn, and he will needs be a judge: now will we deal worse with thee, than with them. And they pressed sore upon the man, [even] Lot, and came near to break the door" (Ge., 19:9) / «Но они сказали [ему]: пойди сюда. И сказали: вот пришлец, и хочет судить? теперь мы хуже поступим с тобою, нежели с ними. И очень приступали к человеку сему, к Лоту, и подошли, чтобы выломать дверь» (Быт., 19:9).

worship I *n.* почитание, поклонение; культ; вероисповедание; богослужение

worship II *v.* поклоняться (кому-л./чему-л.) "And Abraham said unto his young men, Abide ye here with the ass; and I and the lad will go yonder and worship, and come again to you" (Ge., 22:5) / «И сказал Авраам отрокам своим: останьтесь вы здесь с ослом, а я и сын пойдем туда и поклонимся, и возвратимся к вам» (Быт., 22:5); чтить (кого-л./что-л.); преклоняться; почитать; молиться; freedom of ~ свобода отправления религиозных культов; public act of ~ богослужение; forms of ~ религиозные обряды; place of ~ церковь, храм, мечеть; to ~ God/idols поклоняться Богу/идолам; ~ of images идолопоклонство, иконолатрия; ~ping почитание, пре-

клонение, лобзание; ~ped поклоняемый

worshipper *n.* поклонник, -ница "But the hour cometh, and now is, when the true worshippers shall worship the Father in spirit and in truth: for the Father seeketh such to worship him" (Jn., 4:23) / «Но настанет время и настало уже, когда истинные поклонники будут поклоняться Отцу в духе и истине, ибо таких поклонников Отец ищет Себе» (Ин., 4:23); служитель, -ница "Now therefore call unto me all the prophets of Baal, all his servants, and all his priests; let none be wanting: for I have a great sacrifice [to do] to Baal; whosoever shall be wanting, he shall not live. But Jehu did [it] in subtilty, to the intent that he might destroy the worshippers of Baal" (2 Ki., 10:19) / «Итак созовите ко мне всех пророков Ваала, всех служителей его и всех священников его, чтобы никто не был в отсутствии, потому что у меня будет великая жертва Ваалу. А всякий, кто не явится, не останется жив. Ииуй делал это с хитрым намерением, чтобы истребить служителей Ваала» (4 Цар., 10:19); почитатель, -ница; чтитель, -ница; молящийся; прихожанин; ~ of idols идолопоклонник, злобесовствующий, идолобесием одержимый

worshipful *adj.* преклоняющийся, боготворящий; почтенный,

уважаемый; right ~ достопочтенный

worth *n.* цена

worthily *adv.* достойно

worthless *adj.* непотребный; ничтожный

wound I *n.* рана "Burning for
burning, wound for wound,
stripe for stripe" (Ex., 21:25) /
«Обожжение за обожжение,
рану за рану, ушиб за ушиб»
(Исх., 21:25).

wound II *v.* уязвлять, уязвить
(кого-л., чем-л.); язвить, уязвить (кого-л., чем-л.); ~ed ра-
неный

wrack *n.* возмездие, отплата

wraith *n.* привидение, призрак,
видение

wrap *v.* покрывать, покрыть (кого-л./что-л., чем-л.)

wrapper *n.* покрывало

wrath *n.* гнев "And in the greatness of thine excellency thou
hast overthrown them that rose
up against thee: thou sentest
forth thy wrath, [which] consumed them as stubble" (Ex.,
15:7) / «Величием славы Твоей Ты низложил восставших
против Тебя. Ты послал гнев
Твой, и он попалил их, как
солому» (Исх., 15:7); ярость
"Cursed [be] their anger, for [it
was] fierce; and their wrath, for
it was cruel: I will divide them
in Jacob, and scatter them in Israel" (Ge., 49:7) / «Проклят
гнев их, ибо жесток, и ярость
их, ибо свирепа; разделю их в
Иакове и рассею их в Израиле» (Быт., 49:7); God's ~ гнев
Божий; the day of ~ День гнева, Страшный Суд

wrathful *adj.* гневливый; гневный; вспыльчивый "A wrath-
ful man stirreth up strife: but
[he that is] slow to anger ap-
peaseth strife" (Pr., 15:18) /
«Вспыльчивый человек воз-
буждает раздор, а терпеливый
утишает распрю» (Притч.,
15:18).

wrathfulness *n.* гневливость

wreak I *n.* месть, возмездие

wreak II *v.* мстить

wreck I *n.* крушение (кого-
л./чего-л.)

wreck II *v.* сокрушать, сокрушить (кого-л./что-л.)

Wrenning Day День каменоби-
тия

wresting *n.* отторжение

wretched *adj.* горемычный;
нищенский; убогий; бедный
"O wretched man that I am!"
(Ro., 7:24) «Бедный я человек!» (Рим., 7:24); несчастный "Because thou sayest, I am
rich, and increased with goods,
and have need of nothing; and
knowest not that thou art
wretched, and miserable, and
poor, and blind, and naked"
(Rev., 3:17) / «Ибо ты говоришь: я богат, разбогател и ни
в чем не имею нужды; а не
знаешь, что ты несчастен, и
жалок, и нищ, и слеп, и наг»
(Откр., 7:13).

wretchedness *n.* излом души;
убожество; бедствие "And if
thou deal thus with me, kill
me, I pray thee, out of hand, if
I have found favour in thy sight;
and let me not see my wretchedness" (Nu., 11:15) / «Когда
Ты так поступаешь со мною,

то лучше умертви меня, если я нашел милость пред очами Твоими, чтобы мне не видеть бедствия моего» (Числ., 11:15).

wrist *n.* пясть

write I *n.* писание; Holy ~ Святое Писание

write II *v.* писать (что-л.); сочинять, сочинить (что-л.); ~ down писать (что-л.); writing письмена, писание, сочинение; writings of the Early Fathers патристика, первоотеческие книги

wrong I *n.* вред; зло; худо; right and ~ добро и зло

wrong II *adj.* неправильный; неправый; ошибочный; превратный

wrong-doer *n.* грешник; злодей; злец

wrong-doing *n.* прегрешения; злодеяния

wrongheaded *adj.* упорствующий в заблуждениях

wrongly *adv.* превратно; understand ~ принимать превратно; judge ~ судить превратно

wrongness *n.* неправота

Wuyck's Bible Библия в переводе Иакова Вуйка

Wyclif's Bible Библия Виклифа

Wycliffite *n.* виклифит

X

X. (Christus) Христос

Xaverian Brothers ксаверианские братья

XC. (Christus, Jesus Christ) Христос, Иисус Христос

XCS. (Christus, Jesus Christ) Христос, Иисус Христос

xenial *adj.* странноприимный

xenodochium *n.* гостиница в монастыре

xerophagy *n.* сухоядение

Xmas (Christmas) *n.* Рождество Христово; рождественские праздники; Святки

Xmas *n.* Рождество

XPC. (Christus) Христос

XS. (Christus) Христос

Y

yad *n.* йад

Yadayim «Ядаим»

Yahweh *n.* Яхве, Ягве

Yahwistic source «Ягвист»

yamim nora'im Ямим Нораим, дни Трепета, Десять дней раскаяния

yard *n.* двор

yare *adj.* готовый, подготовленный

yarmelke, yarmulka, yarmulke *n.* ермолка

yawn *v.* зиять; ~ing abyss зияющая бездна; разверзаться, разверзнуться; ~ing зияние

yclad *adj.* одетый, убранный

ycleped *adj.* называемый; нареченный

yclept *adj.* называемый; нареченный

ye *pron.* вы "For God doth know that in the day ye eat thereof, then your eyes shall be opened, and ye shall be as gods, knowing good and evil" (Ge., 3:5) / «Но знает Бог, что в день, в который вы вкусите их, откроются глаза ваши, и вы будете, как боги, знающие добро и зло» (Быт., 3:5).

year *n.* год "And God said, Let there be lights in the firmament of the heaven to divide the day from the night; and let them be for signs, and for seasons, and for days, and years" (Ge., 1:14) / «И сказал Бог: да будут светила на тверди небесной [для освещения земли и] для отделения дня от ночи, и для знамений, и времен, и дней, и годов» (Быт., 1:14); New ~/ New ~ day Новый Год; leap ~ високосный год; dominical ~ год после Рождества Христова; once a ~ раз в год; from ~ to ~ из года в год, год от года; all the ~ round круглый год; unfortunate/hard ~ черный год; sabbatical ~ каждый седьмой год; ~ of famine голодный год; infancy ~s детские годы; ~ of Grace год от Рождества Христова; ~ of Jubilee Святой год, Юбилейный год; ~ of Our Lord год от рождества Христова; ~-mind поминальная панихида (в годовщину смерти)

yearling *adj.* единолетний

yearly I *adj.* годовой; годичный "And the man Elkanah, and all his house, went up to offer unto the Lord the yearly sacrifice, and his vow" (1 Sa., 1:21) / «И пошел муж ее Елкана и все семейство его [в Силом] совершить годичную жертву Господу и обеты свои» (1 Цар., 1:21).

yearly II *adv.* ежегодно "[That] the daughters of Israel went yearly to lament the daughter of Jephthah the Gileadite four days in a year" (Jdg., 11:40) / «Что

ежегодно дочери Израилевы ходили оплакивать дочь Иеффая Галаадитянина, четыре дня в году» (Суд., 11:40).

yearn I *n.* тоска, томление; жажда, стремление

yearn II *v.* томиться, тосковать; жаждать, стремиться; волноваться "Then spake the woman whose the living child [was] unto the king, for her bowels yearned upon her son, and she said, O my lord, give her the living child, and in no wise slay it" (1 Ki., 3:26) / «И отвечала та женщина, которой сын был живой, царю, ибо взволновалась вся внутренность ее от жалости к сыну своему: о, господин мой! отдайте ей этого ребенка живого и не умерщвляйте его» (1 Цар., 3:26); ~ing томление, сочувствие, сострадание; ~ing for smth. алчущий

Yehezqel *n.* Иезекииль; Иехезкель; Книга пророка Иезекииля (книга Библии)

Yehoshua *n.* Иешуа, Иисус Навин; Книга Иисуса Навина (книга Библии)

Yehudi *n.* еврей, иудей

Yesha'yahu Исайя; Иешаягу; Книга Пророка Исайи (книга Библии)

yeshiva *n.* йешива; ~ qetana малая йешива

yesod *n.* йесод

yester *adj.* вчерашний

yesterday *n.* вчера "And the officers of the children of Israel, which Pharaoh's taskmasters had set over them, were beaten, [and] demanded, Wherefore have ye not fulfilled your task in making brick both yesterday and to day, as heretofore?" (Ex., 5:14) «А надзирателей из сынов Израилевых, которых поставили над ними приставники фараоновы, били, говоря: почему вы вчера и сегодня не изготовляете урочного числа кирпичей, как было до сих пор?» (Исх., 5:14); ~'s, вчерашний

yestereve *adv.* намедни, накануне вечером, вчера вечером

yesterevening *n.* вчерашний вечер; накануне вечером, намедни

yestermorn *n.* вчерашнее утро

yestermorning *n.* вчерашнее утро; намедни

yestern *adj.* вчерашний

yesternight *n.* накануне вечером, накануне ночью, вчера вечером, вчера "And it came to pass on the morrow, that the firstborn said unto the younger, Behold, I lay yesternight with my father: let us make him drink wine this night also; and go thou in, [and] lie with him, that we may preserve seed of our father" (Ge., 19:34) / «На другой день старшая сказала младшей: вот, я спала вчера с отцом моим; напоим его вином и в эту ночь; и ты войди, спи с ним, и восставим от отца нашего племя» (Быт., 19:34); минувшей ночью, прошлой ночью, намедни

yesteryear *n.* прошлый год; в прошлом году

yestreen *n.* вчерашний вечер; накануне вечером, вчера вечером, намедни

yetzer ha-ra' йецер га-ра, ангел зла

yetzer ha-tov йецер га-тов, ангел добра

Yevamot «Иевамот»

yew *n.* ветки тиса

yield *v.* покоряться, покориться (кому-л./чему-л.); уступать, уступить (кому-л., что-л.); ~ fruit принести плоды

Yirmeyahu *n.* Иеремия, Иермиягу; Книга Пророка Иеремии (книга Библии)

yizkor *n.* йезкор

YMCA (Young Men's Christian Association) Христианская ассоциация молодых людей

yoke *n.* ярмо "I [am] the Lord your God, which brought you forth out of the land of Egypt, that ye should not be their bondmen; and I have broken the bands of your yoke, and made you go upright" (Lev., 26:13) / «Я Господь Бог ваш, Который вывел вас из земли Египетской, чтоб вы не были там рабами, и сокрушил узы ярма вашего, и повел вас с поднятою головою» (Лев., 26:13); иго "And by thy sword shalt thou live, and shalt serve thy brother; and it shall come to pass when thou shalt have the dominion, that thou shalt break his yoke from off thy neck" (Ge., 27:40) / «И ты будешь жить мечом твоим и будешь служить брату твоему; будет же время, когда воспротивишься и свергнешь иго его с выи твоей» (Быт., 27:40).

Yom ha-Bikkurim Иом га-Биккурим, Праздник первых Фруктов, Шавуот

yom ha-qaddish йом га-кадиш

Yom Hashoa Иом га-Шоа, День памяти Холокоста

Yom Kippur Иом-Киппур, День Всепрощения

Yom Tov йом тов, Святой день

Yoma «Иома»

yore *n.* былое; of ~ a) давным-давно; *adj.* старый, древний; legends of ~ древние поверья; in days of ~ во время оно

young *adj.* молодой; юный; ~ Men's Christian Association Христианская ассоциация молодых людей; ~ Women's Christian Association Христианская ассоциация молодых женщин

younker *n.* юноша

Your Grace Ваша милость

youth *n.* юность "That ye shall say, Thy servants' trade hath been about cattle from our youth even until now, both we, [and] also our fathers: that ye may dwell in the land of Goshen; for every shepherd [is] an abomination unto the Egyptians" (Ge., 46:34) / «То вы скажите: мы, рабы твои, скотоводами были от юности нашей доныне, и мы и отцы наши, чтобы вас поселили в земле Гесем. Ибо мерзость для Египтян всякий пастух овец» (Быт., 46:34); отрок

youthful *adj.* юный; юношеский "Flee also youthful lusts: but follow righteousness, faith,

charity, peace, with them that call on the Lord out of a pure heart" (2 Ti., 2:22) / «Юношеских похотей убегай, а держись правды, веры, любви, мира со всеми призывающими Господа от чистого сердца» (2 Тим., 2:22).

Yule *n.* святки; ~ log рождественское полено

Yule-day *n.* Рождество

Yule-even *n.* Навечерие, Рождественский сочельник

Yule-songs *n. pl.* рождественские песни, рождественские гимны; колядки

Yuletide *n.* Рождество, Святки

YWCA Христианская ассоциация молодых женщин

ywis *adv.* конечно; в самом деле

Z

Zabolus, Zabulus *n.* забол, дьявол, черт

Zacharias Захария; Книга Пророка Захарии (книга Библии)

zaddik *n.* цаддик; праведник, святой; духовный наставник

Zadkiel *n.* Задкиил

Zadokite Fragments «Дамасский документ»

Zavim «Завим»

zeal *n.* радение; ревность "And he said, Come with me, and see my zeal for the Lord. So they made him ride in his chariot" (2 Ki., 10:16) / «И сказал: поезжай со мною, и смотри на мою ревность о Господе. И посадили его в колесницу» (4 Цар., 10:16); усердие

zealot *n.* зилот; изувер, -рка; подвижник, -ница; рачитель, -ница; ревнитель, -ница; фанатик, -тичка

zealotry *n.* фанатизм; изуверство

zealous *adj.* рьяный, ревностный "As many as I love, I rebuke and chasten: be zealous therefore, and repent" (Rev., 3:19) / «Кого Я люблю, тех обличаю и· наказываю. Итак будь ревностен и покайся» (Откр., 3:19); усердный; ·радетельный; рачительный; ревностный; become/get ~ возревновать (кого-л.)

zealousness *n.* радение; рачение

Zebi *n. pl.* савватиане

Zechariah *n.* Захария; Книга Пророка Захарии (книга Библии)

zeon *n.* теплота, укропец, укропц

Zep. (Zephaniah) Книга Пророка Софонии (книга Библии)

Zephaniah Софония; Книга Пророка Софонии (книга Библии)

Zephyrinus *n.* Зефирин

Zera'im «Зераим», «Зраим»

zetetic I *n.* изыскание; исследование; правдоискатель

zetetic II *adj.* ищущий, пытливый

Zevahim «Зебахим»

Zion *n.* гора Сион "Nevertheless David took the strong hold of Zion: the same [is] the city of David" (2 Sa. 5:7) / «Но Давид взял крепость Сион: это — город Давидов» (2 Цар., 5:7).

Zionism *n.* сионизм

Zionist church Сионистская церковь

Zionward в направлении горы Сион; обращенный к Иерусалиму

Zohar «Зогар»

zoolatrous *adj.* зоолатрический

zoolatry *n.* зоолатрия

zoomancy *n.* зоомантия

zoomorphic *adj.* зооморфический

zoomorphism *n.* зооморфизм

Zosimus *n.* Зосим

zucchetto *n.* зучетто

Zurich Bible «Цюрихская Библия»

Zwickau Prophets Цвиккауские пророки

Zwinglian *adj.* цвинглианский

Zwinglianism *n.* цвинглианство

Приложение 1. Имена и названия в Библии

Aaron Аарон
Abaddon Аваддон
Abana Авана
Abarim Аварим
Abdeel Авдиил
Abdias Авдий
Abdon Авдон
Abel Bethmaachah, Abel-beth-maacah, Abel Both Maacah, Abel Bethmaachah Авел-Беф-Маха
Abel Авель
Abelmaim, Abel Maim Авелмаим
Abel-shittim, Abel Shittim Аве-Ситтим
Abi Ави
Abiasaph Авиасаф
Abiathar Авиафар
Abida Авида
Abidan Авидан
Abiel Авиил, Авиел
Abigail Авигея
Abihail Абихаил
Abihail Авихаиль
Abihu, Abihud Авиуд
Abijah Авия
Abilene Авилинея
Abimael Авимаил
Abinoam Авиноам
Abiram Авирон
Abishag Ависага
Abishua Авишуа
Abishur Авишур
Abital Авитала
Abitub Авитув
Abner Авенир
Abraham, Abram Авраам
Absalom Авессалом

Acacius Акакий
Acbor Ахбор
Accad Аккад
Accaron Аккарон
Accho, Acco Акко
Aceldama Акелдама
Achaia Ахаия
Achaicus Ахаик
Achan Ахан
Achar Ахар
Achaz Ахаз
Achbor Ахбор
Achim Ахим
Achish Анхус
Achsah Ахса
Achshaph Ахсаф
Achzib Ахзив
Acsah Ахса
Acshaph Ахсаф
Aczib Ахзив
Adadah Адада
Adah Ада
Adaiah Адаия, Адая
Adaiah Адая
Adalia Адалья
Adam Адам
Adamah Адама
Adami Nekeb Адами-Некев
Adar Аддар
Adasa Адас
Adbee Адбее
Addar Аддар
Addar Аддар
Adida Адида
Adie Адии
Adin Адин
Adina Адина
Adithaim Адифаим

Adlai Адлай
Admah Адма, Адама
Admatha Адмафа
Adna Адна
Adnah Аднах
Adoni-Bezek Адони-Везеком
Adonijah Адония
Adonikam Адоникам
Adoniram Адонирам
Adoni-Zedek Адониседек
Adoram Адорам
Adrammelech Адрамелех
Adramyttium Адрамит
Adriel Адриэл
Adullam Одоллам
Adummim Адуммим
Aeneas Эней
Ag rippa Агриппа
Agabus Агав
Agag Агаг
Agee Аге
Agia/Hagia Айя-София
Agnes; St. Agnes Святая Агнесса
Agur Агур
Ahab Ахав
Aharah Ахрай
Aharhel Ахархел
Ahasai Ахзай
Ahasbai Ахасбай
Ahasuerus Ассуир
Ahasuerus Ахашверош
Ahava Агава
Ahaz Ахаз
Ahaziah Охозия
Ahban Ахбан
Aher Ахер
Ahi Ахи
Ahiam Ахиам
Ahian Ахиан
Ahiezer Ахиезер
Ahihud Ахиуд
Ahijah Ахия
Ahikam Ахикам
Ahilud Ахилуд

Ahimaaz Ахимаас
Ahimaaz Ахимаац
Ahiman Ахиман
Ahimelech Ахимелех
Ahimoth Ахимоф
Ahinadab Ахинадав
Ahinoam Ахиноамь
Ahio Ахио
Ahira Ахира
Ahiram Ахирам
Ahisamach Ахисамах
Ahishahar Ахишахар
Ahishar Ахисар
Ahithophel Ахитофел
Ahitub Ахитув
Ahlab Ахлав
Ahlai Ахлай
Ahoah Ахоах
Aholiab, Oholiab Аголиав
Aholibamah Оливема
Ahumai Ахум
Ahuzam Ахузам
Ahuzzath Ахузаф
Ahzai Ахзай
Ai, Aija Гай
Aiah Айа
Aiath Аиаф
Ain Айн
Ajah Аиа
Ajalon, Aijalon Аиалон
Akan Акан
Akkub Аккув
Alameth, Alemeth Алемеф
Alammelech Аламелех
Alexander Александр
Alexandria Александрия
Alian Алеан
Allon Аллон
Almodad Алмодад
Almon Diblathaim Алмон-
   Дивлафаим
Almon Алмон
Alphaeus Алфей
Alush Алуш

Alvah Алва
Alvan Алван
Amad Амад
Amal Амал
Amalek Амалик
Amam Амам
Amam Аниам
Amana Амана
Amariah Амария
Amariah Амория
Amasa Амессай
Amasai Амасай
Amashai, Amashsai Амашсай
Amasiah, Amaziah Амасия
Ami Амий
Amittai Амафия
Amman Амма
Ammiel Аммиил
Ammiel Аммиэл
Ammihud Аммиуд
Amminadab, Aminadab Амина-
дав
Ammishaddai Аммишаддай
Ammizabad Аммизавад
Ammon Аммон
Amok Амок
Amon Амон
Amos Амос
Amphipolis Амфиполь
Amram Амрам
Amraphel Амрафел
Amzi Амций
Anab Анав
Anah Ана
Anaharath Анахараф
Anaiah Анаия
Anan Анан
Anani Анани
Ananiah, Ananias Анания
Anath Анаф
Anathoth Анафоф
Andrew Андрей
Andronicus Андроник
Anem Анем

Aner Анер
Anim Аним
Anna, Annas Анна
Antioch Антиохия
Antipas Антипа
Antipatris Антипатрида
Ant(h)othijah Антофия
Anub Анув
Apelles Апеллес
Aphek Афек
Aphekah Афека
Aphiah Афий
Aphik Афек
Aphses Гапицец
Apollonia Аполлония
Apollos Аполлос
Apollyon Аполлион
Appaim Афаим
Apphia Апфия
Appii forum Аппиева площадь
Aquila Аквила, Акила
Arab Арав
Arabia Аравия
Arad Арад
Arah Арах
Aram Naharaim Сирия Месопо-
тамская
Aram Zobah Сирия Цованская
Aram Арам
Aran Аран
Arba Арба
Archelaus Архелай
Archi Архи
Archippus Архипп
Ard Ард
Ardon Ардон
Areli Арели(й)
Aretas Арета
Argob Аргов
Aridai Аридай
Aridatha Аридафа
Arieh Арий
Ariel Ариил, Ариэл
Arimathaea Аримафея

Arioch Ариох
Arisai Арисай
Aristobulus Аристовул
Arius Арий
Ar-Moab Ар-Моав
Armoni Армон
Arnan Арнан
Arnon Арнон
Arod Арод
Arodi Ароди
Aroer Ароер
Arpachshad Арфаксад
Arp(h)ad Арпад
Artaxerxes Артаксеркс
Artemas Артема
Arub(b)oth Арюбоф
Arumah Арум
Arvad Арвад
Arza Арса
Asa Аса
Asahiah, Asaiah Асаия
Asaph Асаф
Asare(e)l Асареел
Asarelah Ашарела
Asenath Асенефа
Ashan Ашан
Asharelah Ашарела
Ashbea Ашбея
Ashbel Ашбел
Asher Асир
Ashhur Ашхур
Ashkelon Аскалон
Ashkenaz, Ashchenaz Аскеназ
Ashnah Ашна
Ashpenaz Асфеназ
Ashriel Асриил
Ashtaroth Астароф
Ashtaroth, Ashteroth, Ashtoreth Астарта
Ashtaroth Аштароф
Ashteroth Karnaim, Ashteroth-karnaim Аштероф-Карнаим
Ashur Ашхур
Ashvath Ашваф

Asia Minor Малая Азия
Asia Асия
Asiel Асиель
Asiel Асиил
Asnah Асна
Asnappar Аснафар
Aspatha Асфафа
Asriel Асриил
Asshur Ассур
Assir Асир
Assos Асе
Assur Ассур
Astaroth Астароф
Astaroth Астарта
Asyncritus Асинкрит
Atarah Афара
Ataroth Атароф
Ataroth Adder, Atarothadar, Ataroth-adda, Атароф-Адар
Atarothaddar Атароф-Шофан
Ater Атер
Athach Атах
Athaiah Афаия
Athaliah Гофолия
Athens Афины
Athlai Афлай
Athos Афон
Attai Аттай
Attalia Атталия
Augustus Август
Avim Аввим
Avith Авиф
Azael Асаил
Azael, Hazael Азаил
Azal, Azel Асил
Azaliah Ацалия
Azaniah Азания
Azareel Азариил
Azarel Азарел
Azariah Азария
Azaz Азаз
Azaziah Азазия
Azbuk Азбук
Azel Ацел

Azem Ацем
Azgad Азгад
Aziel Азиил
Aziza Азиса
Azmaveth Азмавет, Азмавеф
Azmon Ацмон
Azor Азор
Azotus Азот
Azrael Азраил
Azrikam Азрикам
Azubah Азува
Az(z)ur Азур
Azzan Аззан
Baal Ваал
Baal Gad Ваал-Гад
Baal Hamon Ваал-Гамон
Baal Hazor Ваал-Гацор
Baal Hermon Ваал-Ермон
Baal Meon Ваал-Меон
Baal Perazim Ваал-Перацим
Baal Shalishah Ваал-Шалиша
Baal Tamar Ваал-Фамар
Baal Zophon Ваал-Цефон
Baalah of Judah Ваал-Иудин
Baalah, Baale, Balah Ва(а)ла,
  Ваал
Baalath Beer Ваалаф-Беера
Baalath Ваалаф
Baal-Hanan Баал-Ханан
Baalis Ваалис
Baalmeon Беф-Ваал-Меон
Baal-shalisha Ваал-Шалиша
Baal-shalishah Ваал-Шалиша
Baana Ваана
Baana(h) Баана
Baara Баара
Baaseiah Ваасея
Baasha Вааса
Babel Вавилон
Babylon Вавилон(ия)
Bahurim Бахурим
Bakbakkar Вакбакар
Bakbuk Бакбук
Bakbukiah Бакбукия

Balaam Валаам
Balac, Balak Валак
Baladan Баладан
Balah Кириаф-Ваал
Bamah Бама
Bamoth Baal Вамоф-Ваали
Bamoth Вамоф
Bani Бани
Barabbas Варавва
Barachel Варахиил
Barachiah, Barachias Варахий
Barak Варак
Barakel Варахиил
Bariah, Barkos Баред
Barnabas Варнава
Barsab(b)as Варсава
Bartholomew Варфоломей
Bartimaeus Вартимей
Baruch Варух
Barzillai Верзеллий
Basemath Васемафа
Bashan Васан
Bashemath Васемафа
Bath Anoth Беф-Аноф
Bath Rabbim ворота Батраббима
Bathsheba Вирсавия
Bath-Sheba, Bath-Shua Вирса-
  вия
Bavai, Bavvai Баввай
Bazlith Бацлиф
Bazluth Бацлуф
Be Eshtarah Беештера
Bealiah Веалия
Bealoth Валоф
Bebai Бебай
Bebai Бевай
Becher Бехер
Bec(h)orath Бехораф
Bedan Бедан
Bedeiah Бидья
Beeliada Веелиада
Beelzebub, Beelzebull Веельзевул
Beer Elim Беэр-Елим
Beer Lahai Roi Беэр-лахай-рои

Beer(i) Беэр

Beera, Beerah Беера

Beeroth Беероф

Beer-Sheba Вирсавия

Beersheba Вирсавия, Беер-Шева

Beeshterah Астароф

Bela, Belah Бела

Belial Велиар

Belshazzar, Belteshazzar Валтасар

Ben Бен

Benaiah Ванея

Ben-Ammi Бен-Амми

Ben-Dekar, Ben-deker Бен-Декер

Bene Berak Бене-Верак

Bene Jaakan Бене-Яакан

Ben-Hadad Бенадад

Ben-Hail Бенхаил

Ben-Hanan Бенханан

Beninu Венинуй

Benjamin Вениамин

Beno Бено

Ben-Oni Бенони

Ben-Zoheth Бензохеф

Beon Веон

Beor Веор

Bera Бера

Berachah, Beracah Бераха

Berachahthe Долина Благосло-
вений

Berachiah Берехия

Beraiah Берания

Berea Верил

Berechiah Берехия

Berechiah Варахий

Bered Баред

Bered Беред

Berekiah Берехия

Berekiah Варахий

Beri Бери

Beriah Бриа, Берия

Bernice Вереника

Berodach-baladan Беродах-
Баладан

Berodachbaladan Меродах Ва-
ладан

Berothah Берот

Berothai Бероф

Besai Бесай

Besodeiah Бесодия

Betah Беф

Beten Ветен

Beth Arabah Беф-Арава

Beth Aven Беф-Авен

Beth Azmaveth Беф-Азмавеф

Beth Baal Meon Беф-Ваал-Меон

Beth Barah Бефвара

Beth Car Вефхор

Beth Dagon Беф-Дагон

Beth Diblathaim Бет-Дивлафаим

Beth Emek Беф-Емек

Beth Gader Бефгадер

Beth Hakkerem Бефкарем

Beth Haram Беф-Гарам

Beth Haran Беф-Гаран

Beth Horon Беф-Орон

Beth Jeshimoth Беф-Иешимоф

Beth Lebaoth Беф-Леваоф

Beth Marcaboth Беф-Маркавоф

Beth Meon Бет-Маон

Beth Millo Милло

Beth Nimrah Беф-Нимра

Beth Pazzez Беф-Пацец

Beth Pelet Веф-Палет

Beth Peor Беф-Фегор

Beth Rehob Беф-Рехов

Beth Shan Беф-Сан, Бефсан

Beth Shemesh Вефсамис

Beth Shittah Бефшитта

Beth Tappuah Беф-Таппуах

Beth Zur Беф-Цур

Bethabara Вифавара

Bethany Вифания

Betharam Беф-Гарам, Беф-Гаран

Bethazmaveth Азмавеф

Beth-Barbel Бет-Арбел

Bethbirei, Beth-biri Беф-Биреи

Bethel Вефиль

Beth-El Вефиль

Bethesaida (of Galilee) Вифсаида (Галилейская)

Bethesda Вифезда

Beth-gamul, Beth Gamul Бет-Гамул

Bethhaccerem, Beth-haccerem Бефкарем

Bethhogla, Bethhoglah, Beth-hoglah Беф-Хогла

Beth-jeshimoth, Bethjesi-moth Беф-Иешимоф

Bethlehem Вифлеем

Bethlomon Вефломон

Bethpalet, Beth-pelet, Bethphelet Веф-Палет

Bethphage Виффагия

Beth-Rapha Беф-Рафа

Bethuel, Вафуил, Вефуил

Bethul Вефул

Betonim Ветоним

Bezai Бецай

Bezaleel Веселеил

Bezek Везек

Bezer Бецер

Bic(h)ri Бихри

Bidkar Бидекар

Bigvai Бигвай

Bildad Вилдад

Bileam Билеам

Bilgah Вилга

Bilgai Вилгай

Bilgai Вилга

Bilhah Билга, Кириаф-Ваал

Bilhan Билган

Billah Вилла

Bilshan Билшан

Bimhal Бимгал

Binea Бинея

Binnui Биннуй, Виннуй, Виниуй

Birsha Бирша

Birzavith Бирзаиф

Bithiah Бифья

Bithron Битрон

Bithynia Вифиния

Biziothiah Визиофея

Bizjothjah Визиофея

Biztha Бизфа

Blastus Власт

Boanerges Воанергес

Boaz, Booz Вооз

Bocheru, Bokeru Бохру

Bochim, Bokim Бохим

Bohan Боган

Boscath, Bozkath Боцкафа, Воц-каф

Bosor Восор, Восора

Both Anath Беф-Анаф

Bozez Боцец

Bozrah Восор(а)

Bubastis Бубаст

Bukki Буккий

Bukkiah Буккия

Bunah Вуна

Bunni Вунний

Buz Вуз, Буз

Buzi Вузий

Byzantium Византия

Cabbon Хаббон

Cabul Кавул

Caesarea Кесария

Caiaphas Каиафа

Caicol Халкол

Cain Каин

Calah Калах

Calcol Халкол

Caleb Халдея

Caleb Хелувай

Calno Халне

Calvary Голгофа

Canaan Ханаан

Candace Кандакия

Canneh Халне

Canneh Хане

Capernaum Капернаум

Caphtor Кафтор

Cappadocia Каппадокия

Carcas Каркас

Carchemish Кархемис
Careah Карей
Carmel Кармил
Carmi Харми
Carnaim Аштероф-Карнаим
Carnaim Карнаим
Carpus Карп
Carshena Каршена
Casiphia Касифья
Catneh Халне
Cedron Кедрон
Chalcedon Халкидон
Chalcol Халкол
Chaldea Халдея
Charran Харран
Chebar Ховар
Chedorlaomer Кедорлаомер
Chelal Хелал
Chelub Хелув
Chelubai Хелувай
Cheluhi Келуги
Chenaanah Хенаана
Chenani Хенани
Chenaniah Хенания
Chephar-arnmoni Кефар-
  Аммонай
Chephirah Кефира
Cheran Херан
Cherub-Addan-Immer Херуб-
  Аддан-Иммер
Chesalon Кесалон
Chesed Кесед
Chesil Кесил
Chesulloth Кесуллоф
Chezib Хезив
Chilion Хилеон
Chilmad Хилмад
Chimham Книгам
Chinnereth Хиннереф
Chinneroth Хиннареф, Хинне-
  реф
Chios Хиос
Chislon Кислом
Chloe Хлоя

Chorashan Хорашан
Chorazin Хоразин
Chozeba Хозева
Christ Христос
Chuza(s) Хуза
Cilicia Киликия
Cinneroth Киннероф
Cinneroth Хиннереф
Cis Кис
Clauda Клавда
Claudia Клавдия
Claudius Клавдий
Clement Климент
Cleophas, Clopas Клеопа
Cnidus Книд
Col Hozeh Колхозей
Colossae, Colosse Колоссы
Conaniah, Cononiah Хонания
Co(o)s Кос
Corinth Коринф
Cornelius Корнилий
Cosam Косам
Coz Коц
Cozbi Хазва
Cozeba Хозева
Crescens Крискент
Crete Крит
Crispus Крисп
C(h)un Кун
Cush Хурий
Cush Хуш Cush
Cushi(te) Хусий
Cuthah Кута
Cuza Хуза
Cyprus Кипр
Cyrene Кириней
Cyrenius Квириний
Cyrus Кир
Dabbasheth, Dabbesheth Дабе-
  шеф
Daberath Давраф
Dalmanutha Далмануфа
Dalmatia Далматия
Dalphon Далфон

Damaris Дамарь
Damascus Дамаск
Dan Дан
Daniel Даниил
Dannan Данна
Dara Дара
Darda Дарда
Darius Дарий
Darken Даркон
Dathan Дафан
David Давид
Dead sea Мертвое море
Debir Давир
Debir Девир
Deborah Девора
Decapolis Десятиградие
Dedan Дедан
Delaiah Делаия
Delilah Далила
Demas Димас
Derbe Дервия
Diblah Дивлаф
Diblaim Дивлаим
Diblath Дивлаф
Dibon Gad Дивон-Гад
Dibon, Dimonah Дивон
Dibri Даврий
Diklah Дикла
Dilean Дилеан
Dimnah Димна
Dimon Димон
Dimonah Дивон, Димона
Dinah Дина
Dinhabah Дингава
Dionysius Дионисий
Diotrephes Диотреф
Dishan Дишан
Dishon Дишон
Dodai Додай
Dodavah(u) Додава
Doeg Доик
Dophkah Дофка
Dor Дор
Dothan Дофан

Drusilla Друзилла
Dumah Дума
Ebal Евал, Эвал
Ebed Евед
Ebedmelech Авдемелех
Eber Евер
Ebez *см.* Abez
Ebiasaph Евиасаф
Ebronah, Abronah Аврон
Ecbatana Екбатана
Ecclesiastes Эклезиаст
Eden Эдем, Едем
Eder Едер
Edom Едом
Edrei Едреи
Eglah Эгла
Eglaim Эглаим
Eglon Еглон
Egypt Египет
Ehi Эхи
Ehud Егуд
Eiasah Эласа
Eker Екер
Ekron Екрон
El Bethel Эл-Вефиль
Eladah Елеада
Elam Елам
Elan Эла
Elath Елаф
El-beth-el Эл-Вефиль
Eldaah Елдага
Eldad Елдад
Elead Елеад
Eleadah Елеада
Eleph Елеф
Eliab Елиав
Eliada Веелиада
Eliada(h) Елиада
Eliahba Елияхба
Eliakim Елиаким
Eliam Елиам
Eliasaph Елиасаф
Eliashib Елеашив, Елияшив
Eliathah Елиафа

Elidad Елидад

Eliehoenai, Elihoenai
  Елиегоэнай; Эльегоенай

Eliel Елиел, Елиил

Elienai Елиенай

Eliezer Елиезер

Elihoreph Елихореф

Elika Елика

Elim Елим

Elimelech Елимелех

Elioenai Елиоенай

Eliphal Елифал

Eliphalet Елифалеф

Eliphaz Елифаз

Elisabeth, Elizabeth Елисавета

Eliseus Елисей

Elishah Елиса

Elishama Елишама

Elishaphat Елишафат

Elishua Елисуа

Eliud Елиуд

Elizur Елицур

Elkanah Елкана

Ellasar Елласар

Elmadam, Elmodam Елмодам

Elnaam Елнаам

Elnathan Елнафан

Elon Елон

Elpaal Елпаал

Elpalet, Elpelet Елфалет

Elparan Эл-Фаран

Eltekeh Елтеке

Eltekon Елтекон

Eluzai Елузай

Elymas Елима

Elzabad Елзавад

Emathis Амафия

Emek Keziz Емек-Кециц

Emma(e)us Эммаус

Emmanuel Иммануил; Эмма-
  нуил

Emmor Еммор

En Gannim Ен-Ганним

En Gedi Ен-Геди

En Haddah Ен-Хадда

En Hazor Ен-Гацор

En Mishpat Мишпат

En Rimmon Ен-Риммон

En Rogel Ен-Рогел

En Shemesh Ен-Шемеш

En Tappuah Ен-Таппуах

Enam Гаенам

Enan Енан

Enoch Энох

Enon Енон

Enos(h) Енос

Epaenetus, Epenetus Епенет

Epaphras Епафрас

Epaphroditus Енафродит, Епаф-
  родит

Ephah Ефа

Ephai Офи

Epher Ефер

Ephes Dammim Ефес-Даммим

Ephesus Эфес

Ephlal Ефлал

Ephod Ефод

Ephraim Ефрем

Ephratah Ефрафа

Ephron Ефрон

Erastus Ераст

Erech Эрех

Eri Ери

Esaias Исайя

Esau Исав

Eshan Ешан

Eshban Эшбан

Eshcol Есхол; Эсхол; Эшкол

Eshek Ешек

Eshtaol Ештаол

Eshtemoa Ештемо

Eshton Ештон

Esli Еслим

Esrom Есром

Esther Эсфирь

Etam Етам

Etham Ефам

Ether Ефер

Ethiopia Ефиопия
Ethnan Ефнан
Ethni Ефний
Eubulus Еввул
Eunice Евника
Euodias Еводия
Euphrates Евфрат
Eve Ева
Evi Евий
Evil Merodach Евилмеродах
Ezbai Езбай
Ezbon Ецбон; Эцбон
Ezdra(s), Ezra Эздра
Ezekias Езекия
Ezekiel Иезекииль
Ezem Ацем, Ецем
Ezer Езер
Eziongaber, Ezion-geber Ецион-Гавер
Ezri Езрий
Felix Феликс
Festus Porcius Порций Фест
Fortunatus Фортунат
Gaash Гааш
Gaba Гена
Gabbai Габбай
Gabbatha Гаввафа
Gabriel Гавриил
Gad Гад
Gaddi Гаддий
Gaddiel Гаддиил
Gadi Гадий
Gaham Гахам
Gahar Гахар
Gaius Гаий
Galal Галал
Galatia Галатия
Galilee Галилея
Gallic Галлион
Gallim Гал(л)им
Gamaliel Гамалиил
Gamul Гамул
Gareb Гареб
Gatam Гафам

Gath Hepher Гафхефер, Геф-Хефер
Gath Rimmon Гаф-Риммон
Gath-hepher, Gittahhepher Геф-Хефер
Gaza Газа
Gazer Газер
Gazez Газез
Gazzam Газзам
Geba Гева
Gebal Гевал
Geber Гевер
Gebim Гевим
Gedeon Гедеон
Geder Гадер
Gederah Гедера
Gederoth Гедероф
Gederothaim Гедерофаим
Gedor Гедор
Gehazi Гиезий
Geliloth Гелилоф
Gemalli Гемаллий
Gemariah Гемария
Genubath Генуват
Gera Гера
Gerar Герар
Gerizim Гаризим
Gershom Гирсам
Gershon Гирсон
Geshan Гешан
Geshem Гешем
Geshur Гессур
Gether Гефер
Gethsemane Гефсимания
Geuel Геуил
Giah Гиах
Gibbar Гиббар
Gibbethon Гиввефон
Gibea Гивея
Gibea(t)h Гивеаф
Gibeon Гаваон
Giddalti Гиддалти
Giddel Гиддел
Giddo Гиддо

Gideon Гедеон
Gidom Гидом
Gihon Тихон
Gilead земля Галаадская
Giloh Гил
Gimzo Гимзо
Ginath Гонаф
Ginnethon Гиннефон
Gis(h)pa Гишфа
Gittaim Гиффаим
Goath Гоаф
Gob Гоб
Godaliah Годолия
Gog Гог
Golan Голан
Golgotha Голгофа
Goliath Голиаф
Gomorrah Гоморра
Gozan Гозан
Gudgodah Гудгод
Guni Гуни
Gur Baal Гур-Ваал
Gur Гур
Habaiah Хабайя
Habakkuk, Habacuc Аввакум
Habaziniah Акациния
Habor Хавор
Hac(h)aliah Ахалия
Hachilah Гахила
Hac(h)moni Хахмоний
Hadad Rimmon Гададриммон
Hadad Хадад
Hadashah Хадаша
Hades Гадес
Hadid Хадид
Hadlai Хадлай
Hadoram Иорам
Hadrach Хадрах
Haeleph Елеф
Hagab Хагав
Hagaba(h) Хагава, Хагаба
Haggeri Гагрий
Haggi(ah) Хагги
Haggith Аггифа

Hagri Гагрий
Hai Гай
Hakeldama Акелдама
Hakkatan Гаккоц
Hakkoz Галаад
Hakkoz Коц
Hakupha Хакуфа
Halah Халах
Halak Халак
Halhul Халхул
Hallohesh Лохеш
Halohesh Галлохеш
Ham Гам
Ham Хам
Haman Аман
Hamath Zobah Емаф-Сува
Hammath Хамаф
Hammedatha Амадаф
Hammolecheth, Hammoleketh
    Молехеф
Hammon Хаммон
Hammoth Dor Хамоф-Дор
Ham(m)uel Хаммуилл
Hamonah Гамона
Hamor Еммор
Hamul Хамул
Hamutal Хамутал
Hanameel, Hanamel Анамеил
Hanan Ханан
Hanani Ханани
Hananiah Иоанна, Ханания
Hanes Ханес
Han(n)iel Ханниил
Hannah Анна
Hannathon Ханнафон
Hanoch Ханох
Hanun Аннон
Hanun Ханун
Hapharaim Хафараим
Happizzez Гапицец
Hara Ара
Haradah Харада
Haran Аран
Haran Харран

Harbona(h) Харбона
Hareph Хареф
Hareth Херет
Harhaiah Харгаия
Harhas Хархас
Harhur Хархур
Harim Харим
Hariph Хариф
Harnepher Харнефер
Harod Харод
Haroeh Гарое
Harosheth Харошеф
Harsha Харша
Harum Гарум
Harumaph Харумаф
Haruz Харуц
Hasadiah Хасадия
Hasenuah Гассенуя
Hashabiah Хашавия
Hashabnah Хашавна
Hashbadana Хашбаддана
Hashbaddanah Хашбаддана
Hashem Гашем
Hashmonah Хашмона
Hashub, Hasshub Хашшув
Hashum Хашум
Has(h)uphaХасуфа
Hasrah Хасра
Hassenuah Гассенуя
Hassenuah Сенуа
Hassophereth Гассофереф
Hatach Гаерах
Hat(h)ach Гаерах
Hathath Хафаф
Hatipha Хатифа
Hattil Хаттил
Hattush Хаттуш
Hauran Авран
Havilah Хавила
Hazaiah Хазаия
Hazar Enan Гацар-Енан
Hazar Gaddah Хацар-Гадда
Hazar Shual Хацар-Шуал
Hazar Susah Хацар-Суса

Hazar Susim Хацарсусим
Hazarhatticon, Hazer Hatticon,
    Hazer-hatticon Гацар-Тихон
Hazarmaveth Хацармавеф
Hazazon Tamar Хацацон-Фамар
Hazazon-tamar Хацацон-Фамар
Hazelelponi Гацлелпони
Hazeroth Асироф
Haziel Хазиил
Hazo Хазо
Hazor Hadattah, Hazor-hadattah
    Гацор-Хадафа
Hazor Асор
Hazor Гацор
Hazzobebah Цовев
Heber Хевер
Hebron Хеврон
Hegai Гегай
Helah Хела
Helam Елам
Helbah Хелва
Helbon Хелбон
Heldai Хелдай
Heleb Хелев
Heled Хелед
Helek Хелек
Helem Гелем; Хелем
Heleph Хелеф
Helkath Hazzurim Хелкаф-
    Хаццурим
Helkath Хелкаф
Helon Хелон
Hemam Геман
Heman Еман
Hemdan Хемдан
Hen Хен
Hena Ена
Henadad Хенадад
Hepher Хефер
Hephzibah Хефциба
Heres Херес
Heresh Хереш
Hermas, Hermes Ермий
Hermogenes Ермоген

Hermon Ермон

Herod Ирод

Herodias Иродиада

Herodion Иродион

Heshbon Есевон

Heshmon Хешмон

Heth Хет

Hethlon Хетлон

Hezar Addar Гацар-Аддар

Hezeki Хизкий

Hezekiah Езекия

Hezion Хезион

Hezir Хезир

Hezrai Хецрай

Hezro Хецрой

Hezzelelponi Гацлелпони

Hiddai Хидай

Hiddekel Хиддекель

Hierapolis Иераполь

Hilen Хилен

Hillel Гиллел

Hirah Хира

Hiram Хирам

Hizki Хизкий

Hobab Ховав

Hobah Хова

Hobaiah Хабайя

Hodaviah Годавия

Hodaviah, Hodevah Годева

Hodesh Ходеша

Hodiah, Hodijah Годия

Hoglah Хогла

Hoham Гогам

Holon Холон

Homam Темам

Hor Haggidgad, Hor(-)haggidgad Хор-Агидгад

Horeb Хорив

Horem Хорем

Hori Хори

Hormah Хорма

Horonaim Оронаим

Hosah Хоса

Hosea Осия

Hoshama Гошама

Hoshea Осия

Hossah Хосса

Hotham Хофам

Hothir Гофир

Hubbah Ихубба

Hukkok Хуккок

Hukok Хукок

Hul Хул

Huldah Олдама

Humtah Хумта

Hupham Хуфам

Huppim Хуппим

Hurai Хурай

Huram Хурам

Huri Хурий

Hushah Хуш

Hushah Хушай

Hushai Хусий

Husham Хушам

Hushim Хушим

Hymenaeus Именей

Iahve(h) Яхве

Ibhar Евеар

Ibleam Ивлеам

Ibnijah Ивния

Ibri Иври

Ibsam Ивсам

Ichabod Ихавод

Idalah Идеала

Idbash Идбаш

Igal Игал

Igeal Игеал

Illyricum Иллирик

Immanuel Иммануил

Immer Иммер

Imnah Имна

Imrah Имра

Imri Имрий

India Индия

Iph(e)deiah Ифдия

Ir Shemesh Ир-Шемеш

Ir Ир

Ira Ира

Irad Ирад
Iram Ирам
Iri Ири
Irijah Иреия
Iron Иреон
Isaac Исаак
Isaiah Исайя
Iscah Иска
Ishbak Ишбак
Ishbi-Benob Иесвий
Ish-Bosheth Иевосфей
Ishhod Ишгод
Ishiah Ишшия
Ishma Ишма
Ishmael Измаил
Ishmaiah Ишмаия
Ishmerai Ишмерай
Ishpah Ишфа
Ishtob Истов
Ishui Иессуи
Ishvah, Ishvi Ишва
Ismachiah Исмахия
Ismaiah Ишмаия
Ismakiah Исмахия
Issachar Иссахар
Isshiah Ишшия
Ithai Иттай
Ithamar Ифамар
Ithiel Ифиил
Ithlah Ифла
Ithmah Ифма
Ithnan Ифнан
Ithran Исрран
Ithream Иефераам
Itur(a)ea, Итурея
Ivah Ивва
Izhar Ицгар
Izri Ицрий
Jaakan Акан
Jaala(h) Иаала
Jaanai Иаанай
Jaare-Oregim Ягаре-Оргим
Jaareshiah Иаарешия
Jaasiel Иаасиил

Jaasiel Иасиел
Jaazaniah Иезания
Jaazer Иазер
Jaaziah Иазия
Jabal Иавал
Jabbok Иавок
Jabesh Иавис
Jabez Иабец
Jabin Иавин
Jabneel Иавнеил
Jabneh Иавнея
Jachan Иакан
Jachin Иахин
Jacob Иаков
Jada Иада
Jaddua Иаддуй
Jadon Иадон
Jagur Иагур
Jahath Иахав
Jahaz Иааца
Jahaziah Яхзеия
Jahdaj Иегдай
Jahdiel Иагдиил
Jahdo Иахдо
Jahleel Иахлеил
Jahzeel, Jahziel Иахцеил
Jahzeiah Яхзеия
Jair(us) Иаир
Jakan Акан
Jakim Иаким
Jakin Иахин
James Иаков
Jamlech Иамлех
Jannai Ианнаи
Jannes Иаиний
Janohah Ианох
Janum Ианум
Japheth Иафет
Japhia Иафия
Japhia Яфий
Japhlet Иафлет
Jarah Иаера
Jareb Иарев
Jared Иаред

Jaresiah Иаарешия
Jarha Иарха
Jarib Иарив
Jarinnoth Иаримоф
Jarmuth Иармуф
Jaroah Иароах
Jashen Яшен
Jashubilehem Иашувилехем
Jasiel Иасиел
Jason Иасон
Jathniel Иафниил
Jattir Иаттир
Javan Иаван
Jearim Иеарим
Jedaiah Иедаия
Jediael Иедиаил
Jegar Sahadutha, Jegar-saha-dutha Иегар-Сагадуфа
Jehaleleel, Jehallelel Иегаллелел
Jehdeiah Иедия
Jehez(e)kel Иезекииль
Jchezekiah Иезекия
Jehizkiah Езекия
Jehoad(d)ah Иоиадда
Jehoaddan Иегоаддань
Jehoash Иоас
Jehohanan Иоханан, Иегонан
Jehoiakim Иоаким
Jehoiarib Иегоиарив
Jehonadab Ионадав
Jehonathan Ионафан
Jehoram Иорам
Jehoshabeath, Jehosheba Иоса-веф
Jehoshaphat Иосафат
Jehovah Иегова
Jehozabad Иегозавад
Jehozadak Иоседек
Jehubbah Ихубба
Jehucal Иегухал
Jehud Игуд
Jehudi Иегудий
Jeiel Иеиель
Jekabzeel Иекавцеил

Jekameam Иекамам
Jekamiah Иекамия
Jekuthiel Иекуфиил
Jemima(h) Емима
Jemmoth Иерамоф
Jemuel Иемуил
Jephthae, Jephthah Иеффай
Jephunneh Иефунния
Jerahmeel Иерахмеил
Jered Иаред
Jeremai Иеремай
Jeremiah, Jeremias Иеремия
Jeremoth Иеримоф
Jeremoth Иремоф
Jeremy Иеремия
Jeriah Иерия
Jeribai Иеривай
Jericho Иерихон
Jeriel Иериил
Jerijah Иерия
Jerimoth Иеримоф
Jeroboam Иеровоам
Jeroham Иерохам
Jerubbaal, Jerub-Baal Иероваал
Jerusalem Иерусалим
Jerusha(h) Иеруша
Jes(h)aiah Исайя
Jesarelah Иесарела
Jeshanah Мешана
Jesharelah Иесарела
Jeshohaiah Ишохаия
Jesiah Ишшияху
Jesimiel Ишимиил
Jesse Иессей
Jether Иефер
Jetheth Иетеф
Jethlah Ифла
Jetur Иетур
Jeuel Иеуил
Jeush Иеуш
Jeuz Иеуз
Jezebel Иезавель
Jeziel Иезиел
Jibsam Ивсам

Jidlaph Идлаф
Jimnah Имна
Jiphtah Иффах
Joab Иоав
Joachim Иоаким
Joah Иоах
Joahaz Иоахаз
Joanna Иоанна
Joatham Иоафам
Job Иов
Jobab Иовав
Jochebed Иохаведа
Joed Иоед
Joel Иоиль
Joelah Иоела
Joezer Иоезер
Jogbehah Иогбега
Jogli Иоглия
Joha Иоха
Johanan Иоанан
John Иоанн
Joiakim Иоаким
Joiarib Иоярив
Jokdeam Иокдам
Jokim Иоким
Jokmeam Иокмеам
Jokneam Иокнеам
Jokshan Иокшан
Joktan Иоктан
Joktheel Иокфеил
Jonadab Ионадав
Jonah, Jonas Иона
Jonan Ионан
Jonathan Ионафан
Joppa Иоппия
Jorah Иора
Jorai Иорай
Joram Иорам
Jordan Иорданская страна
Jorim Иорим
Jorkeam Иоркеам
Josabad Иозавад
Josaphat Иосафат
Jose Иосий

Joseph Иосиф
Joshaviah Иошавия
Joshbakashah Иошбекаша
Joshibiah Иошиви
Joshua Иосий
Josiah, Josias Иосия
Josibiah Иошиви
Josiphiah Иосифия
Jotbah Ятба
Jotbath Иотвафа
Jotbathah Иотвафа
Jotham Иоафам
Jotham Иофам
Jozabad Иозавад
Jozac(h)ar Иозакар
Jubal Иувал
Jucal Юхал
Juda, Judah, Judas, Jude Иуда
Jud(a)ea Иудея
Judas Iscariot Иуда Искариот
Judith Иегудифа
Judith Юдифь
Julia Юлия
Julius Юлий
Justus Иуст
Kabzeel Кавцеил
Kadesh Кадес
Kadesh Bamea, Kadesh-barnea
   Кадес-Варни
Kadmiel Кадмиил
Kain Каин1
Kallai Каллаи
Kanah Кана
Kareah Карей
Karkor Каркор
Kartah Карфа
Kartan Карфан
Katta(t)h Каттаф
Kedar Кедар
Kedemah Кедма
Kedemoth Кедемоф
Kedesh Кедес
Kedorlaomer Кедорлаомер
Kedron Кедрон

Kehelathah Кегелафа
Keilah, Kelaiah Кеила
Kelaiah, Kelita Клита
Kelal Хелал
Kelub Хелув
Keluhi Келуги
Kemuel Кемуил
Kenaanah Хенаана
Kenani Хенани
Kenaniah Хенания
Kenath Кенаф
Kenaz Кеназ
Kephar Ammoni Кефар-Аммонай
Kephirah Кефира
Keran Херан
Keren Happuch Керенгаппух
Kerioth Кериоф
Keros Керос
Kesalon Кесалон
Kesed Кесед
Kesil Кесил
Kesulloth Кесуллоф
Keturah Хеттура
Kezib Хезив
Kibroth Hattaavah Киброт Тат-таава
Kibzaim Кивцаим
Kilion Хилеон
Kilmad Хилмад
Kimham Книгам
Kinah Кина
Kinnereth Хиннареф, Хиннереф
Kios Хиос
Kir Hareseth Кирхарес, Кир-Харешет, Кирхарешет
Kir Кир
Kirharaseth Кир-Харешет, Кир-харешет
Kiriath Huzoth, Kiriath-huzoth, Kirjath-huzoth Кириаф-Хуцоф
Kiriath Jearim, Kiriath-jearim Кириаф-Иарим

Kiriath Sepher, Kiriath-sepher, Kirjath-sepher Кириаф-Сефер
Kiriath Кириаф
Kiriathaim Кириафаим
Kiriath-Arba Кириаф-Арба
Kirjath Sannah Кириаф-Санна
Kirjath Кириаф
Kirjathaim Кириафаим
Kirjathbaal Кириаф-Ваал
Kirjathjearim Кириаф-Иарим
Kish Кис
Kishi Кишия
Kishion Кишион
Kislon Кислом
Kisloth Tabor Кислоф-Фавор
Kit(h)lish Хифлис
Kitron Китрон
Kittim Киттим
Koa Коа
Kohath Кааф
Kolaiah Колаия
Koran Корей
Korazin Хоразин
Kore Коре
Koz Коц
Kushaiah Кушаия
Laadah Лаед
Laadan Лаедан
Laban Лаван
Lachish Лахис
Ladan Лаедан
Lael Лаел
Lahad Лагад
Lahmas Лахмас
Lahmi Лахмий
Laish Лаис
Laish Лаиш
Lak(k)um Лаккум
Lamech Ламех
Laodicea Лаодикия
Lap(p)idoth Лапидоф
Lasea Ласея
Lasha Лаша
Lassharon Шарон

Lazarus Лазарь
Leah Лия
Lebana(h) Лебана
Lebanon Ливан
Lebaoth Леваоф
Lebbaeus Леввей
Lebonah Левона
Lecah, Lehi Леха
Lehabim Легавим
Lemuel Лемуил
Leshem Ласем
Ieshiah Ишшияху
Letushim Летушим
Leummim Леюмим
Levi Левий
Lia Лия
Libnah Ливна
Libni Ливни
Libya Ливия
Likhi Ликхи
Linus Лин
Lo Debar Лодевар
Loammi Лоамми
Lod Лод
Lois Лоида
Lo-Ruhamah Лорухама
Lot Лот
Lower Beth Horon Нижний Бефорон
Lucas Лука
Lucius Луций
Lud Луд
Ludim Лудим
Luhith Лухит
Luke Лука
Luz Луз
Lycaonia Ликаония
Lycia Ликия
Lydda Лидда
Lydia Лидия
Lysanias Лисаний
Lysias Лисий
Lystra Листра
Maac(h)ah Мааха

Maadiah Моадия
Maai Маай
Maarath Маараф
Maas(i)ai Маасай
Maaseiah Маасея
Maaz Маац
Maaziah Маазия
Macbannai, Machbanai, Machbannai Махбанай
Macbenah, Machbena, Machbenah Махбена
Maccabees Маккавеи
Macedonia Македония
Machir Махир
Machnadebai Махнадбай
Machpelah Махпела
Madai Мадай
Madmannah Мадмана
Madmenah Мадмена
Madon Мадон
Magbish Магбиш
Magdala Магдалинские пределы
Magdiel Магдиил
Magog Магог
Magor-Missabib Магор Миссавив
Magpi(a)sh Магпиаш
Mahalale(e)l Малелеил
Mahalath Махалафа
Mahali Мооли
Mahanaim Маханаим
Maharai Магарай
Mahath Махаф
Mahazioth Махазиоф
Maher-Shalal-Hash-Baz Магершелал-хаш-баз
Mahlah Махла
Mahli Махли
Mahli Мооли
Mahlon Махлон
Mahol Махол
Makaz Макац
Makheloth Макелоф
Makkedah Макед

Malachi Малахия

Malchijah, Malkijah Малхия

Malchus Малх

Maleleel Малелеил

Malki-Shua Мелхисуа, Мелхисуй

Mallothi Маллофи

Malluch Маллух

Malluch(i) Мелихул

Mamre Мамре

Mamre Мамрий

Manahath Манахаф

Manasses Манассия

Manoah Маной

Maoch Маох

Maon Маон

Mara Мара

Marah Мерра

Maralah Марала

Mareshah Мареша

Mark Марк

Maroth Марофа

Marsena Марсена

Martha Марфа

Mary Мария

Mash Маш

Mashal Машал

Masrekah Масрека

Massa(h) Масса

Matred Матреда

Matri Матри

Mattan Маттан

Mattanah Матанна

Mattaniah Матфания

Mattatha Маттафай

Mattathah Мафафа

Mattathias Маттафий

Mattattah Мафафа

Matthan Матфан

Matthat Матфат

Matthew Матфей

Matthias Матфий

Me Jarkon Ме-Иаркон

Mearah Меара

Mebunnai Мебуннай

Meconah Мехона

Medad Модад

Medes, Media Мидия

Megiddo Мегиддо

Mehetabeel Мегетавел

Mehetabel Мегетавеель, Мегетавел

Mehida Мехида

Mehuman Мегуман

Mehunim Меуиим

Mekonah Мехона

Melatiah Мелатия

Melchi Мелхийл

Melchiah Малхия

Melchisedec Мелхиседек

Melchishua Мелхисуа, Мелхисуй

Melchizedek Мелхиседек

Melea Мелеай

Melech Мелег

Melicu Мелихул

Melita Мелит

Melki Мелхийл

Melzar Амелсар

Memphis Мемфис

Memucan Мемухан

Menahem Менаим

Meonothai Меонофай

Mephaath Мефааф

Mephibosheth Мемфивосфей

Meraiah Мераия

Meraioth Мераиоф

Merari Мерари

Mered Меред

Meremoth Меремоф

Meres Мерее

Meribah Мерива

Merib-Baal Мериббаал

Merodach-Baladan Меродах Ва-
ладан

Meroz Мероз

Mesha Меса

Mesha Меша

Meshach Мисах

Meshech Мешех
Meshelemiah Мешелемия
Meshezabe(e)l Мешизабел
Meshillemith Мешиллемиф
Meshillemoth Мешиллемоф
Meshullam Мешуллам
Meshullemeth Мешуллемеф
Mesopotamia Месопотамия
Metheg Amman, Methegammah Мефег-Гаамма
Methus(h)ael Мафусал
Methuselah Мафусаил, Мафусал
Meunim Меуиим
Meunim Меуиим
Me(-)zahab Мезагав
Miamin Миямин
Mibhar Мивхар
Mibsam Мивсам
Mibzar Мивцар
Micah, Micha Миха
Michael Михаил
Michah, Micheas Михей
Michmas(h), Micmash Михмас
Michmethah Михмефаф
Michri Михрий
Micmash Михмас
Micri Михрий
Middin Миддин
Midian Мадиан
Migdal Gad Мигдал-Гад
Migdalel Мигдал-Ел
Migdol Мигдол
Mijamin Миямин
Mikloth Миклоф
Mikneiah Микней
Milalai Милалай
Milcah Милка
Miletum, Miletus Милит
Millo Милло
Miniamin Миниамин
Miniamin Миямин
Minnith Миниф
Miriam Мариам
Mirma(h) Мирма

Misgab Мизгав
Mishael Мисаил
Mishal Мишал
Misham Мишам
Mishma Мишма
Mishmannah Мишманна
Mispereth Мисфереф
Misrephoth Maim Мисрефоф-Маим
Mithcah, Mithkah Мифка
Mithredath Мифредат
Mitylene Митилина
Mizpah Мицпа
Mizraim Мицраим
Mizzah Миза
Mnason Мнасон
Moab Моав
Moadiah Моадия
Moladah Молада
Molech, Moloch Молох
Molid Молид
Mooli Мооли
Mordecai Мардохей
Moresheth Gath Морешеф-Геф
Mosera(h) Мозер
Moseroth Мозер
Moseroth Мосероф
Moses Моисей
Moza(h) Моца
Muppim Муппим
Mushi Муши
Mysia Мисия
Naam Наам
Naamah Наама
Naamah Ноема
Naaman Нааман
Naarah Наара
Naarai Наарай
Naaran Нааран
Naarath Наараф
Naashon, Naasson Наассон
Nabal Навал
Naboth Навуфей
Nachor Нахор

Nadab Надав
Naggai, Nagge Наггей
Nahalal Нагалал
Nahaliel Нагалиил
Nahallal Нагалал
Nahalol Наглол
Naham Нахам
Nahamani Нахманий
Naharai Нахарай
Nahash Наас
Nahath Нахаф
Nahbi Нахбий
Nahor Нахор
Nahum Наум
Nain Наин
Naioth Наваф
Naomi Ноэминь
Naphish Нафиш
Naphtali Неффалим
Narcissus Наркисс
Nathan Нафан
Nathanael Нафанаил
Nathan-Melech Нефан-Мелех
Naum Наум
Nazareth of Galilee Назарет Га-
    лилейский
Nazareth Назарет
Neah Нея
Neapolis Неаполь
Neariah Неария
Nebai Невай
Nebaioth, Nebajoth Наваиоф
Neballat Неваллат
Nebo Нево
Nebo-Sarsekim Сарсехим
Nebuchadnezzar Навуходоносор
Nebushasban, Nebushazban На-
    вузазван
Nebuzaradan Навузардан
Nehemiah Неемия
Nehum Нехум
Nehushta Нехушта
Neiel Неиел
Nekoda Некода

Nemrod Нимрод
Nemuel Немуил
Nepheg Нефег
Nephish Нафиш
Nephishesim, Nephussim Не-
    фишсим
Nergal-sar-ezer, Nergal-Sharezer
    Нергал-Шарецер
Neri Нирий
Neriah Нирия
Nethane(e)l Нафанаил
Nethaniah Нефания
Netophah Нетофа
Neziah Нециах
Nezib Нецив
Nibshan Нившан
Nicaea Никея
Nicanor Никанор
Nicopolis Никополь
Nimrah Нимра
Nimrim Нимрим
Nimrod Нимрод
Nimshi Намессий
Nineveh Ниневия
No Но (Иер 46:25)
Noadiah Ноадия
Noah Ной
Nob Нов
Nobah Нова
Nobah Новах
Noemi Ноэминь
Nogah Ногаг
Nohah Ноха
Non Нон (1 Пар 7:27)
Noomi Ноэминь
Noph Ноф
Nophah Нофа
Nympha Нимфам
Nymphas Нимфам
Obadiah Овадия
Obal Овал
Obed Овид
Oboth Овоф
Oc(h)ran Охран

Oded Одед
Oholibamah Оливема
Olympas Олимпас
Omar Омар
Omri Амврий
Omri Омри
Onam Онам
Onesimus Онисим
Onesiphorus Онисифор
Ono Оно
Ophel Офел
Ophir Офир
Ophni Афни
Ophrah Офра
Ophrah of the Abiezrites Офра
   Авиезерова
Orpah Орфа
Osee, Oshea Осия
Osnappar Аснафар
Othniel Гофониил
Ozem Оцем
Ozias Озия
Ozni Озний
Paarai Паарай
Padon Фадон
Pagiel Пагиил
Pahath-Moab Пахаф-Моав
Palal Фалал
Pallu Фаллу
Palti(el) Фалтий
Pamphylia Памфилия
Paphos Паф
Parah Фара
Paran Фарам
Parmashta Пармашфа
Parmenas Пармен
Parnach Фарнак
Parosh Парош
Parshandatha Паршандафа
Paruah Паруах
Parvaim Парваим
Pas Dammim Фасдамим
Pasach Пасах
Pasdammim Фасдамим

Paseah Пасеах
Pas(h)hur Пашхур
Patara Патара
Pathros Патрос
Patmos Патмос
Pau Пау
Paul Павел
Pedahel Педаил
Pedahzur Педацур
Pedaiah Федаия
Pekah Факей
Pekahiah Факия
Pelatiah Фелатия
Pelet Пелет
Peleth Фалеф
Peniel Пенуэл
Peninnah Феннана
Penuel Пенуел, Пенуэл
Perazim Перацим
Peresh Кереш
Perez Фарес
Perga Пергия
Pergamos, Pergamum Пергам
Perida Ферида
Persepolis Персеполь
Persia Персия
Persis Персида
Peruda Ферудал
Peter Петр
Pethahiah Петахия
Pethor Пефор
Peul(le)thai Пеульфай
Phalec Фалек
Phallu Фаллу
Phalti Фалтий
Phanuel Фануил
Phares, Pharez Фарес
Phaselis Фасилида
Phebe Фива
Phenice Финик
Phenice, Phenicia Финикия
Phic(h)ol Фихол
Philemon Филимон
Philetus Филит

Philip Филипп
Philippi Филиппы
Philologus Филолог
Phinehas Финеес
Phlegon Флегонт
Phoebe Фива
Phoenicia Финикия
Phoenix Финик
Phrygia Фригия
Phurah Фура
Phut Фут
Phuvah Фува
Pi Hahirot Пи Гахироф
Pildash Пилдаш
Pil(e)ha Пилхал
Piltai Пилтайл
Piram Фирам
Pisgah Фасга
Pishon Фисон
Pisidia Пирр
Pison Фисон
Pithom Пифом
Pithon Пифон
Pochereth Hazzebaim Похереф-
   Гаццебайим
Pontius·Pilate Понтий Пилат
Pontus Понт
Poratha Порафа
Portius Festus Фест Портий
Potiphar Потифар
Potipherah Потифер
Prisc(ill)a Прискилла
Prochorus Прохор
Puah Фуа
Puah Фува
Pudens Пуд
Pul Пул, Фул
Punon Пунон
Put Фут
Puteoli Путеол
Putiel Футиил
Puv(v)ah Фува
Pyrrhus Пирр
Quartus Кварт

Quirinius Квириний
Raamah Раама
Raamiah Раами
Raamses Раамсес
Rabba(t)h Равва
Rabbith Раввиф
Rabshakeh Рабсак
Rac(h)al Рахал
Rachab Рахава
Rachel Рахиль
Raddai Раддай
Ragau Рагав
Raguel Рагуил
Rahab Раав
Rahab Рахава
Raham Рахам
Rahel Рахиль
Rakkath Раккаф
Rakkon Ракон
Rama Рама
Ramah Рама
Ramath Lehi Рамаф-Лехи
Ramathaim Zuphim Рамафаим
   Цофим
Rameses Раамсес
Ramiah Рамаия
Ramoth Рамоф
Rapha Рафа
Raphon Рафон
Raphu Рафуй
Reaia(h) Реаия
Reba Рева
Rebecca, Rebekah Ревекка
Recab Рихав
Rec(h)ah Реха
Rechab Рихав
Reelaiah Реелай
Regem Регем
Regem-Melech Регем-Мелех
Rehabiah Рехавия
Rehoboam Ровоам
Rehoboth Реховоф
Remaliah Ремалия
Remeth Ремеф

Remmon Риммой
Renurn Рехум
Repha Рефа
Rephael Рефаил
Rephaiah Реераия
Rephidim Рефидим
Resen Ресен
Resheph Решеф
Reu Рагав
Reuben Рувим
Reuel Регуил
Reumah Реума
Rezeph Рецеф
Rezia Риция
Rezin Рецин
Rhegium Ригия
Rhesa Рисай
Rhodes Родос
Ribai Рибай
Riblah Рибла
Rimmon Риммой
Rimmon-parez, Rimmon-perez
  Римнон-Фарец
Rinnan Риннал
Riphath Рифат
Rissah Рисса
Rithmah Рифма
Rizia Риция
Rizpah Рицпа
Rogelim Роглим
Rohgah Рохга
Roman Роман
Rome Рим
Rosh Рош
Rufus Руф
Rumah Рума
Ruth Руфь
Sabaoth Саваоф
Sabta Савта
Sabtah Савта
Sabtec(h)a Савтеха
Sacar, Sharar Сахар
Sadoc Садок
Sala(h) Сала

Salamis Саламин
Salathiel Салафиил
Salc(h)ah Салха
Salem, Salim Салим
Salmon Салмон
Salmon Селмон
Salome Саломия
Salu Салу
Samaria Самария
Samgar, Samgar-nebu Самгар-
  Нево
Samlah Самла
Samos Самос
Samothrace, Samothracia Са-
  мофракия
Samson Самсон
Samuel Самуил
Sanballat Санаваллат
Sansannah Сансана
Saph Саф
Saphir Шафир
Sapphira Сапфира
Sara(h) Сарра
Sarah Серах
Sarai Сара
Saraph Сараф
Sardis Сардис
Sargon Саргон
Sarid Сарид
Saron Сарон
Sarothie Сарофи
Sarsechim, Sar-sekim Сарсехим
Saul Савл
Saul of Tarsus Савл Тарсянин
Saul Саул
Sceva Скева
Seba Сава
Seba Сева
Sebam Севам
Secacha Секаха
Secundus Секунд
Segub Сегуб
Seir Сеир
Seira(t)h Сеираф

Sela Hammahlekoth Села-Гаммахлекоф
Sela(h) Села
Seled Селед
Seleucia Селевкия
Seleucus Селевк
Semachiah Семахия
Semakiah Семахия
Semei Семей
Senaah Сенаа
Seneh Сене
Senir Сенир
Sennacherib Сеннахирим
Senuah Сенуа
Seorim Сеорим
Sephar Сефар
Sepharad Сефарад
Serah Серах
Seraiah Серая
Sergius Сергий
Serug Серух
Seth Сиф
Sethur Сефур
Seveneh Сиена
Shaalabbin Шаалаввин
Shaalbim Шаалвим
Shaaph Шааф
Shaaraim Шаарим
Shaashgaz Шаазгаз
Shabbethai Шавфай
Shachia Шахия
Shadrach Седрах
Shage(e) Шаге
Shaharaim Шегараим
Shahazimah, Shahazumah Шагацима
Shailum Селлум
Shalim Шаалим
Shalisha(h) Шалиша
Shallecheth, Shalleketh Шаллехет
Shallum Шаллум
Shalmai Шамлай
Shalman Салман

Shalmaneser Салманассар
Shama Шама
Shamariah Шемари
Shamed Шемед
Shamer Шемер
Shamgar Самегар
Shamhuth Шамгуф
Shamir Шамир
Shamlai, Shammai Шаммай
Shammah Самма
Shammah Шамма
Shammua Самей
Shammua Саммуа
Shamsherai Шамшерай
Shapham Шафам
Shaphan Шафан
Shaphat Сафат
Shapher, Shepher Шафер
Shaphir Шафир
Sharai Шарай
Sharaim Шаарим
Sharar Шарар
Sharezer Сарецер, Шарецер
Sharuhen Шарухен
Shashai Шашай
Shashak Шашак
Shaveh Kiriathaim Шаве-Кириафаим
Shaveh Шаве
Sheal Шеал
Sheariah Шеария
Shear-Jashub Шеар-Ясув
Sheba Савей
Sheba Шева
Shebah, Shibah Шива
Shebam Севам
Shebaniah, Shechaniah Шевания
Shebarim Севарим
Sheber Шевер
Shebna(h) Севна
Shebuel Шевуил
Shechaniah Шехания
Shechem Сихем
Shedeur Шедеур

Sheerah Шеера
Shelah, Siloah, Siloam Селах
Shelah Шела
Shelemiah Шелемия
Sheleph Шалеф
Shelesh Шелеш
Shelomi Шеломий
Shelomith Саломиф
Shelomith, Shelomoth Шеломоф
Shelumiel Шелумиил
Shem Сим
Shema Шема
Shemaah Шемаа
Shemaiah Самей
Shemariah Шемари
Shemeber Шемевер
Shemed Шемед
Shemer Семир
Shemer Шемер
Shemida Шемида
Shemiramoth Шемирамоф
Shen Сен
Shepham Шефам
Shephat(h)iah Шефатия
Shephatiah Шафатия
Shephi, Shepho Шефо
Shephupham Шефуфам
Shephuphan Шефуфан
Sherah Шеера
Sherebiah Шеревия
Sheresh Шереш
Sheshach Вавилон(ия)
Sheshach Сесах
Sheshai Сесай
Sheshan, Sheshbazzar Шешан
Sheth Сиф
Shethar Шефар
Shethar-bozenai, Shetharboznai
    Шефар-Бознай
Shibmah Сивма
Shihor Libnath Шихор-Ливнаф
Shihor Шихор
Shilhim Шелихим
Shillem Шиллем

Shiloah Силоам
Shiloh Силом
Shiloni Шилони
Shilshah Шилша
Shimeam Шимеам
Shimeath Шимеата
Shimei Шимей
Shimeon Симеон
Shimnth Шимрифа
Shimrath Шимраф
Shimri Шимрий
Shimron Шимрон
Shimshai Шимшай
Shinab Шинав
Shinar Сеннаар
Shion Шион
Shiphi Шифий
Shiphrah Шифра
Shiphtan Шифтан
Shishak Сусаким
Shittim Ситтим
Shiza Шиза
Shoa Шоа
Shobab Совав
Shobach, Shophach Совак
Shobai Шовай
Shobal Шовал
Shobek Шовек
Shobi Сови
Shocho Сохо
Shochoh Сохо
Shoham Шогам
Shomer Шомер
Shua Шуя
Shuah Шуах
Shual Суаль
Shual Шуал
Shubael Шевуил
Shubael Шуваил
Shuham Шухам
Shunem Сунем
Shuni Шуни
Shuppim Шупим
Shur Сур

Shushan Сузы
Shuthelah Шутела
Sia Сия
Sibbec(h)ai Сивхай
Sibmah Сивма
Sibraim Сивраим
Sicyon Сикион
Siddim Сиддим
Sidon Сидон
Sidon Силон
Sihon Сигон
Sihor Сихор
Silas Сила
Silla Сияла
Siloam Силоам
Silvanus Силуан
Simeon Симеон
Simon (Zealot/Canaanite) Симон (Зилот/Кананит)
Sinai Синай
Siphmoth Шифмоф
Sira(c)h Сирах
Sirion Сирион
Sisamai Сисмай
Sisera Сисра
Sismai Сисмай
Sitnah Ситна
Smyrna Смирна
Sochoh, Soco Соко
Sodi Соди
Sodom Содом
Solomon Соломон
Sopater Сосипатр
Sophonias Софония
Sorek Сорек
Sosipater Сосипатр
Sosthenes Сосфен
Sotai Сотай
Stachys Стахий
Stephanas Стефан
Suah Суах
Subai Сивай
Succoth Сокхоф
Susa Сузы

Susanna Сусанна
Susi Сусий
Sychar Сихарь
Sychem Сихем
Syene Сиена
Syntyche Синтихия
Syracuse Сиракузы
Syria Сирия
Taanach Фаанах
Tabbaoth Таббаоф
Tabbath Табафа
Taberah Гавера
Tabitha Тавифа
Tabor Фавор
Tabrim(m)on Тавримон
Tadmor Фадмор
Tahan Тахан
Tahapanes, Tahpanhes Тафна
Tahath Тахаф
Tahpanhes Тафнис
Tahrea Фарей
Talmai Фалмай
Talmon Талмон
Tamah Фамах
Tamar Тамара
Tamar Фамарь
Tanach Фаанах
Tanhumeth Танхумеф
Taphath Тафафь
Tappuah Таппуах
Tarah Тарах
Taralah Фарала
Tarshish Фарсис
Tarsus Тар, Тарс
Tartan Тартан
Tat(te)nai Фафнай
Tebah Беф
Tebah Тевах
Tebah Тивхава
Tebaliah Тевалия
Tehinnah Техинна
Tekoa(h) Фекоя
Tel Abib Тел-Авив
Tel Assar Фалассар

Tel Harsha Тел-Харша
Tel Melah Тел-Мелах
Telah Фелах
Telaim Телаим
Telassar Фалассар
Telem Телем
Telharesha, Tel-harsha Тел-
    Харша
Temah, Thamah Фамах
Teman Феман
Temeni Фимни
Tephon Тефон
Terah Тарах
Tertius Тертий
Tertullus Тертулл
Thaddaeus Фаддей
Thahash Тахаш
Thamar Фамарь
Thara Фарра
Tharshish Фарсис
Thebez Тевец
Thelasar Фалассар
Theophilus Феофил
Thessalonica Фессалоника
Theudas Февда
Thimnathah Фимнафа
Thomas Фома
Thyatira Фиатир
Tiberias Тивериада
Tibhath Тивхава
Tibni Фамний
Tidal Фидалл
Tiglath-Pileser Феглаффелласар
Tikvah Тиква
Tilon Филон
Timaeus Тимей
Timna(h), Timnath Фамна
Timna(h) Фимна
Timon Тимон
Timotheus, Timothy Тимофей
Tiphsah Типсах
Tiras Фирас
Tirhanah Фирхана
Tirshatha Тиршафа

Tirzah Фирца
Titus Тит
Toah Тоах
Tob Тов
Tob-Adonijah Тов-Адония
Tobi(j)ah Товия
Tochen. Фокен
Togarmah Фогарма
Tohu Тоху
Toi Фой
Token Фокен
Tola Фола
Tolad Фолад
Tophet(h) Тофет
Troas Троада
Trogyllium Трогиллия
Trophimus Трофим
Tryphon Трифон
Tryphosa Трифоса
Tubal Фувал
Tubal-Cain Тувалкаин
Tychicus Тихик
Tyrannus Тирами
Tyre, Tyrus Тир
Uel Уел
Ulai Улай
Ulla Улла
Ummah Умма
Unni Унний
Uphaz Уфаз
Ur Ур
Ur Ура
Urbane, Urbanus Урбан
Uri Урий
Uriah, Urias, Urijah Урия
Uriel Уриил
Uthai Уфай
Uz Уц
Uzai Узай
Uzal Узал
Uzza Уззы
Uzzen Sheerah, Uzzensherah Уз-
    зен-Шеера
Uzzia Уззия

Uzziel Узиил
Vaizatha, Vajezatha Ваиезафа
Vophsi Вофсий
Xerxes Ассуир
Yahve(h), Yahwe(h) Яхве
Yiron Иреон
Zaana(nn)im Цаанним
Zaanan Цаан
Zaanannim Цананним
Zaavan Зааван
Zabad Завал
Zabbai Забвай
Zabbud Заббуд
Zabdi Завдий
Zabdiel Завдиил
Zabulon Завулон
Zaccai Закхай
Zacch(a)eus Закхей
Zacchur, Zaccur Закур
Zachariah, Zacharias Захария
Zadoc Садок
Zaham Загам
Zaimon Цамон
Zair Цаир
Zalaph Цалаф
Zalmon Селмон
Zanoah Заноах
Zaphenath-Paneah Цафнаф-
   Панеах
Zaphon Цафон
Zarah Зара
Zared Заред
Zaret(h)an Цартан
Zarethan Цереда
Zattu Заттуй
Zavan Зааван
Zaza Заза
Zealot Зилот
Zebadiah Зевадия
Zebedee Зеведей
Zebina Зевина
Zeboiim Севоим
Zeboim Цевоим
Zebudah Зебудда

Zechariah Захария
Zecher Зехер
Zedad Цедад
Zedekiah Седекия
Zeeb Зив
Zelah Цела
Zelek Целек
Zelzah Целцах
Zemaraim Цемараим
Zemira(h) Земира
Zenan Ценан
Zenas Зина
Zephaniah Софония
Zephath Цефаф
Zephathah Цефата
Zepho Цефо
Zephon Цефон
Zephon Цифион
Zer Цер
Zerah Зерах
Zerahiah Зерахия
Zereda(h) Цареда
Zeredah, Zeredathah Цереда
Zerera(t)h Царера
Zeresh Зерешь
Zereth Shahar Цереф-Шахар
Zereth Цереф
Zeruah Церуа
Zeruiah Саруя
Zetham Зефам
Zethan Зефан
Ziba Сива
Zibeon Цивеон
Zibia Цивия
Zibiah Цивья
Zichri Зихри
Ziddim Циддим
Zidkijah Седекия
Zidon Силон
Ziha Циха
Zillah Цилла
Zillethai Цилфай
Zilpah Зелфа
Zilthai Цилфай

Zimmah Зимма

Zimran Зимран

Zimri Зимри

Zior Цигор

Ziph Зиф

Ziphah Зифа

Ziphion Цефон

Ziphion Цифион

Ziphron Цифрой

Zippor Сепфор

Zipporah Сепфора

Ziza(h) Зиза

Zoan Цоан

Zoar Сигор

Zoba(h) Сува

Zobebah Цовев

Zohar Цохар

Zoheth Зохеф

Zophah Цофах

Zophai Цофай

Zophar Софар

Zorobabel Зоровавель

Zuar Цуар

Zuph Цуф

Zur Цур

Zuriel Цуриил

Zurishaddai Цуришаддай

Zur-Oreb Цур-Орив

ПРИЛОЖЕНИЕ 2. **Праздники и памятные даты**

All Hallow Even Хэллоуин, канун дня Всех святых

All Saints Day День Всех Святых

All Souls Day День Поминовения Всех Усопших

All-Hallows Day День Поминовения Всех Святых

All-Souls Day День Всех Усопших

Ascention Day Вознесение

Ash Wednesday Пепельная среда, День покаяния (у католиков)

Baptist's Day Иванов день; Рождество честного славного Пророка, Предтечи и Крестителя Господня Иоанна

Barnaby Bright День Св. Варнавы

Beheading of St. John the Baptist Память Страстей Св. Иоанна Крестителя; Усекновение главы Пророка, Предтечи и Крестителя Господня Иоанна

Bloody Thursday первый четверг Великого поста у католиков, второй день Великого поста (у католиков)

Blue Monday последний понедельник перед Великим постом (у католиков)

Bright Week Светлая седмица, Сплошная седмица

Candlemas Day Сретение Господа; Очищение Пресвятой Девы Марии

Cantate Sunday четвертая неделя после Пасхи (у католиков)

Care Sunday, Carling Sunday Страстная неделя

Carnival *n.* Масленица, Сырная седмица

Cathern Катеринин день; праздник Св. Екатерины

Chanuk(k)ah Ханука, Праздник Освящения, Праздник Маккавеев

Cheese-Fare Sunday, Cheese-Fast Sunday Сыропустная неделя

Christmas (Day) Рождество Христово; святки

Christmas Eve Навечерие Рождества Христова, рождественский сочельник, канун Рождества Христова

Circumcision Обрезание Господне

Collop Monday Святой понедельник, Святая ночь

Corpus-Christ Day праздник Тела Христова

Discovery of the Forerunner's Head Обретение Главы Предтечи и Крестителя Господня Иоанна

Dominica in albis Белое воскресенье

Dominica Refectionis четвертая неделя Великого поста у католиков

Easter, Easter Sunday Пасха

Easter Eve Великая/Страстная суббота

Easter Week Святая Неделя

Epiphany Праздник Богоявления, Теофании, Епифании,

трех королей, трех волхвов; Святое Богоявление

Fasching карнавал на Сырной седмице

Feast of Booths Суккот

Feast of Christ the King Праздник Господа нашего Иисуса Христа — Царя Вселенной, последняя неделя католического литургического года

Feast of Immaculate Conception Непорочное Зачатие Пресвятой Девы Марии

Feast of Lanterns Праздник фонарей

Feast of Lights Праздник Освящения, Праздник Маккавеев, Ханука

Feast of Lots Пурим

Feast of Maccabees Праздник Маккавеев, Праздник Освящения

Feast of Orthodoxy Торжество Православия

Feast of SS. Michael, Gabriel, and Raphael, archangels День св. архангелов Михаила, Гавриила и Рафаила

Feast of St. Mary Праздник Пресвятой Девы Марии, Божией Матери

Feast of St. Michael and All Angels День Св. Михаила и всех ангелов; Собор Архистратига Михаила и прочих Небесных Сил бесплотных

Feast of Tabernacles Суккот, Праздник Кущей

Feast of the Annunciation Благовещение Пресвятой Девы Марии, Благовещение Пресвятой Богородицы

Feast of the Assumption Взятие на Небо (Успение) Пресвятой Девы Марии; Успение Пресвятой Владычицы нашей Богородицы и Приснодевы Марии

Feast of the Entry of Our Most Holy Lady Theotokos and Ever-Virgin Mary into the Temple Введение во храм Пресвятой Девы Марии; Введение во храм Пресвятой Владычицы нашей Богородицы и Приснодевы Марии

Feast of the Finding of the Cross Праздник Обретения Святого Креста Господня; Праздник Обретения Честного Креста Господня

Feast of the Holy Family Праздник Святого Семейства, Марии и Иосифа, День семьи

Feast of the Holy Trinity День Святой Троицы, Пятидесятница

Feast of the Immaculate Heart of Mary День Пренепорочного Сердца Пресвятой Девы Марии

Feast of the Purification of the Virgin Mary Очищение Пресвятой Девы Марии

Feast of the Sacred Heart Праздник Пресвятого Сердца Иисусова

Feast of the Theotokos Богородничные праздники

Feast of the Transfiguration Преображение Господа Бога и Спаса нашего Иисуса Христа

Feast of Trumpets Рош-ха-Шана, иудейский Новый год

Feastof Corpus Christi Праздник Пресвятого Тела и Крови Господней, Праздник Божиего Тела

Feastof Dedication Праздник Освящения, Праздник Маккавеев, Ханука

Fig Sunday Цветоносное воскресенье; Вербное воскресенье

Hag ha-Asif Хаг га-Асиф, Праздник Кущей, Суккот

Hag ha-Qazir Хаг га-Казир, Праздник урожая, Шавуот

Hag Праздник опресноков, Песах

Hall Monday Святой понедельник

Hall Night Святая ночь

Hall Sunday Святое воскресенье

Hallowe'en, Halloween Хэллоуин, канун Дня Всех Святых, 31 октября

Hallowmas День Всех Святых

Hockday 2-й вторник после Пасхи

Hollantide канун и сам День Всех Святых, 31 октября — 1 ноября

Holy Rood Day Воздвижение Честного и Животворящего Креста Господня

Holy Thursday Великий Четверток, Чистый Четверг; Вознесение

Holy week Страстная неделя

Judgement Day День Страшного Суда

Lady Day Благовещение Пресвятой Девы Марии;

Lost Sunday Потерянное воскресенье; третья неделя перед Великим постом, или Великой Четыредесятницей

Low Sunday Антипасха; вторая неделя по Пасхе, неделя апостола Фомы, Фомино воскресенье

Low Week вторая седмица по Пасхе

Mardi gras Вторник Покаяния

Martinmas День Св. Мартина; Мартынов день

Matzot Мацот, Праздник пресного хлеба, Песах

Maundy Thursday Великий Четверток, Чистый Четверг

Maundy-Thursday Великий Четверг

Maundy-week Страстная седмица

Meat-Fare Sunday, Meat-Fast Sunday мясопуст, мясопустная неделя

Merry Monday Веселый понедельник

Michaelmas Михайлов день

Midsummer Day Рождество честного славного Пророка, Предтечи и Крестителя Господня Иоанна; Иванов день

Mothering Sunday четвертая неделя Великого поста (у католиков), Материнское воскресенье

Name's Day День ангела

Never-waiting Day невечерний день

Nick-Nan Night навечерие Прощеного вторника

Nine First Fridays Девять первых пятниц

Octave of Christmas Рождественская октава

Octave of Prayer for Christian Unity седмица молитв о единстве христиан

Orthodoxy Sunday Торжество Православия, первая неделя Великого поста

Palm Sunday Вербное Воскресенье; Цветоносная Неделя

Pancake Day, Pancake Tuesday вторник на Сырной седмице, вторник масленицы

Pasch Пасха; Песах

Passion Sunday пятое воскресение поста;

Passion Sunday Судное воскресенье, пятая неделя Великого поста у католиков

Passion Week Страстная седмица, последняя седмица Великого поста; седмица от пятой недели Великого поста до Вербного Воскресенья (у католиков)

Passion(-)tide пятая и шестая седмицы Великого поста

Passover Песах, еврейская Пасха

Pentecost День Святой Троицы; Пятидесятница, Пентикостия, Троицын день

Pesah Песах

Pinkster День Святой Троицы. Пятидесятница, Троицын день

Plough Monday Пахотный понедельник, первый понедельник после Святого Богоявления

Purification of St. Mary праздник Сретения Господня

Purification of the Blessed Virgin Mary Очищение Пресвятой Девы Марии; Сретение Господне

Purim пурим

Quadragesima Великая Четыредесятница, Великий пост; воскресение первой недели Великого поста

Quadragesima Sunday Неделя Православия; Торжество Православия, первая неделя Великого поста; Сборное Воскресенье

Quasimodo Sunday Антипасха, неделя апостола Фомы; Фомино воскресенье; Фомина неделя

Quinquagesima Sunday сыропустная неделя

Rejoicing of the Law Праздник Закона, Праздник Торы

Rogation Sunday Неделя литании

Saint's Day День ангела

Sed festival Хеб-Сед

Sexagesima Sunday воскресение за 2 недели до Великого поста

Shavuot Шавуот, Праздник недель, Праздник первых плодов

Shrove Sunday Прощеное воскресенье; неделя сыропустная

Shrove Tuesday Прощеный вторник; Сыропустный вторник, заговение на Великий пост (у католиков)

Shrovetide Масленица; Сырная седмица

Simhat(h) Torah Симхат Тора, Праздник Закона, праздник Торы

St. George's Day Юрьев День

St. Peter's Day Петров день

Stir Up Sunday Воскресенье пробуждения

Sunday of St. Gregory Palamas Неделя памяти Св. Григория Паламы

Sunday of St. John of the Ladder Неделя памяти преподобного Иоанна Лествичника

Sunday of St. Mary of Egypt Неделя памяти преподобной Марии Египетской

Sunday of St. Thomas the Apostle Фомина неделя, Антипасха

Sunday of the Blind Man Неделя о Слепом

Sunday of the Holy Fathers Неделя Святых Отцов Первого Вселенского Собора

Sunday of the Judgement Day Неделя о Страшном Суде

Sunday of the Myrrhbearers and Righteous Joseph неделя св. Жен-Мироносиц

Sunday of the Orthodoxy Торжество Православия

Sunday of the Paralytic Неделя о Расслабленном

Sunday of the Prodigal Son Неделя о блудном сыне

Sunday of the Publican and Pharisee Неделя о мытаре и фарисее

Sunday of the Samaritan Woman Неделя о Самарянине

Tabernacles Праздник Кущей, Кущи, Суккот

Thursday Of Passion-Week Великий Четверг

Transfiguration *n.* Праздник Преображения Господня; Преображение

Trinity Святая Троица; День Святой Троицы и День Святого Духа, Духов День

Trinity Monday День Святого Духа

Trinity Sunday День Святой Троицы

Tu bi-Shevat Ту би-Шват

Twelfth-day Праздник Богоявления, Теофании, Епифании; Святое Богоявление

Twelfth-night крещенский сочельник; навечерие Епифании, навечерие Богоявления

Twelfthtide крещенские праздники, крещенский сочельник и Праздник Богоявления

Tyrophagos *n.* мясопустная неделя

Week of Prayer for Christian Unity седмица молитв о единстве христиан

Whit Monday День Святого Духа, Духов день

Whit Monday Духов день

Whit Sunday Пятидесятница; Троицын день

Whit week первая седмица по Пятидесятнице

Whitsun Day Пятидесятница

Whitsun eye Троицкая родительская суббота

Whitsun farthing пожертвования на Пятидесятницу, День Святой Троицы

Whitsun week «Белая седмица», первая седмица по Пятидесятнице

Whitsun-ale пиво церковное; гуляние в День Святой Троицы

Whitsunday День Святой Троицы, Пятидесятница

Whitsuntide Троицын и Духов День; первая седмица по Пятидесятнице; Пятидесятница

Xmas Рождество

Yom ha-Bikkurim Иом га-Биккурим, Праздник первых Фруктов, Шавуот

yom ha-qaddish йом га-кадиш

Yom Kippur Иом-Киппур, День Всепрощения

Yom Tov (йом тов) Святой День

Yule святки

Yule-day Рождество

Yule-even Навечерие, Рождественский сочельник

Yuletide Рождество, святки

ИСЛАМ

A

A'isha(h) 'А'иша, Айша, жена Пророка

Abbasid dynasty Аббасиды, ал-Аббасийун, бану ал-Аббас, династия Аббасидов

Abd Allah ibn al-'Abbas Абдаллах Ибн Аббас, асхаб, сподвижник Пророка Мухаммада, родоначальник коранической экзегезы

Abd Allah ibn Ubayy Абдаллах Ибн Убайи, враг Пророка

Abd Allah Абдаллах, отец Пророка

Abd al-Muttalib Абд-ал-Мутталиб, дед Пророка Мухаммада

abdal *n.* абдал,

Abdallah ('Abd Allah) Абдаллах

abdest *n.* абдест; вода для омовения рук; обряд омовения рук

Abou-Bekr, Abu Bakr, Абу-Бекр, первый праведный халиф; первый мужчина, принявший ислам

Abu гора Абу

Abu Bakr Абу-Бекр ас-Сиддик, первый праведный халиф

Abu Da'ud Абу-Дауд, один из шести великих составителей Сунны

Abu-Gurab Абу-Джираб

Abu-Jahl Абу-Джал

Abu-Jirab Абу-Джираб

Abu-Simbel Абу-Симбел

Abu-Sufyan Абу-Суфьян

Abu-Sunbul Абу-Симбел

Abu-Talib Абу-Талиб, дядя Пророка Мухаммада

Abundance «Обильный», 108-я сура Священного Корана

Abundance «Обильный», 108-я сура Священного Корана

adah ада, обычай, реалии правовой жизни, не отраженные шариатом

Adar Sheni адар шени

adat адат, обычное право у мусульман

ad-Dajjal ад-Даджжал, ал-Масих ал-Каз-заб

Adh Dhuha «Утро», 93-я сура Священного Корана

adhan *n.* азан

adl адл, справедливость Аллаха

ahd *n.* ахд, завет, наказ, обет, клятвенное обещание, договор

Ahl al-'Adl ахл ал-'адл, «люди справедливости»

Ahl al-Haqiqah ахл ал-хакика, «люди Правды»

Ahl al-kahf ахл ал-кахф, «люди пещеры»

Ahl al-Kitab ахл ал-китаб, «люди Писания»

Ahl al-wa'd ахл ал-ва'д, «люди обета»

Ahl ash-Shari'ah ахл аш-шариа, «люди Шариата»

Ahl as-Sunnah al-Jama'ah ахл ас-сунна ва-л-джама'а, «люди сунны и согласия»

Ahl -e Haqq ахл -и хакк, «люди Правды», «приверженцы Истины»

Ahmadiyah ахмадие, ахмадийа, кадиани

ahwal ахвал, состояние религиозного экстаза

Aiyub пророк Аййуб (Айюб)

Alaq «Сгусток», 96-я сура Священного Корана

Alawiyah ал-'алавийа, алиды, ал-'алавийун

alborak ал-Бурак

Alcoran Алкоран; ал-Кур'ан. Коран, Священный Коран

Alcoranic *adj.* коранический

Alcoranist ал-коранист, толкователь Корана; догматик

alfaqui *n.* мусульманский священник, мулла; истолкователь Корана

Ali Али, Али Ибн Абу-Талиб, четвертый праведный халиф

Ali al-Hadi Али ал-Хади

Ali ar-Rida Али ар-Рида

Ali Zayn al-'Abidin Али-Зайн ал-Абидин

Alim аль-Алим, Знающий

Alkoran Алкоран, ал-Кур'ан, Коран, Священный Коран

Allah Аллах

Allat Аллат, ал-Лат, Лат, ал-Илат, Илат, древнеарабская богиня неба и дождя

Almohads *n. pl.* альмохады

American Muslim Mission Американская мусульманская миссия

Amina(h) Амина, мать Пророка Мухаммада

amir al-hajj амир ал-хадж

Amm Амм

An'am «Скот», 6-я сура Священного Корана

Anbiyaa «Пророки», 21-я сура Священного Корана

Ancient Arabic Order of Nobles of the Mystic Shrine «Древний арабский орден благородных братьев-мистиков Храма»; «Братья Храма»

andarun *n.* андарун, гарем

Anfal «Добыча», 8-я сура Священного Корана

Angels «Ангелы», 35-я сура Священного Корана

Angels «Ангелы», 35-я сура Священного Корана

Ankabut «Паук», 29-я сура Священного Корана

Anno Hegirae в... год Хиджры

ansar *n.* ал-ансар, ансары, помощники Пророка

Ansari ансари

Ant «Муравьи», 27-я сура Священного Корана

aqidah *n.* 'акида, убеждение, воззрение, кредо

aqil *n.* акил

Aql ал-акл ал-аввал, Перворазум

Aqsa мечеть ал-Масджид ал-Акса в Иерусалиме

Araf ал-Араф; «Преграды», 7-я сура Священного Корана

ariyah арийа

arkan al-Islam аркан ал-ислам, Столпы ислама

arraf *n.* арраф, прорицатель, провидец, пророк

Asaba «Нахмурился», 80-я сура Священного Корана

Ascending Stairways «Ступени», 70-я сура Священного Корана

Ash'ariyah ал-аш'арийа, аш'ариты, одна из основных школ калама

ashab *n.* ас-сахаба, ал-асхаб, асхабы, сподвижники Пророка

Ashura День Ашура, день поминовения пророков и посланников Аллаха

asma' al-husna ал-асма ал-хусна, 99 имен Аллаха

Asr «Предвечернее время», 103-я сура Священного Корана

asr ал-аср, аср, предвечерняя молитва

Assassin ассасин

as-Siddiq ас-Сиддик

aw tad аутад, «опора веры»

ayah *n.* айа, стих Корана

ayat *n. pl.* айат, аят, аяты

Ayatollah аятолла, «знамение Аллаха»

azan *n.* азан, призыв мусульман на молитву

Azhar ал-Азхар, ал-Джами' ал-Азхар, Светозарнейшая соборная мечеть

Azim аль-Азым, Великий (одно из имен Аллаха)

Aziz аль-Азиз, Могучий (одно из имен Аллаха)

Azkli езиды

Azrafil Исрафил

Az-Zahra Фатима

az-zuhr зухр, полуденная молитва у мусульман

В

badriyun *n. pl.* бадрийун, сподвижники Пророка

bafiz хафиз, мусульманин, знающий Коран наизусть

Baiyina «Ясное знамение», 98-я сура Священного Корана

Balad «Город», 90-я сура Священного Корана

Banner of the Prophet Знамя Пророка

Banning «Запрещение», 66-я сура Священного Корана

Baqarah «Корова», 2-я сура Священного Корана

barakah *n.* барака, благословение, духовная сила, обитающая в святых местах или людях

Barsisa Барсиса, Барсис

barzakh ал-барзах, барзах

Basir аль-Басыр, Всевидящий (одно из имен Аллаха)

basmalah (молитва bi'sm Hah ar-rahman ar-rahim) басмала, бисмиллах, молитвенная формула «Во имя Бога Милостивого, Милосердного»

Batimyah ал-бати-нииа, батиниты, сторонники свободного, аллегорического толкования Корана

batin ал-батин

Battle of Karbala Кербальское сражение

Battle of Siffin Сиффинское сражение

Battle of the Ditch ал-Хандак

Battle of Uhud сражение мусульман с мекканцами на склонах горы Ухуд

Bayram байрам

Bayt al-Muqaddas Байт ал-Мукаддас, Байт ал-Макдис, «Священный дом»

Bayyumiyah байумийа

Bees «Пчелы», 16-я сура Священного Корана

Bektashiyah бекташийа

Believer «Верующий», 40-я сура Священного Корана

Believers «Верующие», 23-я сура Священного Корана

Beneficent «Милосердный», 55-я сура Священного Корана

bid'ah бида, нововведение

Black Muslims «Чернокожие мусульмане», Американская мусульманская миссия

Black Stone of Mecca Черный камень Мекки

Blue Mosque Синяя мечеть, Мечеть Ахмеда в Стамбуле

Bohra бохра

Breathern of Purity «Братья чистоты»

Bukhari ал-Бухари, ал-Букхари, один из шести великих составителей Сунны

Buraq Бурак, ал-Бурак

Buruj «Башни», 85-я сура Священного Корана

buruz буруз

C

Caaba Кааба, ал-Ка'ба

Calamity «Поражающее», 101-я сура Священного Корана

caliph халиф, калиф

caliphate халифат

Cattle *n.* «Скот», 6-я сура Священного Корана

Cave «Пещера», 18-я сура Священного Корана

Chishtiyah чиштийа, суфийское братство мусульман

City «Город», 90-я сура Священного Корана

City of the Prophet город Пророка, Медина

Clans «Сонмы», 33-я сура Священного Корана

Clear Proof «Ясное знамение», 98-я сура Священного Корана

Cleaving «Раскалывание», 82-я сура Священного Корана

Cloaked One «Завернувшийся», 74-я сура Священного Корана

Clot «Сгусток», 96-я сура Священного Корана

Commander of the Faithful Предводитель правоверных, мусульманской общины, халиф, калиф

Companions of the Prophet ас-сахаба, ал-асхаб, асхабы, сподвижники Пророка

Congregation «Собрание», 62-я сура Священного Корана

Coran Коран, ал-Кур'ан, Алькоран

Counsel «Совет», 42-я сура Священного Корана

Coursers «Мчащиеся», 100-я сура Священного Корана

Cow «Корова», 2-я сура Священного Корана

Crescent *n.* полумесяц; магометанство

Criterion «Различение», 25-я сура Священного Корана

Crouching «Коленопреклоненная», 45-я сура Священного Корана

D

da'if даиф, слабые хадисы

Dahriyah дахрийа, дахриты

Dajjal Даджжал, искуситель людей

dalal далал, далала, заблуждение, ложный путь

dar al-baqa' дар ал-бака, готовность увидеть Бога

dar al-fana дар ал-фана, тленный, земной мир

Dar al-Harb Дар ал-Харб, немусульманские страны в состоянии войны или перемирия с мусульманами, «обитель войны»

Dar al-Islam Дар ал-Ислам, исламский мир, мусульманский мир

Darqawa даркава, суфийское братство

Dawn «Заря», 89-я сура Священного Корана

Daybreak «Рассвет», 113-я сура Священного Корана

Declining Day «Предвечернее время», 103-я сура Священного Корана

Defrauding «Обвешивающие», 83-я сура Священного Корана

dervish *n.* дервиш

dhawq дхавк

dhikr зикр, поминание как прославление имени Аллаха

Dhu al-faqar Зуль-фа-кар, Зул-Факар, волшебный меч Али, меч Мухаммада

Dhu al-Hijjah зул-хиджжа, последний месяц в мусульманском календаре

Dhua'l-fiqar Зул-Факар, Зуль-факар, волшебный меч Али, меч Мухаммада

Disbelievers «Неверные», 109-я сура Священного Корана

Divorce «Развод», 65-я сура Священного Корана

Dukhan «Дым», 44-я сура Священного Корана

E

Earthquake «Землетрясение», 99-я сура Священного Корана

Eblis Иблис, Шайтан, Диавол, Дьявол, Сатана

Elephant «Слон», 105-я сура Священного Корана

Emissaries «Посылаемые», 77-я сура Священного Корана

Emperor of Believers Император правоверных, Омар

Enshrouded One «Завернувшийся», 73-я сура Священного Корана

Epistles of the Brethren of Purity философско-религиозная энциклопедия Мусульманского

Event «Падающее», 56-я сура Священного Корана

Exile «Собрание», 59-я сура Священного Корана

F

Fajr «Заря», 89-я сура Священного Корана

Falaq «Рассвет», 113-я сура Священного Корана

falasifah фаласифа, исламские философы, сторонники античной модели философствования

falsafah ал-фалсафа

Family of 'Imran «Семейство Имрана», 3-я сура Священного Корана

fana фана, полное самотречение

fana' 'an al-fana фана 'ан ал-фана, утрата самого ощущения «фана»

fana' 'an фана 'ан, отключение от внешнего мира

faqih факих, богослов-законовед

fard фард, ваджиб, поступки и нормы поведения, вмененные мусульманину в обязанность

Farewell pilgrimage Прощальное паломничество Пророка Мухаммада

fasiq фасик, джа'ир, нечестивец, недостойный человек

Fatiha(h) ал-Фатиха, Фатиха, Умм ал-Ки-таб, Саб' ал-Масани, ал-Хамд, аль-Хамду, «Открывающая книгу», 1-я сура Священного Корана

Fatihat al-Kitab, Fatihatu'l-Kitab Фатихат ал-Китаб, Умм ал-Китаб, «Мать книги»

Fatima(h) Фатима

Fatimids *n. pl.* фатимиды, ал-фатимийун

Fatir «Ангелы», 35-я сура Священного Корана

fatwa фетва

fawatih фа-ватих

fayd файд, излияние, эманация, порождение вселенной из божественного источника

Fez Фес

fida'is фида'и

Fig «Смоковница», 95-я сура Священного Корана

Fil «Слон», 105-я сура Священного Корана

fiqh фикх, свод правил поведения мусульманина в повседневной жизни

fiqi факих

fitnah фитна, еретическое выступление мусульман

fitnat al-Qabr фитнат ал-Кабр; азаб ал-Кабр

Fivers «пятеричники», зайдиты

Furqan «Различение», 25-я сура Священного Корана

G

Gabriel Джибрил, ангел и посланник Аллаха

Gafir «Верующий», 40-я сура Священного Корана

Gashiya «Покрывающее», 88-я сура Священного Корана

genie *n.* джинн

Ghaffar аль-Гаффар, Прощающий (одно из имен Аллаха)

ghawth ал-гаус ал-а'зам, величайший заступник, верховный святой

ghaybah гайба

ghoul, ghul *n.* гул, джинн женского пола

ghusl гусл, полное очищение

giblah *n.* кибла, джибла

Gibra'il архангел Джибраил

Great Mosque of Cyrdoba Большая мечеть в Кордове, Кордовская мечеть

Great Mosque of Damascus Большая дамаскская мечеть

Great Mosque of Esfahan Большая мечеть в Исфахане

hadd хадд, пересечение, удержание

H

Hadid «Железо», 57-я сура Священного Корана

Hadith Qudsi ал-хадис ал-кудси

Hadith хадис, асар, хабар, предание о словах и действиях Пророка Мухаммада

hadj хадж, паломничество

hadjdj хаджж, хадж, паломничество

hadji хадж; хаджи (мусульманин, совершивший паломничество в Мекку)

Hafsah Хавса

Hajar al-Aswad ал-Худжр ал-Асвад

Hajj «Хадж», 22-я сура Священного Корана

hajj хадж, паломничество

Hakim аль-Хаким, Мудрый (одно из имен Аллаха)

Halabi Халаби

Halabiyah халабийа

Hanabilah ал-ханабила, ханба-
литский мазхаб, ханбалиты

Hanafites, Hanafiyah ханифит-
ский мазхаб

Hanbalites ханбалиты, ханбалит-
ский мазхаб, ал-ханабила

hanif *n.* ханиф

haqiqah хакики

Haqq аль-Хакк, Истинный (одно
из имен Аллаха)

Haqqa «Неизбежное», 69-я сура
Священного Корана

Haram al-Ibrahimi al-Khalil мечеть Ибрахима в Хевроне

haram харам, махзур, греховное
и запретное

harem *n.* гарем

harqah *n.* харка

Harun Харун, помощник Мусы

Hasan (Hasan ibn 'Ali ibn Abi
Tal-ib) Хасан

Hasan al-'Askari Хасан ал-
Аскари

Hashimites хашимиты

Hashimiyah хашимия

Hashr «Собрание», 59-я сура
Священного Корана ·

hatif *n.* хатиф

hawra хур, гурия, хурия

Hayy al-Qayyum аль-Хайй, Вечно живой (одно из имен Аллаха)

He Frowned «Нахмурился», 80-я
сура Священного Корана

Hegira Хиджра

Hegira хиджра, переселение
Пророка Мухаммада и его сто-
ронников из Мекки в Медину

Heights «Преграды», 7-я сура
Священного Корана

Hejira хиджра, переселение
Пророка Мухаммада и его сто-
ронников из Мекки в Медину

hijab *n.* хиджаб, завеса, преграда; яшмак; чадра, паранджа

Hijr «Ал-Хиджр», 15-я сура
Священного Корана

hijrah хиджра, переселение
Пророка Мухаммада и его сто-
ронников из Мекки в Медину

Hud «Худ», 11-я сура Священного Корана

Hudaybiyah ал-Худайбийа

Hujurat «Комнаты», 49-я сура
Священного Корана

Humaza «Хулитель», 104-я сура
Священного Корана

Huruf al-Muqatta'ah фаватих

Husayn ibn Ali ал- Хусейн ибн
Али, внук Пророка Мухаммада

Hypocrites «Лицемеры», 63-я
сура Священного Корана

I

ibada ибада, служение Аллаху
посредством соблюдения Пяти
столпов ислама

ibadat 'ибадат

Ibadis ибадиты, абадиты

Ibadiyah ал-Ибадийа, ибадиты,
абадиты

Iblis Иблис, Шайтан, 'Адувв Аллах, ал-'Адувв, Дьявол

Ibn Majah Ибн Маджах, один из
шести великих составителей
Сунны

Ibraham Ибрахим, пророк, праотец арабов и евреев

Ibrahim «Ибрахим», 14-я сура
Священного Корана

Id al-Adha ид ал-адха, ид ал-
курбан, ал-ид ал-кабир, йаум
ал-адха, Курбан-байрам

Id al-Fitr ид ал-фитр, Рамазан-байрам, Ураза-бай-рам, Кучук-байрам, Шекер-байрам

Id al-Kabir ид ал-Адха

Id as-Saghir ид ал-Фитр

iddah идда

Idris пророк Идрис

ifreet, ifrit ифриты, африты

ihram ихрам

ihsan *n.* ихсан, искренность при исполнении религиозных обязанностей мусульманина

ijma' *n.* иджма, согласное, единодушное мнение или решение авторитетных лиц по обсуждаемому вопросу

ijtihad ихлас, абсолютная чистота помыслов и деяний

Ikhlas «Очищение (веры)», 112-я сура Священного Корана

ikhtilaf ихтилаф, расхождение во мнениях по религиозным вопросам

Ikhwan as-Safa' Ихван ас-Сафа, «Чистые братья и верные друзья», «Братья чистоты и друзья верности»

Ikhwan ихван

Ilat Илат, ал-Илат, Аллах, ал-Лат

ilm al-hadith илм ал-хадис, «наука о предании»

ilm илм, знание

Ilmuquh Илмукях, Илумкух

imam имам

imamah имама, чалма, тюрбан, сарык

Imamis иена ашарийя

iman иман, вера

Imran «Семейство Имрана», 3-я сура Священного Корана

Infitar «Раскалывание», 82-я сура Священного Корана

injil Инджил, Евангелие Исы

Insan «Человек», 16-я сура Священного Корана

insan al-kamil инсан ал-камил

Inshiqaq «Раскалывание», 84-я сура Священного Корана

irja ирджа

Iron «Железо», 57-я сура Священного Корана

Isa Иса, махди, мессия, пророк

Ishaq пророк Исхак, сын Ибрахима

Ishmael Измаил, Исмаил

Ishraqiyah ишракийя

Islam ислам, ал-ислам, мусульманство, магометанство

Islamic *adj.* исламский, мусульманский, магометанский; ~ arts исламское искусство; ~ calendar исламский календарь, мусульманский календарь; ~ caste исламская каста; ~

era исламская эра, эра Пророка Мухаммада; ~ fundamentalism исламский фундаментализм

Islamism исламизм, магометанство, мусульманство

Islamite I *n.* исламист, мусульманин, магометанин

Islamite II *adj.* мусульманский, магометанский,

Islamize *v.* исламизировать; обращать в мусульманскую веру

Isma'il Исмаил

Isma'ilis ал-исма'илийя, «семеричники», исмаилиты, карматы

Isma'ilite ал-исма'илийя, «семеричники», исмаилиты, карматы, ал-батинийя, ас-сабийя, ал-мулхида, ат-та'лимийя

Isma'iliyah ал-исма'илийя, «семеричники», исмаилиты, карматы

isnad иснад

Isra исра вал-мирадж, ночное путешествие Мухаммеда в Иерусалим и его вознесение на небеса

Israa «Перенес ночью», 17-я сура Священного Корана

Israfil Исрафил

istihsan истихсан

istislah истислах; ал-масалих ал-мурсала

Istisqa' истиска'

Ithna 'Ashariyah иена ашарийа, иена аш'ари-ты, «двунадесятники», «дюжинники»

ittihad иттихад, соединение божественной и человеческой природы

Izra'il Азраил

Izrail Азраил, Израил

Jathiya «Коленопреклоненная», 45-я сура Священного Корана

jehad джихад, газават

Jibril Джибрил, Джибраил

jihad джихад, газават

Jinn «Джинны», 72-я сура Священного Корана

jinn(i) *n.* джинн

jizyah джизйа, подушная подать с иноверных

Jonah «Иунус», 10-я сура Священного Корана

Joseph «Иусуф», 12-я сура Священного Корана

jumah джума, полуденная пятничная молитва и слушание проповеди, или хутбы

Jumu'a «Собрание», 62-я сура Священного Корана

J

Ja'far aS'Sadiq Джа'фар ас-Садик

Jabal ar-Rahmah Джабал ар-Рахман

Jabal Hira Джабал ал-Нур

Jabal Thawr гора Джабал ат-Таур

Jabra'il Джабраил, Джибрил

Jahannam джаханнам, ад

jahiliyah ал-джахилийа, «неведение»

jama'at khanah джама'ат хана, дом собраний

jami джами, масджид ал-джами, пятничная мечеть, соборная мечеть

Jami' aś-sahih «Ал-Джами ас-сахих»

jannah ал-джаннам, райский сад, райская обитель

K

Ka'bab, Kaaba Кааба, ал-Ка'ба

Kadr ал-Кадр

kafir кяфир, кафир, неверный, неверующий, сомневающийся

Kafirun «Неверные», 109-я сура Священного Корана

Kahf «Пещера», 18-я сура Священного Корана

kahin кахин, прорицатель, провидец, пророк

kalam калам

Kalimah ал-калима, Слово

karamat карамат

Karaween Каравийин, мечеть и исламский университет в г. Фес, Марокко

Karbala Карбала, Кербела, Машхад ал-Хусайн, святой для шиитов город в Ираке

Karramiyah ал-каррамийа, каррамиты

Kaswa ал-Касва, верблюд Пророка

katib *n.* катиб, переписчик Корана

Kauthar «Обильный», 108-я сура Священного Корана

Khadijah Хадиджа

khafd *n.* хафд, обрезание у женщин

khalifah халифа, халиф

Khalwatiyah халватийа, халветийа

kharaj *n.* харадж, поземельный налог

Kharijite *n. pl.* хариджиты

khatib *n.* хатиб, исламский проповедник

Khidr ал-Ха-дир, Хидр, Хадрати Хизр, Ходжа Хидр

Khilafat movement Хилафат

khirqah *n.* хирка, рубище

khirqat al-iradah хиркат ал-ирада

khirqat at-tabarruk хиркат ат-табаррук

khitan *n.* хитан, обрезание у мусульман

khutbah *n.* хутба, проповедь, выступление, речь хатиба

kibllah кибла, ал-кибла, направление на Мекку, на Каабу

kiswah кисва

Kitab al-Jami' as-Sahib «Китаб ал-джами ас-сахих»

Kitab ash-shama'il «Китаб аш-шама'ил»

Kitab as-Sunan «Китаб ас-сунан»

Koran Коран

Kotħam Котам

Kucuk Bayram Кучук-байрам

kufr куфр, неверие, непризнание ислама

Kurban Bayram Курбан-байрам

kuttab куттаб, школа для обучения азбуке и Корану

kutub as-sittah шесть собраний хадисов

L

Lail «Ночь», 92-я сура Священного Корана

lawh al-mahfuz ал-лаух ал-махфуз, «хранимая скрижаль», умм ал-китаб, «мать книги», ки-таб макмун, «книга сокровенная», сухуф мукаррама, «почтенные свитки», китаб мубин, «книга ясная», китаб хафиз, «книга хранящая», китаб му'аджжал, «писание, определяющее срок», имам мубин, «ясный оригинал»

Laylat al-Mi'raj Лейлят ал-Мирадж, Ночь Вознесения Пророка Мухаммада к Аллаху

Laylat al-Qadr Лейлят ал-Кадр, Ночь предопределения, Ночь решения судьбы, Ночь Славы, Ночь Могущества

Light «Свет», 24-я сура Священного Корана

Luqman «Лукман», 31-я сура Священного Корана

M

Ma'arij «Ступени», 70-я сура Священного Корана

Ma'dhanah минарет

ma'rifah *n.* марифа

Ma'un «Подаяние», 107-я сура Священного Корана

maarib *n.* маарив, маариб, вечерняя молитва

Macoraba Мекка, священный город

Mad Mullah «Бешеный мулла», Мухаммад ибн Абдулла

Madinah al-Muhawwarah Медина, Наиславнейший город

Madinat Rasul Allah Медина, Меди-нат ал-Наби, Город Пророка

madrasah *n.* медресе

maghrib *n.* ал-магриб, вечерняя молитва

Mahomet Магомет, Мухаммад

Mahometan *adj.* магометанский

Maidah «Трапеза», 5-я сура Священного Корана

Makkah Мекка

makruh *n.* макрух

maktab *n.* мактаб, начальная школа при мечети

mala'ikah малайка, ангелы

malak al-mawt Малик, ангел смерти

Malamatiyah маламатийа, ал-маламатийа

Malikites маликитский мазхаб

Malikiyah маликийя, маликитский мазхаб

Mamluk *n.* мамлук, мамлюк

Man «Человек», 76-я сура Священного Корана

manara манара, ми'зана, ма'зана, минарет

Manat, Manawat Манат, Мануту

Mandaeanism *n.* мандеизм

mandub *n.* мандуб, поступки, высоко оцениваемые окружающими мусульманами

Mankind «Люди», 114-я сура Священного Корана

Mansions of the Stars «Башни», 85-я сура Священного Корана

maqam *n.* макам

maqam of faqr макам факр, бедность

maqam of rida макам рида, удовлетворенность

maqam of sabr макам сабр, терпение

maqam of tawakkul макам таваккул, упование на Всевышнего

maqam of tawbah макам тауба, раскаяние

maqam of wara' макам вара, богобояненность

maqam of zuhd макам зухд, воздержание

marabout *n.* марабут

Mary «Марйам» 19-я сура Священного Корана

Maryam Марйам; «Марйам», 19-я сура Священного Корана

Masad «Пальмовые волокна», 111-я сура Священного Корана

mashhad *n.* машхад, место погребения шахида

Masjed al-Aqsa ал-Масджид ал-Акса

Masjed al-Aqsa мечеть ал-Масджид ал-Акса в Иерусалиме

Masjed-e Jame' Большая мечеть в Исфахане

masjid al-aqsa -масджид ал-акса, «отдаленнейшая мечеть»

masjid al-haram ал-масджид ал-харам

masjid jami, masjid масджид, мечеть

matn *n.* матн

Maturidiyah ал-матуридийа

Mawlawiyah маулавийа, мевлеви, мевлевийа

Mawlid an-Nabi Маулид ан-Наби, праздник рождения

Пророка Мухаммада; дом в Мекке, место

mawlid маулид, маулют, мавлют

mazar мазар, могила святого

Mecca Мекка

Medina Медина

mi'raj *n.* Ночь Вознесения

midmost prayer *n.* молитва средняя; ал-аср, предвечерняя молитва

mihnah михна

mihrab михраб

Mikal Микал

Mohammadan *n.* магометанин, -нка

Mohammed Пророк Мухаммад, Мухаммед, Магомет

Mohammedan I *n.* магометанин, -нка

Mohammedan II *adj.* магометанский; ~ calendar исламский/мусульманский, календарь; ~ faith магометанство, мусульманство, мусульманская вера, ислам; ~ Scriptures священные книги мусульман

Mohammedanism магометанство, мусульманство, мусульманская вера, ислам

moolvee *n.* моулави, знаток мусульманского права; учитель

Moon «Месяц», 54-я сура Священного Корана

Morisco *n.* мориско, испанский мусульманин, принявший христианство

Morning Hours «Утро», 93-я сура Священного Корана

Morning Star «Идущий ночью», 86-я сура Священного Корана

Moslem *n.* мусульманин

Moslem магометанский

mosque *n.* мечеть; ~ of Ahmad ibn Tulun мечеть Ахмада ибн Ту-

луна; ~ of 'Amr ibn al-'As мечеть Амр ибн ал-Аса; ~ of Omaг мечеть Омара, мечеть Куббат ас-Сахра; ~ of Quba' мечеть Куба'; ~ of Selim мечеть Селима; ~ of the Two Qiblahs мечеть Перемены ал-кибла; ~-Cathedral of Cordoba мечеть-собор в Кордове

Mosque-Cathedral of Cyrdoba Большая мечеть в Кордове, Кордовская мечеть

Most High «Высочайший», 87-я сура Священного Корана

Mount «Гора», 52-я сура Священного Корана

Mount Abu гора Абу

Mount Marwah гора Марва

Mount Safa гора Сафа

Mu'awwadhateyn 113-я и 114-я суры Корана («Рассвет» и «Люди»)

mu'min му'мин, верующий, правоверный

Mu'tazilah мутазилиты, ал-му'тазила

mubahah мубах, джа'из, поступки и действия, не осуждаемые шариатом

mubham мубхам

Muddathir «Завернувшийся», 74-я сура Священного Корана

Mudejar мудехар, мусульманин, оставшийся в Испании после Реконкисты

muezzin *n.* муэдзин

mufti *n.* муфтий

muhajirun *n.* мухаджиры

Muhammad «Мухаммад», 47-я сура Священного Корана

Muhammad al-Baqir Мухаммед ал-Бакир

Muhammad al-Jawad Мухаммед ал-Джавад

Muhammad al-Mahdi al-Hujjah Мухаммед ал-Мунтаззар, ал-Махди

Muhammad Мухаммад, Мухаммед, Магомет

Muhammadan calendar магометанский/исламский, календарь

Muhammadan era исламская эра

Muhammadiyah «Мухаммадийа»

Muharram *n.* мухаррам

muharramah *n.* харам, мухаррама

Mujadila «Препирательство», 58-я сура Священного Корана

mujahadah *n.* муджахада, борьба с собственной плотью

mujtahid *n.* муджтахид

Mulk «Власть», 67-я сура Священного Корана

mullah *n.* мулла

Muminun «Верующие», 23-я сура Священного Корана

Mumtahana «Испытуемая», 60-я сура Священного Корана

munafiq *n.* мунафик

Munafiqun «Лицемеры», 63-я сура Священного Корана

Murji'ah мурджииты

Murjites мурджииты.

Mursalat «Посылаемые», 77-я сура Священного Корана

Musa al-Kazim Муса ал-Касим

Musa Муса

musalla *n.* мусалла

Musaylimah Мусайлима

mushahadah *n.* мушахада

Muslim ibn al-Hajjaj Муслим, один из шести великих составителей Сунны

Muslim *n.* мусульманин; ~ Brotherhood «Братья-мусульмане»; ~ calendar мусульманский/исламский календарь; ~

era мусульманская эра; ~ League Мусульманская лига

musnad *n.* муснад

Musnad of Ahmad ibn Hanbal собрание хадисов Ахмада ибн Ханбала

Mussulman *n.* мусульманин

Mutaffifeen «Обвешивающие», 83-я сура Священного Корана

mutakallimun мута-каллимун

mutawalli мута-валли

Mutual Disillusion «Взаимное обманывание», 64-я сура Священного Корана

Muzdalifah равнина Муздалифа

Muzzammil «Завернувшийся», 73-я сура Священного Корана

N

nabi *n.* наби, пророк

nafs *n.* нафс, душа

Nahaa «Весть», 78-я сура Священного Корана

Nahj al-balaghah «Нахджул Балагха»

Najm «Звезда», 53-я сура Священного Корана

Nakir Накир

namaz *n.* намаз

namazlik *n.* намазлык, молитвенный коврик

Nami «Муравьи», 27-я сура Священного Корана

Naqshbandiyah накшбандийа

Nas «Люди», 114-я сура Священного Корана

Nasa'i ан-Насаи, один из шести великих составителей Сунны

Nasara насара, христиане, назареи, назареяне

Nasr «Помощь», 110-я сура Священного Корана; 2. Наср

Nation of Islam «Чернокожие мусульмане», Американская мусульманская миссия

Nation of Islam «Американская мусульманская миссия»

nawbah *n.* навбах

Nazi'at «Вырывающие», 79-я сура Священного Корана

Night «Ночь», 92-я сура Священного Корана

Night of Determination Лейлят ал-Кадр, Ночь предопределения, Ночь решения судьбы, Ночь Славы, Ночь Могущества

Night of the Ascension Лейлят ал-Мирадж, Ночь Вознесения Пророка Мухаммада к Аллаху

Nisaa «Женщины», 4-я сура Священного Корана

Noah, Nuh «Нух», 71-я сура Священного Корана

non-Moslem *adj.* немусульманский; немагометанский; неверный

nuqaba' нукаба'

Nur «Свет», 24-я сура Священного Корана

Nurbakhshiyah нурбахшийа

Nusayri ал-'Алавийа, ан-сари, нусайриты, ан-нусайрийа

O

Omri Амврии

Opening ал-Фатиха, Фати-ха, Умм ал-Ки-таб, Саб' ал-Масани, ал-Хамд, аль-Хамду, 1-я сура Священного Корана

Ornaments of Gold «Украшения», 43-я сура Священного Корана

Overthrowing «Скручивание», 81-я сура Священного Корана

Overwhelming «Покрывающее», 88-я сура Священного Корана

P

Pact of Al-Hudaybiyah договор ал-Худайбийа

Palm Fibre «Пальмовые волокна», 3-я сура Священного Корана

Palm Sunday Вербное воскресенье/неделя

Pan-Islamism *n.* панисламизм

Pen «Письменная трость», 68-я сура Священного Корана

Pilgrimage «Хадж», 22-я сура Священного Корана

Pillars of Islam «Столпы Ислама»

Poets «Поэты», 26-я сура Священного Корана

Power «Могущество», 97-я сура Священного Корана

prayer carpet/mat/rug саджжада, бисат, хасир, хумра, джай-намаз, намаз-лык, молитвенный коврик

prayer-tower *n.* минарет

Private Apartments «Комнаты», 49-я сура Священного Корана

Prophet Пророк Мухаммад

Prophet's Mosque Мечеть Пророка

Prophets «Пророки», 21-я сура Священного Корана

Prostration «Поклон», 32-я сура Священного Корана

purdah *n.* пурда

Q

qa'im *n.* ал-ка'им

Qabil and Кабил и Хабил, сыны Адамовы

Qadariyah *n.* кадарийа, кадариты

qadi *n.* кади, казий, кадий

Qadr «Могущество», 97-я сура Священного Корана

Qaf гора Каф; «Каф», 50-я сура Священного Корана

Qaiandariyah каландарийа, братство дервишей

Qala'un Mosque мечеть Калаун

Qalam «Письменная трость», 68-я сура Священного Корана

Qalawun мечеть Калаун

qalb калб, сердце, вместилище веры и благочестия

Qamar «Месяц», 54-я сура Священного Корана

Qaramitah карамита

Qarawiyin Mosque мечеть Каравийин

Qarawiyin Каравийин

Qari' *n.* кари, чтец Корана

Qari'a «Поражающее», 101-я сура Священного Корана

Qarmathian, Qarmati, Qarmatian *n.* кармат

Qasas «Рассказ», 28-я сура Священного Корана

qibla(h) *n.* кибла, ал-кибла, направление на Мекку/Каабу·

qira'ah ал-кира'а, рецитация текста Корана

qisas al-anbiya' кисас ал-анбийа

qisas *n.* кисас, «воздаяние равным»

qismat *n.* кисмат, фатализм

Qiyamat «Воскресение», 75-я сура Священного Корана

qiyas *n.* кийас

Qubbat as-Sakhrah мечеть Куббат ас-Сахра, мечеть Омара

Quds ал-Кудс, «Святыня», Байт ал-Мукаддас, «Священный дом», Иерусалим

Qur'an Коран, ал-Кур'ан, Алькоран, Священный Коран

Qur'anic exegesis тафсир, толкование текста Корана

Quraish, Qureysh «Курайш», 106-я сура Священного Корана

Quraysh племя курайш, племя курейш, курайш, курейш

qurra *n.* курра

qutb *n.* кутб, величайший заступник

R

Ra'd «Гром», 13-я сура Священного Корана

rada' рада

Rafidah рафида, рафириты

rahbaniyah рахбанийа

Rahim «Милосердный», 55-я сура Священного Корана

Rahim ар-Рахман, Милостивый (одно из имен Аллаха)

Rajab *n.* раджаб

rajm *n.* раджм, побитие камнями

rak'ah рака'ат

rakehall *n.* развратник, распутник

Ramadan, Ramazan *n.* Рамадан, Рамазан

Ranks «Ряды», 61-я сура Священного Корана

Rasa'il ikhwan as-safa' wa khillan al-wafa философско-религиозная энциклопедия мусульманского братства Ихван ас-Сафа

Rashidun рашидун, праведный халиф

rasul Allah расул Аллах, посланник Аллаха

Reality «Неизбежное», 69-я сура Священного Корана

Repentance «Покаяние», 9-я сура Священного Корана

ribat *n.* суфийская обитель

riddah ар-Ридда, войны Ридда

Rifa'iyah рифаийа

Rising of the Dead «Воскресение», 75-я сура Священного Корана

Rivalry in Worldly Increase «Охота к умножению», 102-я сура Священного Корана

Romans, Rum «Румы», 30-я сура Священного Корана

S

Sa'ibah саиба

sa'y са'й, ритуальный бег между холмами ас-Сафа и ал-Марва

Sab'iyah сабаиты

Saba «Саба», 34-я сура Священного Корана

Saba'an min al-Mathani «Открывающая книгу», 1-я сура Священного Корана, ал-Фатиха, Фатиха, Умм ал-Китаб, ал-Хамд, аль-Хамду, «Мать книги»

Sabaeans *n. pl.* сабеи

Sabaism *n.* сабеизм

Sad «Сад», 38-я сура Священного Корана

Safad Сафед

Saff «Ряды», 61-я сура Священного Корана

Saff at «Стоящие в ряд», 37-я сура Священного Корана

saff сафф

Sahabah ас-сахаба, асхабы, сподвижники Пророка Мухаммада

Sajda «Поклон», 32-я сура Священного Корана

sajjada саджжада, бисат, хасир, хумра, джай-намаз, намазлык, молитвенный коврик

salaf салаф, предки, предшественники

Salafiyah ас-са-лафийа

salat al-fajr фаджр, салат ал-фаджр, утренняя молитва

salat al-jum'ah салат ал-джамаа, салат ад-джум'а, полуденная молитва по пятницам

salat ас-салат, намаз, каноническая молитва

Salih *n.* салих

Salihiyah салихийа

Salimiyah ас-салимийа

Sallamiyah салламийа

sama' *n.* сама, коллективное радение с. рапеванием мистических стихов

Sami' ас-Самиг, Слышащий (одно из имен Аллаха)

Sandhills «Пески», 46-я сура Священного Корана

santon *n.* сантон, марабут; дервиш; отшельник

Sanusiyah ас-санусийа, сануситы

Saracens *n. pl.* сарацины

sawm ас-саум, саум, ураза, рузе, пост во время Рамадана

sayyid *n.* сайид

Seveners *n. pl.* «семеричники», ас-саба'ийа, сабаиты

Sha'ul Саул

shadhiliyah шазилийа

Shafi'iyah *n. pl.* аш-шафийа, шафииты, последователи шафиитского мазхаба

Shafiites *n. pl.* шафи'иты

shahadah аш-шахада, шахада, декларация веры; мученическая смерть за веру

shahid *n.* шахид

Shahid аль-Шахид, Свидетель (одно из имен Аллаха)

shaitan *n.* шайтан

Shams «Солнце», 91-я сура Священного Корана

Sharh «Разве мы не раскрыли», 94-я сура Священного Корана

Shari'ah *n.* шариат, аш-шари'а

Shariat *n.* шариат, шари'ат

sharif *n.* шариф, сай-йид, амир

Shattariyah шаттарийа

Shawwal *n.* шаввал

shaykh al-Islam шейх-уль-ислам

shaytan *n.* шайтан

She that disputeth «Препирательство», 58-я сура Священного Корана

She that is to be examined «Испытуемая», 60-я сура Священного Корана

Sheba Сава

sheik(h) *n.* шейх

Sheikh-ul-Islam шейх-уль-ислам

Sheriat шариат, шари'ат

Shi'ah *n. pl.* шииты

Shi'ite *n.* шиит

shirk *n.* ширк, многобожие

Shrine «Древний арабский орден благородных братьев-мистиков Храма», «Братья Храма»

Shu'araa «Поэты», 26-я сура Священного Корана

Shura «Совет», 42-я сура Священного Корана

silsilah *n.* силсила, цепь откровений

Sirat Rasul Allah «Сират Расул Аллах

Sirat Сират

Sisinnius Сисинний

Small Kindnesses «Подаяние», 107-я сура Священного Корана

Smoke «Дым», 44-я сура Священного Корана

Solace «Разве мы не раскрыли», 94-я сура Священного Корана

Sovereignly «Власть», 67-я сура Священного Корана

Spider «Паук», 29-я сура Священного Корана

Spoils of War «Добыча», 8-я сура Священного Корана

Star «Звезда», 53-я сура Священного Корана

Story «Рассказ», 28-я сура Священного Корана

subhah *n.* субха, четки

Subrawardiyah ас-сухравардийа

Succour «Помощь», 110-я сура Священного Корана

Sufi *n.* суфий

Sufism *n.* суфизм

Sultan Ahmed Cami Синяя мечеть, Мечеть Ахмеда в Стамбуле

Sun «Солнце», 91-я сура Священного Корана

Sundering «Раскалывание», 84-я сура Священного Корана

Sunna(h) Сунна, свод догм ислама

Sunni *n. pl.* сунниты

Sunnite *n.* суннит

sura(h) *n.* сура

Suwa' Сува

Sword of God «меч Аллаха»

Т

Ta Ha «Та ха», 20-я сура Священного Корана

ta'wil *n.* та'вил

tabaqat *n.* табакат, «биографии поколений»

tabi' таби

Table Spread «Трапеза», 5-я сура Священного Корана

tafsir *n.* тафсир ал-Куран, комментарий, толкование Корана

Tagabun «Взаимное обманывание», 64-я сура Священного Корана

tahajjud *n.* тахаджжуд, ат-тахаджжуд, ночная молитва; чтение Корана ночью

taharah *n.* тахара, обрядовые действия, выводящие из нечистоты

Tahrim «Запрещение», 66-я сура Священного Корана

tajalli *n.* таджалли, богоявление

tajwid *n.* таджвид

Takathur «Охота к умножению», 102-я сура Священного Корана

Takwir «Скручивание», 81-я сура Священного Корана

talab al-'ilm талаб ал-'илм, поиск знания, стремление к знанию

Talaq «Развод», 65-я сура Священного Корана

talaq *n.* талак, талок, босама, расторжение брака мужем без объяснения причины

talbiyah *n.* талбийа

tanasukh танасух, танасух ал-арвах, переселение души, метемпсихоз

tanzih *n.* ат-танзих, отрешение от всего дурного и недостойного, очищение

taqdir *n.* такдир, концепция детерминизма

taqiya *n.* такийа, такия, такыя, китман, благоразумное скрывание своей веры

taqlid *n.* таклид

taqsim *n.* таксим

tarawih *n.* тарави

Tarikh al-kabir «Тарик ал-кабир»

Tariq «Идущий ночью», 86-я сура Священного Корана

tariqa(h) *n.* тарикат, путь мистического познания

tasarruf *n.* тасарруф

tasawwuf ат-тасаввуф, суфизм

tasbih *n.* тасбих; субха, мисбаха, четки

tashbih ат-ташбих, сравнивание божества

tatbiq *n.* татбик

Tauba «Покаяние», 9-я сура Священного Корана

taurat ат-Таура, Тора Мусы, Пятикнижие Моисея

tawaf *n.* таваф, хождение вокруг Каабы

tawakkul *n.* таваккул, предание себя божественной воле

tawbab *v.* раскаиваться

tawhid таухид, ат-тавхид, монизм, единобожие

tazia *n.* тайзийа, та'зийа

tekke *n.* текке

Those who Drag Forth «Вырывающие», 79-я сура Священного Корана

Those who set the Ranks «Стоящие в ряд», 37-я сура Священного Корана

Thunder «Гром», 13-я сура Священного Корана

Tidings «Весть», 78-я сура Священного Корана

Tijaniyah тиджанийа, ат-тиджанийа

Tin «Смоковница», 95-я сура Священного Корана

Tirmidhi Тирмидхи

Touba Mosquee Мечеть Туба

Traducer «Хулитель», 104-я сура Священного Корана

Troops «Толпы», 39-я сура Священного Корана

Tur «Гора», 52-я сура Священного Корана

U

ulama улама, улемы, богословы

ulema улемы, богословы

Umar I Омар I, Умар Ибн ал-Хаттаб ал-Фарук, второй праведный халиф

Umar II Омар II

Umayyad Mosque Большая дамасскская мечеть

Umayyad Оймеяды, династия Оймеядов

Umm Habibah Умм-Хабиби

Umm Kulthum Умм-Кульсум

ummah *n.* умма, мусульманская религиозная община

Ummu'l-Qur'an «Открывающая книгу», 1-я сура Священного Корана, ал-Фатиха, Фа-тиха, Умм ал-Ки-таб, Саб' ал-Масани, ал-Хамд, аль-Хамду, «Мать книги»

umrah *n.* умра, малое паломничество

Unity «Очищение (веры)», 112-я сура Священного Корана

urs *n.* урс

ushr *n.* 'ушр

usul ad-din усул ад-дин, основы веры

usul al-fiqh *n.* усул ал-фикх, источники ал-фикха-права

Uthman Осман, Усман ибн Аффан

V

ve-Adar адар шени

Victory «Победа», 48-я сура Священного Корана

vizier *n.* визирь

vizir *n.* визирь

W

wahdat al-wujud вахдат ал-вуджуд, учение Ибн 'Араби

wahdat ash-shuhud вахдат аш-шухуд, единство свидетельства

Wahhabi *n.* ваххабит

Wahhabism *n.* ваххабизм,

Wahhabite I *n.* ваххабит

Wahhabite II *adj.* ваххабитский

wajib *n.* ваджиб, фард

Wakil аль-Вакил, Покровитель (одно из имен Аллаха)

waqf *n.* вакф

Waqia «Падающее», 56-я сура Священного Корана

warden *n.* церковный староста

warder *n.* жезл

wasi *n.* васи

wazir *n.* визирь

Wind-curved Sandhills «Пески», 46-я сура Священного Корана

Winnowing Winds «Рассеивающие», 51-я сура Священного Корана

Winter «Курайш», 106-я сура Священного Корана

Women, «Женщины», 4-я сура Священного Корана

World Community of Al-Isalm in the West «Американская мусульманская миссия»

Y

Ya Sin «Йа син», 36-я сура Свя-
    щенного Корана
Ya'uq Иаук
Yaghuth Йагус
Yahud йахуд, иудеи
Yahya праведник Иахйа
yas(h)mak n. яшмак; чадра
yashmac n. яшмак; чадра
Yathrib Иасриб, Ясриб
yaum al-Hisab йаум ал-Хисаб
Yazidi езиды
Year of Deputations of Moham-
    med 8-й год хиджры
Yunus «Иунус», 10-я сура Свя-
    щенного Корана
Yusuf «Иусуф», 12-я сура Свя-
    щенного Корана

Z

Zabur Забур, Псалмы Дауда,
    Псалмы Давида
zahir n. захир, буквальное пони-
    мание Корана
Zahiriyah аз-захи-рийа, захи-
    риты
zakah закат, закят
Zakariyah Закарийа, Закария
zakat n. закат

Zalzalah «Землетрясение», 99-я
    сура Священного Корана
Zamzam n. Замзам, священный
    колодец на территории ал-
    Масджид ал-Харам
Zanana n. занана, гарем
zandaqah n. зандака, безбожие,
    неверность
Zaqqum n. дерево заккум
Zariyat «Рассеивающие», 51-я
    сура Священного Корана
zawiyah n. завийа, завийя, хана-
    ках
Zaydis зайдиты
Zaydiyah зайдийа, зайдийя, зай-
    диты
Zikr n. зикр
zina зина', внебрачная связь
    мужчины с женщиной
ziyadah n. зийада, внутренний
    дворик
ziyarah n. зийара, паломничество
    к могилам пророков, святых
zuhd n. зухд, воздержание
Zukhruf «Украшения», 43-я сура
    Священного Корана
Zulhijjah зульхиджа, месяц · па-
    ломничества
Zumar «Толпы», 39-я сура Свя-
    щенного Корана

Справочное издание

Матвеев Сергей Александрович

АНГЛО-РУССКИЙ
ТЕОЛОГИЧЕСКИЙ СЛОВАРЬ
Иудаизм – Христианство – Ислам

Корректор *Т. И. Лошкарева*
Верстка *Н. В. Пишоха*

«Восток – Запад»

Тел./факс: (495) 101-36-29
Для корреспонденции: 127106, Москва, а/я 12
E-mail: info@muravei.ru
Интернет: www.muravei.ru

Общероссийский классификатор продукции
ОК-005-93, том 2; 953005 — литература учебная

Подписано в печать 10.03.06. Формат 84×108 ¹/₃₂.
Усл. печ. л. 40,32. Тираж 3000 экз. Заказ № 3353.

ООО «Издательство АСТ»
170000, Россия, г. Тверь, пр. Чайковского, д. 19А, оф. 214
Наши электронные адреса:
WWW.AST.RU E-mail: astpub@aha.ru

ООО «Восток — Запад»
129085, г. Москва, Звездный бульвар, 21, стр. 1

Отпечатано с готовых диапозитивов
в ОАО «Рыбинский Дом печати»
152901, г. Рыбинск, ул. Чкалова, 8.

ДОРОГИЕ ДРУЗЬЯ!

В нашем издательстве действует система «Книга — почтой». Мы высылаем литературу наложенным платежом в любой регион РФ, а также по предоплате в страны СНГ.

Заявки на получение литературы принимаются:

по телефону   (495)101-36-29

по эл. почте   knigi@muravei.ru

Если вы имеете доступ в Интернет, то на нашем сайте
www.muravei.ru
вы найдете свежий прайс-лист и удобную форму заявки на получение литературы.

ЖДЕМ ВАШИХ ЗАЯВОК!

Для заметок

Для заметок

Для заметок

Для заметок

Для заметок